BIBLIOTHÈQUE DE L'ANTIQUITÉ TARDIVE

PUBLIÉE PAR L'ASSOCIATION POUR L'ANTIQUITÉ TARDIVE

38

La Bibliothèque de l'Antiquité Tardive
est éditée dans les langues scientifiques usuelles par les Éditions Brepols
sous le patronage de l'« Association pour l'Antiquité Tardive »

Brepols Publishers – Begijnhof 67, B-2300 Turnhout
Tél. +32 14 44 80 35 – Fax +32 14 42 89 19 – e-mail <info@brepols.net>
Site Web : www.brepols.net

Association pour l'Antiquité Tardive : c/o Bibliothèque d'Histoire des Religions de l'Université Paris-Sorbonne
Maison de la Recherche, 28 rue Serpente, F-75006 Paris
– tél : 33/1/53 10 58 77 / fax : 33/1/53 10 58 76 – Site Web : www.antiquite-tardive.com.

Cette collection, sans périodicité régulière, éditée par Brepols Publishers, est conçue comme la série de suppléments à la revue *Antiquité tardive* publiée depuis 1993 par l'Association chez le même éditeur. Elle est composée de monographies, de volumes de Mélanges ou de *Scripta Varia* sélectionnés soit par l'Association avec l'accord de l'éditeur, soit par l'éditeur avec l'agrément de l'Association dans le domaine de compétence de l'Association : histoire, archéologie, littérature et philologie du IVe au VIIIe siècle (de Dioclétien à Charlemagne). Un conseil scientifique procède à la sélection et supervise la préparation quand elle est assurée par l'Association, sous la responsabilité du Conseil d'Administration dont voici la composition actuelle :

Président : **F. Baratte**, Professeur d'archéologie de l'Antiquité tardive, Université Paris-Sorbonne.

Vice-présidente : **G. Cantino Wataghin**, Professoressa di Archeologia Cristiana e Medievale, Università del Piemonte Orientale, Vercelli.

Secrétaire : **Th. Rechniewski**.

Trésorier : **M. Heijmans**, Ingénieur de recherches au CNRS, Centre Camille Jullian (Aix-en-Provence).

Membres : **J.-P. Caillet**, Professeur d'histoire de l'art du Moyen Âge, Université Paris Ouest-Nanterre ; **J.-M. Carrié**, Directeur d'études, École des Hautes Études en Sciences Sociales, Paris ; **E. Destefanis**, Docente, Università del Piemonte Orientale, Vercelli ; **J. Dresken-Weiland**, Priv. Doz., Université de Göttingen ; **A. S. Esmonde Cleary**, Professor, Department of Archaeology, University of Birmingham ; **S. Janniard**, Maître de conférence, Université François-Rabelais, Tours ; **M. Jurković**, Professeur, Université de Zagreb ; **G. Ripoll**, Profesora titular de arqueología, Universitat de Barcelona ; **J. Terrier**, Archéologue cantonal, Genève.

Vue générale du village de Kafr ʿAqāb et des vestiges situés dans la partie sud-ouest du site (© B. Riba) .

L'auteur au travail dans les ruines de Kafr ʿAqāb.

© 2018 Brepols Publishers n.v., Turnhout, Belgium

All rights reserved. No part of this publication may be reproduced,stored in a retrieval system, or transmitted, in any form or by any means, electronic, mechanical, photocopying, recording, or otherwise, without the prior permission of the publisher.
Dépôt légal : D/2018/0095/282
ISBN 978-2-503-58344-0

Printed in the E.U. on acid-free paper

BIBLIOTHÈQUE DE L'ANTIQUITÉ TARDIVE

PUBLIÉE PAR L'ASSOCIATION POUR L'ANTIQUITÉ TARDIVE

38

LE VILLAGE DE KAFR ʿAQĀB

ÉTUDE MONOGRAPHIQUE D'UN SITE DU ǦEBEL WAṢṬĀNI (MASSIF CALCAIRE DE LA SYRIE DU NORD)

TOPOGRAPHIE ET ARCHITECTURE

Bertrand Riba

BREPOLS

Déjà parus

1. *Khirbet es Samra 1*, sous la direction de J.-B. Humbert et A. Desreumaux et sous le patronage de l'École Biblique et Archéologique Française et du Centre d'Étude des Religions du Livre (CNRS), 1998.
2. A. Michel, *Les églises d'époque byzantine et umayyade de Jordanie (provinces d'Arabie et de Palestine),* v^e^-viiie *siècle. Typologie architecturale et aménagements liturgiques (avec catalogue des monuments)*, 2001.
3. *Humana sapit. Études d'Antiquité tardive offertes à Lellia Cracco Ruggini*, édité par J.-M Carrié et R. Lizzi, 2002.
4. N. Thierry, *La Cappadoce de l'Antiquité au Moyen Âge*, 2002.
5. *Mélanges d'Antiquité tardive. Studiola in honorem Noël Duval*, édité par C. Balmelle, P. Chevalier et G. Ripoll, 2004.
6. *The Past Before Us. The Challenge of Historiographies of Late Antiquity*, édité par C. Straw et R. Lim, Actes du colloque tenu à Smith College (Northampton, MA) en 1999, 2005.
7. A. Chavarría Arnau, *El final de las uillae en Hispania (siglos IV-VIII)*, préface de G. Ripoll et de J. Jarnut, 2006.
8. H. Brandenburg, *Ancient Churches of Rome from the fourth to the seventh century. The dawn of Christian Architecture in the West*, photographs by A. Vescovo, trad. de l'allemand par Andreas Kropp, 2005.
9. L. Khroushkova, *Les Monuments chrétiens de la côte orientale de la Mer noire* (Abkhazie), ive-xive *siècles*, 2007.
10. *Stucs et décors de l'Antiquité tardive au Moyen Âge*, Actes du Colloque (Auxerre, 2005), édité par Chr. Sapin, 2007.
11. R. Collardelle, *La Ville et la mort. Saint-Laurent de Grenoble, 2000 ans de tradition funéraire*, 2008.
12. M. Fixot et J.-P. Pelletier, *Saint-Victor de Marseille, Étude archéologique et monumentale*, 2009.
13. *Saint-Victor de Marseille, Études archéologiques et historiques*, Actes du Colloque Saint-Victor, Marseille, 18-20 nov. 2004, édité par M. Fixot et J.-P. Pelletier, 2009.
14. St. Ratti, *« Antiquus error ». Les ultimes feux de la résistance païenne*, Scripta varia augmentés de cinq études inédites, préface de J.-M Carrié, 2010.
15. N. Iamanidzé, *Les installations liturgiques sculptées des églises de Georgie* (vi^e^-xiiie *siècles)*, 2011.
16. M. Xanthopoulou, *Les Lampes protobyzantines*, préface de J.-P. Sodini, 2010.
17. *Carte des routes et des cités de l'Afrique romaine établie par Pierre Salama*, réalisée par l'Institut géographique national (Paris), notices sur les sites antiques des provinces de Proconsulaire, de Byzacène et de Tripolitaine rédigées sous la direction de N. Duval, J. Desanges, Cl. Lepelley et S. Saint-Amans, 2010.
18. S. Carella, *Architecture religieuse haut-médiévale en Italie méridionale : le diocèse de Bénévent*, 2010.
19. *Le Proche-Orient de Justinien aux Abbassides. Peuplement et dynamiques spatiales*, Actes du colloque édités par A. Borrut, M. Debié, A. Papaconstan-tinou, D. Pieri, J.-P. Sodini, 2012.
20. M.-C. Comte, *Les reliquaires du Proche-Orient et de Chypre à la période protobyzantine* (ive-viiie *siècle)*, 2012.
21. M. Studer-Karlen, Verstorbenendarstellungen auf frühchristlichen Sarkophagen, 2012.
22. *Le cheval dans les sociétés antiques et médiévales*, Actes des Journées d'étude internationales organisées par l'UMR 7044 (Étude des civilisations de l'Antiquité), Strasbourg, 6-7 novembre 2009, édités par S. Lazaris, 2012.
23. *Les 'domus ecclesiae' : aux origines des palais épiscopaux*, Actes du colloque tenu à Autun du 26 au 28 novembre 2009, édités par S. Balcon-Berry, Fr. Baratte, J.-P. Caillet, D. Sandron, 2012.
24. J.C. Magalhaes de Oliveira, *'Potestas populi'. Participation populaire et action collective dans les villes de l'Afrique romaine tardive (vers 300-430 apr. J. C.)*, 2012.
25. M. Fixot, *Le Groupe épiscopal de Fréjus*, 2012.
26. B. Boissavit-Camus, *Le baptistère Saint-Jean de Poitiers. De l'édifice à l'histoire urbaine*, 2014.
27. Y. Narasawa, *Les autels chrétiens du Sud de la Gaule* (v^e^-xiie *siècles)*, 2014.
28. J.-L. Prisset, *Saint-Romain-en-Gal aux temps de Ferréol, Mamert et Adon. L'aire funéraire des thermes des Lutteurs* (ive-x^e^ *siècles)*, 2015.
29. S. Balcon-Berry, *La mémoire des pierres. Mélanges d'archéologie, d'art et d'histoire en l'honneur de Christian Sapin*, 2016.
30. D. Glad, *L'armement dans la région balkanique à l'époque romaine tardive et protobyzantine (284-641)*, 2015.
31. *Libera curiositas. Mélanges d'histoire romaine et d'Antiquité tardive offerts à Jean-Michel Carrié*, édité par C. Freu, S. Janniard, A. Ripoll, 2016.
32. E. Neri, *Tessellata vitrea tardoantichi e altomedievali. Produzione dei materiali e loro messa in opera. Considerazioni generali e studio dei casi milanesi*, 2016.
33. C. Proverbio, *I cicli affrescati paleocristiani di S. Pietro in Vaticano e S. Paolo fuori le mura*, 2017.

À mes parents,
Frédérique et Bernard

Préface

Ce livre a pour matériau de base la prospection et le relevé d'un village peu connu, Kafr ʿAqāb, situé dans un chaînon encore peu exploré du Massif Calcaire, le Ǧebel Wastani. Ce site fait partie de la Province de Syrie I (Antiochène) et pourrait correspondre au site de Niaccaba cité dans l'*Itinéraire Antonin*. Mentionné à quelques reprises il n'a été en fait décrit, brièvement de surcroît, qu'en 1999. Son auteur, Bertrand Riba, a mené son étude dans le cadre d'une thèse – *Le village de Kefert ʿAqab; étude monographique d'un site du Ǧebel Wasṭani (massif calcaire de la Syrie du Nord)* – soutenue le 1/12/2012 à l'Université de Paris IV (Panthéon-Sorbonne) sous la direction du Professeur François Baratte. Son enquête sur le terrain, la mise au net graphique par ses soins de tous ses relevés, la composition de l'illustration et la rédaction ont duré en tout six ans (2007-2013), avant que ne s'engage le processus éditorial qui a mené à ce volume dense où texte, figures, photos ont été ingénieusement agencés pour faciliter la compréhension du site par le lecteur.

L'auteur a d'abord pris le temps d'examiner la situation du village, sa place au sein des routes menant du sud au nord, notamment l'une de celles qui relient directement Apamée à Antioche, ainsi que des communications entre les villages de la région : d'où des cartes qui sont très précieuses et en grande partie inédites. Il a eu surtout le grand mérite de relever, seul, toutes les ruines visibles et, par une étude très attentive de la situation de ces restes, d'en présenter une description cohérente.

Il a pu ainsi retracer les différentes phases du village. Trois hameaux initiaux disposés entre des zones cultivées, comprenant des maisons en appareil polygonal double, sans édifice religieux détecté, constituent le village entre le IIe siècle et le milieu du IVe siècle. Le noyau initial est dans la partie méridionale (quartier B, îlot 06). Deux bâtiments soignés tranchent sur les maisons modestes. Dès le milieu du IVe siècle, s'affirme un soin plus poussé dans les appareils (recours plus marqué aux parpaings octogonaux), des portiques plus systématiques et un décor plus abondant. Le village compte un total de 28 pièces à la fin du IVe siècle. Au Ve siècle, les hameaux les plus anciens (B et D) fusionnent, suivant des processus bien étudiés par l'auteur. La Maison 68, dite d'Eusébios et d'Antiochia, datée de 405, qui recourt déjà à l'appareil orthogonal, lui fournit un témoin chronologique capital de cette transformation dans les techniques de construction. Cette date montre une évolution comparable aux demeures du Gebel Zawiyé, bien avant les chaînons nord du massif calcaire, qui atteignent ce développement seulement à partir de 450. L'aisance paraît alors générale dans l'habitat et les différences sociales, telles qu'on peut les lire dans l'architecture domestique et surtout funéraire, s'estompent. Le village est en pleine expansion. En un laps de temps assez court (entre la fin du IVe siècle et l'année 405), 23 nouvelles maisons se créent dans les secteurs sud, ouest et, à un moindre degré, est du village avec des empiètements successifs sur les terres agricoles qui séparaient les quartiers, soit un total pour le village de 66 pièces.

Durant ces deux siècles, la vie religieuse connaît un bouleversement sensible, celui de la christianisation, marquée par le remplacement des temples des hauts lieux par des bâtiments chrétiens et l'apparition de signes et d'inscriptions chrétiens sur les habitats. La transition est lente, en raison de l'emprise des grands propriétaires terriens sur les villages et du conservatisme religieux des populations paysannes. Le sanctuaire voisin d'el Hosn, dédié à Zeus Koryphaios, connaît une restauration spectaculaire et tardive en 367-368 et les soldats impériaux y organisent des sacrifices jusque vers 395, cependant que s'implante à la même époque ou un peu plus tard, en bordure sud du village, près de la route, une petite église villageoise à nef unique, avec un sanctuaire tripartite (*martyrium* au sud suivant les usages en Antiochène). Un ermite s'installe peut-être dès cette période dans la falaise dominant le village.

Au VIe siècle, le village connaît une ultime phase d'expansion, particulièrement dans le quartier Sud-Ouest en bordure de la route, ce qui souligne son importance dans le développement du village. Les nouvelles constructions recourent aux parpaings de grand module et utilisent à la base des murs des pans de rocher entaillés. Les maisons édifiées dans la première moitié de ce siècle (au nombre de 8, correspondant à un total de 93 pièces) s'implantent en limite des zones d'inhumation, qui dans certains cas sont intégrées au village. Ce dernier s'étend désormais sur 40 ha, ce qui en fait un village de taille moyenne à grosse, tourne le dos à l'extérieur (murs de clôture des maisons 01 et 58), comme c'est le cas de plusieurs autres villages du massif, même s'il n'est pas entouré de murs qui sont le privilège des cités. B. Riba essaie de tirer de ce nombre de pièces, à la suite de G. Tate, de M. Mundell Mango et d'autres chercheurs, une estimation du nombre d'habitants en considérant que chaque pièce abrite un couple, soit, vers le milieu du VIe siècle, un seuil minimal de 186 habitants. Il y ajoute les enfants, les occupants de constructions diverses et parvient à une estimation comprise entre 400 et 600 habitants. Si le site décline à partir de cette date, il n'en reste pas moins occupé durant tout le Moyen Âge. L'organisation des maisons apparaît clairement malgré l'absence de fouille. Encloses et centrées autour d'une cour où stabulaient quelques bêtes et où s'accomplissaient les tâches liées à l'exploitation, elles avaient leur propre réserve d'eau et des espaces pour stocker les denrées nécessaires ; elles comportaient généralement un étage. Elles étaient dotées de dépendances, essentiellement des installations oléicoles et vinicoles. Bref, l'étude permet de situer ce village au sein de ceux qui ont été étudiés dans les autres chaînons : la prospérité y apparaît un peu plus tardive que dans le ğebel Zāwiye, bien étudié par G. Tate, mais bien plus précoce que dans les chaînons nord (ğebel Bārīša notamment).

Le VIe siècle est aussi le moment où l'Église s'épanouit dans le village. L'église sud devient une basilique à trois nefs précédée à l'est par une chapelle absidée, probablement funéraire. Le martyrium est transféré dans l'annexe nord, suivant un usage qui est plutôt caractéristique de l'Apamène. Un monastère de type très intéressant, « éclaté » pour reprendre le terme utilisé par l'auteur, s'installe à 300 m au sud du village avec sa chapelle accolée au tombeau collectif des moines, ses bâtiments pour les cénobites, des cellules à l'écart pour d'autres moines, ses installations agricoles (un pressoir et deux aires de foulage). Mais le pèlerinage lui fournit aussi une source de dynamisme et de revenus supplémentaires bienvenus. À peu de distance de l'église sud, alors même que cette dernière faisait l'objet des agrandissements décrits plus haut, est construite une église longue de plus de 32 m, pourvue de trois absides saillantes correspondant l'une au sanctuaire et les deux autres, plus petites, à deux chapelles fermées ouvrant par des portes sur les bas-côtés. Celle du nord communiquait avec le sanctuaire (*diakonikon*), celle du sud apparemment pas, ce qui pourrait en faire un martyrium, même si une porte a été préférée à l'arc triomphal traditionnel dans la région. Pour la première fois en Syrie du Nord, on constate que la clôture du sanctuaire était fermée par une grille métallique et non par une barrière de chancel en pierre, suivant la juste remarque de l'auteur. Une courte *solea* fermée par une barrière en bois amovible constitue aussi un détail très intéressant de cette clôture. Outre la taille et les trois absides, qui évoquent irrésistiblement le sanctuaire-phare du Massif calcaire, celui de Qal'at Sem'an, la présence de trois portes sur chacun des autres côtés de l'église suggère que celle-ci accueillait des foules. Les restes possibles d'un porche du type de celui de Qal'at Sem'an confirment cette impression. Une aire d'accueil, de parcage et de foire (ou de marché), bien étudiée par le candidat, permet d'imaginer d'après des traces concrètes la présence de ces pèlerins.

Une inscription fragmentaire traduite par Denis Feissel, a été trouvée non en place, à proximité de cette aire, entre les villages de Kafr ʿAqāb, sur la route intérieure au massif calcaire reliant Apamée à Antioche, et Fassouq, situé à 2 km environ au sud du précédent. L'inscription, incomplète, est une borne d'asylie érigée par l'empereur Anastase (491-518). Elle mentionne deux églises, la «toute-sainte» et celle de Saint-Thalélaios. Or les deux villages possèdent deux églises proches, parallèles à Fassouq, disposées l'une derrière l'autre à Kafr ʿAqāb, ce qui rend l'attribution de l'inscription à l'un ou l'autre village délicate. L'inscription mentionnait un patriarche dont le nom manque. On est tenté d'y reconnaître Sévère d'Antioche, patriarche miaphysite de 512 à 518, proche de l'Empereur, sous lequel le lieu de pèlerinage de Saint-Syméon passa entre des mains miaphysites et qui fut accusé d'avoir provoqué avec Pierre, l'archevêque d'Apamée, la tuerie de Kafr Kermin en 517. Cette identification est d'autant plus possible que ce prélat marquait une vénération particulière pour saint Thalélaios dont il prononça l'éloge dans une homélie en 517 à Aigéai, ville située dans la province de Cilicie II. Les deux sites tout comme celui de Banassara, un peu à l'écart de la route, pouvaient constituer des sanctuaires d'étape sur une route de pèlerinage menant à Qal'at Sem'an. Tout près de Kafr ʿAqāb, à Herbet es Serg, le beau sanctuaire de stylite semble marquer l'entrée méridionale du territoire «syméonien».

La qualité des chapitres, que je ne fais qu'évoquer ici, sur économie et société et sur l'architecture funéraire est indéniable, tout comme celle du chapitre sur la fortification tardive qui est érigée autour de l'église sud. Cette dernière est alors immergée dans une série de constructions et entourée d'un mur d'enceinte flanqué de tours en partie conservées, autant de signes de réoccupations diverses, médio-byzantine et croisée. La dernière phase, postérieure à la reconquête islamique (deuxième moitié du XIIe siècle), voit l'implantation d'une mosquée et de son minaret.

Cet ouvrage se recommande par sa clarté d'analyse, par la symbiose étroite entre illustrations et texte ainsi que par son insertion exemplaire dans la problématique la plus récente de l'évolution de l'habitat rural du «massif calcaire» et des enjeux économiques, religieux et politiques de la Syrie romaine, protobyzantine et médiévale. Bertrand Riba livre sur l'histoire du Massif calcaire, déjà riche en ouvrages remarquables, une monographie exceptionnelle.

Jean-Pierre Sodini

Avant-propos

Cet ouvrage est le résultat d'une aventure entreprise sur le site de Kafr ʿAqāb à partir de 2007 dans le cadre d'une thèse de doctorat réalisée à Paris IV - Sorbonne, sous la tutelle du Professeur François Baratte. Widad Khoury, que je remercie ici vivement pour la confiance et le soutien qu'elle a bien voulu m'apporter tout au long de mon travail, en est l'initiatrice. En m'associant à la mission syrienne de « Banassara et du ǧebel Waṣṭāni », cette archéologue et architecte passionnée m'a offert le privilège d'étudier l'une des régions de Syrie les plus riches en termes de vestiges archéologiques romano-byzantins. Pour cela, et tant d'autres choses, je lui en serai pour toujours reconnaissant. Le projet commun de réaliser la monographie du village de Kafr ʿAqāb, en parallèle de l'étude de la localité de Banassara, est né de l'attachement que nous avons pour ce district peu connu du Massif calcaire : le ǧebel Waṣṭāni septentrional, logé à la charnière de deux chaînons qui bordent l'Oronte, dans l'arrière-pays d'Antioche. Les investigations sur le site ont été interrompues par la guerre survenue en 2011. Aussi, le présent ouvrage souhaite rendre hommage aux habitants ainsi qu'au patrimoine inestimable de cette région meurtrie.

L'aide des Syriens a été précieuse dans la réalisation de cette étude. Je tiens à remercier Ishan Ishaq, Zakaria Tehini, Azam al Hussein, Muhamad Noaimi et Rateb Bkheitane pour leur assistance logistique et leur amitié, de même que Mazar Ranné qui m'accompagnait sur le site en qualité de représentant de la Direction des Antiquités du muaffazat d'Idlib. Toute ma gratitude va également aux familles de Azam, de Mahmoud et de Muhamad dont l'hospitalité m'a permis, à plusieurs reprises, de vivre à proximité du site de Kafr ʿAqāb à l'occasion de longs séjours. Cet entourage amical, la présence aussi des bergers, de leurs troupeaux et des agriculteurs constituaient le théâtre serein de mes journées de travail. Ce fut pour moi les conditions idéales pour mener à bien mes investigations sur le terrain même si parfois, celles-ci ont pu prendre la forme d'une quête austère dont la quiétude et l'isolement confinaient aux pratiques ascétiques des ermites d'autrefois. Calepin, crayon, papier millimétré et instruments de mesure en main, je parcourais le silence des ruines au grès des saisons, prenant inlassablement des notes, des mesures, des photographies et dessinant, dans l'espoir d'extirper aux pierres le souvenir de leur histoire. Des bribes du passé me sont alors parvenues, de manière progressive, et leur assemblage m'a permis de tracer, à l'appui des recherches remarquables effectuées par mes prédécesseurs dans la région, les contours de l'évolution de cette localité antique depuis les premiers témoignages visibles de son occupation jusqu'à son abandon. Les difficultés rencontrées au cours de ces travaux, inhérentes à toutes tâches scientifiques réalisées sur le terrain, ont eu peu de poids comparé à la satisfaction que je retirai dans ma tentative de restituer l'histoire de Kafr ʿAqāb. Ainsi, j'espère aujourd'hui avoir contribué, par cette étude ponctuelle, pour imparfaite soit-elle, à enrichir nos connaissances des villages antiques du Massif calcaire de la Syrie du Nord.

Je tiens ici à remercier très chaleureusement toutes les personnes qui ont, de près ou de loin, contribué à l'élaboration de cette monographie.

Mes pensées vont d'abord à Michel al-Maqdissi, alors directeur des fouilles et des études archéologiques de la Direction Générale des Antiquités et des Musées de Syrie, qui a permis et encouragé ces recherches, ainsi qu'à Nicolas Kabbad, directeur du service des Antiquités du muhaffazzat d'Idlib.

Je voudrais également exprimer ma profonde gratitude aux directeurs de deux missions syro-françaises auxquelles je participai dans le Massif calcaire : l'une, dirigée par Jean-Luc Biscop dans le sanctuaire de Saint-Syméon, m'a permis une approche proprement archéologique du terrain, entouré de savants tels que Dominique Pieri et Pierre-Marie Blanc ; l'autre, sous la direction conjointe de Françoise Briquel-Chatonnet et de Widad Khoury, fut l'occasion, dans le cadre de prospections épigraphiques, d'étendre mes connaissances de la région à plusieurs dizaines de sites répartis dans l'ensemble du Massif calcaire.

J'aimerais remercier tout particulièrement mon directeur de recherche, François Baratte, pour sa confiance, son soutien et ses conseils, et qui a bien voulu accueillir cet ouvrage dans la collection Bibliothèque de l'Antiquité Tardive (BAT). Je remercie aussi tout naturellement Jean-Pierre Caillet, son directeur d'alors, et Caroline Michel d'Annoville qui assure aujourd'hui cette fonction. Je n'oublierai pas non plus l'amicale assistance de Fabienne Dugast qui a eu la patience de suivre la progression de la mise en page de cette publication.

De vifs remerciements doivent aussi être rendus à Jean-Pierre Sodini et Jean-Luc Biscop pour le temps qu'ils m'ont consacré, pour m'avoir soutenu et guidé dans mes démarches et ma réflexion, et pour m'avoir généreusement fait part de leurs profondes connaissances des campagnes du Massif calcaire. Je voudrais également exprimer ma reconnaissance au Professeur François Villeneuve que j'ai connu personnellement le jour de ma soutenance et qui m'a toujours soutenu dans mes projets depuis.

Je veux aussi faire part de ma grande gratitude à Nicolas et Randa Khoury pour leur accueil affectueux lors de mes nombreux séjours à Damas.

Enfin, j'aimerais remercier du fond du cœur ma famille, mes parents, Frédérique et Bernard, ma sœur et son conjoint, Raphaëlle et Cyril Carrer, ainsi que mon frère, Julien, pour leur soutien inégalable, leur confiance et pour m'avoir donné du courage dans les moments difficiles. Je leur dois également, tout particulièrement à mes parents, d'avoir été mes lecteurs assidus et le temps infini qu'ils ont consacré à la correction du manuscrit. Je remercie aussi ma femme, Solène, pour son soutien moral et son aide inestimable dans la mise en forme de cet ouvrage. À l'heure où celui-ci s'achève, j'embrasse tendrement notre fille, Noémie, qui a rejoint ce monde tout récemment.

Bertrand Riba

Translittération

أ	Ā	ض	Ḍ
ب	B	ط	Ṭ
ث	T	ظ	Ẓ
ت	Ṯ	ع	ʿ
ج	Ğ	غ	Ġ
ح	Ḥ	ف	F
خ	Ḫ	ق	Q
د	D	ك	K
ذ	Ḏ	ل	L
ر	R	م	M
ز	Z	ن	N
س	S	ه	H
ش	Š	و	W Ū
ص	Ṣ	ي	Y Ī

Voyelles brèves : a, e, i, u
Les lettres finales de prolongations et le tā marbūṭa ne sont pas transcrites.
Seules les voyelles longues accentuées sont transcrites.

Introduction

L'étude du site de Kafr ʿAqāb s'inscrit au cœur d'un ensemble de recherches engagées sur un terrain prometteur représenté par les localités antiques du Massif calcaire de la Syrie du Nord[1] (**fig. 1**). Le village appartient en effet à ce patrimoine archéologique exceptionnel constitué de plus de 700 agglomérations réparties sur les reliefs ondulés d'une vaste formation rocheuse étendue à une superficie d'environ 2000 km² (**fig. 2**). Les limites naturelles de la région, imposées par la topographie et la nature du sol, sont matérialisées, au nord et à l'ouest, par de puissants escarpements bordés de deux vallées où s'écoulent respectivement les fleuves éponymes de l'ʿAfrīn et de l'Oronte. À l'est, les reliefs s'estompent vers le plateau intérieur de la steppe tandis que la partie méridionale côtoie les terres fertiles de la région d'Apamée. Le Massif calcaire comprend une série de plateaux aux contours irréguliers, ponctués de failles et de plissements, entrecoupés de petites plaines intérieures, parmi lesquels se distinguent quatre groupes principaux communément appelés « chaînons » ou « ğebels » : les ğebels Semʿān et Ḥalaqa au nord, les ğebels Bārīšā et Il-Aʿla au centre, le ğebel Zāwiye au sud et les ğebels Waṣṭāni et Dueili à l'ouest. Cette dernière zone, longtemps laissée en marge des recherches, constitue le cadre environnemental du village de Kafr ʿAqāb.

Dans la continuité des nombreux travaux effectués dans les chaînons voisins, en particulier les ğebels Bārīšā et Zāwiye dans lesquels ont été réalisées plusieurs monographies, l'étude d'une localité antique située dans un secteur peu connu du Massif calcaire s'imposait afin d'acquérir une vision plus complète des campagnes de l'arrière-pays d'Antioche. L'examen d'un village inédit du ğebel Waṣṭāni constituait donc à lui seul un enjeu de taille. Le choix du site a été motivé par plusieurs facteurs. D'abord, la situation géographique stratégique de Kafr ʿAqāb à la charnière de deux chaînons, aux abords d'un axe de communication majeur reliant Apamée à Antioche, militait en faveur d'un site fréquenté dont le rôle dans l'articulation du réseau villageois était vraisemblablement important. En effet, l'emprise des ruines confirmait l'existence d'un gros bourg qui semblait bien avoir bénéficié des atouts de son emplacement. Plus que tout autre, le village paraissait donc susceptible d'éclairer, au-delà de ses propres caractéristiques, le contexte régional dans lequel évoluaient les paysans dans le ğebel Waṣṭāni septentrional. Il importait aussi d'évaluer l'impact exercé par la proximité d'Antioche sur une communauté villageoise établie à l'ouest du Massif calcaire, non loin de l'Oronte alors navigable.

Par ailleurs, la typologie des bâtiments répertoriés sur le site, caractérisée par les modèles architecturaux représentatifs des localités de campagne tels que la maison, l'église, le monastère et le tombeau, offrait la possibilité d'étudier les formes architectoniques récurrentes des villages, d'en dégager l'évolution, les spécificités ou les similitudes, et de confronter les résultats avec ceux obtenus dans d'autres localités[2]. En dehors de ces bâtiments, typiques dans la région, l'existence d'un édifice fortifié bâti avec soin, stratégiquement posté à

1. En dehors du Massif calcaire, les recherches concentrées sur les campagnes de Syrie se sont intensifiées depuis le dernier quart du XXᵉ siècle. À partir des années 1980 (Villeneuve 1983 ; Villeneuve 1985, p. 63-137 ; Villeneuve 1986, p. 108-119), les études pluridisciplinaires menées au sud du territoire ont considérablement enrichi nos connaissances des milieux ruraux de cette région (Dentzer 1985-1986 ; Dentzer et Villeneuve 1985, p. 213-248 ; Clauss-Balty 2007, p. 235-280 ; Clauss-Balty 2008 ; Clauss-Balty 2010, p. 199-214). Dans la zone dite des marges arides qui s'étend au sud-est d'Alep, les recherches engagées depuis 1995 livrent également une documentation essentielle à la compréhension des sociétés établies dans ce secteur soumis aux contraintes de la steppe (Geyer et Rousset 2001, p. 111-121 ; Geyer *et al.* 2006, p. 55-69 ; Gatier *et al.* 2010 ; Rivoal 2010 ; Rivoal 2010, p. 209-240 ; Rousset 2011, p. 123-139 ; Geyer et Rousset 2011, p. 111-121 ; Rivoal 2012, p. 101-104. Voir également Villeneuve et Sadler 2001, p. 159-187).

2. Seuls les bains, moins fréquents dans le Massif calcaire, sont absents dans le village. La question de l'*andrôn* est plus délicate (voir chapitre 2, note 28).

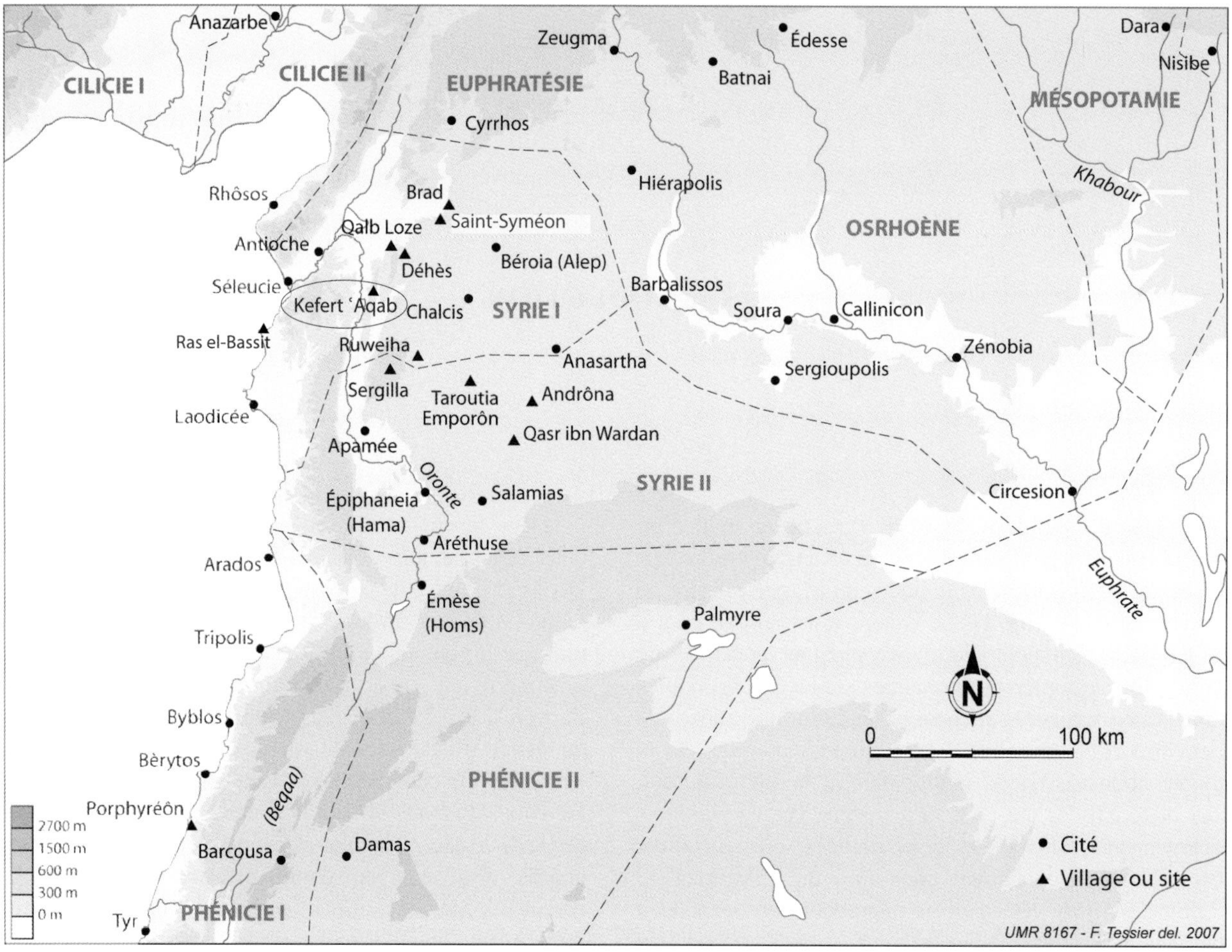

Fig. 1 — *Carte de la Syrie du Nord*

la périphérie de la zone habitée, constituait un intérêt particulier. Selon les pères franciscains, celui-ci serait « le seul bâtiment militaire sûr connu de la période romano-byzantine dans le massif calcaire syrien »[3]. Ces derniers ont avancé à ce propos l'hypothèse d'un *Kastron* qui servait à l'occasion de résidence au représentant du *Comes Orientis*, responsable de la levée des impôts[4]. Au-delà de cette conjecture, il paraissait essentiel de s'assurer qu'il n'était pas question non plus d'un bâtiment lié au système de patronat évoqué par Libanios[5], dont les traces dans la région ont toujours fait défaut.

Le village offrait également l'atout de présenter une occupation particulièrement longue, et, semble-t-il, continue. Le champ chronologique imposé par les ruines s'étend sur plus d'un millénaire, depuis le IIe siècle jusqu'au XIIIe ou XIVe siècle, avec des occupations sporadiques au cours de la période ottomane. L'étude diachronique du site permettrait ainsi de mieux saisir son histoire aux époques moins bien connues postérieures au VIIe siècle.

En outre, le site présentait l'avantage d'avoir été entièrement épargné par le repeuplement progressif de la région depuis le siècle dernier. Le territoire, vierge de constructions modernes, était par conséquent propice à l'étude. En revanche, cet atout est minoré par l'état de dégradation très avancé des vestiges provoqué par les catastrophes naturelles et les réoccupations successives des bâtiments au fil des siècles.

Enfin, les ruines déjà mal conservées, facilement accessibles depuis la route moderne qui les borde, ont subi une dégradation constante au cours des différentes campagnes de recherches menées sur le terrain dans le cadre

3. Peña *et al.* 1999, p. 22.
4. Peña *et al.* 1999, p. 87.
5. Sur la question du patronage, voir Harmand 1955, p. 180-181, Harmand 1957 ; Petit 1955, p. 188-378 ; Liebeschuetz 1972, p. 201 et suiv. ; Lemerle 1979, p. 20-26 ; Dagron 1984, p. 36-37 ; Doukellis 1995, p. 209-222 ; Kauffmann 2004, p. 335-336.

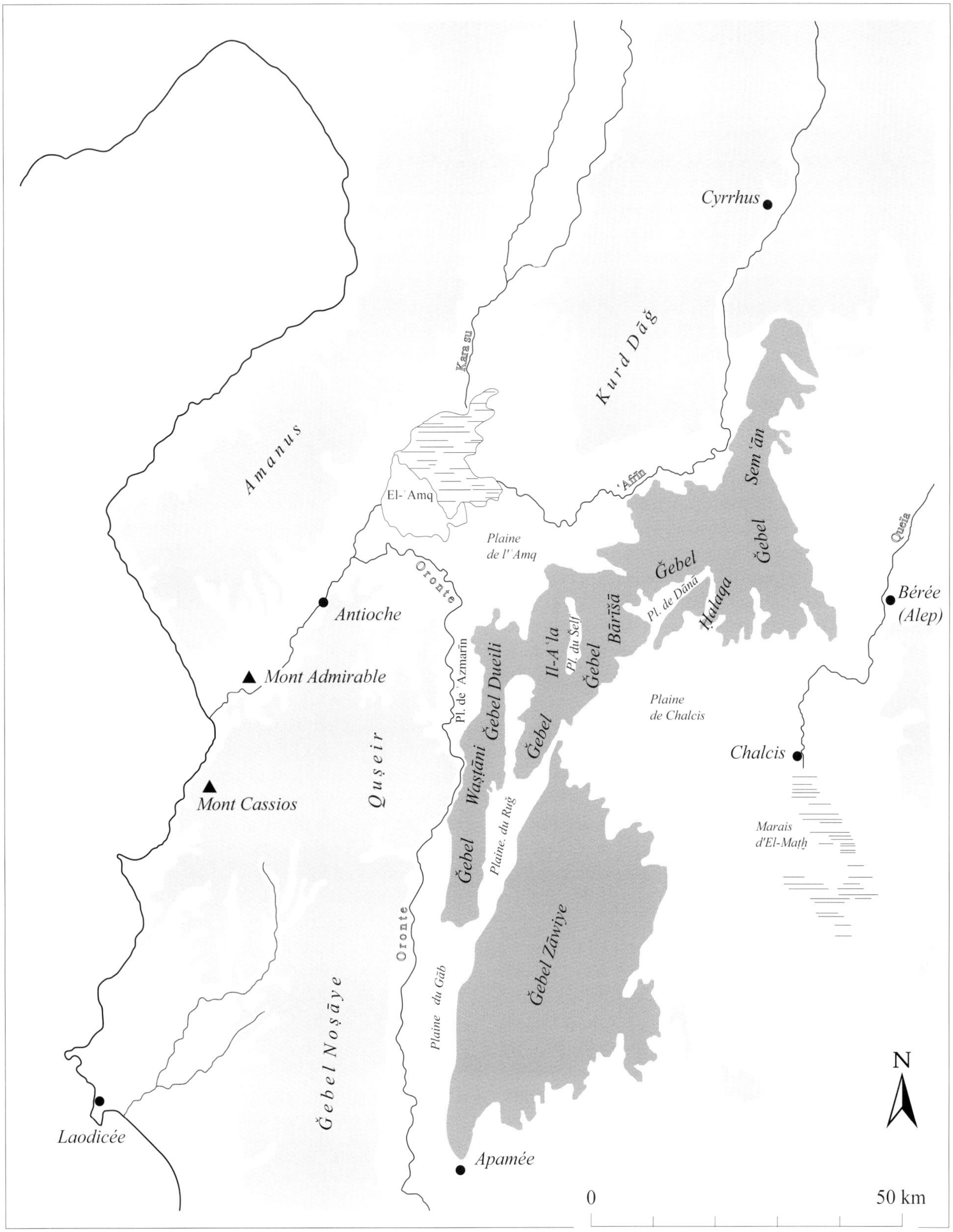

Fig. 2 — *Carte toponymique du Massif calcaire (adaptée de Seyrig 1958).*

de cette enquête. C'est donc également dans un souci de sauvegarde du patrimoine que les travaux de prospection et de relevés de surface ont été entrepris à Kafr ʿAqāb. Depuis plusieurs années maintenant, dans le contexte de conflit qui caractérise la Syrie, les vestiges du village, comme bien d'autres, subissent des dommages considérables.

La présente étude, dont l'objet est d'aborder le site de Kafr ʿAqāb dans sa totalité, appartient à une phase nouvelle de la recherche amorcée dans la région depuis l'ouverture des fouilles archéologiques dans le village de Deḥes en 1976[6]. Auparavant, G. Tchalenko avait fait des villages du Massif calcaire un sujet d'étude à part entière dont le résultat fut un exposé complet et cohérent de leur histoire sociale et économique. Dans la même optique, mais selon une approche différente, G. Tate[7] a livré une nouvelle lecture de l'histoire villageoise, avec des conclusions qui divergent de celles de son prédécesseur sur quelques points fondamentaux. Ainsi, à la suite de ces grandes synthèses, il convient de s'intéresser non plus aux campagnes de manière globale, mais de s'attacher au contraire à ce qui en constitue le noyau, c'est-à-dire le village en lui-même et l'examen approfondi de chacune de ses composantes. Kafr ʿAqāb est donc ici considéré comme une entité unique où chaque catégorie architecturale (domestique, funéraire, ecclésiastique, monastique, etc.), analysée pour elle-même, puis replacée dans le contexte villageois, est l'occasion de déterminer les mécanismes ayant présidé au développement de la localité. La monographie constitue aujourd'hui l'approche la mieux adaptée pour inventorier les caractères qui rassemblent ou différencient les villages entre eux, et constater dans quelle mesure leur structure, leur composition et l'histoire de leur évolution coïncident avec ce que l'on connaît de l'habitat rural du Massif calcaire. Cette méthode, qui permet d'acquérir une vue détaillée du sujet étudié, permet de confirmer, d'infirmer ou de préciser les résultats des recherches antérieures et de les enrichir de données nouvelles.

Plusieurs campagnes de recherches étendues sur quatre années, comprises entre 2007 et 2010, sont à l'origine de cette étude réalisée dans le cadre de la mission syrienne de « Banassara et du ǧebel Waṣṭāni » dirigée par W. Khoury. La démarche adoptée se fonde exclusivement sur l'étude du bâti en tenant compte des limites imposées par cette méthode. Les fouilles archéologiques, indispensables à l'apport d'éléments nouveaux dans la connaissance des villages du Massif calcaire, ont permis, notamment, de remettre en cause des hypothèses que l'on croyait acquises depuis G. Tchalenko[8]. Cependant, le site de Kafr ʿAqāb pose d'emblée une foule d'interrogations qui n'appelaient pas, dans un premier temps, l'entreprise de tels travaux. S'il avait fallu faire le choix d'une zone particulière parmi les dizaines de secteurs potentiels, les fouilles nécessairement réalisées sur une courte période auraient vraisemblablement soulevé davantage de questions en réponse aux solutions attendues. Le site de Kafr ʿAqāb n'échappe pas, en effet, au constat formulé en ces termes par J. Lassus à propos de ces villages : « dès qu'on gratte un peu le sol, les problèmes se renouvellent immédiatement »[9]. Aussi faudra-t-il considérer les résultats de cette étude comme une base qui permettra de réaliser, en des temps meilleurs, sur un plus long terme et avec des moyens plus développés, des fouilles aux emplacements pertinents qu'ils auront révélés. Pour l'heure, le village particulièrement étendu, doté de plus d'une centaine de constructions, offre un terrain d'étude suffisamment riche pour permettre une analyse minutieuse et féconde des vestiges conservés en surface.

Sur le terrain, seuls quelques dégagements sommaires ont été pratiqués dans le but de compléter des observations importantes ou certains dessins. L'ensemble des relevés d'architecture a été effectué sans recours aux techniques modernes telles que la photogrammétrie ou l'utilisation de photographies redressées. Leur intégralité a été effectuée sur place par les soins de l'auteur. Parallèlement aux relevés de surface, les prospections, les nombreux croquis effectués pour chaque construction et aménagement du village, puis le relevé topographique complet des ruines ont été le moyen d'acquérir une profonde connaissance de toutes les structures visibles du site. Aussi, l'étude des techniques de construction, du décor et des relations chronologiques identifiées entre les bâtiments a permis de recueillir la documentation indispensable à la compréhension de l'évolution de la société villageoise. Naturellement, le texte de ce volume est illustré de plans, de relevés d'architecture et de photographies sans lesquels celui-ci ne serait pas lisible.

L'étude monographique du site de Kafr ʿAqāb est donc l'occasion de livrer un relevé topographique détaillé d'un

6. Les fouilles archéologiques françaises du village de Deḥes, confiées à J.-P. Sodini et G. Tate, ont commencé à partir de 1976 en vue de l'élaboration d'une monographie. La partie concernant le secteur dit de « l'agora » a été achevée et publiée en 1980 (Sodini *et al.* 1980).

7. Tate 1992a.

8. Dès les travaux réalisés à Deḥes, certaines conclusions ont été remises en question. Ainsi, au lieu de l'existence d'une « place de marché », ou *agora*, sur laquelle donnait un *andrôn*, comme l'indiquait G. Tchalenko, les fouilles ont montré qu'il s'agissait de trois habitations voisines séparées par des murs de clôture. L'*andrôn* était en réalité une simple maison. Les archéologues ont aussi distingué deux phases principales, l'une au IVe siècle, l'autre au VIe siècle. La phase de prospérité située au Ve siècle par G. Tchalenko était donc plus tardive dans le cas de ce village. Les fouilles ont également mis en avant la place importante de l'élevage qui avait jusque là échappé à l'attention des chercheurs. L'économie fondée sur la monoculture de l'olivier qui avait séduit certains chercheurs a aussi été démentie, orientant plutôt l'économie villageoise vers un régime de polyculture.

9. Lassus 1947b, p. 159.

village antique inédit du Massif calcaire, de déterminer ses différentes phases d'expansion, d'analyser l'évolution des bâtiments sur toute la durée de leur occupation et d'examiner les formes d'activités agricoles, commerciales et religieuses. L'objectif final est de proposer une restitution aussi complète que possible du développement de la localité en tentant de replacer chaque phase chronologique identifiée dans son contexte économique, social, démographique et religieux. Les résultats obtenus permettront enfin de mesurer la place de Kafr ʿAqāb dans l'histoire des villages du ǧebel Waṣṭāni et du Massif calcaire dans son ensemble.

Le cadre de l'enquête

Recherches antérieures

L'intérêt porté aux ruines du Massif calcaire apparaît dès le XVIIe siècle ; toutefois, si l'on doit résumer les grandes lignes de l'histoire des recherches effectuées dans la région, il convient de situer leur véritable point départ dans la seconde moitié du XIXe siècle, lorsque M. de Vogüé, secondé par l'architecte E. Duthoit, entreprend la prospection d'une trentaine de sites situés dans l'arrière-pays d'Antioche[1]. Au tournant du XXe siècle, les vestiges des villages du Massif calcaire constituent une part importante de l'étude menée au cours des trois expéditions américaines dirigées par l'architecte H. C. Butler en Syrie. Une première publication livre une étude typologique des constructions rencontrées dans l'ensemble de la région ; une seconde, parue en 1920, privilégie une présentation fondée sur l'étude des bâtiments village par village. Dans un ouvrage moins scientifique, mais non dénué d'intérêt, le R. P. Mattern, à qui on doit la formule peu appropriée de « villes mortes », met à la portée du grand public les monuments rencontrés lors de son voyage en Syrie du Nord[2].

Dans les années 1950, l'œuvre magistrale de G. Tchalenko[3] marque un tournant décisif dans l'étude des villages antiques du Massif calcaire. L'auteur, qui aborde la région comme un ensemble à part entière, s'ingénie à en détailler tous les aspects[4] et réunit, parfois en collaboration avec J. Lassus, une documentation abondante sur de nombreux sites et monuments, connus ou inédits, en multipliant les plans de villages, les relevés, les photographies et les reconstitutions. Le savant accumule ainsi une somme colossale de données qui a en commun l'unité du lieu placé sous l'appellation de « Massif calcaire » ou « massif du Bélus »[5], et perçu comme le cadre de la vie des hommes que l'auteur cherche à atteindre au plus près au moyen d'un travail méthodique et patient. Cette démarche en avance sur son temps permet, à terme, de reconstruire l'histoire sociale et économique des communautés villageoises de la région. Le volume de G. Tate, paru en 1992, livre un regard nouveau sur *Les campagnes de la Syrie du Nord du IIe au VIIe siècle*[6]. Un système d'analyse basé sur des données traitées selon une méthode sérielle[7] aboutit à une seconde grande synthèse. L'auteur fonde son étude sur un échantillon de 46 villages répartis dans tous les chaînons, à l'exception des ǧebels Waṣṭāni et Dueili. L'examen des appareils et des décors permet, avec l'appui de l'épigraphie, de réaliser une lecture nouvelle du cadre socio-économique de la région en insistant sur les mouvements démographiques. Les résultats obtenus divergent de certaines conclusions proposées par G. Tchalenko, notamment sur l'existence des grands propriétaires, le type de régime agricole, la place de l'économie de marché ou la question de la typologie des villages.

1. Leurs résultats issus de ces prospections sont rassemblés, avec d'autres rapportés des régions de Damas et du Hauran, dans un ouvrage intitulé *Syrie centrale, Architecture civile et religieuse du Ier au VIIe siècle* (M. de Vogüé 1865-1877).
2. Mattern 1944.
3. Tchalenko 1953-1958. Voir également Tchalenko 1951, p. 389-396 ; Tchalenko 1971, p. 289-292 ; Tchalenko 1973, p. 115-136a
4. Voir notamment Lassus 1947b, p. 158-174 ; Lassus et Tchalenko 1951, p. 96. J. Lassus est l'auteur de nombreux ouvrages et articles majeurs dont les principaux sont Lassus 1932, p. 67-82 ; Lassus 1935-1936 ; Lassus 1947a ; Lassus 1952, p. 45-51 ; Lassus 1953, p. 418-428.
5. G. Tchalenko suppose que les anciens nommaient « Bélus » l'ensemble du Massif calcaire situé entre Apamée et Cyrrhus, et Antioche et Chalcis. Il souligne cependant le caractère hypothétique de cette appellation. R. Dussaud, quant à lui, y reconnaît l'Oronte (Dussaud 1925, p. 155), avis partagé par J.-Ch. Balty qui propose néanmoins d'y voir plusieurs cours d'eau (Balty 1982, p. 287-298 ; voir également Balty et Balty 1982, p. 69-71).
6. Tate 1992a. G. Tate est également l'auteur de nombreux articles concernant l'évolution démographique et économique de la Syrie du Nord et du Massif calcaire en particulier. Les principaux sont les suivants : Tate 1988a, p. 107-114 ; Tate 1989b, p. 64-77 ; Tate 1989c, p. 379-386 ; Tate 1990, p. 84-92 ; Tate 1991a, p. 41-47 ; Tate 1992b, p. 93-99 ; Tate 1995, p. 243-252 ; Tate 2004b, p. 311-318.
7. Tate 1988b, p. 107-114.

Dans le sillage de G. Tchalenko, les domaines d'activités se diversifient et les thèmes de recherches font l'objet d'études plus approfondies. La maison, élément fondamental de l'architecture régionale, est essentiellement connue par les résultats publiés à l'issue de la fouille de Deḥes[8] et par l'article de synthèse réalisé par J.-P. Sodini et G. Tate[9]. Elle occupe également une place centrale dans l'ouvrage de G. Tate[10]. Le décor lié à l'architecture domestique a retenu l'attention de A. Naccache, en particulier dans le village de Deir Sunbul[11]. Dans le domaine de l'économie villageoise, O. Callot[12] a livré une étude détaillée des pressoirs de la région, complétée par une mise au point effectuée dans un article et un ouvrage récents[13]. L'architecture funéraire, de son côté, a suscité l'attention de M. Griesheimer[14], en collaboration avec A. Naccache[15] en ce qui concerne la localité de Deir Sunbul, tandis que d'autres tombes à caractère monumental ont fait l'objet d'études ponctuelles, comme le mausolée pyramidal de Serǧilla[16] et celui de Ḥass[17]. Le décor sculpté a donné lieu à divers travaux menés, pour la période romaine, par S. Berger[18] et, pour la période protobyzantine, par C. Strube[19] qui a livré une analyse des chapiteaux accompagnée d'une documentation abondante illustrée par des relevés de qualité. A. Naccache, quant à elle, a orienté son étude vers *Le décor des églises de villages d'Antiochène*[20], et apporte des données nouvelles sur la typologie des moulures, ainsi que sur la répartition et la nature des motifs sculptés. Les pavements de mosaïques ont aussi fait l'objet de publications importantes[21]. Dans la région, une grande part des recherches a naturellement été consacrée à l'architecture religieuse. Les sanctuaires païens ont suscité l'intérêt d'O. Callot[22], de J. Marcillet-Jaubert[23] et de P.-L. Gatier[24]. Du côté de l'archéologie chrétienne, J.-L. Biscop[25] s'est intéressé à l'architecture monastique d'Antiochène, alors que les couvents d'Apamène ont bénéficié de l'attention de J.-P. Fourdrin[26]. Le mode d'ascèse spectaculaire caractérisé par le stylitisme a fait quant à lui l'objet de plusieurs publications de la part de J. Lassus[27], des pères franciscains[28], d'O. Callot[29] et de P.-L. Gatier[30]. En ce qui concerne les basiliques, on retient les publications posthumes des églises à bêma de G. Tchalenko illustrées par E. Baccache[31], les articles et les ouvrages relatifs à l'ensemble ecclésial de Ḥūarte[32], et de nombreuses études de synthèse, ou portant sur des basiliques en particulier[33]. Les études de N. Surrel[34] sur les chevets nord-syriens et de B. Dufaÿ[35] sur les baptistères ruraux sont également à retenir[36]. Le bêma, dispositif particulièrement original à l'intérieur de ces édifices, suscite un intérêt sans cesse renouvelé de la part des chercheurs[37]. Par ailleurs, dans la catégorie des rares monuments publics identifiés dans les villages, à l'exception des églises, les bains ont fait l'objet de plusieurs études menées par G. Charpentier[38]. En outre, l'épigraphie a permis de dater un grand nombre de bâtiments, de préciser les limites entre les provinces de Syrie I et de Syrie II, et de renseigner sur l'onomastique et l'histoire du peuplement. À cet égard, il faut signaler les volumes de L. Jalabert et de R. Mouterde[39], puis les articles de J. Jarry[40] et de J. Marcillet-Jaubert, et les études effectuées par P.-L. Gatier et D. Feissel[41]. En dernier lieu, la mission épigraphique syriaque dirigée par F. Briquel-Chatonnet et W. Khoury a procédé à l'inventaire des inscriptions du Massif calcaire[42]. D'autres secteurs d'activité se sont concentrés sur l'environnement, tels que

8. Sodini *et al.* 1980.
9. Sodini et Tate 1984, p. 377-393.
10. Tate 1992a ; voir également Tate 1997b, p. 95-101.
11. Naccache et Tate 1995, p. 371-489.
12. Callot 1984. L'économie liée à l'oléiculture antique a fait l'objet de plusieurs travaux depuis (Callot 2002-2003, p. 341-344 ; Giorgi 2010, p. 97-107 ; Pamir 2010, p. 75-96 ; Zerbini 2012, p. 36-64 ; Waliszewski 2014 ; Van Limbergen 2015, p. 169-189).
13. Callot 2013, p. 97-109 ; Callot 2017.
14. Griesheimer 1997a, p. 165-211 ; Griesheimer 1997b, p. 397-304.
15. Griesheimer et Naccache 1995 p. 75-119.
16. Charpentier 2003-2004, p. 123-132.
17. Clauss-Balty 2009, p. 265-276.
18. Berger 2005.
19. Strube 1993 ; Strube 2002.
20. Naccache 1992.
21. Balty 1989, p. 491-523 ; Balty 1991, p. 27-39 ; Balty 1995 ; Donceel-Voûte 1988.
22. Callot 1997, p. 735-750.
23. Callot et Marcillet-Jaubert 1984, p. 184-202 ; Callot et Marcillet-Jaubert 1989, p. 181-186.
24. Callot et Gatier 1998, p. 153-155 ; Callot et Gatier 1999a, p. 239-242 ; Callot et Gatier 1999b, p. 665-688 ; Gatier 2001b, p. 9-15.
25. Biscop 1997.
26. Fourdrin 1985, p. 319-335 ; Fourdrin 1999, p. 165-166 ; Fourdrin 2013, p. 235-260.
27. Lassus 1932, p. 67-82.
28. Peña *et al.* 1987.
29. Callot 1989, p. 107-122.
30. Callot et Gatier 2004, p. 573-596.
31. Tchalenko 1990.
32. Canivet 1975, p. 153-166 ; Canivet 1978, p. 153-161 ; Canivet 1989b, p. 214-219 ; Canivet et Canivet 1979, p. 65-98 ; Canivet et Canivet 1987.
33. Chehid 1965, p. 93-104 ; Sodini 1989a, 347-372 ; Biscop et Sodini 1984, p. 267-330 ; Fourdrin 1985, p. 319-335 ; Biscop et Sodini 1987, p. 107-129 ; Fourdrin 1992, p. 171-210 ; Khoury et Naccache 1996, p. 160-163 ; Khoury 2002-2003, p. 435-443 ; Khoury 2005, p. 225-266 ; Azpeitia 2005, p. 37-54 ; Sodini 2006, p. 229-266 ; Callot 2007, p. 127-134 ; Callot 2009, p. 307-326.
34. Surrel 1983.
35. Dufaÿ 1984 ; voir également Dufaÿ 1988, p. 67-98 et Dufaÿ 2017, à paraître.
36. Voir également Castellana 2003, p. 359-366.
37. Renhart 1995, p. 85-94 ; Loosley 2001 ; Balty 2004, p. 447-457.
38. Charpentier 1994, p. 113-142 ; Charpentier 1995a, p. 219-247 ; 2014, p. 465-494 ; sur les bains voir également Biscop et Blanc 2014 p. 413-432
39. *IGLS* II.
40. Jarry 1967, p. 139-220 ; Jarry 1970, p. 187-214 ; Jarry 1981, p. 379-385 ; Jarry 1982, p. 73-102 ; Jarry 1985, p. 1-7 ; Jarry 1990, p. 103-112.
41. Feissel 1982, p. 319-343 ; Feissel 2000, p. 65-74.
42. Briquel-Chatonnet *et al.* 2004-2005, p. 187-195 ; Briquel-Chatonnet et Desreumaux 2011a, p. 27-44 ; Briquel-Chatonnet et Desreumaux 2011b, p. 45-61 ; Briquel-Chatonnet et Daccache 2015.

les travaux de J. Besançon et de B. Geyer[43] dans le domaine de la géographie et ceux de J.-P. Gild et de P. Bildgen[44] en ce qui concerne la géologie et l'hydrologie. Aussi, les productions dans les domaines de la céramique[45] et des métaux[46], dont l'argenterie[47], ont livré d'importantes informations. Enfin, il convient de signaler les activités des pères franciscains I. Peña, P. Castellana et R. Fernandez fondées sur l'exploration de plusieurs chaînons du Massif calcaire[48].

Parallèlement aux divers thèmes de recherche abordés, et suite aux travaux menés dans l'ensemble de la région par G. Tchalenko puis G. Tate, certains sites font désormais l'objet d'une attention particulière en vue de l'élaboration d'études monographiques. L'objectif est cette fois d'examiner, en multipliant les perspectives d'approches, toutes les facettes d'une localité afin de rendre compte de son évolution depuis la première phase de son occupation jusqu'à son abandon. De tels travaux sont engagés dès 1976 à Deḥes, l'une des plus grandes agglomérations antiques du ǧebel Bārīšā septentrional. La publication du quartier dit « de l'agora » a permis, entre autres, de rectifier la conception de l'espace rural livrée par nos prédécesseurs et de préciser l'organisation d'un îlot composé de plusieurs maisons mitoyennes. De leur côté, les prospections et l'analyse effectuées sur le site de Deir Sētā, implanté dans la partie méridionale du même chaînon, ont été l'occasion de rendre compte d'un village dans sa globalité[49]. Des travaux similaires sont entrepris par la mission française du côté apaméen du ǧebel Zāwiye. Dans la continuité des activités exercées par H. C. Butler, le village de Serǧilla est l'objet, depuis 1989, de l'intervention d'une équipe pluridisciplinaire composée d'archéologues, d'architectes et de divers spécialistes qui ont méticuleusement étudié l'ensemble des composantes de la localité en identifiant chaque phase de son évolution. La parution récente du premier tome intitulé « *Serǧilla, village d'Apamène. Une architecture de pierre* »[50] livre aujourd'hui les résultats de ces travaux importants qui demeurent à ce jour les plus exhaustifs réalisés dans un village du Massif calcaire. Plus récemment, des recherches ont été engagées dans deux autres localités du ǧebel Zāwiye, à El-Bāra, dans le quartier de la mosquée[51], et à Ruweiḥa[52].

Par ailleurs, il convient de noter, même si cela sort du cadre strict du Massif calcaire, les interventions dirigées depuis 1995 dans la région de la vallée de l'ʿAmq qui permettent de mieux comprendre l'organisation de la vie rurale de ce secteur aux époques hellénistique, romaine et byzantine[53]. La basse et la moyenne vallée de l'Oronte ont également fait l'objet de plusieurs visites, de prospections et d'études très enrichissantes[54].

Enfin, on ne saurait clore ces pages consacrées à l'historique des recherches sans évoquer les principaux travaux effectués au sein des deux grands centres urbains entre lesquels se situe le ǧebel Waṣṭāni : Antioche et Apamée. Dans le premier, les fouilles archéologiques américaines réalisées entre 1932 et 1939 ont donné lieu à d'importants résultats publiés dans la série *Antioch-on-the-Orontes*[55] à laquelle s'ajoute l'ouvrage considérable de D. Levi sur les mosaïques[56]. Depuis, en dépit des lacunes archéologiques dues aux difficultés de fouiller un site très urbanisé sur lequel les vestiges sont souvent profondément enfouis, la ville a fait l'objet de nombreux articles parus sur la base des connaissances du terrain ; la plupart reposent sur l'abondante documentation littéraire disponible, notamment en ce qui concerne l'Antiquité tardive[57]. Dans le second, qui a bénéficié de fouilles archéologiques pendant une quarantaine d'années par le « Centre belge de recherches archéologiques à Apamée de Syrie », des découvertes majeures ont été faites concernant l'évolution de la ville, son rôle et son rayonnement durant une occupation ininterrompue depuis le début de l'époque hellénistique jusqu'au XIIe siècle[58].

43. Besançon et Geyer 1995, p. 307-355 ; Besançon et Geyer 1997 ; Besançon et Geyer 2001, p. 11-38.
44. Bilgen et Gild 1995, p. 1-21 ; voir également Bilgen *et al.* 2000.
45. Sodini *et al.* 1980, p. 234-266 ; Touma 1984 ; Orssaud 1992, p. 219-228 ; Sodini et Villeneuve 1992, p. 195-218 ; Rousset 1998a ; Rousset 1998b, Rousset 1999 ; Sodini 2000, p 181-196 ; Bavant et Orssaud 2001, p. 33-48 ; Orssaud et Sodini 2003, p. 491-504, Pieri 2001, p. 17-33 ; Pieri 2005a ; Pieri 2005b, p. 583-596 ; Vokaer 2007, p 701-714 ; 2009, p. 121-136 ; Pieri et Haidar Vela 2013, p. 111-147.
46. Kazanski 2003.
47. Mundell Mango 1986.
48. Peña *et al.* 1987 ; Peña *et al.* 1990 ; Peña *et al.* 1999 ; Peña *et al.* 2003. Il convient également de mentionner les prospections réalisées au sein de plusieurs chaînons dans le cadre de thèses de doctorat (Al Horani 2010, Suleiman 2012 et Hanna 2017).
49. Khoury 1987.
50. Tate *et al.* 2013.

51. Charpentier et Abdulkarim 2009, p. 45-56 ; Charpentier 2013, p. 285-309.
52. Abdulkarim 2013, p. 271-284.
53. Aslihan Yener *et al.* 2000, p. 163-220 ; Casana 2003, p. 102-125. Notons également les prospections réalisées dans la plaine d'Antioche par Braidwood (Braidwood 1937).
54. Weulersse 1940 ; Mécérian 1964, p. 1-144 ; Lafontaine-Dosogne 1967 ; Djobadze 1986 ; Sinclair 1990 ; Courtois 1973, p. 53-99 ; Vanesse 2011, p. 285-300. En dernier lieu, on retient l'important dossier consacré à l'Oronte dans Parayre 2016.
55. Elderkin et Stillwell 1934 ; Stillwell 1938 ; Stillwell 1941.
56. Levi 1947.
57. Parmi les principaux travaux, retenons les quatre grandes synthèses suivantes : Devreesse 1945 ; Petit 1955 ; Downey 1961 ; Liebeschuetz 1979, et diverses publications telles que Weulersse 1934, p. 27-79 ; Lassus 1977, p. 55-102 ; Lassus 1984, p. 361- 372 ; Kennedy et Liebeschuetz 1988, p. 64-90 ; Kennedy 1992, p. 181-198 ; Poccardi 1994, p. 993-1023 ; Will 1997, p. 99-113 ; Callu 1997, p. 117-169 ; Saliou 2006, p. 69-95 ; Saliou 2014, p. 629-661. Voir également les articles compris dans Cabouret *et al.* 2004, et plus récemment dans Cabouret *et al.*, 2010. Il convient également de se reporter à la bibliographie issue des fouilles archéologiques turques dirigées par Hatice Pamir, ainsi que les recherches allemandes portant notamment sur les remparts d'Antioche (Brasse 2010 ; Brands 2016). Enfin, voir aussi Saliou *et al.* 2012 et Saliou 2015b, p. 90-104.
58. Balty 1969 ; Balty 1984, p. 471-503 ; Balty 1989b, p. 79-96 ; Balty 1991, p. 15-26 ; Balty 1997, p. 283-296 ; Balty 2013, p. 199-221 ; Balty et Balty 1984, p. 167-176 ; Balty et Balty 2007, p. 111-126.

Le ǧebel Waṣṭāni, un chaînon peu connu

Le ǧebel Waṣṭāni est longtemps resté à l'écart des recherches malgré la place de choix occupée par celui-ci au sein du paysage rural, à proximité de l'Oronte, entre les métropoles d'Antioche et d'Apamée. En effet, les premières expéditions entreprises à partir de la seconde moitié du XIXe siècle n'y accordent pas ou peu d'intérêt. Ignoré par l'expédition menée par M. de Vogüé, le chaînon est brièvement parcouru par W. K. Prentice et F. A. Norris[59], membres de la mission américaine de Princeton. Au cours de la première moitié du XXe siècle, les visites se résument à celles de R. Mouterde et du lieutenant Froment qui, à l'occasion de « deux rapides reconnaissances »[60], y découvrent des sites inédits seulement connus par leur nom. R. Mouterde évoque le fortin d'El-Ḥoṣn où il trouve l'inscription grecque qui témoigne de la réfection d'un temple antique par les villageois de *Touron*[61], localité identifiée par l'épigraphiste à l'actuelle Ṭurīn située à quelques kilomètres au sud-ouest du site. Le village de Kafr ʿAqāb retient également l'attention du savant bien qu'il n'y trouve aucune inscription. Dans sa « Carte touristique et archéologique du caza de Harem »[62], le lieutenant Froment s'attarde un peu plus longuement sur les sites de la région et livre une description succincte des différents ensembles archéologiques rencontrés. En 1945, le secteur est à nouveau mentionné dans le volume intitulé « *Le Limès de Chalcis* »[63] par R. Mouterde et A. Poidebard alors en quête de l'*Itinéraire Antonin* qu'ils proposent de faire passer par Ṭurīn.

Le chaînon n'est pas compris dans le cadre de la monographie de G. Tchalenko bien que l'objet de celle-ci porte précisément sur le caractère unitaire du Massif calcaire. L'auteur justifie l'exclusion de ce district en affirmant que « la région n'a conservé aucun vestige », et s'il admet la présence « de ruines encore insuffisamment étudiées »[64] dans le ǧebel Dueili, ce dernier échappe lui aussi au cadre de l'enquête. Il est vrai que les ruines situées dans la partie sud du ǧebel Waṣṭāni, aisément accessible depuis les plaines voisines, ont énormément souffert de l'activité des hommes jusqu'à nos jours. En revanche, la partie nord du chaînon, où se trouve le village de Kafr ʿAqāb, est demeurée beaucoup plus sauvage en raison d'un relief particulièrement accidenté. Les vestiges y sont plus nombreux, mais leur état délabré, l'abondance de la couverture végétale et l'absence de routes jusque dans les années 1980 dissuadent toute entreprise scientifique dans cette zone. Les chercheurs s'y aventurent plus volontiers à partir de 1985, lorsque de la construction d'une route asphaltée permet de pénétrer dans le secteur septentrional du ǧebel Waṣṭāni. Ainsi, les premières églises du chaînon sont publiées par les soins de J.-L. Biscop et de J.-P. Sodini qui mettent en exergue l'impact du sanctuaire de Qalʿat Semʿān dans cette région retirée[65]. À la même époque, les pères franciscains entreprennent des prospections afin de dresser l'inventaire de tous les sites antiques qui s'y trouvent. Toutefois, malgré les facilités d'accès permises par des axes de communications modernes et la richesse du patrimoine archéologique du chaînon peu à peu dévoilée par les premières activités scientifiques, G. Tate n'inclut pas non plus les villages des ǧebels Waṣṭāni et Dueili au sein de sa grande synthèse réalisée sur les campagnes de la Syrie du Nord. Jusque dans les années 2000, le chaînon est seulement évoqué dans le cadre d'études thématiques portées à l'ensemble du Massif calcaire. Ainsi l'analyse des décors d'époque romaine réalisée par S. Berger[66], comme celle d'A. Naccache[67] sur l'ornementation des églises, s'est élargie aux édifices les plus connus du ǧebel Waṣṭāni. M. Griesheimer, de son côté, mentionne quelques sites à l'occasion d'une étude sur les tombeaux, en portant une attention particulière à la nécropole de Ṭurīn[68].

C'est finalement aux pères franciscains I. Peña, P. Castellana et R. Fernández, avec la collaboration de W. Khoury, que revient le mérite de faire connaître le ǧebel Waṣṭāni dans sa globalité. Ces travaux permettent de localiser près de 75 sites antiques dont la plupart étaient jusque là inconnus. Chacun d'entre eux bénéficie d'une description générale, parfois associée à des plans, des croquis et des photographies. L'ouvrage[69], publié en 1999, comprend également une carte archéologique du chaînon sur laquelle apparaissent les sites recensés, ainsi que les tronçons d'axes de communication antiques dont certains appartiennent à une voie qui assurait la liaison entre la plaine du Ruǧ et celle de ʿAzmarin. Ces campagnes de prospections ont aussi donné lieu à divers articles traitant de certains villages ou de monuments en particulier[70]. Enfin, la création de la mission syrienne de « Banassara et du ǧebel Waṣṭāni », placée sous la direction de W. Khoury, a permis de mettre en œuvre un programme de recherche dans le village de Banassara afin d'en réaliser la monographie. Ces travaux engagés depuis 2002, riches en

59. *PAES* I, p. 77.
60. Froment 1930, p. 280-292.
61. *IGLS* II, 652.
62. Froment 1930, p. 280-292.
63. Mouterde et Poidebard 1945.
64. Tchalenko 1953-1958, I, p. 59.
65. Biscop et Sodini 1987, p. 107-129.
66. Berger 2005.
67. Naccache 1992.
68. Griesheimer 1997a, p. 165-211 ; 1997b p. 397-304.
69. Peña *et al.* 1999.
70. Peña 1985, p. 279-290 ; Peña 1990, p. 335-348 ; Khoury 1990, p. 184-303 ; Khoury et Castellana 1990 p. 14-25 ; Peña 1993, p. 387-401 ; Peña 1994 ; Peña 1995, p. 343-350 ; Khoury 1996, p. 160-162 ; Khoury et Naccache 1996, p. 160-163 ; Peña 2003, p. 367-370.

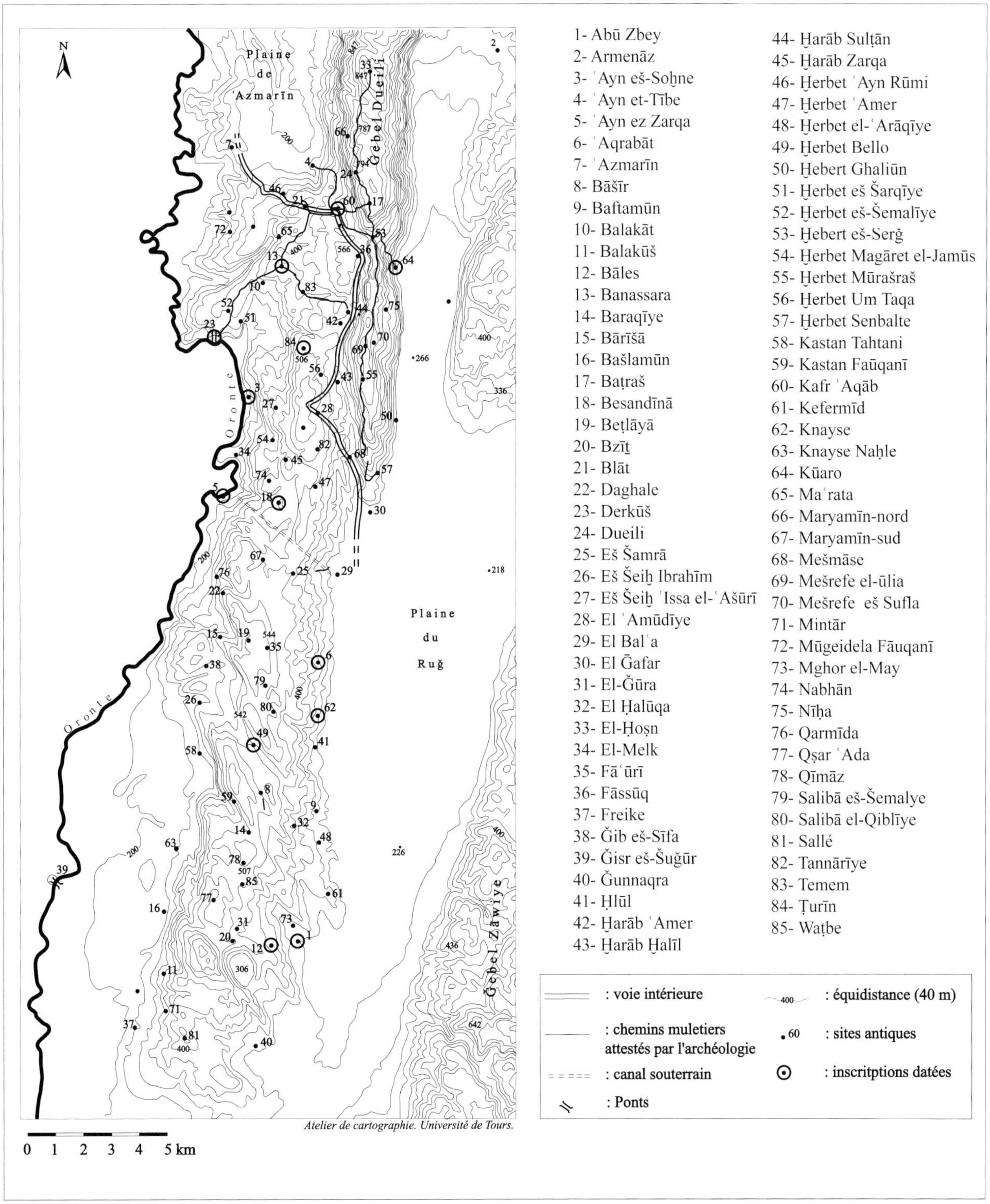

Fig. 3 — *Les sites antiques du ğebel Waṣṭāni (adapté de la carte du service géographique de FFL).*

Fig. 4 — *Vue générale du ǧebel Waṣṭāni septentrional.*
À gauche apparaît le ǧebel Mūrasras qui sépare le chaînon de la plaine du Ruǧ (© B. Riba).

enseignements sur l'évolution d'une petite localité située non loin de la vallée de l'Oronte, ont notamment mis au jour un complexe ecclésial aux spécificités architecturales et liturgiques d'un intérêt majeur[71].

Données géographiques

La limite ouest du Massif calcaire est représentée par deux étroites bandes rocheuses qui se succèdent le long de la vallée de l'Oronte. La partie sud, appelée ǧebel Waṣṭāni, prend la forme d'une longue bande rocheuse bordée, à l'est, par la plaine du Ruǧ qui la sépare du ǧebel Zāwiye (**fig. 3**). Le sud du chaînon, délimité par la plaine du Ghāb, se compose de collines peu élevées entrecoupées de larges cuvettes de terres arables. Le nord, qui constitue le cadre environnemental du village de Kafr ʿAqāb (**fig. 4**), se caractérise par un relief plus accidenté. D'un côté, la haute crête orientale du ǧebel Mūraṣraṣ ne laisse guère d'autres choix que d'emprunter la dépression d'El-Ġafar pour pénétrer à l'intérieur du chaînon. De l'autre, les gorges profondes de la vallée de l'Oronte représentent un obstacle tout aussi contraignant. La plaine de ʿAzmarīn, qui marque la limite septentrionale du ǧebel Waṣṭāni, est bordée à l'est par le ǧebel Dueili dont le relief prolonge le ǧebel Mūraṣraṣ à partir du col de Ḫerbet es-Serǧ. Ainsi, séparé des rives de l'Oronte par la plaine de ʿAzmarīn, le ǧebel Dueili ne s'inscrit pas exactement dans la continuité du ǧebel Waṣṭāni, mais se place en retrait par rapport à celui-ci. Il se caractérise par une longue crête qui domine le couloir occidental du Ruǧ. Son point le plus élevé culmine à la hauteur du site d'El-Ḥoṣn (847 m) autrefois occupé par un temple dédié à Zeus Koryphaios, réaménagé en fortin à l'époque médiévale. Au nord, le chaînon se confond avec le ǧebel Il-Aʿla ; ces reliefs s'achèvent là où commence la plaine de ʿAmq. Le site de Kafr ʿAqāb se situe à l'extrémité septentrionale du ǧebel Waṣṭāni, à l'endroit charnière où le chaînon chevauche les premières pentes du ǧebel Dueili.

Dans l'ensemble, le Massif calcaire est soumis à un climat de type méditerranéen. Il bénéficie d'une pluviométrie qui varie en moyenne entre 500 et 600 mm^3 par an. Ce taux appréciable est néanmoins contrebalancé par des précipitations irrégulières exclusivement concentrées en hiver. La région connaît donc une sécheresse estivale comprise entre mi-mai et mi-octobre, qui permet l'existence d'une couverture végétale capable de résister à ce type de climat : arbres, arbustes et plantes méditerra-

71. Khoury 2005, p. 225-266.

néennes telles que le chêne vert, le pin d'Alep, le pistachier sauvage. C'est aussi la raison de la place de choix occupée par l'arboriculture dans l'économie régionale. L'exploitation des céréales, aux besoins limités en eau et dont la maturité est atteinte avant les mois les plus chauds, est également possible sur les pentes douces et terreuses des chaînons. Ces cultures, pratiquées dans l'Antiquité, le sont encore actuellement. Le secteur occidental du Massif calcaire, plus proche du littoral, est avantagé en raison de précipitations plus abondantes. Ces dernières tendent à diminuer en allant vers l'intérieur des terres[72]. Ainsi, le ǧebel Waṣṭāni bénéficie d'une hauteur moyenne des pluies avoisinant 600 mm^3 par an tandis qu'à Idlib, située à une quinzaine de kilomètres à vol d'oiseau plus à l'est, celle-ci n'est déjà plus que de 495 mm^3. Les contraintes imposées par le rythme des précipitations expliquent la présence de nombreuses citernes antiques utilisées par les villageois afin d'emmagasiner suffisamment d'eau en prévision de la longue saison estivale, les sources à l'intérieur du Massif calcaire étant quasiment inexistantes. Cependant, une découverte récente remet aujourd'hui en question le degré de dépendance des paysans par rapport au régime des pluies. Alors que cette dépendance semblait totale, la présence de résurgences karstiques dans le ǧebel Zāwiye, largement profitables aux habitants de Serǧilla[73], ouvre la voie à de nouvelles interprétations quant aux problèmes posés par les ressources en eau.

Situation actuelle du chaînon

Le ǧebel Waṣṭāni est relativement préservé par le repeuplement qui caractérise la région au cours du XXe siècle. Le chaînon, quasiment désert jusque dans les années 1980, a subi les conséquences économiques issues de la redéfinition des frontières au terme de la Première Guerre mondiale, puis de la cession du Sandjak d'Alexandrette à la Turquie en 1939. Aujourd'hui, la frontière passe non loin de Ḥārim puis longe l'Oronte à l'ouest avant de bifurquer progressivement vers le littoral. Dans les plaines de ʿAmq (ou de Ḥārim) et de ʿAzmarin, les centres agricoles locaux dont les activités étaient tournées vers la plaine d'Antioche eurent beaucoup à pâtir de cette situation. Coupée de ces débouchés commerciaux, la région est devenue une contrée reculée, désormais éloignée de l'unique grand centre urbain représenté par Alep. En dehors de cette contrainte, le ǧebel Waṣṭāni était naturellement peu engageant. Le côté oriental du chaînon présente d'emblée un caractère dissuasif : la partie septentrionale est barrée par la haute crête du ǧebel Mūraṣraṣ tandis que sa partie méridionale, malgré une accessibilité plus aisée, n'offre aucune ressource en eau[74]. Du côté ouest, le chaînon est bordé par le canyon creusé par le lit de l'Oronte[75]. Le territoire laissé à l'abandon depuis plusieurs siècles, entièrement vierge et couvert par une végétation souvent inextricable, conférait un caractère inhospitalier à ce chaînon dépourvu de route jusqu'en 1985.

Dès les années 1950, l'État syrien prend part aux efforts de mise en valeur du territoire. Le développement et l'accession de la ville d'Idlib à la tête d'un muhaffazzat détachée d'Alep participent à l'urbanisation des villages dans les plaines et les chaînons voisins. Aussi, diverses opérations, comme l'assèchement de la zone marécageuse du Ruǧ[76] et l'extension des cultures par l'aménagement des zones exploitables, contribuent largement à la croissance agricole de la région[77]. L'installation de stations de pompage fournit en eau potable les principales localités du ǧebel Zāwiye et un canal creusé au pied du ǧebel Waṣṭāni assure l'apport en eau douce aux villages dépourvus de sources. Peu à peu, la population gagne le chaînon depuis l'est. Au cours des deux dernières décennies du XXe siècle, la construction de routes asphaltées favorise les échanges, le développement des cultures et la naissance de petits villages modernes. Au nord-ouest du ǧebel Waṣṭāni, l'extension du réseau routier permet de relier les plaines de ʿAzmarin et de ʿAmq vers l'intérieur du Massif calcaire, notamment vers des agglomérations marchandes comme Salqīn qui conserve de bonnes terres irriguées par de multiples sources, et Armenāz établie dans le couloir occidental de la plaine du Ruǧ. Ces conditions participent au repeuplement de la région qui s'étend progressivement aux pentes du ǧebel Waṣṭāni. Le secteur méridional du chaînon, plus facile d'accès, voit également naître des localités aux abords des plaines du Ghāb et du Ruǧ. La plupart s'installent à l'emplacement de sites antiques situés sur des lieux privilégiés proches des plaines fertiles. La partie septentrionale du chaînon, coupée de la plaine du Ruǧ par le piton rocheux du ǧebel Mūraṣraṣ, est moins peuplée. Plusieurs sites archéologiques demeurent inoccupés ; d'autres le sont de manière partielle. Globalement, les routes laissent encore à l'écart de la civilisation bon nombre de vestiges.

Les habitants sont pour la plupart des bergers et des agriculteurs majoritairement composés de musulmans sunnites. Ces derniers ont aménagé les terres arables

72. Traboulsi 1993, p. 71-86 ; pour les marges arides de la Syrie du Nord, qui bénéficient d'une faible pluviométrie variant entre 370 à 150 mm par an, voir Traboulsi 2010, p. 73-95.
73. Abdelkarim et Charpentier 2009, p. 149-156 ; voir également Tate *et al.* 2013, p. 34-44.
74. Besançon et Geyer 1995, p. 314-315.
75. En effet, « le Massif Calcaire présente de ce côté une véritable muraille » précise G. Tchalenko (Tchalenko 1953-1958, I, p. 81).
76. Kerbe 1987, p. 951-956.
77. Lavergne 1991, p. 202-203.

Fig. 5 — *Labour à l'araire dans les ruines de Kafr ʿAqāb (© B. Riba).*

Fig. 6 — *Cultures en terrasses (© B. Riba).*

Fig. 7 — *Berger puisant de l'eau stockée dans une citerne antique (© B. Riba).*

Fig. 8 — *Tabac séchant dans les ruines du village antique de Ṭurīn (© B. Riba).*

Fig. 9 — *Habitations dans le village antique de Fassūq (© B. Riba).*

Fig. 10 — *Huilerie souterraine antique située dans le village de Ṭurīn (© B. Riba).*

disponibles qu'ils exploitent par le biais de moyens archaïques, souvent proches de ceux de l'Antiquité. Les paysans labourent à l'aide d'un simple soc de charrue tiré par un âne ou un mulet (**fig. 5**), tandis que certaines installations anciennes, comme les dormants de meules, les murs de rétention de terre ou les citernes sont toujours utilisés (**fig. 6 et 7**). Le régime agricole est basé sur la pratique d'une polyculture qui laisse une large place à la plantation de l'olivier, de la vigne, du blé et du tabac (**fig. 8**).

Les reliefs qui caractérisent le ǧebel Wastani septentrional comprennent trois niveaux distincts. Le premier se place à environ 200 m d'altitude, sur le bord de l'Oronte. La présence de l'eau permet une grande variété de cultures. Ce secteur, qui s'étend des rives du fleuve à la vaste plaine de ʿAzmarīn, constitue la principale ressource agraire de la région. Le niveau supérieur, où se trouve le village de Kafr ʿAqāb, se situe à 500 m d'altitude. Il s'agit d'un vaste plateau faiblement vallonné (**fig. 4**) où les possibilités de cultures sont nombreuses. De larges étendues de terres nichées dans de vastes cuvettes formées par les collines représentent de bonnes terres à céréales. Le troisième niveau est matérialisé par les crêtes des ǧebels Mūraṣraṣ et Dueili dont les escarpements n'admettent aucune sorte d'activité agricole. Les cultures apparaissent à nouveau, sous la forme exclusive d'olivettes, sur les pentes douces qui précèdent leur sommet culminant à plus de 800 m d'altitude. Le fruit des récoltes est acheminé par les paysans vers les centres régionaux qui bordent le chaînon. Les deux centres économiques du ǧebel Waṣṭāni septentrional sont Derkūš en bordure des gorges de l'Oronte, et la ville récente de ʿAzmarīn dans la plaine éponyme qui s'étend vers le nord.

Le patrimoine archéologique du ǧebel Waṣṭāni

Le réseau villageois, relativement dense, se caractérise par 75 localités romano-byzantines réparties sur l'ensemble du chaînon. Les agglomérations, séparées les unes des autres par une distance comprise entre un et deux kilomètres tout au plus, sont reliées par des voies secondaires aménagées dans la roche. La superficie des villages est variable : la dimension maximale semble atteinte à Kafr ʿAqāb riche de plus d'une centaine de constructions réparties sur une surface de 40 hectares ; d'autres localités, de taille moyenne, ne sont guère éloignées de Kafr ʿAqāb, à l'exemple de celle de Ṭurīn dont le nombre d'exploitations reste cependant à préciser ; d'autres encore, beaucoup plus petites, se réduisent à une quinzaine de maisons comme le village de Banassara. La taille des villages n'a aucune incidence sur le degré de développement économique et social de leur population : chaque localité possède en effet des bâtiments civils et religieux de qualité égale. Les dimensions des agglomérations sont plutôt définies par le cadre environnemental auquel les hommes adaptent leur production et leur croissance[78].

D'une manière générale, la période romaine est représentée dans les villages antiques par deux catégories sociales d'individus : une paysannerie relativement pauvre, caractérisée par de petites unités d'habitation construites en double parement de moellons, et une minorité plus aisée principalement visible par la présence de tombeaux monumentaux. Les temples villageois sont inexistants. Le sanctuaire d'El-Ḫoṣn, isolé au sommet du chaînon voisin, domine seul l'ensemble du ǧebel Waṣṭāni septentrional[79]. Par ailleurs, les localités possèdent un nombre important de pressoirs destinés à la fabrication du vin et de l'huile (**fig. 10**). Les signes de prospérité se multiplient dans les villages à partir de la période protobyzantine : les bâtisses solidement construites en pierre de taille se généralisent et le décor sculpté gagne en importance. Sous sa forme la plus simple, la maison est constituée d'un bâtiment, parfois précédé d'un portique, devant lequel s'étend une cour dont l'espace quadrangulaire est délimité par un mur de clôture (**fig. 9**). Vers le dernier quart du ɪᴠᵉ siècle, la diffusion du christianisme donne naissance à un grand nombre de bâtiments ecclésiastiques. Les plus petits bourgs possèdent au minimum deux basiliques ; certains, comme Fassūq et Banassara, présentent des ensembles ecclésiaux particuliers représentés par des églises jumelées séparées par une cour. Les petits monastères ruraux foisonnent également en périphérie des villages sans qu'aucun d'entre eux ne présente l'aspect des grands couvents connus en Antiochène. Enfin, plusieurs témoignages conservent le souvenir de différentes formes d'érémitismes. L'une des plus spectaculaires est celle des ascètes qui reproduisent le mode de vie adopté par Syméon l'Ancien : un premier monastère de stylite occupe le col de Ḫerbet eš-Serǧ[80] situé à seulement 1 km au sud-est de Kafr ʿAqāb ; un second est attesté sur les hauteurs du ǧebel Mūraṣraṣ, à proximité du site appelé Mešerfe el-Oulia[81].

L'arrêt des constructions vers la fin du ᴠɪᵉ siècle n'est pas synonyme d'abandon de la région. Les multiples remaniements survenus dans les bâtiments romano-byzantins attestent la continuité de l'occupation dans de nombreux villages. Par ailleurs, les éléments fortifiés constatés à l'intérieur de certaines églises et à l'emplacement du sanctuaire d'El-Ḥoṣn montrent que le chaînon a été marqué par les conflits survenus dans la région au

78. Riba 2012b, p. 87-93.
79. Il faut renoncer, avec O. Callot et P.-L. Gatier (Callot et Gatier 2004, p. 581), à la présence d'un temple à Mesherfé el'Oulia (Moucharifé el-Oulia) comme cela a été suggéré par le passé (Peña 1987, p. 295-302 ; Callot et Gatier 1999, p. 668 ; Peña *et al.* 1999, p. 132-135 ; Khoury 1990, p. 303).
80. Peña *et al.* 1999, 184-185.
81. Callot et Gatier 2004, p. 581.

cours de la période médiévale. Enfin, les lieux de culte musulmans sont également fréquents à l'intérieur des bâtiments protobyzantins, civils ou publics. Ce sont souvent de petites mosquées construites de façon sommaire à l'aide d'éléments de remplois, typiques de la période ayyūbide, dont la présence atteste une occupation éparse du ǧebel Waṣṭāni au cours du XIIe siècle et sans doute au-delà.

Le réseau de communication

Plusieurs axes de communication antiques ont été localisés dans l'ensemble du ǧebel Waṣṭāni, d'abord par les pères franciscains, puis à l'issue des prospections engagées dans la région dans le cadre de cette étude. Le système de circulation au sein du chaînon est régi par deux catégories de voies : les chaussées principales, assez larges, qui permettaient de relier entre elles les agglomérations importantes, et de nombreux chemins muletiers qui assuraient la liaison entre toutes les localités.

Les routes d'Apamée à Antioche

Depuis Apamée, la voie principale longeait le pied occidental du ǧebel Zāwiye jusqu'à la localité de Qaṣṭūn. De là, deux itinéraires étaient possibles : l'un par le côté ouest du ǧebel Waṣṭāni, l'autre par le côté est[82]. Le premier, le plus direct, suit la rive gauche de l'Oronte en passant par les localités de Gšir al-Šuġūr[83], Knaye, puis Zarzūr et Hatiya jusqu'à Antioche. Le lieutenant-colonel Jacquot a repéré, entre Gšir al-Šuġūr et Derkūš, une longue portion de voie romaine qui pourrait provenir de Kafr Dūbīn[84]. Dans le même secteur, non loin de Zarzūr, les pères franciscains ont trouvé un milliaire indiquant une distance de 55 km entre le point de son emplacement et la ville d'Antioche[85]. Cette distance ajoutée à celle qui sépare le lieu de cette découverte d'Apamée, en passant par Gšir al-Šuġūr, coïncide à peu de chose près à celle évoquée par Théodoret de Cyr dans sa lettre au préfet d'Antioche[86] qui fait mention d'un axe direct entre les deux métropoles. Il est très probable, comme l'a suggéré le père P. Castellana, que le tracé de la route construite sous le mandat français, en 1928, ait suivi le tracé de la

Fig. 11 — *Tronçon de route romaine localisé à la hauteur de El-ʿAmūdiye (© B. Riba).*

voie antique. Calquer les routes modernes sur les itinéraires anciens est en effet une pratique courante dans la région. Cette éventualité est appuyée par la distance de la route asphaltée qui correspond *grosso modo* à celle de l'itinéraire signalé par Théodoret de Cyr[87].

Les difficultés de ce trajet qui emprunte les reliefs accidentés et peu peuplés du Quṣeir ont conduit R. Mouterde et A. Poidebard, alors en quête des étapes mentionnées dans l'*Itinéraire Antonin*, à proposer l'existence d'une déviation par Derkūš[88]. Après avoir à nouveau franchi le fleuve, la route passerait ainsi par l'extrémité nord-ouest du ǧebel Waṣṭāni caractérisé par un paysage faiblement vallonné et parsemé de villages, avant de rejoindre la plaine de ʿAzmarin et de longer la rive droite de l'Oronte jusqu'à Gšir Ḥadīd où une nouvelle traversée du fleuve est possible afin de gagner la capitale de la province. Cet itinéraire a été adopté plus tard par G. Tchalenko[89].

Deux autres voies, connues de longue date, passent par l'intérieur du Massif calcaire en empruntant la plaine du Ruǧ. La première longe le côté oriental des ǧebels Waṣṭāni et Dueili, pénètre dans le couloir occidental d'Armenāz, monte jusqu'à la jonction des ǧebels Il-Aʿla et Dueili, puis gagne les localités de Salqīn, de Ḥārim, de Gšir Ḥadīd et, enfin, d'Antioche. Depuis Armenāz, il est également possible de joindre directement Ḥārim en passant par Kafrḫerīn. Ce tracé, remarque G. Tchalenko, est repris par la route actuelle d'Idlib à Ḥarīm[90]. La seconde voie emprunte le couloir oriental du Ruǧ. Elle

82. Sur ces itinéraires, voir les cartes dressées par R. Mouterde et A. Poidebard (Mouterde et Poidebard 1945, carte 1), et par G. Tchalenko (Tchalenko 1953-1958, II, pl. XXXVI, pl. XXXVII, pl. XXXVIII et pl. XXXIX).
83. R. Dussaud signale un tronçon de voie romaine à proximité de cette localité par laquelle s'effectuait la traversée de l'Oronte (Dussaud 1927, p. 159-160). Entre Apamée et Gšir al-Šuġūr, R. Mouterde et A. Poidebard mentionnent « un tronçon de voie antique facile à suivre sur environ 30 km » (Mouterde et Poidebard 1945, p. 29).
84. Cette route reliait aussi Laodicée à Antioche (Jacquot 1929, p. 221).
85. Castellana 2001, p. 157-158.
86. Migne 1851-1879, 83, col. 1320.
87. Théodoret mentionne une distance de 105,6 km entre Apamée et Antioche. La distance entre Antioche et Gšir al-Šuġūr, ajoutée à celle de Gšir al-Šuġūr à Apamée en passant par Qaṣṭūn, est de 122 km (Castellana 2001, p. 158).
88. Mouterde et Poidebard 1945 p. 28.
89. Se reporter aux cartes mentionnées note 82.
90. Tchalenko 1953-1958, I, p. 88.

Fig. 12 — *Pistes secondaires : a/ chemin rupestre reliant le site de Ḫerbet es-Serg à la plaine du Rūg* ; b/ *chemin rupestre reliant Kafr ʿAqāb à Banassara ; c/ chemin pavé reliant Kafr ʿAqāb à Banassara (© B. Riba).*

permet, à partir de Funduq, de rejoindre la plaine du Šelf par laquelle s'effectue la liaison avec Ḥārim, Gšir Hadīd et Antioche. G. Tchalenko signale, à la suite de ses prédécesseurs[91], les nombreuses traces archéologiques de cette voie carrossable sur tout son parcours[92].

Enfin, il convient d'évoquer un trajet bien connu qui consistait à joindre Apamée à Chalcis par le biais d'une voie décrite dans la *Table de Peutinger* et l'*Itinéraire Antonin*. Celle-ci, privilégiée par les Perses Sassanides lors de leurs incursions, était aisée et directe entre les deux villes. De Chalcis, un axe de communication majeur permettait de traverser le Massif calcaire pour gagner directement la métropole d'Antioche. De tous les parcours mentionnés entre Apamée et Antioche, celui-ci est naturellement le plus long.

La route qui intéresse cette étude est à l'évidence celle évoquée par R. Mouterde et A. Poidebard, adoptée plus tard par G. Tchalenko, dont le tracé passe par Derkūš avant de gagner la plaine de ʿAzmarīn. D'après cet itinéraire, la voie passerait donc forcément aux environs du village de Kafr ʿAqāb implanté dans la partie nord du ǧebel Waṣṭāni. Néanmoins, aucune trace archéologique ne permet de l'attester puisque les derniers vestiges de cette voie se trouvent sur la rive gauche de l'Oronte, au niveau des localités de Kafr Dūbbīn et de Zarzūr. Par conséquent, aucun indice concret ne prouve l'existence d'une déviation par Derkūš. Parmi les deux étapes mentionnées dans l'*Itinéraire Antonin,* Caperturi et Niaccaba, R. Mouterde et A. Poidebard proposent toutefois d'identifier la première au site de Ṭurīn, situé à moins de 5 km au sud de Kafr ʿAqāb. Cette déduction, fondée essentiellement sur la toponymie (le *caper-* [*kafr-* : village] de Caperturi ayant été abandonné)[93] était appuyée, selon les auteurs, par la proximité du village avec la localité de Derkūš par où s'effectuait la traversée de l'Oronte.

Dans les années 1980, les pères franciscains proposent un nouvel itinéraire[94] suite à la découverte de plusieurs segments appartenant à une route antique dont la situation atteste l'existence d'un axe de pénétration à l'intérieur du ǧebel Waṣṭāni par le côté oriental (**fig. 3**). Il s'agit d'une chaussée empierrée, large de 5 à 7 m, dont plusieurs tronçons sont localisés à la hauteur du village de Mišmasse, et plus au nord, aux abords du village d'El-ʿAmūdiye (**fig. 11**). La voie se poursuit vers le nord, suivant le tracé de la route moderne, en direction des villages qui jalonnent le bas des pentes de la crête orientale du ǧebel Waṣṭāni, le ǧebel Mūraṣraṣ (**fig. 4**). La route asphaltée reprend là encore l'itinéraire antique lui-même calqué sur le tracé naturel du relief[95]. Le long de son tracé, la présence de villages antiques dont les ruines indiquent qu'ils étaient prospères dès la période impériale, met l'accent sur le rôle majeur de cet axe de circulation. Ainsi se succèdent, du sud vers le nord, les localités d'El-ʿAmūdiye, de Ḫarāb Ḫalil, de Ṭurīn, de Ḫarāb ʿĀmer, de Ḫarāb Sulṭān et de Fassūq[96] pour atteindre le village de Kafr ʿAqāb qui marque, par un coude situé à l'extrémité nord du ǧebel Waṣṭāni, le passage obligé permettant de

91. *AAES* I, p. 25 ; Berchem et Fatio 1913-1915, p. 71.
92. Tchalenko 1953-1958, I, p. 88 et p 292-294 ; II, pl. XC.
93. Mouterde et Poidebard 1945 p. 28.
94. Peña *et al.* 1999, p. 16 ; Castellana 2001, p. 152-155.
95. Ce phénomène est illustré par plusieurs exemples dans la région. La voie antique reliant Apamée et Gšir al-Šuġūr, repérée par H. Seyrig, « a été transformée, en 1935, en route automobile » (Mouterde et Poidebard 1945 p. 29). De son côté, G. Tchalenko signale que le tracé de la voie entre Idlib et Ḥārim est repris par la route actuelle (Tchalenko 1953-1958, I, p. 88). Rappelons également la route directe d'Antioche à Apamée dont certaines parties ont vraisemblablement été absorbées par la route construite en 1928.
96. À cet endroit notamment ont été repérés plusieurs tronçons d'une voie romaine majeure (Peña *et al.* 1999, p. 16).

rejoindre la plaine de ʿAzmarīn et le cours de l'Oronte. Ce fait est attesté par la localisation d'un segment de route aux abords de la localité de Blāṭ située à 500 m seulement de Kafr ʿAqāb. Au sud, le dernier segment de la chaussée antique se trouve à environ 8 km de la localité. Il existait donc une voie de communication importante qui assurait une liaison directe entre la plaine du Ruğ et celle de ʿAzmarīn. Cette découverte amena les pères à considérer les étapes de l'*Itinéraire Antonin* sous un angle différent de celui proposé par R. Dussaud, puis par R. Mouterde et A. Poidebard. Leur hypothèse, qui concerne directement le village de Kafr ʿAqāb, sera détaillée plus bas.

Les pistes secondaires

Les autres axes de communication recensés dans le secteur de Kafr ʿAqāb sont de simples chemins (**fig. 3 et 12**). Au sud-ouest du village, un chemin antique localisé sur la totalité de son parcours menait à Banassara avant de gagner Derkūš sur les rives de l'Oronte. En direction du sud-est, un autre chemin aménagé dans le flanc de la montagne permettait d'atteindre le monastère de Ḫerbet es-Serğ[97] situé à la jonction du ğebel Mūraṣraṣ et du ğebel Dueili. Depuis ce col, trois itinéraires étaient possibles : le premier rejoignait le sommet du ğebel Dueili au nord ; le second reliait le site de Ḫerbet Mūraṣraṣ sur la crête du chaînon éponyme vers le sud ; le troisième, enfin, assurait la liaison avec le village de Kūaro en bordure de la plaine du Ruğ. Le sommet du ğebel Dueili pouvait aussi être directement gagné depuis Kafr ʿAqāb sans faire le détour par le col de Ḫerbet es-Serğ. En effet, à l'est du village, les marches taillées dans la pente raide de la montagne suggèrent une liaison directe avec le village de Batraš, et plus au nord, avec le petit bourg de Dueili par lequel il était possible de joindre, sur le point culminant de la montagne, le site d'El-Ḥoṣn. De là, un chemin faisait le lien avec l'agglomération de Salqīn plus au nord. Du côté septentrional de Kafr ʿAqāb, la plaine de ʿAzmarin était joignable malgré la forte déclivité du relief : les traces d'un chemin taillé dans la roche montrent que le site était relié au village de ʿAin et-Tibe installé en contrebas. Toutefois, le trajet le plus favorable pour atteindre la plaine consistait à contourner les escarpements rocheux par l'ouest, en passant par le village moderne de Blāṭ où le tracé d'un chemin antique a également été identifié. De là, la pente douce du terrain permettait de gagner aisément la plaine et la vallée de l'Oronte.

Ainsi, un réseau de voies secondaires savamment tissé reliait les villages entre eux. L'agglomération de Kafr ʿAqāb apparaissait au nord du ğebel Waṣṭāni comme un nœud depuis lequel il était possible de joindre toutes les localités voisines. La topographie du terrain ne constituait pas un véritable obstacle pour les villageois qui n'hésitaient pas à aménager des chemins à flanc de colline, rupestres ou bien dallés, parfaitement adaptés aux contraintes du relief.

97. Les reliefs forment à cet endroit un col considéré comme le point de jonction du ğebel Waṣṭāni et du ğebel Dueili. Le nom du couvent, qui signifie « les ruines de la selle », évoquerait la morphologie du relief (Peña *et al.* 1999, p. 184 ; et Froment 1930, p. 290 et fig. 3 p. 291).

Le village de Kafr ʿAqāb, vue d'ensemble

La découverte du site

La première mention du site apparaît sous la plume de F. A. Norris[1] dans le cadre de l'expédition américaine de 1904-1905. Le village, cité parmi d'autres, ne bénéficie alors d'aucune description. Plus d'une vingtaine d'années plus tard, Kafr ʿAqāb figure parmi les trois sites du ǧebel Waṣṭāni ayant retenu l'attention de R. Mouterde dans son « rapport sur une mission épigraphique en Haute-Syrie »[2]. L'auteur, qui remarque à juste titre que le site « semble avoir échappé à tous les voyageurs »[3], ne s'y attarde pas, constatant simplement une réoccupation islamique et le caractère anépigraphe des lieux. Le lieutenant Froment mentionne à son tour les ruines du village qu'il décrit de façon laconique : « localité importante, réhabitée à l'époque arabe, maintenant déserte ; édifices, sarcophages surélevés, tombes à double arceau »[4]. Ces propos sont accompagnés d'une photographie qui présente une vue générale des vestiges depuis l'est. À partir de la fin des années 1930, le village semble à nouveau sombrer dans l'oubli. La localité, jamais évoquée par G. Tchalenko, apparaît cependant sous le nom de « *Kafr Tʿqāb* » sur la carte proposée dans l'index topographique du troisième tome de son ouvrage sur les villages du Massif calcaire[5].

La véritable découverte du village revient aux pères franciscains. Dans leur inventaire du patrimoine archéologique du ǧebel Waṣṭāni, ces deniers consacrent à Kafr ʿAqāb dix pages illustrées de plans et de croquis des principaux édifices observés sur le site[6]. Par la suite, les vestiges de la localité ont servi en de rares occasions à étayer des études thématiques comme celle dédiée au décor des églises d'Antiochène par A. Naccache, ou celle de M. Griesheimer au sujet des tombeaux. La première se limite au relevé des moulures de la porte nord de l'église méridionale[7] ; la seconde publie simplement la photographie d'une sépulture pour illustrer son propos sur les sarcophages surélevés[8].

Kafr ʿAqāb : la Niaccaba antique ?

Certains chercheurs se sont interrogés sur la localisation des deux *mansiones* indiquées dans l'*Itinéraire Antonin* entre les métropoles d'Apamée et d'Antioche : Niaccaba et Caperturi. R. Dussaud, dans sa *Topographie historique de la Syrie antique et médiévale*, affirme que la Niaccaba de l'*Itinéraire Antonin*[9] est une déformation de Seleucobelus[10], aujourd'hui Gšir al-Šuġūr, lieu de passage hautement fréquenté établi sur les rives de l'Oronte[11]. Caperturi est alors placée à une quarantaine de kilomètres plus à l'est, au niveau de la localité d'El-Kafer située non loin d'El-Bāra. Or, les pères remarquent à raison que les distances livrées par l'*Itinéraire Antonin* ne correspondent pas à celles des étapes proposées

1. *PAES* I, p. 77.
2. Mouterde 1929, p. 126-127.
3. Mouterde 1929, p. 126.
4. Froment 1930, p. 289, pl. xlvi.
5. Tchalenko 1958, p. 130-158. Il s'agit de la carte 2 qui rassemble les ǧebels Il-Aʿla, Dueili et Zāwiye. Le nom du village apparaît p. 150, 2/B-VII-16.
6. Peña *et al.* 1999, p. 84-94.
7. Naccache 1992, p. 75.
8. Griesheimer 1997a, p. 184, fig. 21. Notons que le village a fait l'objet d'une publication de le cadre de la présente étude dans Riba 2014.
9. Parthey et Pinder (dir.) 1848, p. 83 ; Cuntz (dir.), 1990, p. 25.
10. L'emplacement de Seleucobelus est sujet à débat. La proposition de R. Dussaud de situer l'agglomération à l'emplacement de l'actuelle Gšir al-Šuġūr (Dussaud 1927, p. 156) est adoptée par G. Tchalenko (Tchalenko 1953-1958, I, *Au lecteur*, IX). Honigmann, suivi par J. et J.-Ch Balty, évoque l'actuelle Sqalbīye (Balty et Balty 1989, p. 69). J.-P. Fourdrin est également en accord avec cette dernière localisation (Fourdrin 2013, p. 254). De son côté, A. H. M. Jones y voit plutôt la localité de Selūqīye (Jones 1964). J. Richard, quant à lui, donne la préférence à El-Bāra (Richard 1946, p. 104).
11. Dussaud 1927, p. 156.

par R. Dussaud puisque Gšir al-Šuġūr se trouve à soixante kilomètres au sud d'Antioche, soit quasiment le double de la distance mentionnée. De plus, on peine à retrouver, avec J. Richard, une quelconque survivance toponymique entre les noms de Niaccaba et de Séleucobelus[12].

Plus tard, R. Mouterde et A. Poidebard, sans s'intéresser à la localisation de Niaccaba, envisagent de situer Caperturi à l'emplacement de l'actuelle Ṭurīn sur la base de la toponymie et de la situation du village proche de Derkūš. Toutefois, là encore les distances ne correspondent pas : les quarante milles mentionnés par l'*Itinéraire Antonin* entre Antioche et Caperturi se réduisent à trente sur le terrain. Cette lacune reste cependant minime sur la base d'un itinéraire dont les critères de distances sont critiquables sous bien des aspects[13]. Les auteurs admettent eux-mêmes que les distances ne s'accordent pas avec celles livrées par l'*Itinéraire Antonin* et justifient cette incohérence en s'appuyant sur l'imprécision du document[14].

De leur côté, les pères franciscains proposent de situer la Niaccaba antique à l'emplacement du village de Kafr ʿAqāb. La distance entre Antioche et cette localité semble effectivement acceptable et la toponymie plaide pour un glissement du nom antique de Niaccaba vers celui de Kafr ʿAqāb à l'époque médiévale, les deux « *c* » ayant logiquement été remplacés par un *qaf* avec l'arabisation du nom lors de la réoccupation islamique du village. Le *Ni-*, en revanche, a été perdu[15]. La situation privilégiée du site et son étendue sont en accord avec cette hypothèse. La présence d'une famille de notables romanisée, dévoilée par les restes d'un tombeau prestigieux, et certains vestiges d'une architecture monumentale, à l'image des murs élevés en grand appareil polygonal, abondent également dans ce sens. Nous verrons qu'il faut cependant renoncer au *castrum* romano-byzantin reconnu comme tel par les pères franciscains à l'endroit des ruines du bâtiment fortifié implanté au sud-est du site[16], mais il n'est pas invraisemblable que des fouilles archéologiques à l'intérieur du monument révèlent un jour l'existence d'un ensemble d'époque impériale en ce lieu privilégié, proche d'une route antique. Compte tenu de la localisation probable de Niaccaba à l'endroit des ruines de Kafr ʿAqāb, les pères proposent de situer Caperturi à 35 km plus au sud, selon les indications livrées par l'*Itinéraire Antonin*, là où se trouve la localité de Qasṭūn. Comme Kafr ʿAqāb à l'extrémité nord du ğebel Waṣṭāni, cette dernière occupe un emplacement stratégique à l'entrée de la plaine du Ghāb et de la vallée de l'Oronte, sur une trajectoire directe entre les deux métropoles. De plus, comme le fait justement remarquer C. Cahen, le nom Qasṭūn peut être une déformation du gréco-romain « castron »[17]. Cette localité présente ainsi les atouts nécessaires pour avoir joué le rôle de *mansio* sur le trajet d'Antioche à Apamée. Rappelons à ce propos que la route entre ce site et Apamée est attestée par la découverte d'un long tronçon de voie et de plusieurs milliaires[18]. Enfin, Qasṭūn conserve toute son importance à la période médiévale puisque cet endroit pourrait bien être assimilé au fameux « Chastel de Ruge » des croisades[19]. C'est également le cas à Kafr ʿAqāb pourvu d'un ensemble fortifié à la même période.

La localisation des pères franciscains concernant les deux étapes indiquée par l'*Itinéraire Antonin*, entre Antioche et Apamée, n'est donc pas improbable : celle-ci répond à la fois aux distances mentionnées dans le document, à la situation et à l'importance des localités attendues pour ce type d'étape. Bien qu'il ne soit pas permis de reconnaître Kafr ʿAqāb comme étant la Niaccaba antique sans preuve définitive, archéologique ou épigraphique, la proposition des pères franciscains est à considérer avec attention.

Cadre topo-géographique du village

Le village antique de Kafr ʿAqāb, situé à 500 m d'altitude, s'étend à l'extrémité septentrionale du ğebel Waṣṭāni, à la naissance des pentes du chaînon voisin. La topographie décrit à cet endroit un coude délimité sur deux côtés par des reliefs abrupts. Au nord, ce sont les pentes à forte déclivité qui forment un dénivelé de 250 m jusqu'à la plaine de ʿAzmarin (**fig. 13, 14 et 15**). À l'est, au contraire, le site est bordé par l'imposant ğebel Dueili qui culmine à plus de 800 m d'altitude. Ainsi, le site occupe à la fois une position dominante et dominée : à l'ombre de l'un des sommets les plus élevés du Massif calcaire, celui-ci surplombe l'ensemble de la plaine qui s'étend jusqu'à la vallée de l'Oronte. L'essentiel des constructions se concentre sur un promontoire rocheux faiblement accidenté dont les contours sont définis, au nord, au sud et à l'ouest, par des *wādīs* aux versants escarpés. Ces ravinements signalent le parcours des eaux de ruissellement qui s'écoulent depuis le ğebel Dueili pour se déverser, à mi-chemin entre la localité de Blāṭ et celle de Kafr ʿAqāb, dans une profonde dépression qui plonge directement vers la plaine en contrebas.

12. Selon l'auteur, la dérivation philologique Seleucobèlos = Selacubba = Niaccaba paraît en effet osée (Richard 1946, p. 104, note 2).
13. Albertini 1907, p. 463-477.
14. Mouterde et Poidebard 1945, p. 17, note 3.
15. L'origine du *Ni-* demeure obscure.
16. Sur ce monument, voir ci-dessous p. 331.
17. Cahen 1940, p. 141, note 4.
18. Mouterde et Poidebard 1945, p. 29 ; Tchalenko 1953-1958, II, pl. CLXII, 3 et 6.
19. Fourdrin 1995a, p. 415-426.

Fig. 13 — *Le village de Kafr ʿAqāb dans son environnement (© B. Riba).*

La situation générale du site au sein du ǧebel Waṣṭāni et la configuration topographique des lieux réunissent les conditions favorables à l'établissement d'une communauté villageoise. La localité située à la jonction de deux chaînons, sur un itinéraire fréquenté reliant la plaine de ʿAzmarin à celle du Ruǧ, occupe effectivement un emplacement privilégié propice au développement. En outre, les contours naturels du village répondent aux conditions fondamentales requises par les premiers occupants de la région. D'une part, le site établi au bas des pentes du ǧebel Dueili est particulièrement approprié à la collecte et au stockage de l'eau de ruissellement. D'autre part, les étendues environnantes offrent un potentiel agricole prometteur adapté à la diversification des cultures. Enfin, le promontoire, qui permet d'exercer une surveillance sur les campagnes alentour, forme également une sorte de protection naturelle grâce aux escarpements qui caractérisent ses versants[20].

20. Nous verrons plus loin que le souci de protection vis-à-vis de l'extérieur, inhérent chez les villageois de Kafr ʿAqāb, transparaît aussi à travers l'architecture domestique.

État des lieux au moment de l'étude

Communications

Le réseau de voies secondaires précédemment évoqué est aujourd'hui à l'abandon. Aménagé en 1985, l'unique axe de communication qui permet de traverser la partie septentrionale du ǧebel Waṣṭāni, depuis la plaine du Ruǧ jusqu'à celle de ʿAzmarin, suit le tracé de l'ancienne route antique. Elle dessert la plupart des sites archéologiques (**fig. 3**), dont celui de Kafr ʿAqāb qui constitue un passage obligé à l'extrémité nord du chaînon. À cette hauteur, la route a été asphaltée récemment entre les années 2006 et 2007. Taillée dans le flanc nord du *wādī* méridional, elle longe le fortin par le sud, contourne le village par le sud-ouest, se poursuit vers l'ouest, passe par la localité moderne de Blāṭ et gagne la plaine qui s'étend en contrebas. À environ 300 m au sud du village, un second axe nouvellement aménagé, non goudronné, emprunte la direction du nord-est afin d'atteindre le village de Dueili établi au sommet du ǧebel éponyme.

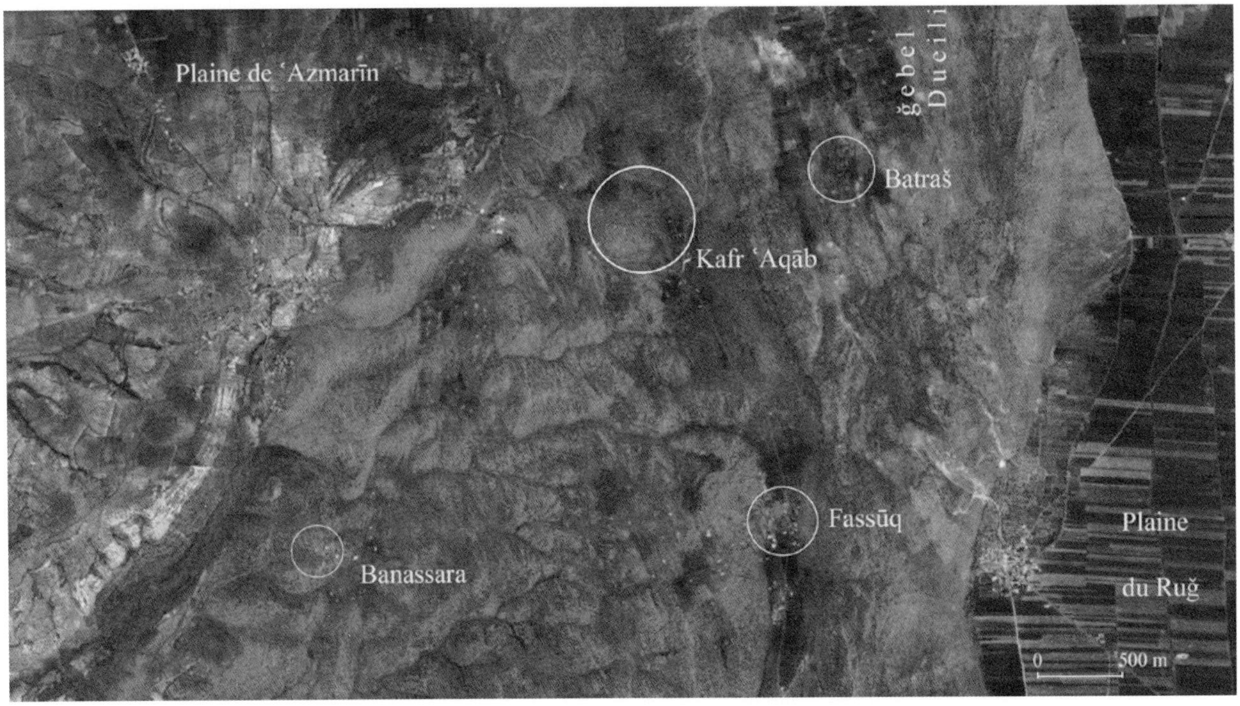

Fig. 14 — *Image satellite du ğebel Waṣṭāni septentrional (© B. Riba).*

Activités

Une famille de paysans occupe actuellement une maison moderne construite au sud-ouest des ruines, en bordure de la route asphaltée. Une seconde construction contemporaine, laissée à l'abandon, apparaît au nord-est sur les premières pentes du ğebel Dueili. Les deux bâtiments se situent hors de l'agglomération antique, aux abords des tombes romano-byzantines les plus excentrées. Les vestiges du village demeurent donc entièrement épargnés par le repeuplement progressif de la région depuis le siècle dernier. Cependant, si le site reste inhabité, figé dans le temps depuis son abandon, celui-ci fait l'objet d'une activité agricole intense. Chaque parcelle de terre arable est exploitée. L'intégralité des surfaces périphériques et les espaces à l'intérieur des ruines sont cultivés. En effet, sous l'action de l'érosion, l'accumulation des alluvions depuis les pentes du ğebel Dueili sur l'étendue du village offre actuellement d'heureuses possibilités agraires sur l'ensemble du territoire. L'arboriculture, pratiquée aux environs des localités voisines, n'apparaît pas à Kafr ʿAqāb, laissant sur le site l'exclusivité aux céréales et au tabac. La plupart des terres appartiennent aux habitants du petit bourg de Dueili.

Parallèlement à l'agriculture, l'élevage est aussi très développé. De nombreux troupeaux, composés essentiellement de chèvres et de moutons, sont amenés en pâturage aux alentours et au sein même des ruines où la végétation est particulièrement dense. De nombreuses citernes antiques aménagées à la périphérie du site, récemment déblayées par les bergers et les agriculteurs, ont retrouvé leur fonction d'autrefois. Les habitants des villages environnants s'y approvisionnent. Leurs bêtes s'y abreuvent aussi, parfois directement dans les auges taillées dans la margelle qui surmonte l'orifice de la citerne.

État des vestiges

Toutes les constructions se caractérisent par un état de conservation très mauvais. L'étendue des ruines est semblable à un paysage chaotique où règne une extraordinaire confusion (**fig. 17**). L'aspect du village ne reflète guère, en effet, celui de certaines localités antiques du Massif calcaire dont les bâtiments, qui ont bien souvent défié les siècles, présentent des élévations préservées jusqu'à leur faîte[21]. Le secteur le plus anciennement occupé du site, composé de maisons modestes et fragiles édifiées en moellons, ne se caractérise plus que par un agglomérat

21. Parmi de nombreux exemples de villages bien conservés, notons le cas de Serğilla (Tate *et al.* 2013).

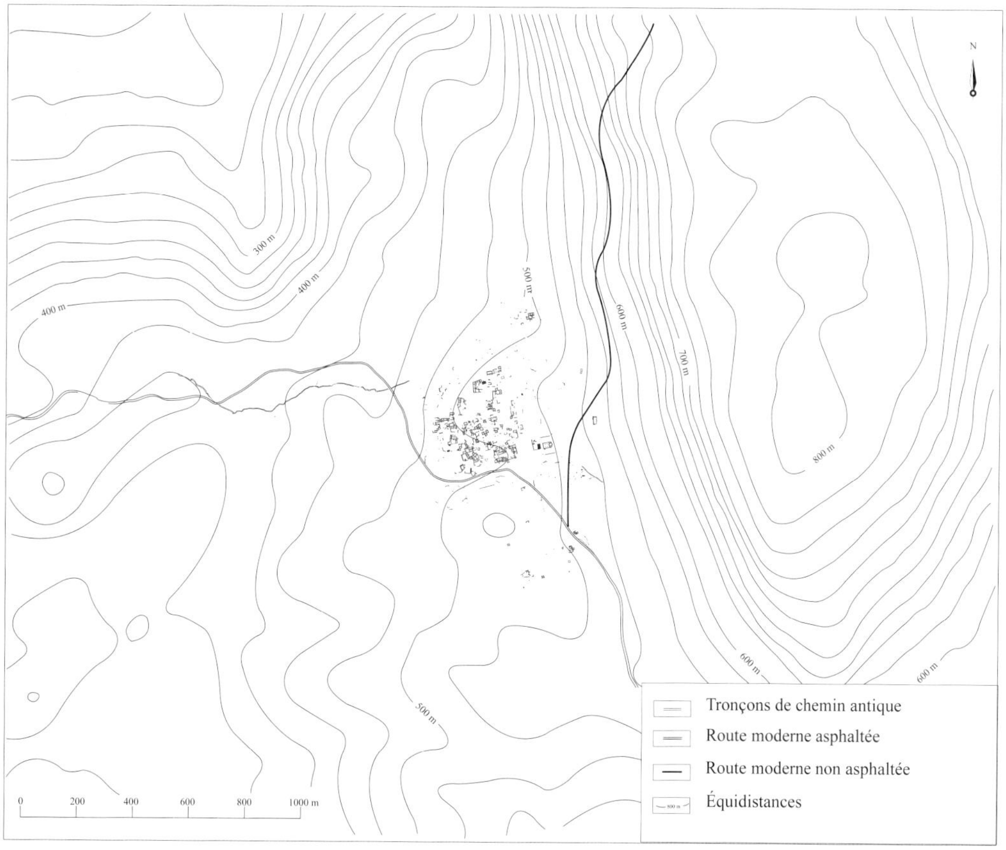

Fig. 15 — *Carte topographique du site (© B. Riba).*

informe de constructions enchevêtrées extrêmement ruinées. Seuls quelques rares vestiges indiquent l'emplacement d'un portique ou d'une entrée. La hauteur des murs conservés n'atteint jamais celle des linteaux de porte du rez-de-chaussée. Les bâtisses dont le plan peut être restitué en entier sont des exceptions. Les habitations plus solides, construites en appareil orthogonal à parement simple, sont à peine mieux préservées. Leurs plans sont assez nets, mais les élévations demeurent en piteux état. Ce n'est qu'à titre exceptionnel que les accès de l'étage sont encore en place. Les parties les mieux conservées se résument souvent aux angles des constructions dont les parpaings solidement harpés s'élèvent parfois sur une dizaine d'assises. Ce sont les silhouettes longilignes de ces vestiges, semblables à des tours au milieu des ruines, qui attirent l'attention lorsque l'on contemple le site depuis une certaine distance. Les portiques qui précèdent les façades des maisons ne sont jamais entièrement conservés, et peu nombreux sont ceux qui gardent à leur place initiale les éléments correspondant au rez-de-chaussée. Quant aux murs d'enclos qui définissaient l'espace des cours, ils demeurent pour la plupart invisibles ou se devinent à peine.

Problèmes de lisibilité du terrain

Plusieurs facteurs rendent la lecture des vestiges peu aisée. Le premier concerne naturellement l'état de délabrement avancé des ruines. La cause principale en est la longévité exceptionnelle de l'occupation du site. Tous les bâtiments ont subi des remaniements successifs qui ont modifié leur aspect initial. Cette pratique qui consistait à restaurer des parties endommagées ou bien à remodeler l'espace intérieur des habitations par le biais de blocs de récupération sommairement agencés, a largement contribué à fragiliser les constructions devenues sensibles à la moindre secousse sismique.

À partir de la période médiévale, certains édifices protobyzantins ont été dépossédés de leurs blocs au profit d'autres bâtiments. L'église orientale constitue l'exemple le plus éloquent de ce phénomène : entièrement démantelé, le monument ne conserve quasiment plus aucune élévation, si bien qu'il est aujourd'hui invisible, dissimulé sous les terres d'un champ cultivé. La découverte et l'étude de divers éléments d'architecture provenant de la basilique illustrent l'itinéraire

Fig. 16 — *Le village de Kafr ʿAqāb (© B. Riba).*

souvent complexe des blocs de remploi réutilisés à plusieurs reprises au gré des différentes phases d'occupations du site. En effet, il n'est pas rare que des éléments remployés dans un édifice d'époque médiévale l'aient été une seconde fois à l'occasion de remaniements survenus au cours de la période ayyūbide, avant d'être à nouveau utilisés dans des constructions plus récentes. En dehors de la basilique, ce phénomène s'étend, à différents degrés, à toutes les habitations du site, constituant un obstacle de taille à la lecture des vestiges. Dans certains cas, des bâtiments dont la présence est attestée par des éléments d'architecture significatifs, remployés dans des maisons ou abandonnés sur le site, ont aujourd'hui entièrement disparu.

Ces difficultés sont accrues par deux facteurs d'ordre naturel. D'une part, une épaisse couche de terre issue de la décomposition du calcaire recouvre actuellement l'ensemble du village ; d'autre part, la végétation, souvent dense et inextricable, oblitère la visibilité de nombreux secteurs du site. Le niveau du sol antique n'est donc jamais accessible sans dégagement préalable et les vestiges de surface demeurent dans bien des cas dissimulés par des taillis impénétrables. Enfin, la terre rouge caractéristique de la région, très riche, a naturellement suscité l'intérêt de la paysannerie locale. Lors de l'aménagement des espaces cultivables, les paysans n'ont pas hésité à déplacer une quantité importante d'éléments d'architecture depuis leur lieu d'origine. Les blocs sont alignés en bordure de champ ou bien entassés pêle-mêle en divers endroits du site. Cette pratique systématique de mise en valeur du terroir participe fortement à la confusion des ruines. Ainsi, la moindre parcelle cultivable est exploitée, à l'intérieur des bâtiments antiques comme dans les espaces extérieurs.

Facteurs de dégradation des vestiges

Au cours des différentes campagnes menées sur le terrain, le site déjà très endommagé se dégradait continuellement. À l'instar de nombreux villages antiques de la région désormais facilement accessibles par des routes nouvellement créées, le site était en proie aux pillages incessants. Chaque année, des fouilles clandestines étaient effectuées et des éléments ornementaux, essentiellement les chapiteaux, disparaissaient pour être acheminés sur le marché très prisé de l'art antique. Le dynamitage d'un petit édifice monastique situé au sud du village témoigne des moyens parfois radicaux utilisés par les pilleurs pour atteindre leur objectif. Parallèlement à ces actes dictés par la quête de profit se sont aussi multipliés les actes de vandalisme : des pans de murs étaient régulièrement détruits et des tombeaux volontairement renversés et endommagés. Aujourd'hui, les vestiges souffrent considérablement des effets de la guerre.

Définitions

Les habitations représentent la grande majorité de constructions identifiées sur le site (**fig. 16**). La répartition des bâtiments et leurs relations architecturales ont permis de dessiner des quartiers, de repérer des « îlots » et de comprendre le fonctionnement des unités d'habitation à l'intérieur de ces ensembles. La maison est le module architectural de base à partir duquel s'effectue le développement du village. À l'intérieur d'un quartier, celle-ci peut être isolée ou bien s'intégrer à un groupe.

Les quartiers

Un quartier désigne un ensemble de constructions caractérisé par un maillage plus ou moins lâche qui occupe une zone géographique particulière du village (**fig. 18 et pl. IV**). Les quartiers répondent à un découpage théorique réalisé en fonction de la répartition des bâtiments, afin de clarifier la lecture du site. Si les édifices qui les composent présentent des caractéristiques similaires, ceux-ci n'appartiennent pas forcément à la même période. La dénomination des quartiers se réalise d'ouest en est, en terminant par le petit ensemble de maisons situé à l'extrémité septentrionale du site. Ils sont désignés par une lettre majuscule.

Le village comprend cinq quartiers d'habitation. Le nombre de maisons et la densité des constructions sont très variables de l'un à l'autre. Le quartier A réunit les bâtiments concentrés sur la frange occidentale de l'éperon rocheux. Le quartier B occupe le secteur méridional situé au point culminant du site, à une altitude de 514 m. Le quartier C s'étire jusqu'aux escarpements du *wādī* nord. Le quartier D regroupe les habitations qui marquent la limite orientale de la zone habitée. Enfin, le quartier E représente l'ensemble de maisons établies sur le petit plateau qui s'étend au-delà du *wādī* septentrional.

Les îlots

Par « îlot d'habitations », il faut entendre non pas un groupe d'habitations calibré semblable à ceux qui composent les quartiers dans les villes, mais un ensemble de maisons entretenant des rapports de voisinage étroits par la mitoyenneté des murs qui les séparent. Les bâtisses, imbriquées sans qu'il n'y ait aucune possibilité de passage entre elles, sont accessibles seulement depuis l'extérieur de l'îlot[22]. La difficulté majeure concernant l'identification des îlots réside dans le fait que les murs de clôture

22. Sur la définition de l'îlot d'habitation, voir Sodini *et al.* 1980, p. 288-289 ; Tate 1992a, p. 225 ; Tate 1993, p. 107-108.

Fig. 17 — *Vue générale des vestiges du village de Kafr ʿAqāb (© B. Riba).*

sont rarement apparents sur le site, ou alors de façon très incomplète[23]. Les rapports entre les maisons sont donc souvent confus. Seul le dégagement complet des enclos permettrait de définir dans quelle mesure un groupe de bâtiments mitoyens peut être considéré comme le produit de l'agrandissement d'une seule maison, ou bien s'il est la conséquence de l'adjonction de plusieurs bâtisses indépendantes. Dans certains cas, les indices architecturaux suffisent à démontrer la formation de l'îlot par adjonction de maisons autonomes, mais l'incertitude demeure pour la plupart des groupes d'habitations. Ces assemblages forment des îlots de types complexes dans lesquels l'orientation et le plan des maisons sont variables, ou des îlots de types simples caractérisés par la juxtaposition linéaire de plusieurs constructions. Les îlots les plus petits comprennent seulement deux unités d'habitation, le plus grand en rassemble une quinzaine[24].

Les maisons

La maison est organisée selon un schéma de base simple et récurrent. Deux éléments essentiels la composent : le bâtiment et la cour délimitée par un mur de clôture. Le portique n'est pas obligatoire, mais on le retrouve de façon presque systématique à partir de la fin du IVe siècle. Ces composantes, quasi canoniques dans l'architecture domestique, sont quelquefois accompagnées d'annexes, de locaux de stockage, d'étables ou d'aménagements agricoles. Le plan d'une maison peut être régulier ou complexe, selon la disposition des bâtiments qui la composent, sans que cela altère le noyau de base de l'habitation.

23. Le problème posé par la visibilité des murs de clôture dans le Massif calcaire a déjà conduit à des interprétations erronées : à Deḥes, G. Tchalenko avait identifié un espace de plan rectangulaire bordé de maisons comme une place de marché ; or, les fouilles archéologiques ont montré qu'il s'agissait en réalité d'un ensemble de maisons paysannes séparées par des murs de clôture invisibles en surface (Sodini *et al.* 1980 ; Bavant 1995a, p. 195-203).

24. La concentration des constructions localisées au sud du quartier B, nommée « îlot 07 », constitue ici un cas particulier dans la mesure où la lisibilité des vestiges demeure à ce jour quasiment nulle.

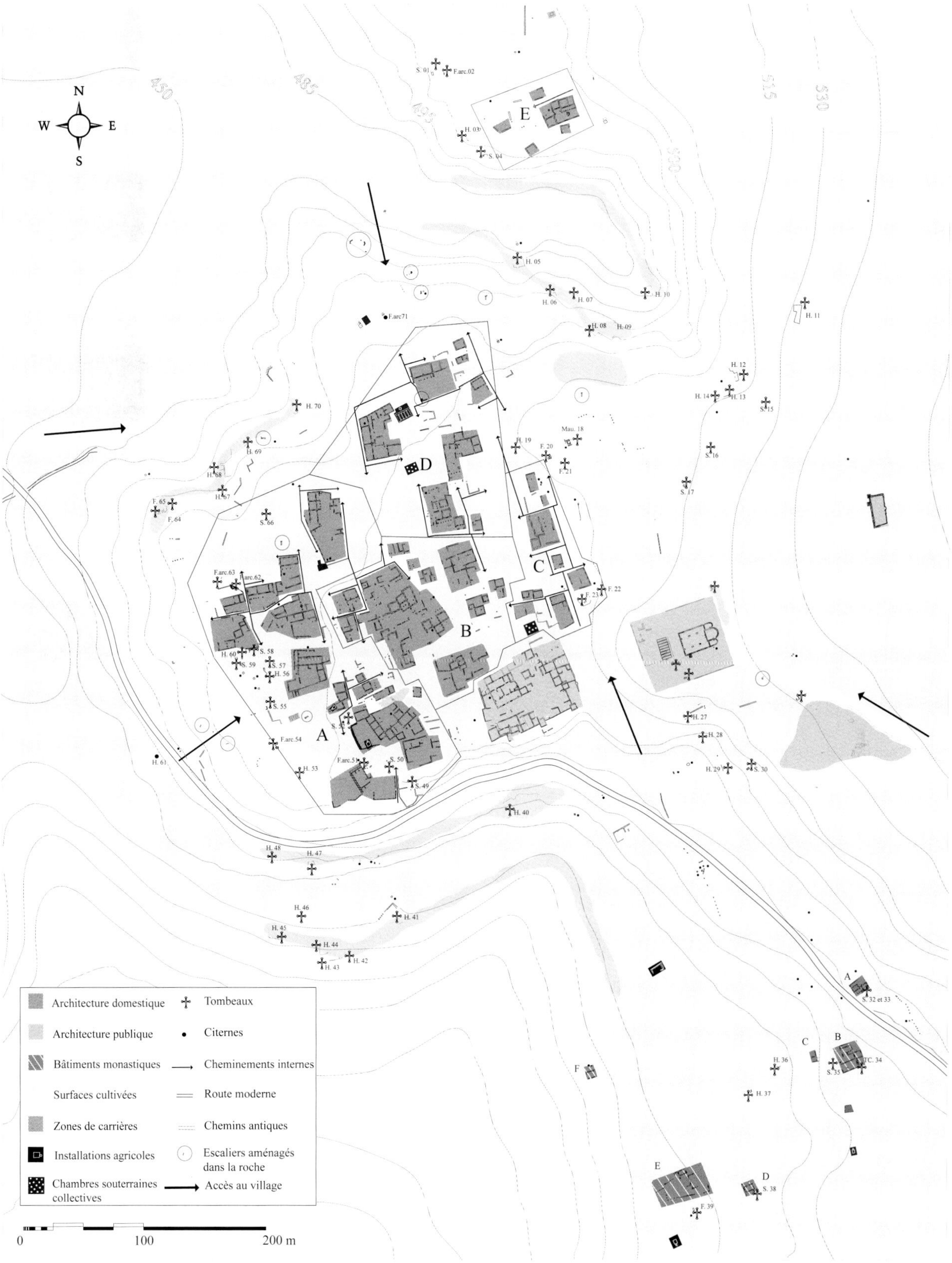

Fig. 18 — *Localisation des ensembles (© B. Riba).*

L'identification des maisons peut poser problème à Kafr ʿAqāb en raison du caractère mal préservé des ruines. Parfois, les vestiges ne suffisent pas à distinguer une simple annexe d'une véritable habitation. Aussi, de nombreux murs affleurant seulement le niveau du sol actuel ne permettent pas d'identifier le bâtiment auquel ils appartiennent. Ces cas, fréquents dans l'ensemble du site, se concentrent dans certaines zones particulièrement ruinées, comme celle de l'îlot 07 caractérisé par un enchevêtrement de structures au ras du sol qui empêche de discerner le plan des constructions. Les îlots 06 et 08 présentent également de grandes difficultés de lecture. Impossibles à reconnaître sans dégagements, de nombreuses structures apparaissent ainsi de façon sporadique sur l'ensemble du territoire. Par conséquent, les indices architecturaux doivent être suffisamment fiables afin de pouvoir considérer un bâtiment comme une habitation. Pour cela, au moins deux sur trois éléments constitutifs d'une maison (bâtiment d'habitation, portique, mur d'enclos) doivent être visibles en surface.

Les numéros des ensembles identifiés comme étant des maisons sont précédés de la lettre « M ». En revanche, les bâtiments dont les données trop insuffisantes ne permettent pas de s'assurer de leur fonction sont désignés par la lettre « C », plaçant ainsi ces vestiges sous le terme neutre de « construction ». Dans l'ensemble, 84 constructions liées à l'architecture domestique ont été répertoriées. Parmi elles, 61 sont clairement définies comme des unités d'habitation. Il est très probable qu'un nombre important de bâtiments restants soit bel et bien des unités d'habitation, mais aucun indice sûr ne permet de le confirmer.

Système de numérotation

Onze îlots d'habitations ont été répertoriés dans le village. Ces groupes sont numérotés de 01 à 11 selon l'ordre géographique évoqué ci-dessus pour les quartiers : la numérotation commence par l'îlot situé à la bordure occidentale du site et se poursuit vers le nord-est. Celle-ci s'effectue de façon continue pour l'ensemble des bâtiments. Ces derniers se différencient seulement par les lettres « M. » ou « C. » qui les précèdent. L'attribution des numéros se calque sur celui des îlots : la maison M. 01, située à l'extrémité sud-ouest du village, marque le départ de la numérotation qui s'étend ensuite à l'ensemble de la frange occidentale avant de se poursuivre vers le nord-est, et finir par le quartier E situé à l'extrémité septentrionale de la zone habitée. Les annexes associées aux maisons, et parfois les pièces à l'intérieur des bâtiments d'habitation, sont désignées par des lettres minuscules qui accompagnent le chiffre et la lettre du bâtiment auquel elles se rattachent, à l'exemple de « M. 04a ».

Composition du village

Une centaine d'édifices recouvrent de façon irrégulière une superficie de 40 hectares (**fig. 18**). Le village proprement dit, concentré pour l'essentiel sur un promontoire rocheux, occupe à cet endroit une surface de 10 hectares à laquelle s'ajoute le petit quartier d'habitation E excentré au-delà du *wādī* septentrional, en bordure d'un plateau. Parallèlement à l'architecture domestique largement prédominante sur le site, on dénombre deux ensembles ecclésiastiques implantés au sud-est du site, ainsi qu'un petit complexe conventuel. Parmi les aménagements destinés à la collectivité, on compte un grand bassin de rétention d'eau construit en hauteur, sur les premières pentes du ǧebel Dueili, et un réservoir d'eau aménagé du côté opposé, non loin des escarpements occidentaux. Une huilerie souterraine située dans la partie nord-ouest du site pourrait également avoir été la propriété du village. Enfin, la périphérie de l'habitat est bordée par d'anciennes carrières juxtaposées à divers aménagements funéraires dont le nombre équivaut à peu près à celui des maisons.

Les quartiers d'habitation

Le quartier A comprend au total 23 édifices répartis en 4 îlots, 7 maisons indépendantes et 7 constructions de type indéterminé (**fig. 19**). La surface construite, étendue à 1,8 hectare, occupe la partie occidentale du village, le long des bords abrupts de promontoire rocheux. La plupart des bâtiments sont identifiables malgré un état de conservation globalement mauvais. Leur densité est moyenne : deux groupes principaux s'articulent inégalement de part et d'autre de l'îlot 02 plus isolé. On note aussi la situation excentrée de l'îlot 05 par rapport aux autres constructions. Excepté l'orientation des maisons vers l'est ou le sud, aucune règle ne semble avoir régi leur répartition si ce n'est celle de s'adapter aux édifices antérieurs. L'implantation des habitations ne paraît donc répondre, au moins en apparence, à aucune organisation précise. Nous verrons cependant plus bas que celle-ci traduit des comportements sociaux assez nets.

L'emploi de l'appareil orthogonal simple constitue la technique de construction commune aux bâtiments du quartier. À part de trois ensembles qui présentent des caractéristiques originales, le plan classique de la maison est récurrent : les bâtisses pourvues d'un étage sont précédées d'un portique et d'une cour délimitée par un enclos. Les principales distinctions s'effectuent essentiellement dans leurs dimensions ainsi que dans la nature et la répartition de leur décor. Des dépendances et divers aménagements leur sont parfois associés.

Au moins deux aménagements d'intérêt public ont été localisés à l'intérieur du quartier. Le premier est un réservoir d'eau souterrain à l'écart de la zone habitée,

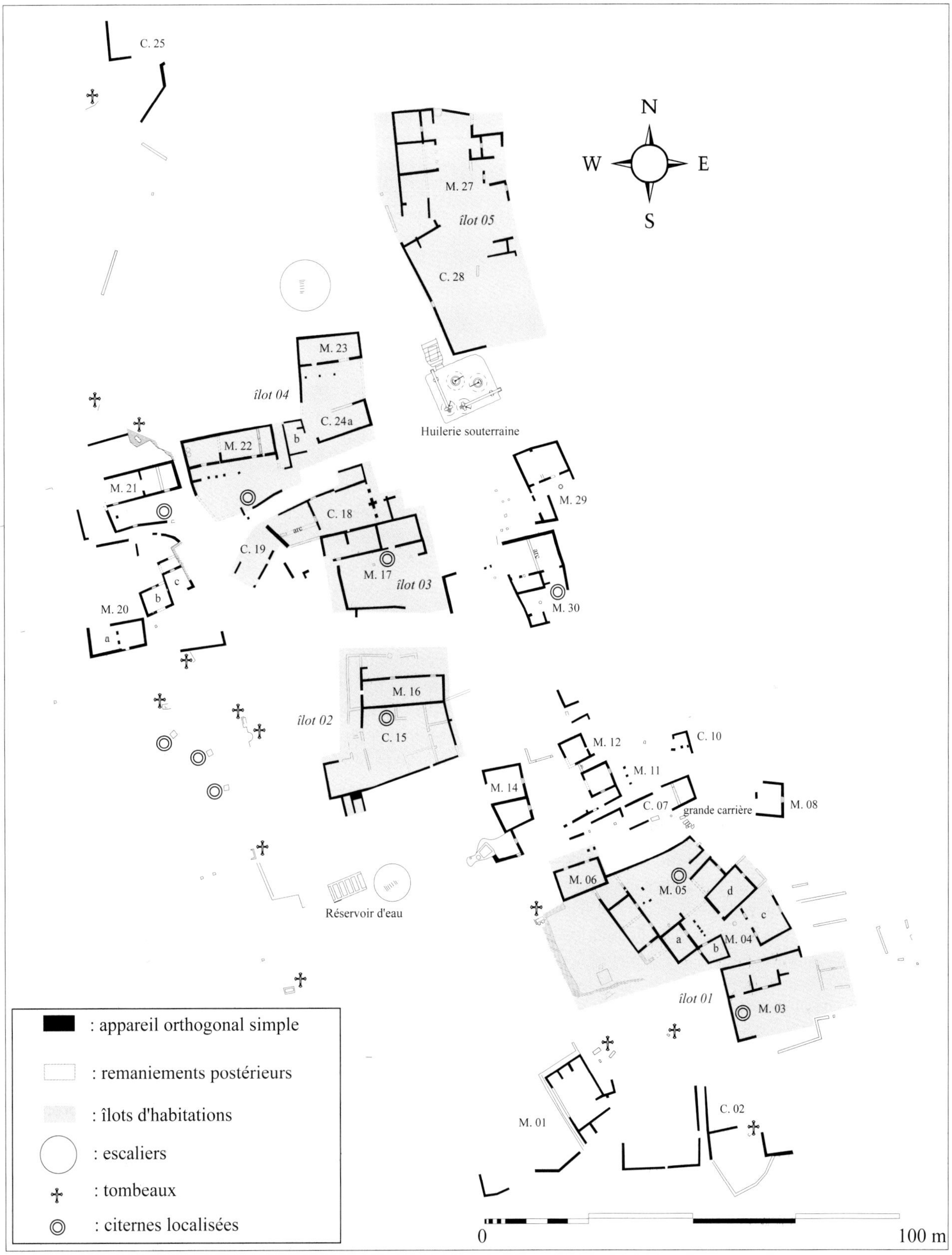

Fig. 19 — *Plan du quartier A (© B. Riba).*

proche de la nécropole et des parcelles de terre situées sur les terrasses naturelles qui s'étagent au sommet des versants ouest du promontoire rocheux. Le second est représenté par une grande carrière communale située au cœur des habitations, certainement utilisée, plus tard, comme réservoir à ciel ouvert. Un pressoir souterrain aménagé au sud-ouest de l'îlot 05 a également pu être au service de la collectivité compte tenu de sa situation isolée, mais aucun élément déterminant n'indique qu'il n'ait pas été une propriété privée. Autour et à l'intérieur même du tissu villageois ont été répertoriées 13 sépultures : des sarcophages, des fosses à *arcosolia*, des hypogées et des vestiges de ce qui semble avoir été un temple funéraire.

Le quartier B, ou quartier méridional, concentre la plupart des constructions établies sur la partie sommitale de l'éperon rocheux (**fig. 20**). Aux 23 bâtiments recensés s'ajoutent les constructions comprises au sein de l'îlot 07 dont les plans ne peuvent être identifiés en raison de l'état de dégradation fort avancé des vestiges. À l'origine, le quartier, étendu à une superficie de 2 hectares, comptait au total une trentaine d'édifices organisés en deux îlots (06 et 08) autour desquels gravitaient 7 maisons isolées. Les bâtisses de ce quartier, en grande partie enfouies, s'agglutinent en un amas de débris de toutes sortes. Dans ce désordre se dessinent les contours de plusieurs petites maisons caractérisées par un plan simple. Leurs orientations sont variées, mais dans l'ensemble le sud a été privilégié. Trois types d'appareils ont été identifiés dans le secteur. À côté de l'appareil orthogonal à parement simple, très minoritaire, la technique de construction largement adoptée par les villageois consiste ici en des murs élevés en double parement de moellons liés par des boutisses. Parfois, les deux modes de constructifs sont utilisés au sein d'une même bâtisse. L'appareil mixte est employé dans le mur ouest de l'habitation M. 39, et dans la maison M. 45 dont un gouttereau entièrement construit en blocs taillés se distingue des autres murs élevés en appareil double polygonal.

L'îlot 06, le plus grand du site, atteint une superficie de 3500 m^2. Il se caractérise par une imbrication de constructions très dense qui concentre une dizaine d'habitations. Les vestiges, très ruinés, rendent difficilement lisibles les relations architecturales entre les bâtiments[25], mais les structures partiellement apparentes en surface montrent suffisamment de liaisons entre les murs des différentes bâtisses pour autoriser l'application de la notion « d'îlot » à cet ensemble dépourvu de traces de ruelles. La périphérie de ce groupe majoritairement composé de petites maisons est bordée par trois habitations élevées en blocs orthogonaux. À proximité de l'îlot, deux maisons isolées, édifiées en parpaings équarris, sont implantées du côté ouest (M. 29 et M. 30). Trois autres bâtiments (M. 46, M. 47, M. 48) situés au nord-est, également indépendants, sont construits en double parement de moellons. L'organisation de l'îlot permet de formuler un premier constat : les maisons les plus rudimentaires sont regroupées au cœur de l'îlot, tandis que celles ayant bénéficié d'une technique de construction plus élaborée en occupent la périphérie.

L'îlot 08 est un ensemble très confus. Les remaniements sont si importants que le nombre même de bâtiments qui le composent est difficile à évaluer. Celui-ci pourrait comprendre deux ou trois constructions mitoyennes[26]. Les murs des bâtisses présentent un appareil orthogonal à parement simple, alors que ceux des enclos des cours sud et nord sont élevés en double parement polygonal. Au sud-est de l'îlot 08 apparaissent deux habitations isolées (M. 50 et M. 51), très ruinées et profondément remaniées, initialement construites en appareil à double parement polygonal. La partie ancienne de la bâtisse M. 51 se distingue par des blocs polygonaux de grand module et des assises particulièrement soignées.

Le quartier C marque l'extrémité orientale du village (**fig. 20**). Il comprend un seul îlot d'habitation (îlot 09) et 7 maisons indépendantes. C'est un petit ensemble de constructions réparties de manière lâche et aérée sur une surface d'environ 3500 m^2. Le cheminement entre les constructions est nettement perceptible. L'îlot 09 regroupe seulement deux maisons édifiées en appareil à double parement polygonal : le premier est une petite bâtisse à pièce unique tournée vers l'est (M. 58), le second est un bâtiment moins spacieux orienté dans la direction opposée (M. 57). Les autres habitations, de dimensions variables, se distinguent par l'emploi de blocs équarris. À l'exception de la maison M. 54 orientée plein sud, toutes s'ouvrent à l'ouest. Les constructions qui occupent les extrémités nord et sud du quartier côtoient les sépultures de la nécropole orientale. Le terrain plat de ce côté du site est particulièrement favorable aux fosses creusées dans le roc. Le secteur se caractérise également par la présence d'un mausolée à couverture pyramidale.

Le quartier D regroupe l'ensemble des constructions qui s'étendent à la partie septentrionale du promontoire rocheux (**fig. 21**). Les maisons, assez peu nombreuses, sont inégalement réparties sur une surface de 3 hectares. Certaines zones, notamment au sud-est, présentent une forte densité d'habitations tandis que d'autres sont occupées par des maisons totalement isolées, séparées entre elles par de grands espaces vides. Près d'une vingtaine de constructions ont été recensées à cet endroit du village caractérisé par un maillage particulièrement irrégulier. On y compte

25. La genèse de l'îlot a pu être localisée à la hauteur des maisons M 40, M. 41, M 42, M 43 (voir ci-dessous, p. 53).

26. Une seule unité d'habitation peut être attestée avec certitude. Par conséquent, ce groupe est nommé sous le même numéro : M. 49. Les constructions mitoyennes, hypothétiques dans l'état actuel des recherches, sont simplement désignées par des lettres minuscules.

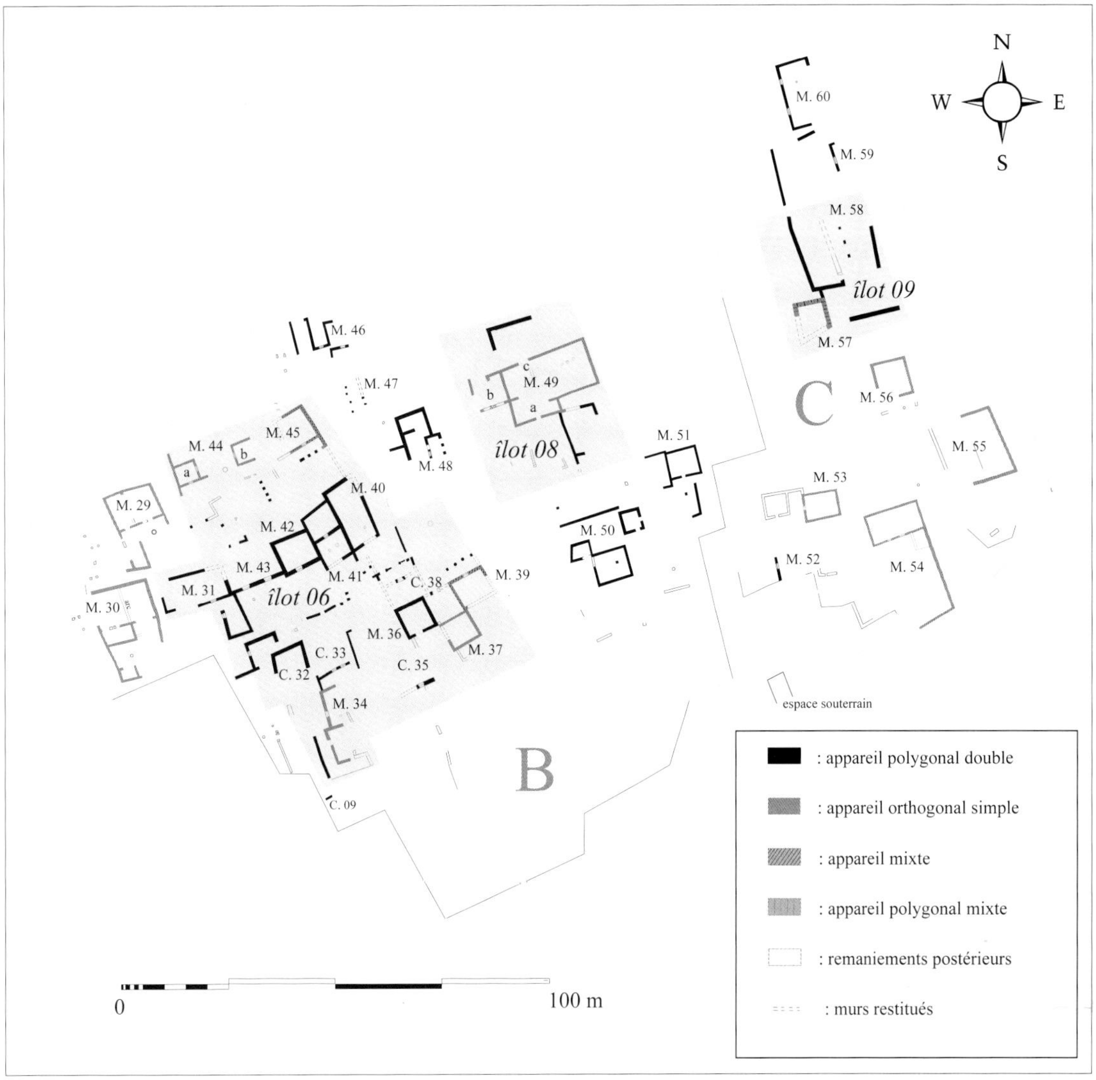

Fig. 20 — *Plan des quartiers B et C (© B. Riba).*

deux îlots d'habitation (îlots 10 et 11), 7 maisons indépendantes et 4 constructions non déterminées. Les extrémités nord et sud du quartier se distinguent par la présence de maisons construites en appareil double polygonal. Au total, 8 bâtisses emploient ce mode de construction. L'appareil orthogonal à parement simple apparaît essentiellement dans la partie centrale. Les deux techniques sont parfois utilisées dans la construction de maisons appartenant au même îlot (îlot 10). Il arrive également qu'une maison, construite en plusieurs étapes, combine les deux types d'appareils (M. 72). D'autres ensembles domestiques utilisent exclusivement des blocs équarris (îlot 11). Les dimensions des maisons diffèrent selon le nombre de pièces variable entre une et trois. La maison M. 70, excentrée au nord-ouest, se distingue par son étendue et ses annexes parmi lesquelles se trouve une huilerie. D'une manière générale, la majorité des constructions du quartier sont orientées vers le sud. Deux maisons seulement, M. 64 et M. 68, sont tournées vers l'ouest. L'ensemble architectural M. 70, quant à lui, ouvre à l'est. Une seule maison, M 75, regarde vers le nord.

Le quartier E, situé en bordure méridionale du plateau qui s'étend au-delà du *wādī* nord, est un petit ensemble d'habitations très ruinées. La surface construite couvre environ 4000 m^2, mais seuls les contours de la maison M. 81 se dessinent avec une relative netteté. Ailleurs, des structures mal préservées, qui affleurent à peine le sol, suggèrent l'existence de constructions dont l'étude ne peut être effectuée sans fouilles archéologiques. La technique de construction dominante est celle de l'appareil à double parement polygonal. La partie orientale de la maison M. 81 est la seule à être élevée en appareil orthogonal à parement simple. On note également, dans les environs immédiats

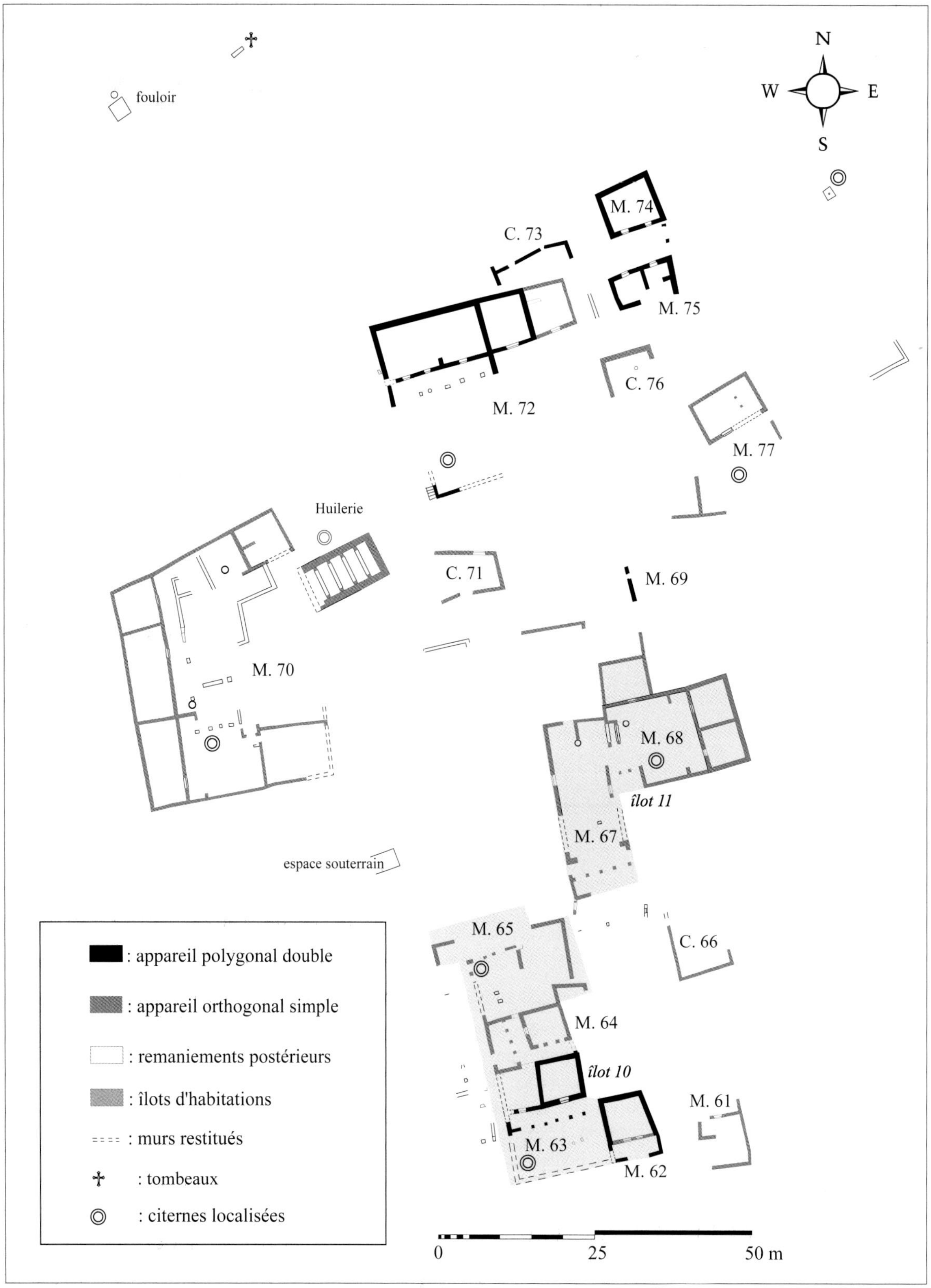

Fig. 21 — *Plan du quartier D (© B. Riba).*

du quartier, la présence de pans de murs entièrement rupestres. Les bâtisses semblent plutôt orientées vers le sud. La maison M. 81, quant à elle, présente la particularité d'ouvrir à la fois au nord et sud. À la périphérie des maisons se répartissent plusieurs citernes, des petits bassins et une installation viticole qui semble avoir été destinée à la communauté villageoise compte tenu de sa situation isolée au milieu du terroir. Enfin, quatre sépultures sont implantées à l'écart des habitations : deux sarcophages, une fosse à *arcosolium*, et un hypogée.

Les bâtiments publics

Les ensembles publics se résument aux deux complexes ecclésiastiques. À côté de l'architecture religieuse facilement identifiable, la question concernant l'existence d'éventuelles auberges civiles demeure délicate puisque ce type de bâtiment ne présente pas de véritables distinctions avec l'architecture domestique. Il est donc peu aisé à reconnaître sans attestation épigraphique. L'ensemble architectural situé à l'emplacement de l'îlot 01 serait susceptible, compte tenu de la répartition originale de ces accès et des dimensions des constructions qui le composent, d'appartenir à cette catégorie de bâtiment[27]. Trois bâtisses (M. 11, C. 18, M. 37) se distinguent également par la situation peu ordinaire de leurs ouvertures et certains dispositifs étrangers à l'architecture domestique. Ces spécificités, évoquées plus loin, pourraient témoigner du caractère public d'un ou plusieurs bâtiments, mais les indices manquent pour le prouver. Ainsi, la présence de constructions qui tiendraient lieu d'*andrôn* ou d'auberge ne peut être définitivement écartée. En revanche, aucune trace visible sur le terrain ne permet de suggérer celle d'un établissement thermal[28].

Le complexe ecclésial du sud comprend une église de dimensions modestes, à trois nefs, avec une abside inscrite dans un chevet rectiligne. Elle est associée à un petit édifice à nef unique et abside saillante, un bâtiment annexe et un grand réservoir d'eau. Ces aménagements sont enclos à l'intérieur d'une enceinte fortifiée médiévale qui délimite une surface de plus de 5000 m^2. Celle-ci est flanquée de quatre tours apparentes en surface[29]. La zone sud-est du village lui est presque entièrement consacrée. Tous les murs sont édifiés en appareil orthogonal à parement simple. L'ensemble, très détérioré, est profondément perturbé par les remaniements successifs intervenus à l'occasion de multiples phases d'occupations. Actuellement, l'ensemble de ces espaces internes est mis en culture. Le second complexe ecclésial, situé 75 m plus à l'est, possède plusieurs bâtiments aménagés sur les premières pentes du ǧebel Dueili. On trouve d'abord un grand édifice dont il ne subsiste plus que quelques tronçons de murs associés à un réservoir d'eau. Non loin gisent les restes d'un tombeau monumental. Ces vestiges sont dominés par une basilique à piliers caractérisée par un chevet particulièrement intéressant puisqu'il est pourvu de trois absides saillantes. L'édifice est précédé, au sud, par une cour dallée. Au sud-est, un chemin desservait une vaste aire d'accueil située aux portes du sanctuaire.

Les établissements monastiques

Sept édifices plutôt modestes occupent inégalement les terres d'un domaine situé à la périphérie sud de la zone habitée (**fig. 22, 261 et 262**). Deux bâtiments principaux se distinguent de cet ensemble. Le premier (bât. E) abritait vraisemblablement l'essentiel de la communauté compte tenu de ses dimensions, de son organisation et de l'installation agricole aménagée à proximité d'une large cavité karstique. Le second (bât. B) comprend une chapelle funéraire contiguë au tombeau collectif des moines. Une dizaine de mètres au sud est aménagé un grand réservoir d'eau souterrain. Un peu plus loin se trouve un bassin à l'air libre destiné au foulage du raisin. Autour de ces deux édifices gravitent de petites constructions secondaires prévues pour accueillir un nombre restreint de religieux. Certaines semblent avoir été vouées à la vie érémitique, d'autres possédaient deux à trois cellules ayant pu abriter un nombre égal de moines. Un local, excentré au nord, disposait d'une presse destinée à la fabrication du vin. Enfin, un ermitage situé très à l'écart à l'est de l'agglomération est représenté par une chambre creusée dans la paroi

27. Les seules auberges du Massif calcaire clairement attestées par l'épigraphie sont celles de Deir Semʿān, l'antique Télanissos (*IGLS* II, 416-417). Sur l'étude de l'îlot 01, voir ci-dessous, p. 90-95.

28. Les églises, les hôtelleries civiles et ecclésiastiques, les *andrôn*, les thermes et les boutiques sont les seuls bâtiments publics répertoriés dans le Massif calcaire. Les édifices à spectacles sont exclus de l'urbanisme villageois. Dans la région, plusieurs bâtiments ont été perçus comme des *andrôn*, mais le seul attesté par l'épigraphie est resté pendant longtemps celui de Mēʿez (Tchalenko 1953-1958, I, p. 28-29, 210, 295, 313 et 324). Plus récemment, la découverte d'une inscription syriaque gravée sur la feuillure du piédroit d'un bâtiment à Bašakūsh, désignant celui-ci comme un *andrôn*, montre que plusieurs édifices de ce type existaient bel et bien dans le Massif calcaire (Briquel-Chatonnet et Desreumaux 2011, p. 27-44 ; pl. 5). Cela soulève à nouveau la question de la place de l'*andrôn* dont l'existence a parfois été remise en cause dans cette région (Gatier 2001b, p. 9-15). Les thermes sont également connus dans les villages du Massif calcaire (Tate 1992a, p. 69-71 ; Charpentier 1994 ; Charpentier 1995a, p. 219-247 ; Charpentier 1999 ; Abdulkarim et Charpentier 2009, p. 149-156). Aux bains villageois recensés s'ajoutent aujourd'hui ceux associés au sanctuaire de Qalʿat Semʿān (Biscop et Blanc 2014, p 413-432). Enfin, la présence de boutiques est assurée seulement le long de la voie sacrée menant au sanctuaire de Saint-Syméon (Pieri 2010, p. 1393-1420).

29. Les pères franciscains comptent six tours. Soit les deux tours supplémentaires sont des structures mal interprétées, soit celles-ci ont disparu depuis leur visite. Toutefois, d'après le plan qu'ils nous livrent, le bâtiment ne semble pas beaucoup plus détérioré (Castellana 1987, p. 167 ; Peña *et al.* 1999, p. 22 et 86).

verticale du ğebel Dueili qui domine le site[30]. Celui-ci, associé aux grottes voisines, présente deux fenêtres, l'une carrée, l'autre rectangulaire, par lesquelles le reclus pouvait contempler l'ensemble du ğebel Waṣṭāni septentrional.

Les aménagements funéraires

Selon une règle répandue dans le Massif calcaire, c'est en périphérie de l'habitat que se répartissent les tombeaux. Il serait vain, cependant, de chercher une frontière bien définie entre le monde des morts et celui des vivants, à l'image de celle qui sépare les nécropoles des villes. En certains endroits, la zone habitée empiète même sur les zones funéraires les plus anciennes, intégrant ainsi lors des diverses phases d'expansion du village quelques sépultures au sein des quartiers d'habitation. C'est le cas, notamment, de quelques maisons du quartier A qui ont gagné la nécropole d'époque romaine au cours des vᵉ et viᵉ siècles. D'une manière générale, la répartition des tombes répond à divers facteurs basés avant tout sur un sens pratique plutôt que sur une volonté stricte d'organiser l'espace funéraire. Le choix de l'emplacement d'une tombe, individuelle ou collective, semble relativement libre si l'on considère la disposition quelque peu désordonnée des vestiges. La préoccupation principale se résume à celle d'aménager les tombeaux hors de la zone habitée en des endroits bien visibles ou particulièrement fréquentés. Cette pratique consistait à éloigner le défunt du monde des vivants en prenant soin de conserver sa mémoire par le biais d'une sépulture pétrifiée au sein du paysage rural. Le plus souvent, la tombe nouvellement construite se joignait à un groupe de sépultures préexistantes. Il est rare, en effet, de voir un aménagement funéraire totalement isolé.

Parmi les modèles funéraires en présence, les hypogées cruciformes l'emportent par leur nombre. L'une des raisons de ce succès s'explique par les versants des *wādīs* propices à leurs aménagements. Les sarcophages, rupestres ou « isolés », constituent le deuxième type funéraire le plus fréquent sur le site. Répartis inégalement autour des maisons, ceux-ci privilégient plutôt la frange occidentale du site. Les fosses rupestres, simples ou bien avec *arcosolia*, beaucoup moins nombreuses, apparaissent de façon plus sporadique sur l'ensemble du site. Enfin, les tombeaux monumentaux se résument à la présence de ce qui semble avoir été un temple funéraire dont les vestiges, très ruinés, se situent du côté de la nécropole occidentale, à proximité de l'îlot 03, ainsi qu'à l'existence d'un mausolée à couverture pyramidale (Mau. 18) localisé à l'est du quartier D.

La structure du village

Si au premier abord le village ne révèle aucune organisation précise, l'implantation des constructions sur l'ensemble du site permet de mettre en lumière certains aspects du comportement social de la communauté villageoise.

Le mode d'occupation de l'espace villageois

Contrairement aux édifices publics dont l'emplacement est soigneusement choisi, la distribution des maisons ne reflète aucune conception préétablie. Leur répartition paraît s'effectuer de façon empirique, au gré du développement du village. La seule règle apparente semble avoir été celle de respecter l'espace des maisons antérieures, et donc de s'adapter par rapport à l'emplacement occupé par ces dernières. Cependant, ce type d'organisation n'est certainement pas aussi aléatoire qu'il y paraît. La question de la répartition de bâtiments, qui relève directement de la propriété et du mode de succession, soulève des problèmes d'ordre juridique difficiles à saisir du point de vue de l'archéologie. Certaines contraintes ont pu influer sur le choix de l'emplacement d'une maison, comme la présence de parcelles de terre cultivées, la situation des citernes destinées à la collectivité, l'existence d'éventuelles résurgences karstiques auxquelles il fallait s'adapter[31], ou encore à la place occupée par l'élevage et celle des aménagements communaux liés à cette activité.

Une pratique courante, qui consistait à juxtaposer les bâtiments nouvellement construits aux bâtisses plus anciennes, est à l'origine de la formation de « l'îlot ». D'autres maisons occupent des espaces entièrement vierges et isolés. Il en ressort une densité de constructions très variable : certaines zones se signalent par une concentration d'habitations extrêmement forte, d'autres présentent un tissu discontinu beaucoup plus aéré. D'une manière générale, le constat qui prévaut en premier lieu est celui d'un quartier méridional ramassé sur lui-même, principalement représenté par l'îlot 06, autour duquel rayonne un faisceau de bâtiments intégrés dans un maillage plus lâche caractérisé par des ruelles et des espacements plus nombreux. Aucune ordonnance géométrique n'apparaît. Les rues sont déterminées par l'implantation irrégulière des maisons. Il n'existe pas non plus d'axe de circulation prioritaire, si ce n'est au sud, entre les deux sanctuaires ecclésiaux où le terrain peu accidenté permet d'accéder à l'intérieur du village beaucoup plus aisément qu'ailleurs. Ce modèle

30. Les pères franciscains nomment ce lieu l'« ermitage de Moughor el-Mouʿallaq » (Peña *et al.* 1999, p. 95).

31. Les résurgences karstiques sont attestées dans le village de Serğilla (Abdelkarim et Charpentier 2009, p. 149-156). À l'intérieur même du village de Kafr ʿAqāb, aucune cavité de ce type n'est apparente.

Fig. 22 — *Zone d'implantation de l'ensemble monastique au sud du secteur dédié à l'habitat (© B. Riba).*

d'urbanisme s'oppose donc diamétralement à celui des villes caractérisées par un plan quadrillé et des îlots nettement définis par des artères perpendiculaires. Par ailleurs, aucun indice ne suggère la présence d'une place publique, ou de marché, à l'intérieur du village. Les espaces vides, notamment dans les quartiers B et D, ne présentent aucune structure spécifique susceptible d'identifier un lieu de rassemblement public[32]. Ni portiques ni installations quelconques pouvant faire office de boutiques n'autorisent une telle interprétation. Ces espaces semblent simplement devoir leur existence au hasard de la répartition des constructions, et pouvaient être consacrés à la culture ou à des potagers bien qu'aucun élément ne permette de l'affirmer. En fait, l'unique endroit qui a pu tenir lieu de place publique se tient à l'écart du village, au sud du grand sanctuaire oriental. Il s'agit d'un vaste espace, facile d'accès, dont la fonction d'accueil et de rassemblement est attestée par une concentration massive de petits aménagements creusés dans la roche qui affleure sporadiquement le sol, et dont la fonction était en partie liée au parcage des bêtes de somme. L'espace, excentré de la zone habitée, se trouve à proximité d'un chemin reliant l'ensemble ecclésial à l'établissement d'un stylite installé sur le col de Ḫerbet eš-Serǧ. Il entretenait une relation étroite avec les circuits de pèlerinage qui se perfectionnent dans la région à partir du dernier quart du ve siècle, et était certainement le théâtre d'activités diverses, dont celles relatives au commerce.

Un village « fermé »

Au-delà des avantages offerts par le cadre environnemental, les reliefs naturels accusés qui accueillent l'habitat suggèrent une volonté des paysans de se placer en retrait par rapport au monde extérieur. En effet, les bâtiments repliés sur l'étendue d'un promontoire rocheux

32. En effet, la place de village, au sens où l'entendaient H. C. Butler ou G. Tchalenko, c'est-à-dire un espace structuré, n'apparaît pas à Kafr ʿAqāb. Ce type d'aménagement semble d'ailleurs absent dans l'ensemble du Massif calcaire à quelques exceptions près, comme le village de Serǧilla qui pourrait présenter une place publique aux abords de deux bâtiments destinés à la communauté : « l'auberge » et les thermes (Tate 1992a, p. 220).

Fig. 23 — *Le village juché sur l’étendue du promontoire rocheux vu depuis le sud-ouest. À l’arrière-plan s’élèvent les pentes du ǧebel Dueili (© B. Riba).*

cerné de *wādīs* aux flancs escarpés et bordé, à l’est, par l’un des sommets les plus élevés du Massif calcaire, militent en faveur d’une communauté villageoise soucieuse de se prémunir contre les agents extérieurs (**fig. 23**). L’orientation des constructions privées reflète le même état d’esprit. Au sein du quartier A, en bordure occidentale du village, la majorité des maisons sont orientées vers le sud, l’est et le nord ; une seule (M. 01) est tournée vers l’ouest. Sur les 18 constructions répertoriées dans le quartier septentrional, une seule (M. 75) s’ouvre du côté extérieur, vers le nord. À l’est, parmi les 8 édifices en présence, un seul (M. 58) à nouveau s’ouvre vers l’extérieur, face à la montagne. Presque toutes les maisons sont donc orientées vers l’intérieur du village, révélant une tendance profondément ancrée dans le comportement villageois : celle de tourner le dos au monde extérieur. Par ailleurs, les quelques maisons qui ne le sont pas présentent un enclos suffisamment conservé pour témoigner du souhait de fermeture de la part de leurs propriétaires. La maison M. 01 illustre particulièrement bien ce fait : certains blocs en place indiquent que sa clôture de parpaings équarris épousait scrupuleusement les bords escarpés du relief afin de former ce qui devait être un écran hermétique en rupture avec le paysage qui s’étend à l’ouest. Des vestiges de murs analogues suivent par endroits les crêtes nord-occidentales du promontoire rocheux, à la limite de l’espace dédié à la nécropole. C’est le cas, notamment, de l’enclos de la construction C. 25 qui surplombe l’hypogée H. 66, et de celui situé directement au nord de la sépulture H. 68 dont le tracé s’applique également à suivre le relief naturel. Ces structures associées à des maisons dont il ne reste aujourd’hui quasiment plus de vestiges apparents traduisent là encore une volonté résolue de fermeture vis-à-vis de l’extérieur. Le petit groupe d’habitations situé tout à fait au nord du site (quartier E) répond aux mêmes exigences : les édifices occupent le sommet d’un relief et l’unique maison conservée rompt avec l’extérieur par un mur de clôture édifié en grand appareil.

Plus explicite encore est le secteur méridional du village qui est, rappelons-le, la zone la plus accessible du site : l’endroit est effectivement occupé non pas par des habitations, mais par deux ensembles ecclésiaux. C’est donc d’abord aux domaines ecclésiastiques, c’est-à-dire à la zone publique du village, que les voyageurs

Fig. 24 — *Vue de la zone la plus accessible du village depuis le sud du promontoire rocheux (© B. Riba).*

étaient confrontés avant de pouvoir pénétrer à l'intérieur de la localité, à savoir le secteur proprement « privé » de l'espace villageois. Certes, à l'instar des villages qui possèdent un noyau antérieur au IVᵉ siècle, les églises se placent naturellement à la périphérie de la zone habitée, mais, en ce qui concerne celles de Kafr ʿAqāb, les possibilités d'implantation à la périphérie de l'habitat étaient multiples, et n'est certainement pas un hasard si les villageois ont privilégié l'endroit du site le plus facile d'accès depuis l'extérieur. À cet endroit, les sanctuaires jouaient en quelque sorte le rôle de filtre entre l'extérieur et la zone habitée. Plus tard, ce lieu sera logiquement occupé par un vaste bâtiment fortifié dont la fonction sera la même, mais dans un tout autre contexte. Ce constat illustre admirablement bien l'adaptation des habitants à des situations différentes imposées par deux périodes distinctes au cours desquelles les priorités ne sont définitivement plus les mêmes : à l'aspect religieux de la période protobyzantine se substitue un caractère militaire subséquent au climat de conflit qui pèse sur l'ensemble de la région à l'époque médiévale.

Ainsi, la topographie du terrain dont les habitants ont su tirer profit, la concentration des maisons au centre du promontoire et l'orientation des bâtiments vers l'intérieur du village signalent un corps social guidé par un comportement d'introversion[33]. La répartition des constructions indique un habitat replié sur lui même[34], avec pour principale ouverture sur le monde extérieur les ensembles ecclésiastiques situés à l'endroit du site qui peut être identifié, en raison d'un relief peu accidenté, comme « l'entrée principale » du village. Il convient néanmoins de nuancer le caractère « fermé » de Kafr ʿAqāb, car le site, dépourvu d'enceinte, était accessible de toute part pour quiconque entreprenait l'ascension des flancs abrupts des *wādīs* ponctués par endroit d'escaliers taillés dans la roche. Cependant, la déclivité des pentes du promontoire rocheux et les fronts de carrières taillés au bas des versants, parfois hauts de plusieurs mètres, constituaient

33. Hirschfeld évoque sur ce point des villages « introvered » (Hirschfeld 1997, p. 33-71).

34. Notons ici que les murs de raccord entre les maisons, constatés dans seulement deux villages du Massif calcaire, à Qirkbīze (ğebel Il-Aʿla) et à Muğleyya (ğebel Zāwiye), sont absents à Kafr ʿAqāb (voir Tate 1992a, p. 214).

des obstacles dissuasifs qui invitaient naturellement le visiteur, surtout si celui-ci transportait un chargement, à emprunter la zone la plus accessible du site où se trouvent les églises et le domaine public de la localité.

Notons, pour conclure, que les villages installés sur l'étendue d'un promontoire rocheux sont assez peu fréquents dans le Massif calcaire où les paysans semblent avoir privilégié les vallons largement évasés, les pentes des montagnes ou les plateaux. Un cas proche de Kafr ʿAqāb pourrait être celui de Ḫerbet Šarqīye dans le ǧebel Bārīšā[35], mais les versants du promontoire de ce site, moins accusés, permettent cette fois un accès beaucoup plus aisé au village. La localité de Deir ʿAmān, dans le ǧebel Ḥalaqa, relève du même constat[36].

Accès au village et circulation interne

L'accès principal au village s'effectue donc par le sud (**fig. 24**), à l'endroit où *les escarpements du wādī* sud s'effacent à la hauteur des premières pentes du ǧebel Dueili. Cette zone presque plane, qui permet de pénétrer à l'intérieur du site sans difficulté, constituait le lieu de passage par excellence. Elle s'inscrivait de surcroît dans le prolongement naturel de la route antique qui traversait la partie nord du chaînon.

Des pistes secondaires permettent aussi d'accéder au village en plusieurs endroits. L'une d'entre elles assure la liaison entre le col de Ḫerbet eš-Serǧ et la localité en passant par le sanctuaire de l'est. D'autres, plus contraignantes, empruntent les flancs escarpés du promontoire rocheux. La principale s'engage dans le *wādī* nord avant de se perdre sous les cultures actuelles. Son tracé se devine néanmoins grâce aux reliefs qu'elle a dû contourner jusqu'à la hauteur du tombeau S. 69 à partir duquel le terrain devient plus favorable. Si cette lecture du terrain est exacte, la pénétration à l'intérieur du village s'effectuait au niveau de la maison M. 72. Dans le même secteur, l'ascension du promontoire se réalise au moyen d'escaliers rupestres (**fig. 25 et 26**). Cinq segments de plusieurs marches ont été localisés sur le versant nord du site. Ceux-ci, disposés dans un même alignement, aboutissent également à l'arrière de la maison M. 72. Un deuxième escalier a été repéré au nord-ouest du village, mais celui-ci semble avoir exclusivement servi à relier les maisons à la nécropole nord-ouest, la partie descendant jusqu'au *wādī* n'ayant pas été retrouvée (**fig. 18**). Du côté occidental, deux tronçons d'escaliers taillés à la hauteur de l'hypogée H. 59 donnent l'occasion de joindre le secteur de la nécropole romaine, la zone cultivée, le réservoir d'eau qui lui est associé, puis les premières habitations au sommet du promontoire. Au nord, aucun escalier ne permet d'atteindre le quartier E. La liaison avec ce petit groupe d'habitations excentré est assurée par un chemin grossièrement aménagé à l'extrémité du *wādī* septentrional qui débouche du côté est de la maison M. 81. Enfin, du côté oriental du site, de nombreuses marches taillées dans le flanc de la montagne relient le village à l'ermitage établi au sommet du ǧebel Dueili.

Le réseau de circulation intérieur ne répond à aucun plan précis. Aussi aléatoire que semble l'être la répartition des maisons, les rues se développent au gré de l'émergence des nouvelles constructions, selon une évolution de type empirique. Les cheminements internes au village livrent des informations concernant les relations de voisinage et renseignent sur le choix des propriétaires de s'isoler ou bien d'intégrer un ensemble d'habitations. Les rues soulignent les contours des maisons indépendantes (**fig. 27**) et définissent parfois la forme des îlots. À l'intérieur de ces derniers, les ruelles s'immiscent seulement sous forme d'impasses comme on l'observe entre les maisons M. 22 et M. 23 (quartier A) où le passage, qui se termine en cul-de-sac, ouvre d'un côté sur la cour de la maison M.22. Une impasse apparaît à nouveau entre les maisons M. 57 et M. 58. Certaines ruelles entre deux maisons indépendantes ont bénéficié de dispositifs visant à « monumentaliser » le passage, comme celui qui sépare les maisons M. 11 et M. 12 pourvu d'un arc dont il ne subsiste en place que le pilier sud et l'imposte qui le surmonte. Enfin, les communications internes, adaptées au relief, sont ponctuées d'escaliers destinés à pallier les dénivelés du terrain. Ainsi, le passage longeant la maison M. 72 permet, par le biais de quelques marches soigneusement taillées dans la roche (**fig. 28**), d'accéder au niveau supérieur occupé par l'huilerie associée à la maison M. 70. Les exemples de ce type sont nombreux sur le site.

Le village : terroir et finage

Les limites de la zone construite ont été dictées par deux faits principaux : le cadre environnemental qui n'offre plus la possibilité de s'étendre davantage, et le respect nécessaire des zones à fort potentiel agronomique. Ces frontières sont assez nettes à Kafr ʿAqāb. L'accumulation des constructions sur la frange occidentale de l'éperon rocheux au détriment du secteur oriental est manifeste. En effet, l'intérêt économique de la communauté impose aux villageois de s'établir de ce côté, en bordure des escarpements rocheux où les possibilités agraires sont plus réduites, afin de laisser libre la partie est du village caractérisée par des étendues planes, aisément irrigables et dotée de sols riches. Ainsi, le

35. Tate 1992a, p. 204, fig. 238.
36. Tate 1992a, p. 306, fig. 284.

Fig. 25 — *Escalier aménagé dans le front d'une carrière située au pied du promontoire rocheux, dans le* wādī *nord (© B. Riba).*

Fig. 26 — *Escalier rupestre aménagé dans le flanc nord du promontoire rocheux (© B. Riba).*

Fig. 27 — *Ruelle séparant deux bâtiments implantés au sud du village (© B. Riba).*

Fig. 28 — *Escalier longeant la clôture de la maison M. 74 (©B. Riba).*

vaste secteur oriental pourtant facilement constructible est exempt d'édifices, tandis que le secteur occidental où la place manque est particulièrement peuplé. Le petit nombre de bâtiments dans la zone nord-ouest de la localité est dû à un phénomène analogue. Les pierriers situés entre l'habitat et les escarpements rocheux témoignent de l'arrêt des constructions à la limite des surfaces cultivables. Le quartier E présente les mêmes caractéristiques : les maisons cèdent rapidement le pas aux terres arables du plateau septentrional rendues exploitables grâce à l'épierrement du secteur. Les pierriers sont cependant peu fréquents sur l'ensemble du site. Les plus grandes étendues dédiées aux activités agricoles en sont exemptes. Cette absence implique que l'essentiel du terrain, peu encombré, était propice à la culture sans aménagement du sol préalable.

Au-delà des zones cultivées situées aux abords de la zone habitée, le terroir s'étend à des secteurs plus éloignés comme les *wādīs* aménagés en terrasses et,[37] plus au sud, les alentours de l'ensemble monastique. Le secteur nord-ouest du site, en contrebas de la voie antique, se caractérise également par de vastes étendues favorables à l'agriculture, tout comme les terres situées à la périphérie du quartier E. Par ailleurs, une vaste cuvette située au sud-ouest du *wādī* méridional, en direction de Banassara, présente également l'un des potentiels agronomiques les plus prometteurs du village. Des traces de construc-

37. L'aménagement de terrasses dans les *wādīs* et sur les pentes des ǧebels est une pratique courante dans l'ensemble du Massif calcaire (voir notamment Tate 1992a, p. 228).

tions associées à une citerne et les restes d'un enclos attestent la présence d'une telle activité dans ce secteur excentré. Enfin, de nombreuses possibilités d'exploitation résident, de façon plus sporadique, dans les petites dépressions et les cuvettes formées par les irrégularités de la roche comblées de terres fertiles[38]. L'ensemble de ce terroir, autrefois partagé entre les villageois, l'église et le monastère, est à nouveau exploité par les paysans depuis le siècle dernier.

La mise en œuvre d'un réseau agraire orthonormé ne semble pas avoir eu lieu dans la partie septentrionale du ǧebel Waṣṭāni. À Kafr ʿAqāb, aucune borne ni tracé orthogonal de murets dessinant un parcellaire ne témoignent de la mise en place d'un cadastre[39]. Deux bornes découvertes au sud de l'ensemble ecclésial de l'est renvoient à une intervention impériale dans ce secteur, mais celles-ci ne se situent pas dans le contexte d'une délimitation territoriale, mais dans celui de l'octroi du droit d'asile[40]. Aucun élément probant ne permet donc de constater une organisation préconçue du finage. Les limites communales sont simplement déterminées par les reliefs naturels qui s'imposent de toutes parts et auxquels l'homme a dû s'adapter. L'isolement du village par rapport aux localités voisines et les grandes étendues de terres arables environnantes suggèrent des possessions relativement vastes. La principale difficulté concernant ses limites réside du côté sud où le relief ne définit aucune délimitation communale nette entre le village de Kafr ʿAqāb et celui de Fassūq situé à un peu plus d'un kilomètre. Peut-être doit-on placer celle-ci à la hauteur des deux bornes susmentionnées qui ont pu marquer l'extrémité du domaine ecclésiastique du côté sud.

38. G. Tate reprend les termes romains d'*ager* et *saltus*, le premier pour désigner les grandes surfaces de terres arables, l'autre pour nommer les zones où s'alternent la roche et de petites cavités remplies de terre. (Tate 1992a, p. 229).

39. Des parcellaires particulièrement nets et des bornes cadastrales (cadastration mise en place sous la tétrarchie) ont été retrouvés dans le ǧebel Semʿān (Tate 1992a, p. 230-231).

40. Feissel 2012, p. 233.

L'architecture domestique comme reflet de l'évolution du village

La maison est l'élément fondateur du village. C'est donc naturellement par cette composante qu'il convient de commencer l'étude détaillée du site, afin de comprendre l'organisation et le développement de la société paysanne depuis son origine jusqu'à la fin de la période protobyzantine. Malgré les limites imposées par l'état délabré des ruines, les maisons fournissent non seulement de précieuses informations en tant qu'unités d'habitation, mais permettent aussi de déterminer les phases d'expansion du village en livrant, pour nombre d'entre elles, d'importantes données d'ordre démographique et économique. L'implantation des bâtiments, leurs relations architecturales, les indices livrés par le décor et l'épigraphie donnent l'occasion de saisir, parfois avec précision, les étapes fondamentales de l'évolution de la localité. De fait, un plan chronologique découpé en trois périodes, selon les phases d'expansions identifiées, peut être proposé. La première rassemble les constructions comprises entre le IIe siècle et la fin du IVe siècle ; la seconde réunit les maisons plus récentes apparues au cours du siècle suivant ; et la dernière regroupe les habitations construites lors de l'ultime phase de développement du village enregistrée au cours de la première moitié du VIe siècle. À l'évidence, ce découpage ne présente dans la réalité aucune rupture nette puisque le développement de Kafr ʿAqāb s'effectue de façon progressive, sans interruption notable. Néanmoins, la transition entre les deux premières périodes est clairement perceptible grâce à une documentation archéologique suffisamment explicite. En revanche, l'homogénéité architecturale des vestiges appartenant aux Ve et VIe siècles rend la chronologie des différents édifices plus difficile à saisir, d'autant que la plupart d'entre eux, profondément remaniés, ont perdu leurs éléments de décor susceptibles de préciser leur datation. Cependant, certains indicateurs topographiques, la répartition des maisons et l'évolution des techniques de construction permettent de rendre compte, au moins dans les grandes lignes, du développement du village entre ces deux dernières périodes.

L'étude diachronique d'un site tel que celui de Kafr ʿAqāb, réduit aujourd'hui à un vaste champ de ruines, nécessite en premier lieu une description attentive des maisons identifiables comme telles, en relevant de façon méthodique les caractéristiques qui donnent l'occasion de préciser l'ordre de leur apparition.

Les noyaux d'habitats primitifs

La localisation des édifices compris entre le IIe et la fin du IVe siècle se base sur un ensemble de constats, non sur un fait unique. Il faut à la fois se référer au type d'appareil des murs, à la nature et à la place des éléments ornementaux, à la présence de certaines composantes architecturales, aux relations entretenues entre les bâtiments ainsi qu'à leur implantation sur le site. Ces données permettent de multiplier les traits communs significatifs de la situation du village dans son état initial. Les modèles de maisons anciennes, tels qu'ils se retrouvent dans les localités du Massif calcaire occupées dès la période romaine, apparaissent en trois zones du site. Chacune présente une concentration de constructions aux caractéristiques communes (**fig. 29 et pl. I**). La première, nommée « secteur méridional » dans le cadre de cette étude, est regroupée pour l'essentiel au sommet de l'éperon rocheux. La seconde, beaucoup plus modeste, est située plus au nord dans le secteur dit « médian ». La troisième, plus excentrée, est installée dans la partie septentrionale du site, au-delà du *wādī* nord ; il s'agit du « secteur septentrional ».

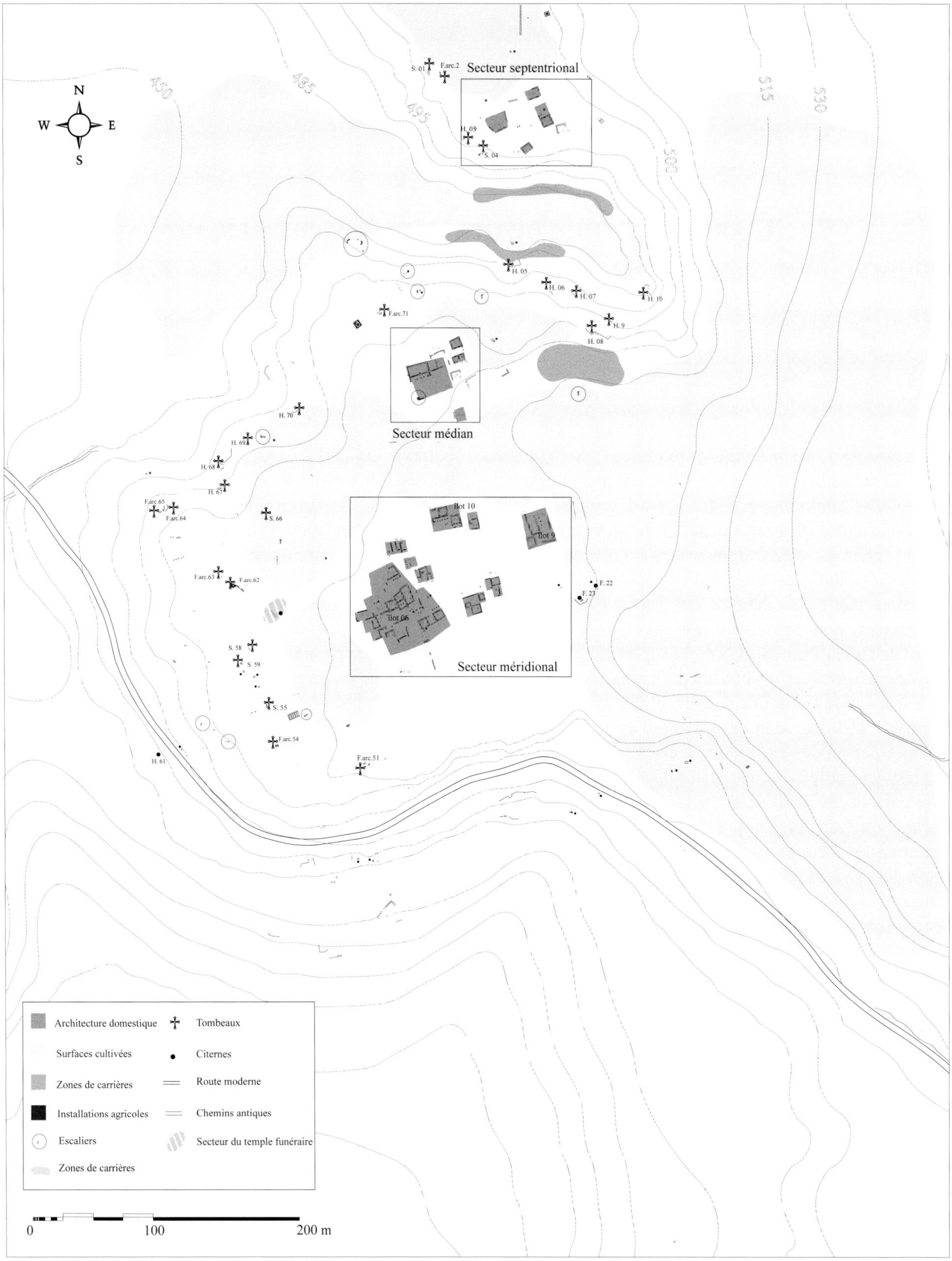

Fig. 29 — *Le village au IVe siècle* (© B. Riba).

Le secteur méridional

Aperçu général

Les bâtiments anciens se regroupent essentiellement au sein du quartier B (**fig. 20 et 30**). L'îlot 06, composé d'une douzaine de maisons contiguës, constitue le noyau d'habitations le plus développé. D'autres ensembles, plus petits, se trouvent en périphérie. L'îlot 09, dans le quartier C, représente le groupe le plus oriental ; il comprend les maisons M. 57 et M. 58. L'îlot 10, au sein du quartier D, délimite l'extrémité septentrionale du secteur avec les maisons mitoyennes M. 62 et M. 63. D'autres constructions sont indépendantes, comme les maisons M. 46, M. 47 et M. 48 qui bordent l'îlot 06 du côté nord-est, les édifices M. 50 et M. 51 localisés à l'est, la construction C. 09 située au sud-ouest, et la maison M. 63 établie à proximité de l'îlot 10. Au total, le secteur comprend 23 bâtiments répartis inégalement sur l'ensemble de la surface occupée. Compte tenu du caractère particulièrement désordonné des ruines, une chronologie précise du développement de ce noyau primitif est peu aisée à établir. Certains indices, ajoutés à quelques exemples significatifs de maisons, permettent néanmoins de saisir des informations d'ordre économique et social ayant marqué l'évolution du site à partir du deuxième ou du troisième siècle de notre ère. Deux phases ont pu être identifiées : la première, comprise entre l'installation des premiers paysans sur le site (IIe/IIIe siècle) jusqu'aux alentours de 350, est majoritairement représentée par un ensemble de constructions très simples, souvent rudimentaires, à côté desquelles se distinguent les vestiges de bâtisses plus soignées dont l'appareil s'apparente aux beaux édifices du Massif calcaire de la période impériale ; la seconde, inscrite entre le milieu et la fin du IVe siècle, est illustrée par la construction de huit maisons nouvelles (M. 39, M. 45, M. 48, M. 57, M. 58, M. 61, M. 62 et M. 63) et la manifestation de signes de prospérité qui concrétisent certaines velléités observées dans les bâtiments de l'époque antérieure : le portique devient plus courant, les parpaings orthogonaux sont utilisés de manière plus fréquente, le décor s'étend à des parties autrefois entièrement nues et les premiers symboles chrétiens font leur apparition.

Fig. 30 — *Vue générale du quartier B (© B. Riba).*

L'habitat du IIe/IIIe siècle au milieu du IVe siècle

Localisation des maisons

Au cours de la première phase de développement du village, l'îlot 06 se résume aux maisons qui composent son centre, à savoir M. 40, M. 41, M. 42, M. 43, M. 44 et M. 31. Ces habitations, disposées de façon linéaire, répondent à un agrandissement d'est en ouest à partir d'une maison unique, M. 40, initialement isolée. Ce type d'expansion par adjonction de bâtiments annonce la formation de ce qui deviendra le plus vaste îlot du village. Autour de ce noyau gravitent des exploitations indépendantes. Les constructions C. 32, C. 33, C. 35 et M. 36, très ruinées, sont établies du côté sud tandis que les maisons M. 46, M. 50 et M. 57 occupent les côtés nord et est. Toutes se caractérisent par un dénuement total. En revanche, deux bâtisses dont la présence est révélée seulement par deux pans de murs détériorés se distinguent par la qualité de leur appareil : ce sont les constructions C. 09 et M. 51 installées en périphérie des maisons plus modestes.

Typologie des constructions

L'appareil irrégulier composé de pierres de taille à tête polygonale disposées en double parement est commun à l'ensemble des bâtiments appartenant à cette période. La grande majorité est représentée par des constructions modestes, de plans rectangulaires ou presque carrés[1], dont les élévations sont composées de blocs polygonaux (25 à 30 cm) disposés à joints secs ou bien liés avec de la terre argileuse (**fig. 31**). Les interstices, parfois nombreux, sont obturés par de petites pierres de calage. Des boutisses placées à intervalle relativement régulier maintiennent la cohésion du double parement. Les angles sont renforcés par des blocs équarris. Les rares endroits qui permettent d'apercevoir la base des murs montrent des élévations directement fondées sur le rocher. Les bâtiments

1. Les proportions des maisons sont fondées sur un module récurrent dont les côtés varient entre 7 et 8 m. Sur ce point, voir ci-dessous, p. 104-105.

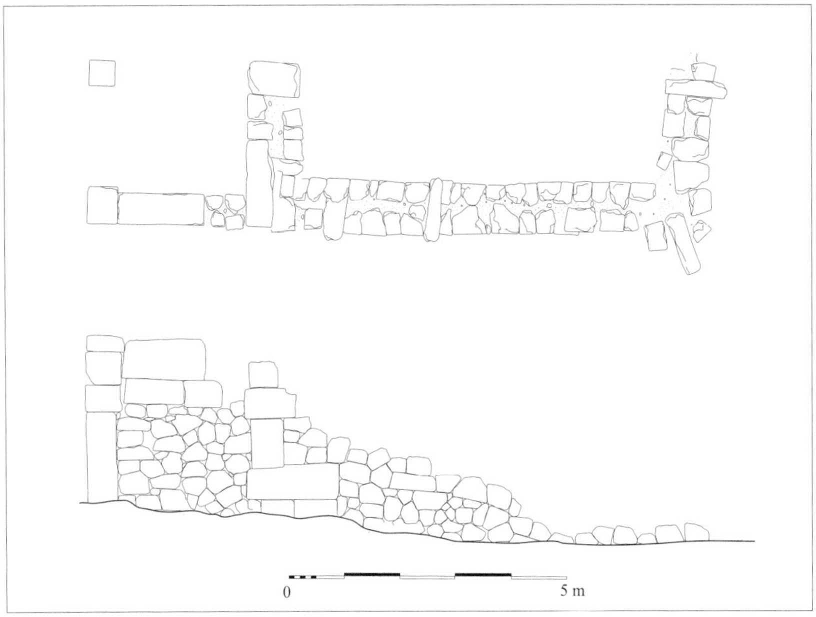

Fig. 31 — *Appareil polygonal double : exemple du mur ouest de la maison M. 81a (© B. Riba).*

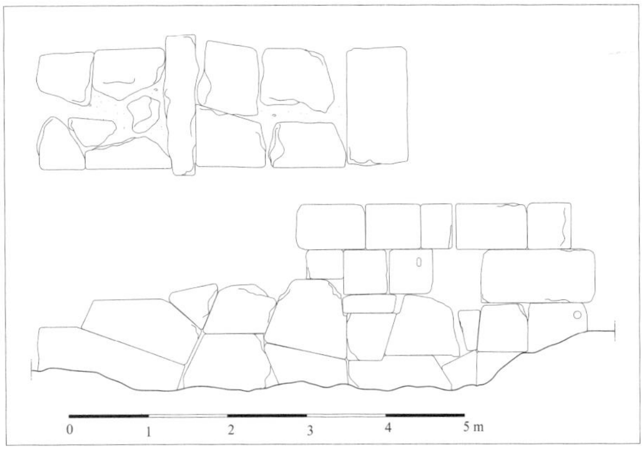

Fig. 32 — *Mur d'époque romaine surmonté d'assises de blocs de récupération : exemple de la maison M. 51 (© B. Riba).*

Fig. 33 — *Tronçon de mur de la construction C. 09 (© B. Riba).*

possèdent une porte, composée de trois éléments monolithiques (les montants et le linteau), qui dessert une pièce unique. L'étage est rarement assuré compte tenu de l'état dégradé des vestiges. Une main-d'œuvre familiale était suffisante pour construire ce type de bâtiments. Les blocs de petits calibres, facilement ajustables, étaient pour la plupart taillés sur place afin d'élever des murs selon une technique simple et peu coûteuse, donc accessible à tous.

Parallèlement, un type de construction plus onéreux est représenté par deux tronçons de murs, C. 09 et M. 51, situés dans la partie sud de l'agglomération. La distance qui les sépare, d'une centaine de mètres, témoigne de l'existence de deux édifices distincts. Le premier, C. 09, est isolé au sud-ouest de l'îlot 06 ; le second appartient à la maison M. 51 établie à l'est de l'îlot 06 (**fig. 32 et 33**). Les structures, conservées sur seulement quelques mètres de long, évoquent les grands bâtiments d'époque romaine de la région caractérisés par une technique de construction parfaitement maîtrisée. Les murs de plus d'un mètre d'épaisseur sont composés de blocs polygonaux de grand module parfois supérieurs à un mètre de hauteur. Ils se distinguent par la qualité particulière de leur taille et le soin méticuleux de leur agencement qui forme des assises obliques très nettes. Aucun interstice ne compromet ces ouvrages perfectionnés. Ces vestiges sont trop mal conservés pour estimer l'ampleur des bâtiments auxquels ils appartenaient. Ils suggèrent néanmoins des construc-

Fig. 34 — *Appareil mixte de la maison M. 57 (© B. Riba).*

tions solides, capables de mieux résister aux secousses sismiques grâce au jeu d'assises brisées permis par les blocs polygonaux bien ajustés. Le poids et la taille des blocs montrent que ce type de construction occasionnait l'utilisation d'instruments de levage élaborés qui requéraient des compétences largement supérieures à celles d'une simple main-d'œuvre familiale. Ces bâtiments ont nécessité l'intervention d'une équipe d'ouvriers spécialisés que seuls des propriétaires aisés pouvaient s'offrir.

Enfin, un troisième mode de construction se distingue des deux précédents par la combinaison des deux types d'appareils évoqués ci-dessus au sein d'un seul et même bâtiment. L'unique représentant de cette catégorie est la maison M. 57 (**fig. 34**).

L'organisation sociale d'après l'architecture domestique

Une première organisation sociale se dégage de cet ensemble. Les tronçons de murs de bâtiments cossus, dont le coût élevé n'est vraisemblablement guère éloigné de celui d'un édifice construit en appareil orthogonal à parement simple, évoquent les maisons de villageois fortunés du Massif calcaire, semblables à ceux qui se trouvent notamment à Refāde[2] ou à Brād[3], dans le ǧebel Semʿān. Leur situation à Kafr ʿAqāb témoigne de la présence de deux bâtisses situées en retrait par rapport au noyau primitif du village. Or, nous le verrons, l'architecture funéraire atteste l'existence d'une seule famille de notables à cette période. Par conséquent, soit les deux bâtiments appartenaient à un ensemble commun qui était la propriété de celle-ci, soit l'un des deux (ou bien les deux ?) avait une fonction autre que domestique. Dans le cadre de ce village, qui a pu jouer le rôle d'étape sur la route d'Antioche à Apamée, ce type d'édifice pouvait être aussi lié à la réception des personnages importants de passage dans la région. À l'exception de ces vestiges, la majorité des constructions est représentée par des petites maisons à pièce unique, dépourvues de portique, dont l'emplacement dans les ruines est signalé seulement par leur entrée composée de montants monolithiques, plus résistants par rapport aux murs en moellons pour la plupart effondrés. Ces petites unités d'habitation appartiennent de toute évidence à une paysannerie de condition modeste.

La distinction des appareils entre les deux catégories de bâtiments observées n'est pas le fruit d'une évolution des connaissances techniques dans la mesure où les deux types de construction peuvent se côtoyer au sein d'un même ensemble domestique. C'est le cas, par exemple, d'une pièce construite en moellons greffée à la maison M. 51 élevée en grand appareil. La présence d'une grande cuve de pierre à l'intérieur de la pièce suggère un espace secondaire destiné au stockage. Les bâtiments plus soignés ne résultent donc pas d'une évolution d'ordre chronologique, allant de constructions rudimentaires vers d'autres plus élaborées, mais sont bel et bien contemporains des maisons plus modestes. Ainsi, l'ensemble des petites exploitations caractérisées par l'adoption de l'appareil double polygonal de petit module, largement dominant face à seulement deux bâtiments plus raffinés, témoigne d'un écart social réel au cours de la première phase d'occupation du site, entre le IIe et le IIIe siècle. Enfin, l'absence d'éléments décoratifs ou de représentations religieuses sur les linteaux et les montants de portes est notable pour cette période. Si cela peut être la conséquence de l'état délabré des édifices, force est de constater que les motifs d'époque païenne, tels qu'ils se présentent sur certaines maisons de la région[4], n'apparaissent nulle part dans le secteur central.

L'habitat durant la seconde moitié du IVe siècle

Localisation et caractéristiques générales des constructions nouvelles

En l'espace d'une cinquantaine d'années, l'îlot 06, développé sur les côtés nord et sud, atteint quasiment son expansion maximale[5]. Avec l'apparition de deux maisons supplémentaires, M. 39 et M. 45, celui-ci comprend désormais 12 constructions. Des bâtiments indépendants émergent également alentour, comme les maisons M. 48 et M. 61, alors que de petits groupes d'habitations se forment en périphérie : au nord l'îlot 10 et à l'est l'îlot 09, tous deux composés de deux maisons mitoyennes. La plupart de ces constructions s'inscrivent dans la tradition des habitations modestes caractéristiques de la phase d'occupation précédente.

2. TCHALENKO 1953-1958, I, p. 195 ; TCHALENKO 1953-1958, III, pl. CLXXVII.
3. TATE 1992a, p. 21, fig. 16.
4. TATE 1992a, p. 115-121.
5. Trois maisons seulement apparaîtront au Ve siècle : M. 37, M. 34 et M. 44. Voir ci-dessus, p. 72.

Elles s'en distinguent toutefois par une série de traits significatifs d'une certaine prospérité : cela se traduit par la naissance du décor sculpté, la généralisation du portique, et certaines tentatives en matière de techniques de construction. On assiste également à l'émergence des premiers signes chrétiens, élaborés ou bien sous forme de simples *graffiti*.

Une architecture de transition

La maison M. 39, située à l'angle sud-est de l'îlot 06, marque une étape dans l'évolution de l'architecture domestique (**fig. 35**). En dehors du fait que la bâtisse soit dotée d'un étage et d'un portique, celle-ci se distingue par deux innovations principales. D'une part, le décor agrémente pour la première fois certains éléments architecturaux : le linteau est orné de moulures (**fig. 36**) et les colonnes du portique sont couronnées de chapiteaux « toscans ». D'autre part, l'appareil des murs alterne le double parement polygonal avec l'appareil orthogonal à parement simple[6] : les blocs bien équarris, ordinairement concentrés aux angles, sont également utilisés dans la construction de la façade ouest[7]. Ces caractéristiques témoignent de moyens plus élevés de la part des propriétaires de la maison soucieux de se démarquer des habitations plus anciennes. Toutefois, ces nouveautés conservent une facture archaïque. Malgré la présence du portique, dont la fonction est de protéger des intempéries tout en conférant une certaine monumentalité à la façade principale, les colonnes qui le composent sont grossièrement taillées d'un seul tenant avec leurs chapiteaux dénués de décor. En outre, l'entrée de la maison constituée d'éléments monolithes ajustés avec un soin relatif, à la manière des constructions anciennes, et le linteau massif doté d'un profil mouluré plutôt rustique, relèvent d'une période assez haute. L'emploi de l'appareil double polygonal, majoritaire par rapport aux parties construites en blocs équarris, relève de la même appréciation. Ainsi, l'inscription apotropaïque[8] gravée sur la bande biseautée du linteau (**fig. 37**) constitue certainement l'une des premières manifestations du christianisme dans le village[9]. La bâtisse représente donc un jalon essentiel dans le développement de la localité et livre des informations d'ordre économique, social et culturel. À travers la présence du décor, l'installation d'un portique à colonnes et l'utilisation de l'appareil orthogonal à parement simple, le propriétaire plus fortuné comparé aux paysans de la période précédente affiche ses prétentions sociales et son goût du paraître. Par ailleurs, l'usage du grec et le recours à des formes architecturales telles que les colonnes et l'ordre toscan sont révélateurs de l'influence gréco-romaine.

Fig. 35 — *Intérieur de la maison M. 39. Un portique à colonnes précède l'entrée. Vue depuis le sud-ouest* (© *B. Riba)*

D'autres habitations construites au cours de la même période présentent des caractéristiques similaires, malgré l'absence d'éléments moulurés. La bâtisse M. 62, notamment, utilise l'appareil orthogonal à parement simple sur toute la longueur de sa façade principale tandis que les autres murs, plus frustes, conservent l'usage du double parement de moellons. Un cas analogue a été constaté dans la maison M. 45 dont le gouttereau nord est élevé à l'aide de parpaings équarris, contrairement au reste de la construction. Les propriétaires de ce type d'habitation ont donc acquis suffisamment de ressources pour édifier des murs plus soignés, sans toutefois pouvoir étendre l'usage du grand appareil à l'ensemble du bâtiment. À ces premiers signes de prospérité s'ajoute l'apparition des portiques. De plus en plus répandues, ces structures très sobres revêtent encore leur forme la plus élémentaire dans les maisons M. 47, M. 58 et M. 63. Ce sont des assemblages d'éléments parallélépipédiques élevés sur deux niveaux : une première rangée de piliers supporte des blocs d'architrave ; une seconde rangée soutient l'architrave-corniche. Aucun élément superflu, tel que des chapiteaux ou un décor quelconque, n'anime ces constructions.

6. La surface de la maison couvre les dimensions d'un module, soit un espace carré d'environ 7 m de côté, c'est-à-dire une surface de 49 m^2. Rappelons ici que les dimensions données dans cette étude prennent toujours en compte l'épaisseur des murs.

7. Le mur en question est mitoyen avec la maison M. 38. Le propriétaire de cette dernière a profité des blocs orthogonaux employés par son voisin pour aménager une niche cintrée dans le parement du mur.

8. Feissel 2012, p. 228-233.

9. Si la formule « un seul Dieu… » ou « Dieu unique » n'est pas toujours une affirmation du christianisme (Feissel 2002, p. 203-204 ; Rey Coquais 2006, p. 68-69), l'inscription du linteau de la maison M. 39 de Kafr ʿAqāb semble bien chrétienne. L'invitation à se pendre fait probablement allusion à la mort de Judas (Feissel 2012, p. 230).

Fig. 36 — *Porte d'entrée de la maison M. 39 (© B. Riba).*

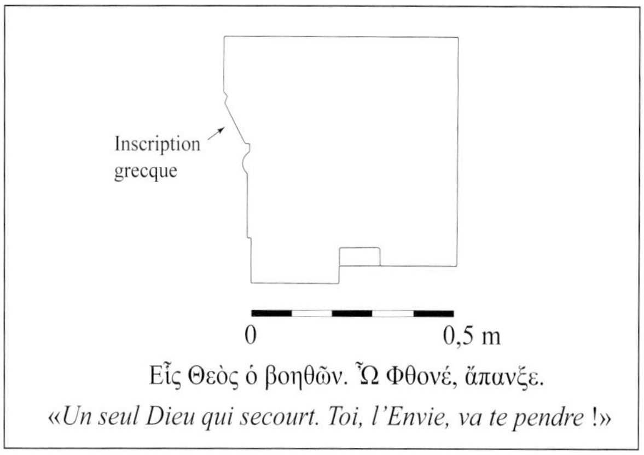

Fig. 37 — *Profil du linteau de la maison M. 39. Traduction par D. Feissel*. (© B. Riba).

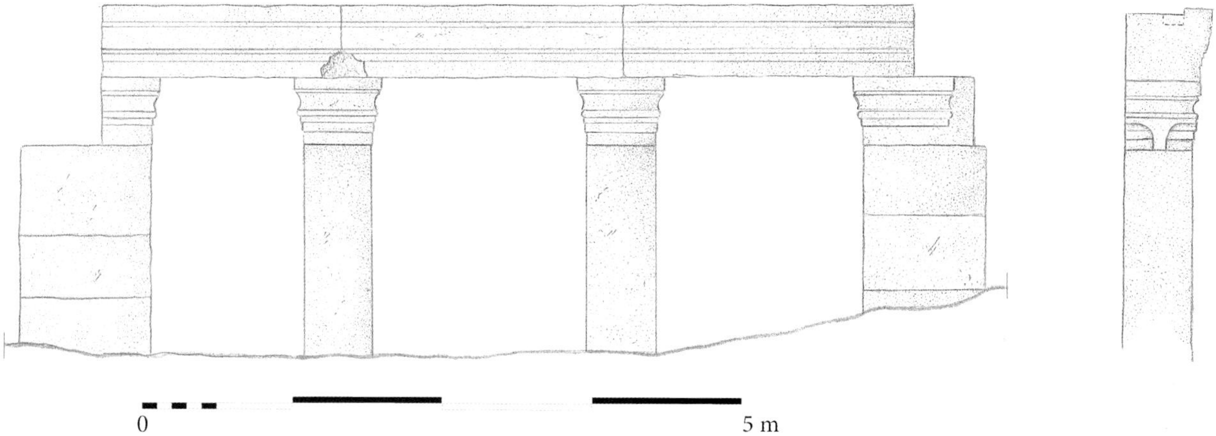

Fig. 38 — *Portique de la maison M. 45 (© B. Riba).*

Les maisons construites au cours du dernier quart du IVe siècle

Les maisons appartenant à cette période relèvent d'un soin plus affirmé. Les dimensions des bâtiments restent les mêmes, mais les blocs équarris sont plus fréquents et les parties décorées, principalement situées sur les portiques et les linteaux de porte, se multiplient et évoluent vers des formes plus élaborées.

La maison M. 45, relativement bien conservée, est représentative de cette époque. Le petit bâtiment rectangulaire possède une pièce unique à laquelle se superpose un étage. Le portique, raccordé à la façade par des murs en appareil à double parement polygonal, est préservé seulement dans sa partie inférieure (**fig. 38**). Deux piliers centraux (46 cm de section), coiffés de chapiteaux, soutiennent les architraves dont les extrémités reposent sur des chapiteaux-impostes disposés sur une structure construite en appareil orthogonal à parement simple. L'accès à l'étage est matérialisé par un seuil aménagé dans le lit supérieur du bloc d'architrave occidental. L'escalier qui permettait d'y accéder a disparu. Le linteau massif de la porte d'entrée de l'étage a été découvert à terre. La croix sommaire gravée sur la surface du bloc entièrement lisse appartient à l'un des premiers symboles chrétiens apparus sur le site (**fig. 159d**).

La maison M. 48, semblable à la précédente, constitue un pas décisif dans l'évolution du décor. Le chrisme sculpté sur le linteau de la porte principale place définitivement la construction au cours de la période paléochrétienne (**fig. 39 et 49b**). Il ne s'agit plus d'un simple symbole, mais d'un motif élaboré qui

Fig. 39 — *Ruines de la maison M. 48 (© B. Riba).*

exprime clairement, dès la construction de la maison, la foi du propriétaire. L'emprise des ruines suggère un bâtiment aux dimensions restreintes dont le plan n'apparaît pas distinctement. La façade principale est précédée d'un petit portique à deux niveaux composé d'un pilier central séparant deux travées. L'extrémité des architraves repose sur les chapiteaux-impostes. Les moulures des chapiteaux diffèrent par rapport à celles de la maison M. 45, mais leur facture appartient à la même tradition (**fig. 50**). L'absence de seuil taillé dans le lit supérieur de l'architrave signifie que l'accès à l'étage s'effectuait par le côté du portique. Un bloc de demi-colonne engagée placé sur l'architrave nord indique la présence du second niveau de supports. Cette habitation est la première du village à présenter un portique mixte. Ce dernier fait en quelque sorte la synthèse entre les piliers à chapiteaux de la maison M. 45 et les colonnes de la maison M. 39.

Le secteur médian

Le secteur comprend un petit groupe composé de quatre maisons (M. 72a et b, M. 74 et M. 75) et de trois constructions indéterminées (C. 73, C. 76 et C. 69). Toutes les bâtisses sont indépendantes les unes des autres (**fig. 40 et 41**). À l'exception de la maison M. 72 qui combine deux techniques de construction, les autres bâtiments sont édifiés en appareil double polygonal. Ces maisons, de type archaïque, présentent des caractéristiques comparables à celles relevées au sein du secteur méridional. En dehors des constructions C. 73 et C. 76 dont les vestiges sont trop insuffisants pour en faire l'étude, une chronologie relative peut être proposée d'après la répartition des bâtiments, leurs dimensions, les techniques de mise en œuvre et la place accordée au décor.

Les bâtiments M. 74 et M. 75

Les deux bâtiments présentent toutes les caractéristiques de l'architecture domestique de l'époque impériale (**fig. 42**). Ce sont deux petites constructions privées d'étage, pourvues chacune de deux entrées associées à des pièces mitoyennes non communicantes. Les linteaux et les montants de porte, sommairement taillés, sont monolithiques. La maison M. 75 possède un troisième espace entièrement creusé dans le rocher (**fig. 43**). Deux anses massives aménagées dans les parois servaient probablement à passer des longes qui permettaient d'attacher le bétail. Une petite niche cintrée située à l'entrée de la chambre souterraine indique l'emplacement d'une lampe à huile. L'espace était aéré par une fenêtre aménagée sur le côté nord, dont la fermeture s'effectuait par un volet en bois. Un orifice soigneusement creusé dans le plafond communiquait également avec l'extérieur. Ce dernier est obturé par des blocs taillés aux dimensions de l'ouverture.

Les deux bâtiments dépourvus de cour, d'étage et de portique, disposés face à face de part et d'autre d'un couloir, semblent appartenir à un ensemble homogène composé de deux bâtisses aux fonctions complémentaires. L'édifice M. 74 pourrait effectivement avoir servi de lieu d'habitation tandis que la bâtisse M. 75, dotée d'une bergerie, était principalement consacrée à l'exploitation et aux tâches utilitaires. Cette hypothèse expliquerait la disposition peu commune des deux constructions et l'absence d'éléments essentiels de l'architecture domestique régionale, telle que la cour. Enfin, un montant de porte conservé à l'est de l'espace qui sépare les deux constructions suggère la présence d'une entrée commune. Ainsi, au lieu d'offrir une superposition des volumes selon une pratique répandue dans le Massif calcaire, les compartiments de la maison respectivement dédiés au logement des habitants et aux activités économiques ont pu être disposés, dans ce cas précis, sur un même niveau, tous deux ouvrant sur un petit espace commun.

La maison M. 72a, b et c

Vers la fin du IVe siècle, une troisième construction, M. 72ab, est édifiée à une vingtaine de mètres à l'ouest des bâtiments M. 74 et M. 75. La bâtisse relativement spacieuse, longue de 19 m pour une largeur de 9 m, offre une façade principale percée de portes donnant sur deux pièces de dimensions à peu près égales (a et b). L'ensemble est précédé d'un portique et d'une cour profonde de 20 m. Les limites de cet espace sont partiellement visibles du côté de l'angle sud-ouest : on y trouve une bande rocheuse nivelée destinée à recevoir les blocs de la partie construite de l'enclos aujourd'hui disparus.

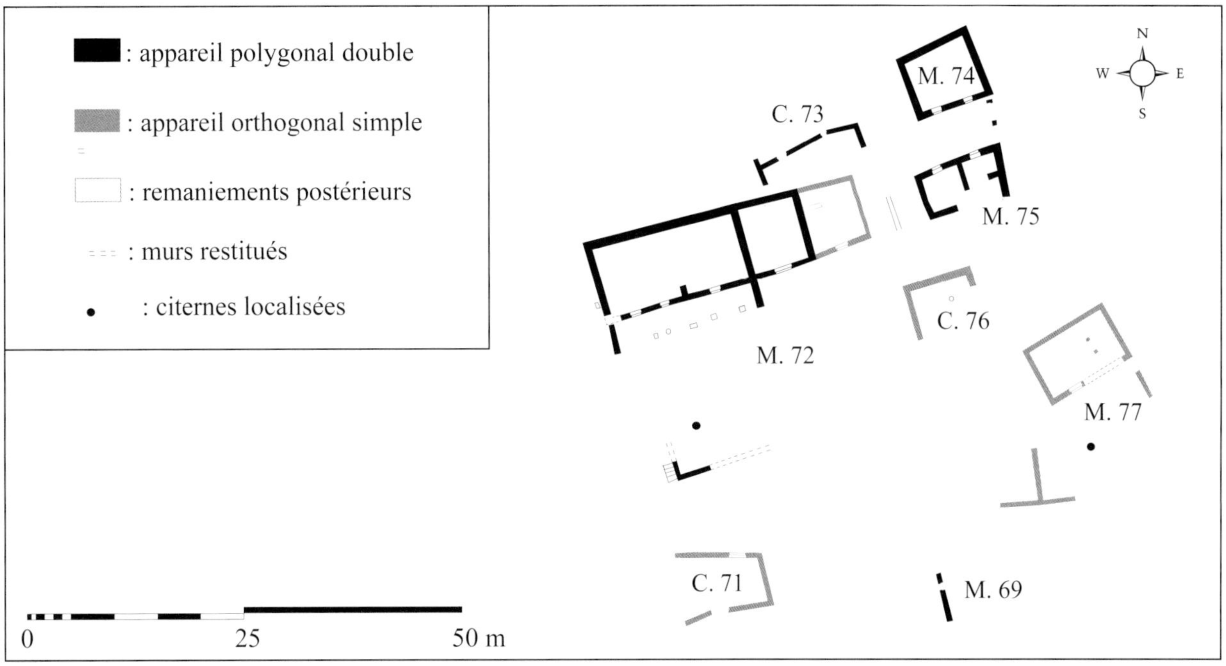

Fig. 40 — *Plan du quartier médian (© B. Riba).*

Fig. 41 — *Vue générale du quartier médian. Localisation des maisons (© B. Riba).*

Fig. 42 — *Vestiges de la maison M. 75. Vue du sud-est (© B. Riba).*

Fig. 43 — *Bergerie aménagée à l'intérieur de la maison M. 75 (© B. Riba).*

Le bâtiment dénote une qualité supérieure à celle de ses voisins. Les murs à double parement polygonal sont soignés, les blocs d'angle parfaitement équarris sont ajustés avec précision et la façade principale, qui a bénéficié d'une attention particulière, est entièrement élevée en appareil orthogonal à parement simple. Cette technique destinée à valoriser la devanture de la maison a permis l'aménagement de plusieurs fenêtres par la création d'espaces vides entre deux parpaings (**fig. 126b**). Les rangées de petites encoches pratiquées dans l'épaisseur de ces ouvertures indiquent l'usage d'une grille comme système de fermeture. Le parement interne de la façade comprend plusieurs installations parmi lesquelles se trouvent de petites niches prévues pour y placer des lampes, et un placard cintré. L'entrée orientale, mieux préservée, se distingue par des montants appareillés, technique novatrice à cette période[10], et par un décor particulièrement sobre qui orne le linteau (**fig. 149a**). Ce dernier se résume à deux canaux parallèles qui soulignent l'encadrement inférieur de la porte. Le portique témoigne également du soin accordé à l'édifice. Les éléments en place montrent une série de piliers massifs, de 50 cm de section, qui supportaient une architrave sans l'intermédiaire de chapiteaux. Le second niveau n'est pas conservé, mais quelques fragments de fûts de colonnes découverts dans les débris suggèrent l'existence d'une colonnade à l'étage.

Plus tard, une construction (M. 72c) est adjointe au pignon oriental de la maison. La topographie du terrain la place à un niveau légèrement plus élevé par rapport à sa voisine. Il s'agit d'une pièce unique dotée d'un étage. Aucune trace de portique n'a été décelée. L'état des lieux ne permet pas non plus de distinguer la présence éventuelle d'un enclos qui aurait séparé cette construction de la maison mitoyenne. Néanmoins, l'ajout d'une construction aux proportions égales à celles d'une pièce ordinaire semble avoir eu pour objectif d'agrandir la maison M. 72ab plutôt que de créer une maison indépendante. En effet, à cet endroit du site où la place ne manquait pas, on conçoit mal les raisons qui auraient poussé un propriétaire à vouloir greffer sa demeure sur un édifice plus ancien. Plus tard, une pièce supplémentaire[11], de dimensions similaires, viendra s'ajouter de la même façon contre le pignon oriental de cette pièce nouvellement construite.

La construction C. 69

Une vingtaine de mètres au sud-est de la maison M. 72, la construction C. 69 se résume à une porte d'entrée associée aux restes d'un mur appuyé contre le montant sud (**fig. 47**). Le bâtiment, orienté vers l'ouest, était construit en appareil double polygonal. Les montants et le linteau, taillés avec peu de soin, tranchent avec la présence d'un chrisme habilement sculpté sur le piédroit méridional. Ce dernier est monolithe, alors que le montant nord se compose d'un grand bloc surmonté d'une arase qui permet de régler l'horizontalité du linteau. Le caractère sommaire de l'entrée, le mur à double parement polygonal et la situation du bâtiment à proximité d'un

10. Ce type de montant apparaît également dans les maisons M. 81 et M. 82 (voir ci-dessous p. 61-62). Cette technique n'est pas utilisée dans les bâtiments antérieurs au IVe siècle.

11. Il s'agit de la pièce M. 72c ajoutée au siècle suivant (voir ci-dessous p. 71).

noyau d'habitat primitif placent celui-ci parmi les habitations appartenant à la première phase d'occupation du site. Le chrisme qui orne le montant sud situe sa construction au cours de la seconde moitié du IVe siècle, au moment où les villageois adoptent la religion chrétienne.

Fig. 44 — *Vestiges de la maison M. 81a. Vue depuis la cour sud (© B. Riba).*

Le secteur septentrional

Seules deux maisons, M. 81a et M. 82, sont susceptibles de faire l'objet d'une étude au sein du quartier E, les autres étant réduites à l'état de ruines dont les murs affleurent à peine le niveau du sol actuel. À l'origine, le quartier comptait vraisemblablement cinq ou six habitations. Ce petit groupe, dont les caractéristiques architecturales s'apparentent à celles constatées dans les bâtiments associés à la première phase d'occupation du site, témoigne d'un hameau contemporain des secteurs méridional et médian.

La maison M. 81a

La maison M. 81a est un des rares ensembles domestiques à offrir, pour la période concernée, un plan presque complet en raison de ses élévations bien préservées au niveau du rez-de-chaussée. Il s'agit donc de l'unité d'habitation la plus représentative de la première phase d'occupation du site (**fig. 44**). Orientée vers le nord, la maison contient une pièce unique de plan quasiment carré (9,10 x 8 m). Les murs en double parement sont renforcés par des boutisses ; les angles sont maintenus par de gros blocs équarris (**fig. 45**). L'ensemble de la construction repose directement sur le rocher. La porte légèrement décentrée vers l'ouest possède des montants appareillés sur lesquels repose un linteau massif dépourvu de décor. En revanche, le montant occidental est orné d'un médaillon sculpté (**fig. 46**). Parmi les débris qui encombrent l'espace intérieur gît le linteau provenant de l'accès à l'étage. Par ailleurs, le portique qui précède la façade principale est raccordé au bâtiment par un mur en appareil à double parement polygonal surmonté de deux assises de parpaings orthogonaux dont la hauteur atteint le niveau du lit supérieur de l'architrave (**fig. 31**). Le portique conserve seulement la première travée occidentale du rez-de-chaussée. Le niveau inférieur comprenait une rangée de piliers monolithiques de 45 cm de section sur laquelle reposait directement l'architrave, sans l'intermédiaire de chapiteaux. Le niveau supérieur n'existe plus, mais la découverte d'un chapiteau aux abords de la cour suggère la présence d'une colonnade (**fig. 138b**). Une croix sommairement gravée apparaît à la base de la corbeille. Enfin, dans la cour qui s'étend devant la bâtisse se trouvent deux auges associées à une citerne aménagée du côté sud-est. Le mur d'enclos a presque entièrement disparu. Ces contours se devinent toutefois du côté est

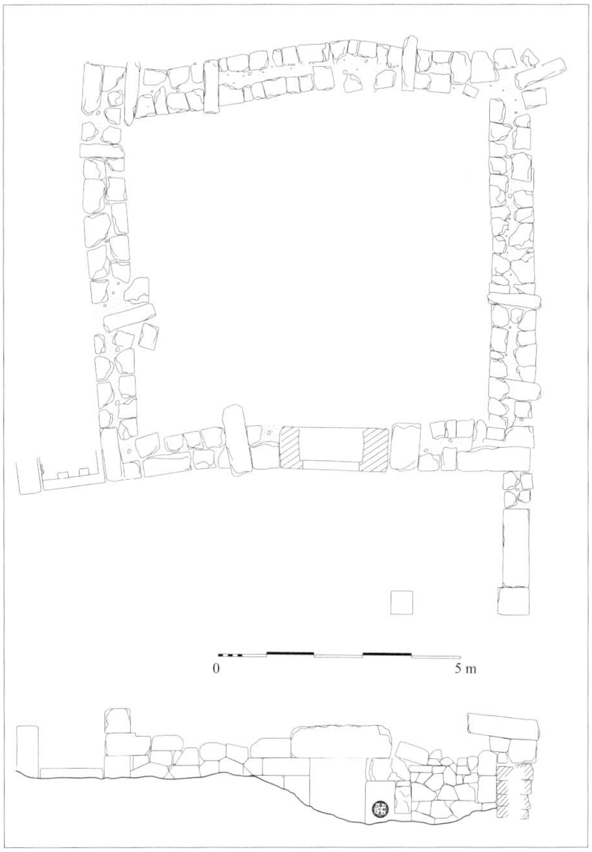

Fig. 45 — *Plan et façade de la maison M. 81a (© B. Riba).*

grâce au rocher sur lequel reposeront plus tard les murs du bâtiment mitoyen. À l'ouest, le départ de la clôture est partiellement visible dans l'alignement du pignon occidental de la maison. La limite nord, non identifiée, se situait probablement au niveau du gouttereau septentrional de la pièce voisine M. 81c construite au début du siècle suivant (**fig. 88**).

La maison réalise en quelque sorte la synthèse de la maison paysanne de la fin de la période impériale. Elle conserve toutes les caractéristiques d'une unité d'habitation modeste, mais elle possède aussi des éléments « modernes » qui se généralisent dans le village à partir de la seconde moitié du IVe siècle. Ainsi, la petite bâtisse construite en moellons est pourvue d'une entrée aux montants soigneusement appareillés, d'un portique certainement mixte, et d'un décor sculpté sobre, mais dont le raffinement témoigne du soin accordé à la construction. L'ensemble conserve donc des traits rustiques tout en révélant une certaine aisance de la part de son propriétaire. Ce mélange d'archaïsmes et d'éléments d'architecture annonciateurs d'une période prospère évoque la maison M. 39 précédemment étudiée.

La maison M 82

La maison M. 82, orientée vers le sud, fait face à l'habitation M. 81. Le tracé des murs, à peine visible en surface, révèle le plan d'un bâtiment rectangulaire de 8 m de large sur plus de 10 m de long. L'étage et le portique ne sont pas attestés. Seule une porte d'entrée construite en blocs orthogonaux demeure en place (**fig. 48**). Celle-ci, bien conservée, permet de situer la construction entre la fin du IVe siècle et le début du siècle suivant. La qualité de la taille des blocs, les montants appareillés, les médaillons chrétiens et les moulures du linteau relèvent effectivement de cette période. La porte particulièrement soignée témoigne des moyens relativement élevés des propriétaires. Les éléments parfaitement équarris qui la composent, la précision et le raffinement du décor annoncent la richesse architecturale et ornementale qui se diffuse au cours du Ve siècle.

Nature et place du décor

Aucun élément de décor n'a été retrouvé au sein des maisons appartenant à la première phase d'occupation du site. L'ornementation dans l'architecture domestique appartient à une phase prospère du village dont les signes précurseurs apparaissent, nous l'avons vu, au cours de la seconde moitié du IVe siècle. Par ailleurs, l'émergence du christianisme favorise l'essor d'un champ décoratif novateur et pose les bases d'un répertoire ornemental qui ne cesse de se développer jusqu'à la fin de la période protobyzantine. Le décor s'étend sur les parties les plus visibles des bâtiments, tels que les lieux de passages représentés par les entrées principales et les portiques.

Les entrées

Les premiers signes gravés se présentent sous l'aspect de symboles réduits à leur expression la plus rudimentaire dont la forme la plus fréquente est celle d'un simple cercle (**fig. 159a et b**). Ces motifs se concentrent essentiellement au sein du quartier B, principal noyau primitif du village, et se placent toujours sur l'un des blocs qui composent l'entrée des maisons. Dans le même secteur apparaissent les premiers signes chrétiens sur les linteaux sous forme de croix ou de chrisme. Certains semblent, par leurs traits hésitants et leur caractère sommaire, avoir été exécutés après coup sur des habitations d'époque impériale. Ils existent notamment dans l'îlot 06, sur les maisons M. 31 et M. 45 (**fig. 159c et d**). Ces témoignages de facture grossière, mal centrés sur leur support, n'ont pas de valeur proprement ornementale, mais sans doute des vertus prophylactiques.

Plus tard, ce type de symbole acquiert, en plus de sa fonction préventive, une valeur véritablement décorative. Le chrisme qui orne le linteau de l'entrée de la maison M. 48 est l'unique exemple répertorié dans le secteur méridional (**fig. 49b**). Soigneusement sculpté au centre du linteau, celui-ci comprend une croix pattée inscrite à l'intérieur d'un cercle (diamètre = 35 cm). Les quadrants inférieurs sont occupés, à droite par l'*oméga*, à gauche par l'*alpha*, tandis que les quadrants supérieurs affichent, à droite, une colombe bordée d'un *rhô* accolé à la branche de la croix, et à gauche un petit médaillon orné d'une croix. Cette fonction à la fois ornementale et prophylactique est à nouveau reprise sur le montant méridional de la maison M. 69 (**fig. 47 et 49c**) qui représente une simple croix inscrite à l'intérieur d'un cercle et dont seul le quadrant supérieur droit est pourvu d'un *rhô*. Le médaillon de la maison M. 81a (**fig. 46 et 49a**), peut-être le plus ancien de la série, se distingue du répertoire traditionnel régional puisqu'il ne dérive ni de la croix ni du chrisme, et ne s'apparente pas non plus aux compositions géométriques connues sur le site. Ce modèle, caractérisé par une série de boucles entre lesquelles s'insèrent des motifs circulaires, demeure peu répandu dans l'ensemble du Massif calcaire[12].

En dehors de rares symboles chrétiens, les linteaux de porte sont presque toujours dénués de décor. Deux seulement possèdent des moulures. Le plus ancien, celui de la maison M. 39, comprend deux larges fasces, un tore,

12. Un médaillon proche de celui-ci, orné d'une croix cette fois, a été découvert dans le village voisin de Ṭurīn par les pères franciscains (PEÑA *et al.* 1999, p. 161).

Fig. 46 — *Porte d'entrée de la maison M. 81a et son médaillon sculpté sur le piédroit ouest (© B. Riba).*

Fig. 47 —*Porte de la maison M. 69 et son médaillon sculpté sur son piédroit sud (© B. Riba).*

Fig. 48 — *Porte de la maison M. 82 (© B. Riba).*

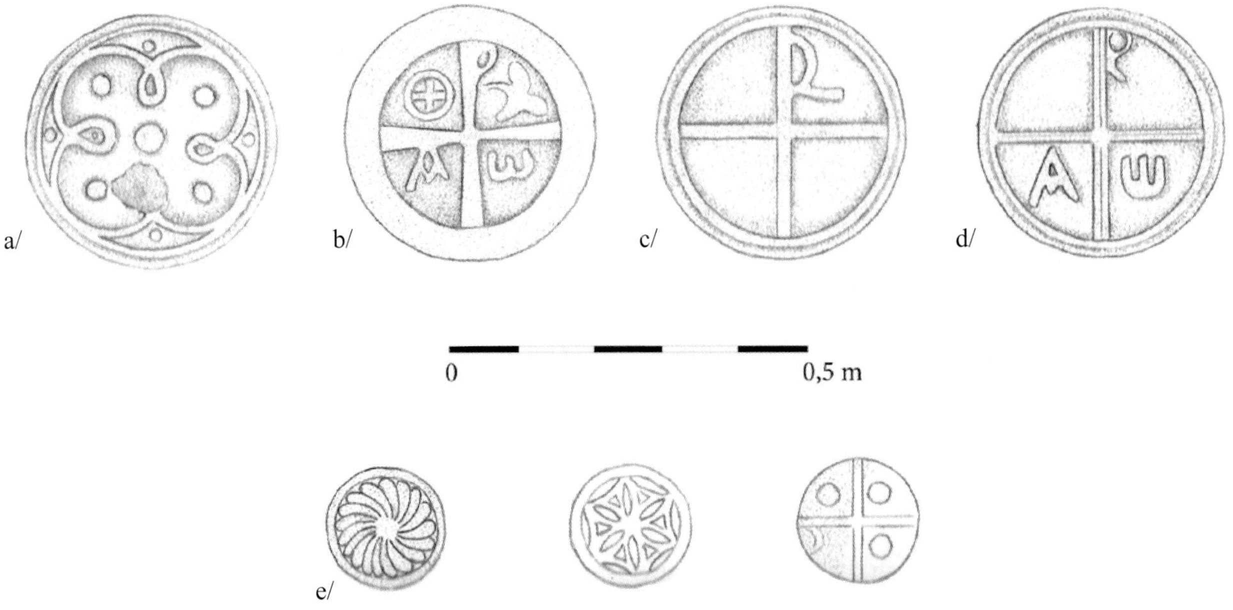

Fig. 49 — *Médaillons sculptés sur des portes de maisons du* IVe *siècle (© B. Riba).*

un réglet, une bande biseautée, un anglet et un bandeau[13] (**fig. 36 et 37**). L'inscription grecque est judicieusement gravée sur toute la longueur de la bande biseautée, de sorte qu'elle ne puisse pas échapper au visiteur qui pénètre à l'intérieur de la maison. Le linteau plus récent, situé à l'entrée de la maison M. 82, est paré d'une modénature plus distinguée composée d'une succession de deux larges fasces, d'un filet, d'un cavet, d'un anglet et d'un bandeau (**fig. 48**). Parmi les trois catégories de moulures identifiées[14], le profil du linteau de la maison M. 39 appartient au type II ; celui de la maison M. 82 est associé au type III.

L'entrée de la maison M. 82 offre également trois médaillons sculptés issus du répertoire typiquement paléochrétien (**fig. 49e**). Deux d'entre eux sont gravés de part et d'autre du champ mouluré du linteau. Ce sont des motifs géométriques simples connus dans la région dès la seconde moitié du IVe siècle. Le premier, situé à l'extrémité orientale du linteau, est un motif en hélice ; le second, gravé à l'opposé, représente une rosace à six pétales[15]. Ces médaillons ont une vocation purement décorative. Le troisième, placé sur la feuillure du piédroit occidental, semble avoir eu, en plus de sa valeur ornementale, une destination prophylactique compte tenu de son emplacement inhabituel dans l'épaisseur du montant et du choix du motif représenté par un chrisme sculpté sous sa forme la plus simple : une croix inscrite à l'intérieur d'un cercle ; la lettre *rhô* est apposée à l'une des branches alors que les autres quadrants sont marqués par la présence d'un globule.

Les portiques

Sur les huit portiques répertoriés dans le secteur méridional, deux seulement, associés aux maisons M. 45 et M. 48, comportent des éléments moulurés. Le premier présente des chapiteaux ornés sur trois côtés quasiment identiques les uns aux autres (**fig. 50a**). La face principale présente un profil mouluré composé de trois fasces, d'un tore, d'un listel, d'une gorge, d'un anglet et d'un bandeau. Les côtés offrent un décor analogue auquel s'ajoute, à la place des trois fasces, une console atrophiée à bord concave. Aux extrémités du portique, les chapiteaux-impostes sont similaires, excepté l'absence de consoles sur les faces latérales (**fig. 50b**). L'architrave présente quant à elle une moulure de type II composée de trois fasces, d'une bande biseautée, d'un anglet et d'un bandeau. Les chapiteaux de la maison M. 48, également identiques entre eux (**fig. 50c**), se caractérisent par des moulures très fines concentrées essentiellement sur la partie supérieure. Elles se composent d'un réglet, d'un cavet, d'un anglet et d'un bandeau. Les côtés comprennent en

13. Dans le cadre de cette étude, la description des profils de moulures s'effectuera toujours du bas vers le haut.
14. Sur les types de moulures identifiés, voir ci-dessous p. 123-124.
15. Ces deux médaillons se retrouvent sur le linteau de la maison M. 68, datée de 405 (voir ci-dessous fig. 60a).

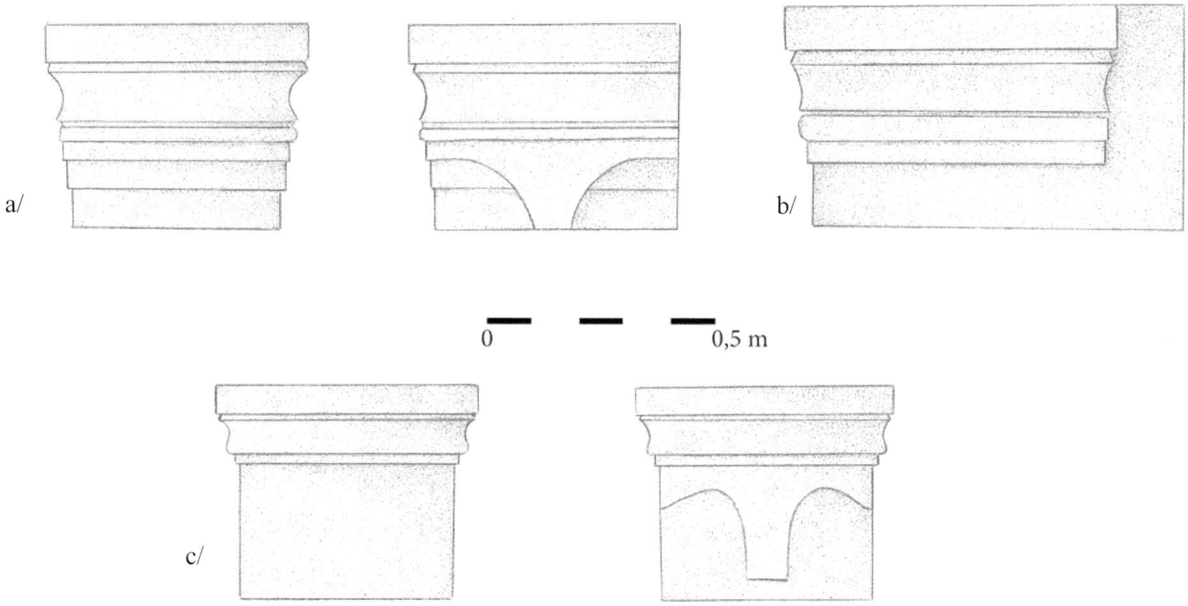

Fig. 50 — *Chapiteaux de portiques des maisons M. 45 (a/ chapiteau ; b/ chapiteau-imposte) et M. 48 (c/ chapiteau) (© B. Riba).*

plus une console de faible épaisseur aux bords concaves très prononcés[16]. L'architrave est privée de décor.

Développement des hameaux anciens au Ve siècle

La seconde phase enregistrée dans le village se traduit par l'expansion des trois hameaux primitifs. De nouvelles maisons élargissent les îlots anciens, d'autres îlots se forment, des unités d'habitation indépendantes sont construites et d'anciennes maisons sont agrandies. Le ve siècle ouvre la voie à une phase de développement sans précédent (**fig. 51 et pl. II**). L'augmentation du nombre des habitants est attestée par la construction d'au moins 23 unités d'habitation supplémentaires auxquelles s'ajoutent d'autres bâtiments dont les vestiges insuffisamment conservés ne permettent pas de déterminer précisément leur fonction. Par ailleurs, les signes de prospérité, encore balbutiants au terme du ive siècle, se généralisent désormais à l'ensemble des bâtiments : d'une part, l'appareil orthogonal à parement simple devient la technique de construction adoptée par tous les villageois, d'autre part, la présence du décor sculpté est désormais quasiment systématique.

16. Ce type de consoles fait son apparition dans la région au cours de la seconde moitié du ive siècle et perdure jusqu'à la fin de la période protobyzantine. Il n'est pas sans évoquer la forme des bucranes de l'époque impériale dont ils peuvent être une réminiscence stylisée.

L'expansion nord du secteur méridional

L'étude du processus de développement du village doit d'abord se concentrer sur la partie nord du site, puisque c'est à cet endroit que l'évolution de l'habitat est la plus significative (**fig. 21**). En effet, l'extension de Kafr ʿAqāb aboutie de ce côté à la jonction de deux hameaux anciens depuis le secteur sud (quartier B), vers le secteur médian au nord. La chronologie relative entre les édifices, visible grâce à l'étude des relations architecturales, permet de restituer la façon selon laquelle la liaison entre les deux groupes primitifs s'est opérée.

Le processus d'expansion

L'expansion vers le nord se réalise à partir des maisons mitoyennes M. 62 et M. 63 qui marquent l'extrémité septentrionale du secteur sud à la fin du ive siècle. L'îlot (**fig. 52**) s'agrandit du côté nord par l'adjonction de la maison M. 64, orientée vers l'ouest. Les encoches de poutres qui soutenaient le plancher de l'étage de cette dernière bâtisse apparaissent effectivement dans le gouttereau nord de la maison mitoyenne M. 63. Toujours vers le nord, la maison suivante, M. 65, utilise le pignon du bâtiment M. 64 comme mur de fond de sa cour. Elle marque l'extrémité nord de l'îlot 10 qui comprend quatre maisons au terme de son évolution. Un nouvel îlot (îlot 11) composé de deux habitations apparaît ensuite directement au nord-ouest du précédent : la maison M. 67, orientée au sud, à laquelle vient s'ajouter perpen-

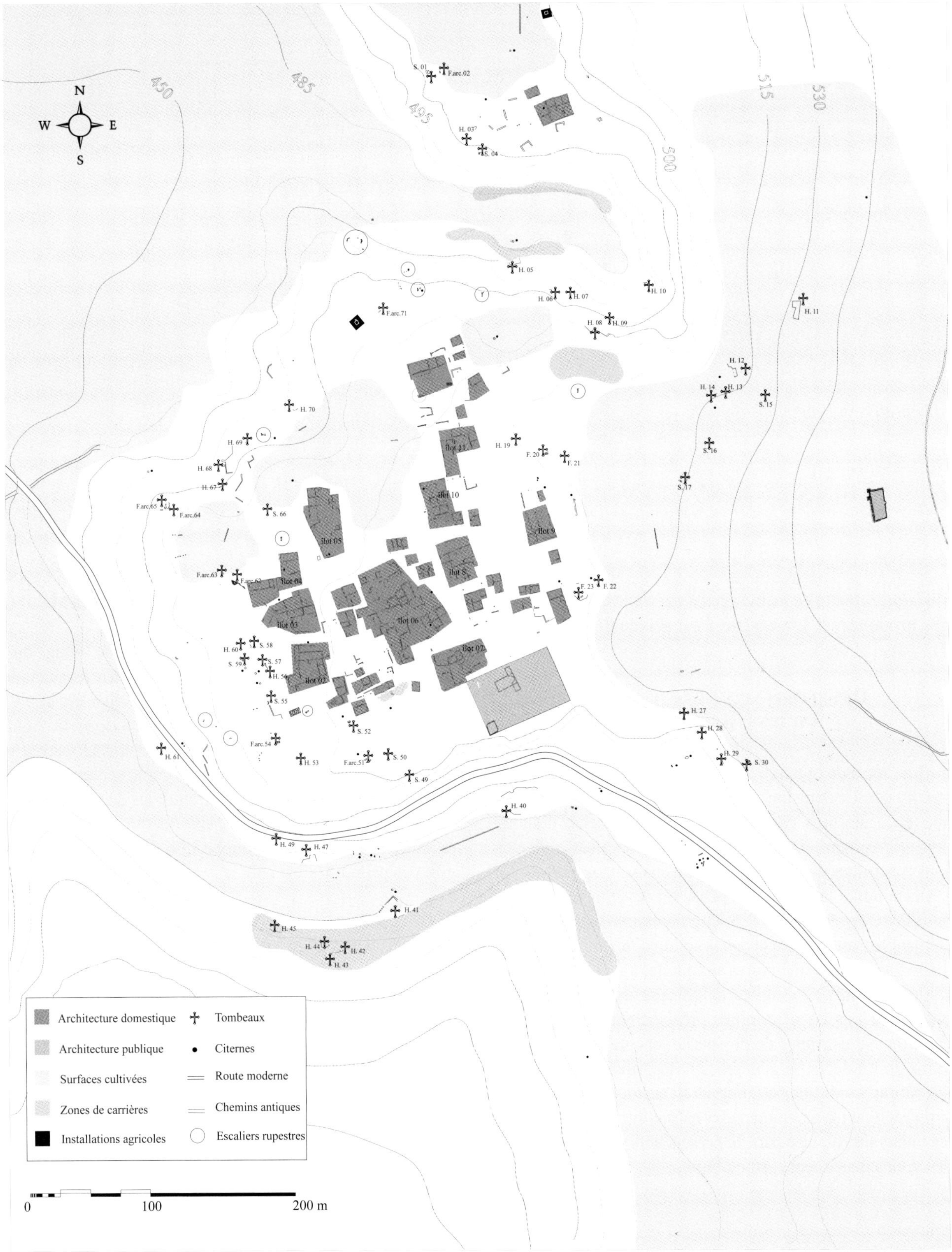

Fig. 51 — *Le village au v*[e] *siècle (© B. Riba).*

diculairement la maison M. 68 tournée vers l'ouest. Il est probable que les deux îlots, 10 et 11, ne forment en réalité qu'un seul ensemble, mais l'état délabré des vestiges ne permet pas de le confirmer. La maison M. 68 marque la fin de l'expansion septentrionale du secteur sud puisqu'elle côtoie la construction C. 69 qui définit, rappelons-le, l'extrémité méridionale du secteur médian. L'ultime étape de ce développement est donc déterminée par la maison M. 68 précisément datée de 405 par une inscription gravée sur le linteau de son entrée principale. Par conséquent, c'est dans ce laps de temps très court, entre la fin du IVe siècle et l'année 405, que cette série de bâtiments construits en appareil orthogonal à parement simple a vu le jour.

Au nord, le secteur médian se développe aussi, bien que le phénomène, beaucoup moins important, n'entraîne pas la formation d'un îlot. Les principales constructions se résument à l'adjonction d'une pièce à la maison M. 72 et l'apparition de l'habitation M. 77 dans le secteur sud-est. D'autres constructions existent également, comme C. 71 ou C. 78, mais les vestiges demeurent trop peu conservés pour rendre compte de leur plan et de leur fonction.

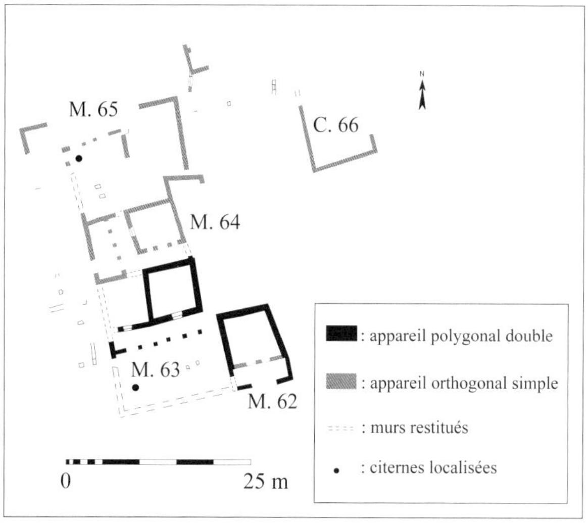

Fig. 52 — *Plan de l'îlot 10 (© B. Riba).*

L'agrandissement de l'îlot 10 : étude détaillée

La maison M. 64

L'habitation est tournée vers l'occident (**fig. 52**). Il ne subsiste de la porte d'entrée principale plus que le montant nord appareillé au mur de la façade. Le bloc supérieur du piédroit est traité à la façon d'une imposte moulurée[17]. L'accès ouvre sur un petit espace de 24 m^2 précédant le portique. Ce dernier, conservé seulement dans sa partie inférieure, est composé d'une architrave qui repose sur des chapiteaux portés par cinq piliers. Les négatifs aménagés dans l'architrave témoignent de l'existence du plancher d'un étage (**fig. 53**). L'accès à celui-ci s'effectuait par le sud, comme l'indique l'emplacement du seuil taillé de ce côté, dans le lit supérieur de l'architrave. La porte d'entrée du bâtiment d'habitation présente des montants appareillés à la façade. À côté apparaît une petite fenêtre située à la hauteur du linteau. L'accès desservait une pièce rectangulaire pourvue, aux deux tiers de son espace, d'un portique à piliers doté de chapiteaux non moulurés. Sa fonction était de supporter le plancher de l'étage. L'extrémité des poutres destinées à supporter les solives du plancher était logée dans les encoches pratiquées dans l'architrave du portique auxquelles répondaient les encoches aménagées dans le gouttereau septentrional de la maison mitoyenne M. 63 (**fig. 54**). Cette dernière habitation était peut-être à l'état d'abandon au moment de la construction de M. 64 si l'on considère que, dans le Massif calcaire, les maisons plus récentes s'appuient généralement contre le pignon des maisons plus anciennes, et non contre les gouttereaux laissés libres afin de permettre la collecte de l'eau de ruissellement. Il n'est donc guère concevable que le propriétaire de la maison M. 64 ait pu utiliser le gouttereau d'une maison voisine encore habitée, à moins d'envisager un accord entre les deux parties.

Le décor, essentiellement concentré sur le portique, évoque celui observé dans les maisons M. 45 et M. 48 : on retrouve en effet un profil de moulures similaire, de type II (**fig. 133**), ainsi que les consoles traditionnelles placées sur les côtés des chapiteaux. En revanche, le vocabulaire ornemental tend ici à s'uniformiser puisque les moulures de l'architrave (large espace, fasce, bande biseautée, anglet, bandeau) sont identiques à celles des chapiteaux (**fig. 134**). En ce qui concerne la porte d'entrée principale de la maison, la surface moulurée au sommet du montant occupe plus du quart de la surface du bloc et se poursuit sur la feuillure du piédroit. Le profil de la moulure, de type III (fasces, tore, arête, gorge, anglet, bandeau), présente à nouveau des similitudes avec les chapiteaux-impostes du portique de la maison M. 45 (**fig. 50b**).

L'architecture de la maison M. 64 ne se distingue pas des habitations de la période précédente, telles que M. 45 ou M. 48 qui affichent des proportions similaires et des portiques aux chapiteaux moulurés d'une qualité comparable. La différence se résume donc aux blocs orthogonaux qui ne sont plus seulement employés aux angles des maisons construites en moellons, ni à certains pans de murs comme l'ont montré les tentatives observées

17. Ce type d'entrée composée d'un linteau reposant sur des impostes moulurées est attesté dès la période impériale. Tel est le cas de l'entrée du rez-de-chaussée de la maison du Ier siècle à Bāmuqqā, ou de l'« *andrôn* » de Berrīš-nord daté de 231 (Tate 1992a, p. 97, fig. 138). Ce système est repris, à Kafr ʿAqāb, dans le dispositif de l'entrée principale de la maison M. 68 (voir ci-dessous **fig. 59 et 60b**).

Fig. 53 — *Intérieur de la maison M. 64 (© B. Riba).*

Fig. 54 — *Portique intérieur de la maison M. 64 (© B. Riba).*

Fig. 55 — *Vestiges du portique de la maison M. 65. Vue depuis la cour (© B. Riba).*

Fig. 56 — *Vestiges du portique de la maison M. 67. À l'arrière s'élèvent les vestiges de la maison M. 68 (© B. Riba).*

dans les maisons M. 39, M. 45 et M. 62, mais s'étendent désormais à la totalité des murs afin de concevoir une bâtisse solide, à l'épreuve du temps. Les maisons M. 63 et M. 64 revêtent ainsi une importance particulière puisqu'elles matérialisent un passage crucial entre deux périodes, au moment où la paysannerie, plus prospère, délaisse les constructions sommaires de la première heure pour bâtir des maisons plus élaborées.

La maison M. 65

L'état de conservation de cet ensemble domestique est tel qu'il n'est pas possible d'en définir le plan. L'emplacement du portique et une partie de la cour qui le précède sont les seuls vestiges actuellement visibles. Leur situation indique un corps de bâtiment orienté vers le sud (**fig. 55**). La cour, large d'une quinzaine de mètres, est bordée au sud par le pignon de la maison M. 64. Les limites orientale et occidentale sont fixées par les tronçons du mur de clôture partiellement préservés. L'accès à cet espace s'effectuait par une porte aménagée à l'ouest dont il ne reste plus qu'un montant en place. Le portique se réduit aujourd'hui à une partie du niveau inférieur correspondant au rez-de-chaussée : un bloc d'architrave repose sur deux piliers surmontés de chapiteaux moulurés (**fig. 135c**). Une gouttière placée à l'extrémité de la structure permettait de récupérer les eaux de ruissellement depuis le toit pour être acheminer vers une citerne située dans la cour. L'étage est attesté par les encoches aménagées dans l'architrave où venaient se loger les poutres maîtresses du plancher. La présence d'un chapiteau toscan dans les débris de la cour laisse envisager l'existence d'un portique mixte.

La formation de l'îlot 11

La situation de l'îlot directement au nord du groupe d'habitation précédent, les techniques de construction employées et le programme ornemental suggèrent, à l'appui de l'épigraphie, un ensemble de constructions édifié dans la foulée des maisons M. 64 et M. 65.

La maison M. 67

Le plan exact du bâtiment, orienté vers le sud, ne peut être précisé compte tenu du mauvais état de conservation des vestiges. Les éléments en place se réduisent à la partie inférieure du portique : un bloc d'architrave repose sur deux piliers coiffés de chapiteaux (**fig. 56**). Le trou d'encastrement situé à la base de l'architrave témoigne de l'existence d'un plancher appartenant au niveau supérieur. À l'instar de la maison M. 64, la cour qui précède le portique se limite à un petit espace. Le décor, exclusivement concentré sur les chapiteaux, se caractérise par un profil mouluré de type II, proche de celui observé sur les chapiteaux de la maison M. 64, à l'exception du retrait d'une fasce, laissant seulement un large espace au bas de la bande biseautée surmontée d'un anglet et d'un bandeau (**fig. 135d**).

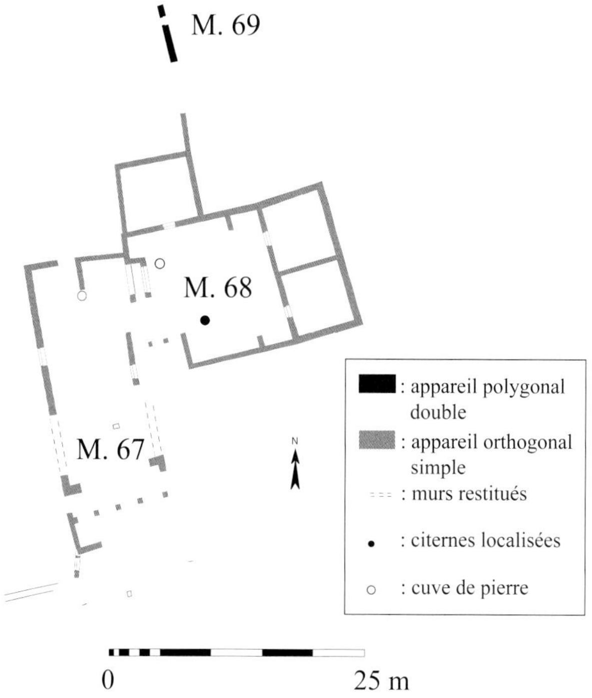

Fig. 57 — *Plan de l'îlot 11 (© B. Riba).*

La maison d'Eusébios et Antiochia (M. 68)

La maison M. 68, datée de 405 par l'épigraphie, constitue une étape essentielle dans le développement septentrional du village. Le corps de bâtiment est précédé d'un portique puis d'une cour à laquelle s'ajoute une annexe sur le côté nord (**fig. 57**). Le bâtiment d'habitation, de plan rectangulaire (7 x 14 m), est orienté vers l'ouest. Deux portes desservent deux pièces non communicantes. Chacune d'entre elles forme un espace carré de 7 m de côté.

Le portique est entièrement effondré. Les éléments riches et variés découverts à leur point de chute révèlent une structure à deux niveaux précédant de 3 m la façade principale du bâtiment (**fig. 58**). À la hauteur du rez-de-chaussée correspondait une rangée de piliers surmontée de chapiteaux sur lesquels reposait une architrave moulurée. Le niveau supérieur comprenait une colonnade coiffée de chapiteaux alternants à la fois l'ordre ionique et l'autre corinthien (**fig. 144bc, 146 et 147**). Parmi les fragments de plaques de parapet retrouvés, certaines présentent de simples moulures sur leur contour, d'autres, vraisemblablement celles de l'étage, sont ornées d'un décor raffiné. La cour, encombrée de blocs d'effondrement, couvre une superficie de 196 m². Les vestiges en place de grandes cuves de pierre ont été observés à proximité de l'entrée principale. Du côté nord, le mur d'enclos est percé d'une porte permettant d'accéder à une annexe de plan rectangulaire (6,5 x 8 m) adjointe plus tard à l'ensemble domestique. Une petite fenêtre est aménagée du côté est de l'ouverture.

L'entrée principale de la maison, localisée à l'ouest, fait face au corps de bâtiment (**fig. 59 et 60**). Elle est précédée d'un petit arc dont il ne subsiste plus qu'une imposte moulurée sur laquelle repose le sommier. La porte proprement dite, préservée dans sa partie nord, comprend des montants appareillés dont le sommet est traité à la manière d'une imposte, selon le procédé déjà constaté à l'entrée de la maison M. 64. Le linteau, resté à son point de chute, est un grand bloc monolithique de 2,20 m de long. Son décor n'est pas sans évoquer celui du linteau de la maison M. 82 dans la mesure où, malgré une modénature sensiblement différente, les trois petits médaillons sculptés sont identiques. Sous le champ mouluré, une inscription grecque[18] mentionne le nom du propriétaire, *Eusèbios*, celui de sa femme, *Antiochia*, et évoque plusieurs enfants ainsi que la date de construction de la maison : *l'an 453, le 3 du mois de Parnémos*, à savoir le 3 juillet de l'année 405.

La maison M. 68 est fondamentale pour la compréhension de l'évolution du village. D'une part, sa date atteste de façon formelle l'adoption de l'appareil orthogonal à parement simple dès l'année 405. D'autre part, son emplacement, qui marque la fin d'une série de constructions (M. 64, M. 65, M. 67) qui lui sont antérieures, indique qu'à cette date, ce mode de construction élaboré,

18. Feissel 2012, p. 229.

Fig. 58 — *Éléments de portique de la maison M. 68 (© B. Riba).*

Fig. 59 — *Vestiges de l'entrée principale de la maison M. 68 (© B. Riba).*

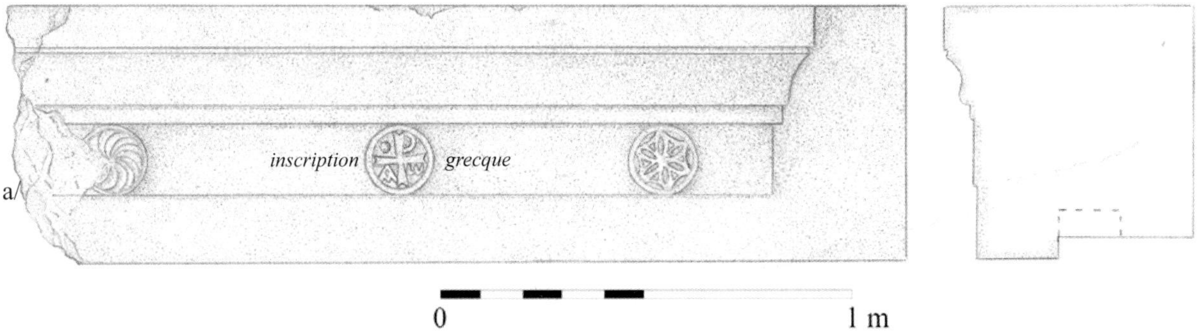

Εἷς Θεὸς καὶ ὁ Χριστὸς αὐτοῦ ὁ βοηθῶν Εὐσεβίῳ καὶ Ἀντι-οχ[ί]ας σὺμ τέκνοις ἔτους γνυʹ μηνὸς Πανέμ(ου) γʹ.

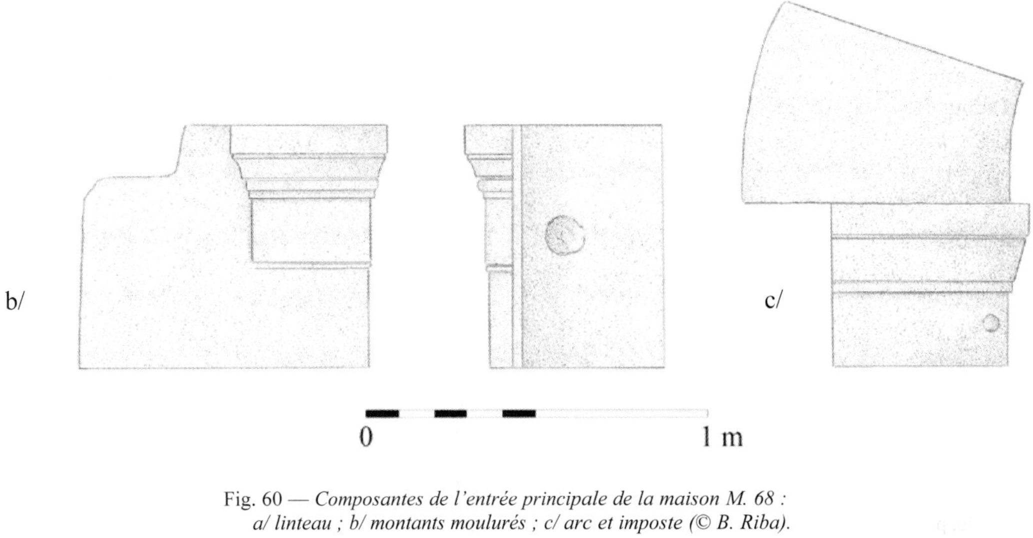

Fig. 60 — *Composantes de l'entrée principale de la maison M. 68 : a/ linteau ; b/ montants moulurés ; c/ arc et imposte (© B. Riba).*

et donc plus onéreux, est accessible aux paysans depuis déjà quelques années, sans doute dès la fin du IVe siècle. On assiste également au développement architectural de certaines parties absentes dans les maisons antérieures. C'est le cas de l'entrée de la cour qui tend à se monumentaliser par l'aménagement d'un dispositif inédit dans le village, tel que l'arc destiné à valoriser l'entrée principale de l'unité domestique en créant un espace qui évoque les porches des demeures d'Apamène[19]. Le dispositif, très modeste, est réduit ici à un simple sas de transition entre l'extérieur et l'intérieur de l'enceinte domestique dans lequel les visiteurs, lors de leur passage, pouvaient lire l'inscription sur le linteau.

Le développement du secteur médian

Le hameau situé au nord du promontoire rocheux connaît deux types de développement au début du Ve siècle : l'agrandissement d'une habitation ancienne, M. 72, et la construction de trois nouveaux bâtiments parmi lesquels seule la maison M. 77 présente un état de conservation suffisant pour être étudiée.

Fig. 61 — *Porte sud-ouest de la maison M. 77 (© B. Riba).*

L'agrandissement de la maison M. 72

La maison atteint son extension finale, avec un total de quatre pièces de dimensions à peu près égales, lors de l'adjonction de l'espace M. 72d dans le prolongement oriental de la bâtisse (**fig. 40**). La nouvelle construction se distingue des parties plus anciennes par l'emploi de l'appareil orthogonal à parement simple. Elle était surmontée d'un étage dont l'existence est attestée par le seuil de l'entrée supérieure retrouvé à son point de chute. Une encoche creusée dans ce bloc ainsi qu'un chapiteau ionique découvert devant la façade du bâtiment suggèrent la présence d'un portique aujourd'hui disparu. Cet ensemble illustre particulièrement bien le passage d'une technique de construction à une autre. Les propriétaires, ayant désormais acquis les moyens d'étendre leur demeure par l'ajout d'une pièce édifiée en grand appareil, délaissent le procédé moins coûteux fondé sur l'emploi de moellons disposés en double parement.

La maison M. 77

Elle est l'une des rares constructions à offrir des élévations relativement bien préservées (**fig. 61 et 116**). Elle est précédée d'une cour qui atteint une dizaine de mètres de profondeur. Le bâtiment d'habitation, de plan rectangulaire (11 x 7 m), ouvre vers le sud par deux portes. La partie méridionale, très endommagée, conserve le montant d'une porte composé de trois blocs appareillés à la façade, ainsi qu'un linteau sur lequel repose le seuil de l'entrée de l'étage (**fig. 119**). Une petite niche cintrée, semblable à celles qui sont fréquemment associées aux portes des maisons paysannes d'Apamène, est aménagée près de l'accès. Deux piliers situés aux deux tiers de la longueur de l'espace interne du bâtiment servaient à soutenir le plancher de l'étage. Ce dernier est également attesté par les encoches de sections carrées destinées à accueillir les poutres sur lesquelles étaient disposées les solives. Quant aux trous d'encastrement aménagés dans la façade sud, ils avaient pour fonction de loger les poutres maîtresses du plancher associé au portique. Le portique en question peut être en partie restitué grâce à certains éléments architecturaux demeurés à l'emplacement de leur chute. Le premier niveau comprenait une rangée de piliers couronnés de chapiteaux ; le second présentait une colonnade coiffée de chapiteaux ioniques (**fig. 141 et 144a**). Les architraves sont ornées de moulures appartenant au type I. À l'intérieur du bâtiment d'habitation, dans l'angle sud-ouest, apparaît un large tonneau de pierre à proximité duquel est aménagé, dans le pignon occidental, un dispositif destiné à recevoir et à évacuer du liquide vers l'extérieur (**fig. 288**). Il pourrait s'agir d'un lavabo ou d'une latrine.

19. GRIESHEIMER 1997b, p. 397-304.

L'emplacement du bâtiment proche d'un ensemble de maisons anciennes, mais surtout le décor archaïque qui le caractérise, permettent de placer la construction parmi l'une des premières habitations du village à avoir été édifiées en appareil orthogonal à parement simple. Il se pourrait que la maison soit légèrement antérieure à celle d'*Eusébios* et *d'Antiochia* datée de 405 qui présente, de son côté, des formules décoratives plus élaborées. Dans le cas de la maison M. 77, les chapiteaux de piliers, plutôt rudimentaires, sont ornés de moulures identiques (type II) à celles de la maison M. 64 construite entre la fin du IVe siècle et le début du Ve siècle. Quant aux chapiteaux ioniques, leur composition dénuée d'éléments superflus renvoie à la même période, à l'instar des moulures du linteau de la porte occidentale du rez-de-chaussée, simples et dépouillées (**fig. 134d**).

Développement du secteur méridional

L'expansion de l'îlot 06

L'îlot 06 atteint rapidement son extension maximale avec la construction de trois maisons supplémentaires (**fig. 20 et 62**). Chacune occupe une extrémité de l'îlot : M. 34 est située au sud-ouest, M. 37 au nord-est et M. 44 au nord-ouest. Leur situation à la périphérie de l'îlot est en accord avec l'appareil orthogonal à parement simple qui les caractérise, le centre étant occupé par les maisons plus anciennes élevées en double parement de moellons. La maison M. 34, très dégradée, est une petite construction à pièce unique orientée à l'est dont il ne subsiste plus que la façade principale percée d'une porte. Des éléments épars de piliers signalent la présence d'un portique.

La maison M. 37, mitoyenne au nord des constructions C. 38 et M. 39, est mal préservée. Le gouttereau oriental et le pignon sud, élevés en bel appareil orthogonal sur une hauteur de neuf assises régulières, sont les parties les mieux conservées (**fig. 63**). Le bâtiment, de plan rectangulaire, présente deux particularités peu répandues dans l'architecture domestique locale. D'une part, les façades offrent chacune une entrée, ce qui implique deux orientations différentes. D'autre part, les accès aménagés à la hauteur de la septième assise ne sont superposés à aucune entrée inférieure. L'accès au rez-de-chaussée n'apparaît donc pas aux endroits attendus. L'assise située en dessous de l'entrée méridionale présente une série d'encoches qui témoigne de l'existence d'un portique dont il ne subsiste plus aucun élément en place.

La confusion des ruines ne permet pas de discerner le plan de la maison M. 44. Seules deux petites constructions se distinguent de cet ensemble : M. 44a et M. 44b. La première, de plan presque carré (5,5 x 5 m), est pourvue de deux accès, au sud et à l'est. Le mur occidental se prolonge du sud vers le nord, suggérant l'extension de la construction de chaque côté. Le mur méridional se prolonge aussi, mais seulement du côté est. La deuxième se situe quelques mètres à l'est de M. 44a. Elle ouvre à l'ouest par une porte sur l'espace qui sépare les deux constructions. La largeur de M. 44b atteint 5 m ; sa longueur reste indéterminée. L'emplacement de la façade principale est indiqué par le portique *in situ* qui la précède (**fig. 64 et 65**) le long du côté sud du bâtiment M. 44b. Le niveau supérieur du portique, à peine visible en surface, donne une idée de l'épaisseur de la couche de terre qui recouvre les ruines dans ce secteur du site. La structure se compose de colonnes séparées par des plaques de parapet dépourvues de décor, à l'exception d'un encadrement sobrement mouluré. En revanche, les architraves-corniches présentent un décor caractéristique des maisons anciennes (fin du IVe siècle - début Ve siècle) : la moulure comprend trois fasces, une doucine, un anglet et un bandeau ; la première fasce est ponctuée de larges denticules ; la partie concave de la doucine est marquée par une série de petits médaillons de facture rustique, dont certains contiennent une croix inscrite (**fig. 286**).

L'expansion occidentale (quartier A)

Problèmes et moyens d'identification des maisons

Le secteur ouest (quartier A) connaît une croissance qui commence dès le début du Ve siècle pour se poursuivre au cours du siècle suivant. Le développement de cet ensemble n'est pas aussi aisé à comprendre comparé à celui observé dans la partie septentrionale du village, en raison de la dispersion des constructions sur un terrain assez vaste (**fig. 19**). En effet, les bâtiments souvent isolés n'offrent pas de liaisons architecturales susceptibles de préciser le processus d'expansion de ce quartier. Par ailleurs, les vestiges très ruinés, profondément remaniés, conservent peu d'éléments de décor en place capables de fournir des renseignements fiables sur la chronologie des constructions. Les éléments d'architecture ornés, remployés à maintes reprises, ont fréquemment fait l'objet d'importants déplacements sur le site au cours des multiples phases d'occupation étendues sur plusieurs siècles. Ainsi, la plupart se retrouvent hors contexte, associés à des bâtiments auxquels ils n'appartenaient pas initialement. Enfin, l'épigraphie ne livre aucune date. Les moyens de localiser les bâtiments édifiés au Ve siècle sont donc limités. Néanmoins, certains indices permettent de dégager un plan d'ensemble assez sûr des bâtiments apparus lors de l'expansion du village du côté occidental du promontoire rocheux.

Fig. 62 — *Vue générale de l'îlot 06 depuis la maison M. 44 (© B. Riba).*

Fig. 63 — *Angle sud-est de la maison M. 37 (© B. Riba).*

Fig. 64 — *Vestiges* du *portique à colonne de la maison M. 44 enfouis sous la surface du sol (© B. Riba).*

Fig. 65 — *Plaque de parapet de la maison M. 44 (© B. Riba).*

D'une part, la répartition des maisons livre des informations déterminantes sur un site qui se développe à partir de plusieurs noyaux d'habitation anciens : plus les maisons s'éloignent des centres primitifs de l'agglomération, plus celles-ci sont récentes. Ce fait, confirmé au sein même de l'îlot 06 où les maisons plus récentes sont implantées aux extrémités du groupe d'habitation, a pu être à nouveau vérifié lors de l'expansion septentrionale du village caractérisée par l'apparition de maisons nouvelles bâties en prenant compte de l'emplacement des habitations antérieures.

D'autre part, la relation entre l'habitat et la nécropole constitue une source de renseignements assez fiable. Dans la mesure où l'aménagement des sépultures à l'écart de la zone habitée est une pratique bien connue dans les villages de la région, la présence de tombes de ce côté du site au ve siècle suggère un secteur encore vierge d'habitations à cette période. Plus tard, l'expansion progressive du village vers l'ouest contraint les habitants à empiéter sur l'espace anciennement consacré aux tombeaux. La limite entre l'habitat et les sépultures est donc à prendre en considération en ce qui concerne l'étude des maisons appartenant à la dernière phase d'expansion de la localité. L'emplacement de la grande carrière constitue également un indicateur susceptible de préciser les phases de développement du village. En considérant la situation des carrières majoritairement situées à la périphérie des villages du Massif calcaire, il est hautement probable que celle de Kafr ʿAqāb se trouvait à un moment donné à l'écart de l'habitat avant d'être submergée par celui-ci, lors de la dernière phase d'expansion de l'agglomération.

Enfin, les variations identifiées dans les techniques de construction constituent des indices qui permettent de déterminer des tendances particulières propres au Ve et au VIe siècle. Les modes de construction évoluent effectivement d'une période à l'autre puisque, nous le verrons, les maisons du Ve siècle présentent des blocs standardisés formant des assises régulières alors que les constructions plus tardives, localisées aux extrémités de l'agglomération, remplacent le plus souvent les premières assises par des parties rupestres taillées directement dans le fond de carrière, et privilégient l'utilisation de blocs de grand module, de dimensions variables, dont l'agencement forme des assises irrégulières. Les informations livrées par ces techniques sont parfois précisées par la présence de quelques éléments d'architecture décorés dont la provenance est assurée.

Description des unités d'habitation

Les maisons M. 29 et M. 30

Les plus anciennes constructions du quartier A sont les maisons M. 29 et M. 30 séparées de l'îlot 06 par une simple ruelle. La présence d'une inscription sur un linteau de la maison M. 30 place le bâtiment entre les IVe et Ve siècles (**fig. 162**)[20]. Les deux édifices, actuellement en mauvais état de conservation, ont subi de nombreux remaniements. Les murs sont aujourd'hui partiellement visibles.

La maison M. 29, orientée au sud, couvre une superficie de 93,5 m^2. La façade méridionale est percée de deux portes qui desservent deux pièces d'inégales dimensions. Le portique est attesté par de nombreux éléments localisés dans les décombres, tels que les piliers, les architraves, les fûts et les bases de colonnes. Les chapiteaux, en revanche, ont disparu. L'ornementation, discrète, se réduit à des moulurations sobres sur les éléments d'architecture du portique. La cour qui s'étend au sud du bâtiment d'habitation est trop encombrée pour appréhender son organisation. Seule une large cuve de calcaire face à l'entrée orientale du bâtiment demeure à sa place initiale.

La maison M. 30, de plan rectangulaire, présente trois accès du côté sud. Très peu d'éléments subsistent en élévation (**fig. 66**). L'intérêt principal du bâtiment se résume à l'arc transversal entièrement conservé (**fig. 127 et 128**) au centre de la pièce, dont la fonction était de supporter le plancher de l'étage. Ce type d'ouvrage est plutôt rare dans cette partie du Massif calcaire. Soigneusement appareillé, celui-ci témoigne du savoir-faire des constructeurs. Du côté oriental de la pièce, un espace souterrain est excavé dans la paroi rocheuse. Le portique initialement placé devant la façade méridionale est actuellement réduit à diverses composantes architecturales éparpillées dans les décombres ou bien réutilisées dans des murs tardifs : on y trouve des fragments de plaques de parapet décorées, des fûts, des dés de colonnes (**fig. 131**) et des entablements moulurés. Elles permettent de restituer un portique pourvu de colonnades superposées, au rez-de-chaussée et à l'étage. Une gouttière verticale est aménagée du côté occidental du portique ; son tracé se poursuit au sol avant de disparaître sous un mur composé de blocs de remploi.

L'ensemble méridional du quartier A

Au Ve siècle, ce groupe concentré à l'extrémité sud du village comprend 5 maisons auxquelles s'ajoutent 3 constructions indéterminées (**fig. 68**). Les bâtiments, indépendants les uns des autres, s'organisent à proximité d'une cavité béante matérialisée par une vaste carrière collective au-delà de laquelle s'étend un ensemble de constructions apparu lors de la dernière phase d'expansion du village. Cette situation, ajoutée à la proximité d'une zone funéraire, suggère la présence d'un groupe d'habitation édifié entre la seconde moitié du Ve siècle et le début du siècle suivant. Cette période est confirmée par les techniques de construction employées et quelques fragments de décors retrouvés à l'intérieur des maisons.

Le bâtiment d'habitation de la maison M. 06 est relativement bien conservé sur une hauteur de six assises. En revanche, le portique a presque entièrement disparu et les contours de la cour qui le précédait n'existent quasiment plus. La construction quadrangulaire, de 96 m^2 de surface, s'ouvre vers le nord par deux portes. Les vestiges d'un seuil au-dessus de l'entrée orientale et les trous d'encastrement de poutres et de solives dans le parement interne des murs attestent la présence d'un niveau supérieur. Deux petites fenêtres rectangulaires, aménagées à chaque extrémité du gouttereau méridional, se fermaient par le biais d'un volet en bois (**fig. 125**). La fenêtre orientale a été condamnée lors de l'adjonction de la maison voisine M. 05 au début VIe siècle (**fig. 100**). Le portique précédant la façade principale a subi d'importants remaniements. Il s'érigeait sur deux niveaux afin de desservir les pièces de l'étage. Les vestiges se résument actuellement à deux piliers *in situ* dont l'un, à l'ouest, est coiffé d'un chapiteau (**fig. 67**). Le pilier oriental, maladroitement rehaussé à l'aide de deux blocs mal équarris, montre un portique sommairement restauré lors de la réoccupation tardive du bâtiment. L'opération a permis de réinstaller un élément d'architrave toujours en place aujourd'hui.

La construction C. 07 borde le côté septentrional de la grande carrière à laquelle elle tourne le dos. Le bâtiment, très ruiné, affecte un plan rectangulaire (18 x 6 m). L'unique accès conservé est enterré jusqu'au niveau supérieur des montants sur lesquels repose un linteau de facture assez fruste. Hormis l'angle sud-est du bâtiment

20. FEISSEL 2012, p. 232.

Fig. 66 — *Vue d'ensemble des ruines de la maison M. 30 depuis le sud-ouest (© B. Riba).*

Fig. 67 — *Vestiges de la maison M. 06 : façade principale précédée d'un portique remanié (© B. Riba).*

qui s'élève sur une hauteur de six assises, le reste des structures a quasiment disparu. D'après l'emplacement de la construction, la situation de l'unique porte, l'absence de portique et de cour, il faudrait peut-être envisager ici une annexe de la maison voisine M. 11 plutôt qu'une habitation à part entière.

La maison M. 08, isolée au sud-est de la grande carrière, est très détériorée. Ces murs, conservés au sud et à l'est, s'élèvent sur une hauteur de trois assises ; le reste affleure seulement le sol. Le petit bâtiment rectangulaire (7 x 8 m), dépourvu d'étage, est percé d'un accès du côté est. Ce dernier est flanqué de deux petites fenêtres.

La maison M. 11, de plan presque carré (6,50 x 7 m), offre la particularité d'ouvrir par deux portes situées sur les côtés est et sud. Le linteau de l'accès méridional, privé de décor, repose sur des montants enfouis sous terre (**fig. 69**). Deux grandes encoches de section carrée attestent l'emplacement de poutres dont la fonction était de soutenir une plateforme d'accès à l'étage. Le seuil qui surmonte l'entrée du rez-de-chaussée est conservé. L'entrée orientale du bâtiment est pourvue d'un grand linteau mouluré à côté duquel subsiste une fenêtre rectangulaire (**fig. 70**). Le décor et l'aspect monumental du linteau, peu appropriés à ce type de construction, suggèrent un élément de remploi provenant sans doute d'un édifice ecclésiastique aujourd'hui disparu dont la période pourrait être située entre la fin du IVe siècle et le début du Ve siècle. Les trous d'encastrement de poutre pratiqués à la hauteur de l'assise supérieure et les vestiges de piliers témoignent de l'existence d'un portique précédant la façade. Du côté nord, le bâtiment est séparé de la maison voisine M. 12 par une étroite ruelle soulignée, à son extrémité occidentale, par un petit arc qui fait le lien entre les deux constructions (**fig. 71**). Il ne subsiste de ce dispositif plus que la pile sud en place, une imposte et deux claveaux à terre. Par ailleurs, un trou d'encastrement, qui traverse de part en part le mur nord de M. 11, indique l'emplacement d'une poutre dont l'extrémité s'insérait probablement dans l'appareil de la façade sud de la bâtisse voisine. Cela semble impliquer l'existence d'un bâti de bois destiné à couvrir la ruelle. La façade nord est également pourvue d'une petite fenêtre qui donne sur le passage couvert. Enfin, une encoche pratiquée à l'extrémité orientale de la construction indique la présence d'une installation qui marquait l'entrée de la ruelle. Les traits atypiques présentés par la maison M. 11, comme la répartition des accès, la présence d'un remploi emprunté à une architecture monumentale et le lien existant entre le bâtiment et son voisin M. 12, confèrent à ce petit édifice un caractère unique qui le distingue des maisons ordinaires. Il est possible que les deux bâtiments, M. 11 et M. 12, se complétaient dans le cadre d'un ensemble domestique homogène.

Le bâtiment M. 12 ne montre presque plus aucune élévation en place (**fig. 72**). De plan carré (environ 6 m de côté), il ouvre à l'est par une porte exiguë décentrée vers le sud. À l'intérieur, le départ d'un arc axé nord/sud suggère la présence d'un étage. Un deuxième arc orienté de la même façon est localisé à proximité de la façade principale. Ce dernier, partiellement conservé, ne présente pas d'archivolte moulurée. Enfin, une autre série de claveaux, pourvus de moulures cette fois, indique l'existence d'un troisième arc placé dans le secteur de l'entrée. Les structures internes sont pour la plupart invisibles sous les décombres. Aucun vestige de portique n'est apparent. Seul un fragment de chapiteau corinthien a été retrouvé. Le tracé de la cour a également disparu.

La maison M. 14 est la bâtisse la plus occidentale du groupe. Malgré un état de dégradation avancé, son plan est relativement net (**fig. 111**). L'élévation des murs conserve, selon les endroits, deux à cinq assises. Certaines parties ne

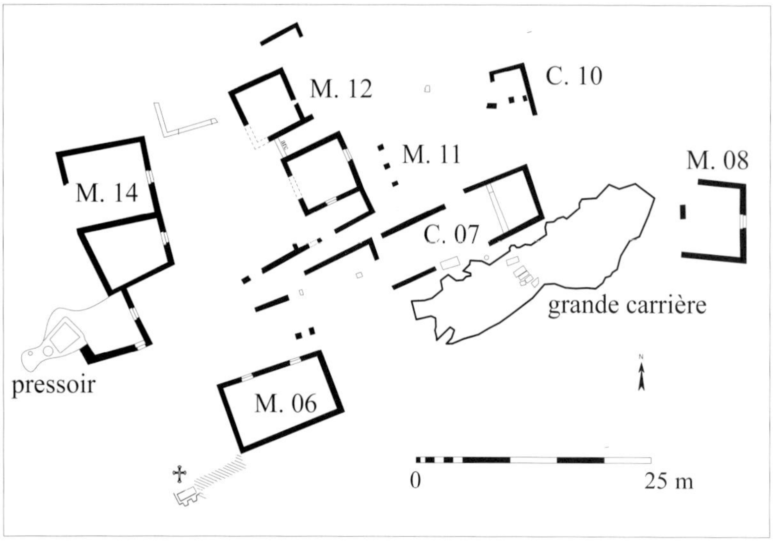

Fig. 68 — *Plan de l'ensemble des constructions situées au sud du quartier A (© B. Riba).*

Fig. 69 — *Façade sud de la maison M. 11 (© B. Riba).*

Fig. 70 — *Façade est de la maison M. 11 (© B. Riba).*

Fig. 71 — *Ruelle séparant les maisons M. 11 et M. 12 (© B. Riba).*

Fig. 72 — *Ruines de la maison M. 12. À l'arrière-plan s'élèvent les vestiges de la maison M. 11 (© B. Riba).*

sont plus matérialisées que par la roche nivelée destinée à recevoir les parpaings disparus. Aucun vestige n'atteste la présence d'un portique. Rien ne subsiste non plus du tracé de la cour qui s'étendait très certainement devant le corps de bâtiment. Ce dernier présente un plan approximativement rectangulaire (13 x 9,5 m) auquel s'ajoute, du côté sud-ouest, une annexe pourvue d'un fouloir. La bâtisse, tournée vers l'est, est divisée en deux par un mur de refend chaîné aux gouttereaux. Chaque pièce comprend un accès centré sur la façade orientale. La pièce septentrionale possède une porte supplémentaire du côté ouest qui donnaient, selon toute vraisemblance, sur une arrière-cour. La façade orientale de l'annexe est perpendiculaire au pignon sud du bâtiment. Les murs harpés des deux constructions attestent leur contemporanéité. La communication entre le lieu de séjour et le lieu de travail s'effectue obligatoirement par la cour. Le côté sud et le mur bordant le fouloir à l'est ne sont visibles que par le tracé de la roche nivelée qui servait de fondation. Le côté nord est défini par le relief naturel qui forme à cet endroit un dénivelé abrupt de 2 m. Le local qui précède le fouloir proprement dit comporte deux accès : l'un s'ouvre à l'est sur la cour de la maison ; l'autre, du côté sud, donne sur l'extérieur.

L'îlot 02

L'îlot se compose de deux ensembles architecturaux mitoyens (**fig. 73**). Le premier, M. 16, est une maison classique du ve siècle. Le second, C. 15, difficile à identifier dans l'état actuel, se résume à un vaste espace délimité par un mur d'enceinte. Les vestiges considérablement dégradés et de nombreux remaniements rendent peu aisée la lecture de cet ensemble.

La maison M. 16 est un long bâtiment (20 x 7 m) percé de deux portes du côté nord (**fig. 74**). Le pignon ouest offre une fenêtre rectangulaire (0,60 x 0,50 m) qui se refermait à l'aide d'un panneau de bois. D'après le volume des éboulis, l'existence d'un étage est probable bien qu'aucun vestige ne permette de l'attester. Un chapiteau découvert à proximité du bâtiment suggère la présence d'un portique. Le mur d'enclos de la cour se distingue à peine du côté ouest. Une citerne se situe à quelques mètres de l'entrée occidentale du bâtiment. Au nord-est de la cour, une chambre souterraine est aménagée dans la roche, mais aucun élément n'assure son appartenance à l'unité domestique.

La construction C. 15 (**fig. 75**) est un vaste espace délimité par un mur de clôture dont la longueur dépasse, à l'ouest, celle de la maison mitoyenne M. 16. L'enceinte, solidement élevée en pierre de taille, se distingue par le soin accordé au ravalement de ses deux parements. À l'ouest, contre le parement externe, est aménagée une succession de trois arcs qui supportent une série de dalles calcaires (**fig. 76**). La construction évoque certains réservoirs d'eau localisés sur le site, mais cette fonction est peu probable, ce type de construction étant habituellement souterrain. De plus, aucune trace d'enduit n'apparaît sur les parties conservées. Aucun témoignage ne milite non plus en faveur d'un local lié à la production de l'huile. Il semble que l'installation soit une simple annexe pourvue d'arcades au rez-de-chaussée destinées à soutenir le dallage de l'étage. Dans ce cas, le niveau supérieur pouvait constituer une plateforme permettant de surveiller la maison et les environs, notamment vers l'ouest où s'étendaient les cultures en contrebas. Cet ensemble architectural, peu aisé à comprendre dans l'état actuel, paraît associé à la maison M. 16 dont le gouttereau sud est mis au servir de la construction C. 15. En effet, pour des raisons d'ordre fonctionnel liées à la collecte de l'eau, ce fait peut être admis seulement dans le cadre d'un complexe homogène dans lequel les deux composantes se complètent. L'espace intérieur de C. 15 est aujourd'hui rempli d'une épaisse couche de terre recouverte de végétation et de nombreux débris. Seuls quelques murs tardifs, édifiés avec maladresse sectionnent cet espace. L'unique élément décoré découvert se résume à un chapiteau corinthien.

L'îlot 03

L'ensemble comprend trois constructions (**fig. 77**). Deux d'entre elles, M. 17 orientée au sud, et C. 18, tournée en direction du nord, présentent une configuration proche de celle observée dans l'îlot 02, dans la mesure où la seconde s'appuie contre le gouttereau de la première. Un troisième bâtiment, C. 19, occupe la partie occidentale de l'îlot (**fig. 78**).

La maison M. 17, la plus ancienne du groupe, affecte un plan rectangulaire (24 x 6,5 m). Deux portes actuellement visibles donnent sur une cour dont les contours se devinent en partie sur les côtés ouest et sud. D'après le nombre de pièces identifiées, un troisième accès devait certainement se placer au centre du bâtiment. Les piliers et les colonnes identifiés au sein des débris révèlent l'existence d'un portique mixte érigé sur deux niveaux, attestant ainsi la présence d'un étage. Un certain nombre d'éléments d'architecture monumentale localisés dans les ruines provient vraisemblablement d'un édifice ecclésiastique. Leur présence, dont celle d'un linteau richement orné, est due à la réoccupation tardive du lieu (**fig. 251**).

Le secteur de la construction C. 18 est si perturbé qu'il est peu aisé de déterminer le plan initial de l'ensemble. L'état délabré des ruines résulte d'une période d'occupation exceptionnellement longue au cours de laquelle des remaniements successifs ont occasionné l'acheminement de blocs de provenances diverses. Les ruines couvrent une superficie de 250 m^2. Le pignon oriental de l'édifice, moins remanié, conserve son aspect de la période protobyzantine. En revanche, la façade principale est profondément perturbée. Celle-ci suit cependant le tracé d'un mur antérieur et laisse entrevoir l'emplacement d'un accès dans sa portion occidentale. De son côté, la limite ouest du bâtiment est matérialisée par un mur oblique qui

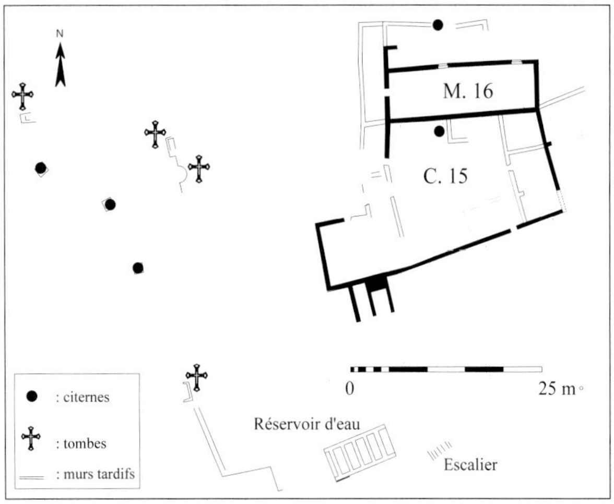

Fig. 73 — *Plan de l'îlot 02 (© B. Riba).*

Fig. 74 — *Ruines de la maison M. 16. Vue depuis le pignon oriental du bâtiment (© B. Riba).*

Fig. 75 — *Ruines de la construction C. 15. Vue depuis le nord-est (© B. Riba).*

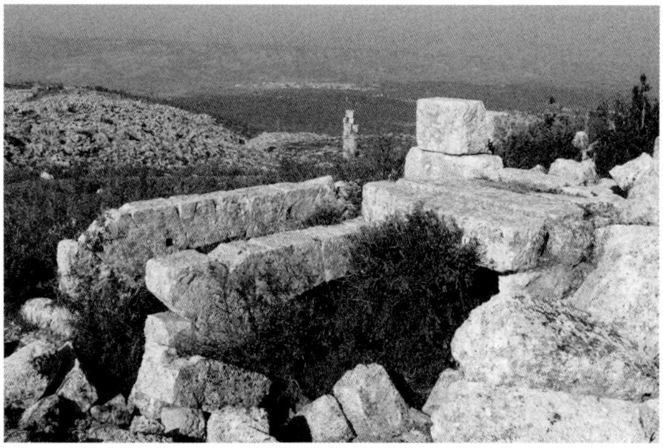

Fig. 76 — *Dalles soutenues par des arcs situés au sud-ouest de la construction C. 15 (© B. Riba).*

se distingue par son épaisseur (largeur = 90 cm) incompatible avec ce que l'on connaît de l'architecture domestique régionale (**fig. 378**). L'espace intérieur est divisé par un mur de refend percé d'une porte qui assurait la communication entre une vaste pièce située à l'est et une salle plus petite aménagée du côté ouest. La première pièce se caractérise par la présence, dans sa partie orientale, d'une structure peu commune composée de six impostes moulurées. Au centre, les impostes disposées en croix recevaient quatre petits arcs dont l'ouverture ne dépasse pas 1,50 m (**fig. 79**). Dans cette partie du bâtiment, le rez-de-chaussée était donc animé par un jeu d'arcades disposées dans l'axe des quatre points cardinaux. Seule la structure perpendiculaire au pignon oriental conserve *in situ* le sommier et le contre-sommier d'un arc dénué d'archivolte. Malgré l'ensevelissement de cet aménagement et l'érosion du calcaire, un dégagement partiel du secteur a révélé des impostes superposées. Celles du niveau inférieur, assez sobres, présentent une bordure soulignée par un simple réglet surmonté d'un bandeau peu épais. Au niveau supérieur, les impostes plus élaborées se caractérisent par un profil raffiné, de type III, composé d'un large espace, d'une fasce, d'un tore, d'un canal, d'un cavet, d'un anglet et d'un bandeau. À l'angle sud-ouest de la pièce, un placard cintré est aménagé dans le parement interne du gouttereau. L'installation comporte une partie rupestre taillée sur une épaisseur d'environ 45 cm, approfondie par une partie construite soigneusement appareillée en belles pierres de taille. Enfin, la seconde pièce du bâtiment contient les vestiges d'un grand arc longitudinal, presque aussi massif que le mur d'époque romaine contre lequel il s'appuie du côté occidental.

Le caractère singulier de la construction C. 18 est accru par la présence d'un nombre assez important

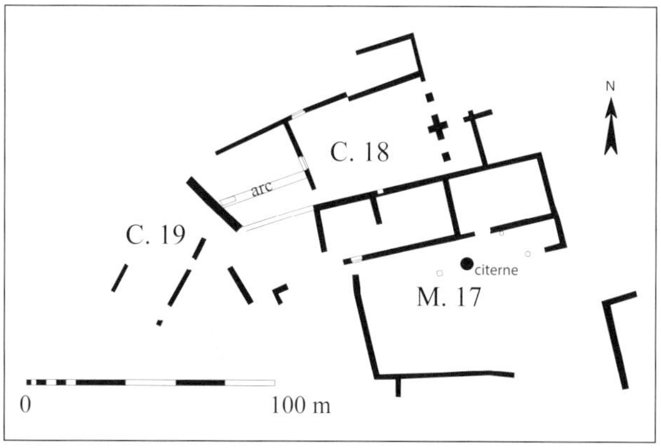

Fig. 77 — *Plan de l'îlot 03 (© B. Riba).*

Fig. 78 — *Vue générale de l'îlot 03 depuis les ruines de la maison M. 17 (© B. Riba).*

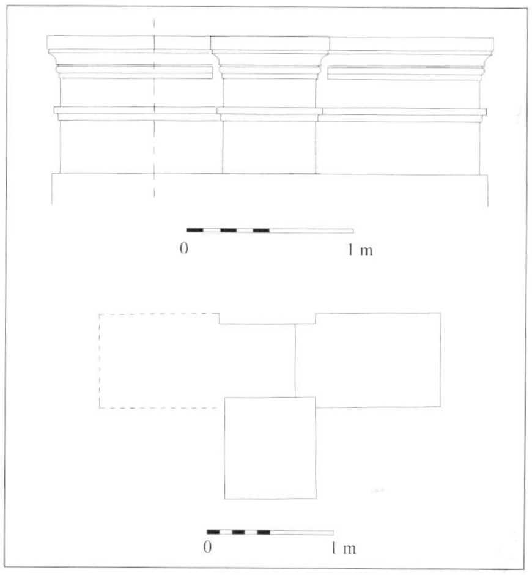

Fig. 79 — *Impostes situées à l'extrémité orientale de la construction C. 18 (© B. Riba).*

d'éléments d'architecture monumentale. Certains gisent dans les décombres, d'autres sont intégrés dans les murs remaniés. Compte tenu de l'originalité du bâtiment, la distinction entre les éléments qui lui appartiennent et ceux empruntés à d'autres monuments n'est pas toujours claire. Néanmoins, pour certains d'entre eux, le doute n'est pas permis. Tel est le cas d'une imposte (B. 91) ornée d'un rinceau de feuilles d'acanthe. Ce décor, identique à celui qui est sculpté sur le linteau retrouvé dans la maison M. 37 (**fig. 240 et 241**), associe l'élément à l'église est[21]. Deux fragments de claveaux (B. 92) découverts non loin de l'imposte proviennent également du même édifice, comme l'indique le profil mouluré proche de celui observé sur l'archivolte de l'arc absidial (**fig. 239**). Le tore à profil segmentaire encadré d'anglets, caractéristique du répertoire ornemental de la basilique orientale, est surmonté d'une série de denticules alternés avec des motifs végétaux, au-dessus de laquelle se trouve un cavet décoré d'une frise de feuilles d'acanthe. Par ailleurs, à proximité du pignon oriental ont été retrouvés deux éléments de fenêtre cintrée aux moulures analogues à celles observées sur les blocs provenant de la même église. Enfin, un voussoir (B. 101), remployé dans le gouttereau nord du monument, présente une modénature élaborée qui peut être rattachée au même groupe en raison, notamment, de la présence du tore segmentaire bordé de bandeaux. D'autres éléments appartiennent probablement à

21. L'appartenance de ces éléments à la basilique orientale est indiquée par le décor sculpté, typique de l'architecture monumentale régionale, et leurs dimensions qui correspondent au mesures prises à l'intérieur de l'édifice (sur ce point, voir ci-dessous p. 190-195).

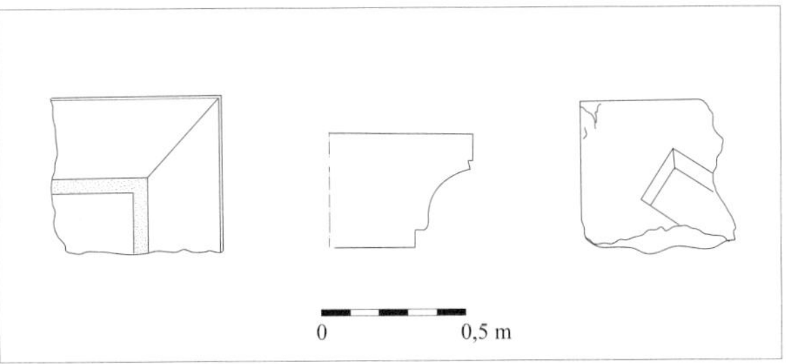

Fig. 80 — *Fragment de corniche à croupe découvert dans la construction C. 18 (© B. Riba).*

l'architecture ecclésiale, comme les fragments de corniche concentrés sur le côté du pignon est, dont les négatifs creusés dans le lit supérieur indiquent un système de couverture à croupe (**fig. 80**), assez fréquent au niveau du chevet des églises[22]. On enregistre aussi la base d'une colonne remployée dans le gouttereau nord qui évoque les éléments qui servaient de support à l'arc triomphal de l'église nord du village voisin de Fassūq[23]. Dans le même mur, un bloc de console massif pourrait avoir servi à soutenir les fermes d'une charpente relativement imposante.

Ainsi, l'ensemble architectural C. 18 cumule une somme de données foisonnantes difficile à interpréter dans la confusion actuelle des ruines. Le secteur semble avoir eu un statut particulier compte tenu des éléments d'architecture monumentale qui s'y concentrent. Au ve siècle, l'édifice protobyzantin s'installe probablement sur les vestiges d'un monument d'époque impériale qui pourrait être assimilé, nous le verrons, à un temple funéraire. Lors de la réoccupation médiévale du bâtiment, l'apport massif de blocs d'architecture ecclésiastique richement ornés perpétue le caractère singulier de la construction.

Du côté ouest de l'îlot 03, la construction C. 19 se place contre le mur massif qui constitue le pignon de la construction mitoyenne. L'unique accès identifié ouvre vers le sud. L'ensemble est entièrement enfoui sous un amas de blocs d'effondrement dont certains, tels que les éléments de fenêtre échancrée en plein cintre, pourraient provenir de l'édifice voisin. Seule une imposte moulurée, ornée d'un médaillon, semble à sa place initiale. Celle-ci recevait probablement l'arc de soutènement du plancher de l'étage.

L'îlot 04

Cet ensemble composé de trois bâtiments se situe au nord de l'îlot 03. Il est séparé de celui-ci par une ruelle. La maison M. 22 occupe la partie ouest de l'îlot. À l'est se trouvent les ruines de la construction voisine, C. 24. Plus en retrait vers le nord s'étendent les vestiges de la maison M. 23 (**fig. 81**).

Les angles de la maison M. 22 constituent les parties les mieux préservées en élévation, avec huit assises de blocs en place. Le portique a quasiment disparu hormis les piliers déplacés ultérieurement, ainsi qu'un fragment de plaque de parapet décorée (**fig. 151**). La clôture de l'espace domestique est conservée de manière très partiellement. Le bâtiment d'habitation, orienté au sud, est une construction rectangulaire (23 x 7 m) qui couvre une superficie de 98 m². Il se divise en deux espaces de dimensions inégales. Curieusement, ceux-ci ont seulement en commun le gouttereau nord, alors qu'en façade, seule la partie orientale est appareillée au mur de refend. La salle orientale (14 x 7 m) possède une porte qui donne sur l'extérieur. À l'intérieur, un second accès dessert un espace exigu confiné du côté est. Dans la partie conservée du mur nord, les encoches apparentes entre la troisième et la quatrième assise correspondent au logement de poutres du plancher de l'étage. Plus bas sont aménagées deux ouvertures rectangulaires dont l'étroitesse et l'absence de traces d'un système de fermeture indiquent des dispositifs prévus pour ventiler le rez-de-chaussée. La partie ouest du bâtiment, dotée d'une porte au sud, ne semble pas avoir comporté d'étage. À la différence de la pièce voisine qui servait vraisemblablement de lieu d'habitation, l'équipement interne de cette salle suggère un espace destiné au stockage des denrées ainsi qu'au rangement d'objets divers. Un grand placard est effectivement aménagé dans le parement interne du gouttereau nord, et deux larges cuves de pierres sont disposées côte à côte contre le pignon occidental. L'une des deux conserve un fragment de son couvercle. La cour est délimitée par un mur de clôture édifié en parpaings équarris. Son tracé est localisé à l'ouest, dans le prolongement du pignon du bâtiment, et au sud, où il ne reste qu'un tronçon accompagné d'un montant de porte qui marque l'emplacement de l'entrée principale de la maison. Un second accès, située sous le portique, desservait directement l'impasse qui sépare à l'est la maison M. 22 du bâtiment voisin.

La maison M. 23 est un édifice rectangulaire ouvrant par deux portes au sud. Les piliers correspondants au rez-de-chaussée sont les seuls vestiges qui subsistent du portique. Le mur d'enclos de la cour apparaît seulement sur le côté occidental, dans la continuité du pignon. La limite méridionale de la cour est imposée par la présence de l'édifice C. 24. Ce dernier peut être une dépendance installée au fond de la cour, ou bien une maison à part entière. Compte tenu de l'état très dégradé des vestiges,

22. La corniche à croupe existe également dans l'architecture domestique, bien que ce mode de couvrement reste rare dans les maisons du Massif calcaire où les toitures en bâtières sont privilégiées (voir notamment Tate *et al.* 2013, p. 116 et p. 123-124).
23. Biscop et Sodini 1987, fig. 47.

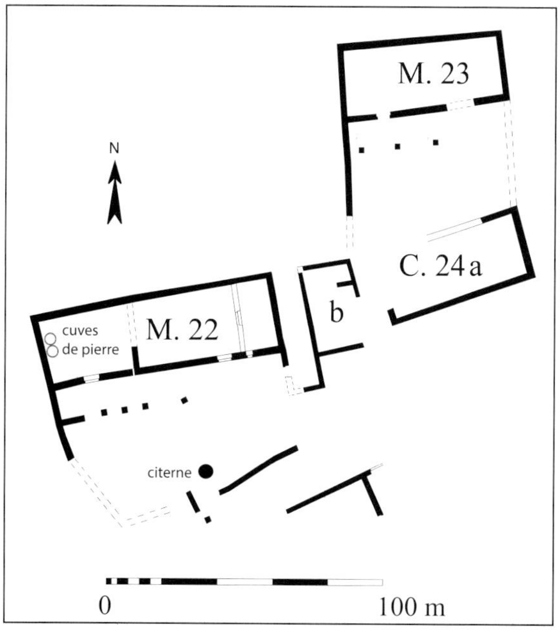

Fig. 81 — *Plan de l'îlot 04 (© B. Riba).*

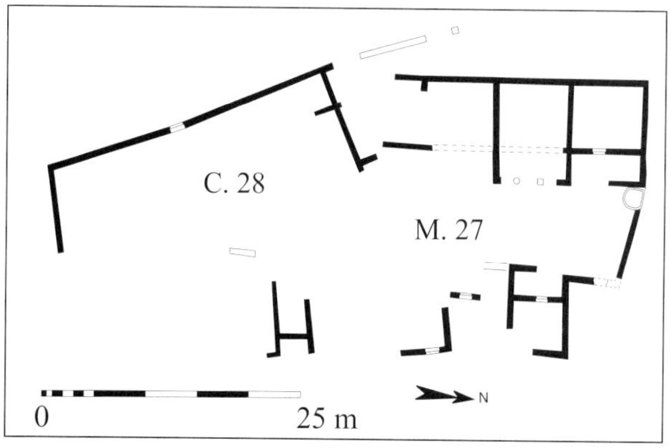

Fig. 82 — *Plan de l'îlot 05 (© B. Riba).*

l'organisation et le rôle de la construction C. 24 demeurent obscurs. Les vestiges visibles dessinent au sol deux constructions, C. 24a et C. 24b, inscrites dans l'alignement oriental de la maison M. 22. Le premier, de plan rectangulaire, présente une longueur qui correspond à l'espace de la cour de la maison M. 23. Le second, plus petit, borde à l'ouest l'impasse qui le sépare de la maison M. 22. Les accès ne sont pas localisés.

L'îlot 05

Isolé au nord-ouest du village, l'îlot 05 rassemble deux groupes architecturaux dont la superficie totale atteint 1425 m^2 (**fig. 82**). La partie septentrionale est occupée par la maison M. 27 dont le plan est relativement lisible. En revanche, le secteur méridional, très détérioré, se résume au mur d'enceinte d'une cour au fond de laquelle le bâtiment n'est plus qu'un amas informe de blocs divers. Établir un rapport entre les deux ensembles n'est pas possible sans dégagements préalables (**fig. 83**). La maison M. 27, orientée à l'est, comprend un bâtiment rectangulaire (21 x 7 m), une cour et plusieurs dépendances. Le bâtiment est percé de trois accès desservant chacun un espace aux proportions identiques (7 x 7,5 m). L'étage est attesté par l'angle nord-ouest du portique conservé jusqu'à l'architrave-corniche (**fig. 317**). Certains blocs à terre portent également les traces des trous de solives du plancher du niveau supérieur. Le portique, situé à 2,50 m devant la maison, ne longe pas la façade principale de façon continue puisque des murs latéraux inscrits dans le prolongement des refends séparent les pièces. Les éléments du portique correspondants à la pièce centrale, retrouvés à leur point de chute, témoignent d'une construction mixte composée de piliers surmontés de chapiteaux au niveau inférieur, et d'une colonnade d'ordre ionique à l'étage (**fig. 145**). Les blocs d'architraves présentent une modénature identique à celle de l'architrave-corniche. Ce fait, ajouté à la découverte de plusieurs fragments de chapiteaux ioniques à l'intérieur de la cour, suggère des pièces mitoyennes précédées d'un portique de composition analogue. Les trois sections du portique associées aux trois pièces en présence offraient donc un décor homogène.

Les limites de la cour sont mal définies. Du côté nord, l'enclos, en parti conservé, s'inscrit dans le prolongement du pignon de la maison. Son tracé dévie ensuite vers l'intérieur de la cour avant de s'évanouir dans les décombres. Un peu plus loin, la clôture décrit un retour en équerre à la hauteur d'une porte à laquelle elle devait se raccorder. Cette entrée formait, semble-t-il, un accès secondaire qui donnait sur la cour située devant la pièce septentrionale de la maison. Plus au sud, l'entrée principale, entièrement conservée, desservait l'intérieur de l'espace domestique. La cour est pourvue de deux annexes établies du côté ouest. La première, un petit espace carré de 6 m de côté, fait face à la pièce centrale. La seconde semble avoir revêtu une certaine importance si on tient compte de l'arc qui précède son entrée. La pile nord, toujours en place, ne comporte plus qu'une imposte moulurée sur laquelle repose le sommier de l'arc dénué d'archivolte.

Fig. 83 — *Intérieur de la maison M. 27. Vue depuis le sud-ouest de la cour (© B. Riba).*

L'expansion orientale

Localisation des ensembles

L'expansion du village vers l'est (**fig. 20**) est limitée par rapport à celle observée au nord et à l'ouest du site. Elle se résume à un îlot supplémentaire (l'îlot 08) construit sur une surface inexploitée proche du centre primitif, auquel s'ajoutent cinq édifices indépendants installés dans le secteur sud-est de la localité. Les critères de datation sont comparables à ceux énoncés à propos des maisons établies du côté ouest du promontoire rocheux : répartition des habitations nouvelles par rapport aux plus anciennes, distance entre l'habitat et la zone consacrée aux tombeaux, évolution des techniques de construction, et éléments de décors considérés comme fiables.

Malgré l'état considérablement délabré de l'îlot 08, la période de construction de l'ensemble est relativement aisée à déterminer : sa situation au sein du quartier ancien du village, l'appareil des murs et la présence de quelques éléments ornés permettent de situer celui-ci au cours de la première moitié du Vᵉ siècle. À l'extrémité orientale du village, l'état très ruiné des bâtiments, leur disparité et l'absence de décor conservé en place rendent la tâche plus difficile. L'inscription gravée sur le linteau de la maison M. 52 apporte néanmoins la preuve que le village s'est étendu de ce côté du site dès le Vᵉ siècle : malgré l'absence de datation précise, celle-ci peut effectivement être située entre le IVᵉ et le Vᵉ siècle d'après l'étude réalisée par D. Feissel[24]. La maison M. 52 fut certainement accompagnée d'autres constructions, comme les unités d'habitation M. 53 et M. 54, à en juger par leur emplacement et l'appareil de leurs murs. Il en est de même pour le bâtiment C. 56 construit à proximité de l'îlot 09 apparu lors de la première phase d'occupation du site. En revanche, l'appareil de la maison M. 55 et sa situation particulièrement proche de la nécropole suggèrent une unité d'habitation bâtie au cours du VIᵉ siècle. Plus au nord, la maison M. 60, qui présente des caractéristiques analogues, appartient également à la dernière phase d'expansion du village. Enfin, la bâtisse M. 59 peut-être située, d'après le mode de construction utilisé et quelques éléments ornés, vers la fin du Vᵉ siècle.

Description des maisons

L'îlot 08

Cet ensemble de ruines est si confus qu'il est difficile de saisir le nombre de bâtiments compris au sein de l'îlot, si tant est qu'il y en ait plusieurs (**fig. 84**). Pour cette raison, l'ensemble porte un numéro unique correspondant à la seule maison localisée avec certitude : M. 49a. Les autres constructions, susceptibles de constituer des habitations à part entière, sans que l'on puisse toutefois s'en assurer, sont désignées par les lettres b et c (M. 49b et M. 49c).

La maison M. 49a est localisée essentiellement grâce aux éléments du portique laissés à l'emplacement de leur chute au sud la façade principale. La structure, mixte, comprenait au niveau du rez-de-chaussée une série de piliers coiffés de chapiteaux (**fig. 134a**) sur lesquels reposait une architrave moulurée ; à l'étage, une colonnade ornée de chapiteaux corinthiens servait de support à l'architrave supérieure. À l'arrière, le linteau provenant de l'entrée du bâtiment d'habitation, réutilisé plus tard comme pilier, est orné d'une moulure et d'un médaillon caractéristiques du Vᵉ siècle (**fig. 85**). Les montants, demeurés en place, étaient appareillés à la façade. Une petite niche cintrée, semblable à celle observée à côté de l'entrée occidentale de la maison M. 77, est aménagée dans l'un d'entre eux. Du côté méridional s'étend une cour dont le mur de clôture, partiellement conservé, est construit en double parement de moellons liés par des boutisses, technique généralement associée aux bâtiments plus anciens.

Le secteur correspondant à l'ensemble M. 49b se situe dans la partie occidentale de l'îlot 08. La présence d'un bâtiment à cet endroit est attestée par un montant de porte en place, orienté vers l'ouest, et la présence d'un arc transversal qui servait de support au plancher de l'étage. Seuls les claveaux marquant les extrémités de l'arc subsistent aujourd'hui. De son côté, le secteur correspondant à l'ensemble M. 49c est un vaste espace qui s'étend à l'arrière de la maison M. 49a. Parmi les vestiges, deux larges fûts de colonnes galbées plantées à la verticale ne semblent pas avoir été destinés à l'architecture domestique en raison de leur morphologie et

24. Feissel 2012, p. 231.

Fig. 84 — *Vue générale des ruines de l'îlot 08 dissimulées sous une couverture végétale dense (© B. Riba).*

Fig. 85 — *Linteau de la porte d'entrée du bâtiment M. 49a (© B. Riba).*

de leurs dimensions (diam = 53 cm) peu communes. Une porte ouvre au nord sur une cour délimitée par un enclos construit en appareil à double parement polygonal similaire à la clôture de la maison M. 49a.

Les maisons localisées dans le secteur sud-est du village

La maison M. 52, orientée à l'ouest, ne se résume plus qu'à la façade principale du bâtiment d'habitation conservée sur une hauteur de trois assises. Elle se caractérise essentiellement par la présence d'un bloc très massif qui sert à la fois de linteau à l'accès du rez-de-chaussée et de seuil à l'entrée de l'étage (**fig. 86**). Une série de trous de solives creusés dans le parement interne, sous le niveau du seuil, indique l'emplacement d'un plancher. Le champ mouluré qui orne la partie centrale du linteau, de type I, comprend deux larges fasces, une doucine, un anglet et un bandeau. La fasce située sous la doucine se distingue par trois lignes d'inscriptions grecques dont il sera question plus bas.

La maison M. 53 est un bâtiment de plan rectangulaire (8 x 6 m) orienté à l'ouest. La façade principale, percée d'une porte, demeure aujourd'hui le seul mur partiellement visible en élévation. Aucun indice n'atteste l'existence d'un étage. Les constructions aux alentours sont exclusivement constituées de blocs de remplois.

La maison M. 54 est l'un des rares ensembles du site à conserver un plan presque complet, malgré la présence de nombreux remaniements (**fig. 87**). Le bâtiment, de plan rectangulaire (13 x 7 m), est précédé d'une cour de 23 m de profondeur dont le mur de clôture, préservé sur les côtés est et sud, présente des parties restaurées à l'aide de remplois issus d'une architecture monumentale. En moyenne, les murs sont conservés sur une hauteur de six assises. Le bâtiment d'habitation, orienté au sud, ne possède ni portique ni étage. La façade est percée par deux portes. Les encoches apparentes au niveau de l'assise supérieure à celle des linteaux témoignent de l'emplacement des poutres de la charpente. À l'intérieur de la maison, l'élément le plus remarquable est une large cuve de pierre située entre les deux accès, à l'endroit où se trouvait initialement le mur de refend. On note également la présence d'éléments étrangers à la maison, tels qu'un chapiteau corinthien et un linteau de fenêtre échancré en plein cintre provenant probablement, comme les blocs remployés dans l'enclos de la cour, de l'un des deux sanctuaires situés à proximité.

Un peu plus loin vers le nord, la construction C. 56 présente un plan quasiment carré de 8,5 m de côté. Un seul montant en place témoigne de l'ouverture du bâtiment du côté sud. Les murs sont matérialisés par deux assises partiellement préservées. L'existence d'un portique ne peut être attestée, pas plus que celle d'un étage. L'enclos de la cour n'est pas non plus conservé. Quant à la maison M. 59, à l'exception de la façade principale dont l'élévation atteint le niveau du linteau du rez-de-chaussée, le bâtiment n'est plus représenté que par un amas de blocs d'effondrement d'où surgissent quelques pans de murs tardifs composés d'éléments de remplois. La construction, de plan rectangulaire, orientée à l'ouest, couvre une superficie d'environ 50 m^2. La porte, bien conservée, est dénuée d'ornementation. Les blocs d'architraves réutilisées dans le gouttereau occidental et les fragments de fûts de colonnes éparpillés dans les ruines proviennent du portique à colonnade entièrement démantelé. Les chapiteaux, sans doute remployés ailleurs, n'ont pas été découverts. À l'intérieur, les trous de solives apparents sur certains parpaings effondrés attestent de la mise en œuvre d'un plancher prévu pour l'étage. L'appareil soigné des murs conservés et l'existence de certains blocs ornés témoignent du soin particulier accordé à la construction. Plusieurs éléments de fenêtres cintrées appartenant à un type d'ouverture ordinairement peu usité dans l'architecture domestique, et la présence d'une corniche sommitale moulurée en guise de couronnement des murs extérieurs, soulignent également l'attention portée à l'édifice. Ces blocs peuvent toutefois avoir été prélevés plus tard sur les monuments ecclésiastiques situés non loin de là.

Fig. 86 — *Façade principale du bâtiment d'habitation de la maison M. 52 (© B. Riba).*

Extension du secteur septentrional (quartier E)

Le développement du secteur septentrional, très limité au cours du ve siècle, se résume à l'agrandissement de la maison M. 81a. La nouvelle construction, nommée M. 81b et c, s'aligne dans le prolongement oriental de la précédente (**fig. 88**). Elle se distingue du bâtiment primitif par l'emploi de l'appareil orthogonal à parement simple, une orientation différente et un décor sculpté plus abondant. Ces données permettent de placer la construction vers le début du ve siècle.

L'agrandissement de la maison M. 81a

Les vestiges permettent de distinguer les phases de construction de la maison. Les travaux de la partie plus récente n'ont pas été entrepris à partir de la maison primitive comme on pourrait s'y attendre lors d'un agrandissement de type linéaire. En fait, le chantier a débuté quelques mètres plus à l'est de l'ancienne habitation M. 81a où une première pièce (M. 81b) précédée d'un portique (**fig. 89**) a été édifiée. À ce stade, les deux constructions étaient distinctes l'une de l'autre, comme deux unités d'habitation à part entière. La liaison entre les deux bâtisses a été réalisée dans la foulée dans le prolongement du nouveau bâtiment M 81b. La une nouvelle pièce, M. 81c, fait la jonction entre les deux parties.

Fig. 87 — *Vue de la maison M. 54 depuis les hauteurs orientales du ǧebel Dueili (© B. Riba).*

Le caractère postérieur de celle-ci par rapport à M. 81b est attesté par les négatifs ménagés dans le parement externe du mur latéral du portique voisin (**fig. 90**) qui témoignent de la mise en place d'un second portique dans le même alignement. Le pignon occidental de la pièce M. 81c s'aligne peu près sur le mur est de la maison initiale M. 81a. Cependant, afin d'assurer la communication entre les deux ensembles, le tracé de l'enclos de la maison M. 81c oblique vers l'intérieur de la cour. Une porte est alors installée dans le prolongement de la façade principale de la maison M. 81a afin de créer un passage entre les deux cours. Les montants et le seuil de l'accès sont en place ; le linteau massif, dénué de décor, est à son point de chute.

Les deux étapes de construction précédemment décrites sont des phases inscrites au sein d'un même chantier. La présence d'une cour commune précédant les pièces M. 81b et M. 81c et la situation de l'entrée principale dans le mur de clôture, placée quasiment entre les deux pièces, confirment en effet l'unité de l'ensemble. Le projet initial consistait donc à étendre la surface habitable de la maison M. 81a en apportant des améliorations grâce aux ressources plus élevées acquises par les résidants, à savoir l'utilisation de l'appareil orthogonal à parement simple et le recours à un décor élégant concentré sur le portique. Par ailleurs, la maison présente un intérêt particulier puisque le propriétaire a fait le choix d'une orientation différente par rapport à celle adoptée au départ, afin d'exposer le nouveau bâtiment plein sud. La maison comprend ainsi deux orientations différentes et diamétralement opposées.

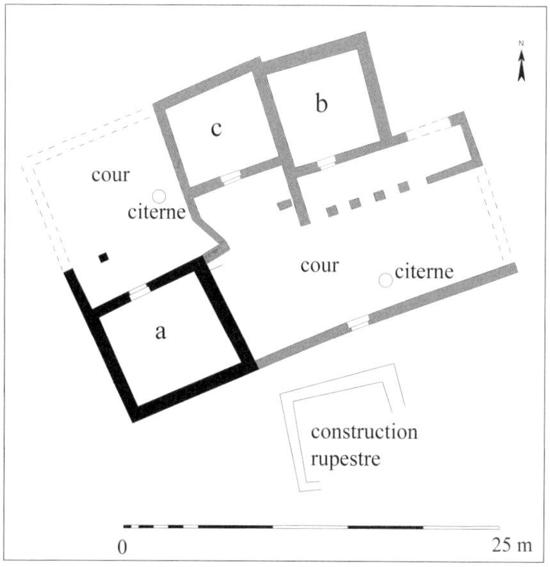

Fig. 88 — *Plan de la maison M. 81 au début du* v*e siècle. En noir : noyau primitif; en gris : extension de la maison (© B. Riba).*

La maison M. 81 : organisation de la partie récente

La partie orientale nouvellement construite couvre une surface de 380 m^2. Elle comprend deux pièces devancées par une cour commune. À l'est, le bâtiment présente une pièce de plan carré de 6 m de côté ouverte au sud par une porte dont le linteau, assez fruste, n'offre aucun décor. L'ensemble est précédé d'un portique contemporain dont il ne subsiste plus qu'une série de piliers correspondant au niveau du rez-de-chaussée. Cependant, de nombreux éléments trouvés à leur point de chute permettent de restituer entièrement la structure (**fig. 91 et 92**). Au niveau inférieur, les architraves moulurées étaient portées par les piliers sans l'intermédiaire de chapiteaux. L'emplacement d'un accès à la hauteur de la seconde travée occidentale est indiqué par les négatifs laissés dans l'épaisseur des piliers qui attestent la présence d'un système de fermeture par coulissement. Ce constat montre que les autres travées étaient fermées. Le niveau supérieur du portique comportait des chapiteaux moulurés sur lesquels reposait l'architrave. Les plaques de parapet étaient maintenues par les feuillures ménagées dans les côtés des piliers. L'accès à l'étage s'effectuait par un système original : le portique, qui dépasse en longueur la pièce M. 81b, forme une excroissance orientale dont la fonction consistait à créer un espace exclusivement conçu pour desservir le niveau supérieur. De cette façon, nul besoin de dédier une travée pour accéder à l'étage ni de procéder à l'aménagement d'un escalier encombrant dans la cour. Le dispositif d'accès était déporté, en quelque sorte, hors du cadre domestique proprement dit afin de gagner de l'espace sur la surface du portique et sur celle de la cour. Les traces d'une plateforme de bois dressée devant l'entrée de l'étage, probablement accessible par un escalier, sont indiquées par une série d'encoches de petite section prévues pour loger des solives. Ce procédé confère également au bâtiment le caractère « monumental » recherché par le propriétaire puisqu'en façade**,** le portique donne l'illusion d'une construction relativement importante qui contraste avec l'unique pièce qu' il précède.

La construction M. 81c, légèrement décalée vers le nord, reproduit un module comparable à la pièce mitoyenne M. 81b, à savoir un plan carré de 6 m de côté. La présence du portique est révélée par les encoches évoquées plus haut, dont l'emplacement signale une construction inscrite dans la continuité du portique voisin.

Enfin, la cour, profonde de 7 m, occupe toute la longueur du bâtiment M. 81bc. L'entrée unique est à peu près centrée sur le côté méridional de la clôture dont le mur venait s'appuyer contre l'extrémité sud du pignon de la maison primitive M. 81a. À l'est, l'interruption des trous de solives qui marquent l'emplacement de la plateforme d'accès à l'étage indique l'endroit où l'enclos venait buter. L'escalier qui permettait d'accéder à la plateforme était certainement encastré dans ce mur aujourd'hui disparu, selon un usage

Fig. 89 — *Vestiges du bâtiment d'habitation de M. 81b (© B. Riba).*

Fig. 90 — *Négatifs du portique du bâtiment M. 81c (© B. Riba).*

Fig. 91 — *Éléments du portique du bâtiment M. 81b laissés à leur point de chute (© B. Riba).*

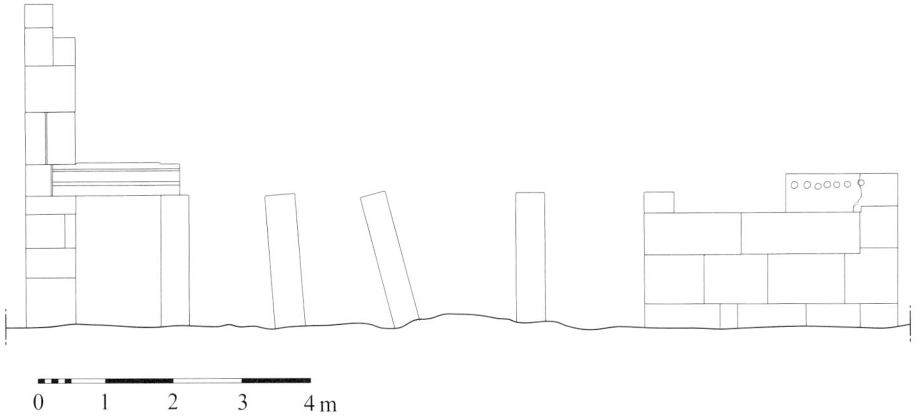

a/

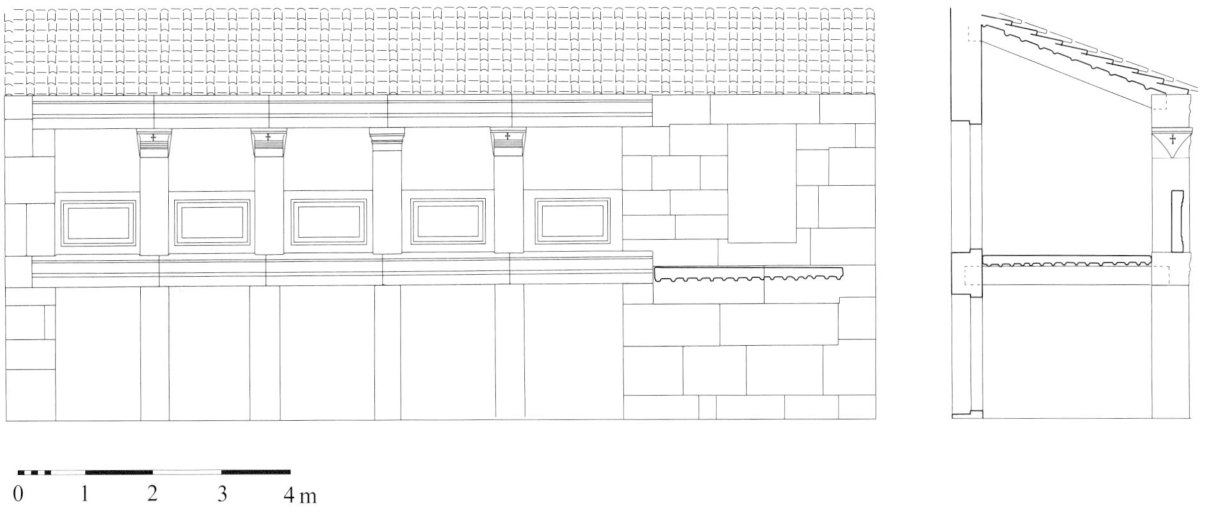

b/

Fig. 92 — *Portique de la maison M. 81b : a/ état actuel ; b/ restitution (© B. Riba).*

courant dans l'architecture domestique de la région. L'unique aménagement visible à l'intérieur de la cour est l'orifice d'une citerne localisée non loin de l'entrée principale.

L'ULTIME PHASE D'EXPANSION DU VILLAGE (VIe SIÈCLE)

L'essor de la communauté constaté tout au long du ve siècle se poursuit sans interruption au cours du siècle suivant. Le village connaît alors l'ultime phase de son expansion.

Remarques générales

Les secteurs qui se développent à cette période sont exclusivement localisés sur le promontoire rocheux (**fig. 93 et pl. III**), le quartier septentrional ayant stoppé son évolution depuis l'agrandissement de la maison M. 81a. Les nouvelles constructions apparaissent naturellement aux extrémités de la zone habitée, aux endroits où l'espace le permet, laissant le quartier méridional (quartier B) inchangé par rapport au siècle précédent en raison de sa situation centrale qui n'offre plus de possibilité d'expansion. En revanche, les constructions ne cessent de s'accumuler du côté ouest, jusqu'en bordure des premières déclivités du relief, au sein du quartier A. Au nord, le village s'enrichit d'un vaste ensemble architectural associé à une huilerie. Du côté oriental, deux maisons seulement sont édifiées aux abords immédiats de la nécropole.

L'architecture domestique, inscrite dans la tradition des maisons du ve siècle, n'offre aucun changement majeur : le schéma de base demeure, de même que les proportions des pièces et le recours à l'appareil orthogonal à parement simple. L'une des principales distinctions observées par rapport à la période précédente est l'augmentation du nombre de pièces, des annexes et des espaces non couverts, reflets des impératifs d'ordre économique, démographique et social. L'unité d'habitation est donc simplement adaptée aux nécessités nouvelles par la création d'espaces et d'aménagements supplémentaires. Les maisons du VIe siècle sont identifiables par l'usage systématique de parpaings de grand module. Ces derniers, associés à des blocs taillés aux dimensions standard semblables à celles de la période antérieure, génèrent des façades aux assises irrégulières disposées le plus souvent, et c'est là aussi l'une des caractéristiques de cette époque, sur la paroi rocheuse profondément entaillée dans la carrière sur laquelle est bâtie la maison. Enfin, l'indice topographique doit être pris en considération puisque la plupart des maisons appartenant à cette phase côtoient désormais de très près les sépultures anciennes ou bien les incluent complètement au sein du tissu villageois.

Les grands ensembles

La période est essentiellement marquée par la construction de deux vastes ensembles architecturaux. Au tournant du VIe siècle, la maison M. 70 est édifiée au sein du quartier D ; un peu plus tard apparaissent les constructions comprises au sein de l'îlot 01. Ces deux ensembles, orientés à l'est, présentent des similitudes du point de vue du plan et de leurs composantes.

La maison M. 70

L'ultime phase de développement du quartier D est donc représentée par l'apparition de la maison M. 70 (**fig. 94**). L'unité d'habitation, construite d'un seul jet, couvre une superficie totale d'environ 850 m^2. Le corps du bâtiment de plan rectangulaire est précédé d'une vaste cour pourvue, dans sa partie orientale, de deux annexes, M. 70d et M. 70e. L'ensemble est en mauvais état de conservation en raison de fortes perturbations occasionnées par de multiples phases d'occupations. Une couverture végétale très dense recouvre également les vestiges.

Le corps du bâtiment est divisé en trois pièces non communicantes, M. 70a, M. 70b et M. 70c, séparées par des murs de refend harpés aux gouttereaux. Chacune est desservie par un accès unique (**fig. 95**). Les portes ouvrant sur les pièces M. 70b et M 70c sont accompagnées d'une fenêtre aménagée du côté sud, à la hauteur du linteau. L'étage est attesté par le volume des blocs effondrés. Certains d'entre eux portent une série d'encoches de petites sections destinée au logement des solives du plancher du niveau supérieur. Les pièces M. 70a et M. 70b, de plan rectangulaire, offrent chacune des dimensions identiques (4 x 8 m). La troisième, M. 70c forme un carré de 7 m de côté. Ces chiffres illustrent le souci des constructeurs accordé aux proportions des volumes : les deux premières pièces sont deux fois plus longues que leur largeur; la troisième, plus petite, couvre une superficie égale à la moitié de celle de ces voisines. La présence d'un portique est attestée par des éléments épars et fragmentaires ; certains sont remployés dans des structures tardives. Parmi les débris se trouvent des piliers, des fragments de colonnes et de chapiteaux divers révélateurs de la mixité des ordres. Comme la maison M. 27, les murs de raccord inscrits dans le prolongement des refends montrent que chaque pièce possédait son propre portique.

Face à la pièce M. 70a, subsistent les vestiges d'un bâtiment annexe M. 70e. Malgré l'absence d'ouverture apparente, le bâtiment donnait certainement sur la cour partagée avec le bâtiment opposé. La série de trous de solives dans la façade nord témoigne de l'existence d'un étage. Du côté ouest, un accès relie la cour de la maison à une construction aujourd'hui complètement ensevelie. L'extrémité nord-est de cet ensemble domestique est

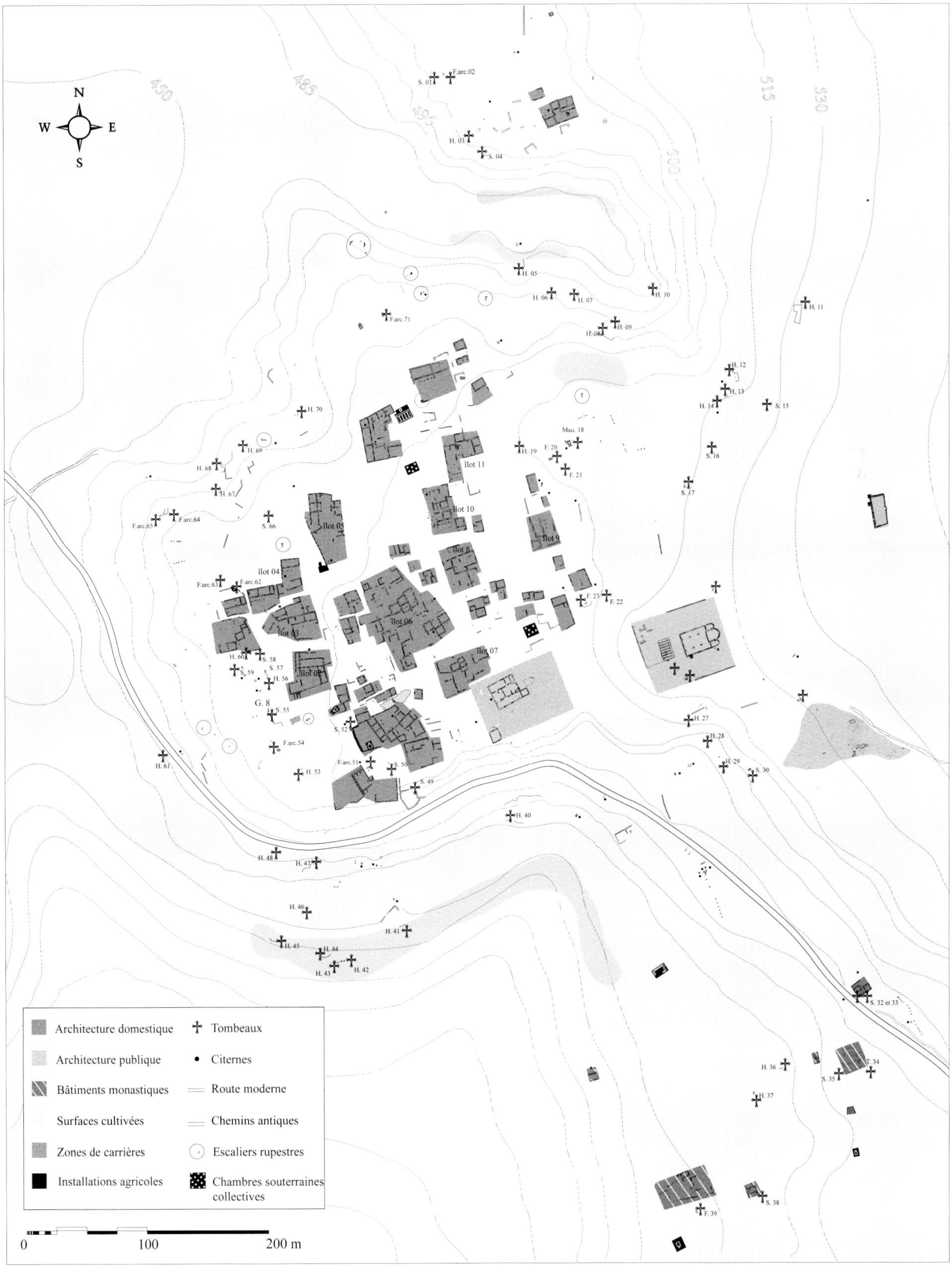

Fig. 93 — *Le village au* VI*e siècle (© B. Riba).*

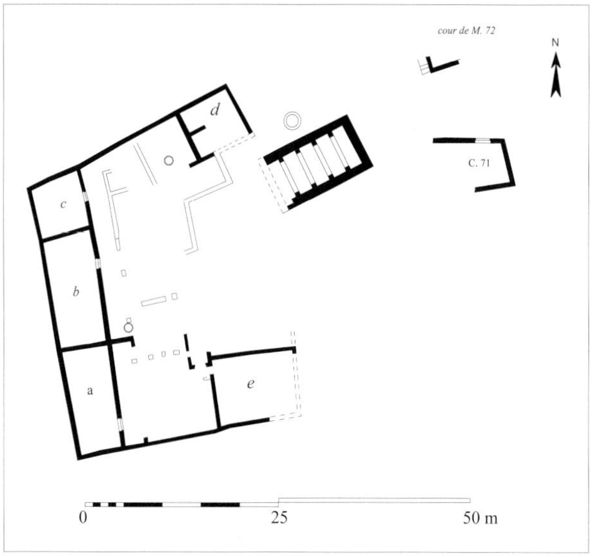

Fig. 94 — *Plan de la maison M. 70 (© B. Riba).*

Fig. 95 — *Façade principale du bâtiment d'habitation M. 70a (© B. Riba).*

occupée par une pièce isolée, M. 70d, (**fig. 129**) dont les dimensions sont fondées sur celles du module traditionnel (7,5 x 7 m). Le mur nord, percé de deux petites fenêtres rectangulaires (0,50 x 0,70 m) au niveau du rez-de-chaussée, prolonge l'enceinte de la cour de la maison. Les encoches de poutres de section carrée aménagées dans le parement interne du gouttereau et les trous de solives pratiquées dans le pignon révèlent la présence du plancher de l'étage. La conception de cet espace est en tous points comparable à une maison ordinaire à pièce unique. Son orientation vers le sud, du côté de l'huilerie située à proximité immédiate, indique une relation étroite entre les deux constructions.

L'îlot 01

L'îlot 01 comprend deux grands ensembles mitoyens, M. 04 et M. 05, qui pourraient être associés à un troisième, M. 03 (**fig. 96**). Les relations entre eux sont difficiles à saisir en raison de la disparition des murs de clôture. Leur dégagement, impossible sans l'organisation de travaux de grande ampleur, permettrait de préciser s'il s'agit d'un îlot de type classique, composé de trois maisons autonomes, ou bien de bâtiments inclus dans un ensemble architectural commun.

La maison M. 03

Les parties les mieux préservées de la maison M. 03 s'élèvent sur seulement deux assises. Cet ensemble pourrait être considéré comme une unité domestique indépendante si un accès inhabituel, centré sur le gouttereau nord, ne donnait sur l'arrière du bâtiment, au niveau de la cour de la maison voisine. L'édifice, de plan rectangulaire, possède trois pièces non communicantes qui ouvrent chacune par une porte vers le sud, sur une cour dont le mur d'enclos est partiellement conservé sur les côtés ouest et sud. Les indices archéologiques sont insuffisants pour attester l'existence d'un portique.

La maison M. 04

La maison M. 04 se compose de quatre bâtiments organisés autour d'une cour centrale (**fig. 97**). Le principal, M. 04a, occupe le côté ouest. De plan rectangulaire, celui-ci couvre une surface correspondante à celle d'un simple module (52 m^2). La façade principale est l'unique, dans l'ensemble du village, à offrir une élévation préservée sur deux niveaux (**fig. 98**). Les parties les mieux conservées comptent huit assises de blocs, soit une hauteur de 5,5 m. Chaque étage présente une pièce unique desservie par des accès superposés. Le bâtiment était précédé d'un portique mixte constitué d'une rangée de piliers surmontée d'une colonnade ornée de chapiteaux ioniques. Le bâtiment annexe M. 04b, situé à l'angle sud-est du précédent, présente un plan approximativement carré. Le raccord du mur ouest avec l'angle du bâtiment principal M. 04a indique deux constructions édifiées d'un seul jet. M. 04b, quant à lui, constituait un espace intermédiaire : pourvu de deux accès, il ouvrait à la fois sur l'extérieur vers l'ouest et sur l'intérieur à la hauteur du portique. À proximité de l'entrée occidentale, un anneau accompagné d'un petit abreuvoir aménagé dans le rocher était prévu pour attacher les animaux laissés à l'entrée de la maison.

Fig. 96 — *Plan de l'îlot 01 (© B. Riba).*

Deux grands bâtiments, M. 04c et M. 04d, s'élèvent du côté oriental de la cour. La bâtisse M. 04c, est singulière par sa disposition et sa morphologie. De plan longitudinal axé ouest/est (11 x 8 m), le bâtiment s'ouvre à l'est par deux accès superposés correspondants au rez-de-chaussée et à l'étage (**fig. 121**). Les encoches localisées sur la façade attestent l'existence d'un portique aujourd'hui disparu. Une porte secondaire située à l'arrière du bâtiment, dans l'angle sud-ouest, permettait d'accéder à la cour centrale. La forme oblongue de l'édifice semble être le résultat des contraintes spatiales imposées par l'implantation des constructions voisines. La construction M. 04d, de plan rectangulaire, est perpendiculaire au bâtiment mitoyen M. 04c contre lequel il s'appuie en partie. L'entrée s'effectuait par un accès centré sur la façade orientale. Les claveaux découverts à cet endroit suggèrent la présence d'un arc doté d'une archivolte moulurée. Du côté ouest, l'édifice possède deux portes donnant sur la cour commune. Le parement externe de la façade sud du bâtiment M. 04c révèle une série d'encoches qui témoignent, au niveau de la quatrième assise, de la hauteur du plancher de l'étage de M. 04d.

La cour, desservie par les quatre bâtiments précédemment décrits, se place au cœur de cet ensemble. Ses limites est et ouest sont définies par les constructions qui la bordent, à l'inverse des côtés sud et nord où celles-ci demeurent incertaines. En effet, aucune trace de clôture au sud ne permet de déterminer la présence d'une séparation entre les ensembles M. 03 et M. 04, laissant dans l'ombre la nature de leur relation. Deux hypothèses sont alors permises. La première admet l'existence d'un mur d'enclos reliant l'angle sud-est de l'édifice M. 04b à l'angle sud-ouest de la bâtisse M. 04d. Dans ce cas, la maison voisine M. 03 deviendrait totalement autonome et la porte arrière donnerait simplement sur une ruelle séparant les deux ensembles. La seconde, plus plausible, doit concevoir une fermeture latérale prolongeant les pignons de la maison M. 03 jusqu'à la maison M. 04. Dès lors, l'ensemble M. 03 serait clairement associé à son voisin, justifiant du même coup l'accès situé à l'arrière du bâtiment, précisément au niveau de la cour commune de M. 04. Les portes ménagées à l'arrière des bâtiments sont effectivement rares dans l'architecture domestique de la région et, lorsque ce type d'ouverture existe, celui-ci donne généralement sur un espace usuel associé à la maison, comme une arrière-cour, non sur une simple ruelle. Du côté nord de la maison, la nature de la relation entre M. 04 et M. 05 dépend là encore de la présence éventuelle d'un mur de clôture inscrit dans la continuité du mur nord du bâtiment M. 04a jusqu'à l'angle nord-ouest de M. 04d. La morphologie oblongue du bâtiment M. 04c, dont le plan semble adapté à l'espace qui lui est consacré, pourrait constituer un indice en faveur d'une séparation entre les deux ensembles. En effet, M. 04c se situe exactement face au bâtiment M. 04, sans empiéter sur l'espace de la maison mitoyenne.

Les quatre bâtiments de M. 04, qui s'articulent autour d'une cour commune, sont issus d'un programme architectural conçu dès l'origine. Les différentes phases de

Fig. 97 — *Vue générale des vestiges de la maison M. 04 depuis le bâtiment M. 04d (© B. Riba).*

constructions observées sont de simples étapes réalisées au sein d'un seul chantier. L'édifice le plus ancien constitue naturellement le corps du bâtiment, M. 04a, conforme à l'architecture domestique traditionnelle. La petite annexe M. 04b, appareillée à l'angle du bâtiment, est construite dans la foulée. La bâtisse M. 04c est ensuite édifiée, suivie par l'adjonction de M. 04d qui s'appuie contre la façade de ce dernier. L'entrée de M. 04d, soulignée par un arc mouluré, constituait vraisemblablement l'accès principal de la maison. Le fait que cette entrée soit intégrée à la construction la plus récente de l'ensemble confirme la contemporanéité des différentes composantes de la maison.

La maison M. 05

L'ensemble se compose de deux constructions séparées par une vaste cour : le corps du bâtiment proprement dit et son annexe M. 05d située du côté oriental. Le mur de clôture qui délimite la cour au nord suit en partie les contours de la grande carrière voisine (**fig. 292**) pour venir buter, à l'ouest, contre le pignon oriental de la maison voisine M. 06, intégrant l'angle sud-est de celle-ci à l'intérieur de la maison, plus précisément dans la pièce M. 05c. L'habitation est agrémentée d'une vaste arrière-cour partiellement bordée, au nord, par le gouttereau sud de la maison M. 06.

Le corps du bâtiment, orienté à l'est, se place en retrait par rapport à la maison M. 04. La façade principale s'inscrit dans le prolongement du gouttereau occidental de cette dernière, sans y être chaînée (**fig. 98 et 99**). La bâtisse, de plan rectangulaire, possède trois pièces de dimensions à peu près égales séparées par des refends indépendants des gouttereaux. L'étage du bâtiment est attesté par les vestiges en place des accès superposés aux portes du rez-de-chaussée. Les pièces des extrémités du bâtiment sont dotées d'une porte supplémentaire. Au nord, la pièce M. 05c présente une ouverture qui donne directement sur l'arrière-cour. À l'opposé, la pièce méridionale M. 05a possède un accès qui dessert au sud le petit espace M. 05a', installé contre le gouttereau de la maison voisine M. 04a. Dans la façade principale, trois lucarnes oblongues, qui pouvaient être fermées à l'aide de panneaux de bois, témoignent de la mise en œuvre d'un système d'aération et d'éclairage perfectionné. La pièce nord M. 05c, quant à elle, est pourvue d'une fenêtre de bonnes dimensions (90 x 60 cm) dont le système de fermeture particulièrement élaboré est indiqué par quatre encoches ovales pratiquées dans l'épaisseur de la feuillure (**fig. 126b**). L'existence du portique est attestée par une série d'encoches pratiquée sur toute la longueur de la façade. Les vestiges retrouvés dans la cour suggèrent un portique mixte composé d'une rangée de piliers au niveau du rez-de-chaussée et d'une colonnade à chapiteaux corinthiens à l'étage.

La cour est plus vaste par rapport à celle de la maison voisine en raison du retrait vers l'ouest du bâtiment principal. Elle couvre une superficie de 165 m^2. Une citerne est localisée à proximité de l'angle nord-ouest de l'annexe M. 05d. Une entrée aménagée dans le mur de clôture fait face au corps de bâtiment. L'accès se trouve à l'extrémité d'un étroit couloir formé par l'annexe M. 05d d'un côté et l'enclos de l'autre. L'annexe M. 05d, dont les dimensions sont analogues à celles d'une pièce ordinaire, prend appui contre la construction M. 04c. À l'image de sa voisine, elle s'ouvre à l'est par des entrées superposées. En revanche, le mur de fond, mal préservé, ne permet pas de constater l'existence d'une porte secondaire du côté ouest. Enfin, l'arrière-cour, plus grande que la cour intérieure, couvre une superficie de 330 m^2. Sa longueur correspond à celle du bâtiment principal. Ses contours sont dessinés, au nord, par le gouttereau méridional de la maison M. 06 et, pour le reste, par le socle rocheux taillé destiné à recevoir une partie construite. Le rôle économique de la cour est signalé par la présence d'une installation viticole (**fig. 295 et 298**).

Chronologie relative des constructions de l'îlot 01

La maison la plus ancienne de l'îlot est l'unité M. 06 située en surplomb par rapport à l'ensemble des bâtiments qui occupent, en contrebas, un vide de carrière particulièrement profond. L'adjonction postérieure de la maison M. 05 atteste de manière évidente l'antériorité de la construction. Les bâtiments M. 04 et M. 05, quant à eux, sont issus d'un projet homogène. L'étendue du fond de carrière commun aux deux ensembles et l'articulation des bâtisses les unes par rapport aux autres appuient ce constat. Les travaux n'ont pas débuté du nord vers le sud, c'est-à-dire depuis la maison M. 06 et la grande carrière voisine vers les espaces vierges plus au sud, comme on aurait pu

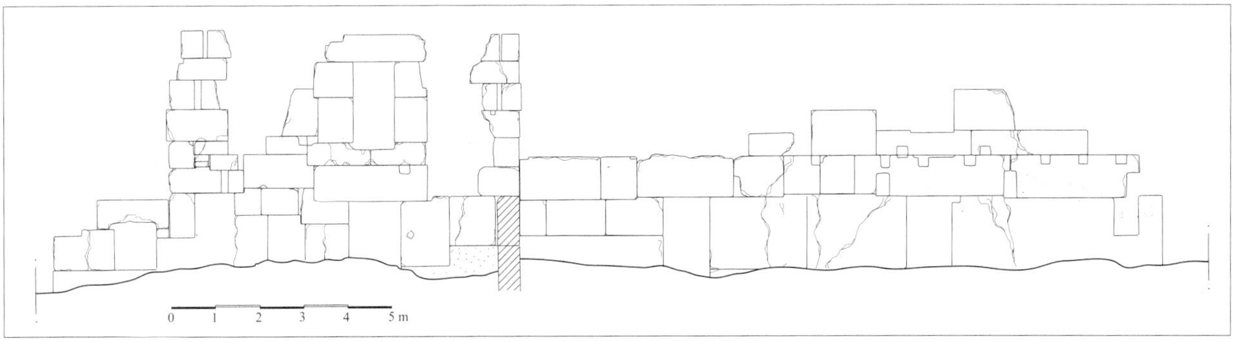

Fig. 98 — *Élévations des façades principales des maisons M. 04 et M. 05 (© B. Riba).*

Fig. 99 — *Façade principale du bâtiment M. 05. Vue depuis le nord-est (© B. Riba).*

Fig. 100 — *Fenêtre condamnée à l'arrière du bâtiment M. 06 (© B. Riba).*

s'y attendre. Au contraire, le chantier a commencé par la construction de la maison M. 04, puis s'est poursuivi par l'ajout de la maison M. 05 qui réalise la jonction entre les bâtiments M. 04 et M. 06. La postériorité de la maison M. 05 est attestée par la situation de la partie méridionale du bâtiment accolée au gouttereau du bâtiment M. 04a, par son portique simplement appuyé contre le mur pignon du même édifice et, enfin, par le caractère ajouté de l'annexe M. 05d par rapport au bâtiment oblong M. 04c. Rappelons également la morphologie singulière de ce dernier bâtiment dont le plan, qui semble conçu pour respecter l'espace dédié à la parcelle voisine, suggère que les constructeurs avaient connaissance des projets de construction de ce côté alors même que le chantier de la maison M. 04 était en cours. L'ensemble M. 05 a donc été édifié à la suite des quatre bâtiments qui composent l'ensemble M. 04. Il a été construit d'un seul tenant, du sud vers le nord, jusqu'à la maison M. 06 dont il intègre l'angle sud-est. La fenêtre orientale de cette dernière est condamnée à cette occasion. Une série d'encoches de solives ménagée au-dessus de l'ancienne ouverture indique la hauteur du plancher de l'étage de la pièce M. 05c (**fig. 100**). La seconde fenêtre de la bâtisse M. 06, donnant sur l'arrière-cour de la maison voisine, n'a pas été obturée. Il est plus difficile de situer dans le temps la construction de la maison M. 03 en raison de l'absence de relations architecturales visibles avec les bâtiments de l'îlot 01. Si la porte arrière de l'édifice desservait bien la cour de la maison voisine, sa construction doit naturellement être mise en rapport direct avec celle de la maison M. 04, mais aucun élément tangible, pour le moment, ne permet de l'assurer.

La fonction de l'ensemble

La question, à propos des trois ensembles M. 03, M. 04 et M. 05, est de savoir s'il s'agit simplement de maisons distinctes regroupées au sein d'un îlot, ou bien si elles forment un tout, liées les unes aux autres par une fonction commune. Nous l'avons vu, il est difficile d'y répondre avec certitude sans l'exécution de grands dégagements qui permettraient d'établir la présence d'éventuels murs de clôture. Il convient cependant de tenter de relever, dans la mesure du possible, les facteurs susceptibles de militer en faveur de l'une ou de l'autre hypothèse.

En admettant l'existence d'enclos aux endroits évoqués plus haut, chaque ensemble peut être perçu comme une unité d'habitation à part entière. Chacun possède en effet les éléments nécessaires pour assurer une gestion autonome : accessibilité depuis l'extérieur, bâtiment d'habitation, cour et citerne. En outre, la morphologie de l'édifice M. 04c qui peut être interprétée comme une adaptation du plan visant à respecter la parcelle voisine, plaide en faveur de deux maisons, M. 04 et M. 05, totalement indépendantes. Pourtant, la répartition peu courante des accès semble aller dans le sens d'un ensemble homogène. Certes, les maisons du Massif calcaire possèdent parfois plusieurs bâtiments dont certains sont en vis-à-vis de part et d'autre d'une cour[25], mais ces derniers tournent toujours le dos à l'extérieur et se regroupent au sein d'un espace domestique accessible par une entrée unique ménagée dans le mur de clôture. Or, dans le cas de l'îlot 01, la majorité des bâtiments (M. 03, M. 04b, M. 04c, M. 04d et peut-être M. 05d) présentent des ouvertures qui permettent de les traverser de part en part. Ces axes de circulation multiples et convergents vers une cour commune renforcent la cohésion architecturale de l'ensemble. Celle-ci est appuyée par l'unique porte de l'îlot ménagée dans l'enclos de M. 05, à l'angle nord-est de l'ensemble, qui permet d'accéder directement à la cour sans avoir à passer par l'un des bâtiments. Dans la cour proprement dite, les débris de blocs d'encadrement de porte dotés d'un décor sculpté soigné pourraient provenir de cet accès. Ainsi, après avoir pénétré dans l'enceinte par l'entrée nord-est de l'îlot, ou bien après avoir traversé l'un des trois bâtiments orientaux, l'ensemble prend l'allure de maisons classiques avec une cour précédant le bâtiment d'habitation.

Cette disposition particulière des lieux suggère une fonction différente de celle d'une exploitation paysanne ordinaire. La répartition des accès et le système de circulation pourraient être liés à une certaine affluence dont faisaient l'objet les différents locaux. À une période où le village fait figure de site de pèlerinage[26], un tel ensemble architectural pourrait avoir été un lieu d'accueil prévu pour les itinérants de passage. Quoi qu'il en soit, les conditions nécessaires à un complexe hôtelier civil sont ici réunies. En faveur de cette conjecture s'ajoutent les dimensions des édifices qui occupent l'espace oriental de l'ensemble M. 04. Plus vastes que le bâtiment principal lui-même, ceux-ci semblent avoir été conçus pour accueillir un nombre assez important d'individus. Les trois édifices mitoyens (M. 04c, M 04d et M 05d) disposés à l'est de l'îlot pourraient donc avoir été destinés au logement des voyageurs. La cour intérieure, desservie par divers accès, compense l'absence de cour précédant l'entrée principale de ces bâtiments du côté est. La cour centrale revêtait ainsi un caractère social particulier étant donné son accessibilité à tous les occupants. Les tâches diverses, économiques ou utilitaires, devaient probablement s'y effectuer dans un cadre élargi à une dimension publique. Dans ce contexte, l'arrière-cour peut être interprétée comme un espace privé aménagé par les propriétaires afin de s'adonner aux travaux de l'exploitation indépendamment des visiteurs cantonnés à la cour centrale et les bâtiments orientaux. Notons que l'arrière-cour était reliée à la maison M. 05 par le biais de la pièce M. 05c, et probablement à la maison M. 04 par le biais de l'annexe M. 04b.

Les ensembles (îlot 01 et M 70) : étude comparative

Le développement du village au VIe siècle est principalement marqué par l'apparition de deux grands ensembles architecturaux dont chacun couvre une surface moyenne d'environ 850 m². Ce type d'architecture, qui représente la forme la plus développée des maisons répertoriées sur le site, s'inscrit à la suite des vastes demeures du siècle précédent. La disposition des corps de bâtiment, orientée à l'est, et celles des constructions annexes évoquent notamment la maison M. 27 dont l'organisation et l'envergure annonçaient l'apparition de tels établissements. Indépendamment de leur fonction et des divergences observées entre les plans, irrégulier pour l'îlot 01[27], régulier pour la maison M. 70, les analogies entre les deux ensembles sont évidentes.

25. Notons par exemple le cas de la maison 117 de Deḥes (Tate 1992a, p. 61, fig. 91).

26. Cet ensemble est vraisemblablement contemporain de la construction du grand sanctuaire de l'est et des travaux qui ont lieu dans le complexe ecclésiastique méridional. Il faudrait donc le situer dans un contexte où le village connaît une certaine affluence de voyageurs, notamment de pèlerins. Une auberge séculière établie à cette période dans le village paraît effectivement plausible.

27. Il faut cependant retirer les maisons M. 03 et M. 06 de cette étude, car celles-ci n'ont pas d'équivalents dans l'organisation de la maison M. 70.

D'une part, chacun présente, en plus des bâtiments d'habitation traditionnels, des constructions annexes tournées sur l'espace d'une cour intérieure commune. Dans les deux cas, l'annexe du sud-est (M. 04d et M. 70e) s'appuie sur une construction mitoyenne qui présente, le long des parements externes, une série d'encoches de solive correspondant à la hauteur du plancher de l'étage[28]. Par ailleurs, la partie nord de ces deux ensembles se caractérise par une clôture construite en grand appareil qui se prolonge vers l'est sur une longue distance (environ 25 m), tandis que les annexes au nord-est, malgré leur emplacement (M. 05d et M. 70d) qui diffère d'une maison à l'autre, présentent une disposition et des dimensions analogues. Les techniques de construction employées dans les deux ensembles sont également proches : dans les deux cas, les assises irrégulières et l'usage de parpaings de grands modules sont en rupture avec les techniques utilisées au cours de la période précédente. On remarque aussi un modèle de fenêtre identique qui n'apparaît nulle part ailleurs sur le site. Ces ouvertures, relativement grandes (90 x 60 cm), se caractérisent par la présence, dans l'épaisseur de la feuillure, d'encoches ovales destinées au logement d'une grille solide (**fig. 126a**). Enfin, les deux ensembles sont les seuls à présenter un espace supplémentaire pourvu d'un aménagement agricole. L'îlot 01 possède une arrière-cour dans laquelle est installée une vaste aire de travail destinée au foulage du raisin ; la maison M. 70 présente une avancée vers l'est pourvue d'un local dédié à la fabrication de l'huile.

Du point de vue de la chronologie, quelques indices semblent placer la maison M. 70 à une période légèrement antérieure par rapport aux constructions de l'îlot 01. Les blocs révèlent effectivement des dimensions plus standardisées, proches d'un mode constructif propre au ve siècle, et les constructeurs n'utilisent pas encore la roche taillée comme substitut des assises inférieures, selon un usage répandu dans les constructions du vi^e^ siècle. Cela suggère, dans le cas de la maison M. 70, une architecture de transition où les constructeurs conservent les pratiques utilisées au cours du ve siècle tout en employant des principes architecturaux typiques de la dernière phase d'expansion du village. L'hypothèse d'une maison édifiée entre la fin du ve siècle et le début du vi^e^ siècle est appuyée par la présence de l'huilerie qui lui est associée, ce type de local étant connu dans la région essentiellement à partir de cette période.

S'il est possible d'envisager un complexe hôtelier civil en ce qui concerne l'ensemble représenté par l'îlot 01, aucun indice ne permet de conférer un caractère public à la maison M. 70. La régularité du plan et l'absence d'un système de circulation complexe jouent en faveur d'un ensemble architectural à destination strictement domestique. La configuration de la maison M. 70 correspond à celle d'une grande exploitation familiale dont le plan, adapté aux besoins des propriétaires, est repris peu de temps après par les constructeurs de l'îlot 01, d'une façon différente, avec des espaces conçus pour faciliter la circulation et l'accueil d'un nombre plus important d'individus. Son emplacement au sud du village, au débouché d'une ruelle menant directement vers l'extérieur, non loin des deux églises, contribue à interpréter l'îlot 01 comme un ensemble public. Quoi qu'il en soit, les deux complexes architecturaux, M. 70 et l'îlot 01, marquent par leurs dimensions, leur composition et leurs techniques de construction, l'apogée du développement de l'architecture modulaire qui caractérise l'ensemble des constructions à destination domestique du village.

Les dernières maisons de la période protobyzantine

Le développement du village vers le nord-ouest

On dénombre dans ce secteur du site deux maisons supplémentaires, M. 20 et M. 21, situées en contrebas des habitations antérieures (**fig. 101**). Ces nouvelles constructions, repoussées dans les pentes de l'éperon rocheux, empiètent désormais sur l'espace autrefois consacré à la nécropole.

La maison M. 20

La maison M. 20 est l'ensemble architectural le plus occidental du village. Les vestiges, très ruinés, comptent un bâtiment principal, M. 20a, accompagné de deux annexes, M. 20b et M. 20c. Le groupe, orienté vers le nord, tourne le dos aux tombes qui le jouxtent du côté méridional. Le mur d'enclos est préservé dans sa partie septentrionale. Les montants de l'entrée principale, toujours en place, montrent que la maison ouvrait au nord sur une ruelle qui la séparait de l'unité d'habitation voisine M. 21. La superficie du bâtiment d'habitation, de 84 m^2, permet d'envisager la présence de deux pièces dont les accès n'ont pu être localisés dans l'état actuel des vestiges. L'étage est seulement suggéré par la hauteur de l'angle sud-ouest préservé sur neuf assises (**fig. 117**). Un placard est aménagé dans le parement du gouttereau sud ; une petite niche cintrée apparaît dans le parement du pignon est. Aucune trace de portique n'a été relevée.

28. En revanche, le plan de l'édifice mitoyen de la pièce M 70e, qui correspond dans l'îlot 01 à l'emplacement des annexes M. 04c et M. 05d, ne peut être déterminé en raison de la disparition presque totale de ses murs.

L'annexe M. 20b, située un peu en surplomb au nord-est du bâtiment principal, présente un plan approximativement carré d'environ 6 m de côté ouvert au nord par une porte. Le parement interne révèle quatre cavités creusées dans la paroi rocheuse taillée : une petite niche cintrée, certainement prévue pour y déposer une lampe, associée à des emplacements ayant pu servir de mangeoires ou d'abreuvoirs. Le bâtiment M. 20c, mitoyen à l'est de M. 20b, présente également un plan carré de 6 m de côté avec un accès au nord. Chaque montant comprend une petite niche cintrée aménagée dans le parement interne. Les assises conservées sont rares ; le côté oriental n'est plus matérialisé que par le rocher nivelé sur lequel reposaient les parpaings du mur. Un petit espace rupestre situé à l'avant de l'entrée comprend deux cavités qui ont pu faire office d'auges, de mangeoires ou de contenants prévus pour stocker un produit quelconque.

La maison M. 21

Le plan du bâtiment d'habitation de la maison M. 21 présente des affinités avec celui de la maison M. 22 installée dans le même alignement plus en hauteur vers l'est. (**fig. 102**). L'implantation et le mode de construction de la maison M. 21 attestent la postériorité de celle-ci par rapport à sa voisine, même si l'écart dans le temps entre les deux ensembles domestiques est vraisemblablement assez réduit. Le bâtiment rectangulaire, orienté au sud, est précédé d'une cour délimitée par un enclos. Il ne subsiste de la façade principale de la bâtisse plus que l'emplacement des portes. Les éléments qui témoignent de la présence d'un portique sont rares, mais suffisants pour affirmer l'existence d'une rangée de piliers au rez-de-chaussée. Un chapiteau trouvé dans les décombres suggère l'aménagement d'une colonnade à l'étage. L'intérieur de la bâtisse est divisé en deux par un mur de refend. Ce dernier présente la spécificité d'être chaîné aux gouttereaux seulement à partir de l'étage (**fig. 103**). Ce fait pour le moins curieux implique la présence d'un étage cantonné à la partie orientale du bâtiment, selon une configuration qui n'est pas sans rappeler, d'une manière différente, celle de la maison voisine M. 22 dotée d'une annexe séparée du bâtiment d'habitation par un mur de refend lui aussi partiellement harpé au gouttereau. Le niveau du plancher de l'étage est signalé par les encoches de poutres de sections carrées pratiquées dans le parement intérieur de la façade nord. Certaines traversent de part en part le mur du bâtiment, ce qui permet d'envisager la mise en œuvre d'un bâti de bois contre le parement externe de la façade, tel qu'un balcon (**fig. 104**). L'appareil du mur se compose de parpaings de grands modules disposés à l'aplomb d'un front de taille profond, selon une technique de construction répandue au cours du VIe siècle.

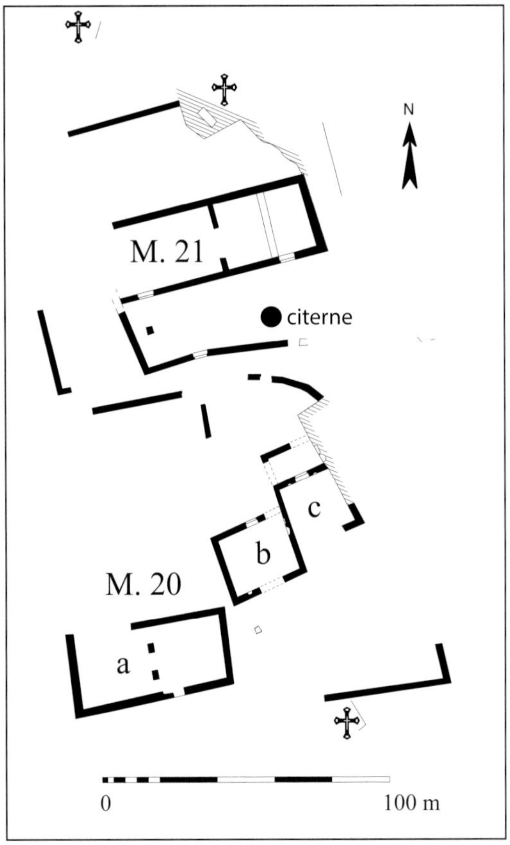

Fig. 101 — *Plan des maisons M. 20 et M. 21 (© B. Riba).*

Développement du secteur sud-ouest

En dehors de l'îlot 01, le développement du secteur sud-ouest du village est marqué par la construction de la maison M. 01 isolée à l'extrémité du promontoire rocheux, au sommet d'une pente abrupte (**fig. 105**). Cette situation permettait au propriétaire de dominer le *wādī* sud qui borde le village de ce côté. La bâtisse est construite au sein d'une zone anciennement dédiée à la nécropole. Une fosse à double *arcosolia* (F.arc.51) la borde immédiatement du côté nord-est (**fig. 365**). Tous les murs sont effondrés excepté une partie du pignon nord et quelques assises du mur de raccord du portique. La plupart des structures méridionales ont dévalé la pente escarpée du promontoire. La maison orientée à l'ouest, dont la surface couvre 672 m^2, comprend les composantes ordinaires d'un ensemble domestique : le bâtiment d'habitation, le portique et la cour délimitée par une clôture. Une vaste arrière-cour semble également associée à cet ensemble bien que la relation entre les deux espaces reste à préciser. La longueur de la bâtisse égale à deux modules admet la présence de deux pièces desservies chacune par une porte.

Fig. 102 — *Intérieur de la maison M. 21 (© B. Riba).*

Fig. 103 — *Gouttereaux nord de la maison M. 21 (© B. Riba).*

Fig. 104 — *Gouttereaux nord de la maison M. 21, détail de la construction (© B. Riba).*

L'étage est attesté par les trous de solives qui indiquent la hauteur du plancher au niveau de la troisième assise du pignon nord. Le portique n'est pas chaîné au bâtiment : le raccord entre les deux constructions est matérialisé par un « coup de sabre ». L'imposte nord placée à l'extrémité de la structure est le seul élément in situ du portique. Le rez-de-chaussée comme l'étage se composait d'une colonnade. Les fûts de colonnes (diam=50 cm) du niveau inférieur sont plus longs (2,20 m) comparés à ceux de l'étage, séparés, quant à eux, par des plaques de parapet. Les fragments de chapiteaux retrouvés dans les débris indiquent l'emploi de l'ordre corinthien. Enfin, le mur d'enclos de la cour, quasiment disparu aujourd'hui, est matérialisé par de rares blocs en place dont la disposition à l'aplomb des escarpements montre un tracé scrupuleusement calqué sur les contours du relief (**fig. 108**). L'objectif était de gagner le maximum de surface en repoussant la clôture au bord du vide.

Le secteur oriental

L'expansion maximale du village dans le secteur oriental se réalise par la construction de deux bâtisses supplémentaires, M. 55 et M. 60, visibles sur le terrain plus que par le tracé partiel de leurs murs. L'appartenance de ces maisons à la dernière phase d'expansion du village est suggérée par leur mode de construction, caractéristique du VIe siècle, et leur emplacement à l'extrémité orientale de la localité, aux abords immédiats de la nécropole. La maison M. 55, tournée vers l'ouest, ne conserve plus qu'une partie de ses murs pignons chaînés au gouttereau oriental. Bordée au sud et au sud-est par les tombes F.arc.22 et F.arc.23, elle est l'unité d'habitation la plus orientale du site. La maison M. 60 occupe l'extrémité septentrionale du quartier C, non loin du petit groupe de tombeaux *D* (**fig. 106**). Le bâtiment, de plan rectangulaire, s'ouvrait à l'ouest par deux portes. Les

Fig. 105 — *Ruines de la maison M. 01. Vue depuis le sud-ouest (© B. Riba).*

Fig. 106 — *Entrée du bâtiment d'habitation de la maison M. 60 (© B. Riba).*

premières assises sont remplacées par la roche taillée, selon des techniques propres à l'ultime phase d'expansion du village. Le gouttereau oriental et les limites de la cour n'ont pas été conservés.

Conclusion

L'étude des maisons de Kafr ʿAqāb permet de préciser les contours de l'expansion de la localité ainsi que l'évolution sociale et économique des villageois sur une période de près de cinq siècles. À l'origine, le village ne se compose pas d'un noyau unique, mais de trois hameaux clairement distincts et contemporains les uns des autres. Il s'agit bien de hameaux dans le sens où chaque groupe d'habitat ne possède aucune institution qui lui est propre. Chacun se développe de manière progressive et indépendante par la construction de maisons nouvelles et l'agrandissement de certaines habitations anciennes. Le processus de croissance, plus important à partir de la seconde moitié du IVe siècle, engendre la réduction des espaces vides entre les îlots et les maisons isolées. Au nord, cela aboutit à la réunion, dans les premières années du Ve siècle, des deux hameaux principaux implantés sur le promontoire rocheux. Le village s'étend ensuite du côté ouest du site. Le hameau septentrional, séparé de l'essentiel de la localité par le *wādī* nord, a connu un développement limité qui s'interrompt dès le début du Ve siècle.

Au cours de la première phase d'occupation du site (IIe- milieu IVe siècle), l'architecture domestique fait preuve d'une grande homogénéité. Parmi les 18 constructions identifiées, deux seulement se distinguent par une qualité particulière qui implique un coût relativement élevé. Les vestiges, très ruinés, ne suffisent pas à déterminer leur fonction, mais ils pourraient être associés à des bâtiments liés à la présence d'une riche famille de notables dont l'existence est attestée sur le site par le matériel funéraire d'époque romaine, ou bien avec le rôle d'étape que le site a pu jouer sur l'itinéraire entre Antioche et Apamée. Quoi qu'il en soit, les maisons construites en appareil orthogonal à parement simple dotées d'un décor raffiné, telles qu'elles se présentent dans certains villages de la région, n'ont pas existé à Kafr ʿAqāb au cours de la période impériale. Les autres habitations répertoriées sur le site témoignent d'une population paysanne de condition modeste.

À partir de la seconde moitié du IVe siècle, les clivages sociaux et l'économie de subsistance à laquelle étaient soumis les habitants s'estompent peu à peu au profit d'une croissance progressive. Le nombre des maisons, qui se monte à 24, signale une augmentation de la population, tandis que l'utilisation plus fréquente de parpaings bien équarris, la généralisation des portiques et l'attention accordée au décor constituent les premiers symptômes annonciateurs d'une amélioration globale du niveau de vie par rapport à la période précédente.

Des changements fondamentaux s'opèrent assez tôt dans le domaine de l'architecture domestique. Les bâtiments, désormais construits en grand appareil et parés d'un décor sculpté, témoignent d'une croissance économique étendue à tous les villageois. Ce changement n'intervient pas aux alentours de 450, comme dans la plupart des localités implantées dans les chaînons septentrionaux du Massif calcaire, mais au début du Ve siècle, voire dès la fin du IVe siècle. En effet, la bâtisse M. 68 construite en appareil orthogonal à parement simple est datée de 405, mais l'analyse architecturale de maisons plus anciennes indiquent un mode de construction vraisemblablement adopté dès la dernière décennie du IVe siècle, au moment où s'effectuent les mêmes changements dans les maisons du ğebel Zāwiye[29]. Cette prospérité précoce comparée à la croissance enregistrée dans les chaînons nord doit être en grande partie attribuée, nous le verrons, à la situation du village proche de l'Oronte et de la route reliant la métropole d'Apamée à celle d'Antioche. Par ailleurs, la multiplication des constructions domestiques, dont le nombre double pratiquement par rapport à la première phase d'occupation du site, indique un village en plein essor démographique. D'autres maisons sont agrandies par l'adjonction de pièces supplémentaires. La plupart des habitations édifiées au début du ve siècle, comme les bâtisses situées dans la partie septentrionale du promontoire rocheux, ou bien celles implantées aux abords de l'îlot primitif 06, reproduisent le schéma habituel fondé sur une construction à pièce unique dotée d'un étage. Au cours de la seconde moitié du ve siècle, un grand nombre d'entre elles seront pourvues de deux, voire de trois pièces dès la première phase de leur construction. Ce sont principalement les maisons localisées dans la partie occidentale du site auxquelles s'ajoutent les bâtiments compris au sein de l'îlot 05 un peu plus excentré. À cette époque les maisons à une pièce, plus rares, se résument aux ensembles domestiques M. 08, M. 11 et M. 12 localisés dans la partie méridionale du quartier A.

Enfin, l'expansion du village se poursuit au cours du vi^e siècle malgré un ralentissement du rythme des constructions. Elle se caractérise par l'apparition de huit maisons supplémentaires implantées dans les secteurs vacants essentiellement situés aux extrémités de la zone habitée. Aucun changement n'a été constaté dans l'organisation générale des unités d'habitation. Seules les techniques de construction ont évolué vers des formules plus avantageuses comme l'exploitation approfondie des fonds de carrières et l'utilisation de blocs plus importants. Les maisons à une pièce, inexistantes à cette époque, ont laissé la place à des bâtisses à deux ou trois pièces, semblables à celles du ve siècle. L'apparition sur le site de deux grands ensembles architecturaux couronne en quelque sorte l'évolution du village (M. 04/05 et M. 70). Ces derniers, qui présentent les caractéristiques récurrentes des maisons ordinaires, surpassent toutes les autres constructions par leurs dimensions et les aménagements qu'ils comportent. Ils marquent à la fois l'apogée et la fin du développement de l'habitat. Ainsi, les bâtisses du vi^e siècle témoignent d'une croissance parvenue à son degré le plus haut, mais leur nombre réduit par rapport à la période précédente révèle un essoufflement de la croissance de Kafr ʿAqāb. Plus aucune maison n'apparaît sur le site après leur construction.

29. Rappelons que G. Tate situe le changement de technique de construction dans le ğebel Zāwiye aux alentours de l'année 390 (Tate 1992a, p. 125-126).

Caractéristiques de l'habitat rural (v^e et vi^e siècles)

Les îlots : types, formation et développement

Chaque quartier comprend des îlots et des maisons séparés par des passages au tracé sinueux. À l'exception de l'îlot 09 dont l'évolution est interrompue assez tôt, deux groupes d'habitation appartenant à la période antérieure (iie-ive siècles) se développent pour atteindre leur expansion maximale au cours du ve siècle : l'îlot 06 s'enrichit de trois maisons supplémentaires (M. 34, M. 37 et M. 44) et l'îlot 10 s'étend vers le nord avec la construction de deux nouvelles maisons (M. 64 et M. 65). D'autres îlots se créent en parallèle : quatre d'entre eux apparaissent au sein du quartier A, à l'ouest et au nord-ouest du village (îlots 01, 02, 03, 04, et 05), tandis qu'un nouvel îlot (îlot 08) se forme au sein du quartier B. Au nord, l'îlot 11 s'inscrit dans la continuité septentrionale de l'îlot 10.

Les dimensions des îlots

Mis à part l'îlot 06, particulièrement important puisqu'il est le principal noyau primitif du village, les îlots regroupent généralement un nombre limité de maisons. Les plus grands, l'îlot 10 et peut-être l'îlot 01, comprennent seulement quatre unités d'habitation. Les îlots 03 et 04 en possèdent trois ; les îlots 02, 05, 09 et 11 ne comptent que deux maisons. Le nombre de constructions contenu au sein d'un îlot n'a aucune incidence sur les dimensions de celui-ci : cela dépend simplement de la taille des maisons qui les composent. En effet, l'îlot 10, dont le développement s'effectue entre la fin du ive siècle et le début du ve siècle, est constitué de maisons qui conservent les proportions restreintes communes aux habitations associées à la première phase d'occupation de Kafr ʿAqāb. Au contraire, les îlots plus récents (02, 03, 04 et 05) comprennent un nombre réduit de maisons dotées de plusieurs pièces chacune. Selon le nombre de pièces, la surface construite est parfois multipliée par cinq, à laquelle il faut ajouter la cour dont la superficie augmente souvent de manière proportionnelle par rapport aux dimensions du bâtiment qu'elle précède. À titre d'exemple, la maison M. 05 (îlot 01), construite au vi^e siècle, couvre à elle seule l'ensemble de la surface de l'îlot 10 dont le développement s'interrompt au début du ve siècle.

Plan et formation des îlots complexes

Les îlots les plus anciens se caractérisent par des plans complexes et ramassés. L'implantation des maisons qui les composent résulte d'un processus de développement de type organique adapté aux réalités du cadre naturel et de l'environnement du bâti. En fonction des possibilités offertes par la topographie et la répartition des habitations plus anciennes, les constructeurs optent pour le meilleur parti. La solution la plus courante consiste à appuyer une nouvelle construction contre le pignon d'une maison antérieure. Ce cas est particulièrement visible parmi les maisons de l'îlot 06. Il arrive aussi qu'une habitation soit adjointe au gouttereau d'une maison voisine, mais le caractère peu commode de cette pratique, qui entraîne la perte d'une partie de l'eau de ruissellement depuis les toits, explique la rareté de ce type d'agencement.

Lors de la formation d'un îlot, l'imbrication des maisons répond à un développement logique issu de solutions spontanées. L'îlot 10 illustre particulièrement bien le type d'enchaînement menant à la constitution d'un groupe d'habitation (**fig. 21**) : le pignon d'une maison ancienne (M. 62), isolée au départ, sert de mur de clôture à la maison M. 63 dont le gouttereau est ensuite utilisé comme mur sud de la maison M. 64, dont le pignon sert à son tour de mur de fond à la maison M. 65. De son côté, l'îlot 06 présente une organisation beaucoup plus complexe (**fig. 20**). Malgré la confusion des ruines qui ne permet pas de restituer clairement la chronologie relative de l'ensemble, les étapes de son évolution s'esquissent grâce à certaines structures apparentes. Les relations architecturales entre les bâtiments suggèrent un secteur composé, dans son état initial, de petites maisons espacées les unes des autres. Le maillage des constructions se resserre ensuite lors de la formation d'une série de cinq habitations qui se développe de façon linéaire à partir de la maison M. 40. Ce premier ensemble présente un plan approximativement régulier axé est/ouest : M. 41 s'appuie contre le mur ouest de M. 40, M. 42 utilise le pignon de la précédente et ainsi de suite pour les maisons M. 43 et M. 31 accolées aux pignons des édifices antérieurs. Plus tard, le souci de concentrer l'habitat sur le point culminant du relief incite l'implantation des nouvelles constructions sur un axe nord/sud, de part et d'autre de l'îlot primitif. Enfin, le développement de l'îlot conduit à intégrer au sein d'un même ensemble les bâtiments isolés. De cette manière, le petit hameau de maisons initialement espacées devient progressivement un îlot à part entière représenté, au terme de son évolution, par un agglomérat d'une quinzaine d'habitations dont la superficie couvre environ 3500 m^2.

Plan et formation des îlots simples

Les îlots simples sont plus récents. Trois d'entre eux (02, 03 et 04) occupent le secteur ouest (quartier A) ; l'îlot 05, quant à lui, se situe un peu plus à l'écart au nord-ouest. Leur composition est plus aisée à saisir malgré un état de conservation toujours très mauvais. La plupart (01, 02 et 03) résultent d'un programme de construction unique ; les autres (04 et 05) semblent être le fruit d'une évolution chronologique.

Les îlots 02 et 03 présentent des caractéristiques analogues : tous deux possèdent des constructions disposées dos à dos, la maison la plus récente étant édifiée contre le gouttereau du bâtiment plus ancien. Ce type de rapport entre deux bâtiments ne semble possible seulement s'ils fonctionnaient ensemble, dans le cadre d'une association, d'un contrat ou d'un accord quelconque. Dans le cas contraire, ce type d'agencement poserait un problème concernant le système de récupération de l'eau de pluie, car on connaît le souci des villageois de recueillir le maximum d'eau écoulée depuis les pentes des toits. Il est donc peu vraisemblable que ces bâtiments appartiennent à deux propriétaires distincts puisque les deux parties se trouveraient alors lésées. Ce constat est appuyé par le caractère contemporain des constructions compris au sein de ces îlots : en effet, la chronologie relative établie entre eux est seulement l'expression de phases de construction rapprochées dans le temps. Le placard de la construction C. 18 soigneusement appareillé dans le gouttereau du bâtiment voisin n'a pu être possible qu'au sein d'un chantier homogène. En revanche, la maison M. 19, est autonome par rapport aux deux autres constructions de l'îlot 03 ; elle s'appuie contre le mur massif préexistant à l'ensemble des bâtiments. De leur côté, les deux (ou trois ?) bâtiments de l'îlot 04 sont disposés de façon à répondre, semble-t-il, à un souci de fermeture. Les maisons, tournées vers le sud, n'autorisent pas le passage en provenance du nord. Le mur de clôture de la bâtisse M. 23 se prolonge jusqu'aux constructions C. 24, elles-mêmes liées à la maison voisine M. 22 par un mur de raccord qui forme une impasse. Il fallait dès lors contourner l'îlot par l'ouest afin de pénétrer à l'intérieur de la zone habitée proprement dite. Dans ce cas, la formation de l'îlot illustre un comportement social, non un besoin pratique visant à utiliser un mur d'une maison voisine. La formation de l'îlot 05, enfin, ne peut être établie avec certitude en raison de l'état très dégradé des ruines ; bien que la présence de deux ensembles domestiques soit attestée, il est difficile de déterminer leur articulation. Le plan régulier de l'îlot se caractérise par une première maison tournée vers l'ouest à laquelle s'ajoute, dans le prolongement septentrional, une seconde orientée vers l'est. La maison M. 27, vraisemblablement construite dans un second temps, a pu utiliser le pignon nord de l'habitation voisine, aujourd'hui disparue, pour marquer la limite méridionale de sa cour.

Les maisons : caractéristiques générales, genèse et développement

La plupart des maisons des ve et vi^e siècles ont été construites d'un seul jet et ne connaissent pas de développement. D'autres, en revanche, sont le produit de l'agrandissement d'un bâtiment associé à la première phase d'occupation du village. Certaines, enfin, sont édifiées puis agrandies au cours de la période protobyzantine.

Le plan des ensembles domestiques

Le plan des maisons conserve un aspect géométrique simple. Il en ressort des ensembles architecturaux réguliers, quels que soient leurs dimensions ou le nombre d'annexes en présence. L'agencement des diverses composantes fait preuve d'une architecture domestique raisonnée fondée sur l'utilisation de volumes dénués de complexité. À Kafr ʿAqāb, le modèle communément adopté dans les bâtiments à plusieurs pièces est celui d'une succession de type linéaire. Par conséquent, les bâtiments d'habitation, généralement situés au fond de la cour qui les précède, ont pour la plupart l'aspect de longs édifices rectangulaires dont la largeur n'excède jamais 7 à 8 m. Les dépendances occupent les côtés ou bien sont disposées parallèlement au corps de bâtiment. Certains locaux associés à une maison sont parfois excentrés par rapport à l'espace domestique proprement dit : c'est le cas de l'huilerie du bâtiment M. 70 et des fouloirs des maisons M. 05 et M. 14. D'autres maisons possèdent des chambres souterraines (M. 16 ? et M. 30). Seule l'habitation M. 04, composée de quatre bâtiments, présente un plan qui peut être qualifié d'irrégulier (**fig. 96**) compte tenu des divergences constatées dans la morphologie et l'agencement des constructions qu'il comprend.

La surface couverte par les bâtiments varie selon le nombre de pièces qui les composent. Les plus petits oscillent entre 49 et 64 m², les plus grands atteignent 260 m². La surface totale occupée par les maisons (bâtiment + cour) ne peut être déterminée pour chaque unité d'habitation en raison de l'état dégradé des vestiges, particulièrement au niveau des murs de clôture qui n'ont guère laissé de traces. Les bâtiments les plus petits possèdent généralement une cour très modeste : la maison M. 64, notamment, dont la cour ne dépasse pas 24 m² de surface, occupe une superficie totale de 104 m². À l'opposé, l'édifice le plus vaste du village est représenté par la maison M. 70 dont l'ensemble atteint 870 m². Le second grand ensemble domestique, M. 27, couvre une surface de 572 m².

Les maisons ayant conservé leur plan initial

Les maisons construites d'un seul tenant et dont le plan est resté inchangé sont nombreuses sur le site. Les nouvelles constructions greffées aux îlots d'habitation anciens ont été édifiées à l'époque protobyzantine, comme les petites maisons de l'îlot 10 construites successivement, sur une courte période, à l'intérieur d'un cadre architectural précis. Étroitement imbriquées, ces bâtisses n'étaient pas conçues pour se développer. Ce type de construction se retrouve, de façon isolée, dans le secteur méridional du quartier A[1] et du côté est[2] du village. L'histoire de ces maisons ne révèle ni agrandissement, ni association, ni section des espaces[3]. Leurs gouttereaux chaînés aux pignons montrent des bâtisses édifiées dans le cadre d'un chantier unique et rien ne vient modifier leur morphologie initiale jusqu'à la fin de la période protobyzantine. L'ensemble domestique le plus développé de ce point de vue est illustré par la maison M. 70 dont les relations architecturales entre ses différentes composantes sont formelles : le bâtiment, long d'une trentaine de mètres, a été construit d'un seul jet avec son mur de clôture et ses annexes. La maison M. 27, dont il s'inspire, revêt des caractéristiques comparables.

1. Ce sont les maisons M. 06, M. 08, M. 11, M. 12, M. 14, auxquelles on peut ajouter les deux habitations proches de l'îlot central 06 : M. 29 et M. 30.
2. Ce sont les maisons M. 52, M. 54 et M. 59.
3. La plupart des murs qui sectionnent les espaces internes des maisons datent de la réoccupation tardive des lieux au cours des époques mésobyzantine et médiévale.

Les maisons ayant subi des modifications

La plupart des édifices compris au sein des îlots 02, 03, 04 et 05 se caractérisent par la présence d'ajouts, de fractionnements des espaces et d'autres transformations intervenues dès la période paléochrétienne. Toutefois, dans ces grands ensembles ayant connu une histoire longue et complexe, les changements intervenus aux ve et vi^e^ siècles sont peu aisés à identifier en raison d'un état de délabrement avancé et des remaniements successifs survenus au cours des périodes mésobyzantine et médiévale. Certains cas sont néanmoins explicites comme, notamment, les maisons M. 72ab et M. 81a, construites dès la première phase d'occupation du site, et dont les agrandissements se caractérisent par des adjonctions inscrites dans le prolongement du bâtiment initial. Le premier se réalise simplement par l'ajout d'une pièce, M. 72c, puis d'une seconde, M. 72d, dans le même alignement (**fig. 40**). À l'instar du bâtiment primitif, les nouvelles pièces sont orientées vers le sud pour que tous les accès ouvrent sur une cour commune. En revanche, l'agrandissement de la maison M. 81a est l'occasion pour le propriétaire de changer d'orientation. La partie récente prolonge à l'est la maison primitive en utilisant le pignon oriental de cette dernière comme limite ouest de la cour, les deux parties de la maison étant reliées par un petit accès ménagé à leur jonction. Ce procédé judicieux permet de conserver l'unité de l'habitat malgré le changement d'orientation. Ainsi, les maisons M. 72 et M. 81 illustrent la façon dont les propriétaires d'une habitation construite au ive siècle s'adaptent, au début du siècle suivant, à l'évolution démographique et économique du village : l'élargissement des familles nécessite la construction de nouvelles pièces tandis que des moyens plus élevés autorisent le recours à des techniques de construction élaborées telles que l'appareil orthogonal à parement simple. Enfin, certaines bâtisses édifiées au ve siècle sont également agrandies au cours de la période protobyzantine comme, par exemple, la maison d'*Eusèbe* et d'*Antiochia* (M. 68), datée de 405, qui est pourvue plus tard d'une annexe sur le côté nord de la cour. L'annexe en question, approximativement carrée, correspond à un module, soit les proportions d'une pièce supplémentaire. Là encore, les propriétaires s'adaptent vraisemblablement à l'élargissement de la famille.

Les bâtiments à plan singulier

En dehors de la construction C. 18, placée en marge de l'architecture domestique ordinaire, deux bâtiments plus conventionnels se distinguent par la répartition de leurs accès. Il s'agit des constructions M. 11 et M. 37, respectivement situées au sein des quartiers A et B. Chacune, pourvue d'une pièce unique de plan carré surmontée d'un étage, présente la particularité de posséder deux portes, une sur la façade orientale, l'autre sur la façade méridionale. Dans le cas de la maison M. 11, les ouvertures superposées, au rez-de-chaussée et à l'étage, desservaient le même espace par deux côtés différents (**fig. 69 et 70**). Cette disposition peu fréquente ne peut être expliquée dans l'état actuel des recherches. Certes, certaines constructions dans le village offrent des ouvertures disposées de façon analogue, mais celles-ci intègrent un ensemble domestique plus vaste dans lequel celles-ci jouent un rôle de transition entre deux espaces[4]. Or, le bâtiment M. 11 constitue une construction à part entière qui ne peut admettre cette possibilité. La façade orientale de la bâtisse semble avoir été privilégiée en raison de la présence d'un portique et du linteau monumental qui caractérise la porte du rez-de-chaussée. Le côté sud, quant à lui, était pourvu d'une simple plate-forme portée par des piliers destinée à faciliter l'accès à l'étage. La singularité du plan du bâtiment est accrue par le rapport entretenu avec le bâtiment voisin auquel il était relié par un arc et la mise en œuvre d'un bâti de bois. De son côté, le bâtiment M. 37 présente des portes à des endroits pour le moins inattendus, ces dernières étant situées au niveau de l'étage sans se superposer aux accès du rez-de-chaussée comme c'est le cas habituellement. La façade principale est suggérée par les encoches des poutres soutenant le portique placé au sud (**fig. 63**).

Le système de circulation particulier observé dans ces constructions reste à éclaircir. Il semble, en tout cas, que ces bâtisses aient été conçues pour faciliter les déplacements entre l'intérieur et l'extérieur, ce qui implique peut-être une affluence plus grande comparée à une maison ordinaire. Le caractère particulier des bâtiments M. 11 et M. 37 laisse donc envisager une fonction différente de celle à destination strictement privée, mais aucun élément ne permet pour le moment d'en préciser le rôle.

Morphologie des maisons et données démographiques

Les maisons apparues aux Ve et VIe siècles sont calquées sur un schéma mis en place dès la période impériale. Les changements se résument aux dimensions des édifices, donc au nombre de pièces et d'annexes qu'ils possèdent. Chaque unité d'habitation présente les mêmes composantes de base : le corps du bâtiment précédé d'une cour délimitée par un mur d'enclos. L'étage, comme le portique, est attesté dans la majorité des cas.

Les proportions : une architecture modulaire

L'architecture protobyzantine est régie par des usages hérités de l'époque romaine. Il ne s'agit pas de règles rigides, mais dans l'ensemble les villageois ont respecté, à quelques variations près, les proportions d'un module de base fondé sur un plan approximativement carré dont le côté varie entre 7 et 8 m (**fig. 45**). Ces dimensions sont essentiellement dues à l'adaptation du bâti de bois à l'intérieur de la maison : les poutres du plancher et les éléments de la charpente avaient effectivement une portée relativement réduite à laquelle l'architecture devait se conformer. Ce module est récurrent dans les constructions à pièce unique antérieures au Ve siècle. Lorsque la bâtisse comporte deux pièces, comme la maison M. 63, celui-ci double simplement. Au siècle suivant, ces proportions sont reprises et multipliées proportionnellement au nombre de pièces contenues dans une maison. Si les dimensions et les contours des plans sont variables, la volonté de se limiter au module de base est nette et permanente. La maison M. 14, notamment, utilise ces proportions même si les murs ne forment pas des angles strictement droits et que son plan n'est pas tout à fait carré ; en revanche, les pièces mitoyennes du bâtiment M. 68, parfaitement identiques, suivent scrupuleusement les dimensions d'un module. De la même façon, la maison M. 27 affiche une succession linéaire de trois modules équivalents. Les bâtiments rectangulaires dont le mur de refend a disparu (M. 06 et M. 54), mais dans lesquels l'existence de deux pièces est attestée par deux portes en façade, présentent des dimensions (entre 13 et 15 m) adaptées aux mêmes proportions. Un phénomène analogue est constaté dans les maisons anciennes, agrandies au Ve siècle. Les deux pièces ajoutées à l'édifice M. 72ab offrent les dimensions observées partout ailleurs ; de son côté, l'expansion de la maison M. 81 réitère par deux fois le module de la maison primitive. Enfin, le souci des proportions est merveilleusement illustré au sein du grand ensemble M. 70 puisque les deux grandes pièces M. 70a et M. 70b, identiques dans leurs dimensions, affectent un plan rectangulaire reproduisant exactement deux modules, soit 14 m de long pour 7 m de large. La troisième pièce, M. 70c, ne forme qu'un seul module, à l'image de la petite annexe, M. 70e, située au nord-est du même ensemble. L'huilerie à laquelle cette dernière est associée présente également des proportions proches de deux modules, avec 13 m de long pour 7 m de large.

L'architecture domestique est donc une architecture simple fondée sur la juxtaposition d'un module de base répétitif adapté à toute sorte de situations. La construction et le développement d'une maison ne relevaient pas

4. Dans le village, les pièces qui possèdent des accès sur deux côtés sont des espaces intermédiaires : l'annexe de la maison M. 14 fait le lien entre la cour et le fouloir (**fig. 111**) ; la pièce méridionale de la maison M. 05 assure la transition entre la cour intérieure et la cour extérieure ; la pièce M. 04b assure la liaison entre l'extérieur et l'espace situé sous le portique de la maison (**fig. 96**).

de connaissances techniques complexes, telles que les compétences requises dans le domaine de l'architecture monumentale (temples/églises). De simples tailleurs de pierre expérimentés, plutôt que de véritables architectes, pouvaient facilement construire ce type de bâtiment caractérisé par l'assemblage basique de modules malléables dicté par les souhaits et les besoins du propriétaire. Multiplié par deux ou trois, celui-ci forme des maisons comportant autant de pièces. Multiplié par cinq, celui-ci peut être adapté aux proportions d'un bâtiment à trois pièces de différentes dimensions, comme les deux grandes salles associées à une plus petite dans le cas de la maison M. 70. Un module adjoint à la cour d'une maison constitue aussi un bâtiment supplémentaire à l'intérieur (M. 70) ou bien à l'extérieur (M. 68) de l'enceinte domestique. Ainsi, ce module permet d'articuler et d'adapter aisément les volumes d'une unité d'habitation selon les nécessités du moment en occupant toujours une place en accord avec l'ensemble qu'il intègre.

Le nombre des pièces

Sur les 24 maisons construites entre le IIe et la fin du IVe siècle, huit d'entre elles possèdent plusieurs pièces. Au siècle suivant, parmi les 18 constructions nouvelles, le nombre de bâtisses à pièces multiples s'élève à 12 auquel il convient d'ajouter deux maisons anciennes agrandies après coup. Au VIe siècle, les huit maisons supplémentaires comprennent sans exception au minimum deux pièces.

— Les maisons à une pièce sont les plus nombreuses. Ce groupe est représenté par 24 bâtiments répartis inégalement sur l'ensemble du site, soit 44 % des maisons. Ce type de construction, majoritairement antérieur au Ve siècle, se réduit au schéma architectural le plus simple : édifié aux proportions d'un module, le bâtiment, parfois sans étage, est précédé d'une cour. Le portique n'est pas systématique.

— Les 22 maisons pourvues de deux pièces représentent 32,7 % des constructions domestiques. À l'exception de la maison M. 51 qui a fait l'objet d'un ajout postérieur, toutes ont été construites d'un seul tenant. Ce sont des bâtiments de plan rectangulaire dotés de deux portes. La division de l'espace interne s'effectue par un mur de refend privé d'ouverture. D'un point de vue architectural, ces bâtisses offrent les mêmes caractéristiques que les maisons précédentes.

— Les maisons à trois pièces se limitent à cinq constructions, soit seulement 9,8 % de l'ensemble des bâtiments. À l'exception de la maison M. 81 qui est le fruit d'un agrandissement postérieur, toutes les demeures de cette catégorie semblent construites d'un seul jet.

— Il existe quatre maisons de quatre pièces et plus dans le village. L'édifice M. 72 est l'aboutissement de plusieurs phases d'agrandissement à partir d'une maison primitive pourvue de deux pièces dès l'origine. Les ensembles mitoyens M. 04 et M. 05 comprennent chacune quatre pièces.

L'architecture domestique comme miroir de la croissance démographique de Kafr ʿAqāb

L'étude de l'architecture domestique a montré que le village ne cesse de croître tout au long des périodes romaine et protobyzantine. En effet, l'expansion de Kafr ʿAqāb, principalement illustrée par la construction de nouvelles habitations, traduit de manière incontestable une augmentation continue du nombre des habitants sur presque deux siècles.

Problèmes

L'étude démographique du village présente plusieurs écueils, le principal étant l'état considérablement dégradé des ruines qui ne permet pas de s'assurer du nombre exact d'habitations sur l'ensemble du site. Rappelons que, si parmi les 22 constructions de type « indéterminé » réparties dans le village sont certainement pour la plupart des maisons, il est difficile d'en apporter la preuve sans fouilles archéologiques préalables. Par ailleurs, certains îlots sont si confus (îlots 07 et 08) qu'il est impossible d'identifier le nombre de constructions qui les composent. D'autres encore (îlots 01, 02 et 03) présentent des difficultés quant aux relations architecturales entretenues entre les différents bâtiments (maisons indépendantes ou ensembles communs ?). En outre, le nombre de pièces à l'intérieur des maisons reconnues comme telles n'est pas toujours évident. Ainsi, sur l'ensemble des constructions rattachées à l'architecture domestique, environ 27 %, auxquels s'ajoutent les structures mal définies des îlots 07 et 08, ne livrent quasiment aucune information fiable du point de vue de la démographie. Cette lacune importante doit être prise en compte. De plus, à l'intérieur même des maisons où les pièces sont identifiées avec certitude, la répartition fonctionnelle des espaces (logement à l'étage et activités économiques au rez-de-chaussée) n'est pas clairement déterminée. Dans de nombreux cas, aucun indice probant ne permet d'exclure des lieux de logement dans les pièces du rez-de-chaussée qui ne présentent aucune distinction réelle avec celles de l'étage. L'occupation des pièces du rez-de-chaussée a aussi pu être continue ou bien seulement occasionnelle, notamment lors de périodes de crise. Par conséquent, la répartition des occupants à l'intérieur même de la maison pose le problème de leur nombre. Il est également impossible d'estimer le nombre d'habitants par pièce occupée, celui-ci étant naturellement variable selon les foyers. Pour toutes ces raisons, la question de la démographie, généralement épineuse dans les maisons du Massif calcaire, l'est plus encore dans un village particulièrement ruiné tel que Kafr ʿAqāb.

Les données livrées par les vestiges

Les nuances de la fluctuation du peuplement villageois, avec ses stagnations et ses élans démographiques, ne peuvent être saisies sans l'intervention de travaux archéologiques. Toutefois, les vestiges des maisons traduisent un fait incontestable : la démographie est en hausse constante à partir du IVe jusqu'au VIe siècle. Les phases d'expansion de l'habitat discernées dans le chapitre précédent sont explicites sur ce point. Ceci est appuyé par l'agrandissement d'une église et la construction, à la même période, d'un vaste complexe ecclésial. L'apparition de nouveaux aménagements funéraires confirme également l'accroissement de la population villageoise. Les grandes lignes de cette croissance peuvent être saisies, à Kafr ʿAqāb, sur la base du nombre des pièces reconnues dans les maisons appartenant à chaque phase d'expansion enregistrée. En dépit des incertitudes qui pèsent sur la fonction des espaces à l'intérieur des bâtiments d'habitation, l'étude suivante considère seulement les pièces dénombrées sur un seul niveau, selon la répartition généralement admise à l'intérieur des bâtiments d'habitation à étage, à savoir les pièces du rez-de-chaussée dévolues aux tâches économiques et celles du niveau supérieur au logement. L'objectif de l'exercice est simplement d'acquérir un ordre d'idée quant au nombre d'habitants par période en limitant le taux à son seuil le plus bas.

— À la fin du IVe siècle, le village compte une trentaine d'habitations. Parmi les 21 suffisamment conservées pour en énumérer les pièces, 15 possèdent une pièce, cinq en comportent deux[5] et une seule (M. 72) en offre trois. Cela fait un total de 28 pièces.

— Au cours du siècle suivant, le village s'enrichit de 23 maisons supplémentaires alors que d'autres sont agrandies[6]. La localité se compose, au tournant du VIe siècle, de 53 exploitations. Parmi elles, 25 comprennent une seule pièce, 16 en possèdent deux. Les trois maisons agrandies présentent désormais trois pièces chacune. Cela donne un total de 66 pièces.

— Durant la première partie du VIe siècle, 8 nouvelles bâtisses sont construites. Cinq d'entre elles comportent deux pièces[7], une seule en présente trois[8], une en offre quatre[9] et deux en possèdent cinq[10]. L'ensemble du village totalise dès lors 93 pièces réparties en 61 maisons identifiées comme telles.

On peut envisager, à la suite de G. Tate[11], et sur la base de témoignages épigraphiques inventoriés dans la région[12], que chaque pièce d'une maison était occupée par un couple. En partant de ce postulat, la population réduite à son minimum serait représentée, à Kafr ʿAqāb, par 186 habitants à l'apogée de son développement. À l'évidence, ce chiffre est très éloigné de la réalité puisqu'il n'inclut ni l'ensemble des constructions indéterminées, ni les pièces inférieures dédiées au logement, ni les enfants. Sur ce dernier point, rappelons que la famille, élargie ou à ménages multiples, constitue le fondement de la société paysanne du Massif calcaire, et ne peut donc être réduite au seul couple. Ce fait est attesté dans le village comme ailleurs par les inscriptions, l'iconographie et l'architecture funéraires : le bon fonctionnement de l'unité domestique était garanti par les membres d'un groupe familial. La maison M. 70, dotée de plusieurs pièces dont certaines couvrent la superficie de deux modules, suggère par exemple la présence d'une famille élargie dont les membres assuraient la gestion de ce vaste ensemble domestique associée à une huilerie.

Ainsi, le chiffre de 186 habitants, qui représente le seuil minimal de la population du village, doit être largement plus élevé. Compte tenu du nombre total des constructions réparties sur l'ensemble du site (40 hectares) qui dépasse la centaine (maisons, réservoirs d'eau de grande capacité, ensembles ecclésiaux, monastère et ermitages), dont environ 80 habitations[13] et de nombreux tombeaux (70 identifiés) à caractère majoritairement familial, le nombre d'habitants à l'apogée du village peut être facilement estimé entre 400 et 600[14].

Répartition fonctionnelle des espaces

Les maisons de Kafr ʿAqāb reproduisent un schéma constaté dans l'ensemble des villages du Massif calcaire. Le plan, évoqué à plusieurs reprises au cours de cette étude, présente essentiellement un bâtiment principal accompagné d'une cour dont les limites sont définies par un mur de clôture.

5. Ce sont les maisons M. 40, M. 72, C. 73 et M. 75.
6. M. 68, M. 72abc et M. 81a.
7. M. 01, M. 20, M. 21, M. 55 et M. 60.
8. M. 03.
9. M. 05.
10. M. 04 et M. 70.

11. Tate 1992a, p. 183-184.
12. *PAES* III B, 1201 ; *IGLS* II, 391 ; *PAES* III B, 1175 ; *IGLS* II, 359 ; *IGLS* II, 436 ; voir également, pour le site de Kafr ʿAqāb, Feissel 2012, p. 228-233.
13. Les 110 habitations recensées par les pères franciscains représentent un nombre trop élevé par rapport à ce que révèlent les vestiges (Peña *et al.* 1999, p. 188).
14. Notons ici, à titre d'exemple, que M. Griesheimer propose l'estimation suivante pour le village voisin de Ṭurīn : la localité pourvue d'une quarantaine d'exploitations aurait compté entre 200 et 400 personnes (Griesheimer 1997a, p. 198-199).

Le bâtiment principal

Rappelons brièvement les caractéristiques principales d'un bâtiment avant d'en préciser la fonction. Les édifices, de plan carré ou rectangulaire, possèdent le plus souvent un étage. Sauf exception, les pièces d'une maison s'ouvrent du même côté. Dans le Massif calcaire, les pièces de l'étage ont longtemps été considérées comme des espaces destinés au logement, celles du rez-de-chaussée ayant plutôt un rôle économique lié à la réalisation de tâches utilitaires[15]. Cette division fonctionnelle est pourtant loin d'être systématique dans la mesure où les volumes intérieurs des maisons reflètent des réalités beaucoup plus complexes[16]. Dans le village de Kafr ʿAqāb, l'organisation de l'étage n'est pas accessible à l'étude, car aucun bâtiment n'est conservé jusqu'à ce niveau. Les pièces du rez-de-chaussée sont également peu propices à l'analyse en raison des amas de blocs d'effondrement qui encombrent les espaces. Malgré ces difficultés, certains témoignages archéologiques permettent de préciser l'organisation spatiale des bâtiments d'habitation.

Le rôle des pièces du rez-de-chaussée

Si de rares aménagements suggèrent parfois une fonction utilitaire de ces pièces, aucune installation spécifique n'indique un rôle exclusivement économique. Le pressoir, notamment, que l'on trouve au rez-de-chaussée de certains bâtiments du Massif calcaire[17], est inexistant à l'intérieur de ces espaces. La présence d'animaux n'est pas non plus assurée compte tenu de l'absence d'auges ou des mangeoires, même si la hauteur du sol actuel, trop élevé par rapport au niveau paléochrétien, peut dissimuler ce type de vestiges. Des auges pourraient prendre place, notamment, entre les piliers du portique intérieur de la maison M. 64, à l'image de nombreux exemples de ce type connus dans la région, mais aucun indice ne permet de l'affirmer. Néanmoins, l'état des ruines ne justifie pas à lui seul le nombre réduit de ce type d'équipement à l'intérieur des bâtiments : si les maisons possédaient des auges dans les pièces du rez-de-chaussée, ces vestiges devraient être beaucoup plus courants. Or, ce n'est pas le cas. Dans les maisons du village, le système d'éclairage joue plutôt en faveur d'une présence humaine au rez-de-chaussée. Tous les bâtiments dont la façade principale demeure relativement préservée présentent effectivement des fenêtres placées sur un côté, ou bien de part et d'autre de l'entrée du bâtiment d'habitation[18]. Dans le cas de la maison M. 05, une série de petites ouvertures apparaît à intervalles réguliers à la hauteur des linteaux (**fig. 98 et 99**). Dans la même maison, à proximité de la porte nord, une fenêtre bien ouvragée est taillée dans la paroi rocheuse (**fig. 126b**). Une ouverture similaire est disposée à proximité de la porte de la pièce M. 70b. Les fenêtres ne se cantonnent pas aux façades principales des bâtiments. Celles-ci s'étendent parfois au mur de fond, comme dans la maison M. 06 agrémentée de deux ouvertures au sud destinées à capter la lumière du soleil, en plus des fenêtres aménagées de part et d'autre des accès au nord. Le bâtiment annexe M. 70d comporte également deux fenêtres dans la façade arrière (**fig. 129**). À ces ouvertures s'ajoutent, dans plusieurs maisons, de petites niches cintrées prévues pour accueillir des lampes à huile.

Ainsi, les efforts déployés dans la plupart des cas pour éclairer le mieux possible les espaces inférieurs des maisons suggèrent une occupation proprement humaine. La présence d'hommes dans les pièces du rez-de-chaussée se précise dans le cas où les travées du portique correspondant à ce niveau sont obturées, comme l'atteste le système de fermeture observé dans les maisons M. 64 et M. 81 qui consistait à maintenir les animaux dans la cour. Par ailleurs, plusieurs édifices sont dotés de placards aménagés dans le parement interne[19], dont les dimensions varient entre 1 m et 0,5 m de hauteur, probablement destinés au rangement d'ustensiles et d'objets divers. Ces installations présentent toujours une rainure dans leur épaisseur afin d'y glisser une plaque de bois qui permettait de diviser l'espace en deux compartiments, à l'image d'une étagère (**fig. 497**)[20]. Notons enfin, dans la maison M. 77, l'existence d'une cuvette dotée d'un système d'évacuation appareillé au pignon ouest du bâtiment (**fig. 288**). Le dispositif, qui peut être interprété comme un lavabo ou une latrine, plaide en faveur de la fonction résidentielle de l'espace où il se trouve. Toutefois, si les pièces du rez-de-chaussée sont effectivement pourvues d'éléments de « confort » destinés à l'habitation, quelques-unes servaient bel et bien de lieu de travail et de stockage. Dans la maison M. 70, la présence d'un mortier de grandes dimensions, en place à l'intérieur de la pièce

15. Tate 1992a, p. 185 ; Tate 1997, p. 96.
16. L'étude récente des volumes internes des maisons de Serğilla a permis de préciser la répartition fonctionnelle des espaces entre lieux de séjour et de travail (Tate *et al.* 2013, p. 142-146 ; voir également Duvette *et al.* 2013, p. 135-148.
17. Les huileries aménagées au rez-de-chaussée des maisons sont fréquentes dans le Massif calcaire. On en trouve notamment à Bāšakūḥ et à Sarfūd (Callot 1984, pl. 119 et 121).
18. Les maisons pourvues de fenêtres au rez-de-chaussée sont les suivantes : M. 72, M. 75 (iii-ive siècle), M. 06, M. 08, M .11, M. 22, M. 49, M. 64, M. 70, M. 77. Les murs des autres maisons ne sont pas assez conservés pour attester la présence de telles ouvertures.
19. Ces placards sont attestés dans les maisons M. 16, C. 18, M. 22, M. 70.
20. Les placards de ce type sont connus dès le ier siècle dans la maison de Bāmuqqā, à l'intérieur de laquelle ils apparaissent au rez-de-chaussée comme à l'étage (Tchalenko 1953-1958, I, p. 304).

M. 70c, atteste la pratique d'une activité liée à la transformation des grains (**fig. 315**)[21]. Certaines salles étaient également consacrées au stockage. Les maisons M. 22, M. 54, M. 65 et M. 77 comprennent de larges cuves de pierre d'un mètre de diamètre destinées à emmagasiner d'importantes quantités de denrées. Certaines atteignent 2 m de profondeur (**fig. 317**). Ces contenants étaient certainement liés à la conservation des grains plutôt que de l'huile comme cela a été proposé[22].

Deux faits importants résultent de ces observations. D'une part, les animaux semblent généralement exclus des salles du rez-de-chaussée. Contrairement à un grand nombre de maisons du Massif calcaire[23], aucune installation à l'intérieur des bâtiments (auges ou mangeoires) ne permet d'en affirmer la présence[24]. D'autre part, le système d'éclairage, l'existence de placards, de certains aménagements utilitaires et la fermeture des travées inférieures du portique laissent plutôt envisager, dans de nombreux cas, des espaces tout à fait viables, probablement autant que ceux de l'étage. Par ailleurs, si certaines pièces étaient dédiées aux tâches économiques, elles pouvaient être mitoyennes d'espaces réservés aux hommes. Ainsi, le niveau du rez-de-chaussée était tantôt consacré au logement des habitants, tantôt aux tâches manuelles liées au bon fonctionnement économique de l'exploitation familiale.

Le rôle des pièces de l'étage

L'étage est généralement considéré comme l'espace dédié au logement des membres de la famille[25]. Les murs, jamais conservés à cette hauteur, ne livrent pas de renseignements à ce propos. Aucun élément dans les ruines n'atteste non plus la présence d'un mobilier ou d'installations quelconques suggérant des espaces dédiés au séjour. Dans les bâtiments du village, les témoignages de la vie quotidienne, tels que des commodités (bains ou latrines[26]) ou des aménagements culinaires, sont rares. Ces lieux de vie ne présentent pas non plus de système de chauffage. En somme, les pièces de l'étage, caractérisées par une sobriété exemplaire, se résumaient au minimum. Les blocs effondrés indiquent l'existence de pièces comparables à celles du rez-de-chaussée, à savoir des espaces ouverts par des portes et des fenêtres, parfois agrémentés de placards et de niches. Certains bâtiments (C. 19 et M. 59) mettent en valeur les pièces de l'étage par l'emploi d'un modèle de fenêtres plus élégant à l'aide de trumeaux sculptés (**fig. 122 et 123**) ou bien de linteaux droits ornés de moulures (**fig. 124**). Le seul véritable critère qui distingue ces pièces de celles du rez-de-chaussée est leur situation privilégiée au sein du bâtiment. Le fait d'occuper l'étage confère effectivement une certaine distance par rapport à l'agitation de la cour, théâtre d'activités incessantes. Les occupants dominaient ainsi l'exploitation depuis la claire-voie d'un portique agrémenté d'un décor sculpté raffiné. Le niveau supérieur était aussi la partie du bâtiment la plus exposée à la lumière et par conséquent, la plus agréable à vivre.

La cour

Dans la plupart des cas, la cour précède le corps de bâtiment. Ses dimensions varient selon l'environnement construit et les accidents du terrain. Les plus petites occupent une superficie de 21 m² (M. 64, M. 67), les plus grandes atteignent 450 m² (M. 05). L'espace, à ciel ouvert, offre généralement un plan régulier. Seule la cour de la maison M. 04 présente des contours irréguliers causés par la disposition désordonnée des bâtiments qui l'entourent. La cour, lieu de circulation par excellence, joue un rôle central dans la distribution des espaces. Elle assurait le lien entre les différentes composantes réparties à l'intérieur de l'enceinte domestique. C'est également par la cour qu'il fallait passer afin de gagner l'étage depuis le rez-de-chaussée puisque, à l'instar de la plupart des maisons de la région, les escaliers internes ne semblent pas avoir existé à Kafr ʿAqāb[27]. La nature du sol des cours ne peut être déterminée à cause de l'épaisse couche de terre qui en dissimule la surface, mais les fouilles effectuées dans certaines maisons du Massif calcaire ont montré que ces espaces pouvaient être en terre battue ou bien dallés[28].

Certains aménagements ou objets récurrents témoignent des activités qui se déroulaient dans ce type d'espace. L'élément indispensable est d'abord la citerne. Pour des raisons de lisibilité du terrain, toutes les installations liées à la collecte et à la conservation de l'eau n'ont pas été localisées. Cependant, à partir du Vᵉ siècle au moins, chaque unité d'habitation possédait

21. Une boule à moudre, plus petite, a également été localisée dans la maison M. 72 (IVᵉ siècle). Toutefois, celle-ci n'est plus en place et la vasque à laquelle elle était associée n'a pas été retrouvée.
22. Peña *et al.* 1999, p. 201, fig. 9 ; Peña *et al.* 2003, p. 22.
23. Tate 1992a, p. 246-247.
24. Il est tout à fait envisageable, en revanche, de concevoir la présence d'un petit cheptel dans la cour intérieure à l'enceinte domestique.
25. Tate 1992a, p. 185.
26. Dans le Massif calcaire, les latrines à l'étage sont rares à l'intérieur des bâtiments d'habitation. Une latrine en encorbellement est connue, par exemple, dans une maison de Refāde, dans la plaine de Qaṭūra (Tchalenko 1953-1958, I, p. 197).
27. L'étude du village de Serǧilla a montré que les escaliers aménagés dans les espaces intérieurs existent dans certaines maisons (Tate *et al.* 2013, p. 130).
28. Voir les résultats des travaux archéologiques menés dans les villages de Deḥes (Sodini *et al.*, 1980) et de Serǧilla (Tate *et al.* 2013).

Fig. 107 — *Cour de la maison M. 81a (© B. Riba).*

Fig. 108 — *Blocs subsistants de l'enceinte de la cour principale de la maison M. 01 (© B. Riba).*

certainement sa propre réserve d'eau, garante de son autonomie. Les mangeoires et les auges[29] toujours en place dans les cours de certaines maisons (**fig. 107**), le plus souvent à proximité de la citerne, attestent la présence d'animaux séjournant à l'intérieur de l'enclos. L'espace permettait aussi de stocker des denrées comme l'indique notamment l'installation de grandes cuves de pierres, déjà repérées dans certaines pièces[30]. Plus rarement, des récipients plus petits tels que des vasques apparaissent aussi (M. 27 et M. 49) dans ces endroits, de même que des objets utilitaires liés à la fabrication de différentes denrées (M. 68 et M. 72). On trouve par exemple, parmi les objets les plus intéressants, une table de pressurage (0, 62 x 0, 47 m) dédiée à la production du vin à échelle strictement domestique (**fig. 299**) ainsi que des boules à moudre (**fig. 315**).

La cour est donc un espace actif, hautement fréquenté, qui constitue le pôle central de la maison. En dehors de son rôle qui la place au cœur du système de circulation, elle était destinée au stockage de l'eau essentielle au bon fonctionnement de l'unité domestique, et de certains produits agricoles. La cour était aussi le théâtre d'activités économiques diverses telles que la fabrication du vin, de l'huile et de la farine. On y pratiquait également une stabulation libre limitée à quelques bêtes. Par ailleurs, des activités liées à l'artisanat devaient probablement s'y dérouler bien qu'aucune trace ne nous soit parvenue. En revanche, l'absence d'équipements de commodité, tels que des banquettes, ne milite pas en faveur d'espaces d'agréments dédiés à une sociabilité oisive.

Le mur de clôture

À Kafr ʿAqāb, les murs d'enclos sont les parties des maisons qui ont le plus souffert[31]. Aucun ne rend compte de sa hauteur totale. Les élévations les mieux préservées dépassent le seuil des accès de l'étage des bâtiments d'habitation (M. 05). Il existe des clôtures construites en appareil à double parement polygonal (M. 49a et c), mais l'appareil orthogonal à parement simple est beaucoup plus fréquent (**fig. 108, 109 et 110**). Les tronçons partiellement conservés témoignent de clôtures soignées constituées de blocs bien équarris, à l'image des bâtiments qui leur sont associés. Ce fait place les maisons du village dans une tendance particulièrement répandue en Apamène, à l'opposé de l'architecture domestique des chaînons nord où les murs de clôture se limitent pour la plupart à des constructions élevées en moellons[32].

La clôture permet d'abord de définir l'espace privé d'une propriété et d'en préserver l'intimité. Loin de jouer le rôle défensif d'une véritable enceinte, le mur répondait simplement au souci de fermeture et de protection vis-à-vis de l'extérieur. Le mur d'enclos est indispensable à la sécurité des biens domestiques ainsi qu'à celle des membres de la famille. Il revêt aussi une fonction dissuasive destinée à repousser autant les tentatives des bêtes sauvages que celles d'éventuels pilleurs qui sévissaient parfois dans la région en période d'insécurité[33]. Le mur permettait enfin de contenir le bétail à l'intérieur de l'enceinte domestique.

29. M. 04, M. 70, M. 81a
30. Les cuves de pierres destinées au stockage se trouvent dans les cours des maisons M. 27, M. 29, M. 44, M. 68, M 70 et M. 81.
31. Lors des diverses phases d'occupations tardives du village, les murs de clôture devenus superflus ont souvent été démantelés au profit des bâtiments d'habitation.
32. Sodini et Tate 1984, p. 388.
33. Pottier 2006, p. 147-170.

Fig. 109 — *Mur de clôture de la construction C. 25 (© B. Riba).*

Fig. 110 — *Mur de clôture de la cour arrière de la maison M. 01 (© B. Riba).*

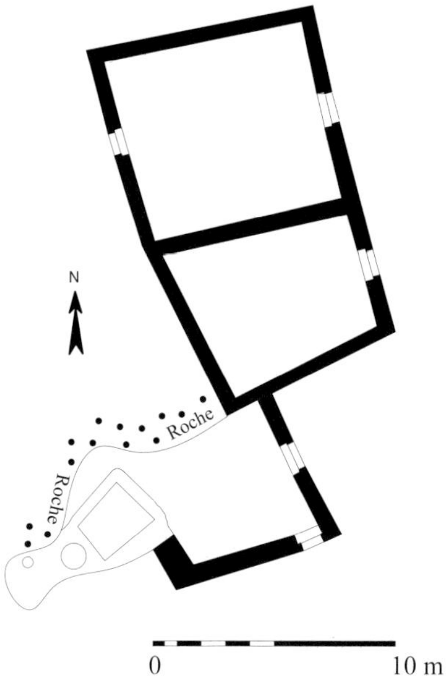

Fig. 111 — *Plan de la maison M. 14 (© B. Riba).*

Les dépendances (ou annexes)

Les dépendances peuvent être classées en trois catégories : les installations spécifiques à la fabrication du vin ou de l'huile, les locaux associés à ce type de production, et les pièces souterraines excavées sous les maisons ou à proximité. Les unités d'habitation pourvues de telles dépendances sont rares. Au IVe siècle, il en existe une seule (M. 75) (**fig. 43**). Au siècle suivant, trois habitations seulement sur les 23 nouvellement construites possèdent une annexe (M. 14, M. 30, M. 16). Enfin, au VIe siècle, quatre ensembles domestiques sur huit en sont dotés. Ainsi, malgré l'accroissement de leur nombre au cours de la période protobyzantine, les annexes restent peu fréquentes sur le site.

Les installations oléicoles et vinicoles

Trois unités d'habitation possèdent des aménagements liés à la fabrication du vin ou de l'huile[34]. Un fouloir est associé à la maison M. 14 (**fig. 111**) ; un second, plus grand, est rattaché à l'exploitation M. 05 (**fig. 96**) ; enfin, une véritable huilerie jouxte la maison M. 70 (**fig. 94**). Ces installations occupent toutes une place particulière au sein de l'espace domestique. Les fouloirs des exploitations M. 05 et M. 14 sont relégués dans l'arrière-cour ou à l'angle sud-ouest de l'unité d'habitation tandis que l'huilerie est située en périphérie de la maison M. 70. À l'inverse d'un nombre assez important d'aménagements agricoles de la région implantés dans la cour principale ou au rez-de-chaussée du bâtiment d'habitation, ceux de Kafr ʿAqāb ne sont jamais pleinement intégrés à l'intérieur de l'enceinte domestique. Cette situation peu commune suggère des locaux mis à la disposition d'autres villageois : leur accès, en effet, était également facilité depuis l'extérieur de façon à ne pas troubler l'espace privé des propriétaires. La présence de deux portes, sur les côtés est et sud de la petite pièce associée au fouloir de la maison M. 14 appuie cette hypothèse. L'accès méridional donnant sur l'extérieur était vraisemblablement réservé à la collectivité alors que l'accès oriental, proche du bâtiment d'habitation, desservait la cour privée de la maison. Cette possibilité expliquerait les deux portes ouvrant sur un espace unique aux dimensions réduites à celles d'une simple pièce. De la même manière, l'aire de foulage associée à la maison M. 05 est établie en bordure extérieure de l'arrière-cour afin de la rendre accessible de ce côté. C'est également le cas de l'huilerie de la maison M. 70 construite à l'écart du périmètre strictement privé de l'espace domestique.

34. Une huilerie se trouve à proximité immédiate de la construction C. 28, mais sa situation en dehors de l'enceinte ne semble pas la rattacher à une propriété particulière comme le sont les aménagements associés aux maisons M. 04/05, M. 14 et M. 70.

Les locaux associés aux installations agricoles

Ces locaux identifiés dans au moins deux maisons, M. 70 et M. 14, sont des constructions de plan carré dont la superficie équivaut à celle d'un module. Leur fonction précise n'est pas assurée. Dans l'annexe M. 70c, située à proximité de l'huilerie, deux fenêtres aménagées dans le gouttereau nord suggèrent une occupation humaine[35]. Cette source d'éclairage ne joue pas en faveur d'un espace dédié au stockage de l'huile, car ce produit ne devait être en aucun cas exposé à la lumière afin d'éviter sa fermentation. Certes, les fenêtres équipées de volets pouvaient être obturées, mais un lieu plus confiné tel que les pièces souterraines[36] serait beaucoup mieux adapté à la conservation de ce type de produit. En réalité, cette pièce pourvue d'un étage ne présente aucune différence avec l'organisation d'une simple unité d'habitation. Peut-être faut-il y voir le logement destiné à la main-d'œuvre familiale travaillant dans l'huilerie. L'annexe de la maison M. 14 avait une autre fonction. Le petit espace doté de deux portes était essentiellement un lieu intermédiaire dédié à la circulation : il permettait d'accéder au fouloir à la fois depuis l'extérieur et l'intérieur de la maison. L'installation agricole de la maison M. 05, de son côté, n'est pas directement associée à un local comparable. L'unique espace susceptible d'entretenir une relation avec cette dernière est la pièce nord, M. 05c, qui servait de lieu de transition entre la maison et l'arrière-cour. Cette pièce, pourvue d'un espace rupestre, pouvait également servir à entreposer le produit issu du foulage.

Les pièces souterraines

La rareté des chambres souterraines localisées à l'intérieur des maisons peut être due aux décombres qui en dissimulent les emplacements. Au total, deux habitations seulement en étaient pourvues (M. 30 et M. 75). Ces pièces en sous-sol sont entièrement excavées dans la paroi rocheuse, à l'aplomb de laquelle repose la partie construite du pignon. Les parois portent les nombreuses traces des pics utilisés par les ouvriers lors du creusement. Les modes d'ouverture sont variables. La salle souterraine de la maison M. 75, privée de porte, reste largement ouverte sur la pièce mitoyenne (**fig. 43**) ; celle de la maison M. 30 dessert la pièce principale de la maison par une cavité grossièrement aménagée dans un front de taille (**fig. 112**). Ces pièces ont en commun une cavité circulaire aménagée dans le plafond dont l'ouverture est bouchée par des blocs de pierre soigneusement taillés. L'orifice, qui constituait une aération supplémentaire à l'intérieur de ces espaces confinés, permettait surtout d'entreposer certains produits, tel le fourrage, directement depuis la surface sans avoir à passer par l'intérieur de la maison. Ces espaces semblent donc avoir été destinées au stockage. Les aménagements sont rares à l'intérieur de ces salles. Seule la présence d'anneaux destinés à entraver des animaux dans l'annexe de la maison M. 75 laisse envisager, dans ce cas uniquement, la présence de bêtes de somme. La pièce de la maison M. 30, de son côté, ne présente aucune installation spécifique si ce n'est des compartiments sommairement creusés, semblables à des espaces de rangement (**fig. 113**).

Les entrées

Les entrées des maisons aménagées dans les murs d'enclos se situent généralement face au corps du bâtiment principal. Décalées à l'une des extrémités de la clôture, elles desservent directement l'espace de la cour. L'unique entrée qui soit à peu près centrée est celle de la maison M. 81bc (**fig. 114**). Plus rarement, pour des raisons d'ordre pratique, l'entrée s'effectuait par le côté de la cour, à l'instar de l'édifice M. 65 dont la configuration n'a pas laissé d'autres options que cette solution en raison de sa relation avec la maison mitoyenne. C'est également le cas de la maison M. 01 qui n'autorise pas d'entrée à l'opposé du corps de bâtiment compte tenu des escarpements rocheux sur lesquels est calqué le tracé de la clôture. Le plus souvent, les entrées, munies de deux vantaux et d'un système de fermeture ordinaire, présentent des montants appareillés à la clôture (**fig. 115**). D'autres se distinguent par un système élaboré visant à donner un aspect monumental par la mise en œuvre d'un arc, à l'image de l'entrée de la maison M. 68 (**fig. 60**). Des cas semblables ont pu exister dans les maisons M. 04 et M. 12, mais les vestiges sont insuffisants pour l'affirmer. Notons que les porches voûtés agrémentés de banquettes, nombreux dans le ğebel Zāwiye, n'existent pas dans le village. Enfin, certaines entrées étaient mises en valeur par un décor sculpté sur les linteaux (M. 05, M. 11, M. 27, M. 68) ; parfois les extrémités supérieures des montants étaient traitées à la manière de chapiteau-impostes (M. 64, M. 68).

La maison comme noyau social

Le nombre de pièces comprises à l'intérieur d'une maison correspond vraisemblablement, dans la plupart des cas, au nombre de ménages appartenant à un même groupe familial. Il pouvait s'agir de familles conjugales élargies, comme en témoigne une inscription gravée sur l'architrave du portique d'une maison de Bātūtā qui

35. Les murs du local appartenant à la maison M. 14 ne sont pas conservés. Il est par conséquent impossible d'observer la présence d'ouvertures similaires ou bien celle d'un éventuel étage.

36. Sur les conditions de conservation de l'huile, voir Callot 1984, p. 106.

Fig. 112 — *Entrée de la chambre souterraine de la maison M. 30 (© B. Riba).*

Fig. 113 — *Intérieur de la chambre souterraine de la maison M. 30 (© B. Riba).*

Fig. 114 — *Entrée principale de la maison M. 81bc (© B. Riba).*

Fig. 115 — *Entrée principale de la maison M. 27 (© B. Riba).*

nomme un certain Marianos et ses fils[37] ; ou d'une famille composée de plusieurs ménages ainsi que l'indique une inscription gravée sur le linteau d'une maison de Brād qui mentionne trois frères, Ourbikos, Andronikos et Markos, fils de Longinos, et leurs enfants[38]. Les familles étendues au personnel servile sont aussi attestées à Millis où l'esclave de Maximina se fait construire une tombe par ses maîtres[39], et dans le ǧebel Waṣṭāni, à Besandīna, où l'on connaît un certain Germanos, esclave d'Antipatros et de Kyrillas. À Kafr ʿAqāb, une nouvelle inscription enrichit ce type de témoignages épigraphiques. Les deux lignes en grec gravées sur le linteau de l'entrée principale de la maison M. 68 font état d'une famille composée d'un couple, Eusébios et Antiochia, et de leurs enfants. Contrairement à la maison de Brād où les trois pièces correspondent certainement aux familles des trois frères évoqués dans l'inscription, la question de la répartition des occupants à l'intérieur de la maison M. 68 se pose puisqu'il est fait mention d'une seule famille dans une bâtisse construite d'un seul tenant avec deux pièces dès l'origine. Faut-il en déduire que l'inscription nomme une seule famille sur deux ? Certainement pas. Il paraît évident que les membres de la famille d'Eusèbe et d'Antiochia occupaient les deux pièces, bien qu'il soit impossible d'en déterminer ni le nombre ni la répartition. La seconde pièce pourrait avoir été réservée à l'un des enfants en âge de former une famille conjugale. Les autres enfants, en admettant qu'ils aient été plusieurs, demeuraient peut-être avec le couple parental dans la pièce voisine. Une autre solution serait de

37. *PAES* III B, 1201 ; *IGLS* II, 391.
38. *PAES* III B, 1175 ; *IGLS* II, 359 ; voir également *IGLS* II, 436.
39. *PAES* III B, 1072 ; *IGLS* II, 650.

concevoir plus simplement une pièce dédiée aux parents, l'autre consacrée aux enfants. Les hypothèses peuvent se multiplier si l'on admet que les pièces du rez-de-chaussée pouvaient être habitables, comme nous l'avons souligné plus haut. Ainsi, s'il est probable qu'une pièce abritait le plus souvent un couple, comme l'envisageait G. Tate, la distribution des membres d'une famille à l'intérieur d'une unité domestique relève de réalités plus complexes, bien difficiles à appréhender par le biais de l'archéologie. Quoi qu'il en soit, l'inscription de la maison M. 68 constitue un témoignage supplémentaire qui présente la maison comme cadre de vie familiale.

Aucune trace apparente ne livre d'indication concernant une quelconque hiérarchisation spatiale à l'intérieur des maisons. L'étude a montré que les unités d'habitation sont toutes construites selon un schéma similaire fondé sur un module architectural de base. Les pièces, aussi sobres les unes que les autres, semblent placer tous les membres de la maison sur un pied d'égalité. La répartition et la nature du décor n'offrent pas non plus de précisions : l'importance d'une pièce en particulier n'est jamais soulignée par un vocabulaire ornemental spécifique. Dans la plupart des cas, les façades sont totalement dépourvues de décor. Seul le portique exposé devant les bâtiments d'habitation est parfois orné, essentiellement au niveau de l'étage doté d'élégantes colonnades coiffées de chapiteaux finement sculptés ; le niveau du rez-de-chaussée, en revanche, se compose souvent de simples piliers surmontés de chapiteaux moulurés. Cette distinction n'est cependant pas systématique, et la présence d'un décor plus raffiné à l'étage résulte plus de sa situation ostentatoire que d'une volonté d'exprimer une hiérarchie à l'intérieur de l'espace domestique. En fin de compte, si une hiérarchie entre les individus doit certainement être admise au sein des maisons, elle ne se traduit ni par l'architecture ni par l'ornementation. L'unique indice concret sur ce point est l'inscription de la maison M. 68 qui livre les noms du couple parental, laissant dans l'ombre les autres membres de la famille et les éventuels conjoints qui occupaient la pièce voisine. C'est donc bien, comme attendu, sous l'autorité parentale que l'ensemble de la maisonnée était placé. Il n'est pas dénué d'intérêt de relever le nom de la femme qui n'est pas toujours mentionné à côté de celui de l'homme dans les inscriptions du Massif calcaire.

Le groupe familial, sous la tutelle du couple parental, se partage différents espaces à l'intérieur des bâtisses à pièces multiples. Cet état de fait est attesté par l'épigraphie : dans la maison de Brād mentionnée ci-dessus, les trois pièces étaient occupées par les trois frères nommés dans l'inscription[40]. Selon toute vraisemblance, une organisation comparable a eu lieu à l'intérieur des maisons de Kafr ʿAqāb. Architecturalement, cette organisation se traduit en particulier dans les maisons M. 27 et M. 70, construites d'un seul jet, à l'intérieur desquelles des pièces mitoyennes sont précédées par un portique propre à chacune, à l'inverse d'un portique continu tout au long de la façade. Ces séparations déterminent des espaces bien distincts destinés à individualiser chaque foyer au sein de l'unité domestique. Dans la maison M. 70, le nombre des pièces, leurs dimensions, l'huilerie et divers témoignages archéologiques liés à l'économie domestique ont montré qu'une habitation pouvait accueillir plusieurs familles organisées au sein d'un vaste ensemble domestique conçu comme une grande exploitation familiale. Il en était de même, à différents degrés, à l'intérieur de chaque maison villageoise où les membres d'une famille participaient activement au bon fonctionnement de l'unité domestique.

L'occupation des maisons était donc fondée sur une forte cohésion familiale. À la différence du système de la *villa* romaine régie par une hiérarchisation stricte des espaces, et dans laquelle les occupants ont un statut nettement défini, les maisons du village, parfaitement homogènes, ne livrent aucune distinction apparente sur ce point. Aussi, le nombre, pas plus que la répartition et la nature des liens de parenté entre les occupants d'une maison, ne peuvent être précisément définis dans la plupart des cas. Même le nombre de familles, suggéré par celui des pièces, reste incertain. Si chaque pièce accueillait probablement un couple, le nombre d'enfants, dans le cas où le couple en possédait, échappe entièrement, tout comme la présence éventuelle d'esclaves dont on ignore la place au sein la famille. Il faut également rappeler l'incertitude qui pèse sur la destination exacte des espaces du rez-de-chaussée.

Ainsi, les pièces permettent simplement d'estimer le nombre d'occupants et d'évaluer l'organisation et le développement des maisons. L'architecture modulaire est un moyen pour les villageois, dans le cas d'un élargissement du noyau familial, d'agrandir l'unité d'habitation par l'adjonction de pièces supplémentaires comme ce fut le cas dans les maisons M. 68, M. 72 et M. 81. D'un point de vue architectural, la maison évolue donc conformément au développement du groupe familial.

Les techniques de construction

L'appareil orthogonal à parement simple est adopté par l'ensemble de la communauté villageoise au cours de la période protobyzantine. Les blocs orthogonaux disposés à joints secs remplacent les murs à double parement polygonal caractéristiques de la première phase d'occupation du site. Dès lors, les maisons élevées en pierre de taille sont dignes des constructions autrefois

40. *IGLS* II, 359.

réservées à certains privilégiés[41] et aux monuments tels que les temples et les églises. À Kafr ʿAqāb, ce mode de construction apparu dans les dernières années du IVe siècle est précoce par rapport aux maisons des chaînons nord pour lesquelles ce changement intervient seulement aux alentours de 450. Il se réalise au même moment que la plupart des maisons d'Apamène[42].

Caractéristiques de l'appareil orthogonal à parement simple

L'appareillage orthogonal au Ve siècle

Si les façades des maisons sont très souvent mal préservées, les angles appareillés en besace et quelques tronçons de murs en place révèlent certaines caractéristiques récurrentes. La plupart des blocs proviennent de la carrière aménagée sur la parcelle même de la maison. La roche mère, parfaitement nivelée, accueille l'élévation verticale des murs du bâtiment. Dans l'ensemble, les bâtiments du Ve siècle présentent des assises régulières composées de parpaings aux dimensions standardisées[43]. Les décrochements sont peu nombreux. Toutefois, la régularité des assises, qui varie sensiblement d'une bâtisse à l'autre[44], permet de distinguer trois types d'élévation. Le premier se caractérise par de légères variations dans la hauteur des assises (M. 06, M. 16, M. 22, M. 37, M. 49, M. 54 et M. 81). Le second présente des assises dont la hauteur décroît légèrement à mesure qu'elles s'élèvent. La maison M. 77, l'une des plus anciennes bâtisses construites en appareil orthogonal à parement simple, est représentative de cette catégorie (**fig. 116**). Enfin, le troisième type alterne assises hautes et assises basses (M. 24, M. 27, M. 68). Les différences entre ces trois catégories n'ont pas une grande importance dans le sens où elles offrent peu d'indices d'ordre économique, technique, ou chronologique dans le cas précis de Kafr ʿAqāb où les constructions sont en très mauvais état de conservation. Elles sont minimes et ne résultent que du choix des constructeurs

41. Dans l'architecture domestique, signalons seulement les maisons de Bāmuqqā, dans le ǧebel Bārīšā, (Tchalenko 1953-1958, II, pl. CXC) et de Benēbil, dans le ǧebel Il-Aʿla (Tate 1992a, p. 36-37). Dans l'architecture funéraire, le tombeau le plus évocateur à cet égard est celui de Deir Mišmiš, dans le ǧebel Semʿān (Lassus 1947a, pl. XX).
42. Sodini et Tate 1984, p. 385 ; Tate 1992a, p. 114 et 125-126.
43. En moyenne, les mesures des blocs sont les suivantes : Ép=45, L=70/80, H=50.
44. Ce type d'appareil peut être nommé « pseudo-isodome imparfait » selon la terminologie utilisée par C. Duvette et Cl. Piaton (Duvette 2012, p. 98 ; Duvette et Piaton 2013, p. 169-197), elle-même empruntée dans Ginouvés et Martin 1985, p. 99.

L'appareil orthogonal au VIe siècle

Au tournant du VIe siècle, un changement intervient dans le mode de construction des maisons. Sept unités d'habitation, parmi les huit nouvelles répertoriées sur le site au cours de la dernière phase d'expansion du village, ont recours à un procédé constructif différent. Celui-ci consiste à abaisser le sol rocheux sur une profondeur pouvant atteindre plusieurs mètres afin de remplacer les premières assises par la paroi rocheuse taillée. Dans la maison M. 21, édifiée à flanc de colline, la paroi rocheuse atteint ainsi le niveau de l'étage (**fig. 102**). Dans d'autres constructions (M. 05 et M. 60), le roc parvient à la hauteur du linteau du rez-de-chaussée (**fig. 106**). Le niveau inférieur de la façade principale de la maison M. 05, quant à lui, est presque entièrement rupestre : les montants de portes et les fenêtres sont directement taillés dans le rocher (**fig. 99**). Dans la même maison, la première assise de bloc du mur de clôture repose au sommet d'une paroi rocheuse dépassant 2 m de hauteur (**fig. 292**). De son côté, la maison M. 20 présente un intérêt particulier dans la mesure où le gouttereau sud mêle à lui seul deux techniques de construction : l'angle conserve l'appareil régulier de la période précédente ; la façade, quant à elle, utilise des blocs de grands modules en intégrant le rocher laissé à l'état naturel du côté du parement externe (**fig. 117**). À l'intérieur, le rocher est parfaitement ravalé.

En règle générale, les dimensions des parpaings orthogonaux qui composent les façades des bâtisses du VIe siècle dépassent de loin celles des blocs de la période antérieure. Certains atteignent 1,50 m de hauteur et leur longueur avoisine parfois 3 m, comme celui qui jouxte le rocher dans le mur de la maison M. 20. L'utilisation d'élements de grand module, de hauteur variable, rompt avec le système d'assises régulières du siècle précédent. Les grands écarts entre les dimensions des blocs entraînent des décrochements dans les assises. En revanche, les angles des bâtiments conservent le plus souvent la même technique qu'auparavant, fondée sur l'emploi de blocs taillés selon des dimensions standard.

Les ouvertures

En dehors des lucarnes étroites destinées à l'aération des espaces intérieurs, les portes et les fenêtres constituent naturellement les ouvertures les plus communes.

Les portes

La combinaison de trois blocs monolithes caractérise les entrées des maisons anciennes (IIe - IVe siècles). Cette technique, progressivement abandonnée à la fin du IVe siècle, est remplacée par une formule de transition qui consiste à la mise en œuvre d'un montant monolithe,

Fig. 116 — *Vestiges de la maison M. 77 (© B. Riba).*

Fig. 117 — *Vestiges de la façade sud de la maison M. 20 (© B. Riba).*

Fig. 118 — *Porte de la maison M. 58 (© B. Riba).*

Fig. 119 — *Portes superposées de la maison M. 77 (© B. Riba).*

Fig. 120 — *Porte de la maison M. 54 (© B. Riba).*

Fig. 121 — *Portes superposées du bâtiment M. 04c (© B. Riba).*

parfois rehaussé d'une arase, auquel répond un montant appareillé à la façade de la bâtisse. Celle-ci, observée dans la maison M. 58 (**fig. 118**), se perpétue dans les bâtiments plus récents M. 54 et M. 59 (**fig. 120**). Cependant, au cours de la période protobyzantine, la grande majorité des portes présente deux montants appareillés destinés à offrir une meilleure résistance aux poussées verticales exercées dans les constructions édifiées en appareil orthogonal à parement simple (**fig. 115**). Au VIe siècle, certaines maisons (M. 05 et M. 60) présentent des montants de porte entièrement rupestres (**fig. 99 et 106**).

Les portes possédaient sans exception deux vantaux dont les dimensions varient selon les cas. Comme toutes les menuiseries, les battants ont naturellement disparu, mais leur présence est révélée par les négatifs et la retaille de la feuillure dans l'épaisseur de l'ouverture contre laquelle ils venaient buter lors de la fermeture de la porte. Aux extrémités des linteaux et des seuils, les cavités rectangulaires servaient à loger la crapaudine qui permettait leur pivotement. Le trou de gâche est également apparent sur le lit inférieur des linteaux. L'embrasure des montants montre rarement les négatifs marquant l'emplacement des traverses de la porte. Le système de verrouillage effectué par le coulissement d'une barre est quant à lui visible dans la plupart des cas.

Afin d'assurer la décharge du linteau monolithique, les ouvertures des bâtiments à étage se superposaient systématiquement (**fig. 119**). Dans certains cas, le lit supérieur du linteau de l'entrée du rez-de-chaussée est également aménagé en seuil de porte de l'étage. Le bloc, à double fonction, présente alors des dimensions considérables : c'est le cas du linteau de la maison M. 52 (**fig. 86**). Le procédé le plus fréquent est la superposition du linteau du rez-de-chaussée avec le bloc de seuil de l'accès supérieur.

Plus rarement, un vide de décharge est laissé entre les deux éléments, selon une technique employée dans certaines constructions du Massif calcaire[45] (**fig. 121**).

Les fenêtres

La répartition et la forme des fenêtres de l'étage sont peu connues sur le site en raison de la disparition du niveau supérieur des bâtiments dans presque tous les cas. Cependant, certains éléments à terre renseignent sur leur morphologie parfois différente de celle des fenêtres du rez-de-chaussée. L'existence de meneaux est notamment attestée par la découverte de deux éléments, l'un aux alentours de l'îlot 08, caractérisé par la présence d'une élégante colonnette torsadée (**fig. 121**)[46], l'autre dans le *wādī* sud, traité à la manière d'un chapiteau ionique (**fig. 122**). Quelques blocs également, disséminés sur l'ensemble du site, indiquent la présence de fenêtres rectangulaires, comparables à celles observées au rez-de-chaussée, qui portent les traces du système de fermeture par le biais d'un volet de bois ou bien d'une grille. Certaines étaient coiffées de linteaux rectilignes moulurés, comme le montrent certains éléments remployés dans des constructions plus tardives (**fig. 124**). On note enfin plusieurs éléments de linteaux échancrés en plein-cintre trouvés dans les débris de la maison M. 59 qui témoignent d'une baie composée de trois fenêtres cintrées. Ce type d'ouverture, plutôt réservé à l'architecture monumentale, pourrait toutefois avoir été emprunté à l'un des bâtiments ecclésiastiques.

Les fenêtres du rez-de-chaussée, mieux préservées, avaient pour fonction d'optimiser la luminosité des pièces moins éclairées à ce niveau par rapport à celles de l'étage. Elles sont fréquentes de part et d'autre des accès de la façade principale. Leur hauteur correspond dans la plupart des cas à celle de l'assise qu'elles intègrent. Les fenêtres peuvent aussi se situer à l'arrière du bâtiment comme dans la maison M. 06 percée de deux ouvertures qui offrent la particularité d'être aménagées entre deux assises (**fig. 125**). La pièce M. 70d présente également deux fenêtres ménagées à l'arrière du bâtiment. Ces dernières sont pourvues d'un linteau monolithe (**fig. 129**).

Comme les portes, l'épaisseur des fenêtres est souvent soulignée par une feuillure ménagée sur les quatre côtés. D'autres étaient simplement créées par un vide laissé entre deux blocs[47]. Trois types de systèmes de fermeture ont été identifiés. Le premier s'effectuait par l'usage d'un volet de bois plaqué contre la feuillure (M. 06) et maintenu par une barre qui venait se loger, par coulissement transversal, dans une petite encoche circulaire. Le volet pouvait également pivoter selon un procédé analogue à celui d'un vantail de porte. Le second s'effectuait par le biais d'une grille maintenue grâce à une série de petits trous aménagés dans l'épaisseur de la feuillure. L'emplacement et la forme des trous, variables d'une fenêtre à l'autre, déterminent le type de grille utilisée. Dans certains cas, les cavités ovales et profondes indiquent un système perfectionné pourvu de véritables barreaux (**fig. 126a**). D'autres ouvertures présentent de petites encoches circulaires qui témoignent de la présence d'une grille moins résistante (**fig. 126b**). Le troisième système de fermeture combine les deux procédés évoqués ci-dessus : le volet est alors doublé par des barreaux horizontaux (M. 05, M. 70). Au besoin d'obscurité s'ajoute ici un souci particulier de sécurité. Enfin, les ouvertures prévues pour aérer les pièces étaient pratiquées dans les murs par un espace étroit laissé entre deux parpaings (M. 05, M 22).

Le sol de l'étage

Les villageois n'ont pas eu recours aux dalles dans leur maison[48]. L'unique exemple connu sur le site est celui de la petite annexe localisée le long de l'enceinte de la construction C. 15 (**fig. 76**), dont la fonction reste obscure. Le sol de l'étage constitué d'un plancher en bois avait l'exclusivité à Kafr ʿAqāb. Naturellement, l'ensemble des éléments du second œuvre a disparu, mais les murs portent l'empreinte de leur aménagement. Les négatifs d'encastrement de poutres et de solives laissés dans les parements déterminent la façon selon laquelle les divers éléments étaient disposés. Les vestiges témoignent de trois types de techniques de mise en œuvre en ce qui concerne le plancher de l'étage[49].

La première, révélée par la maison M. 64, consiste à réduire la portée des poutres par l'installation d'un portique à piliers placé aux deux tiers de la longueur du bâtiment (**fig. 53**). D'un côté les poutres étaient fichées dans les murs pignons, de l'autre dans les encoches pratiquées dans les architraves, à la hauteur des piliers qui leur servaient de supports. Une série de solives était disposée perpendiculairement aux poutres. Ce procédé semble avoir été peu adopté par les villageois : en effet, seules les maisons M. 64 et M. 77 présentent les traces d'un portique à l'intérieur de

45. Voir J.-L. Biscop dans Sodini *et al.* 1980, p. 189, fig. 256.

46. Un doute subsiste cependant au sujet de ce bloc : compte tenu de son épaisseur et de l'absence d'un système de fermeture sur les côtés, celui-ci pourrait avoir servi de pilier dans les maisons pourvues d'un portique intérieur. Ce type de structure est peu diffusé à Kafr ʿAqāb, mais il n'est pas rare de voir dans la région certains piliers de portiques intérieurs ornés de cette façon.

47. Tel est le cas des maisons M. 08, M. 11, M. 64.

48. Les dalles sont essentiellement utilisées en guise de couverture dans des constructions particulières telles que les quatre réservoirs d'eau localisés sur le site. Ce système est également employé comme couverture du porche de l'hypogée H. 12.

49. Voir J.-L. Biscop dans Sodini *et al.* 1980, p. 214-217.

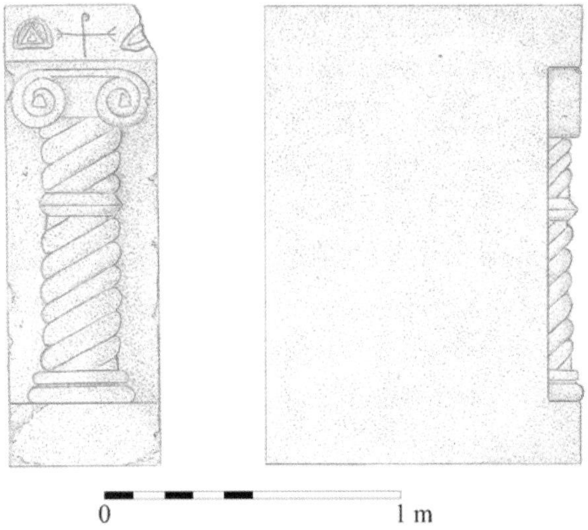

Fig. 122 — *Meneau (?) de fenêtre (© B. Riba).*

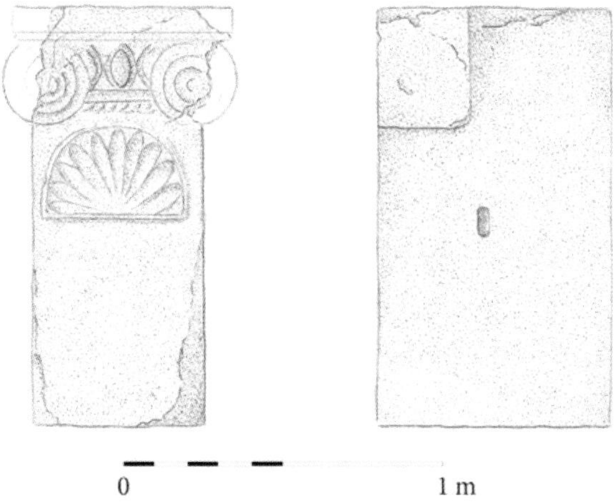

Fig. 123 — *Meneau de fenêtre (© B. Riba).*

Fig. 124 — *Linteau de fenêtre retrouvé dans la maison M. 51 (© B. Riba).*

Fig. 125 — *Fenêtre sud-ouest de la maison M. 06 (© B. Riba).*

a/  b/

Fig. 126 — *Système de fermeture des fenêtres : a/ fenêtre de la maison M. 05 ; b/ fenêtre de la maison M. 72 (© B. Riba).*

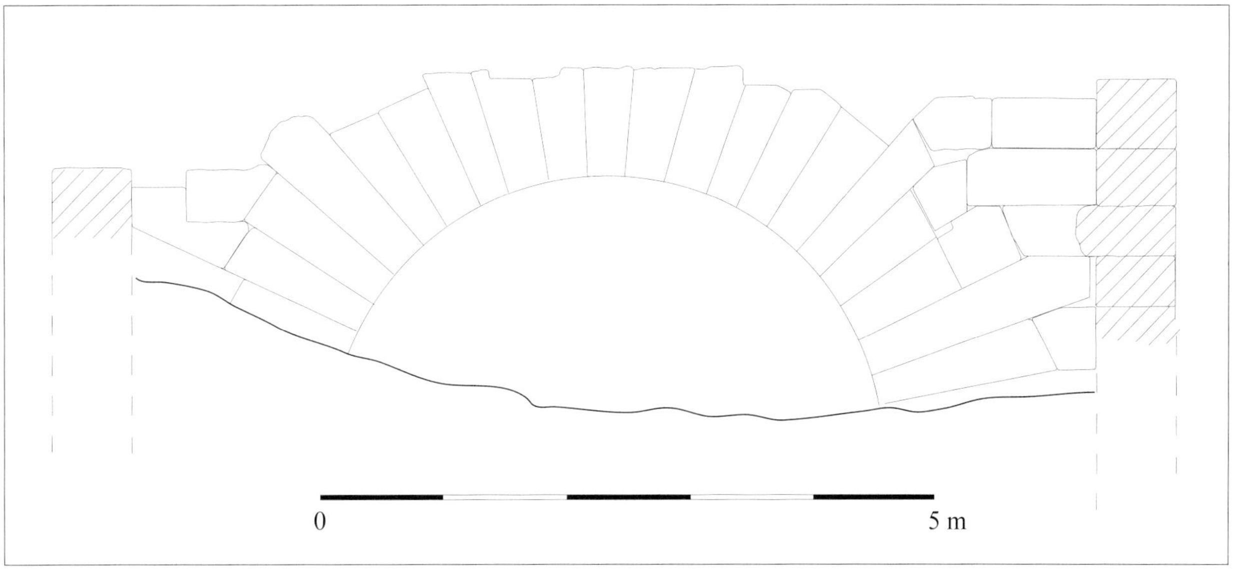

Fig. 127 — *Arcade appareillée de la maison M. 30 (© B. Riba).*

la pièce du rez-de-chaussée. La seconde technique utilisée, observée dans au moins trois maisons, s'effectue par le biais d'un arc longitudinal ou transversal dont le rôle se substitue à celui du portique précédemment évoqué. La pièce ouest de la construction C. 18 place l'arc aux deux tiers environ de la largeur de l'espace. Les arcs transversaux des maisons M. 30, M. 49 et M. 12 sont approximativement situés au centre du bâtiment. L'arc de la maison M. 30 est l'unique représentant de cette catégorie entièrement conservé (**fig. 127 et 128**). Les encoches sur le lit de pose indiquent l'emplacement des poutres disposées dans le sens de la longueur. De part et d'autre de la structure, la portée de celles-ci variait entre 5 et 6 m. Leurs extrémités s'encastraient dans les pignons du bâtiment ; celles des solives se logeaient dans les gouttereaux. La troisième technique, plus fréquente, n'utilise aucune sorte de support. La morphologie des constructions et la disposition des éléments du plancher ne nécessitaient pas de système particulier. La largeur de l'édifice, qui ne dépasse jamais 6 à 7 m, autorise la mise en œuvre de poutres dans les encoches pratiquées dans les gouttereaux. Les trous de solives, quant à eux, sont visibles dans les pignons (**fig. 129**). Le plan rectangulaire et oblong de la plupart des bâtiments était adapté à cette technique qui semble avoir prévalu.

Le mode d'accès à l'étage

L'accès à l'étage ne s'effectue jamais par l'intérieur d'une bâtisse, mais par le biais d'une plate-forme ou, beaucoup plus couramment, par celui du portique. À partir du ve siècle, le premier procédé ne semble s'appliquer qu'au bâtiment M. 11, du côté de sa façade sud. En revanche, l'accès à l'étage par le truchement du portique fait quasiment l'unanimité. Les seuils taillés dans le lit supérieur des architraves, au niveau de la dernière travée, indiquent que les portes étaient toujours situées à l'extrémité du portique. Ils sont bien conservés dans les maisons M. 45 et M. 48. Le système de fermeture révélé par les négatifs laissés dans les seuils est comparable à celui d'une entrée ordinaire (**fig. 130**). Le moyen de parvenir à la claire-voie s'effectuait certainement par des escaliers dont les traces ont aujourd'hui disparu.

Le moyen d'accès à l'étage de la maison M. 81b constitue un cas particulier en raison de la mise en œuvre d'un système mixte alliant le procédé de la plate-forme avec celui du portique. En effet, le portique était pourvu d'une excroissance orientale dotée d'une porte, spécialement conçue pour mettre en place une plate-forme d'accès à l'étage. La série de trous de solives pratiquée à la hauteur de l'architrave montre l'emplacement de la plate-forme en bois aménagée devant l'entrée (**fig. 88 et 92**). Les poutres sur lesquelles reposaient les solives se logeaient, du côté est, dans le mur d'enclos actuellement détruit tandis que, du côté ouest, leurs extrémités étaient soutenues par des piliers. Afin d'atteindre la plate-forme, le système le plus probable est celui d'un escalier en pierre dont les marches s'encastraient dans le mur de clôture, selon un procédé largement répandu dans la région. Ce dispositif ingénieux prévu pour gagner de l'espace sur la cour n'a pas eu de succès dans le village. L'aménagement impliquait la mise en œuvre d'une partie supplémentaire inscrite dans le prolongement du portique qui a pu paraître superflue par rapport au coût de sa construction. Les villageois ont sans doute préféré faire l'économie d'une telle installation au détriment d'un gain de place dans la cour.

Fig. 128 — *Arcade appareillée de la maison M. 30. Vue depuis le gouttereau nord (© B. Riba).*

Le portique

À l'exception des maisons M. 14, M. 20 et M. 54, les bâtiments d'habitation construits au ve siècle portent les traces d'un portique à deux niveaux. Ce dispositif déjà fréquent au siècle précédent s'étend désormais à presque toutes les maisons du village. Il devient indispensable pour des raisons d'ordre pratique et fonctionnel. Le portique, couvert par le prolongement de la toiture du bâtiment jusqu'à l'architrave-corniche, permettait de faire entrer la lumière à l'intérieur de la maison, tout en protégeant cette dernière des intempéries en hiver et des grosses chaleurs en été. En dehors de son rôle de transition entre l'intérieur et l'extérieur du bâtiment d'habitation, il constituait également un espace de circulation fondamental qui assurait la communication entre les pièces de l'étage.

Le portique est un assemblage d'éléments d'architecture verticaux et horizontaux ajustés à joint sec et maintenus, comme les murs latéraux auxquels ils s'intègrent, par simple gravité (**fig. 132**). Une série de supports porte une architrave sur laquelle repose une seconde série d'éléments porteurs soutenant une architrave-corniche. Cette dernière, qui reçoit l'avancée de la toiture, permettait le plus souvent de récupérer les eaux de ruissellement pour canaliser celles-ci, par le biais d'un chéneau taillé dans son lit supérieur, vers une descente qui acheminait le liquide vers une citerne. Le raccord des murs latéraux des portiques avec les façades des maisons est rarement visible étant donné l'état délabré de la plupart d'entre eux. Néanmoins, un grand nombre ne semblent pas avoir été chaînés, laissant un « coup de sabre » entre les deux constructions. Le plus souvent, cela est dû à deux phases de constructions appartenant à un chantier unique. Dans certains cas cependant, le portique a pu être conçu postérieurement[50].

Les travées de l'étage étaient fermées par des plaques de parapet. La tranche de celles-ci se logeait dans les rainures creusées dans l'épaisseur des piliers ou des colonnes qui assuraient leur maintien. Aucun parapet n'a été trouvé à sa place initiale. Ces éléments ont essentiellement été découverts de façon fragmentaire aux alentours des maisons ou bien à leur point de chute. Les travées du rez-de-chaussée pouvaient également être obturées, comme dans les maisons M. 64 et M. 81b. La présence du plancher est attestée par les encoches pratiquées dans les blocs d'architrave auxquelles répondent les encoches aménagées dans les façades des bâtiments. Ces négatifs servaient à accueillir les poutres sur lesquelles étaient disposées les solives.

À partir de la fin du ive siècle, les portiques tendent à se complexifier : la mixité, piliers et colonnes, se généralise au détriment des portiques exclusivement composés de piliers et les moulures sur les chapiteaux et les architraves deviennent systématiques. Les ordres se mêlent parfois au sein d'une même structure (M. 68). Les colonnes, quant à elles, reposent sur des bases moulurées (**fig. 131**). L'organisation la plus courante comprend une rangée de piliers au niveau du rez-de-chaussée[51] et une colonnade à l'étage. Le rapport du portique avec le bâtiment qu'il précède est variable. Dans certains cas, le portique d'une grande maison est sectionné par des murs latéraux inscrits dans le prolongement des refends afin que chaque pièce possède sa propre portion. Les habitations M. 27, M. 70 et M. 81 présentent une telle organisation. Le portique peut aussi se prolonger sans rupture sur toute la longueur d'un bâtiment à plusieurs pièces, comme dans les maisons M. 58, M. 63, M. 72ab, M. 68 et M. 77, auxquels pourraient s'ajouter M. 16, M. 17 et M. 22 bien que les vestiges très ruinés empêchent de l'affirmer avec certitude. En règle générale, une pièce, c'est-à-dire un espace aux dimensions d'un module, est précédée d'un portique à quatre travées. Le petit portique à deux travées de la maison M. 48 (ive siècle) reste un cas exceptionnel sur le site (**fig. 39**).

50. L'état des vestiges ne permet pas de rendre compte, dans la plupart des cas, de l'ajout postérieur d'un portique, comme cela a pu être constaté dans certaines maisons du village de Deḥes (Sodini *et al.* 1980, p. 138).

51. Les maisons M. 39 (ive siècle), M. 30 (ve siècle) et M 01 (vi^e^ siècle) sont les seules à posséder une colonnade au niveau du rez-de-chaussée.

Fig. 129 — *Pièce M. 70e : encoches de poutres et de solives destinées au plancher de l'étage (© B. Riba).*

Fig. 130 — *Portique de la maison M. 45 avec seuil taillé dans l'architrave du côté ouest (© B. Riba).*

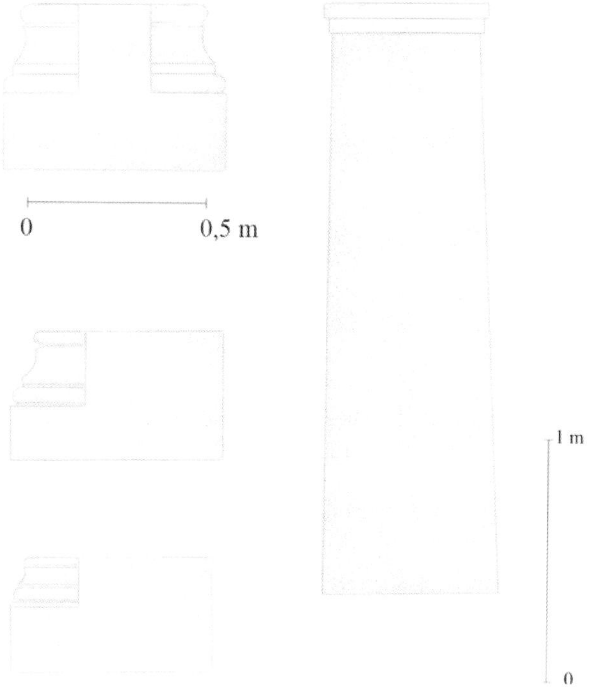

Fig. 131 — *Éléments de portique à colonnes provenant des maisons M. 29 et M. 30 (© B. Riba).*

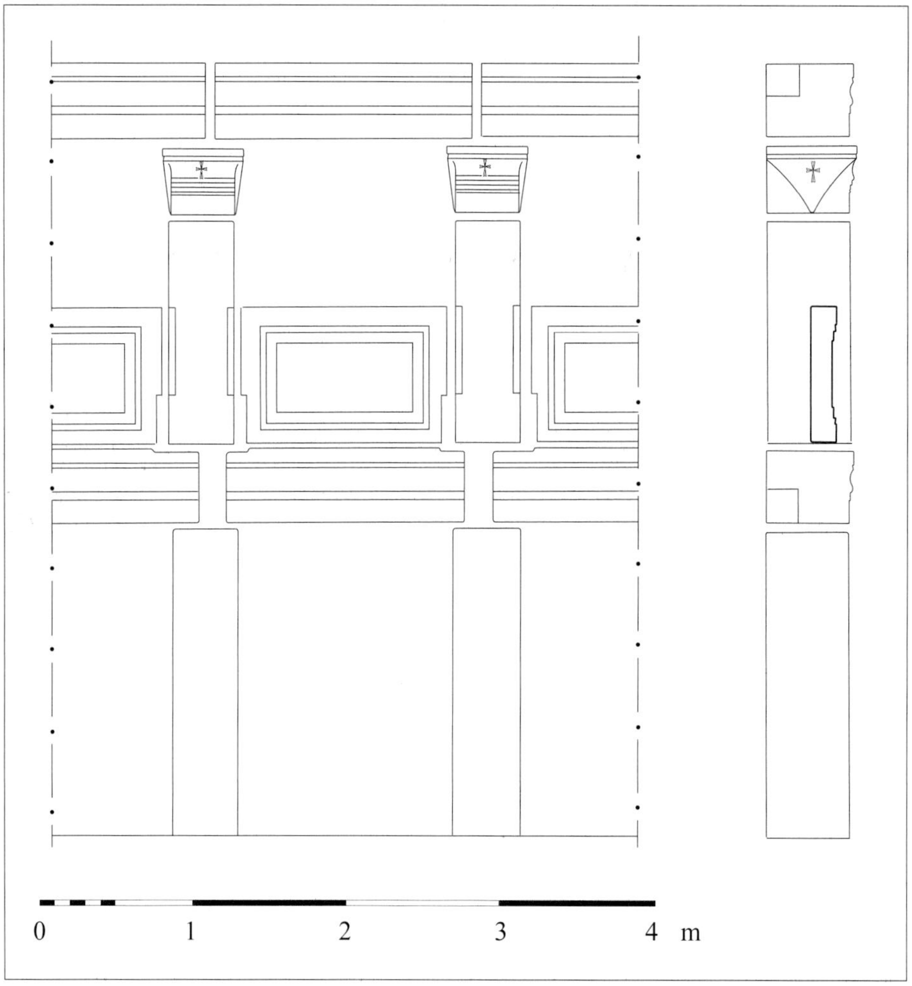

Fig. 132 — *Restitution détaillée de l'élévation du portique à piliers de la maison M. 81b (© B. Riba).*

La toiture

Le mode de couverture utilisée dans les maisons est peu propice à l'étude à Kafr ʿAqāb dans la mesure où aucun bâtiment n'est conservé sur toute sa hauteur. Certains indices retrouvés dans les débris livrent toutefois quelques informations, mais le meilleur témoignage qu'il soit donné de voir dans le village est à chercher du côté de l'architecture funéraire : le couvercle en pierre du sarcophage S. 01 reproduit en effet le toit en bâtière, couvert de tuiles, traditionnel dans la région[52] (**fig. 359**).

La morphologie des bâtiments du village, de plans rectangulaires, se prête tout à fait à ce type de couverture. Cela est confirmé par la présence de certains éléments découverts dans les ruines tels que les blocs de pignons dont les rampants conservent les encoches dans lesquels s'encastraient les chevrons. Dans le cas des charpentes classiques de toit à double pente, les pannes reposaient sur les arbalétriers qui eux-mêmes prenaient appui aux extrémités des entraits disposés à intervalles réguliers, parallèlement au pignon. Les entraits étaient logés dans les gouttereaux. La charpente était recouverte de tuiles disposées selon l'alternance de *tegulae* et d'*imbrices* représentée sur le couvercle du sarcophage S. 01 : ces tuiles ont la forme de grandes plaques bordées d'un bourrelet qui permettait le maintien des couvre-joints. Dans le cas présent, le couvercle de la sépulture n'est pas une reproduction fidèle des toitures en bâtière, car aucune solution n'est proposée au niveau du faîtage. L'engravure d'un toit à double pente de l'auvent d'un

52. Les éléments de toiture reproduits en tant que décor sculpté sont connus dans le Massif calcaire. Dans l'architecture funéraire, des couvercles analogues ont été localisés dans les villages voisins de Kafr ʿAqāb, à Ḫarāb Sulṭān et Ṭurīn. Dans l'architecture domestique, des représentations de charpentes sont connues à Brād (*PAES* II B, fig. 348 ; Lauffray 1998, p. 225-230) et à Bātūtā (*PAES* II B, p. 330, fig. 377).

des accès de la basilique de Qalblōze témoigne de la présence au faîte d'une série de tuiles disposées à l'envers[53]. Dans certains villages, comme à Serǧilla ou à Darqītā[54], des refends conservent des traces similaires. Sur le site, un autre type de couverture a été observé : un bloc d'angle de corniche retrouvé à proximité de la construction C. 18, caractérisé par un trou d'encastrement de poutre oblique, atteste de l'existence d'un toit qui se terminait non pas par un pignon traditionnel, mais par une croupe (**fig. 80**).

Le décor

Dans les maisons de Kafr ʿAqāb, le décor sculpté se concentre essentiellement sur les entrées et les portiques. Les modénatures y sont omniprésentes. Le répertoire décoratif s'étend aux chapiteaux de piliers ainsi qu'aux chapiteaux de colonnes parmi lesquels existent les trois ordres classiques inspirés du répertoire gréco-romain. À cela s'ajoutent divers motifs, tels que les médaillons qui agrémentent des éléments d'architecture variés, notamment les plaques de parapet qui se prêtent admirablement à ce type d'ornement.

Les moulures

Les moulures[55], apparues sur les maisons au cours du IVe siècle, ornent principalement les chapiteaux de piliers, les architraves, les impostes et les linteaux. Quel que soit le support où elles se trouvent, la saillie d'une modénature, prononcée dans sa partie supérieure, décroît en allant vers le bas. Trois profils de base récurrents, situés dans la partie haute de la moulure, ont été identifiés et classés par types (**fig. 133**). Les variations n'interviennent qu'au niveau inférieur de la moulure.

Type I : fasce, doucine, anglet, bandeau
Type II : bande biseautée, anglet, bandeau
Type III : fasce, tore, arête, cavet ou gorge, anglet, bandeau

Les chapiteaux de piliers

Les moulures des chapiteaux de piliers ne varient guère au cours de la période protobyzantine. Dans l'ensemble, une place plus importante est accordée aux types I et II (**fig. 134a**). Le type I apparaît pour la première fois dans la maison M. 48, édifiée au IVe siècle, sous la forme d'une modénature étriquée au sommet du chapiteau, laissant pour le reste un large espace vide (**fig. 50c**). Au siècle suivant, ce profil se retrouve dans plusieurs bâtiments de façon plus développée. Il peut aussi constituer une forme complète à lui seul, comme sur les chapiteaux de la maison M. 49. La moulure est parfois précédée d'une fasce supplémentaire comme c'est le cas dans la maison M. 65 (**fig. 135c**). Certains chapiteaux présentent des spécificités, à l'image de ceux de la maison M. 81 (**fig. 135e**) sur lesquels un anglet se place entre la fasce et le reste de la moulure (doucine, anglet, bandeau). Le type II, également utilisé à plusieurs reprises, constitue une forme complète sur les chapiteaux de la maison M. 66. Cependant, ce profil est le plus souvent précédé d'une fasce à l'instar du décor sculpté des chapiteaux de la maison M. 68[56], ou de deux fasces comme les chapiteaux de la maison M. 64 (**fig. 135b**). Le type III, enfin, est représenté par un cas unique observé dans la maison M. 45 construite au cours du IVe siècle : les chapiteaux sont effectivement pourvus d'une gorge (**fig. 134a et 50ab**), moulure qui sera systématiquement remplacée par la doucine au cours des siècles suivants, au moins en ce qui concerne les chapiteaux.

Les architraves

Les profils observés sur les chapiteaux de pilier s'appliquent aussi aux architraves. Là encore, les deux premiers types sont les plus fréquents (**fig. 134b**). Le type I, précédé d'une fasce, apparaît dans plusieurs maisons, toutes époques confondues (M. 01, M. 49, M. 77, M. 81). Certaines, au lieu de ne présenter qu'une fasce, en comprennent deux (M. 44), voire trois (M. 27). Parallèlement, le type II, également courant, se remarque sur les maisons les plus anciennes comme sur les plus récentes. Il peut constituer une forme complète (M. 04, M. 64, M. 65 ou M. 81), ou bien être pourvu d'une fasce supplémentaire (M. 27, M. 44 et M. 45). Le type III, plus rare, existe également à toutes les périodes. Un profil identique à celui observé sur les chapiteaux de la maison M. 45 (fin du IVe siècle) est visible sur l'architrave de la maison M. 30 (début du Ve siècle). On le retrouve encore dans la maison M. 04 dans la première moitié du VIe siècle. Celui-ci se compose de trois fasces, d'un tore, d'une arête, d'une gorge, d'un anglet et d'un bandeau. Sur l'architrave de la maison M. 29, associée à la même catégorie, une seule fasce précède le profil de base.

53. Une description précise des toitures en bâtières, illustrée par des restitutions, est donnée par J.-L. Biscop dans Sodini *et al.* 1980, p. 205-214.
54. Voir les illustrations dans Biscop 1997, pl. 136.
55. La totalité des profils moulurés mentionnés dans cette étude appartient à des éléments d'architecture en place ou bien laissés à leur point de chute.
56. Un chapiteau analogue se trouve dans les débris de la maison M. 51, mais sa situation hors contexte ne permet pas de préciser sa provenance.

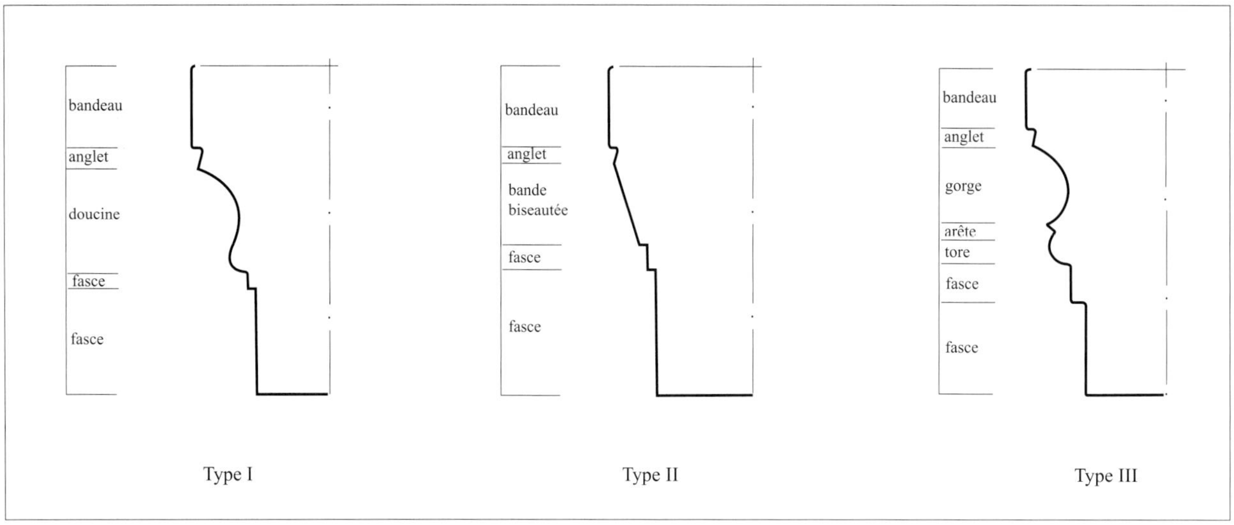

Fig. 133 — *Profils des moulures (© B. Riba).*

Les impostes

Par imposte, il faut entendre trois sortes d'éléments architecturaux. Les chapiteaux-impostes des portiques, les éléments qui ornent les sommets de certains de montants de porte, et les impostes ordinaires qui couronnent les piédroits d'un arc.

Les chapiteaux-impostes sont les éléments placés aux extrémités des portiques. Dans les portiques à piliers, la plupart se caractérisent par un profil proche de celui des chapiteaux ordinaires qui composent le même portique, sans pour autant leur être identiques. En revanche, lorsqu'ils intègrent un portique à colonnes, c'est à l'architrave que les moulures de ces éléments font écho. Par exemple, les chapiteaux-impostes du portique à colonnes de la maison M. 27 répondent à l'architrave du premier niveau. Malgré de petites variantes, tous deux appartiennent au type II. De la même façon, le portique à colonnade de la maison M. 01 se caractérise par des chapiteaux-impostes au décor presque identique à celui de l'architrave (type II), à l'exception d'une bande biseautée légèrement concave (**fig. 134c**). Sur le site, la même moulure caractérisée par une bande concave orne l'imposte de l'arc qui marque le passage entre les maisons M. 11 et M. 12. Elle se retrouve également, dans un autre contexte, à l'intérieur du tombeau des moines.

En ce qui concerne les entrées pourvues de montants de porte traités à la façon d'impostes, les deux seules connues à Kafr ʿAqāb appartiennent au type III. Dans la maison M. 64, le profil de base est précédé d'une fasce ; dans la maison M. 68, légèrement postérieure à la précédente, le profil de base est précédé d'une large fasce, d'une arête et d'un tore (**fig. 60**).

Dans la catégorie des impostes ordinaires destinées à recevoir des arcs, l'absence du type I est notable. Les impostes localisées dans les maisons M. 68 et M. 27 appartiennent au type II. L'imposte *in situ* de M. 68 présente une fasce, une bande biseautée, un anglet, un bandeau ; celles de M. 27, dépourvues de fasce, se réduisent simplement au profil de base. L'imposte de l'arc aménagé entre les maisons M. 11 et M. 12 appartient au même groupe. Quant aux impostes localisées dans les maisons M. 17 et C. 19, celles-ci se rattachent au type III. Les éléments de la première maison présentent une composition classique avec trois fasces surmontées d'un tore, d'un cavet, d'un anglet et d'un bandeau. Les deux fasces situées sous le tore sont soulignées par une rangée de denticules. L'imposte du bâtiment C. 19 rompt avec le profil de base ordinaire puisque le tore n'occupe pas sa place habituelle : fasce, tore, fasce, fasce, cavet, anglet et bandeau. Une rangée de denticules est sculptée sur la face latérale. Dans cette catégorie, il convient de mentionner les six impostes situées dans la partie orientale de la construction voisine C. 18, bien que leur appartenance à l'architecture domestique soit douteuse (**fig. 79**). Toutes présentent un profil identique rattaché au type III : fasce, fasce, tore, arête, cavet, anglet et bandeau. Ainsi, les trois édifices qui composent l'îlot 03 se caractérisent par des impostes au profil commun.

Les linteaux

Les moulures gagnent progressivement les linteaux à partir de la seconde moitié du IVe siècle. Elles s'inscrivent à l'intérieur d'un champ trapézoïdal, ou plus

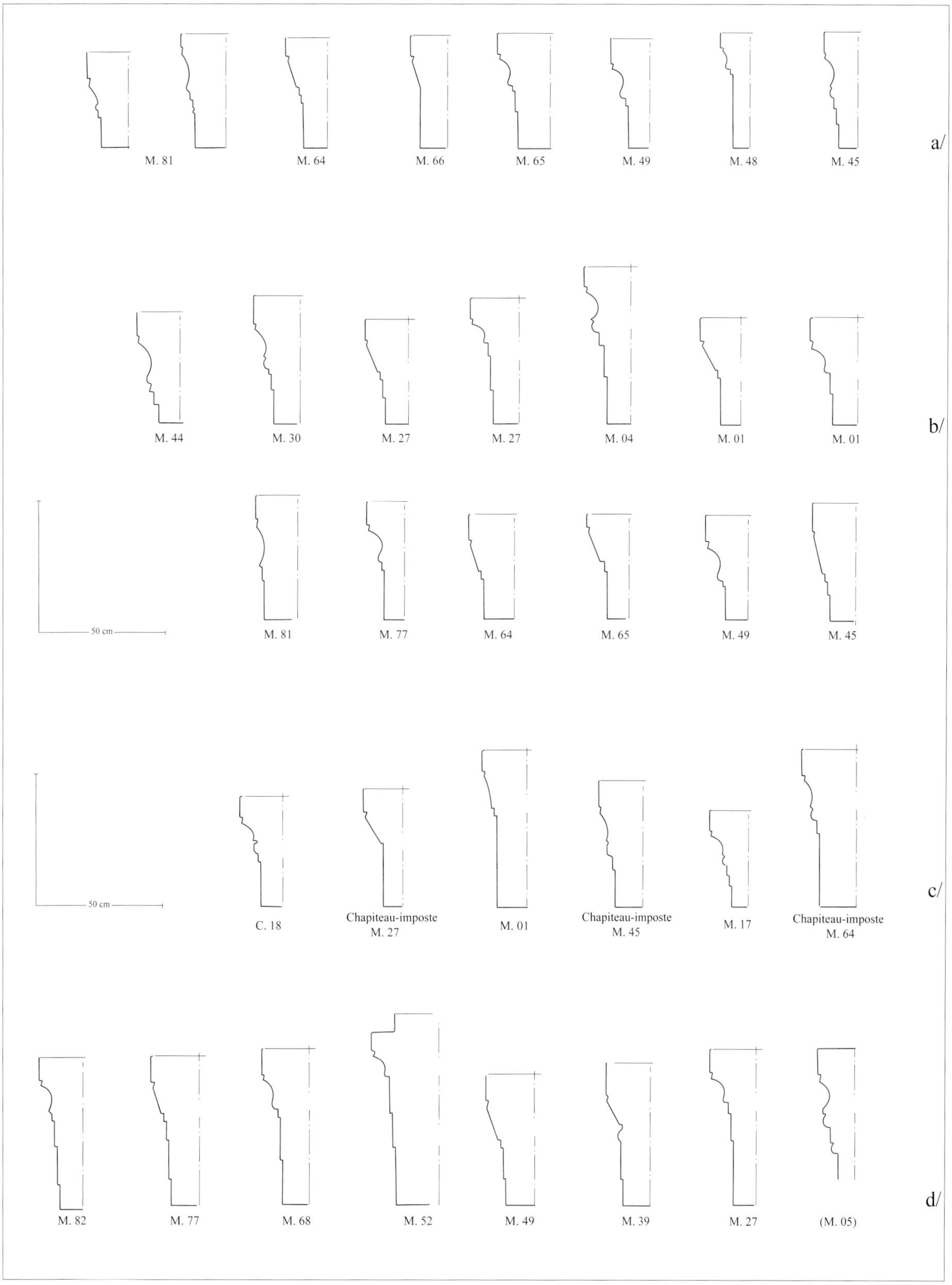

Fig. 134 — *Profils moulurés : a/ profils de chapiteaux ; b/ profils moulurés d'architraves ; c/ profils moulurés d'impostes ; d/ profils moulurés de linteaux (© B. Riba).*

rarement rectangulaire, laissant des espaces lisses sur les côtés et dans la partie inférieure. En règle générale, la moulure débute dès le niveau du lit supérieur du linteau, sauf exception (M. 52). On note également le cas particulier du linteau de la maison M. 11 dont le champ mouluré occupe toute la hauteur du bloc, mais il s'agit certainement d'un remploi provenant d'un monument important (**fig. 252**).

Le type I est représenté dès le début du Ve siècle sur les linteaux des maisons M. 52 et M. 68 (**fig. 134d**). Les moulures offrent deux fasces, une doucine, un anglet et un bandeau. À la même période, les profils de type II apparaissent sur le linteau de la maison M. 49 (précédé de deux fasces), et les maisons M. 77 et M. 11 (précédé de trois fasces). Plusieurs variantes associées à cette catégorie doivent être relevées. Le linteau mouluré le plus ancien, celui de la maison M. 39, présente notamment un tore à la place de la fasce qui précède traditionnellement la bande biseautée (**fig. 36 et 37**). De son côté, le linteau de la maison M. 82 (fin IVe-début Ve siècle) est pourvu d'un cavet à la place de la doucine ou de la bande biseautée (**fig. 149b**). Enfin, le linteau de la maison M. 72 rompt avec toutes les moulures traditionnelles compte tenu de la présence de deux uniques canaux parallèles qui soulignent sobrement le registre inférieur de l'élément (**fig. 149a**).

Quelques remarque à propos des moulures

L'étude des modénatures permet donc de cerner trois types de profils déclinés en plusieurs variantes. Néanmoins, force est de constater que ces dernières laissent peu de place à la créativité des sculpteurs puisqu'elles se limitent, dans la majorité des cas, au retrait ou à l'ajout d'une ou deux moulures le plus souvent représentées par de simples fasces. On note ainsi une permanence des formes empruntées à un répertoire récurent, au détriment de tentatives innovantes.

Quant à leur situation au sein de l'unité domestique, on observe que le choix des moulures n'entretient pas de rapport avec la place qu'elles occupent. Un type spécifique de profil ne se cantonne pas non plus à un élément d'architecture en particulier, les trois types identifiés étant utilisés indifféremment sur les chapiteaux, les architraves, les impostes et les linteaux. De plus, le propriétaire d'une maison ne privilégie pas un profil plutôt qu'un autre : un ensemble domestique peut regrouper à lui seul les trois catégories de moulures. Il n'est pas rare, en effet, que les moulures de l'architrave corniche diffèrent de celles de l'architrave inférieure d'un portique, ou bien que les modénatures des chapiteaux de piliers se distinguent de celles des architraves qu'ils supportent. De cette façon, les moulures judicieusement placées aux endroits les plus visibles se répondaient au sein de l'unité d'habitation, rompant avec la monotonie d'un répertoire peu abondant. Ainsi, malgré le caractère récurrent des profils, la répartition des moulures sur divers éléments d'architecture confère à l'unité domestique une impression de variété et de richesse décorative.

D'un point de vue chronologique, l'étude des moulures ne permet guère de saisir une évolution clairement définie. En effet, les trois types sont employés indistinctement dans les maisons tout au long de la période protobyzantine. Tout au plus peut-on constater, d'une manière générale, que les villageois ont privilégié l'emploi des types I et II, plus classiques, au détriment du type III qui est plus élaboré.

Les chapiteaux de piliers

Les chapiteaux de piliers sont des éléments cubiques d'une hauteur de 45 à 50 cm, dont la base s'adapte à la section du pilier qu'ils couronnent. Ils sont décorés sur trois côtés, laissant lisse la face arrière, moins exposée aux regards. Le corps des moulures varie d'un portique à l'autre. Les types I, II et III sont indifféremment utilisés du IVe au VIe siècle. Dans l'ensemble, les chapiteaux affichent un décor analogue au sein d'un portique. Seul celui de la maison M. 81b déroge à la règle en raison du chapiteau central dont l'ornementation et les dimensions diffèrent des autres (**fig. 92b et 135e**). D'une manière générale, les chapiteaux de piliers de Kafr ʿAqāb se caractérisent par une forte homogénéité. En dehors des moulures classiques qui se retrouvent dans un grand nombre de villages du Massif calcaire, aucune fantaisie ne vient agrémenter l'ensemble de leur composition comme cela a pu être le cas dans certaines localités. À Deḥes, notamment, les chapiteaux de quelques portiques font preuve d'une certaine variété[57]. À l'inverse, les chapiteaux de pilier forment à Kafr ʿAqāb un ensemble d'éléments traditionnels dépourvus d'originalité (**fig. 135**).

Au-delà des profils qui alternent selon les maisons entre les trois types identifiés, les chapiteaux du village ont quasiment tous en commun les consoles triangulaires plaquées sur les côtés, à l'exception de ceux de la maison M. 65 et d'un exemplaire associé à la maison M. 81b. Leur emplacement respecte presque toujours le profil de base (seules les consoles des chapiteaux de la maison M. 81b empiètent sur celui-ci aux dépens de la doucine), mais les moulures inférieures disparaissent à leur profit. La morphologie des consoles varie selon les portiques. Les côtés, jamais strictement rectilignes, peuvent être légèrement incurvés ou bien se distinguer par une concavité fortement

57. SODINI *et al.* 1980, p. 62-63 et p.160-163.

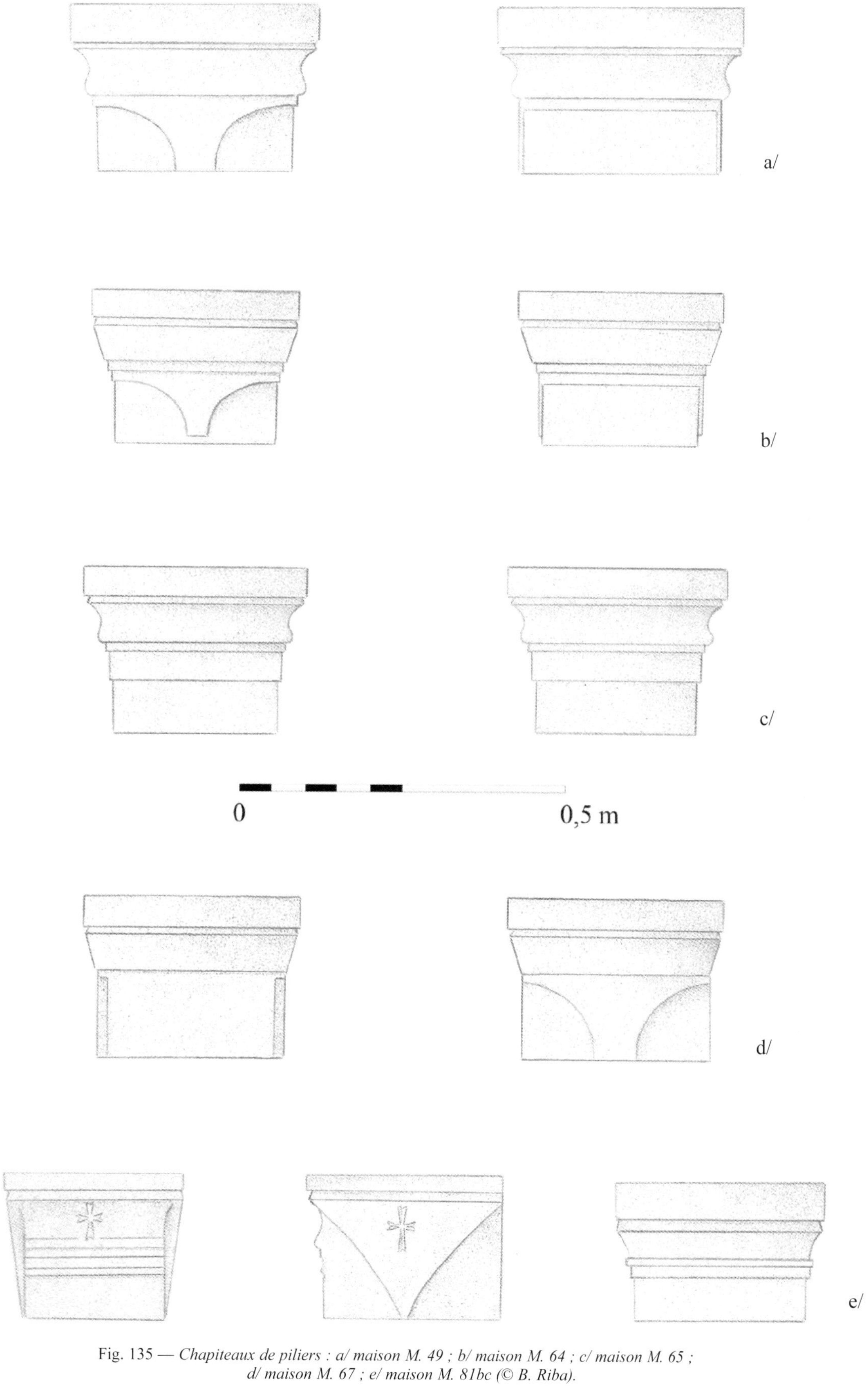

Fig. 135 — *Chapiteaux de piliers : a/ maison M. 49 ; b/ maison M. 64 ; c/ maison M. 65 ; d/ maison M. 67 ; e/ maison M. 81bc (© B. Riba).*

Fig. 136 — *Chapiteaux toscans du portique de la maison M. 39 (© B. Riba).*

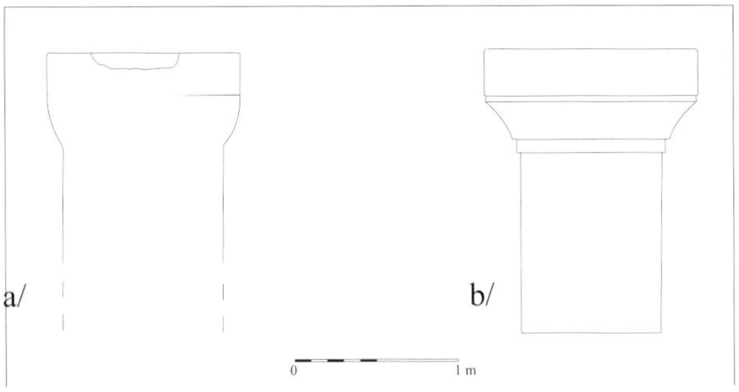

Fig. 137 — *Chapiteaux toscans : a/ maison M. 39 ; b/ isolé dans le quartier E (© B. Riba).*

Fig. 138 — *Chapiteau toscan découvert dans la cour de la maison M. 65 (© B. Riba).*

Fig. 139 — *Chapiteau toscan découvert dans le quartier E, proche de la maison M. 81a (© B. Riba).*

marquée (M. 48). Le plus souvent, la pointe plate atteint la base du chapiteau, il arrive cependant qu'un petit espace soit laissé entre les deux.

Dans la catégorie des chapiteaux de pilier, il convient de s'attarder sur un élément particulier appartenant au portique de la maison M. 04a. Celui-ci sort du lot dans la mesure où sa forme s'apparente à celle d'un chapiteau ionique (**fig. 140**). Le décor apparaît seulement sur deux côtés. La face principale est réduite de moitié par le négatif d'une encoche de poutre qui ne laisse visible sur l'échine plus qu'une volute et une partie du décor. Ce dernier se compose d'une torsade encadrée de deux bourrelets et surmontée, semble-t-il, d'un ove très abîmé. Les palmettes d'angle recourbées vers le bas sont soigneusement sculptées. La volute, constituée de quatre enroulements avec un bouton central plat, montre un raffinement particulier avec des spires fines et bien travaillées. L'abaque plat est séparé de l'échine par un anglet. Le côté du chapiteau, très fruste, ne possède pas de console. Le balustre lisse est entièrement représenté, mais seule une moitié a bénéficié d'un travail plus attentionné, l'autre ayant été juste dégrossie. Ce chapiteau n'a pas fait l'objet d'un remploi tardif comme semble le suggérer au premier abord l'encoche de poutre effectuée aux dépens du décor. Ce trou d'encastrement a effectivement été prévu dès le départ puisque dans le cas contraire, la partie inférieure de la seconde volute aurait immanquablement laissé des traces suite à sa mutilation. Or, la surface, lisse à cet endroit, indique la volonté du sculpteur de réaliser un chapiteau à volute unique. La répartition du décor sur deux côtés et l'emplacement de l'encoche destinée à recevoir une poutre du plancher montrent que le chapiteau se situait à l'extrémité du portique. Son décor est proche de celui des chapiteaux appartenant à la même maison.

Les chapiteaux de colonnes

Les chapiteaux de colonnes, fréquents dans le village, ornaient le plus souvent la claire-voie de l'étage. Dans quelques cas, ces éléments occupent les deux niveaux du portique. Actuellement, aucun d'entre eux ne demeure à sa place d'origine et rares sont ceux laissés à leur point de chute. Un nombre important se trouve donc hors contexte, dans un état de conservation très médiocre. Cibles privilégiées des pilleurs, les éléments les mieux conservés ont pour la plupart disparu. Trois ordres classiques sont représentés sur le site. L'ordre toscan se limite à seulement trois éléments ; en revanche, les chapiteaux ioniques, ou « ionisants », et les chapiteaux corinthiens sont largement diffusés dans le village et de manière, semble-t-il, à peu près égale. La plupart témoignent du haut degré de raffinement acquis par les artisans dès le début du vᵉ siècle.

L'ordre toscan

L'ordre toscan est associé aux habitations construites au début de la période protobyzantine. Il apparaît dans les maisons M. 39, M. 65 et aux abords de la bâtisse M. 81a. Les chapiteaux toscans de la maison M. 39, sans doute les plus anciens du village (**fig. 136 et 137a**), offrent la singularité d'être taillés d'un seul tenant avec leur fût de colonne. Aucun décor superflu n'agrémente ces éléments de facture très rustique. La corbeille se résume à un renflement bombé situé sous l'abaque relativement épais. Le chapiteau découvert dans les débris qui bordent la cour de la maison M. 81a est plus soigné (**fig. 139 et 137b**). Détaché de la colonne qu'il surmontait, celui-ci présente une partie inférieure assez longue (54 cm) inscrite à l'origine dans la continuité du fût. Une croix est sommairement gravée à cet endroit. La corbeille, soulignée par une fasce, se caractérise par une panse biseautée légèrement concave. Elle est surmontée par un abaque épais. Le troisième chapiteau retrouvé dans les débris de la cour de la maison M. 65, datable du début de vᵉ siècle (**fig. 138**), offre aussi une partie inférieure rectiligne qui prolonge la colonne qu'il couronnait. La corbeille, proche par sa forme de celle des chapiteaux de la maison M. 39, présente un renflement atrophié sous un abaque également épais.

Ainsi, les rares représentants de l'ordre toscan appartiennent à des maisons dont les constructions sont à situer entre le ivᵉ siècle et le début du vᵉ siècle. Cet ordre est ensuite supplanté par les chapiteaux ioniques et corinthiens auxquels les villageois restent particulièrement attachés jusqu'à la fin de la période protobyzantine.

Les chapiteaux ioniques

Ce type de chapiteau fait son apparition sur le site vers la fin du ivᵉ siècle. Ces éléments, d'environ 0,50 m de hauteur, possèdent un disque de pose qui mesure en moyenne 0,45 m de diamètre. Les plus anciens sont isolés dans le secteur de l'église méridionale. C'est peut-être au portique, ou à une autre structure liée à l'église dans son premier état qu'il faudrait les associer, mais leurs dimensions et leurs aspects peuvent aussi bien convenir à l'architecture domestique. Ce sont deux éléments caractérisés par une grande sobriété : le décor du premier se résume à un simple médaillon centré sur l'échine ; le second, un peu plus élaboré, présente un médaillon analogue accompagné d'un astragale souligné par une bande torsadée (**fig. 490**). Parmi les premiers chapiteaux ioniques dont la provenance est assurée, il convient de mentionner les éléments localisés dans les débris de la maison M. 77, caractérisés eux aussi par une composition simple avec, sur l'échine, un ove bordé de deux demi-oves (**fig. 141 et 144a**).

Un pas est franchi avec les deux chapiteaux de la maison M. 68. Ces derniers, laissés à leur point de chute, représentent un jalon précisément daté de l'année 405. Tout en conservant l'aspect simple et archaïque des éléments plus anciens, ils ouvrent la voie à une série de chapiteaux caractérisée par un répertoire décoratif plus varié. Le premier offre un éventail déployé sur toute la largeur de l'échine autour d'un demi-bouton plat (**fig. 144b**). Le motif est surmonté d'oves alternés avec des motifs circulaires. Le second montre un médaillon surmonté de quatre oves alignés (**fig. 144c**). On note ici l'apparition de motifs nouveaux, tels que les palmettes d'angle qui deviennent par la suite systématiques au départ de l'enroulement des volutes. Les deux chapiteaux présentent un anglet qui sépare l'échine de l'abaque peu élevé.

Vers le milieu du vᵉ siècle, avec la construction de la maison M. 27, les chapiteaux atteignent ce qui peut être considéré, à l'échelle du village, comme l'apogée de l'ordre ionique (**fig. 142 et 145**). Chaque partie de la composition est mise en valeur par un motif spécifique. L'astragale est matérialisé par une rangée de dents de scie ; l'échine offre une surface ornée d'un médaillon en hélice tandis que sa partie supérieure, en forte saillie, présente un ove central en amande enveloppé d'un bourrelet et bordé de palmettes d'angle. Enfin, les volutes, amples, à trois enroulements et bouton plat central, se caractérisent par des spires larges et profondes. La qualité de ces chapiteaux est l'œuvre d'artisans chevronnés.

Fig. 140 — *Chapiteau de type ionique appartenant à la maison M. 04 (© B. Riba).*

Fig. 141 — *Chapiteau ionique appartenant au portique de la maison M. 77 (© B. Riba).*

Fig. 142 — *Chapiteau ionique appartenant au portique de la maison M. 27 (© B. Riba).*

Fig. 143 — *Chapiteau ionique découvert à proximité de la maison M. 17 (© B. Riba).*

Au cours de la même période, certains motifs deviennent plus fréquents, tels que la torsade qui se diffuse jusqu'à la fin de la période protobyzantine à en juger par le nombre de chapiteaux sur lesquels ce motif apparaît, principalement au niveau de l'astragale. Certains chapiteaux ioniques, agrémentés d'un vocabulaire ornemental assez varié, se distinguent par un raffinement particulier. L'un d'entre eux, découvert à proximité de la maison M. 17, **(fig. 143 et 144d)** présente une succession de motifs très travaillés qui révèle un souci évident du détail de la part du sculpteur. L'astragale, souligné par une bande torsadée, est surmonté d'un cavet finement exécuté, d'une rangée de perles puis d'un motif en éventail constitué de onze branches ancrées. Les palmettes d'angles sont cette fois recourbées vers le haut. Sur les côtés, les consoles se distinguent par les moulures ondulées qui marquent leurs extrémités. Au-delà de ces ouvrages recherchés, on assiste dans quelques maisons du VIe siècle, à un retour vers un répertoire décoratif plus sobre. Un des chapiteaux de la maison M. 04, notamment, revient à l'ove unique sur l'échine, quoique le motif soit entouré d'un décor plus élaboré comparé aux premiers chapiteaux ioniques. Dans la maison M. 70 également, un chapiteau présente un simple médaillon pourvu d'une croix au niveau de l'échine, à l'instar des chapiteaux plus anciens.

À l'exception d'un élément isolé à l'intérieur du bâtiment fortifié, les chapiteaux partagent une caractéristique commune matérialisée par les consoles latérales de forme triangulaire. Ces éléments, plaqués sur leurs flancs, dissimulent les baudriers. Dans la plupart des cas,

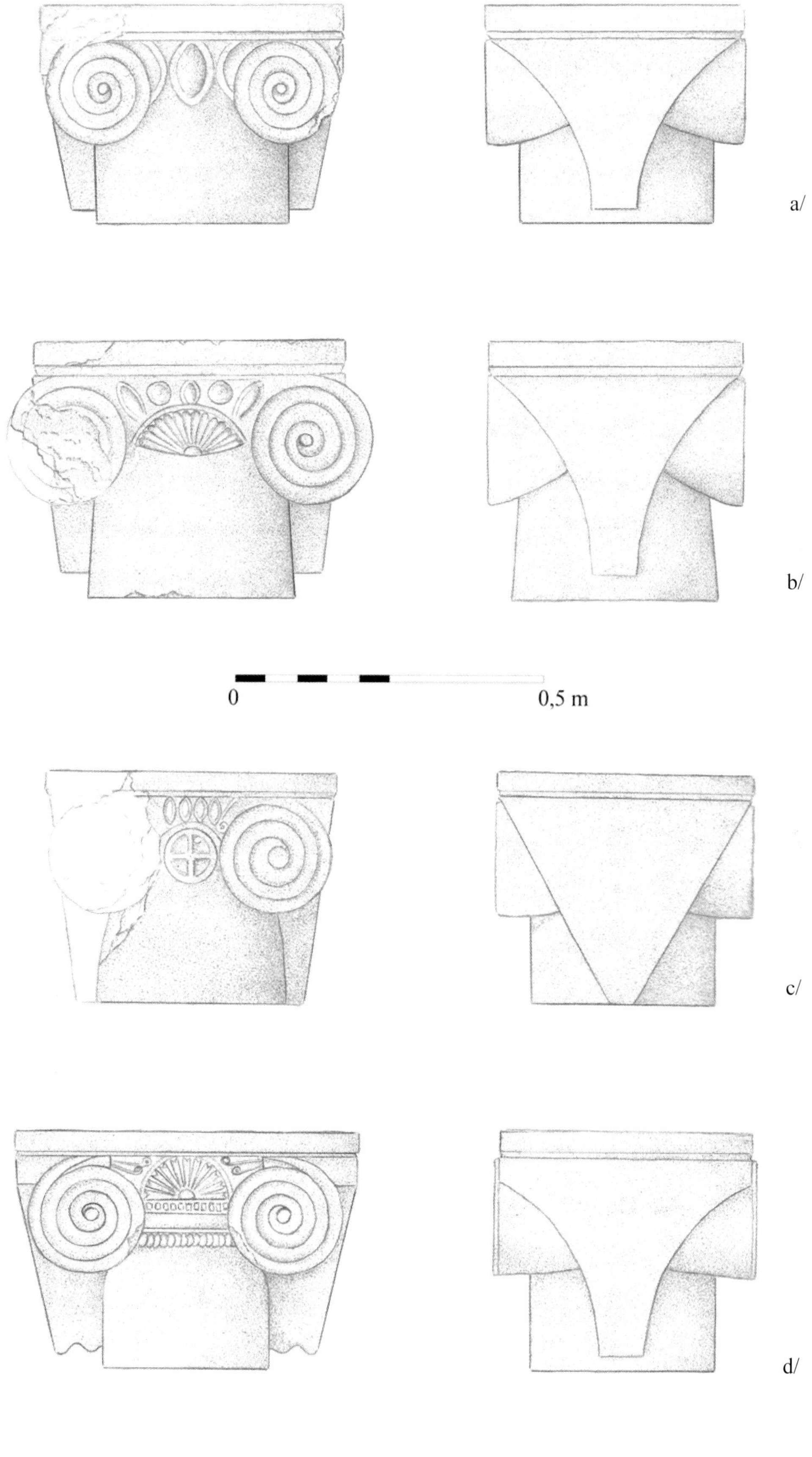

Fig. 144 — *Chapiteaux ioniques : a/ maison M. 77 : b/ maison M. 68 ; c/ maison M. 68 ; d/ maison M. 17 (© B. Riba).*

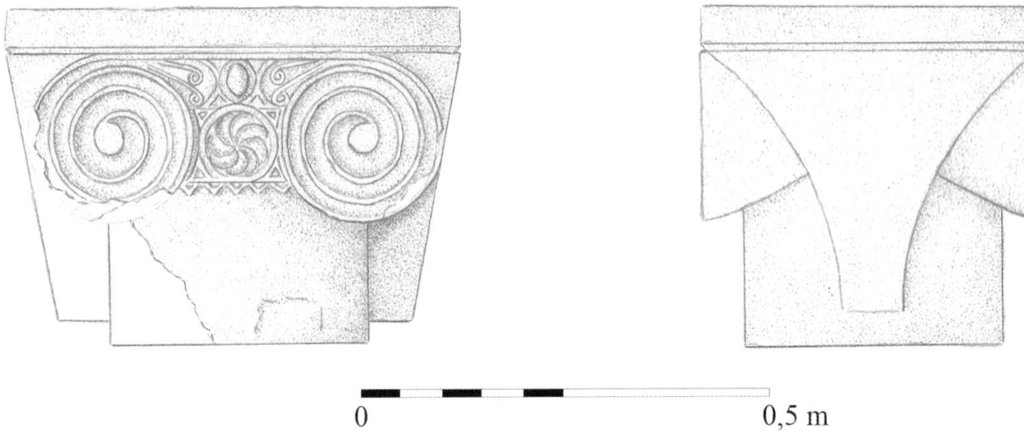

Fig. 145 — *Chapiteau du portique de la maison M. 27 (© B. Riba).*

les côtés sont curvilignes et les pointes plates n'atteignent pas la base du chapiteau. Seul l'un des deux chapiteaux de la maison M. 68 ne répond pas à cette description (**fig. 144c**) : les consoles présentent effectivement des bords rectilignes et une pointe particulièrement fine qui rejoint la base du bloc. Le chapiteau situé à proximité de la maison M. 17 est le seul à posséder des moulures minutieusement sculptées dans l'épaisseur de la pointe. Les balustres coniques des chapiteaux, toujours lisses, sont plus ou moins apparents selon l'incurvation des côtés des consoles qui les recouvrent.

Chaque chapiteau compris au sein d'un même portique offre le plus souvent un décor qui lui est propre. Les éléments appartenant aux portiques des maisons M. 04 et M. 68, laissés à leur point de chute, constituent de bons exemples de cette pratique visant à diversifier le décor sculpté à l'intérieur de l'enceinte domestique. Néanmoins, les chapiteaux identiques du portique de la maison M. 27 prouvent que les commanditaires privilégiaient parfois l'unité ornementale.

Globalement, le chapiteau ionique offre une composition générale et des motifs analogues à ceux que l'on connaît dans les villages du Massif calcaire[58]. Toutefois, à l'inverse de nombreux chapiteaux de la région sur lesquels les volutes présentent des dimensions restreintes, ceux de Kafr ʿAqāb se caractérisent par des volutes amples et bien développées, en laissant une échine suffisamment spacieuse pour insérer un décor de qualité, parfois détaillé et composé de plusieurs motifs. Les sculpteurs semblent avoir acquis une certaine autonomie artistique vis-à-vis de cet ordre. Dans le village, les chapiteaux témoignent en effet d'une certaine liberté artistique, tant au niveau du traitement des différentes parties qui les composent que dans le choix de certains éléments ornementaux particulièrement appréciés, et dont les sculpteurs s'emploient à décliner en plusieurs variantes. Tel est le cas, par exemple, des médaillons, de l'éventail, des oves, ou encore des spires des volutes. Plusieurs parentés ont pu être identifiées avec des chapiteaux situés dans les localités du ǧebel Waṣṭāni, notamment à Mūǧeidela el-Faūqanī[59], à Tannārīyē[60] et à Bašir[61]. Ce constat suggère la présence d'une tendance spécifique qui ne sortait pas, ou peu, du cadre microrégional du ǧebel Waṣṭāni septentrional.

Les chapiteaux corinthiens

L'ordre corinthien connaît un succès égal à celui des chapiteaux ioniques au cours de la période protobyzantine. La maison M. 68 a montré que les deux ordres pouvaient cohabiter au sein d'un même portique : à côté des éléments ioniques mentionnés plus haut, deux chapiteaux corinthiens ont été découverts en parfait état (**fig. 146 et 147**), dissimulés sous les débris. Ces éléments, datés de l'année 405, sont aussi les plus anciens représentants de cet ordre sur le site. Sobriété et élégance sont les termes appropriés pour décrire l'aspect de ces ouvrages sculpturaux composés de deux rangées de quatre feuilles lisses privées de nervures axiales. Les feuilles hautes sont séparées par des caulicoles fins et plats d'où émergent deux feuilles étroites dont les extrémités joignent le sommet des grandes feuilles. De fines volutes jaillissent à leur tour des calices, l'une extérieure dont l'enroulement

58. Sur le décor architectural du Massif calcaire, voir Strube 1993 ; Strube 2002 ; Naccache et Sodini 1989, p. 447-490 ; Naccache 1992.

59. Peña *et al.* 1999, p. 236, fig. 112.
60. Peña *et al.* 1999, p. 239, fig. 125.
61. Peña *et al.* 1999, p. 202, fig. 12.

Fig. 146 — *Chapiteaux corinthiens de la maison M. 68 (© B. Riba).*

terminal s'effectue au sommet des feuilles d'angle, l'autre intérieure, plus petite, qui se termine en hélice au-dessus de la feuille centrale. Le tout est couronné d'un abaque peu épais. Ces chapiteaux constituent la forme sculpturale la plus épurée de l'ordre corinthien. Dépourvus de motifs superflus, ils présentent l'essentiel des éléments constitutifs de celui-ci. Il en est la version la plus élémentaire.

La plupart des chapiteaux répertoriés sur le site reprennent la formule de la corbeille à double rangée de huit feuilles lisses et droites (**fig. 148**). À celles-ci s'ajoutent de multiples motifs dont la forme et le traitement diffèrent selon les cas. Les déclinaisons, très nombreuses, se réalisent essentiellement au niveau des caulicoles, des calices, des volutes et des hélices qui varient au gré des influences, des tendances du moment et des savoir-faire locaux. Certains sont agrémentés de médaillons caractérisés par une croix plus ou moins ouvragée inscrite à l'intérieur d'un cercle. Dans au moins deux cas, M. 01 et M. 70, on relève la présence d'une guirlande comme soutien des grandes feuilles d'angle, motif vraisemblablement issu d'une influence mésopotamienne, notamment du Tur ʿAbdin où celui-ci est très courant. La guirlande se résume ici à une forme stylisée réduite à une simple bande lisse. Elle est assez rare dans le Massif calcaire et se cantonne généralement à des édifices religieux. On la retrouve, notamment, dans le village voisin de Banassara. Enfin, les acanthes pourvues de plusieurs lobes à indentations ne semblent pas avoir été utilisées dans l'architecture domestique : les deux exemplaires de ce type, retrouvés dans les débris des maisons M. 17 et M. 70 doivent sans doute être rattachés à un complexe religieux.

Les linteaux

Les linteaux de la période impériale ne présentent aucune moulure, ni motif décoratif, ni représentation religieuse. Les beaux ouvrages observés dans certaines exploitations romaines, comme à Bāmuqqā ou Benēbil, ne semblent pas avoir eu cours à Kafr ʿAqāb. Sont également absents les linteaux ornés de motifs païens, à l'image de certains éléments observés à Qāṭūra, garnis d'épis de blé ou de couronne de laurier, ou à Ḫarāb Šams, caractérisés pour certains par la présence de disques solaires, de croissants de lune et de bucranes.

Dans le village, le décor sur les linteaux s'affirme au cours de la période protobyzantine sans devenir une règle. L'absence d'ornementation sur les entrées des bâtiments n'est pas forcément signe d'un manque de ressources, car nombre d'entre eux appartiennent à des ensembles domestiques prospères. De nombreuses maisons des Ve et VIe siècles, dépourvues de linteaux décorés en façade, présentent en effet des marques d'aisance évidentes qui suggèrent une liberté de choix dans la répartition ornementale plutôt qu'une contrainte d'ordre économique.

Fig. 147 — *Chapiteau corinthien de la maison M. 68 (© B. Riba).*

Fig. 148 — *Chapiteaux corinthiens erratiques répertoriés sur le site (© B. Riba).*

Au regard des vastes bâtisses parfaitement construites en pierre de taille, dont certaines parties sont soigneusement ornées, les propriétaires semblent bien avoir eu les moyens de s'offrir un décor relativement riche, mais seules les parties les plus exposées sont privilégiées. Cette répartition parcimonieuse du décor résulte d'une certaine retenue de la part des villageois qui pourrait être attribuée à la peur ancestrale de pénurie. Les habitants, prudents, réduisent donc au maximum leurs dépenses.

À l'exception des portiques, les bâtiments d'habitation proprement dits n'ont pas souvent bénéficié d'un décor sculpté à Kafr ʿAqāb. Outre le linteau du bâtiment M. 72a appartenant à la période précédente, caractérisé par un décor très sobre réduit à deux canaux parallèles (**fig. 149a**), les quelques édifices pourvus de linteaux ornés sont les maisons M. 39, M. 82, M. 77 et M. 52 auxquelles s'ajoute la construction M. 11. Leur nombre était probablement plus important, la plupart des façades, très dégradées, ayant été dépouillées de leurs blocs. L'absence de linteaux dans de nombreux bâtiments et la découverte de plusieurs d'entres eux errants à la périphérie du site, ou remployés dans des murs précaires, témoignent de ce phénomène. D'une manière générale, les entrées principales ménagées dans les murs d'enclos des maisons ont bénéficié d'un soin particulier comparé à celles des bâtiments d'habitation, dissimulées en grande partie par le portique qui les précède. C'est le cas des maisons anciennes, M. 64 et M. 68, comme des grands ensembles domestiques apparus plus tard M. 27, M. 70a, b, c et M. 04/M.05. À l'inverse des exploitations du ǧebel Zāwiye richement ornées en façade[62], les maisons de Kafr ʿAqāb se caractérisent par une sobriété inscrite dans une tendance commune aux villages des chaînons septentrionaux.

La formule décorative la plus fréquente sur les linteaux consiste en une moulure inscrite à l'intérieur d'un champ bien défini, souvent de forme trapézoïdale. Plus rarement, certains linteaux affichent simplement une croix, un médaillon ou un chrisme centré sur la surface lisse du bloc. Dans certains cas, les deux types de décors, moulures et motifs sculptés, sont associés sur un même linteau. Les médaillons se placent alors de part et d'autre du champ mouluré (**fig. 149b**) ou bien en occupent le centre. D'autres s'alignent sur l'une des moulures (**fig. 149c**). En dehors des médaillons, les motifs décoratifs sculptés sur une ou plusieurs moulures, assez fréquents dans d'autres localités, n'apparaissent pas sur le site. Les deux linteaux appartenant à cette catégorie,

Fig. 149 — *Types de linteaux de porte : a/ maison M. 72a ; b/ M. 82 ; c/ maison M. 68 ; d/ maison M. 52 ; e/ maison M. 27 ; f/ linteau découvert dans le* wādī *sud qui comporte le début d'une inscription gravée sur sa bande biseautée (© B. Riba).*

62. Dans le ǧebel Zāwiye, les façades ornées ne sont pas rares. L'ornementation des bâtiments évolue essentiellement au cours des ve et vie siècle. Les ouvertures cernées de moulures sur les trois côtés sont fréquentes, les fenêtres prennent appui sur une corniche saillante et les linteaux sont souvent moulurés (Tate 1992a, p. 126-166 ; Naccache et Tate 1995, p. 371-490).

trouvés hors contexte, semblent plutôt rattachés à une architecture monumentale, comme le suggère généralement la présence d'une moulure continue et d'une corniche au-dessus du chambranle, deux caractéristiques étrangères à l'architecture domestique. Le linteau en place de la maison M. 11, qui relève du même constat (**fig. 252**), doit être considéré comme un élément de remploi utilisé dans la construction du bâtiment vers la fin du ve siècle. Enfin, les linteaux constituent des supports privilégiés pour les inscriptions, en raison de leur visibilité au sein de l'enceinte domestique (**fig. 149cd**)[63]. Parmi les six inscriptions grecques répertoriées dans le village, quatre d'entre elles sont gravées sur des linteaux de maisons ; le début d'une cinquième a été repéré sur un linteau brisé découvert dans le *wādī* sud (**fig. 149f**).

Ainsi, le décor sur les linteaux des maisons, apparu dans le courant du ive siècle, devient plus fréquent à partir du siècle suivant et s'applique essentiellement aux entrées principales des unités d'habitation. À Kafr ʿAqāb, on ne relève pas véritablement de tendance commune orientée vers un programme ornemental particulier comme on peut le constater dans certains villages du Massif calcaire caractérisés par une certaine uniformité[64]. Les linteaux présentent au contraire une relative diversité quant à leur répertoire décoratif.

Les médaillons et autres signes chrétiens

Au début du ve siècle, les signes chrétiens rudimentaires, tels qu'ils nous sont apparus dans certaines maisons primitives (**fig. 159**), continuent d'être gravés sur certaines parties des maisons sous forme de *graffiti*. Ce sont toujours des signes élémentaires tracés plus ou moins maladroitement. On les retrouve indifféremment sur les portiques (M. 65), les montants de porte (M. 54), les murs des bâtiments (M. 68, M. 70), les citernes et même sur certains objets utilitaires tels que les boules à moudre retrouvées dans les bâtisses M. 70 et M. 72. Ces symboles, gravés à la hâte, ne sont pas l'expression du niveau social de leurs auteurs[65] dans la mesure où ceux-ci apparaissent dans des exploitations aisées, aux côtés d'éléments architecturaux richement ornés. Leur présence et leur nombre s'expliquent simplement par le fait que leur exécution était à la portée de tout un chacun. Il s'agit souvent d'une main inexpérimentée, hésitante, sans doute celle de l'un des membres de la famille soucieux de placer l'ensemble domestique sous protection divine. Les médaillons[66] nécessitaient en revanche une véritable expérience en matière de sculpture. Apparus dès la fin du ive siècle, ces derniers se partagent entre des représentations de chrismes, de croix déclinées en de multiples variantes, et des motifs profanes tels que les rosaces (M. 48 et M. 69) ou les hélices (M. 82, M. 62, M. 68). Tous ont une valeur ornementale, à laquelle s'ajoute, pour les motifs chrétiens, une vertu prophylactique. La qualité de leur exécution et l'emplacement qu'ils occupent sur les parties les plus en vue de la maison, aux extrémités et/ou au centre des linteaux, sur l'échine des chapiteaux ioniques, sur les impostes et les plaques de parapet, indiquent leur rôle décoratif. Certaines tendances sont perceptibles dans le choix des motifs à l'intérieur des maisons appartenant à la même période. Le linteau daté de 405 (M. 68) (**fig. 149c et 150**) reproduit à lui seul deux modèles de médaillons identiques à ceux placés au même endroit sur le linteau légèrement antérieur de la maison M. 82 (**fig. 149b et 49e**). L'un, une rosace à six pétales, l'autre, un motif en hélice, sont à classer parmi les types de médaillons les plus anciens. Ils se retrouvent plus tard dans la maison M. 62 et sur les chapiteaux ioniques de la maison M. 27 édifiée dans la seconde moitié du ve siècle (**fig. 145**). Cette catégorie de médaillons a connu un grand succès dans l'ensemble du Massif calcaire dès le ive siècle. Sur le site, la rosace en particulier connaît plusieurs déclinaisons dont la plus élaborée, caractérisée par une trame complexe de petits losanges, apparaît sur une plaque de parapet de la maison M. 68 (**fig. 153**) et sur un linteau erratique découvert à l'est du site.

Le chrisme connaît quant à lui toutes sortes de variantes depuis son apparition sur le linteau de la maison M. 48 (**fig. 49b**). Le schéma le plus commun est celui d'un motif composé d'une croix inscrite à l'intérieur d'un cercle dont les quadrants inférieurs sont pourvus de l'*alpha* et de l'*oméga* tandis qu'un quadrant du registre supérieur contient un *rhô*. Le quadrant restant, lorsqu'il ne se réduit pas à un espace vide (M. 62, M. 70), comprend selon les cas un globule (M. 68) ou une petite croix (M. 48). Parfois, le *rhô* est associé à un motif, comme celui du chrisme de la maison M. 48 où la lettre grecque est accompagnée d'un volatile (colombe ?). Certains chrismes présentent seulement, dans la partie gauche de la composition, l'*omega* auquel se superpose le *rhô*. D'autres encore ne sont pourvus que d'un *rhô*, à l'image de celui de la maison M. 69 (**fig. 49c**). C'est également le cas du christogramme à huit branches centré sur un linteau dénué de moulures de la maison M. 30 (**fig. 162**).

63. Sur les inscriptions du village, voir Feissel 2012, p 228-233 ; voir également ci-dessous, p. 146-147.

64. À Deir ʿAmmān, par exemple, la grande majorité des villageois a opté pour un type de décor particulier qui prévoit un champ trapézoïdal mouluré avec un médaillon central.

65. C'était le cas, en revanche, des maisons primitives qui n'avaient pas acquis l'aisance nécessaire pour agrémenter leurs maisons de symboles plus élaborés.

66. Les principaux médaillons sont répertoriés et décrits en annexe.

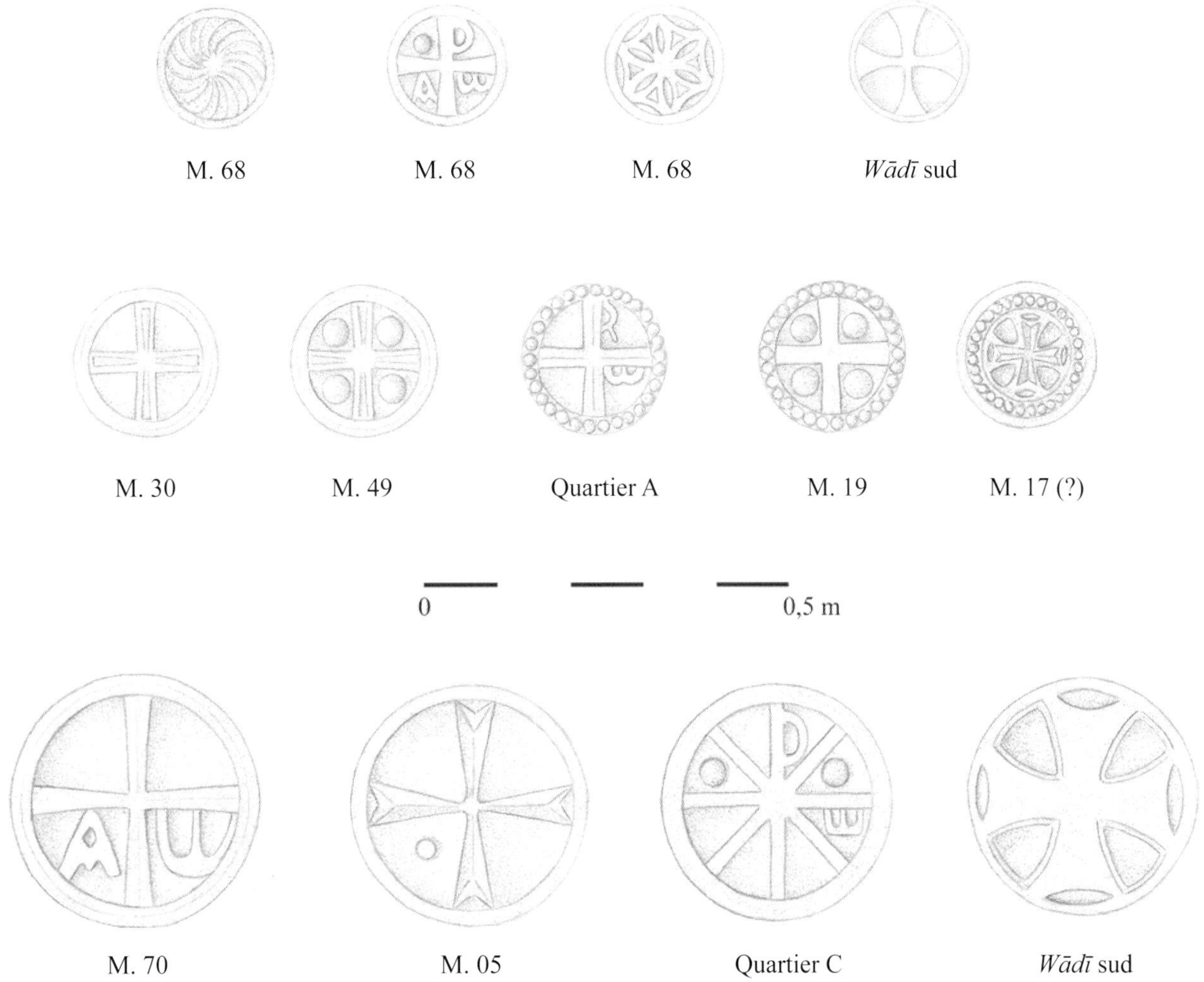

Fig. 150 — *Quelques médaillons sculptés sur des maisons (© B. Riba).*

Le motif est dans ce cas associé à une brève inscription qui célèbre les vertus d'un tel signe. Un linteau erratique situé à l'est du site (quartier C) présente un christogramme plus élaboré, caractérisé par une croix à huit branches entre lesquelles sont insérés l'*alpha*, l'*oméga* et *le rhô* aux endroits habituels, alors que certains espaces restants sont ponctués de globules (**fig. 150**).

Les croix répertoriées sur le site existent partout ailleurs dans la région. Elles peuvent être simples (M. 48, M. 62, M. 69, M. 70), curvilignes (M. 17, M. 44) ou ancrées (M. 05). Les plus simples, à quatre branches, offrent pour la plupart des quadrants vides. D'autres sont pourvus de globules, motif déjà observé sur le montant ouest de la maison M. 82, reproduit plus tard sur des médaillons centrés sur le linteau de la maison M. 49 et sur une imposte de la maison M. 19. Certaines croix possèdent huit branches et sont inscrites à l'intérieur d'un anneau perlé.

La plupart des médaillons retrouvés dans les ruines sont à situer dans le courant du Ve siècle. Les symboles plus récents, comme le chrisme de la maison M. 70 (fin V^e - début VIe siècle) ou celui de la maison M. 05 (VIe siècle), ne présentent pas de véritables différences par rapport aux plus anciens du point de vue de leur facture et de leur composition qui demeurent, somme toute, assez simples. Les principales distinctions observées dans la morphologie des croix et la forme des lettres ne résultent pas d'une évolution stylistique et chronologique. Elles sont simplement le fait du sculpteur. Aucun motif propre à une période particulière ne permet de situer un médaillon dans le temps. Seule l'analyse du contexte dans lequel il se trouve apporte des précisions sur ce point. Les chrismes et les médaillons associés à l'architecture domestique ne sont pas particulièrement élaborés, à quelques exceptions près, telles que les rosaces au tracé géomé-

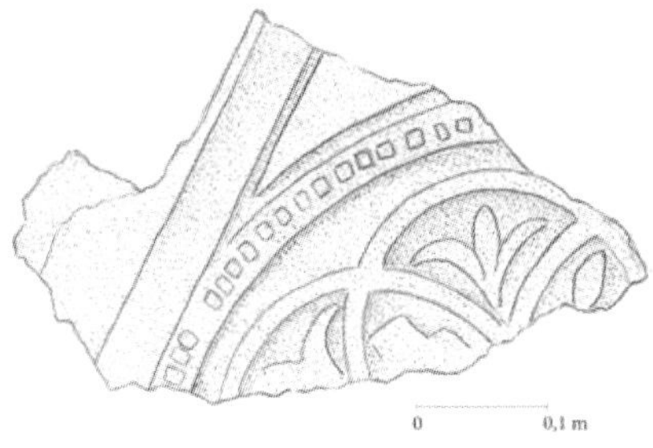

Fig. 151 — *Fragment de plaque de parapet découvert dans la maison M. 22 (© B. Riba).*

Fig. 152 — *Fragment de plaque de parapet appartenant à la maison M. 17 (© B. Riba).*

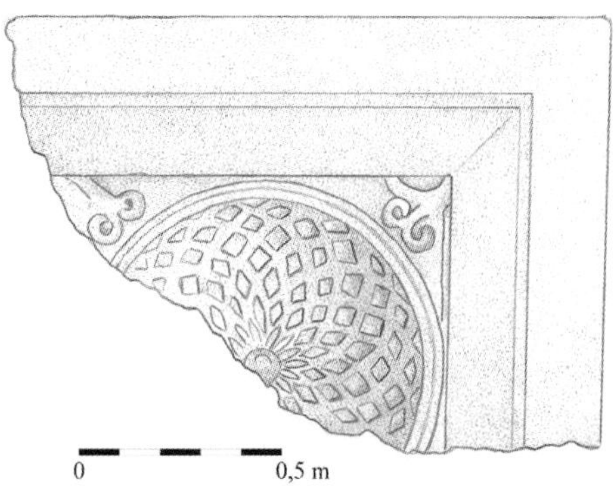

Fig. 153 — *Fragment de plaque de parapet appartenant à la maison M. 68 (© B. Riba).*

trique complexe[67]. Les innovations qui apparaissent dans certaines localités voisines, comme Batraš[68] notamment, n'ont pas lieu à Kafr ʿAqāb où les médaillons restent assez traditionnels. Sur le site, le plus original, le plus ancien également, est sculpté sur le montant ouest de la maison M. 81a (**fig. 49a**). Au VIe siècle, quelques médaillons présentent des caractéristiques plus singulières, mais ces derniers sortent du cadre domestique.

Les plaques de parapet

L'emplacement ostentatoire de ces éléments au sein des portiques leur a valu d'être souvent décorés. Les plaques de parapet ont toutes en commun un encadrement mouluré d'une épaisseur moyenne d'environ 25 cm, dont le profil de base se compose, de l'intérieur vers l'extérieur, d'une bande biseautée parfois légèrement concave, d'un anglet et d'un bandeau. Le panneau central, rectangulaire, peut être dénué de décor (**fig. 132**) ou pourvu de motifs variés, parfois très élaborés. Aucune plaque de parapet n'a été retrouvée à sa place initiale. Les témoignages qui nous sont parvenus, peu nombreux, souvent fragmentaires, suffisent cependant à rendre compte du soin qui leur a été accordé.

Les vestiges découverts sur l'ensemble du site reflètent un engouement prononcé pour les motifs floraux intégrés à l'intérieur de compositions géométriques. Un premier fragment retrouvé dans la maison M. 22 montre un motif circulaire dans lequel apparaît une série de cercles sécants pourvus de motifs végétaux à trois feuilles (**fig. 151**), selon un modèle de médaillon connu dans la région[69]. Un autre fragment retrouvé dans les débris de la maison M. 17 présente une trame géométrique dessinant des losanges et des triangles dans lesquels prennent place des motifs floraux (**fig. 152**). Ce décor, proche de celui qui orne la face principale du sarcophage S. 57 situé non loin, pourrait être l'œuvre d'un même sculpteur (**fig. 382**). Une plaque de parapet complète découverte dans le secteur de la maison M. 58, offre des rosaces et des motifs floraux inscrits à l'intérieur d'un entrelacs (**fig. 154**). Les motifs végétaux apparaissent encore sur des fragments de parapet localisés dans le *wādī* méridional. Le fragment retrouvé dans la maison M. 68 révèle un décor très élaboré représentant une rosace sculptée selon une trame complexe de losanges finement exécutés. De petites palmettes animent les angles de la composition (**fig. 153**). Enfin,

67. Les médaillons de type complexe sont pourtant assez nombreux dans la région. Ils apparaissent notamment à Deḥes (Sodini *et al.* 1980, p. 32-33 ; voir aussi Tate 1992a, p. 109-110).

68. Peña *et al.* 2003, p. 26.

69. Ce type de médaillon apparaît sur trois linteaux dans le village de Deḥes : 101, 102 et 106 (Sodini *et al.* 1980, fig. 19 et 20, fig. 68 et 235.

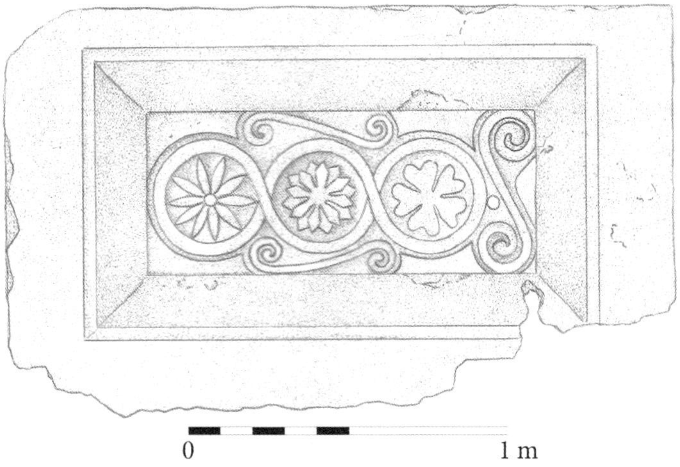

Fig. 154 — *Plaque de parapet erratique découverte dans le quartier E (© B. Riba).*

d'autres fragments arborent un chrisme de grand diamètre soigneusement sculpté sur le panneau central, une rosace à six pétales occupant le quadrant supérieur droit.

Conclusion

L'examen des maisons confirme une des conclusions formulées pour d'autres villages du Massif calcaire : l'architecture domestique se caractérise par une forte unité durant toute la période romano-byzantine, les possibilités offertes par le calcaire, omniprésent dans la région, étant utilisées partout de la même façon. En effet, la composition des unités d'habitation et la conception générale des bâtiments demeurent constantes. Il s'agit de maisons simples, fondées sur un plan de base qui comprend une bâtisse et une cour délimitée par un mur d'enclos. Cette formule employée par tous les villageois se développe selon les besoins et les moyens de chacun, par le biais d'une architecture modulaire peu complexe qui autorise une adaptation aisée des espaces. La juxtaposition de volumes superposés est un moyen judicieux qui permet de répondre facilement à l'évolution du noyau familial, ainsi qu'aux diverses activités pratiquées dans l'enceinte domestique. La maison, quelle que soit sa taille, est conçue comme un ensemble clos à l'intérieur duquel l'intimité de la famille est préservée. La fonction des espaces reste à éclaircir dans la plupart des cas, mais le matériel archéologique et l'organisation spatiale témoignent de lieux dédiés à la fois au séjour et au travail. Les systèmes prévus pour la récupération de l'eau, les dispositifs de stockage et certains outils liés à diverses tâches utilitaires constituent des indicateurs significatifs de l'ambition des occupants de l'unité domestique d'atteindre une certaine autonomie. La rupture avec l'extérieur n'est cependant pas complète dans la mesure où certaines habitations possèdent des aménagements agricoles dont la situation à l'écart de l'espace proprement privé suggère une ouverture à la communauté.

La principale distinction entre les maisons s'effectue au niveau des techniques de construction. Les plus anciennes, sommaires, sont construites en appareil polygonal à double parement. Les paysans, alors sans ressources, étaient à l'origine de leur construction. En revanche, au cours de la période protobyzantine, les villageois ont accès à une technique de construction onéreuse autrefois réservée à quelques privilégiés et aux monuments religieux. La possibilité de faire appel à des équipes spécialisées permet d'élever des bâtisses solidement construites en appareil orthogonal à parement simple. En outre, l'importance particulière accordée au décor implique l'intervention de sculpteurs aguerris.

Entre le ve et le vi^e siècle, les modes de construction sont adaptés aux besoins des villageois. La technique privilégiée par les bâtisseurs est fondée, dans un premier temps, sur la taille de blocs standardisés destinés à créer des assises à peu près régulières. Celle-ci évolue ensuite vers un procédé constructif moins coûteux et plus rapide lors de la dernière phase d'expansion du village, au moment où les plus grands ensembles domestiques font leur apparition. Les fonds des carrières sur lesquels sont traditionnellement bâties les maisons s'associent désormais aux élévations, dans la mesure où les premières assises des façades sont remplacées par des murs entièrement taillés dans la roche. Les parties construites sont constituées quant à elles de blocs de grands modules qui conservent leurs dimensions maximales après leur extraction, afin de laisser le moins de déchets possible.

L'étude réalisée au cours du chapitre précédent a permis de situer la croissance du village dès la fin du ive siècle, au moment où l'évolution des maisons de Syrie Seconde connaît le même essor. Au-delà de ce constat, des caractéristiques observées dans certaines habitations du village évoquent, sans être systématiques, une influence de l'architecture apaméenne. C'est le cas des niches cintrées associées aux entrées de quelques bâtiments d'habitation, des murs de clôture construits en appareil orthogonal à parement simple plutôt qu'en double parement de moellons, ou de l'emploi de l'arc comme soutien du plancher de l'étage. En revanche, du point de vue de l'abondance et de la répartition du décor, les maisons de Kafr ʿAqāb se placent dans la droite lignée des habitations d'Antiochène caractérisées par un dépouillement beaucoup plus prononcé au regard du vocabulaire ornemental qui pare les bâtisses d'Apamène. En effet, le décor des maisons du village se cantonne presque exclusivement aux portiques et aux linteaux de portes, contrairement aux maisons des villages implantés dans la partie appaméenne du ğebel Zāwiye dont les façades présentent notamment des baies soulignées par d'élégantes moulures.

La vie religieuse: de la période païenne à l'adoption du christianisme les églises et les aménagements monastiques

Plusieurs témoignages archéologiques permettent de cerner le cadre de l'histoire religieuse du village au cours de la période impériale, puis à partir de la christianisation de la communauté.

De la période impériale au début du christianisme

Les traces archéologiques de la période romaine

Le chapitre précédent a montré que les maisons d'époque romaine offrent très rarement de motifs sculptés. Le décor et les représentations religieuses (guirlandes, couronnes de laurier, épis de blé, bucranes, autels, aigles, croissants de lune ou disques solaires) qui apparaissent sur certaines bâtisses romaines de la région[1] sont quasiment absents dans le village. Les maisons, dans leur état actuel, présentent donc un intérêt strictement architectural. En revanche, les tombeaux livrent des informations explicites concernant les croyances et les usages de la communauté villageoise. En effet, les traces de la première phase d'occupation du site (IIe/IIIe siècle – milieu du IVe siècle) sont davantage conservées par l'exceptionnelle longévité du matériel funéraire plutôt que par les maisons tombées en ruine et maintes fois remaniées. Les tombeaux révèlent un nombre d'habitants assez important dont la plupart ont opté, parmi les divers modèles funéraires existants, pour des hypogées familiaux de type classique, à plan cruciforme, dont la sobriété et l'absence de décor sont le reflet d'une paysannerie de condition modeste. Si l'archéologie n'offre pas les moyens d'appréhender les gestes et les paroles proférées par les vivants lors de l'accomplissement des rites funéraires, elle permet d'en saisir l'existence par le biais d'indices matériels concrets, tels que les autels dont la présence sur le site atteste la pratique de cérémonies rituelles, ou l'organisation spatiale des tombes comme, par exemple, les espaces précédant les chambres sépulcrales destinés à accueillir les visiteurs désireux de célébrer la mémoire des disparus.

À Kafr ʿAqāb, une sépulture à caractère monumental témoigne de l'établissement d'une famille fortunée ayant occupé une place importante au sein de la société. Il s'agit des restes de ce qui semble avoir été un tombeau-temple associé à un sarcophage sur lequel sont sculptés les bustes de personnages hellénisés aux prétentions sociales évidentes. L'existence de ce tombeau est suggérée par la présence d'un bloc de corniche monumental orné d'une tête de lion découvert au nord-ouest du site, à proximité d'un mur exceptionnel par son épaisseur[2]. Les proportions, le programme ornemental et la morphologie du bloc sont très proches des éléments qui composent la corniche sommitale du temple de Zeus Bômos à Burğ Bāqirḥā[3]. Ce constat, ajouté aux vestiges du mur monumental actuellement intégré au sein de la construction C. 18, milite en faveur de l'existence d'un temple de bonnes dimensions, dont la localisation des vestiges dans le secteur d'une nécropole nous assure de sa vocation funéraire[4]. L'édifice n'offre effectivement rien de comparable avec les sanctuaires de hauts-lieux de la région isolés au

1. Voir illustrations dans Tate 1992a, p. 115-121 ; voir également les relevés et les illustrations dans Berger 2005.

2. Certes, les restes de l'édifice sont peu éloquents, mais dans un village longuement occupé, ruiné et très remanié comme Kafr ʿAqāb, la disparition de bâtiments d'époque impériale, même monumentaux, ne saurait étonner. Au cours de la période paléochrétienne, plusieurs églises attestées par des éléments d'architecture découverts isolément sur le site ne sont plus visibles en surface.

3. Callot 1997, p. 741-742 ; Callot et Gatier 1998, p. 239-242.

4. Sur ce monument, voir ci-dessous p. 302-304.

sommet des montagnes. La possibilité d'y voir un temple villageois est également exclue dans la mesure où ces édifices demeurent exceptionnels[5] dans le Massif calcaire. De plus, l'absence de trace d'urbanisme et d'institutions à Kafr ʿAqāb[6] ne permet pas d'envisager la présence d'un lieu de culte de ce type autour duquel se serait regroupée la communauté. Enfin, la proximité de l'un des quatre plus fameux hauts-lieux du Massif calcaire, celui que l'on nomme aujourd'hui El-Ḥoṣn[7], plaide pour un village tourné vers ce grand sanctuaire avec lequel la famille d'un notable, propriétaire du tombeau, entretenait très certainement des liens étroits.

Le sanctuaire d'El-Ḥoṣn et ses environs

Les ğebels Waṣṭāni et Dueili étaient placés sous l'égide de Zeus Koryphaios vénéré dans le sanctuaire d'El-Ḥoṣn (**fig. 155**). Le monument, situé nettement à l'écart des localités environnantes, embrassait un panorama à 360 degrés depuis l'un des sommets les plus élevés du Massif calcaire (847 m d'altitude). Au sud, il dominait la partie septentrionale du ğebel Waṣṭāni, à l'est le couloir occidental de la plaine du Ruğ et le ğebel Il-Aʿla, au nord le ğebel Dueili et la plaine de l'ʿAmq, à l'ouest la région d'Antioche jusqu'aux montagnes qui surplombent la capitale de la province, et même au-delà où se dessine la silhouette du ğebel ʿAqra. À l'image des quatre temples de hauts-lieux les plus connus des chaînons nord[8], il est possible que le sanctuaire ait été dédié à une divinité locale avant d'être associé à Zeus lors de l'arrivée des Romains et de la construction du temple.

Le sanctuaire d'El-Ḥoṣn entretient avec les villages voisins des rapports analogues à ceux mis en évidence ailleurs, entre les temples de hauts-lieux et les localités qui les entourent. Les études réalisées sur les sanctuaires de la région ont permis de distinguer, pour chacun d'entre eux, le domaine proprement sacré du temple représenté par son environnement direct, non peuplé, et un secteur plus large comprenant au moins un village placé sous sa dépendance[9]. La localité associée au sanctuaire d'El-Ḥoṣn pourrait être, dans ce cas, celle de Dueili désormais envahie par les constructions modernes[10], mais les propriétés du temple pouvaient aussi s'étendre à une grande partie des crêtes de la montagne, peut-être jusqu'au village de Batraš situé à l'extrémité méridionale du chaînon. Plus loin, en contrebas, les villages échappaient sans doute à son emprise : la présence d'un tombeau monumental romain dans certains d'entre eux signale en effet l'existence de riches familles propriétaires des terres environnantes. À Fassūq, une telle famille est représentée par un hypogée imposant couvert d'une voûte en berceau et paré d'un décor soigné[11] (**fig. 156**) ; à Ṭurīn, un notable fait ériger, pour lui et les siens, un distyle[12] pourvu de sculptures en ronde bosse figurant les membres de sa famille[13] (**fig. 157**) ; à Kafr ʿAqāb s'élève le tombeau-temple associé à un sarcophage sur lequel apparaissent les bustes des membres d'une famille aisée[14]. Il ne fait guère de doute que ces notables hellénisés, dont les tombeaux sont contemporains du temple, aient participé d'une façon ou d'une autre à l'érection du sanctuaire[15]. En contrepartie de leur contribution, ces évergètes jouissaient du prestige de leur statut et s'attribuaient parfois des titres de prêtrise. Leur implication dans la vie religieuse des campagnes, attestée dans la région par de nombreux témoignages épigraphiques, se traduit essentiellement sous forme de donations matérialisées par des lopins de terre, des

5. P.-L. Gatier a souligné « l'extrême rareté des temples villageois » dans le Massif calcaire (Gatier 1997, p. 771-775). Il s'agit en réalité, dans la grande majorité des cas, de monuments funéraires. Seul le temple de la localité de Mēʿez est attesté avec certitude (Jarry 1967, p. 161 ; Strube 1979, p. 355-365, taf. 124-135). La présence d'un sanctuaire à Brād reste à éclaircir. Dans le ğebel Zāwiye, un temple villageois semble avoir existé à Kafr Rūma et à Maʿashurin (Callot et Gatier 1999, p. 666-667). Les autres sanctuaires répertoriés dans la région appartiennent à la catégorie des hauts-lieux. En dehors des plus connus (Šeiḵẖ Barakāt, Qalʿat Qalōta, Burğ Bāqirḥā, Srīr et El-Ḥoṣn), on note celui de Burğ Mahdoum localisé entre Srīr et Meʿez (Kreuz 2003, p. 169-179), et ceux de Nebi Ayūb et de Schnaan dans le ğebel Zawiye (Griesheimer 1998, p. 233 ; Griesheimer 1999b, p. 689-717). La Syrie centrale steppique présente des caractéristiques analogues à celles du Massif calcaire (Gatier et Rousset 2010, p. 147-174). Les sanctuaires de hauts-lieux sont également connus au Liban (Aliquot 2009).
6. La présence d'un temple à Mēʿez est sans doute en rapport avec le fait que la localité porte les traces d'un urbanisme qui relève d'une communauté villageoise organisée (Tate 1992a, p. 223).
7. El-Ḥoṣn signifie « fortin » en arabe. Ce nom vient du fait que la place fut transformée en bâtiment fortifié au cours de la période médiévale. Sur ce terme, voir Lewis *et al.* 1971, III, p. 515-520.
8. Sur ces temples, voir Callot et Marcillet-Jaubert 1984, p. 185-202.
9. Ce constat avait déjà été exprimé par G. Tchalenko (Tchalenko 1953-1958, I, p. 398).
10. Les vestiges de la période protobyzantine subsistent encore à certains endroits. Ceux de l'époque impériale ne sont plus visibles.
11. Peña *et al.* 2003, p. 73.
12. Griesheimer 1997a, p. 195-186.
13. Ce modèle funéraire existe à Kafr Nābo (Gatier 1997, p. 751-775.), à Qāṭūra (*IGLS* II, 448 ; Vogüé 1865-1877, I, p. 117-118 ; Vogüé II, pl. 94 ; *AAES* II B, p. 61 ; Tchalenko 1953-1958, I, p. 191-192), à Sitt er Rūm (*IGLS* II, 438 ; Vogüé 18651877, I, p. 117 ; Vogüé II, pl. 94 ; *PAES* II B, p. 259-260 ; Tchalenko 1953-1958, I, p. 199-200 ; à Sermadā (*IGLS*, ii, 519 ; Vogüé 1865-1877, I, p. 117 ; Vogüé II, pl. 93 ; *AAES* II B, p. 59 ; Tchalenko 1953-1958, I, p. 121122) ; à Benēbil (*AAES* II B, p. 62 ; Peña *et al.* 1990, p. 60-61), à Bābisqā (Callot et Gatier 1999b, p. 685, fig. 5) et à Basmišli (Gatier 1997, p. 75 ; Callot et Gatier 1999b, p. 674-675 et p. 687, fig. 7). Plus tard, dans la même localité, un mausolée témoigne également de la présence d'une famille de riches propriétaires.
14. Sur ce tombeau, voir ci-dessus p. 300-303 et 310-312.
15. Les quatre sanctuaires de hauts-lieux les plus connus appartiennent à cette période. Celui du ğebel Šeiḫ Barakāt remonte probablement à la fin du premier siècle ; celui du ğebel Srīr est édifié entre 116 et 150 ; celui de Burğ Bāqirḥā en 161 ; celui de Qalʿat Qalōta semble avoir été achevé en 135 : l'inscription gravée sur la porte nord du péribole paraît effectivement commémorer la fin du chantier (Callot 1997, p. 735-750).

Fig. 155 — *Vestiges du temple d'El-Ḥoṣn (© B. Riba).*

Fig. 156 — *Hypogée romain de Fassūq (© B. Riba).*

Fig. 157 — *Effigies d'une famille de notables associées au distyle du village de Ṭurīn (© B. Riba).*

locaux agricoles ou des travaux de réfection au bénéfice du temple[16]. De cette façon, ces notables[17] participent activement à la romanisation du secteur. Aussi les termes de P.-L. Gatier à propos du sanctuaire de Qalōta peuvent certainement s'appliquer au temple d'El-Ḥoṣn qui est, par sa situation et ses liens avec les localités alentour, « l'expression symbolique de l'emprise des propriétaires terriens sur le monde rural »[18]. Il se dessine en effet, autour du sanctuaire d'El-Hoṣn[19], un schéma analogue à celui observé dans le voisinage des temples de Qalʿat Qalōta[20] et de Burǧ Bāqirḥā[21]. Dans le ǧebel Waṣṭāni, le rapport entre les villages et le sanctuaire est prouvé par une inscription qui mentionne, à une date étonnamment basse (367/8), le financement des travaux de certaines parties du sanctuaire par cinq bouleutes résidants dans la localité de Ṭurīn[22] (**fig. 158**), à une dizaine de kilomètres plus au sud. La même inscription livre également le nom du grand prêtre du temple, un certain Aurélios originaire de la localité de

16. L'huilerie de Kafr Nābo était certainement une possession du sanctuaire de Qalʿat Qalōta (Gatier 1997, p. 751-775). En ce qui concerne les temples de Burǧ Bāqirḥā et de Qalʿat Qalōta, l'épigraphie montre que leur financement est vraisemblablement le fait de riches propriétaires dont la présence est attestée par leurs tombeaux monumentaux érigés dans les villages environnants (Callot et Gatier 1999b, p. 665-688).
17. *IGLS* II, 465 à 474.
18. Gatier 1997, p. 770.
19. Callot et Gatier 1999b, p. 678-682.
20. Gatier 1997, p. 769.
21. Callot et Gatier 1999b, p. 665-688.
22. *IGLS* II, 652 ; voir également la traduction de l'inscription par B. Bavant dans Berger 2005, p. 162.

Fig. 158 — *Inscription qui témoigne de la réfection du temple d'El-Ḥoṣn en 367/368 (© B. Riba).*

Mariamīn[23], située non loin du site d'El-Ḥoṣn, sur le flanc ouest du ǧebel Dueili. Ainsi, au sein du chaînon oblong qui rassemble les ǧebels Waṣṭāni et Dueili, la relation des villages environnants avec le sanctuaire d'El-Ḥoṣn est attestée par les vestiges funéraires et l'épigraphie qui témoignent de l'attachement particulier des magistrats municipaux aux religions traditionnelles au cours de la seconde moitié du IVe siècle.

Le processus de la christianisation

Le christianisme est attesté dans le Massif calcaire dès la première moitié du IVe siècle[24], soit vers la fin du règne de Constantin, suivi de l'avènement de Constance et de Constant dont la politique religieuse se caractérise par des mesures prises contre le paganisme. Dans le ǧebel Waṣṭāni, le processus de la christianisation paraît plus hésitant et ne s'affirme véritablement qu'à partir du dernier quart du IVe siècle. Parmi les inscriptions chrétiennes connues dans le chaînon, deux seulement appartiennent au IVe siècle. Celle de Ṭurīn gravée au-dessus de l'entrée d'un hypogée en 351[25], et celle de Kūaro[26] datée de 359. Ces témoignages montrent un christianisme apparu relativement tôt dans la région, mais leur rareté et l'absence presque totale de signes chrétiens dans le village de Kafr ʿAqāb durant les trois premiers quarts du IVe siècle suggèrent une certaine persistance des cultes traditionnels. L'inscription[27] gravée sur le linteau de la porte d'entrée de la maison M. 39 (**fig. 36 et 37**) appartient sans doute à une période où la religion nouvelle est encore à l'état de balbutiement dans le ǧebel Waṣṭāni. Quoi qu'il en soit, le témoignage épigraphique qui fait mention de la réfection du temple dédié à Zeus Koryphaios en 367/8[28] indique un paganisme manifestement bien ancré à cette date. La réouverture et la restauration des temples, permises et encouragées par l'empereur Julien[29] (361-363), ouvrent la voie à une longue période de paix religieuse[30] définie par une tolérance envers les autres religions (juive et chrétienne) puisque ses successeurs de la dynastie valentinienne se caractérisent également par leur neutralité concernant ces questions. Dans ce contexte se réalisent les travaux au sein du sanctuaire d'El-Ḥoṣn quatre années après la mort de Julien[31], auxquels participent les curiales du village de Ṭurīn. La majorité de la population de Kafr ʿAqāb, comme celle des villages voisins, est probablement acquise à la religion païenne à l'heure où les premières églises apparaissent dans les chaînons septentrionaux de la région[32]. Le christianisme paraît en effet s'y diffuser un peu plus tard et de façon progressive : vers la fin du IVe siècle, les chrismes et les simples croix restent encore limités à Kafr ʿAqāb. Seules trois maisons et une tombe présentent de tels signes[33]. À partir de 381, sous l'empereur Théodose, les mesures se durcissent à nouveau contre le paganisme jusqu'en 391/392, date à laquelle l'interdiction des lieux de culte traditionnels est définitive.

23. *IGLS* II, 652. J. H. W. G. Liebeschuetz précise qu'il s'agit de la dernière inscription païenne connue dans la région (J. H. W. G. Liebeschuetz 1972, p. 237).
24. Le plus ancien témoignage épigraphique chrétien connu, gravé sur un chapiteau retrouvé à Qerqanyā, mentionne la date de 329 (Jarry 1982, p. 97, n° 46, pl. 7). Parmi les plus anciennes inscriptions, notons aussi celle datée de 336/7 à Qāṭūrā (*IGLS* II, 443 ; Tchalenko, 1953-1958, I, p. 145, note 2 et p. 193).
25. *IGLS* II, 653. « An 409 d'Antioche, Dios=351 ». Il s'agit de la plus ancienne inscription funéraire chrétienne connue de la région.
26. *IGLS* II, 660.
27. Feissel 2012, p. 230.
28. Voir ci-dessus note 22.
29. Notons que l'empereur Julien visite le temple dédié à Zeus sur le Koryphaion oros à Séleucie de Piérie (*IGLS* II, 652).
30. Ammien Marcellin XXX, 9.
31. Sur ce point, l'histoire religieuse dans la partie septentrionale du ǧebel Waṣṭāni est proche de celle des communautés rurales d'Apamène où l'on observe une certaine persistance du paganisme. Rappelons à ce propos l'épisode tragique de l'évêque Marcel qui, en 398, est immolé par le feu par les villageois alors qu'il ordonnait de brûler un sanctuaire rural (Canivet 1979, p. 66). Notons aussi l'existence, jusqu'en 391, d'un mithraeum à Hūarte (Gawlikowski 2000, p. 161-171 ; Gawlikowski 2013, p. 261-270). Enfin, dans la ville même d'Apamée, le temple de Zeus fonctionne parfaitement jusqu'au jour de sa destruction en 386.
32. En Antiochène, la plus ancienne église datée par l'épigraphie est celle de Fafertīn édifiée en 372 dans le ǧebel Semʿān (Tchalenko 1990, p. 41). Sur la christianisation de la région, voir Vorderstrasse 2004, p. 86-101, Gatier 2013, p. 61-96, et en dernier lieu Sodini 2016, p.175-236.
33. Il s'agit des maisons M. 32, M. 45, M. 48 et du sarcophage S. 04.

Le christianisme s'affirme alors aussi dans ce secteur des campagnes. Aucune basilique n'est attestée sur le site à cette époque, mais le vocabulaire ornemental de certains éléments d'architecture retrouvés de façon dispersée dans les ruines du village milite en faveur de l'existence d'une église entre la fin du IVe siècle et le début du Ve siècle.

Au sein d'une région déjà bien christianisée au cours du dernier quart du IVe siècle, dans une zone rurale particulièrement proche d'Antioche en grande partie chrétienne, il est vraisemblable que l'évangélisation du ǧebel Waṣṭāni septentrional, et donc du village de Kafr ʿAqāb, se soit effectuée sans grande difficulté. Quelques traces pourraient même être le fait d'une réaction vigoureuse envers le paganisme. À l'image d'un certain nombre de monuments funéraires de la région, le démantèlement du tombeau-temple de Kafr ʿAqāb pourrait se situer dans ce contexte, comme les mutilations infligées à la tête du lion sur le bloc de corniche sommitale, ainsi qu'aux bustes sculptés sur le sarcophage qui lui était associé (**fig. 352 et 376**). Sans être systématique, la destruction des tombeaux païens est un phénomène connu dans le Massif calcaire[34]. Il se rencontre plus fréquemment sur les sépultures monumentales, peut-être plus représentatives d'une société désormais révolue. Il ne s'agit vraisemblablement pas d'un hasard si les bas-reliefs représentants les défunts ont constitués une cible privilégiée, à l'instar des visages mutilés du sarcophage S. 58 mentionné ci-dessus, ou des têtes des sculptures associées au distyle de Ṭurīn volontairement arrachées[35]. À une période caractérisée par l'évangélisation des campagnes et l'ouverture de la paysannerie à une ère de prospérité, ces actes sporadiques semblent traduire le souhait de rompre avec ces riches propriétaires terriens en lien étroit avec la vie religieuse de leurs temps. La disparition de leurs effigies et le démantèlement de certains de leurs tombeaux sont un moyen d'ensevelir ces familles dans l'oubli, et avec elles, l'époque qu'elles représentent. Enfin, si les éléments architecturaux des édifices funéraires païens sont souvent remployés dans la construction de monuments chrétiens[36] par mesure d'économie, on ne peut ignorer la symbolique dissimulée derrière une telle pratique. Le sanctuaire d'El-Ḥoṣn, quant à lui, n'est pas détruit. L'ensemble est simplement fermé et réoccupé durant la période protobyzantine[37].

La diffusion du christianisme au sein du village a pu être favorisée par l'action évangélique d'un ermite reclus dans la chambre rupestre aménagée au sommet du ǧebel Dueili, à l'aplomb du site. Dans une région où les anachorètes ont joué un rôle dans la conversion des paysans, il est possible de situer l'installation de l'un d'entre eux assez tôt sur le site, peut-être dès la fin du IVe siècle. Bénéficiant d'aménagements préexistants d'époque romaine à un endroit particulièrement propice à ce type d'ascèse, l'ermite a certainement stimulé la ferveur des villageois de Kafr ʿAqāb par son mode de vie spectaculaire qui consistait à demeurer cloîtré dans la paroi rocheuse d'un relief abrupt. La relation de ce lieu saint avec le village est attestée par les nombreuses marches taillées dans le flanc de la montagne.

Kafr ʿAqāb : une communauté villageoise chrétienne

Les expressions du christianisme

À Karf ʿAqāb, le dernier quart du IVe siècle est marqué par un changement progressif d'orientation religieuse. Aucune église appartenant à cette période n'est visible sur le site, mais divers indices prouvent l'existence d'au moins un édifice ecclésiastique. Par ailleurs, l'abondance des signes chrétiens à l'intérieur des maisons témoigne de l'adoption unanime du christianisme dès le début du Ve siècle. Les villageois s'offrent le plus souvent les services de sculpteurs qui gravent ou taillent en champlevé des chrismes et divers types de médaillons. D'autres symboles chrétiens, plus faciles à réaliser, apparaissent sous forme de simples *graffiti* (**fig. 159 c/ à f/**).

Les motifs soigneusement sculptés, placés en évidence sur les linteaux, les montants de porte, les impostes, les architraves et les chapiteaux, avaient une valeur ornementale à laquelle s'ajoutait une fonction préventive. Dans les maisons, les signes chrétiens étaient une façon de se prémunir contre l'adversité en plaçant le foyer sous l'égide du Christ. À plusieurs reprises l'épigraphie met en exergue ce souci de protection inhérent aux villageois. Ainsi, le linteau de l'entrée principale de la maison M. 68 (**fig. 160**) porte une inscription située sous un chrisme dont le contenu place la famille du propriétaire sous le « secours » du « Dieu unique et de son Christ »[38]. C'est également le cas de l'inscription gravée sur la maison M. 39 (**fig. 36 et 37**). L'inscription de la maison M. 30,

34. Ce phénomène concerne seulement certains monuments funéraires païens. En effet, de nombreux mausolées et distyles romains sont toujours intacts, peut-être en raison de l'absence d'effigies.

35. Les chrétiens semblent bien être à l'origine de ces faits, et non les musulmans à partir du VIIe siècle. Cela est suggéré par la construction d'un édifice d'époque protobyzantine à l'emplacement présumé du tombeau-temple auquel s'associe le sarcophage S. 58. C'est donc probablement au moment du démantèlement du monument païen que se produisent les dégradations observées sur les bustes de la cuve sépulcrale et la tête de lion sculptée sur le bloc de corniche monumental.

36. Ce phénomène a sans doute eu lieu à Kafr ʿAqāb. L'exemple le plus éloquent à ce sujet est l'église de Kafr Nābo dont l'abside est construite par le remploi des fûts de colonnes provenant non pas d'un temple, comme le suggérait G. Tchalenko (Tchalenko 1990, p. 61), mais d'un tombeau distyle (Gatier 1997, p. 758).

37. Les traces d'occupation byzantine sont perceptibles, mais restent très pauvres (Peña et *al.* 2003, p. 39-47).

38. Sur ces inscriptions, voir Feissel 2012, p. 229-332.

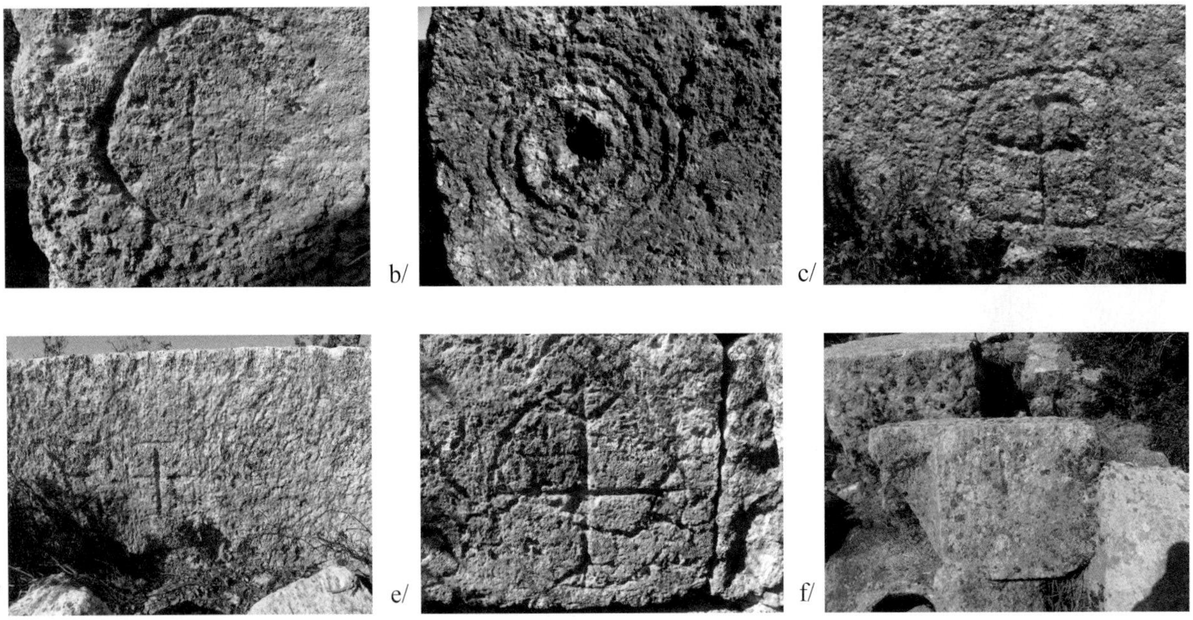

a/ b/ c/ d/ e/ f/

Fig. 159 — *Quelques signes lapidaires observés dans le quartier ancien du village (© B. Riba).*

Εἷς Θεὸς καὶ ὁ Χριστὸς αὐτοῦ ὁ βοηθῶν Εὐσεβίῳ καὶ Ἀντι-
οχ[ί]ας σὺμ τέκνοις ἔτους γνυ´ μηνὸς Πανέμ(ου) γ´.

«Un seul Dieu et son Christ, secourant Eusébios et Antiochia avec leurs enfants, l'an 453, le 3 du mois de Panémos».

Fig. 160 — *Insciption gravée sur le linteau de l'entrée de la maison M. 68 (© B. Riba). Traduction par D. Feissel.*

[Χάρις ? Θ]ε[οῦ] καὶ τοῦ Χριστοῦ αὐτοῦ·
καὶ ὡ Θεὼς δώσι εἰμῖν πρωκρησία,
δώσι εἰμῖν ἀ-
να vacat

«(La grâce ?) de Dieu et de son Christ ;
et que Dieu nous donne la préférence,
qu'il nous donne la ré(surrection) !»

Fig. 161 — *Inscription gravée sur le linteau de la maison M. 52 (© B. Riba). Traduction par D. Feissel.*

Τούτῳ νίκα : «Par ce (signe), sois victorieux !»

Fig. 162 — *Inscription gravée sur le linteau de la maison M. 30 (© B. Riba).*

placée au-dessus d'un christogramme, évoque quant à elle les bienfaits de ce signe (**fig. 162**). Les symboles et les inscriptions avaient donc un rôle préventif ayant pour but d'écarter les agents néfastes de l'espace domestique, quels qu'ils soient : pillage, maladie, pénurie en eau, mauvaises récoltes, etc. Les croix gravées sur les pierres destinées à moudre le grain, dans les maisons M. 70 et M. 72, témoignent du souci des exploitants de placer sous le signe bienveillant de Dieu les activités économiques fondamentales liées à la vie du foyer. Un détail significatif est la croix placée de façon à être en contact direct avec le produit broyé (**fig. 315**). Les croix apparentes sur de nombreux aménagements relatifs à la collecte de l'eau (margelles) ou à l'élevage (auges, mangeoires) avaient le même rôle. D'autres croix, qui n'étaient pas destinées à être vues, renforcent le caractère strictement prophylactique de ces signes. Par exemple, le grand réservoir d'eau associé au sanctuaire ecclésiastique de l'est possède une croix gravée sur l'intrados d'un claveau de l'arc central. Des symboles similaires sont visibles à l'intérieur même des maçonneries des bâtiments, comme le montre une console appartenant à la maison M. 65 sur laquelle est gravée une croix sur la partie engagée du bloc (**fig. 159f**). L'insertion de tels signes dans l'appareil des murs semble témoigner du souci de parer la maison contre d'éventuels séismes, fréquents dans la région. Ainsi, les nombreux signes lapidaires, à vocation ornementale ou non, permettaient aux exploitants de s'assurer la protection divine. Ces symboles garantissaient le bon fonctionnement des activités liées à la vie matérielle terrestre. Les installations en relation avec l'eau, les denrées alimentaires ou l'architecture, trois aspects fondamentaux de la vie rurale, étaient le plus souvent marquées d'un symbole chrétien. Toutefois, un témoignage épigraphique localisé sur le linteau de la maison M. 52 fait référence à un domaine qui touche plus spécifiquement la sphère du spirituel (**fig. 161**). L'intérêt particulier de l'inscription réside en ce que l'auteur implore, pour lui-même et sa famille, la « résurrection » après la mort. L'inscription est la seule du village à s'approcher d'aussi près au fondement de la foi chrétienne : le salut de l'âme. Il n'est pas question ici de soucis d'ordre matériel. L'exploitant place son espoir en une vie dans l'au-delà[39].

Enfin, en dehors de l'architecture privée, l'expression du christianisme se cristallise par la construction de deux édifices religieux : l'église méridionale et la grande église excentrée vers l'est. Les deux ensembles ecclésiastiques se composent de plusieurs aménagements et constructions annexes. Certains indices, issus des prospections menées sur le site, suggèrent également l'existence d'une ou plusieurs basiliques aujourd'hui disparues.

L'ensemble ecclésial du sud

L'étude des vestiges situés dans le secteur ouest d'un monument médiéval a permis de discerner un petit groupe de bâtiments appartenant à un complexe ecclésiastique protobyzantin (**fig. 163**). Les ruines forment à cet emplacement un chaos de débris et de terre auquel participe, par endroit, une végétation assez dense. L'ensemble comprend une église, un petit édifice à abside saillante, un bâtiment annexe et un réservoir d'eau. Ces monuments sont actuellement inclus à l'intérieur d'un maillage de murs tardifs exclusivement élevés à l'aide de blocs de remploi.

L'église

L'édifice est en piteux état (**fig. 165**). L'élévation des murs n'est visible qu'au niveau des façades nord et ouest partiellement préservées, ainsi que dans l'angle nord-est où apparaissent, chaînés au mur nord, les vestiges du chevet. Certaines structures, comme l'abside et la plus grande partie du chevet, affleurent seulement le niveau du sol actuel. L'intérieur du monument est encombré d'éléments d'architecture de provenances diverses, de blocs d'effondrement et d'une épaisse couche de terre. Néanmoins, l'entrée de l'annexe nord marquée par une arcade en partie conservée et les supports qui séparaient la nef des collatéraux ont pu être localisés. L'espace est sectionné par des murs précaires élevés lors de la réoccupation tardive du bâtiment. Malgré la pauvreté des vestiges, les structures *in situ* ajoutées aux éléments d'architecture (à leur point de chute, remployés ou disséminés aux alentours) livrent de nombreux indices sur la morphologie initiale de la basilique, et permettent d'identifier certaines étapes importantes de son histoire architecturale et liturgique.

39. Feissel 2012, p. 331.

Fig. 163 — *Localisation de l'église sud à l'intérieur du fortin médiéval (© B. Riba).*

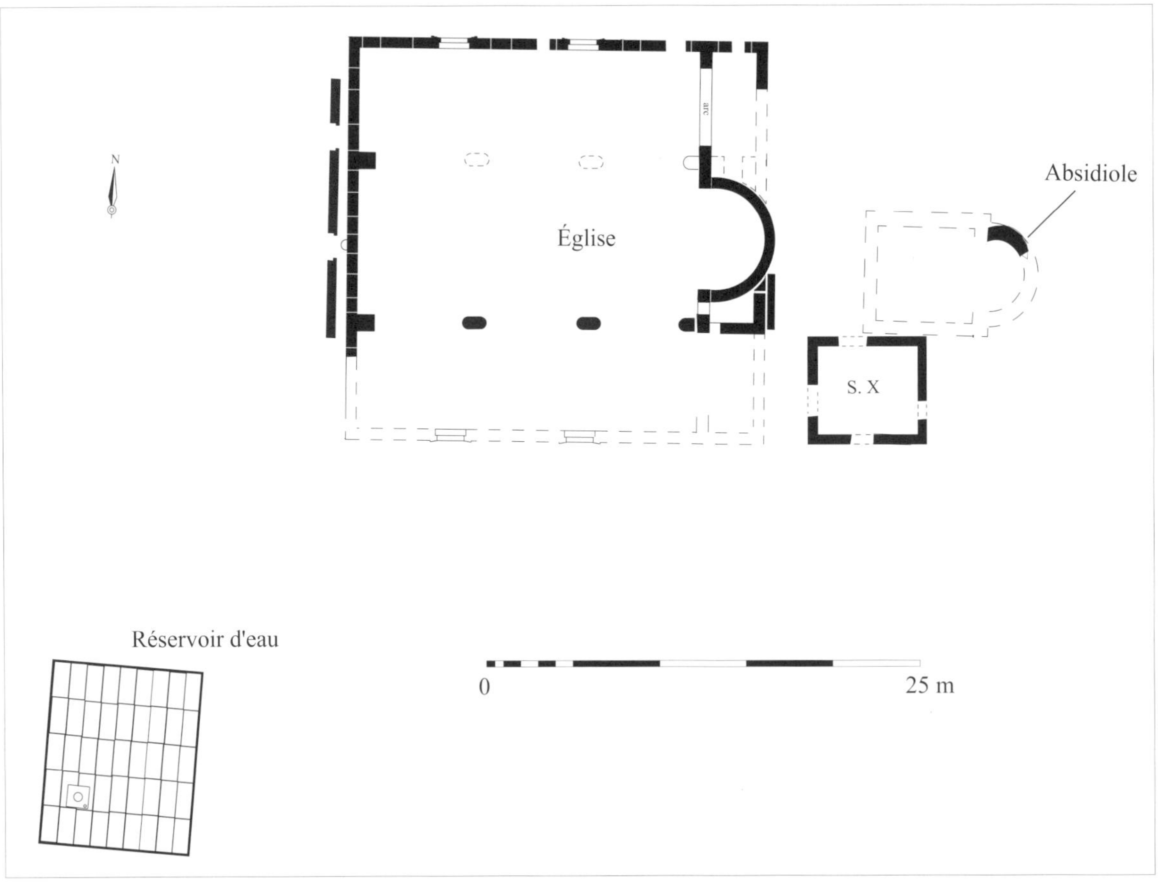

Fig. 164 — *Plan de l'église sud (© B. Riba).*

Fig. 165 — *Intérieur de l'église. Vue depuis la façade ouest (© B. Riba).*

Fig. 166 — *Vestiges de la façade nord (© B. Riba).*

Le plan du monument

Le monument orienté, de dimensions modestes, présente un plan basilical caractérisé par une nef presque carrée[40] (**fig. 164**). Le chevet plat dissimule l'abside semi-circulaire. L'espace interne s'organise selon un plan tripartite. Trois larges nefs sont séparées par deux rangées de quatre supports : deux piliers bilobés au centre, un pilastre engagé à l'ouest et une demi-colonne à l'est. L'abside, axée sur la nef principale, est flanquée d'annexes qui ouvrent sur les collatéraux. La façade occidentale est aveugle. L'accès à l'église s'effectuait par deux portes donnant sur le collatéral nord auxquelles répondaient très certainement deux ouvertures au sud, aujourd'hui disparues.

L'élévation des murs

• *La façade septentrionale*

La façade est conservée sur la totalité de sa longueur (**fig. 166 et 176ab**). La majeure partie demeure seulement visible sur une hauteur de trois à cinq assises. Un trou de pillage situé à l'ouest, le long du parement externe, rend compte des parties inférieures du mur jusqu'à sa base. L'ensemble, fondé sur le rocher, offre à cet endroit une élévation de huit assises, soit une hauteur de 5,07 m. Le soubassement est constitué de deux assises en saillie qui forment l'empattement de la façade.

L'appareil du mur révèle plusieurs anomalies issues de sérieux remaniements. Deux phases sont clairement distinctes : la construction de l'édifice protobyzantin, et une réfection survenue après l'effondrement des structures supérieures de la façade. La ligne de partage entre ces deux étapes se place, à une assise près, au niveau du linteau des portes. En deçà de cette limite, la technique de mise en œuvre du mur ne laisse pas de doute sur son origine : les blocs bien équarris, soigneusement ajustés, s'inscrivent sans conteste dans une tradition locale caractéristique de la période paléochrétienne. En revanche, les éléments qui composent les trois dernières assises, de plus petit module, agencés avec moins de tact, trahissent une réfection tardive. Certains, remployés lors de cette seconde phase, exposent leur face moulurée du côté du parement externe de la façade. C'est le cas, notamment, de deux blocs d'encadrement de fenêtre, B. 33 et B. 34, disposés dans le prolongement du linteau de la porte occidentale. D'autres éléments de remploi apparaissent en divers endroits, le plus évident étant un grand seuil de porte qui repose en partie sur le même linteau (B. 39). La reconstruction de la façade est également visible par le retrait intentionnel de parpaings afin de créer de nouvelles ouvertures laissées par de simples vides dans les assises. L'un apparaît entre les deux entrées principales ; deux autres, situés à l'est de la porte orientale, présentent sur leur tranche des encoches révélant l'existence d'un système de fermeture sommaire.

Les accès ont survécu aux remaniements de la façade, bien que leur état soit très endommagé. Ils sont aujourd'hui enfouis jusqu'au sommet des montants. Ce sont de larges ouvertures (1,48 m chacune) caractérisées par un linteau monolithe qui repose sur des piédroits appareillés à la façade du monument (**fig. 167**). Des moulures identiques soulignent leur contour. Le linteau de la porte occidentale, brisé à trois endroits, ne présente plus que de rares témoignages de la modénature, le reste du décor ayant été bûché. Les montants, malgré un état de conservation plus

40. La longueur de l'édifice atteint 22,20 m pour une largeur approximative de 21 m. La nef, de 19 m de long, forme un plan presque carré.

Fig. 167 — *Porte nord-est (© B. Riba).*

Fig. 168 — *Bloc d'encadrement de fenêtre B. 55 (© B. Riba).*

Fig. 169 — *Trumeau de fenêtre B. 33 remployé dans la façade nord (© B. Riba).*

Fig. 170 — *Bloc de fenêtre double B. 47 découvert à proximité de la façade nord de l'église (© B. Riba).*

Fig. 171 — *Claveau B. 61 provenant d'un arc de décharge (© B. Riba).*

Fig. 172 — *Bloc de corniche B. 52 (© B. Riba).*

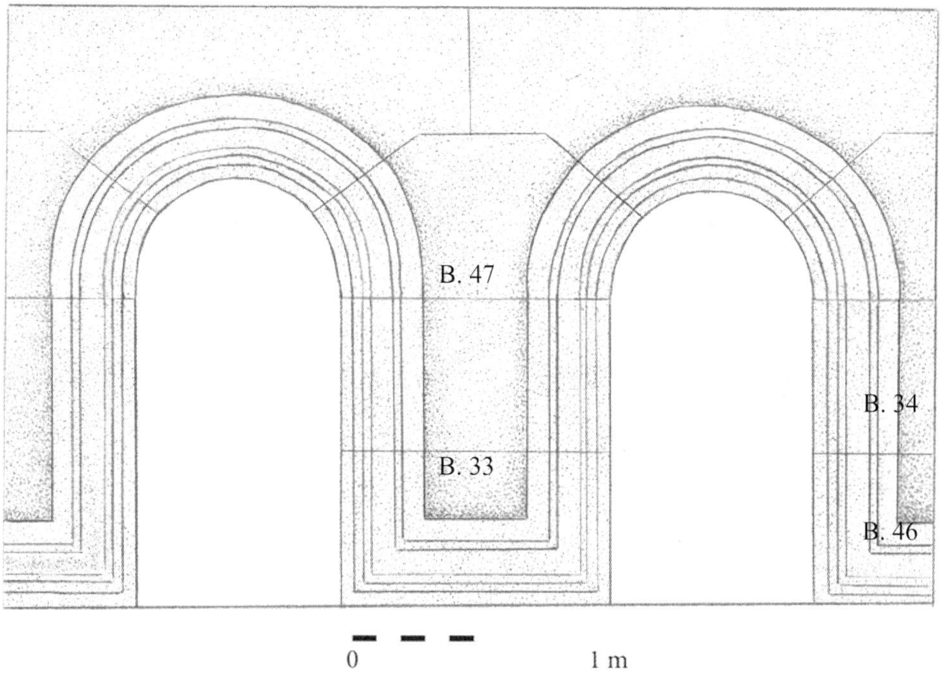

Fig. 173 — *Fenêtres restituées de la façade nord (© B. Riba).*

convenable, ont subi un sort analogue. Le linteau de la porte orientale, non fragmenté, a mieux résisté au poids des structures supérieures disposées tardivement. Les moulures des chambranles sont également mieux préservées, mais le décor de la corniche du linteau n'a pas été épargné : l'ensemble a entièrement été martelé, ne laissant qu'une infime partie d'un médaillon central composé d'une croix pattée inscrite à l'intérieur d'un cercle.

Les remaniements ont profondément modifié la configuration initiale de la façade. Afin de faciliter leur tâche, les restaurateurs de l'édifice ont utilisé des blocs de moindre taille dans la reconstruction des parties hautes, et n'ont pas hésité à intégrer certains éléments de remploi sans prendre soin de les dissimuler. L'esthétique de la construction primitive, déjà sérieusement altérée par ces remplois anarchiques, a également souffert, plus tard, de la détérioration volontaire de l'encadrement des portes. Il ressort de cette façade l'impression d'un ouvrage effectué à la hâte, sans respect des conventions, privilégiant l'économie d'effort et de temps aux dépens de la réalisation d'une œuvre architecturale soignée. De toute évidence, les techniques et les moyens acquis au cours de la période protobyzantine sont désormais perdus au moment de la réfection du monument. De la configuration originelle de la façade ne reste donc qu'assez peu d'éléments en place. En effet, le mur nord de l'église, tel qu'il se présente actuellement, ne reflète guère l'aspect du bâtiment paléochrétien. Très peu de blocs ont été laissés à leur point de chute puisque la plupart ont été réutilisés, mais l'étude des structures en place, combinée à un travail de prospection et de relevé systématique des éléments architecturaux, permet de proposer une restitution de la façade dans son état du VIe siècle.

Les recherches, d'abord axées sur la morphologie des fenêtres, indispensables à l'éclairage des bas-côtés, ont conduit à l'identification des blocs B. 33 et B. 34 remployés côte à côte à l'intérieur même de la façade (**fig. 169**). D'autres éléments d'encadrement de fenêtre au profil identique ont été découverts à l'intérieur et à proximité de l'église (B. 41, B. 46 et B. 55) (**fig. 168 et 174**). À ceux-ci s'ajoute un sommier double (B. 47) (**fig. 170**) dont les dimensions du lit de pose correspondent à celles du lit d'attente du trumeau (B. 33) intégré dans la façade remaniée de l'église. Ces éléments rassemblés permettent de restituer des ouvertures cintrées, fonctionnant par paires, aux contours cernés de moulures (**fig. 173**). Jusqu'à la hauteur de l'annexe nord, l'organisation de la façade autorise précisément l'insertion d'une paire de fenêtres dans les espaces entre les portes. L'organisation de l'ensemble répondait donc à un souci de symétrie et de régularité visant l'alternance d'une paire de fenêtres et d'une porte. L'éclairage de l'annexe nord pouvait s'effectuer au moyen d'une fenêtre supplémentaire à ce niveau. Quant à la hauteur des fenêtres, les blocs des montants appareillés *in situ* des portes ne laissent pas d'autre possibilité que de placer l'appui de ces ouvertures à partir du niveau des linteaux. Quant aux arcs de décharge qui coiffaient les accès de l'église, ceux-ci ont totalement disparu lors de la restauration des assises supérieures de la façade. Néanmoins, trois claveaux ont

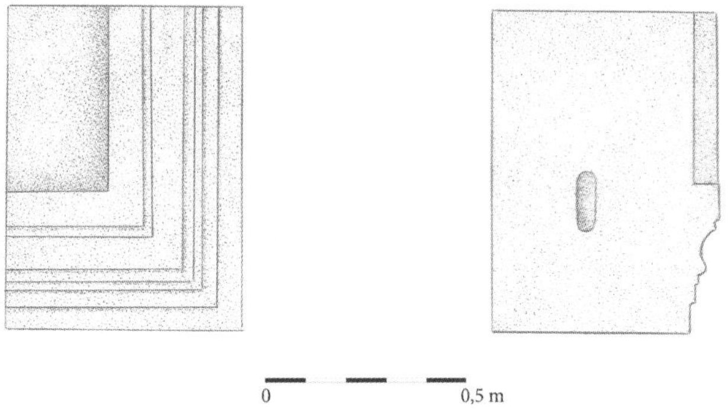

Fig. 174 — *Bloc d'encadrement de fenêtre B. 55 (© B. Riba).*

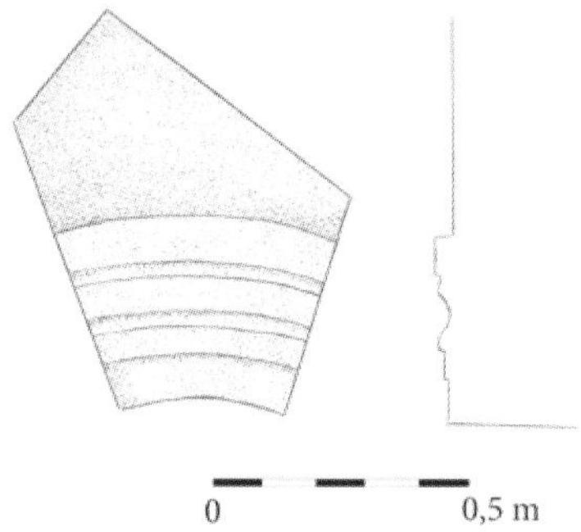

Fig. 175 — *Claveau B. 61 appartenant à l'arc de décharge (© B. Riba).*

pu être repérés dans le voisinage de la façade (**fig. 171 et 175**), leur provenance étant assurée par leurs dimensions et les moulures de l'archivolte identiques à celles des portes et des fenêtres. La restitution des arcs, initialement composés de sept claveaux, présente un diamètre correspondant à la largeur des portes qu'ils surmontaient. La réoccupation tardive de l'édifice n'a pas donné lieu à la reconstruction de ce dispositif après l'effondrement partiel de la façade. Les restaurateurs se sont contentés de les remplacer par des blocs de remploi, ce qui eut pour effet de briser le linteau monolithe de la porte ouest qui n'a pas supporté le poids horizontal exercé par les assises supérieures. Enfin, la corniche sommitale de la façade a pu être aisément identifiée grâce à un des rares blocs trouvés à son point de chute, dans l'angle nord-est du bâtiment (**fig. 172**).

Ainsi, loin de l'aspect précaire présenté par l'état actuel des ruines, la façade se caractérisait à l'origine par une élévation soignée issue d'un programme de construction élaborée (**fig. 176c**). Le jeu des modénatures sur les contours des ouvertures, les proportions rigoureusement respectées et la volonté de symétrie font de cet ensemble un ouvrage architectural cohérent et harmonieux. La composition de la façade évoque celle de certaines basiliques du *martyrion* cruciforme de Qalʿat Semʿān, principalement au niveau des façades sud et nord de la basilique orientale qui offrent, malgré une architecture et un programme ornemental plus sophistiqués, une organisation similaire[41]. On retrouve en effet l'alternance d'une paire de fenêtres cintrées et d'une porte, le tout combiné aux moulures qui jouent, tout au long de la façade, le rôle de fil conducteur en soulignant de façon élégante l'ensemble des ouvertures. L'impact architectural du sanctuaire dédié au célèbre stylite ayant déjà été observé à plusieurs reprises au sein du ǧebel Waṣṭāni, il serait peu surprenant que les constructeurs de l'église se soient également inspirés, dans l'élaboration de cette façade, du haut-lieu spirituel du Massif calcaire.

• *La façade occidentale*

La façade ouest est la mieux préservée de l'édifice. L'élévation présente six assises apparentes à partir du niveau du sol actuel. Les structures inférieures sont enfouies sous un amoncellement de blocs et de terre, mais elles sont accessibles par une petite cavité située le long du parement externe de l'église. Celle-ci permet d'atteindre le sol primitif par un étroit passage souterrain couvert par les blocs effondrés provenant d'un bâtiment contigu.

La façade présente la particularité de n'offrir aucun accès. Il s'agit là d'un trait peu commun au sein d'une église construite au début du VIe siècle[42], et pourvue d'ouvertures au nord et au sud. Excepté ce fait, la configuration du mur est ordinaire : deux pilastres, qui le partagent en trois sections, recevaient les arcs de la nef tripartite (**fig. 177)**. La partie méridionale de la façade, très endommagée, ne présente plus qu'un bloc du pilastre sud ; le reste du mur est enterré ou affleure à peine le sol. Si l'appareil de la façade montre clairement un ouvrage architectural réalisé d'un seul jet, une différence notable apparaît (**fig. 178)** entre le tronçon de mur central caractérisé par des assises d'une régularité remarquable, sans le moindre décrochement, et le tronçon de mur correspondant au collatéral nord construit selon une alternance d'assises hautes et d'assises moins élevées entre lesquelles les décrochements sont plus nombreux. Ainsi, de part et d'autre du pilastre nord, deux modes de construction distincts sont nettement perceptibles. Cette rupture pourrait correspondre à un changement radical de technique en cours de chantier, ou bien à deux équipes d'ouvriers différentes ayant travaillé simultanément selon des modes de construction propres à

41. Biscop 2005, p. 32-33.

42. Sur la datation de l'église, voir ci-dessous p. 168-171.

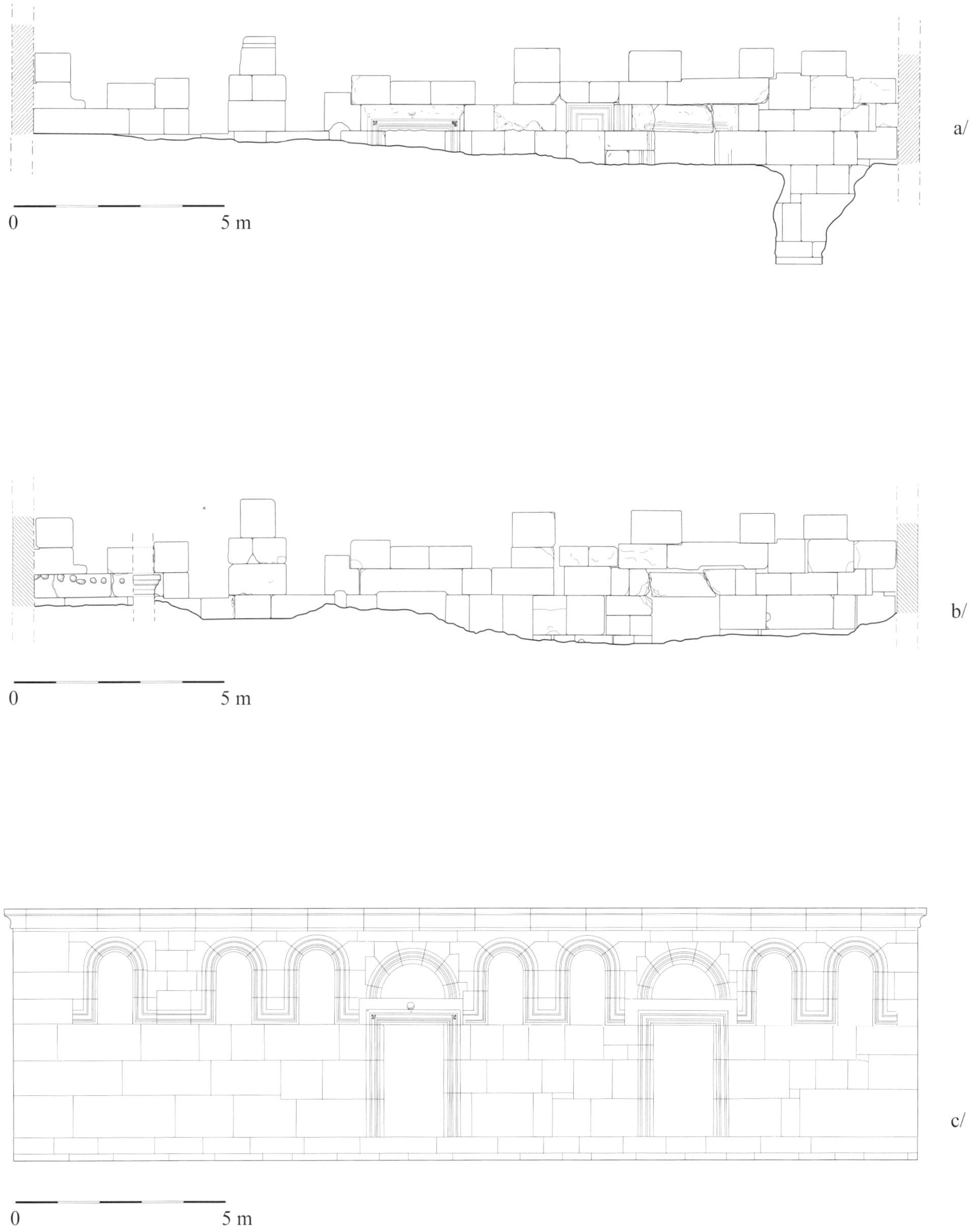

Fig. 176 — *Façade nord de l'église : a/ parement externe de la façade ; b/ parement interne de la façade ; c/ élévation de la façade restituée (© B. Riba).*

chacune. Les techniques employées dans la construction du tronçon nord, similaires à celles utilisées dans la façade septentrionale, montrent l'unité architecturale de ces deux parties harpées l'une à l'autre. Le pilier nord, de section rectangulaire (1 x 0,9 m), est l'unique support entièrement préservé à l'intérieur du monument. À partir du niveau du sol actuel, il s'élève sur six assises appareillées à la façade, selon une alternance d'un bloc engagé toutes les deux assises. En ajoutant les deux assises enfouies sous terre, il est possible d'estimer la hauteur totale du support à presque cinq mètres (**fig. 179b**). Le sommet est couronné d'une imposte sur laquelle repose un chapiteau dont les proportions relativement modestes ne correspondent pas à la largeur du pilier. Par ailleurs, la partie engagée ne couvre pas, comme il se devrait, la totalité de l'épaisseur de la façade. Ces observations invitent à considérer le chapiteau comme un élément rapporté, peu adapté à son emplacement. Ce serait dans ce cas le seul remploi de la façade puisque, contrairement au mur nord, celle-ci ne présente aucune trace de remaniement. Enfin, un trait singulier est à relever en ce qui concerne le travail de ravalement de la façade ouest. À l'encontre des usages traditionnels selon lesquels le parement extérieur, plus exposé, est soigneusement ravalé au détriment du parement interne, la façade révèle un travail inverse : le parement interne a bénéficié d'un ravalement minutieux tandis que l'extérieur a fait l'objet d'une moindre attention, comme en témoignent les nombreuses irrégularités et balèvres. Cette particularité s'explique en partie, nous le verrons, par la présence de structures découvertes de ce côté sous la surface du sol actuel. La façade nord, quant à elle, répond aux normes avec un parement externe bien ravalé alors que la face interne du mur est seulement dégrossie.

La cavité qui permet d'accéder sous le niveau du sol actuel est située le long du parement externe, au niveau du tronçon de mur localisé entre les deux pilastres (**fig. 179**). Elle dessert une sorte de couloir rendu extrêmement exigu par l'existence d'un édifice construit parallèlement à l'église, à seulement une cinquantaine de centimètres de la façade ouest (**fig. 180**). En dehors de ce nouveau bâtiment, l'espace souterrain révèle l'organisation de la partie inférieure de la façade. Trois assises de blocs reposent sur le substrat rocheux entaillé sur 1,50 m de profondeur. Le lit d'attente de la paroi rocheuse correspond vraisemblablement au niveau du sol nivelé de l'église protobyzantine, avant que celui-ci ne soit recouvert par un pavement de mosaïque[43]. Le bâtiment immédiatement adjacent à l'église est totalement enfoui

Fig. 177 — *Façade ouest de l'église (© B. Riba).*

sous le niveau du sol actuel. Son étude ne peut donc s'effectuer que de manière très partielle, et seulement depuis l'étroit passage souterrain. C'est une construction en bel appareil orthogonal à parement simple dont la façade, apparente sur une longueur de 5 m environ, est percée d'une porte et d'une ouverture plus petite située 1,50 m plus au nord (**fig. 182**). Le mur ne comprend pas plus de trois assises. Les deux premières sont en place ; la troisième, renversée vers l'avant, est retenue par la façade de l'église. L'obturation des ouvertures provoquée par l'accumulation des débris de blocs interdit l'analyse des espaces internes. Cela rend la fonction du bâtiment difficile à déterminer. L'existence d'une citerne située devant le seuil de la porte et la présence d'un petit bassin ovale qui encombre l'entrée semblent lier cette partie du bâtiment à la collecte de l'eau (**fig. 181**). La citerne, aménagée dans la paroi rocheuse à l'aplomb de laquelle se trouve la façade de l'église, présente des dimensions plutôt modestes comparables à celles des petits réservoirs domestiques. Les traces de l'enduit destiné à assurer l'étanchéité de l'installation sont encore visibles sur les parois internes. L'orifice circulaire (diamètre = 0,68 m), dépourvu de margelle, est surmonté d'une croix sommairement gravée dans la roche.

Quelques indices permettent de préciser la relation entre l'église et le bâtiment annexe. Le principal provient de l'absence d'ouverture du côté ouest de la basilique, fait rare dans l'Antiochène du VIe siècle où les accès de ce côté sont largement généralisés dans ce type de monument. Les façades occidentales aveugles sont plutôt caractéristiques des églises anciennes qui possèdent des portes seulement au sud. Ce n'est qu'à titre exceptionnel, en effet, que les églises du VIe siècle comportent des accès au nord et au sud sans en présenter à l'ouest. Dans le cas de Kafr ʿAqāb, la fermeture occidentale s'explique par la

43. L'état actuel des ruines ne permet pas de reconnaître directement le type de pavement qui couvrait le sol de l'église. Cependant, de nombreuses tesselles découvertes en surface laissent envisager l'existence d'une mosaïque monochrome. Toutes les tesselles retrouvées sont blanches, de forme cubique, volumineuses (de 1 à 2 cm) et assez grossières.

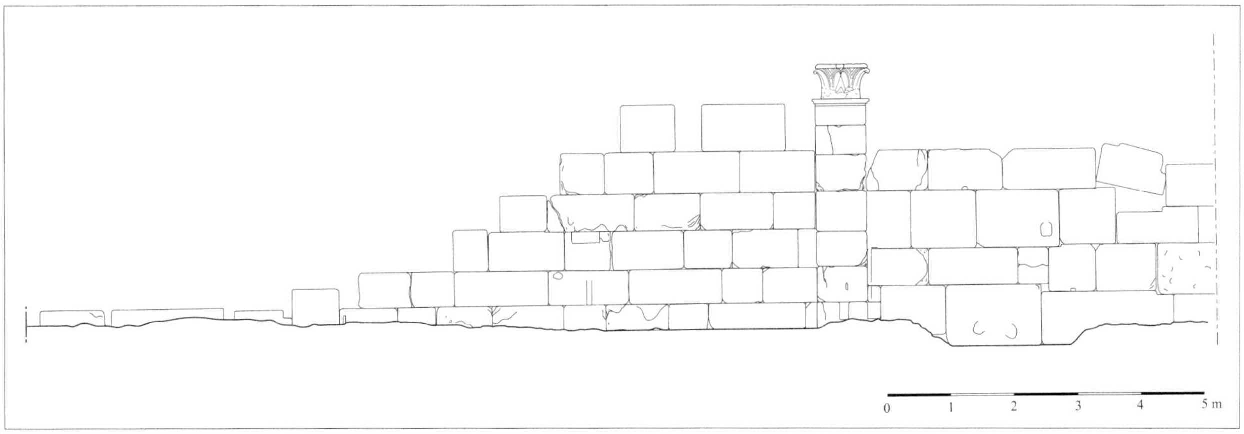

Fig. 178 — *Élévation de la façade ouest de l'église (© B. Riba).*

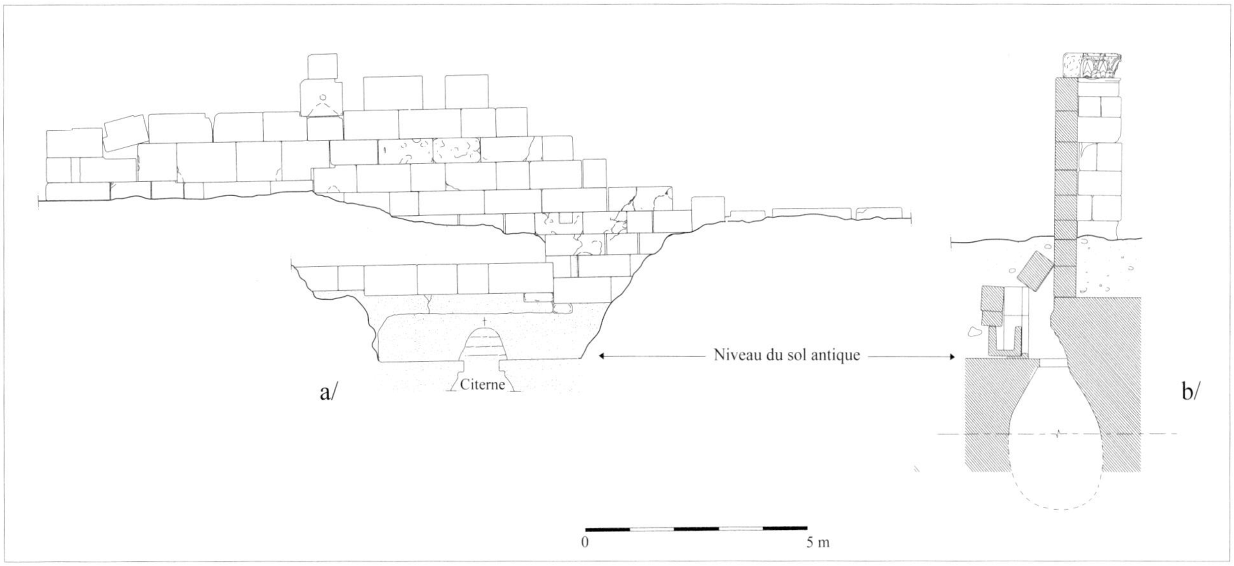

Fig. 179 — *Élévation de la façade ouest de l'église : a/ parement externe ; b/ coupe longitudinale (© B. Riba).*

Fig. 180 — *Corridor étroit qui sépare la façade ouest de l'église d'un bâtiment adjacent (© B. Riba).*

Fig. 181 — *Citerne aménagée au pied de la façade ouest de l'église, devant le seuil de la porte du bâtiment adjacent (© B. Riba).*

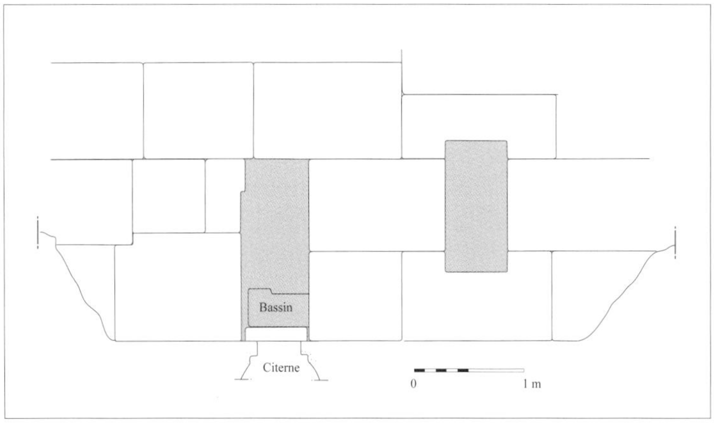

Fig. 182 — *Élévation de la partie visible de la façade du bâtiment adjacent (© B. Riba).*

proximité immédiate du bâtiment annexe. C'est la raison pour laquelle l'antériorité de la basilique par rapport à ce dernier est peu probable. On comprend mieux, dans ce contexte, le peu de soin accordé au parement externe de l'église puisque celui-ci était en grande partie dissimulé par l'édifice adjacent. Le lien entre les deux bâtiments est également attesté par une encoche de poutre pratiquée dans façade de la basilique, dont la présence suggère un bâti de bois qui couvrait le passage entre les deux édifices. Ainsi, deux hypothèses peuvent être émises. La première consiste à considérer l'église comme postérieure à la construction voisine ; son plan presque carré et sa fermeture à l'ouest seraient alors issus d'une volonté d'adapter le plan de l'édifice à un bâtiment préexistant. La seconde, plus vraisemblable, est d'envisager deux constructions conçues d'un seul jet, au sein d'un programme architectural unique. Le front de taille à l'aplomb duquel s'élève la façade de l'église, aménagé dès l'origine de la construction du bâtiment annexe situé à seulement 50 cm, abonde dans ce sens. Dès le départ, le plan initial prévoyait en effet ce front de taille destiné à recevoir les assises du mur ouest de l'église. L'encoche de poutre, le ravalement négligé du parement externe et la localisation de la citerne à la fois sous l'église et sur le pas de la porte du bâtiment annexe, renforcent le lien entre les deux édifices, et plaident en faveur de leur contemporanéité.

• *La façade sud*

Les vestiges apparents du mur sud se réduisent à trois parpaings équarris à peine visibles en surface. Un fragment de linteau monumental (B. 59) a été découvert dans ce secteur. Il appartenait certainement à la porte sud-est de l'église compte tenu de son emplacement. Par ailleurs, son décor et sa hauteur (63 cm) sont comparables aux linteaux des accès de la façade nord (**fig. 183 et 195**). La chute du bloc, face contre terre, lui a valu d'être épargné lors de la réoccupation du bâtiment : la surface de la pierre a conservé sa blancheur d'origine

Fig. 183 — *Linteau B. 59 de la porte sud-est de l'église (© B. Riba).*

Fig. 184 — *Bloc d'encadrement B. 40 provenant d'une fenêtre de la façade sud de l'église (© B. Riba).*

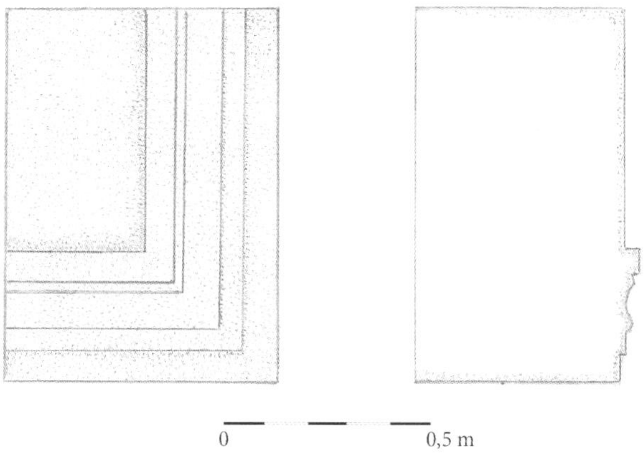

Fig. 185 — *Élément d'encadrement B. 41 appartenant à une fenêtre de la façade sud de l'église (© B. Riba).*

et son ornementation n'a subi aucune détérioration. Le linteau constitue ainsi un heureux témoignage de ce à quoi pouvaient ressembler les portes de l'église, puisqu'il est le seul à avoir gardé l'intégralité de son décor. Quelques mètres plus au sud, deux blocs d'encadrement de fenêtre (B. 40 et B. 41), intégrés chacun dans les structures de murs tardifs (**fig. 184 et 185**), arborent un profil mouluré semblable à celui qui orne le chambranle du linteau. Ces éléments, certainement empruntés à la façade méridionale de l'église, ne suffisent pas à déterminer la morphologie des ouvertures ; néanmoins, à l'image des fenêtres de la façade nord, celles-ci devaient être également cintrées. Excepté quelques distinctions minimes relevées dans le domaine de l'ornementation, la configuration générale de la façade sud n'était vraisemblablement guère éloignée de celle du nord.

• *Le chevet*

Le chevet de l'église présente deux états. En premier lieu, le mur ne dissimule pas entièrement l'abside semi-circulaire, laissant apparente l'extrémité de l'hémicycle[44]. Les murs orientaux des annexes viennent directement buter contre le parement externe de la conque absidiale sans y être appareillés : la tranche des blocs du chevet est

44. Une telle configuration est méconnue au sein du Massif calcaire. Les rares églises à abside engagée comprennent des annexes dont les murs orientaux s'alignent sur l'extrémité de l'hémicycle, sans entretenir de rapport direct avec l'abside. Tel est le cas de l'église nord de Fassūq (Biscop et Sodini 1987, p. 127-128), l'église sud de Banassara (Khoury 2005, p. 264, pl. 19), de Banqūsa Sud, de Tūrmanīn, d'ʿAršin, de Baṣufān (Biscop et Sodini 1984, p. 167-330) et de Fafertīn (Tchalenko et Baccache 1979, p. 42).

simplement taillée de façon à épouser la forme curviligne de la structure semi-circulaire (**fig. 186**). En deuxième lieu, un second parement, plus fin, est ajouté. Ce dernier, qui permet de renforcer le mur, inscrit l'église dans la lignée des édifices ecclésiastiques de tradition locale comportant un chevet rectiligne qui dissimule l'abside. L'absence de relation de maçonnerie entre l'abside et le mur du chevet proprement dit place la construction de ce dernier à une période postérieure. Nous verrons plus bas que le mur du chevet résulte en fait d'une phase de remaniement survenue dès la période protobyzantine.

L'élévation intérieure

• *Le sanctuaire*

Les vestiges de l'abside sont en grande partie dissimulés sous une épaisse couche de terre. Les contours de l'hémicycle ont fait l'objet d'un relevé à l'occasion d'un nettoyage de surface (**fig. 187**). Un affaissement de terrain localisé contre le parement interne permet d'apercevoir une partie de l'élévation de la conque absidiale. La qualité de la taille des blocs et la parfaite régularité des assises[45] témoignent d'une technique de construction maîtrisée. L'abside, profonde de 3,50 m, était à l'origine percée d'une porte à battant unique qui communiquait avec l'annexe nord (**fig. 188**). Plus tard, l'accès fut condamné par la mise en place de blocs concaves, similaires à ceux qui composent le reste de la structure, dont le soin accordé à leur taille et la qualité de leur ajustement signalent une intervention réalisée dès la période protobyzantine. Cette obturation doit être mise en relation avec un changement d'orientation liturgique qui ne nécessitait plus, à ce moment, l'existence d'un tel accès. L'arc triomphal qui marquait la liaison entre le sanctuaire et la nef n'a pas laissé de traces. Les vestiges ne livrent pas non plus d'informations en ce qui concerne les aménagements liturgiques (table d'autel, *synthronon*, type de clôture).

• *L'annexe nord*

La pièce, peu profonde (2, 30 m), occupe l'extrémité orientale du collatéral nord. L'emplacement traditionnellement réservé, en Antiochène, au dépôt des offrandes et des objets nécessaires à la liturgie, semble ici avoir revêtu une fonction différente. En effet, malgré l'impossibilité de vérifier la présence d'un reliquaire, l'arcade ouvrant sur le bas-côté, large de 4,42 m, montre que l'espace remplissait le rôle de *martyrion* (**fig. 189 et 190**). Le pilier nord, chaîné à la façade de l'église, est couronné d'une imposte moulurée sur laquelle reposent le sommier et le contre-sommier de l'arc aujourd'hui effondré. Le pilier sud, de constitution plus sommaire, supporte une imposte très dégradée sur laquelle subsiste un sommier aux moulures fortement détériorées. L'espace intérieur de la pièce, particulièrement étroit, est envahi par la végétation, la terre et de nombreux débris parmi lesquels se trouvent la plupart des voussoirs de l'arc restés à leur point de chute[46]. La présence d'une série de huit trous de solives (**fig. 176b**) sommairement aménagés dans le parement interne du petit côté nord du *martyrion* témoigne de la mise en œuvre d'un plancher lors de la réoccupation tardive de l'espace.

La situation de l'annexe au nord du sanctuaire surprend dans une région où ce type de pièce ne se trouve de ce côté qu'à titre exceptionnel[47]. Toutefois, la mise au jour de la porte aménagée dans l'abside indique que la pièce n'a pas toujours été consacrée à la conservation des reliques. En effet, en Syrie du Nord, lorsque le sanctuaire était pourvu d'un accès, celui-ci communiquait avec le *diaconicon*[48] afin de faciliter l'accès aux officiants. Quant à la chapelle martyriale, son accès s'effectuait seulement depuis le bas-côté par le biais d'une simple porte ou, plus généralement, d'un arc[49]. La liturgie n'exigeait en aucun cas de relation directe entre l'abside et le *martyrion*. L'annexe nord doit donc être considérée comme un espace ayant d'abord rempli la fonction de *diaconicon*, à une époque où celle-ci ne présentait pas encore d'arc. La condamnation de l'accès dès la période paléochrétienne correspond à l'interversion des annexes suite à d'importants remaniements. Le *diaconicon* est alors converti en *martyrion* et le *martyrion* en *diaconicon*. Par conséquent, l'organisation du chevet initialement conçu en respect des dispositions liturgiques propres à l'Antiochène, se calque à un moment donné sur le schéma apaméen. Un cas similaire est connu à Ǧerāde, dans le ǧebel Zāwiye, où l'église présente des modifications analogues[50].

45. Chacune des quatre assises visibles mesure 66 cm de haut. L'épaisseur de la structure, de 58 cm, dépasse légèrement celle des murs ordinaires.

46. Au total, 14 voussoirs ont été répertoriés dans l'église et ses environs, dont 12 à leur point de chute.

47. En Antiochène, seule l'église de Julianos à Brād possède un *martyrion* du côté nord du sanctuaire (Tchalenko et Baccache 1979, fig. 9, 13 et 16).

48. En Antiochène, le *martyrion* ne présente pas d'accès direct avec l'abside. L'église de Sinḫār semble être une exception : l'accès pratiqué entre l'abside et le *martyrion*, lors des remaniements survenus au VIe siècle, servait essentiellement à établir un lien direct entre le sanctuaire et la chapelle édifiée à la même époque au sud de l'annexe consacrée aux reliques. Le *martyrion* était donc un simple passage intermédiaire entre le sanctuaire et la chapelle (Tchalenko et Baccache 1979, fig. 52). Dans certains cas, le *martyrion* s'ouvre vers l'abside sans communiquer directement avec celle-ci : il en est ainsi dans l'église de Hūarte, en Apamène (Canivet et Canivet 1979, p. 76, fig. 8) et à Ǧerāde en Antiochène (Tchalenko et Baccache 1979, fig. 487). Enfin, il convient de mentionner de l'église de Bassit, sur le littoral syrien, dont l'abside communique avec les deux annexes : l'une présente une tombe, l'autre renferme un reliquaire. Les deux annexes ouvrent sur les bas-côtés par des arcs (Beaudry 2005a, p. 119-136 ; Beaudry 2005b, p. 1-8 ; Beaudry 2005c, p. 123-129).

49. Ce dispositif, exaltant le triomphe du martyr, se généralise à partir de la première moitié du Ve siècle et demeure exclusivement réservé aux *martyria* (Sodini 1989a, p. 352 ; Sodini 2006, p. 240-241).

50. Tchalenko 1990, p.194.

Fig. 186 — *Connexion entre le mur rectiligne du chevet et la conque absidiale (© B. Riba).*

Fig. 187 — *Abside de l'église sud (© B. Riba).*

Fig. 188 — *Porte condamnée qui communiquait initialement avec l'annexe nord (© B. Riba).*

Fig. 189 — *Vestiges de l'arcade du* martyrion *(© B. Riba).*

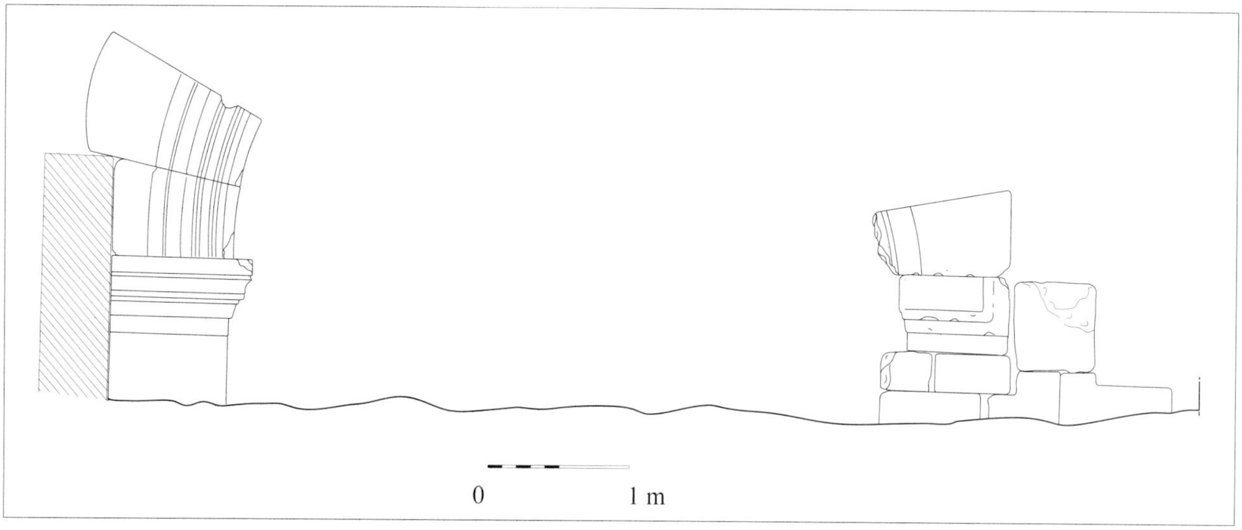

Fig. 190 — *Arcade du* martyrion, *état actuel (© B. Riba).*

• *L'annexe sud*

Il ne reste quasiment pas de vestiges apparents de cette annexe. Seuls de rares blocs à peine visibles en surface révèlent son existence. La présence du *martyrion* au nord suggère l'emplacement du *diaconicon* de ce côté, mais aucun élément tangible ne permet de le confirmer. En revanche, une salle attenante à l'annexe, nommée S. X sur le plan, forme une excroissance du côté est, dont la largeur est égale à celle du collatéral sud (**fig. 164**). Son mur occidental s'aligne sur le chevet. Les vestiges mal conservés empêchent de clarifier la relation de cette construction avec la basilique. Certaines assises suggèrent une annexe contemporaine du complexe ecclésial, d'autres témoignent de remaniements postérieurs. Sa morphologie et son emplacement évoquent une disposition semblable à celle de la basilique de Sarfūd[51] où une annexe analogue permet d'accéder à la cour et au portique qui dessert un baptistère. À Serğible[52], une pièce comparable conduit à un portique qui donne sur une cour méridionale. Ce type d'organisation n'est pas non plus sans rappeler l'église nord de Kimār qui présente une salle carrée similaire située dans le prolongement oriental du *martyrion*[53]. À Kafr ʿAqāb, la fonction de cette excroissance de l'annexe sud ne peut être identifiée. Les accès ne sont pas visibles sans dégagement préalable. Il n'est pas improbable que cet espace ait été en relation avec le petit édifice à abside saillante construit à l'est de l'église, faisant ainsi le lien entre celui-ci et la basilique.

• *Les piliers bilobés*

Si les supports situés aux extrémités ouest (piliers engagés de section rectangulaire) et est (demi-colonnes engagées) sont des formes architecturales bien connues dans la région, ceux du centre se distinguent par une morphologie originale (**fig. 192**). Les tronçons monolithiques qui les composent, dont la longueur totale atteint 1,37 m, restituent la forme d'un rectangle (76,5 cm x 66 cm) pourvu à chaque extrémité de deux demi-colonnes (**fig. 193**). Par ailleurs, au lieu d'être puissants et trapus comme la plupart des piliers dans les églises du Massif calcaire, ces supports relativement fins atteignent une hauteur exceptionnelle de presque 4 m. De larges bases moulurées recevaient le poids de ces fûts élancés.

L'emploi de ce type de pilier bilobé entretient une relation directe avec l'organisation du volume interne de l'édifice. Afin de conférer le plus d'espace possible à un bâtiment de plan quasiment carré, l'architecte a naturellement privilégié un nombre réduit d'éléments porteurs au détriment d'une éventuelle colonnade[54] qui aurait, par un nombre nécessairement supérieur de supports, saturé une surface intérieure déjà peu spacieuse. Ce procédé a permis d'atteindre une largeur de travée de 4,30 m[55] et une hauteur, depuis le sol jusqu'à l'intrados de l'arcade, d'environ 6,30 m (**fig. 191**). La volonté de gagner en hauteur a conduit le maître d'œuvre à délaisser le pilier classique au profit d'un support innovant, moins épais et plus élancé, conçu pour remplir à la fois la fonction du pilier et celle de la colonne. Ce système est donc un compromis entre deux types de support utilisés dans le Massif calcaire. La création des piliers bilobés est la conséquence d'une conception nouvelle de l'espace interne issue de la capacité d'adaptation de l'architecte à une surface limitée. Malgré les proportions restreintes de l'église, l'intérieur était aménagé de façon à offrir un volume ample et aéré.

Le décor

Le décor apparaît sur certains éléments *in situ* (portes de la façade nord, arc du *martyrion*, chapiteau du pilier), ainsi que sur les blocs d'architecture gisants à terre ou remployés à l'intérieur ou à proximité de l'église (blocs d'encadrement de fenêtre, claveaux des arcs de décharge, corniches). On déplore la perte des chapiteaux qui coiffaient les piliers bilobés dont quelques fragments subsistaient encore à la fin du siècle dernier. Aucune trace sur les murs ne permet de déterminer l'existence d'un système de placage. Quant au pavement de mosaïque, sa présence est attestée par les nombreuses tesselles retrouvées en surface.

Les moulures

Les moulures confèrent à la basilique son unité ornementale. Elles ornent les parties sommitales des façades (corniches), enveloppent les ouvertures (portes, fenêtres) soulignent les contours des arcs (archivoltes) et ceignent deux côtés des impostes qui supportent l'arcade du *martyrion*. Trois catégories sont à distinguer (**fig. 194**). La première offre un profil de base commun composé de deux fasces, d'un filet, d'une doucine, d'un anglet et d'un bandeau (profil *a* à *d*). Ce profil, qui constitue une forme complète sur l'ensemble de la façade nord, enveloppe les contours des portes, des fenêtres et des arcs de décharge. Un profil identique apparaît dans le registre inférieur de

51. Tchalenko et Baccache 1979, p. 230, fig. 377 ; Tchalenko 1990, p. 145.
52. Tchalenko et Baccache 1979, p. 149, fig. 253 ; Tchalenko 1990, p. 100.
53. Tchalenko et Baccache 1979, p. 95, fig.167 ; Tchalenko 1990, p.69. Dans cette église, la pièce ajoutée tardivement conservait deux reliquaires.
54. Les colonnes constituaient des supports plus fragiles. De fait, les travées des nefs à colonnades ne pouvaient excéder 3,50 m de large (Lassus 1947a, p. 71-76 ; Tchalenko 1953-1958, I, p. 315).
55. Soit seulement 30 cm de moins que la largeur des travées de la grande église de pèlerinage de Qalblōze.

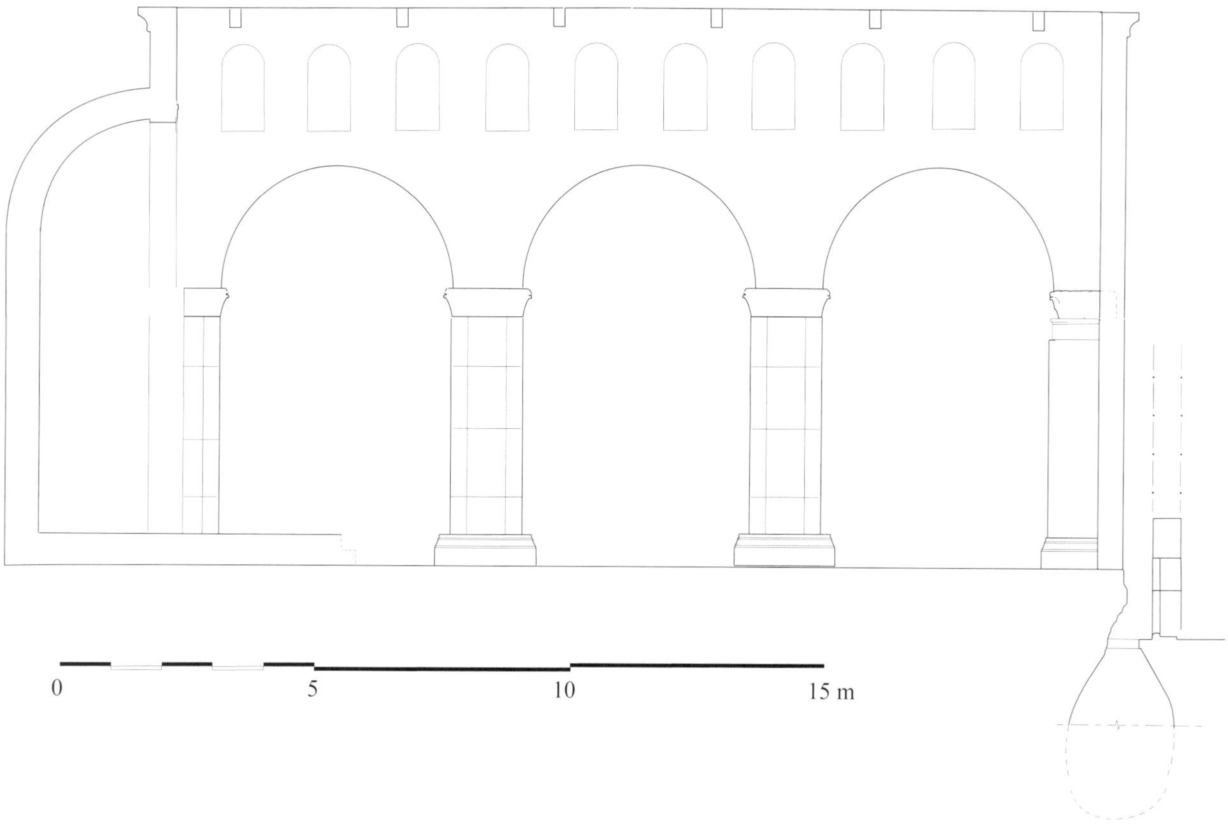

Fig. 191 — *Coupe de l'église, proposition de restitution (© B. Riba).*

Fig. 192 — *Pilier bilobé sud-est de l'église (© B. Riba).*

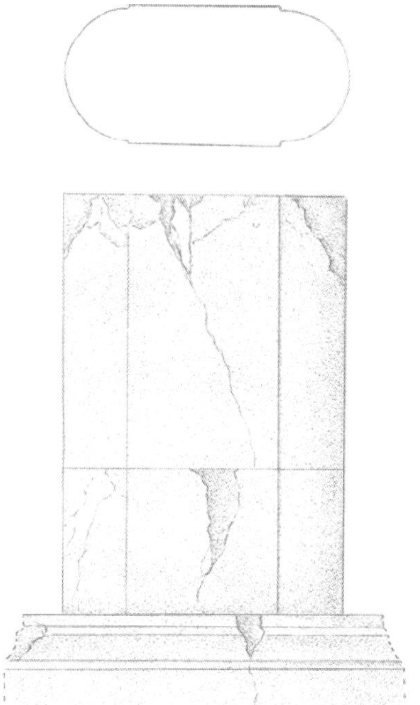

Fig. 193 — *Pilier sud-est de l'église (© B. Riba).*

l'arcade du *martyrion*. Cette dernière se distingue en revanche par l'ajout d'une moulure supérieure composée d'un creux de section rectangulaire surmonté d'une bande biseautée légèrement concave, d'un anglet et d'un bandeau. La seconde catégorie adopte un profil de base guère différent de la première si ce n'est par l'absence du filet : le profil se résume donc à deux fasces, une doucine, un anglet et un bandeau (profil *e* à *g*). La moulure borde deux côtés des blocs d'encadrement de fenêtre provenant de la façade sud. Ces éléments, remployés dans un mur tardif situé immédiatement au sud de la basilique, présentent des moulures identiques à celles qui ornent le chambranle de la porte sud-est. Le profil de la corniche du linteau, quant à lui, se compose d'une fasce, d'un filet, d'un quart-de-rond, d'un cavet, d'un anglet et d'un bandeau (profil *e*). La troisième catégorie regroupe les moulures qui ne comportent pas de profil de base commun, à savoir les corniches, les impostes et la base des piliers bilobés. Deux types de corniches identifiés (profil *k* et *l*) offrent des caractéristiques générales similaires (espace, doucine, anglet, bandeau), mais diffèrent par le profil de la partie convexe de la doucine. La corniche sommitale des façades nord et sud présente une doucine dont la partie convexe se termine de manière horizontale tandis que la corniche de couronnement de la claire-voie décrit une courbe prononcée vers l'intérieur de la moulure. La première, dont l'emplacement se situait à une hauteur moins élevée par rapport à la seconde, offre des dimensions plus modestes. Quatre impostes ont été recensées dans l'église. Celles des pilastres occidentaux se caractérisent par un profil très sobre concentré sur la bordure supérieure, à savoir un filet et un bandeau (profil *i*). Les impostes de l'arcade du *martyrion*, principalement celle du nord mieux conservée, présentent un profil élaboré composé de deux fasces, d'un filet, d'un tore, d'une fasce, d'un cavet, d'un anglet et d'un bandeau (profil *h*). Enfin, les moulures qui ornent les bases des piliers présentent un profil qui va en surplomb croissant du haut vers le bas. La moulure se compose d'une fasce, d'une bande biseautée légèrement incurvée, d'un anglet et d'une large plinthe (profil *j*).

Les motifs sculptés

Le décor sculpté se résume aux motifs qui ornent les portes orientales des façades nord et sud de l'église. Le reste doit sa disparition à l'effondrement des structures (aucun élément de la porte sud-ouest n'a été retrouvé), et à la réoccupation tardive du bâtiment dont l'une des conséquences fut le martèlement presque systématique des symboles chrétiens.

• *Linteau de la porte nord-est*

Deux motifs végétaux distincts ont subsisté à chaque angle de la moulure du chambranle, dans la partie concave de la doucine (**fig. 167**). L'angle oriental est orné d'un motif végétal à trois feuilles composé d'une feuille médiane à nervure centrale axée sur l'angle de la moulure, et de deux petites feuilles latérales. L'angle ouest présente un motif végétal qui comprend une grande feuille depuis laquelle émergent deux petites palmettes tournées vers le haut[56]. Les feuilles d'angle ne constituent pas un facteur chronologique déterminant puisqu'elles ornent les portes des églises de la région du IVe au VIIe siècle[57]. Le type de feuilles d'angle accompagnées de palmettes semble néanmoins être le produit de l'évolution du motif classique à trois feuilles identiques, dans la mesure où il apparaît le plus souvent sur les chambranles de portes à partir de la fin du Ve siècle.

Au-dessus des moulures du chambranle, la corniche est entièrement mutilée. On discerne cependant les contours d'un petit médaillon. Ce motif, volontairement détérioré, se présente sous la forme d'un cercle à l'intérieur duquel est inscrite une croix pattée dont il ne subsiste plus que la branche inférieure. La surface martelée de la corniche suggère la présence d'autres symboles chrétiens effacés lors de l'établissement d'une communauté musulmane dans le monument.

• *Linteau de la porte sud-est*

La sauvegarde inespérée d'une partie de ce linteau permet de rendre compte d'un décor parfaitement conservé (**fig. 183 et 195**). Le chrisme central occupe la hauteur (diamètre = 23 cm) des deux fasces ajoutée à celle de la doucine. Le motif représente une croix pattée inscrite à l'intérieur d'un cercle. Les quadrants du registre inférieur comprennent l'*alpha* à gauche et l'*omega* à droite ; le quadrant superposé à l'*alpha* est vide ; son voisin est occupé par un *rh*ô accolé à la branche de la croix. Le chrisme, très fréquent dans le Massif calcaire au cours de la période protobyzantine, ne constitue pas en tant que tel un élément de datation fiable. Cependant, malgré certaines distinctions par rapport au contenu, le traitement du médaillon relève d'une facture similaire à celle du chrisme sculpté entre les deux tombeaux à *arcosolia* du monastère méridional. La sculpture des lettres au relief fortement prononcé et leur morphologie, principalement en ce qui concerne l'*alpha* et l'*omega*, présentent certaines analogies (**fig. 371b**). Ces motifs semblent issus d'une tendance qui doit être placée à l'époque de la construction du monastère, c'est-à-dire au cours du VIe siècle.

---

56. Un exemple similaire de feuille d'angle se retrouve, entre autres, à l'angle est du linteau de la porte sud-est de l'église nord-est de Deir Semʿān (NACCACHE 1992, I, p. 187, fig. 223).
57. Pour le IVe siècle, c'est le cas notamment des églises de Maʿaramāyā et d'Išrūq. L'exemple le plus tardif est celui de l'église de Šeiḫ Sleimān datée de 602 (NACCACHE 1992, I, p. 189).

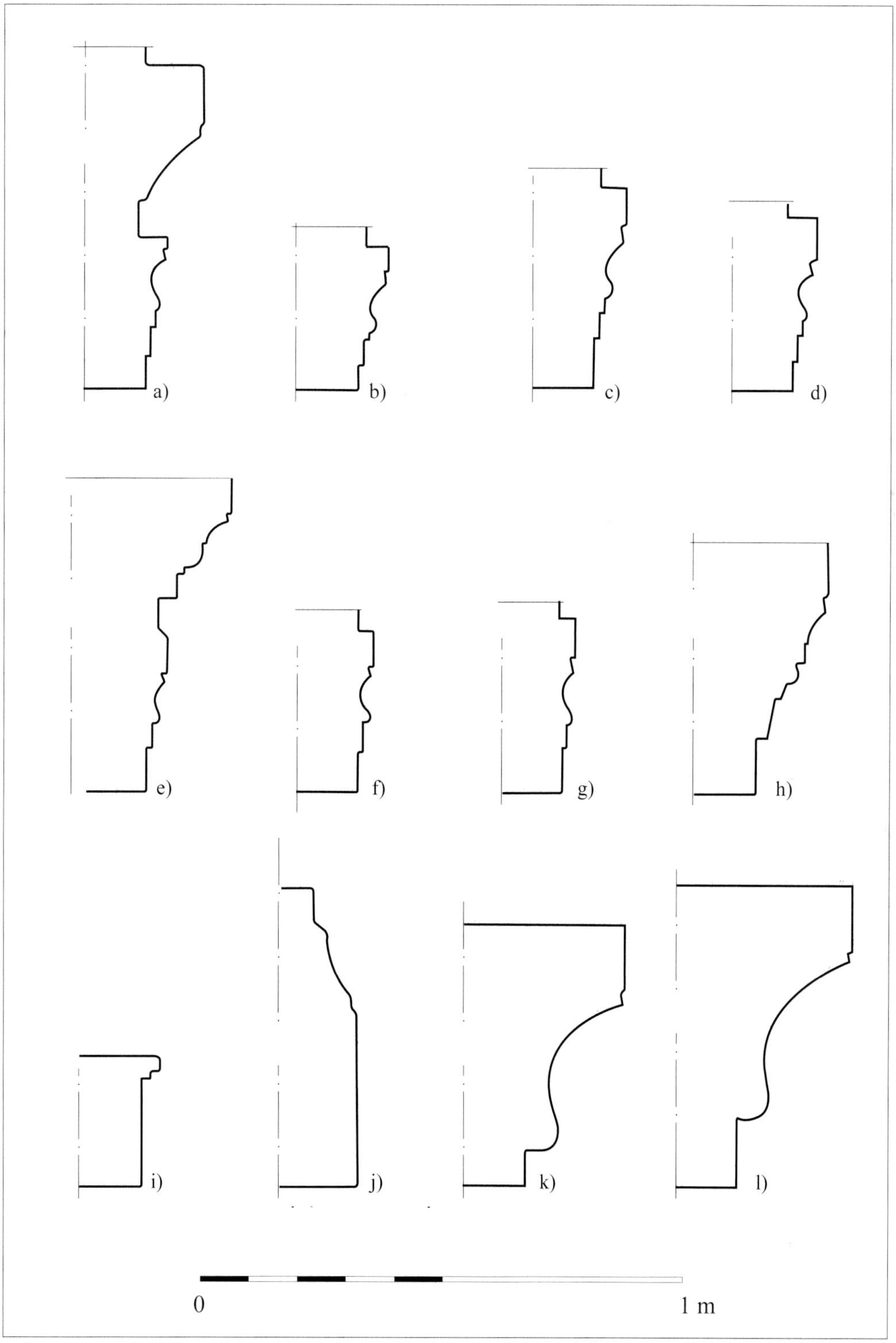

Fig. 194 — *Moulures répertoriées dans l'église sud (© B. Riba).*

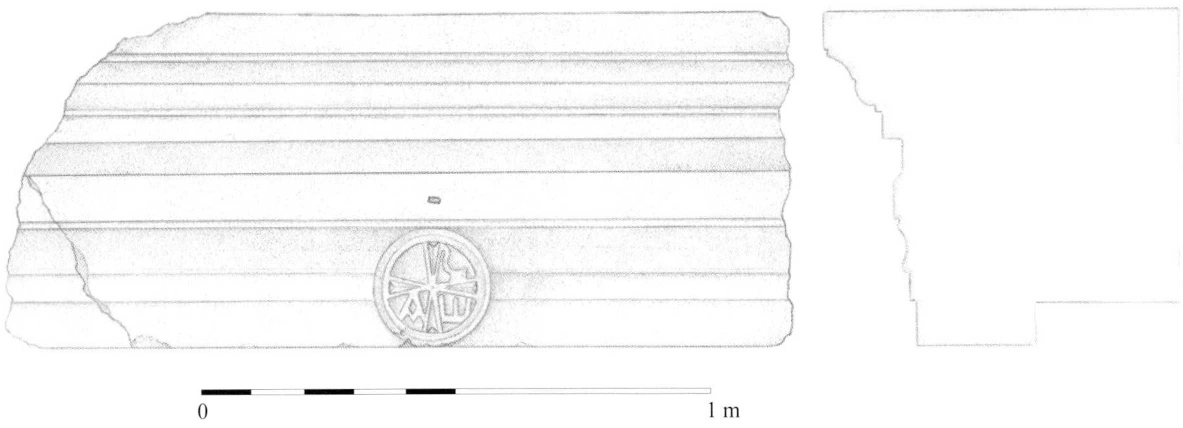

Fig. 195 — *Linteau de la porte sud-est de l'église sud (© B. Riba).*

Le chapiteau de pilastre

Parmi les huit chapiteaux qui coiffaient les différents supports de l'édifice, celui du pilastre nord engagé dans la façade occidentale est l'unique à avoir subsisté (**fig. 196 et 197**). Il présente une double couronne d'acanthe. Le petit côté et la face latérale sud comprennent une première rangée de feuilles dont la nervure est matérialisée de façon schématique par une figure triangulaire. Ces feuilles, de petite taille, sont séparées par un motif en pointe de flèche dont le sommet s'inscrit dans l'axe de la nervure centrale des feuilles hautes, également représentée par une large surface triangulaire. La rangée supérieure est composée de grandes feuilles séparées par un décor qui diffère selon les côtés du chapiteau. Le côté nord se distingue par son dépouillement : les feuilles dépourvues de nervures et la surface lisse des caulicoles donnent l'impression d'un travail inachevé. Le côté sud offre un décor plus élaboré caractérisé par des feuilles hautes séparées par un calice très stylisé bordé par des demi-cercles. Sur la face principale, les feuilles hautes sont séparées par une composition végétale qui comprend une mince tige (très dégradée) et d'un motif circulaire (pétiole rond ?) depuis lequel émergent deux feuilles étroites incurvées sous l'abaque. À la naissance de ces dernières jaillissent deux nouvelles feuilles, plus petites, qui suivent la courbe des précédentes. La configuration de l'ensemble est basée sur l'emploi de motifs simples, épurés, dont le caractère géométrique aspire à une composition fondée sur l'alliance de lignes courbes et de traits rectilignes matérialisés par les motifs triangulaires au niveau des nervures axiales.

Le décor du chapiteau peut être situé au cours de la première moitié du VIe siècle. La simplification de la composition, qui privilégie l'emploi de formes schématiques dénuées de complexité et l'absence de détails superflus portent la marque de certains chapiteaux de cette période[58]. Mais ce sont surtout les motifs circulaires situés entre les feuilles supérieures du petit côté qui renvoient à cette époque : apparus au cours du VIe siècle, ceux-ci se retrouvent notamment sur un chapiteau de la basilique ouest du village de Ḫarāb Sulṭān[59], situé non loin de Kafr ʿAqāb, et sur un chapiteau de l'église de Bāfetīn[60]. Enfin, ce motif apparaît également, en beaucoup plus développé, entre les feuilles hautes d'au moins un des chapiteaux bilobés de notre église (**fig. 198 et 199**). Si ce constat plaide en faveur d'éléments contemporains, le chapiteau étonne par ses faibles proportions comparées au pilastre massif qui le supporte. Il est possible que celui-ci ait occupé à l'origine une place différente au sein du complexe ecclésial avant d'être disposé à son emplacement actuel à une période plus tardive.

Le fragment d'un chapiteau appartenant à un pilier bilobé

L'un des chapiteaux des piliers bilobés peut être restitué d'après une photographie réalisée lors de la visite des pères franciscains au cours des années 1990 (**fig. 198**). Le fragment qui figure sur le document conserve un peu plus de la moitié de sa longueur initiale. Afin d'acquérir une meilleure lecture des détails du décor, un dessin a été effectué à partir de cette photographie, en prenant en compte les dimensions livrées par le pilier bilobé. Le chapiteau présente une forme oblongue aux extrémités

58. Quoique plus élaborées, les larges feuilles ne sont pas sans rappeler celles que l'on retrouve, par exemple, dans l'ornementation des chapiteaux de l'église sud d'Allata es-Šarqīye. L'un d'eux provenant de cette dernière église arbore d'amples feuilles dont la surface comporte un motif triangulaire semblable à celui de notre chapiteau. (Strube 2002, II, taf. 87 ; Strube 2002, II, taf. 97.f).

59. Strube 2002, II, taf. 89.e.

60. Strube 2002, II, taf. 129.f.

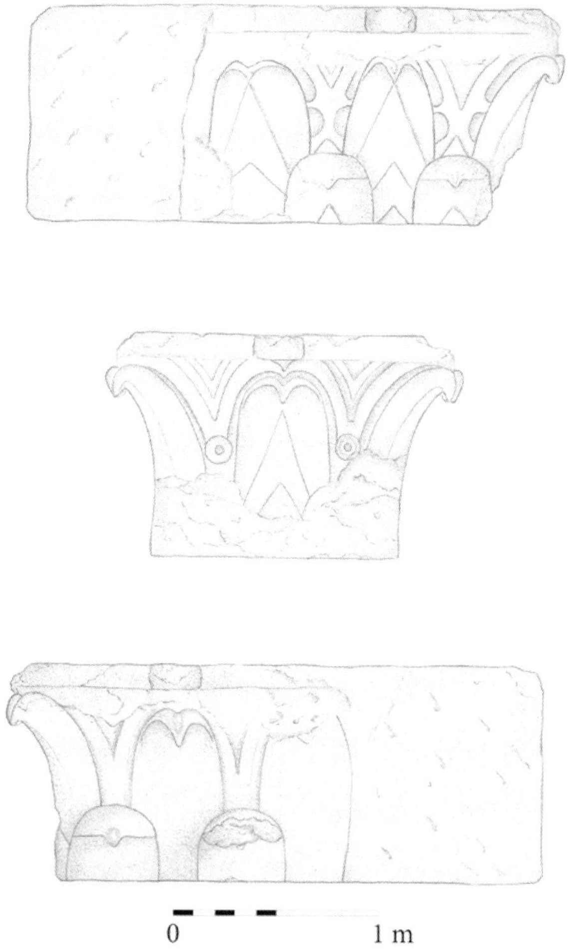

Fig. 196 — *Chapiteau du pilastre de la façade ouest de l'église : faces sud, est et nord (© B. Riba).*

arrondies adaptées à la morphologie de son support (**fig. 199**). L'élément se divise en deux parties égales dont la séparation est matérialisée par un motif en pointe de flèche surmonté d'un médaillon doté d'une croix pattée. Ce dernier est flanqué de deux petits motifs floraux circulaires. Dans son état initial, le chapiteau comprenait deux rangées de quatorze acanthes sur tout son pourtour. Un médaillon orne la partie centrale. Les feuilles, lisses et étroites, ne présentent aucune nervure. Celles de la rangée inférieure sont séparées par un motif en arc de cercle qui remplace la pointe de flèche traditionnelle. Les feuilles hautes sont séparées par des caulicoles plats surmontés d'un motif circulaire. Ce dernier donne naissance au calice d'où émergent deux demi-feuilles qui viennent se recourber au sommet des feuilles supérieures. Depuis les demi-feuilles jaillissent deux volutes, l'une extérieure dont l'enroulement terminal s'effectue au sommet des feuilles « d'angle », l'autre intérieure, plus petite, qui se termine en hélice au-dessus des feuilles centrales. L'ensemble est couronné par un abaque peu élevé.

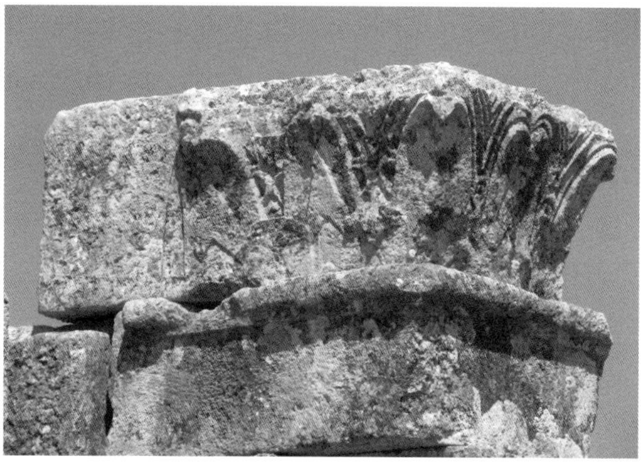

Fig. 197 — *Chapiteau du pilastre nord de la façade ouest de l'église (© B. Riba).*

Ce type de chapiteau double revêt un caractère exceptionnel. Le seul parallèle connu dans le Massif calcaire est celui de l'église nord du village voisin de Banassara[61]. Les chapiteaux doubles de ce monument, particulièrement raffinés, présentent cependant une forme plus achevée dans la mesure où chaque partie (chapiteau et fût) est traitée à part entière. De son côté, le chapiteau de Kafr ʿAqāb est massif, à l'image des piliers bilobés correspondants. Malgré ces différences, ces chapiteaux situés dans un secteur très localisé de la région appartiennent à un même courant. Cette formule se retrouve à nouveau dans le village à Kafr ʿAqāb, sur un élément associé au mausolée à couverture pyramidale (**fig. 403**). Le décor et la morphologie du chapiteau de l'église sud de Kafr ʿAqāb placent celui-ci au cours de la première moitié du VIe siècle, peut-être à une période antérieure à ceux de l'église nord de Banassara dont la forme élégante est beaucoup plus abouti. L'utilisation du motif circulaire placé entre les feuilles hautes, déjà observé sur le chapiteau du pilier de la même église, comme dans certaines basiliques du VIe siècle, à Ḫarāb Sulṭān et à Bāfetīn, confirme cette datation.

Les aménagements annexes

L'annexe occidentale

Le bâtiment, évoqué plus haut en raison du lien étroit qu'il entretient avec la façade ouest de l'église (**fig. 164**), demeure aujourd'hui invisible depuis la surface du sol actuel (**fig. 182**). Sa fonction est impossible à déterminer sans dégagement préalable. Le passage souterrain par

61. Khoury 2005, p. 240.

Fig. 198 — *Fragment d'un chapiteau associé à l'un des piliers bilobés (© W. Khoury).*

Fig. 199 — *Restitution du chapiteau d'un pilier bilobé d'après photographie (© B. Riba).*

lequel le niveau du sol antique est accessible permet d'identifier l'arrière d'un bâtiment directement lié à la collecte et au stockage de l'eau. Ce rôle est attesté par la citerne immédiatement placée devant le seuil de la porte et par la présence d'un bassin ovale qui entrave actuellement l'ouverture. Pour autant, la construction n'entretient certainement pas de rapport avec la liturgie baptismale. Sa situation au sein du complexe ecclésiastique rappelle plutôt celle des bâtiments d'habitation que l'on rencontre à côté de chaque église de village. Certains jouxtent les façades occidentales aveugles de quelques basiliques de la fin du IVe siècle ou du début du siècle suivant[62]. Cependant, là où l'espace entre les deux édifices autorise habituellement la circulation, l'exiguïté du couloir entre les deux façades et l'emplacement de la citerne ne permettent pas d'envisager un lieu de passage. Une telle disposition entre l'église et le bâtiment annexe ne connaît pas de parallèle dans le Massif calcaire. Peut-être doit-on considérer la construction comme le bâtiment d'habitation (du clergé ?) dont l'arrière, ouvert sur l'étroit couloir et la citerne, était conçu comme un lieu utilitaire lié à la gestion de l'eau.

Le réservoir d'eau

Le réservoir d'eau, situé à une dizaine de mètres au sud-ouest de l'église (**fig. 200**), est entièrement taillé dans la roche selon un plan approximativement carré. La couverture est constituée de dalles soutenues par des paires d'arcs appareillés portées par des piliers communs qui se succèdent dans l'espace central. Ces derniers, composés de trois blocs sommairement équarris sur lesquels repose le double sommier, atteignent une hauteur de presque 5 m. Les arcs construits en plein cintre comprennent huit à dix claveaux selon les cas. Les murs diaphragmes sont constitués de pierres de blocage. Aux extrémités, les sommiers sont intégrés dans la roche aménagée pour les recevoir. Au-dessous, deux trous d'encastrement de section carrée témoignent d'un système visant à renforcer les supports de ce côté. Ce système de soutènement des dalles par le biais de deux arcs accolés qui partagent un pilier central commun est peu courant dans la région où les constructeurs ont privilégié le recours à un seul arc[63], dans certaines maisons notamment[64], ou, plus rarement, de simples piliers[65]. Il se retrouve cependant dans la grande citerne associée aux bains du village de Serğilla[66]. L'enduit qui servait à étanchéifier les parois est en grande partie conservé. À la surface, dans l'angle sud-ouest de l'espace dallé, une margelle placée au-dessus d'un orifice marque l'emplacement depuis lequel l'eau était puisée. Le réservoir, d'une capacité de contenance d'environ 380 m^3 d'eau, est une réalisation collective sophistiquée aménagée afin de subvenir aux besoins de la communauté religieuse.

62. C'est le cas des annexes qui jouxtent à l'ouest les églises de Sinḫār (Tchalenko et Baccache 1979, pl. 35, fig. 51), de Bātūtā (Tchalenko et Baccache 1979, pl. 37, fig. 73) ou de Kfeir Dart'Azze (Tchalenko et Baccache 1979, p. 69, fig. 126). La fermeture des façades ouest n'est pas due à la présence d'annexes : l'absence d'accès à l'ouest est simplement conforme à la morphologie des anciennes églises d'Antiochène dont le plan s'inspire de l'architecture domestique.

63. C'est le cas, notamment, des trois autres réservoirs d'eau aménagés dans le village (voir ci-dessous, p. 225).

64. L'usage d'une seule arcade de soutènement est très usité dans l'architecture domestique d'Apamène. On le trouve aussi, quoique plus rarement, dans les maisons des chaînons nord, notamment dans certains bâtiments de Kafr ʿAqāb.

65. Les dalles de couverture soutenues par des piliers sont notamment utilisées à Mē'ez, à l'ouest de l'église occidentale, et à Banaqfūr, sous le dallage de l'église à nef unique (Peña *et al.* 1990, p. 57-62).

66. Tate *et al.* 2013, p. 477.

Fig. 200 — *Piliers et arcades appareillés à l'intérieur du réservoir d'eau associé à l'église sud (© B. Riba).*

Fig. 201 — *Vestiges de l'abside du petit édifice situé à l'est de l'église sud (© B. Riba).*

Le petit monument à abside saillante

État actuel, description

Douze mètres à l'est du chevet de l'église se dressent les vestiges d'une petite abside dont il ne subsiste plus que le quart nord intégré à l'angle d'une construction médiévale (**fig. 201**). Le reste de l'édifice a disparu. Les trois assises conservées de la conque absidiale, parfaitement régulières, s'élèvent sur une hauteur de 1,80 m. L'extrémité septentrionale de la structure est marquée par un pilier d'angle dont la base, sobrement moulurée, présente une hauteur de 0,58 m, correspondante à celle de la première assise de l'abside. Le bloc qui repose sur la base est égal à la hauteur (0, 97 m) de la seconde assise. Enfin, la troisième assise est matérialisée par seulement deux blocs dont l'un comporte sur sa tranche deux cavités ovales qui indiquent l'existence d'un système de fermeture prévu pour une fenêtre axiale placée à l'extrémité orientale de l'abside. Au niveau de la seconde assise, l'abside est percée de petits trous cylindriques destinés au scellement d'un placage de marbre. Le sol de l'abside était couvert de dalles calcaires.

Les dimensions de l'édifice ne peuvent être précisées en raison de la pauvreté des vestiges. Il est néanmoins possible d'effectuer une estimation en examinant le cadre architectural dans lequel le monument est inséré. Selon l'hémicycle de l'abside, dont le diamètre restitué atteint 2,50 m, et les douze mètres qui le séparent du chevet de la basilique, la longueur totale de la construction peut être évaluée entre 6 et 10 m. Quant à la largeur, une distance d'environ 4 m[67] peut être envisagée compte tenu des dimensions de l'abside. L'édifice était très certainement à nef unique. La saillie de l'abside est attestée par le parement externe de la conque nettement ravalé et la découverte de deux blocs de corniche curvilignes à proximité de la construction (**fig. 202**). La structure semi-circulaire était donc soulignée par une corniche moulurée du côté extérieur[68]. Ainsi, le petit monument est à classer dans la catégorie des rares chapelles à abside saillante répertoriées dans le Massif calcaire.

L'état actuel de la construction ne permet pas de préciser son rôle au sein du complexe ecclésiastique. Sa situation proche du chevet de la basilique constitue un

67. La chapelle à nef unique voisine de l'église est de Ṭurīn, dont les dimensions de l'abside sont proches de celles de notre édifice, présente une longueur de 7,10 m et une largeur de 5,50 m (Peña *et al.* 1999, p. 158).
68. Ce type de décor, qui évoque les corniches de couronnement de Qalʿat Semʿān (Biscop et Sodini 1984, p. 270-271), se retrouve également sur le chevet de la basilique est de Kafr ʿAqāb.

Fig. 202 — *Corniche B. 43 de l'abside du petit édifice oriental (© B. Riba).*

indice suffisant pour s'assurer du fonctionnement des deux constructions au sein d'un même ensemble. À cet emplacement, deux fonctions sont envisageables : celle de baptistère[69] ou bien celle de chapelle funéraire. En considérant la première hypothèse, on constate que l'abside offre un diamètre sensiblement plus élevé par rapport à celle du baptistère de l'église de St. Serge à Dar Qīṭā qui est jusqu'à aujourd'hui, avec ces 2,20 m, la plus grande connue en Syrie du Nord[70]. La construction semble donc dotée d'une abside un peu trop grande comparée à celles des baptistères à abside saillante (et même inscrite[71]) de la région. Cette remarque, ajoutée à l'absence d'un aménagement lié à la liturgie du baptême[72], ne joue pas en faveur d'un baptistère, même si l'emplacement du monument convient plutôt bien à ce type de dispositif généralement implanté non loin du chevet de l'église, du côté est[73]. L'éventualité d'une fonction funéraire paraît plus probable si l'on considère l'existence d'un édifice similaire dans le village voisin de Ṭurīn[74]. Une chapelle à abside saillante est effectivement localisée à 1,40 m de la façade nord de la basilique la plus orientale de cette agglomération[75]. Le monument, construit au début du VIe siècle, comme l'église à laquelle il est associé, présente des similitudes avec celle de Kafr ʿAqāb, notamment dans les dimensions de l'abside et la présence d'une corniche de couronnement. Le rôle funéraire de la chapelle de Ṭurīn est clairement souligné, sur son côté nord, par l'aménagement d'une arcade qui donne sur un sarcophage. Il est tentant de voir à Kafr ʿAqāb un édifice comparable, associé à l'église, mais on ne trouve aucune trace de claveaux qui indiquerait la présence d'une arcade ni celle d'un quelconque dispositif funéraire. Par conséquent, si la morphologie et le décor de l'édifice militent en faveur d'une chapelle funéraire[76] semblable à celle de Ṭurīn, aucun indice archéologique déterminant ne permet de l'assurer.

Datation des édifices ecclésiastiques

L'église

L'église comporte certaines caractéristiques qui se développent et se généralisent dès le début du Ve siècle, à savoir les montants des portes appareillés aux façades, les fenêtres cintrées et l'arc du *martyrion*. Mais c'est à la fin de ce siècle, ou plus probablement au cours de la première moitié du VIe siècle, qu'il faut situer l'usage des piliers qui permettent l'aménagement d'une vaste superficie dans la nef et les bas-côtés. L'édifice s'inscrit en effet dans la lignée des basiliques qui utilisent les principes de construction apparus dans le Massif calcaire à une période postérieure aux travaux de Qalʿat Semʿān[77]. Il se distingue cependant de ce groupe par

69. Dans le Massif calcaire, certains baptistères possèdent une abside saillante : il en existe notamment dans le ǧebel Bārīšā, à Ksēǧbe (Dufaÿ 1977, p. 33, fig. 13), à Qaṣr Iblīsū (Dufaÿ 1977, p. 33, fig. 14), tous deux respectivement datés de 414 et 431. Deux autres se trouvent également dans le village de Dar Qīṭā (Dufaÿ 1977, p. 35, fig. 16), dans l'ensemble ecclésial dédié aux Saints Paul et Moïse, et dans celui dédié à Saint Serge (Dufaÿ 1977, p. 36, fig. 17). Le baptistère de la première est daté de 515, celui de la seconde date de 537, avec une intervention au niveau du portail survenu en 567.

70. Dufaÿ 1977, p. 36, fig. 17

71. Les absides inscrites des baptistères sont presque toujours de petites dimensions. Il existe peut-être une exception si l'on considère que la chapelle de Sinḫār est bien un édifice lié à la liturgie baptismale. L'abside de cette chapelle présente en effet un diamètre de 2,40 m (Tchalenko et Baccache 1979, pl. 25 et 26).

72. Comme il est précisé dans le texte, le dégagement très partiel a permis de découvrir qu'une petite partie de la structure, à savoir la base du pilier d'angle et une parcelle du dallage.

73. On ne connaît cependant pas de baptistères placés directement à l'arrière de l'église comme c'est ici le cas. Ces installations se situent généralement du côté sud du chevet.

74. Parmi les édifices à abside saillante du ǧebel Waṣṭāni, il convient de mentionner la chapelle martyriale intégrée au VIe siècle, lors d'une seconde phase de construction, à l'église sud de Banassara (Khoury 2005, p. 244).

75. Peña *et al.* 1999 p. 157 ; Khoury et Castellana 1990, p. 18.

76. Sur les inhumations *ad sanctos* voir Duval 1988, p. 83-86.

77. L'emploi des piliers semble emprunté aux arcs disposés au sud de l'hôtellerie monastique de Qalʿat Semʿān. L'une des plus anciennes basiliques à utiliser ce procédé dans le Massif calcaire est celle de Qalblōze (Tchalenko 1973, p. 128-136). Ce type de monument à pilier se trouve dans le ǧebel Il-Aʿla (Qalblōze, Bettir, Bašmišli, Ǧuwanīye), dans le ǧebel Bārīšā (Bāmuqqā, Beḥyō), dans le ǧebel Semʿān (Fidre, Brād) et dans la partie antiochienne du ǧebel Zāwiye (Ruweiḥa). Certaines sont de grandes basiliques de pèlerinage. Dans le ǧebel Waṣṭāni, les églises à piliers sont connues dans les villages

une forme de support inédite caractérisée par l'association du pilier et de la colonne. Ce type d'association se retrouve dans l'église nord du village voisin de Banassara, datable du VIe siècle, mais d'une façon plus développée dans la mesure où les fûts de colonnes sont entièrement dissociés, leur liaison ne s'effectuant plus qu'au moyen d'une base commune et de chapiteaux reliés entre eux par un panneau incorporé. La présence de cette catégorie de piliers, exceptionnelle dans le Massif calcaire, pourrait s'expliquer par la proximité de la métropole d'Antioche, ou peut-être par un phénomène de mode locale qui gagne cette partie des campagnes au cours de la première moitié du VIe siècle. Néanmoins, il est intéressant de noter que les exemples les plus proches du point de vue de leur morphologie se trouvent fort éloignés de la capitale patriarcale puisqu'ils sont à chercher du côté de la Mésopotamie. Une basilique située en Haute-Djézireh, à Hassaké[78], présente effectivement des supports qui évoquent de près ceux du ǧebel Waṣṭāni, tandis que des parallèles plus éloignés encore sont connus dans une église de Bazyan, dans le Kurdistan irakien[79]. Le coût élevé de ces aménagements, puisque la valeur d'un support normal est doublée, est probablement une des raisons de leur nombre très limité dans la région.

Le décor des chapiteaux de l'église de Kafr ʿAqāb confirme la datation de l'édifice au cours de la première moitié du VIe siècle. La composition de la façade septentrionale de la basilique renvoient à la même période : le jeu de symétrie mis en évidence par l'utilisation des paires de fenêtres cintrées placées entre les accès, et les moulures enveloppantes qui soulignent le contour des ouvertures, sont des traits significatifs qui évoquent l'organisation propre à de nombreux monuments édifiés à partir de la fin du Ve siècle. Ce type de composition rappelle notamment certaines parties du *martyrion* cruciforme de Qalʿat Semʿān d'où notre église semble tirer son influence. En effet, comme la basilique voisine à l'est, et d'autres dans les villages environnants, l'édifice n'a vraisemblablement pas échappé au rayonnement du grand sanctuaire dédié à Syméon l'Ancien. Enfin, si la façade occidentale aveugle est caractéristique des plus anciennes églises d'Antiochène, il s'agit là d'un faux archaïsme puisque la façade est parfaitement chaînée à celle du nord. La fermeture à l'ouest doit être mise en relation directe avec la construction adjacente et contemporaine qui n'admet pas, dès l'origine, la présence d'accès de ce côté[80].

Chronologie de l'église

Les vestiges de la basilique révèlent une histoire complexe. Au cours de la période protobyzantine, le monument comprend au moins deux grandes phases de construction : un premier édifice, à situer certainement entre la fin du IVe et le début du Ve siècle, et un second issu de l'agrandissement de la basilique d'origine au cours de la première moitié du VIe siècle. L'église primitive est suggérée par des anomalies visibles dans le plan et la morphologie de certains éléments ou assemblages architecturaux. Trois autres phases interviendront plus tard, à partir de l'époque médiévale, lors la construction du bâtiment fortifié[81].

• *Premier état*

Deux indices principaux militent en faveur de l'existence d'une église plus ancienne. D'une part, l'absence de raccord entre la conque absidiale et le mur du chevet indique le caractère ajouté de ce dernier. Toutefois, ce constat ne permet pas d'envisager une abside initialement saillante en raison de la porte aménagée dans la conque absidiale qui implique l'existence, dès l'origine, d'une annexe de ce côté. Ainsi, la structure semi-circulaire, flanquée au nord et au sud par les annexes traditionnelles, était dès le départ dissimulée par un chevet droit auquel elle n'était pas appareillée. Ce type de chevet dissocié de l'abside est connu dans la région, notamment dans l'église est de Ḫarāb Sulṭān[82] et, en dehors du ǧebel Waṣṭāni, à Ǧerāde[83] et à Serǧilla[84]. D'autre part, dans la nef, les bases peu adaptées aux piliers qu'elles supportent semblent appartenir à une construction antérieure. En effet, contrairement aux bases soigneusement taillées aux dimensions des piliers dans les basiliques de Syrie du Nord, celles de l'église méridionale de Kafr ʿAqāb, beaucoup plus larges, ne correspondent pas aux proportions des piliers bilobés (**fig. 192**). En outre, elles se composent de plusieurs blocs au lieu de se présenter sous l'aspect d'éléments monolithes comme c'est le cas partout ailleurs. Pour ces raisons, il est possible d'envisager l'hypothèse suivante : la base moulurée en question pourrait avoir été, à l'origine, l'empattement sur lequel reposaient les murs d'un bâtiment primitif. Il est très probable que l'église, dans un premier état, ait repris ce procédé connu dans l'architecture d'époque impériale de la région, mais aussi dans les monuments édifiés au début de la période protobyzantine, comme l'église à nef unique de Nūrīye[85], dans le ǧebel Bārīšā. Si l'édifice de Kafr ʿAqāb a adopté

voisins de Kafr ʿAqāb (Ṭurīn, Fassūq, Ḫarāb Sulṭān, Ḫerbet Mūraṣraṣ) et à l'intérieur même de la localité (église est).

78. Khoury et Riba 2013, p. 99-101.

79. Déroche et Narmin Ali Amin 2013, p. 363-380.

80. Cet archaïsme apparent est aussi remis en cause par la répartition des accès (voir ci-dessous, p. 172).

81. Ces phases de construction sont traitées dans le dernier chapitre portant sur le bâtiment fortifié (voir ci-dessous, p. 357-361).

82. Peña *et al.* 1999, p. 103.

83. Tchalenko et Baccache 1979, p. 298-299.

84. Tate *et al.* 2013, II, p. 218, pl. F-8.

85. Strube 1986, p. 115-117 ; Castellana et Fernández 2013, p. 75-82.

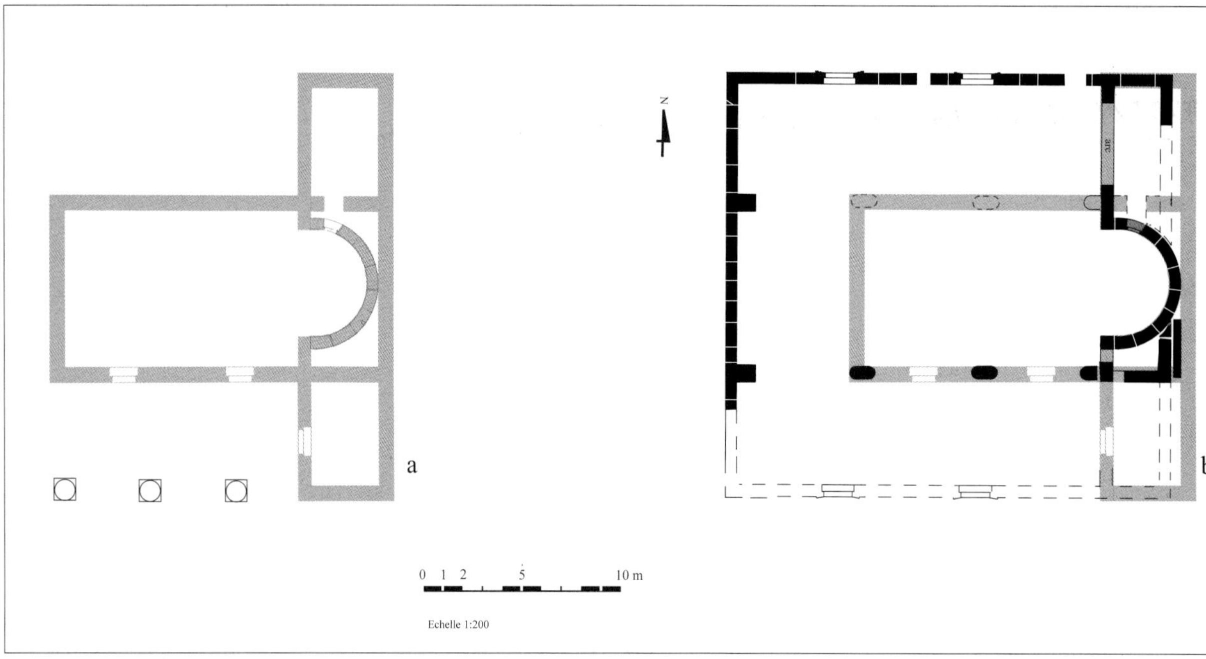

Fig. 203 — *Les deux principales étapes de l'évolution de l'église sud au cours de la période protobyzantine : a/ église primitive ; b/ église agrandie au début du VIe siècle (© B. Riba).*

un plan similaire, comme cela semble être le cas, la façade ouest de l'église primitive devait alors se situer au niveau de l'extrémité des piliers bilobés occidentaux afin de conférer au monument des proportions adaptées à ce type d'architecture.

Seule une fouille archéologique complète de l'église permettrait d'acquérir une certitude sur son plan initial, mais d'après les vestiges apparents en surface, l'édifice paraît avoir été conçu comme une basilique à nef unique pourvue des annexes traditionnelles disposées de part et d'autre de l'abside inscrite à l'intérieur d'un chevet droit (**fig. 203a**). À cette période, le *martyrion* prenait sans doute place au sud et le *diaconicon* au nord, selon le modèle antiochien. On pourrait alors envisager un accès à l'ouest du *martyrion* qui donnait sur la cour méridionale de l'église ou sur le portique aménagé devant sa façade sud, comme cela est souvent le cas. Le *diaconicon*, quant à lui, était simplement desservi par l'abside. Un plan assez proche est connu dans l'église de Serǧilla[86] dans son état du IVe siècle. À l'instar de nombreuses églises anciennes de Syrie Première, les accès se situaient vraisemblablement du côté sud de l'édifice tandis que les autres façades étaient aveugles.

• *Deuxième état*

La deuxième phase correspond au plan de la basilique tel qu'il est conçu au début du VIe siècle (**fig. 203b**). Les profonds remaniements survenus à cette période entraînent un changement radical de la morphologie du bâtiment. L'objectif est d'agrandir l'église sur les côtés sud, nord et ouest en préservant l'emplacement initial de l'abside et des annexes. Les murs sont alors démontés pour être repoussés de chaque côté d'environ 5,50 m. Au niveau des façades nord et sud de l'ancienne église, la plinthe moulurée est sectionnée en plusieurs tronçons afin de confectionner des socles destinés à recevoir les piliers bilobés[87]. Il résulte de ces transformations un sanctuaire quelque peu atrophié comparé au nouveau volume de la nef. Par ailleurs, l'arc du *martyrion*, chaîné à la façade nord montre qu'à ce moment le sanctuaire connaît un changement majeur : les annexes sont inversées selon le schéma apaméen. Le *martyrion* est placé au nord alors que le *diaconicon* occupe désormais le côté sud. Cette interversion entraîne la condamnation de la porte de l'abside devenue inutile. Enfin, à l'occasion de ces travaux, le mur du chevet s'aligne sur l'extrémité de la conque absidiale.

86. Dans l'église de Serǧilla, l'accès n'était pas aménagé dans l'hémicycle de l'abside, mais au niveau de la zone précédant immédiatement le sanctuaire (Tate *et al.* 2013, I, p. 520-525 ; Tate *et al.* 2013, II, pl. F-8).

87. Ce type de remaniement a été réalisé dans le village de Bettir (ǧebel Il-Aʿla) où l'église à nef unique primitive a été transformée en église à trois nefs séparée par des piliers (Biscop et Sodini 1984, p. 295-304).

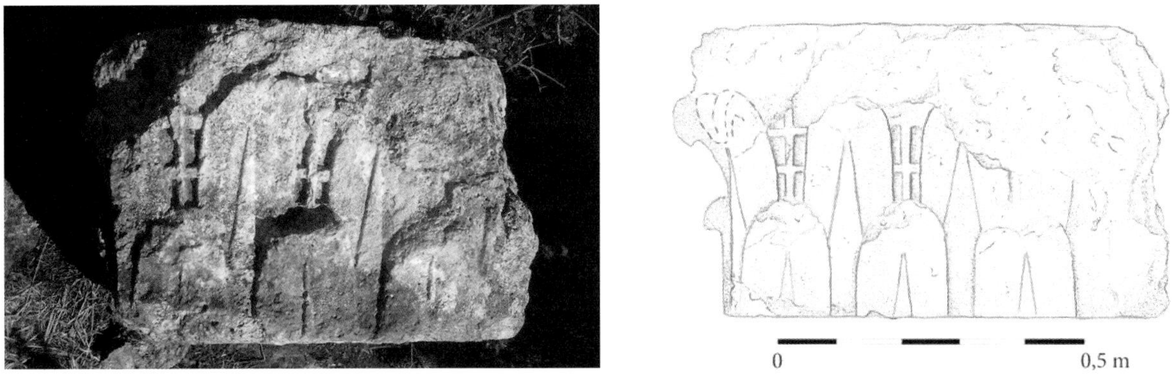

Fig. 204 — *Chapiteau C. 06 découvert à proximité immédiate du petit édifice à abside saillante (© B. Riba).*

L'édifice à abside saillante

Le petit monument oriental associé à la basilique s'inscrit dans un courant caractérisé par la multiplication des chapelles à nef unique au cours du VIe siècle dans l'ensemble du Massif calcaire[88]. Toutefois, la construction se distingue de ce groupe par son abside saillante. Cette formule architecturale, rarement observée dans les édifices de la région[89], semble avoir connu un certain succès dans le ǧebel Waṣṭāni septentrional à la même période. Aux chapelles funéraire et martyriale de Ṭurīn et de Banassara, déjà mentionnées à cet égard, s'ajoutent celles aménagées de part et d'autre de l'abside de l'église de l'est de Kafr ʿAqāb[90]. Cette concentration de chapelles à abside saillante qui émergent à la même époque dans un périmètre géographique bien précis est remarquable.

La datation de l'édifice est confortée par le chapiteau C. 06 situé à proximité des vestiges de l'abside (**fig. 204**). Son décor évoque certains éléments ornementaux utilisés dans les églises à partir de la fin du Ve siècle. La forme des feuilles lisses et celle des nervures centrales sont semblables, notamment, au décor des chapiteaux qui couronnent les demi-colonnes de l'église de Qalōta[91] datée de 492[92]. Ces derniers présentent également, entre les feuilles de la rangée supérieure, le motif en croix à double branche superposées à l'emplacement traditionnel des caulicoles, fréquent tout au long du VIe siècle. Dans le cadre du ǧebel Waṣṭāni, des chapiteaux similaires se trouvent dans les deux églises de Banassara[93]. Enfin, la relation de l'édifice avec la basilique est soulignée par la corniche moulurée de l'abside dont le profil s'apparente à celui de la corniche qui ornait les façades du monument voisin. Il ne fait guère de doute que ce petit édifice est contemporain de la seconde phase de construction de la basilique.

Particularité morphologique de l'église et organisation de l'espace liturgique

Plusieurs traits originaux caractérisent l'église sud de Kafr ʿAqāb. En effet, le plan basilical presque carré[94], la morphologie inédite des supports, la façade occidentale aveugle et le *martyrion* aménagé à l'extrémité du collatéral nord font de l'édifice un monument hors normes. La forme quasiment carrée du bâtiment, l'exiguïté de l'annexe nord, le mur du chevet non appareillé à l'abside et la profondeur relativement faible du sanctuaire par rapport au volume de l'ensemble sont en partie issues de l'agrandissement d'une église à nef unique plus ancienne. Néanmoins, ces spécificités ne peuvent être exclusivement imputées à des facteurs d'ordre pratique puisque l'architecture, en s'adaptant à un monument antérieur, doit également se plier aux exigences de la liturgie telle que l'adoption, selon une organisation largement diffusée en Antiochène,

88. SODINI 1989a, p. 348 ; NACCACHE 1992, I, p. 270.

89. Quatre exemples de chapelles à nef unique et abside saillante sont connus dans le Massif calcaire : la chapelle de Nūrīye (IVe siècle) dans le ǧebel Bārīšā, la chapelle de Kfeir dans le ǧebel Il-Aʿla (Ve siècle), la chapelle martyriale de Kafr Nābo datée de 525 (TCHALENKO 1990, p. 62), et la chapelle conventuelle de Ḫarāb Šams dans le ǧebel Semʿān. Concernant les baptistères à abside saillante, notons ceux de Ksēǧbe, de Qaṣr Iblīsū et de Dar Qītā.

90. Comme la chapelle martyriale de la basilique sud de Banassara, celles de l'église est de Kafr ʿAqāb sont intégrées au sein même du monument (RIBA 2012a, p. 213-227). Il ne s'agit donc pas d'annexes indépendantes semblables à celle de Ṭurīn et de la chapelle associée à l'église sud de Kafr ʿAqāb.

91. STRUBE 1978, I, taf. 123.d.

92. *IGLS* II, 382.

93. KHOURY 2005, p. 225-266.

94. Le plan quasiment carré de l'édifice ne connaît qu'un exemple dans le Massif calcaire : la petite basilique de Gūbelle située à l'extrémité nord de l'Antiochène. G. Tchalenko l'attribue en partie à une influence d'origine cilicienne (TCHALENKO et BACCACHE 1979, p. 108, fig. 188 ; TCHALENKO 1990, p. 75).

d'un axe transversal sud/nord mis en évidence par la fermeture totale de la façade ouest, la présence de portes sur les façades latérales et la largeur particulièrement marquée de l'édifice.

Les accès

La répartition des accès ne coïncide pas avec le schéma traditionnel des églises de la région[95]. Ce n'est que dans un contexte très particulier, et seulement à titre exceptionnel, que les églises sont dotées de portes au sud et au nord sans en posséder à l'ouest. Dans les chaînons nord, l'unique parallèle se trouve au sein du ǧebel Waṣṭāni, dans la basilique sud de Banassara dont le plan répond à un schéma bien précis[96] selon lequel la répartition des accès est déterminée dès le début par l'organisation de l'ensemble ecclésial et les impératifs liturgiques. Des raisons analogues pourraient être à l'origine de la fermeture de la façade occidentale à Kafr ʿAqāb, puisque la basilique est conçue pour intégrer un complexe ecclésiastique particulier qui prévoit dès le départ la juxtaposition de l'église et du bâtiment annexe situé immédiatement à l'ouest. Dès lors, les portes de ce côté devenaient inutiles. Comme à Banassara sud, il s'agit donc d'une fermeture volontaire.

La liturgie transversale se matérialise par une division de l'édifice dans le sens de la largeur. Le côté méridional est celui par lequel entraient les fidèles. Selon la tradition, les hommes pénétraient dans l'édifice par la porte orientale, dite porte du temple, afin d'accéder à l'espace de la nef qui leur était consacrée. Les femmes empruntaient la porte occidentale qui donnait directement sur la partie de la nef qui leur était réservée[97]. La ligne de partage entre les sexes pouvait se matérialiser par une barrière divisant la nef en deux parties, mais la lisibilité du terrain ne permet pas d'en vérifier la présence. En revanche, un système de fermeture entre la nef et les collatéraux semble avoir existé : une encoche oblongue aménagée au bas du pilastre engagé dans la façade occidentale suggère en effet l'existence d'une balustrade, de bois ou de pierre, installée dans l'entrecolonnement ouest. La séparation de la nef et des collatéraux s'étendait probablement à d'autres entrecolonnements à l'image, par exemple, d'un dispositif semblable à celui observé dans l'église de Ǧerāde[98].

Une largeur de nef à l'image des nécessités liturgiques

L'axe transversal sud/nord est également souligné par une nef particulièrement large comparée à la longueur de l'édifice. La volonté d'aligner les façades latérales sur les côtés des annexes de l'église primitive en est sans doute la cause. Il s'agissait aussi de gagner le plus d'espace possible. Pour y parvenir, l'architecte n'a pas hésité à créer un volume quasi cubique. La largeur de la nef principale (7 m) et celle des collatéraux (4,8 m) semblent n'avoir jamais été égalées dans le Massif calcaire. Les travées, quant à elles, sont à peine moins larges (4,30 m) comparées à celles de l'église de pèlerinage de Qalblōze. La recherche d'espace se traduit également en hauteur. Là aussi des dimensions peu communes, surtout à l'intérieur d'un édifice relativement petit, sont permises grâce à l'utilisation de supports innovants à la fois massifs et élancés. L'objectif était de s'adapter au plan d'un édifice antérieur en offrant une possibilité d'accueil maximale aux fidèles dans le sens de la largeur. Ainsi, le schéma liturgique antiochien, connu dans les églises les plus anciennes de la région, a été privilégié dans cet édifice remanié au VIe siècle.

Remarques sur le chevet tripartite

Les proportions singulières du monument conduisent à constater un fait : l'aspect ramassé de la nef ne joue pas en faveur du chevet tripartite. Ce dernier semble effectivement atrophié à l'est de l'édifice, comme relégué au second plan. Le *martyrion* est excessivement étroit par rapport à sa largeur et l'abside paraît noyée par le volume cubique de l'ensemble. Ainsi, le sanctuaire s'efface anormalement au profit d'une nef volumineuse. Afin de pallier cette organisation peu commune de l'espace, et pour valoriser l'endroit le plus sacré du monument, il est possible d'envisager une abside approfondie par la mise en place d'une plateforme empiétant en partie, ou bien en totalité, sur la première travée surhaussée par un emmarchement. L'église de Ǧerāde, qui possède certaines affinités avec notre édifice, présente un aménagement de ce type. À Kafr ʿAqāb, cette hypothèse, invérifiable

95. Influencées par le plan des maisons, les anciennes églises d'Antiochène sont généralement percées de deux ouvertures sur la façade méridionale, bien qu'un petit nombre soit dès cette période pourvu d'une porte supplémentaire à l'ouest. À partir du Ve siècle, l'influence du plan basilical conventionnel se diffuse et les accès se multiplient d'abord sur les façades occidentales, puis sur les façades nord. Au VIe siècle, rares sont les églises d'Antiochène ne comportant pas au moins une porte à l'ouest (Sodini 1988b p. 203-206 ; Sodini 1989a, p. 347-372 ; Sodini 2006, p. 229-266).

96. L'édifice est intégré au sein d'un complexe ecclésiastique particulier comprenant des églises doubles, ou jumelles, disposées de part et d'autre d'une cour commune. Cette disposition implique des pratiques liturgiques spécifiques qui ne nécessitaient pas d'accès dans la façade ouest de la basilique sud ; les portes aménagées au nord étaient indispensables pour communiquer avec la cour et l'église adjacente (Khoury 2005, p. 255-266). La basilique sud du complexe ecclésial de Fassūq, qui présente également des églises jumelles, pourrait offrir les mêmes caractéristiques. En Apamène, la basilique nord de Serǧilla présente une répartition des accès analogue (Naccache 1996, I, p. 160-163).

97. Sodini 2006, p. 232-233.

98. Tchalenko et Baccache 1979, p. 299, fig. 487.

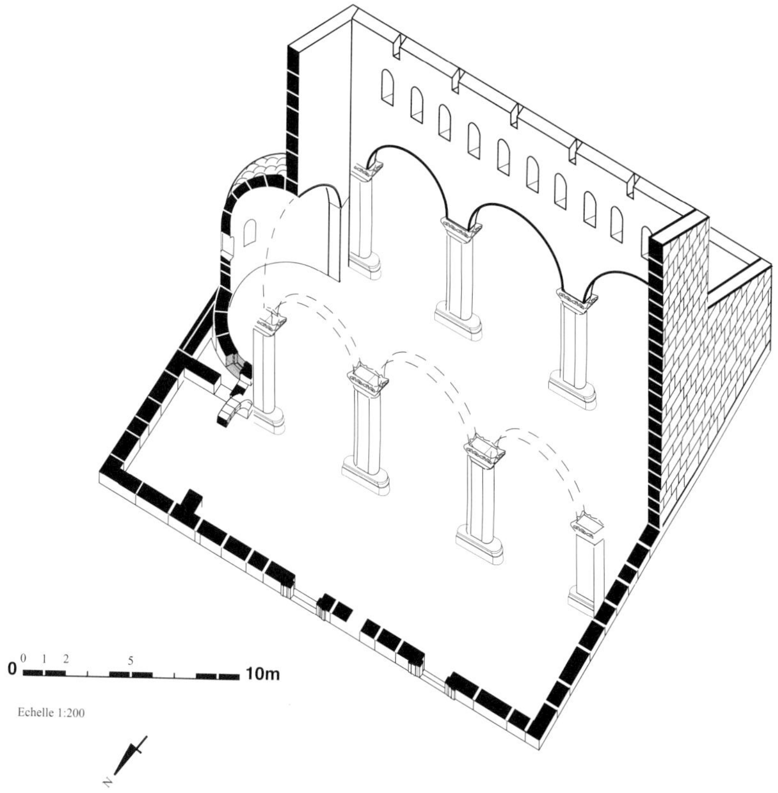

Fig. 205 — *Église sud, restitution axonométrique (© B. Riba).*

sans dégagement, semble néanmoins confortée par un mur transversal d'époque médiévale dont le tracé paraît suivre, comme souvent pour ce type de construction tardive, d'anciennes structures protobyzantines destinées à matérialiser la séparation entre le sanctuaire et la nef. L'existence d'un tel dispositif est également suggérée par l'emplacement des portes de la façade nord axées sur les travées centrale et occidentale, laissant totalement libre celle de l'est dédiée à l'avancée du sanctuaire. Naturellement, seule l'exécution de fouilles archéologiques permettrait de s'en assurer. De tels travaux seraient aussi l'occasion de vérifier l'existence d'une clôture entre le chœur et la nef, d'une barrière transversale ou encore d'un *bêma* qui pourrait bien avoir trouver sa place dans la vaste nef. En effet, cinq blocs appartenant à l'hémicycle d'un *bêma* localisés à une centaine de mètres plus au sud, dans le *wādī* qui borde le site, militent en faveur d'une installation liturgique de ce type à l'intérieur de l'église (**fig. 248 et 249**).

Un changement d'orientation liturgique

La partie orientale de l'église, d'abord conçue selon le schéma traditionnel des édifices ecclésiastiques situés dans les chaînons nord du Massif calcaire (*diaconicon* au nord, *martyrion* au sud), a subi d'importants remaniements dont la principale conséquence s'est traduite par l'inversion du rôle des annexes. La raison d'un tel changement surprend dans un édifice pleinement établi en Antiochène, à quelques kilomètres à peine de la capitale patriarcale. Deux églises du ğebel Zāwiye, à Serğilla[99] et à Ğerāde[100], présentent des modifications analogues. La première connaît un processus de développement très proche de celui de la basilique de Kafr ʿAqāb dans le sens où la permutation des annexes s'effectue à l'occasion de l'agrandissement d'un édifice antérieur à nef unique. La seconde, dotée dès l'origine d'un plan tripartite, se caractérise par des remaniements concentrés seulement au niveau du chevet. Ce dernier, d'abord conçu sur le modèle des églises de Syrie Première, connaît la même permutation des annexes : comme à Kafr ʿAqāb, la porte communiquant avec le *diaconicon* est condamnée tandis que la pièce septentrionale est pourvue d'un arc construit à la gloire des reliques désormais conservées dans cette chapelle. Le glissement vers le modèle liturgique Apaméen se comprend aisément à Serğilla puisque le village rattaché à l'évêché d'Apamée se calque naturellement sur les dispositions liturgiques qui lui sont propres. L'église de Ğerāde relève du même constat : le village situé à la frontière des deux provinces a

99. Tate *et al.* 2013, p. 529-530.
100. Tchalenko et Baccache 1979, p. 194.

pu être influencé ou plus enclin à respecter, à un moment donné, les principes du modèle liturgique apaméen avant d'opter pour une organisation conforme à la liturgie adoptée dans la province d'Antioche. De son côté, l'église de Kafr ʿAqāb est localisée en territoire antiochien, au sein d'un chaînon où l'ensemble des basiliques connues obéit à l'organisation liturgique en vigueur dans cette région. Les raisons de la réorientation liturgique de l'édifice sont donc plus difficiles à cerner. Quelques éléments de réponse pourraient se trouver dans les relations entretenues entre les métropoles d'Antioche et d'Apamée à l'époque de l'agrandissement de l'église. Dans ce village quasiment incontournable à l'extrémité nord du ǧebel Waṣṭāni, à proximité de l'axe routier reliant les deux villes, certaines influences d'origine apaméenne ont pu effectivement parvenir à Kafr ʿAqāb. Par ailleurs, le lien entre les deux provinces, fortifié lors de l'accession au trône épiscopal du patriarche miaphysite Sévère à Antioche et de l'évêque de même obédience Pierre à Apamée, a pu se faire ressentir dans l'architecture villageoise particulièrement sensible aux influences des centres urbains. Quoi qu'il en soit, le passage de nombreux voyageurs en provenance de la province voisine a pu engendrer la mise en place d'une organisation spatiale calquée sur les prescriptions liturgiques de l'évêché d'Apamée afin de conférer au site de Kafr ʿAqāb une dimension « œcuménique ». La présence de l'église de pèlerinage située en périphérie du village, très particulière par le plan de son chevet, abonde également dans le sens d'une volonté de constituer un lieu propice à l'accueil de fidèles d'horizons divers.

Conclusion

L'ensemble des ruines situé dans le secteur méridional du village a donc livré un complexe ecclésiastique composé d'une église, d'un petit édifice à abside saillante, d'un bâtiment occidental adjacent, et d'un réservoir d'eau. Celui-ci s'est développé en deux temps au cours de la période paléochrétienne. Entre la fin du ɪᴠᵉ siècle et le début du ᴠᵉ siècle, il comprend une église à nef unique et chevet tripartite à laquelle s'associe peut-être dès cette époque le réservoir. Sur un site occupé dès le ɪɪᵉ siècle, le petit complexe ecclésial se place naturellement en périphérie du village ancien, en privilégiant une zone à la fois proche des habitations et facilement accessible depuis l'extérieur. Cette situation, ajoutée au réservoir d'eau judicieusement placé au sud-est, implique une certaine affluence vers ce petit établissement ecclésiastique qui n'est pas sans évoquer certains ensembles religieux modestes, mais très fréquentés, comme celui de Banaqfūr[101] doté d'une église à nef unique et de grandes citernes. La seconde phase de construction intervient au début du ᴠɪᵉ siècle. Elle se traduit par l'agrandissement de l'église, la tripartition de la nef et l'interversion du rôle des annexes qui entraîne la condamnation de la porte de l'abside. Le plan du monument comprend plusieurs traits originaux en rupture avec l'architecture religieuse traditionnelle du Massif calcaire. En effet, des particularismes qui caractérisent habituellement l'un ou l'autre évêché se mêlent au sein d'un même édifice : d'un côté, l'axe transversal, commun à bon nombre d'églises d'Antiochène, est mis en œuvre par la répartition des accès ; de l'autre, la disposition des annexes correspond au schéma propre à l'Apamène. À ces spécificités s'ajoutent d'autres particularités morphologiques et architecturales peu répandues dans la région : le plan quasiment carré du monument, sa fermeture occidentale alors que les façades nord et sud possèdent deux portes chacune, et l'emploi d'éléments porteurs inédits représentés par les piliers bilobés. Deux édifices sont contemporains de cette phase : le bâtiment érigé directement à l'ouest de la basilique qui pourrait avoir joué le rôle d'habitation pour le clergé, et le petit édifice situé à l'est du chevet qui avait probablement une fonction funéraire, même si la possibilité d'un baptistère ne peut être définitivement écartée en l'absence de fouilles archéologiques. Nous verrons plus bas que les remaniements intervenus dans ce complexe religieux lors de la première moitié du ᴠɪᵉ siècle pourraient être en relation avec la construction du grand sanctuaire de l'est qui a lieu à la même époque.

L'ensemble ecclésial de l'est

Les vestiges d'une vaste église[102], accompagnés de dépendances et de diverses installations, s'étendent au sud-est de l'agglomération, en périphérie de la zone habitée. L'ampleur et la situation du sanctuaire, ajoutées au caractère particulier de la basilique, confèrent au village un nouvel aspect : celui d'un important site de pèlerinage.

Historique des recherches

Les premières prospections menées dans le secteur ont été réalisées par les pères franciscains qui y ont reconnu l'emplacement d'un grand ensemble monastique. En dehors des ruines du bâtiment annexe, seule une infime partie du mur sud de la basilique était alors visible[103]. Durant l'année 2008, un travail de prospection fut à nouveau entrepris à cet endroit dans le cadre de la

101. Strube 1986, p. 109-123 ; Peña *et al.* 1987, p. 57-58.

102. Une présentation générale de la basilique est publiée dans Riba 2012a, p. 213-227.

103. Peña et *al.* 1999, p. 91.

Fig. 206 — *Dégagement des vestiges de l'église de l'est situés sous une fine couche de terre (© B. Riba).*

présente étude. Le constat fut sans appel : plusieurs blocs d'architecture monumentale, de nombreux fragments de marbre et une multitude de tesselles attestaient l'existence d'un édifice important dont il ne restait quasiment rien en élévation. Le plan du monument était dissimulé sous l'étendue d'un champ cultivé, recouvert par une fine couche de terre dépourvue de niveaux archéologiques[104] (**fig. 206**). Le dégagement des murs, autorisé par la Direction Générale des Antiquités et des Musées de Syrie, fut alors entrepris pour en mettre à jour le plan. L'intervention, réalisée au cours de l'été 2010, s'est étendue sur une période de deux semaines. Les efforts se sont essentiellement concentrés sur le dégagement des murs principaux. Dans la nef, les supports, les espaces qui les séparent et certaines zones ont été dégagés afin de déterminer la présence de piliers ou de colonnes et d'identifier le type de pavement.

Situation géographique et état des lieux

La zone où s'étendait autrefois le complexe ecclésiastique, au sud-est du village, est aujourd'hui entièrement livrée à l'agriculture. Les différents bâtiments s'étagent sur les terrasses formées par les premiers reliefs de la montagne qui domine le site. La basilique, située à une altitude de 530 m, surplombe à l'ouest un grand réservoir d'eau accompagné d'un bâtiment annexe (**fig. 207**). À l'écart de l'agglomération, le complexe occupe, comme le sanctuaire voisin, l'endroit le plus accessible de la localité. Cette situation était particulièrement favorable à l'accueil des fidèles. La construction la mieux préservée est celle du réservoir d'eau en partie taillé dans le rocher. Le bâtiment qui lui est associé, très détérioré, conserve seulement quelques assises du gouttereau ouest. La basilique ne présente quasiment plus que son plan au sol. La plupart des parties préservées ne s'élèvent pas au-delà des seuils de portes. Aucun élément d'architecture n'est laissé à son point de chute. Les rares blocs localisés à proximité de l'édifice ont été entassés en bordure des champs actuels par les agriculteurs du village de Dueili afin de délimiter les parcelles de terre cultivées. La plupart suivent le tracé de murs antiques. L'un d'entre eux est superposé au mur nord de l'église. D'autres éléments, beaucoup plus nombreux, ont fait l'objet de remplois dans diverses constructions de l'agglomération au cours de la période médiévale.

Le plan de la basilique : description architecturale

L'église présente un plan au sol de 32,80 m d'est en ouest sur 19,07 m du nord au sud. C'est une basilique à trois nefs séparées par deux rangées de deux piliers et trois arcs dont les extrémités reposaient sur des piliers engagés (**fig. 208**). Le chevet se caractérise par trois absides saillantes. L'abside centrale est précédée d'un chœur particulièrement vaste flanqué de deux annexes qui ouvrent par une porte sur leurs bas-côtés respectifs. Chaque façade est percée de trois portes : au nord et au sud, celles-ci sont axées sur les travées de la nef ; à l'ouest, elles desservent les collatéraux et la nef principale. L'importance de la porte axiale est soulignée par des dimensions nettement plus grandes.

104. Le labour du champ qui recouvre la basilique et le prélèvement clandestin de la quasi-totalité du pavement de mosaïque ont profondément abîmé le monument.

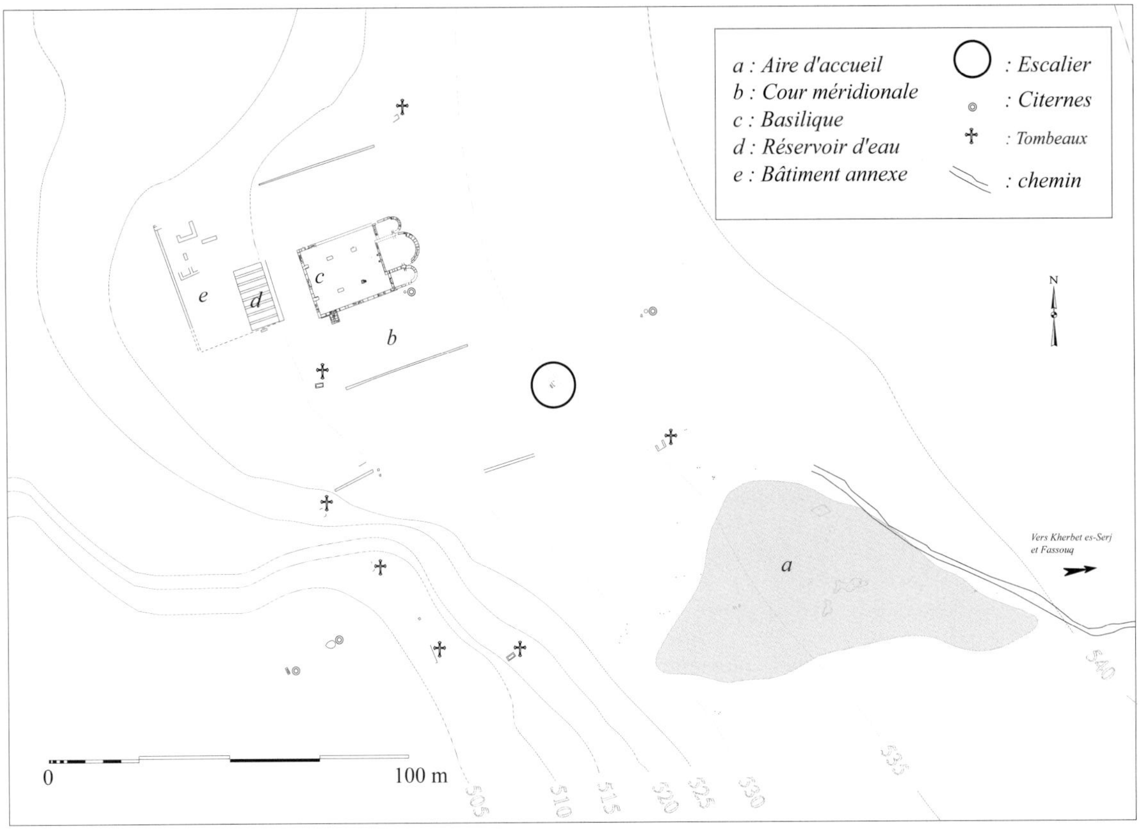

Fig. 207 — *Plan général du sanctuaire oriental (© B. Riba).*

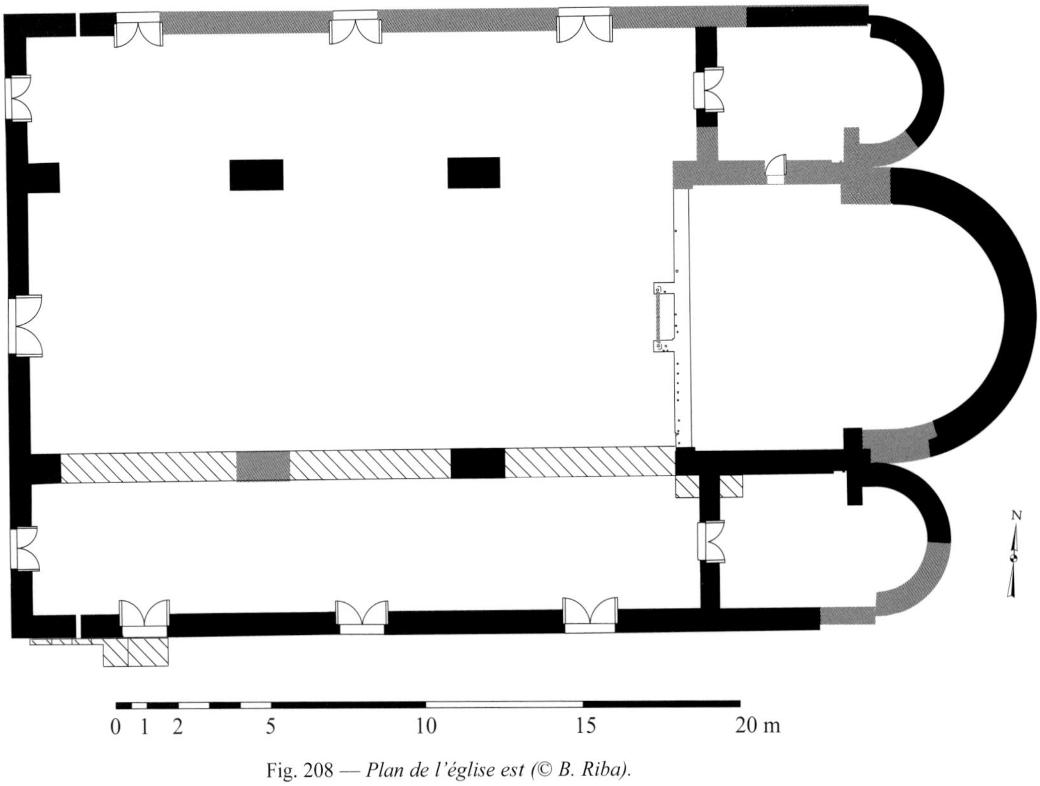

Fig. 208 — *Plan de l'église est (© B. Riba).*

Fig. 209 — *Vestiges de l'abside centrale (© B. Riba).*

Le sanctuaire

Le sanctuaire occupe une place importante puisqu'il s'étend sur 11,45 m de long, soit un peu plus d'un tiers de la longueur totale de l'édifice. Cet ensemble, séparé de la nef par un dispositif de clôture, comprend la partie semi-circulaire de l'hémicycle et le chœur qui la précède, semblable à une plateforme quadrangulaire (8,10 x 6,60 m). L'abside présente un diamètre de 8 m. Les extrémités de l'hémicycle se prolongent de façon rectiligne sur environ 1,50 m avant de rejoindre à angle droit, au niveau de l'emplacement des pilastres de l'arc triomphal, les murs latéraux du chœur. Les deux seules assises conservées de la conque absidiale indiquent une technique de construction parfaitement maîtrisée (**fig. 209**) : la première, en double parement, est surmontée d'une seconde formée par une rangée de blocs disposés en boutisses[105]. Le parement externe a bénéficié d'un ravalement minutieux. L'amoncellement de gros blocs au pied du mur extérieur de l'abside ne permet pas de vérifier la présence d'une éventuelle base moulurée. Les vestiges, insuffisants ou inaccessibles, ne livrent aucune information concernant le décor du chevet. À l'intérieur, la surface non dégagée offre pour unique indication celle de l'absence de *synthronon*. Le déblaiement du mur latéral sud du chœur a montré qu'il n'existait aucune communication entre celui-ci et l'annexe mitoyenne. Le mur opposé, du côté nord, n'a pu faire l'objet d'un dégagement complet. À l'image des églises pourvues d'un chœur développé, il faudrait peut-être situer l'autel juste devant l'abside.

Le sanctuaire est séparé de la nef par un type de clôture peu commune en Syrie du Nord. En effet, les aménagements traditionnels, tels que les piliers et les plaques de chancel disposés de part et d'autre de l'entrée centrale, sont ici absents. Aux négatifs ordinaires qui témoignent de ce type d'installation se substituent un alignement irrégulier de petites encoches de section carrée (4 cm de côté) situé en bordure occidentale de la clôture. Ce type d'aménagement pourrait indiquer la présence d'un placage de marbre ou bien la mise en place d'une grille, mais ces deux hypothèses semblent compromises par la disposition irrégulière des encoches. L'accès central, large de 1,30 m, est constitué de deux blocs insérés dans l'appareil de la clôture de façon à former une courte soléa dans la nef (**fig. 210**). Chacun d'entre eux comporte à son extrémité le négatif d'un pilier qui servait de fixation à un panneau de bois amovible. La rainure pratiquée sur les côtés des blocs témoigne du système de fermeture.

Les annexes

Les annexes disposées de part et d'autre du chœur présentent une morphologie et des dimensions identiques. Ces constructions se caractérisent par un plan comparable à celui d'une chapelle à nef unique et abside saillante (**fig. 211**). Les absidioles, profondes de 2 m, marquent un retrait de 3,50 m par rapport à l'abside principale. Les annexes, qui atteignent une longueur de 7,90 m, s'ouvrent de plain-pied sur leurs collatéraux respectifs. Les accès à deux vantaux, larges de 1,36 m, étaient mis en valeur

105. L'assise disposée en boutisse se compose de blocs dont l'épaisseur est équivalente aux deux parements de l'assise inférieure, soit un mètre. La hauteur des blocs est de 0,58 m. Leur longueur varie entre 0,60 m et 0,75 m.

Fig. 210 — *Entrée du sanctuaire semblable à une courte soléa (© B. Riba).*

par un décor finement sculpté[106]. Le dégagement partiel effectué dans l'annexe sud a permis d'observer une rainure qui indique l'emplacement d'un chancel à l'entrée de l'absidiole. Le parement externe des hémicycles, soigneusement ravalé, était souligné par une corniche à la hauteur du cul-de-four, selon un procédé caractéristique dans des chapelles à nef unique et absides saillantes du Massif calcaire[107]. La découverte d'un bloc mouluré à proximité immédiate du chevet en témoigne (**fig. 212**).

Intégrer une chapelle à abside saillante au sanctuaire d'une église est un usage très peu répandu en Syrie du Nord. L'exemple le plus proche, d'un point de vue à la fois morphologique et géographique, est celui de l'église sud de Banassara[108] dans laquelle le *martyrion* affecte un plan analogue. Cette annexe, qui résulte d'un remaniement postérieur, est cependant la seule à présenter une abside ; son pendant du côté nord en est dépourvu. La conception architecturale est donc différente de celle de l'église est de Kafr ʿAqāb à l'intérieur de laquelle les annexes symétriques sont contemporaines de l'ensemble de la construction. C'est naturellement vers le sanctuaire de Qalʿat Semʿān qu'il faut se tourner pour situer l'origine de ce type de plan. Pourtant, le parallèle n'est pas complet puisque les deux annexes sont précédées d'un espace fermé doté d'une porte, contrairement aux absides latérales de la basilique orientale de Saint-Syméon qui donnent directement sur la première travée orientale surélevée dans les trois nefs[109].

Aucun aménagement liturgique ne permet de préciser la fonction des chapelles. Selon les usages répandus en Antiochène, celle du sud a pu être consacrée au culte d'un martyr. Le collatéral méridional légèrement plus large par rapport à celui du nord [110]et l'absence de communication entre la chapelle et le sanctuaire[111] abondent dans ce sens. Par ailleurs, la présence d'une clôture à l'entrée de l'absidiole pourrait indiquer un espace dédié à la présentation des reliques. Le culte des reliques associé à un espace doté d'une abside est connu dans le Massif calcaire. Parmi les principaux exemples, il convient de mentionner la chapelle nord de l'église de Julianos à Brād[112], ou bien sous forme d'extension du chevet, celles de Kimār[113], de Burǧ Ḥeidar[114] ou de Sūǧāne[115]. Cependant, la comparaison la plus proche demeure à nouveau celle du *martyrion* de la basilique sud de Banassara. À l'inverse des *martyria* du ǧebel Semʿān où l'abside précédée d'un espace barlong est inscrite à l'intérieur d'un mur droit, celui de Banassara

106. Les deux linteaux (B. 84 et B. 85) et quelques éléments de montants de porte ont été découverts dans la maison M. 37.

107. Rappelons que cet usage se retrouve dans le village au niveau de l'abside saillante de la petite chapelle associée à l'église sud.

108. Khoury 2005, p. 244 et 264, pl. 19.

109. Biscop et Sodini 1984, p. 274, fig. 11.

110. En Antiochène le collatéral correspondant au *martyrion* est parfois plus large par rapport à celui qui est axé sur le *diaconicon* (Sodini 1988b, p. 203). Toutefois, ce critère notable dans un certain nombre d'églises ne constitue pas une règle. Dans l'église, le collatéral sud, large de 4 m, dépasse d'une vingtaine de centimètres la largeur du bas-côté nord.

111. La communication entre l'abside centrale et le *martyrion* est exceptionnelle en Syrie du Nord. Cela montre le caractère indépendant de ces deux pôles liturgiques (voir ci-dessus note 48).

112. Lassus 1947a, p. 171 ; Tchalenko et Baccache 1979, p. 8, fig. 13. Dans cette catégorie, il convient de mentionner l'église de la citadelle de Dibsi Faraj, sur la rive droite de l'Euphrate, dans laquelle la chapelle, qui apparaît comme une extension du chevet, est dotée d'une abside saillante pourvue d'une fosse à reliques (Donceel-Voûte 1988, p. 77).

113. Tchalenko et Baccache 1979, p. 95.

114. Tchalenko et Baccache 1979, p. 18.

115. Tchalenko et Baccache 1979, p. 62 ; voir aussi Margelit 1990, p. 330-331.

Fig. 211 — *Vestiges de l'absidiole de l'annexe nord (© B. Riba).*

Fig. 212 — *Élément de corniche B. 75 appartenant à l'absidiole nord (© B. Riba).*

présente, comme à Kafr ʿAqāb, une abside saillante et une nef unique oblongue[116]. Les reliquaires découverts *in situ* dans les églises du ǧebel Semʿān et les fragments de ceux retrouvés dans la partie absidiale de la chapelle de Banassara attestent l'importance du rôle des absidioles dans la réception des reliques. À Kafr ʿAqāb toutefois, l'absence d'arc surprend dans une région où ce type d'aménagement est devenu canonique à l'entrée des *martyria*[117]. Quant à la fonction de l'annexe nord, celle-ci, selon la tradition locale, a pu revêtir le rôle de *diaconicon* bien qu'aucun élément ne permet de s'en assurer. Si tel était le cas, il faudrait alors restituer une porte entre l'annexe et le sanctuaire. On ne peut pas non plus exclure la possibilité d'une annexe également dédiée au culte martyrial. La forme du chevet de l'église de Kafr ʿAqāb évoque notamment les modifications architecturales intervenues dans certaines églises de Palestine entre le milieu et la fin du VIe siècle. Dans le Neguev central essentiellement, le chevet à trois absides semble lié à la place nouvelle occupée par les reliques à l'intérieur des annexes.[118] Les absidioles en particulier entretiennent un rapport étroit avec l'observance du culte des martyrs.

Compte tenu du caractère original de la partie orientale du monument, un dispositif lié au baptême dans l'une des chapelles doit aussi être envisagé. On connaît en effet la relation qui existe entre la forme absidiale et la liturgie baptismale. Dans les villages de Taqlē, de Dar Qītā ou de Ḫerbet Ḫatib, les cuves sont installées à l'intérieur d'une abside située à l'extrémité orientale du baptistère. Cependant, dans presque tous les cas, ces édifices de plan généralement carré sont indépendants de l'église à laquelle ils sont associés. La chapelle de Sinḫār, qui semble bien être un baptistère, constitue le parallèle le plus proche par son emplacement accolé au *martyrion* de l'église et par son plan caractérisé par une nef unique pourvue d'une absidiole à l'est[119]. Les aménagements liés à la pratique du baptême à l'intérieur même des églises sont donc très peu fréquents dans le Massif calcaire[120], et lorsqu'ils existent, ceux-ci occupent rarement la place de l'une des annexes de l'abside, mais sont plutôt disposés sur un côté de la nef[121]. En réalité, seule l'église sud de Deir Sētā[122] semble avoir reçu, à l'occasion d'un remaniement survenu au début du VIe siècle, une cuve baptismale dans la pièce latérale nord. L'annexe en question présente une saillie de forme rectangulaire prévue pour recevoir la cuve cruciforme[123]. Une configuration semblable ne peut être exclue à Kafr ʿAqāb où la basilique a pu accueillir une cuve baptismale dans une de ces annexes. Une rigole large de 5 cm, taillée dans le seuil de la porte de l'annexe nord, absente dans celui de la porte de l'annexe sud, pourrait être interprétée

116. La chapelle martyriale de Banassara était séparée du bas-côté sud par un dispositif de plaque de chancel, contrairement aux chapelles de Kafr ʿAqab pourvues de portes (Khoury 2005, p. 244 et p. 264, fig. 19).

117. L'ouverture du *martyrion* par un arc se généralise dans la région à partir du second quart du Ve siècle (Sodini 1989a, p. 352 ; Sodini 2006, p. 240-241).

118. Negev 1974, p. 400-422.

119. Tchalenko et Baccache 1979, p. 25 ; Tchalenko 1990, p. 32-33.

120. Précisons que les dimensions et la place des cuves retrouvées dans les annexes sud des églises de Sūğāne et de Qalʿāt Qalōta ne sont sans doute pas destinées au baptême des enfants, mais plus vraisemblablement à la conservation de l'huile pour les reliquaires (Tchalenko et Baccache 1979 p. 65, fig. 120 ; Tchalenko 1990, p. 52 ; Tchalenko et Baccache 1979 p. 126, fig. 216 ; Tchalenko 1990, p. 84).

121. Un exemple de baptistère intégré dans une église se trouve à Qalʿat Semʿān, dans la nef de la petite basilique construite à l'angle sud-est du *martyrion*. Celui-ci apparaît sous la forme d'un *ciborium* tétrapyle couvert d'un dé richement orné. Ce dispositif se trouve dans deux autres églises du ǧebel Semʿān : à Kafrantīn et à Kafr Nābo (Tchalenko 1990, p. 62-63).

122. Khoury 2002-2003, p. 435-443.

123. Khoury 2002-2003, p. 437.

comme un dispositif destiné à l'évacuation des eaux lors du nettoyage de la cuve une fois vidée. En dehors du Massif calcaire, la présence d'un baptistère dans l'une des deux annexes est connue en Syrie du Nord, notamment dans l'église ouest de Ḥalābiyyē[124] où la cuve est installée à l'intérieur de l'annexe nord, et dans la basilique de Hassake[125] où la cuve occupe l'extrémité est de l'annexe sud. Hors de la Syrie, c'est à nouveau vers la Palestine qu'il faut se tourner, semble-t-il, pour trouver des exemples de baptistères à l'emplacement de l'annexe sud[126].

Une dernière possibilité doit être formulée quant au rôle des annexes, bien que celle-ci soit peu probable : l'une d'entre elles a pu cumuler les fonctions de baptistère et de *martyrion*. La présence de reliquaires à proximité d'une cuve baptismale est effectivement connue en Syrie[127], notamment à Bāfetīn[128] où le reliquaire est encastré dans le mur est du baptistère, accolé au chevet du côté nord de la basilique, et à Ḫerbet El-Šarqīye où le reliquaire est enchâssé dans l'absidiole[129]. Le complexe ecclésial de Sinḫar, mentionné ci-dessus, se caractérise quant à lui par l'existence d'une chapelle vraisemblablement baptismale mitoyenne du *martyrion*. Cependant, ces installations accolées ou proches du chevet sont toujours indépendantes de l'église[130].

La nef

Les trois nefs étaient séparées par deux rangées de deux piliers auxquels répondaient des piliers engagés aux extrémités est et ouest. Les piliers nord sont matérialisés par les vestiges de larges bases. Du côté sud, la base du pilier oriental est très délabrée ; l'emplacement de celle de l'ouest n'est plus visible que par son négatif laissé dans le pavement. Les piliers massifs sur lesquels reposaient de grands arcs ont permis l'établissement de larges travées de 5,50 m qui avaient pour but d'intégrer les collatéraux à la nef principale afin de créer une unité de volume remarquable. La nef centrale, large de 8,25 m, devait atteindre une hauteur particulièrement élevée. Les nefs étaient accessibles par neuf portes dont les emplacements sont matérialisés par les seuils *in situ* (**fig. 213**). Le nombre des accès témoigne de l'affluence importante de fidèles dont la basilique faisait l'objet. La conception liturgique longitudinale est soulignée par la porte principale centrée sur la façade ouest du monument, dans l'axe de la grande nef et de l'ouverture aménagée dans la clôture du sanctuaire. Par conséquent, l'architecture du monument est conforme au modèle basilical adopté dans tout l'Orient paléochrétien, système initialement peu commun à l'Antiochène mais qui s'y développe progressivement à partir du Vᵉ siècle. La répartition des fidèles à l'intérieur de l'église s'effectuait donc selon un axe nord/sud, ou bien rez-de-chaussée/étage si l'on admet l'existence de tribunes.

Les traces d'aménagements disparus

Les vestiges de la basilique sont trop insuffisants pour confirmer la présence d'un porche monumental devant la façade ouest, pareils à ceux des grandes églises de pèlerinage de la Syrie du Nord[131] (**fig. 229**). Cependant, parmi les éléments d'architecture qui délimitent actuellement les parcelles cultivées, des blocs monumentaux de consoles et de piliers cruciformes suggèrent l'existence d'un tel dispositif (**fig. 231 et 232**). En revanche aucun élément de portique n'a été relevé. La découverte, non loin de la basilique, d'un élément appartenant à un auvent (**fig. 237**) laisse supposer que les accès, au nord et au sud, étaient précédés par ce type d'aménagement. Un dégagement sommaire effectué devant le seuil de la porte sud-ouest a également révélé la présence d'un dallage (**fig. 214**) associé à une cour dont les contours restent à définir. Le mur d'enceinte destiné à délimiter le périmètre sacré, attesté dans plusieurs grandes basiliques de la région, n'a pas été localisé à Kafr ʿAqāb. Toutefois, dans un secteur du site où la plupart des constructions sont invisibles en surface, l'absence de vestiges ne signifie pas qu'ils n'existent pas. Les éléments d'architecture entassés qui dessinent aujourd'hui les contours des surfaces mises en culture pourraient en reprendre le tracé. Les alignements de blocs, au nord et au sud de la basilique, correspondent effectivement assez bien à l'espace attendu dans ce type de sanctuaire. De plus, cette pratique est courante sur le site où les cultivateurs repoussent les éléments encombrants jusqu'au niveau des murs anciens qui définissent la parcelle du terrain exploité. La limite orientale du sanctuaire est imposée par un front de taille élevé qui témoigne de l'emplacement d'une ancienne carrière localisée à une trentaine de mètres à l'est de la basilique. La limite occidentale se situerait aux environs du mur ouest du bâtiment annexe.

124. Lauffray 1991, p. 105.

125. Khoury et Riba 2013, p. 85-106.

126. Sur les rives du lac Tibériade, l'annexe sud de l'église d'El-Kursi est un baptistère (Donceel-voûte 1988a ; voir également Wilkinson 1993, p. 18) ; l'église centrale et celle du nord du village au pied de l'*Herodion* présentent des baptistères situés au même endroit (Netzer 1990, p. 167 ; Netzer 1993, p. 221-222 et p. 228-229 ; voir aussi pour ces deux églises Ovadiah 2007, p. 467-494).

127. Lassus 1947a, p. 227-228.

128. Tchalenko 1990, p. 142 ; Tchalenko et Baccache 1979 p. 222, fig. 365 ; Peña *et al.* 1987, p. 47.

129. Ces reliquaires ont pu fournir l'huile nécessaire aux onctions baptismales, particulièrement dans les basiliques de pèlerinage.

130. Rappelons également l'existence d'un reliquaire disposé dans le baptistère de la cathédrale de l'est d'Apamée, à l'intérieur de l'une des conques du petit monument indépendant de la basilique.

131. Notons, parmi ces édifices, les églises de Turmānīn, de Qalblōze et de Ruweiḥa dans le Massif calcaire, auxquelles il faut ajouter la basilique de Saint-Serge de Reṣāfa en Euphratésie.

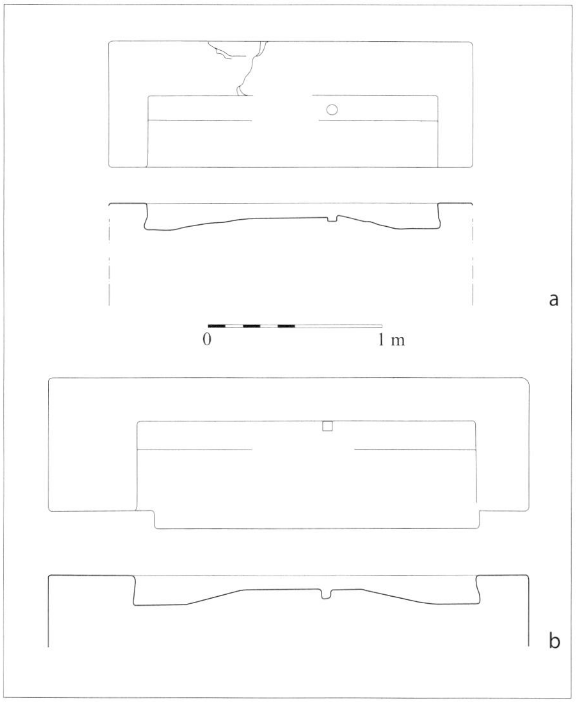

Fig. 213 — *a/ seuil de la porte centrale de la façade sud ; b/ seuil de la porte principale centrée sur la façade ouest (© B. Riba).*

Fig. 214 — *Dallage de la cour méridionale partiellement dégagée devant la porte sud-ouest de l'église (© B. Riba).*

Le pavement de mosaïques et les marbres

Les pavements de mosaïques

Le dégagement de l'église a permis de localiser quelques lambeaux d'un pavement de mosaïque. Les parcelles découvertes se situent dans la chapelle méridionale, entre les piliers et en bordure du collatéral sud. Ces restes, très fragmentaires, permettent d'apprécier la qualité des tapis et la diversité des couleurs utilisées.

• *Les mosaïques de l'annexe sud*

Les blocs effondrés encombrent l'intérieur de l'abside. Seul un fragment de mosaïque situé dans l'angle nord-ouest formé par la clôture et le départ de la conque a pu être nettoyé. Il s'agit d'un angle de tapis et d'un raccord décoré. Des tesselles en pâte de verre, d'un bleu profond et brillant, tracent la bordure du panneau central de l'absidiole. Elles sont également utilisées dans un losange qui orne le raccord. Ce type de tesselles est souvent rehaussé par la juxtaposition d'une ligne de tesselles rouges. Un bouton de rose occupe l'angle intérieur de la bordure. À l'angle nord-ouest de la chapelle, une surface carrée de 50 cm de côté a été dégagée (**fig. 215**). Le pavement présente une trame de quadrillage oblique de boutons de rose. Les cases contiennent chacune une fleurette. La bordure du tapis mosaïqué de la nef est soulignée par une ligne de tesselles bleues.

• *Les tapis situés entre les piliers méridionaux*

Le panneau de l'entrecolonnement oriental se distingue des autres par des motifs qui ne sont pas uniquement géométriques (**fig. 216a**). Il n'en subsiste qu'un fragment au pied des vestiges du pilier. On y observe un motif circulaire à bordure torsadée exécutée dans un dégradé oblique de tesselles brunes et vertes. À l'intérieur du cercle apparaissent deux petits motifs circulaires blancs qui se découpent sur un fond de tesselles vertes cernées de rouge. Une petite ligne sinueuse jaune évoque la queue d'un fruit. Il pourrait s'agir d'un panier de fruits vu de dessus. La présence de trois feuilles de vigne autour du motif semble confirmer cette hypothèse.

Le panneau de l'entrecolonnement central (**fig. 216b**) est mieux préservé. Celui-ci présente un câble à bord droit dont le dégradé des tons, au centre, suggère le relief. Le champ de l'entrecolonnement contient un quadrillage de bandes avec carrés d'intersection ; les cases sont inscrites dans un cercle débordant. Les cercles contiennent un carré sur la pointe, blanc et marqué au centre de quatre tesselles vertes. Le fond des cercles est vert tandis que celui des cases est rouge. Trois cercles apparaissent dans le sens de la largeur. Le quadrillage n'en conserve plus qu'une douzaine de rangées.

Le panneau de l'entrecolonnement occidental (**fig. 216c et 218**) est très endommagé. Les fragments *in situ* permettent cependant de reconnaître une bordure simple où quatre rangées de tesselles blanches s'alignent entre deux filets de tesselles, l'un vert, l'autre rouge. Le champ présente une composition orthogonale d'octogones adjacents déterminant des carrés, ici en double filet ; les côtés de l'octogone sont tressés de deux boucles. Les brins sont soit rouge et rose, soit vert foncé et vert clair. Les octogones contiennent un carré sur la pointe dentelé. Les carrés sont vides.

• *La mosaïque du collatéral sud*

Les vestiges du pavement permettent d'identifier le motif principal de la nef (**fig. 217 et 219**). Il s'agit de rinceaux habités à l'intérieur desquels se distinguent des motifs différemment orientés. Au regard des vestiges apparents, on ne peut affirmer si le rinceau était en bordure linéaire ou s'il couvrait la totalité du champ. Les parties visibles représentent des rinceaux de vigne à volutes amples exécutées en tesselles vertes ; les volutes du rinceau renferment chacune un objet central. De gauche à droite on observe une grappe de raisins aux fruits foncés éclairés par deux ou trois cubes clairs, puis une deuxième grappe inversée, plus grande, dont les fruits verts sont flanqués de deux feuilles de vigne. Le troisième motif est un panier tressé rempli de grains de raisins rouges au centre blanc.

• *Les tesselles de mosaïques*

La qualité des tesselles retrouvées en surface témoigne de la richesse des pavements. Parallèlement aux tesselles blanches qui formaient le fond du tapis, le jaune, le vert et le rouge déclinés en plusieurs tons étaient utilisés. Ces petits cubes de pierre sont finement taillés.

D'une part, on observe une gamme de tesselles en verre coloré caractérisée par une douzaine de teintes nuancées en bleu turquoise, vert, rouge et jaune. Les teintes sombres sont bleu foncé, parfois presque noires, rouge-brun ou ocres, opaques ; certaines sont couvertes d'une fine couche de feuille d'or. D'autre part, on distingue des tesselles translucides caractérisées par une palette de couleurs claires : plusieurs tons de jaune, du vert émeraude et du bleu turquoise. Les tesselles en verre, insérées dans une épaisse couche de mortier, appartenaient à une mosaïque murale (**fig. 220**).

Une concentration de tesselles et de fragments de pavement, surtout de tesselles en verre, est localisée entre la chapelle méridionale et l'abside principale. Le sanctuaire, lieu sacré par excellence, a certainement bénéficié d'un décor plus riche. Cette concentration suggère qu'une partie des parois murales du sanctuaire, peut-être les culs-de-four des absides, avaient bénéficié d'un revêtement mosaïqué luxueux, comme cela se faisait dans les édifices d'une certaine importance.

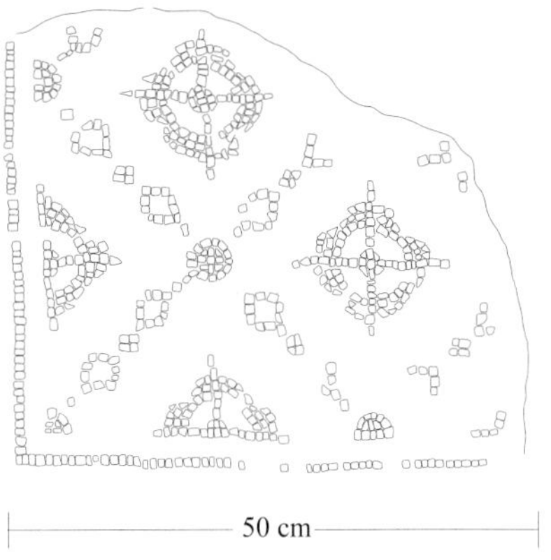

Fig. 215 — *Fragment de mosaïque situé dans l'angle nord-ouest de l'annexe sud (© B. Riba).*

Les marbres

Les éléments de marbre peuvent être répartis en trois grandes catégories : les marbres employés dans les placages muraux, les marbres destinés au pavement, et ceux appartenant au matériel liturgique. Quatre variétés sont utilisées : un marbre blanc veiné, un marbre gris veiné, un marbre rose veiné, et un marbre blanc non veiné. Les trois premiers sont des marbres de qualité ; le quatrième, qui se distingue par un aspect plus grossier, est épais et moins résistant.

Les éléments de marbre qui servaient de revêtement aux parois murales se distinguent par leur finesse (Ép.=2 cm environ) et les trous d'accroches pratiqués dans l'épaisseur qui permettaient leur fixation (**fig. 221**). On les trouve un peu partout disséminés sur le site de l'église.

Les témoignages d'un pavement en *opus sectile* sont nombreux (**fig. 222**). Ils s'inscrivent dans la catégorie des décors constitués à partir de petits éléments[132], c'est-à-dire des marbres découpés en petits modules, destinés à intégrer une trame strictement géométrique. Cette technique de pavement, bien ancrée en Syrie du Nord[133], était très en vogue à partir du VIe siècle[134]. Ces éléments, minutieusement taillés, offrent des formes récurrentes : losanges, hexagones et carrés. Certains, conservés dans le mortier, témoignent d'un assemblage soigné au niveau des joints. La plupart sont concentrés aux abords du sanctuaire, du côté de la clôture qui le sépare de la nef, plus particulièrement au niveau de l'abside centrale, dans les déblais accumulés contre le chevet par les fouilleurs clandestins. Cette répartition suggère la présence *d'opus*

132. Guidobaldi et Guiglia-Guidobaldi 1983, p. 327-348.
133. Donceel-Voûte 1988, p. 450.
134. Sodini 1994, p. 177-201.

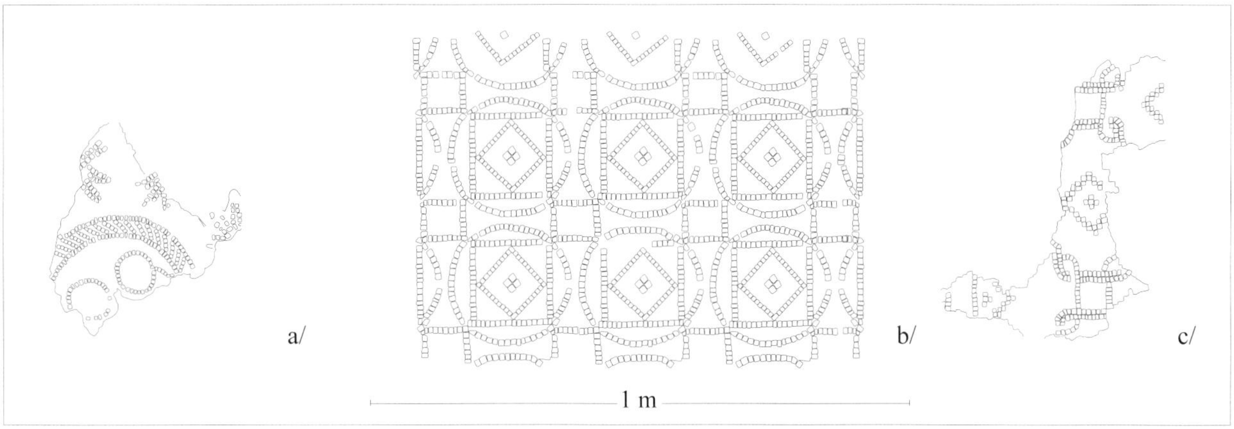

Fig. 216 — *Fragments de mosaïques situés entre les piliers sud : a/ entrecolonnement est ; b/ entrecolonnement central ; c/ entrecolonnement ouest (© B. Riba).*

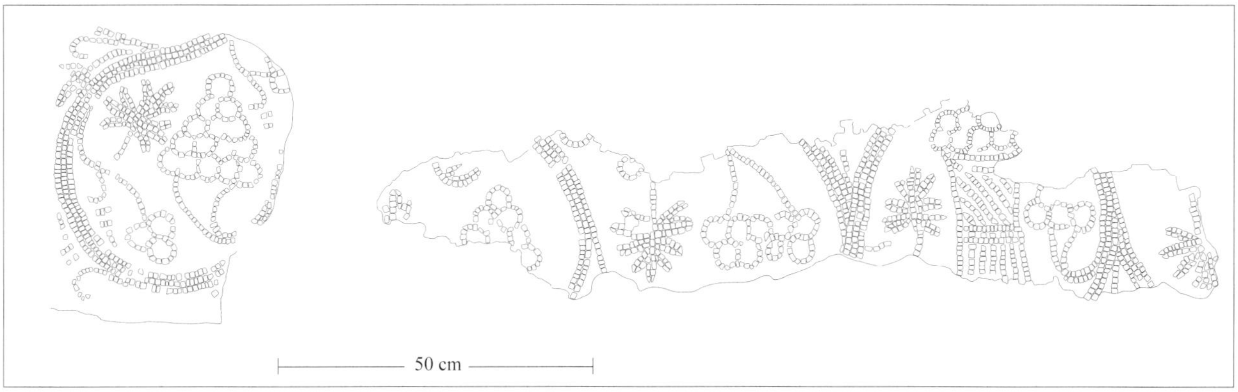

Fig. 217 — *Fragments de mosaïques localisés en bordure du collatéral sud (© B. Riba).*

Fig. 218 — *Fragment de mosaïque à motifs géométriques (© B. Riba).*

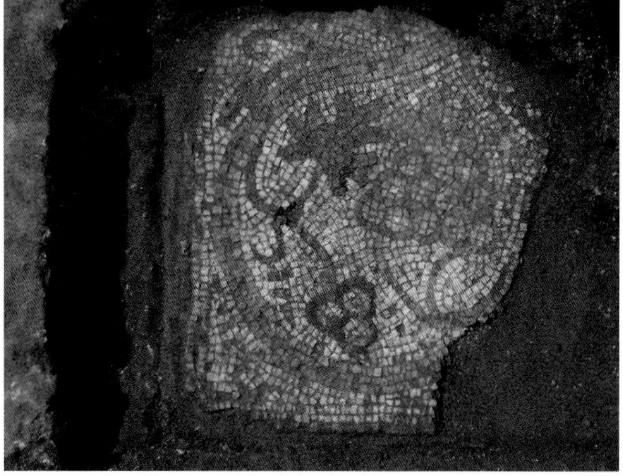

Fig. 219 — *Fragment du pavement du collatéral sud : représentation de rinceaux de vignes (© B. Riba).*

Fig. 220 — *Fragment de revêtement mural de mosaïque (© B. Riba).*

Fig. 221 — *Fragment de marbre destiné au revêtement mural (© B. Riba).*

sectile dans cette partie de l'édifice. La prudence invite toutefois à ne pas tirer de conclusions trop hâtives puisque les liens entre ce type de pavement et le sacré ne sont pas nettement définis[135].

Enfin, quelques éléments provenant de divers aménagements liturgiques ont été retrouvés dans le secteur oriental du monument. Tous sont sculptés dans un beau marbre blanc. Parmi eux se trouvent un morceau de colonnette de table d'autel, des fragments de bords arrondis ou biseautés pouvant provenir d'une table, et d'autres éléments fragmentaires indéterminés.

L'église et son environnement

Les vestiges, malgré leur état de délabrement très avancé, permettent de saisir quelques traits essentiels de l'organisation du complexe ecclésial.

L'aire d'accueil, de parcage et de marché

À environ 800 m au sud de la basilique, l'entrée principale du domaine ecclésiastique est matérialisée par des piliers grossièrement taillés. Deux bornes ont été découvertes dans les environs. Une inscription gravée sur l'une d'elles précise le droit d'asile octroyé à un sanctuaire, sans que l'on sache s'il s'agit de celui de Kafr ʿAqāb ou de celui de Fassūq situé non loin vers le sud (**fig. 246**). La voie permettant d'y accéder était l'axe principal qui traverse le ǧebel Waṣṭāni septentrional, actuellement repris par la route moderne, suivant le tracé naturel du relief. Le sanctuaire était également accessible depuis le sud-est, par un chemin qui le reliait directement au col de Ḫerbet eš-Serǧ occupé par l'établissement d'un stylite.

L'entrée se caractérise par une aire relativement vaste (7500 m^2) prévue pour accueillir de nombreux pèlerins (**fig. 207**). La fonction d'accueil de cet espace est suggérée par la présence d'une multitude de petits aménagements pratiqués à même la roche qui affleure le sol sur l'ensemble de la surface (**fig. 223**). La plupart de ces installations se présentent sous la forme de mortaises carrées, d'une quinzaine de centimètres de côté et de dix centimètres de profondeur. Un des côtés est percé d'un trou afin de former un anneau dans lequel pouvait être glissée la longe d'une bête de somme (**fig. 224 et 225**). Des abreuvoirs rupestres, disséminés çà et là, attestent aussi la présence d'animaux. Parallèlement aux petits logements carrés, certains blocs isolés, de forme cylindrique, comportent des aménagements similaires (**fig. 226**). Ces objets, suffisamment lourds pour immobiliser un âne ou un mulet, et faciles à déplacer par roulement, servaient probablement à parquer des bêtes à l'écart de l'aire d'accueil les jours de grande affluence. D'autres anneaux grossièrement taillés dans le rocher avaient la même fonction. Les cavités carrées peuvent également avoir été destinées à loger un poteau de bois auquel il était possible d'attacher plusieurs bêtes à la fois lorsqu'il y avait foule, ou bien à tendre des toiles faisant office d'abris durant les périodes de grande chaleur. De petits escaliers rupestres étaient aménagés dans le but

135. Donceel-Voûte 1988, p. 451.

Fig. 222 — *Éléments d'un pavement en* opus sectile *(© B. Riba).*

Fig. 223 — *Vue générale de l'aire de parcage (© B. Riba).*

Fig. 224 — *Encoches carrées aménagées dans le rocher (© B. Riba).*

Fig. 225 — *Détail d'une encoche (© B. Riba).*

d'atteindre certains logements légèrement en hauteur. Cet espace public situé à l'entrée du village, sur un lieu de passage fréquenté, était sans doute aussi le théâtre d'importants rassemblements et de diverses activités commerciales, notamment les jours de foire.

Le bâtiment annexe et le réservoir d'eau

En contrebas de la basilique, à 9,50 m de distance, s'élèvent les vestiges du gouttereau oriental d'un bâtiment annexe (**fig. 228**). Seuls quelques pans de murs suggèrent le plan rectangulaire de l'édifice long de 26 m, construit sur un réservoir souterrain. Un tel bâtiment associé à l'église pourrait évoquer, comme l'ont supposé les pères franciscains[136], un monastère semblable aux grands couvents d'Antiochène. Néanmoins, l'absence d'éléments essentiels au programme architectural conventuel, comme le portique enveloppant ou le tombeau collectif, ne milite pas en faveur d'un ensemble monastique. La construction annexe évoque plutôt les bâtiments d'habitation intégrés à l'intérieur de la plupart des complexes ecclésiastiques de la région. La possibilité d'une hôtellerie destinée aux nombreux visiteurs du sanctuaire peut également être envisagée. Toutefois, si l'emplacement du bâtiment, ses

136. Peña *et al.* 1999, p. 91.

Fig. 226 — *Encoche aménagée dans un support cylindrique (© B. Riba).*

Fig. 227 — *Réservoir d'eau associé au bâtiment annexe (© B. Riba).*

Fig. 228 — *Vestiges du bâtiment annexe associé à l'église est (© B. Riba).*

dimensions et la présence d'un grand réservoir d'eau permettent d'avancer cette hypothèse, aucun indice déterminant ne le prouve.

Le réservoir pouvait contenir environ 355 m^3 d'eau (15,30 x 7,75 x 3 m). La partie inférieure, avec ses pilastres, est essentiellement taillée dans le rocher. Une série de sept arcades successives soigneusement appareillées portent une couverture de larges dalles calcaires dont les extrémités reposent sur les parois latérales (**fig. 227**). Au sud, certaines dalles prennent appui sur des éléments de remploi (un fragment de fût de colonne et un pilier de chancel) qui pourraient provenir d'un édifice ecclésiastique antérieur. L'*intrados* du claveau central de la quatrième arcade est marqué d'une croix gravée dont deux branches sont bifides. Sur les parois rocheuses, l'épaisse couche d'enduit qui permettait d'étanchéifier le réservoir est en grande partie conservée. Les réfections mises à part, l'ensemble de l'ouvrage témoigne d'un travail très soigné.

Datation, comparaison et influences

S'il ne subsiste quasiment aucune élévation du sanctuaire, divers indices permettent de déterminer la période de sa construction. Le plus évident est le chevet de la basilique qui le situe après l'édification du *martyrion* cruciforme de Qalʿat Semʿān : les trois absides saillantes placent en effet le monument sous l'influence directe du chevet de la basilique orientale de Saint-Syméon[137]. L'emplacement du complexe ecclésial nettement à l'écart du village, l'emploi des piliers comme supports des arcs de la nef et l'alternance d'un pavement en *opus sectile* et de mosaïques inscrivent définitivement la basilique dans la lignée des sanctuaires de pèlerinage du VIe siècle.

L'édifice présente en particulier certaines affinités avec deux d'entre eux : celui de Qalblōze[138] et celui de Bizzos à Ruweiḥa[139] (**fig. 229**). En dehors de l'emploi des piliers comme supports des arcs de la nef, ces basiliques offrent des analogies susceptibles d'éclairer la question du développement du sanctuaire dans les églises du VIe siècle, notamment en ce qui concerne l'évolution du chœur. À Qalblōze, l'abside est pour la première fois précédée d'un « profond vestibule »[140] flanqué des deux annexes. Celui-ci, rattaché à la nef, est séparé du sanctuaire par un chancel aménagé sur la marche supérieure devant l'arc triomphal de l'abside. Dans la basilique de Ruweiḥa, plus tardive, l'abside est approfondie aux dépens du vestibule par l'avancée de la clôture qui se place dans l'alignement des piliers engagés des arcades. L'espace désormais pleinement intégré au sanctuaire ne communique plus avec les annexes, tandis que la couverture en berceau liée au cul-de-four de l'abside maintient l'unité de l'ensemble. L'église de Kafr ʿAqāb paraît occuper une place intermédiaire entre les deux monuments. Le chœur est effectivement intégré au sanctuaire par la clôture repoussée, comme dans l'église de Bizzos, jusqu'aux piliers engagés des arcades. Toutefois, l'unité n'est pas complète puisque l'arc triomphal se situe, comme à Qalblōze, à l'entrée de l'hémicycle jusqu'où la toiture à double pente arrivait. Cette dernière se terminait vraisemblablement par un pignon, comme la basilique orientale de Qalʿat Semʿān[141] et celle de Qalblōze. À partir de la fin du Ve siècle, le sanctuaire connaît donc différentes variations dans les églises de pèlerinage. Les indices chronologiques observés dans la basilique est de Kafr ʿAqāb, ajoutés à l'organisation du sanctuaire, situent le monument entre l'église de Qalblōze, postérieure au complexe de Saint-Syméon[142], et celle de Ruweiḥa apparue au cours de la période justinienne. Cette datation est en accord avec le décor sculpté des blocs remployés provenant de l'église[143] et le pavement en *opus sectile* très à la mode dans les monuments d'importance du VIe siècle. La période coïncide également avec les renseignements livrés par l'inscription[144] gravée sur la borne d'asylie découverte aux environs du domaine ecclésiastique (**fig. 246**) : elle mentionne en effet un sanctuaire dédié à Saint-Thalélaios ayant bénéficié du droit d'asile sous l'empereur Anastase (491-518). Néanmoins, l'attribution de la borne au sanctuaire de Kafr ʿAqāb reste problématique dans la mesure où celle-ci pourrait aussi être associée à l'ensemble ecclésial voisin de Fassūq compte tenu de sa situation hors contexte.

Le chevet de la basilique orientale de Qalʿat Semʿān a été imité, à des degrés divers, par une douzaine d'églises en Syrie du Nord[145]. Dans le ǧebel Waṣṭāni, l'influence du sanctuaire de Saint-Syméon a été constatée à plusieurs reprises, en particulier en ce qui concerne les chevets à colonnes qui se retrouvent dans l'église est de Ṭurīn[146] et dans l'église sud de Banassara[147] remaniée au VIe siècle. L'état actuel de la basilique de Kafr ʿAqāb ne permet pas de s'assurer de la présence d'un tel décor au niveau du chevet, mais pour la première fois l'influence du grand sanctuaire du ǧebel Semʿān se traduit par la réplique de la forme tri-absidiale[148]. Du point de vue du plan, le chevet de l'église de Kafr ʿAqāb en constitue donc la forme la plus aboutie. Cette nouveauté, unique à ce jour dans le Massif calcaire[149], ne fait plus du chevet de Qalʿat Semʿān

137. BISCOP et SODINI 1984, p. 274, fig. 11.
138. TCHALENKO et BACCACHE 1979, p. 256-260 ; TCHALENKO 1990, p. 163.
139. TCHALENKO et BACCACHE 1979, p. 289-293 ; TCHALENKO 1990, p. 189.
140. G. Tchalenko nomme ainsi l'espace qui précède l'abside de cette basilique (TCHALENKO 1990, p. 163).
141. BISCOP et SODINI 1989, p. 1678-1679.
142. La datation de l'église de Qalblōze a fait l'objet de débats. G. Tchalenko (TCHALENKO 1990, p. 165), rejoins par C. Strube (STRUBE 1977, p. 181-191) et F. Deichmann (DEICHMANN 1982), propose de situer la construction de l'église de Qalblōze à une période antérieure à celle de l'église de Bettir datée par une inscription de 471 et qui apparaît, compte tenu des analogies entre les deux monuments à piliers, comme une copie plus modeste de la précédente. Or, J.-L. Biscop et J.-P. Sodini ont montré que l'église de Bettir est le résultat du remaniement d'un édifice plus ancien, à nef unique, auquel appartenait le linteau sur lequel figure la date de 471. L'église, dans son second état, est donc bien postérieure à cette date, tout comme doit l'être, du même coup, celle de Qalblōze (BISCOP et SODINI 1984, p. 295-304). De son côté, A. Naccache observe dans le monument de Bettir la possibilité d'une troisième phase d'après l'analyse du décor sculpté (NACCACHE 1992, I p. 265). Quoi qu'il en soit, ces constats ajoutés à l'étude du décor et de l'architecture de la basilique de Qalblōze indiquent un monument postérieur à la construction du sanctuaire de Qalʿāt Semʿān qui l'a influencé. A. Naccache place la basilique de Qalblōze au cours des années 500-530 (NACCACHE 1992, p. 267).
143. Il s'agit principalement des blocs B. 01 à B. 23 remployés dans le fortin médiéval voisin et de certains éléments d'architecture réutilisés dans le village, au sein de la maison M. 37 et dans la construction C. 18 (voir ci-dessous p. 190-195 et catalogue des blocs en annexe).
144. FEISSEL 2012, p. 33.
145. BISCOP et SODINI 1984, p. 268-330 ; BISCOP et SODINI 1987, p. 107-129.
146. BISCOP et SODINI 1987, p. 126, fig. 43. L'église nord de Fassūq témoigne aussi de procédés techniques inspirés du sanctuaire de Saint-Syméon, notamment l'utilisation de colonnes comme support de l'arc triomphal (BISCOP et SODINI 1987, p. 107-129). Sur la question de l'influence de Qalʿat Semʿān, voir également SODINI 2010, p. 317-318 ; SODINI 2012, p. 5-19.
147. KHOURY 2005, p. 244.
148. Jusqu'à la découverte de la basilique de Kafr ʿAqāb, aucune église connue inspirée du modèle du chevet à colonnes de la basilique orientale de Qalʿat Semʿān n'a reproduit le schéma des trois absides en saillie : soit l'abside principale seule est saillante, soit l'abside engagée s'inscrit entre les deux annexes, soit le chevet demeure rectiligne (BISCOP et SODINI 1984, p. 268-330).
149. Dans le Massif calcaire, seule l'église E. 4 du village d'El-Bāra présente trois absides, mais celles-ci ne sont pas saillantes (MATTERN 1944, p. 42-43 ; SODINI 1989a, p. 360, fig. 90).

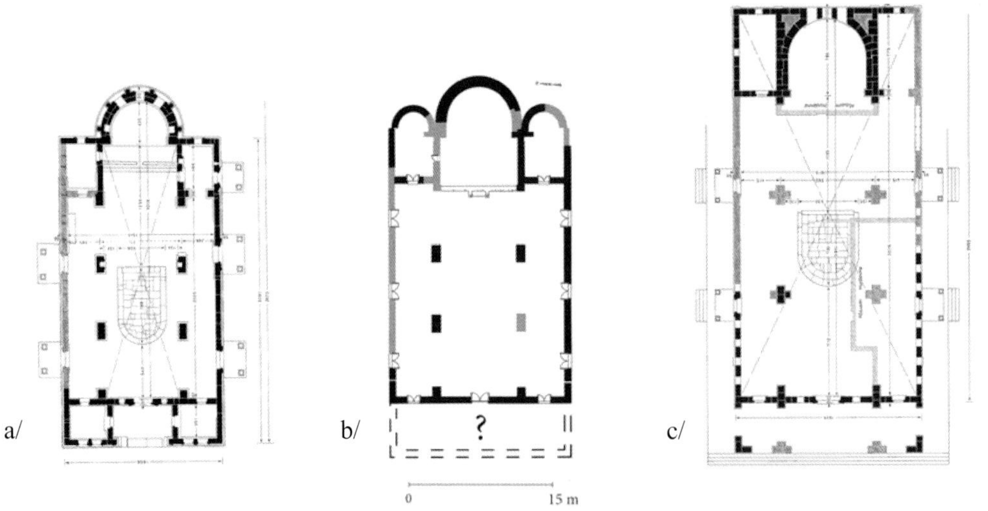

Fig. 229 — *Les églises de pèlerinage de :*
a/ Qalblōze ; b/ Kafr ʿAqāb ; c/ Ruheiwa (© B. Riba).

un cas isolé en Syrie. Ce fait est d'autant plus vrai depuis la découverte récente d'une église dotée de trois absides saillantes sur le site de al-Dyar al-Qatarieh, dans les environs de Lattaquié[150].

Les édifices ecclésiastiques dotés d'un chevet à trois absides sont connus au Proche-Orient. En Phénicie Première, l'église de Saint-Christophoros[151], à Qabr Hiram, possède par exemple des absides dissimulées par un chevet rectiligne. À Chhīm, l'église se caractérise par une abside centrale prise à l'intérieur d'un massif polygonal, à l'image des absidioles des annexes[152]. Dans l'une comme dans l'autre, le rôle de ces espaces semi-circulaires est problématique. D'une manière générale, les basiliques à trois absides sont plutôt répandues dans la province d'Arabie, dans le patriarcat de Jérusalem, et à Chypre. En Arabie et dans les provinces de Palestine, plus particulièrement dans la région du Néguev central, l'adoption d'un chevet tripartite à trois absides est en rapport, semble-t-il, avec une relation nouvelle au culte martyrial[153]. Des modifications intervenues sur d'anciennes églises se traduisent notamment par l'adjonction d'absidioles aux pièces annexes tandis que les nouvelles basiliques sont pourvues dès l'origine de trois absides généralement surélevées dans les trois nefs. Néanmoins, si certaines d'entre elles sont saillantes, comme celles de Nahariya[154] ou de Ḫerbet el-Karak (2e phase)[155], la plupart sont inscrites à l'intérieur d'un mur droit. Ces transformations architecturales s'accompagnent parfois d'installations liturgiques telles que les barrières qui ferment les *martyria* ou les tables. Dans certains cas, l'extension du sanctuaire aux bas-côtés permet de réunir sur un axe transversal les différents pôles cultuels dans la partie est du monument[156].

Il convient donc peut-être d'établir un parallèle avec les basiliques palestiniennes en attribuant à au moins une des deux absidioles, dans le cas particulier de notre église, un rôle dans la réception des reliques. Ce dispositif, adopté vers le milieu du VIe siècle, est l'occasion de gagner de la place dans les édifices soumis à une grande affluence de fidèles. C'est précisément ce qui a pu être observé dans la basilique sud de Banassara où l'absidiole, ajoutée postérieurement à l'annexe sud, permet de repousser les reliques vers l'est afin de laisser libre l'espace qui la précède. On peut supposer que les absidioles de l'église est de Kafr ʿAqāb, contemporaines de l'ensemble du monument, ont été conçues dès le départ avec la même intention : l'intégration de véritables chapelles à nef unique de part et d'autre de l'abside centrale facilite les nombreuses visites dans cet édifice à vocation de pèlerinage, notamment lors des fêtes et des cérémonies liées au culte des reliques.

150. Cette église a fait l'objet d'une intervention de la part de Mohamad Radwan le 26 mai 2017 à l'occasion d'une journée d'étude organisée à Paris par H. Saad et W. Khoury sur la question des « Églises paléochrétiennes à chevets apparentés au chevet du *martyrion* de Qalʿat Semʿān ». Notons également qu'un bâtiment à trois absides saillantes a été signalée dans la localité de Cyrrhus, à proximité de la porte nord de la ville (Panayot, à paraître).

151. Donceel-Voûte 1988, p. 411-420.

152. Waliszewski 2009, p. 93-106.

153. Donceel-Voûte 1996, p. 535-536 ; Michel 2001, p. 72-81 ; Comte 2012, p. 85-86. Sur les églises à trois absides saillantes, voir l'essai de classification proposé par R. Rosenthal dans le cadre de son étude sur le site de Sobota (Rosenthal-Heginbottom 1982).

154. Dauphin et Edelstein 1984, p. 27-28.

155. Duval 2003, p. 47.

156. Michel 2001, p. 54-55.

À Chypre, les chevets à trois absides saillantes sont plus fréquents. La plupart de ces espaces sont semi-circulaires à l'extérieur ; d'autres sont inscrits à l'intérieur d'un massif polygonal. La fonction des absidioles est moins évidente à déterminer, car elles ne semblent pas forcément liées au culte des reliques[157]. Toutefois, parmi les différents emplacements attribués aux reliques, l'une des annexes près de l'abside à l'extrémité orientale des bas-côtés peut être utilisée, selon un modèle propre à la Syrie. On trouve notamment dans la basilique de la Campanopétra un reliquaire disposé dans l'absidiole située à l'est du collatéral nord[158]. C'est également le cas des églises de Saint-Épiphane, de Ayios Iraklidhos[159], ou de Kourion « extra-muros »[160]. Dans le cas particulier de la basilique de l'Apôtre-Barnabé, près de Salamine, c'est dans l'unique absidiole placée à l'est du bas-côté sud que le tombeau du saint était conservé[161]. Le même schéma caractérisé par la présence d'une seule chapelle latérale à abside saillante se retrouve en Phénicie Première, dans l'église supérieure de Khān Khalde[162], organisation qui évoque également, bien qu'avec des variantes, la basilique sud de Banassara où l'absidiole destinée à recevoir les reliques n'a pas son symétrique de l'autre côté de l'abside principale. Or, nous avons relevé plus haut la parenté entre la chapelle martyriale de Banassara et celles de l'église est de Kafr ʿAqāb. Quoi qu'il en soit, un parallèle est possible avec les chevets à deux ou trois absides saillantes des basiliques chypriotes puisque, même si ce type de plan n'est pas l'expression d'un développement du culte martyrial, c'est bien dans l'une des absidioles situées à l'extrémité d'un bas-côté que les reliques prennent place lorsque celles-ci sont attestées.

Au-delà de ces correspondances avec l'architecture ecclésiastique proche-orientale, l'église est de Kafr ʿAqāb présente des caractéristiques qui lui sont propres. D'abord, les annexes ne sont pas séparées des collatéraux par un dispositif de chancel, mais par des portes situées à la hauteur des piliers engagés des arcades. On ne trouve pas non plus l'arc traditionnel qui indique dans les églises syriennes l'emplacement du *martyrion*. En outre, la clôture qui sépare le sanctuaire de la nef, loin de s'apparenter à un chancel ordinaire composé de plaques maintenues par des piliers bas, se présente sous l'aspect d'une structure atypique qui pourrait avoir été fermée par une grille. Enfin, l'axe transversal permettant d'effectuer le lien entre les différents pôles cultuels n'existait pas puisque le chœur n'offre aucune communication avec l'annexe sud. Ces spécificités étant établies, la basilique conserve également des traits caractéristiques de l'architecture religieuse de Syrie du Nord. Malgré l'adoption inattendue du chevet tri-absidial dans un village ordinaire d'Antiochène, l'église se distingue de la basilique est de Saint-Syméon caractérisée, quant à elle, par des influences constantinopolitaines au niveau des installations liturgiques (*synthronon*, ambon axial) auxquelles s'ajoutent d'autres traits étrangers, tels que les *diaconicon* et *martyrion* délocalisés en raison, précisément, de la présence des absides latérales[163] et de la surélévation dans les trois nefs. À Kafr ʿAqāb, l'abside ne présente pas de *synthronon* et les annexes restent à leur emplacement traditionnel. Le monument s'inscrit simplement dans l'évolution logique des grandes églises de pèlerinage à piliers de la région. À la suite de la basilique de Qalblōze, la partie orientale de l'édifice poursuit son développement par le retrait de la clôture vers l'ouest aux dépens de l'espace précédant l'abside centrale en saillie, tandis que des absidioles sont ajoutées à l'extrémité des annexes. Le monument se caractérise ici par la volonté de reproduire le modèle du chevet de Qalʿat Semʿān tout en conservant, au niveau du plan, certaines traditions architecturales régionales.

Ce constat amène à reconsidérer le rôle de Qalʿat Semʿān dans la diffusion du chevet à trois absides saillantes. En effet, les églises qui présentent ce type de plan au Proche-Orient et à Chypre paraissent toutes postérieures à la construction du *martyrion* cruciforme de Saint-Syméon. Compte tenu de l'isolement où se trouvait le grand sanctuaire du ǧebel Semʿān, il était peu aisé jusqu'à présent d'envisager celui-ci comme le prototype de ce modèle architectural. L'église de Kafr ʿAqāb montre aujourd'hui qu'au moins une réplique postérieure d'un peu plus d'une vingtaine d'années à la basilique de Saint-Syméon existe au sein même du Massif calcaire. L'église à trois absides saillantes de el-Dyar al-Qatarieh, aux abords de l'évêché maritime de Laodicée, indique que ce modèle a également atteint le littoral. La terre d'origine de ce type de chevet et les modalités de sa diffusion demeurent encore difficiles à déterminer, mais l'antériorité du sanctuaire de Qalʿat Semʿān et le prestige dont il jouissait dans l'ensemble des provinces orientales invitent à reconsidérer la place du plan tri-absidial qui se diffuse dans le nord de la Syrie à partir du VIe siècle, en Palestine et à Chypre où celui-ci trouve une terre d'accueil particulièrement favorable[164]. À l'image de la renommée du stylite qui avait gagné dès son vivant les contrées les plus reculées de l'Empire, l'architecture qui lui avait été consacrée après sa mort, aussi originale et glorieuse que le mode de vie spirituel adopté par le saint, a pu rayonner en Syrie du Nord et dans certaines régions du monde paléochrétien.

157. Dans certaines églises chypriotes, les reliques ne sont pas attestées (HADJICHRISTOPHI 1998, p. 41).
158. ROUX 1998, p. 178, fig. 204.
159. PAPAGEORGHIOU 1985, p. 299-324.
160. PAPAGEORGHIOU 1976, p. 2-13.
161. PAPAGEORGHIOU 1985, p. 299.
162. DUVAL et CAILLET 1982, p. 376-378.
163. SODINI 2007, p. 115 ; BISCOP et SODINI 2011, p. 41.
164. En ce qui concerne les chevets à triple abside de Chypre, voir la bibliographie proposée dans MICHEL 2001, p. 32 note 225 et dans SODINI 2017, p. 14, note 31.

Les éléments architecturaux provenant de l'église est : répartition, identification et datation

Les bâtiments du sanctuaire ont été systématiquement dépouillés de presque tous leurs éléments d'architecture au profit de la construction du fortin voisin édifié au cours de la période médiévale. Un grand nombre de blocs se retrouve également en plusieurs endroits du site, de manière isolée ou bien réutilisés dans certaines maisons. Ces derniers ont pu être directement prélevés dans les ruines du complexe ecclésial ou bien faire l'objet d'un second remploi suite à l'abandon du bâtiment fortifié. L'ornement des blocs a permis d'identifier la plupart d'entre eux. Une première catégorie se caractérise par une moulure typique dans les bâtiments ecclésiastiques postérieurs à la fin du ve siècle, soit ceux édifiés après la construction du sanctuaire de Qalʿat Semʿān. La moulure en question, apparente sur de nombreux éléments d'architecture, constituait sans doute l'unité ornementale de l'ensemble ecclésial. Elle comprend deux fasces entre lesquelles s'insère un tore à profil segmentaire bordé par des anglets (**fig. 464**). La seconde catégorie englobe les blocs qui ne comportent pas forcément la moulure commune, mais dont le décor sculpté, l'aspect monumental et la situation sur le site les rattachent sans nul doute à l'établissement ecclésiastique oriental. Plusieurs aires de concentration de ces éléments d'architecture appartenant aux deux catégories ont été localisées sur le site (**fig. 230**).

La première concentration rassemble les blocs découverts aux abords immédiats de la basilique et des bâtiments annexes. Il s'agit d'abord des blocs erratiques situés non loin du chevet. On y trouve un élément de corniche (B. 75) qui couronnait l'absidiole de l'annexe nord, un élément de corniche sommitale (B. 76) ainsi qu'une console (B. 77). Parmi les blocs récemment entassés par les paysans afin de délimiter les parcelles des champs cultivés se distinguent d'autres consoles probablement associées, compte tenu de leurs dimensions et de leur morphologie, à un porche monumental qui précédait autrefois l'église (**fig. 231 et 232**). Ce sont les blocs B. 71, B. 72, B. 73 et B. 74. Enfin, en contrebas de la basilique, aux alentours du bâtiment annexe, du réservoir et de la sépulture S. 25, de nombreux éléments d'architecture éparpillés ou entassés en bordure des champs ont été enregistrés : fragments associés au sarcophage (à baldaquin ?), blocs de corniche, bases moulurées, consoles, linteau monumental, voussoirs de l'arc triomphal (**fig. 233 et 234**), éléments d'un auvent (**fig. 237**).

La seconde aire de concentration est représentée par le bâtiment fortifié édifié à l'aide de blocs provenant de l'église voisine. Parmi les éléments recensés, 23 d'entre eux offrent le profil mouluré de base évoqué ci-dessus. Certains sont parfaitement intégrés dans le mur d'enceinte, d'autres gisent à terre ou bien ont fait l'objet d'un second remploi lors de la réoccupation tardive de l'édifice. Quelques éléments d'architecture prélevés dans l'église ne présentent pas les moulures communes, mais leur décor et leurs dimensions confirment leur appartenance au même monument[165]. Tel est le cas du linteau B. 29 dont la place initiale est certainement à situer au niveau de la porte principale de la basilique, au centre de la façade ouest (**fig. 482 et 483**). Son décor composé de denticules alternés avec des motifs végétaux renvoie aux ensembles ecclésiastiques du vi^e siècle[166]. Ce type d'ornement apparaît aussi sur les voussoirs richement ornés (B. 81, B. 82) de l'arc triomphal de l'église (**fig. 239**). D'autres éléments découverts à l'intérieur du bâtiment fortifié proviennent vraisemblablement du sanctuaire, comme le montant de porte B. 64, du claveau de fenêtre B. 62, et les trumeaux B. 42 et B. 44 (**fig. 484, 485 et 486**).

La troisième aire de concentration s'étend à la zone habitée. Il est d'abord question des quelques éléments retrouvés dans les ruines de la maison M. 37. Ce sont principalement les linteaux de deux portes richement ornées. Le premier (B. 84) présente une corniche à quart-de-rond pourvue d'un médaillon central de part et d'autre duquel se déploie un rinceau d'acanthe (**fig. 235 et 240**). Son appartenance à la basilique orientale est assurée par la moulure du chambranle identique au profil récurrent composé d'un tore à profil segmentaire encadré d'anglets. Le rinceau correspond ici à la réapparition de ce motif dans la région à partir du dernier quart du ve siècle, notamment dans les basiliques de pèlerinage[167]. On note également le traitement des feuilles à limbe recreusé « en cuiller », caractéristique du vi^e siècle, dont la présence confirme l'influence du sanctuaire de Qalʿat Semʿān puisque ce type d'acanthe, relativement rare dans le Massif calcaire, apparaît essentiellement dans ce sanctuaire. Cela pourrait s'expliquer par la présence sur le chantier du grand ensemble architectural dédié à Saint-Syméon d'artisans originaires de Mésopotamie, région dans laquelle cette catégorie d'acanthe semble trouver un terrain d'accueil favorable[168]. Un chapiteau de portique localisé dans les décombres de la maison M. 17, située à plus d'une centaine de mètres de là, présente un type d'acanthe comparable qui confirme sa provenance depuis le même ensemble ecclésial (**fig. 236**).

165. Ces éléments d'architecture B. 29, B. 42, B. 44, B. 61, B. 62 sont étudiés dans le chapitre consacré au fortin (voir ci-dessous, p. 368-375).

166. Ce type de décor se retrouve à Qalʿat Semʿān, mais aussi dans les églises voisines datables du début du vi^e siècle, à Ṭurīn et à Banassara.

167. Naccache 1992, I, p. 230.

168. Sodini 1993, p. 113-132. L'acanthe à limbe recreusé en cuiller est une forme romaine classique en Occident. Elle se répand en Orient dès le Haut-Empire et réapparaît de manière localisée en Syrie du Nord au cours des ve et vi^e siècles à l'occasion d'un vaste mouvement de constructions entrepris sous l'impulsion des empereurs Léon, Zénon, Anastase et Justinien. L'origine de ce type d'acanthe à Qalʿāt Semʿān serait à situer du côté de la Mésopotamie plutôt que de celui d'Antioche (Sodini 1993, p. 113-132).

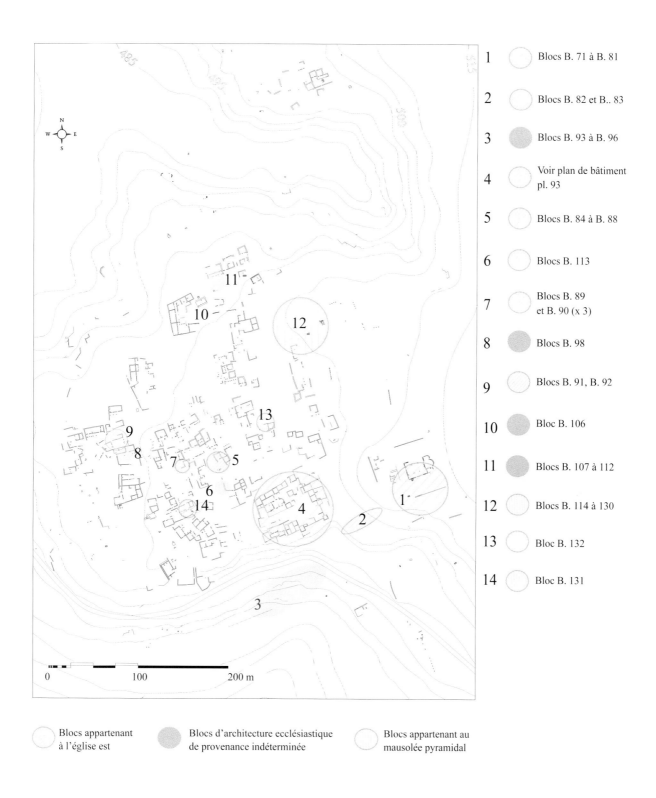

1 Blocs B. 71 à B. 81

2 Blocs B. 82 et B.. 83

3 Blocs B. 93 à B. 96

4 Voir plan de bâtiment pl. 93

5 Blocs B. 84 à B. 88

6 Blocs B. 113

7 Blocs B. 89 et B. 90 (x 3)

8 Blocs B. 98

9 Blocs B. 91, B. 92

10 Bloc B. 106

11 Blocs B. 107 à 112

12 Blocs B. 114 à 130

13 Bloc B. 132

14 Bloc B. 131

Blocs appartenant à l'église est

Blocs d'architecture ecclésiastique de provenance indéterminée

Blocs appartenant au mausolée pyramidal

Fig. 230 — *Localisation des éléments d'architecture monumentale remployés dans l'ensemble du site (© B. Riba).*

Fig. 231 — *Élément d'architecture B. 72 probablement utilisé dans la construction d'un porche (© B. Riba).*

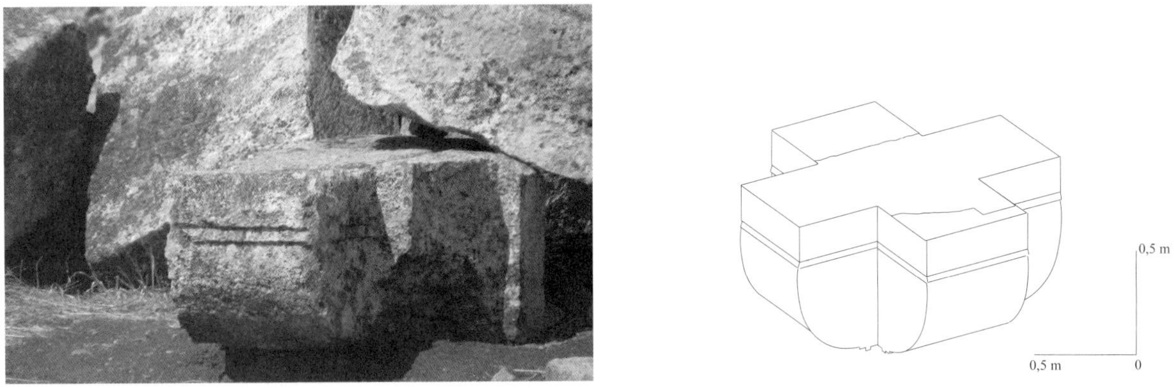

Fig. 232 — *Élément d'architecture cruciforme B. 71(© B. Riba).*

Dans la construction mitoyenne C. 18, une imposte (B. 91) ornée d'un rinceaux d'acanthe en tous points identique à celui du linteau B. 84 ne laisse pas de doute non plus sur son origine (**g. 238 et 241**). Le fait de retrouver à Kafr ʿAqāb ce type d'acanthe particulier montre le souci des artisans de reproduire dans le détail le vocabulaire ornemental employé à Qalʿat Semʿān. Les dimensions du linteau B. 84 excluent la possibilité de placer celui-ci à l'un des accès de la basilique. En revanche, elles conviennent parfaitement aux entrées des annexes situées de part et d'autre du chœur ; c'est donc là, semble-t-il, qu'il faut le situer. En ce qui concerne l'imposte, les dimensions précisément adaptées à celles du pilastre engagé dans le mur ouest de la basilique suggèrent que l'élément était destiné à recevoir les arcs de la nef à cet emplacement. Le second linteau (B. 85) retrouvé dans la maison M. 37 se caractérise par une corniche animée d'une frise d'acanthe organisée de part et d'autre d'un médaillon central (**g. 243**). Les feuilles d'acanthe, de facture locale cette fois, présentent simplement une nervure axiale de part et d'autre de laquelle les lobes symétriques se terminent par quatre indentations. Le chambranle, doté de la moulure commune composée du tore segmentaire encadré d'anglets, confirme l'appartenance de ce linteau à la même église. Ces dimensions permettent d'envisager sa place initiale à l'entrée de la seconde annexe de la basilique. Dans la même maison, les montants de porte B. 86 et B. 87, pourvus de moulures identiques, étaient associés à l'un des deux linteaux (**fig. 242**). Un linteau de fenêtre échancré en plein cintre (B. 88), cerné par la même moulure, se trouve également parmi les débris de la maison M. 37. On note aussi la présence de deux claveaux de fenêtre en plein cintre à proximité de la maison M. 30, dont les bords sont soulignés par une moulure identique. Enfin, un élément comparable est localisé dans les environs de la maison C. 18, à proximité d'un fragment de voussoir (B. 92) dont les motifs sculptés s'apparentent à ceux observés sur l'archivolte de l'arc triomphal de l'église.

Fig. 233 — *Voussoir de l'arc triomphal de l'abside B. 81 (© B. Riba).*

Fig. 234 — *Voussoir de l'arc triomphal de l'abside B. 82 (© B. Riba).*

Fig. 235 — *Linteau monumental B. 84 retrouvé dans les décombres de la maison M. 37 (© B. Riba).*

Fig. 236 — *Chapiteau retrouvé à proximité de la maison M. 17 (© B. Riba).*

Fig. 237 — *Élément d'un auvent (© B. Riba).*

Fig. 238 — *Imposte B. 91 retrouvée dans la construction C. 18 (© B. Riba).*

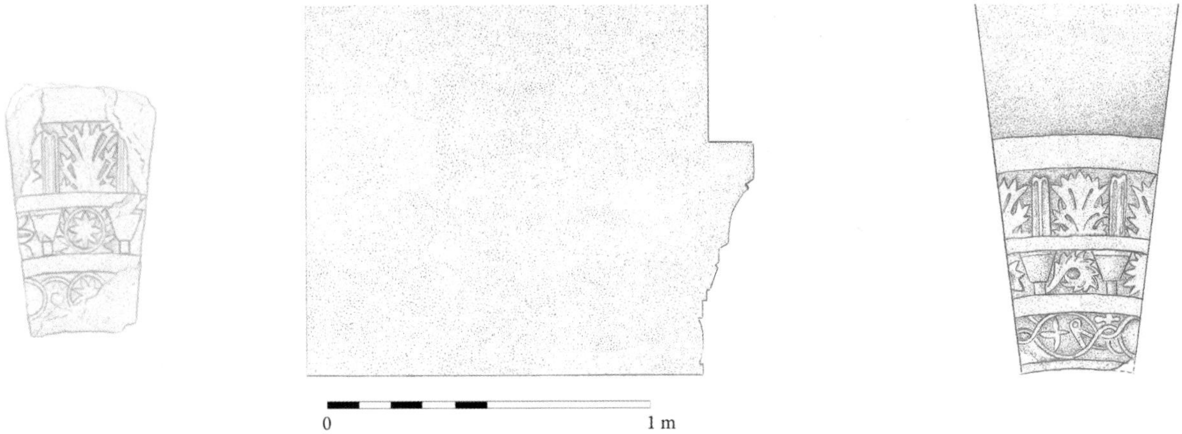

Fig. 239 — *Voussoirs de l'arc triomphal de la basilique ; Blocs B. 81 et B. 82 (© B. Riba).*

Fig. 240 — *Linteau monumental B. 84 appartenant à l'église est retrouvé dans la maison M. 37 (© B. Riba).*

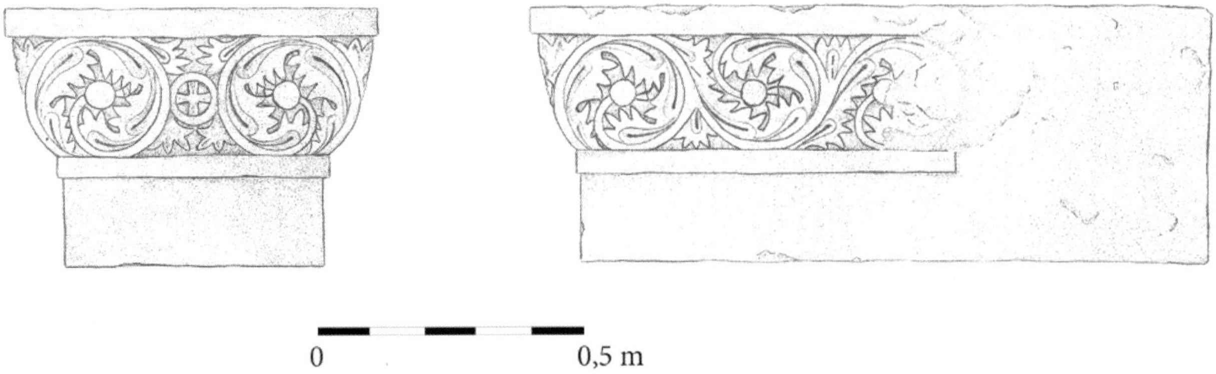

Fig. 241 — *Imposte B. 91 appartenant à l'église est retrouvée dans les décombres de la construction C. 18 (© B. Riba).*

Dans l'ensemble, une cinquantaine d'éléments provenant de la basilique est et de ses dépendances ont été recensés sur le site. Le profil de base relevé sur de nombreux blocs répertoriés était omniprésent dans le sanctuaire. Il apparaissait sur différentes composantes du porche monumental, soulignait les encadrements des portes, enveloppait les contours des fenêtres, et parcourait certains éléments porteurs tels que les piliers engagés qui soutenaient l'arc triomphal de l'abside. La moulure commune, qui créait la cohésion ornementale de l'ensemble ecclésial, fait écho au sanctuaire de Saint-Syméon dans lequel le profil à tore segmentaire est remis au goût du jour sous la forme qu'on lui connaît dans le Massif calcaire. Le traitement et le style particulier des acanthes sur certains éléments architecturaux (linteau, chapiteau, imposte) renvoient aussi au grand centre de pèlerinage du ğebel Semʿān. L'étude ornementale de ces éléments disparates permet donc de restituer certaines parties de l'église, telles que les encadrements de porte des annexes et l'archivolte de l'arc triomphal. L'analyse est également l'occasion de mieux saisir les intentions des sculpteurs résolus à suivre les traces des artisans ayant œuvré au sein du fameux sanctuaire de Qalʿat Semʿān, principale source de leur inspiration. Ils rejoignent ici la ligne de conduite adoptée par le maître d'œuvre qui prend, pour le plan du chevet, le même monument pour référence.

La relation entre les deux complexes ecclésiaux du village

Établis en périphérie de l'habitat, sur un axe ouest/est, de part et d'autre de l'« entrée » principale du village façonnée par le relief naturel, les deux complexes ecclésiaux, particulièrement accessibles à cet endroit, paraissent former un ensemble homogène (**fig. 244 et 245**). La plupart des visiteurs étaient d'abord confrontés à ces établissements religieux avant de pénétrer à l'intérieur de l'agglomération. Cette disposition souligne l'importance et le rôle du christianisme dans la vie sociale des villageois. Par contraste avec l'intérieur de la localité composée d'unités d'habitation et d'exploitations privées, le secteur méridional largement tourné vers l'extérieur constituait le lieu public par excellence où se rassemblaient villageois, voyageurs, pèlerins, commerçants et autres itinérants. Cet endroit, qui représentait le cœur de la vie religieuse, était aussi étroitement lié aux diverses activités sociales, culturelles et économiques de Kafr ʿAqāb[169].

Cette situation est en accord avec la borne d'asylie dont l'inscription fait état de deux établissements ecclésiastiques (**fig. 246**) délimités par un bornage unique, témoignage rarissime au Proche-Orient[170] qui circonscrit les basiliques à l'intérieur d'un seul et même périmètre sacré. Toutefois, rappelons que la relation de cette borne avec le sanctuaire reste hypothétique, car l'emplacement de sa découverte entre Kafr ʿAqāb et Fassūq ne permet pas de préciser auquel des deux sanctuaires villageois celle-ci doit être attribuée. Si l'existence d'églises doubles à Fassūq fait de cet établissement un bon candidat[171], l'attribution du bornage au sanctuaire de Kafr ʿAqāb n'est pas à exclure compte tenu de l'implantation des églises proches l'une de l'autre, alignées sur un même axe dans le secteur sud-est du village. En outre, le lien entre les deux ensembles est suggéré par une conception analogue (basilique, bâtiment annexe, grand réservoir, monument funéraire) et des influences similaires dans la mesure où les deux églises s'inspirent de l'architecture « semanienne », l'une dans l'organisation de la façade nord, l'autre dans le plan du chevet et la nature de son décor. Il est alors possible d'envisager la possibilité de deux complexes religieux construits au sein d'un projet commun engagé à la même période : à l'occasion du chantier de l'église est, l'ancien ensemble ecclésiastique méridional a pu être agrandi afin de créer un grand domaine ecclésiastique dont l'emplacement aux portes du village permettait de drainer un nombre important d'individus et de concentrer l'essentiel des activités extérieures à la localité.

Par ailleurs, les deux basiliques présentent des caractéristiques qui les distinguent de l'architecture ecclésiastique traditionnelle d'Antiochène. L'église sud est singulière par son plan hors norme, une répartition des ouvertures atypique, une forme de piliers inédite et une disposition des annexes qui ne correspond pas au système liturgique en vigueur dans la province. Quant à la basilique est, la morphologie de son chevet constitue un exemple unique dans la région, à l'exception du chevet de la branche orientale du *martyrion* cruciforme de Qalʿat Semʿān. Ces traits architecturaux inhabituels pourraient être compris dans le contexte géopolitique et religieux de l'époque si on admet l'hypothèse, suivant les indications livrées par l'inscription de la borne, de deux sanctuaires inscrits au sein d'un même ensemble sous l'empereur Anastase. Le nom du patriarche est illisible en raison de l'érosion de la pierre, mais on pense naturellement à Sévère d'Antioche puisqu'il est le seul parmi les archevêques de cette période

169. Les églises constituent en effet des pôles attratifs autours desquels se structure la société villageoise. Ils jouent également un rôle économique important (Laiou 2005, p. 48).

170. L'unique cas semblable est celui d'Épiphaneia-Hama dont un témoignage épigraphique sur une borne fait mention de deux églises (Feissel 2012, p. 233).

171. De prime abord, la borne découverte dans les environs du sanctuaire de Kafr ʿAqāb semble être associée à celui-ci, mais la situation isolée de l'élément ne permet pas de l'affirmer de manière définitive, comme je l'ai fait précédemment (Riba 2012a, p. 224-225). En effet, la proximité du sanctuaire de Fassūq, caractérisé par des églises doubles, doit également être prise en compte.

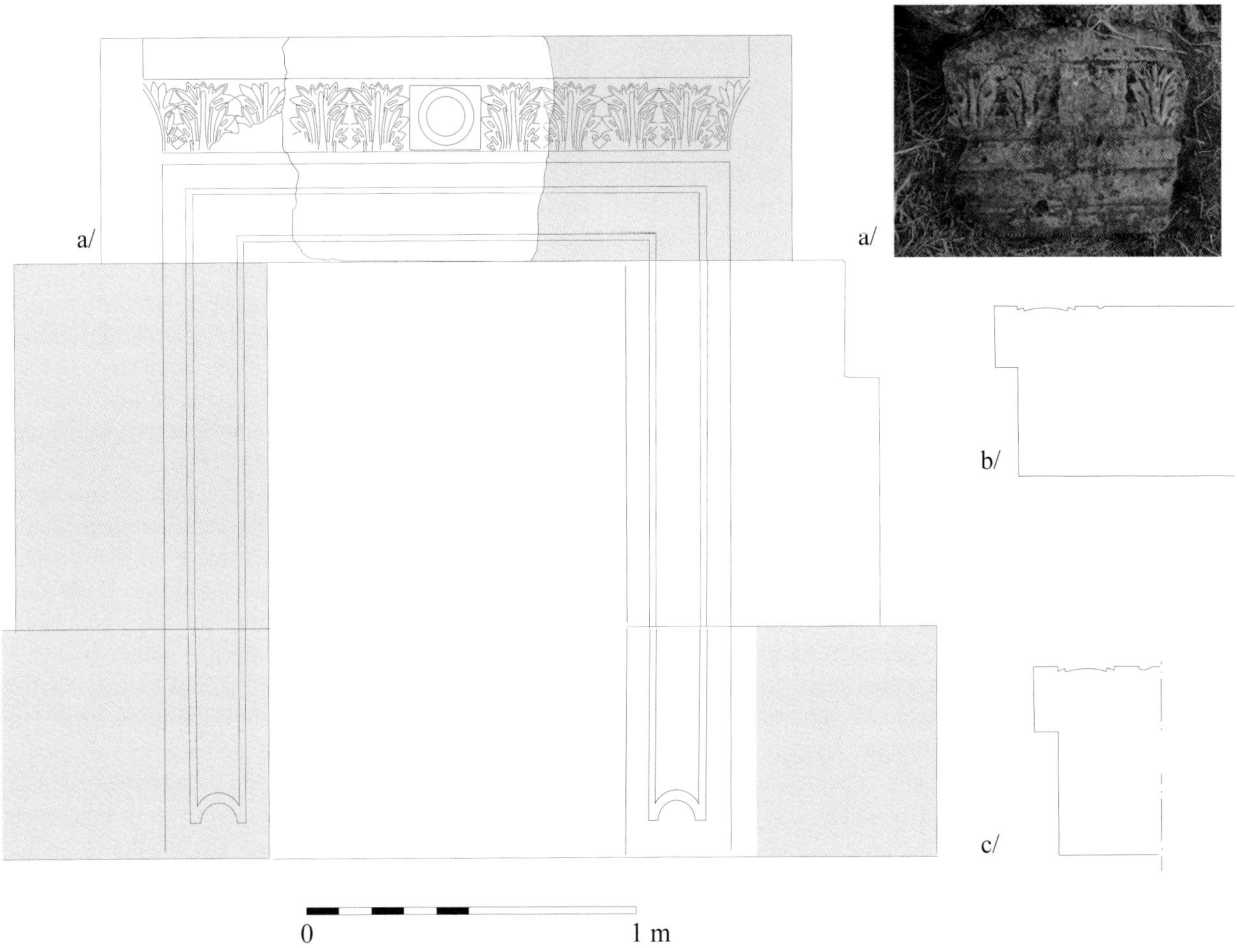

Fig. 242 — *Éléments de porte découverts dans les ruines de la maison M. 37 (les parties grisées sont restituées) : a/ fragments du linteau B. 85 ; b/ montant B. 86 ; c/ montant B. 87 (© B. Riba).*

Fig. 243 — *Linteau de porte B. 85 (© B. Riba).*

Fig. 244 — *Situation des ensembles ecclésiaux au sein du village (© B. Riba).*

à entretenir une relation avec saint Thalélaios auquel est dédié le sanctuaire. Les travaux ont donc pu être entrepris sous Sévère. On connaît en effet le souci de l'archevêque de promouvoir le courant miaphysite, son implication personnelle envers ses fidèles et l'intérêt qu'il nourrissait pour les campagnes[172]. De fait, son attention portée à un village tel que Kafr ʿAqāb, stratégiquement situé sur un lieu de passage fréquenté entre les métropoles d'Apamée et d'Antioche, ne saurait surprendre. Suite à son accession au siège épiscopal, le sanctuaire de Qalʿat Semʿān passé sous sa juridiction devient miaphysite, en même temps qu'un grand nombre d'établissements religieux. La construction d'une basilique à Kafr ʿAqāb, inspirée du prestigieux sanctuaire de Saint-Syméon, pourrait souligner la volonté du patriarche d'ancrer cette doctrine dans le chaînon le plus occidental du Massif calcaire, au sein des campagnes situées immédiatement à l'est d'Antioche. Il s'agissait d'affirmer le pouvoir patriarcal et de gagner à la cause miaphysite l'ensemble des provinces par des références architecturales concrètes. La nomination de l'archevêque Pierre à Apamée (514), de même obédience, s'inscrit dans une perspective analogue. Dans les milieux ruraux, ce type de sanctuaire était naturellement implanté dans des villages privilégiés par leur situation géographique. Au sein du ǧebel Waṣṭāni, quel site plus propice que celui de Kafr ʿAqāb aurait été susceptible d'accueillir un vaste établissement religieux regroupant deux églises dont l'architecture exhorte par certaines caractéristiques l'aspect « universel » de l'idéologie miaphysite ? Ainsi, la construction de la basilique est, dont le chevet tri-absidial s'affranchit du modèle strictement antiochien, donne vraisemblablement lieu au remaniement de l'ancien complexe du sud où se mêlent volontairement des spécificités architecturales normalement cantonnées à leurs provinces respectives.

Les efforts déployés par Sévère pourraient s'expliquer par la tension extrême qui régnait dans la région entre miaphysites et chalcédoniens. Il suffit de rappeler les révoltes du clergé d'Apamée à l'encontre du nouvel archevêque Pierre, ou bien les attaques perpétrées à l'encontre de certains monastères comme ceux de Dorothée, de Matrone ou de Nikertai qui ont subi des dégradations et dans lesquels les moines ont été faits soit captifs soit égorgés. Plus explicite encore est l'épisode sanglant du massacre de 350 moines chalcédoniens, en 517, pris en embuscade à Kafr Kermin alors qu'ils se rendaient au sanctuaire de Qalʿat Semʿān[173] et dont les archevêques

172. Le patriarche s'apprête, en automne 514, à « visiter les saintes églises des campagnes et des villages et des saints monastères » (Alpi 2009, p. 169).

173. Alpi 2003-2004, p. 135-152 ; voir également Alpi 2009, II p. 138.

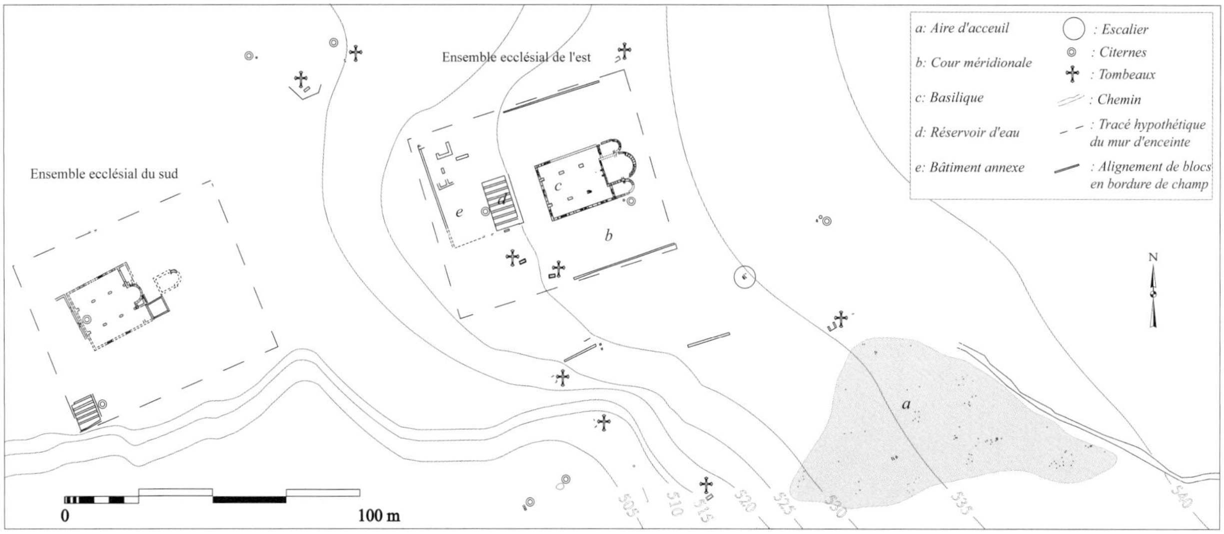

Fig. 245 — *Plan des ensembles ecclésiaux (© B. Riba).*

Pierre et Sévère furent accusés. C'est dans ce climat de violente confrontation entre les deux confessions que le patriarche d'Antioche tente d'affirmer, contre les partisans du concile de Chalcédoine, sa propre doctrine. L'une des voies de cette affirmation passe par l'établissement de sanctuaires nouveaux inspirés d'un modèle prestigieux, et par l'introduction de reliques particulièrement attractives, comme celles de saint Thalélaios connues pour leurs vertus curatives. Les mêmes arguments sont utilisés par les chalcédoniens à partir de 541, en réaction contre le miaphysisme : d'une manière beaucoup plus marquée, la construction du sanctuaire de Saint-Syméon le Jeune sur le Mont Admirable[174] témoigne effectivement d'un comportement similaire. Les moyens employés sont plus importants puisqu'il s'agit cette fois de délocaliser le sanctuaire de Qalʿat Semʿān en territoire chalcédonien. Le *martyrion* reproduit le plan cruciforme de celui du ǧebel Semʿān tandis qu'un nouveau stylite, nommé également Syméon, prend place au centre de l'octogone. Comme Sévère a pu le faire dans certains villages afin de promouvoir la doctrine miaphysite, les chalcédoniens utilisent le modèle du sanctuaire du ǧebel Semʿān pour asseoir leur foi. L'objectif est donc de se saisir de l'image glorieuse du monument dédié à Syméon l'Ancien afin d'illustrer et de servir l'une ou l'autre confession.

174. Une dédicace indique la fin des travaux en 551 (Van Den Ven, 1962). Sur ce monument, voir en dernier lieu Gwiazda 2013-2014, p. 317-340.

Les éléments d'architecture ecclésiastique de monuments disparus et/ou non localisés

L'existence d'un bêma

Le bêma syrien est un dispositif liturgique particulièrement répandu en Syrie Première, bien que celui-ci ne soit pas exclusif à cette province[175]. L'aménagement, dont la morphologie évoque celle d'un fer à cheval, est situé au centre de la nef et s'ouvre vers le sanctuaire. Son rôle dans la liturgie est suggéré par certaines installations conservées dans quelques églises de Syrie du Nord, comme les tables[176] parfois placées sous un *ciborium*[177], les lutrins qui prennent la forme d'un trône aménagé dans

175. Le bêma existe également en Apamène. Sa présence est attestée dans la ville même d'Apamée, dans la basilique hors les murs de Saint-Maurice (Balty 2013, p. 199-221 ; Balty 2013, p. 223-233), mais aussi à Hir eš-Sheiḫ, Umm Harteyn, Qumhane et Tayyibet el-Imam (Balty 2004, p. 449). Il existe également à Reṣāfa (Tchalenko et Baccache 1979, pl. 307-338).

176. Des tables sont attestées à Serǧible, de forme circulaire (Tchalenko 1990, p. 101 ; 1979, pl. 256-270) ; à Sūgāne en sigma (Sodini 2006, p. 245) ; à Ḫarāb Sulṭān, de forme rectangulaire (Khoury et Castellana 1990, p. 21, fig. 18).

177. Le *ciborium* est attesté à Kafr Nābo (Tchalenko 1990, p. 64 ; 1979, pl. 92), à Beḥyō (Tchalenko 1990, p. 160, pl. 253), à Reṣāfa (Tchalenko et Baccache 1979, p. 209, pl. 509 ; voir également une autre proposition de restitution dans Ulbert 1986, p. 27).

Fig. 246 — *Borne d'asylie (© B. Riba).*

Fig. 247 — *Borne découverte au sud du sanctuaire oriental (© B. Riba).*

l'hémicycle[178] ou les placards vraisemblablement destinés au rangement des livres liturgiques. Bien que la fonction du bêma soit encore sujette à débat, ces aménagements militent en faveur d'un dispositif dédié à la célébration de la liturgie de la parole ainsi qu'à l'accomplissement de la liturgie pré-anaphorique[179].

Quatre blocs découverts dans le *wādī* méridional (B. 93, B. 94, B. 95, B. 96) attestent l'existence d'une église à bêma à Kafr ʿAqāb (**fig. 248 et 249**). Les éléments, dotés d'un profil mouluré commun, intégraient la partie semi-circulaire de la structure. Deux d'entre eux, caractérisés par une hauteur inférieure à celle des autres, montrent qu'ils n'appartenaient pas à une même assise, mais se superposaient, constituant ainsi un socle à deux assises. La modénature du parement externe de l'hémicycle s'organise en deux parties séparées par une moulure creuse. Chacune d'entre elles présente un profil classique, de type I, composé d'une fasce, d'une doucine, d'un anglet et d'un bandeau. Certains blocs comportent à l'extrémité une mortaise sur le lit d'attente destinée à recevoir l'appareil en charpente de la superstructure en bois. La restitution de l'hémicycle permet de calculer un diamètre de 4,40 m correspondant à la largeur du bêma. Aucune certitude ne peut être acquise sur la provenance de ces éléments : les nefs ensevelies sous terre dans les deux églises localisées ne permettent pas de vérifier les traces d'un éventuel bêma. Toutefois, la situation des blocs relativement proche de l'église sud et les moulures caractéristiques de ce monument suggèrent un dispositif appartenant à cet édifice. L'ancienneté de cette basilique vraisemblablement construite à l'emplacement d'une église primitive renforce cette hypothèse puisque ce sont toujours les plus anciennes églises qui sont dotées d'un bêma dans les villages du Massif calcaire. Aussi, le caractère mixte du dispositif avec un socle en pierre et une superstructure en bois est typique des premiers bêmas de la région, contrairement à ceux du VIe siècle entièrement taillés dans la pierre[180]. On ne peut cependant exclure l'éventualité d'un transfert lors des profonds remaniements survenus dans l'église sud, au moment de la construction de la nouvelle basilique quelques dizaines de mètres plus à l'est. En effet, une opération comparable a pu se produire à Ruweiḥa où le bêma appartenant à l'église du Ve siècle semble avoir été repris lors de l'édification de la nouvelle église de pèlerinage à l'époque justinienne[181]. L'absence de *synthronon* dans la basilique est de Kafr ʿAqāb pourrait jouer en faveur d'un scénario similaire[182]. Néanmoins, une telle opération revêt un caractère exceptionnel dans cette région[183] et il paraît plus probable que, lors de l'édification de la basilique est, l'église sud remaniée pour l'occasion ait conservé sa fonction d'origine avec son bêma initial. Les deux églises, disposées non loin l'une de l'autre, à un endroit particulièrement accessible du site, ont vraisemblablement joué un rôle complémentaire : celle du sud était l'église paroissiale à bêma tandis que la basilique est avait vocation d'église de pèlerinage. La complémentarité de cet ensemble religieux est appuyée par la borne d'asylie qui regroupe les possessions des deux établissements ecclésiastiques au sein d'un même groupe[184], si on considère que celle-ci est bien associée au sanctuaire de Kafr ʿAqāb. Enfin, l'hypothèse d'un bêma appartenant à une église entièrement disparue ne peut être écartée. Certains éléments d'architecture monumentale retrouvés sur le site plaident en effet en faveur de l'existence d'au moins une église antérieure aux deux basiliques actuellement visibles. Toutefois, la situation des blocs de bêma dans le *wādī* sud indique plutôt une installation liturgique provenant de l'un des deux monuments chrétiens connus situés à proximité l'un de l'autre, en accordant la préférence à la basilique primitive du sud.

Ainsi, un nouveau bêma s'ajoute à la liste de ceux connus en Syrie Première. Les recherches menées dans le ǧebel Waṣṭāni au cours des dernières décennies avaient déjà apporté de nouveaux exemples d'églises dotées de ce type de dispositif. Leur découverte dans les localités de Ṭurīn[185], de Fassūq[186], de Ḫarāb Sulṭān[187], de Banassara[188] et aujourd'hui de Kafr ʿAqāb, porte désormais à 51 le nombre des bêmas recensés en Syrie du Nord[189].

Éléments divers d'architecture ecclésiastique

Plusieurs éléments d'architecture ecclésiastique remployés dans les quartiers d'habitation ou errants sur le site ont été localisés. Il s'agit de quatre linteaux monumentaux, de divers éléments d'arcs et de fenêtres en plein cintre moulurés, d'une base de colonne et d'un chapiteau.

178. De tels dispositifs sont attestés à Qirkbīze (Tchalenko et Baccache 1979, pl. 398) et à Serǧible (Tchalenko et Baccache 1979, pl. 261).
179. Le bêma pouvait également accueillir une partie du clergé et, à l'occasion, des chorévêques ou périodeutes, représentants de l'évêque en visite (Sodini 2006, p. 264).
180. Sodini 1983, p. 22.
181. Tchalenko 1990, p. 192.
182. Jusqu'à présent, on constate que les églises comportant un *synthronon* sont dépourvues de bêma et vice-versa. L'exemple des églises jumelées de Banassara, village voisin de Kafr ʿAqāb, illustre bien ce propos : la basilique sud, plus ancienne, possède un bêma ; l'église nord, qui en est dépourvue, offre un *synthronon* à plusieurs degrés (Khoury 2005, p. 225-266). Les églises doubles de Fassūq présentent une organisation similaire (Khoury et Naccache 1996, p. 160-162).
183. L'unique cas connu dans la région est celui de la basilique de Bizzos à Ruweiḥa (Tchalenko 1990, p. 192).
184. Feissel 2012, p. 233.
185. Khoury et Castellana 1990, p. 16 ; Khoury 1990, p.160-187.
186. Peña *et al.*1999, p 73-76 ; Khoury et Naccache 1996, p. 160-162.
187. Peña *et al.*1999, p 102-106.
188. Peña *et al.* 1999, p. 54-57 ; Khoury 2005, p. 244-247.
189. Loosley 2012, p. 121-123.

Fig. 248 — *Bloc de bêma B. 94 (© B. Riba).*

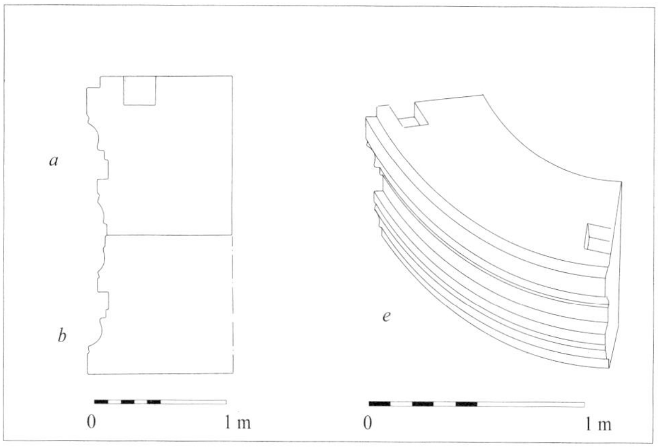

Fig. 249 — *Éléments du socle du bêma : a/ B. 93 ; b/ et c/ B. 94 (© B. Riba).*

Les linteaux

Le premier linteau (B. 113) se trouve à terre, isolé dans la partie sud du quartier B, aux abords de l'îlot 07 (**fig. 250**). L'élément, entièrement conservé, comprend un chambranle à mouluration continue surmonté d'une corniche. Le profil mouluré du chambranle, de type I, se compose de la manière suivante : fasce, doucine, anglet, bandeau. La première fasce est ornée d'un entrelacs à dix boucles entourant des médaillons dont le décor mal préservé représente des croix alternées avec des motifs profanes peu aisés à identifier. Chaque extrémité de l'entrelacs est ponctuée d'une feuille d'angle à laquelle répond, dans la partie concave de la doucine, une feuille placée au même endroit. Les moulures de la corniche sont identiques à celles du chambranle. La fasce est décorée d'une alternance de denticules et de perles. Le champ mouluré est flanqué de deux consoles dotées de volutes et d'une feuille sur leur face principale. Le décor du linteau renvoie aux édifices datés du ve siècle. L'entrelacs, apparu dès la fin du IVe siècle, à Nūrīye notamment, se diffuse par le biais de Markianos Kyris au cours de la première moitié du ve siècle. La simplicité du ruban et la variété des motifs à l'intérieur des œillets sont caractéristiques des décors des églises postérieures à celle de Qarṣ el-Banāt[190]. À Kafr ʿAqāb, les médaillons inclus dans l'œillet évoquent les entrelacs sculptés sur les portes des églises de Bettir[191] et de Deir Deḥes[192], mais la sobriété de leur facture, avec des interstices dépourvus de motifs, et le ruban constitué d'un simple canal s'apparentent plus particulièrement au décor du linteau de la porte centrale de l'église sud de Ruweiḥa[193]. Dans le ǧebel Waṣṭāni, le linteau de Kafr ʿAqāb s'associe à deux éléments rattachés aux complexes ecclésiaux des villages voisins de Ḫarāb Sulṭān et de Fassūq. Par comparaison avec ces derniers, le décor du linteau de Kafr ʿAqāb peut être perçu comme un compromis entre l'entrelacs et la tresse à deux brins : il évoque à la fois l'entrelacs sculpté sur un linteau découvert dans les décombres de l'église sud de Fassūq, constitué d'un ruban lisse et doté d'un œillet pourvu d'un médaillon, et la tresse à deux brins de la porte monumentale d'une annexe de l'église à bêma de Ḫarāb Sulṭān, caractérisée par un motif analogue à l'exception de l'œillet dénué de médaillon. Ces trois éléments ont aussi en commun la frise de denticules sculptée sur la première moulure de la corniche[194]. Il convient d'ajouter à ce petit groupe un linteau appartenant à l'église de Batraš dont la tresse à deux brins évoque de très près le décor de Kafr ʿAqāb. Tous ces linteaux appartiennent au même courant local et se distinguent par la situation de l'entrelacs sur la première fasce du chambranle. En effet, sur les autres linteaux connus dans le Massif calcaire, ce

190. Dans les églises édifiées par Markianos Kyris, les entrelacs comprennent des rubans perlés ou nus ; une boule est insérée dans les espaces vides laissés au niveau du croisement des deux brins et l'œillet est pourvu d'une volute. Après la construction de Qaṣr el-Banāt, le ruban est perlé verticalement et la volute est remplacée par d'autres motifs (Naccache 1992, I, p. 151)

191. Naccache 1992, I, p. 156.

192. Biscop 1997, p. 16, pl. 36 et 113, ph. 5.

193. Naccache 1992, II, pl. XXIV.

194. À Ḫarāb Sulṭān, les denticules sont particulièrement larges, contrairement à ceux de Fassūq beaucoup plus fins. Le linteau de Kafr ʿAqāb se distingue quant à lui par des denticules alternés avec des perles.

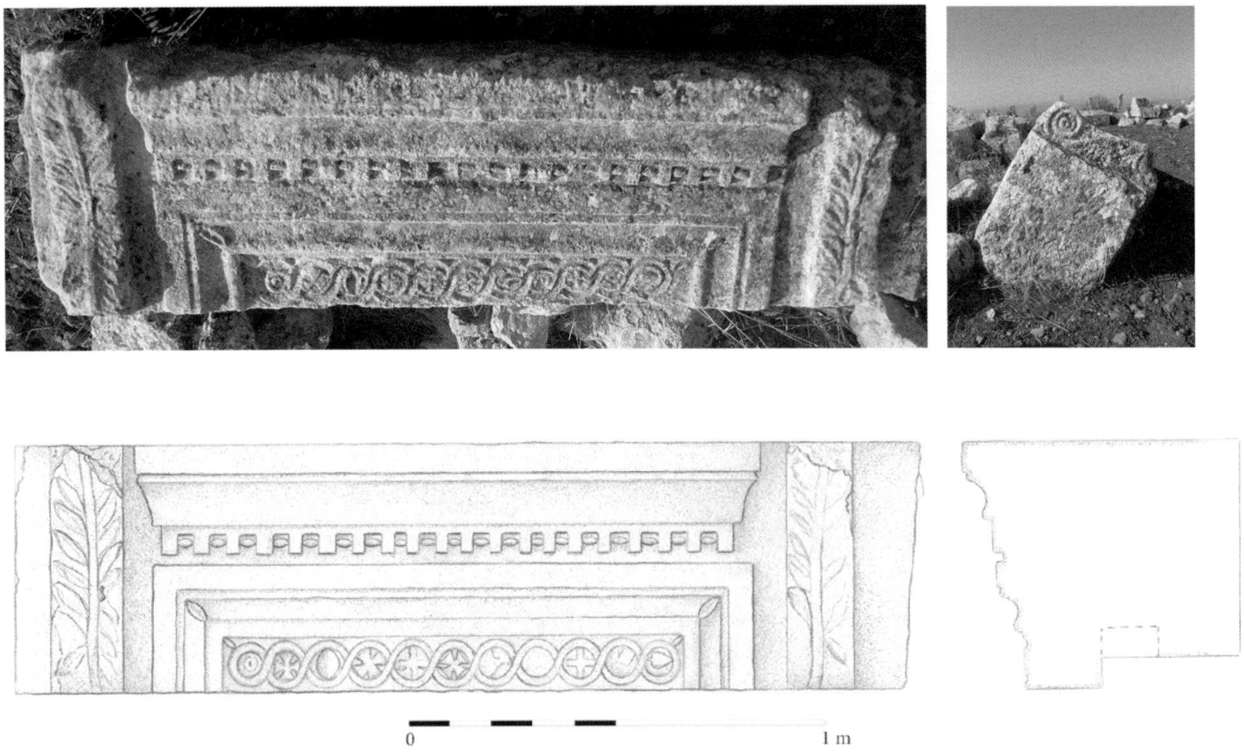

Fig. 250 — *Linteau monumental B. 113 isolé au sud du quartier B (© B. Riba).*

Fig. 251 — *Linteau monumental B. 98 découvert dans les décombres de la maison M. 17 (© B. Riba).*

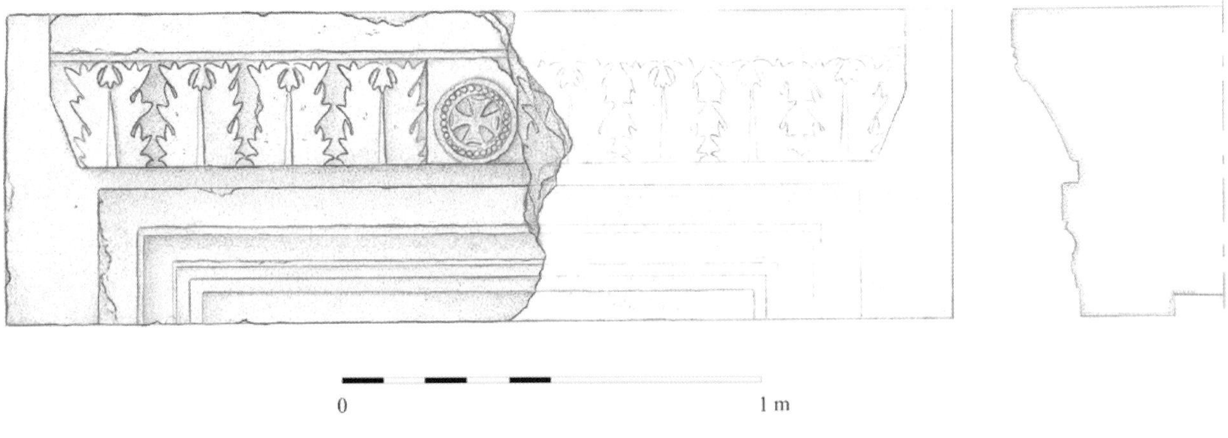

Fig. 252 — *Linteau de la porte est de la maison M. 11 (© B. Riba).*

Fig. 253 — *Fragment du linteau monumental B. 106 découvert dans les ruines de la maison M. 70 (© B. Riba).*

type de décor se place soit sur les bandeaux terminaux du chambranle, soit sur la corniche. Le linteau de Ḫarāb Sulṭān, au décor sobre et archaïque, a vraisemblablement été fabriqué vers le début du ve siècle, comme celui de Batraš qui présente des caractéristiques similaires ; celui de Fassūq, plus élaboré, doit être un peu plus récent. D'après ces constats, le décor du linteau de Kafr ʿAqāb ne devrait pas dépasser le milieu du ve siècle. Les consoles placées aux extrémités de celui-ci seraient dans ce cas l'une des expressions anciennes de ce type d'ornement que l'on retrouve, par exemple, sur les accès des deux pavillons qui flanquent l'entrée principale de la basilique de Qalblōze au début du vi^e siècle.

Le second linteau (B. 98), à terre, est localisé dans la cour de la maison M. 17 (**fig. 251**). L'élément est préservé sur un peu plus de la moitié de sa longueur. Le décor occupe toute la hauteur du bloc. Il se compose d'un chambranle à moulure continue surmonté d'une corniche. Le profil du chambranle, de type iii, comprend deux fasces, un quart-de-rond, une arête, un cavet, un anglet et un bandeau[195]. Aucun motif sculpté n'anime ces moulures. La corniche présente une bande biseautée ornée d'une frise d'acanthe pourvue d'un médaillon central. Le tout est surmonté d'un anglet et d'un bandeau. La disposition et la forme des feuilles d'acanthe évoquent celles des chapiteaux-impostes du portique de l'église de Qirkbīze[196]. Néanmoins, à l'inverse des acanthes sculptées sur ces impostes caractérisées par des folioles clairement apparentes avec leurs digitations soigneusement évidées, celles de Kafr ʿAqāb, plus sobres, offrent une surface lisse scindée par une nervure axiale. Le médaillon central est représenté par une croix inscrite à l'intérieur d'un anneau de perles, selon un modèle fréquemment employé dans le Massif calcaire. Certains ensembles, comme celui de Deir Deḥes, en font un usage quasi exclusif. D'après le profil des moulures, le caractère dépouillé des acanthes et le parallèle possible avec l'église de Qirkbīze, le linteau peut être situé aux alentours de la fin du ive siècle.

Le troisième linteau appartient à l'accès oriental du rez-de-chaussée de la construction M. 11. Il offre une composition semblable aux précédents : un chambranle à moulure continue surmonté d'une corniche (**fig. 252**). Le caractère remployé du bloc est confirmé par les montants dénués de moulures et la corniche ordinairement absente sur les linteaux des maisons du village. L'ensemble, dépourvu de motifs sculptés, est particulièrement sobre. Le chambranle comprend seulement deux fasces ; la corniche de faible hauteur présente un profil mouluré de type ii composé d'une bande biseautée, d'un anglet et d'un bandeau. Le traitement des moulures et l'aspect archaïque du linteau invitent à situer celui-ci entre la fin du ive siècle et la première moitié du ve siècle.

Le quatrième linteau se réduit à un seul fragment très abîmé localisé dans les décombres de la maison M. 70 (B. 106). La partie conservée se résume à une corniche en quart-de-rond ornée de rinceaux d'acanthe. Ce témoignage suffit pour apprécier la qualité du décor représenté par une composition géométrique complexe : les lobes y dessinent des files de petites feuilles triangulaires dont le tracé suit la courbure des tiges (**fig. 253**). Ce type de décor, qui évoque les rinceaux de la corniche de l'abside principale de Qalʿat Semʿān, est typique dans les édifices du vi^e siècle. Il se retrouve sur l'église de Deir Turmānīn (porte nord-ouest),

195. Ce type de profil où la doucine disparaît au profit d'un cavet est connu dans les églises des ǧebels Bārīšā et Semʿān à partir de la première moitié du ve siècle jusqu'au début du viie siècle (Naccache 1992, I, p. 83-88).

196. Tchalenko 1953-1958, I, p. 332-333 ; Tchalenko et Baccache 1979, p. 235 ; 1990, p. 152 ; Strube 1986, p. 120, taf 37. 2.

Fig. 254 — *Claveau de fenêtre B. 109 enfoui dans la cour de la maison M. 72a (© B. Riba).*

Fig. 255 — *Clé de fenêtre échancrée en plein cintre B. 107, enfouie dans le sol de la cour de la maison M. 72a (© B. Riba).*

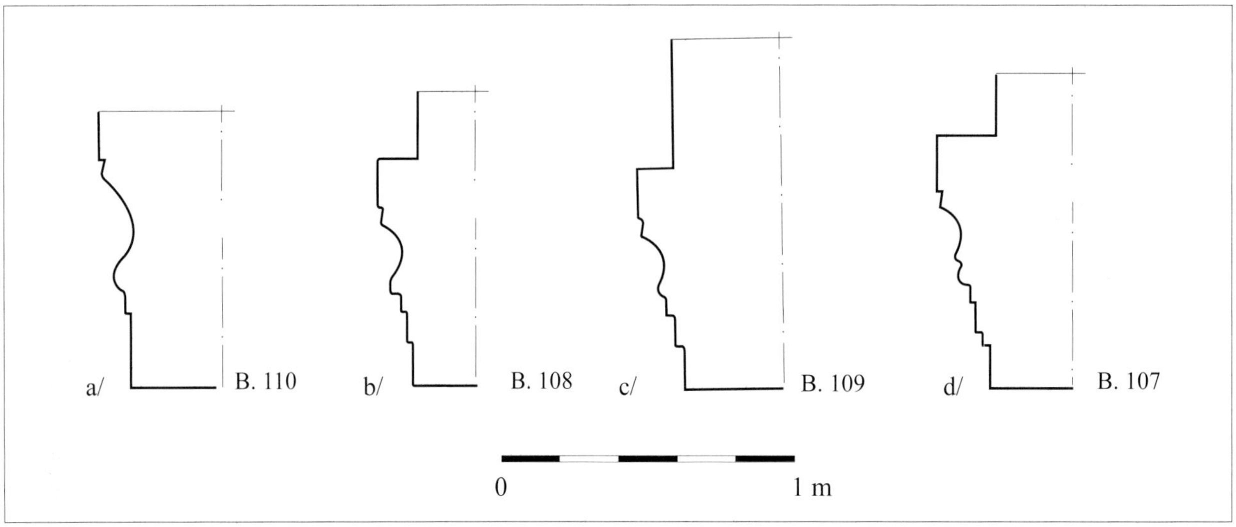

Fig. 256 — *Profils moulurés d'éléments d'architecture monumentale retrouvés dans la maison M. 72a : a/ corniche de couronnement ; b/ claveau de fenêtre ; c/ claveau de fenêtre ; d/ clé de fenêtre échancrée en plein cintre (© B. Riba).*

sur la basilique occidentale de Mēʿez[197] (porte sud-est), ou encore sur l'église nord de Deir Sētā[198]. Dans le ğebel Waṣṭāni ce décor apparaît sur l'église nord de Banassara[199] (porte sud-ouest), et sur la basilique ouest de Ṭurīn[200] (une des portes sud). À la différence de ces exemples, le motif circulaire placé au centre de la boucle formé par le rinceau est évidé sur le linteau de Kafr ʿAqāb. Ce dernier appartient assurément à une église datable du VIe siècle.

197. Naccache 1992, I, p. 233.
198. Strube 1993, I, p. 209-217 ; II, taf. 18.
199. Khoury 2005, p. 242-243, fig. 41.
200. Biscop et Sodini 1987, p. 124, fig. 38.

Les éléments d'arcs et de fenêtres

En dehors d'un bloc de corniche de couronnement qui obstruait l'un des accès de la maison M. 72a (**fig. 256a**), deux claveaux (**fig. 254**) et une clé de fenêtre en plein cintre ont été localisés dans la cour de la même maison (**fig. 255**). La qualité des moulures et la morphologie de ces éléments excluent leur appartenance à l'habitation qu'ils côtoient. En effet, celle-ci, édifiée à la fin du IVe siècle en double parement de moellons, ne correspond guère à ce type de blocs caractéristiques d'une architecture monumentale. Les deux claveaux découverts dans la cour (B. 108 et B. 109) proviennent de deux arcs distincts (**fig. 256b et c**). Le premier présente un profil mouluré composé de trois fasces, d'un bandeau, d'une doucine dont la partie convexe est plate, d'un anglet et d'un bandeau. Le second, plus classique, possède un profil de type I analogue à celui observé sur les ouvertures de la façade nord de l'église méridionale : trois fasces, une doucine, un anglet et un bandeau. La clé de fenêtre en plein cintre offre un profil plus élaboré composé de quatre fasces, d'un quart-de-rond, d'une arête, d'un cavet, d'un anglet et d'un bandeau (**fig. 255 et 256d**).

Les éléments d'une colonnade

Une base de colonne et un chapiteau (B. 111 et B. 112) ont également été retrouvés dans la partie orientale de la cour de la maison M. 72a (**fig. 257**). Leurs dimensions, sensiblement plus importantes par rapport à celles des éléments qui intègrent ordinairement un portique d'habitation, suggèrent des blocs provenant d'une colonnade d'église. La base comprend une plinthe surmontée d'un tore et d'une scotie. Le chapiteau présente une corbeille composée de deux rangées de huit feuilles lisses marquées en leur centre d'une nervure stylisée de forme triangulaire. Les feuilles basses sont presque accolées les unes aux autres. Les feuilles hautes, caractérisées par une courbure prononcée, paraissent ployer sous le poids de l'abaque. Elles sont séparées par un motif de croix à l'endroit des caulicoles. À leur sommet émergent deux feuilles étroites incurvées sous l'abaque. Ce motif de croix, constitué par une tige verticale pourvue d'une traverse horizontale, semble se diffuser dans le Massif calcaire à partir de la fin du ve siècle. On l'observe notamment sur un chapiteau de l'église de Mšabbak, dans le ğebel Semʿān[201]. Dans le ğebel Waṣṭāni, celui-ci se retrouve sur un chapiteau de l'église nord de Banassara[202], construite au VIe siècle. Sur le site, le chapiteau C. 06, qui provient probablement du petit édifice à abside saillante situé à l'est de la basilique sud, possède des caractéristiques analogues (**fig. 204**).

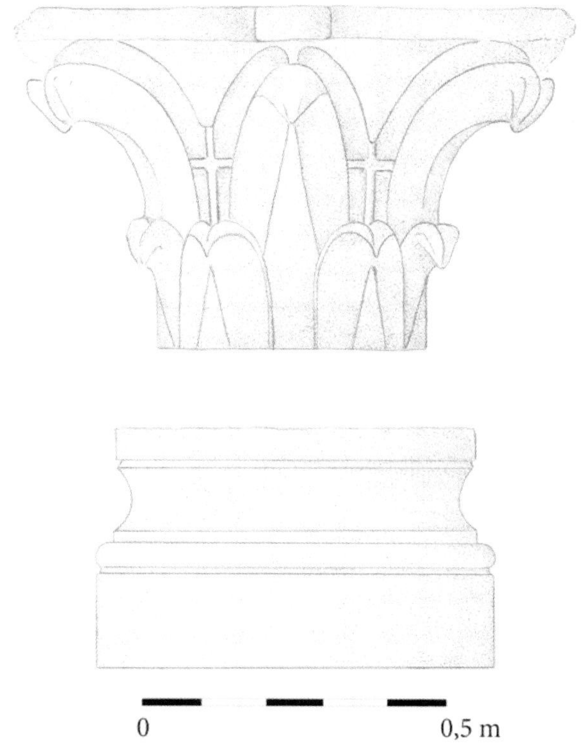

Fig. 257 — *Chapiteau (B. 112) et base de colonne (B. 111) découverts dans la cour de la maison M. 77 (© B. Riba).*

Bilan

Il est peu aisé de déterminer le nombre d'édifices ecclésiastiques auquel pourraient correspondre ces éléments d'architecture épars. Toujours est-il que peu d'entre eux sont susceptibles d'avoir appartenu aux deux basiliques du VIe siècle localisées sur le site. D'après les différences et les similitudes observées dans la nature de leur décor, ils pourraient provenir, à titre d'hypothèse, de deux églises aujourd'hui entièrement disparues. Les deux premiers linteaux (B. 113 et B. 98), datables du début du Ve siècle, présentent un décor trop différent, d'un point de vue stylistique et chronologique, pour être associé à un seul bâtiment ou à un même ensemble ecclésial. D'une manière générale, le décor qui pare les accès des églises du Massif calcaire est rarement identique, mais on discerne souvent une certaine cohérence ornementale, notamment dans la répétition et le traitement des motifs sculptés, ainsi que dans le profil des moulures. De fait, l'existence d'au moins deux édifices religieux distincts peut être admise, avec toute la prudence qu'une telle conjecture requière au regard d'une documentation archéologique particulièrement pauvre. Le troisième linteau (M. 11), plus ancien, pourrait avoir appartenu à l'église méridionale dans son premier état. Celui-ci a pu être remployé au moment des grands remaniements survenus au sein du complexe religieux. Le caractère archaïque de son décor et sa proximité avec le sanctuaire méridional corroborent cette possibilité ; il faudrait dans ce cas placer la construction M. 11 lors des travaux d'agrandissement du sanctuaire au début du VIe siècle. Le fragment du quatrième linteau (B. 106) appartient clairement à une église du VIe siècle. Il n'est pas improbable que cet élément puisse provenir de la basilique est, car si le traitement des rinceaux d'acanthe diffère nettement de celui observé sur le linteau et

201. Le même décor se rencontre sur les chapiteaux des demi-pilastres de l'église de Qalōta datée de la fin du Ve siècle (STRUBE 1993).
202. KHOURY 2005, p. 239-241.

l'imposte associés à cette église (B. 84 et B. 91), certains édifices de la région ont montré que les deux types de décors pouvaient coexister au sein d'un même sanctuaire. C'est le cas, notamment, dans la basilique orientale du sanctuaire de Qalʿāt Semʿān[203]. Les arcs et la clé de fenêtre en plein cintre découverts dans la cour de la maison M. 72a, dont la provenance est à chercher du côté d'un monument datable à partir de la fin du vᵉ siècle, pourraient également être rattachés à l'un des deux sanctuaires bien qu'aucun indice fiable ne l'assure. De leur côté, la base et le chapiteau (B. 111 et B. 112) retrouvés dans la même maison ne sont pas issus des basiliques sud ou est puisque celles-ci sont des édifices à piliers. Ces éléments pourraient trouver leur origine au sein d'une construction associée à l'un ou l'autre sanctuaire, comme un portique, mais l'hypothèse d'une troisième église à colonnes aujourd'hui disparue ne peut être écartée.

Par conséquent, si certains éléments d'architecture, comme le bêma ou le linteau fragmentaire B. 106, ont pu intégrer l'un des deux bâtiments ecclésiastiques connus, d'autres proviennent d'une, ou peut-être de deux églises actuellement invisibles en surface. La répartition des blocs monumentaux ne constitue pas un indice fiable permettant de localiser ces monuments sur le site, puisque ceux-ci ont été disséminés dans l'ensemble du village au gré des remplois survenus au cours de l'occupation prolongée du site. De fait, les emplacements qui paraissent vides à la périphérie des noyaux d'habitation primitifs sont susceptibles d'avoir accueilli un tel édifice. Ce type de monument a également pu disparaître sous des constructions postérieures. Le bâtiment C. 18, profondément perturbé, présente notamment des spécificités en rupture avec l'architecture domestique ordinaire, auxquelles s'ajoute une concentration hétéroclite de blocs provenant d'un monument ecclésiastique.

L'ermitage oriental et l'ensemble conventuel

Deux formes de vie monastique ont pu être identifiées sur le site. D'un côté, le souvenir d'un ermite est matérialisé par une pièce creusée dans une paroi rocheuse située sur les hauteurs orientales du village. De l'autre, la grande vague de construction de bâtiments religieux au cours de la première moitié du vɪᵉ siècle est suivie par l'établissement d'une communauté de moines aux portes du domaine ecclésiastique.

203. Naccache 1992, I, p. 233, fig. 1 et p. 227, fig. 1.

L'ermitage oriental

L'ermitage se situe quasiment au sommet du ǧebel Dueili. Entièrement taillé dans les parois abruptes de la montagne à environ 700 mètres d'altitude, l'abri est actuellement inaccessible (**fig. 258**). Les deux petites fenêtres rectangulaires creusées dans la roche font face au paysage qui s'étend à perte de vue en direction de l'ouest. Un système à coulissement installé dans l'épaisseur des ouvertures montre que des volets de bois faisaient office de fermeture. Le local, peu spacieux, est austère et dépouillé. Les parois sont simplement dégrossies au pic.

L'ermitage côtoie une grotte naturelle située quelques mètres plus au sud, dont l'entrée est obstruée par un mur en grand un appareil polygonal (**fig. 259**). L'élévation, haute de 5 m, comprend un parement composé de 42 blocs de grand module liés par une fine couche de mortier. Les assises brisées, parfaitement agencées, ne laissent apparaître aucun interstice. Le parement externe du mur est minutieusement ravalé. Ce travail de grande précision à cet endroit très accidenté relève d'un véritable tour de force. Il est sans nul doute l'œuvre d'une équipe hautement spécialisée. L'appareil du mur évoque les constructions des ɪɪᵉ et ɪɪɪᵉ siècles de la région. Il est comparable aux murs des bâtiments C. 09 et M. 51 érigés au cours des premières phases d'occupation du village (**fig. 32 et 33**). Sa présence témoigne dès cette époque des efforts apportés à l'organisation de cet endroit retiré et difficile d'accès. Elle doit être mise en relation avec la situation stratégique lieu qui dominait l'ensemble du ǧebel Waṣṭāni septentrional, la plaine de ʿAzmarīn, la vallée de l'Oronte et les terres au-delà. La volonté d'exercer un contrôle sur un secteur charnière très fréquenté du Massif calcaire est sans doute à l'origine de cet aménagement. Le caractère monumental de l'ouvrage et les prouesses techniques accomplies lors de sa construction ont nécessairement engendré des moyens importants. Dans ce contexte, l'intervention d'un riche donateur ou même de l'État dans la mise en valeur de ce lieu privilégié ne sont pas à écarter. L'emplacement a pu revêtir un caractère religieux dès la période impériale, mais l'hypothèse de vestiges liés à un dispositif de surveillance peut aussi être envisagée. Un aménagement destiné à exercer un contrôle sur la région serait en accord avec la situation de Kafr ʿAqāb qui pourrait être l'ancienne Niaccaba mentionnée comme étape dans l'*Itinéraire Antonin*. L'installation devient certainement un ermitage au début de la période protobyzantine. La relation entre le mur monumental et la chambre rupestre est établie par les encoches pratiquées dans la paroi rocheuse. Leur présence indique la mise en œuvre d'un système d'accès au local depuis l'extérieur, par le flanc de la montagne.

Le lieu correspond à l'idéal de la vie érémitique. Cloîtré à l'intérieur de l'un des sommets les plus élevés du Massif calcaire, l'anachorète trouvait à cette hauteur la

Fig. 258 — *Fenêtres de l'ermitage aménagées dans la paroi rocheuse voisine de l'entrée d'une grotte (© B. Riba).*

Fig. 259 — *Mur en appareil polygonal construit à l'entrée de la grotte voisine de l'ermitage (© B. Riba).*

paix nécessaire à la méditation et la prière. Son isolement était cependant relatif puisque l'ermitage qui domine le village, visible de très loin, était accessible grâce aux escaliers ménagés dans le flanc de la montagne (**fig. 260**). Il se trouvait aussi sur un itinéraire secondaire reliant Kafr ʿAqāb aux localités de Batraš et de Dueili situées au sommet du ǧebel. On relève ici le paradoxe de l'ermite à la fois retiré du monde et pleinement intégré à la société : villageois et pèlerins pouvaient en effet parvenir au pied de la paroi rocheuse verticale où, une dizaine de mètres plus haut, logeait l'ermite. Ce dernier, entre deux mondes, la terre et le ciel, demeurait proche des fidèles tout en restant hors de portée. Il occupait ainsi la position intermédiaire de l'intercesseur. À l'image d'un stylite juché en haut de sa colonne, l'anachorète instruisait et intercédait aux demandes qui lui étaient faites. L'installation d'un ascète à cet endroit particulièrement propice pourrait se situer entre la fin du IVe siècle et le début du siècle suivant, à une période où l'érémitisme, déjà très répandu dans les milieux ruraux syriens, contribue largement à l'évangélisation des campagnes. Il ne serait pas surprenant que celui-ci ait joué un rôle déterminant dans la christianisation du village.

Le complexe monastique

Présentation générale

Le couvent est bâti à l'extrémité méridionale du site, à 300 mètres environ du village proprement dit. Ce groupe de bâtiments ne correspond pas à l'organisation classique des petits couvents ruraux connus en Antiochène. Certes, les éléments traditionnels du monastère se retrouvent, mais ceux-ci ne s'agencent pas selon le schéma habituel.

Fig. 260 — *Escalier menant à l'ermitage (© B. Riba).*

Malgré leur concentration dans un secteur localisé du site, les bâtiments sont inégalement disséminés sur l'ensemble du domaine, laissant parfois des écarts de plus de 200 m entre eux. Cette répartition ne correspond ni à l'organisation des grands monastères identifiés dans la région, ni à celle des couvents modestes dans lesquels les différents bâtiments occupent une place appropriée selon la fonction qui leur est attribuée. Le monastère de Deir Deḥes, qui a fait l'objet d'une étude approfondie[204], illustre bien cette catégorie de monastères ruraux qui réunissent les attributs conventuels récurrents au sein d'un ensemble

204. Biscop 1997.

cohérent. *A contrario*, le monastère de Kafr ʿAqāb répond à un plan de type « éclaté » caractérisé par des édifices dispersés, si bien que le complexe monastique semble, au premier abord, dépourvu d'organisation. Au-delà de cette distinction, l'ensemble comprend les caractéristiques essentielles des petits couvents de la province d'Antioche : d'une part, la situation du monastère nettement à l'écart du village et délimité par un mur de clôture ; d'autre part, la présence des attributs conventuels typiques, tels que les bâtiments d'habitation, le tombeau collectif, la chapelle funéraire, le terroir, les réservoirs d'eau et les aménagements agricoles. La tour est absente. Les six bâtiments répartis sur une surface de plus de 6 hectares (**fig. 261 et 262**) traduisent l'existence d'une communauté cénobitique en marge de laquelle certains moines paraissent avoir opté pour la vie érémitique. Toutes les constructions se trouvent actuellement dans un état de délabrement très avancé.

Des aménagements à l'image du mode de vie des moines

Le bâtiment B

L'édifice *B* présente un intérêt particulier en raison de l'existence d'aménagements clairement identifiables. La construction couvre une superficie d'environ 400 m^2 et se partage en trois parties : le secteur septentrional dont la destination reste indéterminée, la chapelle funéraire au centre et le tombeau des moines au sud (**fig. 263**). Les vestiges visibles en surface appartiennent tous au rez-de-chaussée ; l'étage, attesté par les encoches de poutres et de solives, a entièrement disparu.

La chapelle funéraire orientée à l'est présente un plan oblong et une nef unique. Son abside carrée se caractérise par une saillie visible depuis l'extérieur. Le parement interne est souligné par une corniche moulurée (**fig. 264**). Le sanctuaire est séparé de la nef par un arc pourvu d'un chrisme central (**fig. 265 et 266**) et dont les extrémités reposent sur des piliers coiffés d'impostes (**fig. 267**). Les moulures élaborées de ces dernières, l'anneau du médaillon souligné par une file de feuilles triangulaires[205] et le profil de la corniche absidiale, avec sa bande biseautée légèrement concave, permettent de situer le bâtiment vers le milieu du VIe siècle[206]. La morphologie de la chapelle et son intégration à l'intérieur de l'édifice sont également caractéristiques de cette période. Son plan allongé à nef unique s'apparente aux chapelles funéraires connues dans la région[207]. Elle se distingue toutefois par son emplacement par rapport au tombeau des moines : au lieu de surmonter la sépulture collective proprement dite, la chapelle se place du côté nord de celle-ci. Les deux espaces communiquent par le biais d'une arcade. Au nord de la nef, une porte desservait la partie septentrionale du bâtiment.

La longueur du tombeau des moines correspond à celle de la nef de la chapelle attenante. L'endroit est très encombré : seule la partie orientale apparaît en surface de façon très partielle. L'arc qui marque le passage entre la chapelle et le tombeau dessert directement les sépultures. Le claveau central affiche, du côté intérieur de l'espace funéraire, une simple croix gravée à l'intérieur d'un cercle. Le mur oriental dans lequel sont aménagées trois tombes à *arcosolia* s'inscrit dans le prolongement de l'arc triomphal de la chapelle. Sa partie inférieure est entièrement rupestre (**fig. 369**). Elle est surmontée de deux assises très irrégulières constituées de blocs orthogonaux sur lesquelles repose une corniche moulurée. Cette dernière participe à l'unité ornementale du bâtiment puisqu'elle se poursuit sans interruption le long du parement interne de l'abside. L'assise suivante, partiellement conservée, présente trois fenêtres dont les côtés taillés en biseau confèrent à celles-ci l'aspect de meurtrières. L'importance de deux tombes en particulier est soulignée par la moulure qui cerne les arceaux des *arcosolia* et le médaillon qui les sépare. L'une d'elles possède un chrisme sculpté sur son mur de fond intérieur, au-dessus de la fosse sépulcrale. La troisième tombe, privée de décor en façade, arbore également un médaillon sculpté dans son espace intérieur. Ainsi, les moulures de la corniche et des tombeaux, ajoutées aux médaillons sculptés à l'intérieur de deux sépultures, sur la paroi rocheuse et sur le claveau de l'arc de la chapelle, témoignent du soin apporté à la construction. Dans les décombres, deux éléments de trumeau de fenêtre ornés d'une colonnette ionique finement sculptée relèvent du même constat (**fig. 268**).

Le bâtiment E

Le bâtiment *E* est la seconde construction importante du couvent. Il est situé à 150 m au sud-ouest du bâtiment *B* (**fig. 269**). Les contours de cet édifice très délabré se devinent essentiellement par l'infrastructure visible dans le substrat rocheux entaillé par endroit sur une profondeur de 2 m. Les traces des gradins de l'ancienne carrière se distinguent sur certaines parois. Les parties les mieux préservées se résument à une seule

205. Ce motif apparaît à partir du dernier quart du Ve siècle lors de la construction du sanctuaire de Qalʿat Semʿān.

206. Cette moulure apparaît notamment sur les consoles filantes et la corniche du monastère sud-est de Qalʿat Semʿān (Tchalenko 1953-1958, I, p. 218).

207. Sur les chapelles funéraires voir Tchalenko 1953-1958, I, p. 38, note 1.

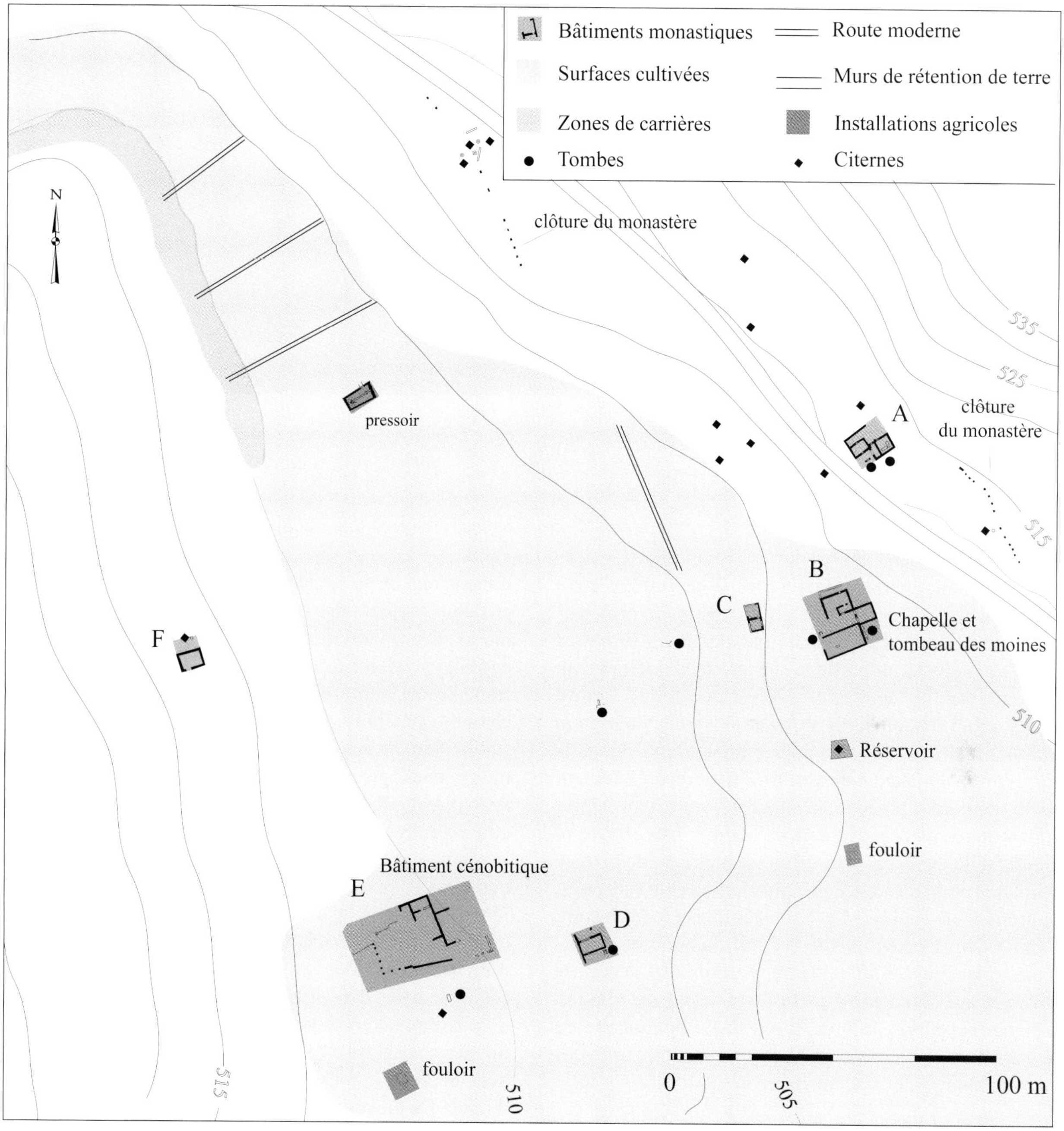

Fig. 261 — *Plan de l'ensemble monastique (© B. Riba).*

Fig. 262 — *L'ensemble monastique vu depuis le ǧebel Dueili. Localisation des bâtiments (© B. Riba).*

assise. Le plan général est très confus. L'ensemble couvre une superficie d'environ 1200 m^2. Le bâtiment principal est précédé d'une cour bordée par des murs rupestres auxquels s'ajoute un portique sur les côtés ouest et sud. Le gouttereau de l'édifice est percé d'une porte à l'ouest tandis qu'un second accès apparaît au niveau du pignon sud. À l'intérieur, une seule pièce est conservée dans la partie nord. Quelques vestiges à l'arrière du bâtiment témoignent de la présence d'aménagements impossibles à identifier sans dégagements préalables. Une sépulture individuelle est excavée à même la roche à une dizaine de mètres plus au sud. Un peu plus loin vers le sud-ouest se trouve un fouloir. Ce petit complexe concentrait, semble-t-il, l'essentiel de la vie cénobitique. Les dimensions de l'édifice, la répartition des accès, le portique qui délimite en partie la cour et l'installation agricole suggèrent la présence d'une communauté de moines dont les activités paraissent avoir été partagées entre méditation et travaux agricoles.

Les bâtiments A, C, D, F et le pressoir

Aux côtés des bâtiments principaux *B* et *E*, quatre constructions plus modestes ont été recensées : *A* et *C* se situent aux environs du bâtiment *B* ; *D* s'élève dans le secteur du bâtiment *E* ; *F*, enfin, est totalement isolée au nord-est de l'ensemble monastique.

Le bâtiment *A* est le plus oriental du groupe (**fig. 270**). La présence de plusieurs pièces et la répartition des accès ne militent pas en faveur d'un ermitage. D'après les dimensions de la construction, la disposition des salles et l'emplacement des ouvertures, le bâtiment abritait au moins deux individus. Les sarcophages actuellement enfouis sous terre, autrefois localisés par les pères franciscains, montrent que l'une des pièces servait de chambre funéraire. Le petit édifice *C*, très endommagé, est également peu aisé à identifier. Il se compose d'au moins deux pièces. Une porte qui ouvre en direction du bâtiment *B*, très proche, suggère une relation particulière entre les deux constructions. La construction *D*, implantée à une vingtaine de mètres au sud-est du bâtiment *E*, présente deux ouvertures, une porte et une fenêtre, qui donnent vers le nord (**fig. 271**). À l'image d'une maison ordinaire, la façade principale est précédée d'un portique dont les piliers du rez-de-chaussée, de section carrée, demeurent à leur point de chute ; un seul d'entre eux est en place. L'espace intérieur est séparé par un mur transversal. La pièce située au nord communique avec la seconde par une porte décalée du côté occidental du mur. La pièce du fond contient un sarcophage disposé le long du mur est. Cette organisation suggère l'existence d'un anachorète occupant la première salle tandis que la seconde jouait le rôle de chambre funéraire. Le bâtiment *F*, situé en hauteur, est excentré au nord-ouest du monastère. La construction de dimensions modestes est orientée au sud. L'unique pièce pourrait avoir été destinée à abriter un ermite ou, plus simplement, au stockage de denrées agricoles. L'absence de tombe et la situation isolée du bâtiment permettent d'envisager cette seconde possibilité. À 4 m plus au nord, une petite citerne comparable à celles qui se trouvent dans les cours

Fig. 263 — *Bâtiment B, ruines de la chapelle et du tombeau des moines (© B. Riba).*

Fig. 264 — *Bloc de la corniche interne de l'abside (© B. Riba).*

Fig. 265 — *Arc absidial de la chapelle (© B. Riba).*

Fig. 266 — *Médaillon sculpté sur le claveau central de l'arc absidial (© B. Riba).*

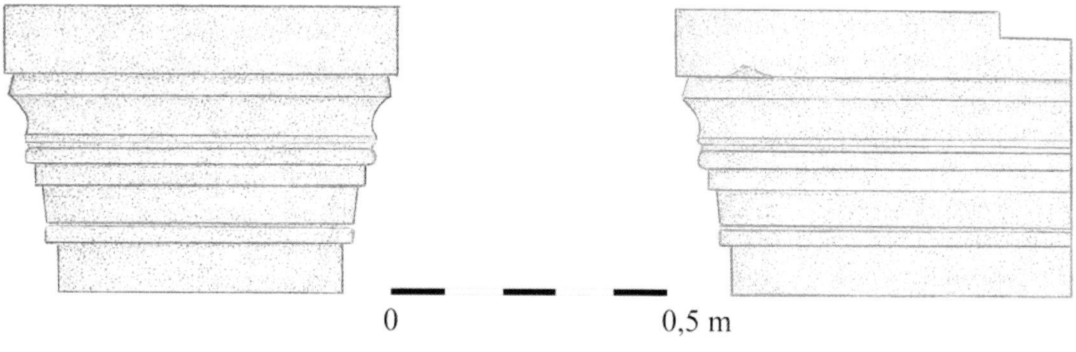

Fig. 267 — *Imposte de l'arc absidial de la chapelle (© B. Riba).*

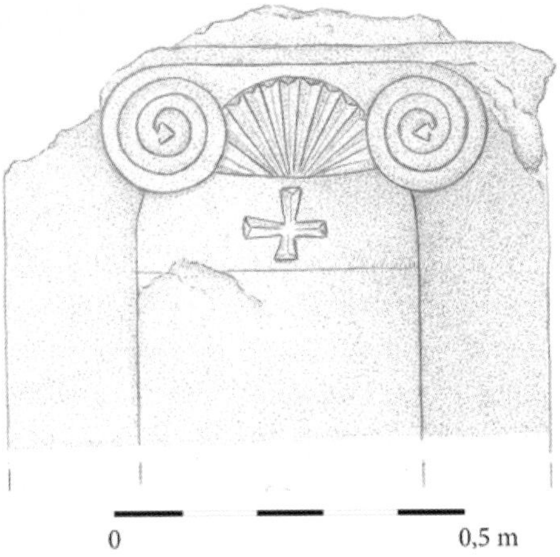

Fig. 268 — *Fragment de trumeau orné d'une colonnette (© B. Riba).*

Fig. 269 — *Vestiges du bâtiment E. À l'arrière-plan apparaît le bâtiment D (© B. Riba).*

Fig. 270 — *Vestiges du bâtiment A (© B. Riba).*

Fig. 271 — *Vestiges du bâtiment D (© B. Riba).*

des maisons subvenait aux besoins en eau de l'occupant ou des travailleurs agricoles. Enfin, la construction *G*, très à l'écart au nord du domaine conventuel, est implantée au milieu du terroir. C'est un pressoir de plan oblong (10 x 5 m) caractérisé par une partie inférieure rupestre ; la partie construite n'est plus représentée que par une seule assise (**fig. 310**). Certains blocs atteignent une longueur exceptionnelle de presque quatre mètres. L'édifice est actuellement enseveli sous une parcelle de terre cultivée. Sa fonction est déterminée par la niche centrée au niveau du pignon oriental qui servait de trou d'encastrement au levier de la presse, et par la rampe d'accès qui permettait d'acheminer facilement les fruits des récoltes à l'intérieur du pressoir. L'installation était certainement destinée à la fabrication de l'huile.

Le terroir

La délimitation du terroir associé au domaine monastique est mal définie en raison de la disparition presque totale du mur de clôture. Toutefois, la topographie du terrain et l'existence de quelques vestiges de l'enclos permettent d'en discerner les contours. Un premier segment, localisé au sud-est de l'édifice *A*, s'étend sur 75 m, suivant un axe sud/nord (**fig. 261**). Un second, situé à une centaine de mètres au nord-est du bâtiment *G*, s'aligne sur un même axe. D'après la position de ces deux tronçons, la limite orientale du terroir est approximativement calquée sur le tracé de la route moderne. La limite occidentale, plus aisée à déterminer, se borne aux reliefs dont les pentes rocailleuses n'autorisent qu'une exploitation réduite. Vers le nord, le terroir suit le tracé du *wādī* qui bifurque ensuite vers l'ouest. Du côté méridional, aucun vestige ni accident du terrain ne permet d'en préciser la limite. Néanmoins, celle-ci peut être envisagée à la hauteur de l'entrée principale du domaine ecclésiastique voisin qui pourrait bien matérialiser, compte tenu de sa situation entre la zone habitée de Kafr ʿAqāb et celle du village voisin de Fassūq, la limite sud du finage villageois.

Le mur de clôture, comparable aux harpes de raidissement qui balisent certains espaces funéraires, est constitué de piliers implantés à intervalles réguliers. Le premier segment en conserve quatorze ; deux d'entre eux aménagés en montants de porte marquent une des entrées du domaine monastique. Le deuxième segment en conserve une dizaine. Ce type de clôture assez haute (presque 2 m) est relativement rare en Antiochène où les enclos, conventuels ou cadastraux, sont le plus souvent des structures basses composées de pierres ajustées avec peu de soin. En revanche, on le retrouve assez fréquemment dans la partie apaméenne du Massif calcaire, notamment dans la région d'El-Bāra[208].

Les zones agricoles ont été aménagées autour des bâtiments monastiques situés à l'embouchure du *wādī* méridional. Cette situation privilégiée permettait au couvent de surplomber à la fois les cultures qui s'étendaient vers le nord, et celles établies à l'intérieur du *wādī* méridional. Dans ce dernier, les terres accumulées dans la dépression sous l'effet du ravinement sont maintenues par des barrages de pierres peu élevés disposés de façon transversale par rapport à la pente[209]. Des murs de rétention de terre sont également aménagés sur les versants orientaux, directement au nord des bâtiments *B* et *C*. Dans les environs des bâtiments monastiques, le terrain plus régulier ne nécessitait pas la mise en place de tels dispositifs. L'absence de pierriers dans ce secteur montre que ces vastes étendues, peu encombrées, étaient dès l'origine aisément exploitables. En plus du pressoir évoqué ci-dessus, d'autres installations périphériques témoignent des activités économiques pratiquées au sein du couvent. Ce sont deux aménagements agricoles à l'air libre destinés au foulage du raisin. Le premier, situé à environ 25 m au nord du bâtiment *E*, est une installation rupestre composée d'un bassin rectangulaire assez spacieux de presque 10 m^2, accompagné d'une recette circulaire d'un mètre de diamètre. Le second, plus isolé, se trouve à environ 75 m au sud du bâtiment *B*. Son bassin rectangulaire taillé dans le roc est moins grand, mais sa recette conserve des proportions analogues à celles du fouloir précédent. L'absence de rouleaux dans les environs des deux installations suggère que l'opération du foulage s'effectuait aux pieds. De nombreux fouloirs isolés dans la région, dépourvus de presses, se réduisaient à ce type de bassin creusé dans le rocher dans lesquels les fruits étaient foulés. Le moût était alors transporté dans les locaux du monastère pour en faire un vin ordinaire.

Fig. 272 — *Réservoir d'eau du monastère (© B. Riba).*

Les trois aménagements agricoles répertoriés sont isolés dans le terroir afin de traiter le produit sur le lieu même de la récolte. Le secteur méridional du domaine était consacré à la vigne plantée aux alentours des fouloirs, tandis que le secteur nord, à savoir le fond du *wādī* et ses versants, étaient dédié à la culture de l'olivier puisque la presse à l'intérieur du bâtiment *G* était vraisemblablement destinée à la transformation de l'olive si l'on en croit les pères franciscains qui ont vu, à l'époque de leur passage, le moulin à meule indispensable au fonctionnement d'une huilerie. En outre, l'existence de vergers et de potagers n'est pas à exclure bien qu'aucune trace matérielle ne l'atteste.

De grands réservoirs d'eau sont également implantés en périphérie des bâtiments monastiques. Un premier, à l'ouest, est matérialisé par une profonde crevasse naturelle alimentée à la fois par l'eau de pluie et, possiblement, par une source souterraine. La présence d'une résurgence karstique est effectivement suggérée par la végétation luxuriante qui comble la cavité même lors des fortes chaleurs de la saison estivale (**fig. 275**). Le second réservoir se trouve à égale distance du bâtiment *B* et du broyeur oriental. Celui-ci appartient à la catégorie des quatre grands réservoirs collectifs répertoriés sur le site (**fig. 272**). L'infrastructure est entièrement taillée dans le rocher. Sa couverture est composée de vingt et une dalles calcaires soutenues par deux arcs transversaux dont les extrémités sont intégrées directement dans les parois de la roche taillée pour les accueillir. Sa capacité de contenance atteignait environ 130 m^3 d'eau. L'eau stockée dans

208. Biscop 1997, pl. 138, ph. 4.

209. Aujourd'hui encore les murs de rétention de terre sont conservés et continuent d'être utilisés par les paysans (**fig. 325**).

les deux grands réservoirs était mise à la disposition de la communauté monastique, en plus des petites citernes dont chaque bâtiment était pourvu. Elle servait également aux cultures lorsque cela était nécessaire ainsi qu'à l'entretien du matériel agricole.

Conclusion

Les expressions du monachisme, à Kafr ʿAqāb, sont de deux sortes : la première, matérialisée par l'ermitage excentré au sommet du ǧebel Dueili, constitue peut-être l'une des premières formes concrètes du christianisme sur le site ; la seconde intervient plus tard, lors de l'établissement d'une véritable propriété monastique au sud du village, à une époque où la religion chrétienne stimulée par l'expansion du culte des reliques connaît son apogée dans la région. Le programme ornemental et le plan du bâtiment *B* permettent de situer l'implantation de la communauté dans le courant du VIe siècle, très certainement, et d'une façon logique, à la suite de la construction du complexe ecclésiastique oriental et de l'agrandissement de son voisin du sud. Le couvent s'inscrit dans un contexte caractérisé par le formidable essor du réseau de pèlerinage qui ne cesse de se perfectionner au cours du VIe siècle au sein le ǧebel Waṣṭāni septentrional, à une époque où il est fréquent de voir fleurir de nombreux petits monastères dans le giron des localités en pleine croissance dotées, pour la plupart, de plusieurs basiliques destinées à l'accueil des fidèles. Malgré cette situation privilégiée, à laquelle s'ajoute l'existence de voies de communication majeures, ces ensembles conventuels n'ont jamais l'aspect des grands couvents connus en Antiochène, à l'image de ceux qui bordent la plaine de Dāna. Ils conservent au contraire l'allure modeste des monastères rurau constitués de plusieurs locaux de dimensions réduites[210]. Le vocabulaire ornemental relevé à l'intérieur du bâtiment *B* et les modes de constructions utilisés rendent compte, toutefois, de l'aisance qui pouvait être acquise par ces petites communautés. De toute évidence, le couvent de Kafr ʿAqāb a bénéficié du voisinage du sanctuaire de pèlerinage et du village prospère. Par ailleurs, l'existence des fouloirs et du pressoir montre que l'agriculture constituait la principale ressource de la communauté. Il était avant tout question d'une vie de labeur visant à l'indépendance économique des moines. On connaît néanmoins la réticence des religieux syriens face au travail manuel[211], privilégiant surtout la méditation. Il appartenait sans doute à certains d'entre eux d'effectuer quelques tâches d'ordre matériel, mais l'essentiel des travaux agricoles était certainement délégué aux villageois[212]. Ce constat est conforté par le nombre de moines largement insuffisant pour assurer la gestion de l'ensemble des terres cultivées, d'autant que certains vivaient reclus dans leurs cellules. Par ailleurs, l'emplacement des installations agricoles loin des constructions monastiques témoigne d'une volonté d'éviter toute proximité avec les habitants du village.

L'ensemble conventuel de Kafr ʿAqāb se distingue par l'organisation dispersée des différents bâtiments qui le composent. Chacun paraît quasiment autonome avec sa propre citerne, ses aménagements funéraires et ses locaux monastiques. L'unité de l'ensemble est assurée par le mur de clôture du domaine et par le bâtiment *B* à l'intérieur duquel se trouvent la chapelle et le tombeau collectif qui atteste l'existence d'une organisation hiérarchique commune aux monastères d'Antiochène. Par ailleurs, le couvent abritait une communauté religieuse « éclatée » en plusieurs groupes selon le mode de vie adopté par les moines. Le bâtiment *E* était destiné aux cénobites, les édifices *A* et *C* regroupaient des religieux retirés dans leurs cellules respectives tandis que les constructions *D* et peut-être *F* abritaient des anachorètes. Chaque catégorie de moines possédait une ou plusieurs sépultures propres au bâtiment auquel elle se rattachait. Le tombeau collectif, caractérisé par un décor particulièrement soigné, était réservé aux moines qui avaient des charges importantes dans la gestion du couvent, tel que l'archimandrite. Ainsi, le couvent, qui semble déstructuré au premier abord, était au contraire organisé de façon à répondre aux différents modèles de vie monastique. L'implantation irrégulière des bâtiments répond à des nécessités précises ; de la même manière, la répartition disparate des aménagements agricoles traduit une appropriation des sols calculée. Le mode d'occupation de l'espace sur l'ensemble de la propriété était planifié comme le sont les monastères de type « groupé » qui présentent, à première vue, une organisation plus rationnelle[213]. À l'évidence, tous les petits monastères ruraux ne se calquent pas sur un modèle déterminé. Ils

210. Ces monastères ruraux du VIe siècle, de dimensions modestes, sont connus aux environs des villages voisins de Banassara, de Fassūq, de Ḫarāb Sulṭān, et de Ṭurīn (Peña *et al.* 1999).

211. Escolan 1999, p. 183.

212. P. Escolan précise que s'il « existe un 'petit travail' monastique », tel que la culture d'un potager, mais les terres appartenant à un couvent ne sont pas travaillées par les moines. Ces derniers n'utilisent pas non plus les installations agricoles (pressoirs et fouloirs) dans lesquelles ils ont investi, laissant aux villageois le soin d'un tel labeur (Escolan 1999, p. 184). De son côté, P. Canivet pense que les moines ne travaillaient pas, bien qu'il tente de nuancer cette affirmation par quelques exemples illustrant certaines tâches qui incombaient aux religieux (Canivet 1977, p. 217). Théodoret de Cyr lui-même prônait un partage équilibré du temps entre action et méditation (Canivet 1977, p. 219). J.-L. Biscop admet que les moines effectuaient eux-mêmes la fabrication de l'huile compte tenu de l'emplacement des huileries à proximité du bâtiment d'habitation dans le monastère de Deir Deḥes. En revanche les travaux agricoles étaient certainement confiés à une main-d'œuvre locale (Biscop 1997, p. 45).

213. Biscop 2013, p. 131-167.

se contentent d'adapter à l'environnement les éléments d'une nomenclature simple et récurrente (chapelle, tombeau collectif, installations agricoles, terroir, enclos), particulière aux monastères d'Antiochène. Parallèlement au couvent, où les anachorètes étaient inclus au sein même de la communauté, l'ermitage aménagé au sommet du ǧebel Dueili est le reflet d'un mode d'ascèse plus austère dont le caractère spectaculaire suscitait la ferveur des villageois et des pèlerins qui étaient, peut-être dès la fin du IVe siècle, nombreux à gravir les escaliers taillés dans le flanc de la montagne afin de demander au saint d'intercéder en leur faveur.

Économie et société (IIe-VIe siècles)

L'adaptation des paysans à leur milieu naturel se traduit par la mise en valeur et l'exploitation de toutes les ressources disponibles fournies par le site. Les vestiges de surface renseignent sur le processus d'appropriation du territoire, la maîtrise et le perfectionnement des activités économiques qui constituent le fondement de la vie rurale.

La gestion de l'eau

L'implantation d'un village requiert un terrain favorable à la collecte de l'eau. Ainsi, Kafr ʿAqāb, comme tant d'autres localités, s'étend au bas d'une pente destinée à faciliter le recueillement des eaux de ruissellement. En outre, les nombreux aménagements hydrauliques, inhérents à l'ensemble des agglomérations du Massif calcaire, et les prouesses techniques parfois accomplies dans leur exécution, témoignent des efforts réalisés par les exploitants pour emmagasiner, conserver et distribuer le précieux liquide. C'était là l'une des priorités fondamentales de la communauté villageoise.

Présentation générale

Du point de vue de la pluviométrie, le ǧebel Waṣṭāni, particulièrement favorisé du fait d'une situation privilégiée proche du littoral, bénéficie d'une hauteur moyenne des pluies avoisinant 600 mm[3] par an. Le captage de l'eau s'effectue au moyen de citernes et de réservoirs de contenances diverses creusés directement dans la roche afin d'emmagasiner le maximum d'eau durant la saison froide. Ce type d'aménagements était perçu jusqu'à ces dernières décennies comme l'unique moyen de recueillir et de conserver l'eau. Le nombre considérable d'installations au sein de chaque village et l'absence de sources dans la région abondaient dans le sens d'une population rurale dépendante du régime des pluies. Toutefois, des études géomorphologiques récentes ont montré que le ǧebel Waṣṭāni possède un véritable « réservoir interne » qui se déverse en grande partie dans l'Oronte[1]. Dans le ǧebel Zāwiye, une étude menée dans le village de Serǧilla a permis de conclure que le réseau karstique était parfaitement connu et maîtrisé dans l'Antiquité[2]. De son côté, J.-P. Fourdrin souligne que le développement du grand bourg d'El-Bāra a été facilité par l'abondance de la nappe phréatique[3]. Cependant, la localisation de ces failles karstiques est encore très peu connue dans le Massif calcaire. Il est difficile de savoir, en admettant leur existence dans d'autres agglomérations de la région, dans quelle mesure ces failles étaient exploitées[4]. La connaissance de ces canaux souterrains dans certains secteurs du ǧebel Waṣṭāni est attestée par le déblocage, peut-être dès l'époque romaine, de l'orifice de vidange d'un conduit karstique qui a permis le drainage des eaux marécageuses de la plaine du Ruǧ vers l'Oronte[5]. L'assèchement de la plaine fut l'occasion de mettre à nouveau en culture l'ensemble du secteur, de la même manière qu'elle l'était dans l'Antiquité[6]. Il est peu aisé d'affirmer de façon définitive la présence de résurgences karstiques à Kafr ʿAqāb sans l'organisation d'une étude géomorpholo-

1. Besançon et Geyer 1995, p. 314.
2. Abdulkarim et Charpentier 2009, p. 149-156.
3. Fourdrin 1995b, p. 388.
4. Selon M. Abdelkarim et G. Charpentier, la densité de villages dans certains secteurs du Massif calcaire pourrait s'expliquer par la présence de puits et de résurgences karstiques qui permettaient un approvisionnement en eau permanent. Ce serait par exemple le cas des localités situées autour d'El-Bāra qui possèdent d'ailleurs, pour cinq d'entre elles, des bains collectifs (voir Abdulkarim *et al.* 2004, p. 6-35).
5. Peña *et al.*, 1999, p. 16-17.
6. L'orifice localisé à l'ouest de la plaine, dans les environs de la localité moderne d'El-Belʿa, plusieurs fois bouché par la suite, l'était à nouveau à partir de 1925 (Hamidé 1959). Lors de son passage en 1930, le lieutenant Froment écrit : « la plaine autrefois riche et fertile est devenue un marécage malsain » (Froment 1930, p. 291). En 1955, la plaine du Ruǧ fut asséchée afin de rendre le secteur à nouveau productif (Peña *et al.*, 1999, p. 25, note 8 ; voir également Moussly 1951, p. 249-250 ; Kerbe 1987, p. 951-953).

Fig. 273 — *Citerne rupestre en bordure d'un chemin (© B. Riba).*

Fig. 274 — *Citerne rupestre couverte de dalles (© B. Riba)*

Fig. 275 — *Crevasse naturelle située dans le domaine monastique, au sud du bâtiment E (© B. Riba).*

gique étendue à la totalité du site. Seules quelques cavités, sous forme de crevasses naturelles, ont été localisées en périphérie du village (**fig. 273**). Certaines sont couvertes de dalles frustes (**fig. 274**). L'érosion et les traces significatives laissées sur les parois rocheuses confirment leur rôle destiné au stockage de l'eau. Néanmoins, ces citernes naturelles, aujourd'hui à sec, sont pour la plupart obstruées par des amas de débris de pierres et de terre qui ne permettent pas de détecter leur source d'alimentation. Seule une large cavité située au sein de l'ensemble monastique pourrait indiquer la présence d'une résurgence karstique dans la mesure où l'intérieur de la crevasse, profonde de plusieurs mètres, est envahi par une végétation dense et luxuriante même au cours de la sécheresse estivale (**fig. 275**). Un canal en partie bouché semble donc alimenter en permanence le fond de la cavité. Ces réservoirs naturels ont parfois joué un rôle déterminant dans l'organisation de l'espace rural : leur implantation du côté occidental du site a notamment dicté le tracé de la voie secondaire qui mène au village. Ainsi, ces points d'eau jalonnaient le parcours des voyageurs, des bergers et des paysans. De la même façon, la situation de la crevasse au sein du couvent a très certainement influencé les emplacements du bâtiment cénobitique *E*, du fouloir et des cultures alentour. À l'intérieur du village, aucun indice ne permet d'envisager l'existence de résurgences karstiques. La configuration du site installé au pied d'une montagne et les moyens importants mis en œuvre pour emmagasiner une grande quantité d'eau de ruissellement ne militent pas en faveur de la présence d'un réseau de sources souterraines dont auraient bénéficié les villageois. Ces derniers ont essentiellement compté, semble-t-il, sur l'approvisionnement en eau de pluie dont le stockage était une priorité. Les aménagements prévus pour la collecte de l'eau sont de trois sortes : un bassin de rétention, quatre grands réservoirs souterrains et une multitude de petites citernes. La fonction et le statut de ces installations varient selon leur capacité de contenance et leur situation sur le site.

Fig. 276 — *Bassin de rétention d'eau situé en amont du village (© B. Riba).*

Le grand bassin de rétention d'eau

La construction est judicieusement aménagée en amont du village, au bas des pentes abruptes de la montagne qui domine le site (**fig. 276**). L'eau de ruissellement était captée par des drains creusés dans les flancs de la montagne pour être acheminée vers le bassin (**fig. 278**). Ce dernier présente la particularité d'être presque entièrement construit[7] ; seule la partie inférieure est partiellement creusée dans la roche. De plan rectangulaire, le bassin couvre une surface de 300 m^2 (**fig. 277**). L'intérieur, actuellement transformé en parcelle de terre cultivée, ne permet pas de considérer sa profondeur exacte, mais celle-ci peut être estimée entre 4 et 6 mètres d'après le niveau du sol le plus bas. Sa capacité de contenance pouvait donc atteindre près de 1500 m^3 d'eau. Les murs élevés en appareil orthogonal sont relativement bien conservés au nord, à l'ouest et à l'est sur une hauteur de cinq assises. Du côté est, une seule assise subsiste à l'aplomb d'un front de taille. L'élévation se compose de deux parements séparés par un canal large d'une cinquantaine de centimètres (**fig. 279**) couvert de dalles calcaires dont certaines demeurent encore en place[8]. Ce système perfectionné aménagé dans le parement du mur, dédié à la circulation et à la distribution de l'eau autour du bassin, ne pourra être entièrement compris qu'après avoir eu recours à une fouille archéologique. Le bassin proprement dit, à ciel ouvert, était vidé par les hommes et par l'action de l'évaporation. Il fallait ensuite récurer profondément les parois et le fond où les impuretés s'accumulaient, vérifier l'enduit hydraulique destiné à étanchéifier les murs et colmater les joints. Le réservoir devait être opérationnel pour les prochaines pluies d'automne. Afin de résister à la forte poussée de l'eau, la construction est pourvue d'au moins deux contreforts : l'un à l'angle nord-ouest, l'autre contre le mur occidental. En plus de collecter et de stocker l'eau de ruissellement, le réservoir permettait de limiter les risques d'inondation parfois importants. En effet, lors de violentes averses, les eaux s'écoulent avec force depuis la pente raide de la montagne, abîmant les cultures qui s'étendent en contrebas avant de se propager dans certains secteurs habités du village.

7. L'exemple le plus proche dans le Massif calcaire se trouve à Mēʿez situé dans une plaine intérieure du ǧebel Bārīšā (Tchalenko 1953-1958, II, pl. LXXXVIII, fig. 2 ; pl. CLXIV, fig. 4 ; pl. CLXXXV, fig. 4, 6). Toutefois, à la différence du bassin de rétention de Kafr ʿAqāb, celui-ci, creusé dans le sol rocheux, est simplement entouré d'une « balustrade de pierres appareillées » Tchalenko 1953-1958, I, p. 280 ; voir aussi Mattern 1944, p. 100).

8. Dans la région, de tels canaux apparaissent parfois autour des grands réservoirs d'eau, mais ils sont simplement taillés dans la roche et ne présentent aucune trace de couverture. Un exemple existe notamment dans le monastère de Deir Turnāmīn.

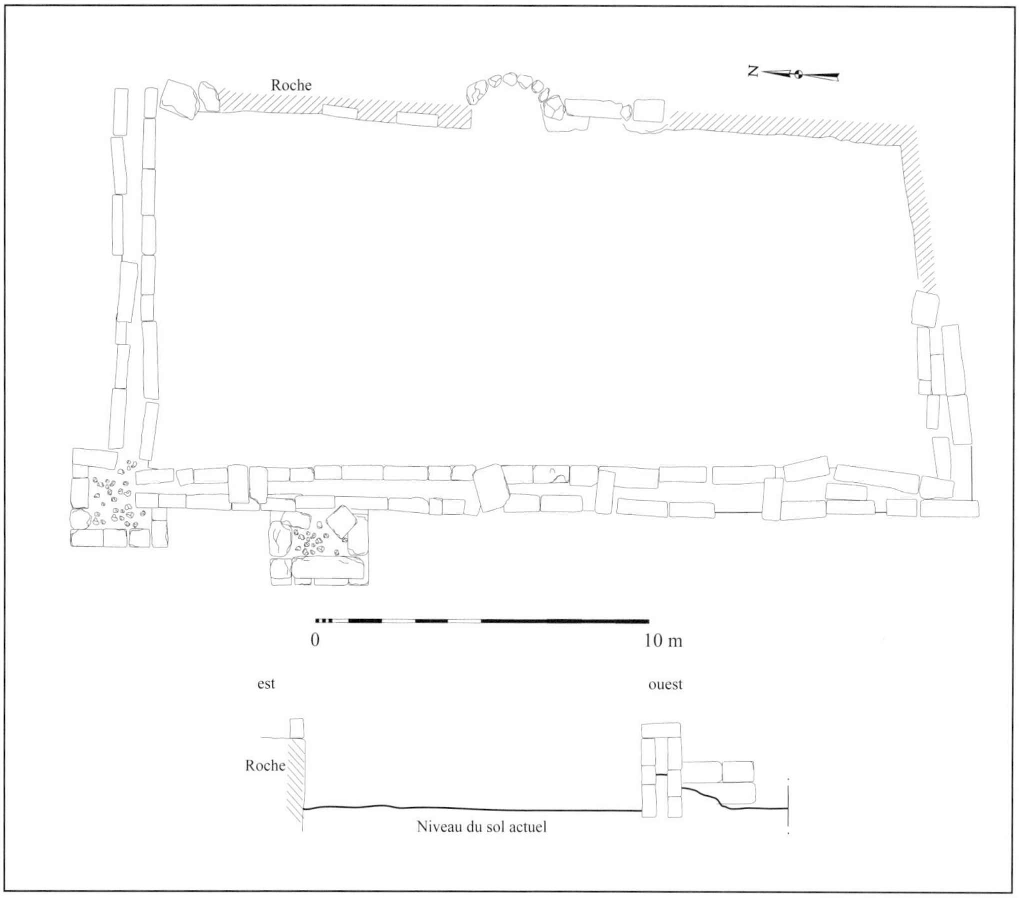

Fig. 277 — *Plan et coupe transversale du bassin de rétention d'eau (© B. Riba).*

Fig. 278 — *Drain aménagé dans les flancs du ğebel qui domine le site (© B. Riba).*

Fig. 279 — *Mur ouest du bassin de rétention d'eau (© B. Riba).*

Le bassin de rétention a vraisemblablement été édifié dans le courant du ve siècle, au moment où le Kafr ʿAqāb connaît une phase d'expansion très nette. La double extension de l'habitat et du terroir, engendrée par un essor économique et démographique constant, conduit à la construction de cet ouvrage collectif. En effet, le contrôle de l'eau devient indispensable dans cette partie du site afin de favoriser le développement du village en préservant les maisons nouvellement construites dans des zones susceptibles d'être inondées, et de valoriser la zone orientale du site particulièrement propice aux activités agricoles. Il n'est plus question, à partir du ve siècle, de construire de bâtiment privé dans ce secteur exclusivement réservé aux plantations. Ainsi, le réservoir permet à la fois de protéger les cultures exposées au fléau des inondations et d'approvisionner celles-ci en eau en cas de besoin. Plus tard, il facilite aussi l'établissement du grand sanctuaire sur les premières déclivités du relief montagneux, au sud-est du village.

Le bassin sud-ouest

Un second bassin à ciel ouvert existe dans la partie sud-ouest du village. Il ne s'agit pas d'un aménagement construit, mais d'une grande carrière mise à contribution lors de l'expansion de la localité au cours du ve siècle (**fig. 292**). D'abord située en périphérie, celle-ci est progressivement intégrée dans le maillage des habitations lorsque le village atteint son extension maximale au vie siècle. La grande cavité aux contours irréguliers permettait d'emmagasiner environ 650 m^3 d'eau de pluie durant l'hiver. À partir du mois de mai, le bassin devait apparaître comme un lac au milieu des maisons puis, l'évaporation aidant, il devait être probablement à sec dès le début de l'été. Les carrières réutilisées en réservoir sont très répandues dans le Massif calcaire. Elles se trouvent généralement en périphérie des agglomérations ou aux abords des ensembles ecclésiastiques et monastiques. Il est peu fréquent de les voir, comme à Kafr ʿAqāb, pleinement intégrées au sein du village.

Les grands réservoirs couverts

Quatre grands réservoirs couverts ont été localisés sur le site. L'étude précédente a montré que chaque ensemble religieux, complexes ecclésiaux et couvent, possède un de ces ouvrages collectifs élaborés. Le quatrième, isolé dans la partie occidentale du village, semble avoir été mis à la disposition des habitants (**fig. 280**). De plan rectangulaire, orienté est/ouest, celui-ci comprend cinq arcades appareillées sur lesquelles reposent de grandes dalles calcaires. Chaque arcade, composée de 17 claveaux, prend appui sur des pilastres taillés dans la roche. Les parois sont recouvertes d'une épaisse couche d'enduit hydraulique. Ce réservoir isolé à l'ouest du village constituait une réserve d'eau supplémentaire essentielle à la mise en valeur des cultures, cette partie du site étant située hors de portée du ruissellement pluvial qui profite seulement au secteur oriental avant de se déverser dans les *wādīs* de part et d'autre du promontoire rocheux. En réponse à ce problème d'irrigation, les villageois solidaires ont donc mis leurs biens en commun pour aménager un réservoir collectif. À en juger par la répartition des maisons, l'opération a dû se réaliser assez tôt au cours du ve siècle, entre le moment où débute la première vague d'expansion du village de ce côté du site, et celui où le secteur est envahi par les habitations.

Les quatre réservoirs recensés à Kafr ʿAqāb présentent des caractéristiques communes. Entièrement taillée dans le rocher, la partie construite se limite au mode de couverture composé d'une série de dalles calcaires supportées par un système d'arcs appareillés[9]. Les parois internes, recouvertes d'un enduit hydraulique, étaient complètement étanches. Certains endroits, notamment à la jonction des dalles de couverture et de la paroi rocheuse, étaient minutieusement colmatés à l'aide de briques mêlées à un mortier de chaux. L'alimentation des citernes s'effectuait par le biais de canaux installés sous les dalles. L'emplacement de la margelle qui surmonte l'orifice aménagé dans la couverture indique l'endroit par lequel l'eau était puisée. En revanche, les réservoirs se distinguent par leurs dimensions. Le plus petit, celui du couvent, pouvait contenir jusqu'à 130 m^3 d'eau. Il s'ajoutait aux petites citernes associées aux bâtiments conventuels ainsi qu'à la cavité naturelle mentionnée plus haut. Avec une contenance de 160 m^3, le réservoir implanté à l'ouest du village constituait une sorte de réserve de secours lorsque l'eau venait à manquer. Les réservoirs liés aux ensembles ecclésiastiques étaient de plus grande contenance. Celui de l'église sud offrait une capacité d'environ 380 m^3 ; celui du sanctuaire oriental pouvait contenir environ 355 m^3 d'eau. Ces constructions subvenaient aux besoins d'un nombre important d'individus, ecclésiastiques et pèlerins. Les réservoirs d'eau se distinguent également par les techniques employées dans la mise en œuvre du système de soutènement des dalles de couverture. Le réservoir communal et celui du complexe ecclésial de l'est utilisent le même procédé d'arcs transversaux dont les extrémités reposent sur des pilastres taillés dans la roche (**fig. 227**). Le réservoir conventuel présente quant à lui une série d'arcs dont les extrémités sont directement ménagées dans le rocher (**fig. 272**). Enfin, le réservoir associé à l'église sud combine, en quelque sorte, les deux techniques (**fig. 200**) : les arcs doubles sont portés par des piliers disposés au centre de la citerne tandis

9. Les couvertures voûtées comme celles de Banaqfūr ou de Deḥes n'ont pas été utilisées dans le village. (Sur celle de Deḥes, voir le relevé réalisé par J.-L. Biscop dans Sodini *et al.* 1980, p. 223, fig. 294).

Fig. 280 — *Réservoir d'eau situé à l'ouest du village (© B. Riba).*

que les extrémités sont intégrées directement dans la paroi rocheuse. Ce dernier procédé, peu répandu dans la région, n'est pas issu de l'adaptation à un espace particulier puisque le volume du contenant ne diffère pas véritablement des autres.

Ces différences de mode de construction ne sont pas le produit d'une évolution technique. Les deux réservoirs qui utilisent le même procédé appartiennent effectivement à deux périodes distinctes : celui de l'ouest est à situer au début du ve siècle alors que le réservoir de l'église de l'est apparaît au cours de la première moitié du vi^e^ siècle. De la même façon, un siècle pourrait séparer la construction du réservoir de l'église sud (s'il est bien associé au premier état du sanctuaire) de celle des réservoirs du sanctuaire voisin et du couvent. En conséquence, les techniques de construction dépendent simplement du choix du maître d'œuvre responsable de l'exécution du projet.

Les grands réservoirs comme conditions de l'appropriation du territoire

L'implantation et l'évolution du village sont en grande partie déterminés par la topographie du site et la capacité de l'homme à s'y adapter. L'aménagement et la répartition des grands réservoirs sont étroitement liés aux modalités d'appropriation du territoire et de sa mise en valeur. Leur chronologie et leur situation répondent à une logique de développement concrète propre à la croissance du village. L'essor de la communauté conduit les paysans à acquérir une meilleure gestion des ressources en eaux. Le réservoir de l'ouest et celui de l'ensemble ecclésial du sud sont vraisemblablement les plus anciens. Le premier est construit à une période où les exploitants, plus nombreux et plus aisés, ont senti la nécessité de valoriser cette partie du site moins favorisée en eau. Le second, apparu probablement avec le petit sanctuaire méridional, sans doute entre la fin du ive siècle et le début du siècle suivant, est construit pour subvenir aux besoins de la communauté ecclésiastique. Dans le courant du ve siècle, l'expansion du village et l'intensification des cultures donnent lieu à la construction du grand bassin de rétention en amont du village. L'habitat, quant à lui, s'étend essentiellement vers l'ouest, les terres arables orientales situées autour du réservoir étant entièrement consacrées à l'agriculture. Le bassin favorise l'irrigation de cette zone au potentiel agricole important et facilite, au cours de la première moitié du vi^e^ siècle, l'édification du sanctuaire excentré au sud-est de l'agglomération. Ce dernier comprend un bâtiment annexe également pourvu d'un réservoir conçu pour assurer l'approvisionnement nécessaire au clergé et aux pèlerins. Un peu plus tard, l'établissement de la communauté monastique au sud du village nécessite la construction d'un réservoir afin de compléter les besoins en eau des cultures environnantes. Enfin, le grand bassin à ciel ouvert localisé au milieu des maisons, au sud-ouest du site, ne fonctionnera qu'après l'abandon de la carrière dans le courant du vi^e^ siècle.

Les petites citernes

Les petites citernes destinées à la récupération de l'eau de pluie sont omniprésentes sur le site. Elles se trouvent indifféremment dans les cours des maisons, au sein des sanctuaires, dans le couvent, aux abords des propriétés funéraires ou bien isolées en pleine campagne. Leur nombre exact ne peut être déterminé en raison de l'ensevelissement de beaucoup d'entre elles. Toutefois, d'après les 152 citernes recensées dans l'ensemble du village, le nombre de ces installations peut aisément être estimé à 200 environ. Le succès de ces citernes s'explique par le coût peu élevé de ce type d'aménagement facile à creuser sur un site où la roche affleure partout. Plusieurs d'entre elles sont parfois installées les unes à côté des autres afin de multiplier les moyens de stockage sans avoir recours à la construction beaucoup plus onéreuse d'un grand réservoir. Elles adoptent le plus souvent une forme évasée comparable à celle d'une bouteille. Leur profondeur atteint 4 ou 5 m selon les cas. Certaines présentent encore les traces de l'enduit qui rendait leur paroi parfaitement étanche. L'orifice circulaire par lequel l'eau était puisée mesure généralement un peu moins de 1 m de diamètre. Les différences entre les citernes s'effectuent essentiellement au niveau de la margelle qui les surmonte. La plupart ont l'aspect d'un bloc cubique au centre duquel est aménagé un trou pourvu d'engravures afin de fixer un couvercle en bois (**fig. 281 et 282**). Aux angles, les encoches circulaires indiquent les emplacements destinés à caler les pieds de la chèvre par laquelle le seau était descendu dans le puisard. Ce système permettait de stabiliser le contenant et de récupérer l'eau en limitant les pertes. Il existe également des margelles de forme cylindrique percées d'un orifice central. D'autres encore, rectangulaires, présentent l'orifice d'un côté et un abreuvoir de l'autre (**fig. 283**). Les margelles qui ne possèdent pas d'engravures sur les pourtours supérieurs de l'orifice se refermaient par un simple bouchon de pierre grossièrement taillé aux dimensions du trou. Enfin, certaines citernes d'appoint étaient aménagées sur des replats en périphérie du village ou bien sur les versants du promontoire rocheux. Dans ce dernier cas, des conduits creusés dans la roche permettaient d'acheminer l'eau vers l'embouchure (**fig. 285**).

Ces citernes dépendent de particuliers, d'ecclésiastiques, de moines ou de la communauté villageoise, selon l'endroit où elles se trouvent. Naturellement, leur entretien est à la charge de leurs propriétaires et leur rôle varie en fonction du lieu qu'elles occupent. Dans les maisons, elles assurent la subsistance des hommes, des animaux et participent aux tâches économiques. À proximité des tombeaux, l'eau permet l'entretien des sépultures et sert, au cours de la période impériale, à l'accomplissement des rites funéraires. Dans les ensembles ecclésiastiques, les citernes proches des églises contribuent aussi bien à la liturgie qu'au nettoyage des pavements de mosaïque. Dans le couvent, les citernes incluses à l'intérieur des édifices ou bien établies à proximité sont à l'usage des moines. Les installations agricoles et les cultures environnantes possèdent leurs propres réservoirs d'eau. Enfin, les citernes collectives implantées au milieu du terroir ou aux abords des chemins sont avant tout mises à la disposition des hommes et des animaux (paysans, bergers, voyageurs, etc.), leur capacité étant largement insuffisante à l'irrigation. Les nombreux abreuvoirs disposés autour des points d'eau, parfois directement taillés dans la margelle, prouvent que ces citernes étaient particulièrement liées à l'élevage. Certaines margelles sont pourvues, en plus de l'abreuvoir, d'un anneau aménagé à l'un des angles afin d'entraver une ou plusieurs bêtes à l'aide d'une longe (**fig. 320**).

La gestion de l'eau dans les maisons

L'état des bâtiments particulièrement ruinés dans l'ensemble du village empêche souvent l'examen des citernes qui leur sont associées. Il ne fait guère de doute, cependant, que chaque maison ou presque possédait sa propre réserve d'eau. Dès la première phase d'occupation du site, l'architecture privée prévoit des systèmes de collecte d'eau destinés à assurer l'indépendance de l'unité d'habitation. En effet, le creusement d'une citerne était certainement une priorité dans la mesure où elle garantissait l'autonomie de l'espace domestique.

Les vestiges ont révélé deux systèmes de récupération de l'eau à l'intérieur des maisons. Le premier s'effectuait par le biais du portique. Le procédé consistait à aménager dans le lit de pose de l'architrave supérieure un canal légèrement incliné prévu pour collecter l'eau de ruissellement depuis le toit du bâtiment d'habitation (**fig. 286**) et l'acheminer vers une descente qui desservait directement une citerne. La descente, ou gouttière, placée sur le côté latéral du portique, est parfois aménagée dans le pilier situé à l'extrémité du portique, au mépris des moulures du chapiteau (**fig. 287**). La technique de gouttière en rive de toit, répandue dans la région[10], présentait l'avantage de recueillir facilement l'eau de pluie en évitant son ruissellement devant les baies du portique. Le deuxième système consistait à employer des drains creusés dans la roche, au pied des bâtiments, dont le rôle était de canaliser l'eau jusqu'à l'orifice d'une petite citerne. Les sols n'étant presque jamais visibles à Kafr ʿAqāb, ce

10. Il en existe de nombreux exemples dans le Massif calcaire, dans les maisons, les couvents ou les ensembles ecclésiastiques. Plusieurs d'entre eux sont illustrés par J.-L. Biscop dans Sodini *et al.* 1980, p. 212.

Fig. 281 — *Margelle d'un puits situé dans le* wādī *sud (© B. Riba).*

Fig. 282 — *Margelle d'un puits situé à l'est du village (© B. Riba).*

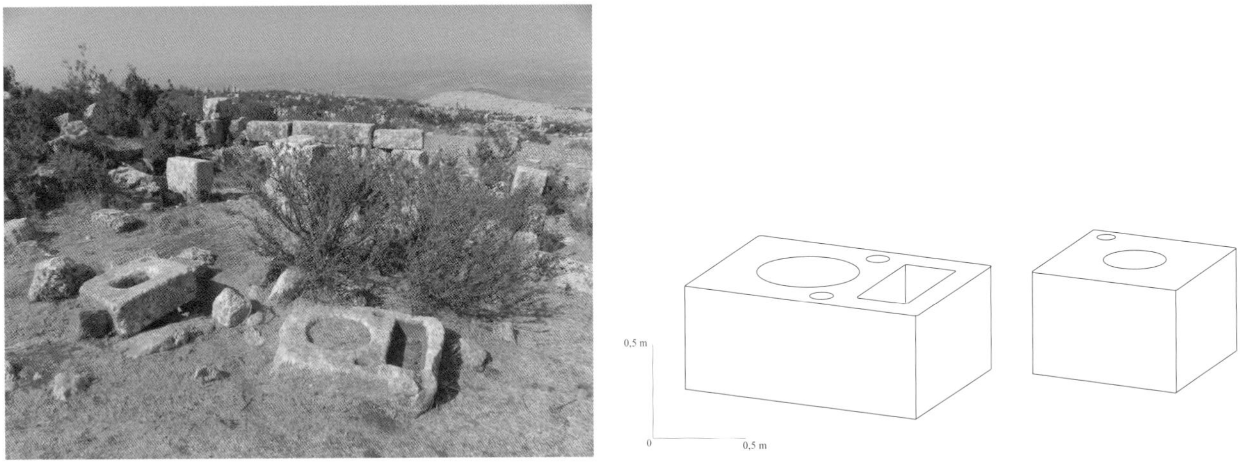

Fig. 283 — *Margelles situées à proximité de la maison M. 60 (© B. Riba).*

Fig. 284 — *Citerne et auge rupestres aménagées à la périphérie est de l'habitat (© B. Riba).*

Fig. 285 — *Citerne creusée dans le flanc du promontoire rocheux et alimentée par un conduit taillé dans la roche (© B. Riba).*

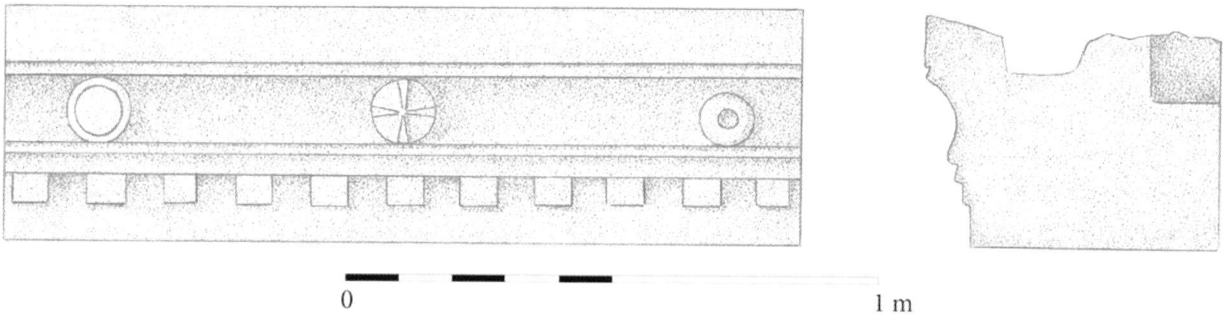

Fig. 286 — *Architrave-chéneau localisée dans le secteur central du village (© B. Riba).*

système n'apparaît que dans la maison M. 30. Certains villages du Massif calcaire, comme celui de Serğilla, ont privilégié cette technique[11]. Ces systèmes mis en œuvre dans la récupération et l'emmagasinement de l'eau de pluie durant l'hiver permettaient d'assurer au moins en partie la subsistance de la famille pendant la saison chaude.

Par ailleurs, un dispositif localisé au rez-de-chaussée dans la maison M 77 donne l'exemple d'un système grâce auquel un liquide pouvait être évacué depuis l'intérieur du bâtiment vers l'extérieur. Il s'agit d'une petite cuvette appareillée au pignon ouest de la maison (**fig. 288**). La partie apparente se présente sous la forme d'un récipient rectangulaire peu profond (5 cm); la partie intégrée dans l'épaisseur du mur est pourvue d'une petite rigole qui permettait l'évacuation du liquide depuis la cuvette vers l'extérieur, le long du parement externe de la façade. L'aménagement est placé à un niveau relativement bas, à côté d'une grande cuve de pierre disposée à l'angle sud-ouest de la maison. Sa forme, son emplacement et la présence de la cuve suggèrent une installation destinée au nettoyage des ustensiles de travail et/ou au nettoyage des pieds et des mains. Si tel était bien le cas, le dispositif, qui a pu faire en quelque sorte office de « lavabo », donne une idée de la façon astucieuse dont l'eau pouvait être gérée à l'intérieur du bâtiment d'habitation. Néanmoins, la possibilité d'y voir une latrine n'est pas non plus à exclure[12]. Ce précieux témoignage *in situ* montre l'existence d'un élément de « confort » dans l'une des pièces du rez-de-chaussée.

11. Abdelkarim et Charpentier 2009, p. 149-156.

12. Un dispositif analogue a été découvert dans le monastère de Deir Bābisqā (Peña *et al.*, 1983, fig. 12). Dans le ğebel Waṣṭāni, un exemplaire inédit se trouve dans le secteur des églises doubles de Fassūq (prospections personnelles).

Le comportement des hommes vis-à-vis des ressources en eau

Les stratégies d'acquisition de l'eau et les divers modes de stockage mis en œuvre permettent de préciser les moyens employés pour adapter le développement de la communauté au cadre environnemental. Deux phases principales sont à distinguer. En premier lieu, les villageois moins nombreux, ayant peu de ressources, sont particulièrement exposés aux lois imposées par l'environnement naturel. Ils sont contraints de s'y soumettre en tentant d'en tirer le meilleur parti. Ainsi, judicieusement installés au pied d'une montagne afin de bénéficier des eaux de ruissellement, les paysans construisent leurs maisons sur le point culminant du promontoire rocheux, à l'abri d'éventuelles inondations. De la même façon, à l'extérieur du village, le tracé des chemins taillés dans la roche est dicté par l'emplacement des cavités naturelles qui jouent le rôle de citernes. Les villageois, n'ayant pas de véritable emprise sur les ressources en eau, s'organisent simplement en fonction de la topographie, profitant au maximum des lieux de stockage préexistants. La communauté est donc dans un premier temps presque entièrement soumise à son milieu naturel ainsi qu'à l'aléa du climat. Lors d'une seconde phase (ve-vie siècles), l'essor démographique et économique du village modifie les rapports des paysans à leur environnement. Cette croissance est l'occasion pour les villageois de s'approprier le territoire par la mise en œuvre d'installations ingénieuses placées aux endroits stratégiques. Ils acquièrent alors une meilleure maîtrise des ressources disponibles en eau par des moyens plus élaborés de collecte et de stockage de grande capacité. Dès lors, l'intensification des cultures devient possible et les constructions peuvent s'étendre à des zones autrefois exposées aux inondations. De cette façon, les paysans se libèrent des contingences auxquelles ils étaient auparavant assujettis.

Le nombre et l'envergure des aménagements hydrauliques illustrent l'obsession des villageois d'accumuler le plus d'eau possible pendant la saison froide. À l'apogée de son développement, la localité cumule quatre grands

Fig. 287 — *Gouttière aménagée dans un chapiteau-imposte du portique de la maison M. 65 (© B. Riba).*

Fig. 288 — *Cuvette insérée dans le mur pignon de la maison M. 77. Une large cuve de pierre lui est associée (© B. Riba).*

réservoirs couverts, une vaste carrière transformée en bassin et un réservoir de rétention construit en grand appareil. En dehors des réservoirs ecclésiastiques et conventuels, les réserves mises à la disposition de la communauté villageoise s'élèvent à un total d'environ 2300 m^3 d'eau[13], en plus des dizaines de petites citernes collectives réparties en périphérie du site ou aménagées à l'intérieur de chaque unité d'habitation. L'eau était un bien précieux qu'il fallait emmagasiner et conserver au même titre que n'importe quelle denrée. L'importance de la maîtrise de l'eau est essentiellement soulignée par la présence du grand bassin de rétention qui exprime autant la crainte des villageois de la surabondance les années à forte pluviométrie (inondations) que de la pénurie les années de sécheresse. La gestion de l'eau était la condition première de l'appropriation et de la mise en valeur du territoire.

Les activités économiques

Les vestiges et les traces laissées dans le paysage agraire témoignent de deux domaines fondamentaux : le bâti, représenté par l'ensemble des constructions, et le terroir avec tous les aménagements qui lui sont associés. Un large faisceau de corps de métiers s'organise autour de ces deux secteurs d'activité auxquels s'ajoute celui de l'élevage attesté par le nombre important d'auges réparties sur le site. Parallèlement, les échanges contribuent largement à la croissance du village.

Carrières, chantiers et autres métiers liés au bâti

La première phase d'occupation du site

À côté de l'aménagement des sols essentiel à la mise en culture, la construction de maisons est naturellement l'une des priorités des paysans. En effet, l'épierrement et la constitution de terrasses se réalisent en même temps que s'élèvent les premières unités d'habitation. Ces dernières, fondées directement sur le rocher, sont constituées de pierres de petit module provenant pour la plupart du fond de carrière exploité à l'endroit de la construction. D'autres peuvent être issues du dégagement du terroir lors de la mise en valeur des sols, les élévations en moellons étant composées d'éléments analogues à ceux entassés dans les pierriers. La construction d'une maison s'effectue d'abord par la délimitation d'une parcelle dans laquelle est entamée la carrière d'où sont extraits la plupart des blocs. Ces derniers sont ensuite taillés avec plus ou moins de soin de façon à faciliter leur ajustement. Les murs, en double parement polygonal lié par des boutisses, ne nécessitaient pas l'intervention d'ouvriers expérimentés ni l'emploi d'outillages ou d'instruments de levage perfectionnés. Une main-d'œuvre familiale suffisait à construire ces modestes bâtisses. Au cours de la première phase d'occupation du site, les villageois étaient donc tour à tour paysans, tailleurs de pierre et bâtisseurs.

Toutefois, la nécessité de blocs équarris, indispensables au renforcement des angles des bâtiments et à la constitution des portes, a sans doute donné lieu assez tôt à la formation d'équipes spécialisées au sein du village. À cela s'ajoutent, à partir du IVe siècle, les éléments parallélépipédiques des portiques dont l'extraction, le transport et la mise en place impliquent un savoir-faire particulier. La plupart des blocs orthogonaux proviennent probablement des carrières communales compte tenu de leur nombre et de leurs dimensions. Le volume de pierres suggéré par l'extraction de ces éléments, supérieur à celui de la carrière privée dont les dimensions se limitent à celle d'une maison[14], abonde en ce sens. Cela explique la présence des fronts de carrière dans le voisinage des maisons anciennes construites en appareil polygonal double au sein du secteur septentrional. En plus de tailleurs de pierre expérimentés, les propriétaires ont pu avoir recours à des charpentiers dès cette période, car, si certains paysans ont pu s'acquitter de cette besogne en raison du bois de faible portée accessible à tous, cette activité a dû conduire relativement tôt à la formation d'un corps de métier à part entière compte tenu de l'expérience requise pour la confection et la pose d'une charpente et autres menuiseries.

En dehors des maisons modestes, certains vestiges prouvent l'intervention d'équipes spécialisées. Ce sont deux tronçons de mur, C. 09 et C. 51, soigneusement construits en blocs polygonaux de grand module taillés et ajustés avec une précision remarquable (**fig. 32 et 33**). C'est également le cas du mur édifié à l'entrée de la grotte située au sommet de la montagne qui domine le village, dont la construction relève d'une véritable performance technique (**fig. 259**). De tels ouvrages dépassent de loin les compétences d'une simple main-d'œuvre familiale.

13. En ajoutant les réservoirs ecclésiastiques et conventuels, on obtient 3326 m^3 d'eau stockés dans les réservoirs de grande contenance. Ces chiffres ne sont valables que lorsque les réservoirs sont remplis au maximum.

14. Les éléments orthogonaux sont relativement nombreux au sein d'une bâtisse construite au cours de la première phase d'occupation du site. À titre d'exemple, la maison M. 81a comprenait 12 éléments parallélépipédiques appartenant au portique (piliers et architraves) ; six parpaings auxquels s'ajoute le linteau pour l'entrée du rez-de-chaussée (ce chiffre doit être doublé pour la porte de l'étage) ; et environ une quinzaine de blocs répartis entre les angles.

La période protobyzantine

Les carrières privatives et les techniques de construction

À partir de la seconde moitié du IVe siècle, certaines maisons sont construites en appareil mixte[15] et parées d'un décor soigné. Ces nouveautés témoignent de la formation et du développement progressif de certains corps de métiers spécialisés auxquels certains propriétaires, plus riches qu'auparavant, font appel. Néanmoins, le nombre restreint de ces habitations, l'emploi partiel de blocs orthogonaux et la répartition limitée du décor montrent que les moyens des villageois demeurent relativement réduits. Les propriétaires ont essentiellement recours à des tailleurs de pierre, notamment dans les maisons M. 45 et M. 62 où des pans de mur entiers sont élevés en appareil orthogonal à parement simple. À cette époque le rôle des sculpteurs est encore mineur : à l'exception des chapiteaux de la maison M. 45 qui présentent des moulures élaborées, le décor reste sobre et de facture assez rustique. En revanche, dès le début du Ve siècle, l'ensemble de la communauté villageoise est en mesure de s'offrir les compétences d'équipes complètes composées de carriers, de tailleurs de pierre, de constructeurs, de sculpteurs et de charpentiers. Les familles paysannes, ayant acquis suffisamment de ressources, n'hésitent plus à solliciter l'intervention de professionnels. Les 42 habitations construites au cours des Ve et VIe siècles sont toutes édifiées en bel appareil orthogonal à parement simple, ce qui implique des ouvriers expérimentés et des moyens plus importants à chaque étape de la chaîne opératoire d'un chantier, depuis l'extraction des blocs jusqu'à leur pose finale. À l'image de la période précédente, les bâtiments sont directement fondés sur le rocher. Les carriers entament l'extraction des blocs puis le nivellement du terrain sur la parcelle privée de la construction. Les parpaings sont travaillés à terre avant d'être levés par le biais d'un échafaudage de bois pourvu d'un treuil et d'un palan[16]. Ils sont ensuite intégrés dans l'élévation du bâtiment, à leur place définitive. Une fois achevé, le mur fait l'objet d'un ravalement complet[17]. À Kafr ʿAqāb, les maisons trop encombrées de débris n'offrent pas la lisibilité suffisante pour étudier les traces d'extraction au sol. Cependant, ces témoignages sont parfois visibles sur certains fronts de taille sous forme de « gradins ».

Enfin, rappelons les deux modes de constructions observées dans les constructions de la période protobyzantine. Au Ve siècle, les bâtiments sont fondés sur le fond de la carrière au niveau du sol nivelé. Les blocs extraits font l'objet d'une taille conçue sur un module standard afin d'élever des murs en assises régulières. En revanche, les maisons appartenant à la dernière phase d'expansion du village, au VIe siècle, présentent un mode de construction très différent : d'une part, le front de la carrière privative, entaillé parfois sur une profondeur de 2 m, se substitue aux premières assises du bâtiment ; d'autre part, les assises des murs perdent leur régularité par rapport au siècle précédent dans la mesure où les dimensions des blocs varient, créant ainsi des décrochements. Ce procédé offre l'avantage de faire l'économie des premières assises tout en limitant le nombre de parpaings par l'emploi de blocs volumineux. Ces distinctions entre les constructions du Ve siècle et celles appartenant à la dernière phase d'expansion du village correspondent à une évolution d'ordre chronologique, et ne s'appliquent qu'à l'architecture domestique. En effet, les bâtiments à caractère public ne témoignent pas d'un tel changement.

Les carrières des ensembles ecclésiaux et les techniques de construction

À l'instar de toutes les autres constructions, la basilique méridionale est directement fondée sur le sol rocheux nivelé. La façade ouest s'élève à l'aplomb d'un front de carrière entaillé sur 1,50 m de hauteur (**fig. 179**). Celui-ci appartenait à la carrière occidentale sur laquelle a été édifié le bâtiment annexe de l'église. Une partie des blocs de la basilique du VIe siècle a pu être recueillie sur le lieu même du chantier. Par ailleurs, si l'hypothèse d'une église à nef unique s'avère exacte, les blocs des façades démontées lors de l'agrandissement de l'édifice ont certainement été remployés, tandis que d'autres ont pu provenir de la carrière communale toute proche située au sein des habitations, ou bien du *wādī* méridional dont les versants sont ponctués de fronts de taille. Le réservoir d'eau a également pu fournir une partie des blocs lors de la construction de la première église puisque les dalles, les arcs et les piliers qui les supportent représentent une masse inférieure au volume de celui-ci. L'église sud présente aussi l'intérêt particulier de posséder une façade ouest édifiée d'un seul jet, selon les deux modes de construction évoqués à propos de l'architecture domestique. En effet, la taille et l'appareil des parpaings diffèrent entre les tronçons de mur situés de part et d'autre du pilastre nord. Le premier se caractérise par un appareil parfaitement régulier alors que le second se compose de blocs de dimensions diverses et, par conséquent, d'assises irrégulières (**fig. 178**). Nous avons vu que deux équipes d'ouvriers employant des techniques de construction

---

15. Ces constructions mêlent l'appareil en double parement polygonal avec l'appareil orthogonal à parement simple. C'est le cas des maisons M. 39, M. 45 et M. 62.
16. Charpentier 2005-2006, p. 109-110.
17. Ces opérations sont détaillées par J.-L. Biscop dans Sodini *et al.* 1980, p. 190-194.

distinctes peuvent être à l'origine de cette distinction, mais ce mur peut également être l'œuvre d'une seule équipe ayant changé de procédé en cours de chantier.

De son côté, la construction de la basilique est a suscité d'importants travaux de nivellement. Le front de taille situé à une dizaine de mètres à l'est du chevet, entaillé sur plus de trois mètres, témoigne des efforts déployés pour abaisser le sol rocheux en certains endroits. Le monument, installé sur une large terrasse aménagée, est fondé sur le rocher. L'élévation de la façade méridionale, partiellement visible, révèle un mur soigné constitué d'assises parfaitement régulières. Les vestiges du gouttereau occidental du bâtiment annexe présentent un type d'appareil similaire : les assises conservées sont régulières, totalement dépourvues de décrochements (**fig. 228**). Un mode de construction homogène sur l'ensemble du chantier semble donc ici avoir été en vigueur. Nulle hésitation ni changement quelconque ne sont venus altérer la construction du complexe ecclésial. Enfin, les dalles de couverture, les arcs et les murs diaphragmes du réservoir d'eau ont été extraits, comme celui du sanctuaire voisin, sur le lieu même de sa construction.

Au regard des observations effectuées plus haut, l'évolution d'ordre chronologique constatée dans les modes de mise en œuvre utilisés dans l'architecture domestique n'apparaît pas dans les bâtiments ecclésiastiques. En effet, si l'appareil des maisons évolue selon la période de leur construction vers d'autres formules, l'église sud, dans son état du VIe siècle, mêle indifféremment les deux techniques au sein d'une façade construite d'un seul tenant. Les édifices du sanctuaire de l'est emploient quant à eux un mode constructif réservé aux maisons édifiées au cours du Ve siècle. Ces distinctions entre architecture privée et architecture publique sont en accord avec des constats effectués dans le ǧebel Bārīšā où l'épigraphie montre que les *technitès* spécialisés dans la construction des maisons étaient différents de ceux affectés à l'édification de bâtiments publics[18]. La construction des églises, beaucoup plus complexe, requiert effectivement un degré de compétence supérieur à celui qui est nécessaire à l'édification des maisons dont l'architecture se résume à la juxtaposition de simples modules répétitifs. Ainsi, la construction des maisons, confiée à des architectes spécialisés dans ce domaine, s'inscrit dans le cadre d'une évolution propre au village de Kafr ʿAqāb. En revanche, la construction des églises était confiée à des équipes hautement qualifiées, vraisemblablement étrangères à la localité, qui avaient la maîtrise de procédés constructifs différents et plus élaborés. L'ingéniosité des bâtisseurs de basiliques a déjà été spécifiée à Kafr ʿAqāb en ce qui concerne l'agrandissement de l'église méridionale et la construction du chevet à trois absides saillantes de l'église est.

18. Tate 1992a, p. 249-251.

Les carrières collectives

Les nombreuses carrières mises à la disposition de la communauté villageoise sont naturellement localisées aux endroits adaptés à ce type d'activité, c'est-à-dire sur les versants des *wādīs* et à flanc de colline (**fig. 289 et 290**) où l'extraction des blocs est plus aisée. Les fronts de carrière ceignent sur plusieurs centaines de mètres de longueur le bas des pentes de la colline sur laquelle s'étend le village. La plupart conservent les traces des gradins qui témoignent de la hauteur des blocs extraits de la roche (**fig. 291**). Remonter les blocs de plusieurs centaines de kilos depuis les wādīs jusqu'aux constructions situées au sommet du promontoire ne semble pas avoir constitué un obstacle particulier à Kafr ʿAqāb, malgré la forte déclivité du relief et la rareté des accès permettant le passage des chargements volumineux. Ces transports pénibles nécessitaient une main-d'œuvre relativement importante et le recours à des bêtes de somme. Afin de faciliter l'accès à leur lieu de travail, les carriers ont souvent aménagé des escaliers dans les fronts de taille (**fig. 25 et 26**). Certaines zones d'exploitation restent en activité jusqu'à la fin de l'époque protobyzantine ; d'autres se figent lors de l'aménagement d'hypogées. En effet, plusieurs fronts de carrière initialement exploités par la collectivité se privatisent pour devenir des espaces funéraires privés à caractère familial. La réoccupation de carrières désaffectées, lieux de prédilection des hypogées, est un phénomène très répandu dans le village et dans l'ensemble de la région. Ces tombes permettent parfois de préciser la durée « d'activité » de certaines carrières. Par exemple, les secteurs localisés à l'extrémité orientale du *wādī* nord sont très tôt abandonnés puisque le groupe de sépultures installé à cet endroit (groupe B) est à situer aux alentours des IIe/IIIe siècles (**fig. 328**). En revanche, le versant opposé, dépourvu d'hypogée, a vraisemblablement été exploité sur une période beaucoup plus longue. Le même secteur semble également avoir été consacré à l'apprentissage de métiers liés au bâti : un petit arc sans aucune utilité, inséré dans une faille naturelle, apparaît effectivement comme un pur exercice de construction (**fig. 293**).

En réponse à l'expansion particulièrement forte du village au cours du Ve siècle, les tailleurs de pierres ont pris le parti d'ouvrir une carrière communale à proximité de l'habitat, sur le promontoire rocheux (**fig. 292**). Cela permettait de réduire les trajets peu commodes entre les zones d'extraction situées au bas des versants des *wādīs* et le sommet du promontoire. L'approvisionnement en blocs était alors aisé et moins coûteux. Selon les usages dans la région, la carrière se trouvait dans un premier temps en périphérie de l'habitat. Elle constituait à l'extrémité sud-ouest du village une zone d'exploitation supplémentaire qui s'ajoutait à celle des parcelles privées sur lesquelles étaient construites les maisons. Plus tard, la localité gagne peu à peu la carrière jusqu'à l'inclure au milieu des habitations. Au VIe siècle, les nouvelles méthodes employées par les carriers, destinées à exploiter au maximum les parcelles des maisons, contribuent à l'abandon progressif de la grande carrière. Ce fait est explicite lorsqu'on observe les constructions de l'îlot 01 : contrairement aux carrières privatives du siècle précédent, la profondeur et l'étendue de la parcelle exploitée assurent largement l'approvisionnement des éléments d'architecture nécessaires à la construction des bâtiments. Le fond de carrière lui-même participe à l'élévation des murs. Cette technique, caractéristique de la dernière phase d'expansion du village, explique la différence de niveau du sol avec les maisons voisines de la période antérieure situées deux mètres plus haut par rapport aux bâtiments de l'îlot 01. Ainsi, la maison M. 05 se trouve un étage au-dessous de l'habitation mitoyenne M. 06 qui lui est antérieure : les carriers n'ont pas hésité à creuser sur plusieurs mètres de profondeur à l'aplomb du gouttereau de cette dernière bâtisse afin d'extraire suffisamment de blocs et de laisser les fronts de taille se substituer aux premières assises. Ce procédé est particulièrement visible au niveau du mur de clôture de la maison M. 05 qui longe en partie le bord de la carrière : les assises de l'enclos reposent à l'aplomb du front de taille haut de plusieurs mètres, parfaitement travaillé pour recevoir les lourds parpaings équarris de la partie construite. Au cours du VIe siècle, l'abandon de la carrière permet de convertir celle-ci en grand réservoir d'eau à ciel ouvert.

Fig. 289 — *Front de carrière situé dans le* wādī *nord (© B. Riba).*

Fig. 290 — *Front de carrière situé dans le* wādī *sud (© B. Riba).*

Des domaines d'activité diversifiés

L'architecture domestique

Les carrières privées établies sur chaque parcelle fournissent la plupart des blocs destinés aux maisons. La chaîne opératoire répétitive de cette architecture modulaire n'implique pas l'utilisation de techniques particulièrement complexes. Ces compétences sont acquises par certains villageois nommés *technitès* par l'épigraphie. Ce sont de simples maçons et tailleurs de pierre plutôt que de véritables architectes. D'après les inscriptions répertoriées dans la région, les équipes rattachées à l'architecture domestique se composaient d'un nombre limité de travailleurs spécialisés[19]. Ces derniers étaient secondés par des manœuvres recrutés sur place, vraisemblablement au sein même de la famille. Les maisons M. 64, M. 65, M. 67, M. 68, construites successivement entre la fin du IVe siècle et le

Fig. 291 — *Gradins d'un front de carrière situé dans le* wādī *sud (© B. Riba).*

19. TATE 1992a, p. 250, tab. 26.

Fig. 292 — *Grande carrière collective située au sein de l'habitat (© B. Riba).*

début du siècle suivant (405)[20] montrent que ces équipes de bâtisseurs, organisées et efficaces, pouvaient édifier plusieurs maisons dans un laps de temps relativement court. Ces *technitès* étaient parfois itinérants, comme l'indiquent certaines inscriptions qui témoignent du déplacement de maçons spécialisés[21] dont le rayon d'action se limite souvent aux villages voisins. Toutefois, compte tenu de l'envergure de Kafr ʿAqāb à la période protobyzantine, les architectes attitrés devaient probablement résider dans le village même où les constructions étaient incessantes. La tentative illustrée par le petit arc évoqué plus haut (**fig. 293**) suggère que les tailleurs de pierre et les constructeurs étaient formés sur place[22]. Ils pouvaient exercer leur métier à plein temps ou, plus probablement, le partager avec d'autres tâches économiques. C'est ce qu'indique la mise au jour d'outils liés à la taille de la pierre à Deḥes[23], dans la cour ouest du bâtiment 104. Certes, cette découverte reste isolée, mais l'organisation plus systématique de fouilles archéologiques dans les maisons du Massif calcaire permettrait sans doute de multiplier ce type de trouvaille. De nombreux paysans expérimentés dans le domaine du bâti pratiquaient vraisemblablement, à la saison morte, des activités liées à la construction des maisons.

En dehors des activités relatives à la maçonnerie, des charpentiers professionnels, certainement secondés par une main-d'œuvre, s'occupaient des menuiseries (portes, volets, planchers, charpentes). Plusieurs mentions de charpentiers sont connues dans le Massif calcaire[24]. Autour de cette activité rayonnaient divers travaux tels que le bûcheronnage ou la confection des tuiles nécessaires à la couverture des maisons[25]. Se développe également, à partir de la seconde moitié du IVe siècle, le grand artisanat du décor avec, en tête, des sculpteurs expérimentés. Il s'agissait là encore de paysans ayant acquis, en dehors de la pleine saison agricole, une grande maîtrise dans ce domaine. La fameuse maison de Btirsa dans le ǧebel Zāwiye, baptisée par M. de Vogüé la « maison du sculpteur »[26], témoigne de l'existence de ces paysans-sculpteurs dans le Massif calcaire. Les motifs et les formes décoratives, reprises et assimilées, évoluaient au fil des générations, au gré des savoirs et des influences régionales. Aucune trace d'ateliers spécialisés n'a été retrouvée sur le site ou ailleurs. Les éléments d'architecture ornés (chapiteaux, plaques de parapet, linteaux, trumeaux de fenêtre, etc.) sont le plus souvent des ouvrages de qualité. La pierre tendre du calcaire se prête admirablement aux ciseaux des artisans passés maîtres en la matière. Chaque élément sculpté possède ses propres particularités. Ici et là apparaissent quelques maladresses, corrections et adaptations imperceptibles au premier abord, mais qui permettent, après une étude attentive, d'appréhender la main du sculpteur. G. Tchalenko l'avait très justement observé à propos des chapiteaux : « le grain de la pierre exclut le travail en série : chaque chapiteau reste une œuvre individuelle »[27].

Fig. 293 — *Petit arc situé dans le quartier E du village (© B. Riba).*

L'architecture funéraire

Les tombeaux nécessitaient également l'intervention d'ouvriers spécialisés. Selon la parcelle acquise et le type de tombe choisi par le propriétaire, les ouvriers s'adaptent au relief du terrain qui n'apparaît jamais comme une contrainte, mais plutôt comme un support judicieusement utilisé à leur avantage. Les sépultures les plus nombreuses sont les hypogées excavés dans une paroi rocheuse. La confection de ce type de tombe nécessitait environ trois mois de travail, comme l'indique une inscription découverte dans le village voisin de Kūaro[28].

20. Sur la construction, le développement et les relations architecturales entre les maisons de l'îlot 10 voir ci-dessus, p. 67.
21. Une inscription montre que les tailleurs de pierre Antonios et Sopatros, originaires de Kafr Nābo où ils ont construit une huilerie appartenant au temple (Callot 1984, p. 93), ont également travaillé dans le village voisin de Brād (*PAES* III B, 1175 ; *IGLS* II, 359 ; Callot 1984, p. 94). On connaît également un certain Kosma, *technitès* ayant exercé dans quatre villages différents du ǧebel Semʿān entre 489 et 505. Son nom apparaît à Fidre (489), à Brād (491), à Burǧ el Qaṣ (493), à Kafr Nebo (504/5) (*IGLS* II, 372, 436, 366, 374, 378 ; cité par Tchalenko 1953-1958, I, p. 51, note 1).
22. Sur les traces d'apprentissages laissées dans les villages du Massif calcaire, voir Riba 2016, p. 357-358.
23. Sodini *et al.* 1980, p. 112-113.
24. *IGLS* II, n°476, 492, 436 ; voir aussi Rey-Coquais 2002, p. 249-250.
25. Les tuiles sont façonnées grâce à la terre rouge omniprésente dans la région (Sodini *et al.* 1980, p. 183).
26. Les motifs sculptés dans la maison seraient exposés au choix d'une commande éventuelle (Vogüé 1865-1877, II, pl. 43 et 89 ; voir aussi Tate 1997a, p. 938).
27. Tchalenko 1953-1958, I, p. 49.
28. Le chantier de la tombe est entamé le 25 Péritios (février) et s'achève au mois de Xanthikos (avril) (*PAES* II B, 1069 ; *IGLS* II, 660).

Sur le site, les hypogées sont secondés par les fosses et les sarcophages creusés dans le sol naturel. Dans certains cas, des solutions spontanées et inventives sont mises en œuvre, à l'image de la sépulture S. 57 qui combine de manière ingénieuse deux modèles funéraires : le sarcophage rupestre et la fosse à *arcosolium* (**fig. 381**). Ces sépultures requièrent un outillage adapté et l'intervention de constructeurs qualifiés dont les noms nous sont parfois parvenus[29]. D'autres tombeaux, plus élaborés, associent à l'hypogée une partie construite. Le cas le plus remarquable est celui de l'hypogée H. 12 précédé d'un porche monumental (**fig. 332**) : l'alliance des arcades sur piliers surmontées de dalles implique des compétences particulières, comparables à celles requises pour la construction de la couverture des grands réservoirs d'eau. D'autres tombeaux, entièrement construits, nécessitent des connaissances spécifiques. Le tombeau-temple associé au sarcophage S. 58 et le mausolée pyramidal appartiennent à cette catégorie. Le propriétaire devait suivre avec attention le déroulement des travaux, surtout en ce qui concerne les monuments particulièrement raffinés destinés à perpétuer le souvenir des défunts dans la mémoire des vivants. En ce sens, la formule de Pline le Jeune paraît appropriée tout au long de l'Antiquité : « Si rare, dit l'aristocrate, est la fidélité des amis, si assuré l'oubli des défunts, qu'il nous faut construire nos sépultures de nos propres mains et nous rendre d'avance les devoirs de nos héritiers »[30]. Ainsi, les propriétaires des tombeaux, préparant leur « demeure d'éternité » à l'image d'un véritable monument commémoratif destiné à l'exaltation du défunt et de sa famille, étaient vraisemblablement proches des architectes auxquels ils imposaient leur choix et faisaient part de leurs directives.

Par ailleurs, un faisceau de spécialités artisanales se développe autour de l'architecture funéraire. Ce sont, notamment, la confection des équipements indispensables aux sépultures tels que les portes d'hypogées sculptées à la manière de véritables vantaux, les couvercles à double pente ornés pour la plupart d'acrotères, ou encore les autels. Les bas-reliefs réalisés sur la cuve du sarcophage S. 58 (**fig. 352 et 353**) ou la corniche du temple funéraire (**fig. 375 et 376a**) impliquent aussi l'intervention de véritables sculpteurs, de même que certains décors comme le couvercle sculpté à l'imitation d'un toit en bâtière du sarcophage S. 01 (**fig. 359**) et la composition élégante de la cuve de la sépulture S. 57. Enfin, les éléments décorés du tombeau pyramidal nécessitaient des compétences analogues à celles requises dans la construction d'un véritable monument, tel qu'une église (**fig. 407**). L'exécution de ces ouvrages incombe pour la plupart à des paysans expérimentés, résidant ou non dans le village, qui, à la saison morte, s'adonnent à un ou plusieurs de ces domaines d'activités essentiellement centrés sur le travail de la pierre. Dans ce contexte, les modèles gréco-romains sont repris, interprétés et adaptés à l'échelle d'un artisanat local. À l'instar du décor lié à l'architecture domestique, chaque ouvrage sculpté associé aux tombeaux est unique, avec ces qualités et ces imperfections qui permettent d'appréhender la main l'artisan. Les contours mal proportionnés des bustes sculptés sur le sarcophage S. 58, le caractère inachevé du dessin sur la cuve sépulcrale S. 57, les maladresses relevées dans la composition des portes d'hypogées, la simplification naïve du couvercle en tuiles de pierre du sarcophage S. 01 ou les motifs parfois disproportionnés qui composent les chapiteaux du mausolée constituent autant de signes révélateurs d'un artisanat vivant qui s'exprime dans le cadre particulier des villages. Si l'influence gréco-romaine des centres urbains est nettement perceptible, ces témoignages démontrent également la capacité des artisans locaux d'assimiler et de s'approprier ces modèles « étrangers » qui participent au développement d'un artisanat indépendant propre au milieu rural dans lequel il évolue.

L'architecture publique

Les seuls bâtiments publics localisés sur le site, clairement identifiés comme tels[31], sont représentés par les églises. Il n'est pas utile de revenir sur la qualité de ces monuments dont la réalisation relève de compétences bien supérieures à celles requises par la construction des maisons, ces dernières étant le produit de l'assemblage d'un module de base simple et récurrent. G. Tate précise la distinction entre les dénominations *technitès* et *architektôn* attribuées par l'épigraphie à leurs auteurs : « quand il s'agit d'églises, édifices complexes, les constructeurs sont évidemment des architectes que l'on désigne d'ailleurs surtout par le terme de *architektôn*, mais les autres bâtisses, de conception simple, étaient plutôt l'œuvre de maîtres maçons, appelés généralement *technitès* »[32]. À l'évidence, contrairement aux maisons, chaque agglomération ne possédait pas un architecte

29. Dans le ǧebel Waṣṭāni, seule l'inscription d'un hypogée de ʿAqrabāt précise que ce sont Barmosés, fils d'Antonin, et Barlaas, fils de Yakoub, qui creusèrent la sépulture. Sur la distribution des tombes dans le ǧebel Waṣṭāni, on se reportera au tableau dans Riba 2012b, p. 90, fig. 3 (une erreur doit être retirée de ce tableau : celle-ci mentionne une sépulture à Kafr ʿAqāb datée de 405 alors qu'il s'agit en réalité de la maison M. 68). Sur la distribution des sépultures dans les chaînons voisins, voir Tate 1992a, p. 250, tab. 26.

30. Pline le Jeune 2011, VI, 10, 5.

31. Rappelons que l'organisation particulière des bâtiments compris au sein de l'îlot 01 pourrait être due au rôle de complexe hôtelier que celui-ci a pu jouer. Seule une fouille archéologique permettrait de vérifier cette hypothèse. Notons également les « maisons » M. 11 et M. 37 dont la répartition atypique des accès suggère un système de circulation particulier ainsi qu'une certaine affluence dont faisaient l'objet ces deux constructions.

32. Tate 1991b, p. 74.

spécialisé dans la construction d'édifices à caractère monumental. Les villageois faisaient appel à des hommes expérimentés dont les compétences étaient reconnues et sans doute convoitées. Ces *architektôn* pouvaient être étrangers au Massif calcaire, comme cela semble avoir été le cas de Julianos qui apporte de la ville certaines innovations qui ont durablement marqué l'architecture ecclésiastique de la région[33]. Cependant, d'une manière générale, ils vivaient probablement dans les campagnes du Massif calcaire et se déplaçaient d'un village à un autre afin de dispenser leurs services. À en juger par les déplacements de Markianos Kyris, le rayon d'action des architectes était assez restreint puisque les cinq églises qui lui sont attribuées se situent dans le même secteur[34]. Les chantiers se trouvaient parfois dans des villages si proches que l'architecte avait l'occasion de travailler simultanément sur deux d'entre eux[35]. À l'instar de Markianos Kyris dans le ǧebel Bārīsā, il se pourrait qu'un architecte commun à plusieurs localités du ǧebel Waṣṭāni septentrional ait existé. En effet, la place privilégiée accordée à l'abside saillante, remarquable par rapport au reste du Massif calcaire, pourrait constituer une caractéristique propre à un architecte ayant vécu au VIe siècle, à moins que la concentration de ce type de construction soit simplement due à un effet de mode spécifique à ce secteur des campagnes. Une concentration analogue a été relevée par J.-P. Sodini dans le ǧebel Bārīšā à propos, cette fois, des chevets à compartiment central rectangulaire dont la plupart datent du VIe siècle[36]. Ainsi, comme le ǧebel Waṣṭāni septentrional pour l'abside saillante, le ǧebel Bārīšā a été un terrain d'accueil favorable à une forme de chevet spécifique. Il est alors possible d'avancer l'hypothèse de l'existence d'un architecte particulièrement attaché à cette forme de chevet rectiligne, reprise ensuite par d'autres dans le même secteur du Massif calcaire. Les *technitès*, ou *architektôn*, se déplacent donc avec leurs équipes au gré des commandes qui leur sont faites[37]. Certains témoignages épigraphiques indiquent que ces bâtisseurs d'églises pouvaient parfois être impliqués dans la vie religieuse puisque certains d'entre eux étaient prêtres[38]. Ils pouvaient aussi pratiquer une activité supplémentaire comme la sculpture. L'architecte Markianos Kyris cumulait à lui seul ces deux activités. Ces équipes devaient comprendre un nombre relativement restreint d'ouvriers spécialisés. Certains pouvaient être originaires de la ville : un mosaïste originaire de Chalcis a participé, par exemple, à la réfection d'une église de Banassara vers le milieu du VIe siècle[39]. Ces artisans qualifiés étaient secondés par des manœuvres embauchés sur place ou dans les localités voisines. Aucun indice archéologique ou épigraphique ne renseigne sur leur statut ni sur les moyens de leur recrutement. Selon toute vraisemblance, à la lumière des études récentes, il ne s'agissait pas d'une main-d'œuvre servile, mais sans doute de paysans résidant à proximité du chantier, en quête de travail au cours de la saison morte.

Le financement des constructions

L'architecture privée

Au cours de la première phase d'occupation du site, le coût des maisons était quasiment nul puisque la plus grande part des travaux était réalisée par la famille propriétaire. Peut-être faut-il seulement envisager l'intervention de charpentiers ou de tailleurs de pierre nécessaire à l'apport en blocs équarris destinés aux angles, aux entrées des bâtiments et parfois aux portiques, mais l'essentiel des travaux était à la portée d'une main-d'œuvre familiale. Pour la construction des maisons au cours des Ve et VIe siècles, les habitants, plus aisés, avaient recours à des équipes spécialisées auxquelles il fallait verser un salaire. Les manœuvres qui secondaient les constructeurs expérimentés pouvaient être des membres de la famille du commanditaire ou bien des habitants du village. L'épigraphie ne renseigne pas sur la nature du paiement de ces équipes expérimentées. Divers types de versements existaient probablement, en nature, en espèces, ou bien les deux comme l'indique un témoignage épigraphique découvert à Ḫerbet Ḥasan, bien que celui-ci concerne une construction à caractère public[40].

---

33. Tchalenko 1990, p. 22.
34. Les cinq basiliques construites par Markianos Kyris et son équipe sont celles de Bābisqā (390-407), Bāʿūde (392/3), Ksēǧbe (414), Dārqītā (418) et Qaṣr el-Banāt (vers 420) où l'architecte est inhumé (voir respectivement *IGLS* II,559 à 561 ; 509 ; 535 ; 531).
35. D'après les témoignages épigraphiques livrés dans les sanctuaires, Markianos Kyris, après avoir entrepris la construction de l'église de Bābisqā (390), s'attache au chantier de Bāʿūde située trois kilomètres plus loin (392/3). Ce dernier semble achevé avant celui de Bābisqā.
36. Sodini 1990, p. 164-165.
37. En dehors des églises proprement dites, une équipe rattachée à un village particulier peut intervenir sur un bâtiment associé à un sanctuaire. C'est le cas de maçons de Tell ʿAqibrīn à l'origine de la construction du bâtiment monastique situé dans le secteur du baptistère de Qalʿat Semʿān (*IGLS* II, 413). Un autre cas fait mention de constructeurs étrangers à la région : celui des Isauriens venus de la campagne et des villes afin de participer à la construction du couvent de Saint Syméon le jeune (Van Den Ven 1970, II, p. 92, cité par Tate 1991b, p. 73-74).
38. En dehors de Markianos Kyris, lui-même prêtre, R. Mouterde mentionne un certain Jean, fils de Marion, à Zerzīta (*IGLS* II, 458). À propos de l'inscription de Zerzīta, J.-R. Rey-Coquais précise cependant que « la lecture obvie de ce texte semble être Eusèbe architecte, et Jean, prêtre (Rey-Coquais 2006, p. 51, note 74).
39. Voir le rapport de fouille de Banassara 2005. L'inscription, inédite, apparaît sur un pavement de mosaïque de l'église nord.
40. Voir ci-dessous note 45.

Au cours de la période protobyzantine, la prospérité du village n'entraîne pas de transformation notable dans le plan des maisons : les bâtiments sont simplement plus solides tandis qu'un décor raffiné orne désormais les endroits les plus apparents. Malgré le coût plus élevé de ces constructions, le souci de rentabilité y est omniprésent. Il convient, en effet, de souligner la rareté des linteaux décorés et l'absence d'ornement sur les façades des bâtiments d'habitations dissimulées pour la plupart derrière les portiques. Ces derniers constituaient les parties les plus ornées du fait de leur exposition ostentatoire, mais là encore, les propriétaires prenaient soin de faire l'économie d'un décor sur la face arrière des chapiteaux. Par conséquent, si les signes d'un enrichissement global de la communauté villageoise sont évidents par rapport à la période précédente, les indices très nets d'une certaine retenue économique sont également lisibles et persistants. Toute dépense inutile est évitée. Ce phénomène se traduit aussi dans l'architecture funéraire où la majorité des villageois conserve la sobriété des anciennes sépultures familiales en multipliant cependant, çà et là, certains signes distinctifs (médaillons, moulures, parties construites, etc.) qui indiquent un niveau de vie plus aisé. Seuls quelques villageois ne regardent pas les dépenses occasionnées par la construction de leur tombeau : le cas le plus explicite à cet égard est celui du mausolée à couverture pyramidale.

Les églises

Compte tenu du caractère particulier des édifices religieux, les conditions de leur financement étaient différentes. Ces constructions pouvaient être commanditées et financées par des membres de la communauté villageoise ou bien par des propriétaires non résidents. Une série d'inscriptions localisées en Syrie du Nord mentionnent le titre de certains de ces donateurs[41]. Le financement était parfois partagé entre plusieurs évergètes comme à Bafetīn ouest, par exemple, où trois frères paient chacun un chapiteau[42], ou à Brād où plusieurs frères sont également à l'origine de la construction de l'arc de la basilique de Julianos. La condition sociale de certains d'entre eux permet d'envisager l'existence de donateurs non résidents semblables à ceux qui ont offert les trésors d'argenterie ecclésiastique découverts à Rīḥā[43], et dont on connaît les rapports avec trois églises de la région dont celle de Kurīn située au sud du ğebel Bārīṣā. Parmi eux se trouvent des notables des villes, militaires, fonctionnaires et ecclésiastiques dont les relations avec les campagnes, entretenues par ce type de donations, étaient certainement liées à des biens fonciers qu'ils possédaient dans les terroirs[44]. Les plus généreux avaient le privilège d'aménager leurs sépultures à l'intérieur même du sanctuaire, non loin de la basilique. À Kafr ʿAqāb, la chapelle funéraire de l'église méridionale, s'il s'agit bien d'une chapelle ayant eu cette vocation, évoque celle de Ṭurīn vraisemblablement dédiée à un pieux évergète ayant contribué à l'érection de la basilique voisine. Il faut peut-être aussi considérer le sarcophage S. 25 situé à quelques mètres au sud-ouest de l'église orientale comme le tombeau d'un donateur.

Dans le Massif calcaire, une seule inscription connue livre le détail des frais engendrés par la construction d'une église. Gravé sur l'un des linteaux de la basilique de Ḫerbet Ḥasan[45] dans le ğebel Bārīšā, ce témoignage daté de 507/8, indique un financement mixte combinant produits naturels et espèces. Il est probable que les travaux réalisés dans les deux sanctuaires de Kafr ʿAqāb, au cours de la première moitié du VIe siècle, aient été financés de la même façon. Notons cependant que, suite aux réformes effectuées sous le règne d'Anastase (498), la monnaie occupe une place plus importante qu'auparavant.

Parmi les propriétaires non résidents, l'État ou l'Église ont également pu contribuer à la construction de basiliques dans le Massif calcaire. J.-P. Sodini envisage l'un ou l'autre en ce qui concerne la construction du sanctuaire de Qalʿāt Semʿān. Plus récemment, B. Bavant a proposé une théorie au sujet des églises édifiées par Markianos Kyris : la concentration de ces édifices dans un secteur précis du Massif calcaire aurait fait partie d'un programme commandité par l'Église d'Antioche afin de promouvoir le christianisme et d'assurer la protection des biens ecclésiastiques dans une zone stratégique située entre la route reliant Antioche à Chalcis et Béroé au nord et l'ancien temple de Burğ Bāqḫirā au sud[46]. Rappelons, enfin, que l'implication probable de Sévère d'Antioche dans la construction du sanctuaire oriental de Kafr ʿAqāb n'exclut pas, étant donné la qualité, l'originalité et le caractère symbolique du chevet à trois absides saillantes de la basilique, qu'une partie des fonds ait pu provenir des caisses patriarcales. Il est possible, en effet, d'envisager un financement mixte provenant à la fois des exploitants locaux et de l'Église d'Antioche.

41. Sodini 1989a, p. 348. Sur le financement de la construction des églises et leurs évergètes, on se reportera à l'article général de Haensch 2006, p. 47-58.
42. Jarry 1985, p. 1-4.
43. Mundell Mango 1986.
44. Bavant 2005, p. 768-769 ; Feissel 1985, p. 465-476 ; Sodini 2003, p. 38-39.
45. « En l'an 556 de l'ère d'Antioche (=507/508), cette église a été terminée et on a dépensé pour elle 580 *nomismata*, 430 *modioi* de haricots, de froment et de lentilles, outre les 580 *nomismata* ». *PAES* IV B, 6 ; Butler 1929, p. 231, fig. 243. L'inscription a été relevée en 2009 par la mission syriaque dirigée par F. Briquel-Chatonnet (Briquel-Chatonnet et Desreumaux 2011, p. 31, pl. 2).
46. Bavant 2013, p. 40-41.

Les activités liées au travail de la pierre : bilan

Dès la première phase d'occupation du site, les vestiges montrent que les techniques de construction recensées appartiennent à une longue tradition, tous les types d'appareils ayant coexisté dès la période impériale. Les distinctions observées entre les différentes catégories de bâtiments sont simplement le fait du choix et surtout des moyens de leurs propriétaires. La majorité des villageois, privés de ressources, construisent d'abord leur propre maison, ce qui explique la précarité de la plupart d'entre elles. Polyvalents, les paysans se font tour à tour carriers, tailleurs de pierre, maçons et peut-être charpentiers. Cette période d'incertitude technique et d'apprentissage s'illustre par des habitations à pièce unique bâties en moellons et des tentatives architecturales à l'image du petit arc isolé en périphérie d'un quartier ancien. En parallèle, l'intervention de véritables équipes de bâtisseurs est attestée par des édifices cossus, tels que le probable temple funéraire et les murs en bel appareil polygonal localisés dans la partie sud du village et à l'entrée de la grotte associée à l'ermitage qui domine le site. Leur présence est due à l'existence d'une famille fortunée, sans exclure l'implication possible de l'État qui peut être à l'origine de certaines installations liées à la situation stratégique du site.

À partir de la fin du IVe siècle, le nivellement des fortunes, survenu à peu près au moment de l'adoption du christianisme, conduit à la constitution d'équipes de professionnels, tant dans le domaine de l'architecture domestique que dans celui de l'architecture ecclésiastique. Les maîtres maçons spécialisés dans la construction des maisons peuvent intervenir dans les agglomérations voisines, bien que leur domaine de prédilection ait vraisemblablement été centré dans le village de leur résidence où les chantiers étaient permanents. Ces équipes se composent, au moins en partie, de paysans qui pratiquent à la saison creuse toutes sortes d'activités liées au bâti. À l'opposé, l'architecture monumentale requérait l'expérience de véritables architectes employés à plein temps, et dont le rayon d'action s'étendait à plusieurs localités du ǧebel Waṣṭāni septentrional. En effet, le chantier d'une basilique durait plusieurs années et les caractéristiques communes observées dans certaines églises implantées dans ce secteur du Massif calcaire suggèrent l'intervention d'un architecte ou bien d'une tendance caractérisée, au cours de la première moitié du VIe siècle, par un attachement particulier à la forme de l'abside saillante. D'une manière plus générale, on note également l'impact architectural et ornemental significatif dû au rayonnement du grand sanctuaire de Qalʿat Semʿān dans ce district des campagnes.

Dans le village, la distinction entre architecture domestique et architecture ecclésiastique est assez nette : la première suit sa propre évolution à l'échelle de la localité, avec un appareil orthogonal régulier progressivement supplanté par un appareil orthogonal irrégulier ; la seconde, inscrite dans un cadre élargi à la région, obéit à ses propres codes architecturaux. Enfin, la construction des tombeaux nécessite également l'intervention d'équipes d'ouvriers qualifiés, résidant ou non dans le village, dont les compétences se limitent dans la plupart des cas à celles de simples paysans rompus aux divers corps de métiers rattachés à ce domaine. Cependant, les tombeaux monumentaux, peu nombreux sur le site, ont nécessité un degré de compétence supérieur. En ce qui concerne la sépulture pyramidale, le commanditaire a pu avoir recours à un maître d'œuvre étranger au village, peut-être originaire d'une localité du ǧebel Zāwiye où ce type de monument est particulièrement bien représenté.

Les installations agricoles

Les installations liées à la transformation des produits récoltés sont inégalement réparties sur l'ensemble du site. Elles témoignent de la présence de deux types d'activité agricole : la viticulture et l'oléiculture. L'une est représentée par les bassins à l'air libre prévus pour le foulage du raisin, l'autre par les huileries traditionnelles dotées de broyeurs à meule et de leviers de presse.

Les installations liées à la fabrication du vin

Six fouloirs ont été localisés sur le site (**fig. 18**). Deux d'entre eux se situent dans la partie septentrionale du village, isolés dans le terroir : le premier se trouve à la périphérie du quartier E ; le second est établi au niveau des premières déclivités du *wādī* nord (**fig. 294**). Deux autres intègrent, au sein du quartier A, l'espace domestique des maisons M. 04/05 et M. 14 (**fig. 111**). Les derniers sont associés à l'ensemble conventuel (**fig. 296**). Leur aménagement, relativement aisé, nécessite le nivellement d'une parcelle rocheuse aux dimensions appropriées dans laquelle est creusé un bassin rectangulaire. À proximité de l'un des petits côtés apparaît un réceptacle, appelé « recette », dont l'orifice circulaire, comparable à celui d'une citerne, n'excède pas un mètre de diamètre. Ce dernier est relié au bassin par un petit conduit. L'opération consiste à disposer les fruits à l'intérieur du bassin dans lequel ils sont foulés aux pieds ou bien sous l'action d'un lourd rouleau de pierre (**fig. 297**)[47].

47. Selon R. Frankel, le rouleau était plutôt utilisé pour écraser le raisin (Frankel 1993, p. 519-521). De son côté, J.-P. Brun destine également celui-ci aux olives (Brun 2004, p. 10). Les études récentes effectuées dans les villages du Massif calcaire ont permis de constater que les pressoirs à vin étaient équipés d'un grand bassin dans lequel une quantité importante de raisin pouvait être broyée à l'aide de rouleaux (Callot 2013, p. 97-109 ; voir également ci-dessous note 49).

Les rouleaux, dépourvus de logements, sont actionnés par le biais de leviers qui prennent directement appui sur le sol rocheux[48]. Le fond du bassin légèrement incliné permet au produit obtenu de s'écouler vers le conduit qui achemine le tout à l'intérieur de la recette. Cette dernière est parfois protégée par un bloc qui la recouvre partiellement (**fig. 295 et 298**). Les dimensions des bassins et la présence de rouleaux massifs suggèrent l'intervention de deux ou trois individus. Une petite marche est parfois aménagée dans l'angle afin de faciliter l'accès à l'aire de foulage. Sur le site, ces installations sont toujours en plein air. À l'exception des leviers de bois, les fouloirs entièrement rupestres et les rouleaux de pierre n'avaient rien à craindre des intempéries.

Ces aménagements n'étaient pas destinés au travail de l'olive qui s'effectuait exclusivement par le biais de pressoirs munis d'un broyeur à meule. Si la production du vin se réalisait souvent par le biais de pressoirs à raisins munis de vastes bassins et de recettes de grande capacité, comme ceux de Deḥes ou de Beḥyō[49], les villageois pouvaient également se contenter d'une simple aire de foulage comparable à celles de Kafr ʿAqāb. Dans ce cas, il est évident que la production n'était pas dédiée à l'exportation, mais se limitait aux seuls besoins des habitants du village. Le statut des fouloirs varie selon leur situation sur le site. Les installations implantées du côté septentrional du village appartenaient certainement à la collectivité compte tenu de leur caractère isolé au milieu du terroir. Ces aménagements agricoles impliquent que les paysans travaillaient tour à tour le raisin sur le lieu même de la cueillette. L'absence de rouleau aux abords de l'installation aménagée à la périphérie du quartier E suggère un foulage effectué aux pieds ; en revanche, le second, plus spacieux, conserve son rouleau dont la forme offre la particularité d'être non pas circulaire, mais octogonale (**fig. 294**). Les deux fouloirs situés au sein même du village appartiennent aux propriétaires des maisons auxquelles ils se rattachent. Leur situation excentrée au sein de l'espace domestique les rendait accessibles à la fois depuis l'intérieur et l'extérieur de la maison. En plus d'un usage privé, ces installations semblent donc avoir été utilisées par la collectivité au bénéfice de leurs propriétaires. Contrairement aux bassins septentrionaux qui permettaient de travailler le fruit sur place, ces fouloirs domestiques montrent que les produits de la récolte pouvaient être aussi acheminés dans le village où ils étaient traités à l'intérieur des maisons pourvues d'installations adéquates. Enfin, les fouloirs situés au sud du village appartiennent au couvent. Ce sont deux aménagements assez spacieux, bien ouvragés, dont la situation à la périphérie des bâtiments monastiques, au sein du terroir, indique là encore un usage sur le lieu même de la récolte.

Le cas d'une table de pressurage domestique

L'objet découvert dans la maison M. 68 atteste la pratique du pressurage à l'intérieur de l'espace domestique (**fig. 299**). Actuellement remployé dans un muret construit lors de la réoccupation tardive du bâtiment, le bloc rectangulaire (0,62 x 0,47 m), amovible, présente des aménagements comparables aux négatifs laissés dans le sol des pressoirs de la région. Il s'organise en deux parties. La première comprend une zone circulaire, délimitée par le creusement d'un petit canal, sur laquelle étaient placés les scourtins. Lors du pressurage, le liquide obtenu était retenu et acheminé par le canal vers la seconde partie de l'objet composée de deux petits bassins de récupération disposés côte à côte. L'élément, à usage domestique, était destiné aux besoins de l'autoconsommation. Dans ce contexte, l'installation est appropriée au travail du raisin dont le pressurage ne nécessite pas d'aménagement sophistiqué. Un type d'objet analogue a été retrouvé ailleurs, dans le village de Qirkbīze notamment où on constate la présence d'une table de pressurage similaire non pas dans une maison, mais à proximité immédiate d'un pressoir. Une autre table de pressurage a été découverte à Ṭurīn, aux abords de l'église ouest. Dans les deux cas, ces objets semblent également avoir servi à la fabrication du vin. Ils ne permettaient de recueillir qu'une faible quantité de liquide, et d'une qualité probablement très ordinaire.

Les pressoirs à huile

Trois pressoirs destinés à la fabrication de l'huile ont été localisés à Kafr ʿAqāb. Chacun présente un statut qui lui est propre : l'un était la propriété des exploitants de la maison M. 70 ; l'autre semble avoir été mis à la disposition de la collectivité étant donné son caractère isolé ; le dernier, enfin, appartenait à la communauté monastique. Ces installations perfectionnées, pourvues de presses et de broyeurs à meules, étaient parfaitement appropriées au travail de l'olive.

48. Callot 1984, p. 22, pl. 9d ; Callot 2002-2003, p. 341-344.

49. En ce qui concerne le Massif calcaire, il apparaît aujourd'hui que la place de la production du vin était très importante. En effet, selon O. Callot, la grande majorité des pressoirs dans les villages de Deḥes et de Beḥyō, et dans bien d'autres encore, était en réalité destinée à la fabrication du vin, et non de l'huile comme nos prédécesseurs l'ont longtemps pensé. De fait, la culture de la vigne était largement dominante dans la région par rapport à l'oléiculture. Les principales distinctions entre les pressoirs à vin et les pressoirs à huile sont les suivantes : les premiers sont toujours pourvus d'un vaste bassin de broyage et d'une recette de grande capacité ; les seconds, dépourvus de bassin, nécessitent obligatoirement un broyeur à meule. Ce dernier aménagement permet leur identification (Callot 2013, p. 97-109 ; Callot 2017 ; voir également Van Limbergen 2015, p. 169-189).

Fig. 294 — *Fouloir aménagé aux abords du* wādī *nord. Un rouleau de forme octogonale, visible au premier plan, lui est associé (© B. Riba).*

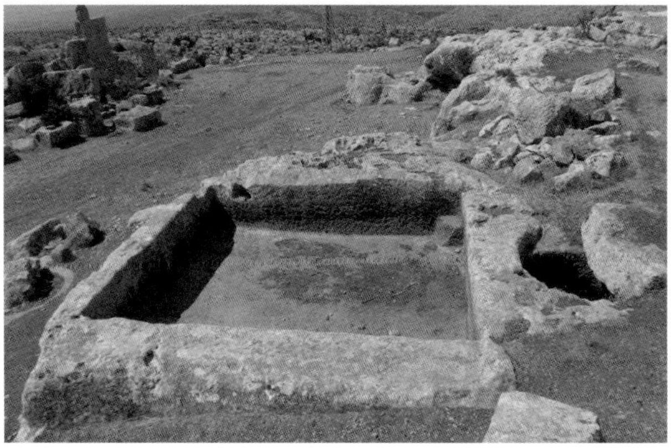

Fig. 295 — *Fouloir aménagé dans l'arrière-cour de l'îlot 01 (© B. Riba).*

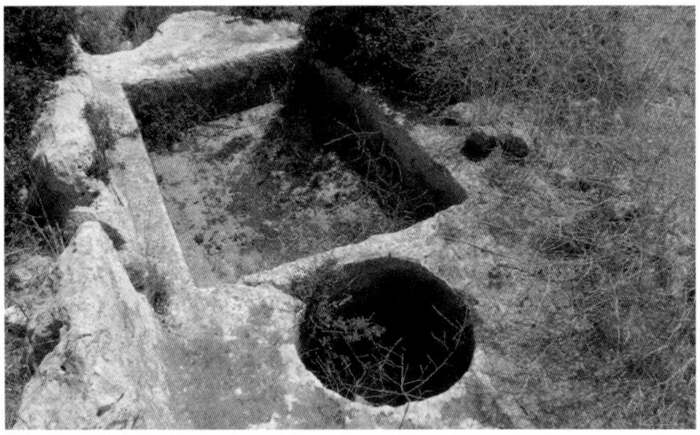

Fig. 296 — *Fouloir aménagé dans le domaine monastique (© B. Riba)*

Fig. 297 — *Rouleau de pierre destiné au broyage des fruits (© B. Riba)*

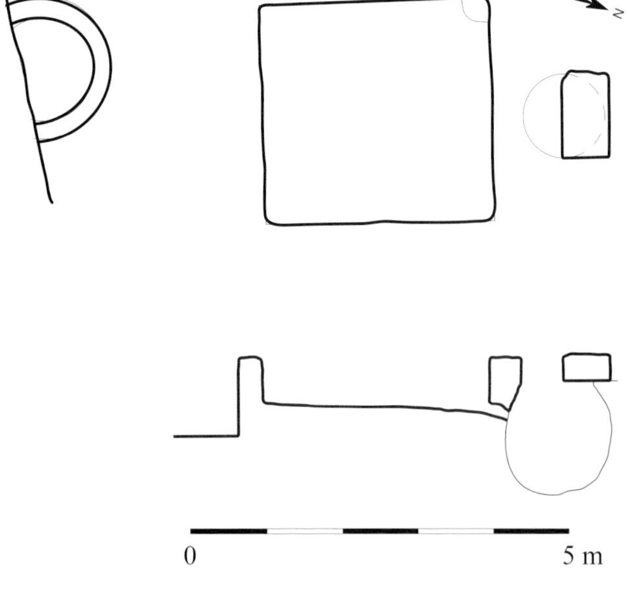

Fig. 298 — *Plan et coupe du fouloir aménagé dans l'arrière-cour de l'îlot 01 (© B. Riba).*

Fig. 299 — *Table de pressurage découverte dans la maison M. 68 (© B. Riba).*

L'huilerie associée à la maison M. 70 (quartier D)

L'huilerie est matérialisée par un local entièrement construit. Les vestiges, en très mauvais état de conservation, dissimulés par une épaisse couche de terre et une importante couverture végétale, apparaissent seulement par endroit sur une hauteur de trois assises (**fig. 300**). Les parties visibles suffisent néanmoins à rendre compte de l'organisation de cet ensemble (**fig. 301**). Le pressoir, de plan rectangulaire (13 m x 7,50 m), présente des proportions comparables à celles d'une maison ordinaire à deux pièces. Les murs, très épais, sont constitués d'un double parement de blocs orthogonaux. Chaque côté conserve le départ de quatre arcades qui soutenaient un toit en bâtière. L'entrée n'est pas localisée avec exactitude, mais les vestiges apparents n'offrent d'autre choix que de situer celle-ci sur le petit côté occidental. Le broyeur étant relégué à l'extérieur, l'espace interne était entièrement consacré à l'opération du pressurage. Le levier de la presse, qui occupait presque toute la longueur de l'édifice, se logeait dans une niche aménagée dans le parement du mur oriental. La niche proprement dite est actuellement invisible. L'espace autour de la presse était suffisamment large pour laisser assez de champ d'action aux manœuvres. L'état des lieux interdit l'étude des négatifs au sol qui permettrait de reconnaître l'emplacement des composantes traditionnelles des huileries de la région. Toutefois, une pierre d'ancrage (**fig. 302 et 304**) retrouvée à proximité du pressoir atteste l'usage d'un système à vis. L'élément se trouvait à l'origine dans la partie occidentale de l'édifice, exactement dans l'axe du levier de la presse, logé dans une cavité peu profonde taillée à ses dimensions et selon sa forme cylindrique[50]. Son rôle était de faire contrepoids au grand levier de la presse. Ce dernier, bien stabilisé, pouvait alors fonctionner sur un plan strictement horizontal, sans risque de déséquilibre. Les négatifs apparents sur le bloc d'ancrage permettent de restituer le système qui le liait à la vis[51]. La cavité cylindrique située au centre de la pierre d'ancrage servait de logement au pied de la vis. Juste au-dessus, une plaque de bois scindée en deux parties symétriques comportant chacune des retailles en demi-cercle permettait, une fois réunies, d'insérer la partie la plus fine de la vis. Des pièces de bois maintenaient la plaque liée au bloc d'ancrage. Leur partie inférieure s'encastrait dans les mortaises prévues sur les côtés du bloc ; leur partie supérieure était insérée, comme la vis, entre les deux parties de la plaque de bois. Le mode d'assemblage des moises avec cette dernière n'est pas connu, ces éléments n'ayant pas été conservés. La vis, libre à l'intérieur de la pierre, pivotait sur elle-même en laissant la pierre d'ancrage parfaitement immobile. Elle comprenait donc quatre parties : le pied logé dans le bloc d'ancrage, la partie affinée prise dans la pièce de bois, une partie lisse (ou décolletée) destinée à recevoir le bras horizontal qui permettait la rotation de l'ensemble, et la partie supérieure filetée qui était la plus longue. Toutes les pièces de bois, et donc la vis elle-même, ont naturellement disparu.

50. Le diamètre de la pierre d'ancrage dépasse légèrement un mètre ; sa hauteur excède 0,7 m. La partie inférieure de l'élément est enfouie sous terre.

51. Des restitutions de ce système sont proposées dans Callot 1984, pl. 47 et Biscop, 1997, pl. 61.

Le broyeur à meule se situe à l'extérieur de l'huilerie, immédiatement au nord[52]. Il se compose de deux parties : le dormant du moulin taillé dans la roche, donc fixe, et la meule qui n'a pas été retrouvée. Le dormant se présente sous la forme d'une large cuve cylindrique de 2,20 m de diamètre (**fig. 303 et 305**). Le trou aménagé au centre était prévu pour loger l'axe vertical qui tournait sur lui-même lorsque la meule était actionnée par le bras horizontal auquel elle était liée. Compte tenu de la situation du broyeur dans un espace à ciel ouvert, les bras en bois devaient sans doute être systématiquement démontés et entreposés à l'intérieur de l'huilerie ou dans le local M. 70d en cas d'intempéries.

L'huilerie possède toutes les caractéristiques d'une installation performante. D'une part, l'édifice appartient à la catégorie des locaux de type « fermé » : soigneusement édifié en appareil à double parement de blocs équarris disposés en assises régulières, le bâtiment était hermétique aux agressions extérieures comme le vent, qui draine des impuretés, ou la pluie et l'humidité qui abîment les matériaux périssables. D'autre part, la présence d'une presse à vis indique la mise en œuvre d'un système performant par le biais d'un levier de grande envergure[53] qui conférait au pressurage une puissance maximale. Enfin, les opérations de broyage et de pressurage s'effectuaient successivement et de manière continue : la proximité du broyeur et de la presse permettait d'enchaîner les deux actions sans interruption, et d'assurer de cette façon un bon rendement. L'huilerie rassemble ainsi les atouts favorables à une rentabilité optimale. Son appartenance à la maison M. 70 est assurée par sa situation bien que celle-ci ne soit pas pleinement inscrite à l'intérieur de l'enceinte domestique. Ce fait, certainement pas fortuit, paraît souligner le caractère à la fois privé et collectif de l'installation agricole. En effet, si les dimensions du local n'atteignent nullement celles des grandes huileries localisées, par exemple, dans le ǧebel Zāwiye[54], ses capacités dépassaient largement les besoins d'une seule famille. L'huilerie, tournée vers l'extérieur, était vraisemblablement mise à la disposition de la communauté au bénéfice du propriétaire. Les villageois possesseurs d'oliveraies, mais dépourvus de pressoirs, pouvaient ainsi y amener leur récolte pour la voir transformer en huile. L'huilerie constituait sans doute l'une des principales sources de revenus des exploitants de la maison M. 70 spécialisés dans ce type de production. Selon toute vraisemblance, la main-d'œuvre se composait des membres de la famille expérimentés dans le domaine. D'après les estimations effectuées par O. Callot pour d'autres pressoirs de la région, une telle huilerie devait compter entre 10 et 13 ouvriers[55], soit un nombre correspondant à une main-d'œuvre familiale.

Fig. 300 — *Huilerie associée à la maison M. 70. Vue depuis le nord-est (© B. Riba).*

Le pressoir souterrain

L'huilerie est située à l'angle sud-ouest de l'îlot 05, dans le secteur nord du quartier A. Il s'agit d'un local de type « fermé » entièrement aménagé dans la roche, en dehors de tout espace domestique. Son accès s'effectue par un couloir étroit semblable à un *dromos* d'hypogée (**fig. 306**). Ce dernier, bordé de murs précaires élevés en moellons, était constitué de marches taillées dans le roc. L'intérieur, assez vaste, couvre une superficie de 170 m² environ. Les parois irrégulières dessinent un espace de plan vaguement rectangulaire. Deux grandes presses, dont les emplacements sont indiqués par les niches d'encastrement des leviers, étaient disposées de manière perpendiculaire l'une par rapport à l'autre (**fig. 307**). Une première niche, à l'est, atteste la présence d'une presse qui longeait la paroi du fond (**fig. 308**). La seconde, excavée du côté nord, à côté de l'entrée, indique une presse installée le long

52. Pour des raisons pratiques, les broyeurs à meule se trouvent généralement à l'intérieur de l'huilerie. Parmi les nombreux exemples de ce type, notons celui de la grande huilerie de Serǧilla, dans le ǧebel Zāwiye (Tate *et.al.* 2013, p. 430-435), ou encore celui de l'huilerie située dans le couvent de Deir Deḥes (Biscop 1997, p. 21-24, pl. 9 et 66).

53. D'autres huileries du Massif calcaire présentent un système à treuils. Selon O. Callot, ce dernier est moins performant puisqu'il permettait seulement l'utilisation de leviers de faible envergure (Callot 1984, p. 31-42).

54. Ce type d'huilerie se trouve notamment à Serǧilla, El-Bāra, Sinšarah, etc. (Tate 1997a, p. 937).

55. Le fonctionnement du broyeur nécessitait 3 hommes (2 pour actionner le bras ; 1 pour mettre l'eau) ou bien un homme et une bête de somme ; le fonctionnement de la presse nécessitait 7 à 10 manœuvres (2 pour la vis, 2 pour enfoncer les cales dans la niche, 2 pour préparer les scourtins, 2 pour le transport de l'eau et autres divers travaux). Sur ce point, voir Callot 1984, p. 99.

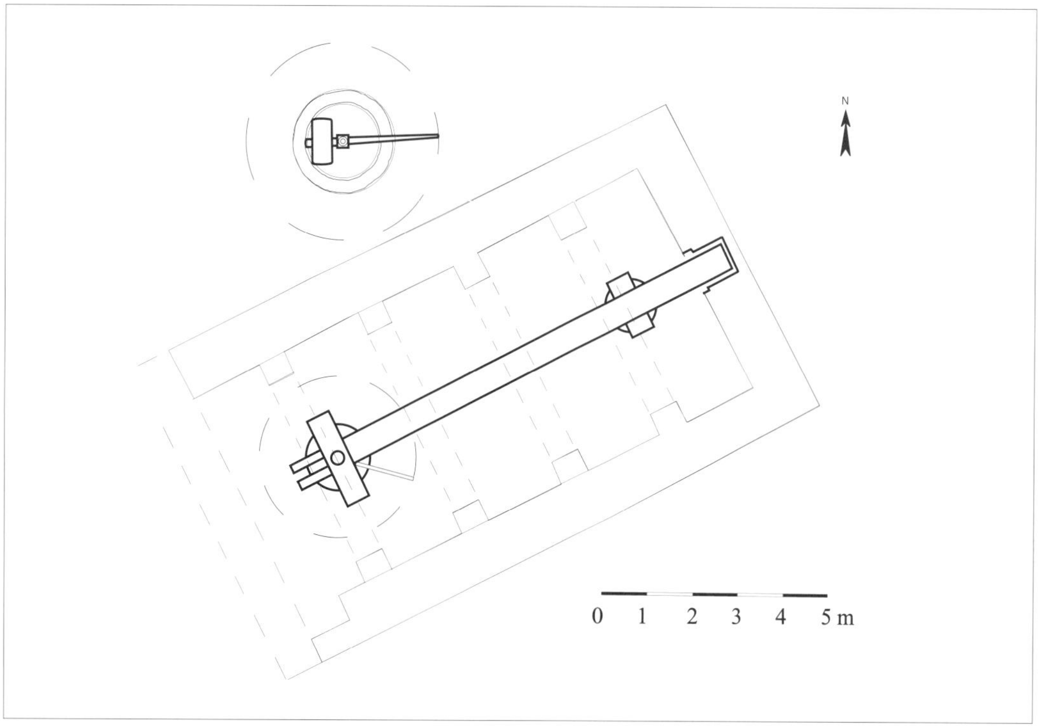

Fig. 301 — *Plan de l'huilerie de la maison M. 70 (© B. Riba).*

Fig. 302 — *Pierre d'ancrage (© B. Riba).*

Fig. 303 — *Dormant du moulin de l'huilerie (© B. Riba).*

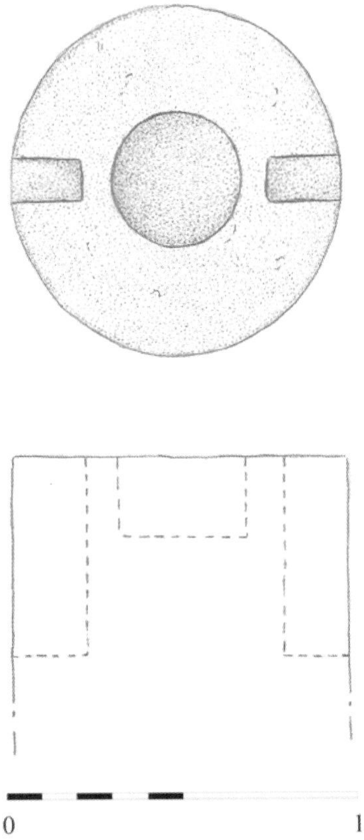

Fig. 304 — *Plan et coupe de la pierre d'ancrage (© B. Riba).*

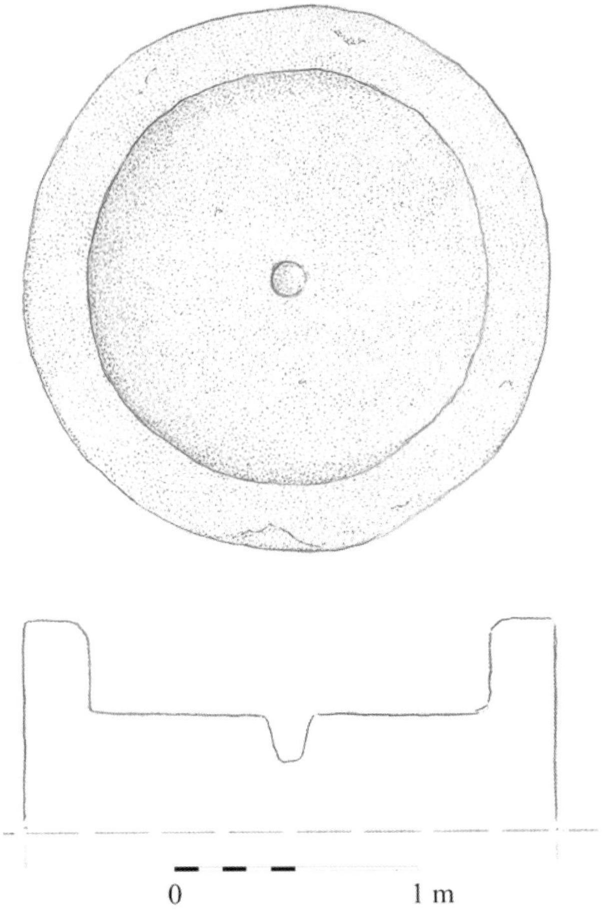

Fig. 305 — *Plan et coupe du dormant du moulin (© B. Riba).*

de la paroi occidentale. Les niches, dont les dimensions atteignent presque 2 m de hauteur pour une largeur de 0,70 m, présentent chacune les négatifs du châssis en bois qui guidait le levier de la presse afin d'éviter son usure sous l'effet du raclage contre la roche. La lecture des aménagements au sol est rendue impossible à cause de l'amas de blocs et de l'épaisse couche de terre qui le recouvrent. L'absence de blocs d'ancrage ne permet pas de confirmer la présence de presses à vis. Cependant, la qualité du local et l'envergure des leviers suggérée par les dimensions des niches militent en faveur de l'existence d'un tel système. Par ailleurs, des fragments de rebords curvilignes retrouvés parmi les débris permettent d'envisager la présence d'un broyeur à meule. Afin d'assurer un rendement maximal, il est probable que chaque presse ait été pourvue de son propre broyeur[56]. L'espace laissé par les presses intentionnellement placées contre les parois de l'huilerie autorise une telle éventualité. Un orifice circulaire aménagé dans le plafond permettait de déverser les olives depuis l'extérieur sans avoir à passer par l'escalier étroit du couloir menant à l'entrée du local (**fig. 309**). L'ouverture est axée de façon à ce que les fruits soient récupérés à proximité des moulins. Elle constituait également une source lumineuse supplémentaire tout en faisant office de bouche d'aération. Avec la porte, un courant d'air pouvait ainsi circuler dans l'atmosphère surchauffée et saturée par l'odeur particulièrement forte dégagée par l'huile. L'obturation de l'orifice, durant la saison morte ou bien en cas d'intempéries, s'effectuait par le biais d'une lourde dalle de pierre. Ce type d'ouverture est comparable aux orifices observés dans les salles et les étables souterraines associées à certaines maisons ou bien isolées sur le site[57].

56. C'est le cas notamment à Kafr Nābo à l'intérieur d'une huilerie souterraine du même type (Callot 1984, pl. 123).

57. Les orifices des salles et des étables souterraines avaient une fonction analogue : ils permettaient d'entreposer des denrées sans avoir à passer par l'intérieur de la maison et participaient à l'aération de l'espace.

Fig. 306 — *Couloir d'accès à l'huilerie souterraine (© B. Riba).*

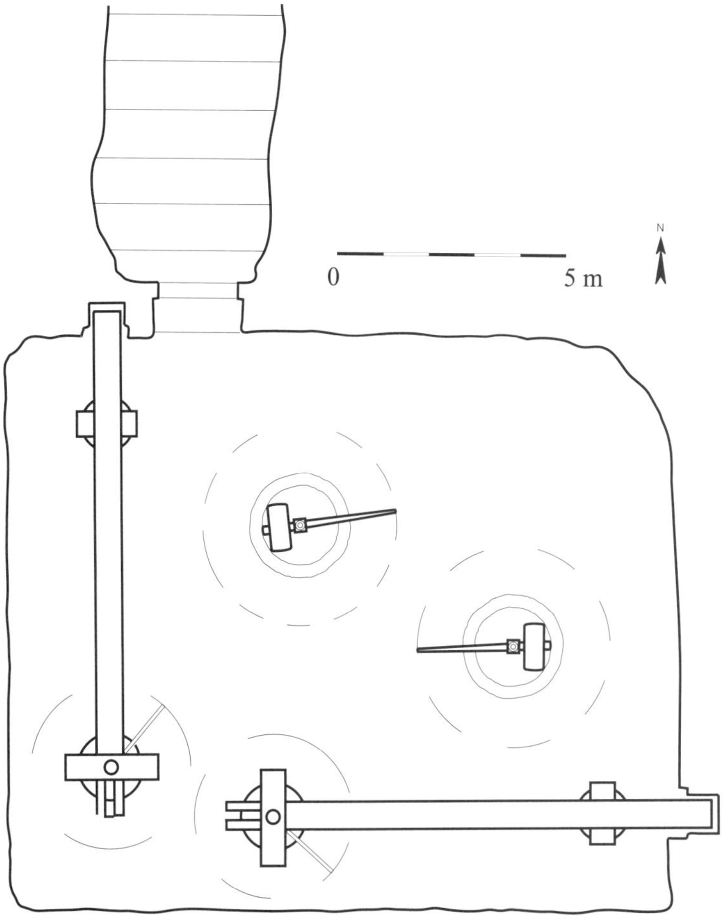

Fig. 307 — *Plan de l'huilerie souterraine (© B. Riba).*

Fig. 308 — *Niche d'encastrement du levier de la presse aménagée dans la paroi orientale (© B. Riba).*

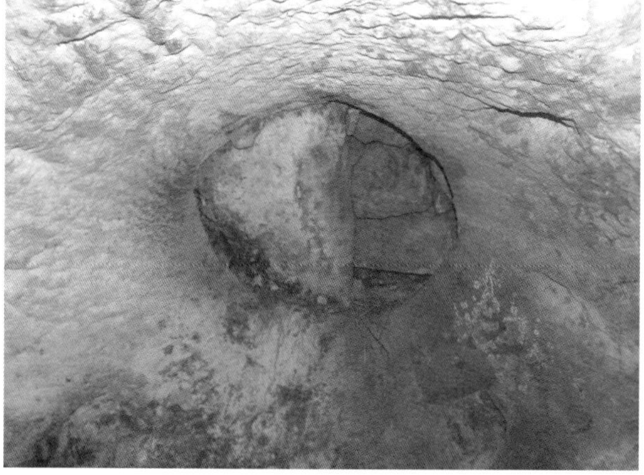

Fig. 309 — *Orifice circulaire aménagé dans la paroi supérieure de l'huilerie (© B. Riba).*

Une huilerie de ce type est à classer parmi les plus performantes de la région. Son emplacement en dehors d'une zone privée et le coût élevé de son aménagement plaide en faveur d'une huilerie communale, bien que la possibilité d'une propriété privée ne puisse être totalement exclue. La capacité de rendement de l'installation est accrue par la présence de presses jumelées. Ici, tout est mis en œuvre pour obtenir un profit maximal : les fruits étaient directement déversés depuis l'extérieur tandis que les opérations de broyage et de pressurage se succédaient en continu, chaque presse étant probablement munie de son propre broyeur à meule. Enfin, les leviers puissants actionnés par les vis étaient un moyen efficace pour obtenir une bonne quantité d'huile. Aucune perte de temps ni de rendement n'est possible dans ce type de local perfectionné. Lors de la récolte, celui-ci fonctionnait à plein régime, sans interruption. Ces huileries très rentables sont connues dans tous les chaînons montagneux du Massif calcaire. Dans le ǧebel Waṣṭāni septentrional, ce type de pressoir se retrouve notamment dans les villages voisins de Ṭurīn, de Batraš[58] et de Banassara[59].

Le pressoir conventuel

Le pressoir du monastère est totalement isolé au milieu du terroir. Les vestiges, en grande partie ensevelis sous les cultures actuelles, sont à peine visibles en surface (**fig. 311**). Le bâtiment, brièvement évoqué plus haut, présente un plan allongé de 10 m de long sur 5 m de large (**fig. 310**). Il comporte une partie rupestre rehaussée de murs élevés en appareil orthogonal à parement simple. Certains blocs atteignent plusieurs mètres de long. Le local autrefois couvert d'un toit à double pente semble avoir été totalement fermé. Son accès situé sur le long côté septentrional s'effectuait par le biais d'une rampe aménagée dans la roche destinée à pallier les irrégularités du relief incliné. Ce système d'accès, large de 1,50 m, facilitait l'acheminement des récoltes à l'intérieur du bâtiment depuis les premières terrasses du *wādī*. L'absence de traces de fermeture témoigne d'un passage ouvert en permanence. La niche d'encastrement du levier de la presse est aménagée à l'endroit le plus résistant à la pression, c'est-à-dire dans la partie rupestre, du côté oriental de la construction. Bien que la vis soit le système le plus probable dans ce type de local[60], aucun indice visible ne permet de l'attester. Le moulin à meule observé par les pères franciscains, dont il ne reste aucune trace aujourd'hui en surface, indique une fonction tournée vers la production de l'huile. Le segment de mur de clôture localisé à l'est du pressoir confirme son appartenance à l'ensemble monastique. La fabrication de l'huile incombait à une main-d'œuvre locale probablement composée d'habitants du village. De cette façon, les moines tiraient profit de l'installation agricole dans laquelle ils avaient investi[61]. Sa situation au cœur du terroir avait un double objectif : éviter la promiscuité avec les villageois et faciliter l'acheminement des récoltes vers le pressoir établi au cœur des cultures.

Chronologie des installations agricoles

Aucune installation agricole n'est datée par l'épigraphie. Ces aménagements n'offrent pas non plus d'évolution technique significative susceptible de préciser leur chronologie[62]. Le meilleur moyen de les situer dans le temps est donc de replacer chacune d'elle dans son contexte villageois. Les plus anciennes sont représentées par les fouloirs localisés dans le secteur nord du site, chacun étant associé à un hameau primitif lors de la première phase d'occupation de Kafr ʿAqāb. De son côté, la petite installation vinicole de la maison M. 14 apparaît lors de la construction de la bâtisse au cours de la seconde moitié du vᵉ siècle, au moment où ce secteur connaît une vague d'expansion significative. Au viᵉ siècle, la construction de l'îlot 01 donne lieu à l'aménagement du fouloir dans l'arrière-cour de la maison M. 05. Enfin, les installations implantées au sud du village sont à situer vers le milieu du viᵉ siècle, comme l'établissement monastique auquel elles appartiennent.

Quant aux huileries, la plus ancienne est celle aménagée sous terre, dans la partie nord du quartier A. La période de son apparition sur le site demeure cependant difficile à préciser. En effet, ce type d'huilerie double a pu exister dès la période impériale, à l'image des locaux dotés de deux presses étudiés dans le village de Kafr Nābo[63]. Il faudrait alors admettre, dans un premier temps, un pressoir isolé dans le terroir à la périphérie du secteur d'habitat méridional. L'existence d'une construction si onéreuse à une période caractérisée par la présence d'une population de condition majoritairement modeste pourrait étonner, mais aucun indice ne permet d'exclure que le local appartenait à l'origine à la famille d'un notable attestée sur le site dès cette époque par les vestiges d'un tombeau monumental. L'huilerie pourrait être aussi envisagée comme une propriété du temple d'El-Ḫoṣn, à l'image du sanctuaire de Qalōta qui possédait une installation de ce type dans le village de Kafr Nābo[64]. Néanmoins, sa construction

58. Peña 2003, p. 367-370.
59. Khoury 2005, p. 223.
60. Callot 1984, p. 91.
61. Escolan 1999, p. 184.
62. Callot 1984, p. 103.
63. Callot 2013, p. 100-101.
64. Gatier 1997, p. 751-775.

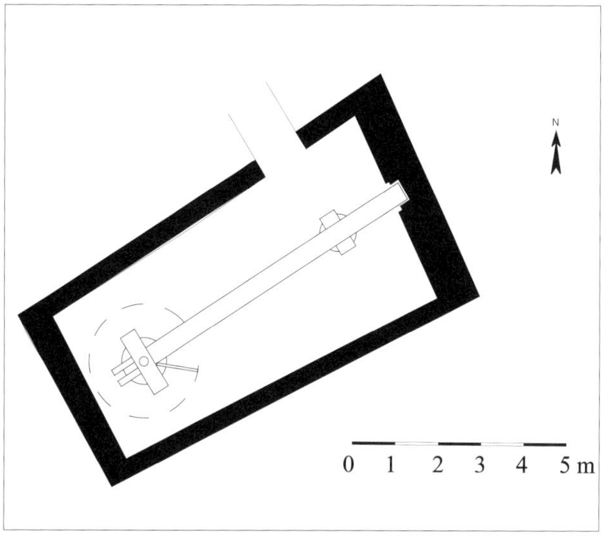

Fig. 310 — *Plan du pressoir conventuel (© B. Riba).*

Fig. 311 — *Le pressoir conventuel partiellement enfoui sous un champs. Vue depuis le sud-ouest (© B. Riba).*

à une période plus récente est également possible : son emplacement au sein du quartier A, à proximité d'un îlot apparu au cours de la seconde moitié du ve siècle permet, effectivement de situer sa construction à ce moment, lorsque l'habitat s'étend à cette zone du site. Son apparition s'inscrirait alors dans la logique de développement du village : la communauté villageoise, plus riche et composée d'un nombre plus important de paysans, s'offre un local agricole coûteux afin de répondre à une production plus élevée.

La seconde huilerie est plus récente. Son apparition doit être située au tournant du vi^{e} siècle, lors de la construction de la maison dont elle dépend (M. 70). Cette datation correspond avec la qualité de l'édifice solidement élevé en appareil orthogonal à parement double, couvert d'un toit soutenu par un système d'arcades parallèles. Malgré des dimensions assez modestes, le coût élevé de la construction est en accord avec le niveau de vie plus aisé atteint par les exploitants à cette période. Son apparition coïncide aussi avec l'émergence des belles huileries connues dans le ǧebel Zāwiye, secteur du Massif calcaire qui présente, nous le verrons, une évolution proche de celle du village de Kafr ʿAqāb. Enfin, le pressoir conventuel est la dernière installation à presse construite sur le site. Il doit être situé vers le milieu de vi^{e} siècle, lors de l'établissement de la communauté monastique. Par ailleurs, les techniques de construction employées évoquent celles observées dans l'architecture domestique au cours de la dernière phase d'expansion du village : la partie inférieure de l'édifice est entièrement rupestre, tandis que les assises supérieures de la partie construite se composent de blocs de grand module.

Le vin et l'huile comme produits cantonnés au cadre villageois

Les installations agricoles sont peu nombreuses si on considère l'importance du village de Kafr ʿAqāb. Dans une localité qui compte, au vi^{e} siècle, plus de 80 habitations, seuls neuf aménagements ont été répertoriés : trois huileries et six fouloirs. Ces chiffres sont très faibles comparés au nombre considérable de villages du Massif calcaire qui possèdent, même pour les plus petits, une quantité beaucoup plus importante d'aménagements similaires. Dans le ǧebel Wāṣṭāni, la localité voisine de Banassara, pourvue d'une quinzaine d'habitations seulement, compte une dizaine de pressoirs souterrains aussi performants que ceux de Kafr ʿAqāb. À l'évidence, la production de ce petit village, qui dépassait largement les besoins des habitants, était tournée vers l'exportation, contrairement à la localité de Kafr ʿAqāb dans laquelle le nombre d'installations agricoles permettait seulement de subvenir aux besoins de la communauté villageoise. De fait, dans le village, la qualité des huileries entretient un rapport direct avec leur petit nombre : il s'agissait avant tout de satisfaire les besoins des habitants par le biais de pressoirs élaborés conçus pour produire une quantité d'huile relativement importante. Les paysans, qui ont donc privilégié une activité agricole spéculative autre que celle de l'oléiculture, se sont contentés d'un système fondé sur seulement deux huileries villageoises perfectionnées qui s'ajoutent à celle, plus petite, du couvent. La plus ancienne, pourvue de deux presses, appartenait peut-être à la communauté, car chacun trouvait un intérêt à construire une grande huilerie dans un village qui n'en possédait encore aucune, à moins qu'il faille considérer celle-ci comme la propriété d'un notable ou bien celle du temple d'El-Hosn, selon les hypothèses formulées plus haut. En revanche, l'huilerie plus récente associée à la maison M. 70 procurait des profits à un exploitant spécialisé dans ce type de production. Elle complétait également le rendement de l'huilerie plus ancienne en réponse à un nombre d'habitants en hausse constante. Ainsi, le petit nombre d'huileries dans le village montre que la fabrication de l'huile n'a jamais été une priorité chez les habitants de Kafr ʿAqāb. Le manque pouvait éventuellement être complété par les activités liées aux échanges. La fabrication du vin, attestée par la présence de six fouloirs répartis sur l'ensemble du site, ne constituait pas non plus une priorité. Le soin apporté à l'aménagement des bassins à l'aire libre et leur capacité de contenance suggèrent l'attention particulière portée par les villageois à ce type de production, mais celle-ci se limitait aux seuls besoins de l'autoconsommation à l'intérieur du cadre villageois.

Une société de cultivateurs et d'éleveurs

Le régime agricole villageois

Le constat qui vient d'être énoncé à propos de la production limitée de l'huile dément la thèse de G. Tchalenko qui envisageait l'économie du Massif calcaire comme un système reposant entièrement sur le régime de la monoculture de l'olivier[65]. Selon l'auteur, les paysans auraient vécu exclusivement de la fabrication de l'huile et de son exportation vers l'Occident et une partie de l'Orient. Le Massif calcaire aurait donc été une région au caractère très exceptionnel souligné par une pratique d'exportation massive de l'huile d'olive. Corrélativement, les campagnes auraient dès lors été totalement soumises aux régions voisines importatrices de denrées alimentaires vitales et autres produits indispensables. Cette théorie s'appuyait sur deux observations principales : d'une part, les sols rocailleux des chaînons ne semblaient autoriser nulle autre culture que celle des plantations sèches ; d'autre part, la présence d'innombrables pressoirs et de bassins agricoles à l'air libre dans les localités de la région. L'étude de trois villages de montagne[66] a permis à G. Tchalenko d'étayer sa théorie en s'appuyant plus particulièrement sur celui de Beḥyō considéré par l'auteur comme une « véritable exploitation industrielle »[67]. Depuis lors, cette vision du Massif calcaire a été contestée par les fouilles du quartier dit de « l'agora » à Deḥes[68], la synthèse de G. Tate[69] et les résultats récents d'une étude réalisée par O. Callot qui laisse désormais une place dominante à la culture de la vigne[70]. Ces travaux ont montré que les pressoirs participaient à l'économie des campagnes au même titre que d'autres activités agricoles, même si dans de nombreux villages leur rôle était important. Ces résultats sont en accord avec les observations effectuées sur le site de Kafr ʿAqāb, mais dans ce cas précis la viticulture et l'oléiculture occupent une place très secondaire par rapport à la plupart des localités du Massif calcaire. Certes, les paysans cultivaient la vigne et l'olivier, mais ces activités se cantonnaient au seul cadre villageois. En revanche, une place de choix était accordée à d'autres cultures, principalement celles des céréales, mais aussi celles des légumes, des légumineuses et des arbres fruitiers, bien que ces dernières n'aient guère laissé de traces archéologiques concrètes.

Le vin et l'huile

D'après les données archéologiques disponibles, il est peu aisé de déterminer la place exacte occupée par la vigne et l'olivier sur le site. Quoi qu'il en soit, la production du vin, dont l'existence est assurée dès la première phase d'occupation, pourrait avoir précédé celle de l'huile si l'on admet que l'aménagement du pressoir souterrain n'a eu lieu qu'à partir du vᵉ siècle. La viticulture semble pourtant limitée à cette époque puisque, sans exclure la présence possible d'installations enfouies sous terre, les témoignages se résument à seulement deux bassins de foulages à l'air libre : celui du quartier E et celui situé en périphérie du quartier D. Tous les raisins, cependant, n'étaient pas destinés à être transformés en vin. Libanios souligne notamment, dans le discours *Sur les corvées*, que les paysans ravitaillent Antioche en vin, mais aussi en grappes de raisin[71]. Les installations vinicoles ne livrent donc pas de précisions sur l'étendue du vignoble. Les zones cultivées sont simplement suggérées par la répartition des fouloirs, la topographie du terrain et les aménagements au sol tels que les terrasses créées par la mise en œuvre de murs de rétention de terre. La surface qui s'étend aux abords du hameau primitif septentrional (quartier E), à une partie du *wādī* nord et à l'arrière de la maison M. 72,

65. G. Tchalenko admet toutefois la présence possible de vignes (Tchalenko 1953-1958, I, p. 74-75). Le système économique fondé sur la monoculture de l'olivier avait séduit certains chercheurs (voir notamment Rodinson 1961, p. 170-200).

66. Les villages en question sont ceux de Bāmuqqā (Tchalenko 1953-1958, I, p. 300-318), de Qirkbīze (Tchalenko 1953-1958, I, p. 319-342) et de Beḥyō (Tchalenko 1953-1958, I, p. 343-373).

67. Tchalenko 1953-1958, I, p. 372.

68. Sodini *et al.* 1980.

69. Tate 1992.

70. Callot 2013, p. 97-109 ; Callot 2017 ; voir ci-dessus note 49.

71. *Or.* L, 31, citée par Kauffman 2004, p. 334.

était certainement consacrée à ce type de plantation. Les installations associées aux maisons M. 05 et M. 14 apportent moins de renseignements, car elles se trouvent non pas au sein même des vignobles, mais à l'intérieur d'unités domestiques. La présence de plantations toutes proches sur les parcelles qui s'étagent sur les bordures occidentales du promontoire rocheux est néanmoins fort probable, les versants bien ensoleillés et les terrasses naturelles étant propices, de ce côté du site, à ce type de culture. Enfin, compte tenu de l'emplacement des fouloirs et de l'huilerie des moines, l'ensemble du domaine monastique était à l'évidence partagé entre la culture de la vigne et celle de l'olive. Du côté de l'oléiculture, si le pressoir double existait dès la période romaine, les habitants devaient fabriquer de l'huile au bénéfice de son propriétaire et pouvaient peut-être s'en procurer afin de subvenir à leur besoin à l'intérieur du village. Dans ce contexte, la vigne et l'olive revêtaient probablement un rôle à peu près égal, les deux cultures intégrant un régime économique fondé sur la polyculture. L'hypothèse qui n'admet l'existence de l'huilerie souterraine qu'à partir de la seconde moitié du ve siècle n'exclut pas pour autant l'existence de plantations d'oliviers à une période antérieure. Les olives, en effet, n'étaient pas forcément destinées au pressurage. Elles pouvaient être consommées telles quelles ou bien faire l'objet d'échanges. Il est peu probable, en revanche, d'envisager leur transport dans les villages voisins dans le seul but d'être pressées compte tenu du soin particulier que nécessitaient les fruits lors de leur déplacement depuis le lieu de la cueillette jusqu'au pressoir[72]. Les distances entre les villages excluent une telle possibilité. Les paysans préféraient sans doute se procurer directement l'huile dans les localités environnantes productrices plutôt que d'acheminer leur propre récolte, la transformer et la ramener à Kafr ʿAqāb. La construction tardive de l'huilerie souterraine répondrait alors au souci des villageois de s'affranchir de la dépendance où ils se trouvaient vis-à-vis de ce produit par rapport à d'autres villages. En tous les cas, à cette période, l'installation à haut rendement était bel et bien mise à la disposition de la communauté. Plus tard, en réponse à l'augmentation de la population et à l'intensification des cultures, une seconde huilerie apparaît avec la construction de la grande exploitation familiale M. 70 qui fonctionne comme une véritable entreprise indépendante fondée sur la production de l'huile. Sur le territoire du couvent, la dispersion des aménagements agricoles fait partie d'une stratégie visant à exploiter l'ensemble du domaine et d'en améliorer le rendement.

72. Callot 1984, p. 17.

La prépondérance de la culture céréalière

Les études antérieures ont montré que la prospérité des villages reposait essentiellement sur la vente de produits excédentaires[73]. L'activité principale était centrée sur l'exportation du vin et de l'huile, deux denrées à forte valeur ajoutée. Or, à Kafr ʿAqāb, village florissant et bien développé, ces deux secteurs d'activité n'étaient nullement destinés au marché. C'est donc vers un autre type de culture que se sont tournés les paysans, et cela dès la première phase d'occupation du site. En effet, l'un des principaux facteurs de la croissance du village est en réalité fondé sur la culture céréalière. D'une part, le cadre environnemental offre toutes les aptitudes agricoles requises à cette activité. D'autre part, les vestiges archéologiques attestent l'existence de cette pratique agricole. Enfin, la vente de ce type de produit était particulièrement favorisée par la situation privilégiée de la localité par rapport aux débouchés commerciaux.

L'aptitude agricole du site

Le site offre l'avantage de posséder de grandes étendues de terres arables adaptées à la culture céréalière. Parmi elles, deux zones principales sont à considérer. La première est représentée par le terroir situé directement à l'est du site (**fig. 312**) qui se caractérise à cet endroit par un vaste terrain, plat ou faiblement incliné, constitué d'un sol relativement profond et riche formé par une terre issue de la décomposition du calcaire accumulée au pied du ǧebel Dueili, sous l'effet de l'érosion et du ruissellement. L'épaisse couche de terre excède largement les 60 cm requis pour stocker les réserves hydriques nécessaires à ce type de culture[74]. Son labour se pratiquait à l'araire, comme les paysans de Dueili le font encore aujourd'hui au même endroit. Par ailleurs, le sol se compose d'une fraction argileuse importante qui favorise sa capacité de rétention de l'eau. Les conditions édaphiques étaient donc tout à fait adaptées à la céréaliculture. Cela explique la répartition des constructions sur le site qui privilégient largement la frange occidentale, rocailleuse et peu propice à ce type de culture, plutôt que le secteur oriental caractérisé par un fort potentiel agronomique en termes de céréales. La seconde zone favorable à la céréaliculture est excentrée par rapport au village proprement dit (**fig. 313**). Située au sud-est du site, au-delà du *wādī* sud, il s'agit d'une dépression semblable à une petite plaine enclavée au milieu de collines calcaires. L'exploitation de ce secteur est attestée par la présence de vestiges tels qu'un grand réservoir d'eau et une clôture matérialisée par un

73. Tate 1991a, p. 45 ; Tate 1992a, p. 331.
74. Sanlaville 1993, p. 370.

Fig. 312 — *Étendue de terre arable à la périphérie orientale du village (© B. Riba).*

Fig. 313 — *Cuvette de terre arable située au sud-ouest du village (© B. Riba).*

Fig. 314 — *Vestiges de la clôture délimitant les cultures du côté nord de la cuvette de terres arables (© B. Riba).*

alignement de piliers grossièrement taillés (**fig. 314**), comparable aux enclos qui délimitent le domaine conventuel et certains espaces funéraires. On remarque également autour de cette zone quelques citernes et des poches naturelles couvertes de dalles. La vaste étendue de terres arables, parfaitement plane, présente des caractéristiques analogues à celles observées dans la zone orientale du site : le sol est suffisamment épais et argileux pour faire l'objet de labours à l'araire et emmagasiner l'eau au cours de la saison froide.

Ainsi, la culture des céréales, essentiellement le blé et l'orge[75], était bien adaptée aux données d'ordre topographique, climatique et édaphique du site. Suite aux labours qui avaient lieu au début de l'automne, les céréales semées en hiver profitaient des pluies favorables à la germination et au développement racinaire. Les averses de printemps, ajoutées aux réserves d'eau stockées dans les sols, permettaient leur maturité avant les fortes chaleurs estivales. La moisson avait généralement lieu entre avril et mai. Les années à faible pluviométrie, les carences en eau pouvaient être atténuées par une irrigation de complément. A l'est du village, ce type d'irrigation était possible, notamment, grâce au vaste bassin de rétention d'eau construit au pied du ǧebel Dueili, à proximité immédiate des cultures. Ce réservoir monumental, capable de compenser une pluviométrie insuffisante et de favoriser la croissance finale des plantes, témoigne des moyens mis en œuvre par les villageois soucieux d'éviter la perte des récoltes. Enfin, l'absence de pierriers dans les deux secteurs considérés montre que ces espaces, qui n'ont pas nécessité de nettoyage des sols, étaient directement exploitables. Aujourd'hui encore les céréales, avec le tabac, sont les principales cultures pratiquées sur le site aux dépens des plantations d'oliviers et des vignobles

75. Sur ces denrées, voir Kaplan 1992, p. 26-30.

situés dans les villages voisins aux sols plus adaptés à ce type de culture. Ce contraste avec les localités environnantes, sans doute moins marqué autrefois, est en accord avec les observations effectuées pour la période antique au cours de laquelle la vigne et l'olivier jouaient un rôle secondaire dans l'économie villageoise.

Les témoignages archéologiques

Les vestiges archéologiques qui attestent l'existence de la culture céréalière sont essentiellement représentés à l'intérieur des maisons. Certains sont liés à la transformation des grains, d'autres sont dédiés à leur stockage.

Les installations à moudre le grain

Ce type d'équipement a été localisé à l'intérieur de deux maisons. Le premier se situe dans la pièce M. 70c de la maison M. 70 (**fig. 315**). L'objet comprend deux éléments : une grande vasque en pierre qui servait de mortier et une lourde pierre calcaire dont la fonction était d'assurer le broyage. Cette dernière présente un côté plat afin de faciliter sa préhension ; le côté arrondi, sur lequel apparaît une croix finement incisée, est adapté à la forme concave du mortier. Le geste du préposé au broyage s'exécutait de la façon suivante : l'individu se tenait courbé, les jambes de part et d'autre de l'installation, les mains posées sur la partie plane de l'objet. Ce dernier permettait de broyer le grain par l'action du roulement effectuée par la répétition d'un mouvement de va-et-vient. L'envergure de l'aménagement suppose une quantité relativement importante de grains à moudre. Un objet comparable, mais d'un diamètre plus petit, a été découvert dans la cour de la maison M. 72. La croix également gravée sur celui-ci a partiellement disparu sous l'effet du mouvement répété lors de l'opération du broyage. Le mortier qui lui était associé n'a pas été retrouvé. Ces instruments étaient certainement destinés à la fabrication d'aliments à base de blé ou d'orge. La présence de croix sur les deux objets suggère l'importance particulière accordée à la fabrication du produit placée de cette manière sous protection divine. Des fouilles et des dégagements multiplieraient sans doute les découvertes de ce type d'équipement agricole dans les maisons de Kafr ʿAqāb.

Les cuves de pierre : des silos à grains ?

Dans le village, une trentaine de maisons possèdent de grandes cuves de pierre d'un peu plus d'un mètre de diamètre pour une profondeur atteignant parfois deux mètres. L'épaisseur de la paroi n'excède pas une dizaine de centimètres. La plupart sont cylindriques (**fig. 316**), d'autres sont carrées, d'autres encore adoptent une

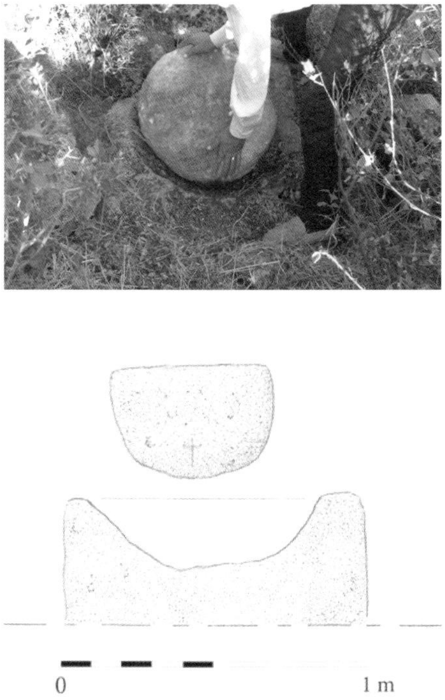

Fig. 315 — *Mortier placé dans la pièce M. 70c de l'exploitation M. 70 (© B. Riba).*

forme spécifique en fonction de leur emplacement. Leur fermeture s'effectuait par le biais de lourds couvercles de pierre taillés aux dimensions de l'ouverture. Certains présentent un orifice central ; d'autres sont totalement hermétiques. À l'intérieur de l'enceinte domestique, les cuves occupent des places différentes. Elles se rencontrent aussi bien dans les bâtiments que sous les portiques ou dans les cours. Quelques habitations en possèdent deux. Certains récipients sont intégrés à l'architecture même de la maison, à l'image d'une cuve située dans l'unité domestique M. 27 qui permet de combler un vide entre le mur de clôture et le bâtiment d'habitation (**fig. 317b et 318**).

Le rôle de stockage de ces cuves est évident. La difficulté est d'identifier le type de denrée qu'elles étaient destinées à contenir. Étaient-elles conçues pour conserver un liquide ? Seul le récipient placé à l'intérieur du bâtiment M. 77, à proximité immédiate d'une petite cuvette appareillée au mur, milite en faveur d'un contenant prévu à cet effet (**fig. 288**). Il est peu probable, cependant, que l'ensemble des cuves ait eu une fonction analogue. D'une part, chaque maison était déjà pourvue d'une ou plusieurs citernes caractérisées par une capacité de contenance plus grande, et donc mieux adaptées aux besoins de la famille. D'autre part, aucun système ne permettait d'alimenter les récipients, particulièrement ceux qui se trouvaient à l'intérieur des bâtiments. Enfin, les traces d'un enduit

Fig. 316 — *Cuve de pierre située dans la cour de la maison M. 70 (© B. Riba).*

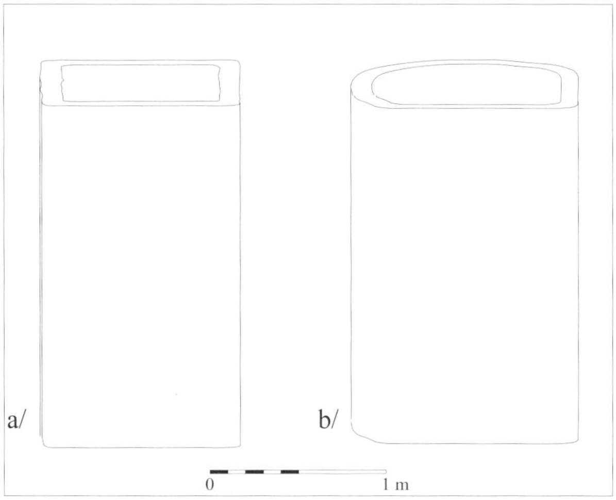

Fig. 317 — *Cuves de pierre : a/ maison M. 51 ; b/ maison M. 27 (© B. Riba).*

Fig. 318 — Cuve *de pierre disposée à l'angle de la maison M. 27 (© B. Riba).*

destiné à étanchéifier ces contenants sont inexistantes. Les pères franciscains, de leur côté, y ont vu des récipients prévus pour le stockage de l'huile[76]. Si cette interprétation peut convenir aux cuves situées à l'intérieur des maisons, à l'abri des intempéries, elle doit être écartée en ce qui concerne celles disposées dans les cours à ciel ouvert, largement majoritaires. On conçoit mal, en effet, comment une denrée aussi précieuse aurait pu être stockée et conservée à l'intérieur de cuves exposées en plein air, même solidement fermées. Le produit exposé aux agents extérieurs néfastes, tels que le vent qui transporte des impuretés ou la lumière qui accélère la fermentation, aurait été rapidement gâté lors des ouvertures répétées de la cuve. La conservation de l'huile nécessitait des espaces entièrement clos, privés de fenêtres[77]. Le vin requérait la même attention. Par conséquent, ces récipients qui permettaient d'emmagasiner une quantité importante de liquide ne semblent guère adaptés à la conservation de telles denrées.

76. Dans le village de El ʿAmoudīyē, les pères franciscains précisent que deux de ces cuves pouvaient contenir 1220 litres d'huiles ; une troisième avait une capacité de 1000 litres. Il est peu probable que ces contenants exposés en plein air aient pu garder une aussi grande quantité d'huile, même si l'un d'entre eux se trouve à proximité d'un pressoir (Peña *et al.* 1999, p. 38 et p. 200, fig. 9). La présence de ces aménagements et le fait que El ʿAmoudīyē se trouve sur un itinéraire reliant Apamée à Antioche permettent aux explorateurs, suivis par d'autres, de déduire que la localité représentait une première étape dans le processus d'exportation de l'huile vers les villes (Peña 1996, p. 57 ; Wickham 2005, p. 445).

77. Les chambres souterraines totalement fermées convenaient bien à ce type de conservation (Callot 1984, p. 106).

Il paraît donc plus vraisemblable de conférer à la plupart d'entre eux le rôle de silos à grains. Sur un site dont la production est spécifiquement axée sur la céréaliculture, il semble logique de trouver de nombreux contenants prévus pour stocker le produit des récoltes. Les grains, entassés à l'intérieur de la cuve de pierre hermétique et bien scellée, étaient protégés de l'humidité et des nuisibles comme les rongeurs, les insectes ou les oiseaux. La capacité de contenance des cuves et leur exposition impliquent une conservation brève n'excédant pas quelques mois. À la faveur de cette hypothèse, on remarque que la plupart des localités productrices de vin et d'huile situées dans les chaînons voisins ne présentent pas, ou très peu, d'équipements similaires. Par rapport au reste du Massif calcaire, une concentration très nette de cuves de pierre est localisée dans le ǧebel Waṣṭāni dont la topographie, caractérisée par de nombreuses et de vastes cuvettes de terres arables, était propice à la culture des céréales[78]. En outre, dans les villages où les activités économiques n'étaient pas spécialement orientées vers ce type de production, ces équipements de stockage sont moins fréquents. À Banassara, notamment, où les villageois cultivent essentiellement la vigne et l'olivier, une seule cuve de ce type a été retrouvée. Il n'est pas permis, cependant, de conclure que toutes les cuves étaient destinées à la conservation des grains. Le rôle de certaines d'entre elles était probablement adapté en fonction des nécessités du propriétaire. Le choix de leur emplacement au sein de l'enceinte domestique et la présence éventuelle d'un orifice aménagé dans le couvercle confortent cette possibilité. Il semble toutefois que la majorité des cuves était dédiée au stockage des grains.

Les autres formes d'activité agricole

À côté des céréales, des vignes et des olivettes, d'autres formes de cultures existaient sur le site. Le village situé sur les pentes occidentales du chaînon, à mi-chemin entre les gorges de l'Oronte et le sommet du ǧebel Dueili, offre les conditions favorables à la diversification des cultures. À défaut de témoignages directs susceptibles d'apporter des précisions sur la variété des cultures pratiquées dans l'Antiquité, il convient d'abord de se tourner vers les plantations actuelles observées dans le ǧebel Waṣṭāni septentrional. L'existence d'arbres fruitiers, de légumes et de légumineuses dans un grand nombre de villages modernes montre que le climat et la condition des sols conviennent parfaitement à ce type de plantation. Figuiers, grenadiers, poiriers, pistachiers, amandiers côtoient les potagers composés de légumes. Aux plantations sèches s'ajoute donc l'ensemble des activités liées à l'arboriculture fruitière et aux cultures maraîchères. La fertilité du sol et le climat de cette région permettent en effet une variété non négligeable de cultures dont tiraient certainement profit les paysans de l'Antiquité. La présence d'animaux implique également l'existence de fourrage. La paille, sous-produit des cultures céréalières, pouvait aussi être utilisée comme telle. Parmi les céréales utilisées dans l'alimentation animale figurent également l'orge, l'avoine et le millet[79].

À l'échelle de la région, les témoignages épigraphiques concernant les denrées cultivées durant la période protobyzantine sont exceptionnels. Celui de Ḫerbet Ḥasan, évoquée plus haut, est célèbre en raison du caractère unique de son contenu qui décrit les denrées ayant servi au paiement de la construction d'une église[80]. Les produits mentionnés dans l'inscription (lentilles, grains et haricots) sont naturellement susceptibles d'avoir été cultivés à Kafr ʿAqāb, comme dans de nombreux villages du Massif calcaire. On relève également, sur le linteau d'une maison de l'agglomération de El-Bara, une inscription qui mentionne les « récoltes de blé, de vin et de l'huile », les trois produits fondamentaux cultivés dans la région[81]. Il est aussi très probable que les légumineuses (pois, fèves, lentilles) aient représenté une part assez importante de la production agricole. On sait effectivement que les légumineuses tenaient une bonne place dans l'agriculture byzantine après les céréales. Ces deux catégories de denrées constituaient, d'après M. Kaplan, l'alimentation de base de l'immense majorité de la population : « Certes, souligne l'auteur, ces deux sortes d'aliments sont diététiquement fort différents, et d'ailleurs complémentaires, mais ils sont très liés dans la production »[82]. De fait, on peut tenir pour certaine la présence de légumineuses à Kafr ʿAqāb[83] dans la mesure où ce type de production requiert des conditions analogues à celles des céréales[84]. Il s'agissait de cultures d'hiver dont la récolte pouvait s'effectuer dès le début du printemps. Les légumineuses, plus résistantes à la chaleur, dont les racines pouvaient se satisfaire de sols plus minces, constituaient aussi une denrée de secours en cas de mauvaise récolte de blé. Elles représentaient, par rapport au froment, une nourriture d'appoint essentielle[85]. Enfin, parmi les légumineuses destinées à l'alimentation animale se trouvent les vesces et les gesses dont les cultures, qui s'accommodent d'un sol moins riche, nécessitent peu d'attention[86].

78. Riba 2012b, p. 88-93.

79. Kaplan 1992, p. 29.
80. Voir ci-dessus note 45.
81. *IGLS* IV, 1462.
82. Kaplan 1992, p. 26.
83. M. Sartre constate que « l'on consacre partout au moins la moitié, voire les deux tiers des terres arables à la production de céréales et aux légumes associés » (Sartre 2001, p. 760).
84. Weulersse 1946, p. 147.
85. Kaplan 1992, p. 30.
86. Weulersse 1946, p. 148-149.

L'élevage

L'eau et la couverture végétale, ajoutées aux cultures céréalières et fourragères, satisfont aux besoins de l'élevage. Aujourd'hui, malgré des ressources en eau inférieures à celles de l'Antiquité et une végétation appauvrie, l'élevage occupe une place de premier plan à côté de l'agriculture. Au IVe siècle, l'existence d'ovins et de caprins dans les campagnes de l'arrière-pays d'Antioche est attestée par Libanios : « les pâturages, écrit le sophiste, contribuent par l'intermédiaire des moutons et des chèvres à la nourriture de l'homme »[87]. Parmi les bêtes de somme, il faut compter sur la présence d'ânes et de mulets[88], peut-être des chevaux et des bovins. Les volailles[89] sont également à envisager, de même que les porcs. À propos de ces derniers, M. Kaplan précise que « l'omniprésence et l'importance du troupeau de porcs laissent supposer que même les paysans relativement modestes, sinon tous, mangeaient assez régulièrement de la viande »[90]. Toutefois, si l'élevage jouait un rôle non négligeable dans l'économie villageoise, cette activité n'avait certainement pas l'importance que l'on constate dans de nombreux villages des chaînons voisins, principalement dans les ǧebels Ḥalaqa et Semʿān[91]. En effet, les auges et les mangeoires, si fréquentes aux rez-de-chaussée des maisons de la région, sont inexistantes dans les habitations de Kafr ʿAqāb. Ce type d'équipement se trouve seulement de manière isolée dans les cours de rares bâtisses (M. 04, M. 65 et M. 08). De fait, même si quelques-unes de ces installations peuvent être dissimulées sous les débris, leur petit nombre reflète une réalité évidente : cette activité occupait une place de second ordre à l'intérieur des maisons. Les petits cheptels et/ou les bêtes de somme se trouvaient la plupart du temps à l'extérieur de l'enceinte domestique, comme l'indiquent les traces archéologiques liées à l'élevage, sous forme d'auges ou d'abreuvoirs essentiellement concentrés en périphérie de l'agglomération, dans le terroir et à proximité des points d'eau. Ces dispositifs mis à la disposition de la communauté servaient aux ovins et au gros bétail. Un certain nombre était spécialement conçu pour subvenir aux seuls besoins des bêtes de somme mises à contribution pour tirer des araires : ces auges et abreuvoirs établis aux endroits stratégiques du site, aux abords ou au sein même des champs, permettaient aux agriculteurs d'abreuver et d'alimenter leurs animaux sur le lieu de leur travail. Les grandes étendues de terres destinées au labour supposent la présence d'un nombre relativement important d'équidés élevés pour leur seule force de travail. L'unique bergerie domestique identifiée dans le village appartient à la maison M. 75 : l'espace, entièrement aménagé dans le rocher, est pourvu d'anneaux creusés dans les parois afin d'entraver les animaux (**fig. 43**). Leur nombre, réduit à deux seulement, et leur aspect massif suggèrent des dispositifs destinés au gros bétail. Un trou pratiqué dans le plafond permettait de distribuer le fourrage directement depuis l'extérieur. En cas d'intempérie, l'obturation de la cavité s'effectuait à l'aide de deux blocs de pierre taillés avec soin. Une petite fenêtre aménagée dans la paroi orientale favorisait l'éclairage et l'aération de l'espace.

À l'extérieur des maisons, une grande quantité d'auges et d'abreuvoirs ont été recensés. Leur nombre autour d'une citerne peut atteindre huit installations de ce type (**fig. 319**). Certains abreuvoirs sont taillés dans la margelle, elle-même pourvue d'un anneau destiné à attacher l'animal (**fig. 320**). Quelques aménagements sont entièrement creusés dans la roche (**fig. 321**), mais les plus nombreux sont amovibles ; ils peuvent servir à la fois d'auge ou d'abreuvoir selon les nécessités. Leurs dimensions sont variables. Les dispositifs conçus pour une seule bête présentent simplement une forme carrée. D'autres, de forme rectangulaire, laissent la place pour plusieurs animaux. La plupart sont encore utilisées aujourd'hui. Parmi les équipements destinés à l'élevage, une mangeoire se distingue par son emplacement nettement à l'écart de l'agglomération et ses dimensions qui atteignent plusieurs mètres de long (**fig. 322**). Elle est aménagée dans le front d'une carrière désaffectée qui jouxte l'hypogée H. 11. Le long de la mangeoire, une série de petites encoches alignées de façon irrégulière révèle un système prévu pour entraver les bêtes. L'aménagement retrouve sa fonction initiale au XXe siècle, lorsque celui-ci est intégré à l'intérieur d'une véritable bergerie couverte d'une dalle de béton et fermée sur un bâti de parpaings modernes sur les côtés sud et ouest. Depuis quelques années, la construction est de nouveau à l'état d'abandon. Dans l'Antiquité, cette installation située en périphérie de l'habitat a vraisemblablement été aménagée au bénéfice de la communauté villageoise, ce qui implique la présence de bergers et de bouviers communaux. L'hypothèse est appuyée par le nombre très important d'auges et d'abreuvoirs isolés dans le terroir qui contrastent avec le peu d'installations de ce type retrouvées à l'intérieur des maisons. Cette activité qui visait à confier les bêtes à des bergers ou des bouviers salariés est évoquée, notamment, dans le *Code rural*[92]. D'autres aménagements suggèrent une organisation commune de

87. *Or.* XLVII, 26.

88. Ces animaux sont également mentionnés par Libanios auxquels il ajoute des chameaux (*Or.* XXX, 10 et *Or* L, 4).

89. Les fouilles archéologiques du village de Deḥes ont notamment mis au jour, dans le bâtiment 102, des ossements de poule (Sodini *et al.* 1980, p. 55). M. Kaplan signale également l'importance de l'aviculture (Kaplan 2006b, p. 45).

90. Kaplan 1992, p. 45.

91. Tate 1992a, p. 254.

92. Le *Code rural* est une loi agraire datable entre le VIIe et le VIIIe siècle (Ashburner 1912, p. 89-90). Selon les villages, précise M. Kaplan, le bouvier pouvait être l'employé direct de chacun des paysans qui lui confiait ses bœufs, ou bien le salarié de la communauté. La situation était la même pour les bergers ou les porchers (Kaplan 1992, p. 196 ; voir. également Kaplan 2006a, p. 20-21).

Fig. 319 — *Ensemble d'auges et de citernes localisé à la périphérie sud de l'habitat (© B. Riba).*

Fig. 320 — *Margelle munie d'un trou à l'angle prévu pour passer la longe d'un animal (© B. Riba).*

Fig. 321 — *Auge rupestre aménagée en périphérie du quartier E (© B. Riba)*

Fig. 322 — *Bergerie communale aménagée en périphérie du village (© B. Riba).*

Fig. 323 — *Entrée d'une chambre souterraine située dans un espace vide à l'arrière de la maison M. 67 (© B. Riba).*

Fig. 324 — *Chambre souterraine située à proximité de l'îlot 02 (© B. Riba).*

l'espace rural, comme les chambres souterraines[93] isolées dans des zones du village qui ne semblent avoir appartenu à personne en particulier (**fig. 323 et 324**). L'une se situe dans le quartier D, à l'ouest de la maison M. 67 ; l'autre se trouve au sud-ouest du quartier C[94]. On retrouve dans les deux cas l'orifice percé dans la paroi supérieure commun à l'ensemble des pièces souterraines. La fonction exacte de ces espaces reste à définir. Il pouvait s'agir d'étables bien qu'il n'existe pas d'auges en place permettant de le confirmer. C'est le rôle que leur donnent aujourd'hui les paysans. Ces pièces ont également pu servir de lieu de stockage, peut-être pour l'huile ou le vin qui nécessitaient une conservation dans des endroits clos et peu éclairés, ou bien pour le fourrage mis à la disposition des bergers communaux pour l'alimentation des bêtes.

L'élevage, peu fréquent dans les maisons, est donc bien attesté en périphérie du village par de nombreuses installations à usage collectif[95]. Les troupeaux de chèvres ou de moutons étaient sans doute, comme aujourd'hui, relativement nombreux. L'élevage de porcs devait aussi occuper une place importante. Dans l'ensemble, il était vraisemblablement question de cheptels assez petits ayant plutôt participé à l'idéal d'autosuffisance qu'aux échanges. La situation des installations liées à l'élevage à l'extérieur des maisons abonde dans le sens des observations effectuées par M. Kaplan dans d'autres villages : le cheptel de chaque maison étant trop petit pour monopoliser un gardien, le village a pris le parti de rassembler les bêtes afin de former un ou plusieurs troupeaux placés sous la responsabilité de salariés[96]. En outre, dans un village dont l'économie était essentiellement tournée vers la culture céréalière, les équidés élevés pour leur force de travail devaient être également nombreux.

Les productions issues de l'élevage sont diverses. Ce sont notamment les produits laitiers, à base de lait de vache ou de brebis[97], ou les volailles[98] élevées aussi bien pour la viande que les œufs. Concernant l'alimentation carnée, on sait que dans les villes, à Antioche en particulier, la viande de porc et de bœuf abondait[99]. Ce type de denrée était même accessible aux plus pauvres[100]. G. Tate a d'ailleurs suggéré un lien entre cette profusion en milieu urbain et l'importance de l'élevage dans les campagnes du Massif calcaire[101]. Les moutons, quant à eux, fournissaient la matière destinée au tissage de la laine, bien que les preuves archéologiques manquent à ce sujet[102]. Les poils de chèvre pouvaient participer à la confection des paniers plats, ou scourtins, dans lesquels était disposée la pâte d'olive avant l'opération de pressurage[103]. Il est aussi possible d'envisager la confection d'outres en peau de chèvre, comme il en existait ailleurs en Syrie[104]. Ce type de contenant, beaucoup plus léger que des jarres ou des amphores, pouvait être utilisé pour le transport de l'huile et du vin à dos de mulet. De leur côté, les excréments des animaux constituaient des sources d'engrais et de combustibles[105]. Enfin, les produits de la pêche ont très certainement tenu une bonne place à Kafr ʿAqāb compte tenu de la proximité de l'Oronte. Les représentations de poissons sur les mosaïques de pavement de l'église sud de Banassara illustrent bien la relation des paysans avec le fleuve voisin[106]. On y distingue notamment un poisson en mouvement sous lequel est représentée une nasse[107].

L'appropriation des sols et le développement des cultures

Aucune donnée concrète ne permet de déterminer de manière précise la superficie du terroir. Les bornes cadastrales, telles qu'elles apparaissent dans le ǧebel Semʿān où a eu lieu une grande opération de cadastration, n'existent pas à Kafr ʿAqāb, ni, semble-t-il, dans l'ensemble du ǧebel Waṣṭāni. Les limites du finage villageois ne sont donc pas connues, mais celles-ci se laissent en partie

93. Ces chambres souterraines sont comparables à celles qui ont été localisées à l'intérieur des maisons (voir ci-dessus p. 111).
94. Rappelons que la chambre souterraine aménagée à proximité de la maison M. 17 a également pu appartenir à la communauté villageoise, la relation entre cet espace et l'unité domestique voisine n'étant pas assurée.
95. Seule une vingtaine d'auges ont pu être localisées à l'intérieur des maisons contre environ 200 en périphérie du village.
96. Kaplan 2006a, p. 20-21.
97. Kaplan 1992, p. 41.
98. Kaplan 1992, p. 41.
99. Petit 1955, p. 106.
100. Patlagean 1977, p. 46.
101. Tate 1992a, p. 247.
102. Il convient d'admettre la présence d'activités artisanales dans les villages du Massif calcaire, telles que « le tissage, voire la métallurgie, ou encore la poterie » (Tate 1991, p. 76). En effet, il est difficile de concevoir un artisanat villageois totalement inexistant, comme le proposait G. Tchalenko selon lequel l'absence de bois, de laine et de peaux rendait les paysans entièrement dépendants de l'importation de produits simples tels que les vêtements ou les ustensiles les plus ordinaires (Tchalenko 1953-1958, I, p. 411). Or, on sait aujourd'hui que le bois de faible portée, dont la présence est d'ailleurs admise par G. Tchalenko (Tchalenko 1953-1958, I, p. 200), était accessible sur place, tandis que les peaux et la laine étaient fournies par les caprins et les ovins.
103. Callot 1984, p. 62, note 48.
104. À Palmyre, notamment, ces outres servaient au transport de l'huile. Le Tarif de Palmyre mentionne ce type de contenant (Teixidor 1984, cité dans Sartre 2001, p. 822). Les pères franciscains précisent également que le transport par outre en peau de chèvre était fréquent en Syrie (Peña 1999 *et al.*, p. 18).
105. Sur ce point, A. Latron observe que « le seul combustible accessible à tout le monde est constitué par les déjections animales, or le foyer fonctionne toute l'année pour la cuisine et en hiver pour le chauffage domestique » (Latron 1936, p. 110).
106. Khoury 2005, p. 247.
107. Nous conviendrons, à la suite de J. Aliquot, qu'il s'agit bien d'une nasse (Aliquot 2016, p. 215-230), dont la présence est appropriée dans le contexte d'une scène fluviale, et non d'un cratère comme le propose W. Khoury (Khoury 2005, p. 248).

Fig. 325 — *Murs de rétention de terre aménagés dans le* wādī *ouest (© B. Riba).*

Fig. 326 — *Pierriers situés à la périphérie du quartier E (© B. Riba).*

deviner par la topographie. Le relief contrasté du site offre des avantages évidents qui ont suscité assez tôt l'installation de trois hameaux d'agriculteurs. D'une part, la forte déclivité de la pente du ǧebel Dueili permettait de recueillir aisément les eaux de ruissellement ; d'autre part, le sol épais, de bonne capacité de rétention, qui s'étendait sur plusieurs hectares au pied de la montagne, présentait un potentiel agronomique très avantageux et exploitable sans aménagement préalable. Le nombre très limité des installations agricoles destinées à la transformation du vin ou de l'huile à la période impériale confirme un fait : dès l'origine, la plupart des villageois ont concentré l'essentiel de leur activité sur la céréaliculture, plus rentable à court terme comparée aux plantations d'oliviers ou de vignes qui ne livrent leurs premiers fruits qu'au bout de plusieurs années[108].

Les autres secteurs du terroir correspondent à un paysage conforme à celui que l'on connaît des campagnes du Massif calcaire. Les sols sont rocailleux et la configuration du relief se caractérise par des *wādīs* et des versants accidentés ponctués de petites cuvettes de terres arables et de terrasses naturelles. Les possibilités de culture y sont plus limitées puisque les sols sont minces, plus étroits, et parfois très encombrés de pierres. Comme ailleurs, les paysans se sont adaptés à ces conditions peu favorables par l'aménagement des terrasses artificielles aux endroits stratégiques, la constitution de pierriers et l'exploitation de la moindre parcelle cultivable. Ainsi, des murs de rétention de terre sont élevés dans le fond et sur les versants des *wādīs* (**fig. 325**), tandis que les tas d'épierrement se forment au nord-ouest du promontoire rocheux et en périphérie du quartier septentrional (**fig. 326**). Si les cultures annuelles ne pouvaient être pratiquées en ces endroits particulièrement caillouteux, la vigne en revanche convenait à ce type de sol assez pauvre et dépourvu d'humidité. La présence de deux fouloirs au nord du village confirme l'existence de vignobles dans ce secteur. L'emplacement de ces installations agricoles dans le terroir, aux abords de groupes d'habitation primitifs, place ce type de culture parmi l'une des plus anciennes pratiquée sur le site. L'irrigation, lorsqu'elle était nécessaire, était assurée par l'eau stockée dans les nombreuses cavités naturelles et les petites citernes creusées dans les *wādīs* et dans le flanc du promontoire rocheux.

Deux principaux types de culture adaptés aux différentes conditions pédologiques du terrain se mettent donc en place dès la première phase d'occupation du site. Le côté oriental est consacré à la céréaliculture, essentiellement le blé et l'orge, mais aussi probablement l'avoine et le millet, tandis que les versants et les terrasses dans le fond des *wādī* sont dédiés à la vigne et à l'olivier. D'autres catégories d'arbres existaient sans doute, comme les pistachiers ou les figuiers. Dès lors, les bases de l'organisation des activités agricoles du village sont posées et ce modèle d'exploitation du sol se développe jusqu'à la fin de la période protobyzantine.

La céréaliculture contribue largement à la croissance de Kafr ʿAqāb qui s'exprime, au vᵉ siècle, par l'augmentation de la population et une prospérité étendue à l'ensemble de la communauté. Ce phénomène engendre une intensification des cultures et la mise en œuvre de nouvelles stratégies de valorisation du terroir. Face à cet essor, les villageois prennent des mesures pour accroître le rendement de la production céréalière en limitant les risques de pertes. Le contrôle des ressources en eau, par

108. Une période de 10 à 15 années est nécessaire avant qu'un olivier ne devienne productif (Callot 1984, p. 7 et 14 ; Brun 2003, p. 127). O. Callot précise qu'en terrain favorable et bien irrigué 4 ou 5 années peuvent être suffisantes. La vigne produit au bout de 3 et 6 ans (Latron 1936, p. 67 ; Blanchemanche 1990, p. 136).

le creusement de drains dans le flanc du ǧebel Dueili et la construction d'un grand bassin de rétention en amont du village, permet de protéger les cultures contre les inondations et d'étendre les surfaces exploitables. Le réservoir, qui donne aux paysans une certaine marge d'indépendance face aux aléas du climat, joue aussi le rôle de complément à la croissance finale des céréales lorsque les pluies de printemps sont déficitaires. L'extension des plantations sèches est également significative, principalement dans les secteurs ouest et nord-ouest du promontoire rocheux si l'on considère la présence du fouloir associé à la maison M. 14 et la configuration du terrain propice à ce type de culture. De son côté, l'existence l'oléiculture est définitivement assurée à cette période par l'huilerie souterraine qui jouxte l'îlot 05. Afin de répondre aux besoins en eau, même limités, de la vigne et de l'olivier, les paysans entreprennent la construction du réservoir communal dans le secteur occidental du site peu avantagé par la distance qui le sépare des pentes du ǧebel Dueili. L'irrigation ponctuelle des cultures établies de ce côté du village devient alors possible.

Lors de la dernière phase d'expansion de l'agglomération, les zones cultivées atteignent leur superficie maximale. L'apparition du grand domaine ecclésiastique et du monastère est l'occasion d'étendre les cultures à plusieurs centaines de mètres au sud de la zone habitée. À cette période les paysans, plus nombreux, se tournent vers une nouvelle aire d'exploitation qui, malgré le désavantage d'être quelque peu éloignée, est tout à fait propice à la pratique de la céréaliculture : il s'agit d'une vaste cuvette de terres arables située à l'arrière du *wādī* méridional, directement reliée au village par un chemin taillé dans la roche. L'appropriation de cette zone de culture se réalise par le creusement d'un réservoir et de petites citernes, et l'aménagement d'une clôture qui en délimite les contours (**fig. 314**). Non loin, une installation de forme circulaire pourrait être assimilée à une aire de battage, ou du moins à un espace de travail. La conquête de cette cuvette de terre fertile située en périphérie du village montre l'importance accordée à la culture céréalière qui conserve une place prépondérante dans l'économie villageoise. Les cultures permanentes, telles que la vigne et l'olivier, s'intensifient également à cette époque. Le développement de la viticulture est attesté par la construction d'un vaste ensemble domestique (maison M. 05) pourvu, dans l'arrière-cour, d'un fouloir de bonne facture qui dépasse les précédents par ses dimensions (**fig. 295 et 298**). L'oléiculture connaît aussi un développement significatif comme l'indique la construction de l'huilerie perfectionnée associée à l'exploitation familiale M. 70 (**fig. 301**). L'extension des cultures de plantation est également illustrée par les aires de foulage et le pressoir aménagés au sein du domaine conventuel établi au sud du village. Par ailleurs, plusieurs citernes et deux grands réservoirs permettent au monastère d'emmagasiner une quantité d'eau supérieure aux besoins de ces plantations particulièrement résistantes à la sécheresse. Cela suggère l'existence de cultures plus exigeantes en termes d'irrigation. Il faudrait donc envisager, comme ailleurs sur le site, aux endroits proches des réserves d'eau, l'exploitation de cultures maraîchères adaptées aux conditions climatiques spécifiques à chaque saison.

En résumé, la topographie, combinée aux conditions climatiques et édaphiques du site, favorise la diversification des cultures. L'appropriation du terroir est un processus lent et empirique qui permet aux hommes d'adapter les ressources à leurs besoins. Cela passe par plusieurs relais essentiels. D'abord, la maîtrise des ressources en eau, instrument fondamental de la conquête du terroir, est l'occasion de protéger les zones cultivées inondables, d'irriguer les secteurs échappant aux ruissellements, et de compléter l'irrigation des cultures sensibles en cas de crises de subsistance. Ensuite, l'aménagement des sols requiert dans certaines zones du site le défrichement, la constitution de terrasses et la construction d'installations agricoles aux endroits stratégiques dans le terroir ou à proximité. Enfin, la répartition des équipements liés à l'élevage à la périphérie de l'habitat, tels que les auges et les abreuvoirs, participe à l'organisation de l'espace communal. L'emplacement de ces aménagements, loin d'être fortuit, permet l'exploitation judicieuse du domaine non cultivable puisque la couverture végétale dans les espaces situés entre la roche profite aux troupeaux. D'autres installations en bordure des champs étaient prévues pour subvenir aux besoins des animaux de traits sur le lieu même du labour. Ces stratégies de mise en valeur du territoire témoignent d'une société de cultivateurs et d'éleveurs qui a su tirer le meilleur parti des ressources naturelles fournies par le site.

Les trois piliers de l'agriculture traditionnelle méditerranéenne, le blé, l'olivier et la vigne sont donc bien représentés à Kafr ʿAqāb. À leur propos, G. Tchalenko, qui admettait également la présence de vignobles dans le Massif calcaire, formule ce constat : « l'exploitation agricole, dès le début de l'occupation romaine, fut ainsi fondée sur deux cultures principales : les céréales, cultivées sur les terres villageoises pour la consommation locale, et l'olivier, cultivé en plantations privées pour l'exportation »[109]. Cela était peut-être vrai pour de nombreux villages dont la production agricole spéculative, fondée sur la fabrication de produits à forte valeur ajoutée tels que la vigne et l'olivier, constituait l'une des principales sources d'enrichissement. Cependant, le site de Kafr ʿAqāb est un contre-exemple de ce constat. Dès l'origine, l'agriculteur a perçu le potentiel agronomique du lieu en termes de céréaliculture : dans certains secteurs, les

109. Tchalenko 1953-1958, I, p. 407.

sols de qualité ne sont pas dispersés en cuvettes d'inégales dimensions au milieu du roc nu, mais ils s'étendent d'un seul tenant sur des surfaces relativement vastes, offrant ainsi les conditions favorables à la culture des céréales. Dès la fin du IVe siècle, cette activité agricole conduit le village à un degré de prospérité qui ne sera atteint qu'une cinquantaine d'années plus tard dans la plupart des localités de la province d'Antioche. La croissance précoce du village est attestée par de solides maisons édifiées en appareil orthogonal à parement simple, à une période où la fabrication du vin était réduite, tandis que celle de l'huile n'existait peut-être même pas encore. Ce constat montre que les paysans ont certainement connu assez tôt les sollicitations du marché concernant la vente des céréales. Parallèlement aux plantations annuelles, les cultures sèches se développent et prennent de l'importance sans jamais supplanter la culture céréalière qui demeure le fondement de l'économie du village durant toute l'Antiquité. La vigne et l'olivier occupaient une place de second plan puisque ces productions, loin d'être orientées vers la vente en dehors du cadre villageois, servaient simplement à subvenir aux besoins de la communauté.

Les échanges

Au cours de la première phase d'occupation du site, l'autoconsommation constitue le principal souci des villageois : satisfaire les besoins de la famille est à l'évidence une priorité. À partir de la seconde moitié du IVe siècle, la croissance du village permet, avec l'appropriation du terroir et l'intensification des cultures, de dynamiser l'économie de Kafr ʿAqāb par une ouverture plus importante aux échanges. Ces derniers se réalisent à plusieurs degrés : à l'intérieur du cadre villageois, entre les villages et, enfin, avec les villes.

Les échanges à l'intérieur du village

Le régime de type autarcique recherché par les paysans est illustré par l'architecture domestique et divers éléments retrouvés à l'intérieur des maisons. En dehors des citernes garantes de l'indépendance des habitants vis-à-vis des besoins en eau, des témoignages archéologiques ont montré que certaines familles produisaient leur propre vin de table (table de pressurage) ou fabriquaient elles-mêmes les aliments à base de céréales (mortier). Des fouilles étendues à plusieurs maisons du village permettraient sans doute de multiplier ce type de découverte, confirmant ainsi la tendance des exploitants à satisfaire au souci de l'autosuffisance. Malgré le souhait d'assurer leur propre subsistance à l'intérieur de l'enceinte domestique, il est évident, cependant, qu'une interdépendance existait entre les villageois. L'absence d'un lieu commun dédié aux échanges au sein de la localité n'exclut pas l'existence de telles pratiques. Ces échanges pouvaient se dérouler dans les nombreux espaces vides entre les constructions, ou plus probablement à l'intérieur des maisons qui se placent au centre de la vie paysanne. Les échanges s'effectuaient aussi sous forme de services, comme le montrent la répartition et le nombre des installations agricoles très largement minoritaires par rapport au nombre de maisons, contrairement à certains villages des chaînons voisins, notamment les ǧebels Bārīšā et Il Aʿla, où de nombreuses familles possédaient leur propre pressoir[110]. À Kafr ʿAqāb, les installations domestiques étaient très rares et les aménagements à usage collectif, représentés par les fouloirs septentrionaux et peut-être l'huilerie souterraine étaient loin de satisfaire aux besoins des habitants. La quasi-totalité des exploitants devait donc se tourner vers les particuliers dont la production de vin ou d'huile constituait l'une des activités principales. Certes, les agriculteurs pouvaient presser eux-mêmes leurs raisins, comme le prouve la table de pressurage retrouvée dans la maison M. 68, mais la transformation de la plus grande partie des récoltes nécessitait des installations performantes à l'image des fouloirs des maisons M. 14 et M. 05. Quant à la fabrication de l'huile, les villageois se trouvaient dans l'obligation d'utiliser les deux seuls pressoirs du village : l'huilerie communale souterraine, et l'huilerie appartenant à la maison M. 70. Tous les paysans ne possédaient sans doute pas ou peu de vignobles et d'olivettes, préférant concentrer l'essentiel de leurs efforts vers un type de culture plus rentable orienté vers la vente. Ainsi, ces derniers dépendaient entièrement des installations collectives et des villageois ayant fait des plantations sèches et de la transformation de leurs récoltes une spécialité. La qualité des pressoirs et des aires de foulages montre que ces installations étaient bien destinées aux échanges, mais leur nombre très limité indique que ceux-ci ne dépassaient pas le cadre du village. Les exploitants spécialisés dans la production du vin ou de l'huile, très peu nombreux, fonctionnaient comme des entreprises indépendantes.

On ignore quels étaient les moyens de paiement entre les villageois. Si les règlements en espèces ne sont pas à exclure, il paraît plus probable de concevoir, à l'échelle de la localité, des échanges fondés sur le troc. Les produits agricoles, déficitaires chez les uns, excédentaires chez les autres, circulaient certainement au gré des nécessités de chacun. De cette façon, les villageois qui disposaient d'installations agricoles pouvaient être rétribués en céréales par les paysans spécialisés dans ce type de culture. En dehors des denrées alimentaires, les compétences acquises dans

110. Tate 1993, p. 117.

des domaines différents jouaient vraisemblablement un rôle important. À partir du IVe siècle, l'essor de diverses spécialisations essentiellement liées au bâti (tailleurs de pierre, maçons, charpentiers, sculpteurs, etc.) participe à l'économie du village. Durant la saison morte, les villageois pouvaient vendre leurs services en contrepartie de denrées quelconques ou bien d'autres services liés à divers domaines de compétence. L'économie villageoise était certainement régulée par ces échanges fondés sur les possessions, les activités et les compétences de chacun. Ce système par lequel transitent les productions et les expériences constituait un facteur d'équilibre social et économique nécessaire à la stabilité de la communauté. En effet, si les exploitants tendaient tous vers un régime autarcique dont l'objectif premier était de prémunir le noyau familial d'une éventuelle pénurie, l'idéal de l'autosuffisance était rarement atteint. Considérant la définition donnée par M. Kaplan de l'autarcie, « se suffire à soi-même sans avoir rien à demander aux autres »[111], il paraît évident que la majorité des villageois de Kafr ʿAqāb étaient dépendants les uns des autres, non seulement en ce qui concerne la production du vin et de l'huile, mais aussi d'autres produits auxquels s'ajoutent immanquablement des échanges de compétence.

En ce qui concerne les rapports entre les villageois et la communauté monastique, nous avons vu que les terres et les installations agricoles prévues pour la transformation des récoltes étaient certainement confiées aux habitants du village afin que les moines, dont le travail manuel se réduisait sans doute au minimum, puissent se consacrer à la méditation et à la prière. Une main-d'œuvre locale était donc employée dans le domaine conventuel au bénéfice des religieux qui vivaient des rentes que leur procuraient les revenus de leurs terres et des installations agricoles dans lesquelles ils avaient investi. L'étendue des terres et le nombre des aménagements destinés à la production du vin et de l'huile permettent d'envisager une production largement supérieure aux seuls besoins de la communauté monastique, d'autant que certains ascètes, sur le chemin de la perfection, pouvaient parfois supprimer de leur régime alimentaire le pain, le vin et l'huile[112]. Les surplus des récoltes et des produits fabriqués pouvaient alors servir à rétribuer les manœuvres employés sur le terrain ou bien faire l'objet de transactions. Les échanges s'effectuaient probablement avec les voyageurs et les pèlerins en visite dans le grand sanctuaire voisin, ou plus directement avec les villageois de Kafr ʿAqāb faiblement pourvus en vin et en huile. Les moines étaient cependant réticents aux activités liées au commerce : on sait en effet que tout négoce était, soit interdit, soit très contrôlé[113]. Toutefois, dans le cas du couvent de Kafr ʿAqāb, il paraît évident que les denrées excédentaires faisaient au moins en partie l'objet de transactions, même de façon très réglementée.

Les échanges inter-villageois

Avant d'aborder la question des échanges entre les villages, il convient de s'interroger sur la nature des besoins des villageois de Kafr ʿAqāb qu'ils ne pouvaient satisfaire localement. Les pages précédentes ont montré que les paysans, à partir du IVe siècle, avaient tout mis en œuvre pour assurer à la communauté les biens et services nécessaires à son existence. Les stratégies de mise en valeur du terroir et la diversification des activités garantissaient à la population une grande autonomie. Les mesures prises par les habitants permettaient non seulement de subvenir à leurs propres besoins, mais aussi d'engranger des récoltes excédentaires destinées au marché. Par ailleurs, les risques de pénurie étaient considérablement réduits grâce aux dispositions adoptées par la communauté : les années de sécheresse, les carences en eau étaient palliées par les réserves stockées aux endroits adéquats ; et si une culture s'avérait déficitaire les années à faible pluviométrie, elle était relayée par d'autres plus résistantes. Ainsi, le régime de polyculture associé à l'élevage mettait le village à l'abri d'une dépendance vis-à-vis de ses voisins. La localité de Kafr ʿAqāb, animée par une volonté d'autogestion permanente, apparaît donc comme un ensemble replié soucieux de se suffire à lui-même. Il est néanmoins difficile d'estimer à quel degré l'autarcie d'une communauté villageoise pouvait être atteinte, mais nous conviendrons, avec M. Sartre, que celle-ci n'est jamais totale[114].

Face à cette attitude de repli, Kafr ʿAqāb était également une agglomération ouverte et pleinement inscrite dans le réseau villageois du ǧebel Waṣṭāni septentrional. L'emplacement stratégique de la localité à l'extrémité nord du chaînon, sur le tracé d'une grande voie reliant la plaine du Ruǧ et à celle de ʿAzmarīn, contribuait largement à ce phénomène d'ouverture sur l'extérieur. Aussi, le village, relié aux localités voisines par un réseau de chemins muletiers savamment tissé, était accessible de toute part malgré les irrégularités du relief. Les rapports entre les différentes agglomérations étaient donc favorisés par ces axes de communication. Dans le domaine du bâti notamment, les équipes de maçons spécialisés dans la construction d'édifices élaborés tels que les églises, les tombeaux monumentaux ou les huileries, circulaient de village en village afin de vendre leurs services. Ces

111. Kaplan 2006b, p. 33.
112. Kaplan 1992, p. 30-31.
113. Escolan 1999, p. 188.
114. Sartre 2001, p. 760.

chantiers de plusieurs années donnaient lieu au recrutement d'une main-d'œuvre importante issue du village où se trouvait le chantier ou bien des localités voisines. Les basiliques, le tombeau pyramidal et sans doute les huileries, particulièrement rares à Kafr ʿAqāb, pourraient être le fait d'architectes étrangers au village. L'autosuffisance de la communauté n'étant jamais atteinte, les échanges de denrées diverses s'avéraient également nécessaires. Le village, peut-être dépourvu de pressoirs lors de sa première phase d'occupation, a pu entièrement dépendre de ses voisins en ce qui concerne l'huile d'olive[115]. Certaines transactions pouvaient aussi s'effectuer entre villages sous forme de troc, selon les activités agricoles pratiquées par les paysans qui adaptaient les cultures au cadre de leur environnement : les habitants de Kafr ʿAqāb pouvaient par exemple, en échange de céréales, se ravitailler en vin et en huile dans le bourg voisin de Banassara pourvu de plusieurs pressoirs performants dès la période romaine et peu doté en terre à blé. Les villageois pouvaient également se tourner vers les agglomérations des plaines limitrophes afin de se procurer certains produits absents au sein du chaînon, tels que le coton ou le maïs.

À partir du IVe siècle, l'aspiration à l'autosuffisance rend les communautés beaucoup plus autonomes et les spécialisations dans certains domaines agricoles se confirment. Le ğebel Waṣṭāni septentrional est encore trop peu connu, mais il est d'ores et déjà possible de déterminer l'existence de spécialités dans au moins deux localités. À Kafr ʿAqāb, les paysans ont clairement fait le choix d'une activité orientée vers la production de céréales en raison d'un terrain et d'une qualité des sols appropriés à ce type de culture. À Banassara, la présence d'une dizaine de pressoirs souterrains perfectionnés pour seulement quinze habitations prouve l'existence d'une économie essentiellement fondée sur la fabrication à échelle industrielle du vin et de l'huile d'olive. Ces installations sont en accord avec les sols minces et caillouteux du site, propices à la culture de la vigne et de l'olivier. Ainsi, les exploitants de ces deux localités pratiquent une économie spéculative adaptée aux conditions du terrain. Ces distinctions quant à la pratique d'une activité prépondérante par rapport à une autre n'ont pas engendré de hiérarchie entre les agglomérations. Les vestiges du petit village de Banassara témoignent d'une communauté prospère ayant atteint une croissance équivalente à celle de Kafr ʿAqāb. Par ailleurs, les contrastes parfois importants dans la dimension des villages ne sont pas dus à une activité économique plus rentable qu'une autre, mais s'expliquent plutôt par la situation des sites et par le cadre topographique dans lequel ils évoluent. Kafr ʿAqāb, situé sur un axe particulièrement fréquenté du ğebel Waṣṭāni, s'étend sur un terrain vaste qui permet un développement sans contrainte majeure. En revanche, Banassara, plus retiré à l'intérieur du chaînon, évolue dans un cadre environnemental plus confiné où le terroir disponible est moindre[116].

Les paysans étaient itinérants et vendaient eux-mêmes leurs produits[117]. Les textes mentionnent également l'existence de foires[118]. L'une d'entre elles est connue à ʿImm située à une quarantaine de kilomètres au nord-est de Kafr ʿAqāb, dans la plaine de l'ʿAmq. Théodoret de Cyr précise que celle-ci attirait « des marchands de partout et des foules innombrables »[119]. À Kafr ʿAqāb, ce type de manifestation a pu se produire à l'emplacement de la vaste surface aménagée à l'entrée du sanctuaire, au sud-est du village (**fig. 207 et 223 à 225**). En dehors du rôle de parcage des bêtes joué par cette « aire d'accueil », celle-ci faisait certainement office de place publique, notamment les jours de foire. Cet espace judicieusement situé à la périphérie de l'agglomération permettait d'accueillir directement les visiteurs sans qu'ils aient à pénétrer à l'intérieur de la localité.

Pour conclure, on constate que le village au sein du ğebel Waṣṭāni septentrional est semblable à une unité d'habitation à l'échelle de l'agglomération : à un degré différent, chaque entité aspire à l'autoconsommation sans pour autant pouvoir se passer de ses voisins. La localité repliée sur elle-même tend vers un système de type autarcique fondé sur la diversification des activités, tout en restant pleinement insérée dans un environnement rural actif indispensable à son développement. La situation des églises et celle de la place publique à l'écart de la zone habitée indiquent un souci de préserver le village proprement dit du monde extérieur sans toutefois le couper de celui-ci. Chaque localité guidée par l'idéal d'autosuffisance constituait donc une entité à part, mais les intérêts souvent complémentaires des différentes communautés rendaient leurs rapports nécessaires à leur croissance. Les échanges entre villages participaient à l'équilibre économique et social des campagnes et par conséquent, renforçaient la cohésion des milieux ruraux.

115. Précisons ici que sur un échantillon de 46 villages recensés par G. Tate dans une partie du Massif calcaire (tous les chaînons excepté les ğebels Waṣṭāni et Dueili), 6 ne semblent pas posséder de pressoirs (Tate 1992a, p. 243). Ceux-ci étaient donc dépendants des villages voisins pour la consommation du vin et de l'huile indispensable à la vie domestique.

116. Sur la démographie et les modes d'occupation du sol dans le ğebel Waṣṭāni, voir Riba 2012b, p. 88-93.

117. Tate 1992a, p. 252.

118. Libanios, dans son *Antiochikos*, écrit à propos des localités des campagnes environnantes d'Antioche : « ce sont des bourgades importantes et populeuses avec plus d'habitants que beaucoup de cités, pourvues d'hommes de métier comme dans les villes, qui se communiquent leurs produits au moyen de foires où elles invitent et se laissent inviter chacune à son tour, favorisant les autres des mêmes réjouissances dont elles tirent contentement et profit, donnant une part de ce qu'elles ont en trop, acquérant ce qui leur fait défaut, vendant ceci, achetant cela… » *Antiochikos*, 230 ; Festugière, 1959, p. 29.

119. Canivet 1977, p. 234.

Les échanges avec les villes

La croissance économique considérable de la paysannerie au cours des Vᵉ et VIᵉ siècles montre que les activités des exploitants ont nécessairement dépassé le cadre de simples échanges inter-villageois. En effet, il faut concevoir un commerce élargi aux régions voisines et des contacts fréquents avec les villes et les métropoles environnantes qui représentaient un marché très important. Ces échanges sont attestés par l'archéologie et par les sources littéraires. Les fouilles menées à Deḥes ont donné lieu à la découverte de céramiques d'importation et de monnaies issues de l'atelier d'Antioche[120]. De son côté, le site de Qalʿat Semʿān a livré des monnaies provenant de Constantinople et d'Antioche[121] tandis que les travaux récents réalisés sur le même site, dans les boutiques établies en bordure de la voie sacrée, ont mis au jour un matériel céramique et monétaire abondant[122]. L'intégration des campagnes au marché urbain et l'existence d'une économie monétaire sont donc avérées. Ces échanges sont confirmés par Libanios qui, dans le discours *Sur les corvées*, évoque les paysans qui viennent vendre leurs produits et en acheter d'autres à Antioche[123]. Les exploitants étaient effectivement contraints d'acheminer leurs produits vers les villes, le village en lui-même ne constituant pas un marché en mesure d'écouler ses propres productions. De son côté, J. Chrysostome relate la venue de paysans à Antioche pour la fête pascale, et dont l'ignorance de la langue grecque suscite les moqueries des citadins[124]. En dehors des sources textuelles, une inscription recueillie par G. Tchalenko à Kfeirḥāyā, retranscrite par H. Seyrig, indique le déplacement de deux hommes originaires de cette localité vers le grand port de Laodicée[125]. La représentation sur la mosaïque de Yakto d'un paysan entrant à Antioche accompagné d'ânes chargés de sacs remplis de victuailles constitue un autre témoignage des voyages entrepris par les villageois vers les villes[126].

Au sein du ǧebel Waṣṭāni septentrional, l'existence de productions spécialisées dans certains villages atteste la pratique d'une économie spéculative tournée vers l'exportation. Tel est le cas des deux petites localités de Banassara et de Batraš dont les activités étaient clairement orientées vers la fabrication du vin et de l'huile d'olive à échelle industrielle. À Kafr ʿAqāb, pourvu de seulement 2 huileries villageoises pour plus de 80 habitations, les exploitants ont délaissé ce type de production pour se concentrer sur les activités liées à la céréaliculture. L'un des atouts à l'origine de ce choix, en dehors de sols de qualité et d'un terrain propice à ce type d'agriculture, fut sans doute celui de la situation privilégiée du village aux abords d'axes de communication essentiels qui facilitaient l'écoulement de la production. Si pour les régions de Syrie du Nord éloignées des côtes l'exportation du blé était longue et onéreuse par voie de terre[127], Kafr ʿAqāb présentait le double avantage de se trouver à proximité du port fluvial de Derkūš et aux abords immédiats d'une voie majeure reliant les deux grandes métropoles d'Apamée et d'Antioche. L'Oronte, surtout, constituait une voie rapide et peu coûteuse permettant d'acheminer facilement ce type de denrées. Depuis Kafr ʿAqāb, il était aisé pour les agriculteurs de transporter leur chargement jusqu'à la localité de Derkūš, toute proche, par un chemin dont le tracé a pu être repéré sur quasiment tout son parcours. Le transport s'effectuait essentiellement à l'aide de bêtes de bât ; les empreintes laissées dans le sol rocheux poli indiquent une très grande fréquentation de ces chemins muletiers. Depuis le port de Derkūš, les denrées étaient transportées sans difficulté sur l'Oronte jusqu'à Antioche[128]. L'importance du trafic fluvial est attestée par les sources[129], l'épigraphie[130] et l'archéologie[131]. Il est encore confirmé par la mosaïque de pavement de la basilique méridionale de Banassara dont le panneau central affiche deux embarcations à voile chargées de marchandises[132]. La première transporte des amphores scellées contenant sans doute

120. Voir l'étude de C. Morrisson dans Sodini *et al.* 1980, p. 269.
121. *Ibid.* ; sur les échanges, voir également Sodini 1990b p. 72-83.
122. Pieri 2010, p. 1393-1420.
123. *Or.* L, 23, 25 et 28. Dans le même discours, le sophiste témoigne de l'importance capitale des campagnes dans l'approvisionnement de la cité : « on peut dire que les cités sont établies sur les campagnes et que celles-ci constituent la base de celles-là, d'où proviennent le blé, l'orge, les grappes de raisin, le vin, l'huile, les aliments pour les hommes et ceux pour les autres êtres vivants. S'il n'y avait pas eu de bœufs, pas eu de charrues, pas eu de semences, pas eu de plantes, pas eu de troupeaux de bestiaux, il n'y aurait pas eu de cités non plus. Et après leur naissance, leur survie est encore liée à la prospérité de ceux-ci et leur maintien en dépend » (*Or.* L, 31, citée par Kauffman 2004, p. 334).
124. Jean Chrysostome 1957, viii, 2, p. 248.
125. Tchalenko 1958, III, p. 31-32, n°34.
126. Levi 1947, t. 2, pl. LXXIV ; Dagron 1979, p. 42, note 60 ; Kauffmann 2004, p. 332.
127. Rappelons à ce propos l'édit de Dioclétien sur le maximum, promulgué en 301, qui donne les prix du blé et de l'orge. Celui-ci stipule que le prix du blé transporté par voie de terre sur plus de 100 kilomètres était doublé par rapport à celui pratiqué sur la voie fluviale (Waddington 1864 ; Reinach 1900, p. 548 ; Tate 1991, p. 44 ; Morrisson et Sodini 2002, p. 207).
128. En dernier lieu, voir Aliquot 2016, p. 215-230.
129. Libanios précise, dans son *Antiochikos*, que les villages des environs d'Antioche, « par des flottes tant lacustres que fluviales, évacuent les produits des champs vers la ville » (Festugière 1959, p. 35 ; voir aussi Petit 1955, p. 305).
130. La présence d'un constructeur de navires à Derkūš suggère l'existence d'une batellerie fluviale dans cette localité (*IGLS* II, 665).
131. Les pères franciscains ont localisé les vestiges de ce qui semble avoir été le môle du port fluvial (Peña 1995, p. 343-350 ; Peña *et al.* 1999, p. 214, fig. 43).
132. Khoury 2005, p. 248-249.

du vin et/ou de l'huile[133], la seconde contient des ballots circulaires non identifiés qui pourraient être assimilés, à titre d'hypothèse, à une cargaison de blé[134] compte tenu de l'importance que semble avoir eu ce produit dans le ǧebel Waṣṭāni. Quoi qu'il en soit, ce type de représentation peu répandue dans les églises, qui constitue ici le thème central du pavement, souligne le rôle fondamental du fleuve dans les échanges. Des recherches ultérieures dans les localités du ǧebel Waṣṭāni septentrional pourraient montrer que la culture céréalière, à laquelle une place mineure avait été accordée jusqu'à présent dans l'ensemble du Massif calcaire, revêtait une certaine importance dans cette partie des campagnes. Les céréales faisaient l'objet d'un commerce lucratif à Kafr ʿAqāb en raison des conditions naturelles propices à leur croissance et de la présence du fleuve qui facilitait leur transport. La configuration du ǧebel Waṣṭāni, caractérisée par un grand nombre de cuvettes de terres arables, permettait aux villages implantés dans le creux des vallons de pratiquer une culture comparable à celle des plaines voisines. Les ressources céréalières du chaînon s'ajoutaient ainsi à celles des domaines des riches propriétaires d'Apamée vraisemblablement établis, au moins en partie, dans la vallée de l'Oronte[135].

Enfin, si l'économie du village était largement favorisée par la proximité du fleuve, elle l'était également par la route reliant Antioche à Apamée. Non seulement les paysans pouvaient aisément acheminer leurs produits par voie terrestre vers les centres urbains, mais ils bénéficiaient sur place du passage incessant des citadins, négociants, pèlerins et autres voyageurs qui empruntaient cet axe fréquenté. Pour ces itinérants, c'était l'occasion de tisser des relations et de traiter directement avec les villageois. Notons aussi qu'avec la construction du sanctuaire de l'est et de sa basilique à trois absides saillantes, référence directe à la gloire de Syméon Stylite l'Ancien, Kafr ʿAqāb suscite l'attrait des foules de fidèles et devient un centre de pèlerinage incontournable sur le versant occidental du Massif calcaire. Par ailleurs, il convient également de rappeler le rôle important joué par le village dès la période impériale si l'on tient pour exacte l'identification de Kafr ʿAqāb avec la Niaccaba antique mentionnée comme étape sur l'*Itinéraire Antonin*[136]. Ainsi, la fréquentation de Kafr ʿAqāb ne cesse de croître jusqu'au VIe siècle, période à laquelle l'économie villageoise atteint son apogée grâce aux échanges auxquels participent les circuits de pèlerinage.

Conclusion

L'une des priorités qui animent les exploitants du village est donc celle de satisfaire à l'autoconsommation du foyer. À partir du IVe siècle, la pratique d'une économie à caractère spéculatif permet aux paysans de se tourner vers la vente des produits excédentaires. Dans un cadre élargi à l'ensemble de la communauté, la période protobyzantine se caractérise par la volonté commune de s'approprier le terroir afin d'exploiter l'ensemble des ressources disponibles sur le site. L'intensification et la diversification des cultures, associées à la production de céréales en grande quantité, sont l'occasion d'assurer, dans la mesure du possible, l'autosuffisance de la localité tout en ayant recours au marché extérieur. Ce système fondé sur l'adaptation et le perfectionnement de la gestion des biens et des besoins à la fois individuels et collectifs permet au village de connaître une période de prospérité étendue sur une durée d'environ deux siècles.

Le régime autarcique recherché n'étant jamais véritablement atteint, le village était régi par une économie interne réglée sur les échanges de produits et de services de compétences en fonction des activités et des expériences de chacun. Certains exploitants tiraient profit des installations agricoles dont ils étaient propriétaires, d'autres bénéficiaient principalement des avantages de la céréaliculture. Tous s'adonnaient vraisemblablement à une spécialité d'où ils tiraient l'essentiel de leurs revenus. Les villageois exerçaient aussi plusieurs activités parallèles (construction, élevage, cultures diverses, etc.). Ces échanges effectués au gré des besoins de chacun n'ont pas donné lieu à la mise en place d'installations spécifiques à l'intérieur de la localité, telles que des bâtiments en particulier ou des places publiques.

Ainsi, l'organisation communale, fondée sur la polyvalence des activités, permettait au village de bénéficier d'un certain degré d'autonomie par rapport à l'extérieur. Les échanges étaient néanmoins nécessaires, ne serait-ce que pour procurer aux habitants les produits essentiels (principalement l'huile dans le cas de Kafr ʿAqāb) qui pouvaient venir à manquer. Les échanges s'illustraient également dans le domaine de l'architecture monumentale, les constructions particulièrement complexes obligeant les villageois à faire appel à des équipes spécialisées itinérantes. Ces transactions commerciales et ces échanges de compétences assuraient la complémentarité économique entre villages. Ce phénomène conduisait à une certaine forme de solidarité des milieux ruraux face aux villes. Cette autonomie des campagnes par rapport aux cités était d'ailleurs vantée par Libanios. Malgré l'influence évidente des villes sur les communautés villageoises, le sophiste signale un certain rejet des paysans face aux centres urbains[137]. Plus tard, Théodoret de

133. Excepté l'utilisation d'outres en peau de chèvre déjà évoquée, ces denrées liquides étaient aussi transportées dans des contenants en céramique, types amphores ou jarres (Morrison 2004, p. 215).
134. Le blé était transporté en vrac dans des sacs (Morrison 2004, p. 215).
135. Tate 1991a, p. 44.
136. Sur cette question, voir ci-dessus p. 29-30.
137. Sur l'identité culturelle des communautés villageoises, voir Mazza et Gnoli 1994, p. 454-461.

Cyr souligne à son tour la solidarité des villages face aux cités. L'affirmation de l'identité des communautés rurales passait en grande partie par les échanges qui cimentaient leurs rapports.

Enfin, le village avait recours au marché urbain pour la vente d'un produit spécifiquement cultivé pour être exporté. Comme ailleurs, le village s'oriente vers une économie monétaire inscrite dans un marché ouvert fondé sur les échanges avec les villes, en premier lieu Antioche toute proche. Il ne s'agit pas de vin ou d'huile, dont le commerce se limitait au cadre villageois, mais de céréales dont la culture à grande échelle constituait l'une des sources principales de l'essor économique de la localité. Kafr ʿAqāb participait donc, à son niveau, au négoce des céréales, l'approvisionnement de cette denrée étant une préoccupation constante pour les citadins. Cette activité représentait une source importante de revenus pour les villageois dans la mesure où le port fluvial de Derkūš permettait d'acheminer facilement et à moindres frais les récoltes vers Antioche. La voie qui assurait la liaison entre cette métropole et Apamée contribuait aussi, dans une large mesure, aux échanges divers et variés avec les citadins.

Le village et ses habitants : statut juridique et organisation de la vie rurale

Au cours de l'Antiquité, les termes *kômè* et *chôrion* sont utilisés pour nommer les villages. Le premier regroupe des réalités rurales diverses, mais il désigne essentiellement les villages de tailles variables[138] composés de paysans indépendants redevables de l'impôt fixé par l'État. Le second est un terme plutôt réservé, au moins au départ, à un bien-fonds appartenant à un seul maître. Ces deux types de villages sont attestés dans le Massif calcaire, bien qu'il soit peu aisé de faire la différence entre les uns et les autres. Au cours de la période protobyzantine, le sens de *chôrion* tend à rejoindre celui de *kômè*, si bien que ces appellations deviennent interchangeables à partir du VIe siècle[139].

138. M. Kaplan remarque que ce ne sont pas forcément les « bourgades très grandes et très peuplées » évoquées par Libanios (Kaplan 2006c, p. 79).

139. « Dès l'époque de Théodoret de Cyr, *chôrion* ne désigne plus exclusivement le bien-fonds » souligne M. Kaplan (Kaplan 1992, p. 96 ; sur cette question, voir également Patlagean 1977, p. 239-242 ; Dagron 1984, p. 30-31 ; Loos 1978, p. 4 ; Gatier 2005, p. 106 ; Kaplan 2006a, p. 16).

Le statut du village et celui des exploitants

Au IVe siècle, Libanios fait part de l'existence des deux catégories de villages précédemment mentionnées[140] : ceux qui sont la propriété d'un seul individu et ceux qui appartiennent à plusieurs propriétaires. Bien que l'archéologie apporte très peu de renseignements sur cette question, les pages suivantes tenteront de dégager le cadre juridique du village à la lumière de la documentation disponible et des observations effectuées sur le terrain.

G. Tate, à l'appui de sa thèse qui admet l'existence de villages essentiellement libres, mentionne l'unique domaine bien attesté dans le Massif calcaire : celui de Bāzīher[141], *epoikion*[142] de Zaerô[143]. Contrairement aux communes indépendantes qui se sont développées à partir du IVe siècle, l'évolution limitée de ce village serait due aux contraintes imposées par la condition de « colons » des habitants. En outre, cette localité est entourée d'une enceinte indiquant les limites de la propriété, dispositif qui n'apparaît dans nul autre village de la région. Selon l'auteur, ces constats, ajoutés à l'existence d'institutions communautaires prouvées par quelques témoignages épigraphiques[144], plaident en faveur de *kômai* indépendantes dans l'ensemble du Massif calcaire excepté à Bāzīher. La prudence invite cependant à nuancer cette interprétation, comme l'avait d'ailleurs déjà fait G. Tate[145]. En effet, l'existence de plusieurs biens fonciers appartenant à des propriétaires résidant en ville, confirmée par les sources comme par l'épigraphie, suppose un certain nombre de villages rattachés à l'un d'eux. P.-L. Gatier rappelle notamment la présence probable d'un domaine situé à une dizaine de kilomètres seulement au nord-est de Kafr ʿAqāb : celui d'Armenaz, propriété de l'Église de Rome[146]. Plus récemment, toujours à propos de biens ecclésiastiques, B. Bavant a envisagé une hypothèse stimulante selon laquelle les églises construites au nord du ǧebel Bārīšā par Markianos Kyris auraient fait partie d'un programme commandité et financé, au moins en partie, par l'Église d'Antioche afin de promouvoir la christianisation dans ce secteur sensible des campagnes[147]. De leur côté, les textes de Julien[148] et de Libanios[149] mentionnent la présence de

140. Cependant, Libanios n'emploie pas le terme de *chôrion*. Sur les raisons qui le conduisent à ne jamais l'utiliser, voir Kaplan 2006a, p. 16.

141. Tate 1992a, p. 213.

142. Sur ce terme voir Feissel 1991 p. 287-301.

143. *IGLS* II, n°528.

144. Tate 1992a, p. 269. Il convient de préciser, cependant, qu'il n'existe pas de témoignage de ce type avant le IVe siècle.

145. Tate 1992a, p. 185.

146. *Liber Pontificalis* 1886, I, p. 178.

147. Bavant 2013, p. 36-43.

148. *Mesopogon* 1959, III. 35 et 43.

149. *Or.*, XXXI, p. 16-19.

domaines appartenant aux curiales d'Antioche. O. Callot et P.-L. Gatier attirent également notre attention sur deux familles fortunées, l'une originaire de Bābisqā, l'autre de Ḫerbet Ḥadiye, qui semblent chacune avoir été propriétaire d'un domaine, ou *époikion*[150]. Par ailleurs, une stèle découverte à Bāb El-Hawā atteste l'existence d'un domaine impérial, celui d'Hormisdas dont la gestion était confiée au curateur Magnus le Syrien[151]. Ainsi, on sait qu'il existait dans le Massif calcaire toutes sortes de domaines, petits ou grands, relevant de l'Église, de la cité ou de l'empereur. D'autres encore échappent très certainement à la recherche. La ressemblance entre les villages du Massif calcaire ne permet pas d'établir une distinction entre ceux aliénés à l'un de ces domaines et ceux qui ne l'étaient pas.

Selon G. Tchalenko, la formation des villages aurait trouvé son origine dans une propriété unique appartenant à un notable non-résident. Cette théorie s'appuie essentiellement sur l'exemple du village de Bāmuqqā où se trouve une « villa » datable du Ier siècle de notre ère, associée à un tombeau à caractère monumental[152]. En outre, l'auteur signale la survivance dans de nombreux toponymes modernes du préfixe *b-*, de l'araméen *bait-* signifiant « maison », indice d'un domaine privé[153]. L'archéologie confirme cette observation dans au moins deux cas : celui de Bāzīher et celui de Bsaqla reconnus par D. Feissel comme des propriétés[154]. Ainsi, malgré le refus de G. Tate concernant la théorie de la propriété originelle, il y a tout lieu de penser que celle-ci s'applique, sans être systématique, à d'autres villages dont le nom conserve le même préfixe[155]. L'organisation et les vestiges bien préservés de Bāmuqqa semblent, par ailleurs, en accord avec ce schéma d'évolution. Le village de Banassara, dans le ǧebel Waṣṭāni, relève de la même appréciation : la maison qui semble à l'origine du village est isolée, comme attendu, au sommet des crêtes dominant le site[156] ; le petit nombre de maisons précaires (qui lui étaient subordonnées ?) apparaît en contrebas. Il paraît donc plus raisonnable d'admettre, au moins pour la période impériale, l'existence de villages constitués à partir d'un domaine originel (*chôria*), comme l'avait envisagé G. Tchalenko, et d'autres composés dès le départ de paysans indépendants (*kômai*), conformément à ce qu'en avait conclu l'étude de G. Tate.

Le constat qui suit invite à la prudence, mais les données livrées par les vestiges de Kafr ʿAqāb suggèrent l'existence d'un domaine appartenant à un notable non loin duquel se sont implantées des petites communautés de paysans propriétaires. Avant d'en exposer les raisons, rappelons brièvement l'organisation du village au cours de la période romaine. Celui-ci ne peut être, d'ailleurs, véritablement nommé « village » dans la mesure où les ruines ne montrent pas un habitat groupé autour d'un bâtiment communautaire, mais trois hameaux inégalement répartis sur le site (**fig. 29**). Le plus important (secteur méridional) est situé au point culminant du promontoire rocheux. Un second (secteur médian), plus modeste, est installé au nord, au bord des escarpements du promontoire. Enfin, un *wādī* sépare ce dernier d'un troisième groupe de maisons (secteur septentrional) bâties au bord de la pente abrupte du ravinement. La population se compose de deux catégories d'habitants : d'un côté les villageois de condition modeste qui représentent la quasi-totalité de la population, de l'autre un notable et sa famille. La première catégorie s'illustre par un ensemble de petites maisons précaires auxquelles répondent des sépultures sobres et ordinaires. La seconde est représentée par les restes d'un temple funéraire associé à un sarcophage très ouvragé. Les données archéologiques ajoutées à l'inscription de la tombe H. 08 montrent que ces deux groupes occupent le site à la même période, dès les IIe/IIIe siècles. Ces observations permettent d'émettre trois interprétations à propos du statut du village et de celui de ses exploitants.

La première revient à considérer l'ensemble du site comme un seul domaine appartenant à un riche propriétaire. Les trois hameaux seraient alors composés de tenanciers chargés de rentabiliser les terres et tenus de verser une rente foncière. Leur répartition sur le site pourrait s'expliquer par la volonté d'exploiter le maximum de terres en diversifiant les cultures selon la topographie et la qualité des sols. Le plus important, établi au centre du promontoire rocheux, était vraisemblablement en charge des cultures céréalières qui s'étendaient directement à l'est, et peut-être de l'huilerie souterraine si celle-ci existait dès cette époque ; les deux autres hameaux, de part et d'autre du *wādī* nord, concentraient leurs activités sur les plantations de versants.

La seconde repose sur l'hypothèse de hameaux indépendants, chacun composé de petites propriétés. En effet, leur répartition, l'aménagement du terroir et la présence d'installations agricoles à leur proximité, pourraient militer en faveur de trois groupes d'habitation autonomes. La topographie funéraire plaide également pour des communautés distinctes les unes des autres puisque chacune possède à sa périphérie sa propre nécropole. Dans ce cas, le temple funéraire appartiendrait simplement à une famille paysanne enrichie, désireuse d'affirmer son statut de parvenu par la construction d'un tombeau monumental.

150. Callot et Gatier 1999, p. 678-682.
151. Feissel 1985, p. 465-476, voir également Kaplan 2006c, p. 151-154.
152. Tchalenko 1953-1958, I, p. 300-318.
153. Tchalenko 1953-1958, I, p. 312 et III, p. 162-163.
154. Feissel 1982, p. 334.
155. D. Feissel souligne que l'étymologie du préfixe *b-* est bien illustré par un ex-voto à Zeus de Beth Maré découvert à Bmaria, au Liban (Seyrig 1951 p. 101-123 et *IGLS* VI, n° 2989 cité par Feissel 1982, p. 334, note 112).
156. Khoury 2005, p. 231.

La troisième interprétation suppose le voisinage de communautés paysannes de condition différente : l'une pouvait dépendre de la famille propriétaire tandis que les autres étaient constituées de petits exploitants propriétaires. Le scénario le plus probable, dans le cas présent, serait de concevoir le hameau méridional aliéné à la propriété du notable, comme le suggère l'emplacement des vestiges du tombeau-temple à la périphérie de celui-ci. Ce hameau particulièrement développé pouvait se composer de tenanciers chargés d'assurer le rendement des cultures céréalières qui s'étendaient directement à l'est du site, et peut-être aussi la fabrication de l'huile. Les deux autres petits hameaux se seraient développés indépendamment, à l'écart du hameau principal. Établis aux abords des *wādīs*, ces petits groupes de maisons pratiquaient une culture de versants, ou de terrasses, et produisaient eux-mêmes leur vin par le biais des fouloirs qui leur sont associés.

Parmi ces possibilités, la troisième paraît la plus plausible. En ce qui concerne le hameau méridional, les données archéologiques plaident en faveur du schéma conforme à la propriété unique, c'est-à-dire un tombeau à caractère monumental en périphérie duquel se trouve un petit groupe d'habitations serrées les unes contre les autres. Certes, la « villa » n'a pas été retrouvée, mais les deux tronçons de murs indiquant l'existence de constructions cossues pourraient être liés à la présence d'une famille de notables. Leur proximité par rapport au secteur méridional abonde dans ce sens, mais ne constitue pas une preuve. Ces bâtiments, ou bien seulement l'un des deux, pourraient aussi entretenir une relation avec le rôle d'étape qu'a pu jouer le village sur l'itinéraire d'Antioche à Apamée (logements, réception des hôtes de marque, etc.). La présence de ces vestiges et l'existence du mur monumental très élaboré élevé à l'entrée d'une grotte située à l'aplomb du site témoignent de l'attention particulière accordée au hameau méridional au cours de la période impériale. Ils montrent qu'il ne s'agissait pas d'un simple hameau livré à lui-même. Le tombeau monumental pourrait donc appartenir au fondateur du domaine qui s'étend à presque tout le promontoire rocheux[157].

La présence de notables dans certains villages du Massif calcaire est souvent liée à la vie religieuse à laquelle ils participaient par le biais, notamment, de donations ou par l'attribution de prêtrises. De nombreuses inscriptions témoignent en effet de la relation étroite qui existait entre les riches propriétaires et les sanctuaires de hauts-lieux. L'établissement de plusieurs familles à Qāṭūrā, au pied du ğebel Seiḫ Barakāt, pourrait être en rapport avec le sanctuaire construit à son sommet. Cette relation a été mise en lumière entre le sanctuaire de Qalōta et les notables des villages environnants, de même qu'entre le temple de Burğ Bāqirḥā et les grandes familles des localités situées aux alentours[158]. C'est certainement dans un contexte analogue qu'il faut comprendre l'installation d'une famille de riches propriétaires à Kafr ʿAqāb et dans les agglomérations voisines établies à proximité du ğebel Dueili au sommet duquel trône le sanctuaire d'El-Ḥoṣn. En outre, à l'instar des donateurs liés aux temples de Qalōta et de Būrğ Bāqirḥā, probablement propriétaires des villages avoisinants, ceux dont les tombeaux sont visibles dans le ğebel Waṣṭāni septentrional pouvaient également appartenir aux notables des localités où ils se trouvent. Nous conviendrons, avec M. Griesheimer, que le distyle de Ṭurīn « n'est pas seulement un indicateur topographique, il devient expression du pouvoir sur la terre et les hommes »[159]. La présence d'un « grand propriétaire » à Kafr ʿAqāb, au sens où l'entendait G. Tchalenko, paraît donc envisageable. Dans le cas présent, les possessions du notable se limiteraient au hameau principal, aux terres à blé qui en dépendent et peut-être à l'huilerie souterraine. La situation du tombeau monumental, proche du hameau principal, joue en faveur de cette hypothèse. Les petites communautés voisines, pourvues de leurs propres nécropoles et des installations agricoles appropriées à leur développement, pourraient avoir évolué indépendamment de ce domaine. Toujours est-il que seul l'ensemble le plus important, caractérisé par une situation privilégiée au sommet du promontoire rocheux, proche d'une zone agricole importante, constituait le noyau du bien-fonds d'une famille fortunée.

L'étymologie du préfixe *Kafr- de* « Kafr ʿAqāb », dérivé du *Kafr-* qui désigne en araméen la propriété villageoise, par opposition au préfixe *b-* qui indique la propriété individuelle, est peu aisée à expliquer dans ce contexte où plusieurs statuts villageois ont pu se côtoyer. Toutefois, à cette période où le site se nommait probablement « Niaccaba », selon l'identification donnée par l'*Itinéraire Antonin*, la transformation du nom en « Kafr ʿAqāb » a pu s'opérer après la période antique, récupérant peut-être une version sémitique ancienne, antérieure à celle « hellénisée » de « Niaccaba ». Quoi qu'il en soit, nous conviendrons avec G. Tchalenko

157. Il convient cependant de rappeler que la présence d'un tombeau à caractère monumental n'appartient pas toujours au fondateur d'un domaine. L'existence de trois familles de riches propriétaires au sein du seul village de Qāṭūrā montre que ces notables partageaient parfois un domaine relativement réduit (Tate 1992a, p. 290-291). Certes, leurs possessions étaient suffisamment vastes pour acquérir le surplus nécessaire à l'érection de sépultures très coûteuses, mais le cas de Qāṭūrā indique que celles-ci ne s'étendaient pas systématiquement à l'ensemble du finage d'un village. Leurs possessions, au lieu d'être d'un seul tenant, pouvaient aussi être dispersées.

158. Callot et Gatier 1999, p. 678-682.

159. Griesheimer 1997a, p. 186.

que si les préfixes *Kafr*- et *b*- peuvent dans certains cas aider à identifier l'origine d'un village, ceux-ci « n'ont évidemment rien d'absolu et ne sauraient à eux seuls définir le caractère de l'agglomération antique »[160].

Au tournant du Ve siècle, les vestiges de Kafr ʿAqāb confirment ce qui a été constaté dans l'ensemble du Massif calcaire au cours de la période protobyzantine[161] : l'enrichissement global de la paysannerie s'accompagne d'une croissance démographique en progression constante. Cette évolution, qui intervient au moment de la christianisation des campagnes, coïncide avec l'effacement des familles de notables païennes[162]. G. Tchalenko explique ce phénomène par le morcellement des domaines à l'initiative de ces mêmes familles dans le but de réaliser des profits plus élevés. Ce partage des terres s'effectue au bénéfice des paysans de condition modeste qui accèdent alors au rang de propriétaires. L'auteur propose de justifier ce glissement de la « grande propriété » vers l'émergence d'une classe de petits exploitants indépendants par l'emploi d'une forme de contrat toujours d'actualité[163], la *muġārasa*, qu'il assimile à un contrat de droit classique nommé emphytéose ou *emphyteusis*[164]. À propos de ces deux types de concessions, l'auteur souligne que « dans l'une et dans l'autre, une des parties s'assure de la collaboration de l'autre pour mettre en valeur une terre improductive ; dans l'une et dans l'autre, l'une des parties garantit à l'autre un droit héréditaire sur les terres récupérées »[165]. M. Kaplan précise que ce type de bail très avantageux sur le plan économique est « un des moyens privilégiés qui conduit le paysan à l'indépendance la plus totale ; c'est l'une des sources essentielles de l'essor de la petite propriété »[166]. En toute logique, G. Tchalenko fait intervenir cette forme de concession à partir du Ve siècle, lorsque la paysannerie entre dans une ère de prospérité. En revanche, G. Tate, pour qui le statut des exploitants ne varie pas durant toute l'Antiquité, envisage la concession de baux emphytéotiques par l'État dès le IIe siècle afin d'encourager le peuplement du Massif calcaire[167]. Cette période paraît cependant trop haute si on considère que ce type de bail intervient beaucoup plus tardivement, entre le Ve et le VIe siècle, comme le souligne M. Kaplan à l'appui des textes législatifs[168]. Pour les communautés villageoises indépendantes dès l'origine, il faudrait alors envisager, en ce qui concerne la période romaine, un mode d'exploitation régi par des dispositions législatives différentes qui prendront seulement plus tard la forme du régime codifié sous le nom d'emphytéose. Quoi qu'il en soit, G. Tchalenko et G. Tate s'accordent sur deux points : le rôle de l'administration impériale dans le développement de la paysannerie et la concession de baux emphytéotiques qui permettent aux exploitants d'être ou de devenir propriétaires d'au moins une partie des terres qu'ils cultivent. Pour G. Tchalenko, les villages étaient d'abord des domaines, désignés à l'époque impériale comme *chôria*, avant de glisser vers la petite propriété connue sous le terme de *kômé*. La fusion des deux termes au cours de la période protobyzantine pourrait être liée à la généralisation des communautés indépendantes aux dépens des domaines privés. Pour G. Tate, les villages ont toujours été des *kômai*. Le cas de Kafr ʿAqāb, si l'hypothèse de travail formulée plus haut est exacte, pourrait montrer que les biens-fonds et les communautés paysannes composées de petites propriétés pouvaient se développer dans le voisinage l'une de l'autre avant de se fondre en un seul ensemble à partir du Ve siècle.

En conclusion, si certaines localités ont pu passer du statut de communautés dépendantes à l'époque romaine, à celui de communautés libres à la période protobyzantine, le village de Kafr ʿAqāb semble avoir suivi un schéma particulier où ces deux cas de figure se sont produits. Parmi les trois hameaux primitifs autonomes, deux d'entre eux ont pu se composer de petits exploitants propriétaires dont la condition ne change pas du IIe au VIIe siècle. Le plus important, en revanche, serait devenu une communauté de paysans libres seulement à partir de la fin du IVe siècle. L'enrichissement et l'augmentation du nombre des hommes au cours de la période protobyzantine conduisent progressivement à la formation du village en tant que tel, avec pour bâtiments publics les édifices ecclésiastiques autour desquels se réunissent les membres de la communauté. Le hameau nord, trop excentré, ne connaîtra qu'une expansion très limitée et n'intégrera jamais le village proprement dit, bien qu'il s'y rattache d'un point de vue social[169].

160. Tchalenko 1953-1958, I, p. 312, note 6..
161. Tate 1997a, p. 353-359.
162. Dans le village voisin de Ṭurīn, comme à Kafr ʿAqāb, la mutilation des bustes sculptés à l'effigie des membres de ces familles pourrait être liée à la volonté de rompre avec cette catégorie de propriétaires.
163. Latron 1936, p. 65-72. L'auteur définit la *muġārasa* « comme un contrat dans lequel un propriétaire concède un fond de terre avec obligation de la planter d'arbres. Après un délai convenu de plusieurs années, l'immeuble est partagé entre les associés ».
164. L'emphytéote est un « paysan concessionnaire d'une terre pour plusieurs générations ou à perpétuité, moyennant le versement d'un 'canon' léger » (Kaplan 1994, p. 22).
165. Tchalenko 1953-1958, I, p. 416.
166. Kaplan 1992a, p. 167-168.
167. Tate 1992a, p. 299.
168. Kaplan 1992a, p. 164.
169. Ce hameau fait partie du village dans la mesure où celui-ci partage les bâtiments communautaires, c'est-à-dire les églises.

Les églises et le couvent

La naissance du christianisme entraîne certains changements dans l'organisation sociale du village. L'église primitive, édifiée à l'emplacement de la basilique sud au tournant du ve siècle, était sans doute l'église paroissiale dotée d'un bêma dont quelques blocs ont été découverts non loin de ce secteur. À cette période, certains paysans reçoivent probablement les ordres et entrent dans le clergé. Ces clercs, qui demeurent généralement des exploitants propriétaires de leurs terres, restent très intégrés à la communauté villageoise. L'église, propriétaire de biens fonciers, possédait des terres léguées par la communauté ou par de riches propriétaires[170], résidants ou non[171]. Ces ensembles ecclésiaux, remarque G. Tchalenko, fonctionnent comme de véritables exploitations[172]. Au cours du vi^e siècle, d'importants changements surviennent lors de la constitution d'un vaste domaine ecclésiastique qui pourrait rassembler au sein d'un même bornage les sanctuaires de l'est et du sud. La basilique est, à vocation de pèlerinage, joue ainsi une fonction complémentaire par rapport à l'église primitive agrandie à la même époque. Les bornes du domaine ecclésiastique, situées à environ 800 m au sud des églises, semblent marquer la limite du finage villageois de ce côté. Dans la foulée, l'installation du monastère permet d'étendre les cultures vers le sud. Malgré le caractère modeste de l'ensemble conventuel, celui-ci constitue une propriété foncière relativement vaste pourvue de ses propres équipements agricoles, et employant des paysans du village.

La communauté villageoise face au fisc

Les petits exploitants propriétaires sont solidaires devant l'impôt[173]. Plusieurs documents témoignent de la relation des paysans face à l'impôt auquel ils sont soumis. L'un d'entre eux, livré par la *Vie grecque de Syméon Stylite* suggère la part importante de la production qui devait être versée au fisc : un cultivateur y affirme qu'un tiers de sa production sert à payer l'impôt[174]. De son côté, Libanios dresse un tableau particulièrement sombre des conditions des agriculteurs qui ploient véritablement sous le poids du fisc. Selon le sophiste, les curiales chargés de la collecte de l'impôt étaient souvent reçus à coups de pierres par les villageois[175]. Aussi, à partir de la seconde moitié du ive siècle, certaines communautés de propriétaires auraient recherché la protection de hauts fonctionnaires pour se dérober aux charges fiscales imposées par l'État. Le rhéteur déplore cette pratique qui s'effectuait aux dépens des curiales[176] dont il était le fervent défenseur.

Ce portrait malheureux de la condition paysanne n'est pas confirmé par les vestiges de Kafr ʿAqāb. Non seulement la paupérisation des campagnes décrite par Libanios au cours du ive siècle n'apparaît pas, mais au contraire, c'est précisément à cette période que le village présente les prémices d'un essor économique et démographique qui ne fera que croître sur une durée de près de deux siècles. La qualité des maisons et des décors atteste qu'après le paiement de l'impôt, les paysans possédaient assez de surplus numéraire pour investir dans l'architecture. Enfin, sur la question du patronage, l'un des intérêts de cette étude était justement de vérifier, à Kafr ʿAqāb, si le vaste ensemble fortifié ne constituait pas l'une de ses manifestations. Le bâtiment situé à la périphérie de la zone habitée, proche des axes de communication, aurait effectivement pu être le siège d'un patron auprès duquel les paysans auraient cherché refuge pour échapper au fisc, ou même pour s'enquérir de son jugement à propos de certaines querelles entre villageois[177]. Les pères franciscains, quant à eux, y avaient vu un *castrum*[178] où résidait le délégué du *Comes Orientis* affecté, comme le Chancelier Jean à Brād, « à la haute surveillance de la poste et de la levée des impôts »[179]. Mais l'une et l'autre de ces interprétations ne résistent pas à l'analyse : le bâtiment, nous le verrons dans le chapitre qui lui est consacré, n'existait pas à la période protobyzantine. Ailleurs dans le Massif calcaire, aucune trace de ce type de pratique illicite qui consistait à chercher un protecteur[180] n'a été relevée[181]. Ainsi, les données archéologiques livrées par les vestiges de Kafr ʿAqāb ne vont pas dans le sens des informations fournies par les textes.

L'existence d'une hiérarchie interne au village ?

Les bâtiments du village ne présentent pas de véritables différences avec ceux étudiés dans le Massif calcaire[182]. Ce sont des constructions simples fondées sur une architecture modulaire qui permet une adaptation

170. Sur cette question, voir Kaplan 2006f, p. 157-159.
171. Bavant 2005, p. 769-770.
172. Tchalenko 1953-1958, I, p. 396.
173. Voir notamment Kaplan 2006b, p. 36.
174. « Je suis un cultivateur. Je divise ma production en trois parties : la première, je la donne aux pauvres, la seconde au fisc, puis vient mon entretien » (*BHG* 1681 ; *Vie de Syméon le Stylite* 1908, p. 62 ; Festugière 1959, p. 504 ; Kaplan 2006b, p. 36).
175. *Or* XLVII, 7-8.
176. Kauffmann 2004, p. 321.
177. M. Kaplan mentionne l'arbitrage d'un patron à propos d'une querelle de murs mitoyens (Kaplan 1992, p. 169).
178. Peña *et al.* 1999, p. 85.
179. *IGLS* II, n°530.
180. *Code Justinien* XI, 54, 2 (Krüger 1877, p. 444).
181. Tate 1992a, p. 269.
182. Tate 1992a.

aisée à l'augmentation de la population par l'ajout du nombre de pièces nécessaires. D'une façon générale, aucune maison ne se distingue par un décor plus soigné ou plus abondant qu'une autre. En ce sens, l'architecture domestique ne révèle pas de hiérarchie de condition entre les villageois. Les plus grandes exploitations, comme la maison M. 70 par exemple, ne s'illustrent pas par une richesse particulière et ne semblent avoir exercé aucune pression sur les plus petites. Elles abritent seulement un nombre plus important d'habitants. Les vestiges ne sont donc pas en accord avec les observations effectuées par G. Tchalenko qui distingue plusieurs catégories de villageois au sein d'une communauté : maisons de grands propriétaires, fermes, maisons paysannes, maisons ouvrières. Il s'agit en fait, comme l'a remarqué G. Tate dans d'autres localités, d'une évolution commune qui est l'aboutissement d'un lent processus.

Néanmoins, l'architecture funéraire oblige à nuancer ce tableau d'une société qui paraît, à la seule vue des habitations, relativement égalitaire. Durant toute l'Antiquité, les sépultures montrent des contrastes sociaux parfois importants entre les villageois. Nous avons évoqué plus haut l'existence d'un propriétaire terrien dont la situation sociale est illustrée par un tombeau à caractère monumental. Ce notable jouait certainement un rôle à part aux côtés des paysans de condition plus modeste qui vivaient sur le site. En dehors de sa participation très probable à la vie religieuse, notamment dans l'érection du sanctuaire de haut-lieu d'El-Ḥoṣn, il n'est pas exclu que sa présence ait eu un lien avec la situation de la localité qui représentait une étape sur l'itinéraire d'Antioche à Apamée. Peut-être était-il en charge, en temps que propriétaire du domaine, de la gestion du logement et de l'approvisionnement des personnages importants de passage avec leur escorte. Durant la période protobyzantine, les contrastes sociaux perdurent malgré le nivellement des fortunes enregistré à partir du ve siècle. Certains villageois conservent la sobriété qui caractérise la plupart des tombes romaines, d'autres s'offrent des sépultures plus cossues. Parmi ces dernières, une famille s'élève nettement au-dessus de la communauté par la construction d'un mausolée à couverture pyramidale. Ces différences traduisent des écarts de condition entre les habitants de Kafr ʿAqāb sans qu'il soit possible de préciser leur nature en l'absence de témoignages épigraphiques. On sait toutefois qu'il existait des exploitants chargés de représenter le village. M. Kaplan écrit à leur propos : « Plus aisés que les autres, propriétaires de la terre qu'ils cultivent, ils exercent sur les simples villageois, sur les laboureurs de base et les paysans plus pauvres, une autorité qui découle naturellement des responsabilités qui leur sont confiées »[183]. C'est peut-être à l'un d'eux qu'appartenait le mausolée pyramidal édifié afin d'affirmer le rôle de son propriétaire au sein de la société villageoise. Le même auteur précise que ces exploitants plus « puissants » n'altéraient en rien l'équilibre de la communauté composée de paysans propriétaires de leur terrain ; ils restaient en effet solidaires vis-à-vis des autres membres. Ce schéma paraît correspondre aux données archéologiques livrées par le site de Kafr ʿAqāb. Dans la région, l'existence d'institutions comprenant des notables en charge des affaires du village est aussi attestée. On connaît, notamment, les *decaprotes*, « les dix premiers », les *pentaprôtoi*, « les cinq premiers » à Ḥūarte, ou le collège des cinq dans le village de Ṭurīn. Ces magistrats éprouvaient vraisemblablement le besoin d'asseoir leur statut par la construction de tombeaux monumentaux. Il convient aussi de signaler l'existence d'esclaves prouvée dans le Massif calcaire par l'épigraphie : aux épitaphes de Millis datée de 193[184] et de Frikyā de 324[185], il faut ajouter dans le ğebel Waṣṭāni un troisième témoignage, plus ancien, à Besandīnā, daté de 165[186]. Ce dernier indique la présence d'une sépulture aménagée par les maîtres : cela montre que l'esclave occupait une place particulière au sein de la maison. Ces hommes propriétaires de tombes semblables à beaucoup d'autres, accompagnées d'épitaphes, n'ont certainement rien de comparable avec une main-d'œuvre servile. Ils étaient plutôt, comme l'a constaté G. Tchalenko, « des domestiques ayant leur place dans la famille »[187].

L'organisation de l'espace rural et la gestion du terroir

Doit-on envisager à Kafr ʿAqāb une société paysanne soudée par des engagements communs, ou bien simplement un groupe d'agriculteurs dont chaque membre est à la tête d'une propriété qu'il gérait seul ? La quête constante de l'autonomie vis-à-vis d'autrui a été évoquée à plusieurs reprises au cours de cette étude. D'après cette tendance, il est possible de considérer que chaque famille travaillait son propre lopin de terre et assurait la gestion de ses ressources de façon individuelle. Pourtant, les installations qui témoignent d'une organisation collective de l'espace rural sont relativement nombreuses sur le site. Les plus significatives sont celles destinées au contrôle des ressources en eau, à savoir la construction du grand bassin de rétention qui est de toute évidence d'intérêt général, et celle du réservoir occidental dont la situation isolée suppose une exploitation collective de l'aménagement. Les drains entaillés dans le flanc de la montagne prévus pour conduire l'eau, soit vers le bassin

183. Kaplan 2006a, p. 27.

184. *PAES* III B, 1072 ; *IGLS* II, 650.
185. *AAES* III, 241 ; *IGLS* 1409-1411.
186 Peña *et. al.* 1999, p. 63.
187. Tchalenko 1953-1958, I, p. 410.

de rétention, soit vers des parcelles de terres cultivées, sont aussi l'œuvre de la communauté. Il faut également rappeler l'existence de fouloirs aménagés au sein des cultures, donc mis à la disposition des paysans, et celle de l'huilerie souterraine dédiée à la communauté au cours de la période protobyzantine. Les pièces souterraines situées dans des secteurs inoccupés du village suggèrent aussi une gestion commune de certains espaces intercalés entre les maisons. Par ailleurs, la rareté des auges à l'intérieur des habitations et leur abondance en périphérie du village relèvent du même constat : ces installations permettaient de subvenir aux besoins de la communauté. La présence de troupeaux, vraisemblablement confiés à des bergers communaux, est appuyée par une longue mangeoire aménagée dans un front de carrière à l'écart de la zone habitée.

L'ensemble de ces aménagements témoigne de l'organisation collective de l'espace villageois dans l'intérêt de la communauté. Cette observation, ajoutée au régime autarcique auquel aspirent tous les exploitants, conduit à concevoir l'existence d'un système évoqué par Libanios dans le discours *Sur les patronages*. La nature de la propriété y est décrite comme un bien commun réparti entre les paysans responsables de la parcelle qu'ils possèdent[188]. À Kafr ʿAqāb, le terroir ressort de la responsabilité des agriculteurs qui le cultivent, et une mise en valeur commune est nécessaire aux cultures individuelles. La gestion des terres est donc probablement assurée par les paysans qui s'accordent entre eux. De la même façon, les secteurs non cultivables, mais économiquement rentables, sont aménagés pour le bien de la collectivité afin d'en tirer les meilleurs profits dans l'intérêt de chacun. G. Tate rejoint cette idée en affirmant que le cultivateur possédait « au moins une partie de ses terres »[189], formulation qui suggère un avis plutôt favorable à l'existence d'une propriété individuelle. Par ailleurs, l'auteur admet une solidarité entre les paysans face à l'impôt[190]. Or, il semble que l'imposition de la collectivité soit une conséquence logique d'une distribution des terres équitable entre les habitants d'un village, chacun étant responsable de son lopin de terre. Ainsi, le système reposant sur une répartition égalitaire des terres pourrait tout à fait s'appliquer à Kafr ʿAqāb. Il convient d'ajouter, pour corroborer cette hypothèse, que la privatisation des terres aurait immanquablement engendré des inégalités d'ordre économique qui n'apparaissent pas véritablement dans le village. Au contraire, l'architecture domestique évolue sur un pied d'égalité jusqu'à la fin de la période protobyzantine, attestant d'un niveau de vie relativement stable où les écarts sociaux, suggérés par l'architecture funéraire, restent plutôt rares. G. Tate fait le même constat à l'échelle de la Syrie du Nord où il reconnaît des communautés rurales « riches et égalitaires »[191]. Une telle évolution suppose davantage une distribution des biens communs à parts égales entre les paysans et une responsabilité collective devant l'impôt, plutôt que d'une propriété strictement privée accompagnée d'une individualisation de la responsabilité fiscale[192].

Les institutions villageoises

Contrairement aux communautés villageoises de Syrie du Sud où les mentions de magistrats abondent[193], les villages de Syrie du Nord en sont particulièrement avares[194]. À l'instar de la grande majorité des localités d'Antiochène, Kafr ʿAqāb ne présente aucun témoignage, archéologique ou épigraphique, indiquant l'existence d'institutions antérieures au IVe siècle. Considérer le mode d'administration des villages est donc peu aisé. P.-L. Gatier, qui souligne pour la période impériale le caractère exceptionnel des temples villageois, à la différence de la Syrie du Sud où les sanctuaires sont nombreux, relie ce fait à « l'absence presque totale de localités disposant d'institutions qui leur sont propres »[195]. Quoi qu'il en soit, à partir du IVe siècle, l'existence de magistrats dans les villages du Massif calcaire est prouvée par de rares inscriptions. À Ḥūarte, nous l'avons noté plus haut, on connaît l'existence de *pentaprôtoi*[196]. On relève également dans le ǧebel Zāwiye la présence de *decaprotes*[197] et de *presbytes*[198]. À Brād, dans le ǧebel Semʿān, il est fait mention d'un *comès orientis*[199].

Dans le ǧebel Waṣṭāni, un témoignage épigraphique intéresse particulièrement cette étude : l'inscription gravée sur le montant d'une porte nord du temple d'El-Ḥoṣn[200] atteste l'existence de *bouleutes* à Ṭurīn, localité voisine de Kafr ʿAqāb. L'inscription montre que ce village de

188. Kauffmann 2004, p. 322.
189. Tate 1989, p. 106 ; Tate 1992, p. 266.
190. Tate 2004a, p. 389.

191. Tate 1997a, p. 913-941.
192. Cette organisation agricole n'est pas sans évoquer la gestion communautaire du terroir basée sur le système de la *mushâʿ*. Ce système connaît plusieurs variations dont la base est la distribution des possessions agricoles d'un village aux exploitants chargés de les cultiver (sur cette question on se reportera à Latron 1936, p. 188-194 ; Weurlesse 1946, p. 99 ; Fevret 1949, p. 161 ; Mundy 1996, p. 273-287).
193. Harper 1928, p. 44 ; voir également Sartre 1993, p. 117-135.
194. Sartre 2001, p. 773-778.
195. Gatier 1997, p. 769 ; voir aussi Callot et Gatier 1999, p. 665-688.
196. *IGLS* 1908 ; Feissel 1994, p. 289 ; Liebeschuetz 2001, p. 65, n. 232.
197. Située dans le village de Hās, l'inscription sur mosaïque date de 338 (Tchalenko 1953-1958, III, 39).
198. Tate 1992, p. 269, n. 41. Le même auteur mentionne un *stratègos tès kômès* à Maʿaret Betar, dans le ǧebel Rihā en 250 (*IGLS*, IV, 1533) ; toutefois, M. Sartre signale que ce dernier cas semble très douteux (Sartre 2001, p. 777, n. 195).
199. *IGLS* II, 530.
200. *IGLS* II, 652 ; inscription traduite également par B. Bavant dans Berger 2005, p. 162.

taille moyenne était une communauté de paysans propriétaires pourvue de magistrats municipaux en charge des affaires de biens publics. Il s'agit de *bouleutes* de la cité vivant dans le village auxquels il incombait d'administrer tout ce qui touchait à la collectivité, comme la gestion et l'entretien des installations communales ou la collecte, pour le compte de l'État, de l'impôt devant lequel les villageois étaient solidaires. Une situation comparable à Kafr ʿAqāb, village semblable à celui de Ṭurīn, est envisageable à la même période. L'inscription d'El-Ḥoṣn montre que les *bouleutes* de la cité résidants à Ṭurīn, tenus de pourvoir au culte païen, contribuaient à la vie religieuse de la région quatre ans après la mort de Julien l'Apostat. Au-delà d'un paganisme persistant, ce témoignage épigraphique nous informe du rôle de ces magistrats dans les milieux ruraux au cours de la seconde moitié du IVe siècle, et constitue l'un des rares documents qui attestent la présence de *bouleutes* en Syrie du Nord[201].

201. A. Natali observe, à ce propos, que le caractère exceptionnel des *boulai* pourrait être la conséquence de la forte attraction provoquée par la proximité de la métropole d'Antioche (NATALI 1975, p. 55).

Architecture funéraire

La diversité des monuments funéraires du Massif calcaire a encouragé, dès la seconde moitié du XIXe siècle[1], l'organisation d'études, de relevés et de classements[2] qui ont permis d'en livrer une vision générale. La variété des modèles architecturaux est telle que G. Tchalenko y avait vu, pour la période comprise entre le Ier et le VIIe siècle, « tous les types de tombeaux à inhumation de la région méditerranéenne, à l'exception des tours funéraires »[3]. L'auteur donne également une précieuse documentation concernant avant tout les monuments les plus remarquables. Ces travaux portent sur l'ensemble des vestiges funéraires, mais ne s'attardent jamais sur la totalité des tombeaux compris au sein d'un village en particulier, carence dont souffre aujourd'hui l'étude des nécropoles de la région. Ce sont, en somme, les sépultures les plus ordinaires qui demeurent les moins connues. Seule une prospection systématique visant à recenser l'intégralité des vestiges funéraires de plusieurs localités serait susceptible de livrer un panorama complet de l'histoire et de l'évolution de l'architecture funéraire[4].

Les tombeaux de Kafr ʿAqāb s'inscrivent dans le large éventail typologique proposé par les monuments funéraires du Massif calcaire. Toutefois, le répertoire du village demeure relativement peu varié : parmi les 71 sépultures visibles[5] sur l'ensemble du site, cinq modèles distincts ont été identifiés. Trois d'entre eux sont largement diffusés dans la région. L'hypogée cruciforme à trois *arcosolia* constitue le type le plus répandu dans le village avec 35 exemplaires. Vient ensuite la sépulture individuelle[6] sans *arcosolium* dont le nombre s'élève à 19 aménagements. Enfin, la fosse à un *arcosolium* ou deux *arcosolia* opposés, moins fréquente sur le site, compte 11 installations de ce type. Ainsi, les hypogées totalisent plus de la moitié des monuments répertoriés dans le village avec un pourcentage élevé à 51,2% ; les tombes individuelles en représentent 32% ; les fosses à *arcosolium* en constituent seulement 11,5%. Deux autres catégories de sépulture se distinguent par leur monumentalité. Le plus ancien est matérialisé par les restes de ce qui semble avoir été un temple funéraire auquel s'associe le sarcophage richement orné S. 58. Le plus récent est le mausolée à couverture pyramidale Mau.18. Il existe également des aménagements funéraires particuliers, tels que le tombeau collectif du monastère, ou bien celui de la cuve S. 57 caractérisé par la combinaison du modèle de la cuve rupestre avec celui de la fosse à *arcosolium* latéral. Enfin, deux monuments se distinguent par leur emplacement proche des bâtiments religieux : la chapelle située à proximité de l'église sud qui pourrait avoir eu une fonction funéraire[7], et le sarcophage associé au sanctuaire de l'est dont les vestiges paraissent indiquer la présence d'un baldaquin.

Les tombes ont été rassemblées en groupes, ou noyaux funéraires, selon leur concentration dans certaines zones du site. Chaque groupe est nommé « G » suivi d'une lettre. Ce système de dénomination, de G. A à G. I, commence par le secteur nord du village qui est, nous le verrons, le foyer de

1. M. De Vogüé 1865-1877.
2. H. C. Butler a publié les résultats de ses recherches en 1899-1900 par type de construction et par période (*AAES* II).
3. G. Tchalenko 1953-1958, I, p. 33. Hormis la tour funéraire, on constate, avec M. Griesheimer, l'absence du tumulus et des tombes à fosses (Griesheimer 1997a, p.175). Sur les tours funéraires syriennes, voir Will 1949, p. 258-312 et Clauss 2002, p. 155-194.
4. Le site de Ṭurīn, dans le ǧebel Waṣṭāni, a fait l'objet d'une telle démarche, mais ces travaux n'ont donné lieu à aucune publication. Dans l'attente des résultats de cette prospection (Griesheimer 1997a, p.170, note 15 et p. 198-199), la monographie de Serǧilla (Tate *et al.* 2013) et la présente étude demeurent les seules à traiter de l'intégralité des sépultures d'un village.
5. Sans doute doit-on ajouter à ce chiffre quelques tombes actuellement dissimulées sous les décombres et la surface du sol.
6. Ce type de tombe regroupe les fosses rupestres, les cuves rupestres et les cuves dites « isolées ». Ces dernières, entièrement taillées, n'entretiennent pas de relation avec le rocher.
7. La vocation funéraire de la petite chapelle à abside saillante n'est pas assurée. Elle demeure cependant probable par analogie avec celle de Ṭurīn associée, quant à elle, à un sarcophage (voir ci-dessous p. 171).

sépultures le plus ancien, puis se poursuit dans le sens des aiguilles d'une montre sur toute la périphérie de l'agglomération. En outre, chaque sépulture recensée a également reçu un numéro. Cette numérotation, de 01 à 71, s'effectue de façon continue tout autour du village suivant le sens adopté pour les noyaux funéraires. Enfin, chaque catégorie de tombe est désignée par une ou plusieurs lettres précédant le numéro qui leur est assigné. Les hypogées sont désignés par la lettre « H », les fosses à *arcosolium* par « F.arc. », les simples fosses individuelles par « F », les sarcophages par « S », le mausolée pyramidal par « Mau » et le tombeau collectif des moines par « TC ».

Topographie funéraire

Les sépultures sont implantées à la périphérie de l'habitat. Leur répartition inégale répond à divers facteurs fondés avant tout sur un sens pratique plutôt que sur une volonté stricte d'organiser l'espace funéraire. Le choix de l'emplacement d'une tombe, individuelle ou collective, semble relativement libre si l'on considère la disposition quelque peu anarchique des vestiges funéraires (**fig. 327 et Pl. V**). L'une des préoccupations principales est d'installer le tombeau hors de la zone habitée. Cette pratique qui consiste à éloigner le défunt du monde des vivants conduit à la formation de noyaux funéraires à l'écart des maisons, les sépultures nouvelles se joignant naturellement à un groupe de tombes préexistant. Rares sont celles qui demeurent totalement isolées.

Les groupes funéraires

Neuf secteurs principaux se distinguent par une concentration de tombes. Sur l'ensemble des sépultures recensées, seules trois d'entre elles sont isolées : l'hypogée H. 40 aménagé dans le versant nord du *wādī* méridional ; l'hypogée H. 61 isolé du côté sud-ouest du village, en contrebas de l'éperon rocheux ; et la fosse F.arc.71 située à l'arrière de la maison M. 72, aux abords du versant sud du *wādī* septentrional.

• Le *Groupe A*, situé à l'extrémité nord du site, rassemble quatre sépultures appartenant à trois types funéraires différents : deux sarcophages (S. 01 et S. 04), une fosse sépulcrale à un *arcosolium* (F.arc.02), et un hypogée (H. 03).

• Le *Groupe B* est représenté par l'ensemble funéraire aménagé dans le flanc sud du *wādī* septentrional. L'hypogée y a l'exclusivité avec la présence de six sépultures de ce type (H. 05, H. 06, H. 07, H. 08, H. 09, H. 10).

• Le *Groupe C*, dans le secteur nord-est du site, contient sept tombes parmi lesquelles se trouvent quatre hypogées (H. 11, H. 12, H. 13, H. 14) et 3 sarcophages (S. 15, S. 16, S. 17).

• Le *Groupe D*, relativement proche des habitations, est situé dans la zone nord-est du village. Il rassemble quatre sépultures appartenant chacune à un type funéraire différent. On compte un hypogée (H. 19), une fosse à *arcosolium* latéral (F.arc.20), une fosse rupestre pour enfant (F. 21), ainsi qu'un mausolée à couverture pyramidale (Mau.18).

• Le *Groupe E* se trouve sur les premières hauteurs orientales du promontoire rocheux, aux abords du grand sanctuaire de l'est. Il comprend dix sépultures : la moitié sont des hypogées (H. 24, H. 27, H. 28, H. 29, H. 31) auxquels s'ajoutent trois sarcophages (S. 24, S. 25, S. 30) et deux fosses à *arcosolium* (F.arc.22 et F.arc.23).

• Le *Groupe F* comprend plusieurs tombes associées au domaine conventuel. L'ensemble compte quatre sarcophages (S. 32, S. 33, S. 35, S. 38) : les deux premiers sont placés à l'intérieur du bâtiment A, le troisième apparaît à proximité de la chapelle du bâtiment B, le dernier se trouve à l'intérieur du bâtiment D. Le tombeau collectif TC. 34, composé de trois fosses sépulcrales à *arcosolia*, est situé dans la partie sud du bâtiment B. Une fosse rupestre (F. 39) jouxte le bâtiment G situé à l'extrémité sud-ouest de l'ensemble monastique. Enfin, deux hypogées H. 36 et H. 37 sont établis en périphérie des bâtiments.

• Le *Groupe G*, situé dans les flancs du *wādī* méridional, rassemble exclusivement des hypogées (H. 41, H. 42, H. 43, H. 44, H. 45, H. 46, H. 48).

• Le *Groupe H* concentre 11 sépultures réparties au sud-ouest du village : 3 hypogées (H. 53, H. 56, H. 60), six sarcophages (S. 49, S. 50, S. 52, S. 55, S. 58, S. 59), 2 fosses sépulcrales à double *arcosolia* (F.arc.51, F.arc.54) et la tombe S. 57 qui se distingue par une morphologie particulière.

• Le *Groupe I*, situé au nord-ouest du village, comprend neuf sépultures : quatre fosses sépulcrales à un ou deux *arcosolia* (F.arc.61, F.arc.62, F.arc.63, F.arc.64), un sarcophage (S. 65) et quatre hypogées (H. 67, H. 68, H. 69, H. 70).

Sur la base de cette répartition, deux premières observations s'imposent. D'une part, le nombre de sépultures est relativement constant au sein de chaque groupe funéraire. À l'exception des groupes *A* et *D* qui ne semblent pas avoir constitué des pôles funéraires particulièrement attractifs, les sept autres groupes contiennent un nombre de tombes qui oscille entre six et onze aménagements, la moyenne étant de huit environ. D'autre part, la disposition irrégulière des sépultures et des noyaux funéraires épars milite en faveur d'une implantation empirique. À l'exception des sépultures conventuelles qui constituent des cas particuliers, il suffit, semble-t-il, qu'un emplacement au sein d'un groupe soit libre pour qu'une tombe puisse s'y établir. Néanmoins, le constructeur devait prendre en considération le modèle de sépulture souhaité par le propriétaire et la contrainte imposée par le terrain naturel.

Fig. 327 — *Localisation des tombeaux (© B. Riba).*

La relation des tombes avec le terrain

La topographie est étroitement liée aux modèles de tombes en présence. Quelques sépultures privilégient les espaces plats, d'autres sont appropriées aux flancs des escarpements rocheux. Dans certains groupes, ceci explique la présence d'une relative diversité de tombes ; d'autres se caractérisent par une grande homogénéité. À Kafr ʿAqāb, où le terrain combine tous les types de relief, de nombreuses alternatives sont possibles. Ainsi, la répartition des aménagements funéraires est avant tout à l'image de la capacité de l'homme à adapter ses choix aux conditions naturelles qui l'environnent.

La nécessité de surfaces planes

Certaines tombes, telles que les fosses rupestres individuelles, ou bien à un ou deux *arcosolia* opposés, privilégient les replats assez larges propices à un nivellement succinct puis à leur creusement. De la même façon, les sarcophages dits « isolés », c'est-à-dire les cuves sépulcrales entièrement taillées, utilisent le plus souvent le substrat rocheux aplani comme socle ou comme promontoire. En conséquence, les surfaces rocheuses horizontales constituent des lieux recherchés, aptes à l'aménagement des fosses et à l'exposition des sarcophages. Ces zones se concentrent en deux endroits principaux du site. Le premier est représenté par la partie orientale du village, au bas des premières inclinaisons des pentes du ǧebel Dueili où s'étendent de grands espaces faiblement accidentés et suffisamment éloignés des habitations. Le second est situé en bordure du promontoire rocheux où le relief offre des terrasses naturelles favorables à l'aménagement de sépultures hypèthres ou souterraines.

Les flancs de colline et les carrières désaffectées

Les versants des *wādīs* offrent les conditions idéales à l'aménagement des hypogées. Les parois rocheuses, les abris sous roche et les fronts de carrières désaffectées constituent des lieux parfaitement adaptés à leur installation. Il suffit, pour s'en convaincre, de constater l'exclusivité réservée à ce type de tombe au sein des *groupes B* et *G* qui rassemblent à eux seuls 14 hypogées creusés dans les flancs des *wādīs* nord et sud (**fig. 328 et 329**). Les hypogées, présents dans tous les noyaux funéraires, sont effectivement nombreux dans l'ensemble du site, aux endroits où la moindre proéminence rocheuse autorise le creusement de ce type de sépulture. Les carrières entaillées le long des flancs des *wādīs* constituent à cet égard des pôles privilégiés. L'arrêt des activités dans certaines zones d'exploitation donnait souvent lieu à l'installation d'un hypogée dans les parois verticales des fronts de taille préalablement travaillés. Ainsi, certains secteurs de carrières collectives étaient privatisés lors de leur abandon afin d'y aménager un tombeau à caractère familial de plan cruciforme. Dans un contexte différent, ce phénomène a aussi été constaté dans le bâtiment B du monastère : la carrière exploitée sur le lieu même de la construction a ensuite été aménagée en tombeau collectif (TC. 34). Les 3 tombes à *arcosolia* creusées dans le roc s'alignent l'une à côté de l'autre dans le front de taille.

Les lieux fréquentés

La topographie funéraire exprime un souci essentiel de la part des villageois : perpétuer le souvenir des défunts. Il fallait donc rester à l'écart de l'agglomération tout en demeurant visible à l'œil des vivants. Pour satisfaire ce souhait, l'usage le plus courant consiste à établir les sépultures sur des lieux fréquentés, aux abords des points d'eau et des axes de communication.

Les citernes en périphérie du village constituent des biens communs qui servent à subvenir aux besoins des cultivateurs, des bergers et des itinérants, mais aussi ceux des familles propriétaires des tombes, l'eau étant indispensable à leur entretien ainsi qu'à l'accomplissement des rites funéraires. En effet, une large majorité de sépultures ne possèdent pas leur propre citerne. Par ailleurs, la situation de ces points d'eau était un moyen de garantir la pérennité des morts dans la mémoire des hommes compte tenu de leur caractère très attractif. Chaque groupe funéraire compte au minimum quatre citernes aménagées dans leur voisinage. Certaines citernes, situées à l'intérieur de l'enclos funéraire d'un tombeau, étaient à usage privé. L'hypogée H. 12 et le mausolée Mau.18 disposaient ainsi de leur propre réserve d'eau. Leurs propriétaires, sans doute plus fortunés que la moyenne, étaient en mesure d'agrémenter leurs sépultures d'un réservoir privé afin d'assurer l'entretien de leur tombeau, et de subvenir aux besoins d'un éventuel jardin cultivé à l'intérieur de la clôture, « version villageoise du *paradeisos* dévolu aux défunts »[8].

Les secteurs proches des axes de communication constituent aussi un facteur favorable à l'établissement des tombes. D'une façon générale, les sépultures sont judicieusement placées aux abords des lieux de passage tels que les chemins ou les escaliers taillés dans les escarpements afin d'être exposées à la vue du plus grand nombre. C'est le cas des tombes aménagées dans les versants des *wādīs* où de nombreuses citernes et certains segments de chemin indiquent des zones très fréquentées, tout comme les marches qui permettaient de gravir le promontoire rocheux jusqu'au village. Une série de sépultures

8. Griesheimer 1997a, p. 196.

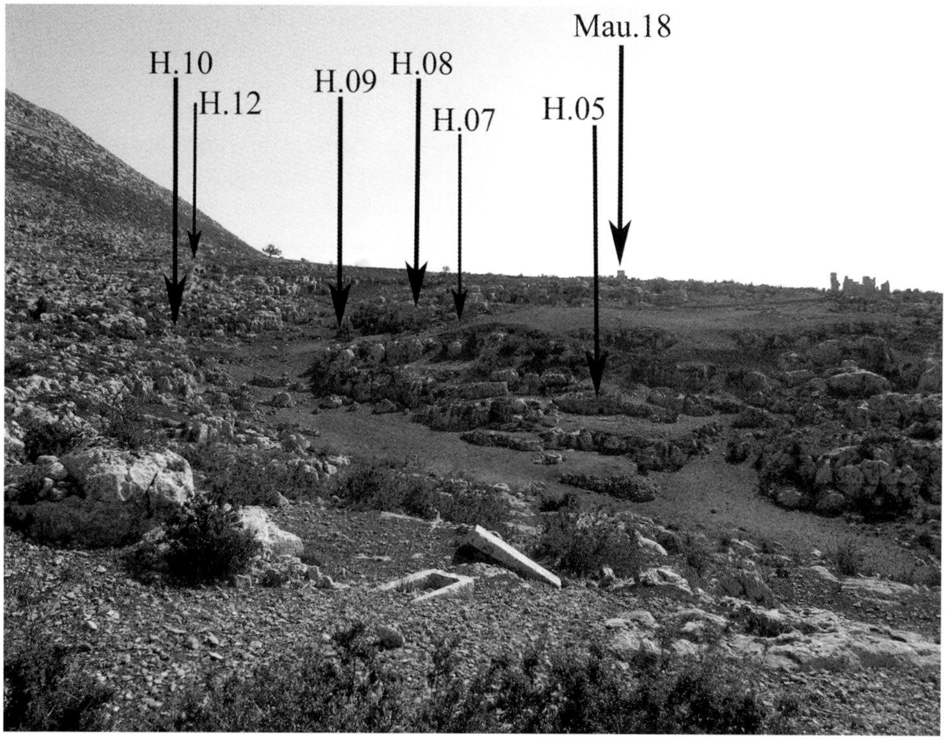

Fig. 328 — *Répartition des sépultures dans le secteur du* wādī *nord (© B. Riba).*

Fig. 329 — *Répartition de quelques hypogées au sein du* wādī *sud (© B. Riba).*

installées en hauteur bordent également l'accès principal du village situé au sud-est du site, à l'endroit où le terrain, peu accidenté, constituait un lieu de passage privilégié. Enfin, c'est encore la volonté de rester proche des endroits fréquentés qui a dicté l'implantation des trois sépultures isolées des autres groupes funéraires : l'hypogée H. 40, proche de l'entrée du village, était visible de loin par les voyageurs en provenance du sud ; l'hypogée H. 60 est installé au bas d'un escalier qui donnait accès au village ; quant à la fosse F. 70, celle-ci occupe un emplacement au débouché d'une série d'escaliers qui constituait l'un des accès principaux du site par le côté nord.

L'exposition et la situation des sépultures avaient donc pour objectif d'ancrer la mémoire des défunts dans le quotidien des vivants. En dehors des proches dont les visites devaient être régulières, voyageurs, agriculteurs et pâtres pouvaient, à l'occasion, rendre hommage aux disparus.

La tombe et l'habitat

Si la pratique en vigueur consistait à aménager la tombe en dehors de la zone habitée, la frontière entre le monde des morts et celui des vivants a tendance à disparaître aux endroits où l'expansion du village s'est effectuée aux dépens de la zone consacrée autrefois aux tombeaux. Ce phénomène est net sur le versant occidental du site où les maisons construites au VIe siècle ont gagné un certain nombre de sépultures antérieures, dont certaines remontent à la période impériale[9]. L'idée selon laquelle les tombes entourées d'habitations sont les plus anciennes se vérifie donc dans le cas de Kafr ʿAqāb. La présence des sépultures d'époques romaine et protobyzantine dans le même secteur montre que le rapport entretenu entre l'habitat et la nécropole peut être envisagé comme un élément de chronologie relative. Néanmoins, les distances entre ces deux composantes semblent constituer des indicateurs moins fiables et doivent être considérées avec prudence. Si les tombeaux les plus proches de l'habitat sont en règle générale les plus anciens, des exceptions peuvent être observées, telle la sépulture protobyzantine S. 57[10], située dans le voisinage d'un tombeau romain, qui indique qu'un individu au Vᵉ siècle n'envisageait pas encore l'extension du village dans ce secteur. Or, une nouvelle vague de constructions entre la fin du Vᵉ siècle et le début du siècle suivant achève bel et bien d'intégrer la majorité des sépultures occidentales à l'intérieur du tissu villageois. Enfin, il convient d'évoquer quelques cas particuliers : le tombeau collectif des moines aménagé à l'intérieur d'un bâtiment monastique (contexte spécifique à l'architecture conventuelle), et les sépultures *ad sanctos* qui semblent avoir existé au sein de chaque complexe ecclésial, comme que la chapelle funéraire qui jouxte l'église sud, si telle était bien sa fonction, et le tombeau S. 25 découvert au sud-ouest de la basilique est.

ÉTUDE TYPOLOGIQUE

Les hypogées à *arcosolia*

Parmi les cinq modèles funéraires recensés à Kafr ʿAqāb, les villageois ont privilégié l'hypogée à *arcosolia* de plan cruciforme. Celui-ci représente plus de la moitié des sépultures réparties sur le site.

Caractères généraux

Ce type de tombe offre des caractéristiques récurrentes : sauf exception, celui-ci présente un plan cruciforme constitué d'un petit espace de forme approximativement carrée qui distribue sur trois côtés une fosse aménagée sous une niche en plein cintre. Cette organisation spatiale a pour objectif d'occuper toutes les parois internes de la chambre sépulcrale. L'entrée, de petites dimensions, occupe le quatrième côté de la tombe. Elle se présente en façade sous l'aspect d'une ouverture basse, de forme rectangulaire, placée sous une arcade rupestre taillée avec plus ou moins de soin. Ces tombeaux aménagés à flanc de colline sont particulièrement visibles lorsqu'on arrive aux environs du village. Aucun d'entre eux n'est directement creusé dans le sol. En effet, le *dromos* permettant d'accéder à ce type de sépulture, assez fréquent en Syrie du Nord, est inexistant sur le site : les versants des *wādīs* et autres escarpements rocheux offraient suffisamment de possibilités pour ne pas avoir recours à ce type d'aménagement[11].

Les différences entre les hypogées, lorsqu'elles existent, se situent essentiellement au niveau des structures antérieures à l'entrée de la chambre sépulcrale. Il s'agit d'un porche ou d'un vestibule, parfois agrémenté de diverses installations rupestres ou construites, destiné à créer un espace intermédiaire entre l'extérieur et la tombe proprement dite. Toutefois, un nombre important

9. Les restes du tombeau-temple d'époque romaine associé au sarcophage orné de bustes S. 58 côtoient la maison M. 20 et l'îlot 03.

10. La sépulture S. 57 a pu appartenir aux propriétaires de la maison M. 17 dans laquelle ont été retrouvés des fragments de plaques de parapet dont le décor évoque celui de la cuve sépulcrale.

11. La topographie du terrain appropriée à l'exposition de la tombe excluait l'utilisation du *dromos* tel qu'il existe, par exemple, dans le village voisin de Ṭurīn (GRIESHEIMER 1997a, p. 176).

Fig. 330 — *Hypogée H. 69 (© B. Riba).*

Fig. 331 — *Hypogée H. 10. Sur les trois ouvertures qui donnaient accés à l'intérieur du porche, seule celle du centre n'est pas obstruée (© B. Riba).*

d'hypogées n'en présente aucune trace[12], si ce n'est l'arcade rupestre peu épaisse qui entoure la petite porte. Cette dernière est alors en contact direct avec une cour plus ou moins grande délimitée par une clôture. L'absence de porche est ainsi compensée par un espace funéraire à ciel ouvert accessible aux visiteurs[13].

Les vestibules rupestres

Les parois rocheuses sont favorables à l'aménagement de porches rupestres. La zone funéraire du *groupe I* est particulièrement propice à ce type de dispositif en raison du relief qui offre à cet endroit une formation d'abris sous roche dont les constructeurs ont su tirer profit. L'exemple qui illustre le mieux cette pratique est celui de la tombe H. 69 précédée d'un porche profondément taillé dans le roc (**fig. 330**). Dans certains cas, l'arcade rupestre qui englobe l'entrée semble suffisamment épaisse pour remplir cet office. Les côtés sont alors agrémentés de petites banquettes, comme le montrent les hypogées H. 08, H. 65 et H. 67. Toutefois, ces aménagements latéraux, inconfortables, paraissent avoir revêtu une dimension plus symbolique qu'usuelle, à moins que celles-ci n'aient servi au dépôt d'objets liés au culte des défunts.

L'hypogée H. 10 est l'unique tombeau de cette catégorie à présenter un porche de type monumental (**fig. 331**). La situation privilégiée de la sépulture à l'extrémité orientale du *wādī* nord permet de l'apercevoir depuis les deux versants de la vallée. Située sur un lieu de passage entre le quartier E et le reste du village, la tombe, facilement accessible, était vraisemblablement sujette à de fréquentes visites. Le vestibule, entièrement creusé dans la roche, forme un espace rectangulaire de 8,5 m sur 3 m. La façade présente une entrée tripartite dont les ouvertures cintrées sont séparées par deux piliers *in antis* sommairement moulurés. Excepté ce décor extrêmement sobre, la façade caractérisée par son dépouillement affecte simplement l'aspect d'une paroi rocheuse nettement ravalée. En revanche, la couverture n'a bénéficié d'aucune attention : la roche laissée à l'état naturel montre des reliefs très irréguliers. À l'inverse, les parois internes du vestibule sont soigneusement travaillées. L'entrée de la chambre sépulcrale, légèrement cintrée dans sa partie supérieure, n'est pas soulignée par l'arcade rupestre traditionnelle. L'unique aménagement se résume à une petite encoche située au-dessus de la porte, un peu décalée vers le nord, probablement destinée à accueillir une lampe à huile.

Cette tombe s'inscrit dans la tradition, largement diffusée au cours des IIe et IIIe siècles, de l'hypogée précédé d'un porche rupestre monumental. L'exemple le plus proche, au sein du ǧebel Waṣṭāni, est une sépulture située dans la nécropole de Bašir[14] caractérisée par une chambre sépulcrale cruciforme dotée d'un vestibule s'ouvrant par trois arcades en plein cintre supportées par des piliers. Ce type d'aménagement exprime le souhait

12. Vingt-trois hypogées répartis inégalement au sein de chaque groupe funéraire semblent dépourvus de porche : H. 03 pour le *groupe A* ; H. 05, H. 06, H. 07, H. 08, H. 09, pour le *groupe B* ; H. 53, H. 58, H. 59 pour le *groupe D* ; H.39, 40, 42, 43, 44, 45, 46 pour le *groupe E* ; H. 36, H. 37 pour le *groupe F* ; H.41, 43, 45, 46, 47, 48 pour le groupe G ; H.53, 56, 61 pour le groupe H ; et H. 68, H. 70 pour le *groupe I*.

13. Cela ne veut pas dire que les hypogées possédant un porche sont forcément dépourvus de cour. Au contraire, la cour semble constituer une composante constante dans ce type de tombe.

14. Peña *et al.* 1999, p. 202, fig. 14.

du propriétaire de placer sa sépulture dans la lignée des tombeaux de notables tels qu'on les connaît dans les chaînons nord à Bāmuqqā[15], Bšendlāyā[16] ou Qāṭūrā[17]. Néanmoins, l'hypogée H. 10 de Kafr ʿAqāb, comme celui de Bašir, conserve une facture très rustique et ne présente ni la richesse du décor ni le soin de la taille accordés à ces dernières sépultures. Plutôt que d'individus fortunés, leurs propriétaires étaient vraisemblablement de simples exploitants un peu plus aisés que les autres, désireux d'afficher leurs prétentions sociales.

Les hypogées à porche construit

Les hypogées agrémentés d'un porche construit en pierre de taille sont peu nombreux à Kafr ʿAqāb. Trois cas ont été recensés : l'hypogée H. 12, remarquable par son état de conservation et les techniques de construction employées ; l'hypogée H. 31 couvert d'une voûte en berceau actuellement effondrée ; et l'hypogée H. 42 précédé d'un petit porche édifié en blocs de grand appareil. Ces tombeaux associent une chambre sépulcrale souterraine avec une partie aérienne[18].

L'hypogée aux arcades H. 12

Le porche, plus spacieux que la chambre sépulcrale qu'il précède, permet de classer le tombeau dans la catégorie des mausolées[19]. Celui-ci, de plan rectangulaire, se distingue par ses dimensions et les techniques de construction utilisées. Sa façade est formée de deux arcades appareillées qui se partagent un petit pilier central couronné d'une imposte moulurée (**fig. 332 et 333b**). L'ensemble dépasse d'une cinquantaine de centimètres le cadre des murs latéraux du porche. À l'extrémité nord, le sommier de l'arcade repose sur la roche taillée pour le recevoir. Du côté sud, le sommier s'appuie sur une arase prévue pour régulariser la hauteur de la base des arcs. La couverture du porche est constituée de sept dalles de pierre de 2,60 m de long[20] disposées dans le sens de la largeur (**fig. 330a**). Celles-ci reposent, du côté est, sur la corniche qui couronne la partie supérieure de la paroi rupestre tandis qu'à l'ouest, leurs extrémités moulurées s'appuient sur les claveaux des arcades afin de former la corniche de la façade.

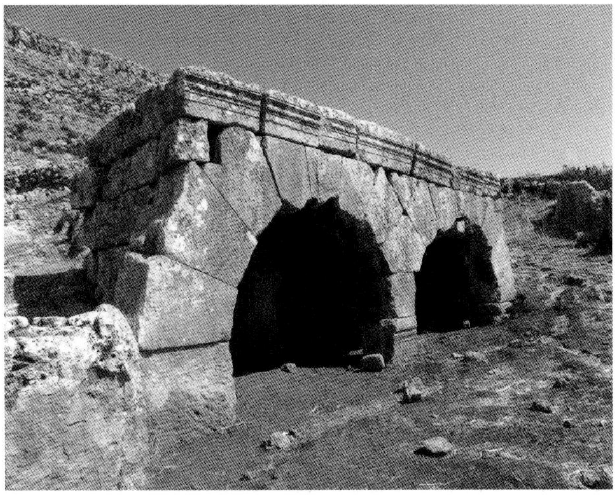

Fig. 332 — *Hypogée H. 12 (© B. Riba).*

Le vestibule, profond de 1,65 m, présente des murs latéraux bâtis en bel appareil orthogonal simple composés de trois assises qui reposent sur la roche nivelée. Contrairement au parement interne parfaitement ravalé, les côtés extérieurs, peu visibles depuis l'entrée de la sépulture, ont bénéficié d'une moindre attention. La façade proprement dite de l'hypogée est presque entièrement taillée dans la roche (**fig. 333c**), à l'exception de quelques blocs qui permettent de compléter l'élévation et de régulariser le lit de pose supérieur destiné à accueillir la corniche moulurée qui sert de support aux dalles de couverture. L'entrée de l'hypogée est décentrée vers le sud par rapport à la symétrie formée par les arcades du porche. L'arcade rupestre traditionnelle qui surmonte l'ouverture présente de fines retailles aménagées dans l'épaisseur des côtés. Ces dernières se substituent aux banquettes parfois installées à ces endroits dans d'autres sépultures. L'hypogée, pourvu d'un véritable porche, ne semble pas avoir nécessité la présence de tels dispositifs observés surtout dans les tombeaux moins riches dénués de vestibule[21]. L'intérieur de la chambre sépulcrale, dénué de décor, ne se distingue pas d'un hypogée ordinaire. Deux marches desservent un petit espace central qui distribue trois tombes à *arcosolium* (**fig. 334**).

Aucun témoignage épigraphique ne permet de dater avec précision la sépulture. Le jeu de courbes dessiné par les arcs combiné aux lignes horizontales de l'entablement évoque certains monuments funéraires du

15. Tchalenko 1953-1958, II, pl. CXCI.
16. Griesheimer 1997b, fig. 13.
17. Tate 1992a, p. 67, fig. 98.
18. A. Sartre définit cette catégorie de sépulture comme « mixte » en raison de cette association (Sartre 1989, p. 423-446).
19. Selon la définition de M Griesheimer, le mausolée est représenté par « tout monument funéraire construit, possédant une chambre sépulcrale fermée et couverte, et dont le développement en surface l'emporte sur les parties souterraines » (Griesheimer 1997a, p.188, note 57).
20. Leur largeur varie entre 0,60 m et 1,14 m pour une épaisseur de 0,44 m.
21. Il s'agit essentiellement de banquettes inscrites dans l'épaisseur de l'arcade cintrée, à l'image de celles que l'on rencontre fréquemment dans le Massif calcaire, notamment à Banassara, Derkūš et Ṭurīn.

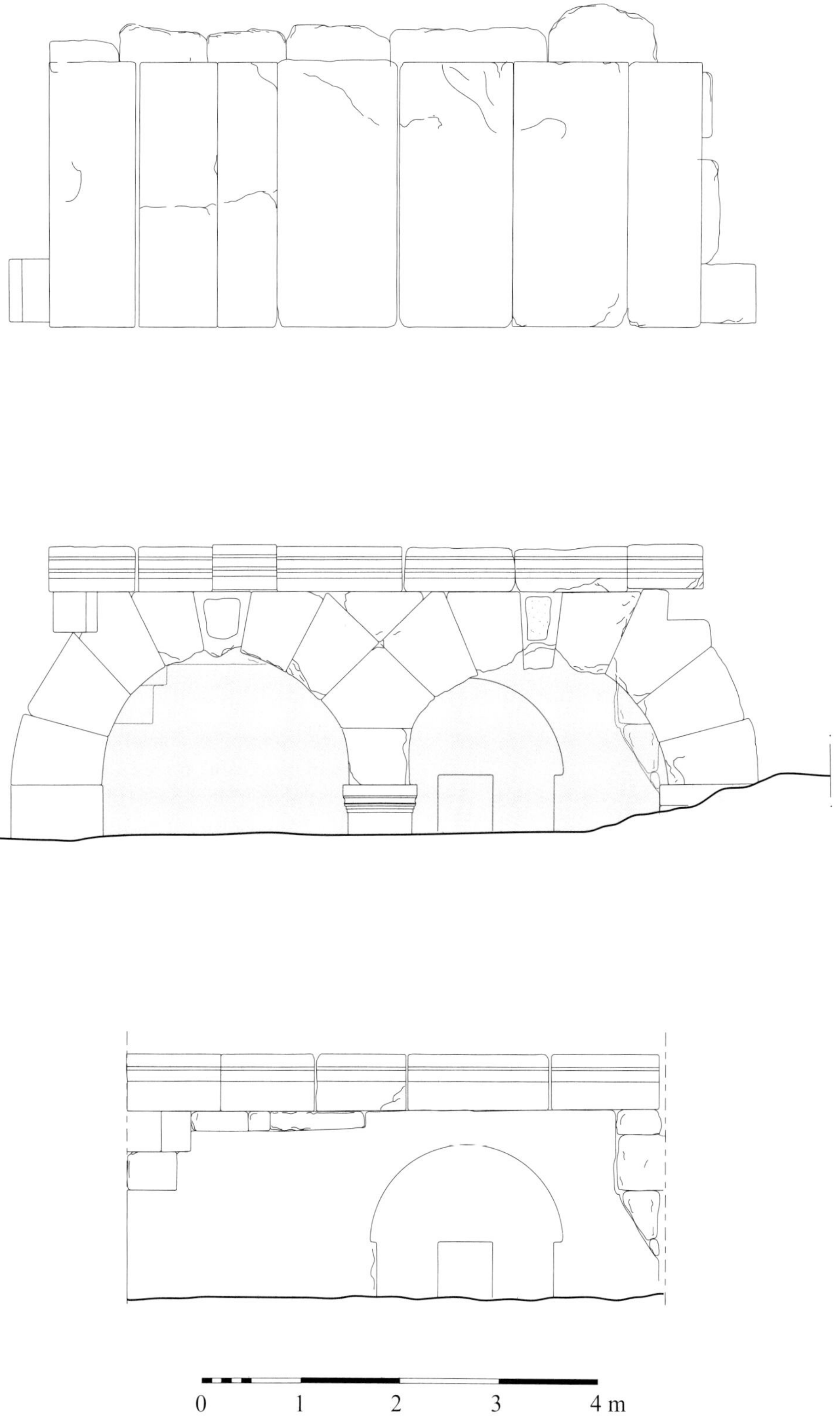

a/

b/

c/

Fig. 333 — *L'hypogée H. 12 : a/ couverture du porche ; b/ élévation des arcades du porche ; c/ façade de l'hypogée (© B. Riba).*

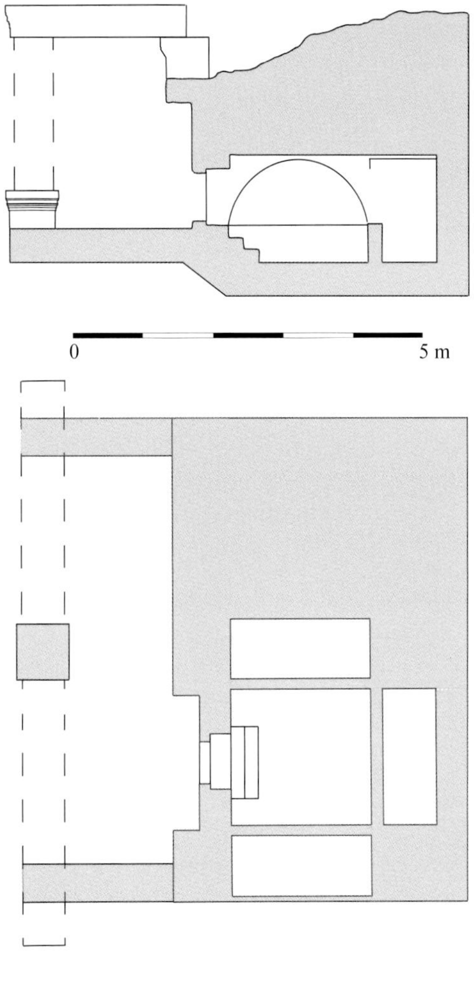

Fig. 334 — *Coupe et plan de l'hypogée H. 12 (© B. Riba).*

Ve siècle, période qui coïncide avec l'emploi exclusif de l'appareil orthogonal à parement simple par les villageois de Kafr ʿAqāb. L'aspect massif de l'ensemble, le dépouillement de l'intérieur, les arcades pesantes dénuées d'archivolte, la corniche rectiligne et la sobriété de sa moulure militent en faveur d'une construction à situer au cours de la première moitié du Ve siècle. La modénature et la disposition de la corniche sommitale intérieure, semblables à celle qui souligne le sommet de la façade du mausolée de Ṭurīn, édifié entre la fin du IVe siècle et le début du siècle suivant, témoignent également dans ce sens[22]. Les deux sépultures affichent aussi un système de couverture analogue. Ces observations permettent d'envisager le porche de l'hypogée H. 12 comme une construction inspirée de certains procédés architecturaux et ornementaux utilisés dans le mausolée situé dans le village voisin.

L'hypogée H. 31

Le tombeau, orienté au nord, est un petit monument situé à une cinquantaine de mètres de l'église est. Il se caractérise par la présence d'une voûte en berceau couvrant un petit espace quasiment carré (2,65 x 2,74 m) qui distribue deux chambres sépulcrales (**fig. 235 et 336**). La première, face à l'entrée, est creusée dans la paroi sud, la seconde est excavée dans la paroi orientale. Un comblement important de terre et de blocs d'effondrement de la voûte recouvre la sépulture. Seules les parois taillées dans la roche selon un plan en U, destinées à accueillir les vestiges de la partie construite, demeurent partiellement visibles. Deux éléments de la voûte, en place du côté ouest, sont soutenus par les blocs disposés à l'aplomb de la paroi sud. Du côté est subsiste la première assise de la voûte. Au nord, les montants d'une porte marquent l'emplacement de l'entrée. Les chambres sépulcrales offrent une organisation spatiale différente l'une de l'autre (**fig. 337**). La plus importante, celle du sud, se caractérise par une entrée plus large qui dessert par le biais d'un emmarchement l'intérieur de la sépulture dont le plan cruciforme, aux dimensions ordinaires, ne diffère pas des autres hypogées recensés sur le site. La seconde chambre sépulcrale présente une conception inhabituelle puisqu'elle se compose de seulement deux fosses à *arcosolium* qui s'opposent de part et d'autre d'un espace central.

L'emplacement privilégié de l'hypogée H. 31 aux portes du grand sanctuaire de l'est, à proximité immédiate d'un chemin menant à l'établissement du stylite de Ḫerbet es-Serǧ, permet de situer celui-ci vers le milieu du VIe siècle, sans doute peu après la construction du complexe religieux. La sépulture appartient à la catégorie des hypogées dont la partie construite complète l'infrastructure rupestre. Malgré le caractère modeste du tombeau, l'utilisation de la pierre de taille aménagée en voûte en berceau, unique sur le site, suggère des propriétaires enclins à édifier une sépulture qui se distingue par une certaine originalité. Dans le Massif calcaire, la voûte en berceau s'étend à d'autres catégories architecturales telles que les réservoirs d'eau ou les porches précédant l'entrée de certaines maisons. Les premiers sont bien représentés par les réservoirs de Deḥes[23] et de Banaqfūr, dans le ǧebel Bārīšā, ou par la fontaine de Kafr Lāta[24], dans le ǧebel Zāwiye. Les seconds sont nombreux dans le ǧebel Zāwiye[25] ; il en existe également quelques exemplaires disséminés dans les chaînons nord. Dans le domaine de l'architecture funéraire, l'emploi de la voûte construite n'est

22. Excepté la présence d'une fasce supplémentaire à Ṭurīn, les deux corniches présentent un profil similaire composé d'une bande biseautée, d'un anglet et d'un bandeau.

23. Voir le relevé de J.-L. Biscop dans Sodini *et al.* 1980, p. 223, fig. 294.

24. Tchalenko 1953-1958, II, pl. CLXIV.

25. Griesheimer 1997a, p. 297-304.

Fig. 335 — *Vestiges du porche de l'hypogée H. 31 (© B. Riba).*

Fig. 336 — *Entrées des tombes sous le porche de l'hypogée H. 31 (© B. Riba).*

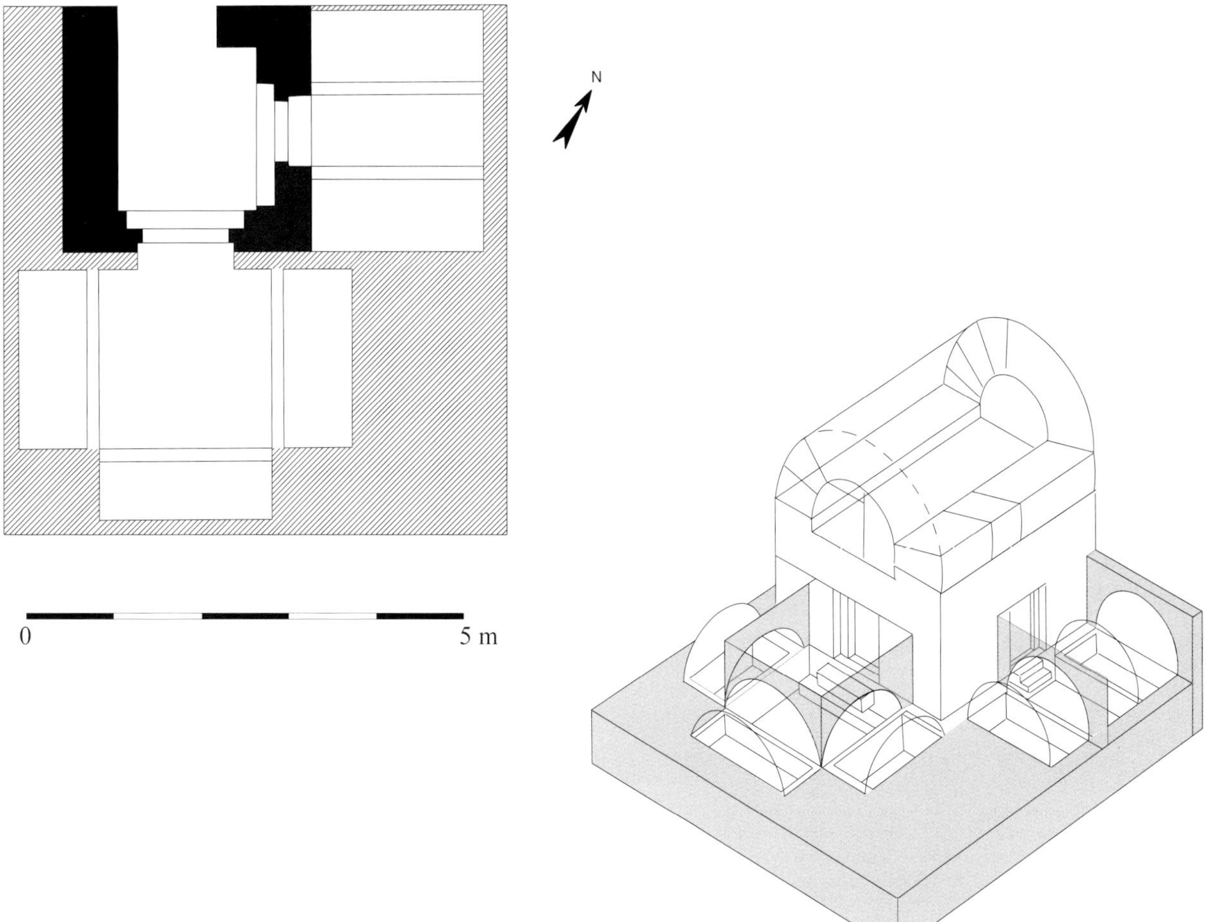

Fig. 337 — *Plan et axonométrie de l'hypogée H. 31 (© B. Riba).*

pas rare[26]. Elle est utilisée dans des sites voisins, comme à Fassūq où l'hypogée monumental d'époque romaine offre une voûte en berceau soigneusement appareillée[27]. À environ cinq kilomètres au nord du village, sur les pentes du ğebel Dueili, l'hypogée de Mariamīn présente une couverture similaire[28]. Dans les chaînons voisins, elle apparaît dès la fin du IIe siècle, notamment dans le distyle d'Aemilius Réginus de Qāṭūrā et, au IIIe siècle, dans le tombeau monumental de Deir Mišmiš[29] où celle-ci se substitue à la charpente du toit. La voûte en berceau apparaît également dans la construction d'un monument funéraire de Burdaqle[30], dans certains hypogées de la nécropole de Dānā-sud ou de Mgāra, dans le ğebel Zāwiye. Ce type d'architecture est aussi employé dans un tombeau collectif associé au grand sanctuaire de Qalʿat Semʿān[31], et dans la nécropole du village de Deir Semʿān, non loin du couvent du sud-est[32]. L'exemple le plus proche de la sépulture de Kafr ʿAqāb, d'un point de vue morphologique, est celui de Maʿarrit Mâtir qui regroupe deux fosses à *arcosolia* perpendiculaires l'une à l'autre sous une voûte en berceau[33].

L'hypogée H. 42

Aménagé dans le flanc sud du *wādī* méridional, l'hypogée est précédé d'un porche édifié à l'aide de grands blocs équarris qui offre une avancée de 1,10 m par rapport à l'entrée de la chambre sépulcrale (**fig. 338, 339 et 340**). La hauteur totale de la construction atteint 3,20 m pour une largeur légèrement supérieure à celle de l'arcade rupestre qui souligne l'entrée du tombeau. Le porche comprend, de part et d'autre de l'ouverture, deux piliers appareillés surmontés de consoles filantes qui supportent deux grandes dalles de couverture. La paroi rocheuse dans laquelle est aménagée la sépulture est rehaussée par une partie construite. Deux petits éléments de blocage placés entre le lit supérieur oblique du front de taille de la façade rupestre et les blocs équarris permettent de régulariser le niveau de l'assise. À l'inverse du parement externe sommairement dégrossi, les parties internes du porche sont soigneusement ravalées. Les consoles, très frustes, présentent un profil rudimentaire composé d'une simple bande biseautée et d'un bandeau. Il ressort de cette construction l'impression d'un travail peu élaboré. Malgré la volonté de monumentaliser l'entrée de la sépulture, le porche offre un aspect quelque peu rustique. L'intérieur du tombeau se caractérise par un plan cruciforme typique des hypogées du village. La proximité d'une sépulture chrétienne, l'utilisation de parpaings bien équarris, et le caractère sommaire de l'ensemble tendent à situer le tombeau entre la fin du IVe siècle et le début du siècle suivant.

Les banquettes

Ces éléments, de dimensions variées, sont entièrement taillés dans la roche. Certains ont pour fonction d'accueillir les visiteurs, d'autres semblent avoir existé à titre purement symbolique. Deux emplacements principaux ont été identifiés selon les sépultures : les banquettes peuvent occuper les côtés de la cour à ciel ouvert qui précède le tombeau, ou bien se situer dans l'épaisseur de l'arcade en plein cintre qui souligne communément l'entrée.

Dans le premier cas, la banquette est adossée à la clôture qui délimite l'espace funéraire. Ce type d'installation permet d'accueillir plusieurs personnes : les banquettes de l'hypogée H. 28 peuvent facilement accueillir trois individus (**fig. 341a**) ; l'hypogée H. 68, quant à lui, est pourvu d'une banquette destinée à cinq ou six personnes (**fig. 341b**). La situation et la morphologie de ces dispositifs ne laissent guère de doute sur leur fonction. L'espace funéraire qui précède l'entrée de la tombe est parfois doté d'installations plus développées comme les gradins taillés dans la roche lors la construction du tombeau. Tel est le cas de l'hypogée H. 08 (**fig. 348**) dont des retailles permettaient aux visiteurs de s'asseoir en contrebas de l'entrée. L'enclos funéraire de la tombe H. 45 offre un type de dispositif similaire. En outre, il est intéressant de souligner que les hypogées agrémentés d'une banquette ou de gradins dans la cour ne présentent pas de retailles aménagées dans l'épaisseur de l'arcade rupestre de part et d'autre de l'entrée de la chambre sépulcrale.

Dans le second cas, il s'agit précisément de ces retailles dont le soin et les dimensions varient d'une

26. L'arc et la voûte sont très tôt liés au monde funéraire. Ils en sont quasiment inséparables. Tous les hypogées du village et la majorité de ceux connus en Syrie du Nord sont associés à cette forme. Il en est ainsi des porches rupestres ou construits, tout comme des arcades qui cernent les petites portes rectangulaires des hypogées, ou les *arcosolia* qui surmontent l'emplacement de la dépouille à l'intérieur des sépultures. Ce fait est bien représenté par l'hypogée H. 12 doté d'un porche à doubles arcades. Dans un cadre plus large, on notera la présence quasi constante de l'arc qui matérialise l'entrée du *martyrium* dans les églises. L'expression la plus singulière et la plus somptueuse se déploie en un faisceau d'arcs triomphaux et diaphragmes autour de la colonne de Saint Syméon. Au-delà de l'aspect strictement technique de ce type de construction, on ne peut ignorer la dimension symbolique de cette architecture. Il convient aussi de mentionner l'arc triomphal situé au départ de la Voie Sacrée qui mène au sanctuaire, érigé à la gloire du saint (Sodini 2007, p. 107-120 ; Biscop et Sodini 2011, p. 11-59).

27. Peña *et al.* 1999, p. 73.

28. Les dimensions de l'hypogée atteignent 5,37 m de long pour 3,97 m de large ; la hauteur de la voûte mesure 2,55 m. L'inscription sur le linteau de l'entrée mentionne une date qui n'est malheureusement pas lisible (Peña *et al.* 2003).

29. Lassus 1947a, pl. XX, fig. 1, 2, 3.

30. Tchalenko 1953-1958, I, p. 121 ; Tchalenko 1953-1958, II, pl. CLXX, fig. 2.

31. À la périphérie de la Voie Sacrée reliant l'arc triomphal et l'entrée du sanctuaire se trouve un hypogée monumental pourvu de six tombes à *arcosolia* couvertes par une voûte en berceau soigneusement appareillée.

32. La voûte en berceau, de haute qualité, couvre une fosse creusée dans la roche. La sépulture est datable par son décor de la fin du Ve siècle.

33. H.C. Butler date la sépulture du IVe siècle (*AAES* II, p. 106). Notons toutefois que ce tombeau est dépourvu de chambres sépulcrales à plusieurs fosses à *arcosolia* semblables à celles de Kafr ʿAqāb.

Fig. 338 — *L'hypogée H. 42 (© B. Riba).*

Fig. 339 — *Façade de l'hypogée H. 42 (© B. Riba).*

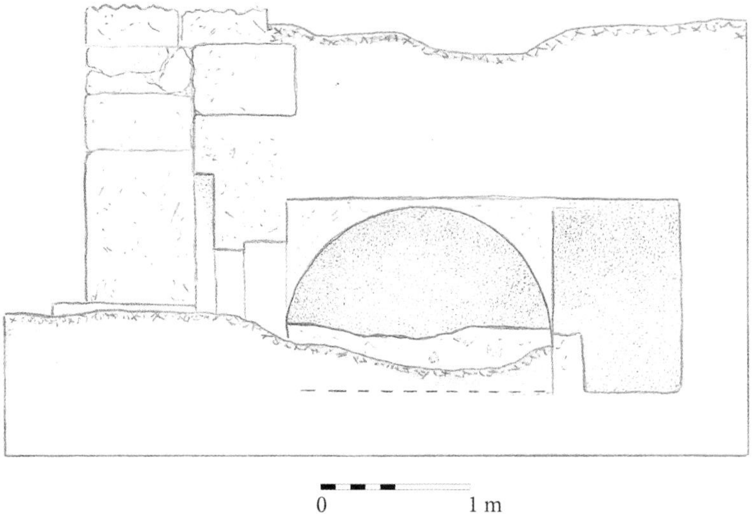

Fig. 340 — *Coupe de l'hypogée H. 42 (© B. Riba).*

tombe à l'autre. Elles laissent parfois la place à une ou deux personnes, mais dans certaines tombes, leur exiguïté et l'inconfort de l'arcade qui fait office de dossier suscitent des interrogations quant à leur fonction (**fig. 341c**). Si certaines installations de ce type ont pu servir de siège, les retailles à cet emplacement sont quelques fois si minces que ce rôle doit définitivement être exclu (H. 11 et H. 12). Il faut alors envisager des dispositifs destinés à la réception d'objets ou bien des aménagements qui traduisent une volonté d'imiter, à titre symbolique, la forme de la banquette traditionnelle.

L'absence de banquettes dans un grand nombre de tombes montre que ce type d'aménagement n'est pas indispensable. À Kafr ʿAqāb, ces dispositifs, lorsqu'ils existent, sont souvent grossiers et inconfortables. La qualité de la taille n'atteint jamais celle de certaines sépultures des nécropoles voisines. À Kūaro, notamment, l'hypogée de Zoïlos[34], daté de 235, présente deux banquettes nettement définies sur les

34. Griesheimer 1997b, p. 299, fig. 5 ; voir aussi Peña *et al.* 1999, p. 90-93.

côtés du porche arqué de l'entrée. Sur le même site, d'autres tombes possèdent de véritables bancs qui permettent la tenue d'une assemblée relativement grande. Ce type de dispositif, également connu à Er-Rahfar (Ruǧ)[35], confère à ces hypogées une dimension sociale plus marquée.

L'intérieur des hypogées

En ce qui concerne l'organisation des espaces internes des hypogées, deux faits attirent d'emblée l'attention : la constance du plan cruciforme[36] et le dépouillement de la chambre sépulcrale. L'espace central de forme plus ou moins carrée, dépourvu d'aménagements superflus, distribue les trois emplacements funéraires. Les dimensions varient peu d'un hypogée à l'autre (3,5 m à 4 m de côté). L'exiguïté du lieu et la faible hauteur de plafond, réduite à environ 1,5 m, autorisent seulement des gestes calculés à l'intérieur du caveau, notamment lors de l'inhumation d'un nouvel occupant. Les fosses sont dans la grande majorité des cas dépourvues de couverture. Un seul exemplaire témoigne de la technique de la feuillure qui permettait la pose d'une dalle, telle qu'elle apparaît dans certains hypogées des localités environnantes[37]. Il s'agit de l'hypogée H. 60 à l'intérieur duquel une plaque de pierre recouvre une fosse pourvue, sur le côté, d'un nouvel emplacement à *arcosolium*. Ce tombeau à caractère exceptionnel, presque entièrement enseveli, ne pourra être étudié qu'à la suite d'une fouille archéologique complète. Il convient également de mentionner les sépultures à *arcosolia* du tombeau des moines à l'intérieur desquelles les saignées d'encastrement signalent la présence d'un système de plaques de pierre appareillées (**fig. 370**). L'absence de couvertures sur toutes les autres tombes montre que la porte d'entrée principale de l'hypogée suffisait à garantir le repos des défunts. Enfin, les chambres sépulcrales, dont les parois internes sont généralement taillées avec soin, ne comportent aucun élément de décor[38]. L'espace intérieur, austère, dissimulé derrière une petite porte scellée, se réduit toujours au strict minimum.

35. Griesheimer 1997b, p. 299, fig. 4.
36. Sur 35 hypogées répartis sur le site, trois sépultures se distinguent de l'hypogée cruciforme ordinaire : la tombe orientale de l'hypogée H. 31 et l'hypogée H. 60 comprennent seulement deux emplacements à *arcosolia ;* l'hypogée H. 44 ne possède qu'un seul emplacement.
37. Ce type de couverture est fréquent notamment à Ṭurīn et à Banassara.
38. Le décor intérieur est connu dans certains hypogées du Massif calcaire, mais il reste rare. Lorsqu'il existe, il apparaît plutôt dans les hypogées monumentaux de la période romaine, à l'exemple de celui de Fassūq animé de festons et de bucranes.

Le système de fermeture

Parmi les moyens mis en œuvre dans l'Antiquité pour fermer les hypogées[39], un seul a été identifié à Kafr ʿAqāb : celui réalisé par le biais d'une porte de pierre. Les vestiges souvent fragmentaires de vantaux et la présence des négatifs dans l'encadrement des entrées des tombes montrent que les villageois ont privilégié ce type de fermeture. Des fragments de porte ont essentiellement été localisés dans le *wādī* sud et au sein du *groupe H* qui a livré, entre autres, un vantail complet (**fig. 342**). Un autre, bien conservé, est actuellement remployé dans un mur moderne de la petite localité voisine de Blāt (**fig. 343**). Ces éléments taillés en pierre calcaire reproduisent l'aspect des portes traditionnelles en bois. Le décor, toujours sobre, se compose de caissons rectangulaires séparés par des séries d'imitations de clous à tête sphérique de cinq centimètres de diamètre. Aucun symbole chrétien n'a été relevé. Des prospections menées dans les cimetières ruraux ont montré que ces portes, très élémentaires, dénuées de motifs spécifiques, sont caractéristiques du IVe siècle, période au début de laquelle apparaissent les premiers témoignages de l'utilisation de vantaux comme substitut de la dalle roulée[40].

L'emploi du basalte est peu répandu à Kafr ʿAqāb. Ce matériau pourtant apprécié dans la confection de ce type de portes[41], en partie à cause de sa résistance, est effectivement absent du village. Le matériau omniprésent, peu onéreux et plus aisé à travailler explique la présence majoritaire dans le ǧebel Waṣṭāni des productions en calcaire local. Les villageois n'ont pas tiré profit des zones basaltiques situées dans la partie méridionale du chaînon, relativement éloignées de Kafr ʿAqāb[42]. Quoi qu'il en

39. Sur le site, aucun hypogée ne présente d'aménagement latéral susceptible d'indiquer l'utilisation d'une dalle roulée à l'entrée de la chambre sépulcrale, technique attestée dans les sites voisins. L'hypogée 13 de Turin possède ce système de fermeture (Griesheimer 1997a, p. 176, fig. 12), de même que celui d'Aemilius Réginus à Qāṭūrā (Vogüé 1865-1877, I, p. 117-118 ; Vogüé 1865-1877, II, pl. 94 ; voir aussi Tchalenko 1953-1958, II, pl. LXI et LXXXV) ou encore, dans le même village, le tombeau de Flavius Julianus (Van Berchem et Fatio 1913-1915, p. 228 ; Tchalenko 19531958, II, pl. LXII). Par ailleurs, l'emploi d'une simple dalle taillée aux dimensions du petit accès rectangulaire ne semble pas non plus avoir été utilisé à Kafr ʿAqāb.
40. En ce qui concerne l'emploi de la porte funéraire, la date de 325 ap. J.-C est assurée (Griesheimer 1997a, p. 168), mais il est très probable que son utilisation remonte au siècle précédent.
41. Le caractère pérenne de la pierre était sans doute plus apte, dans la pensée des Anciens, à sceller la demeure d'éternité d'un tombeau familial.
42. Les principaux éléments de porte en basalte qui nous sont parvenus proviennent naturellement des régions proches des zones basaltiques (voir Falcioni 2006, p. 353-363). Citons par exemple, dans le ǧebel Zāwiye, la porte conservée en place de la tour de Ǧerāde ou encore celles relevées par le M. de Vogüé à Ḫāss et à Deir Sunbul (Vogüé 1865-1877, II, pl. 71 ; Vogüé 1865-1877, II, pl. 81), ou bien celles de ḫan Sebil mentionnées par Butler (*AAES* II). Il convient également de signaler la porte provenant de la région de Karratīn en Chalcidène, actuellement exposée au musée de Maʿarret en Noʿman. Il existe aussi des exemplaires plus éloignés des secteurs basaltiques comme dans le ǧebel Il-Aʿla, à l'entrée d'une tombe du village de Ǧuaniye (Griesheimer 1997a p. 166, note 6).

a/

b/

c/

Fig. 341 — *Façades d'hypogées avec banquette et intérieur des chambres sépulcrales : a/ hypogée H. 28 ; b/ hypogée H. 68 ; c/ hypogée H. 67 (© B. Riba).*

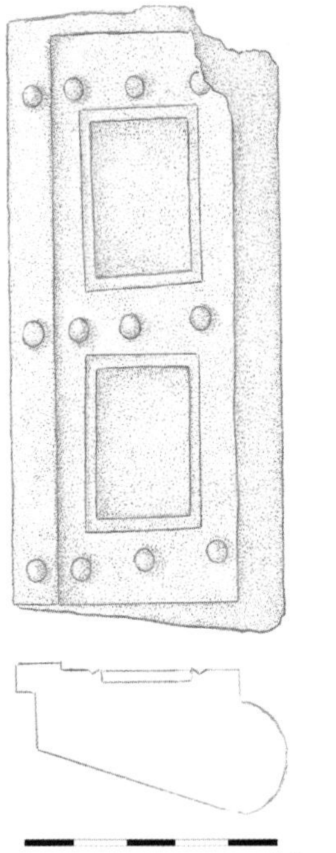

Fig. 342 — *Porte d'un hypogée découverte au sein du groupe funéraire G (© B. Riba).*

Fig. 343 — *Porte d'hypogée remployée dans un mur d'une maison moderne du village de Blāt (© B. Riba).*

soit, la fabrication des portes funéraires nécessitait un savoir-faire particulier. Cet artisanat était probablement l'œuvre de paysans formés dans ce domaine et qui, à la saison morte, s'adonnaient à la réalisation de ce type d'équipement indispensable à la fermeture des hypogées.

La cour

Devant la plupart des hypogées se dessine un espace délimité par un enclos rupestre parfois complété par une partie construite. Le plus souvent, seule la roche permet de repérer le tracé de la clôture, les blocs des murs ayant disparu. De l'hypogée H. 12, notamment, n'est plus visible qu'un front de taille à l'angle nord-ouest du porche dont le lit de pose, parfaitement aplani sur une largeur de 50 cm, était destiné à recevoir un mur qui n'existe plus. D'autres tombeaux conservent partiellement leur enclos, à l'image de l'hypogée H. 40. Globalement, les cours présentent des dimensions variables. Les plus petites couvrent une surface de seulement 4 m^2 ; d'autres se limitent à celle du porche, à l'instar de l'hypogée H. 31 doté d'une voûte en berceau. En revanche, l'hypogée H. 12 paraît avoir bénéficié d'une cour relativement vaste si l'on considère la situation de la citerne qui lui est associée. La plus grande surface accordée à une cour est toutefois celle de l'hypogée H. 41 qui atteint 285 m^2.

Lorsque le tombeau occupe un renfoncement artificiel aménagé par les carriers (H. 05, H. 27, H. 28, H. 43, H. 44, H. 45, H. 66), les contours de l'espace funéraire sont déterminés par les fronts de taille de l'ancienne carrière. Dans ce cas, l'espace funéraire semble avoir été prévu dès le départ, la zone de travail des carriers ayant été prédéfinie selon les souhaits du commanditaire de la tombe. Les fronts de taille déterminent les côtés de la cour tandis que, face à l'entrée du tombeau, l'enclos était matérialisé par un mur sommairement construit. Les sépultures H. 44 et H. 45 constituent de bons exemples : orientés vers le nord, ces hypogées occupent un front de carrière taillé dans le flanc sud de la vallée (**fig. 344**) ; de larges parois rupestres bordent les côtés est et ouest de la cour alors que quelques blocs grossièrement équarris définissent la clôture septentrionale où se trouvait l'entrée de l'espace funéraire. Les murs de clôture se composent de parpaings maladroitement agencés mêlés à des pierres de blocage. Leur aspect rudimentaire les distingue des enclos de maisons beaucoup plus soignés.

L'hypogée H. 41 est l'unique tombeau doté d'une clôture entièrement construite et bien préservée (**fig. 345**). Deux techniques de construction ont pu être observées : la partie orientale édifiée selon le procédé précédemment évoqué, et le mur nord-ouest élevé à l'aide de harpes de raidissement destinées à soutenir des murs précaires constitués de moellons. L'entrée est matérialisée par deux montants aménagés dans la clôture, face au tombeau. Le système des harpes de raidissement est utilisé pour délimiter l'espace funéraire associé à d'autres modèles de sépultures, tels que le mausolée Mau. 18.

Fig. 344 — *Cour de l'hypogée H. 44 (© B. Riba).*

Fig. 345 — *Enclos de l'hypogée H. 41 (© B. Riba).*

L'hypogée H. 37, situé dans le domaine conventuel, présente un système de clôture moins ordinaire. L'entrée aux contours moulurés est en effet précédée d'une petite plateforme délimitée, semble-t-il, par une clôture de chancel[43]. Cette hypothèse est confortée par la proximité d'un fragment de pilier qui possède, sur un des côtés, une feuillure prévue pour le maintien d'une plaque de parapet. Le sommet mouluré de l'élément comprend une fasce, une bande biseautée, un anglet ainsi qu'un bandeau ; le tout est couronné d'un pommeau en bouton. La découverte de fragments de plaques de chancel à une centaine de mètres plus au nord pourrait être associée à la sépulture. Un dégagement devant la tombe permettrait de s'assurer de la présence des négatifs révélant l'emplacement de ce dispositif. La tombe semble avoir bénéficié d'une attention particulière puisque, en dehors de l'existence probable d'un chancel, elle est la seule à présenter des moulures sur l'encadrement de sa porte (**fig. 346**).

Dans l'ensemble, tous les hypogées paraissent avoir été dotés d'une cour conçue pour conférer un cadre intime propice au recueillement et à l'exécution des rites devant la dernière demeure des défunts. Toutefois, si le contour de ces espaces privés se laisse parfois deviner, l'organisation intérieure de ceux-ci échappe en raison de l'épaisse couche de terre qui les recouvre. Seuls quelques aménagements, comme les banquettes, sont parfois visibles. Les hypogées les plus onéreux possédaient leur propre citerne dans leur cour (H. 12) ; les autres se partageaient les points d'eau collectifs aménagés à proximité.

Le décor

Le décor occupe une place très réduite dans les hypogées du village. Lorsqu'il existe, celui-ci se trouve sur le porche ou bien souligne l'encadrement des entrées. L'intérieur n'est jamais orné[44]. Les hypogées H. 10 et H. 12, dotés d'un porche de type monumental, se distinguent par la présence d'un décor sculpté. Le premier, plus ancien, se réduit à une moulure sommaire qui souligne le sommet des piliers rupestres (bande biseautée, bandeau). Le second offre un vocabulaire ornemental plus élaboré : la façade, élégante, ouverte par une double arcade appareillée, comprend une corniche moulurée dont le profil, de type I[45], se compose de deux fasces, d'un filet, d'une doucine, d'un anglet et d'un bandeau (**fig. 347a**); le pilier central, quant à lui, est doté d'un chapiteau caractérisé par un profil raffiné, de type III, composé de deux fasces, d'un tore, d'une arête, d'une gorge, d'un anglet et d'un bandeau (**fig. 347b**). On note aussi la présence, sur chaque arcade, d'un motif rectangulaire en légère saillie sculpté sur le claveau central (**fig. 333b**). Du côté nord, la surface du motif est nue, mais son homologue au sud, entièrement bûché, a pu présenter un décor ou bien une inscription. Enfin, la corniche sommitale de la façade rupestre de la chambre sépulcrale comprend une moulure de type II composé d'une fasce, d'une bande biseautée, d'un anglet et d'un bandeau, selon un profil presque identique à celui observé dans le mausolée de Ṭurīn (**fig. 347c**).

43. L'existence de ce type d'enclos est attestée dans le ǧebel Zāwiye au sein de la nécropole de Deir Sunbul, dans l'hypogée 11 (Griesheimer et Naccache 1995, p. 75-119).

44. Aucun décor sculpté, tel qu'il apparaît dans certains hypogées des villages voisins, ni décor peint n'animent l'intérieur des tombeaux, à l'exception peut-être des sépultures comprises dans le tombeau des moines dont les parois internes étaient recouvertes d'un enduit.

45. Sur les types de moulures, voir ci-dessus p. 124, fig. 133.

Fig. 346 — *Entrée de l'hypogée H. 37. Le cercle localise les restes d'une moulure (© B. Riba).*

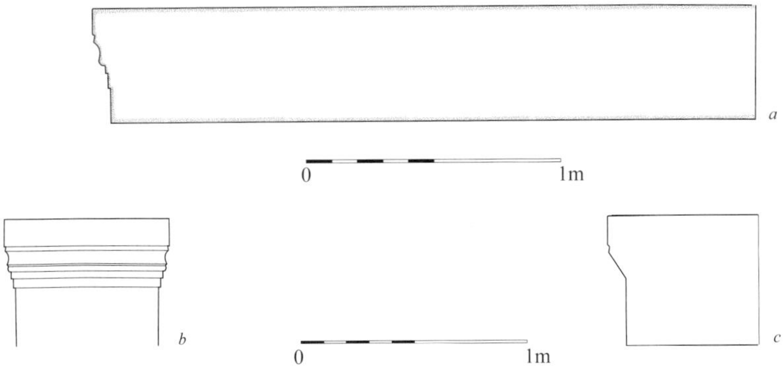

Fig. 347 — *Éléments ornés appartenant à l'hypogée H. 12 : a/ dalle de couverture ; b/ imposte centrale de l'arcade du porche ; c/ corniche surmontant la façade de la tombe (© B. Riba).*

Les hypogées dénués de porche sont rarement ornés en façade. Les arcades rupestres moulurées, fréquentes dans les nécropoles des villages voisins[46], n'existent pas à Kafr ʿAqāb excepté dans le tombeau des moines (**fig. 369**). Seuls les hypogées H. 08 et H. 37 disposent de moulures autour de leur entrée. Le premier, qui date de la période impériale (**fig. 348**), présente un décor réduit à une large bande d'une quinzaine de centimètres qui cerne la petite entrée rectangulaire. Le second, associé au complexe monastique du VIe siècle, affiche une moulure plus élaborée, mais très endommagée par l'érosion (**fig. 346**). La base du piédroit méridional, mieux préservée, offre un profil composé de deux fasces, d'une doucine, d'un anglet et d'un bandeau. Hormis ces rares exemples, les hypogées font preuve d'un exceptionnel dénuement.

De leur côté, les symboles chrétiens sont peu fréquents. Trois hypogées seulement possèdent de tels signes. Malgré l'encombrement de pierres qui obstrue presque entièrement l'hypogée H. 14, il est possible de distinguer un chrisme placé au-dessus de l'accès à la chambre sépulcrale. L'emplacement central de ce dernier et le soin relatif qui lui est accordé confèrent au motif, en dehors de son caractère proprement religieux, une valeur ornementale. Ce n'est pas le cas de l'hypogée H. 31 qui présente une simple croix bifide sommairement gravée au-dessus de l'arcade de la sépulture orientale. Enfin, l'hypogée H. 47, aménagé dans le flanc nord de la vallée méridionale, est pourvu d'une croix bifide finement gravée au-dessus de l'entrée de la sépulture.

Répartition des hypogées et aperçu chronologique

Il est souvent peu aisé de dater une sépulture en particulier. Toutefois, replacée dans le contexte du noyau funéraire auquel elle appartient, il est possible d'en préciser la période grâce à l'observation de caractères récurrents et des signes distinctifs propres aux aménagements qui s'y trouvent. Un seul témoignage épigraphique funéraire existe dans le village : il s'agit de l'épitaphe de l'hypogée H. 08 (**fig. 348**) qui place la construction à l'époque romaine, entre le IIe et le IIIe siècle[47]. La sépulture entièrement taillée dans la roche, précédée d'un espace rupestre, présente les caractéristiques communes aux tombeaux de cette période. Tel est le cas de toutes les tombes associées au *groupe B*, à savoir l'hypogée H. 10, avec son porche rupestre semblable aux vestibules des tombes romaines cossues, et les quatre hypogées voisins dépourvus de porches construits H. 05, H. 06, H. 07, H. 09. La découverte de

46. Ce type d'arcades cernées d'une moulure se trouve sur certains hypogées de Banassara, de Ṭurīn, de Kūaro (pour la localité de Kūaro, voir Griesheimer 1997b, p. 299, fig. 5). Dans le Massif calcaire, ce type de décor apparaît aussi sur une des tombes de la sépulture collective associée au monastère sud-est de Qalʿat Semʿān, et sur certains hypogées du village de Deir Sunbul (Griesheimer et Naccache 1995, p. 113, fig. 30).

47. Voir l'étude épigraphique de D. Feissel 2012, p. 228-233.

Fig. 348 — *L'hypogée romain H. 08 aménagé entre le* IIe *et le* IIIe *siècle (© B. Riba).*

deux autels funéraires au sein de cet ensemble confirme l'existence d'un groupe de tombes contemporaines (**fig. 408 et 409**). Au sein du *groupe A*, l'unique hypogée identifié, comparable aux précédents, est à rattacher à la même période. De plus, celui-ci se situe à proximité d'un quartier ancien qui ne se développe pas au-delà du début du Ve siècle. Enfin, les hypogées localisés au nord-ouest du village, au sein du *groupe I*, remontent également à l'époque romaine comme le suggère le caractère rupestre et rudimentaire de leur porche. En outre, de ce côté du site, aucun symbole chrétien n'a été enregistré.

La plupart des hypogées appartenant aux *groupes H, G, F, E* et *C* sont plus récents. À l'ouest de la localité, au moins un tombeau sur les trois associés au *groupe H* (H. 53, H. 56, H. 60) a été aménagé au cours de la période protobyzantine. Si l'hypogée H. 56 est bien lié à la tombe paléochrétienne S. 57, comme cela paraît être le cas, la sépulture appartient effectivement au Ve siècle. Le groupe auquel il se rattache présente toutefois une majorité de tombes romaines. En revanche, les hypogées répartis sur les versants du *wādī* méridional sont pour la plupart paléochrétiens. La présence, parmi eux, de la sépulture H. 47 pourvue d'un signe chrétien, de l'hypogée H. 42 précédé d'un porche construit caractéristique de cette période, et de l'hypogée H. 41 doté d'une clôture également construite, milite pour un ensemble funéraire implanté dans ce secteur à partir de la fin du IVe siècle. Les hypogées du *groupe G*, aménagés dans le domaine monastique, sont à situer, comme les bâtiments conventuels auxquels ils sont associés, au cours du VIe siècle. Quant aux quatre hypogées du *groupe E* implantés dans le secteur du domaine ecclésiastique (H. 27, H. 28, H. 29, H. 31), ceux-ci ont vraisemblablement été construits à la période protobyzantine par des fidèles soucieux d'établir leur sépulture à proximité des édifices religieux, à l'exemple de l'hypogée H. 31 couvert d'une voûte en berceau et orné d'une croix. Enfin, les hypogées appartenant au *groupe C* datent probablement tous de la période protobyzantine : la sépulture H. 12, dont le porche monumental relève d'une technique de construction propre à cette période, de même que l'hypogée H. 14 caractérisé par la présence d'un médaillon chrétien. La tombe voisine, H. 13, intègre le même ensemble.

L'étude de la répartition chronologique et spatiale des hypogées impose un premier constat. Les Anciens ont clairement privilégié le côté nord et nord-ouest du village, en particulier le versant sud du *wādī* adapté à l'installation de ce modèle funéraire. Cela s'explique par l'implantation des trois noyaux d'habitats primitifs autour desquels gravitent les nécropoles. Lors de l'extension du village au cours de la période protobyzantine, le cimetière s'étend vers le sud et le sud-est, en périphérie des ensembles ecclésiaux et dans le secteur méridional, ces zones étant devenues des lieux de passage très fréquentés, et par conséquent favorables à l'aménagement de tombes.

Conclusion : l'hypogée, un modèle de tombe privilégié

Le modèle de tombe représenté par l'hypogée constitue plus de la moitié des types funéraires recensés sur le site. Cette catégorie de sépulture privilégie avant tout les flancs rocheux des *wādīs*, les fronts de carrières désaffectées ou les reliefs naturels appropriés. Son plan cruciforme, empreint d'une sobriété exemplaire, ne connaît quasiment pas de variation. Les différences, lorsqu'elles existent, se traduisent essentiellement au niveau des porches. Certains d'entre eux, plus élaborés, tranchent avec le dépouillement des chambres sépulcrales qu'ils précèdent. Ils expriment la volonté de personnaliser le schéma trop récurrent de ce modèle funéraire par la construction d'un dispositif destiné à conférer un caractère monumental au tombeau. Le porche en tant que structure ostentatoire demeure cependant exceptionnel sur le site, et n'atteint pas la qualité que l'on peut observer dans d'autres sépultures de la région. La majorité des tombes offre une baie traditionnelle composée de l'arcade rupestre en plein cintre dans laquelle s'inscrit une petite porte rectangulaire[48]. Dans la plupart des cas, des retailles dans l'épaisseur des arcades forment des banquettes ou, le plus souvent, de simples petites saillies. Lorsque ces aménagements sont absents à ces endroits, on les retrouve parfois dans la cour. Le périmètre funéraire, de dimensions variables, est délimité par une clôture rupestre, construite ou mixte.

Le dénuement des hypogées, reflet d'une population rurale de condition modeste, peut étonner sur un site de l'importance de Kafr ʿAqāb. L'absence d'éléments superflus témoigne du souci d'économie et d'une volonté de rationaliser l'installation funéraire aux dépens du goût de la parade. L'objectif est de rentabiliser au mieux l'aménagement de la tombe. La sobriété de ces sépultures familiales ainsi que leur plan, simple et répétitif, placent la plupart d'entre elles à une époque antérieure à la phase de prospérité enregistrée dans le village à partir de la période protobyzantine. Cette dernière est marquée par l'apparition des premiers signes chrétiens et de quelques porches construits, mais de nombreux villageois continuent d'utiliser les sépultures anciennes sans éprouver le besoin de pallier le caractère austère de celles-ci par l'ajout d'un élément plus distingué, tel qu'un vestibule ou un décor quelconque. Ainsi, dans la plupart des cas, les traits dépouillés des sépultures anciennes subsistent malgré la croissance du village.

48. Deux cas seulement dérogent à la règle : les hypogées H. 10 et H. 44, dépourvus d'arcades rupestres, présentent simplement une entrée rectangulaire inscrite dans le front de taille d'une carrière abandonnée.

Les sépultures individuelles

Les tombes individuelles[49] existent sous deux formes sur le site : rupestre ou « isolée ». Les fosses rupestres peuvent être entièrement ou en partie creusées dans le sol naturel. Les cuves dites « isolées », totalement excavées, n'ont plus aucune attache avec le rocher. Elles sont en quelque sorte la forme « achevée » de la cuve rupestre. Toutes les sépultures individuelles se caractérisent par une forme rectangulaire et un fond plat agrémenté d'une retaille formant un coussinet de pierre sur lequel reposait la tête du défunt. Parmi les 14 tombes de ce type, 6 appartiennent à la première catégorie, 8 à la seconde. Les fosses occupent essentiellement le côté oriental du site où le terrain, relativement plat, se prête à ce type d'aménagement. En revanche, les sépultures excavées sur plusieurs côtés privilégient plutôt les bords occidentaux du site où les reliefs se prêtent à leur installation. Les sarcophages dits « isolés », plus raffinés, sont exposés sur des surfaces planes ou bien reposent sur des promontoires destinés à les mettre en valeur.

Les fosses et les cuves rupestres

Les simples fosses creusées dans le sol naturel se résument à seulement quatre exemplaires : F. 21 (*groupe D*) qui semble taillée aux proportions d'un enfant ; F. 22 et F. 23 (*groupe E*) aménagées dans le voisinage du sanctuaire de l'est (**fig. 349**) ; F. 39 associée au bâtiment E de l'ensemble monastique (*groupe F*) (**fig. 350**).

Les six cuves[50] partiellement excavées se concentrent exclusivement au sein du *groupe H*. La partie du sarcophage attachée à la roche naturelle peut être un des longs côtés (S. 52, S. 55). Dans ce cas, les parois de la cuve nettement ravalées sont parfois agrémentées d'un décor. L'une d'entre elles, S. 52, présente une moulure raffinée qui souligne son bord supérieur. La cuve S. 57 offre une qualité toute particulière avec un décor géométrique combiné à des motifs floraux, mais il s'agit là d'un exemple à part puisqu'il fusionne deux modèles funéraires distincts (**fig. 381**). Dans d'autres cas, le sarcophage est seulement lié au rocher par un de ces petits côtés (S. 49, S. 59). Les trois parois de la cuve, dénuées de décors, sont alors sommairement dégrossies au pic (**fig. 351**).

Quelle que soit la formule utilisée, rupestre ou « isolée », la fermeture de la sépulture individuelle s'effectue toujours à l'aide d'un couvercle de pierre à deux

49. Nous ne considérons pas la fosse unique à *arcosolium* comme appartenant à cette catégorie de tombes. Ce modèle funéraire sera étudié au sein d'un groupe spécifique, dédié aux fosses à un ou deux *arcosolia* (voir ci-dessous p. 297-299).

50. S. 49 S. 52, S. 55, S. 56 et S. 59.

Fig. 349 — *Fosse sépulcrale individuelle F. 23 (© B. Riba).*

Fig. 350 — *Fosse sépulcrale aménagée dans le monastère, à proximité du bâtiment E (© B. Riba).*

Fig. 351 — *Sépulture S. 49 (© B. Riba).*

pentes (**fig. 349 et 351**). Les tombes F. 23, S. 49, S. 59 et S. 66 sont les seules à conserver leur couvercle en place maintenu par une feuillure taillée dans le rebord des cuves. Aucun couvercle ne possède de système visant à faciliter sa manipulation. Les tenons de pierre fréquemment aménagés sur les côtés du couvercle dans les nécropoles des villages voisins[51] sont absents à Kafr ʿAqāb. Le décor se résume le plus souvent aux acrotères qui ornent les angles. Certains, pareils à ceux du sarcophage S. 49, ont un aspect sommaire avec des proportions peu adaptées et une taille grossière. D'autres sont plus soignés, mais ils conservent un caractère très sobre.

Le sarcophage dit « isolé »

Neuf exemplaires de ce type de tombe individuelle ont été répertoriés sur le site[52]. Cinq d'entre eux n'offrent aucune distinction spécifique : ce sont des cuves imposantes fermées par un couvercle analogue à ceux des cuves rupestres. D'un point de vue topographique, les sépultures occupent des lieux peu accidentés et dégagés afin d'être exposées à la vue du plus grand nombre. Quatre sarcophages se distinguent par leur situation et un décor particulier : selon l'ordre chronologique de leur aménagement, ce sont les tombes S. 58 (*groupe H*); S. 01, S. 04 (*groupe A*); et S. 25 (*groupe E*).

• *La sépulture S. 58*

Plusieurs fragments de la cuve du sarcophage ont été découverts dans la partie septentrionale du *groupe H*. Son couvercle situé quelques mètres en contrebas est demeuré intact. Parmi ces vestiges, un bloc de corniche provient, semble-t-il, d'un temple funéraire dont l'emplacement initial a pu se trouver, d'après la présence d'un mur à caractère monumental, au niveau de la construction C. 18 toute proche. L'association du sarcophage à ce monument est probable.

Les bas-reliefs qui ornent la cuve et son couvercle confèrent à la sépulture un intérêt particulier. Deux fragments principaux, à moitié ensevelis, ont pu être dégagés, nettoyés et rassemblés à l'occasion de cette étude. Ils forment une paroi complète de 2,54 m de long pour une hauteur de 1,20 m (**fig. 352 et 353**). Le bord supérieur est défini par une moulure raffinée composée, du bas vers le haut, d'une fasce, d'un tore, d'un anglet et d'un large bandeau ; la base est constituée d'une simple bande biseautée et d'une plinthe. La surface centrale est occupée par quatre bustes représentant deux couples de notables campés dans une attitude typiquement gréco-romaine. De face, dans une posture rigoureusement droite, vêtu d'une tunique, chaque personnage présente un bras droit replié sur le torse et tient dans sa main un objet peu aisé à identifier compte tenu du mauvais état de conservation de la sculpture. Excepté l'homme situé entre les deux femmes, le bras gauche des autres personnages disparaît sous les plis de leurs vêtements. La femme située à l'extrémité de la cuve porte un voile qui lui couvre la tête et dont les pans retombent sur les épaules. Le buste voisin représente un homme légèrement plus grand, aux épaules étroites, au cou long et à la tête petite. Sa main droite est refermée sur un objet indéterminé ; l'autre tient un rouleau. La femme à ses côtés porte, elle aussi, un voile qui retombe sur ses épaules. Un petit objet de forme ovale apparaît dans sa main gauche. Enfin, le dernier personnage est un homme dans une attitude similaire, avec le bras droit contre la poitrine tandis que le gauche est dissimulé sous les plis de son vêtement. À l'angle de la composition apparaît l'aigle psychopompe fréquent dans l'iconographie funéraire romaine[53]. Seules l'aile et la queue sont figurées sur le bord de la cuve de manière à représenter l'aigle en train de s'envoler hors du cadre du sarcophage. Le sculpteur crée ainsi l'illusion du mouvement : le volatile chargé d'acheminer les âmes des défunts vers le ciel[54] est déjà en partance pour remplir son office.

En contrebas, plusieurs fragments sculptés appartenant aux faces latérales de la cuve ont été découverts. L'un d'eux, conservé dans sa partie inférieure, représente un animal en mouvement (**fig. 354**). La scène est soulignée par une guirlande à croisillons. Le couvercle du sarcophage, situé quelques mètres plus au sud, est orné sur son petit côté d'une couronne de blé encadrée de longs épis (**fig. 355 et 356**). La situation du couvercle renversé face contre terre permet seulement d'entrevoir la partie supérieure. Cette dernière se distingue par un bas-relief singulier qui se substitue à la forme traditionnelle à double pente : la sculpture figure, semble-t-il, le buste d'un homme stylisé enveloppé d'un voile[55] (**fig. 357**).

---

51. Ce type de tenons est très courant sur les couvercles des sarcophages, notamment à Banassara, à Ṭurīn et à Ḫarāb Sulṭān. Ce dispositif est notamment représenté dans Vogüé 1865-1877, II, pl. 78, 86 et 87.

52. *Groupe A* : S. 1 et S. 3 ; *groupe C* : S.17 ; groupe E : S. 25, S. 26 : S. 30 ; *groupe F* : S. 35, S. 38 ; *groupe H* : S. 5 8. Les autres noyaux funéraires, à savoir les *groupes B, C, G* et *I* en sont totalement dépourvus.

53. Un des exemples les plus connus est celui de l'aigle qui orne la partie supérieure de l'entrée d'un hypogée à Qāṭūrā. Celui-ci, ailes déployées, protège l'âme du défunt allongé à l'occasion d'un banquet funéraire. La représentation d'un aigle existe également sur une maison de Kafr Nābo datée de 308 (Tate 1992a, p. 96-97, fig. 140) et sur le tombeau-temple de Deir Mišmiš (Callot et Marcillet-Jaubert 1984, p. 185-202). Dans le ǧebel Waṣṭāni, deux exemples ont été localisés : l'un à Ṭurīn, l'autre à Ḫarāb Ḫalil, sur un hypogée. D'autres sont exposés dans les musées d'Apamée et de Maʿarret en Noʿmān.

54. Voir notamment Cumont 1910, p. 441.

55. Il s'agit probablement d'un gisant. Ce type de représentation est exceptionnel dans le Massif calcaire. En Syrie du Nord, un exemple est connu à Mūʿallaq, aux abords de l'église sud (Mouterde et Poidebard 1945, pl. XLII, fig. 1).

Fig. 352 — *Paroi principale du sarcophage S. 58 (© B. Riba).*

Les bas-reliefs sont le produit d'un artisanat local directement inspiré de la tradition gréco-romaine. Il est peu aisé d'apprécier le détail de ces ouvrages sculptés dans la mesure où la pierre est particulièrement érodée. Les têtes, quant à elles, sont entièrement martelées. Néanmoins, les bustes paraissent assez bien proportionnés et les plis des vêtements relativement soignés. Le traitement de l'aile de l'aigle témoigne aussi d'une certaine finesse. Cependant, l'exécution des personnages ne relève pas du ciseau d'un sculpteur très expérimenté. La représentation se réduit à l'essentiel et certaines parties, telles que les mains des personnages ou les pattes de l'animal sur le côté de la cuve, sont à peine ébauchées. L'ensemble de la composition prime ici sur le souci du détail. L'ouvrage est probablement l'œuvre d'un artisan qui connaît son métier, mais dont les capacités ne dépassent pas un certain seuil de compétence. Le traitement des sculptures et l'utilisation d'un support particulier, non rupestre, confèrent toutefois à la sépulture une qualité supérieure à celle des nombreux groupes sculptés à même la roche connus dans la région. Contrairement à ces derniers, probablement réalisés par des villageois de condition modeste[56], l'ouvrage est à placer au rang des tombeaux de riches propriétaires, au même titre que les sculptures associées aux distyles du village voisin de Ṭurīn ou de celui de Kafr Nābo dans le ǧebel Semʿān[57]. Comme ces tombeaux monumentaux, le sarcophage aux bustes de Kafr ʿAqāb s'associe certainement à un modèle de sépulture plus important dont la forme pourrait être assimilée, nous le verrons, à celle d'un tombeau-temple.

D'un point de vue iconographique, les représentations sont ordinaires. En buste, assis ou bien en pied, les couples homme/femme représentés avec leur famille sont assez fréquents dans la région. L'aigle sculpté, selon la tradition romaine, prend sous sa protection les « âmes » émancipées des défunts. Quant au mammifère sculpté sur le petit côté de la cuve, il incarne vraisemblablement l'animal sacrificiel que l'on mène vers l'autel afin d'accomplir le rite traditionnel. De telles représentations évoquent certains tombeaux monumentaux du Massif calcaire, notamment la scène sculptée sur l'autel rupestre du tombeau 5 de Frikyā, dans le ǧebel Zāwiye[58], où apparaît un bœuf à bosse conduit à l'autel par un victimaire. La composition est ornée d'une moulure sur laquelle repose une guirlande similaire à celle de notre sarcophage.

La sépulture S. 58 appartient donc à un notable désireux d'affirmer son statut social au sein de la communauté villageoise. Cette catégorie de propriétaires fortunés, influencés par l'hellénisme des centres urbains, est bien représentée dans l'ensemble du Massif calcaire par l'épigraphie, l'archéo-

56. « Leur composition (…) est maladroite, le dessin rude et naïf ; l'exécution sommaire contraste avec la finesse et la grande précision du décor architectural » (Tchalenko 1953-1958, I, p. 38-39).

57. Gatier 1997, p. 756-765.

58. Griesheimer 1997a, p. 192, fig. 32.

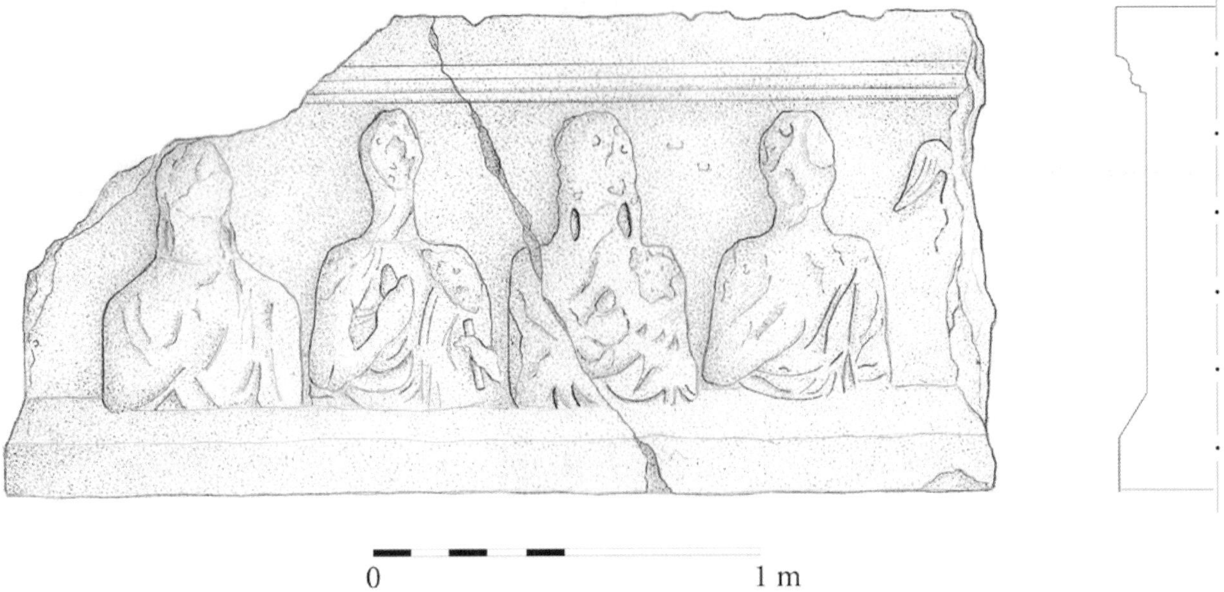

Fig. 353 — *Bustes sculptés sur la cuve du sarcophage S. 58 (© B. Riba).*

Fig. 354 — *Fragment de décor sculpté sur la paroi latérale du sarcophage S. 58 (© B. Riba).*

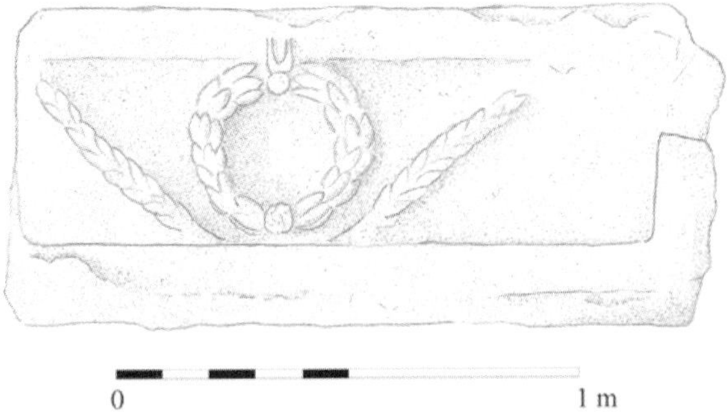

Fig. 355 — *Décor sculpté sur le petit côté du couvercle du sarcophage S. 58 (© B. Riba).*

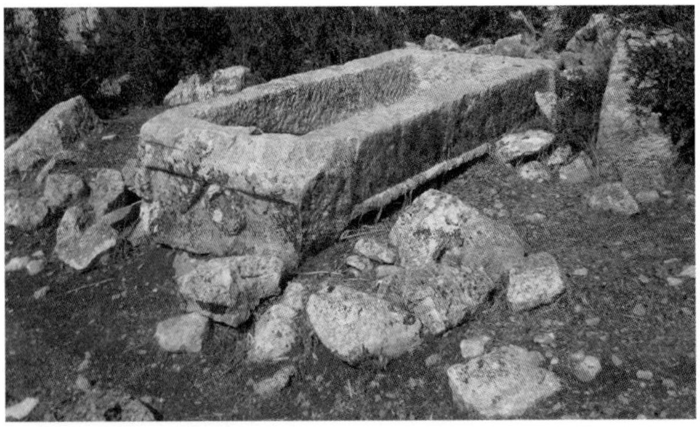

Fig. 356 — *Couvercle du sarcophage S. 58 (© B. Riba).*

Fig. 357 — *Sculpture sur le couvercle du sarcophage S. 58 (© B. Riba).*

Fig. 358 — *Sarcophage S. 01 dans son cadre environnemental (© B. Riba).*

Fig. 359 — *Le sarcophage S. 01 et son couvercle (© B. Riba).*

logie, et plusieurs tombeaux à caractère monumental. La tombe de Kafr ʿAqāb ajoute un nouvel exemplaire de ce type de sépulture dans la région. Comme d'autres, son propriétaire était certainement lié, d'une manière ou d'une autre, au sanctuaire de haut-lieu d'El-Ḥoṣn.

• *Le sarcophage S. 01*

Localisée au sein du *groupe A*, la sépulture se présente sous la forme d'une cuve exposée sur un promontoire naturel. Cette position privilégiée permettait au tombeau de dominer non seulement les axes de communication situés en contrebas, mais aussi d'embrasser la plaine de ʿAzmarin depuis laquelle il pouvait être vu à une distance de plusieurs kilomètres (**fig. 358**). La cuve sépulcrale, imposante par ses dimensions et son aspect massif, est à la fois « mise en scène » et « monumentalisée » par le piédestal rocheux sur lequel elle repose (**fig. 359**). Le décor se résume à deux épaisses moulures sur le petit côté méridional du sarcophage : l'une souligne sa base ; l'autre, curviligne, à peu près centrée, évoque une sorte de guirlande stylisée. La tombe se distingue par son couvercle à double pente. Dénué d'acrotère, ce dernier est taillé à l'imitation des toitures traditionnelles des bâtiments : sa surface est ornée par un double rang de *tegulae* et d'*imbrices* finement sculptées. Ainsi, le sarcophage rectangulaire avec sa couverture en tuiles de pierre est comparable à une véritable maison miniature, et mérite pour cela, plus que tout autre, l'appellation de « dernière demeure », ou de « demeure d'éternité ». Ce type de couvercle est très peu répandu dans le Massif calcaire : en dehors d'un sarcophage fermé par un couvercle analogue à Ǧuwānīye[59], dans le ğebel Il Aʿla, les seuls exemplaires connus se trouvent dans deux villages avoisinants Kafr ʿAqāb, à savoir Ṭurīn et Ḫarāb Sulṭān. Par conséquent, ce modèle semble se concentrer dans la partie occidentale de la région, plus spécifiquement au nord du ğebel Waṣṭāni.

59. *AAES* II, p. 107.

L'installation funéraire appartient à la catégorie des sarcophages monumentaux ostensiblement exposés sur la plateforme d'un promontoire, naturel ou construit. Quelques exemples de ce modèle funéraire sont connus, notamment par H. C. Butler[60] qui situe celui-ci au cours du IVe siècle, période à laquelle il convient également de placer le tombeau de Kafr ʿAqāb où l'on discerne, par l'aspect massif et le décor fruste de la cuve, la persistance des types funéraires anciens. La sépulture individuelle munie d'un couvercle particulièrement coûteux coïncide aussi avec la période où les paysans, plus aisés, commencent à posséder des moyens suffisants pour se permettre d'acquérir ce type d'équipement. La situation de la sépulture à la périphérie d'un hameau ancien (quartier E) qui ne se développe pas au-delà du début du Ve siècle confirme cette datation.

• *Le sarcophage S. 04*

La sépulture associée au *groupe A* occupe un replat qui forme une sorte de terrasse naturelle entre les escarpements du versant septentrional du *wādī* nord. (**fig. 360**). Son intérêt réside au niveau du couvercle à double pente qui livre deux informations importantes : d'une part, celui-ci ne possède pas d'acrotères, à l'image des couvercles anciens[61]. D'autre part, ses extrémités sont marquées des symboles chrétiens illustrés par des médaillons constitués d'une simple croix bifide inscrite à l'intérieur d'un cercle. La période comprise entre la fin du IVe siècle et le début du Ve siècle semble donc convenir à l'installation de ce sarcophage. Ce constat est confirmé par la proximité du quartier E qui interrompt son expansion à cette époque.

• *Le sarcophage S. 25 : une tombe à baldaquin ?*

La sépulture se situe au sud-ouest de l'église orientale, à proximité du grand réservoir d'eau. Il n'en reste actuellement plus que quelques fragments enfouis sous terre et dissimulés par un taillis très dense (**fig. 361**). Les vestiges du sarcophage sont entourés de débris qui semblent provenir d'un baldaquin. La cuve sépulcrale est dépourvue de décor, contrairement au couvercle à double pente doté d'acrotères et d'un médaillon ouvragé (**fig. 362**) dont la partie conservée laisse deviner une croix aux quadrants animés de fleurons à trois pointes. Une rangée de perles et une double file de feuilles triangulaires entourent ce motif central. Ce type de décor évoque les sarcophages dotés de médaillons élaborés des nécropoles du ǧebel Zāwiye, notamment celles de Serǧilla et d'El-Bāra. Les éléments constitutifs du baldaquin se divisent en deux catégories. La première provient d'une corniche dont la moulure est identique à celle qui orne les absidioles de la basilique voisine, avec deux fasces, une doucine dont la partie convexe est plate à son extrémité, un anglet et un bandeau (**fig. 363a**). La seconde appartient à une base dont le profil se compose d'une plinthe surmontée d'un tore, d'une scotie et d'un second tore plus discret. (**fig. 363b**). Ces deux parties, base et corniche, étaient vraisemblablement reliées par des piliers dont il subsiste quelques fragments enfouis sous les broussailles. L'hypothèse d'un baldaquin ayant pour fonction d'abriter le sarcophage paraît donc envisageable. Aucun élément n'indique un édicule pourvu d'un socle élevé ou d'une pyramide de couronnement comme il en existe ailleurs dans la région. Naturellement, seul un dégagement complet de la tombe permettrait de s'assurer pleinement de sa morphologie.

D'après la situation et le caractère monumental de la sépulture, celle-ci a pu appartenir à un donateur dont la contribution aux travaux du sanctuaire lui a valu une place de choix à proximité de la basilique et du grand bâtiment adjacent associé au réservoir d'eau. Ainsi, situé au carrefour des principaux pôles du complexe de pèlerinage, ce tombeau de privilégié était probablement sujet à de fréquentes visites. La volonté d'être inhumée dans le voisinage d'une église a pu être également observée dans les villages environnants. À Ṭurīn, la tombe associée à l'ensemble ecclésial de l'est à l'aspect d'une chapelle à abside saillante qui ouvre par un arc sur un sarcophage[62]. Un édifice analogue pourrait avoir joué le même rôle au sein du sanctuaire méridional de Kafr ʿAqāb (**fig. 201**). À Fassūq[63] et Banassara[64], le sarcophage d'un privilégié est situé dans la cour sud de l'église méridionale bien que dans les deux cas, la sépulture ne se distingue pas particulièrement par sa monumentalité. Enfin, le parallèle le plus proche de la sépulture S. 25 se trouve au sein de l'ensemble ecclésial de Ḫarāb Sulṭān[65] : dans un espace accessible par le biais d'un arc, un sarcophage placé sous un baldaquin porté par des colonnes se situe, comme à Kafr ʿAqāb, au sud-ouest de la cour de l'église.

60. En dehors de la tombe de Ǧuwānīye, H. C. Butler mentionne la sépulture de Taltīta (*AAES* II, p. 107-108) et de Kafr Mares (*AAES* II, p. 108). M. de Vogüé évoque, pour le ǧebel Zāwiye, les sépultures de Ǧerāde et de Muǧleyya (Vogüé 1865-1877, I, p. 112 ; Vogüé 1865-1877, II, pl. 87). M. Griesheimer mentionne également un exemplaire à ʿArsīn (Griesheimer 1997a, p. 184, fig. 22).

61. Les anciens couvercles de sarcophage présentaient simplement deux pentes lisses avant de posséder des acrotères aux angles (Griesheimer 1997a, p. 172).

62. Castellana et Khoury 1990, p. 18 ; Peña *et al.* 1999, p. 157.

63. Peña *et al.* 1999, p. 75.

64. Khoury 2005, p. 258, pl. 7.

65. Peña *et al.*1990, p. 21 ; Peña *et al.* 1999, p. 103.

Fig. 360 — *Couvercle du sarcophage S. 04 (© B. Riba).*

Fig. 361 — *Vestiges de la tombe S. 25 (© B. Riba).*

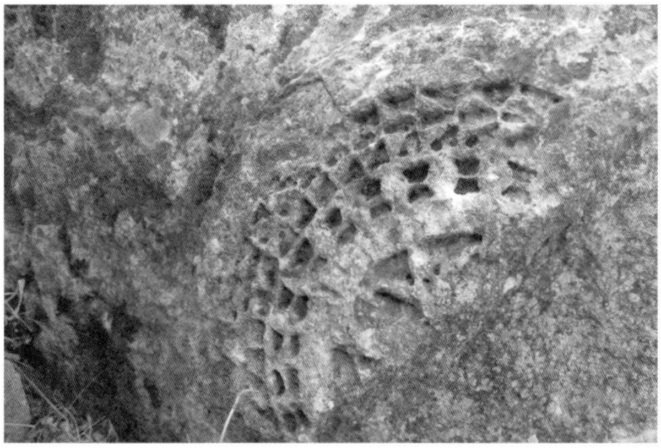

Fig. 362 — *Médaillon sculpté sur le couvercle du sarcophage S. 25 (© B. Riba).*

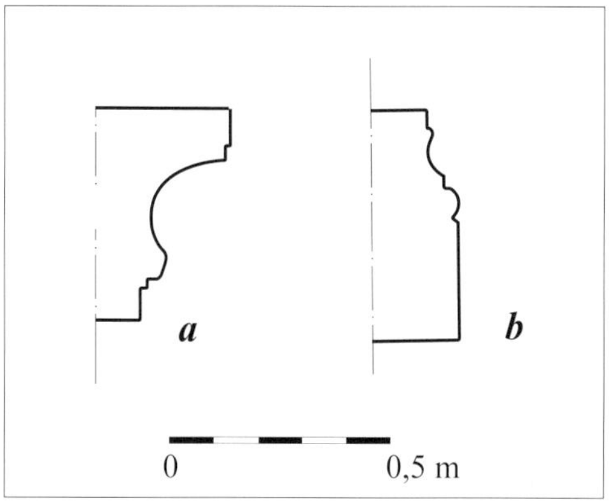

Fig. 363 — *Profils moulurés des éléments architecturaux du baldaquin : a/ corniche ; b/ base moulurée (© B. Riba).*

Les fosses à un *arcosolium* latéral ou deux *arcosolia* opposés

Ce modèle funéraire est peu représenté dans le village. Parmi les 9 sépultures répertoriées, 6 se situent sur les premières hauteurs des versants occidentaux du promontoire rocheux, au sein des *groupes H* et *I*. Les autres se répartissent inégalement sur l'ensemble du site : la fosse F.arc.2 appartient au *groupe A*, la fosse F.arc.22 au *groupe E* et la fosse F.arc.71 est isolée au nord du site, entre les *groupes B* et *I*. Ces tombes sont majoritairement établies sur des terrasses qui surplombent les flancs abrupts des *wādīs*. Elles sont particulièrement bien représentées par les fosses F.arc.64 et F.arc.65 installées l'une à côté de l'autre sur une surface rocheuse plane qui domine le *wādī* nord (**fig. 366**). Toutefois, ces zones relativement rares sur le site, et le caractère peu visible de ce type de sépulture qui n'apparait en surface que par le biais de son couvercle, expliquent en partie le succès limité des chambres souterraines à *arcosolia* sur le site.

Ces fosses creusées dans le sol naturel peuvent être individuelles ou doubles. Les premières se définissent par un emplacement aménagé dans l'une des parois latérales sous un *arcosolium*; les secondes possèdent deux tombes à *arcosolia* qui s'opposent de part et d'autre de l'espace central situé immédiatement sous le couvercle. Contrairement aux simples fosses rupestres, il n'y a donc pas d'accès direct au défunt lors de la réouverture de la sépulture. La partie aérienne de la tombe est représentée par un couvercle amovible ordinaire, à double pente et orné d'acrotères aux angles. Aucun décor ni symbole chrétien n'ont été observés. Le système d'obturation est marqué, sur trois ou quatre côtés de la fosse, par une saignée dont la largeur, correspondante à celle des rebords du couvercle, permettait la pose de ce dernier. À l'une des extrémités, de part et d'autre de la tombe, un petit chenal creusé entre la saignée et la fosse servait à glisser une barre sous le couvercle afin de soulever et faire pivoter celui-ci sur le côté lors de la réouverture de la tombe.

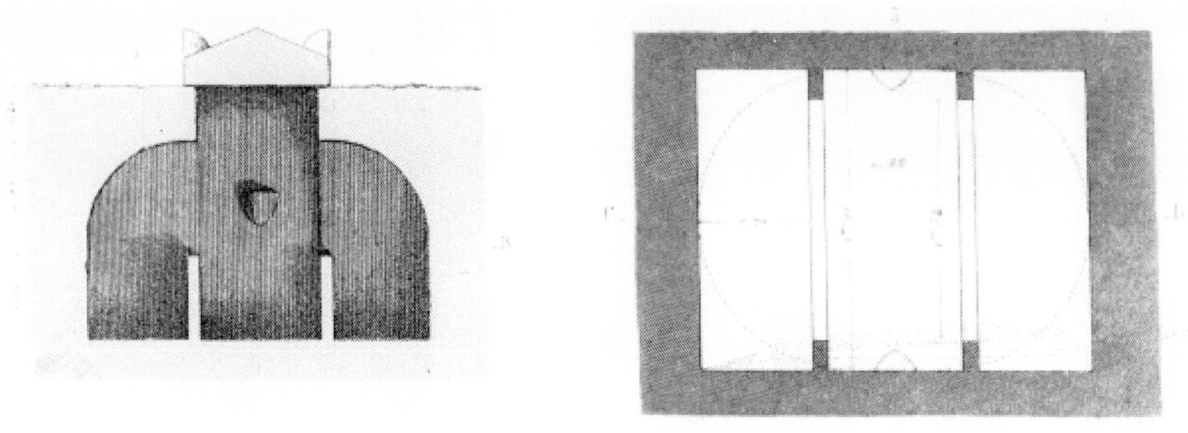

Fig. 364 — *Coupe et plan d'une fosse à arcosolia située dans le village de Kokanaya (© De Vogüé).*

Fig. 365 — *Fosse à* arcosolia *F.arc. 51 et détail de la console située dans la paroi latérale de la sépulture (© B. Riba).*

Fig. 366 — *Fosses à* arcosolia *F.arc. 64. et F.arc.65 et détail de l'encoche aménagée dans la paroi latérale de la sépulture (© B. Riba).*

Fig. 367 — *Fosse à* arcosolia *F.arc.54 (© B. Riba).*

Fig. 368 — *Fosse à* arcosolia *F.arc.62 (© B. Riba).*

Les tombes à double *arcosolia* sont régies par un souci de symétrie : deux fosses sépulcrales s'opposent de part et d'autre de l'espace central (**fig. 364**). Les dimensions des cuves, la hauteur de leur parapet et les *arcosolia* sont semblables à ce qui a pu être observé à l'intérieur des hypogées cruciformes. Les petits côtés de la partie centrale présentent, selon les cas, deux types d'aménagements. Le premier est constitué par des consoles rupestres volontairement laissées lors du creusement de la fosse, à un niveau légèrement inférieur par rapport au sommet des arcades des *arcosolia* (**fig. 365**). M. de Vogüé y avait vu des supports prévus pour le dépôt de lampes et qui servaient aussi, à l'occasion, de marchepied pour atteindre le sol de la chambre sépulcrale[66]. Ces éléments constituent effectivement de bons appuis qui facilitent l'accès à l'intérieur du caveau et c'est principalement dans ce but qu'ils ont été conçus. Le second aménagement, présent dans certaines tombes, consiste en une encoche pratiquée sur chaque petit côté de la fosse (**fig. 366**). L'une est parfaitement taillée dans la paroi, l'autre présente un profil oblique attestant de la mise en place d'une barre (ou tringle) selon la technique observée et décrite par J.-L. Biscop à propos de l'installation d'une poutre[67]. Ce dispositif suggère l'existence d'un rideau séparant les deux emplacements à l'intérieur de la tombe. Certaines tombes des villages voisins combinent les deux types d'aménagements, l'encoche étant située juste au-dessus de la console. Pour sortir de la sépulture, il était alors possible de prendre appui sur la console, puis de replacer la tringle du rideau dans l'encoche avant de ramener le couvercle sur la fosse sépulcrale. Certaines tombes à deux *arcosolia* opposés, dépourvues de consoles ou d'encoches, montrent que ni les unes ni les autres n'étaient indispensables.

Les contours du périmètre funéraire de ce type de sépulture ne sont pas aussi nets comparé à ceux qui définissent l'espace dédié aux hypogées cruciformes. Ils sont seulement matérialisés par une zone rocheuse nivelée, de dimensions variables, qui s'étend autour de la tombe sans qu'aucune structure construite n'en marque les limites. Parfois, les négatifs et les traces de certains aménagements peu aisés à identifier indiquent un espace funéraire organisé, à l'instar de celui associé aux fosses F.arc.64 et F.arc.65 (**fig. 366**). L'environnement propre à la sépulture F.arc.62, juchée au sommet d'une éminence rocheuse parfaitement aplanie, est également bien lisible grâce à la crevasse qui la borde sur trois côtés, tandis que le quatrième est matérialisé par une entaille laissée dans le rocher (**fig. 368**). Le périmètre funéraire de la fosse F.arc.54 établie sur une terrasse située en bordure occidentale du village est défini, quant à lui, par le rocher naturel qui la borde (**fig. 367**). De son côté, la fosse F.arc.51 se caractérise par un espace funéraire bien aménagé délimité, au sud et à l'ouest, par un banc rocheux taillé. Ce dernier est pourvu d'un petit bassin destiné au stockage de l'eau nécessaire à l'entretien du tombeau ainsi qu'à l'accomplissement des rites funéraires (**fig. 365**). En revanche, d'autres sépultures, moins nombreuses, possèdent un espace beaucoup plus réduit où la surface rocheuse nivelée se limite à la place nécessaire au couvercle lors de l'ouverture du tombeau (F.arc.2, F.arc.20, et F.arc.71).

Le tombeau des moines : une nouvelle conception de l'espace funéraire

Le tombeau des moines (TC. 34), situé dans le bâtiment B de l'ensemble conventuel, contient trois tombes à *arcosolia* alignées du côté oriental de l'espace funéraire. Rappelons brièvement l'organisation de la façade (**fig. 369**) : les sépultures sont aménagées dans un front de taille dont l'élévation est complétée par une partie construite. Trois petites fenêtres, de type « meurtrières », sont disposées à la hauteur de la troisième assise. Les encoches situées entre la quatrième et la dernière assise indiquent des ouvertures placées juste au-dessous du plancher de l'étage. Elles servaient à éclairer de manière diffuse l'intérieur du tombeau. Les sépultures, côte à côte, occupent toute la largeur du front de taille. Du sud vers le nord, chacune d'entre elles est ici désignée par une lettre minuscule *a*, *b* et *c*. Elles se caractérisent par une fosse à *arcosolium* comparable à celle d'un hypogée, mais se distinguent par un mode de couverture particulièrement élaborée et par le soin accordé à l'ornementation.

Le système de fermeture des fosses sépulcrales, selon la technique de la dalle appareillée, est peu répandu au sein du Massif calcaire (**fig. 370**). Il est fondé sur l'utilisation de trois dalles rectangulaires dotées de feuillures qui permettent leur enchâssement afin de former une plaque hermétiquement close et facilement maniable lors de la réouverture de la tombe. Ces dalles étaient fixées dans l'épaisseur d'une saignée d'encastrement pratiquée dans le mur du fond. Ce procédé est attesté en Apamène, notamment dans la nécropole de Maʿarret en Noʿmān[68] ainsi qu'à l'intérieur d'un hypogée situé à Ḥūarte[69], sous le sanctuaire dédié à l'archange Michel et, en Antiochène, dans le tombeau collectif aménagé sous le *martyrion* de l'église de Deir Deḥes[70] dans le ǧebel Bārīšā, et dans le tombeau des moines de Qarṣ el-Garbi dans le ǧebel Il-Aʿla[71].

66. Vogüé 1865-1877, I, p. 119.

67. « La forme comparée des deux encastrements opposés indique la manière dont chaque poutre était mise en place : elle était montée obliquement et engagée dans la première encoche, puis elle pivotait de haut en bas en glissant dans la deuxième encoche dont le profil avait la courbure adéquate » (Sodini *et al.* 1980, p. 217).

68. Griesheimer 1997a, p.173-174, fig. 10.

69. Canivet 1987, II, pl. VII.

70. Biscop 1997, p. 5-6, pl. 102, fig. 4.

71. Sur ce tombeau, voir Peña *et al.* 1990, p. 165.

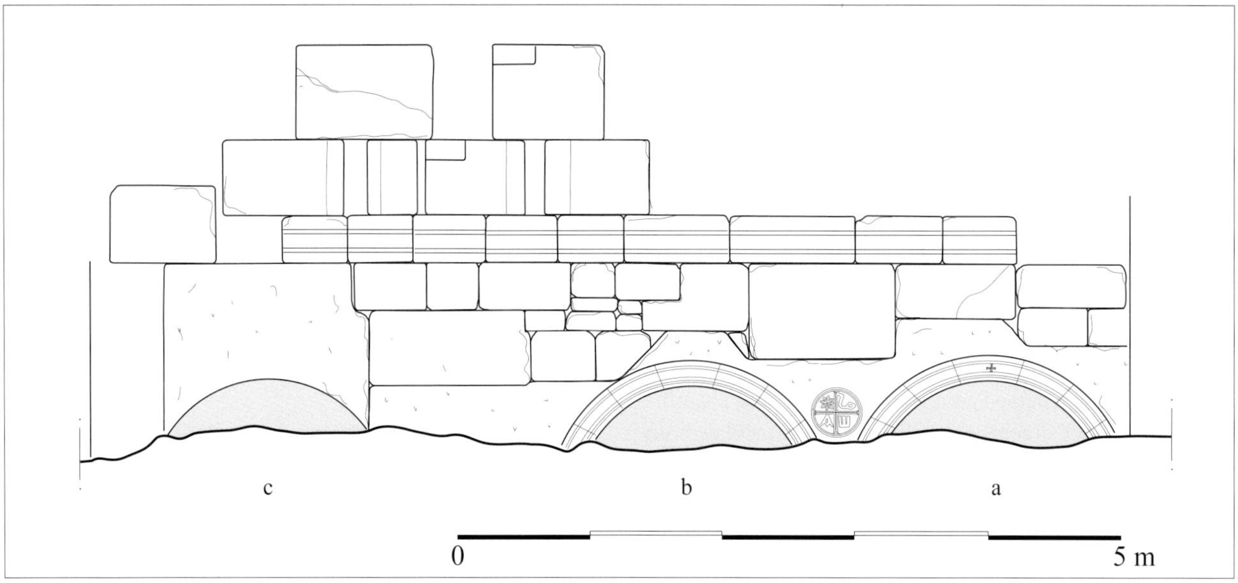

Fig. 369 — *Élévation du mur est du tombeau des moines (© B. Riba).*

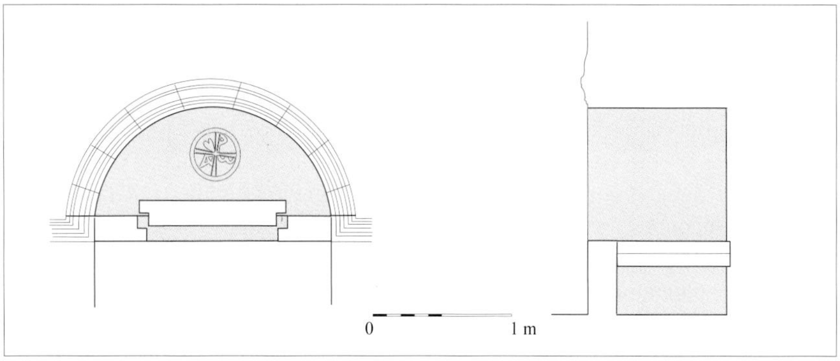

Fig. 370 — *Système de fermeture d'une tombe (© B. Riba).*

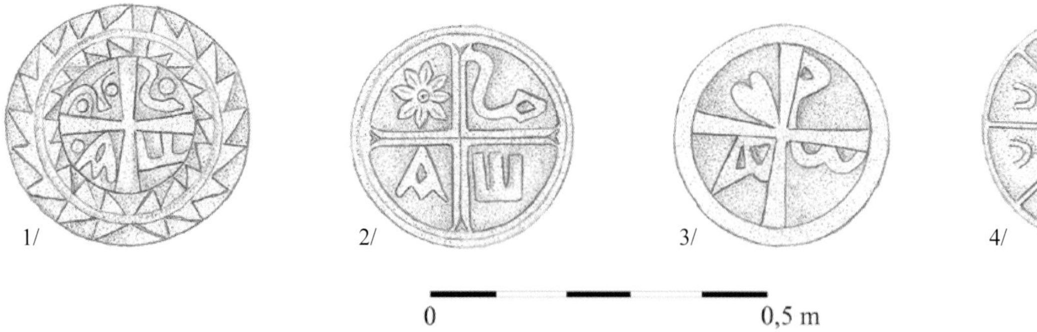

Fig. 371 — *Médaillons inventoriés dans le bâtiment E : 1/ médaillon sculpté sur l'arc triomphal de la chapelle monastique ; 2/ médaillon sculpté entre les sépulture a et b ; 3/ médaillon sculpté à l'intérieur de la sépulture b ; 4/ médaillon sculpté à l'intérieur de la sépulture c (© B. Riba)*

Fig. 372 — *Fosse à arcosolium centrale (b) du tombeau des moines (© B. Riba).*

Fig. 373 — *Médaillons sculptés dans le tombeau des moines (© B. Riba).*

Le programme ornemental du tombeau des moines se caractérise par la présence de médaillons et de moulures (**fig. 369**). En plus du symbole chrétien gravé sur le claveau central de l'arc de l'entrée du tombeau collectif, un médaillon apparaît entre les sépultures *a)* et *b)*, et deux autres sont sculptés à l'intérieur des tombes *b)* et *c)*. Le premier est un chrisme de bonne facture, parfaitement conservé (**fig. 371.2 et 373a**). Le second se trouve à l'intérieur de la sépulture *b)*, centré sur le mur du fond (**fig. 371.3 et 373c**). Sa composition est analogue au chrisme précédent, mais son exécution est plus maladroite. Le dernier médaillon, plus original, est sculpté à l'intérieur de la tombe voisine *c)*. Il représente une croix à huit branches dont chaque portion est animée par une lettre grecque afin de constituer la formule funéraire NIKA, « victoire » (**fig. 371.4 et 373b**). Les moulures, quant à elles, épousent le contour des *arcosolia* des tombes *a)* et *b)*. Leur profil se compose d'une fasce, d'un tore, d'une doucine, d'un cavet et d'un large bandeau. L'arcade de la tombe *a*) se distingue par la présence, à son sommet, d'une petite croix pattée à laquelle se superpose une croix bifide finement incisée. Les moulures des *arcosolia* sont ponctuées d'entailles qui donnent l'illusion d'arcs appareillés. Les parois internes, minutieusement travaillées, sont recouvertes d'une fine couche d'enduit qui pourrait avoir servi de support à un décor peint. Enfin, une corniche moulurée sert d'appui aux fenêtres. Elle est inscrite dans la continuité de la corniche intérieure du sanctuaire de la chapelle funéraire mitoyenne. Son profil comprend deux fasces, une bande biseautée légèrement concave, un anglet et un bandeau.

Ainsi, la façade orientale du tombeau constituait un ensemble cohérent, animé par le jeu combiné de courbes et de lignes droites créées par les *arcosolia* et la corniche. Le chrisme apparent en façade confère à l'ensemble une qualité particulière. Seule la sépulture *c)* se distingue par l'absence de moulures sur le contour de l'*arcosolium*.

Le tombeau collectif des moines appartient à une série de monuments funéraires bien connus dans le Massif calcaire[72]. Les parois rupestres du rez-de-chaussée sont

72. Voir notamment Tchalenko 1953-1958, I, p. 38, note 1.

consacrées aux fosses à *arcosolia*[73] anonymes tandis que la superstructure, édifiée en pierre de taille, forme le niveau supérieur. Toutefois, à l'instar de nombreux petits couvents de campagne, le tombeau de Kafr ʿAqāb, directement lié à la chapelle voisine, présente des particularités qui lui sont propres. L'attention portée au décor le distingue notamment de la plupart des espaces funéraires conventuels de la région qui se caractérisent, à quelques exceptions près, par une sobriété exemplaire. En effet, les plus grands monastères du Massif calcaire sont souvent dépourvus, ou presque, d'ornementation. Le vaste ensemble de Deir Turmānīn, par exemple, possède un tombeau collectif dont le décor est réduit à son expression la plus dépouillée. En revanche, dans l'établissement de Kafr ʿAqāb, qui appartient à la catégorie des petits monastères ruraux, les moulures, les médaillons et l'enduit à l'intérieur des sépultures relèvent d'un soin qui rompt avec l'austérité habituelle.

La répartition du décor pourrait être le reflet d'une hiérarchie. Un tombeau monastique de Séleucie de Piérie montre que les emplacements correspondaient à des catégories de moines, et non à des moines en particulier : chaque sépulture était accompagnée d'une inscription indiquant le groupe de religieux qu'elle était destinée à accueillir (*Kanônikoi*, *klêrikoi*, *hypêretai*, *laïkoi*). Ce type d'organisation, qui s'étend sans doute à la majorité des couvents ruraux du Massif calcaire, explique le nombre réduit des tombes au sein des tombeaux collectifs[74]. À Kafr ʿAqāb, les deux premières sépultures, *a)* et *b)*, remarquables par leur décor et leur proximité, appartenaient certainement chacune à une catégorie spécifique de religieux[75]. La troisième, aménagée à l'écart dans une paroi grossièrement taillée, dépourvue de moulures, semble avoir accueilli une catégorie de moines de second plan, ou bien celle-ci était destinée à entasser les ossements récupérés lors des inhumations successives.

Les ruines du bâtiment B, malgré leur état très dégradé, témoignent donc de l'attention accordée au tombeau collectif. La façade, aisément restituable jusqu'au plancher du premier étage, offre une constitution générale cohérente dont l'unité avec la chapelle attenante est assurée par la corniche moulurée. D'une manière générale, le tombeau répond aux critères traditionnels des sépultures monastiques. Si l'on peut lui appliquer les propos tenus par E. Patlagean qui affirme que « l'habitat funéraire des moines est donc en tout état de cause, dans les campagnes, un habitat de pauvreté parce qu'il est collectif, anonyme, et parcimonieux du sol »[76], l'organisation de la façade et la distribution du décor témoignent ici d'un ensemble plutôt raffiné qui relève d'une petite communauté prospère.

Les monuments funéraires à caractère exceptionnel

Trois sépultures se distinguent par leur caractère exceptionnel. Selon l'ordre chronologique de leur apparition, il s'agit des vestiges ayant appartenu à un monument funéraire de type tombeau-temple, de la sépulture S. 57 qui fusionne le modèle du sarcophage rupestre avec celui de la fosse à *arcosolium* et, enfin, du mausolée à couverture pyramidale Mau.18.

Les traces d'un tombeau monumental de la période impériale

Certains vestiges situés dans la zone nord-ouest du promontoire rocheux suggèrent l'existence d'un édifice funéraire de grande envergure. Le principal élément est matérialisé par un bloc appartenant à une corniche monumentale. Celui-ci est orné d'une tête de lion centrée sur la doucine (**fig. 374 et 375**). Ce type de représentation de tradition iconographique gréco-romaine est connu dans la région aussi bien sur des monuments à vocation religieuse[77] que sur des édifices funéraires[78]. Le parallèle le plus évident est celui de la corniche frontale du temple de Burǧ Bāqirḥā. À quelques détails près, les deux éléments sont semblables par leur morphologie et leurs dimensions (**fig. 376**). Le bloc a donc pu appartenir à un bâtiment non pas identique, mais comparable au sanctuaire de Zeus Bômos, dans le ǧebel Bārišā (**fig. 377**). Certes, à cette hypothèse s'oppose le caractère isolé du bloc de corniche qui a pu être emprunté au temple d'El-Ḥoṣn situé plus au nord sur le sommet du ǧebel Dueili. Cependant, aucune raison valable ne justifierait le transport d'un tel

73. Tous les tombeaux n'étaient pas creusés dans le roc. Bien qu'ils soient relativement rares, il existe également des sépultures collectives entièrement construites. C'est le cas, notamment, à Qarṣ el-Garbi (Peña *et al.* 2000, p. 213-214).

74. Tchalenko 1953-1958, I, p. 168.

75. Cette organisation n'est pas sans évoquer le tombeau associé au monastère sud-est de Qalʿat Semʿān. On y trouve deux tombes à *arcosolium* aménagées dans la paroi rocheuse, l'une est pourvue de moulures et de pilastres qui flanquent la cuve ornée de médaillons, l'autre ne présente qu'une croix sculptée sur la cuve sépulcrale (*PAES* IIB, p. 277, fig. 297). Cette répartition inégale du décor pourrait désigner, comme à Kafr ʿAqāb, deux catégories de moines différentes, à moins que la sépulture plus sobre n'ait servi d'ossuaire.

76. Patlagean 1977, p. 71.

77. La représentation du lion apparaît notamment sur la corniche frontale du temple de Burǧ Bāqirḥā (Tchalenko 1953-1958, II, pl. CLXIII ; Callot 1997, p. 741-742 ; Callot et Gatier 1999a, p. 239-242) et du temple villageois de Kafr Rūma (Callot et Gatier 1999, p. 666-667 ; Berger 2005).

78. Les têtes de lion sont connues au niveau de la corniche et du couronnement du linteau de la porte du tombeau monumental de Deir Mišmiš (Lassus 1947a, pl. XX). Le distyle de Sermāda est doté d'une représentation analogue sur son entablement (Callot et Gatier 1999b, p. 666, fig. 6).

Fig. 374 — *Bloc de corniche situé à proximité du sarcophage S. 58 (© B. Riba).*

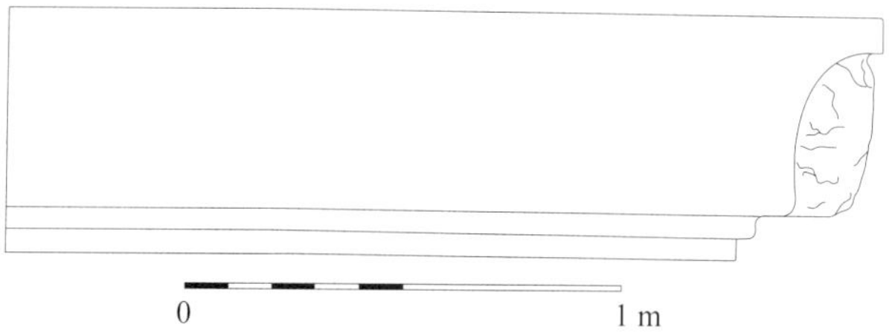

Fig. 375 — *Bloc de corniche (© B. Riba).*

Fig. 376 — *Éléments de corniche : a/ temple de Kafr ʿAqāb ; b/ temple de Burǧ Bāqirḥā (© B. Riba).*

bloc sur une distance de plusieurs kilomètres, sur un parcours caractérisé de surcroît par un relief particulièrement abrupt. En cas de nécessité, et pour des raisons de commodité, les villageois extrayaient les blocs à l'endroit même d'une construction ou bien se contentaient de remployer des éléments d'édifices antérieurs trouvés sur place. De plus, l'emplacement du tombeau-temple dans le village est suggéré par la présence d'un tronçon de mur monumental, large de 0,9 m, découvert non loin du bloc de corniche (**fig. 378**). Le sarcophage aux bustes S. 58 situé à proximité immédiate de ces vestiges s'associe très certainement au même ensemble funéraire. Les bas-reliefs sculptés et la corniche ornée d'une tête de lion remontent effectivement à la même période. Ainsi, la concentration de ces éléments dans une zone précise du site indique l'existence d'un tombeau de notable dont l'emplacement doit être vraisemblablement situé à la hauteur de la construction C. 18 où se trouve le mur précédemment évoqué. L'organisation de travaux archéologiques permettrait de s'en assurer de manière définitive.

Le tombeau-temple, bien connu dans les villages de Syrie du Nord[79], reste en usage jusqu'à la fin de l'Antiquité. La permanence de cette catégorie de monument apparaît à Ruweiḥa où le temple funéraire distyle *in antis* édifié sur le côté nord du chevet de la basilique de Bizzos, datable du VIe siècle, imite un tombeau plus ancien localisé au sud du site, daté de 384/385[80]. À Kafr ʿAqāb, l'élément de corniche permet de situer le monument entre le IIe et le IIIe siècle, comme le sarcophage auquel il s'associe. La sépulture pourrait avoir été conçue sur un modèle analogue à celui du tombeau-temple de Deir Mišmiš[81] qui reproduit également le plan d'un temple distyle *in antis* semblable à celui d'un haut-lieu. Toutefois, les dimensions du tombeau de Kafr ʿAqāb étaient sans doute moins importantes, mais il n'est pas possible de déterminer le nombre d'emplacements que l'édifice était

79. Sartre 1989, p. 436 ; Sartre 2001, p. 84.
80. *AAES* II, p. 113-114 ; *IGLS* II, 680.
81. Tchalenko 1953-1958, I, p. 15 ; Tate 1992a, p. 65 et fig. 283.

Fig. 377 — *Temple de Zeus Bômos à Burǧ Bāqirḥā (© B. Riba).*

Fig. 378 — *Mur monumental situé à proximité des vestiges funéraires d'époque romaine (© B. Riba).*

destiné à accueillir[82]. La présence d'un tombeau-temple dans le village pourrait être le fait d'un riche commanditaire soucieux d'élever à la mémoire de sa famille un édifice funéraire dans le style du temple d'El-Ḥoṣn auquel il était certainement lié.

La sépulture S. 57

Au sein du *groupe H*, la tombe s'adosse à un tertre rocheux qui surplombe les premières déclinaisons occidentales du site, à proximité de plusieurs points d'eau et de sépultures plus anciennes (**fig. 379**). Elle résulte de la combinaison de deux types funéraires : le sarcophage représenté par une partie aérienne composée de la cuve sépulcrale excavée sur trois côtés (sud, ouest et nord), et la tombe à *arcosolium* caractérisée par une partie creusée dans le rocher, invisible depuis l'extérieur (**fig. 380**). À l'exception du couvercle amovible, le tombeau est entièrement taillé dans le roc.

Le sarcophage mesure 2,15 m de long pour une largeur de 1,14 m ; sa hauteur atteint 1,05 m. La bordure supérieure est soulignée par une moulure soignée dont le profil comprend une fasce, une doucine, un anglet et un large bandeau (**fig. 381 et 382**). La base de la cuve présente une bande biseautée à laquelle succède une plinthe de 13 cm de hauteur. Le long côté de la cuve, tournée vers l'ouest, est orné de deux panneaux décoratifs caractérisés par des formes géométriques animées de motifs végétaux. Le plus petit occupe la partie nord de la composition. Il s'agit d'un carré (60 cm de côté) qui contient un cercle à l'intérieur duquel est inscrit un carré sur la pointe. Ce dernier est pourvu sur chaque côté de cercles entrelacés entre lesquels sont insérés des motifs en pointe de flèche axés sur les angles. Au centre, le cercle présente quatre feuilles disposées à la manière d'une croix. Le second panneau forme un rectangle (1,50 m x 0,6 m) qui couvre la plus grande partie de la paroi. L'intérieur de la figure est occupé par un grand losange dont les côtés supérieurs sont pourvus de six motifs de vrilles, semblables à ceux d'ordinaire associés aux grappes de raisins, qui se succèdent en ordre décroissant jusqu'à son sommet. Du côté sud, une légère variante apparaît au niveau de la tige de la première vrille dotée de deux feuilles, au lieu d'une seule du côté nord. Le centre de la figure comprend, comme le panneau précédent, un cercle à l'intérieur duquel est inscrit un carré sur la pointe. Ce dernier est occupé par douze motifs en pointe de flèche qui forment une spirale autour d'un bouton central plat. De part et d'autre du cercle, deux bandes horizontales rejoignent les angles aigus du grand losange.

Ce décor, ordonné selon des lois géométriques strictes, est allégé par la souplesse des formes circulaires et la présence d'éléments végétaux. Il en ressort une composition à la fois harmonieuse et élégante. Cependant, la partie inférieure de la cuve a été curieusement négligée. La surface y est travaillée avec moins de soin, comme

82. Ce type de monument familial contenait en effet plusieurs sarcophages, voir notamment Vogüé 1865-1877, II, pl. 84 ; *AAES* II, p. 113-114.

Fig. 379 — La *sépulture S.57 avant son dégagement. L'hypogée H. 56 le jouxte au sud. (© B. Riba).*

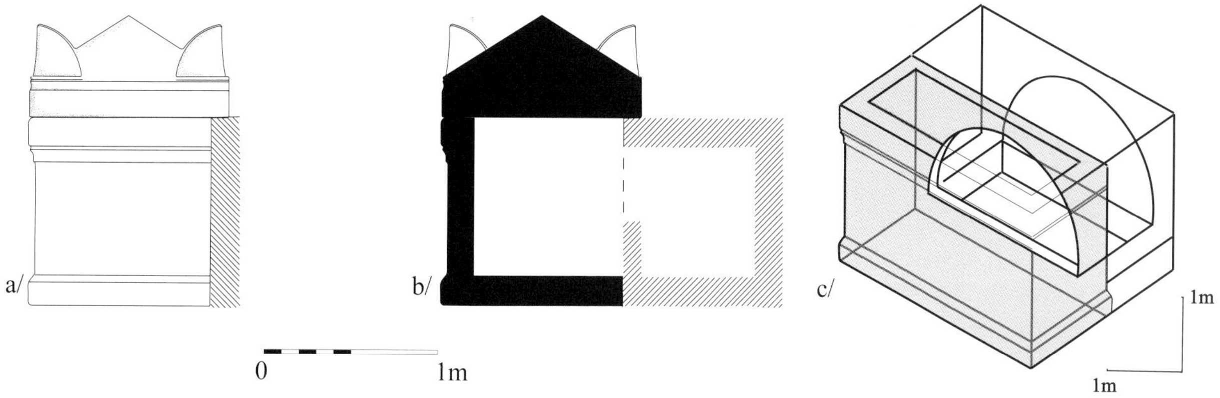

Fig. 380 — *Sarcophage S. 57 : a/ paroi latérale de la cuve ; b/ coupe de la tombe ; c/ axonométrie (© B. Riba).*

Fig. 381 — *Paroi ornée de la cuve du sarcophage S. 57 (© B. Riba).*

Fig. 382 — *Le sarcophage S. 57 (© B. Riba).*

laissée à l'état d'ébauche : le cadre des panneaux n'est pas complet et les motifs à la base du sarcophage sont traités de manière sommaire. Ce fait contraste avec la qualité du décor qui orne l'essentiel de la cuve.

Le couvercle à double pente, conservé en partie *in situ*, présente une moulure sur ses trois côtés. Le profil est composé d'un large bandeau, d'une doucine et d'un anglet. L'acrotère qui subsiste à l'un des angles se distingue par un soin particulier : souligné à sa base par un anglet très fin, celui-ci montre une face intérieure légèrement excavée qui laisse la bordure incurvée en légère saillie.

L'intérieur de la sépulture est encombré de terre et de débris. L'emplacement des coussinets qui indique l'orientation de la tête des dépouilles n'est donc pas visible. La cuve du sarcophage et la fosse à *arcosolium* ont pu être occupées par deux corps disposés côte à côte. Une autre possibilité permet d'envisager une sépulture destinée à un seul individu : le sarcophage ayant été dédié au défunt tandis que la fosse en retrait dans la roche a pu jouer le rôle d'ossuaire. Il convient également de signaler, à moins de deux mètres au sud du tombeau, la présence d'un hypogée ordinaire (H. 56), de plan cruciforme, entièrement rupestre et dénué de porche. Dans ce contexte, la sépulture S. 57 située un peu à l'écart, soigneusement ornée, a pu appartenir à un individu dont la responsabilité au sein du noyau familial était importante, alors que le reste de la famille était inhumé dans l'hypogée voisin.

Les éléments de datation de la sépulture S. 57 sont essentiellement livrés par le vocabulaire ornemental de la cuve. Malgré la proximité de vestiges associés à un tombeau romain, son décor la rattache fermement à la période protobyzantine. En effet, les figures géométriques mêlées à des motifs végétaux, caractéristiques de l'époque paléochrétienne, se substituent ici aux représentations humaines et animales courantes au cours de la période antérieure. La situation de la tombe par rapport aux maisons suggère de situer son aménagement au cours de la seconde moitié du ve siècle, avant la dernière phase d'expansion du village qui gagne la nécropole ouest au vi^e siècle. Les similitudes observées avec le décor sculpté sur des fragments de plaques de parapet retrouvés dans les débris de la maison M. 17, située 75 m au nord-est de la sépulture, confirme cette datation (**fig. 152**) : on y relève en effet une composition assez proche caractérisée par des figures triangulaires et de losanges agrémentés de motifs floraux. Ces analogies ornementales, ajoutées à l'emplacement de la maison M. 17 à la périphérie de laquelle se trouve la tombe, permettent d'envisager des possessions appartenant peut-être à la même famille.

Le mausolée à couverture pyramidale (Mau. 18)

Présentation du monument

Édifié au nord-est du site, au sein du *groupe D*, le monument se distingue par ses dimensions, sa morphologie exceptionnelle et l'originalité de sa conception. Il s'ajoute à la liste des mausolées répertoriés dans le Massif calcaire, et plus particulièrement à celle, beaucoup plus courte, des tombeaux à couverture pyramidale[83].

La ruine de la sépulture est telle que les rares visiteurs ayant parcouru le site ne sont pas parvenus à identifier la nature du modèle funéraire en présence. Elle se résume actuellement à deux sarcophages trônant au sommet d'une élévation construite en pierre de taille (**fig. 383**). La tombe a donc été apparentée à un type funéraire bien connu dans la région : celui des sarcophages surélevés sur des piédestaux construits. On en trouve surtout dans le ğebel Il Aʿla, à Taltīta[84], Ğuwānīye[85], à Kafr Mares[86] ou à ʿAršīn[87]. Le Lt Froment évoque à propos du monument de Kafr ʿAqāb des « sarcophages surélevés »[88]. Les pères franciscains, quant à eux, font état de « deux sarcophages portés par un *podium* »[89]. Il eut été cependant plus approprié d'évoquer des sarcophages aménagés sur un soubassement contenant lui-même deux tombes semblables à des *loculi*[90]. Quoi qu'il en soit, l'examen des éléments d'architecture localisés autour du monument et quelques dégagements sommaires ont permis d'effectuer le constat suivant : les parties aujourd'hui visibles constituent en fait l'intérieur de l'édifice initial, son enveloppe externe ayant entièrement disparu.

Un certain nombre de blocs sont restés à leur point de chute. Au pied du tombeau s'entassent pêle-mêle des éléments de la couverture pyramidale et des blocs décorés (corniches, bordures de fenêtre, chapiteaux d'angle, etc.). De nombreux éléments d'architecture ont également été déplacés lors de l'aménagement des parcelles de terre par les paysans d'aujourd'hui jusqu'aux limites de l'ancienne clôture de l'espace funéraire. D'autres ont fait l'objet de remploi au cours des différentes phases d'occupation du site postérieures à la période protobyzantine. Cette pratique a parfois donné lieu à d'importants mouvements puisque certains blocs du mausolée ont été retrouvés à l'opposé de la localité, à une distance de deux cents mètres environ.

Étude du monument

Le mausolée présente un plan presque carré (5,70 x 5,35 m) (**fig. 384**). Les murs externes qui enveloppaient initialement l'élévation du tombeau affleurent la surface du sol actuel. Orienté à l'ouest, le monument fait face à l'étendue du village. On distingue deux niveaux superposés séparés par deux séries de dalles transversales. Ces dernières servent à la fois de couverture au niveau inférieur et de socle aux deux sarcophages du niveau supérieur (**fig. 385**).

• *Le rez-de-chaussée*

Le niveau inférieur est divisé verticalement en deux compartiments égaux, mitoyens et non communicants. Chacun est recouvert par deux séries de six dalles transversales. La moitié sud est presque entièrement ensevelie sous les déblais de terre et de blocs d'effondrement. La moitié nord, plus dégagée, permet d'apercevoir une petite entrée qui desservait un espace oblong large de 1,14 m, haut de 2,26 m et profond de 4 m (**fig. 387**). Le parement y est soigneusement ravalé. La porte, placée à un mètre exactement sous le niveau du dallage, présente des dimensions (0,52 m x 0,77 m) comparables à celle d'un hypogée (**fig. 386**). Sa partie supérieure est constituée d'un bloc monolithe ouvragé combinant linteau (chambranle + corniche) et départ des piédroits. La moulure qui cernent l'ouverture retombe droite à la base des montants. Son profil se compose de deux fasces, d'un cavet, d'un anglet et d'un bandeau. La corniche du linteau comprend quant à elle une doucine, un anglet et un bandeau. Des feuilles placées dans la partie concave du cavet ornent les angles. La porte, décentrée du côté nord de la façade, donne exclusivement sur le compartiment septentrional. Il convient donc de concevoir un second accès qui permettait d'entrer à l'intérieur du compartiment voisin. En outre, une ouverture du côté sud équilibrerait la composition architecturale de la façade du mausolée. En effet, le souci de symétrie, nous le verrons, est omniprésent dans l'organisation du monument. Naturellement, cette possibilité ne pourra être vérifiée qu'après le dégagement complet de la partie méridionale de la sépulture.

• *L'étage*

Trois éléments reposent sur le dallage du niveau supérieur : deux sarcophages séparés par un dé de calcaire placé à l'extrémité occidentale. Le sarcophage nord et le dé se superposent au compartiment septentrional ; le sarcophage sud surmonte le compartiment méridional. Le décor des cuves se limite aux moulures de

83. Selon M Griesheimer, 40 mausolées ont été répertoriés dans l'ensemble du Massif calcaire, dont 31 appartiennent au ğebel Zawiyé, cinq au ğebel Semʿān, deux au ğebel Il Aʿla, un au ğebel Bārīšā et celui de Ṭurīn dans le ğebel Waṣṭāni (Griesheimer 1997a, p. 188). Au sein de ce dernier chaînon, il convient d'ajouter aujourd'hui ceux de Kafr ʿAqāb : l'hypogée H.12 qui présente les caractéristiques requises pour être considéré comme un mausolée, et la tombe Mau.18. En ce qui concerne les mausolées à couverture pyramidale, celui de Kafr ʿAqāb est le troisième répertorié dans les chaînons nord, avec ceux de Taltīta dans le ğebel Il-Aʿla (*AAES* II, p. 111-112) et de Qal'at Qalōta dans ğebel Semʿān. Les autres se concentrent dans le ğebel Zāwiye : quatre se trouvent à El-Bāra, deux à Dana-Sud, à Maʿrātā et à Ḥāss, un à Serğilla, à Bāʿūde, à Deir Sunbul, à Rbeiʿa et à Il Ghadfeh.

84. *AAES* II, p. 107-108.

85. *AAES* II, p. 107.

86. *AAES* II, p. 108.

87. Griesheimer 1997a, p. 184, fig. 22. L'auteur souligne également la présence d'un exemplaire à Ğerāde (Griesheimer 1997a, p. 184, note 41). Un autre, dans le ğebel Zāwiye, existe à Muğleyya (Vogüé 1865-1877, I, p. 112 ; II, pl. 87).

88. Froment 1930, p. 289.

89. Peña *et al.* 1999, p. 91.

90. Un sarcophage installé sur une structure construite contenant une chambre sépulcrale est connu à Ğuwānīye (*AAES* II, p. 110 ; *IGLS* II, 612). M. Griesheimer signale d'autres exemplaires à Brād et à Ruweiḥa où le sarcophage se substitue à la toiture de la fosse sépulcrale qu'il surmonte (Griesheimer 1997a, p. 183-185). Il en existe aussi un autre à Ḫerbet Farēs, dans le ğebel Riḥā (*AAES* II, p. 108).

Fig. 383 — *Vestiges du tombeau pyramidal (© B. Riba).*

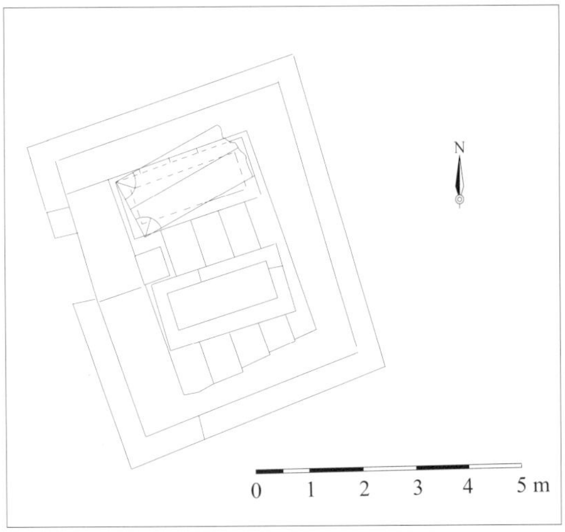

Fig. 384 — *Plan du tombeau pyramidal (© B. Riba).*

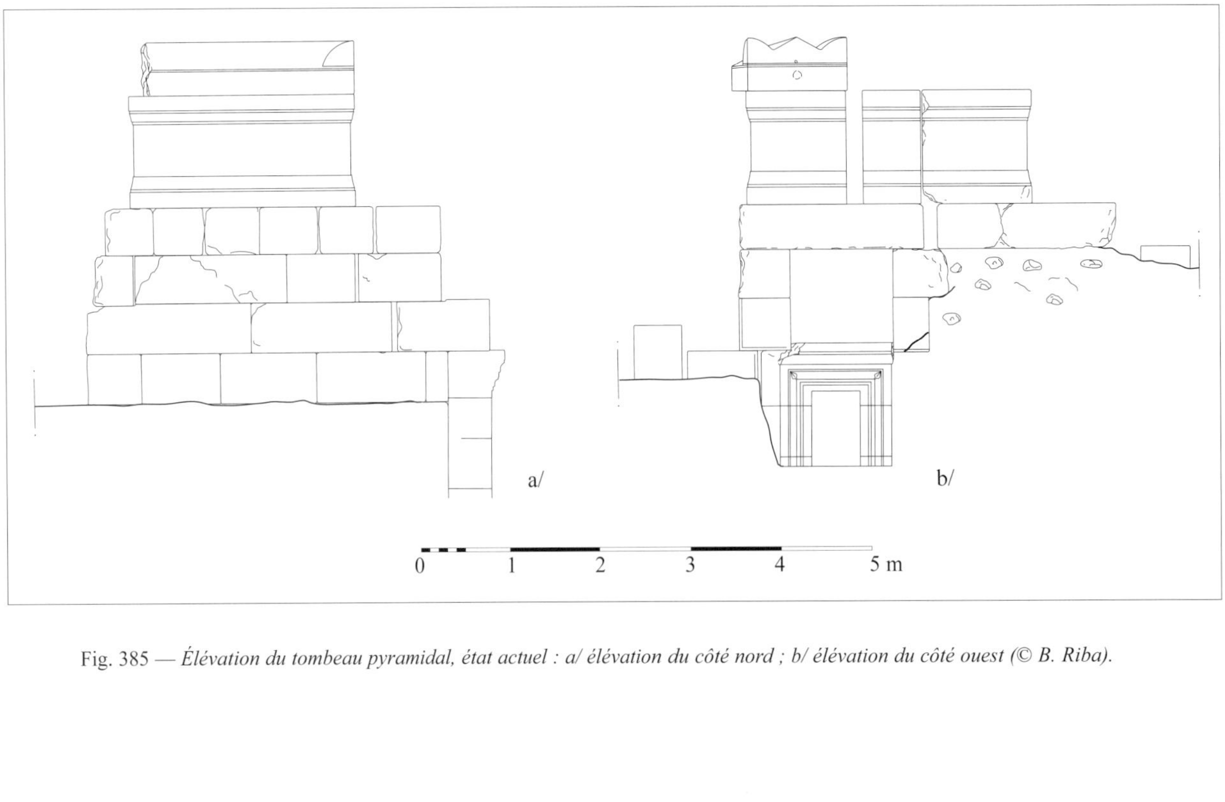

Fig. 385 — *Élévation du tombeau pyramidal, état actuel : a/ élévation du côté nord ; b/ élévation du côté ouest (© B. Riba).*

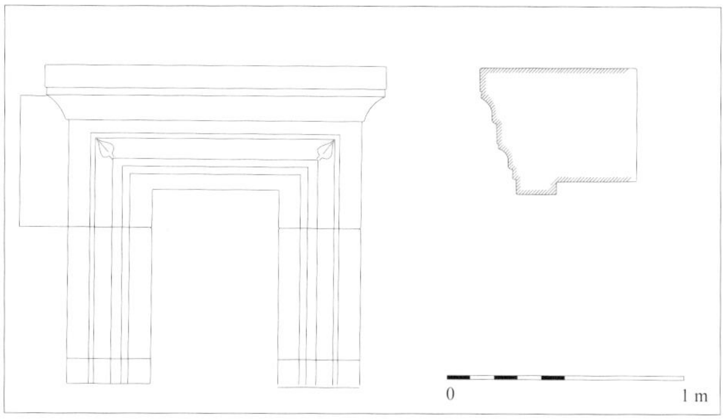

Fig. 386 — *Porte d'accès au mausolée pyramidal et profil de la moulure du linteau (© B. Riba).*

Fig. 387 — *Intérieur de la chambre funéraire située du côté nord du monument, au niveau du rez-de-chaussée (© B. Riba).*

leur bordure supérieure composées d'une fasce, d'une bande biseautée, d'un anglet et d'un large bandeau ; leur base est constituée d'une plinthe, d'un anglet et d'une bande biseautée. Le dé, orné aux mêmes endroits d'un décor identique, assure la liaison entre les deux cuves sépulcrales.

Le sarcophage nord, bien conservé (2,50 m de long pour une largeur de 1,12 m), possède un couvercle à double pente pourvu d'acrotères aux angles, et dont le contour est souligné par deux lignes parallèles finement incisées. Sur les petits côtés, une troisième ligne parallèle partant de la base des acrotères s'ajoute aux précédentes. Une encoche circulaire sur la face latérale ouest pourrait désigner l'emplacement d'un dispositif visant à déplacer le couvercle, ou bien l'empreinte d'un décor, peut-être métallique, aujourd'hui disparu. Le sarcophage sud est plus endommagé : une grande partie de la cuve et le couvercle n'ont pas été conservés. La sépulture présente des caractéristiques identiques à celles de sa voisine, à l'exception de ses dimensions sensiblement plus large (8 cm de plus). Le petit dé carré (64 cm de côté) disposé entre les deux sarcophages permettait de soutenir le couvercle lors de la réouverture de l'une des deux cuves. Cette opération s'effectuait par glissement. L'existence d'un dé prévu pour supporter le couvercle d'un sarcophage le temps d'une déposition est connue dans le ǧebel Zāwiye, à Bāʿūde[91].

91. Griesheimer 1997a, p. 173.

Les éléments d'architecture dont l'emplacement initial est identifié

Les éléments d'architecture répertoriés sont de deux sortes : ceux laissés à leur point de chute au pied du monument, et ceux disséminés aux alentours et dans l'ensemble du village. L'identification des éléments déplacés a été possible grâce aux similitudes qu'ils présentent (proportions et décor) avec les blocs restés sur place depuis l'effondrement partiel de l'édifice (**fig. 230**). L'analyse architecturale a permis de déterminer plusieurs composantes de la sépulture telles que le type de couverture, la corniche de couronnement, la morphologie des fenêtres et les chapiteaux d'angle. Plusieurs éléments constitutifs d'un porche ont également été localisés.

• *La couverture pyramidale*

De nombreux blocs accumulés à proximité du mausolée appartiennent à la toiture pyramidale : 20 d'entre eux ont été recensés au pied du monument (**fig. 388 et 389**) ; 4 autres sont alignés en bordure de l'espace funéraire antique. Ces éléments ont en commun un côté incliné à 115 degrés. Tous sont pourvus d'une ou deux consoles en saillie[92]. Aucun indice ne suggère la présence d'une charpente. Selon une pratique

92. Les mausolées à toiture pyramidale ne sont pas toujours pourvus de ces éléments en saillie. Les toitures pyramidales ornées de consoles se trouvent à Dāna-sud (mausolée sud), à El-Bāra (mausolée sud et mausolée II), à Rbeiʿa, à Hāss, à Il-Ghadfeh, dans la ǧebel Zāwiye ou à proximité immédiate. Dans les chaînons nord, notons celui de Qalʿat Qalōta. Les toitures pyramidales à pente lisse se situent à Taltīta, dans le ǧebel Il-Aʿla (un mausolée), à El-Bāra (deux mausolées) et,

Fig. 388 — *Vestiges de la façade ouest du tombeau. Au premier plan apparaît un bloc de la toiture pyramidale (© B. Riba).*

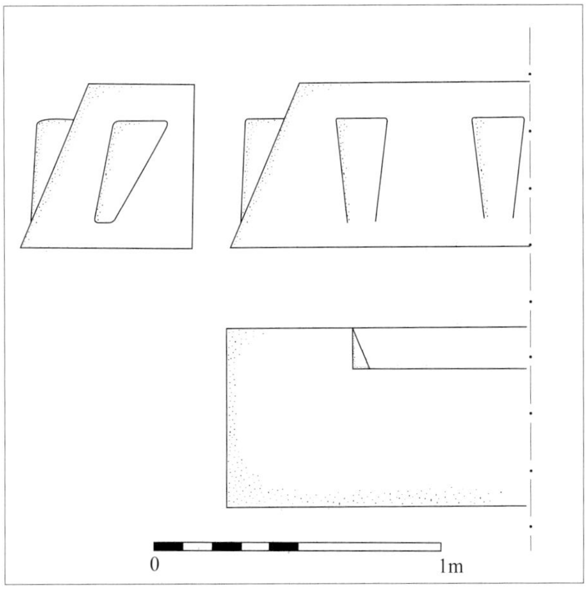

Fig. 389 — *Bloc d'angle du toit pyramidal (© B. Riba).*

couramment employée dans la construction de ce type de couverture, les blocs appareillés à joint sec se maintenaient seuls par encorbellement[93]. Malgré l'inclinaison de la pente, la base de ces éléments était suffisamment évasée et assez massive pour assurer leur stabilité sur l'assise inférieure. Le poids ainsi réparti permettait d'empiler successivement les assises de la toiture pyramidale sans risque d'effondrement. Les consoles saillantes disposées de façon régulière facilitaient les mouvements des ouvriers lors de l'élévation de la pyramide. En effet, la fonction première de ces excroissances était d'abord liée à la construction du toit pyramidal. Ce système ingénieux se substituait à l'échafaudage de bois. Au terme du chantier, ces éléments ayant perdu leur caractère utilitaire revêtent alors, semble-t-il, une valeur ornementale. Ces formes triangulaires inversées prennent ainsi, d'une manière originale, le contrepied de la pyramide elle-même et confèrent à l'ensemble architectural un aspect à la fois harmonieux et imposant. Le relevé de plusieurs blocs permet de proposer une restitution de la toiture qui avait l'aspect d'une pyramide élancée composée de 14 assises de blocs appareillés. La hauteur totale de la structure dépassait alors 7 mètres (**fig. 406**). La couverture reposait sur une corniche sommitale dont les moulures reproduisent un profil classique caractérisé par trois fasces, une doucine, un anglet et un bandeau. Plusieurs blocs ont été localisés à leur point de chute au pied du monument, d'autres sont actuellement alignés non loin, en bordure d'un champ cultivé (**fig. 398**).

• *Les fenêtres (ou arcs de décharge)*

Les cinq éléments de fenêtre localisés suffisent à restituer l'aspect de ces ouvertures. Deux d'entre eux, un sommier simple et un sommier double (**fig. 390**), ont été découverts au pied du monument. Trois autres, représentés par deux clés en plein cintre (**fig. 392 et 393**) et un sommier (**fig. 391**), se trouvent aujourd'hui en bordure de l'espace funéraire. Recomposés, ces éléments (sommier, linteau échancré, sommier double, linteau échancré, sommier) permettent de restituer deux ouvertures semi-circulaires[94] voisines l'une de l'autre et dont le diamètre

semble-t-il, à Maʿarātā. Un monument analogue pourrait exister à Deir Amman, dans le ǧebel Halaqā (prospections personnelles).

93. Sur la technique de construction de la couverture pyramidale, voir Charpentier 2003-2004, p. 123-132.

94. Ce type d'ouverture semi-circulaire, peu fréquent dans le Massif calcaire, évoque les fenêtres de l'octogone de Qalʿat Semʿān. Ces dernières, conçues selon un procédé plus complexe, étaient appareillées (Biscop et Sodini 1983, p. 356-361).

Fig. 390 — *Sommier double B. 118 et chapiteau d'angle B. 124 (© B. Riba).*

Fig. 391 — *Sommier double B. 119 (© B. Riba).*

atteint 1,36 m. La présence de deux sommiers double atteste l'existence d'au moins deux paires de fenêtres jumelles semi-circulaires (**fig. 396**). L'éventualité d'une baie triple est exclue puisque les dimensions de celle-ci dépasseraient le cadre imposé par la façade du monument. La moulure qui cerne les ouvertures comprend trois fasces, une doucine, un anglet et un bandeau. Elle forme un retour horizontal de part et d'autre des fenêtres jumelles, puis s'interrompt pour reprendre plus loin sur le côté du mausolée. Cette répartition du décor apparaît sur les blocs B. 122 et B. 123 disposés à chaque extrémité des fenêtres (**fig. 394 et 395**) : la face principale présente le retour à angle droit de la moulure qui marque une rupture avant de se poursuivre plus loin sur la face latérale. La moulure était donc discontinue autour du monument.

Ces fenêtres, qui faisaient également office d'arc de décharge, sont à placer au niveau de l'étage. Elles permettaient à la fois d'atténuer les poussées exercées par le toit pyramidal et de rendre en partie apparentes les cuves des sarcophages depuis l'extérieur. Ce système fondé sur l'emploi d'ouvertures doubles semi-circulaires répond aussi à la logique architecturale du monument régie par un souci de symétrie : deux sarcophages visibles par deux fenêtres sont superposés à deux compartiments accessibles par deux portes. En façade, les fenêtres doubles moulurées de l'étage faisaient écho aux accès du rez-de-chaussée ornés de moulures identiques. Dans son état initial, l'édifice offrait ainsi une composition architecturale et ornementale soignée et harmonieuse.

• *Les chapiteaux d'angle*

Les quatre chapiteaux (B. 124 à B. 127) placés aux angles du monument se caractérisent par une partie engagée dans la maçonnerie et deux côtés décorés. Un chapiteau se trouve au pied de la sépulture, à son point de chute. Deux autres sont entassés parmi les éléments d'architecture poussés en bordure des champs. Un quatrième est remployé dans le pignon de la maison M. 60 toute proche (**fig. 397**). L'absence de piliers leur correspondant indique qu'ils étaient directement intégrés dans la maçonnerie de l'édifice, sans reposer sur des supports d'angle.

Ces chapiteaux corinthiens sont identiques dans leur composition. L'astragale est séparé de la corbeille végétale par une baguette en saillie. La corbeille comprend deux rangées superposées de larges feuilles d'acanthe. La première se caractérise par des feuilles lisses entre lesquelles sont intercalés des motifs en pointe de flèche. La seconde est constituée de feuilles séparées par des caulicoles plats depuis lequel émergent les calices qui se divisent en deux demi-feuilles stylisées, l'une orientée vers l'extérieur qui soutient les volutes aux angles, l'autre vers l'intérieur sur laquelle prennent appuies les hélices dans la partie centrale de la composition, sous un abaque peu élevé. La composition de la corbeille, dépourvue de motifs superflus, est relativement sobre. Le traitement simple des éléments constitutifs ordinaires de l'ordre corinthien, notamment celui des larges feuilles lisses privées de nervures, et le caractère massif des chapiteaux génèrent une impression à la fois pesante et dépouillée. Les proportions, pas toujours respectées, témoignent de l'adaptation du sculpteur au cadre de la corbeille aux dépens du souci de symétrie. Un des chapiteaux présente par exemple des hélices disproportionnées l'une par rapport à l'autre, celle de droite étant atrophiée comparée à sa voisine trop développée. Néanmoins, ces petites maladresses ne portent pas préjudice à l'ensemble de l'ouvrage. Si les chapiteaux semblent appartenir à une série, chaque exemplaire conserve les caractéristiques individuelles de l'artisan, avec ses spécificités et ses imperfections.

Fig. 392 — *Clé de fenêtre B. 120 (© B. Riba).*

Fig. 393 — *Clé de fenêtre B. 121 (© B. Riba).*

Fig. 394 — *Bloc B. 122 : départ de l'arc de la fenêtre moulurée (© B. Riba).*

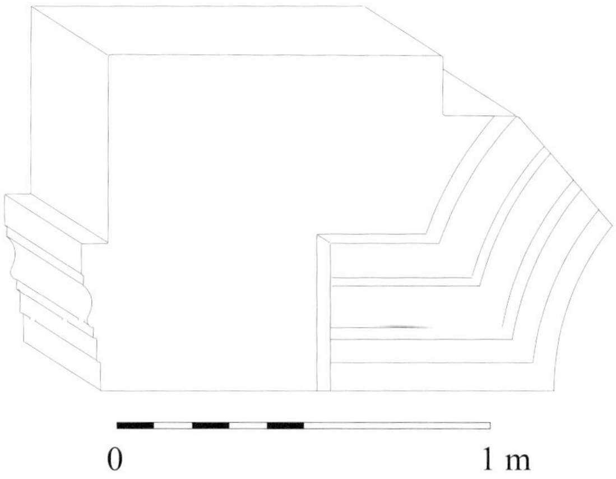

Fig. 395 — *Bloc de fenêtre B. 122 (© B. Riba).*

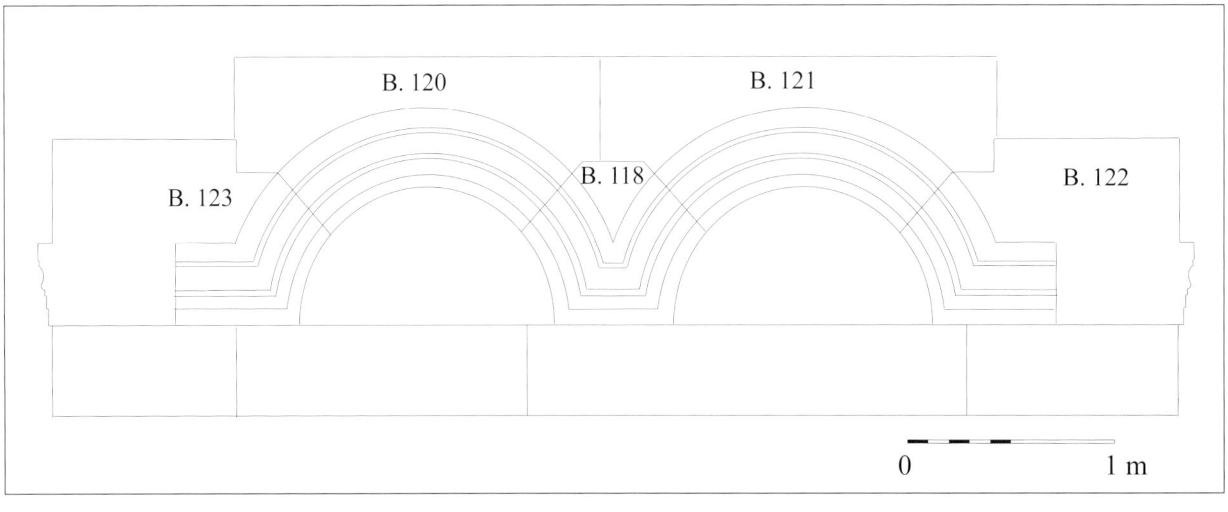

Fig. 396 — *Fenêtres restituées du mausolée pyramidal (© B. Riba).*

Fig. 397 — *Chapiteaux d'angle B. 125 et B. 127 du mausolée pyramidal. À droite, l'élément est remployé dans le mur nord de la maison M. 60 (© B. Riba).*

Les éléments d'architecture dont l'emplacement initial reste incertain

L'emplacement initial de certains blocs au sein du monument reste difficile à déterminer, bien que leur appartenance au mausolée soit assurée. Il s'agit de cinq éléments d'architecture qui semblent avoir appartenu à un porche précédant la façade principale de la sépulture : un bloc de corniche, deux chapiteaux et les pilastres auxquels ils sont associés.

• *La corniche sommitale :*

Les dimensions et les moulures d'un élément d'architecture (B. 117) découvert à une dizaine de mètres au nord du mausolée l'identifient comme appartenant à la famille des blocs de corniche du monument. Il se distingue par sa morphologie caractérisée par trois retours à angle droit (**fig. 398**). La corniche décrivait donc un décrochement par rapport à l'édifice. Cela permet d'envisager le prolongement de celle-ci à une structure élevée devant le tombeau qui pourrait s'apparenter à celle d'un porche. Les observations qui suivent abondent dans le sens de cette hypothèse.

• *Les éléments porteurs et leurs chapiteaux :*

Le premier type de support comprend un chapiteau monumental et le pilastre cannelé[95] sur lequel il reposait (**fig. 399 et 400**). Les deux éléments (B. 128 et B. 129) ont été retrouvés à quelques mètres au nord-ouest du mausolée. Leur appartenance au tombeau est attestée par le chapiteau dont le décor et les proportions sont identiques à ceux qui ornaient les angles du monument. Celui-ci s'en distingue toutefois par la répartition du décor qui s'étend sur trois côtés au lieu de deux. Son association avec le pilier est prouvée par le départ des cannelures sculptées sur l'astragale : leur nombre, leurs dimensions et leur emplacement correspondent parfaitement.

Le second type de support comprend également un chapiteau et le pilastre qu'il couronnait. La base du pilastre[96] (B. 130) a été retrouvée parmi les débris entassés au pied du tombeau pyramidal, du côté est (**fig. 401**). Les grands côtés qui constituent l'épaisseur de l'élément se caractérisent par une surface entièrement lisse. Les petits côtés, décorés à leur base, présentent une moulure semblable à celle qui souligne la bordure supérieure des sarcophages (fasce, bande biseautée, anglet, bandeau). En revanche, un seul d'entre eux possède trois cannelures rudentées sur une dizaine de centimètres de hauteur. Les prospections étendues à l'ensemble du site ont donné lieu à la découverte de deux autres éléments appartenant à la même structure. Le premier est un bloc (B. 131) localisé à l'opposé du village, à proximité de la maison M. 11, au sein du quartier A (**fig. 403b**), dont les dimensions et le nombre de cannelures correspondent au pilastre en question. La moulure située à l'extrémité de l'élément, composée d'une bande biseautée, d'un anglet et d'un bandeau, montre qu'il s'agit probablement de la partie supérieure du support. Les cannelures, non rudentées de ce côté, se terminent par des congés en contre-profil. Le second élément, retrouvé dans les débris de la maison M. 50, au sein du quartier B, est un chapiteau double (B. 132) dont la forme oblongue est adaptée à celle du pilastre B. 130/131 (**fig. 402 et 403a**). Les deux rangées d'acanthes ornent trois côtés du chapiteau ; le quatrième, entièrement lisse, prenait sans doute appui contre

95. L'élément mesure 1,22 m de long pour une base carrée de 0,57 m de côté.

96. Il s'agit d'un bloc de 0,51 m d'épaisseur et de 1,15 m de longueur.

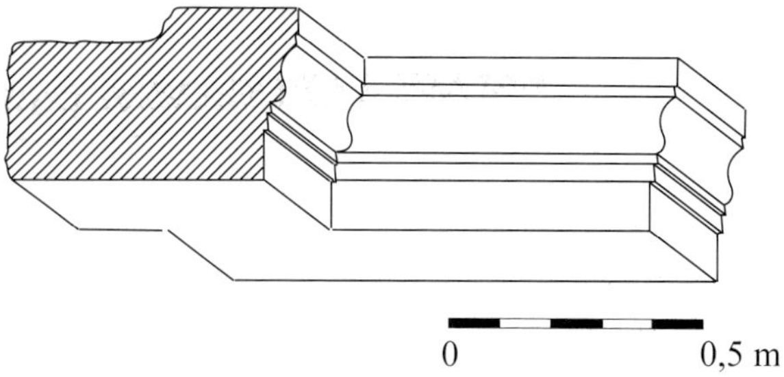

Fig. 398 — *Bloc de corniche B. 117 (© B. Riba).*

Fig. 399 — *Chapiteau B. 128 et pilier cannelé B. 129 appartenant au mausolée pyramidal (© B. Riba).*

une façade. La composition et le traitement des motifs sont proches des cinq autres chapiteaux associés au mausolée, mais il existe quelques variantes comme le retrait des hélices et des volutes sous l'abaque, ce qui a pour effet d'accentuer la sobriété du décor. Les feuilles de la seconde rangée, privées de nervures, sont simplement séparées par un caulicole plat d'où émergent deux feuilles étroites incurvées sous l'abaque. Au centre de la composition, un espace marque la séparation entre les deux parties du chapiteau. Seules les feuilles hautes sont liées à leur sommet. Ce chapiteau double n'est pas sans évoquer les chapiteaux qui couronnaient les piliers bilobés de l'église méridionale (**fig. 198 et 199**). Ce modèle, inconnu dans les autres chaînons du Massif calcaire, semble avoir eu un certain succès dans le ǧebel Waṣṭāni septentrional si on ajoute aux exemplaires de Karf ʿAqāb ceux, beaucoup plus élaborés, de l'église nord du village voisin de Banassara[97].

Ces éléments d'architecture (B. 128, B. 129, B. 130, B. 131, B. 132) ne paraissent trouver leur place qu'au sein d'une structure extérieure au mausolée proprement dit. En effet, la présence de chapiteaux ornés sur trois côtés ne permet pas de les intégrer dans les maçonneries du monument. En outre, aucune place n'est appropriée au pilastre décoré sur deux côtés opposés. Il faudrait alors admettre l'existence d'une construction antérieure à la façade principale du tombeau. Cette hypothèse est confortée par le bloc de corniche sommitale dont le retour à angle droit vers l'extérieur indique qu'au niveau de la façade ouest, celle-ci décrivait une avancée. L'existence d'un porche est donc très probable malgré la difficulté de restituer l'emplacement exact des supports étudiés dans l'état actuel des vestiges, et en l'absence d'éléments de comparaison susceptibles d'apporter des informations supplémentaires. Les exemples connus de tombeaux pyramidaux sont pour la plupart dépourvus de porche. Ceux qui en possèdent ont le plus souvent l'aspect d'un portique à colonnes

97. Khoury 2005, p. 240.

comme à Dāna-sud[98] et dans l'un des deux tombeaux à couverture pyramidale de Ḥās[99] et de Maʿarātā[100]. Dans cette dernière localité, un second mausolée appartenant à la même catégorie offre cependant une formule différente, puisqu'un arc reposant sur des impostes se substitue aux colonnes du vestibule[101]. D'après les éléments d'architecture recensés à Kafr ʿAqāb, un porche doté d'un ou plusieurs arcs est aussi la solution la plus vraisemblable, mais les données archéologiques demeurent trop insuffisantes pour en restituer l'aspect initial.

L'espace funéraire du mausolée

Les limites de l'espace funéraire se dessinent partiellement autour du mausolée. Il couvre environ 600 m² dont la plus grande part s'étend du côté septentrional (**fig. 404**). Au sud, la cour est en partie bordée par la paroi rocheuse. Sur les côtés nord et est du tombeau, quelques segments de l'enclos sont matérialisés par des piliers grossièrement taillés disposés à intervalles plus ou moins réguliers. Leur fonction était de maintenir d'aplomb un mur de blocage (**fig. 405**). Ce système de clôture, essentiellement connu dans le ǧebel Zāwiye, est employé à plusieurs reprises sur le site, notamment autour de l'hypogée H. 41. En dehors du contexte funéraire, celui-ci est utilisé pour délimiter le territoire conventuel ou encore les terres fertiles concentrées dans la cuvette de terre arable excentrée au sud-ouest du village. Enfin, une citerne aménagée à proximité du tombeau, côté sud, lui était exclusivement destinée. Cette dernière servait à l'entretien du monument et, éventuellement, à celui du jardin qui agrémentait peut-être l'espace funéraire.

Essai de Datation du monument

Le monument n'est pas daté par l'épigraphie. L'architecture et le décor permettent cependant de situer celui-ci à partir de la fin du vᵉ siècle, plus vraisemblablement au cours de la première moitié du siècle suivant d'après les éléments porteurs. En effet, les pilastres cannelés s'apparentent à un type de support très usité dans l'architecture monumentale régionale à une période postérieure à la construction du sanctuaire de Qalʿat Semʿān[102]. Ils sont notamment très proches des piliers qui soutiennent l'arc absidial de Qalblōze et de ceux, placés au même endroit, de l'église est du village voisin de

Fig. 400 — *Chapiteau B. 128 et pilier cannelé B. 129 (© B. Riba).*

98. Vogüé 1865-1877, II, pl. 78.
99. Vogüé 1865-1877, I, p. 105 ; II, pl. 74.
100. *PAES* II B, p. 91, fig. 102-103.
101. *PAES* II B, p. 92, fig. 104-105.
102. Les piliers cannelés sont essentiellement utilisés dans le porche monumental du *martyrion* cruciforme et de part et d'autre de l'abside de la basilique orientale.

Fig. 401 — *Base de pilier cannelé B. 130 situé au pied du monument (© B. Riba).*

Fig. 402 — *Chapiteau double B. 132 découvert dans les ruines de la maison M. 51 (© B. Riba).*

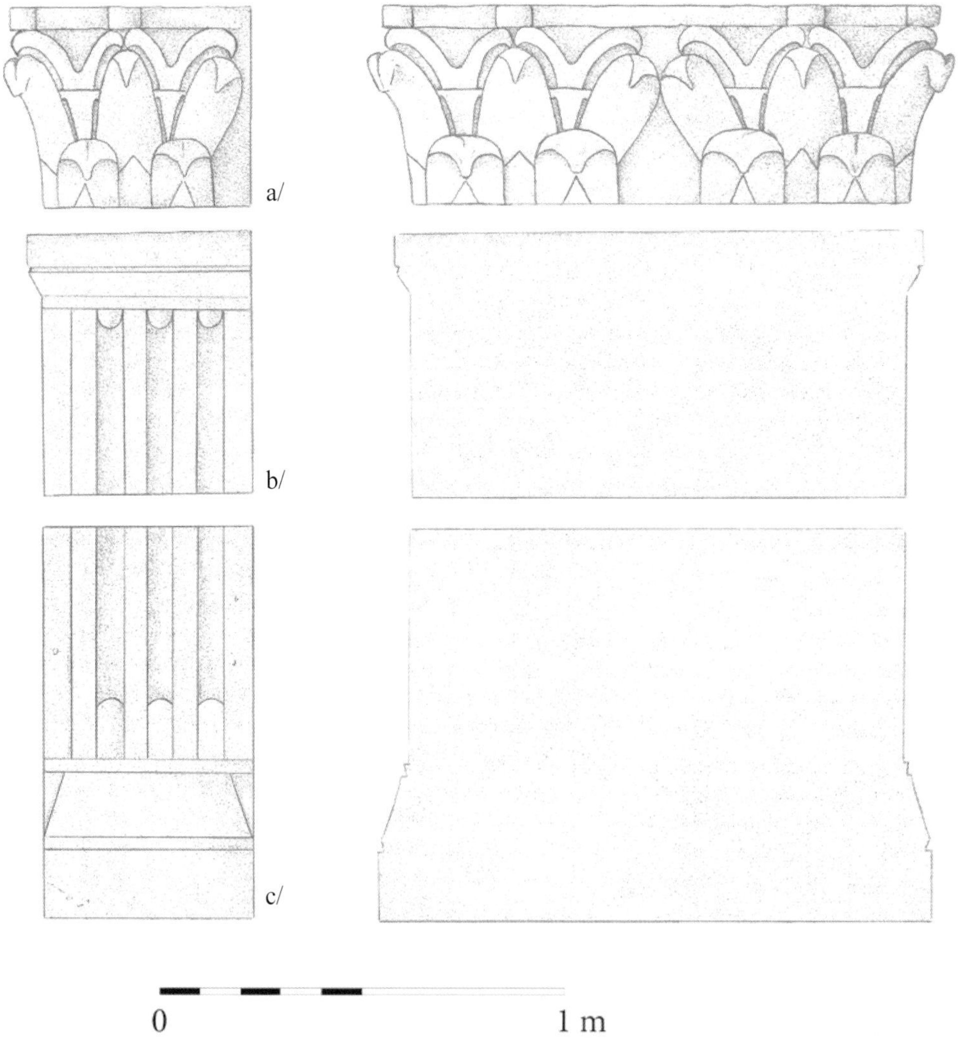

Fig. 403 — *Chapiteau double B. 132 et pilier cannelé B. 130/131 associé au mausolée pyramidal (© B. Riba).*

Fig. 404 — *Vestiges du mausolée pyramidal et son espace funéraire (© B. Riba).*

Fig. 405 — *Vestiges de l'enclos funéraire (© B. Riba).*

Ṭurīn[103]. Dans ces édifices influencés par l'architecture de Saint-Syméon, les cannelures sont, comme à Kafr ʿAqāb, rudentées dans leur partie inférieure tandis que leurs extrémités supérieures se terminent par des congés en contre-profil. Ce type de pilier se retrouve, sans les redents cette fois, aux angles de deux mausolées à couverture pyramidale d'El-Bāra édifiés entre le vᵉ et le viᵉ siècle. La composition et le traitement de la corbeille des chapiteaux confirment cette datation. Le chapiteau double appartient à une catégorie d'éléments apparue dans le ǧebel Waṣṭāni septentrional au cours du viᵉ siècle, dans l'église nord de Banassara et dans l'église sud de Kafr ʿAqāb. Par ailleurs, les moulures qui soulignent les contours des ouvertures sont identiques à celles qui bordent les portes, les fenêtres et les arcs de décharge (qui évoquent les fenêtres semi-circulaires du tombeau) de la façade nord de la basilique méridionale. Ces affinités entre les deux monuments permettent de situer le mausolée à une période à peu près contemporaine de l'église sud. Enfin, la couverture pyramidale élancée, pourvue de consoles saillantes, est plutôt caractéristique des mausolées du viᵉ siècle, même s'il en existe dans le Massif calcaire dès le ivᵉ siècle, si toutefois la datation du monument de Rbeiʿa livrée par H. C. Butler est exacte. L'indice topographique invite à ne pas situer trop tardivement la construction de la sépulture : sa proximité avec les habitations milite en faveur d'un tombeau édifié avant l'ultime phase d'expansion du village, à savoir au début du viᵉ siècle.

Le mausolée pyramidal de Kafr ʿAqāb tire très certainement son influence de ce modèle funéraire particulièrement répandu dans les villages du ǧebel Zāwiye. Comme ces derniers, son apparition à Kafr ʿAqāb coïncide avec l'enrichissement global de la paysannerie qui se manifeste dans l'architecture et le décor des bâtiments dès la fin du ivᵉ siècle, puis qui s'affirme à partir de la seconde moitié du vᵉ siècle pour culminer au cours du siècle suivant.

Conclusion

Le mausolée d'Halicarnasse (achevé en 340 avant notre ère), inspiré de la forme pyramidale issue de l'architecture égyptienne, est vraisemblablement la principale source d'inspiration de ce modèle funéraire[104]. En Syrie du Nord se trouvent les célèbres mausolées de Hermel[105] et de Sampségéramos à Émèse (Homs)[106], mais les plus nombreux sont implantés dans le Massif calcaire, particulièrement dans le secteur du ǧebel Zāwiye. Dans les chaînons nord, on ne peut guère que mentionner ceux de Taltīta et de Qalʿat Qalōta. La découverte du mausolée pyramidal de Kafr ʿAqāb montre aujourd'hui que ce type de tombeau s'est également diffusé à l'extrémité occidentale du Massif calcaire, dans le ǧebel Waṣṭāni.

Les édifices de cette catégorie ont donc en commun les caractéristiques propres aux grands modèles funéraires helléniques inspirés du fameux mausolée de Carie. Il ne s'agit pas, néanmoins, d'un type funéraire au schéma standard. Les particularités locales et les variantes sont nombreuses d'un monument à l'autre dans la mesure où la conception architecturale et le choix du répertoire

103. Biscop et Sodini 1987 p. 111 et p. 114..

104. Will 1949, p. 275-276 ; Sartre 1989, p. 440.

105. Sur ce monument voir Perdrizet 1938, p. 614-615 et Caillou 2004 p. 124-125.

106. Will 1949, p. 273-274.

ornemental sont le reflet des exigences et des fantaisies des commanditaires, ainsi que de diverses influences combinées à la créativité des constructeurs. Le mausolée Mau.18 de Kafr ʿAqāb présente donc les caractéristiques inhérentes à cette catégorie de sépulture, avec un plan carré doté d'une pyramide de couronnement, mais il constitue aussi un exemplaire unique puisqu'il se fonde sur la fusion originale de deux modèles funéraires distincts : celui des sarcophages reposant sur un soubassement aménagé en chambre sépulcrale, et celui du tombeau pyramidal traditionnel. De cette façon, la sépulture comporte deux niveaux dans lesquels se répartissent quatre emplacements : deux à l'étage où prennent place les sarcophages sur la plateforme dallée, et deux dans les compartiments inférieurs semblables à des *loculi* appareillés. En outre, le mausolée se distingue par l'aspect et la disposition vraisemblablement côte à côte de ses portes comparables, par leurs dimensions, à celles des hypogées ordinaires. Les mausolées de la région, couverts ou non d'une pyramide, sont généralement dotés d'une entrée axiale unique aux dimensions standard d'une porte[107]. Les fenêtres doubles semi-circulaires n'ont pas non plus d'équivalent dans la région. Ces ouvertures assuraient la décharge des structures supérieures et permettaient d'apercevoir les cuves sépulcrales depuis l'extérieur. Du côté ouest, leur disposition répondait aux deux portes du niveau inférieur, contribuant ainsi à l'unité architecturale et ornementale d'une façade cohérente régie par une ordonnance fondée sur la répartition symétrique des diverses composantes. Le monument se caractérise également par l'absence de pilastres aux angles : la colonnade destinée à imiter le mausolée classique d'inspiration grecque se réduit ici aux seuls chapiteaux d'angles. Enfin, le porche, avec les pilastres cannelés surmontés de chapiteaux imposants, participait au caractère monumental de l'édifice.

Le mausolée est à placer au rang des constructions funéraires que seuls des villageois fortunés pouvaient s'offrir. Le monument était vraisemblablement à la mesure des responsabilités d'un propriétaire aisé au sein de la communauté. Il est probable, en effet, que la sépulture appartenait à la famille d'un administrateur en charge de la gestion des affaires de la localité désireux d'affirmer son statut[108]. Établi au nord-est du site, un peu en amont des habitations, l'édifice haut de 13 m environ rayonnait sur l'ensemble de l'agglomération. Il était aussi visible sur une distance de plusieurs kilomètres depuis la plaine de ʿAzmarīn jusqu'à la vallée de l'Oronte.

107. Le mausolée de Taltīta sort du lot puisqu'il présente « une porte basse et étroite » (Peña *et al.* 1990, p. 191 ; voir également *AAES* II, p. 111). Toutefois, si l'accès est plus petit qu'une porte ordinaire, il n'atteint pas non plus les dimensions particulièrement restreintes d'une porte d'hypogée.

108. Sodini 2003, p. 39-41.

Le coût excessif d'une telle construction et peut-être l'attachement de nombreux villageois à leur ancienne sépulture familiale, simple et traditionnelle, expliquent le caractère unique du tombeau pyramidal dans un village pourtant prospère. Kafr ʿAqāb n'avait pas non plus l'envergure de certaines localités du ǧebel Zāwiye au sein desquelles la notoriété posthume justifiait d'importantes dépenses. Dans certaines agglomérations particulièrement riches et peuplées, telles que Ruweiḥa ou El-Bāra[109], les rivalités dans le domaine de l'architecture funéraire monumentale sont nettement perceptibles bien que le nombre de mausolées reste réduit par rapport à celui des habitants. En revanche, à l'exception de l'hypogée H. 12 « monumentalisé » par la construction d'un grand vestibule, le mausolée pyramidal est un cas isolé qui n'a guère fait d'émules parmi les villageois de Kafr ʿAqāb.

Aperçu chronologique et répartition des tombes

Dans un contexte où l'épigraphie livre peu d'éléments de datation, l'évolution des techniques de construction, la distribution des tombes et l'apparition des signes chrétiens sont les principaux facteurs permettant de dissocier les tombeaux romains de ceux construits au cours de la période protobyzantine. La limite entre les deux périodes peut être située vers la fin du IVe siècle, lorsque le grand appareil devient systématique et que le christianisme gagne l'ensemble de la communauté villageoise.

La période impériale

Les tombeaux d'époque impériale se répartissent essentiellement dans les secteurs nord et ouest du village. Seuls l'hypogée H. 08 (*groupe B*) (**fig. 348**) et le sarcophage S. 58 (*groupe H*) (**fig. 352**) livrent des arguments explicites sur la période de leur construction. Le premier présente une épitaphe qui le situe, d'après D. Feissel, entre le IIe et le IIIe siècle[110] ; le second comprend des bas-reliefs et un décor inscrits dans la droite lignée des sculptures de type gréco-romain. Au sein du *groupe B*, l'hypogée H. 10 (**fig. 331**) possède également un porche rupestre caractéristique de cette époque. Les hypogées voisins aménagés dans les versants du *wādī* nord (*groupes A* et *I*), pourvus de petits porches et parfois de banquettes leur sont contemporains. Dans le même secteur, la présence d'autels liés au culte funéraire païen (**fig. 408 et 409**) confirme l'existence d'un ensemble composé, dans une large mesure, de sépultures

109. On compte 8 mausolées à Ruweiḥa, 5 à El-Bāra et 5 à Ḥās (Griesheimer 1997a, p. 187).

110. Feissel 2012, p. 228.

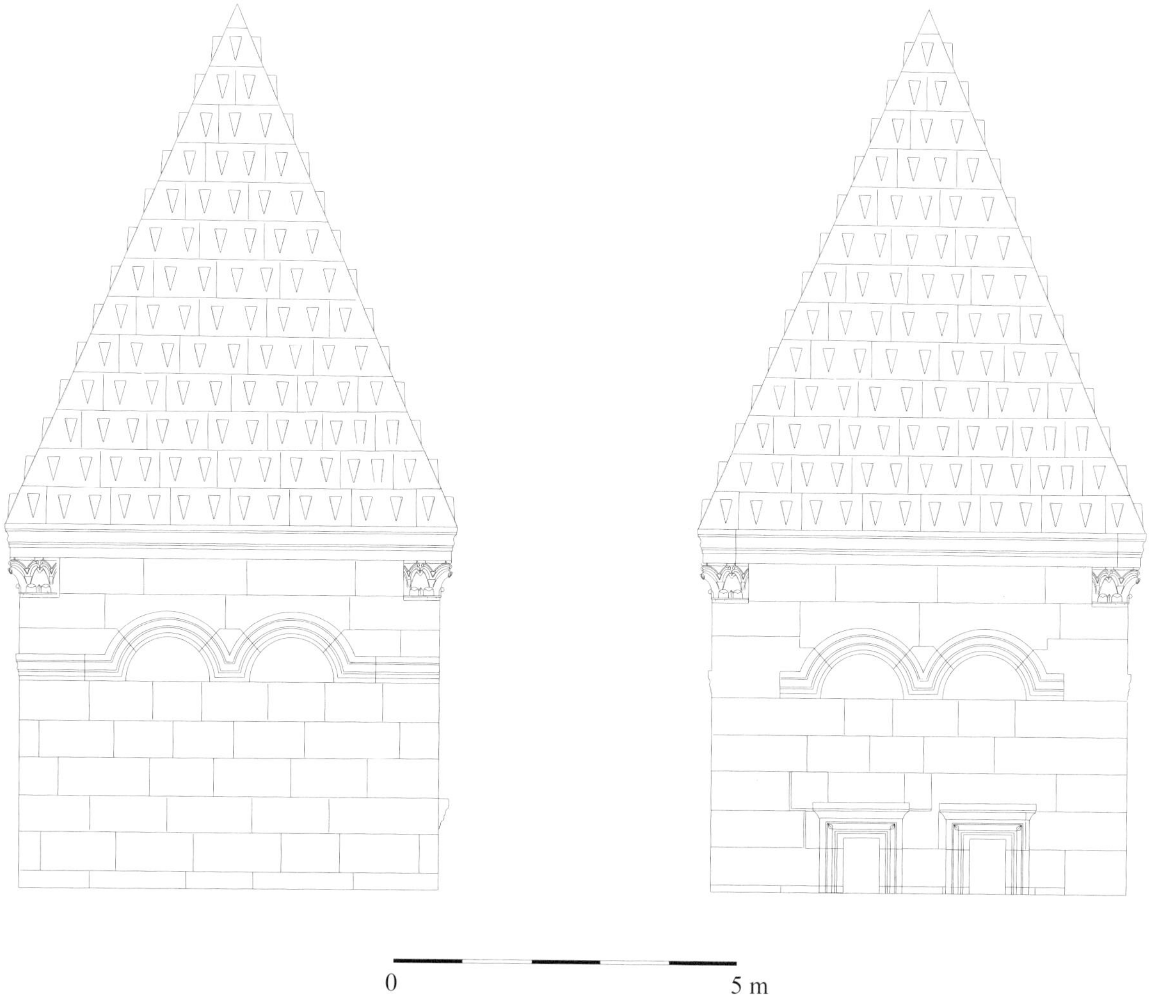

Fig. 406 — *Proposition de restitution du mausolée à couverture pyramidale (© B. Riba).*

aménagées au cours de la période impériale. En ce qui concerne les 6 fosses à un ou deux *arcosolia* associées aux mêmes groupes, aucun élément ne permet de préciser leur datation, mais le voisinage de tombes romaines suggère des sépultures apparues à la même époque. Cette observation est appuyée par la remarque de M. Griesheimer qui affirme que ce type funéraire appartient « au plus tard, au IVe siècle ou au siècle précédent »[111]. Déterminer la date des sarcophages, rupestres ou « isolés », est également peu aisé en l'absence de signes distinctifs. Nous avons vu que le sarcophage S. 01, avec son couvercle de tuiles de pierre, doit sans doute être placé à la charnière entre les périodes impériale et protobyzantine. Ce type de tombe apparaît aussi du côté occidental du village, au sein du *groupe H*, dans le voisinage de vestiges funéraires romains matérialisés par le sarcophage S. 58 associé à ce qui semble avoir été un tombeau-temple. Par ailleurs, le nombre de tombes gagnées par l'habitat, la présence de fosses à *arcosolia* (F.arc.51 et F.arc.54) et l'existence d'un sarcophage particulièrement rustique (S. 49) plaident en faveur de sépultures majoritairement romaines implantées dans cette zone. En revanche, en ce qui concerne les installations funéraires localisées à la périphérie sud et est du village, c'est-à-dire au sein des *groupes D*, *C*, *E*, *F* et *G*, cette période est beaucoup moins représentée.

Les sépultures protobyzantines

Les tombeaux paléochrétiens se concentrent plutôt au sud et à l'est du village. Ailleurs, ils n'apparaissent que de façon sporadique au sein de noyaux

111. Griesheimer 1997a p. 173, note 19.

funéraires plus anciens. L'une des premières sépultures chrétiennes clairement attestée est établie en périphérie du quartier E, au sein du *groupe A* qui rassemble trois tombes plus anciennes. Le sarcophage, caractérisé par deux médaillons gravés sur un couvercle dénué d'acrotères, ne doit pas être postérieur au début du ve siècle (**fig. 360**). Son propriétaire était sans doute le membre d'une famille résidant dans l'une des premières maisons chrétiennes du village, M. 82 ou M 81b. Les *groupes B* et *I* ne paraissent pas avoir été pourvus de nouvelles sépultures à cette période. En revanche, c'est bien au ve siècle qu'il faut placer le décor des tombeaux S. 52 et S. 57 du *groupe H* auxquels s'ajoute probablement l'hypogée H. 56 situé à proximité immédiate du second (**fig. 379**). Au sein du *groupe G*, la présence d'un porche construit associé à la sépulture H. 42, l'emploi de blocs équarris dans certaines parties des murs de clôture des hypogées H. 41, H. 44 et H. 45, et la croix finement gravée au-dessus de l'entrée de la sépulture H. 47 témoignent d'une majorité de tombeaux paléochrétiens. De leur côté, les 7 tombes appartenant au *groupe F* datent du vi^e^ siècle, à l'instar de l'établissement monastique auquel elles se rattachent. Les moulures qui encadrent l'entrée de l'hypogée H. 37 confirment cette période. Au sud-est de l'agglomération, le *groupe E* comprend sans doute une majorité de sépultures aménagées au moment de la construction du sanctuaire de l'est au cours de la première moitié du vi^e^ siècle. La voûte en berceau de l'hypogée H. 31, le signe chrétien à l'entrée de l'une des chambres sépulcrales et le sarcophage S. 25 (à baldaquin ?) orné d'un médaillon ouvragé attestent la présence de sépultures protobyzantines. Cependant, il convient de rappeler que ce secteur du site très peu accidenté, par lequel l'accès au village était aisé, constituait un lieu privilégié qui a pu engendrer l'établissement de tombes dès la période impériale. C'est ce que suggère le sarcophage S. 30 de facture assez fruste, ainsi que l'hypogée H. 28 pourvu d'une banquette sommairement taillée sur les côtés d'un petit espace précédant l'entrée (**fig. 341a**), et les fosses F. 22 et F. 23 gagnées par les habitations au cours du vi^e^ siècle (**fig. 349**). En ce qui concerne les sépultures comprises au sein du *groupe C*, l'hypogée au porche monumental construit H. 12 (**fig. 332**) et la tombe voisine H. 16 ornée d'un chrisme permettent d'envisager un ensemble funéraire protobyzantin. Ce fait est conforté par l'éloignement assez net des sépultures par rapport aux dernières maisons orientales du site, datables du vi^e^ siècle. En revanche, au sein du petit noyau funéraire représenté par le *groupe D*, le mausolée à couverture pyramidale pourrait être le seul à appartenir à la période paléochrétienne. Les trois sépultures voisines, particulièrement proches des habitations, caractérisées par leur dépouillement et la présence d'une simple fosse à *arcosolium*, semblent plus anciennes.

L'impact du christianisme sur l'architecture funéraire

D'une manière générale, la christianisation a eu peu d'impact sur l'architecture funéraire. Presque tous les modèles de tombes recensés sont connus dès la période impériale et continuent d'être utilisés jusqu'à la fin de l'Antiquité tardive. La rareté des signes chrétiens et l'absence d'inscriptions sur les sépultures indiquent que la plupart des villageois n'ont pas éprouvé le besoin d'afficher l'adoption de la foi nouvelle sur leur demeure d'éternité, par opposition à l'architecture domestique où ce type de témoignage, parfois ajouté sur les bâtisses romaines, devient systématique sur les maisons protobyzantines. L'absence de symboles chrétiens sur une tombe ne constitue donc pas une preuve de son ancienneté. Les hypogées, les sarcophages et les fosses compris à l'intérieur de l'enceinte conventuelle le confirment, de même que les sépultures précédées d'un porche construit ou pourvues d'un décor proprement protobyzantin[112]. L'unique innovation opérée par le christianisme est le tombeau collectif des moines : celui-ci est l'expression d'une conception nouvelle de l'espace funéraire adaptée à un mode de vie particulier.

L'adoption de la religion chrétienne a également pu être la cause de la dégradation volontaire du tombeau monumental appartenant à une famille de riches propriétaires. Cette dernière, certainement liée au sanctuaire de haut-lieu d'El-Ḥoṣn, a été la cible d'un comportement violent comme l'indiquent les mutilations infligées aux bas-reliefs du sarcophage S. 58, ainsi qu'à la tête de lion sculptée sur le bloc de corniche d'un édifice aujourd'hui disparu. Cela peut être interprété comme une réaction dirigée contre un notable païen dont le tombeau monumental était l'objet d'un culte funéraire de type *héroôn* familial. Un sort analogue a été réservé au distyle du village voisin de Ṭurīn où les personnages disposés sur l'entablement du monument ont été systématiquement décapités. P. Gros précise sur ce phénomène que « toute dégradation [...] est assimilée à une violation de sépulture, c'est-à-dire à une atteinte à la personne même du mort »[113]. Toutefois, de nombreux tombeaux monumentaux entièrement épargnés montrent que ce type d'action visait moins les sépultures elles-mêmes que les représentations humaines auxquelles elles étaient parfois associées. Les motivations des destructeurs semblent en effet se porter spécifiquement sur les effigies destinées à identifier et

112. Ce phénomène a également pu se produire dans le village voisin de Ṭurīn. M. Griesheimer évoque le nombre réduit des sépultures chrétiennes en se basant sur la présence de signes distinctifs tels que les symboles chrétiens ou les inscriptions (Griesheimer 1997a, p. 199), mais ces types d'indices sont peu fiables puisque les sépultures protobyzantines elles-mêmes présentent rarement de tels témoignages.

113. Gros 2001, II, p. 382.

à commémorer les défunts. Ces groupes sculptés incarnaient un paganisme prohibé depuis les lois antipaïennes promulguées par Théodose II. Il fallait donc les effacer du paysage rural[114].

À Kafr ʿAqāb, le tombeau monumental semble avoir été démantelé et supplanté dès la période protobyzantine par la construction C. 18 dont l'organisation est plus proche de l'édifice religieux que de celle d'une simple maison. La destruction des tombeaux de riches propriétaires au profit d'églises est connue ailleurs dans le Massif calcaire, notamment à Kafr Nabo, Burǧ Heidar et Brād dans le ǧebel Semʿān[115], ou bien à Šinšarāḥ dans le ǧebel Zāwiye[116].

Conclusion

Certains noyaux funéraires sont exclusivement composés de tombeaux appartenant à la même période (*groupes B*, *I* et *F*) ; d'autres comprennent indistinctement des tombes d'époques romaine et protobyzantine (*groupes A*, *C*, *D*, *E*, *G* et *H*). En règle générale, un ensemble de sépultures ancien comprend un nombre limité de tombes paléochrétiennes. À l'inverse, un groupe de tombes plus récentes comprend peu de tombeaux de la période impériale. Les nouveaux noyaux se forment plutôt à l'écart des tombes romaines. Seul le *groupe E* semble présenter un nombre équivalent de sépultures appartenant à l'une et l'autre période.

Il ressort de cette répartition un fait déjà mis en évidence par l'étude des hypogées : les Anciens ont privilégié la périphérie ouest et nord du village alors qu'une large majorité de sépultures protobyzantines se sont établies à la périphérie sud et est. La nécropole associée au hameau primitif méridional a essentiellement occupé les zones où sont implantés les groupes funéraires *H* et *I*. D'autres tombes, moins nombreuses, ont certainement été aménagées dans les *groupes C* et *E*. Leur présence au sein du *groupe G* est plus hasardeuse. Les villageois des hameaux médian et septentrional se partageaient le secteur où se trouvent les *groupes A* et *B*. Certaines tombes du *groupe D* ont également pu être associées au hameau médian. Au vᵉ siècle, lors de l'expansion économique et démographique du village, les *groupes C*, *E* et *G* s'enrichissent de nouvelles sépultures dont certaines sont pourvues de porches construits et de symboles chrétiens. À la même période, quelques sarcophages, identifiés grâce à leur décor, sont installés dans les zones funéraires anciennes *A* et *H*. Enfin, au viᵉ siècle, un nouveau noyau funéraire se forme lors de l'établissement de l'ensemble conventuel. La construction du grand sanctuaire voisin donne à son tour naissance à plusieurs tombeaux au sein du *groupe E*, tandis que de nouvelles sépultures s'ajoutent aux *groupes C* et *G*. À la même période, le mausolée à couverture pyramidale est édifié au sein du *groupe D* composé de sépultures antérieures.

D'après les observations issues de la répartition chronologique des aménagements funéraires, les sépultures romaines, dont le nombre s'élève à une trentaine, semblent être à peine moins nombreuses que les tombes protobyzantines. Malgré cette estimation très approximative, compte tenu de la difficulté à discerner les tombes anciennes des plus récentes, on constate que le nombre de sépultures apparues entre le iiᵉ et le milieu ivᵉ siècle équivaut à peu près à celui des habitations recensées à cette période. Les tombes romaines continuent ensuite d'être utilisées durant la période protobyzantine tandis que de nouvelles apparaissent à mesure de l'accroissement de la population villageoise. Les plus récentes se caractérisent le plus souvent par une sobriété comparable à celle observée sur les sépultures antérieures, d'autres affichent leur richesse par des porches édifiés en pierre de taille et/ou un décor plus abondant. On relève également un goût plus prononcé pour l'usage de tombes individuelles.

Les tombes comme miroir de la société rurale

Les pratiques funéraires

Les gestes et les paroles associés aux rites ne peuvent pas être appréhendés par l'archéologie. Seules les pratiques funéraires corroborées par les traces matérielles peuvent l'être en partie. Dès la période impériale, le comportement des villageois face à leurs morts se traduit par la pratique de l'inhumation successive.

La période impériale

Les traces archéologiques qui illustrent les usages des Anciens sont peu nombreuses, mais elles demeurent suffisantes pour en saisir quelques traits essentiels. La présence de deux autels funéraires constitue un premier témoignage important compte tenu du caractère exceptionnel de ce type de découverte en Syrie du Nord. Leur

114. Cette pratique pourrait être aussi interprétée comme une réaction de la part des villageois de condition modeste envers un riche propriétaire. Notons cependant que les écarts sociaux persistent malgré l'enrichissement global de la paysannerie au cours de la période protobyzantine. La preuve en est l'existence de tombeaux monumentaux qui se distinguent par rapport à une large majorité de sépultures ordinaires. La christianisation serait donc plutôt cause de ces dégradations.
115. Gatier 1997, p. 768.
116. Griesheimer 1997a, p. 203, fig. 46.

emplacement actuel, côte à côte, au bord d'une parcelle de terre cultivée, ne permet pas de préciser leur lieu d'origine. Leur situation à proximité d'un noyau funéraire ancien (*groupe B*) implique une relation avec les hypogées qui s'y trouvent, mais les autels pourraient également être associés à la plateforme artificielle située quelques mètres plus au sud. Cette dernière, en effet, a pu être le théâtre des rites réalisés lors des premières phases d'occupation du site[117] (**fig. 407**).

Les autels se présentent sous la forme de dés de calcaire oblongs de section carrée. Leur intérêt est limité d'un point de vue ornemental. Le premier (A_1), relativement bien conservé, mesure 0,95 m de haut (**fig. 408 et 410**). Il s'organise en trois parties. Sa base est matérialisée par quatre pieds surmontés d'une bande biseautée. La partie centrale, plus étroite (0,42 m de section), présente des motifs sur deux côtés : l'un arbore un cartouche à queue d'aronde dont la surface endommagée par l'érosion ne permet pas de discerner la présence éventuelle d'une inscription ; l'autre offre une couronne dont le nœud est à peine visible. Les deux autres côtés sont dénués d'éléments sculptés, ce qui indique que l'autel occupait certainement un angle à son emplacement initial. La partie supérieure de l'autel, très dégradée, est pourvue de cornes non proéminentes qui soulignent les quatre angles. En contexte funéraire, on peut raisonnablement supposer un autel placé à l'extérieur de la chambre sépulcrale, proche de l'entrée de l'un des hypogées du *groupe B*, sous un porche rupestre par exemple. En effet, ce type d'équipement destiné au culte funéraire prenait nécessairement place dans l'espace réservé aux visiteurs qui précède la sépulture. M. Griesheimer parvient à la même conclusion en examinant la position d'un autel renversé à l'intérieur d'un hypogée de Rbeiʿa[118]. Le deuxième autel (A_2), plus modeste, mesure 0,55 m de hauteur (**fig. 409**). Il ne présente aucun motif sculpté dans sa partie centrale. Composé de trois parties également, il s'agit d'un modèle réduit et simplifié de l'autel précédemment décrit.

Les autels sont le produit d'un artisanat local, au même titre que les portes d'hypogées ou les stèles funéraires[119]. Ces éléments évoquent les représentations schématiques sculptées à l'entrée des tombeaux ou sur le linteau des maisons. Dans la première catégorie, il convient de mentionner l'autel sculpté sur la façade d'un hypogée de ʿAin Shoḫne, dans les environs de Derkūš[120]. Un autre exemple apparaît dans le registre supérieur du fameux bas-relief de l'hypogée d'Abedrapsas à Frikyā, dans le ğebel Zāwiye[121]. Dans la seconde catégorie, citons, parmi les exemples connus, les autels sculptés sur le linteau du bâtiment 104 de Deḥes[122], ou bien sur celui d'un linteau du village de Bšendlāyā[123].

Ce type d'équipement funéraire est peu représenté dans la région. Trois exemplaires ont été recensés dans le Massif calcaire : à Rbeiʿa[124] et à Frikyā[125] dans le ğebel Zāwiye, ainsi qu'à Burğ Mahdūm dans le ğebel Bārišā[126]. À cette courte liste s'ajoute l'élément en basalte provenant de Sourhour, dans le ğebel Ḥāss[127]. Seul l'autel de la tombe 5 de Frikyā se distingue par son caractère rupestre et ses bas-reliefs, exception qui contraste avec le modèle standard de l'autel exécuté selon un schéma simple et austère, accessible aux villageois de condition modeste. Une prospection approfondie permettrait sans doute de multiplier ce type de découverte dans le Massif calcaire. En effet, les petits autels ordinaires étaient certainement beaucoup plus nombreux que l'échantillon archéologique mis au jour ne le laisse supposer, ces éléments consacrés aux mânes du défunt étant indispensables au déroulement des rites. Leur présence à Kafr ʿAqāb, ajoutée à celle de la représentation de l'animal sacrificiel sur une face latérale du sarcophage S. 58, témoigne de l'importance accordée au culte funéraire à l'époque impériale au sein des couches les plus humbles de la population comme au sein des familles les plus riches.

Divers aménagements autour de la tombe renseignent également sur les pratiques funéraires. Ce sont essentiellement la cour, le porche et les banquettes qui précèdent les hypogées. L'organisation d'un espace social devant la tombe montre les efforts parfois mis en œuvre pour répondre à l'affluence des visiteurs, membres de la famille, amis des défunts ou autres, venus accomplir les rites d'usage et honorer la mémoire des disparus. «Afin qu'on nous apporte à moi et à lui les sacrifices sur les tombeaux»[128] peut-on lire

117. L'endroit comprend des escaliers permettant d'accéder une plateforme rupestre soigneusement taillée. La proximité de maisons et de noyaux funéraires anciens milite en faveur d'un aménagement associé aux premières phases d'occupation du site. Ce type de plateforme artificielle, repéré dans plusieurs villages du ğebel Waṣṭāni, a été interprété par les pères franciscains comme des lieux de culte (Peña *et al.* 1999, p. 14). À Kafr ʿAqab, l'association de ce lieu avec les autels découverts quelques mètres plus au nord est possible, mais elle demeure incertaine. Dans l'état actuel des recherches, il paraît plus raisonnable de les rattacher aux tombes voisines qui leur sont contemporaines.

118. Griesheimer 1997a, p. 192.

119. Aucune stèle n'a été découverte à Kafr ʿAqāb. Dans le ğebel Waṣṭāni septentrional, plusieurs exemplaires sont connus à Ḫarāb Ḫalil (Peña *et al.* 1999, p. 100 et p. 227, fig. 83 b) et à Ḫerbet Senbalte (Peña *et al.* 1999 p. 124 et p. 231, fig. 99). Plus au sud, on connaît également celles de ʿAin ez-Zarqa (Peña *et al.* 1999, p. 36) et de Abū Zbeyr (Peña *et al.* 1999, p. 28).

120. Griesheimer 1997a, p. 194, fig. 36.

121. *AAES* II, p. 279 ; Griesheimer 1997a, p. 192, fig. 33.

122. Sodini *et al.* 1980, p. 98, fig. 124 *a* et *b*.

123. *AAES* II, p. 80.

124. *AAES* II, p.192, fig. 34.

125. Griesheimer 1997a, p. 192, fig. 32.

126. Peña *et al.* 1983, p. 106, fig. 11.

127. Griesheimer 1997a, p. 192, fig. 35.

128. Jarry 1970, p. 194.

Fig. 407 — *Situation des autels au pied d'une plateforme artificielle (© B. Riba).*

Fig. 408 — *Autel funéraire A_1 (© B. Riba).*

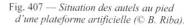

Fig. 409 — *Autel funéraire A_2 (© B. Riba).*

sur une tombe datée de 193 dans la localité de Mēʿez. Les aménagements associés aux sarcophages et aux fosses à un ou deux *arcosalia* sont moins évidents. Toutefois, les traces apparentes dans le rocher révèlent une certaine organisation de l'espace funéraire. Cela est particulièrement perceptible autour de la sépulture F.arc.51 pourvue d'un petit bassin rupestre et dont les contours sont définis, sur les côtés sud et ouest, par la roche taillée (**fig. 365**).

La période paléochrétienne

Il a été noté plus haut que l'adoption du christianisme n'implique pas de mutations dans la conception des modèles funéraires qui demeurent quasiment inchangés jusqu'à la fin de l'Antiquité tardive. Cependant, l'évolution de la pensée vers un champ spirituel nouveau modifie la perception des villageois par rapport à leurs morts. Le monde des défunts n'est plus cet univers inquiétant peuplé d'esprits qu'il faut sans cesse apaiser. Au contraire, les perspectives de salut offertes par la religion nouvelle en font un univers de paix et de repos de l'âme. Cette conception inédite de l'au-delà entraîne la disparition d'éléments autrefois indispensables à l'accomplissement des rites, tels que les autels et d'autres équipements funéraires liés au paganisme. Leur remploi dans certains monuments ecclésiastiques a parfois été constaté[129], d'autres sont laissés à l'abandon. On assiste également à l'adoption d'un répertoire iconographique nouveau dans lequel les figures humaines ou animales n'ont plus leur place. Les bas-reliefs du sarcophage S. 58 montrant les membres de la famille du défunt, l'animal conduit au sacrifice ou l'aigle psychopompe protégeant l'âme des morts n'ont plus lieu d'exister. Ce type de représentations, jusqu'alors particulièrement prisées dans

129. On retrouve plusieurs stèles, parfois fragmentaires, remployées dans le mur de clôture de l'église de Šinšarāḥ, dans le ǧebel Zāwiye (*IGLS* IV, 1498, 1499, 1500 et Griesheimer 1997a, p. 203).

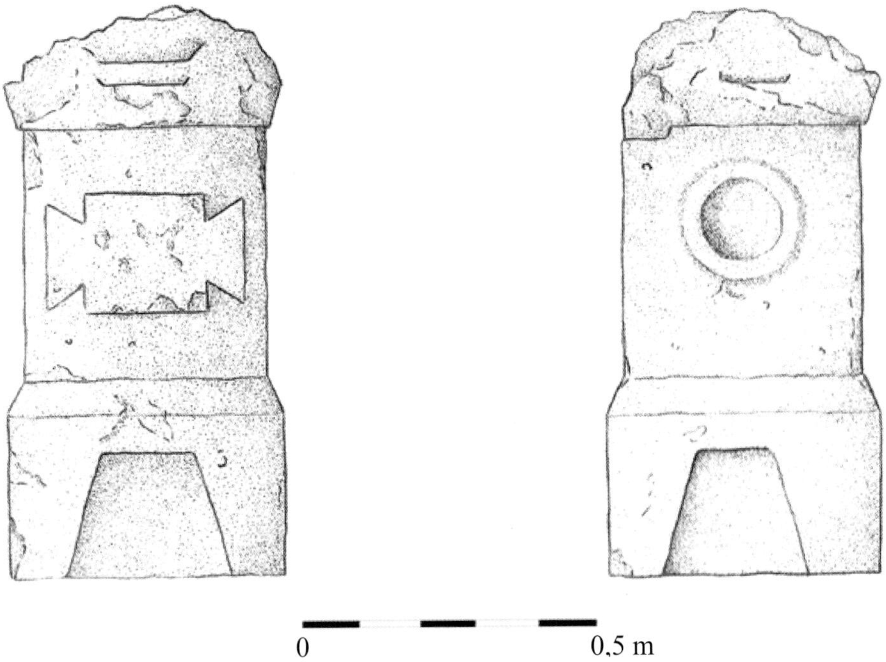

Fig. 410 — *Autel funéraire A₁ (© B. Riba).*

l'architecture funéraire, disparaît avec le christianisme[130]. Les groupes sculptés sont remplacés par des symboles limités le plus souvent à des croix, des médaillons et des chrismes. Cependant, même ces motifs, à la fois religieux et ornementaux, restent peu fréquents sur les tombeaux. Au VIe siècle, bien que la totalité du village soit christianisée, seulement 7 tombes en sont pourvues. Ce constat confirme l'observation selon laquelle l'utilisation des tombes d'époque romaine se poursuit jusqu'à la fin de l'Antiquité sans que les villageois éprouvent le besoin d'ajouter une inscription ou un signe chrétien particulier. Par ailleurs, les sépultures apparues lors de la période protobyzantine se caractérisent, pour une large majorité d'entre elles, par l'absence de tels témoignages. Ainsi, la disparition des équipements funéraires liés au culte, le changement du répertoire iconographique et l'absence d'inscriptions paléochrétiennes fournissent une documentation moins explicite concernant les pratiques funéraires en vigueur à partir de la fin du IVe siècle.

Dans ce contexte, le couvent inaugure des pratiques inédites adaptées à une organisation conçue pour répondre à un mode de vie particulier[131]. Selon la hiérarchie établie au sein de la communauté de cénobites installée au sud de l'agglomération, les défunts étaient déposés successivement dans la cuve sépulcrale correspondant à leur fonction temporelle. Un tombeau collectif était aménagé à cet effet : l'une des tombes, à l'écart et moins soignée, pourrait avoir été destinée à la réception des ossements anciens tandis que les sépultures voisines, ornées de moulures, accueillaient les dépouilles des moines **(fig. 369)**. L'autre aspect inédit du comportement des religieux par rapport à leurs morts consiste à inclure les sépultures à l'intérieur même des bâtiments dans lesquels ils vivent. Tel est le cas des deux sarcophages compris dans le bâtiment *A*, S. 32 et S. 33, localisés par les pères franciscains dans une salle qu'ils assimilent à une chapelle renfermant « deux tombes creusées l'une à même le sol, près de la paroi est, et l'autre sur le côté sud »[132]. Une troisième tombe, S. 35, occupe l'extrémité occidentale de la chapelle mitoyenne au tombeau collectif dans le bâtiment *B*. Une quatrième apparaît à l'intérieur de la salle sud de l'ermitage *D*. Une fosse creusée dans le sol naturel est également associée à l'édifice *E*. Chaque bâtiment était donc pourvu d'une ou plusieurs sépultures. Ainsi, les moines reclus dans des cellules possédaient leurs sarcophages intégrés à l'intérieur même de la construction qui les abritait. Les religieux, dont certains jouaient un rôle important au sein de la communauté, occupaient le tombeau collectif ou bien des hypogées comme H. 36 et H. 37 situés légèrement en périphérie des bâtiments.

130. Le dernier bas-relief connu de la région est celui de l'hypogée d'Abedrapsas à Frikyā daté de 325 (Tchalenko 1953-1958, I, p. 39).

131. Tchalenko 1953-1958, I, p. 38.

132. Peña *et. al.* 1999, p. 92-93.

Conclusion

Au temps des religions traditionnelles, les données archéologiques et iconographiques témoignent d'usages calqués sur le schéma des pratiques funéraires romaines. Les funérailles donnaient lieu à des marches processionnelles, des sacrifices et des offrandes destinés à faciliter le passage et l'accueil du défunt dans l'au-delà. Par ailleurs, un culte devait être rendu aux morts. Les sépultures, placées aux endroits les plus fréquentés, donc sujettes à des visites régulières, présentent des aménagements prévus pour la réception des visiteurs qui prennent soin d'exécuter les rites d'usage. « Le bien-être » du mort, dans la pensée des Anciens, était étroitement lié à l'entretien que l'on portait à sa tombe et à la pratique assidue du culte funéraire. Aussi les différents rites consacrés aux mânes des défunts étaient-ils consciencieusement accomplis. Si le christianisme et la disparition du culte païen apportent quelques changements, les sépultures continuent d'être utilisées de la même façon qu'autrefois : tous les modèles funéraires subsistent à l'exception du tombeau-temple. Les nouvelles tombes ne présentent pas de distinctions majeures par rapport aux anciennes si ce n'est, pour certaines, une mise en valeur particulière due à la construction d'un porche et d'un décor plus abondant. De rares innovations sont toutefois à noter, comme la tombe S. 57 qui réunit deux types de sépultures, le mausolée à couverture pyramidale qui résulte de la fusion de deux modèles funéraires distincts, ou encore le tombeau collectif des moines indispensable aux couvents dans la région. Enfin, il convient de remarquer l'absence quasi totale de sépultures destinées aux enfants. Seule la fosse rupestre F. 21 pourrait avoir revêtu cet office en raison de ses dimensions particulièrement modestes. Le caractère exceptionnel de ce type de sépulture, également constaté dans la nécropole de Ṭurīn, suggère que dans la grande majorité des cas les enfants étaient déposés dans une cuve d'adulte, au même titre que n'importe quel membre de la famille.

La famille et la sépulture

Le répertoire des modèles funéraires adopté par les villageois place la notion de la famille comme une valeur fondamentale au sein de la société rurale. Les sépultures collectives, essentiellement représentées par les hypogées, constituent environ les trois quarts des tombes construites au cours de la période impériale. Par ailleurs, si la sépulture individuelle prend de l'importance avec le temps, les aménagements communs restent majoritaires jusqu'à la fin du VIe siècle. Ajoutons encore que les sarcophages sont rarement isolés et s'associent, dans certains cas, à une fosse à *arcosolia* ou bien à un hypogée prévu pour les autres membres de la famille.

Dans le Massif calcaire, à l'image de l'ensemble de la Syrie, le caractère familial des tombeaux collectifs est assuré par l'épigraphie et l'iconographie. Les inscriptions funéraires relatives à la parenté sont assez fréquentes dans les villages du ǧebel Waṣṭāni septentrional. À Kafr ʿAqāb, l'épitaphe gravée sur une sculpture rupestre attenante à l'hypogée H. 08 indique la filiation d'un fils et d'un père. Signalons aussi, à titre d'exemple, une inscription de Ṭurīn qui mentionne deux frères, « *fils de Domnos* » propriétaires d'un hypogée à l'est du village[133], ou encore à Besandīna, l'existence d'un hypogée financé par trois frères, Zenoios, Eusobios et Paulos « *fils d'Alexandre* »[134]. Dans le domaine de l'iconographie funéraire, le thème de la famille, récurrent, apparaît chez les notables comme chez les villageois plus modestes. La première catégorie est illustrée à Kafr ʿAqāb par les bas-reliefs du sarcophage S. 58, ou à Ṭurīn par les personnages associés au distyle, sculptés grandeur nature, qui exaltent la cohésion du groupe familial d'un riche propriétaire terrien. La seconde catégorie, absente à Kafr ʿAqāb, est bien représentée dans le ǧebel Waṣṭāni par les groupes sculptés sur les stèles funéraires et dans certaines nécropoles, comme celles de Baftamūn et d'El-Hallūga situées dans la partie méridionale du chaînon, ou bien celle de ʿAin Shoḫne aux environs de Derkūš. Ces représentations naïves, peu soignées dans le détail, sont comparables aux bas-reliefs de Qāṭūrā[135] exécutés par de simples villageois influencés par la culture gréco-romaine des villes.

Les vestiges funéraires témoignent donc de l'importance accordée au noyau familial, notion profondément ancrée dans les mœurs dès l'époque impériale. Les liens du sang dans les campagnes, mis aussi en évidence par l'examen de l'architecture domestique, se renforcent d'autant plus que chaque membre de la famille est soumis aux impératifs des tâches agricoles souvent ingrates dans un milieu naturel difficile auquel il fallait s'adapter en permanence. Dans ce contexte, on admet volontiers que le groupe familial demeurait particulièrement soudé chez les paysans du Massif calcaire.

La solidarité du groupe familial se traduit aussi par la mise en commun de biens afin de financer la construction d'un tombeau collectif. Le détail du partage d'une sépulture est fourni par une inscription gravée à l'entrée d'un hypogée cruciforme du village de ʿAzerān, situé dans la partie méridionale du ǧebel Il-Aʿla[136]. Les propriétaires, dont le lien de parenté n'est toutefois pas précisé, s'organisent de la manière suivante : un certain Maroun occupe les deux tiers de l'espace, soit deux emplacements tandis qu'un dénommé Antiochos possède le dernier tiers, soit un seul emplacement[137]. On peut raisonnablement supposer

133. *IGLS* II, 654.
134. Peña *et al.* 1999, p. 64.
135. Tchalenko 1953-1958, I, p. 190.
136. *IGLS* II, 647.
137. Le partage d'une tombe entre plusieurs propriétaires est également signalé en Chalcidique, dans la localité de Ḥaqla (*IGLS* II, 269).

que cette distribution inégale est proportionnelle à l'apport financier versé par les deux parties. La mise en commun de biens à l'occasion de l'aménagement d'une tombe est une alternative lorsque les fonds d'un seul individu sont insuffisants. Dans le cas contraire, le chef de famille pourvoit seul, selon toute vraisemblance, aux frais occasionnés par la construction. Les alliances entre divers groupes séparés liés par une parenté étaient probablement plus fréquentes à l'époque romaine durant laquelle les villageois possédaient peu de ressources. En revanche, lors de l'enrichissement global de la paysannerie au cours de la période protobyzantine, chaque famille était plus à même d'assurer le financement de sa propre sépulture. Enfin, sur la question de l'existence du personnel servile qui pouvait être associé à une famille, c'est à nouveau vers le village de Besandīna qu'il faut se tourner puisqu'on y trouve le plus ancien hypogée du ǧebel Waṣṭāni, daté de 165, associé à une épitaphe qui mentionne la propriété d'un certain Germanos, « *esclave d'Antipatros et Kyrillas* »[138]. Comme à Millis, localité située au bas du versant ouest du ǧebel Il Aʿla, il paraît vraisemblable que cet esclave se soit fait aménager une sépulture « *aux frais de ses maîtres* »[139].

Les modèles funéraires comme jalons socio-économiques

L'examen de l'architecture funéraire permet d'aborder la problématique liée à l'évolution sociale et économique de la communauté villageoise sous un angle différent de celui livré par l'étude des maisons. Les deux approches sont par conséquent complémentaires.

Les tombeaux comme témoignage de l'évolution économique du village

Le caractère rustique et dépouillé de la quasi-totalité des sépultures d'époque romaine traduit l'existence de familles de condition modeste. Le souci d'économie prévaut largement sur le goût du paraître. Le succès de l'hypogée cruciforme s'explique par les avantages offerts par ce modèle funéraire, à savoir son coût peu élevé, sa capacité de regrouper plusieurs emplacements et son caractère pérenne du fait de son aménagement dans la roche naturelle. En outre, l'excavation à flanc de colline de petites chambres sépulcrales est aisée sur un site où la topographie se prête admirablement à ce type d'installation. L'aménagement d'un hypogée requérait entre deux et trois mois de travail. À Kafr ʿAqāb, seul l'hypogée H. 10 se distingue par un porche rupestre destiné à « monumentaliser » l'entrée de la sépulture ; toutefois, même dans ce cas, l'aspect sommaire de l'ouvrage ne permet pas de classer celui-ci parmi les hypogées cossus de cette catégorie. En réalité, il en est une pâle imitation qui traduit les aspirations sociales d'un propriétaire peu fortuné. Les fosses à un ou deux *arcosolia* opposés, les fosses simples et les sarcophages rupestres constituaient également des installations peu onéreuses : leur creusement dans le sol rocheux omniprésent sur le site ne présentait aucune difficulté. Le nombre réduit de ces tombes s'explique en partie par la préférence des villageois pour le tombeau familial. Les sarcophages qualifiés dans cette étude par le terme « isolés », compte tenu de leur caractère non rupestre, étaient plus coûteux. Ces sépultures individuelles, exceptionnelles à l'époque romaine, semblent avoir été réservées à des privilégiés. Exposées ostensiblement à la vue du plus grand nombre, elles suscitent le souvenir et le respect du défunt. Le sarcophage S. 01 en est l'expression la plus achevée (**fig. 358 et 359**). Dans cette catégorie, le sarcophage S. 58 est un cas particulier puisqu'il semble associé à un tombeau-temple (**fig. 374**). En effet, le sarcophage et les éléments d'architecture qui suggèrent l'existence d'un tel monument proviennent certainement d'un ensemble unique dont le coût dépasse de loin celui des autres tombes du village. Ces vestiges concentrés dans le secteur nord-ouest du site prouvent la présence d'un notable, résidant ou non, dont la condition se place nettement au-dessus de celle de la population de Kafr ʿAqāb.

Les modèles funéraires anciens perdurent sans changements jusqu'à la fin de l'Antiquité. Globalement, aucune distinction notable n'apparaît si ce n'est celle de la multiplication relative des signes de richesse au cours de la période protobyzantine. On note d'abord l'apparition de symboles chrétiens (S. 04, H. 13, H. 45) dont l'exécution requiert parfois l'intervention de sculpteurs expérimentés. Le médaillon sculpté sur le couvercle du sarcophage S. 25 en est la forme la plus accomplie. Le décor gagne également certains sarcophages situés du côté occidental du village, au sein du *groupe H*. Tel est le cas de la sépulture S. 52 dont les rebords de la cuve et les contours du couvercle sont soulignés par une moulure distinguée, ou celui du tombeau S. 57 pourvu d'un décor raffiné sur sa face principale. Les modénatures qui cernent les *arcosolia* dans le tombeau des moines et celles qui encadrent l'entrée de l'hypogée H. 37 témoignent aussi d'une communauté monastique prospère. Enfin, l'enrichissement des villageois se manifeste par des porches édifiés en pierre de taille devant les entrées de certains hypogées. Ceux-ci se substituent aux vestibules rupestres de la période antérieure. Les trois principaux porches construits offrent chacun une forme différente : l'hypogée H. 42 est pourvu d'une avancée constituée de deux piliers appareillés qui supportent de grandes dalles, l'hypogée H. 31 possède une couverture en berceau, et

138. Plus précisément, l'hypogée date du 14 du mois artemisios de l'an 214 de l'ère d'Antioche=14 décembre de l'an 165 de notre ère (Peña *et al.*, 1999, p. 63).

139. *IGLS* II, 650 ; *PAES* III B, 1072 ; Peña et *al.* 1990, p. 217.

l'hypogée H. 12 est précédé d'un vestibule monumental composé de deux arcs appareillés surmontés d'une couverture dallée ornée de moulures. Ce dernier évoque la structure et le décor de tombeaux importants, comme le mausolée du village voisin de Ṭurīn, et annonce le mausolée à couverture pyramidale (Mau. 18) qui marque, dans le même secteur, l'apogée de Kafr ʿAqāb en termes d'architecture funéraire.

Les sépultures protobyzantines montrent donc des signes de richesse indéniables qui, loin de s'étendre à toutes les installations funéraires de la localité, se caractérisent au contraire par leur nombre relativement limité. Ici s'opère une rupture avec l'architecture domestique qui témoigne de l'enrichissement quasi simultané et unanime des exploitants à partir de la fin du IVᵉ siècle : toutes les maisons, désormais construites en appareil orthogonal à parement simple, sont systématiquement parées d'un décor concentré sur les parties les plus visibles. Les tombeaux connaissent une évolution différente. Ceux d'époque romaine restent en usage jusqu'à la fin de l'Antiquité en conservant leur aspect sobre et dépouillé d'origine, et la plupart des tombes aménagées au cours de la période protobyzantine présentent les mêmes caractéristiques. On constate simplement un goût plus prononcé pour les sépultures individuelles. Seul un nombre assez réduit de tombeaux chrétiens se distingue par la mise en œuvre de dispositifs destinés à conférer un caractère monumental à la construction.

Par conséquent, la majorité des tombes, toutes époques confondues, se caractérisent par l'absence d'éléments superflus. Le choix des sépultures n'était donc pas toujours déterminé par la richesse ou le statut social de leurs commanditaires. D'une manière générale, l'amélioration de la condition des exploitants a eu un impact limité sur l'architecture funéraire, à l'inverse de ce qui a pu être observé dans les maisons. La plupart des villageois se contentent de sépultures relativement simples, sans prétention particulière.

L'influence culturelle dans l'architecture funéraire

L'architecture funéraire est révélatrice de l'identité culturelle dont se prévalent les habitants des campagnes de l'arrière-pays d'Antioche. L'hellénisme des grands centres urbains est nettement perceptible à Kafr ʿAqāb. Les indices, quoique peu nombreux sur le site, sont suffisamment explicites. L'hypogée H. 10 imite, avec son porche « monumental », un type de sépulture de tradition hellénistique. L'épitaphe de l'hypogée H. 08, de son côté, confirme le témoignage des inscriptions gravées dans les maisons : malgré le caractère théophore du nom du défunt, l'utilisation de l'écriture grecque montre que les habitants les plus humbles affichent dès l'origine leur volonté d'appartenir à un groupe social d'influence gréco-romaine. On note toutefois, pour cette catégorie de villageois de condition modeste, l'absence de représentations sculptées figurant les défunts dans une attitude comparable à celle des notables des villes. En revanche, les vestiges du sarcophage S. 58 ornés de bustes sculptés grandeur nature auxquels s'associe un monument dont il ne subsiste, comme élément sculpté, plus que la corniche ornée d'une tête de lion, s'inscrivent dans la droite lignée des sépultures monumentales d'inspiration gréco-romaines. Il s'agit ici d'une catégorie d'habitants bien représentée dans la région par l'iconographie et l'épigraphie.

Par ailleurs, les villageois adoptent un comportement semblable à celui des Romains vis-à-vis de leurs morts. La sépulture destinée à commémorer la mémoire du défunt, soigneusement placée à proximité de lieux de passage, faisait le lien entre le monde des morts et celui des vivants. On pourrait s'étonner de l'absence de stèles funéraires indiquant, selon l'usage, le nom des défunts ou les représentants sous la forme de bas-reliefs, mais ce phénomène peut être dû à la disparition de ce type d'équipement funéraire. L'unique épitaphe retrouvée dans le village, gravée sur un support rupestre associé à la tombe H. 08, mentionne le nom et la filiation du défunt (**fig. 348**). Cela montre l'usage d'une pratique fréquente dans le monde gréco-romain qui consistait à lire l'inscription afin de célébrer le souvenir des morts. Cette dernière, ostensiblement située en hauteur, était destinée à quiconque passait aux abords de la sépulture. De cette façon, les tombeaux, tournés vers le monde extérieur, se caractérisent par une recherche constante du contact avec les vivants. Il convient cependant de ne pas ignorer l'aspect fermé de ceux-ci, parfois mis en évidence par une clôture délimitant un espace funéraire consacré aux cérémonies familiales. Enfin, notons que le tombeau du notable, dont la monumentalité avait pour fonction d'imposer à la vue des passants le statut de son propriétaire, a pu être l'objet d'un culte de type héroïque.

À partir de la fin du IVᵉ siècle, la christianisation n'a qu'une faible incidence sur le comportement des hommes envers les morts. Certes, les rites liés au paganisme disparaissent, mais les attitudes demeurent similaires à celles de la période antérieure. Rester présent dans la mémoire collective est un souci permanent chez les villageois. Les lieux fréquentés sont toujours convoités. En outre, une certaine tendance à l'individualisme s'affirme tandis que la volonté d'attirer l'attention se traduit par diverses tentatives destinées à mettre en valeur les sépultures. Il peut s'agir d'un décor particulier (S. 57), d'un porche construit (H. 31, H. 44) ou d'une mise en scène ostentatoire visant à exalter la mémoire du défunt (S. 01). Dans certains cas, la monumentalisation d'une tombe avait pour fonction d'impressionner, à l'image du probable tombeau-temple romain et des mausolées paléochrétiens H. 12 et Mau. 18. Cette pratique, remarquable dans les villages les plus développés du Massif calcaire, se retrouve ailleurs en Syrie et sur tout le pourtour du monde méditerranéen, dans les villes comme dans les villages : il s'agit, selon les mots de F. Baratte, « de mettre en évidence aux yeux de leurs contemporains et de la postérité, la place qu'ils ont occupée dans la société »[140]. Aucune épitaphe protobyzantine n'a été découverte à Kafr ʿAqāb, mais des exemples connus ailleurs dans la région montrent que l'invitation à commémorer la mémoire d'un disparu s'est maintenue jusqu'au VIe siècle. Un témoignage particulièrement éloquent est gravé sur le fameux mausolée de Bizzos élevé à l'intérieur du péribole de la grande basilique de Ruweiḥa[141] : l'inscription funéraire invite les pèlerins qui passent devant le monument, judicieusement placé entre l'église et l'entrée du sanctuaire, à prier pour le défunt.

Conclusion

Les villageois de Kafr ʿAqāb, comme tous les habitants du Massif calcaire, pratiquaient le rite de l'inhumation. Si divers aménagements adaptés à cet usage ont été mis en œuvre, la typologie funéraire observée dans le village est ordinaire et relativement peu variée. La plupart des modèles architecturaux, adoptés dès le IIe siècle, demeurent sans changement jusqu'à la fin de la période protobyzantine. La place centrale occupée par la famille au sein de la société et le souci permanent de rentabilité expliquent la prédominance de l'hypogée de plan cruciforme. Largement majoritaire durant la première phase d'occupation du site, ce modèle funéraire est peu à peu gagné, sans être jamais supplanté, par les sépultures individuelles dont le nombre croissant s'associe à l'essor économique du village enregistré à partir de la fin du IVe siècle.

Les zones qui se distinguent par les plus anciennes manifestations de l'architecture funéraire coïncident avec l'emplacement des trois hameaux primitifs. La nécropole associée au hameau principal, ou secteur méridional, rassemble essentiellement les sépultures des *groupes H* et *I* situés à l'ouest et au nord-ouest du site. Les tombes des exploitants résidant dans les hameaux des secteurs médian et septentrional se concentrent dans les *groupes A* et *B* établis à leur périphérie. Entre le IVe et le VIe siècle, le développement du village sur le promontoire rocheux engendre la formation de noyaux funéraires dans les zones est et sud de la localité, c'est-à-dire aux *groupes D*, *E*, *F* et *G*. La répartition et l'augmentation du nombre de sépultures suivent ainsi la croissance démographique enregistrée dans le village et la répartition des maisons sur le site.

Les tombeaux sont également révélateurs du niveau social de leur propriétaire. Quasiment toutes les sépultures romaines se caractérisent par une grande sobriété. À l'exemple des maisons qui composent chacun des hameaux primitifs, les tombes témoignent de la volonté d'éviter toutes dépenses inutiles : ces installations sont entièrement rupestres, dénuées de décor et anonymes à l'exception des sépultures H. 10 et H. 08. Les représentations sculptées des défunts, connues dans certains villages du ǧebel Waṣṭāni, n'existent pas non plus à Kafr ʿAqāb pour cette catégorie d'habitants. En revanche, les vestiges d'un monument funéraire, certainement associé au sarcophage S. 58, attestent la présence d'un riche propriétaire terrien. Ce tombeau, unique sur le site, s'oppose aux modestes sépultures recensées partout ailleurs. La période impériale se définit donc par l'existence de deux groupes sociaux distincts : les villageois de condition modeste dont les habitations se répartissent en trois hameaux, et la famille d'un notable hellénisé dont l'absence de maison clairement identifiée ne permet pas d'affirmer s'il résidait ou non sur le site. Cette situation s'inverse lorsque s'ouvre une ère de prospérité étendue à l'ensemble de la communauté : les sépultures des petits exploitants se multiplient aux dépens de la famille du propriétaire fortuné dont le tombeau disparaît du paysage rural. Ce changement se produit lorsque la religion chrétienne est adoptée par les villageois.

Certes, le nivellement des fortunes se traduit par une plus grande liberté quant au choix des modèles funéraires, de certains dispositifs qui leur sont associés et d'un décor sculpté plus fréquent, mais les villageois restent majoritairement attachés aux modèles anciens. À une époque où tous les habitants ont les moyens de construire des maisons solidement bâties et soigneusement ornées, de nombreuses tombes de la période antérieure continuent d'être utilisées sans que leurs propriétaires ne prennent la peine de les enrichir davantage. Il en est de même pour les sépultures nouvellement aménagées, dépourvues pour la plupart de signes d'aisance particuliers. Ce phénomène témoigne d'une population peu encline à l'innovation, en termes d'architecture et d'ornementation. La majorité des villageois privilégie avant tout l'architecture domestique, laissant au second plan les tombeaux qui conservent dans l'ensemble le caractère sobre et dépouillé des sépultures de la période impériale.

D'autres villageois, cependant, se distinguent du plus grand nombre par leur volonté de s'affirmer socialement au moyen de tombeaux voués à l'exaltation d'un groupe familial ou bien d'un seul individu. Ce courant est manifeste chez les habitants les plus modestes dès le IIe/IIIe siècle, avec le porche de l'hypogée H. 10 destiné à « monumentaliser » l'entrée de la sépulture, puis il se poursuit plus tard avec, par exemple, le sarcophage S. 01 particulièrement massif et exposé sur un socle rupestre. Néanmoins, ce n'est qu'à partir du Ve siècle que ce

140. Baratte 2004, p. 37-48.
141. *IGLS* II, 674.

phénomène s'affirme véritablement. On observe alors un engouement grandissant pour les porches construits et l'usage plus fréquent d'un décor sculpté. Trois principaux tombeaux sont à retenir : les hypogées H. 31, H. 42 et H. 12, ce dernier pouvant être classé dans la catégorie des mausolées en raison du vestibule monumental qui précède la chambre sépulcrale. Certains modèles inédits se développent également, comme la sépulture S. 57 agrémentée d'un décor original et dont la forme novatrice combine des types de tombes différents. Enfin, le mausolée à couverture pyramidale, qui se distingue par sa morphologie particulière et une hauteur exceptionnelle, demeure sans rival sur le site.

L'émergence des tombeaux à caractère monumental correspond à une période prospère du village durant laquelle apparaissent, entre autres, les plus grands ensembles domestiques jamais construits sur le site, ainsi que plusieurs aménagements agricoles à haut rendement. Leur construction est donc en accord avec l'essor de la localité observé dès le IVᵉ siècle, puis qui s'affirme pleinement à partir de la seconde moitié du Vᵉ siècle. Il est vraisemblable que le caractère particulier de ces sépultures, essentiellement H. 12 et Mau. 18, soit à l'image des responsabilités exercées par des personnages fortunés ayant occupé une place importante au sein de la communauté.

L'objectif recherché est le même pour tous : rester au plus près du monde des vivants afin d'éviter de sombrer dans l'oubli. À Kafr ʿAqāb, où la plupart des sépultures sont modestes, les moyens utilisés pour ancrer le souvenir des défunts dans la mémoire des hommes sont principalement d'ordre topographique. Les pôles funéraires particulièrement attractifs, tels que les fronts de carrière situés autour du promontoire rocheux ou les terrasses naturelles qui dominent les *wādīs*, coïncident le plus souvent avec des lieux de passages permettant d'accéder au village ou bien de le contourner. L'attrait de ces axes de circulation dont le tracé, imposé par le terrain naturel, est également favorisé par l'aménagement de chemins muletiers, d'escaliers, d'installations hydrauliques et d'auges indispensables aux hommes et aux troupeaux. Les tombes qui jalonnent ce réseau de communication sont volontairement intégrées au sein d'un environnement actif dans lequel elles apparaissent comme de véritables petits monuments commémoratifs. À l'élément topographique s'ajoute parfois le caractère monumental d'un tombeau qui permet d'affirmer l'importance de son propriétaire et de sa famille. Ces édifices, dont la fonction est de susciter l'admiration et le respect de ceux qui les contemplent, occupent des lieux bien exposés et se distinguent par l'ostentation de leur richesse.

Enfin, il convient d'évoquer les tombes associées aux différents ensembles religieux apparus ou remaniés au VIᵉ siècle. Celles-ci représentent une catégorie à part du fait de leurs situations, de leurs morphologies et du soin particulier qui leur a été accordé. En effet, chaque ensemble ecclésial est pourvu, semble-t-il, d'un tombeau qui ne connaît pas son pareil sur le site : le sanctuaire du sud présente une véritable petite chapelle à abside saillante (si on admet la fonction funéraire de cette construction), tandis que le complexe de l'est est doté d'un sarcophage décoré, possiblement associé à un baldaquin. Il s'agirait là de tombeaux de pieux évergètes dont la contribution à l'édification des monuments a valu une place de choix au sein des sanctuaires. Le tombeau collectif du couvent caractérisé par un décor raffiné constitue également une nouveauté dans le domaine de l'architecture funéraire à l'époque protobyzantine. Les sépultures associées aux domaines ecclésiastiques et celles du monastère ont bénéficié d'une attention particulière qui rompt avec le répertoire funéraire observé dans le reste du village. L'importance et la qualité de ces tombeaux illustrent une période prospère, témoin de l'apogée économique du village, mais aussi de celle de la religion chrétienne qui occupe une place de premier ordre au sein de la société rurale du VIᵉ siècle.

Le *corpus* funéraire de Kafr ʿAqāb est donc le reflet d'une évolution économique et démographique en adéquation avec les observations effectuées dans le domaine de l'architecture domestique. L'augmentation du nombre des hommes se traduit par la multiplication des sépultures et l'enrichissement des villageois donne lieu à la construction de quelques tombeaux plus élaborés. Pour autant, les tombes permettent de distinguer des contrastes sociaux qui demeurent durant toute l'Antiquité, et dont l'évolution s'accompagne des changements apportés par le christianisme et la croissance généralisée à l'ensemble de la paysannerie. L'examen des sépultures tend ainsi à nuancer la notion de « société égalitaire » que semble illustrer la seule architecture domestique. Cependant, ces écarts sociaux ne sont pas l'expression d'une domination de puissants exercée sur les moins riches. Ils traduisent simplement l'existence de villageois plus aisés, sans doute dotés de responsabilités plus importantes, désireux de conforter leur rôle et leur statut au sein du village par le biais de sépultures monumentales. Ces contrastes seraient donc plutôt l'expression d'une communauté villageoise socialement organisée.

Le bâtiment fortifié médiéval et le déclin du village

Tous les bâtiments du village ont fait l'objet de profonds remaniements au cours des siècles postérieurs à la période protobyzantine. Dans la plupart des cas, l'architecture seule ne suffit pas à restituer toutes les phases d'occupation des différentes bâtisses. En revanche, le fortin édifié à l'emplacement du complexe ecclésial du sud livre suffisamment d'informations pour reconstituer les principales étapes de son développement. Ces données, confrontées aux observations réalisées dans les maisons, permettent de préciser l'histoire du village à partir du VIIe siècle jusqu'à son abandon définitif.

Le bâtiment fortifié

Présentation du monument

Aucune source durant les trois premiers siècles de l'Hégire (première moitié du VIIe- seconde moitié du Xe siècle), pas plus que les chroniqueurs arabes et francs au cours de la période médiévale, n'apporte d'informations sur la présence d'un bâtiment fortifié à cet endroit du Massif calcaire. Les rares voyageurs[1] ayant parcouru le site à partir de la fin du XIXe siècle ne font pas non plus état de l'existence de l'édifice malgré sa visibilité, ses dimensions et sa morphologie singulière. Par ailleurs, on s'étonne du peu d'intérêt accordé à cette fortification quand celle d'El-Ḥoṣn, située à quelques kilomètres seulement du village, est mentionnée par tous les visiteurs ayant parcouru ce secteur des campagnes. La raison de ce silence pourrait être d'ordre topographique : le fortin de Kafr ʿAqāb, beaucoup plus discret comparé à celui d'El-Ḥoṣn juché sur l'un des sommets les plus élevés du Massif calcaire, a pu passer inaperçu au sein des vastes ruines du village. Compte tenu de son état très dégradé, le monument a pu se fondre, malgré son aspect imposant, dans la masse des vestiges fortement détériorés.

Ce sont les pères franciscains qui, à la fin du XXe siècle, révèlent l'existence de cet ensemble fortifié. Ils en livrent une description sommaire accompagnée d'un premier plan. Le monument est alors interprété comme un « prétoire », ou *kastron*, de la période romano-byzantine qui pourrait avoir été le siège du représentant du *Comes Orientis* d'Antioche[2]. Cette proposition, nous le verrons, ne résiste pas à l'analyse. La possibilité d'y voir le siège de la domination d'un patron dans la dépendance duquel se serait placée la communauté villageoise au cours de la période paléochrétienne n'est pas non plus envisageable dans la mesure où l'étude architecturale du fortin montre que sa construction ne doit pas être située avant l'époque médiévale.

Le bâtiment fortifié, installé au sud de l'agglomération était, entre autres, destiné au contrôle de la zone la plus accessible du site. Rappelons qu'à cet endroit, la topographie du terrain se caractérise par un espace largement ouvert, peu accidenté, qui permet de pénétrer aisément à l'intérieur de la localité entourée partout ailleurs de reliefs escarpés. Établi en bordure des crêtes méridionales du promontoire rocheux, l'édifice tenait là un emplacement stratégique directement lié à sa fonction. À l'échelle du village, une place importante lui était consacrée puisque, avec une superficie de 5084 m², il occupait une étendue supérieure aux plus grands îlots d'habitation. Excentré par rapport à l'habitat, le secteur sud-est du site lui était presque exclusivement dédié.

1. Rappelons aussi les brèves visites de l'expédition américaine à la fin du XIXe siècle, et celles de R. Mouterde et de Froment à la fin des années 1920.

2. Castellana 1987, p. 167 ; Peña *et al.* 1999, p. 84-95.

Fig. 411 — *Vue générale du bâtiment fortifié depuis les hauteurs du ǧebel Dueili (© B. Riba).*

Le monument est un vaste ensemble architectural de plan rectangulaire dont la longueur atteint 82 m pour une largeur de 62 m (**fig. 411 et 412**). Les murs sont édifiés selon une technique de construction propre à la période paléochrétienne : l'appareil orthogonal à parement simple constitué de blocs disposés à joint sec. L'épaisseur des murs ne dépasse pas celle des constructions traditionnelles de la région, à savoir 0,45 m à 0,50 m. La fortification se caractérise par une enceinte ponctuée de plusieurs tours (**fig. 413**). Quatre d'entre elles sont partiellement préservées : deux (T. II et T. III) présentent un état de conservation relativement bon ; les autres sont à peine visibles en surface (T. I et T. IV). La tour T. III, de plan carré, marque l'angle sud-est du bâtiment. Les ruines à l'intérieur de l'édifice, très mal conservées, sont pour la plupart enfouies sous une épaisse couche de terre. Les vestiges visibles témoignent d'une longue période d'activité : les décombres et les murs profondément remaniés permettent la lecture de plusieurs phases de construction relatives aux occupations successives du monument. Aux installations ecclésiastiques d'époque protobyzantine se mêlent, dans une grande confusion, celles des périodes postérieures. L'étude des différents modes constructifs apporte des précisions sur la datation et l'évolution de l'édifice.

Le mur d'enceinte

Le tracé du rempart détermine un bâtiment de plan approximativement rectangulaire. L'état de la construction est globalement très médiocre. La façade la plus complète est celle du sud. Le côté oriental demeure en grande partie enfoui sous terre en raison de l'accumulation des alluvions depuis les pentes du ǧebel Dueili situées de ce côté. La limite occidentale de l'édifice est constituée par un mur fortement remanié et mal préservé. L'enceinte septentrionale, quant à elle, a totalement disparu. Dans l'ensemble, les vestiges de l'enceinte témoignent d'une construction soignée composée de blocs bien équarris au parement externe nettement ravalé.

Les murs

• *Le mur sud*

L'enceinte méridionale, longue de plus de 80 m, repose au sommet d'une dénivellation de terrain. Elle est renforcée par les tours T. I et T. II tandis qu'une troisième, T. III, marque son extrémité orientale à l'angle sud-est du bâtiment. Son tracé n'est pas tout à fait rectiligne puisque le mur décrit, à 5 m du côté oriental de la tour T. I, un décrochement de 2,50 m vers le sud avant de se poursuivre vers l'est jusqu'à la tour T. II, puis, sur le même axe, continuer jusqu'à la tour T. III. Cette irrégularité traduit la volonté des constructeurs d'adapter le tracé du rempart aux accidents du terrain en épousant le bord du relief accidenté du promontoire rocheux. Deux tronçons de l'enceinte présentent aujourd'hui des élévations relativement bien conservées : le premier, nommé M. I sur le plan, se situe entre les tours T. I et T. II ; le second, appelé M. II, se trouve entre les tours T. II et T. III (**fig. 414**).

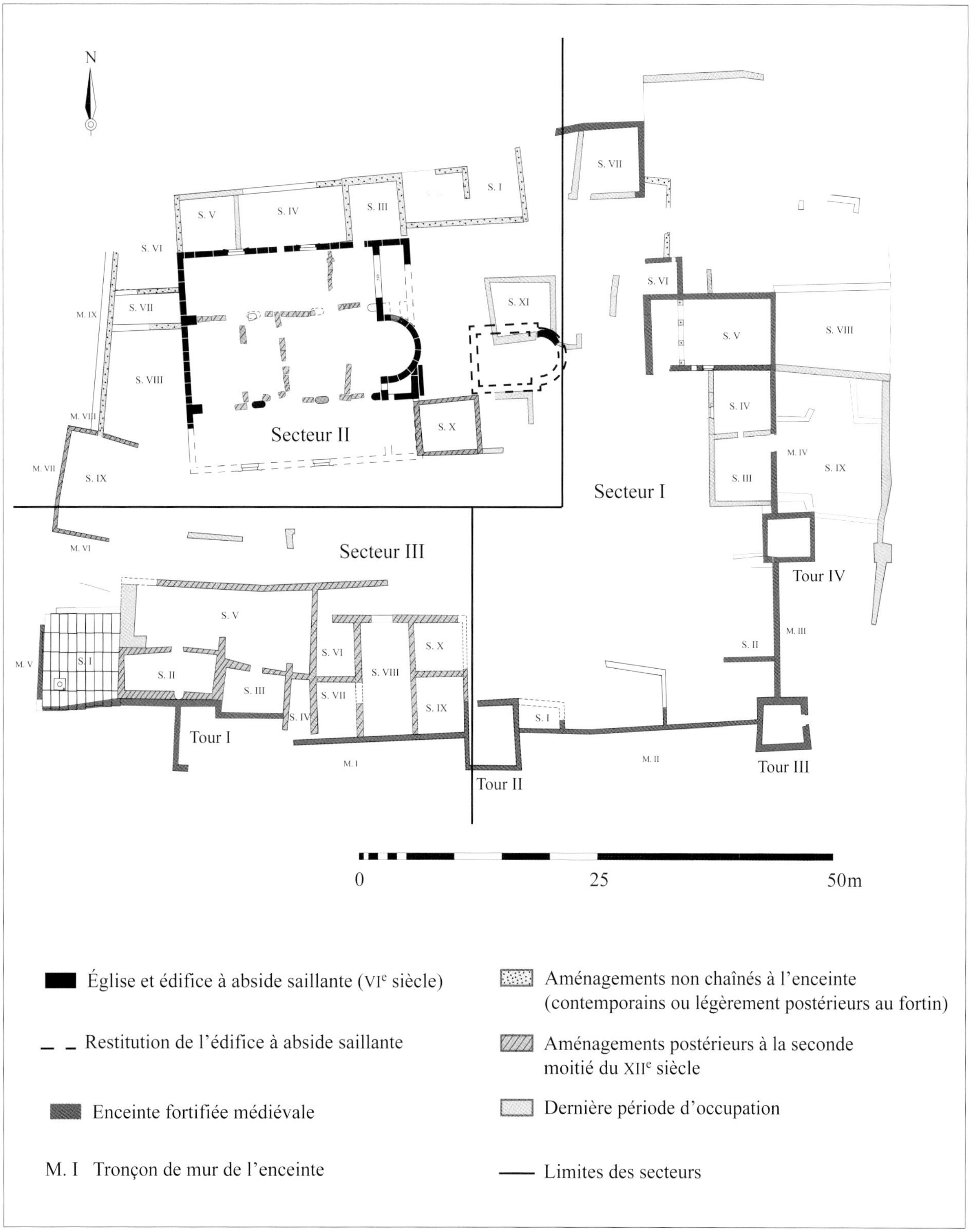

Fig. 412 — *Plan du bâtiment fortifié (© B. Riba).*

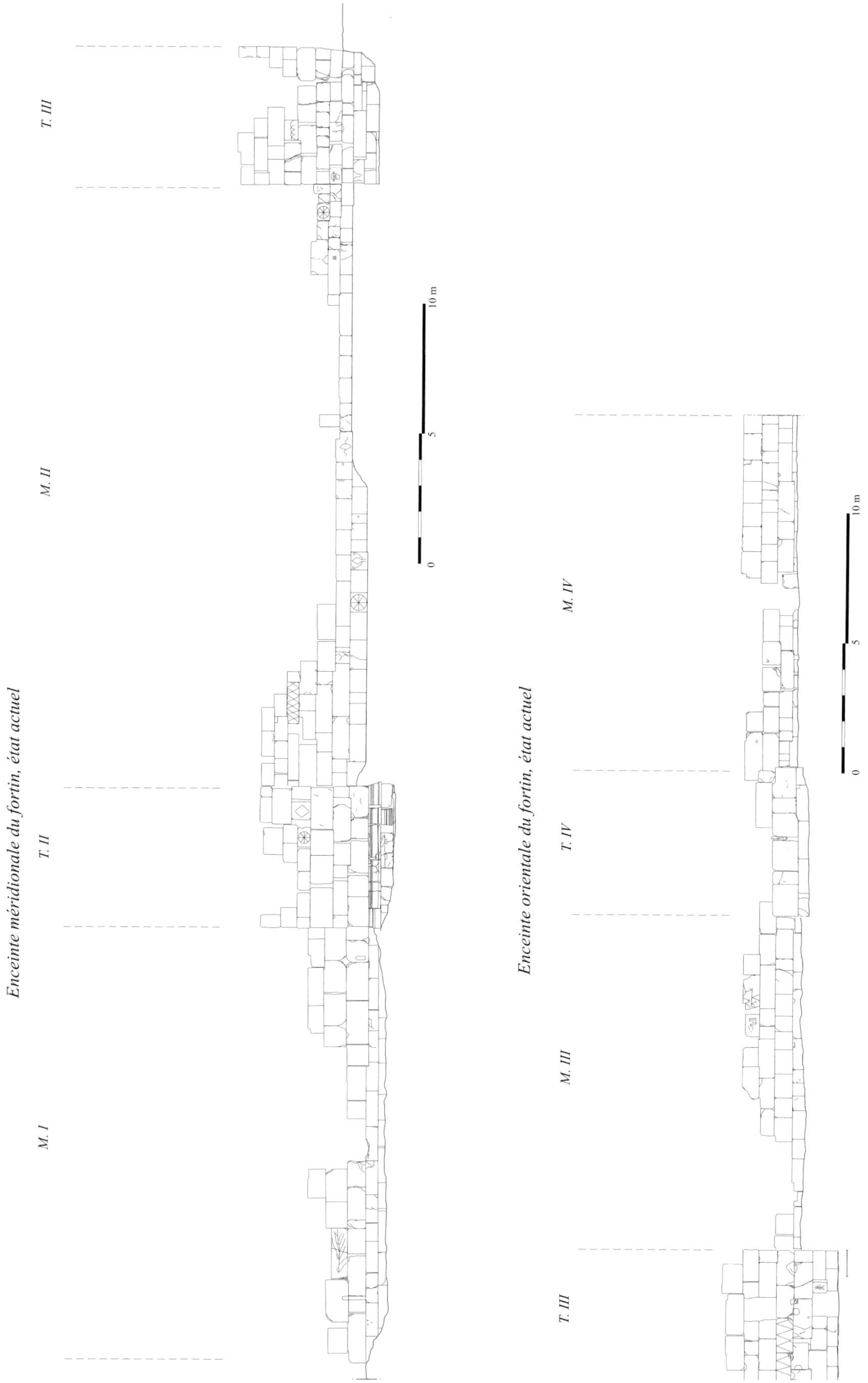

Fig. 413 — *Enceinte fortifiée (© B. Riba).*

Fig. 414 — *Vestiges de l'enceinte du bâtiment fortifié. Vue depuis le sud-est (© B. Riba).*

L'assise de base du segment de mur M. I se présente sous la forme d'un empattement sur lequel repose une élévation de deux assises composées de blocs de grands modules placées entre deux assises moins élevées. Le mur d'enceinte M. II, bien préservé dans sa partie occidentale, offre à ce niveau une hauteur de sept assises. Un vide volontairement laissé entre deux blocs forme à la hauteur de la quatrième assise une petite ouverture d'une quinzaine de centimètres. Une seconde, plus large, est pratiquée au niveau de l'assise supérieure. L'angle de celle-ci est en contact avec la précédente par le biais d'un espace laissé par l'absence d'une arase. La partie centrale de l'enceinte, beaucoup plus endommagée, ne compte plus qu'une à deux assises visibles. Aucun indice ne permet de conclure à une éventuelle brèche infligée par un quelconque assaillant. La construction, plus fragile à cet endroit, a simplement subi les détériorations causées par l'abandon du bâtiment. La plupart des blocs d'effondrement, amoncelés sur les pentes en contrebas de l'enceinte, demeurent intacts à leur point de chute. À son extrémité orientale, le rempart un peu mieux conservé présente une élévation de trois assises. Plusieurs éléments de remploi, reconnaissables aux moulures sculptées qui les caractérisent, sont parfaitement intégrés dans les maçonneries du mur d'enceinte M. II. Ils sont disposés de manière à dissimuler leur partie décorée. Notons enfin sur les deux tronçons M. I et M. II la présence de *graffiti* et de décors géométriques gravés sur certains parpaings.

Les segments de mur M. I et M. II, harpés aux tours flanquantes T. I, T. II et T. III de l'enceinte sud, font à l'évidence partie d'un seul programme de construction. Pour autant, leur conception révèle un fait notable : l'appareil des murs diverge d'un tronçon à l'autre. En effet, le mur M. I témoigne d'une technique caractérisée par des assises de hauteurs variables tandis que le mur M. II se distingue par des assises beaucoup plus régulières. L'édification de l'enceinte méridionale semble donc être l'œuvre de deux équipes d'ouvriers ayant employé des procédés différents, à moins qu'une seule équipe ait pris la décision de changer de mode de construction en cours de chantier.

• *Le mur oriental*

L'enceinte orientale du bâtiment (**fig. 413 et 426**), parfaitement rectiligne sur un axe sud/nord, est conservée sur une longueur de 35 m. Partagé en deux tronçons inégaux par la tour T. IV, le mur prend naissance depuis la façade nord de la tour d'angle T. III à laquelle il est chaîné. Cette dernière constitue l'articulation entre les façades perpendiculaires sud et est du fortin. Le segment de mur M. III s'étend sur une longueur de 14 m jusqu'à la tour T. IV. Le tronçon M. IV, conservé sur 22 m de long, est percé d'un petit accès situé à 5,5 m de la tour T. IV. L'élévation de l'enceinte est visible sur une hauteur de seulement quatre assises, les structures inférieures étant entièrement ensevelies sous une épaisse couche de terre. Contrairement aux

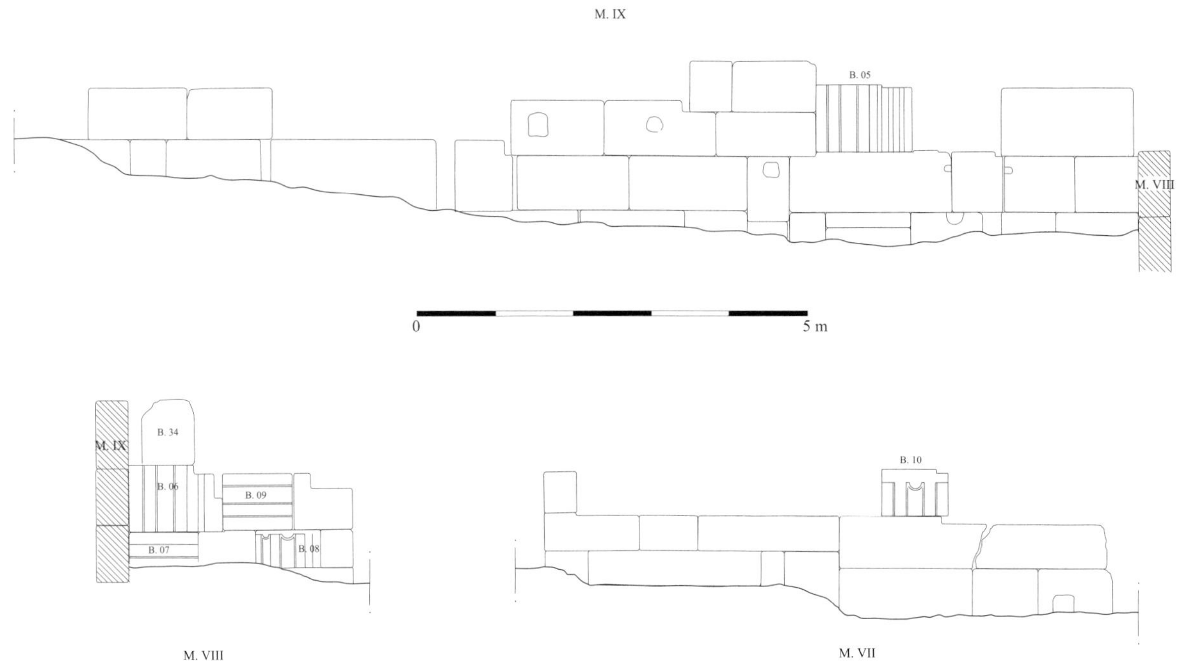

Fig. 415 — *Segments de murs qui composent « l'enceinte » ouest (© B. Riba).*

différences d'appareil constatées dans l'enceinte méridionale, les murs de part et d'autre de la tour T. IV ne se distinguent pas en termes de techniques de construction. La totalité du rempart oriental est certainement l'œuvre d'une seule équipe d'ouvriers. Enfin, à l'instar du mur sud, on observe l'utilisation de remplois judicieusement intégrés dans les assises du mur ainsi que la présence d'au moins un *graffito* gravé sur le parement externe.

• *Le mur ouest*

Aucun indice architectural probant ne permet d'affirmer que le mur construit à la limite occidentale de l'ensemble fortifié appartient réellement à l'enceinte d'origine. L'absence de tours et l'exposition ostentatoire de plusieurs blocs de remploi moulurés, contrairement à l'usage observé ailleurs, le distinguent nettement des murs précédemment évoqués. En outre, son tracé oblique qui brise le plan rectangulaire du monument est inattendu : la topographie sans obstacle à cet endroit ne justifie pas une telle orientation. Enfin, certaines parties profondément remaniées ont été édifiées à la hâte. Seul le mur M. V qui longe sur une dizaine de mètres le côté ouest du réservoir d'eau s'apparente aux murs d'enceinte sud et est : exempt d'éléments de remploi, celui-ci présente trois assises régulières et bien ajustées. Ce tronçon est donc certainement contemporain de la construction du rempart.

Plus au nord, la limite ouest du fortin est définie par une construction composée de plusieurs segments de mur (**fig. 415**). Elle comprend deux parties distinctes : un tronçon de mur rectiligne nommé M. IX, auquel s'ajoutent plus tard trois segments de murs harpés les uns aux autres. Cette deuxième partie présente deux petits côtés, M. VI et M. VIII, perpendiculaires au mur M. VII. Les vestiges du mur M. IX, partiellement conservés sur une quinzaine de mètres, s'élèvent sur trois assises. Les décrochements, créés par la variation de hauteur entre les blocs, forment des assises moins régulières par rapport à celles observées dans d'autres parties du rempart. La présence d'un bloc de remploi dont les moulures (B. 05) sont exposées du côté du parement externe contraste également avec l'effort constaté ailleurs pour dissimuler les parties ornées dans l'appareil des murs. Cependant, le bloc isolé a pu être placé là plus tard, au moment de la construction des murs voisins M. VI, M. VII et M. VIII. En effet, ces derniers ne montrent aucune attention particulière quant à la disposition des éléments de remploi, fait caractéristique d'une période plus tardive. Le petit segment de mur M. VIII ne comporte pas moins de cinq blocs de ce type (B. 06, B. 07, B. 08 et B. 09) dont les moulures traduisent l'appartenance à une même famille. Le mur M. VII, marqué au centre par un « coup de sabre », présente un grand linteau de porte remployé sur lequel repose un bloc (B. 10) orné de moulures similaires à celles des éléments utilisés dans la construction du mur M. VIII. Le mur M. VI ne peut être étudié, car il affleure à peine la surface du sol actuel.

Les tours

Quatre tours ont été localisées. Deux d'entre elles (T. I et T. II), de plan rectangulaire, flanquent l'enceinte méridionale ; une tour de plan carré (T. III) marque l'angle sud-est du monument ; enfin, une tour rectangulaire (T. IV) est intégrée au rempart oriental. Les tours T. I et T. IV sont dans un état de délabrement avancé ; les autres, relativement bien conservées, sont essentiellement visibles du côté de leur partie saillante par rapport à l'enceinte. Du côté intérieur, ces constructions sont presque entièrement ensevelies sous l'épaisse couche de terre contenue dans le bâtiment.

• *La tour T. I*

La tour T. I se situe dans la partie occidentale du rempart sud (**fig. 416**). La construction, de plan rectangulaire (7,50 x 5 m), est insérée dans un décrochement de l'enceinte. Le petit côté nord s'aligne sur la dernière portion de rempart qui se poursuit jusqu'au réservoir d'eau. La façade ouest est axée dans le prolongement du *miḥrāb* d'une petite mosquée (S. II) adossée au parement interne de l'enceinte. L'angle sud-ouest de la tour, en partie dégagé, révèle une base moulurée qui prend appui sur une assise qui devait être dissimulée, à l'origine, sous un terre-plein. Le profil de la moulure, très simple, comprend du bas vers le haut une bande, un anglet, un cavet, un bandeau, une fasce et un large espace (**fig. 417a**).

Fig. 416 — *Vestiges de la tour T. I (© B. Riba).*

• *La tour T. II*

La tour T. II est une construction massive (7 x 6 m) située à égale distance des tours T. I et T. III (**fig. 418 et 421**). La partie saillante présente une avancée de 4 m par rapport au mur d'enceinte ; la partie interne, détériorée et enfouie sous terre, n'offre plus que deux assises visibles en surface. L'accès à la tour, non localisé, s'effectuait nécessairement depuis l'intérieur du bâtiment.

Les trois côtés de la partie saillante de la tour s'élèvent sur une hauteur de neuf assises. Le soubassement, initialement dissimulé sous un terre-plein, est aujourd'hui à nu en raison d'un glissement de terrain. Il se compose d'éléments de remploi parmi lesquels se distinguent un seuil de porte (B. 25) et un bloc mouluré (B. 26). À l'origine, le niveau du sol antique se plaçait à la hauteur de la base moulurée de la tour (**fig. 419**). Le décor de cette dernière est marqué par une rupture à l'angle sud-ouest de la construction : en effet, les façades est et sud présentent chacune une moulure identique composée d'un bandeau, d'un anglet, d'une doucine, d'une bande, d'un tore et deux fasces, tandis que la façade occidentale offre une composition semblable au profil de type « attique » observé sur les bases de colonne, à savoir une large plinthe surmontée d'une scotie comprise entre deux tores (**fig. 417bc et 420**). Au-dessus de la base moulurée, les assises se succèdent selon une technique qui obéit globalement au principe fondé sur l'alternance d'une assise haute et

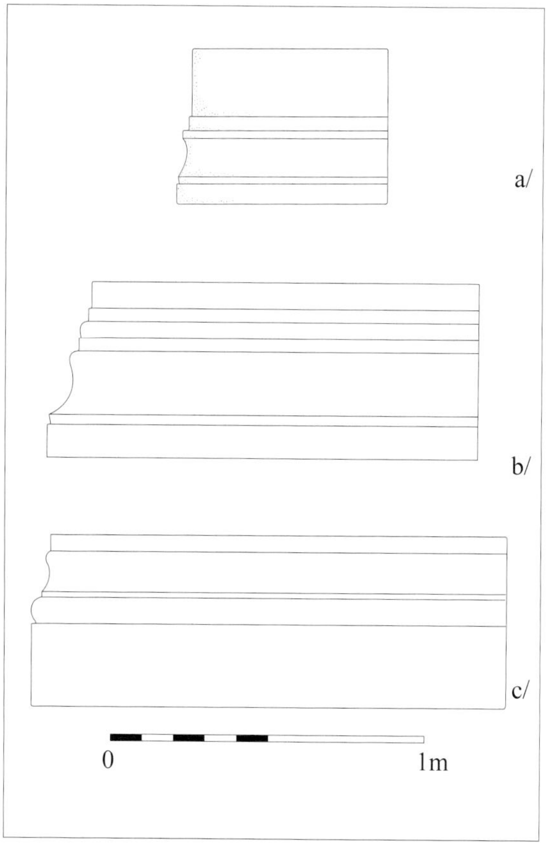

Fig. 417 — *Profils moulurés à la base des tours : a/ T. I, b/ et c/ T. II (© B. Riba).*

Fig. 418 — *La tour T. II vue depuis le sud-est (© B. Riba).*

Fig. 419 — *Base moulurée de la tour T. II (© B. Riba).*

Fig. 420 — *Détail de la base de la tour T. II : angle au niveau duquel s'opère le changement de moulure (© B. Riba).*

d'une autre moins élevée. Cette régularité est néanmoins rompue par la dernière assise constituée de parpaings de faible hauteur. Une lucarne est pratiquée par un vide laissé au niveau de la quatrième assise située au-dessus de la base. Les côtés de la tour sont aveugles. La façade sud présente au moins un bloc de remploi (B. 01) au niveau de la deuxième assise. Enfin, on note plusieurs *graffiti* et décors géométriques sur chaque façade de la construction.

L'intérieur de la tour est comblé de terre et de débris jusqu'à la hauteur de la troisième assise. Le parement interne des murs est sommairement dégrossi au pic, à l'exception de certains blocs qui ont bénéficié d'un travail plus soigné. Parmi eux, un élément intégré dans la façade méridionale, dont seule la partie supérieure affleure le niveau du sol actuel, présente le sommet cintré d'une large niche. Un grand placard rectangulaire est également aménagé dans le parement de la façade ouest. Bien que le plancher ne soit pas attesté par la présence de négatifs, la hauteur de la tour suffit à suggérer l'existence d'un étage. Les encoches prévues pour loger les poutres du plancher sont certainement enfouies sous terre, entre la seconde et la troisième assise. Aucun indice ne permet de déterminer le système de couverture utilisé.

La tour T. II est donc un ouvrage architectural hermétique par rapport à l'extérieur. L'emploi de blocs de grand module alternés avec des parpaings plus petits rappelle la technique utilisée dans la construction du mur M. I, de sorte qu'une seule équipe d'ouvriers semble avoir édifié d'une traite, selon un mode de construction analogue, le tronçon de l'enceinte ouest M. I, la tour T. II et probablement la tour T. I qui présente les mêmes caractéristiques.

• *La tour d'angle T. III*

La construction, de plan carré (5 m de côté), marque l'angle sud-est du bâtiment. Les trois quarts de la tour sont en saillie par rapport à l'enceinte, laissant l'angle nord-ouest inclus à l'intérieur de l'édifice (**fig. 422 et 425**). La tour T. III, assez bien préservée, atteint une hauteur de 5,50 m. Les façades ouest et sud s'élèvent sur dix assises ; la façade orientale, en partie dissimulée sous un champ cultivé en terrasses[3], n'est visible qu'à partir de la quatrième assise. La construction offre des assises assez régulières constituées de blocs moins imposants comparés à ceux utilisés dans les tours T. I et T. II. Aussi, à l'inverse de ces dernières, la base de la tour se caractérise par l'absence de moulures.

La façade occidentale (**fig. 425a**) de la tour est partagée en deux parties inégales par le mur d'enceinte auquel elle

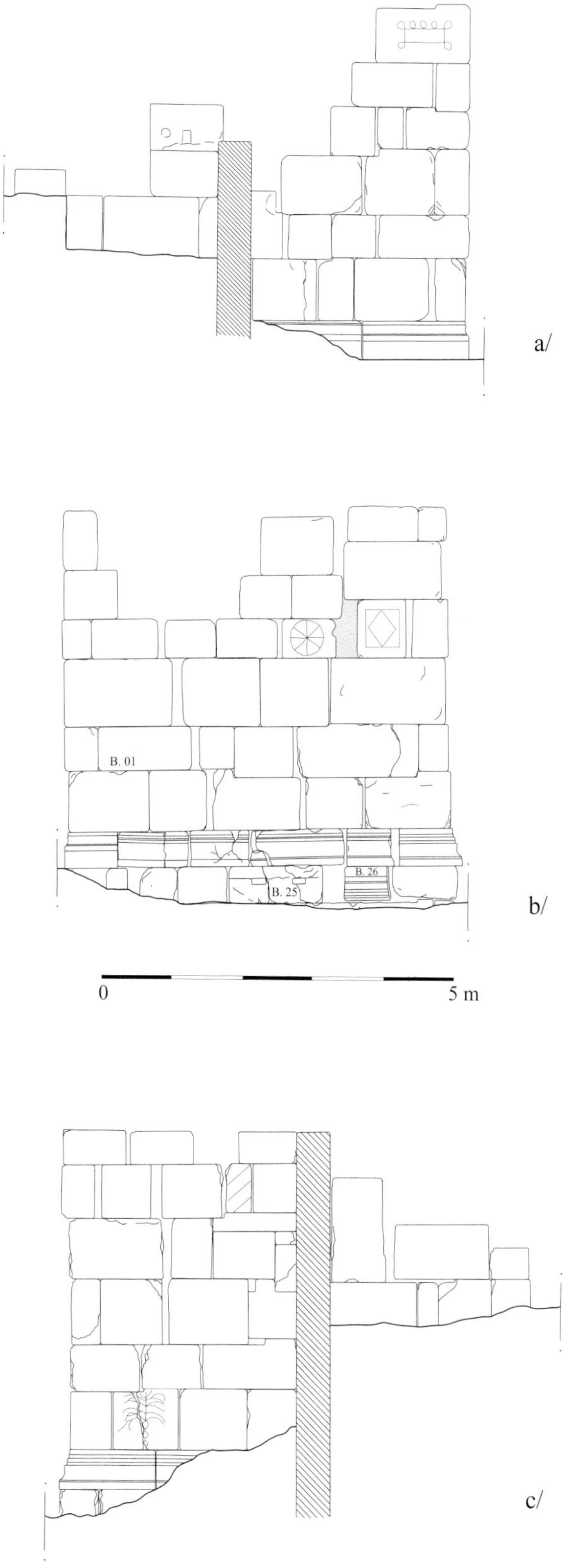

Fig. 421 — Tour *T. II, façades a/ ouest, b/ sud, c/ est (© B. Riba).*

3. Le champ, constitué par la terre accumulée sur le côté oriental depuis les pentes du ǧebel Dueli, est contenu par un mur de rétention moderne composé de blocs antiques. Cette construction assez précaire s'appuie contre l'angle sud-est de la tour.

Fig. 422 — *Tour d'angle T. III : a/ vue depuis l'ouest ; b/ vue depuis le sud-est (© B. Riba).*

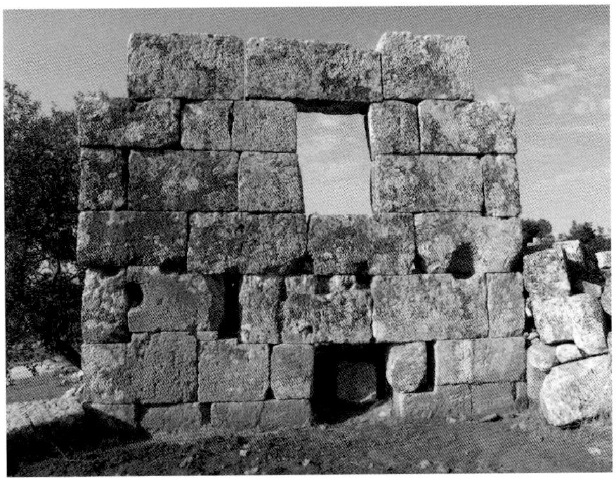

Fig. 423 — *Façade orientale de la tour T. III (© B. Riba).*

Fig. 424 — *Inscription hébraïque gravée sur la façade est de la tour T. III (© B. Riba).*

est chaînée. La partie incluse à l'intérieur du bâtiment, mal préservée, est enfouie sous terre. En revanche, la partie externe est presque dégagée jusqu'à sa base. D'emblée, l'attention est retenue par un élément de remploi intégré au sein de la quatrième assise, dont la présence contredit la pratique observée ailleurs dans le rempart qui consiste à camoufler la partie ornée des blocs réutilisés. En effet, le bloc affiche de manière ostensible sa face moulurée du côté du parement externe de la façade. Cette anomalie, difficilement explicable en l'état des vestiges, pourrait provenir de l'aspect du parement interne du bloc dont les irrégularités n'ont laissé d'autre choix au constructeur que de le disposer de cette façon. Cette éventualité ne peut être vérifiée en raison de la terre et des débris qui encombrent l'intérieur de la tour. Quoi qu'il en soit, cet élément d'architecture au décor délibérément exposé vers l'extérieur étonne dans une enceinte qui témoigne, au sud comme à l'est, du souci d'élever un ouvrage architectural homogène et harmonieux privé de remplois apparents.

La façade méridionale de la tour (**fig. 425b**), visible jusqu'à sa base, permet de constater la présence d'un empattement qui forme une saillie de 10 cm. La façade s'élève sur dix assises de hauteurs variables, mais globalement assez faibles. Une petite fenêtre rectangulaire placée au niveau de la huitième assise, dans la partie ouest de la façade, est constituée par un simple vide laissé entre deux blocs. L'épaisseur de l'ouverture est pourvue de petites encoches qui permettaient de loger des barreaux. Une seconde fenêtre apparaît à la hauteur de la quatrième assise. Plus étroite que la précédente, cette ouverture ne possède aucun système de fermeture. Plusieurs blocs de la façade portent des *graffiti* figuratifs ou géométriques.

La façade orientale (**fig. 423 et 425c**) est percée de deux ouvertures superposées intégrées dans l'appareil du mur. Le niveau du seuil de l'entrée inférieure n'est pas visible, les trois premières assises de la tour étant enfouies sous terre. L'ouverture supérieure est un petit accès dont la hauteur, qui n'excède pas 1,20 m, correspond à deux assises. Un négatif dans l'épaisseur de la porte indique l'existence d'un battant unique qui pivotait vers l'intérieur de la tour. Le bloc qui joue le rôle de linteau appartient à la dernière assise conservée dont il ne subsiste plus que trois parpaings. Les parties hautes de la tour, aujourd'hui disparues, ne permettent pas de restituer le type de couverture. Toutefois, l'hypothèse la plus envisageable pour ce type de construction de plan carré est celle d'un toit à quatre pentes comparable aux nombreux bâtiments paléochrétiens carrés recensés dans la région tels que les baptistères[4]. Une série d'encoches aménagée entre les deux ouvertures, au niveau de la jointure des deux assises qui les séparent, témoigne de l'installation d'une plateforme d'accès en bois devant la façade, contemporaine ou bien postérieure à la construction de la tour. Juste en dessous, une ouverture étroite, de type « meurtrière », est pratiquée au niveau de la troisième assise, du côté sud de l'entrée inférieure. Celle-ci, dédiée à la surveillance, évoque la petite lucarne aménagée dans le mur sud de la tour T. II. La façade, comme les autres, possède plusieurs décors géométriques gravés ainsi qu'un *graffiti*. Cependant, elle se distingue par la présence d'une inscription hébraïque gravée sur le bloc d'angle situé du côté nord de la porte inférieure, à la hauteur de la première assise visible à partir de la surface du sol actuel (**fig. 424**). Ce témoignage épigraphique, qui mentionne à deux reprises le nom *« Abraham »*, [5] laisse le souvenir du passage d'une communauté juive à Kafr ʿAqāb. Il s'associe à un symbole judéo-chrétien gravé sur l'assise supérieure qui figure une palme, ou *lulav*, bien connu dans le répertoire iconographique juif et chrétien (**fig. 432** - G. 16). Le *lulav* accompagne parfois les représentations de *menorah* sur les linteaux des constructions antiques de Palestine[6].

Les vestiges de la façade septentrionale se réduisent à deux assises chaînées au mur d'enceinte oriental. L'intérieur de la tour, comblée de terre, de débris et de blocs d'effondrement, laisse cinq assises apparentes. Le parement interne, sommairement dégrossi, est dépourvu de niches et de placards. Une série d'encoches, située à la jointure des deux assises qui séparent les accès de la façade orientale signalent la hauteur du plancher de l'étage.

L'emplacement de la tour à l'angle sud-est de l'enceinte fait de cette construction une composante architecturale majeure du fortin. Plusieurs aspects la distinguent de la tour T. II. D'une part, le caractère hermétique s'est estompé au profit d'une construction tournée vers l'extérieur. En effet, on ne compte pas

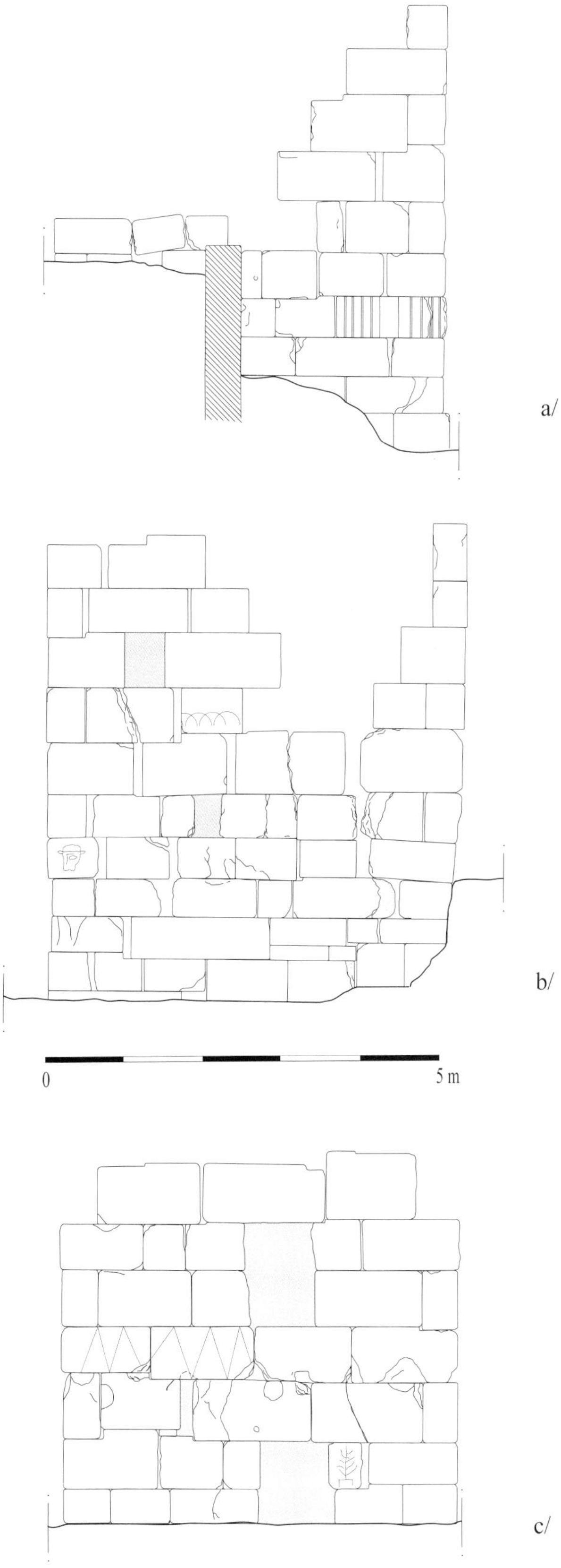

Fig. 425 — *Tour T. III : a/ façade ouest ; b/ façade sud ; c/ façade est (© B. Riba).*

4. Sodini et Biscop 2011, p. 48.
5. Je remercie le très regretté P. Bordreuil ainsi que le père E. Puech qui ont eu la gentillesse de faire la lecture de l'inscription.
6. Dauphin 1993, p. 223-242.

Fig. 426 — *Vestiges du rempart oriental avec sa tour T. IV (© B. Riba).*

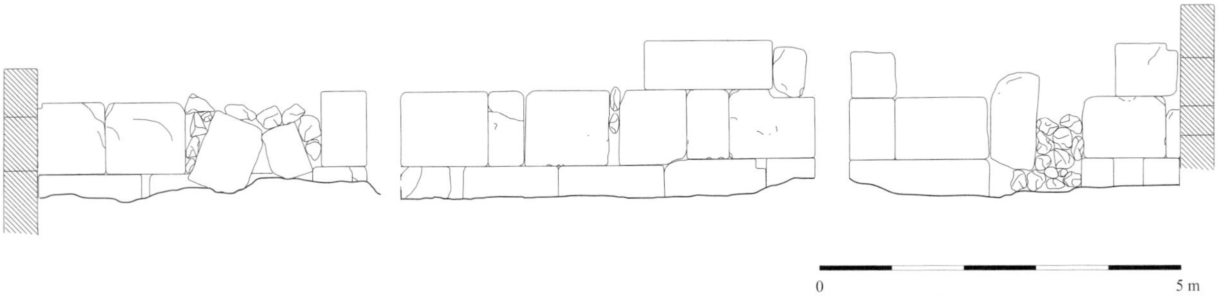

Fig. 427 — *Vestiges visibles de la tour T. IV (© B. Riba).*

moins de cinq ouvertures sur les façades les plus exposées, sud et est, alors que la tour T. II ne présente qu'une étroite fenêtre du côté sud. Les tours permettaient d'exercer un contrôle constant de la zone méridionale du site par laquelle s'effectuait l'essentiel des passages vers l'intérieur du village, mais les portes pratiquées dans la façade orientale de la tour t. III, qui donnaient directement sur l'extérieur, remettent en cause l'aspect strictement défensif du bâtiment. D'autre part, l'appareil de la tour, constitué d'assises peu élevées et d'une hauteur relativement constante, s'apparente à la technique utilisée dans la construction du mur d'enceinte M. II. Il diffère donc de l'appareil observé dans la tour T. II et le mur M. I. Enfin, contrairement aux tours T. I et T. II, celle-ci ne possède pas de base moulurée.

• *La tour* T. IV

La construction affecte un plan quasiment carré (5 x 5,5 m). Elle offre une avancée de 4,60 m par rapport à l'enceinte (**fig. 426 et 427**). Les murs conservés sont presque entièrement enfouis sous terre. Seules trois assises sont apparentes en surface. La première affleure à peine le niveau du sol actuel ; la seconde, bien préservée, est visible dans sa totalité ; la troisième, enfin, est seulement représentée par un bloc du côté nord, et un second du côté de la façade orientale. Aucun indice ne permet de situer l'accès de la tour. Il n'est donc pas possible de savoir s'il existait une entrée du côté extérieur, à l'image de la tour T. III. L'intérieur de la construction, comblé par un amoncellement de débris, ne livre aucune information supplémentaire sur les aménagements susceptibles de s'y trouver.

L'emplacement de l'entrée principale

L'état de conservation très médiocre de l'édifice rend épineuse la question de la localisation de l'entrée principale. D'après le type de fortin en présence, et selon les exemples connus dans la région, il serait logique de concevoir une ouverture flanquée de tours. Ce type d'entrée, de tradition très ancienne, est en effet employé de manière exclusive chez les Byzantins et se retrouve également, plus ou moins fréquemment, dans l'architecture militaire franque. Dans le Massif calcaire les exemples les plus connus, à Qalʿat Semʿān[7] et à El-Bāra[8], présentent une porte encadrée par deux massifs rectangulaires pleins. Aucune trace d'un tel dispositif n'apparaît à Kafr ʿAqāb. L'absence d'accès au sud est assurée ; quant aux ouvertures localisées sur le côté oriental (mur M. IV ; tour T. III), celles-ci, loin de répondre aux conditions requises pour constituer de véritables entrées, étaient de simples accès secondaires qui permettaient d'exercer un contrôle direct sur la zone orientale du village, et dont le rôle pouvait éventuellement être lié à l'approvisionnement du bâtiment. Un troisième accès a été localisé entre les constructions S. VI et S. VII, dans le secteur nord-est de l'édifice, mais la fragilité de l'installation et l'étroitesse de son ouverture n'autorisent pas non plus d'envisager l'emplacement de l'entrée principale à cet endroit. De son côté, le mur ouest, à supposer qu'il appartienne bien au mur d'enceinte, ne laisse aucune possibilité d'ouverture[9].

Le côté nord du fortin, dont il ne reste quasiment aucun vestige aujourd'hui, paraît donc le plus approprié[10]. Deux arguments permettent d'appuyer cette hypothèse. D'une part, nous venons de le voir, l'étude des côtés sud, est et ouest de l'enceinte n'autorise nulle part la présence de l'entrée principale telle qu'on la conçoit au sein d'un ensemble fortifié semblable à celui-ci. D'autre part, un accès tourné vers le nord répondrait à la logique architecturale du bâtiment fondée sur le souci de protection qui se traduit en grande partie par le repli de la construction sur elle-même, et la volonté délibérée de rompre avec l'extérieur. Dans ce contexte, il paraît naturel de placer l'entrée à l'opposé du côté le plus exposé de l'édifice, c'est-à-dire vers l'intérieur du promontoire rocheux sur lequel se concentrent les habitations. Cette situation permettait à la fois de cloisonner le côté sud tourné vers l'extérieur et de faciliter la communication avec le village proprement dit. De cette façon, d'éventuels assaillants ne pouvaient pas parvenir aux portes du fortin sans être repérés de loin et se heurter d'abord à l'enceinte sud, hermétique. Il fallait donc obligatoirement contourner le bâtiment pour accéder à celui-ci. En définitive, le fortin perpétue en quelque sorte un trait caractéristique de l'architecture domestique paléochrétienne : comme les maisons, l'édifice retranché sur lui-même tournait le dos à l'extérieur pour s'ouvrir vers l'intérieur du village.

Problématique du tracé du rempart

Le tracé de l'enceinte laisse des zones d'ombres que seuls des travaux archéologiques de grande ampleur permettraient d'éclairer. L'étude précédente a montré que les murs conservés de l'enceinte, au sud et à l'est, ont été construits d'un seul tenant. Leurs tracés, qui dessinent une partie non négligeable des contours de l'édifice, esquissent un plan simple attendu pour cette catégorie de fortin : un quadrilatère défini par une enceinte flanquée de plusieurs tours. Ce schéma n'est pas sans évoquer celui de la fortification élaborée d'El-Ḥoṣn, à El-Bāra[11], et il est tentant d'envisager ici un édifice comparable par son plan : en effet, en complétant les parties manquantes dans la continuité des murs existants, on obtiendrait un ensemble au tracé relativement régulier pourvu de dix tours. Néanmoins, les trois tours d'angle non localisées ne permettent pas de s'en assurer. Du côté nord-est, l'unique structure qui semble correspondre à la phase de construction du rempart est celle de la salle S. VII dont les murs est et nord présentent un appareil semblable à celui de l'enceinte orientale. Pourtant, la construction isolée ne s'aligne pas sur le rempart dont le tracé s'interrompt au niveau de l'angle nord-est de la salle S. V. Quant aux angles nord-ouest et sud-est du bâtiment, ni l'un ni l'autre n'a laissé de trace indiquant la présence de tours. Ainsi, à l'inverse du côté oriental de l'édifice, l'organisation et la limite du secteur ouest restent à ce jour très incertaines, si bien qu'une extension du bâtiment au-delà des vestiges visibles n'est pas exclue. Quelques structures qui affleurent le sol actuel du côté occidental du réservoir d'eau pourraient effectivement appartenir à des constructions associées au fortin. Si tel était le cas, l'hypothèse selon laquelle le mur ouest actuellement visible pourrait faire partie de l'enceinte serait à écarter.

Le tracé du rempart est donc difficile à définir à la seule lecture des vestiges apparents. Les enceintes sud et est suggèrent un plan rectangulaire à peu près régulier. À l'instar de certains fortins de la région construits à l'emplacement d'un complexe religieux antérieur, il est probable que l'enceinte fortifiée ait plus ou moins respecté

7. Biscop et Sodini 1986, p. 1693.

8. Tchalenko 1953-1958, II, pl. LXXXI ; Fourdrin 1995b, p. 341-407.

9. D'après les pères franciscains, il ne fait aucun doute que le bâtiment était complètement fermé du côté occidental (Peña *et al.* 1999, p. 85).

10. Les pères franciscains situent également l'entrée du côté nord de l'édifice sans en préciser toutefois l'endroit exact, ni se prononcer sur les raisons qui les ont conduits à formuler cette affirmation (Castellana 1987, p. 167 ; Peña *et al.* 1999, p. 85).

11. Tchalenko 1953-1958, II, pl. LXXXI ; Fourdrin 1995b, p. 403, fig. 42.

le tracé d'un ancien mur de clôture associé au sanctuaire protobyzantin. Cette pratique s'applique essentiellement dans le cas des monastères antiques, notamment à Qal'āt Sermāda[12], dans les sanctuaires de hauts-lieux du Šeiḫ Barakāt[13], à Srīr[14], à El-Ḥoṣn[15], et dans le complexe de Qal'at Sem'ān où la fortification de la fin du xe siècle suit le tracé de la *mandra* protobyzantine[16]. Ces exemples, parmi d'autres[17], militent en faveur d'un édifice construit à l'emplacement d'un monastère protobyzantin, mais il convient de rappeler que la clôture n'était pas exclusivement réservée aux couvents. Certains complexes ecclésiastiques possédaient également un enclos, comme ceux de Qalblōze et de Bizzos à Ruweiḥa. Enfin, notons le site d'El-Ḥoṣn[18], à El-Bāra, où l'église antique fut pourvue d'une enceinte fortifiée dont le plan en forme de quadrilatère flanqué de dix tours pourrait s'apparenter à celui du monument de Kafr 'Aqāb. On ignore cependant si le rempart d'El-Ḥoṣn, beaucoup plus sophistiqué par rapport à celui de Kafr 'Aqāb, suit le tracé d'un mur de clôture plus ancien.

Décors géométriques gravés et graffiti

Vingt-trois *graffiti* ont été répertoriés. Parmi eux, vingt demeurent en place sur l'enceinte ; trois autres ont été découverts sur des parpaings effondrés, laissés à leur point de chute. Deux principaux types ont été identifiés : les *graffiti* géométriques, abstraits ou bien figurant des symboles issus du répertoire iconographique chrétien, et les représentations anthropomorphes, animalières ou végétales également porteurs d'une symbolique chrétienne.

Le premier groupe compte huit motifs à caractère géométrique (**fig. 428**)[19]. Le plus souvent, ce sont de simples traits rectilignes ou obliques qui se croisent parfois pour former des losanges ou des triangles. D'autres motifs sont circulaires, comme le *graffito* G. 14 caractérisé par une série de demi-cercles sécants, et le *graffito* G. 02 illustré par un rectangle orné de boucles à chaque angle et sur les côtés. Certains représentent aussi des croix[20] comme les motifs à six branches inscrites à l'intérieur d'un cercle (G. 04, G. 08, G. 11) qui évoquent les symboles judéo-chrétiens appelés « croix des vents », gravés sur des monuments antiques de Palestine[21]. Une croix à quatre branches occupe également l'intérieur d'une figure à peu près carrée ; une autre, enfin, est représentée par deux carrés superposés qui forment une étoile à six branches (G. 03, G. 23).

Le deuxième groupe de *graffiti* comprend deux figures anthropomorphes, G. 09 et G. 10, gravées sur le rempart méridional au niveau du tronçon M. II (**fig. 429 et 432**). Le second, moins soigné par rapport au premier, semble avoir été laissé à l'état d'ébauche. Le dessin schématique figure un orant, les bras levés dans l'attitude de la prière, du recueillement et de la contemplation. La tête en amande du personnage évoque de manière très stylisée les représentations de saints coiffés d'une cuculle telles qu'elles apparaissent, par exemple, sous les traits de Saint-Syméon sur certaines eulogies[22], ou bien d'autres figurations de stylites[23]. La figure de l'orant G. 10, plus fantaisiste, montre ce qui semble être des bras sinusoïdaux de part et d'autre de la tête en mandorle. Ces représentations humaines s'ajoutent aux rares témoignages de ce type connus dans le Massif calcaire[24]. Deux représentations animalières ont aussi été localisées. Le *graffito* G. 13, qui occupe la surface d'un bloc en place dans la façade sud de la tour T. III (**fig. 430 et 432**), affiche une tête de bovin dont on peut observer le museau, l'œil et les oreilles malgré son caractère schématique. Le *graffito* G. 21, gravé sur un bloc laissé à son point de chute, est beaucoup plus réaliste : il figure le corps bien proportionné d'un animal avec ses pattes et sa queue. Ce type de témoignage est plutôt rare dans la région à partir de la période protobyzantine[25].

Enfin, quatre motifs végétaux ont été recensés (G. 01, G. 05, G. 16, G. 20. Ce sont des arbres dessinés de façon très stylisée : des lignes sinueuses évoquent les branches qui s'échelonnent de part et d'autre d'un tronc commun (**fig. 431 et 432**). Parmi ces motifs, rappelons la palme G. 16, ou *lulav*, associée à l'inscription hébraïque située

12. Tchalenko 1953-1958, I, p. 123 ; Tchalenko 1953-1958, II, pl. CCIV.
13. Tchalenko 1973, p. 115-128 ; Callot 1997, p. 736-738.
14. Callot 1997, p. 738-740; sur ce sanctuaire, voir également Callot et Gatier 1998, p.153-155.
15. Peña *et al.* 2003, p. 39-47 ; Castellana et Hybsch 1990, p. 311-323, essentiellement pour le plan de l'édifice que l'on trouve également dans Callot et Gatier 1999, p. 684, fig. 3.
16. Biscop et Sodini 1983, p. 372.
17. Voir la liste des vestiges médiévaux dans Tchalenko 1953-1958, III, p. 113-127.
18. Tchalenko et Baccache 1979, pl. 257, fig. 420 ; Tchalenko et Baccache 1979, pl. 290, fig. 473. Il n'est pas exclu que le complexe ecclésial de l'est, à Kafr 'Aqāb, fût également pourvu d'une enceinte.
19. G. 02, G. 03, G. 06, G. 07, G. 14, G. 15, G. 17, G. 19.
20. G. 04, G. 08, G. 11, G. 12, G. 23.
21. Dauphin 1993, p. 229-230.
22. Voir notamment Sodini *et al.* 2011, p. 761-780.
23. Peña *et al.* 1987.
24. Dans la région, les représentations humaines sont souvent des stylites (Lassus 1947a, pl. XL, XLV et XLVI ; Butler 1929, p. 135, fig. 141 ; Peña *et al.* 1987). Notons aussi la représentation gravée d'un moine sur un bâtiment de la localité de Kaukanāyā (Peña, 1992, p. 119). Il existe cependant des exceptions : le Christ est notamment représenté entre deux anges sur la clé de voûte de l'arc triomphal de la basilique de Qalblōze (Tchalenko 1953-1958, II, pl. CCII).
25. Dans l'iconographie chrétienne, les représentations animalières sont peu fréquentes au sein du Massif calcaire. Elles se retrouvent sporadiquement dans certaines églises de la région, notamment à Kimār où apparaissent deux paons sur l'archivolte de l'arc triomphal de l'église de l'est, de part et d'autre d'un médaillon central ; à Qalblōze au-dessous d'une console où apparaît la représentation d'un bovin ; à Qal'at Sem'ān où un petit quadrupède est inséré entre deux denticules sculptés sur la façade sud de la basilique méridionale ; et à Bābisqā où un serpent est sculpté sur l'une des portes de l'église de Markyanos.

a/ b/ c/

Fig. 428 — *Motifs géométriques : a/ croisillons ; b/ cercles concentriques ; c/ croix inscrite à l'intérieur d'un carré (© B. Riba).*

Fig. 429 — *Motifs anthropomorphes (© B. Riba).*

Fig. 430 — *Motifs zoomorphes (© B. Riba).*

Fig. 431 — *Motifs végétaux (© B. Riba).*

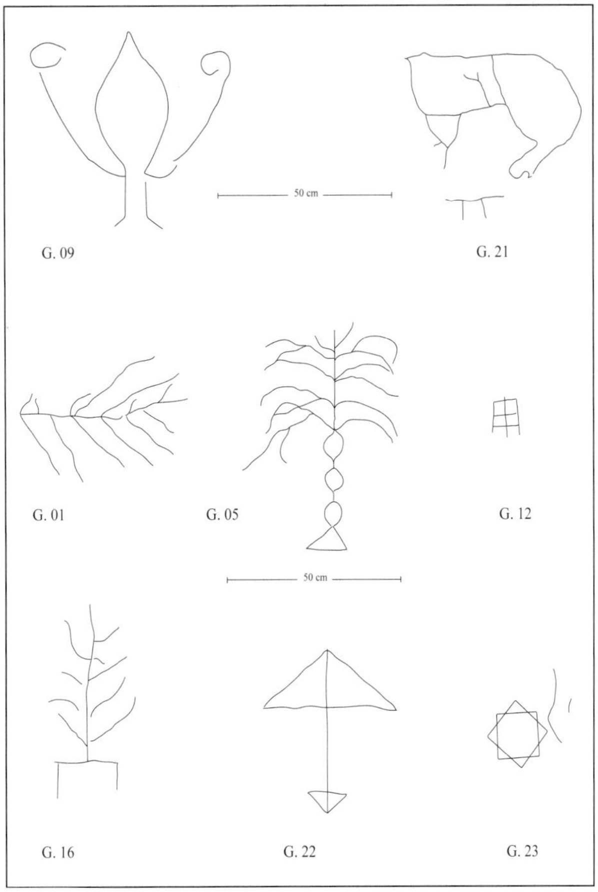

Fig. 432 — *Quelques graffiti gravés sur la fortification (© B. Riba).*

sur la tour T. III. Ce type de représentation, connu sur les monuments judéo-chrétiens palestiniens, possède ici sept branches et une base à deux pieds.

Plusieurs indices indiquent que la plupart des *graffiti* localisés du côté du parement externe du rempart ont été gravés à une période postérieure à la construction de l'enceinte fortifiée. D'une part, plusieurs motifs géométriques se poursuivent de façon continue sur deux blocs juxtaposés sur la même assise, signalant ainsi qu'ils étaient déjà en place lors de l'exécution de la gravure. D'autre part, les motifs figurés ou végétaux sont toujours orientés de bas en haut, selon le sens attendu, à l'exception du *graffito* G. 01 qui représente un arbre couché en raison de ses grandes dimensions. Enfin, l'exécution du *graffito* G. 13 gravé sur le petit côté d'un bloc de pilastre engagé (B. 03) n'a pu être possible qu'une fois l'élément remployé dans la tour T. II : en effet, le petit côté en question était certainement intégré, à l'origine, dans l'appareil d'un mur du sanctuaire de l'est.

Ces motifs gravés sur le rempart témoignent de la dimension publique du fortin et de l'affluence dont il faisait l'objet. Néanmoins, il ne s'agit pas d'une accumulation anarchique de *graffiti* effectués par la main de nombreux pèlerins, à l'instar de ceux que l'on trouve sur certaines églises de pèlerinage très fréquentées du Massif calcaire[26]. Ici, les *graffiti* se répartissent de manière inégale sur l'ensemble de l'enceinte et les motifs, qui occupent souvent l'intégralité de la surface des blocs, ne semblent pas exécutés à la hâte. La plupart des représentations se placent à hauteur d'homme tandis que d'autres, situées sur les assises supérieures, ont obligatoirement nécessité l'emploi d'une échelle ou d'un moyen quelconque pour se hisser à une telle hauteur. Cette observation confirme l'idée que, malgré leur caractère schématique, les *graffiti* ont été effectués avec un soin relatif par des individus qui prenaient le temps nécessaire à leur réalisation. Certains symboles chrétiens, localisés en plusieurs endroits de l'enceinte, impliquent un contexte régional où le christianisme tenait encore une place importante dans la société.

Conclusion

Réalisée d'un seul jet, l'enceinte fortifiée semble être l'œuvre de deux, voire de trois équipes de bâtisseurs caractérisées chacune par des techniques de construction différentes : une première équipe s'est consacrée à l'édification des tours T. I et T. II, ainsi qu'au tronçon de mur M. I qui les relie ; une seconde était chargée de la construction du tronçon de mur M. II et de la tour d'angle T. III ; une troisième semble avoir pris part aux travaux du rempart oriental, la tour T. IV, et probablement aux salles S. V, S. VI et S. VII qui marquent la limite visible de l'ensemble fortifié de ce côté. Comme la plupart des constructions destinées à la défense et au contrôle d'une zone spécifique, l'édifice fermé sur l'extérieur présente une enceinte jalonnée de tours flanquantes. Ces dernières, disposées à intervalles réguliers du côté sud, sont séparées par une distance de 25 m. L'écart se resserre à l'est puisqu'on ne compte plus que 14 m entre la tour d'angle et la tour T. IV. L'aspect dissuasif du rempart est renforcé par la situation de l'édifice au sommet des crêtes du promontoire rocheux. Le rempart sud, hermétique, percé de rares petites ouvertures ayant l'aspect de meurtrières, affirme le caractère militaire du monument qui constituait une unité architecturale imposante dont l'entrée principale se trouvait certainement au nord, face au village qui s'étend vers l'intérieur des terres.

26. De telles concentrations de *graffiti*, essentiellement composées de motifs de croix de toutes sortes, sont visibles sur les murs des édifices à vocation de pèlerinage. Parmi eux, il convient de mentionner les églises de Markyanos à Bābisqā, de Dueir er rīḥ, de Banaqfūr ou de Dar Qītā dans le ǧebel Bārīšā (respectivement PEÑA *et al.* 1987, p. 31, fig. 5 ; PEÑA *et al.* 1987, p. 52 ; PEÑA *et al.* 1987, p. 91) ; mais aussi celles du monastère sud-est de Télanissos et de Banastūr (*PAES* I, p. 69). Notons également l'intérieur du tombeau collectif du couvent de Moghor el-Malʿab, dans le ǧebel Semʿān, qui est littéralement tapissé de *graffiti* (CASTELLANA 1990, pl. IX, ph. 1).

Néanmoins, la constitution de l'édifice invite à nuancer fortement la fonction proprement défensive du bâtiment. Les techniques de construction employées traditionnellement dans l'édification des grandes forteresses byzantines sont effectivement absentes. Le double parement de blocs équarris, consolidé par des boutisses et séparé par un remplissage de blocage, n'est certes pas de mise. On ne constate pas non plus la présence de glacis ou de contreforts. Les bâtisseurs médiévaux se sont contentés d'imiter les techniques de construction locales utilisées dans l'Antiquité. La mise en œuvre de l'édifice ne se distingue pas des monuments religieux et privés propres à cette période, à savoir un simple mur à parement unique constitué de blocs équarris n'excédant pas 0,45 à 0,50 m d'épaisseur. Ainsi, le mur d'enceinte, sans doute apte à résister aux velléités de petites hordes d'assaillants, était dans l'incapacité totale de soutenir l'assaut d'une armée. L'absence de chemin de ronde au niveau des courtines doit aussi être signalée : ni empreintes d'encoches ni traces d'escaliers dans le parement interne de l'enceinte n'attestent la présence d'une installation en bois ayant rempli cet office. Cette absence peut toutefois être due à l'état de dégradation très avancée de la construction, car la hauteur des lucarnes pratiquées dans la partie ouest du mur M. I suggère l'existence d'aménagements permettant d'y accéder et de s'y maintenir tel que, justement, un chemin de ronde ou bien une simple plateforme de bois. Par ailleurs, la constitution des tours et leur organisation interne indiquent des ouvrages architecturaux élémentaires, fort éloignés de certaines constructions militaires élaborées observées dans la région[27]. En réalité, ces flanquements ne sont pas différents, dans leur conception, des tours isolées dénuées de caractère militaire[28] qui parsèment la région durant l'époque protobyzantine. Certaines d'entre elles, mieux équipées, surpassent même en qualité celles du bâtiment fortifié de Kafr ʿAqāb[29]. Enfin, l'enceinte est également dépourvue d'archères[30]. À l'exception des accès pratiqués du côté est du bâtiment, les ouvertures se résument à de simples vides souvent étroits laissés entre deux parpaings, et dont la hauteur n'excède pas celle d'une assise. Celles-ci, dénuées d'angles de tir favorables, étaient plutôt destinées à l'observation.

Le caractère militaire de l'édifice mis en avant par l'enceinte fortifiée est donc largement remis en cause par la fragilité des murs et l'absence d'éléments propres au combat. Malgré la présence de tours, le fortin n'avait pas la capacité de résister à une forte pression ennemie. Ce constat invite à considérer le bâtiment non pas comme un ensemble destiné à repousser l'avancée d'importants groupes armés, mais davantage comme un petit bastion dont la fonction militaire se limitait à établir un point de contrôle dans un secteur stratégique du ǧebel Waṣṭāni. En outre, plusieurs indices militent en faveur d'un édifice dont le rôle allait au-delà d'une simple fonction à valeur défensive. En effet, les bases moulurées destinées à monumentaliser les deux tours méridionales exposées du côté extérieur confèrent à l'édifice un caractère officiel, dans la mesure où aucun ensemble fortifié ne paraît avoir bénéficié d'une telle attention au sein du Massif calcaire. Cette pratique, empruntée à l'architecture monumentale paléochrétienne, traduit une volonté de souligner le caractère particulier du bâtiment. À cela s'ajoute l'existence des *graffiti* qui suggère une affluence relativement importante de visiteurs. Ces témoignages sont en accord avec la présence d'un lieu de culte à l'intérieur du bâtiment qui pourrait avoir été restauré à l'occasion de la construction de l'enceinte. L'ensemble de ces éléments, ajouté à la situation privilégiée du site, invite à considérer le monument, en plus de son rôle militaire, comme une sorte de gîte d'étape destiné à l'accueil des voyageurs, officiels ou autres, de passage sur la route reliant Apamée à Antioche.

L'élévation intérieure du bâtiment

La compréhension des espaces internes du bâtiment est peu aisée dans la mesure où les vestiges sont à la fois très remaniés, mal conservés, et pour la plupart enfouis sous une épaisse couche de terre. Par ailleurs, l'intérieur du monument est actuellement exploité par les paysans du village de Dueili qui ont parfois repoussé les blocs antiques gênants au profit des plantations. Néanmoins, certaines constructions ont pu être localisées et identifiées. Afin de faciliter leur étude, un découpage théorique du bâtiment par secteur a été effectué. Chaque secteur comprend plusieurs salles nommées « s » sur le plan (**fig. 412**).

Le secteur I regroupe l'ensemble des structures comprises à l'est de l'édifice. Plusieurs murs sont contemporains du rempart, d'autres délimitent des pièces plus tardives.

Le secteur II représente la zone comprise au nord-ouest du bâtiment. Elle rassemble l'essentiel des édifices appartenant à l'ancien complexe ecclésiastique paléochrétien. On y trouve une église, un édifice à abside saillante et une dépendance. Plusieurs pièces et murs tardifs gravitent autour de ces bâtiments antérieurs.

27. Fourdrin 1995b, p. 351-407 ; Fourdrin 1998, p. 279-294.
28. Les tours étaient surtout destinées à la surveillance des cultures et au stockage des denrées (voir notamment Biscop 1997, p. 29-31). Ces constructions ont parfois pu abriter un reclus, mais certainement pas de manière aussi systématique qu'ont pu le supposer les pères franciscains (Peña *et al.* 1980). Sur les tours, voir également Tchalenko 1953-1958, II, pl. XXI et Tate 1992a, p. 48-51.
29. La tour de Ǧerāde, notamment, est une construction élaborée à quatre étages disposant, entre autres, de latrines et d'un chemin de ronde en pierre solidement aménagé au sommet de la construction (Tate 1992a, p. 51, fig. 78).
30. Sur ce dispositif, voir Fourdrin 1998, p. 279-294.

Le secteur III est consacré à la partie sud-ouest du fortin. L'espace se caractérise par la présence presque exclusive de salles aménagées au cours de la période islamique. Seuls le grand réservoir d'eau à l'angle sud-ouest de l'édifice et le mur d'enceinte M. I sont antérieurs à cet ensemble de constructions.

Le secteur I

• *Les structures établies le long de l'enceinte méridionale*

De rares vestiges témoignent de la présence de constructions intégrées dès l'origine au programme architectural de l'édifice fortifié, mais leur état ne permet pas de restituer leur plan ni de déterminer leur fonction (**fig. 433**). La première, située 4 m à l'est de la tour T. II, est un mur représenté par trois assises visibles en surface. Celui-ci s'interrompt presque aussitôt vers le nord où il est relayé par un mur postérieur qui forme un retour à angle droit afin de venir s'appuyer contre l'extrémité nord de la façade orientale de la tour. L'espace dessiné par ces murs forme la salle S. I depuis laquelle il est possible d'accéder aux petites lucarnes pratiquées du côté ouest du rempart M. I. La seconde construction, située 9,5 m à l'ouest de la tour d'angle, ne se matérialise plus que par un bloc unique harpé au rempart M. I à peu près au niveau de sa partie centrale. Dans l'alignement de cet élément se trouvent quelques parpaings en affleurement du sol actuel qui décrivent un retour vers l'ouest. Ces vestiges à peine visibles ne permettent pas de pousser plus avant l'étude de cette zone.

• *Les structures établies le long de l'enceinte orientale*

Quelques vestiges attestent l'existence de constructions qui longent le rempart est. Il est d'abord question de la salle S. II localisée à 3 m au nord de la tour d'angle T. III (**fig. 434**). Un bloc harpé à l'enceinte, auquel s'ajoutent certains éléments qui affleurent le sol, en dessine les contours. La petite pièce, de plan rectangulaire, ouvre du côté ouest par une porte. Dans le rempart, à la hauteur de la troisième assise, une série d'encoches suggèrent l'installation d'un bâti de bois qui pourrait correspondre à un plancher prévu pour l'étage, à une plateforme ou encore à un chemin de ronde.

Les salles S. III et S. IV occupent un secteur particulièrement confus. En dehors de l'existence de profonds remaniements, la lecture de ces espaces est rendue illisible par une végétation dense ainsi qu'un amoncellement de blocs de petite taille. Le contour des pièces apparaît néanmoins grâce aux éléments de remploi qui suivent en partie le tracé de constructions plus anciennes. Les deux espaces mitoyens, de plan à peu près carré, sont partagés par un mur sommaire percé d'une ouverture centrale surmontée d'un bloc d'architrave emprunté à un portique protobyzantin (B. 30). Un accès est matérialisé par deux montants de porte situés dans le mur occidental de la pièce S. IV. L'entrée secondaire du fortin, ménagée dans le mur M. IV de l'enceinte, coïncide avec l'emplacement de la salle S. III. Le mur ouest, parallèle au rempart, vient buter maladroitement contre l'une des deux entrées de la pièce S. V. Ce mur comprend, entre autres éléments de remplois, un linteau monumental (B. 29) provenant de l'église est (**fig. 435**).

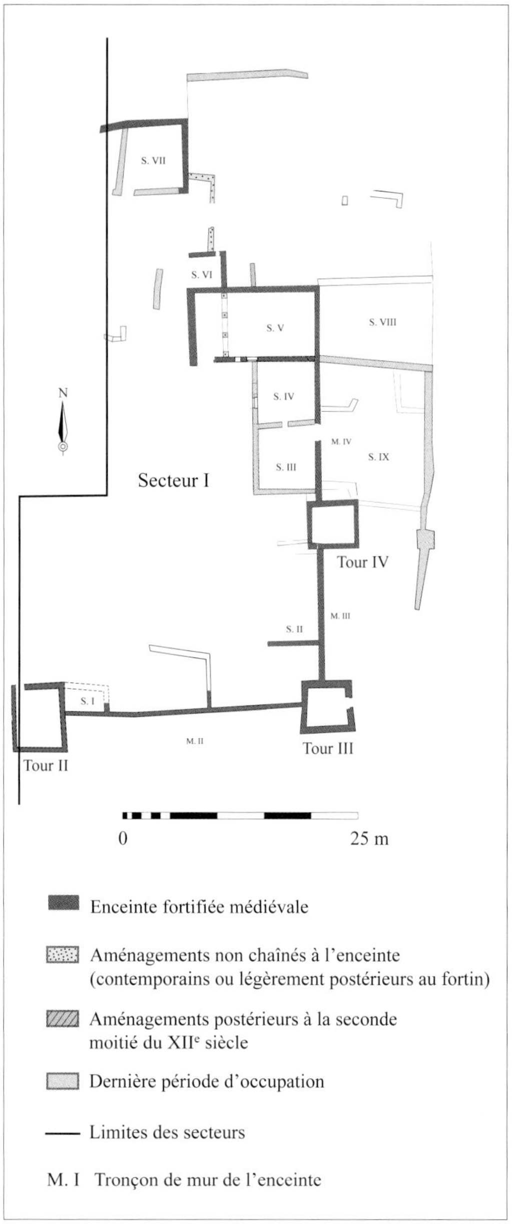

Fig. 433 — *Plan du secteur I (© B. Riba).*

Fig. 434 — *Vue générale du secteur I (© B. Riba).*

Fig. 435 — *Salle s. I (© B. Riba).*

Fig. 436 — *Salle s. V et la construction voisine s. VI (© B. Riba).*

• *La salle s. V*

La partie conservée de cette salle de plan rectangulaire se limite au rez-de-chaussée (**fig. 436**). La construction ouvre au sud par deux portes disposées de part et d'autre d'une fenêtre coiffée d'un linteau échancré en plein cintre. Des encoches parallèles aménagées dans l'épaisseur de l'ouverture, ainsi qu'une série de petits trous ménagés dans la partie cintrée, témoignent d'un système de fixation perfectionné prévu pour la mise en place d'une grille (**fig. 437**). Au tiers de l'espace de la salle, une rangée transversale de quatre piliers de section carrée supporte une architrave composée de trois blocs. Le caractère ajouté de ce dispositif est suggéré par ces extrémités non chaînées aux gouttereaux, mais cela pourrait être le fait d'une simple phase de construction. Dans l'épaisseur du second pilier en partant du sud, une encoche oblongue indique l'existence d'un système de fermeture au niveau de cette travée. Bien que la partie inférieure de l'aménagement soit enfouie sous terre, il est possible d'envisager des auges disposées entre les autres travées du portique, selon un usage courant dans la région à l'époque protobyzantine[31]. Ce type de portique intérieur, communément employé dans le Massif calcaire, servait de support intermédiaire au plancher de l'étage[32]. La présence d'un niveau supérieur est confirmée par les trous d'encastrement de poutres de section carrée situés à la hauteur de la seconde assise du mur occidental (**fig. 338b**). Ces encoches qui traversent de part en part le mur suggèrent aussi l'existence d'une installation extérieure à la pièce telle qu'un balcon de bois.

31. Les constructeurs médiévaux ont pu s'inspirer d'une organisation courante dans l'architecture domestique régionale qui consiste à placer des auges entre les piliers du rez-de-chaussée. L'influence des constructions locales antiques sur les bâtisseurs médiévaux a aussi été constatée dans le mode de construction de l'enceinte.

32. Sodini et Tate 1984, p. 378.

Fig. 437 — *Fenêtre cintrée de la salle s. I* (*© B. Riba*).

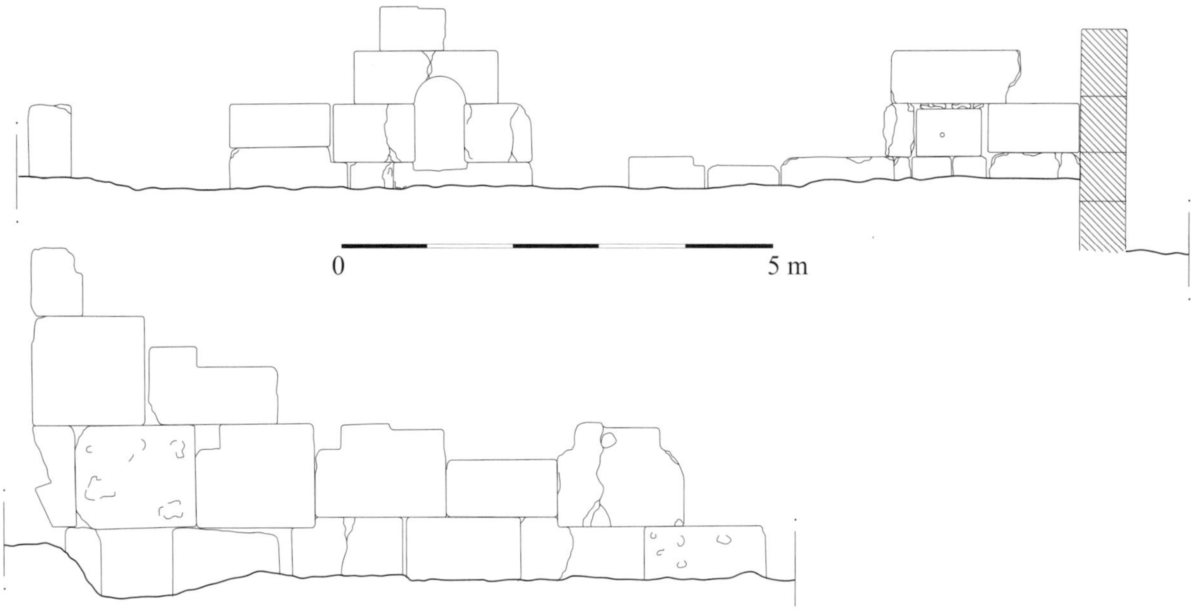

Fig. 438 — *Salle s. V :* a/ *façade sud ; b/ ouest* (*© B. Riba*).

La salle évoque l'architecture domestique de la période protobyzantine dont elle imite les techniques de construction et l'organisation générale. En effet, les dimensions de la pièce, le portique comme support du plancher et la disposition des accès méridionaux constituent des caractéristiques propres aux maisons paléochrétiennes de Syrie I. Toutefois, le mur pignon oriental harpé au rempart l'associe distinctement à la phase de construction de l'enceinte médiévale. La fenêtre particulièrement soignée, placée entre les deux portes du rez-de-chaussée, confère à la pièce un soin particulier plutôt réservé, dans l'Antiquité, à l'architecture monumentale.

• *La construction s. VI*

La construction est mitoyenne de la salle s. V, mais n'entretient avec elle aucune relation architecturale : le mur oriental de s. VI s'appuie simplement contre le mur nord de la pièce voisine (**fig. 436 et 439a**). Les vestiges se résument à deux pans de murs perpendiculaires appareillés en besace. Une façade est tournée vers l'est, l'autre vers le nord ; le côté ouest semble avoir été entièrement ouvert sur l'intérieur du bâtiment. La façade orientale, qui s'élève sur une hauteur de sept assises, s'aligne dans l'axe de la rangée transversale des piliers de la pièce s. V. La quatrième et la cinquième assise présentent un décor géométrique et un motif végétal (G. 20) semblables à ceux observés sur le mur d'enceinte

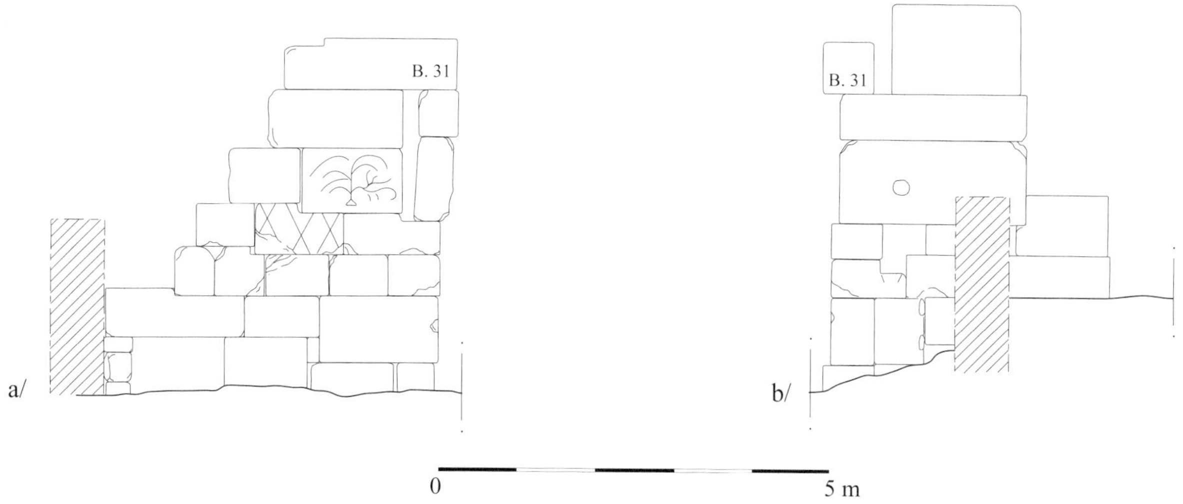

Fig. 439 — *Salle* S. VI : a/ *façade est ; b/ façade nord (© B. Riba).*

du fortin. La septième assise comprend un linteau remployé (B. 31) dont la partie moulurée, en grande partie bûchée, est tournée du côté du parement interne (**fig. 440 et 441**). La partie méridionale de la construction présente un petit accès précaire aménagé tardivement. Une série de trous d'encastrement pratiqués à la hâte, également tardifs, apparaissent entre la troisième et la quatrième assise. La seconde façade, composée de six assises (**fig. 439b**), offre une petite lucarne comprise dans l'appareil du mur. Le parement interne de la structure révèle l'existence d'un second remploi (B. 32) : il s'agit d'un élément de console filante dont la partie décorée est tournée vers l'intérieur de la salle.

Au-delà l'aspect sommaire de certaines parties remaniées, la construction présente des similitudes évidentes avec l'enceinte fortifiée. Les trois caractéristiques relevées dans le rempart sont effectivement présentes. D'une part, l'appareil du mur évoque les techniques de construction observées dans l'enceinte, notamment en ce qui concerne le soin accordé à l'ajustement des parpaings et l'utilisation de remplois aux moulures judicieusement dissimulées du côté du parement interne. D'autre part, les *graffiti* appartiennent incontestablement à la famille des motifs répertoriés sur les tours et les murs d'enceinte. Ainsi, malgré l'absence de relation architecturale directe avec le rempart du fortin, la construction S. VI lui est certainement contemporaine.

• *La construction* S. VII

La construction affecte un plan approximativement carré (**fig. 442**). Les murs sud et ouest sont très remaniés contrairement aux façades nord et est. Le mur oriental, mieux conservé que les autres, présente trois assises de blocs bien ajustés (**fig. 443**). Au premier abord, le plan de la construction S. VII fait songer à celui d'une tour, mais son emplacement décalé par rapport à l'enceinte, ses dimensions trop grandes et le mur septentrional qui semble se poursuivre sans rupture vers l'ouest excluent une telle possibilité. Quoi qu'il en soit, la qualité des parties non remaniées suggère une construction contemporaine du fortin. En effet, les proportions, la disposition des blocs et la hauteur des assises évoquent les techniques employées dans la construction de l'enceinte. La façade orientale en particulier, caractérisée par une assise très légèrement oblique, rappelle précisément la disposition des assises observée dans la partie orientale de l'enceinte. En revanche, aucun *graffito* n'est apparent. À l'instar des pièces précédentes, la situation de la construction et son état de conservation ne permettent pas de déterminer sa fonction.

• *L'accès entre* S. VI et S. VII

Les deux constructions, S. VI et S. VII, sont reliées par un mur percé d'un accès. Ce mur, perpendiculaire à la façade nord de S. VI, forme un retour à angle droit pour venir s'appuyer contre la façade orientale de S. VII (**fig. 440**). Il n'entretient aucune connexion architecturale avec ces deux salles. Dans son état actuel, la construction affleure le sol sur presque toute sa longueur. Les trois assises préservées contre la façade nord de S. VI indiquent une structure en pierres de taille disposées avec un soin relatif. Certaines parties trahissent toutefois une main-d'œuvre peu habile. Un bloc, notamment, est stabilisé à l'aide de petites pierres de calage placées sous son lit inférieur, mais cela peut être dû à une réfection postérieure. Un élément de montant de porte, caractérisé par la présence d'une feuillure, signale l'emplacement d'un accès secondaire aménagé peu de temps après la construction du fortin. La porte semble en relation avec la petite lucarne pratiquée

Fig. 440 — *Mur nord de la salle s. VI avec sa petite lucarne. Au premier plan apparaissent les vestiges du mur construit entre les salles s. VI et s. VII (© B. Riba).*

Fig. 441 — *Intérieur de la salle s. VI et localisation des éléments de remploi (© B. Riba).*

Fig. 442 — *La salle s. VII. vue depuis le sud-est (© B. Riba).*

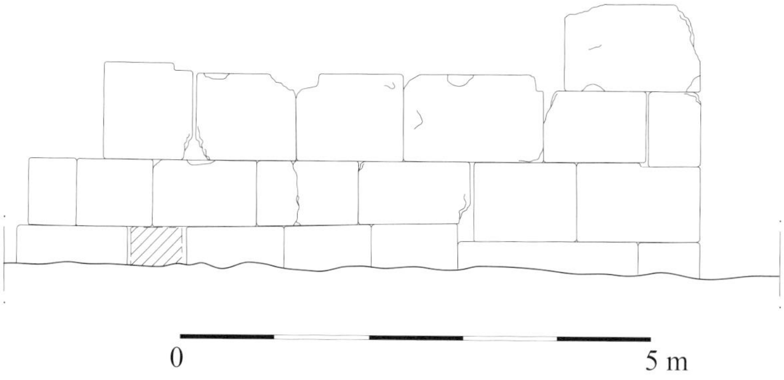

Fig. 443 — *Mur est de la salle s. VII (© B. Riba).*

dans la façade nord de s. VI qui permettait d'exercer un contrôle sur ce passage (**fig. 439b**). Dans ce contexte, l'espace s. VI pourrait avoir joué un rôle comparable à celui d'une guérite. Cette hypothèse est appuyée par les petites dimensions de la construction et son ouverture complète vers l'intérieur du fortin. Pour autant, ce dispositif associé à la porte ne permet pas de concevoir l'emplacement de l'entrée principale de l'édifice à cet endroit. L'absence de relation architecturale avec le reste de la fortification et le caractère indépendant du mur par rapport aux constructions voisines n'autorisent pas d'envisager une telle possibilité.

Le secteur II

Le secteur concentre l'essentiel des constructions de la période protobyzantine. La plupart appartiennent au complexe ecclésial du sud. L'intégration du sanctuaire à l'intérieur de la fortification a engendré d'importants changements dans l'ensemble du secteur, notamment au sein même de la basilique. Les vestiges témoignent de trois phases d'occupation principales depuis la fin de la période protobyzantine jusqu'à la période médiévale (**fig. 444**).

• *L'église*

Lors de la construction de l'enceinte fortifiée, l'église était certainement à l'abandon. Les réfections évoquées plus haut, concentrées essentiellement au niveau supérieur de la façade nord de l'édifice, indiquent qu'à ce moment, au moins une partie du mur était effondré, ce qui permet d'envisager une toiture très endommagée, voire disparue. Le monument en ruine avait donc perdu sa fonction religieuse. Les restaurations, visibles à partir du niveau des linteaux de porte, sont caractéristiques des techniques de construction observées ailleurs dans le fortin : les assises sont agencées avec soin malgré la présence de nombreux remplois. Une telle construction n'a pu être possible qu'avec le concours d'une équipe organisée semblable à celle qui a édifié le rempart. Néanmoins, les impératifs du moment n'exigent plus de redonner au monument un aspect comparable à celui du VIe siècle. Les maçons se contentent de récupérer les blocs des parties effondrées de l'édifice pour les intégrer à nouveau dans la façade, sans prendre en compte leur emplacement initial. Contrairement au rempart, dont le soin particulier est notamment illustré par la volonté de dissimuler les parties ornées des blocs réutilisés, les murs de l'ancienne église, masqués par la fortification, n'ont pas bénéficié de la même attention : en effet, les remplois y sont placés dans le désordre le plus complet. L'appareil reste soigné, mais les techniques élaborées et l'esthétique du monument paléochrétien ne sont plus à l'ordre du jour. Cela explique la position des blocs B. 33 et B. 34 dont les parties décorées sont ostensiblement tournées du côté du parement extérieur, ainsi que certaines maladresses commises lors de la réfection du monument, comme l'absence d'arc de décharge au-dessus des ouvertures qui a accéléré la dégradation rapide du bâtiment.

Au cours de la période médiévale, l'intégration de l'ancien complexe ecclésiastique à l'intérieur de l'enceinte fortifiée et la restauration de l'église posent la question du statut de cet ensemble : a-t-il été réhabilité dans sa fonction religieuse initiale ou bien a-t-il été simplement réoccupé ? Il est difficile de le préciser sans l'organisation de fouilles archéologiques. Au premier abord, les réfections hâtives constatées dans la façade nord ne plaident pas en faveur de la première hypothèse. Cependant, dans un contexte où les priorités et les moyens diffèrent largement de ceux de la période protobyzantine, ces restaurations ont pu suffire à rendre au bâtiment son rôle primitif. Redonner à l'église sa fonction initiale afin de pouvoir officier à l'intérieur même de la fortification a pu constituer un atout important en période de conflit, d'autant que la basilique orientale n'existait plus à cette période puisque ses blocs ont servi en grande partie, nous le verrons, à la construction de l'enceinte fortifiée. En outre, si l'hypothèse d'un bâtiment ayant revêtu le rôle de gîte d'étape sur la route d'Antioche à Apamée s'avère

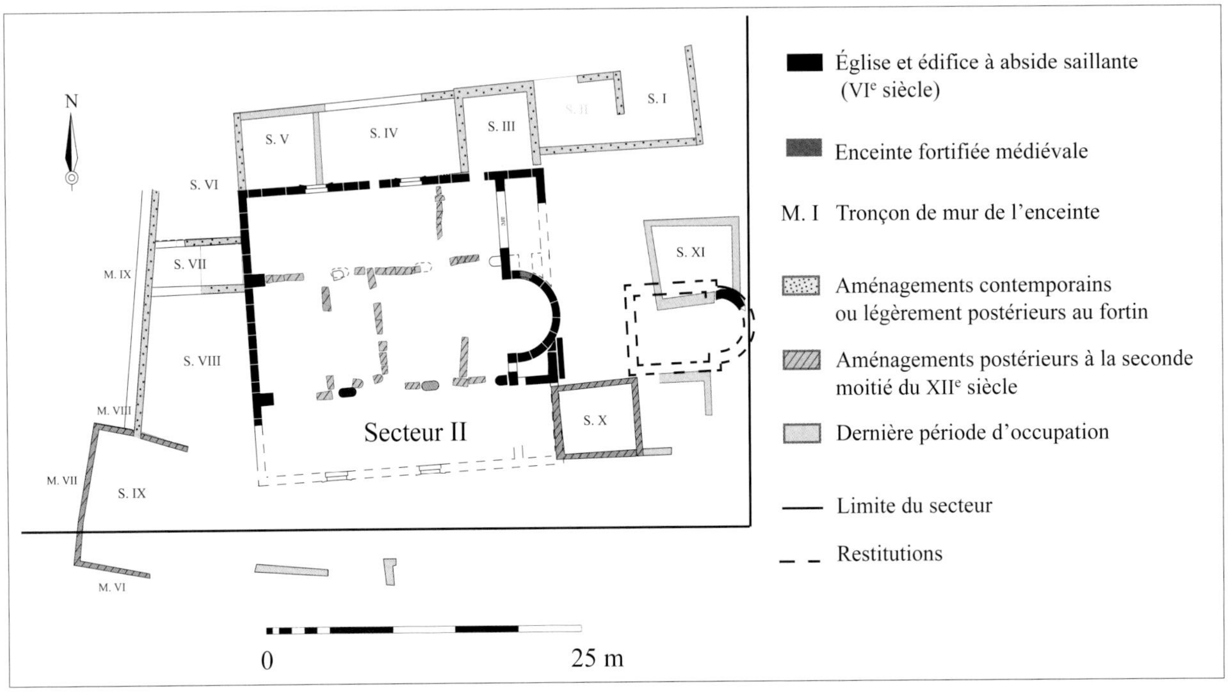

Fig. 444 — *Plan chronologique du secteur II (© B. Riba).*

exacte, comme cela semble être le cas, la restauration d'un lieu de culte au sein d'un tel édifice paraît envisageable[33]. La présence des *graffiti*, dont plusieurs ont une portée symbolique chrétienne, appuie cette éventualité.

Plus tard, la basilique subit une nouvelle destruction partielle dont les causes peuvent être liées aux conflits bien qu'il n'en demeure pas de traces visibles, ou plus probablement aux tremblements de terre qui frappent à plusieurs reprises la région d'Antioche au cours de la période médiévale[34]. La dégradation de l'édifice est attestée par le remploi massif de blocs provenant de l'église dans la construction de nouveaux murs à l'intérieur même du bâtiment. Ce phénomène correspond à une nouvelle phase d'occupation dans la mesure où l'appareil des murs ne présente plus aucune similitude avec les constructions contemporaines du fortin. Ce sont désormais des élévations sommaires caractérisées par des assises irrégulières composées de blocs ajustés avec maladresse. Les tronçons de piliers bilobés remployés en divers endroits indiquent que les supports des structures supérieures du monument n'existaient plus. Parmi les éléments réutilisés, des blocs pourvus d'encoches destinées à soutenir les fermes de la charpente (B. 46) conduisent au même constat. Les profonds remaniements observés dans l'ancienne basilique témoignent à la réorganisation complète de l'espace intérieur de l'édifice. Les entrecolonnements sont bouchés, des murs transversaux divisent la nef principale en deux tandis qu'un espace supplémentaire est aménagé devant l'annexe nord. Par ailleurs, une série d'encoches sommaires pratiquées dans le parement interne de l'ancien *martyrion* indique la mise en œuvre d'un plancher de fortune prévu pour l'installation d'un niveau supérieur. Celui-ci était desservi par une entrée aménagée dans la façade nord par le retrait d'un bloc. L'accès permettait de communiquer avec la salle mitoyenne s. iii. Un second accès pratiqué devant l'arc de l'annexe nord donnait sur le rez-de-chaussée de la même pièce. Enfin, une troisième ouverture reliait l'église à l'espace s. iv établi contre la façade septentrionale.

Cette réorganisation spatiale est consécutive à l'établissement d'une communauté musulmane à l'intérieur du bâtiment. La précarité des murs est caractéristique de cette phase d'occupation constatée ailleurs dans le fortin : les remaniements observés sont en tous points

33. La reprise du rôle de l'église à l'intérieur du fortin ne se vérifie pas toujours dans la région. Dans le cas de Qalʿat Qalōta, les remaniements effectués à l'intérieur de l'église étaient destinés à transformer le bâtiment lui-même en citadelle. (Tchalenko 1990, p. 83 ; 1979, pl. 121 ; voir aussi Callot 1997, p. 750, fig. 12). En revanche, J.-P. Fourdrin admet la possibilité que la cathédrale destinée au nouvel évêché latin soit placée à l'intérieur de la fortification d'El-Ḥoṣn, à El-Bāra (Fourdrin 1995b, p. 389).

34. Guidoboni 2005 : pour les séismes antérieurs au xe siècle, voir Guidoboni *et al.* 1994.

semblables à ceux relevés dans le secteur I et au sein du secteur III, étudié plus bas, dont la période islamique est formellement attestée par la présence d'une mosquée construite selon des procédés identiques. La mutilation des symboles chrétiens sur les corniches des linteaux de l'ancienne basilique et les éléments de remploi confirme ce fait. C'est le cas du linteau monumental réutilisé dans le mur ouest de la salle S. III du secteur I (B. 29) dont la corniche a été vigoureusement martelée, de même que les petites croix intercalées entre les denticules du chambranle (**fig. 482 et 483**). Les deux linteaux *in situ* dans la façade nord de l'église ont subi des sévices analogues. La clé de fenêtre échancrée en plein cintre B. 62 constitue un autre exemple de ce type de pratique : le médaillon central a été bûché lorsque le bloc, évidé dans sa partie supérieure, a été transformé en auge (**fig. 484**). De rares symboles chrétiens, qui n'étaient pas particulièrement exposés au regard, ont toutefois été épargnés. Ces témoignages indiquent que la réoccupation musulmane de l'église intervient lorsque celle-ci, comme l'ensemble de l'édifice fortifié, était à l'état d'abandon et en grande partie ruinée. La division de l'espace intérieur de la basilique et la précarité des structures témoignent de l'installation de plusieurs petits groupes d'individus aux moyens très limités.

• *Les espaces aménagés autour de l'église*

Les structures délimitant les espaces aménagés autour de la basilique correspondent à trois phases d'occupation. L'architecture permet une lecture assez nette des vestiges (**fig. 444**). D'une part, l'appareil de certains murs présente des caractéristiques analogues à celles relevées dans la partie restaurée de la façade nord de l'église ainsi que dans la constitution de l'enceinte. La technique de construction maîtrisée, malgré la présence de nombreux remplois, témoigne d'ouvrages contemporains du fortin. D'autre part, quelques murs présentent au contraire un assemblage précaire de blocs divers : cette perte évidente de moyens associée au martèlement des signes chrétiens est spécifique à la période islamique. Enfin, une ultime phase d'occupation se traduit par des structures informes et très sommaires qui pourraient dater de l'époque ottomane.

• *Les salles s. I et s. II*

La plupart des murs affleurent seulement la surface du sol actuel excepté celui qui délimite le côté oriental de la salle S. I dont l'élévation comprend deux assises. Ces constructions sont suffisamment préservées pour apprécier l'ajustement soigné des blocs, signe d'aménagements contemporains du bâtiment fortifié. L'extrémité ouest de la structure, mieux conservée, vient buter contre l'angle sud-est de S. III. Il ne reste aucune trace du mur nord. Parmi les débris qui encombrent l'intérieur de ces salles se trouve un chapiteau corinthien de faible portée (C. 08), un fût de colonne ainsi que le fragment mouluré d'un pilier de chancel surmonté d'un pommeau en bouton. Ces éléments d'architecture doivent être mis en relation avec les deux longs fûts de colonnes situés à l'arrière de la salle V (B. 50 et B. 51) qui appartenaient probablement à un portique qui précédait la façade nord de l'église dans son deuxième état (**fig. 446**).

• *Les structures adjacentes à la façade nord de l'église*

Trois salles mitoyennes, S. III, S. IV, S. V, jouxtent l'église au nord (**fig. 445**). Elles occupent exactement le cadre posé par la longueur de la façade de la basilique : le mur oriental de S. III prolonge vers le nord le chevet de l'édifice, tandis que le mur ouest de S. V s'inscrit dans la continuité de la façade occidentale. La longueur de chaque pièce est variable : l'espace central, plus grand, est encadré par deux pièces plus modestes. Leur profondeur de 5,50 m environ est quasiment la même excepté une légère avancée de la pièce S. III (0,5 m) vers le nord par rapport aux salles voisines.

La salle S. III est la mieux conservée bien qu'elle ne présente guère plus de deux à trois assises visibles en surface. Les murs constitués de blocs de remploi bien appareillés révèlent un mode de construction et des compétences analogues à celles observées dans les murs associés, ou bien de peu postérieurs, à la première phase du fortin. Leur caractère ajouté est souligné par les murs est et ouest perpendiculaires à la façade de l'église contre laquelle ils s'appuient. Une technique de construction identique apparaît au niveau du tronçon de mur inscrit dans le prolongement de la façade ouest de l'église (S. V). Ce dernier, malgré la présence de remplois, présente un appareil soigné constitué de gros parpaings bien ajustés sur une hauteur de quatre assises. Le lit de pose d'un grand linteau mouluré remployé (B. 37) se caractérise, notamment, par une fine retaille qui forme un léger décrochement visant à encastrer un bloc de l'assise supérieure (**fig. 447**). Ce type de détail, parmi d'autres, confirme une nouvelle fois l'utilisation d'une technique visant à agencer de manière cohérente et maîtrisée des éléments d'architecture antique au profit des structures médiévales.

D'autres élévations, beaucoup plus rudimentaires, appartiennent manifestement à la dernière phase d'occupation du bâtiment. Les espaces mitoyens S. IV et S. V sont séparés par un mur très sommaire dont l'extrémité méridionale vient maladroitement buter au centre de l'entrée ouest de la façade de l'église. Le mur nord commun aux deux salles, fortement détérioré, comprend également plusieurs remplois, dont deux grands linteaux (B. 35 et B. 36) négligemment disposés l'un sur l'autre. Ce type de mur très précaire, beaucoup plus encore que les constructions d'époque islamique, ne relève d'aucune technique particulière.

• *Les structures sises à l'ouest de l'église*

L'espace en question est situé entre le mur ouest de la basilique et le mur M. IX qui marque la limite occidentale du fortin. À l'exception de la salle S. IX aménagée plus tardivement, les constructions visibles comprises dans ce secteur semblent toutes appartenir à la première phase de construction du monument fortifié, ou bien à une période légèrement postérieure. Le bâtiment occidental adjacent à la basilique, entièrement enseveli sous le niveau du sol actuel, ne livre aucun indice sur sa fonction au cours de la période médiévale. D'après les vestiges visibles depuis l'étroit passage souterrain qui permet d'atteindre le sol paléochrétien, l'étendue du bâtiment correspond approximativement aux espaces S. VII, S. VIII, et probablement à une partie de S. VI. Certains réaménagements de l'édifice émergent du sol, comme deux murs perpendiculaires à la façade ouest de l'église qui forment aujourd'hui l'espace nommé S. VII.

La salle S. VI se caractérise par un large espace dont le tracé est à peine lisible en surface. Ces vestiges marquent l'angle nord-ouest du bâtiment fortifié. L'unique élément notable se résume à un large couvercle circulaire de calcaire destiné à l'une des grandes cuves de pierre localisées ailleurs sur le site. La salle S. VII présente l'aspect d'un espace oblong (3 x 7 m) formé par les deux murs parallèles évoqués ci-dessus qui reposent contre la façade occidentale de l'église, à la hauteur du pilastre nord. L'espace nommé S. VIII couvre une grande surface à l'arrière de l'église. L'intérieur n'est plus qu'une accumulation d'éléments architecturaux de provenances diverses. L'espace voisin, S. IX, est postérieur aux précédents. Les murs qui le bordent (M. VI, M. VII et M. VIII) sont élevés à l'aide de blocs de remploi retaillés, disposés de façon maladroite (**fig. 415**). En outre, le caractère ajouté de ces murs est attesté par la présence de deux « coups de sabre ».

• *Les salles S. X, S. XI et la chapelle*

La qualité des assises inférieures des murs est et sud permet d'envisager l'existence de la pièce S. X dès la période protobyzantine. L'agencement des parpaings, leurs proportions et leur taille rappellent en effet les techniques observées dans les murs appartenant à la phase de construction associée à l'église du VIe siècle. En revanche, certaines parties contiennent des éléments de remploi dont la précision de l'ajustement suggère une restauration qui pourrait être contemporaine des réfections médiévales constatées dans la façade nord de l'église. Les structures très sommaires qui prolongent la construction vers l'est sont, quant à elles, nettement postérieures. On y trouve notamment le chapiteau de pilier C. 06 provenant sans doute de l'édifice à abside saillante voisin (**fig. 204**). Au nord-est, la salle S. XI est définie par quatre murs exclusivement composés d'éléments de récupération entassés les uns sur les

Fig. 445 — *Salles adjointes à la façade nord de l'ancienne église (© B. Riba).*

Fig. 446 — *Éléments de colonnes B. 50 et B. 51 provenant probablement du portique nord de l'ancienne église (© B. Riba).*

Fig. 447 — *Linteau B. 37 remployé dans le mur ouest de la salle S. V (© B. Riba).*

autres. Le plan vaguement carré de la construction intègre, dans l'angle sud-est, les vestiges de la conque absidiale du petit monument paléochrétien édifié à l'est de la basilique. L'intérieur est comblé par un amas de blocs d'effondrement provenant des structures très instables des murs.

• *Conclusion*

Malgré la confusion des ruines, les principales phases d'occupation ont pu être enregistrées au sein du secteur II. À l'époque de la construction de l'enceinte fortifiée, le complexe ecclésial est à l'état d'abandon. Les constructeurs médiévaux s'attachent alors à restaurer les parties endommagées en utilisant les blocs effondrés de l'église qu'ils disposent de façon anarchique, en prenant soin toutefois de bien les ajuster. Ils élèvent également une série de pièces sur les côtés nord et ouest du bâtiment. Le secteur retombe ensuite en désuétude avant d'être à nouveau investi par une communauté musulmane. Cette nouvelle phase d'occupation, intervenue après la reconquête islamique de la région au cours de la seconde moitié du XIIe siècle, se caractérise par la récupération massive de blocs effondrés afin de procéder à la réorganisation des espaces intérieurs de l'ancien édifice chrétien et des zones situées à sa périphérie. Dans un bâtiment en ruine, dépourvu de toit, la division de l'espace facilite la pose d'une couverture peu élaborée et adaptée aux dimensions des pièces. Contrairement aux bâtisseurs du fortin expérimentés dans le domaine de la construction, les aménagements d'époque islamique se distinguent par un manque évident de moyens et de compétence. Enfin, la dernière phase enregistrée dans le secteur est illustrée par des structures grossières qui traduisent le niveau de vie très médiocre de ceux qui les ont élevées. Ce type de construction, localisé à proximité de l'édifice à abside saillante et dans certaines parties des pièces attenantes à la façade nord de l'église, est identique aux murs des pièces s. III, s. IV et s. VII du secteur I. Il se retrouve devant l'enceinte orientale où un mur peu solide forme un nouvel espace, s. IX, dans le même secteur. L'extrême précarité de ces murs ne les destine pas à abriter des hommes. Ils étaient plus probablement voués au parcage de troupeaux de bergers itinérants et ne résultent donc pas d'une véritable phase d'occupation.

Le secteur *III*

• *État des lieux*

La zone regroupe les constructions situées dans la partie sud-ouest du fortin, entre le rempart et la cour méridionale de l'église protobyzantine. L'espace se caractérise par des remaniements de grande ampleur consécutifs à la réoccupation islamique du lieu, si bien que les traces des périodes antérieures sont presque entièrement effacées. Il ne subsiste, en réalité, plus que le réservoir d'eau paléochrétien et le mur d'enceinte médiéval. Les murs forment un ensemble de constructions précaires qui divisent le secteur en plusieurs espaces de dimensions diverses. Ils sont l'œuvre d'un assemblage de blocs issus de différents édifices byzantins. Certains éléments proviennent du monument ecclésiastique situé immédiatement au nord, d'autres ont directement été empruntés à l'enceinte fortifiée. La plupart des murs, de constitution fragile, sont actuellement effondrés. En outre, le sol se caractérise par une épaisse couche de terre jonchée de débris de blocs hétéroclites qui rendent difficile la lecture des vestiges. À cela s'ajoute un trait spécifique à cette zone du site : la présence d'une végétation dense composée de bosquets inextricables et de véritables arbres, essentiellement des chênes, qui ont trouvé là un terrain d'élection favorable (**fig. 411**). Des bandelettes de tissus blancs accrochées aux branches de trois chênes témoignent de la piété des pèlerins qui viennent aujourd'hui encore se recueillir dans ce secteur en raison du souvenir d'un ancien lieu de culte islamique attaché à cet endroit.

• *Description de l'ensemble*

Le secteur couvre une surface d'environ 850 m^2. Il se divise en dix espaces inégaux partagés en deux groupes par un mur qui le traverse de part en part sur un axe sud/nord (**fig. 448**). Du côté ouest se trouve l'ensemble de la mosquée (s. II) avec ses dépendances (s. III, s, IV, s. V) et le réservoir d'eau antique (s. I). Du côté est s'étend une série de cinq salles (s. VI, s. VII, s. VIII, s. IX, s. X) dont la destination ne peut être déterminée sans fouilles archéologiques. Le premier ensemble est composé de pièces mitoyennes les unes des autres. La salle s. I située à l'ouest du secteur est un espace dallé, à ciel ouvert, pourvu de la margelle qui surmonte le puisard par lequel était tirée l'eau du réservoir. Vers l'est, une enfilade de trois salles contiguës (s. II, s. III, s. IV) adossées au rempart ont en commun l'espace s. V qui forme une sorte de cour au nord. Les décrochements décrits par le rempart placent les salles s. III et s. IV légèrement en retrait par rapport à la mosquée s. II. Le mur aveugle qui borde à l'est les pièces s. IV et s. V définit la limite orientale de ce groupe. Le second ensemble se compose de trois espaces rectangulaires qui se succèdent d'ouest en est. La salle centrale (s. VIII) est bordée par deux salles à l'ouest (s. VI et s. VII) et à l'est (s. X et s. IX). Ces dernières, séparées par un mur commun, présentent des dimensions à peu près identiques. La salle s. IX, en partie mitoyenne avec la tour T. II, marque avec la pièce s. X l'extrémité orientale du secteur III. Le mur qui borde la cour s. V au nord, commun aux deux groupes, en définit la limite septentrionale.

• *Chronologie relative*

Le réservoir d'eau est la construction la plus ancienne du secteur. Il était associé à l'ensemble ecclésial voisin, peut-être dès son premier état, lorsque l'église ne possédait, semble-t-il, qu'une seule nef. L'enceinte fortifiée, apparue

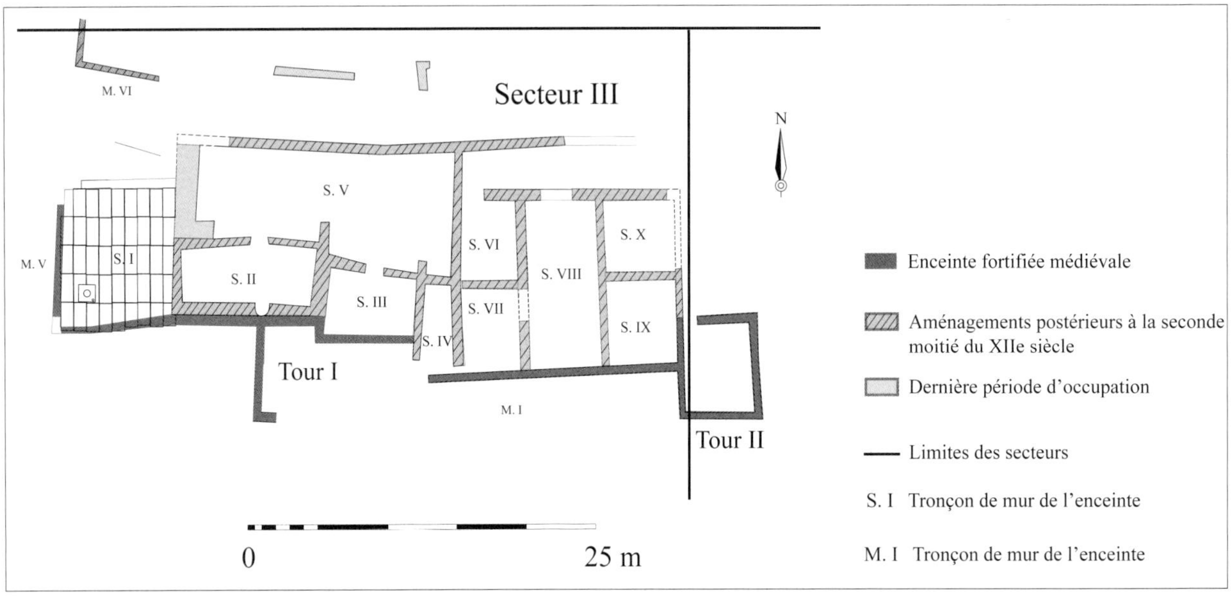

Fig. 448 — *Plan chronologique du secteur III (© B. Riba).*

peut-être dès la fin du xe siècle, ou plus tard avec l'arrivée des Croisés, inclut judicieusement au sein du bâtiment l'installation hydraulique indispensable à l'alimentation en eau. La postériorité de l'enceinte par rapport au réservoir est attestée par le mur M. V qui repose en partie sur les dalles de couverture. À partir de la seconde moitié du xiie siècle, l'établissement d'une communauté musulmane entraîne la réorganisation complète du secteur : une série de salles édifiées exclusivement en blocs de remploi sont aménagées le long de l'enceinte sud, effaçant toutes traces des installations antérieures. À la hauteur de la dernière assise du mur ouest de la pièce s. viii, la présence d'un bloc harpé à l'enceinte indique qu'à l'époque de la mise en œuvre des structures islamiques, certaines parties du rempart étaient effondrées (**fig. 463d**). Le caractère ajouté de ces aménagements par rapport à l'enceinte du fortin est également mis en évidence par l'emplacement du *miḥrāb* de la mosquée dont l'extrémité de l'absidiole est excavée dans l'angle nord-ouest de la tour T. I. Enfin, la construction la plus récente est représentée par un mur à double parement de constitution très précaire, comparable aux aménagements caractéristiques de la dernière phase du bâtiment, observés dans les secteurs i et ii. Le mur en question relie l'angle nord-ouest de la mosquée au mur de fond de la cour s. v.

• *Le groupe de la mosquée*

– La mosquée

La mosquée est un petit bâtiment de plan rectangulaire dont la superficie couvre environ 40 m^2 (**fig. 449**). L'ouverture centrée sur la façade nord donne sur la cour s. v. La fonction de l'édifice est attestée par deux composantes : le *miḥrāb*, orienté vers le sud selon la tradition, et le minaret dont les vestiges se concentrent principalement au nord-est de l'entrée.

Dans son ensemble, le bâtiment est très dégradé. Le mur ouest, mieux préservé, témoigne des techniques et des moyens employés dans sa construction (**fig. 463a**) : constitué de blocs provenant du bâtiment fortifié dans son état antérieur, celui-ci présente, malgré des assises à peu près alignées, un appareil peu soigné et maladroit. Les blocs mal ajustés créent des interstices et des irrégularités qui confèrent au mur un aspect rudimentaire. De la façade nord du sanctuaire, moins bien préservée, ne subsistent que la porte d'entrée et quelques assises. Le montant oriental de la porte se compose d'un élément de remploi dont le lit supérieur présente les moulures d'une corniche antique interrompues par une retaille à angle droit. Du côté ouest de l'entrée, le mur chaîné à la façade occidentale s'élève sur quatre assises. Du côté est, enfin, le mur mitoyen de la pièce voisine s. iii conserve seulement deux assises.

Plusieurs éléments d'architecture permettent de préciser le système de couverture utilisé. Ce sont, d'une part, les deux assises situées le long du parement interne de la façade nord : la taille concave des petits côtés des blocs et leur disposition réalisée de façon à ce que le lit d'attente soit oblique indiquent un dispositif visant à recevoir une voûte (**fig. 450**). D'autre part, les saignées aménagées dans le parement interne des murs latéraux et la taille curviligne des blocs témoignent de supports adaptés à ce type de couverture. Enfin, un élément placé contre le montant ouest

Fig. 449 — *Intérieur de la mosquée. Vue du nord-ouest (© B. Riba).*

Fig. 450 — *Assise de blocs oblique destinée à recevoir la couverture voûtée de la mosquée (© B. Riba).*

Fig. 451 — *Bloc destiné à recevoir la couverture voûtée et l'arc de l'entrée (© B. Riba).*

Fig. 452 — Miḥrāb *de la mosquée (© B. Riba).*

de la porte se caractérise par sa face sud taillée de façon à accueillir, comme les blocs voisins, la couverture voûtée (**fig. 451**); par ailleurs, son côté est présente le départ d'un arc destiné à souligner l'entrée de la mosquée.

Le *miḥrāb* est à peine visible en surface (**fig. 452**). Cette situation rend difficile la compréhension de l'aménagement, notamment en ce qui concerne sa relation avec le mur d'enceinte fortifié, plus particulièrement avec la tour T. I. On distingue seulement l'absidiole du *miḥrāb* dont l'extrémité est entaillée dans un bloc disposé dans l'alignement du mur ouest de la tour. Le mur de *qibla* est constitué d'un double parement. Le mur extérieur, élevé à l'aide d'éléments de remploi maladroitement ajustés, selon une caractéristique propre à la période islamique, suit l'ancien tracé du rempart qui intègre à ce niveau le côté nord de la tour. Le mur intérieur, quasiment accolé au premier, est à peine visible au niveau du sol actuel. La situation du *miḥrāb*, exactement axé sur le mur ouest de la tour indique que les constructeurs de la mosquée ont utilisé l'angle nord-ouest de celle-ci lors de son installation. Le long bloc dans lequel l'extrémité de l'absidiole est taillée et les remaniements observés dans l'un des murs montrent que la tour était en partie détruite lors de l'aménagement du *miḥrāb*.

Cinq blocs complets et trois fragments (B. 66 à 71) du minaret ont été découverts aux abords immédiats du sanctuaire, devant l'entrée de la salle voisine S. III (**fig. 453 et 456**). La disposition de ces éléments laissés à leur point de chute permet de situer l'emplacement initial de la

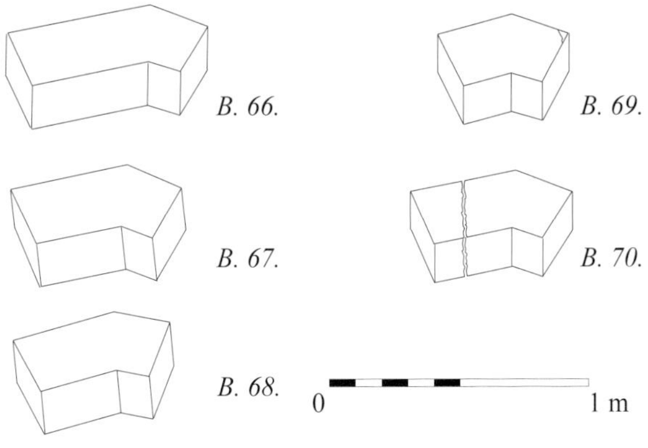

Fig. 453 — *Éléments d'architecture appartenant au minaret de la mosquée (© B. Riba).*

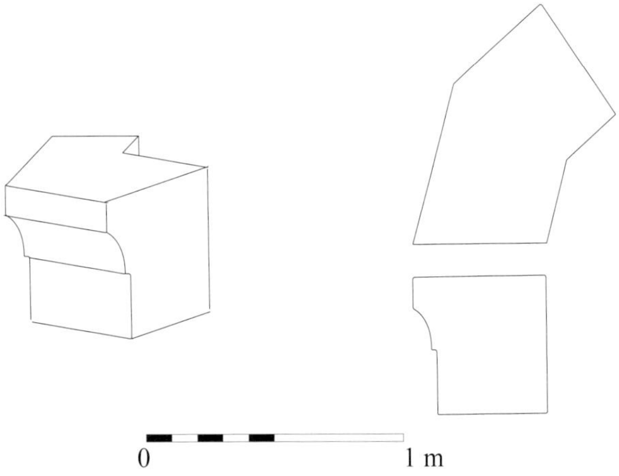

Fig. 454 — *Bloc de la corniche du minaret (© B. Riba).*

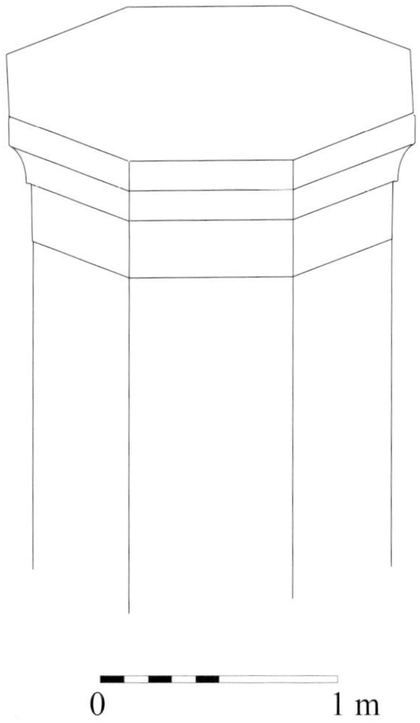

Fig. 455 — *Essai de restitution du minaret (© B. Riba).*

Fig. 456 — *Vestiges du minaret (© B. Riba).*

Fig. 457 — *Bloc de corniche du minaret (© B. Riba).*

Fig. 458 — *Vestiges de la mosquée du village de Burdaqle (© B. Riba).*

construction directement au nord-est du montant oriental de la mosquée. Tous ont en commun une hauteur d'une cinquantaine de centimètres et des angles dont l'inclinaison atteste leur appartenance à un minaret de plan octogonal (**fig. 455**). Un élément de la corniche de couronnement (B. 65) a été découvert à l'intérieur de la mosquée (**fig. 454 et 457**). Le profil de la moulure, très simple, se compose d'une bande biseautée légèrement concave surmontée d'un bandeau. D'autres éléments retrouvés à l'intérieur ou à proximité du bâtiment proviennent certainement du minaret, mais leur emplacement exact au sein de la structure reste indéterminé. C'est du côté de la localité de Burdaqle, située sur le bord occidental de la plaine de Dānā, qu'il faut chercher le parallèle le plus proche (**fig. 458**). En effet, le village possède une mosquée dont le minaret, en bon état de conservation, a été édifié selon une technique analogue : les blocs taillés de la même façon, disposés à joints secs, composent les assises régulières de la construction octogonale.

– La salle mitoyenne à la mosquée (s. iii)

La salle se place légèrement en retrait vers le sud par rapport à la mosquée. Comme sa voisine, elle ouvre par une entrée unique centrée sur la façade nord. Ses dimensions modestes couvrent une superficie de 30 m^2. L'intérieur, très encombré, ne laisse rien entrevoir de son organisation. Les murs n'offrent guère plus de deux à trois assises visibles. Leur constitution présente des caractéristiques analogues à celles observées dans la mosquée : malgré une volonté d'ordonner le mieux possible les blocs de remploi, leur disposition peu habile dénote un manque de moyens et la perte des techniques de construction acquises aux périodes précédentes. Par ailleurs, d'anciens éléments d'architecture décorés sont indifféremment intégrés dans les murs sans prendre soin de les dissimuler. Le bloc du montant ouest de l'entrée, emprunté à la corniche d'un monument protobyzantin, affiche notamment des moulures sur sa face principale. Enfin, le martèlement subi par certains éléments ornés, comme celui du montant opposé, suggère l'emplacement de symboles chrétiens détruits lors de cette phase d'occupation.

L'état actuel des vestiges ne permet pas de déterminer la fonction de la pièce. Sa situation mitoyenne avec le petit sanctuaire islamique et la cour qu'elle partage avec lui implique une relation étroite entre les deux constructions. Rappelons également, à titre de remarque, la présence d'un chêne « sacré » à l'intérieur de la salle (**fig. 459**). L'arbre, garni de tissus blancs accrochés aux branches par les pèlerins, exprime la persistance de la tradition musulmane établie depuis lors dans ce lieu.

– L'espace s. iv

Cet espace est légèrement postérieur à la pièce voisine s. iii, comme l'indique le mur nord qui prend simplement appui contre celui de la construction voisine. Il s'agit d'un petit espace oblong (2,50 x 6 m), énigmatique par son exiguïté et par le fait qu'aucun accès apparent n'a été retrouvé.

– La cour s. v

La cour s. v, dont la superficie atteint 110 m^2, est un espace relativement vaste qui embrasse au nord le groupe de la mosquée (s. ii, s. iii et s. iv). Les murs nord et est sont des constructions très sommaires édifiées à l'aide de remplois divers et variés (**fig. 460 et 263b**). Les dimensions très variables des parpaings et leur disposition anarchique forment des assises irrégulières aux interstices nombreux. Les blocs décorés sont grossièrement insérés dans les structures. Certains appartiennent aux encadrements de fenêtres de la façade sud de l'église dans son état du vi^e siècle (**fig. 184 et 185**). L'un intègre le mur nord, l'autre le mur oriental (B. 40 et B. 41). Le mur nord présente également un linteau, un élément provenant d'un édifice ecclésiastique (B. 20) et des blocs dont la surface est ponctuée d'une série de trous de solive. Le mur oriental contient un trumeau dont les moulures curvilignes sont en grande partie martelées (B. 42). Il semble appartenir à la même famille que le bloc B. 44 localisé dans la salle s. iii du secteur i (**fig. 485**). Ainsi, plusieurs indices montrent que les deux murs perpendiculaires sont contemporains.

À l'origine, la cour permettait d'accéder à l'espace dallé qui sert de couverture au grand réservoir (s. i). Plus

Fig. 459 — *Salle s. III mitoyenne de la mosquée (© B. Riba).*

Fig. 460 — *Mur nord de la « cour » s. V (© B. Riba).*

Fig. 461 — Vue d'ensemble du *groupe B (© B. Riba).*

Fig. 462 — *Mur ouest de la salle s. VIII (© B. Riba).*

tard, un mur épais est construit dans le prolongement du mur occidental de la mosquée afin de séparer l'installation hydraulique du sanctuaire. Ce dispositif constitué d'un parement double séparé par un étroit conduit couvert de dalles semble avoir entretenu un lien avec la citerne voisine. Sa postériorité par rapport à l'ensemble de la mosquée est attestée par sa constitution beaucoup plus précaire. Les deux modes de construction, d'une période à l'autre, sont nettement perceptibles de part et d'autre du « coup de sabre » visible au niveau du raccord entre la mosquée et le mur ajouté ultérieurement (**fig. 463a**) : le soin relatif apporté à la mosquée et aux constructions qui lui sont associées est désormais absent dans l'appareil de cette construction tardive composée de blocs disposés arbitrairement et maintenus par de petites pierres de calage. Cette structure appartient certainement à la dernière phase d'occupation du fortin.

• *Les aménagements du deuxième groupe*

Les murs des cinq salles qui composent cet ensemble sont très délabrés. Leur élévation excède rarement deux à trois assises. Ces espaces encombrés de terre et de débris ne permettent pas d'identifier leurs fonctions respectives (**fig. 461**). Seule une partie du mur commun aux salles s. VII et s. VIII est conservée sur une hauteur de sept assises (**fig. 462 et 463d**). Ce tronçon est simplement appuyé contre l'enceinte fortifiée, excepté à la hauteur de la sixième assise où un parpaing chaîné au rempart indique que ce dernier, préservé sur une hauteur de cinq assises, était en partie effondré lors de la construction du mur. Le mur en question présente un appareil identique à presque toutes les constructions du secteur III : l'ajustement peu soigné des blocs de remploi montre à nouveau un manque de moyens évident et des techniques de construction mal maîtrisées.

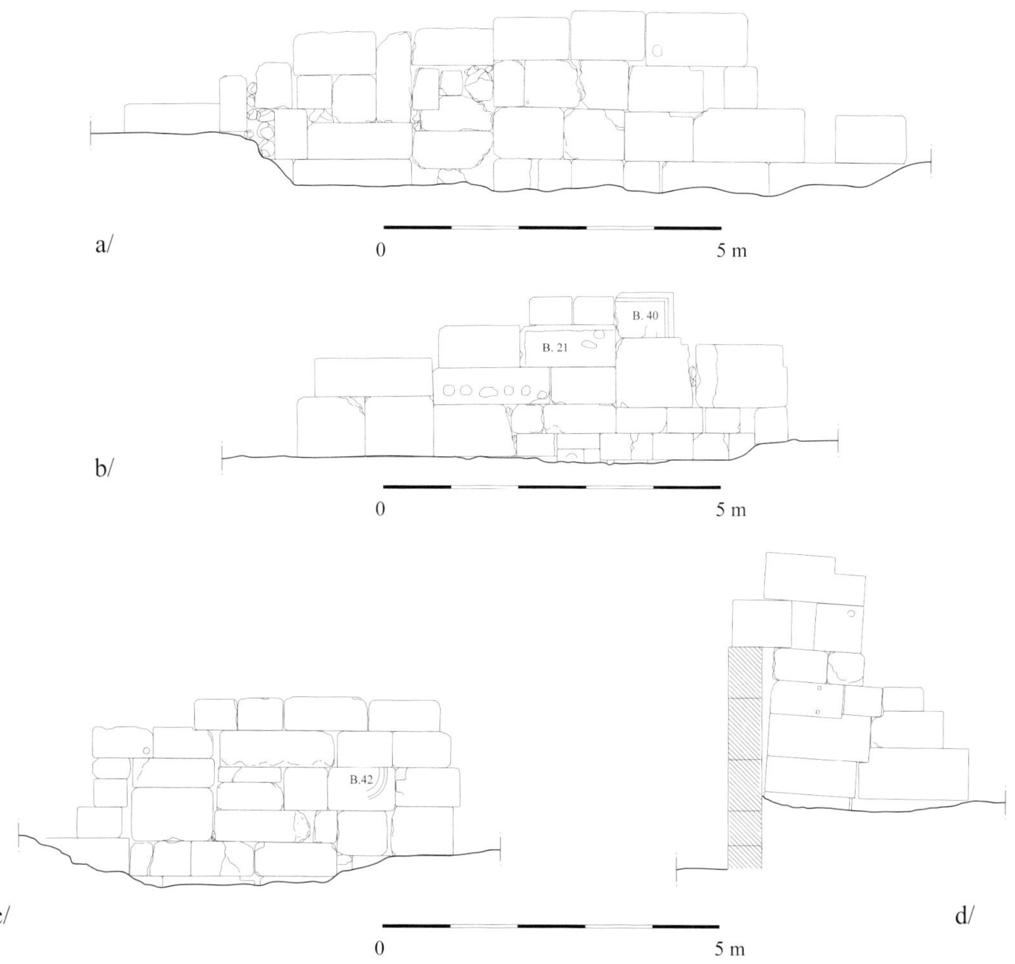

Fig. 463 — *Structures relevées au sein du secteur III : a/ mur ouest de la mosquée ; b/ segment du mur nord de la cour associée à la mosquée ; c/ mur de séparation entre les deux groupes architecturaux du secteur III ; d/ segment du mur ouest de la salle s. VIII (© B. Riba).*

• *Conclusion*

« Incertitudes techniques » et « précarité » sont les termes appropriés pour définir l'ensemble architectural représenté par le secteur III. À l'exception du réservoir d'eau qui se distingue par la qualité de son exécution, caractéristique de la période protobyzantine, les constructions se résument à un assemblage rudimentaire d'éléments empruntés au fortin médiéval ainsi qu'aux édifices religieux antérieurs. La présence de la mosquée, le martèlement des symboles chrétiens sur les blocs de remploi et l'appareil des murs ne laissent pas de doute sur le type de population à l'origine de ces constructions : les traces éparses de l'installation d'une communauté musulmane observées dans les autres secteurs du fortin sont ici omniprésentes. La concentration d'indices dans ce secteur précis du bâtiment s'explique principalement par l'emplacement du réservoir d'eau dont les occupants pouvaient facilement tirer profit.

L'étude du secteur III a permis de constater un fait important : cette phase d'occupation intervient alors que le bâtiment fortifié, sans doute à l'état d'abandon, est partiellement en ruine. C'est donc à partir de la seconde moitié du XIIe siècle qu'il faut situer celle-ci, après la reconquête musulmane de la région. Le petit sanctuaire de Kafr ʿAqāb évoque, par ses dimensions et son aspect ordinaire, les nombreuses petites mosquées médiévales, ou oratoires, installées à l'intérieur de bâtiments protobyzantins ou bien entièrement élevées à l'aide de matériaux de remploi. La construction s'inscrit dans le courant des modestes lieux de culte musulmans d'El-Bāra ou de Burdaqle datables du début du XIIe siècle[35]. C'est à cette catégorie de monument qu'il convient de situer la petite

35. Ces lieux de culte sont datés par la dédicace d'une mosquée de 497H/1103-4. Parmi les inscriptions arabes d'El-Bāra on compte également une épitaphe de 451 H/1059, un *graffito* de 462H/1070 et une épitaphe de 524H/1130 (Tchalenko 1953-1958, I, p. 121 ; Tchalenko 1953-1958, II, pl. CL, fig. 44 ; Tchalenko 1953-1958, III, p. 115).

mosquée de Serğilla[36], de même que celle d'Erhab[37] qui présente des caractéristiques analogues, ou encore celle de constitution beaucoup plus précaire de Kafr Nābo[38]. D'après le contexte historique régional, la construction de la mosquée de Kafr ʿAqāb serait à situer sous les Ayyūbides, période à laquelle apparaissent de nombreux petits édifices comparables à ceux qui viennent d'être mentionnés. Aucun élément fiable ne permet cependant d'exclure un lieu de culte édifié plus tard, au cours de la période mamelūke. Rappelons à ce propos l'analogie constatée entre le minaret et celui presque intact de la mosquée de Burdaqle qui appartient, selon G. Tchalenko, à la seconde moitié du xve siècle[39]. Bien que le sanctuaire de Kafr ʿAqāb conserve des dimensions plus modestes et utilise des techniques de construction moins élaborées, notamment au niveau de la couverture constituée d'une simple voûte quand celle de Burdaqle présente plusieurs arcs reposant sur des colonnes, les deux édifices sont dotés d'un minaret orthogonal soigné et des murs caractérisés par un type d'appareil similaire composé de blocs de remploi disposés de manière irrégulière.

Le bâtiment fortifié : les remplois et les remaniements

Un type de remplois récurrent

Une catégorie d'éléments d'architecture, remployés dans les murs de l'édifice ou gisants parmi les décombres, constitue le dénominateur commun de l'ensemble fortifié. Tous présentent un profil de base identique formé par deux fasces entre lesquelles s'insère un tore à profil segmentaire encadré d'anglets (**fig. 464 et 465**). Aux extrémités, la terminaison de la moulure se définit par un congé en contre-profil.

• *Influences, datation et provenance*

Au total, 23 éléments de ce type ont été recensés dans le fortin. La morphologie, la modénature et les dimensions des blocs les rattachent incontestablement à une architecture à caractère monumental. Dans la région, ces éléments composent généralement les porches, les pilastres et les ouvertures des grands sanctuaires édifiés à partir du dernier quart du ve siècle. En effet, c'est essentiellement à Qalʿat Semʿān que le tore à profil segmentaire acquiert sa forme définitive[40], et c'est sur le même site que la moulure est associée de manière presque systématique aux anglets qui la bordent. Dans le *martyrion* cruciforme, elle apparaît au niveau du grand porche qui précède la basilique sud, autour des fenêtres du tambour de l'octogone, sur les pilastres qui encadrent l'abside de la basilique orientale, les fenêtres absidiales et les plinthes des bases de colonne qui reposent sur les piédestaux. Sur le baptistère, la moulure orne les pilastres engagés de la façade ouest et cerne les fenêtres aménagées dans l'octogone. Elle est également omniprésente à Deir Semʿān sur plusieurs parties des couvents sud-est, nord-est et nord-ouest. La moulure se retrouve ailleurs dans le Massif calcaire, notamment autour des fenêtres de la basilique de Bizzos, à Ruweiḥa et, au même endroit, sur des édifices situés dans le village de Banqūsa. Dans le ğebel Waṣṭāni septentrional, une moulure identique est visible dans différentes églises datables à partir du début du vi^e siècle et dont certaines présentent, rappelons-le, de nombreuses affinités avec l'architecture de Qalʿat Semʿān[41]. Elle cerne, dans le village de Ṭurīn, les ouvertures de l'abside de l'église orientale, le contour des fenêtres du chevet de l'église ouest, et au moins une des portes sud d'une troisième basilique située plus à l'ouest. À Ḫarab Sulṭān, la moulure apparaît sur l'arc triomphal de la basilique à bêma. Elle est également présente sur le contour des fenêtres et des portes de l'église sud de Banassara. Le succès de cette moulure est donc évident en ce qui concerne les édifices religieux postérieurs au sanctuaire de Saint-Syméon, dans le ğebel Waṣṭāni septentrional comme dans le reste du Massif calcaire. Les remplois utilisés dans la construction du fortin proviennent d'une basilique édifiée à la même période.

À Kafr ʿAqāb, l'appartenance de ces éléments à l'église comprise à l'intérieur de l'enceinte fortifiée est exclue : il suffit de considérer le caractère monumental des blocs pour se rendre compte que ceux-ci supposent un ensemble architectural qui dépasse de loin les dimensions modestes de cette basilique. Les proportions de la plupart d'entre eux évoquent plutôt une architecture semblable à celle des grands sanctuaires ruraux pareils à celui, par exemple, de Ruweiḥa[42]. En outre, les réfections constatées dans la basilique sud témoignent du souci des constructeurs du fortin de préserver l'ancien édifice, et non de le démanteler au profit de l'enceinte fortifiée. Aussi, l'absence de remplois pourvus de moulures communes à l'intérieur ou dans les murs du bâtiment confirme que

36. Tate *et al.* 2013, p. 552.

37. Peña *et al.* 1980, pl. 5.

38. La petite mosquée de Kafr Nābo est située à l'ouest du grand bâtiment daté de 504-505. L'édifice inédit évoque celui de Kafr ʿAqāb par ses dimensions et son aspect sommaire. La qualité de l'appareil est toutefois nettement inférieure à Kafr Nābo où les murs intègrent notamment un sarcophage complet d'époque protobyzantine.

39. La datation de cette mosquée est déterminée par analogie avec la mosquée en ruine d'El-Kfeir datée de 865H/1460-61 (Tchalenko 1953-1958, I, p. 115 et 121 ; Tchalenko 1953-1958, III, p. 117).

40. Naccache 1997, p. 123.

41. Biscop et Sodini 1987, p. 114.

42. Tchalenko 1979, p. 290-291.

l'église, en partie restaurée à l'aide de ses propres blocs effondrés, est restée indépendante du rempart élevé à l'aide d'éléments d'architecture empruntés ailleurs.

En fait, la proximité de la grande église de l'est, presque entièrement dépouillée de ses blocs, ne laisse guère de doute sur la provenance des éléments de remploi. La datation de l'édifice, ses dimensions et la référence directe du plan du chevet au sanctuaire de Qalʿat Semʿān indiquent que les blocs ont été prélevés sur les ruines de ce sanctuaire. Ce phénomène de récupération massif d'éléments architecturaux est appuyé par la présence d'autres blocs de remploi dont il sera question ci-dessous.

• *Typologie des remplois aux moulures communes*

Il est peu aisé de déterminer la place initiale de chaque élément au sein de l'ensemble ecclésial de l'est. Néanmoins, les divergences ou les similitudes observées dans la morphologie des blocs, ainsi que la répartition et la forme des moulures qui les caractérisent, ont permis d'effectuer un classement typologique[43].

Les éléments classés au sein du type I (**fig. 466 et 471**) présentent des moulures identiques à celles des pilastres situés de part et d'autre de l'abside de la basilique est de Qalʿat Semʿān (**fig. 467**). Toutefois, contrairement à ces derniers décorés sur deux côtés, ceux de Kafr ʿAqāb sont ornés sur une seule face, ce qui implique des éléments destinés à n'être vus que d'un côté. Ils pourraient appartenir à des pilastres engagés dans la façade d'un bâtiment, comparables à ceux que l'on retrouve, par exemple, sur la façade ouest du baptistère de Qalʿat Semʿān[44]. En revanche, les blocs rassemblés au sein du type II, qui se distinguent par deux faces moulurées, semblent bien être associés à l'un des pilastres qui recevait l'arc triomphal de l'abside de la basilique (**fig. 468, 469 et 472**). Leurs dimensions correspondent à cet emplacement. L'unique élément du type III, B. 04, comprend quant à lui un troisième côté mouluré (**fig. 473**) qui permet d'envisager sa place initiale dans l'un des pilastres destinés à supporter l'extrémité des arcs de la nef. Les dimensions conviennent précisément à cette place. De leur côté, les blocs classés au sein du type IV se caractérisent par leurs angles arrondis (**fig. 470 et 474**). Décorés sur trois côtés, ces éléments ont pu appartenir à différentes parties d'un porche monumental puisque ce dispositif, normal dans une basilique de pèlerinage, pourrait avoir existé devant la façade occidentale de l'église est. Les deux éléments du type V (**fig. 475**) offrent la particularité de présenter deux moulures différentes : leurs extrémités dotées de cannelures à arêtes plates faisaient partie intégrante d'un pilier ; le reste du bloc s'associait à une structure en relation directe avec les éléments de type IV. Les blocs rassemblés dans la catégorie de type VI, pourvus à nouveau d'angles droits, se distinguent par des dimensions modestes et des moulures plus fines (**fig. 477**) qui suggèrent une provenance autre que la basilique elle-même. Peut-être s'agit-il d'un édifice attenant comme un baptistère ou une chapelle. Les éléments retrouvés appartiennent à un pilastre engagé qui marquait l'angle de ce bâtiment. Sa partie supérieure est représentée par l'élément de corniche de couronnement B. 20 (**fig. 477a, 478 et 479**) dont l'extrémité en saillie montre, à sa base, le départ des moulures communes. L'une des faces latérales du bloc B. 21 arbore les mêmes moulures : l'élément intégrait la partie centrale du pilastre. (**fig. 477b et 480**). La partie inférieure est représentée par le bloc B. 22 sur

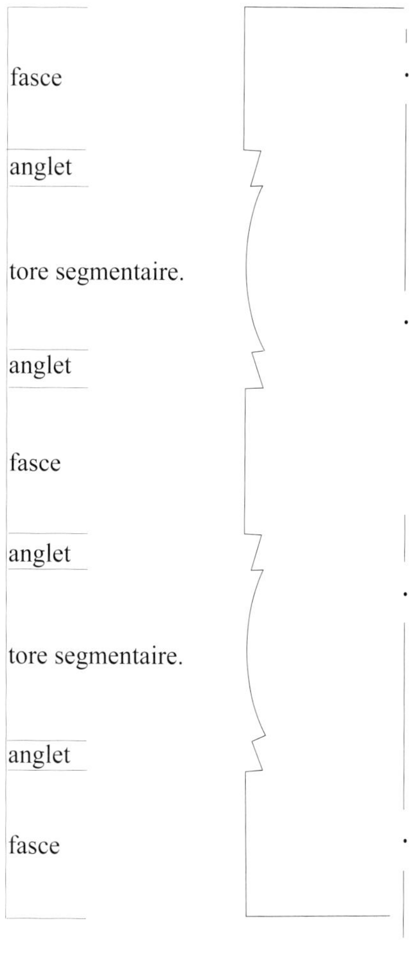

Fig. 464 — *Profil de base commun aux éléments décorés provenant de l'église est* (© B. Riba).

43. Les 23 éléments appartenant aux divers types identifiés sont décrits dans le catalogue des blocs en annexe. Les blocs B. 01, B. 02 et B. 03 appartiennent au type I, les blocs B. 18 et B. 19 au type II, le bloc B. 04 au type III, les Blocs B. 09, B. 10, B. 14 et B. 17 au type IV, les blocs B. 05 et B. 06 au type V ; les blocs B. 20, B. 21, B. 22 et B. 23 au type VI ; les blocs B. 07, B. 08 et B. 15 au type VI.

44. Voir le relevé de la façade dans Bavant *et. al.*1989, p. 198, fig. 6.

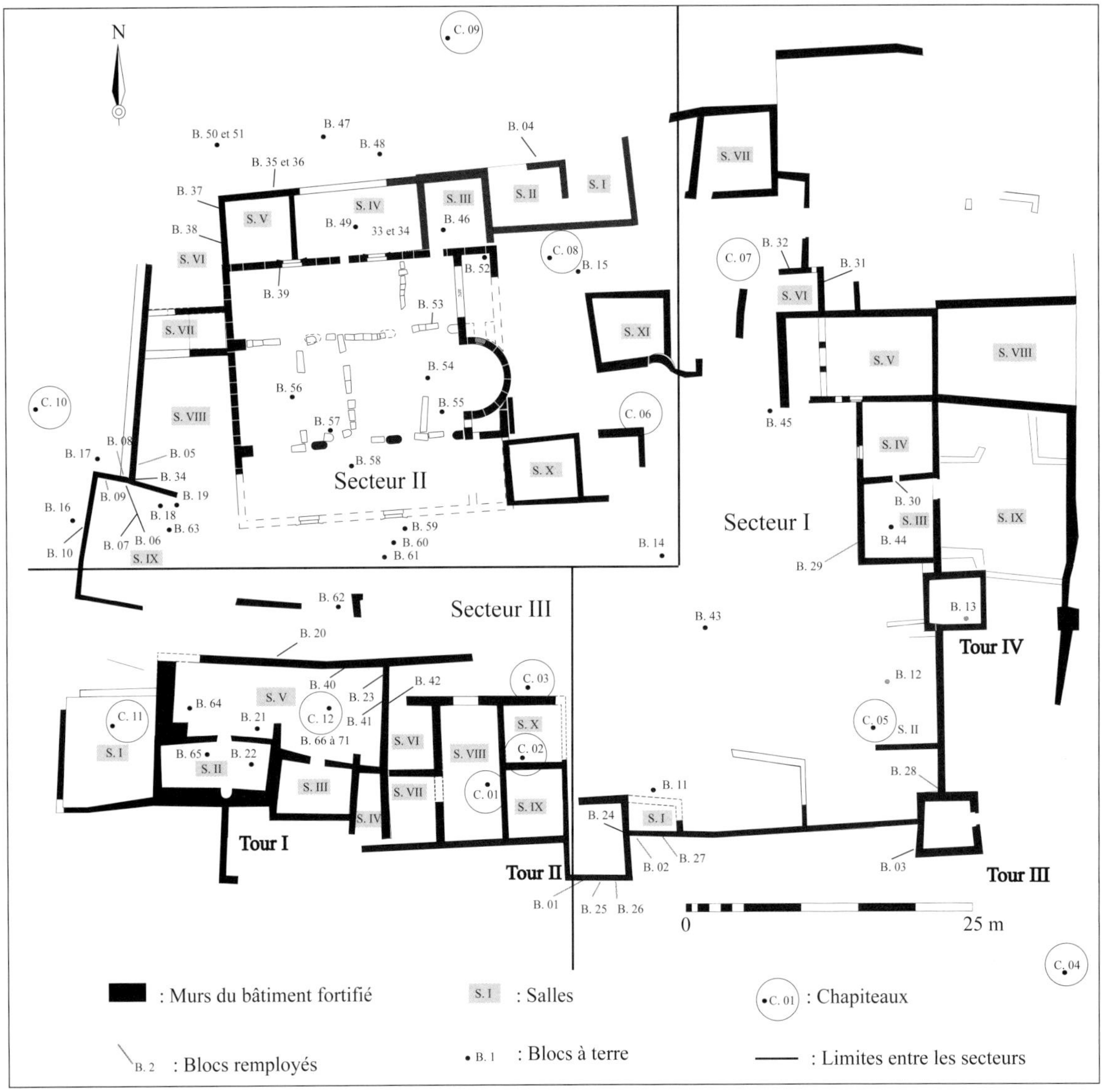

Fig. 465 — *Localisation des blocs remployés au sein du bâtiment fortifié (© B. Riba).*

lequel les moulures s'achèvent par des congés en contre-profil (**fig. 477c et 481**). Le même élément est pourvu d'un large médaillon dont la surface a été entièrement martelée. Enfin, le type VII rassemble les blocs appartenant à la même famille, mais leur état trop fragmentaire ne permet pas de les rattacher à une catégorie précise (**fig. 476**).

Les éléments de remploi dépourvus de moulures communes

Divers blocs de remploi localisés dans le fortin trouvent des correspondances avec certains éléments d'architecture dispersés autour des ruines de la basilique de l'est. Parmi eux, le bloc de console B. 27 intégré dans le rempart sud est analogue à la console B. 74 découverte aux abords du sanctuaire. Le linteau monumental B. 29 présente également des motifs proches du décor sculpté sur les voussoirs B. 81 et B. 82 provenant de l'arc triomphal de la même basilique (**fig. 233**). Le profil mouluré de certains éléments d'architecture monumentale identique au chambranle du linteau B. 29 suggère aussi une origine commune. C'est le cas de la clé de fenêtre échancrée en plein cintre B. 62, du montant de porte B. 64 et des trumeaux de fenêtres B. 42 et B. 44 étudiés plus bas. Enfin, malgré l'absence d'indices directs permettant de faire le lien avec le sanctuaire voisin, certains remplois observés dans la construction de l'enceinte,

Fig. 466 — *Bloc B. 02 appartenant au type I remployé dans la tour T. III (© B. Riba).*

Fig. 467 — *Basilique orientale de Qalʿat Semʿān. Pilier sud de l'abside (© B. Riba).*

Fig. 468 — *Bloc B. 19 appartenant au type II (© B. Riba).*

Fig. 469 — *Bloc B. 18 appartenant au type II (© B. Riba).*

Fig. 470 — *Bloc B. 16 appartenant au type IV (© B. Riba).*

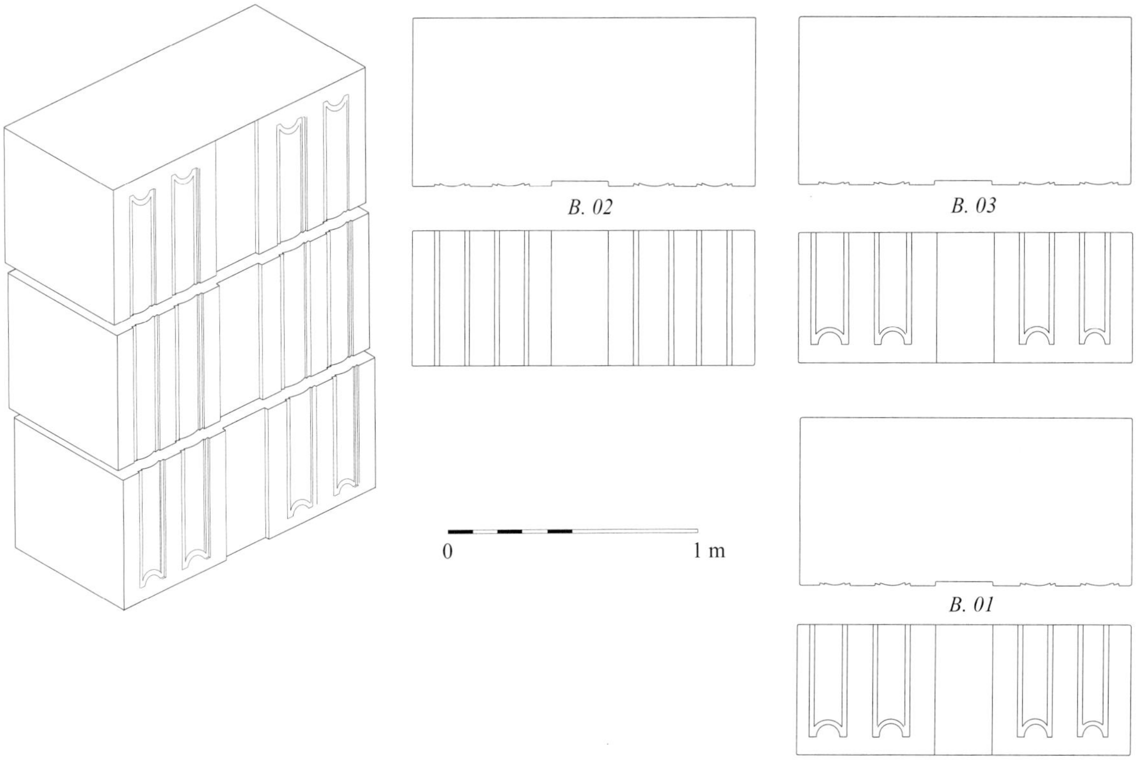

Fig. 471 — *Blocs appartenant au type I (© B. Riba).*

tels que le bloc de demi-colonne engagé inséré dans le mur M. I (B. 24), le seuil de porte et l'élément mouluré B. 25 et B. 26 localisés dans le soubassement de la tour T. II pourraient également provenir du même endroit (**fig. 419**). La base moulurée de la tour est aussi composée d'éléments de récupération comme l'indique la rupture opérée dans la continuité de la moulure (**fig. 420**). Le profil correspondant à la façade occidentale de la tour, quasiment identique à celui relevé sur la base du présumé baldaquin associé au tombeau S. 25 (**fig. 363**), suggère des éléments prélevés sur le monument funéraire situé à proximité de la basilique. Pour une raison quelconque, peut-être liée à un nombre insuffisant de blocs disponibles, ou bien à leur état de dégradation, les constructeurs médiévaux ont été contraints d'utiliser des éléments moulurés provenant d'un autre monument afin de compléter la base sur les côtés sud et est de la tour : à défaut de structures plus adaptées, ces derniers ont eu recours, semble-t-il, à des éléments de corniche de couronnement, comme l'évoquent la modénature et la morphologie des blocs disposés, pour l'occasion, à l'envers par rapport à leur situation initiale.

Le linteau B. 29, la clé de fenêtre en plein cintre B. 62 et le montant de porte B. 64

Ces éléments d'architecture ecclésiastique méritent une étude plus détaillée compte tenu de la qualité particulière et du répertoire ornemental qui les caractérisent.

Le linteau de porte B. 29 est actuellement remployé dans le mur ouest de la salle S. III du secteur I. Ses dimensions prouvent son appartenance à une porte monumentale (**fig. 482 et 483**). Le chambranle à moulures continues, en bon état de conservation, est surmonté d'une corniche entièrement bûchée. Le profil de la moulure comprend deux fasces, un tore, une arête, une gorge, un anglet et un bandeau. Ce dernier est orné d'une frise de denticules entre lesquels apparaissent des motifs variés à dominante végétale (feuillages, rameaux, quatre-feuilles, etc.). On discerne également quatre croix bifides partiellement ou complètement martelées. C'est à nouveau du côté de Qalʿat Semʿān et des édifices qui lui sont postérieurs qu'il faut chercher des parallèles. Dans le *martyrion* cruciforme, le décor alternant denticules et motifs végétaux est fréquent : il orne la corniche de couronnement de l'abside de la basilique est, la corniche

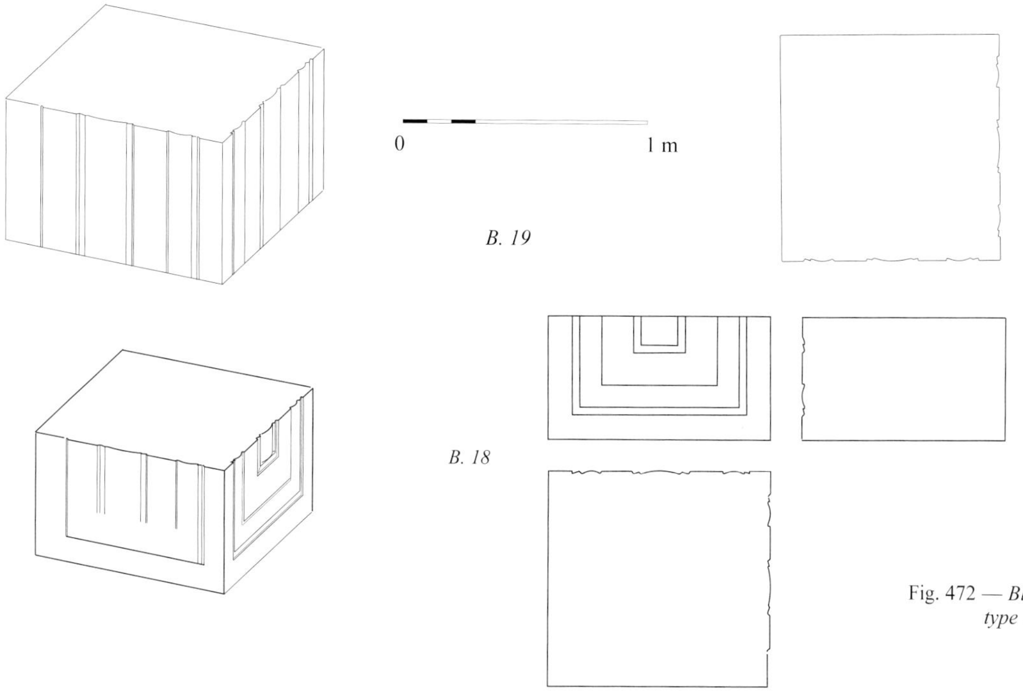

Fig. 472 — *Blocs appartenant au type II (© B. Riba).*

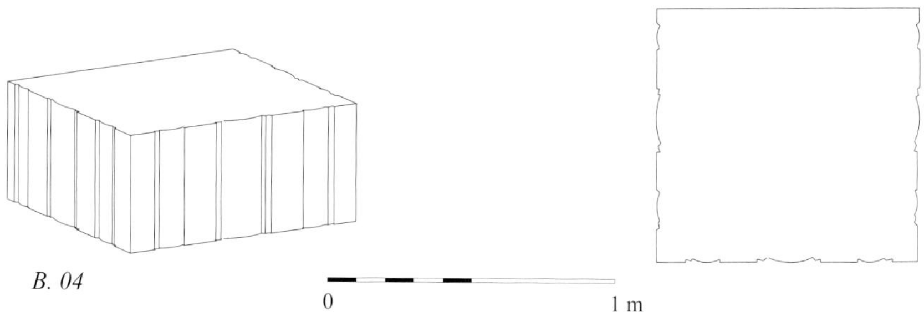

Fig. 473 — *Bloc B. 04 appartenant au type III (© B. Riba).*

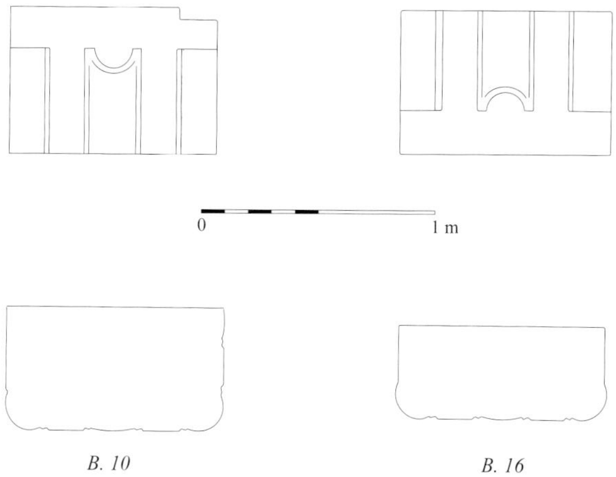

Fig. 474 — *Éléments d'architecture appartenant au type IV (© B. Riba).*

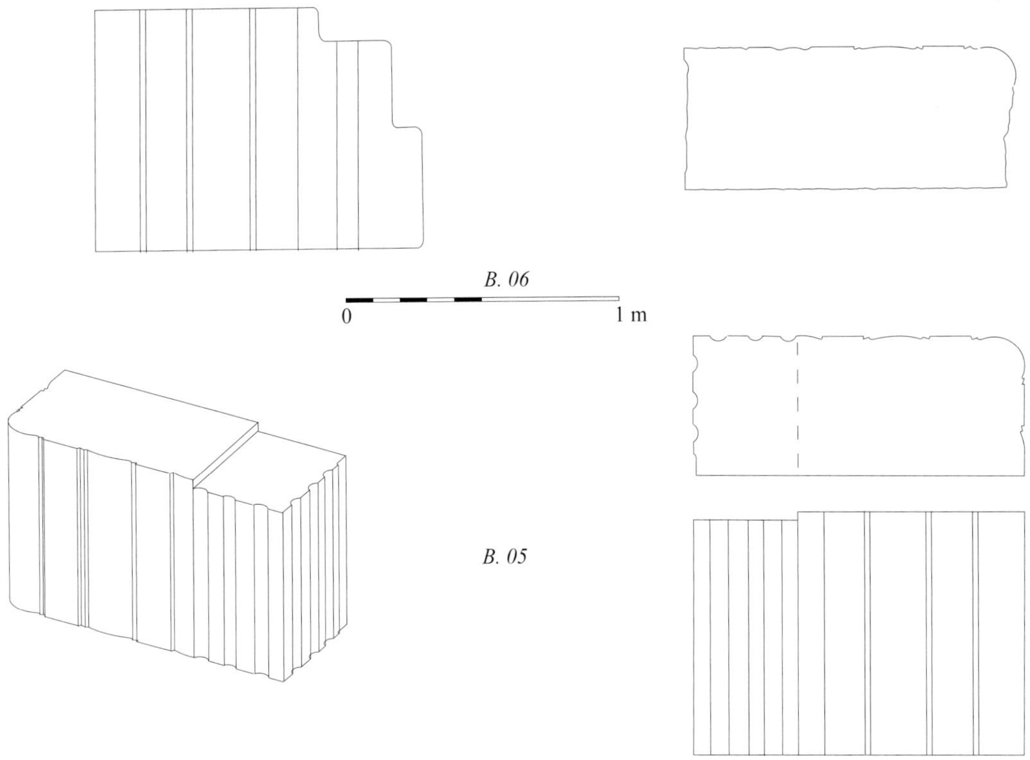

Fig. 475 — *Blocs appartenant aux types V et VI (© B. Riba).*

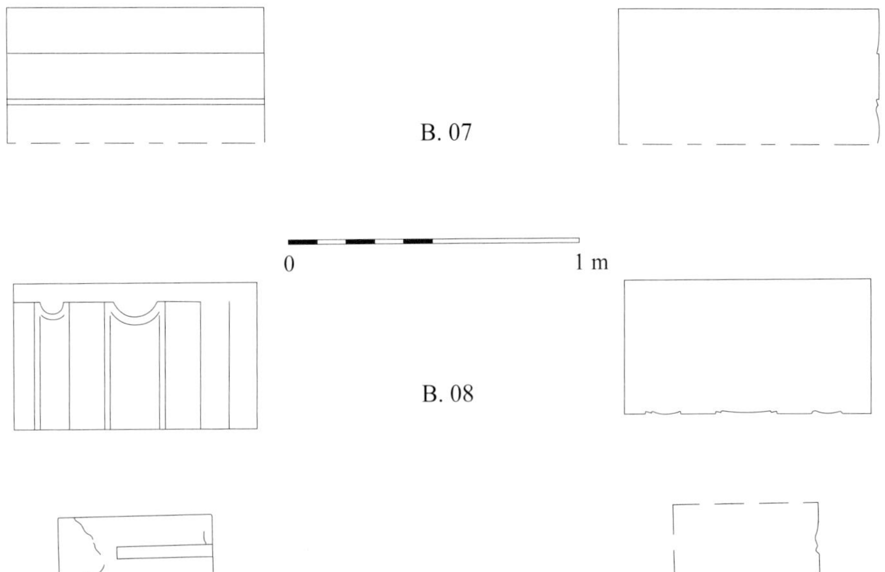

Fig. 476 — *Blocs appartenant au type VII (© B. Riba).*

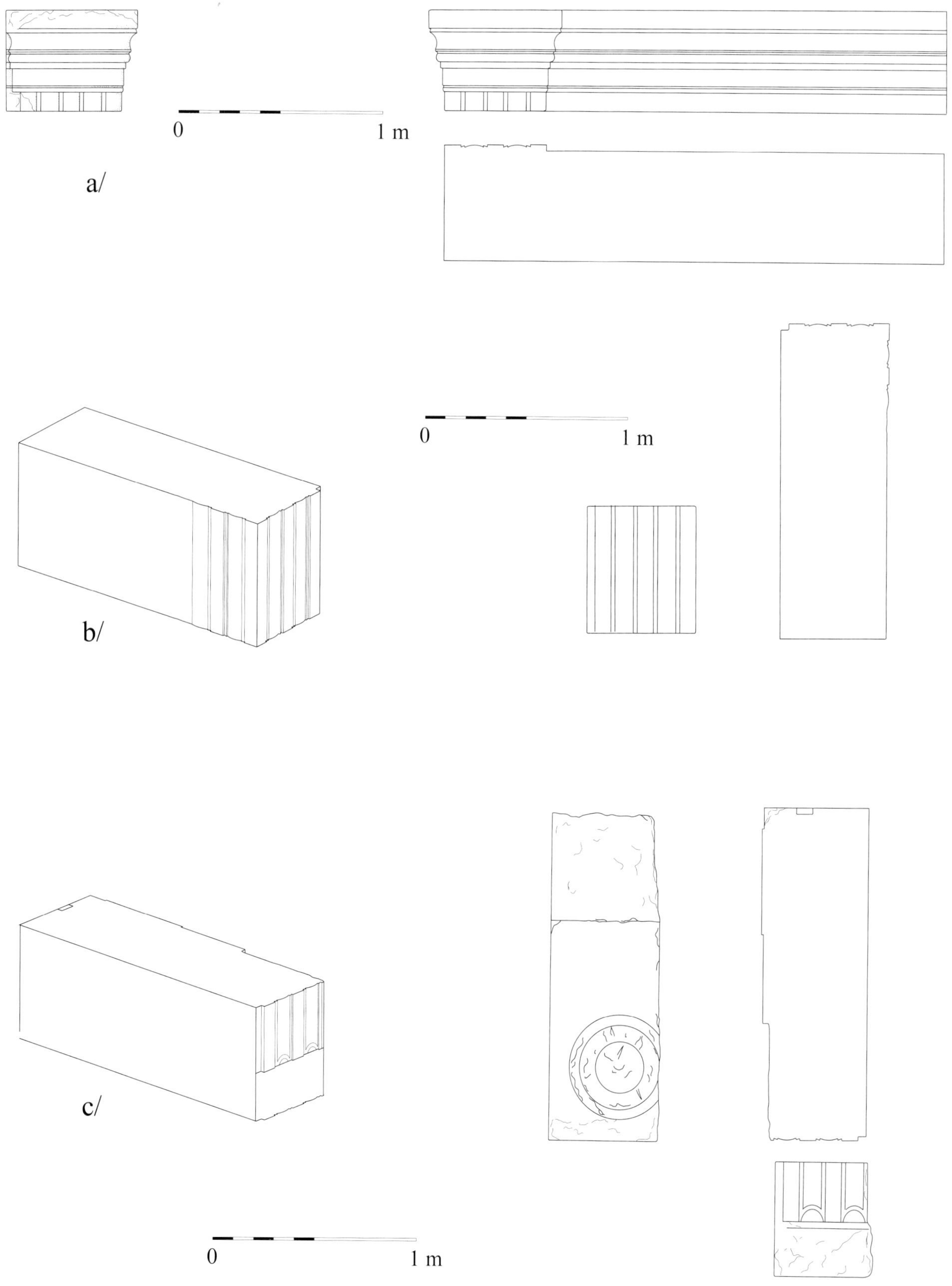

Fig. 477 — *Éléments d'architecture de type VI provenant d'un bâtiment associé à l'église est : a/ élément de corniche B. 20 ; b/ élément de pilier B. 21 ; c/ bloc B. 22 (© B. Riba).*

Fig. 478 — *Élément de corniche B. 20 (© B. Riba).*

Fig. 479 — *Élément de corniche B. 20, détail (© B. Riba).*

Fig. 480 — *Bloc B. 21 remployé dans la cour de la mosquée (© B. Riba).*

Fig. 481 — *Bloc B. 22 (© B. Riba).*

d'appui de la claire-voie de la basilique nord, les corniches intérieures et les corniches cintrées des grands arcs de l'octogone[45]. Dans le ǧebel Waṣṭāni, l'église orientale du village de Ṭurīn présente un décor analogue sur le chevet, au niveau de la corniche d'appui des fenêtres[46]. À Kafr ʿAqāb, l'alternance de denticules et de motifs végétaux se retrouve sur les claveaux de l'arc absidial de la basilique est (**fig. 239**). La proximité du bâtiment ecclésiastique, les correspondances ornementales avec les voussoirs de l'édifice et les analogies relevées avec l'architecture de Qalʿat Semʿān indiquent que ce linteau monumental provient de la basilique est. En outre, les dimensions de l'élément coïncident exactement avec celles du seuil de la porte axiale de la façade ouest de l'église. C'est donc cette place qu'il convient de lui attribuer. Le martèlement complet de la corniche et des petites croix sculptées entre les denticules montre que le linteau n'a pas été épargné par la communauté musulmane lors de son l'établissement à l'intérieur du fortin. Après avoir fait l'objet d'un premier remploi à l'occasion de la construction de l'édifice fortifié, le linteau a certainement été déplacé une seconde fois lors du réaménagement du secteur I par les nouveaux occupants pour être déposé à l'endroit peu adapté qu'il occupe aujourd'hui.

La clé de fenêtre en plein cintre B. 62 se trouve quant à elle dans les décombres situés devant la façade sud de la basilique du fortin (**fig. 484**). Pourvue d'un médaillon central, celle-ci présente une moulure délicate qui comprend deux fasces, un tore, une arête, une gorge, un anglet et un bandeau. Cette composition exclut l'appartenance du bloc à l'église sud si l'on tient compte des moulures nettement différentes de celles qui créent l'unité au sein de l'édifice. De son côté, le petit édifice à abside saillante situé à l'est de la basilique pourrait convenir,

45. Biscop et Sodini 1984, p. 273.
46. Biscop et Sodini 1987, p. 110-112.

Fig. 482 — *Linteau monumental B. 29 remployé dans le mur ouest de la salle s. I du secteur I (© B. Riba).*

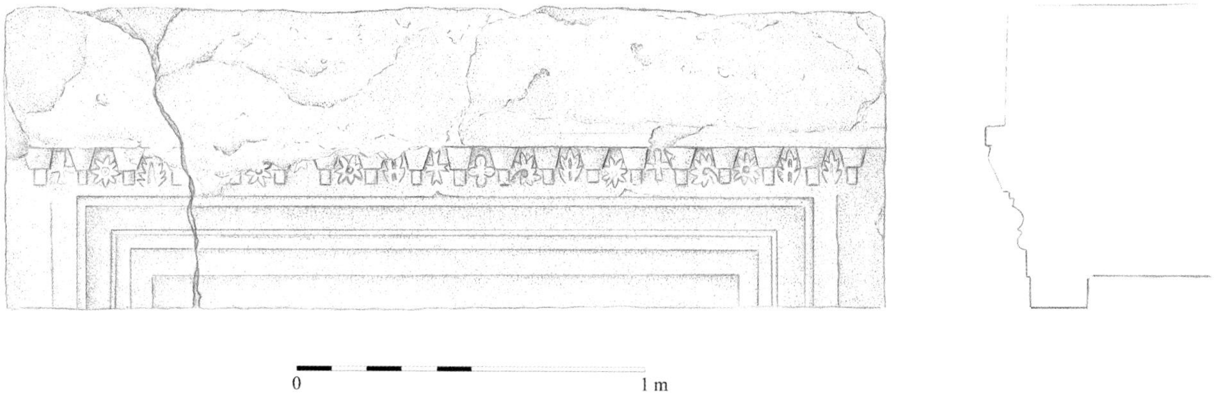

Fig. 483 — *Linteau monumental B. 29 (© B. Riba).*

mais aucun élément fiable n'autorise un tel rapprochement. En revanche, le profil est identique à celui du chambranle du linteau B. 29. La clé de fenêtre en plein cintre pourrait donc provenir de la basilique orientale. Après avoir été remployé dans l'édification du bâtiment fortifié, l'élément a de nouveau été utilisé au cours de l'occupation musulmane de l'édifice : le lit supérieur du bloc a alors été évidé afin de transformer celui-ci en auge alors que le médaillon central pourvu d'une croix a été bûché. Il est en effet très problable que les blocs B. 24 et B. 62 ont connu une destinée similaire.

Deux éléments de trumeaux, B. 42 et B. 44, présentent des moulures semblables à celles du bloc B. 62. Sans être précisément identiques, leur traitement et leur composition sont assez proches : le profil de la moulure circulaire comprend, de l'extérieur vers l'intérieur, deux fasces, une gorge et un tore. L'un (B. 42), en grande partie martelé, se trouve actuellement remployé dans un mur du secteur III ; l'autre (B. 44), bien conservé, se situe dans la salle S. III du secteur I, à proximité du linteau monumental B. 29 (**fig. 485**). Ces ressemblances dans la forme curviligne des moulures et le profil de celles-ci plaident en faveur de trumeaux provenant du sanctuaire de l'est, comme tant d'autres éléments d'architecture, bien qu'il n'existe dans ce cas aucun indice archéologique direct permettant de s'en assurer de manière définitive.

Enfin, un montant de porte particulièrement ouvragé, nommé B. 64, a été découvert à proximité de la mosquée (**fig. 486 et 487**). La moulure qui le caractérise forme un retour à angle droit et se poursuit sur la feuillure du piédroit. Ce décor indique de manière précise l'emplacement initial de cet élément, au bas de la porte, du côté gauche lorsqu'on pénétrait à l'intérieur de l'édifice. Le profil de la moulure comprend, de l'extérieur vers l'intérieur, un large espace, deux fasces, un tore, une arête, une gorge, un anglet et un bandeau. Une rangée de perles et de pirouettes souligne la seconde fasce pourvue d'une tresse à deux brins ponctuée d'éléments circulaires bombés. La gorge est ornée d'un

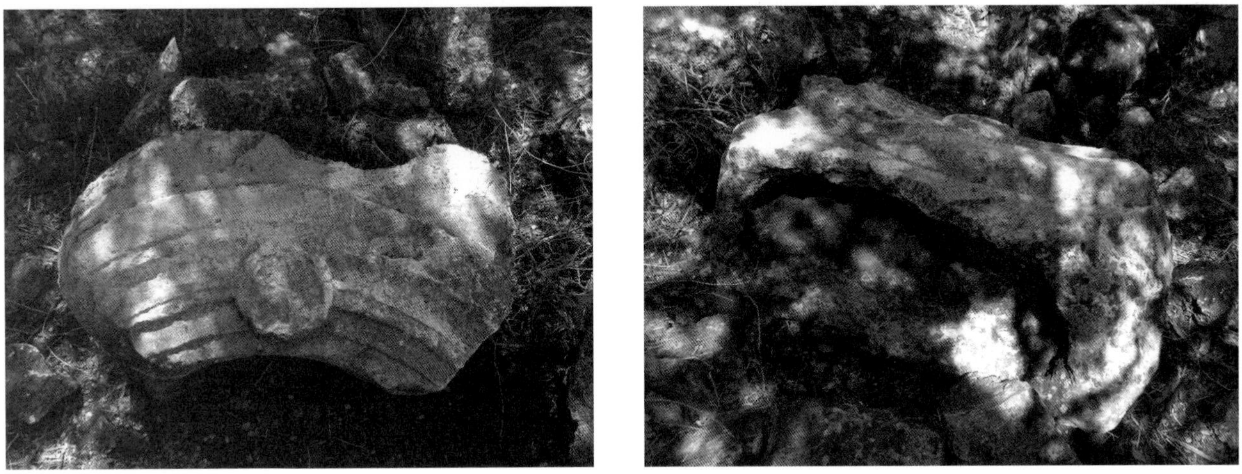

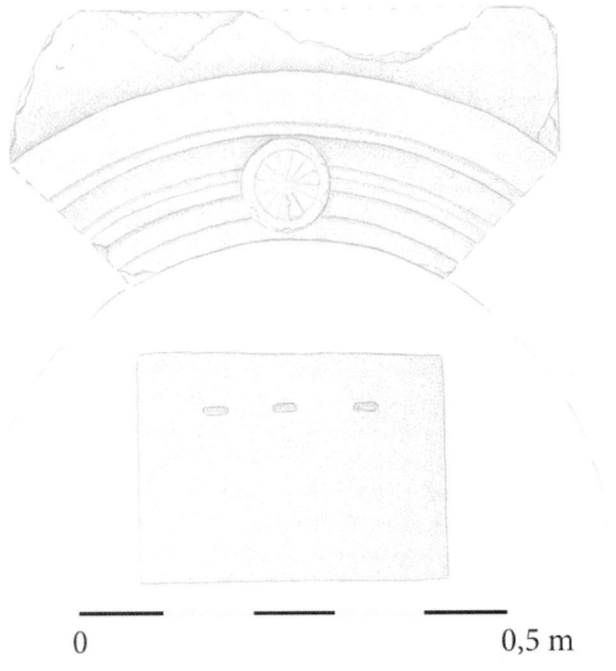

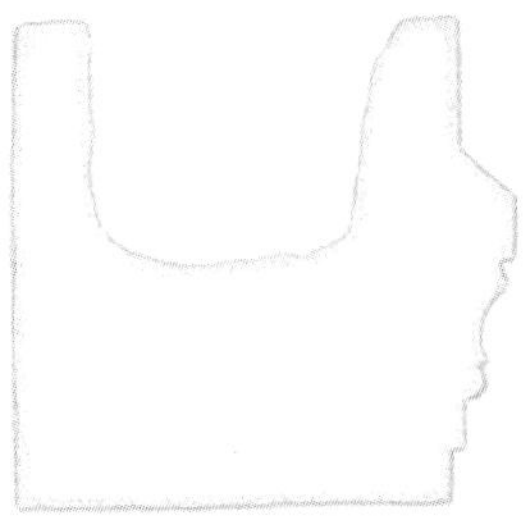

Fig. 484 — *Clé de fenêtre B. 62 provenant d'un bâtiment ecclésiastique et remployée en auge (© B. Riba).*

vase depuis lequel jaillit un rinceau de vigne sobrement représenté, composé d'une tige sinueuse, déliée, depuis laquelle émergent des feuilles accompagnées de vrilles et de grappes. Le vase, très simple, possède un pied tronconique et deux anses qui relient le sommet du col à la panse arrondie.Ce programme ornemental, entièrement épargné en raison de l'absence de symboles chrétiens, ne permet pas d'associer l'élément au sein de l'église du fortin caractérisé par un décor plus sobre autour de ces portes et de ces fenêtres. Dès lors, celui-ci pouvait appartenir au petit édifice à abside saillante qui jouxte l'église ou bien, plus probablement, au sanctuaire de l'est, comme le laisse envisager la richesse de son ornement. La situation actuelle du montant à l'intérieur de la cour de la mosquée indique qu'il fut vraisemblablement, comme d'autres éléments prélevés sur les ruines de la basilique est, l'objet d'un premier remploi lors de la construction du fortin avant d'être à nouveau utilisé à l'occasion de l'occupation islamique du bâtiment.

Les chapiteaux découverts à proximité et à l'intérieur du fortin

Douze chapiteaux paléochrétiens se répartissent inégalement aux alentours et à l'intérieur du bâtiment fortifié. Aucun ne se trouve à son point de chute ; la plupart sont fragmentaires ou abîmés. Deux chapiteaux de piliers, C. 10 et C. 06, proviennent, d'après leurs dimensions,

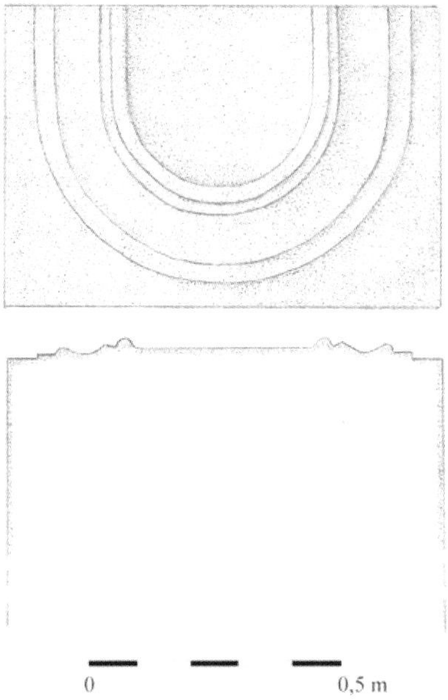

Fig. 485 — *Trumeau de fenêtre B. 44 (© B. Riba).*

Fig. 486 — *Montant de porte B. 64 (© B. Riba).*

Fig. 487 — *Élément de montant de porte B. 64 (© B. Riba).*

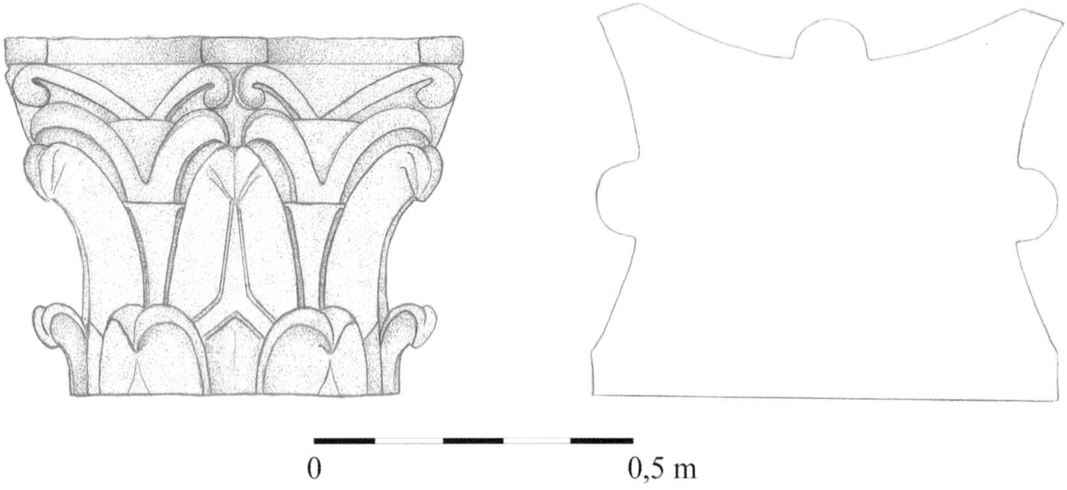

Fig. 488 — *Chapiteau C. 10 (© B. Riba).*

d'un édifice à caractère monumental. Le premier (**fig. 488**) pourrait avoir occupé le sommet du pilastre sud de l'église du fortin. La place initiale du second est plus assurée, compte tenu de ses proportions et de sa situation à proximité immédiate du petit édifice à abside saillante. Il surmontait probablement l'un des pilastres qui encadraient l'abside (**fig. 204**). Un troisième chapiteau, C. 12, à colonnes cette fois, semble également provenir d'un monument à part dont il ne reste aucun vestige (**fig. 489**).

Les autres chapiteaux, de faible portée, sont issus de portiques ordinaires. Leur provenance reste toutefois indéterminée. Ils peuvent aussi bien avoir été empruntés aux maisons alentour comme à l'un des deux ensembles ecclésiaux. En revanche, des chapiteaux qui présentent un caractère ancien, à situer entre la fin du IVe siècle et le début du siècle suivant (C. 01, C. 02, C. 03, C. 05, C. 07), pourraient être associés à l'église dans son premier état (**fig. 490**). D'autres, plus tardifs, appartenaient peut-être au complexe ecclésial remanié du VIe siècle (C. 03, C. 04, C. 08, C. 11). Mais aucun indice ne permet d'exclure une provenance depuis le sanctuaire oriental. Cette dernière hypothèse est confortée par la présence du chapiteau C. 03 dont l'association au complexe ecclésiastique de l'est est appuyée par le traitement de feuilles d'acanthe finement incisées (**fig. 491**). Ce type d'ornementation évoque en effet certains éléments d'architecture de la basilique est[47], contrairement à l'église sud dépourvue d'acanthes sculptées sous cette forme.

L'intérieur du fortin présente également des fûts de colonnes, souvent fragmentaires, certainement issus d'un ou plusieurs portiques associés au complexe ecclésiastique intégré à l'intérieur de l'enceinte fortifiée. Les deux fûts de colonnes B. 50 et B. 51, longs de 1,80 m suggèrent notamment la présence d'un portique élevé devant la façade nord de l'église (**fig. 446**). Ce dispositif est confirmé par le bloc d'architrave B. 49 dont les moulures correspondent à celles qui enveloppent les ouvertures de la façade. Un seul élément de base a été retrouvé (Sect. III, s. X). Celui-ci, de type « attique », qui servait de support à une demi-colonne, se compose d'une plinthe surmontée d'une scotie encadrée de tores (**fig. 492**).

Le bâtiment fortifié dans l'histoire

Problèmes de sources

Aucune source, ancienne ou issue des rares visiteurs ayant parcouru le site à partir la fin du XIXe siècle, ne mentionne de près ou de loin l'existence d'un bâtiment fortifié à Kafr ʿAqāb. Ce n'est qu'avec la publication de l'*Inventaire du Jebel Wastani*, en 1999, que les Pères franciscains font connaître le monument.

• *Le silence des sources anciennes*

L'état des sources concernant les villages du Massif calcaire à la période médiévale est très lacunaire, les chroniqueurs arabes ou francs ayant essentiellement prêté attention aux localités qui ont joué un rôle important. Les forteresses ou fortins situés aux places stratégiques

47. Ce sont principalement les voussoirs de l'arc triomphal de la basilique est (B. 81, B. 82) et les linteaux de portes appartenant aux portes des annexes du même édifice (B. 84, B. 85).

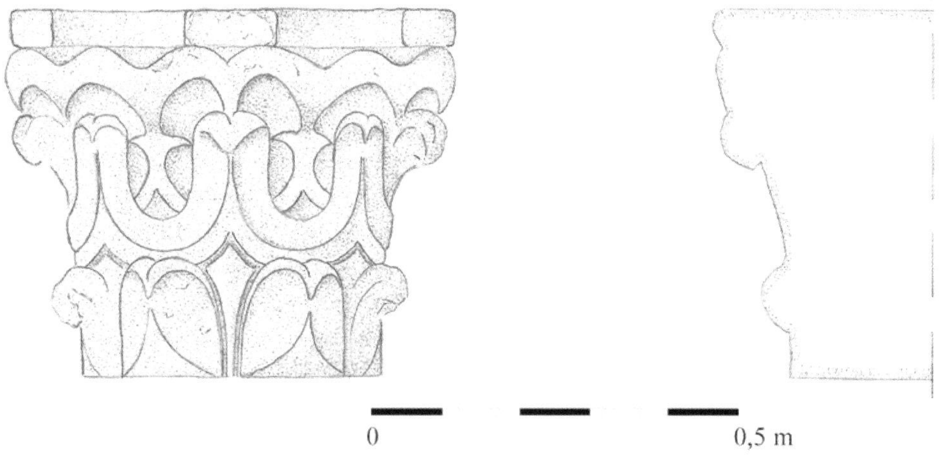

Fig. 489 — *Chapiteau C. 12 découvert dans la salle s. V du secteur III (© B. Riba).*

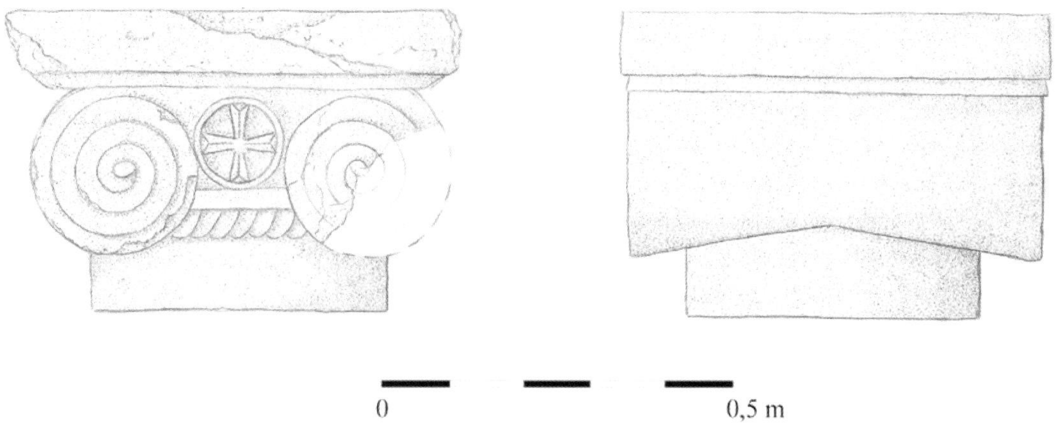

Fig. 490 — *Chapiteau C. 01 découvert dans la salle s. VIII du secteur III (© B. Riba).*

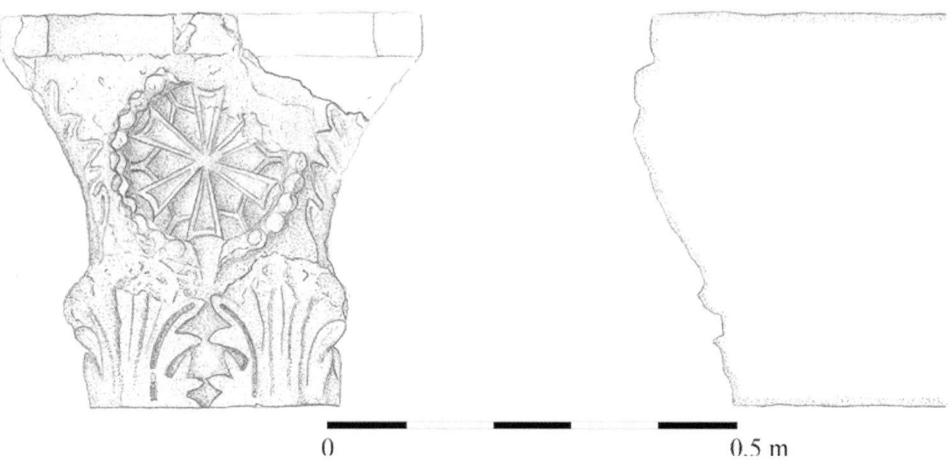

Fig. 491 — *Chapiteau C. 03 découvert dans le secteur I du fortin (© B. Riba).*

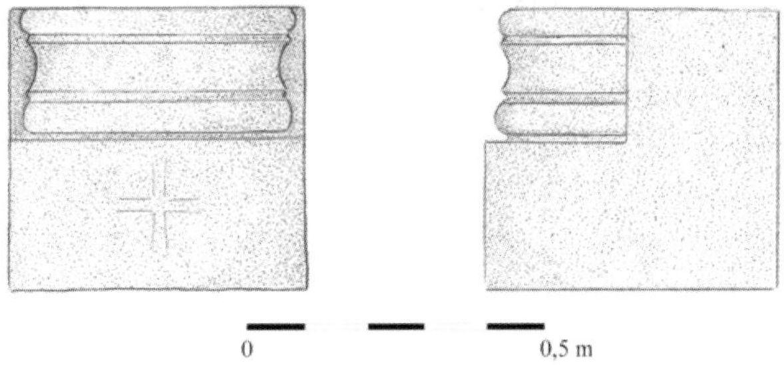

Fig. 492 — *Base de demi-colonne découverte dans la salle s. x du secteur III (© B. Riba).*

ou qui se sont distingués par quelques faits d'armes sont donc les plus connus, au détriment de bon nombre de places fortes secondaires retirées dans les campagnes qui sont passées sous silence. L'édifice de Kafr ʿAqāb, petit poste d'avant-garde du ǧebel Waṣṭāni, et vraisemblablement gîte d'étape sur la route d'Antioche à Apamée, semble avoir fait partie de ceux-là. L'unique mention du village datant de la période médiévale se limite à celle de Abu ʿUbayd al-Andalus dans son *Dictionnaire des noms des pays et des lieux*[48], où l'auteur énumère simplement une série de sites sans livrer plus de détails. Le silence des sources pourrait également trouver une explication dans le nom actuel du village qui a pu remplacer un toponyme plus ancien désormais perdu, mais cela paraît peu probable.

L'examen des monuments militaires recensés dans les principaux sites archéologiques de la région, notamment ceux d'El-Bāra et de Ḥārim, débute avec l'épigraphiste arabe Max Van Berchem et l'architecte E. Fatio qui entreprennent un voyage à la fin du XIXe siècle[49]. R. Dussaud, dont les travaux s'appuient en partie sur les prospections de ses prédécesseurs, s'avise aussi, lors de ses propres visites, de la présence de nombreux vestiges d'époque médiévale dans la région dans sa *Topographie historique de la Syrie antique et médiévale*[50]. Toutefois, c'est à G. Tchalenko que l'on doit, à l'issue de ses visites dans de nombreux villages du Massif calcaire, de sortir de l'ombre un nombre important de fortins médiévaux. À l'appui des travaux antérieurs et de ses propres prospections, il en dresse une liste accompagnée d'une carte sur laquelle apparaissent les édifices fortifiés, les caravansérails et l'emplacement des inscriptions arabes[51].

48. Abu ʿUbayd al-Andalus 1951.
49. Berchem et Fatio 1914-1915.
50. Dussaud 1927.
51. Tchalenko 1953-1958, III, p. 113-129.

• *Confrontation des sources récentes avec les données du terrain*

Dans le ǧebel Waṣṭāni, on s'étonne de voir mentionner à plusieurs reprises la forteresse du village de Ṭurīn, pourtant absente du paysage rural actuel, alors que le bâtiment fortifié de Kafr ʿAqāb, bien visible, ne l'a jamais été. En effet, si les pères avaient relevé, en 1952, les traces de fortification à l'intérieur de l'église ouest[52] de Ṭurīn, ils semblent ne pas les avoir retrouvées lors d'une nouvelle visite effectuée dans les années 1980. Celles-ci ne sont pas évoquées non plus par J.-P. Sodini et J.-L. Biscop qui réalisent l'étude du monument à la même époque[53]. Enfin, à l'occasion des prospections plus récentes menées à Ṭurīn dans le cadre de cette étude, aucun témoignage qui ferait de cette basilique un fortin médiéval, ni aucune autre construction qui aurait rempli cet office sur le site, n'ont été décelés. Par conséquent, si l'église a bien rempli cette fonction, les remaniements subis par le bâtiment devaient être mineurs. Notons que la disparition éventuelle de ces traces de fortification ne peut être imputée à l'occupation récente du village qui a entièrement épargné ce secteur du site. L'édifice a vraisemblablement fait l'objet, comme tant d'autres dans la région, de petites modifications qui n'ont pas véritablement altéré l'aspect initial du monument. Ce type de remaniement, observé ailleurs dans le Massif calcaire[54], se retrouve dans les villages du ǧebel Waṣṭāni de manière identique, notamment à Ḥarāb Sulṭān[55] et à Tannārīye[56].

En revanche, les constructeurs du fortin de Kafr ʿAqāb, au lieu d'aménager l'intérieur d'une église abandonnée, ont pris le parti de restaurer celle-ci et d'élever tout autour une véritable enceinte fortifiée qui demeure à ce jour parfaitement visible. En outre, le village de Kafr ʿAqāb, beaucoup plus accessible comparé à celui de Ṭurīn, se trouve sur l'itinéraire de l'ancienne route antique qui suivait le tracé naturel du relief. Depuis le sud, le bâtiment fortifié, loin de s'effacer dans les ruines du village, est le premier monument qui se dessine à l'horizon. Lors des conflits médiévaux, son rôle était précisément de contrôler cette zone fréquentée du ǧebel Waṣṭāni. L'édifice s'imposait donc à l'extrémité nord du chaînon, au terme d'une série de petites places fortes sommairement installées dans d'anciennes églises de villages antiques qui jalonnaient la route traversant le ǧebel Waṣṭāni. Ainsi, le fortin de Kafr ʿAqāb, qui appartient à une catégorie de bâtiments « militaires » supérieure à celle des simples églises fortifiées, est à ranger aux côtés de monuments plus importants tels que, par exemple, le fortin de Qalʿat

52. Peña *et al.* 1999, p. 159.
53. Sodini et Biscop 1987, p. 119-127.
54. Tchalenko 1953-1958, II, pl. LXXXI.
55. Peña *et al.* 1999, p. 104.
56. Peña *et al.* 1999, p. 150.

Sermada situé aux abords de la plaine de Dānā, ou à celui beaucoup plus proche d'El-Ḥoṣn, juché au sommet du ǧebel Dueili. Il se distingue cependant de ces derniers par un soin plus marqué, notamment dans la constitution des murs et l'usage de moulures à la base de certaines tours.

Au regard de ces observations, il paraît donc surprenant que le fortin de Kafr ʿAqāb soit passé inaperçu tandis que le prétendu édifice de Ṭurīn a retenu l'attention de plusieurs chercheurs, si bien que l'on peut se demander si une confusion n'est pas à l'origine de ce constat. En effet, il convient de préciser que les chercheurs et historiens qui ont fait mention de la « forteresse » de Ṭurīn ne se sont jamais rendus personnellement sur le site, et parfois même ne se sont jamais aventurés dans cette partie du Massif calcaire. Il est vrai que cette zone est longtemps demeurée difficile d'accès en raison de l'absence de communications à l'intérieur du ǧebel Waṣṭāni jusque dans les années 1980[57], et du caractère inhospitalier du lieu couvert d'une végétation très dense. Par conséquent, les renseignements recueillis par D. Van Berchem d'abord, puis par R. Dussaud, sont de seconde main et de fait, peut-être imprécis : le premier mentionne vaguement la présence d'une forteresse dans un village du nom de « Khirbet Tourine » d'après une information provenant « d'un des pères du couvent d'El-Qneye »[58] ; le second écrit simplement, à la suite de son prédécesseur : « on nous a signalé, à environ une heure de Darkoush, un château fort ruiné du nom de Tourin »[59]. Les deux auteurs, qui n'ont jamais pu se rendre à Ṭurīn, livrent ainsi des indications rapportées par d'autres à titre purement informatif. Plus tard, l'historien C. Cahen mentionne à son tour « les ruines d'un château appelé aujourd'hui Toûrin » en indiquant sans plus de précisions leur situation « près de l'actuelle Tannārīye »[60], cette dernière localité se trouvant à près de 3 kilomètres au sud-ouest du village de Ṭurīn. Par la suite, G. Tchalenko évoque à plusieurs reprises le monument sans non plus se rendre sur place[61].

Quant aux chercheurs qui ont parcouru en personne le site à la fin des années 1920, ni R. Mouterde[62] ni le Lt Froment[63] ne font mention du « château fort » évoqué par R. Dussaud. Plus tard, R. Mouterde et A. Poidebard, alors en quête de l'itinéraire antique reliant Antioche à Apamée, identifient le village comme étant la *Kaperturi* signalée dans l'*Itinéraire Antonin*. Leur visite sur le site n'apporte aucune information supplémentaire sur le sujet : il est seulement question d'églises, « de la nécropole à *nefeš* », d'« une *mansio* » et d' « un magasin de l'annone »[64]. Ils y copient également des épitaphes qui indiquent l'existence, dans l'Antiquité, d'un corps de *lanciarii* et de *Ioviani*[65]. Aucune mention n'est faite d'une forteresse médiévale.

Ces remarques, ajoutées aux prospections récentes effectuées à Ṭurīn, tendent à s'interroger sur la présence réelle d'un « château fort » à cet endroit, et donc, sur la fiabilité des indications glanées par D. Van Berchem et R. Dussaud. En l'absence de données archéologiques tangibles sur le site, ne pourrait-on pas attribuer le « château fort » de R. Dussaud à celui de Kafr ʿAqāb, situé à moins de 5 km au nord de Ṭurīn, bien conservé, nettement visible et qui présente, en outre, un caractère plutôt imposant avec son enceinte soigneusement construite au sommet d'un promontoire rocheux et ses tours soulignées de moulures à leurs bases ? Les informateurs ayant renseigné les chercheurs n'ont-ils pas pu faire un amalgame entre les deux villages proches géographiquement, et attribuer malencontreusement à l'un ce qui en fait appartenait à l'autre ? Cette hypothèse justifierait à la fois l'absence de traces de fortification dans le village de Ṭurīn et l'étrange silence des sources récentes concernant le fortin de Kafr ʿAqāb. La prospection détaillée de tous les vestiges du site de Ṭurīn et des villages environnants permettrait d'apporter des précisions sur ce point.

Perspectives chronologiques

À l'exception des salles S. V, S. VI et S. VII du secteur I et de quelques murs du secteur II, les vestiges *in situ* remontant à la construction du bâtiment fortifié se résument quasiment à la seule enceinte. D'après les remplois intégrés dans celle-ci, l'édifice (qui présente toutes les caractéristiques d'une construction médiévale) ne peut pas être antérieur à la première moitié du VIe siècle. En l'absence de fouilles archéologiques il apparaît nécessaire, afin de préciser la période et le contexte qui ont vu naître ce fortin, de confronter les données historiques avec celles glanées sur le terrain, puis de s'interroger sur les facteurs et les objectifs ayant pu conduire à la réalisation d'un tel édifice à Kafr ʿAqāb.

57. KHOURY 2008, p. 75-77.
58. BERCHEM et FATIO 1914-1915, p. 81.
59. DUSSAUD 1927, p. 163.
60. CAHEN 1940, p. 160.
61. Tchalenko fait état d'une « forteresse », ou des « ruines d'un château médiéval » à Ṭurīn (TCHALENKO 1953-1958, I, p. 248 ; TCHALENKO 1953-1958, III, p. 127).
62. R. Mouterde retient du village « les ruines d'une église de plan basilical (…) des épitaphes et deux groupes de reliefs funéraires taillés dans le roc (*néfesh*) » (MOUTERDE 1929, p. 126).
63. Le Lt Froment décrit les « importantes ruines de Tourin » de manière concise sans évoquer l'existence d'un fortin : « église, nombreuses tombes taillées dans le roc, deux groupes de reliefs funéraires » (FROMENT 1930, p. 289). Notons cependant que ni le Lt Froment ni R. Mouterde, qui ont également visité Kafr ʿAqāb, ne font état du fortin qui s'y trouve malgré l'état de conservation relativement bon du monument.
64. MOUTERDE et POIDEBARD 1945, p. 28.
65. *IGLS* II, 654 et 656.

La construction du monument pourrait correspondre à trois périodes. La première pourrait se situer au cours de la première moitié du VIIe siècle marquée par les invasions perses, puis arabes. La seconde pourrait dater de la deuxième moitié du Xe siècle, lors de la reconquête byzantine. La troisième, enfin, pourrait être attribuée aux Croisés, entre 1098 et 1148.

• *Un édifice de la fin de la période protobyzantine ?*

La menace sassanide qui se répète par deux fois au cours du VIe siècle, puis qui persiste pendant presque trente ans au cours du siècle suivant, ajoutée à la brève réappropriation de la région par les Byzantins suivie par la conquête islamique constituent autant d'événements qui pourraient avoir suscité l'édification d'un bâtiment fortifié à Kafr ʿAqāb. Selon l'hypothèse des pères franciscains, l'édifice serait le premier exemple connu de *Kastron* protobyzantin du Massif calcaire[66]. Sans aller jusqu'à désigner l'édifice sous cette appellation qui indique plutôt une véritable forteresse du type de celle d'Al-Andarin nommée comme telle dans une inscription[67], on aurait effectivement pu y voir un modèle de bâtiment semblable aux édifices apparus au VIe siècle dans la steppe syrienne, pourvu d'une enceinte à caractère défensif, mais peu résistante. Tel est le cas, notamment, de l'enceinte édifiée autour de l'église 6 d'Al-Andarin[68], ou celle de ʿUmm al-Ḫalaḫil désignée comme un gîte ou un hospice[69]. Toutefois, dans le cas de Kafr ʿAqāb, l'hypothèse ne résiste pas à l'analyse.

D'une part, nous l'avons vu, la construction de l'édifice intervient lorsque les deux basiliques localisées sur le site sont abandonnées, et vraisemblablement en ruine. Au moment où le christianisme triomphe dans le Massif calcaire, alors que les circuits de pèlerinage sont en plein essor, il est improbable que des constructeurs aient prélevé les blocs de la grande basilique orientale quelques décennies seulement après sa construction afin d'édifier l'enceinte du fortin autour de la basilique sud sommairement restaurée pour l'occasion. De plus, l'usage de tels remplois et ces remaniements seraient incohérents à cette période où la région connaît son apogée économique. Les moyens techniques et financiers autorisaient largement la construction d'édifices nouveaux et la restauration soignée des plus anciens ayant parfois souffert des séismes relativement fréquents à cette époque. À la fin de la période protobyzantine, le village de Kafr ʿAqāb, sans doute le plus peuplé du chaînon, rayonnait au contraire par sa prospérité en partie incarnée par ses basiliques disposées de part et d'autre de « l'entrée » du village et qui bénéficiaient peut-être, de surcroît, du privilège du droit d'asile.

D'autre part, la réoccupation islamique du fortin, matérialisée par le remploi massif de blocs empruntés aux structures mêmes de l'édifice, est illustrée par la présence de murs précaires destinés à remodeler l'espace intérieur. Le mode d'occupation caractérisé par des installations sommaires et l'exiguïté des pièces nouvellement créées indiquent un niveau de vie qualitativement très inférieur à celui de la période paléochrétienne. Une occupation d'époque omeyyade ou abbasside ne paraît guère envisageable au regard des traces très peu fréquentes laissées par la population musulmane à ces époques dans le Massif calcaire (tombes et mosquées), et il serait étonnant d'en trouver sous cette forme dans le village de Kafr ʿAqāb. Par ailleurs, si de tels témoignages avaient existé dans la localité, on aurait été en droit de s'attendre à des constructions beaucoup plus soignées, dans la continuité de celles de la période protobyzantine, à l'image de la mosquée d'El-Bāra[70] qui se distingue par la qualité de sa construction semblable aux bâtiments antiques. En réalité, ce type d'occupation révélé par les vestiges à l'intérieur du fortin est caractéristique de celui des « squatters » bien connu dans la région à partir de la période ayyūbide. Il paraît donc logique de considérer l'établissement d'une population de confession musulmane dans l'édifice après la désertion de la communauté chrétienne à l'origine de sa construction, au cours de la période médiévale.

Enfin, les conditions dans lesquelles se sont réalisées les invasions perses, puis arabes, ne semblent pas justifier la présence d'un fortin à Kafr ʿAqāb. En effet, les incursions sassanides de 540 et 573 n'ont pas, ou peu, touché les villages du Massif calcaire, celles-ci s'étant surtout limitées à des opérations de pillage ciblées là où les richesses se trouvaient, c'est-à-dire principalement dans les villes. Aussi, lorsque Chosroès II se rend maître d'Antioche en 611, celui-ci est accueilli favorablement par les populations miaphysites[71] persécutées par les orthodoxes chalcédoniens au pouvoir. Les événements consécutifs aux opérations armées des Perses contre Héraclius ont toutefois pu causer quelques troubles dans les campagnes. On sait notamment par Denys de Tell Mahré, patriarche jacobite de 818 à 845, que certains villages ont fait l'objet de pillages autour d'Antioche par les armées musulmanes[72] sans que l'on sache cependant de quel secteur il est question. Mais ces évènements n'ont jamais engendré la construction de bâtiments fortifiés dans le Massif calcaire. De plus, si la situation géographique de Kafr ʿAqāb pouvait justifier un tel édifice dans l'arrière-pays d'Antioche, d'autres localités situées en des points beaucoup plus stratégiques, comme Derkūš, auraient eu

66. Peña *et al.* 1999, p. 85-89.
67. Inscription de dédicace, *IGLS* IV, 1682.
68. *PAES* II B, pl. 10.
69. Lassus 1935, fig. 70, p. 65 ; *IGLS* IV, 1750.
70. Abdulkarim et Charpentier 2009b, p. 45-56.
71. Ostrogorsky 1956, p. 55 ; Tchalenko 1953-1958, I, p. 434 ; Humphreys 2010, p. 515.
72. Palmer 1993, p. 163 ; voir également Pieri 2010, p. 1420.

dans ce cas la priorité. Or, aucune place fortifiée ni aucun bâtiment semblable à celui-ci n'est signalé dans la région à cette époque.

• *Un édifice issu de la période médiévale*

La construction d'un fortin à Kafr ʿAqāb prend tout son sens au cours de la période médiévale, lorsqu'un climat de conflits permanents engendre l'édification de nombreux ouvrages fortifiés dans l'ensemble du Massif calcaire. Le caractère militaire très marqué de la région à partir de la seconde moitié du xᵉ siècle jusqu'au xiiᵉ siècle se traduit par la multiplication de véritables forteresses et de fortins installés sur des sites protobyzantins, à l'emplacement d'anciens sanctuaires et de couvents élevés en des lieux privilégiés tels que les sommets[73], les pentes des ǧebels[74], les carrefours de voies de communication importantes et le long des routes principales[75]. En toute logique, ce phénomène n'épargne pas le village de Kafr ʿAqāb implanté sur un promontoire rocheux depuis lequel il est possible de contrôler l'extrémité nord du ǧebel Waṣṭāni par où passe la route d'Antioche à Apamée, et qui domine la plaine de ʿAzmarīn et la vallée de l'Oronte.

Le bâtiment faisait partie d'un vaste réseau fortifié mis en oeuvre pour assurer le contrôle du secteur ouest du Massif calcaire sur un axe sud/nord, depuis Qastūn jusqu'à Ḥarīm (**fig. 3**). Les sources, et parfois les vestiges archéologiques, nous renseignent sur l'emplacement de ces constructions. Les localités qui possèdent des bâtiments fortifiés, du sud vers le nord, sont les suivantes : Qastūn, à l'entrée de la plaine de Ghāb, qui pourrait être assimilé au Chastel de Ruge[76] ; Ǧisr eš-Šuǧūr[77], point de passage important permettant de traverser le fleuve ; Arzġān[78], Qalʿat Balmis[79] et Kefr Dubbīn[80] sur la rive gauche de l'Oronte ; Derkūš[81], port fluvial et lieu de passage sur la voie d'Antioche à Apamée ; Ṭurīn (?)[82], sur les flancs du ǧebel Waṣṭāni ; El-Ḥoṣn[83] au point culminant du ǧebel Dueili ; Tell ʿAmmār[84] en contrebas de Kafr ʿAqāb, dans la plaine de ʿAzmarin ; Salqīn[85], à une vingtaine de kilomètres d'El-Ḥoṣn, sur les versants montagneux qui dominent un profond ravin ; et Ḥārim[86], sur le versant occidental du ǧebel Il Aʿla, au nord-est de Salqīn, à une altitude moins élevée. La localité de Ḥārim située sur la route d'Antioche à Alep contrôlait, avec les localités fortifiées septentrionales de ʿImm[87] et de Tīzīn[88], le débouché vers Ǧsir El-Ḥadid[89], le Pont de Fer par où la traversée de l'Oronte permettait de gagner Antioche toute proche[90].

À l'échelle du ǧebel Waṣṭāni septentrional, la situation de Kafr ʿAqāb s'inscrit au sein d'une série de places fortes disposées en palier depuis les hauteurs du ǧebel Dueili jusqu'aux rives de l'Oronte. C'est d'abord le fortin d'El-Ḥoṣn dont la situation privilégiée au sommet du ǧebel Dueili (807 m) permettait de surveiller l'ensemble de la région. Plus bas, le fortin de Kafr ʿAqāb, établi sur un promontoire rocheux à 500 m d'altitude, était chargé de contrôler le versant de la montagne, en particulier au niveau du coude qui constituait un passage obligé à l'extrémité nord du chaînon. La localité était secondée, sur un axe sud/nord, par une série de petits ensembles fortifiés qui s'échelonnaient le long de la route antique, depuis Tannārīye, en passant à proximité de Ṭurīn et de Ḫarāb Sulṭān. Plus bas, à 226 m d'altitude, le fortin de Tell ʿAmmār exerçait une surveillance sur la plaine de ʿAzmarīn qui borde l'Oronte. Enfin, la localité de Derkūš, située sur les rives du fleuve, à moins de 200 m d'altitude, maintenait la garde de l'unique lieu de passage par lequel la traversée des gorges profondes du fleuve était possible. La concentration de ces édifices dans ce secteur géographique limité témoigne de l'attention portée au ǧebel Waṣṭāni septentrional, zone stratégique dotée de voies et de points de communication majeurs qui facilitaient la circulation entre les grands centres urbains d'Antioche et d'Apamée.

73. Tel est le cas d'El-Ḥoṣn, non loin de Kafr ʿAqāb, construit à l'emplacement d'un temple antique situé au sommet du ǧebel Dueili. Mentionnons également la citadelle de Qalʿat Semʿān, et les constructions fortifiées sur les sommets du ǧebel Seiḫ Barakāt, du ǧebel Srīr et de Qalʿat Qalōta, qui étaient chargées de surveiller le côté oriental de la région suite à la prise d'Antioche en 969 (Callot 1997, p. 756-758).

74. Citons notamment le dispositif mis en place pour garder les issues de la plaine de Dānā : Qalʿat Sermadā avait la charge des côtés ouest et sud, Tellʿ Aqibrin exerçait une surveillance du côté oriental tandis que Tell ʿAde contrôlait le côté septentrional (Tchalenko 1953-1958, I, p. 123).

75. La voie unique qui reliait la vallée de l'Oronte aux plaines de l'est était jalonnée par une succession de fortins et de forteresses (Tchalenko 1953-1958, III, p. 115).

76. Fourdrin 1995a, p. 415-426.

77. Van Berchem 1914, p. 260-264.

78. Dussaud 1927, p. 159 ; Tchalenko 1953-1958, III, p. 114 ; Ibn Šaddad 1984, p. 153.

79. Cahen 1940, p. 537.

80. Élisséeff 1967, p. 207.

81. Cahen 1940, p. 160 ; Tchalenko 1953-1958, III, p. 94 et p. 119 ; Ibn Šaddad 1984, p. 45 ; Peña et *al.* 1999, p. 181.

82. Van Berchem 1914, I, p. 81 ; Dussaud 1927, p. 163 ; Cahen 1940, p. 160 ; Tchalenko 1953-1958, I, p. 145 et Tchalenko 1953-1958, III, p. 127. Sur l'existence d'un « château fort » à Ṭurīn, voir ci-dessus p. 378-379.

83. Van Berchem 1914, p. 81 ; Tchalenko 1953-1958, III, p. 120 ; Peña *et al.* 2003, p. 39-47.

84. Ibn Šaddād 1984, p. 85.

85. Ibn Šaddād *ibid.*.

86. Drummond 1754, p. 182 ; Van Berchem 1913, p. 71 et p. 230-238 ; Tchalenko 1953-1958, III, p. 96 et p. 120 ; Yāqūt ii, p. 205 ; Ibn Al-ʿAdīm, 1988, I, p. 90 ; Ibn Šaddād 1984, p. 33-44.

87. Cahen 1940, p. 134 ; Tchalenko 1953-1958, III, p. 96 et 121 ; Ibn Šaddād 1984, p. 85 ; Yāqūt iv, p. 157 ; Le Strange (1890) 1965, p. 457.

88. Tchalenko 1953-1958, III, p. 126 ; Ibn Šaddād 1984, p. 270 ; Le Strange (1890) 1965, p. 547.

89. Van Berchem 1914, p. 238-239.

90. Dussaud 1927, p. 171-172.

• *À qui doit-on attribuer la construction du fortin ?*

Il est souvent peu aisé de distinguer les monuments fortifiés construits lors de la reconquête des Byzantins, de ceux édifiés durant les croisades par les Francs. Au cours de la reconquête byzantine, les Grecs ont laissé derrière eux de nombreux ouvrages fortifiés afin de s'assurer le contrôle des terres obtenues après le traité de 970 avec l'état Hamdanide[91], puis de celles conquises par la suite. Le *Kastron* de Qalʿat Semʿān, attesté par l'archéologie comme par les sources[92], matérialisait notamment, avec d'autres fortins établis dans le ǧebel Semʿān, une sorte de zone frontalière entre possessions byzantines d'un côté et territoires Hamdanides d'Alep de l'autre[93]. Cette limite varie ensuite selon les territoires gagnés dans les ǧebels Zāwiye et Semʿān. Ainsi, à partir de l'arrivée des troupes de Nicéphore Phocas, les fortins se multiplient au gré des conquêtes, et laissent une empreinte profonde dans le paysage du Massif calcaire. La fortification du tell de Ḥārim[94] est également édifiée au cours de cette période. La région, théâtre de conflits incessants, connaît une suite continuelle de mouvements de la part des armées byzantines, fatimides, puis turques. Ces derniers finissent par s'emparer d'Antioche en 1084 avec à leur tête le seldjoukide dissident Sulaymān b. Qutulmuš. L'arrivée des Francs à la fin du XIe siècle engendre une nouvelle vague de constructions militaires. Contrairement aux Grecs qui n'ont jamais possédé la région entière, les Francs se sont rendus maîtres de la totalité du Massif calcaire de 1100 à 1119. On assiste alors à l'apparition de nouveaux fortins tandis que les anciens, dont beaucoup avaient été tour à tour occupés par diverses armées selon les vicissitudes des conflits, sont réoccupés, agrandis et restaurés par les envahisseurs latins[95], d'autres sont abandonnés ou perdent leur rôle militaire[96].

Dans ce contexte de guerres permanentes, il est difficile, en l'absence de sources, d'identifier l'armée à l'origine de la construction du bâtiment fortifié de Kafr ʿAqāb. L'édification de Qalʿat Derkūš, dont on est sûr qu'elle fut réalisée par les Francs[97], suggère de dater celle du fortin de Kafr ʿAqāb à la même époque. Ce dernier, situé à seulement quatre kilomètres de Derkūš, pourrait avoir été compris au sein d'un programme de fortification visant à établir la ligne de contrôle évoquée plus haut. À cette période s'élève également une véritable citadelle à Ḥārim[98], sous l'autorité de laquelle se trouve celle de Derkūš[99]. Il semble alors se dessiner, avec la constitution de la principauté d'Antioche, un dispositif militaire particulier sur la rive droite de l'Oronte dont le fortin de Kafr ʿAqāb pourrait bien avoir fait partie. Ce dernier serait ainsi contemporain des forteresses de Qalʿat Abū Sufīan et d'El-Ḥoṣn à El-Bāra[100], importante localité située sur l'un des itinéraires reliant Apamée à Antioche, et dont les contacts avec le ǧebel Waṣṭāni, notamment dans sa partie nord, étaient certainement fréquents à la période médiévale. Naturellement, seule une fouille archéologique complète de l'édifice permettrait d'acquérir une certitude quant à la période de sa construction. À ce jour, aucun indice déterminant n'écarte la possibilité d'y voir un monument bâti à la fin du Xe siècle, période au cours de laquelle les Byzantins fortifiaient le sanctuaire de Qalʿat Semʿān. Quoi qu'il en soit, l'édifice s'inscrit au sein d'un réseau de fortifications implanté dans la région à partir de la seconde moitié du Xe siècle et qui évolue, se perfectionne et s'amplifie encore avec l'arrivée des Croisés. C'est bien dans ce processus de militarisation du Massif calcaire qu'il convient de situer le bâtiment, soit entre la fin du Xe siècle et le milieu du XIIe siècle.

• *Modalités d'installation des constructions médiévales à caractère militaire*

Au-delà de la constitution du monument globalement comparable aux nombreux bâtiments militaires secondaires de la région, le fortin de Kafr ʿAqāb perpétue un usage très fréquent qui consiste, d'une part, à occuper l'emplacement d'un sanctuaire antique, et, d'autre part, à prélever des blocs d'édifices religieux issus de la même période. Dans un contexte d'urgence et de conflits constants, ce type de pratique se comprend aisément : il s'agissait d'élever des places fortes le plus rapidement possible en exploitant des lieux stratégiques préalablement occupés par des constructions de type monumental telles que des temples[101], des complexes

91. La fortification de Qalʿat Semʿān intervient peu après la ratification de ce traité (Biscop 2006, p. 83).

92. Hormis l'inscription bilingue, grecque et syriaque, retrouvée dans le basilique orientale qui célèbre la construction de l'enceinte de Qalʿat Semʿān (Donceel-Voûte 1988, p. 225-240), la forteresse nous est connue par les auteurs arabes Yāqūt, II, p. 157 ; Ibn Al-ʿAdīm 1951-68, I, p. 175 ; Ibn Al-Furāt III, p.15 ; Ibn Alʿadīm 1988, I, p. 417.

93. Tchalenko 1953-1958, I, p. 249.

94. Ibn Šaddād 1984, p. 33. La première occupation musulmane de la forteresse est attestée en 1084 (Gelichi 2006, p. 191).

95. C'est le cas de Ḥārim (Ibn Šaddād 1984, p. 33).

96. Qalʿat Semʿān, notamment, ne semble jouer aucun rôle durant les croisades (Biscop 2006, p. 83 ; Sodini 2007, p. 120).

97. En mentionnant la fortification de Derkūš, Ibn Šaddād écrit « Lorsque les Francs construisirent Ḥārim, ils y édifièrent (à Derkūš) une forteresse » (Ibn Šaddad 1984, p. 45 ; voir également Élisséeff 1967, p. 206).

98. La forteresse de Ḥārim est édifiée lorsque la localité passe sous le commandement de la famille franque des Mazoir (Ibn Šaddād 1984, p. 33).

99. Ibn Šaddād 1984, p. 33 ; Peña et *al.*, 1999, p. 181.

100. Fourdrin 1995b, p. 351-407.

101. À titre d'exemple, les sanctuaires de hauts-lieux du Massif calcaire, devenus des couvents au cours de la période protobyzantine, livrent pour la plupart des traces de fortifications laissées par les Byzantins et les Croisés. C'est le cas d'El-Ḥoṣn, établi sur le ǧebel Dueili, du site de Seiḫ Bārākāt, de Srīr et de Qalʿat Qalōta (Callot 1997, p. 735-750).

ecclésiaux[102] ou des couvents[103]. D'une manière générale, ces bâtiments anciens étaient à l'état d'abandon, en ruine, ou partiellement habités à l'arrivée des constructeurs médiévaux. Les blocs d'architecture étaient donc disponibles, prêts à être remployés, et le tracé de l'enceinte était déjà défini dans la plupart des cas par la clôture du sanctuaire antique. Des caractéristiques analogues se retrouvent à Kafr ʿAqāb, à la différence notable que le fortin n'est pas composé d'éléments provenant du sanctuaire sur lequel il est établi : les bâtisseurs ont préféré récupérer les blocs du grand complexe ecclésial voisin. Le fortin se distingue également des édifices fortifiés plus petits installés dans des basiliques antiques dont les éléments d'architecture ont servi de matériau de construction. Plusieurs églises de ce type sont connues dans le ǧebel Waṣṭāni et dans les chaînons voisins. D'autres disparaissent entièrement sous les constructions médiévales comme l'église E6 d'El-Bāra, située sous la tour A du château, qui a servi de fondation à la fortification[104]. Certaines sont conservées ou restaurées. En ce qui concerne la fortification d'El-Ḥoṣn à El-Bāra, la cathédrale de l'évêché latin pourrait avoir pris place dans l'église comprise à l'intérieur d'un rempart élevé par les Francs[105]. La construction d'une enceinte fortifiée autour d'un lieu de culte paléochrétien qui conserve sa fonction religieuse s'applique aussi, selon toute vraisemblance, au fortin de Kafr ʿAqāb.

• *L'abandon du fortin*

Dès la seconde moitié du XIIe siècle, la reconquête des Arabes gagne la partie occidentale du Massif calcaire. En 1142, la forteresse de ʿArmanaz, au nord de la plaine du Ruǧ, tombe à nouveau entre leurs mains ; puis, suite à la défaite franque lors de la bataille d'Inab en 1149, la plupart des places fortes implantées à l'est de l'Oronte sont prises. Au nord, les places fortes de Ḥarīm, Artāḥ et ʿImm sont désormais en territoire musulman. Dans le secteur de Kafr ʿAqāb, les bâtiments fortifiés de Derkūš, Tell ʿAmmār et Salqīn sont conquis à la même période. Compte tenu de la situation du village, le sort de l'édifice de Kafr ʿAqāb s'associe très certainement à celui de ces localités, car on peut difficilement considérer le village comme une enclave au sein d'un territoire tenu par l'ennemi. Une contre-offensive, en 1157-58, donne l'occasion aux Francs de récupérer Derkūš (avec peut-être les places fortes voisines dont fait partie Kafr ʿAqāb) et Ḥārim. Toutefois, dès 1164, la région passe définitivement sous contrôle des Arabes après la victoire de Nūr al-Dīn à Ḥarīm[106]. Dès lors, le fleuve devient la frontière naturelle entre les possessions musulmanes à l'est et les territoires francs à l'ouest. Le Massif calcaire occidental est ensuite conquis par Saladin. La forteresse de Derkūš est alors placée sous le commandement de l'émir Ġars al-Dīn Qiliǧ al-Nūrī comme celle, semble-t-il, de Kafr Dubbīn à l'ouest de l'Oronte[107]. La prise de la forteresse de Qalʿat Balmis, qui appartenait à la famille des Mazoir sous l'occupation franque, pourrait également se situer à l'époque de Saladin[108]. À cette période, il est donc certain que le bâtiment fortifié de Kafr ʿAqāb, désormais en territoire musulman, est déserté par les Croisés jusqu'à la conquête de la région par les Mongols. En 1260, ces derniers octroient la forteresse de Derkūš à Bohémond, prince d'Antioche. Le secteur redevient ainsi, pour huit années, une possession franque. Il n'est pas exclu d'envisager une réoccupation éphémère du fortin de Kafr ʿAqāb même si cela semble hasardeux. Quoi qu'il en soit, la forteresse de Derkūš et l'ensemble de la région passent sous domination mamelūke après la prise d'Antioche en 1268.

L'occupation islamique du fortin

Une éventuelle cohabitation entre communautés de confessions chrétienne et musulmane est démentie par les vestiges à l'intérieur du bâtiment fortifié. Les importants remaniements enregistrés, la réorganisation profonde des espaces et le martèlement quasi systématique des symboles chrétiens ne laissent pas de doute sur ce point. L'installation de la communauté musulmane succède à une occupation chrétienne, à une époque où l'édifice paraît déjà abandonné. Cette phase de réoccupation intervient au moment où la région ne fait plus l'objet d'enjeux guerriers, vraisemblablement à partir de l'avènement de la dynastie ayyūbide. Lorsque le fils de Saladin, al-Ẓāhir Ġāzī règne en maître sur la principauté d'Alep, un *statu quo* militaire accompagné de la stabilisation des frontières entre les Ayyūbides et les Latins ouvre une ère nouvelle favorable au repeuplement des campagnes. Ainsi, le Massif calcaire retrouve progressivement la sérénité d'avant la reconquête byzantine. L'épigraphie[109],

102. L'exemple le plus fameux est celui de la forteresse d'El-Ḥoṣn, à proximité de El-Bāra, où une grande église est incluse à l'intérieur d'une enceinte pourvue de dix tours (Tchalenko 1953-1958, II, pl. LXXXI ; Tchalenko 1953-1958, III, p. 114-115).
103. Le cas du couvent antique de Sermāda est éloquent à ce sujet : depuis le sommet d'un relief du ǧebel Bārīšā, celui-ci embrasse l'ensemble de la plaine de Dānā depuis le sud. Il est transformé en forteresse par les Francs en 1121 (Cahen 1940, p. 329 ; Grousset 1934, I, p. 579 ; Tchalenko 1953-1958, III, p. 104). Rappelons également les couvents installés à l'emplacement d'anciens sanctuaires de hauts-lieux (voir note 101).
104. Fourdrin 1995b, p. 364.
105. Fourdrin 1995b, p. 389.
106. Cahen 1940, p. 384 ; Peña et *al.* 1999, p. 181 ; Éddé 1999, p. 55.
107. Éddé 1999, p. 56.
108. Éddé 1999, p. 56..
109. Tchalenko 1953-1958, III, p. 128-129.

les vestiges archéologiques et les sources[110] témoignent de la désertion et de la ruine des nombreux bâtiments fortifiés. Les conflits qui ont ravagé les campagnes durant deux siècles s'effacent au profit d'un regain des activités agricoles. Seules les constructions fortifiées situées dans les zones frontalières, particulièrement sensibles, sont entretenues afin de maintenir le *statu quo*. Au XIIIe siècle, à l'époque de Ibn Šaddād, les forteresses de Qalʿat Darkūš, de Kafr Dubbīn et de Qalʿat Balmis, sur les bords de l'Oronte, directement à l'ouest du ǧebel Waṣṭāni, continuent d'assurer la défense des territoires musulmans[111]. L'état du fortin de Kafr ʿAqāb lors de son occupation musulmane indique que celui-ci ne conserve pas sa fonction militaire. L'édifice constitue simplement le cadre de vie d'une petite communauté probablement composée d'agriculteurs et d'éleveurs. Comme beaucoup d'autres sans doute, le bâtiment fortifié établi à l'intérieur des terres n'a plus de raisons d'exister en tant qu'édifice « militaire ». De ce côté du Massif calcaire, les efforts de restauration, d'entretien et de perfectionnement se limitent aux forteresses qui occupent des postes importants le long de l'Oronte afin de faire face aux menaces de contre-offensives croisées[112]. Ainsi, les indices archéologiques, replacés dans le contexte historique de l'époque, plaident en faveur d'une occupation du bâtiment dès la période ayyūbide. Aucun témoignage sûr ne permet toutefois de l'affirmer de manière définitive, celle-ci ayant pu intervenir plus tard, sous l'occupation mamelūke.

Dans un contexte où le peuplement des campagnes se caractérise principalement par la réoccupation des édifices antérieurs, le fortin constitue le cadre architectural idéal à l'installation d'une petite communauté. Le secteur I du monument montre plusieurs remaniements relatifs à cette période, mais c'est dans la moitié occidentale du bâtiment que se trouve l'essentiel des perturbations. Le secteur de la basilique a subi une profonde réorganisation bien que les contours des bâtiments plus anciens demeurent partiellement visibles. Dans le secteur III, à l'exception du réservoir d'eau protobyzantin et de l'enceinte médiévale, la configuration de l'espace dans son état antérieur est entièrement effacée par l'aménagement de multiples salles réparties autour d'une mosquée. Le bâtiment fortifié s'apparente alors à une sorte de petit village, avec un lieu de culte installé dans le voisinage du grand réservoir d'eau antique.

Le réaménagement de l'espace intérieur se traduit par la récupération des blocs effondrés ou issus du démantèlement de certaines structures. Cette pratique engendre la disparition d'une partie du rempart au profit de constructions destinées, pour la plupart, à fractionner l'espace en un réseau de petites salles. Par conséquent, les éléments empruntés une première fois au sanctuaire de l'est, lors de la construction de l'enceinte médiévale, font à nouveau l'objet de remplois dans l'élévation de murs sommaires. C'est probablement le cas des blocs B. 62 et B. 29 utilisés à deux reprises au moins depuis leur emplacement initial, mais aussi des éléments qui composent les tronçons de murs édifiés à l'ouest du bâtiment (M. VI, M. VII, M. VIII, M. IX), de ceux localisés dans le secteur de la mosquée (type VI) et de beaucoup d'autres encore. Divers éléments du complexe ecclésial du sud sont également remployés en plusieurs endroits, à l'intérieur même de l'église ainsi qu'au sein des constructions adjacentes. Les blocs d'encadrement de fenêtres de la façade sud de la basilique (B. 40 et B. 41) réutilisés dans le secteur de la mosquée appartiennent à cette catégorie.

L'ultime phase d'occupation du bâtiment

La dernière phase d'occupation de l'édifice fortifié est marquée par la présence de murs rudimentaires qui ne sont plus que le résultat d'un assemblage grossier de blocs hétéroclites. Le souci de régularité, encore présent dans l'appareil des murs de la période antérieure, n'existe plus. Ces constructions dont le tracé suit souvent celui de murs plus anciens se trouvent principalement dans les secteurs I et II (**fig. 412**). Dans le premier, elles dessinent en partie les contours des salles S. III, S. IV, S. VII et présentent une avancée au-devant de l'enceinte orientale pour former l'espace S. IX. Dans le second secteur, les murs qui définissent les limites de la salle S. X offrent une composition analogue. Ces derniers intègrent, à l'angle sud-est de la pièce, le quart nord du petit édifice à abside saillante d'époque paléochrétienne. Un mur similaire, mal conservé, prolonge à l'est la salle S. IX. D'autres constructions de ce type apparaissent au sein des murs est et nord de la salle S. V. Dans le secteur III, deux petits tronçons de murs se situent au nord de la cour de la mosquée (S. V). Un dernier, évoqué plus haut, sépare la cour de la mosquée de l'espace dallé S. I qui recouvre le réservoir d'eau.

Il est difficile de déterminer de manière précise la période de ces interventions. Leur précarité, caractéristique dans chacun des secteurs, et l'absence de relation architecturale avec les murs contemporains de la mosquée témoignent d'une occupation postérieure à l'établissement de la communauté musulmane organisée autour d'un lieu de culte. Peut-être faut-il situer cette phase au cours de la période ottomane, comme le suggèrent de nombreux petits fragments de pipes, typiques de cette époque, retrouvés en surface dans le bâtiment fortifié comme ailleurs sur le site. Ces assemblages de blocs exécutés à la hâte, sans le moindre soin, où les interstices entre les pierres remployées sont

110. ÉDDÉ et SODINI 2005, p. 476-483.
111. ÉDDÉ 1999, p. 56.
112. MICHAUDEL 2004, p. 179-188.

omniprésents, n'étaient vraisemblablement pas destinés à l'habitat. Sans doute ont-ils été élevés à des fins utilitaires : ils ont pu notamment servir d'enclos prévus pour la stabulation des bêtes. Quoi qu'il en soit, ces structures sont le résultat d'une population composée d'un petit nombre d'individus, réduite à quelques humbles bergers et cultivateurs. En effet, le niveau de vie a fortement décliné et plus aucune organisation sociale n'est perceptible. Il s'agit certainement d'une occupation limitée dans le temps.

Le rôle du bâtiment fortifié

Le vaste ensemble architectural de Kafr ʿAqāb, œuvre de Grecs ou de Latins, s'inscrit dans la tradition des nombreux ouvrages fortifiés qui se multiplient dans la région à partir de la reconquête byzantine. À l'instar de son voisin d'El-Ḥoṣn situé au sommet du ǧebel Dueili, le fortin n'offre quasiment aucune valeur défensive. La faible épaisseur des murs, l'absence de fossés, de glacis, d'archères et de courtines obligent à nuancer fortement l'aspect proprement militaire de l'édifice. Comme de nombreux ouvrages de ce type recensés dans la région, la construction se limite à une enceinte peu résistante composée d'un parement unique, flanquée de tours de constitution analogue. Le monument intégrait un réseau de places fortes plus ou moins importantes, judicieusement disséminées dans le secteur ouest du Massif calcaire afin d'assurer l'ordre et de prévenir d'éventuels mouvements des armées ennemies. Au sein de ce système, le fortin de Kafr ʿAqāb avait la charge, entre autres, de contrôler la zone de passage stratégique que le ǧebel Waṣṭāni septentrional a toujours représenté. La fonction de l'édifice ne se limite pas, cependant, au simple accueil de petites garnisons mobiles, comme la plupart des constructions appartenant à cette catégorie. Il est difficile d'en préciser la teneur exacte en l'absence de fouilles archéologiques, mais certains indices architecturaux suggèrent en effet d'attribuer plusieurs fonctions à ce bâtiment. On remarque d'abord l'appareil des murs assez soigné par rapport à l'agencement moins élaboré des murs d'enceinte dans la région, comme ceux de Qalʿat Sermāda et de Qalʿat Semʿān où les constructeurs ne se sont pas toujours efforcés de dissimuler les éléments de remploi, et dont de nombreux blocs sont maladroitement ajustés. Ce sont également les tours T. I et T. II soulignées à leur base par des moulures, dispositif qui ne connaît pas de parallèle dans le Massif calcaire pour ce type de bâtiment. Enfin, la restauration de l'église, même médiocre, et la qualité de la petite pièce S. V du secteur I munie d'une petite fenêtre cintrée et d'un portique transversal témoignent de l'attention portée à l'intérieur de l'édifice. Au regard de ces observations, plusieurs hypothèses peuvent être formulées à propos du rôle du monument. L'édifice peut être perçu comme une sorte de gîte d'étape, ou d'hospice, sur l'itinéraire reliant Antioche à Apamée. Cette interprétation est confortée par le caractère public du bâtiment attesté par la présence probable d'un lieu de culte chrétien réhabilité, les nombreux *graffiti* gravés sur l'enceinte par des visiteurs de passage, et les ouvertures orientales qui donnent directement sur l'extérieur. Les bases moulurées des deux tours les plus exposées abondent dans le même sens. Ces dernières suggèrent également le caractère officiel du monument qui pouvait peut-être servir, à l'occasion, de résidence à quelques personnages importants. Il est aussi vraisemblable que le fortin ait joué un rôle dans la gestion des biens de la zone placée sous sa dépendance. Celui-ci a pu servir, notamment, de lieu de stockage et d'enregistrement des denrées agricoles et autres produits manufacturés. Enfin, il pouvait également abriter la population du village en cas de nécessité.

Ainsi, le bâtiment a probablement joué un rôle polyvalent. Dénué d'éléments véritablement défensifs, il constituait, en plus de son rôle dédié à la surveillance de la région, une étape sur la route d'Antioche à Apamée, de la même façon que le village a pu être, dans l'Antiquité, la Niaccaba mentionnée comme étape dans l'*Itinéraire Antonin*. L'édifice public cumulait donc plusieurs fonctions : il était à la fois un petit bastion, un gîte (vraisemblablement pourvu d'une église), et pouvait revêtir un aspect plus officiel lié à la gestion administrative du secteur ainsi qu'à l'accueil de personnalités de passage.

Le village

Toutes les habitations du village présentent les traces d'une occupation postérieure à la période protobyzantine. À partir du VIIe siècle, aucune construction nouvelle n'apparaît à l'exception du fortin médiéval. Les villageois se contentent d'habiter les maisons romaines et protobyzantines. Les modifications mineures qui sont apportées dans les bâtiments au fil du temps, ajoutées les unes aux autres, conduisent peu à peu à de profonds changements, les habitants n'ayant plus les moyens ni les techniques de restaurer correctement les toitures, les pans de mur et les portiques qui se détériorent progressivement, notamment sous la contrainte de l'aléa sismique. À mesure que les constructions se délabrent, les remaniements successifs n'ont d'autres effets que de fragiliser les murs. Leur effondrement engendre alors de nouveaux remaniements qui les rendent plus précaires encore. Ainsi, les maisons de Kafr ʿAqāb ne cessent de se dégrader au cours des siècles, attestant une occupation longue et, semble-t-il, continue pour la plupart d'entre elles.

Modalités liées à la réoccupation des maisons

À l'inverse de ce qui a pu être observé à l'intérieur du fortin, le désordre des ruines dans les maisons ne permet guère de distinguer les périodes au cours desquelles sont intervenus les réaménagements correspondant aux diverses phases d'occupation. La technique consiste à prélever les éléments d'architecture devenus inutiles afin d'élever de nouveaux murs ou d'en restaurer de plus anciens. Le résultat se traduit, dans le meilleur des cas, par des murs comparables à ceux construits par la communauté musulmane dans le fortin. Les assises relativement régulières se composent de blocs mal ajustés les uns aux autres, laissant toujours de nombreux interstices. Énumérer les remaniements constatés au sein de chaque unité d'habitation serait fastidieux et sans intérêt pour cette étude. En revanche, il importe d'identifier, à travers quelques exemples, leur place et leur rôle à l'intérieur des maisons. Les remaniements présentent globalement trois objectifs principaux : restaurer les principaux murs effondrés, diviser les espaces intérieurs, et agrandir la surface d'une maison. De nouveaux espaces à proximité immédiate d'une habitation ancienne ont également été créés.

Dans le premier cas, le phénomène apparaît à l'intérieur de nombreux ensembles domestiques où les parties endommagées sont remplacées par des constructions sommaires. Le pignon nord de la maison M. 60 qui intègre des éléments du mausolée à couverture pyramidale voisin en constitue un exemple (**fig. 397**). La façade du bâtiment voisin M. 59, essentiellement composée d'architraves et de piliers appartenant, à l'origine, au portique de la même maison, représente également un type de restauration significatif. Un autre exemple, plus explicite, est celui de l'unique mur conservé en élévation de la maison M. 51 dont la constitution montre que les nouveaux occupants n'ont pas hésité à mêler divers appareils : plusieurs assises de parpaings orthogonaux sont effectivement disposées de façon sommaire à l'aplomb d'un mur d'époque impériale composé de blocs polygonaux de grand module (**fig. 32 et 494**).

Dans le second cas, les murs élevés à l'intérieur des maisons permettent de fractionner l'unité domestique initiale en plusieurs espaces. Ces divisions, observées dans les bâtiments d'habitation et dans les cours qui les précèdent, avaient pour but d'accueillir plusieurs groupes d'individus au sein d'un même ensemble architectural. Ce phénomène, très courant dans le village, était aussi l'occasion de créer de petites surfaces faciles à couvrir à une période où les toitures étaient pour la plupart effondrées. Ce type de construction apparaît notamment à l'intérieur de la maison M. 04a (**fig. 495**) ou dans les cours des maisons M. 70, M. 30 et C. 15 (**fig. 496**). Il se caractérise par la présence de plusieurs constructions rudimentaires composées essentiellement, comme dans la plupart des cas, d'éléments de portique. En effet, les portiques, passés au rang de structures secondaires dans les maisons en partie ruinées, facilement démontables ou déjà effondrés, ont souvent été utilisés en remploi. Parfois, des « fenêtres » sont aussi ajoutées lors du réaménagement d'une maison. La pratique la plus courante consiste à détruire la fine paroi qui constitue le fond des anciens placards afin de créer une nouvelle ouverture entre deux pièces, comme cela a pu être constaté dans la maison M. 70, ou bien qui donne directement vers l'extérieur, comme dans la M. 16 (**fig. 497**).

Enfin, dans le troisième cas, certaines constructions entièrement composées de blocs de remploi permettent la création de nouveaux espaces. La petite pièce qui jouxte la maison M. 53 (**fig. 498**) et l'installation C. 76 aménagée au nord du village appartiennent à cette catégorie. D'autres habitations sont simplement agrandies : la maison M. 68, notamment, est prolongée vers l'ouest, du côté de l'accès principal, par l'ajout de murs et d'une nouvelle entrée. Il existe également des élévations extrêmement précaires qui bordent le village du côté sud-ouest, à proximité de la construction C. 02. Ces derniers, trop rudimentaires pour les lier à une occupation humaine, pourraient avoir servi d'enclos destiné au parcage du bétail. Cette pratique ayant pour objectif de créer des espaces supplémentaires est moins fréquente par rapport aux deux premières qui sont presque systématiques.

Ces constructions très sommaires impliquent dans leur ensemble une main-d'œuvre peu habile et des moyens limités. Les villageois ont incontestablement atteint un niveau de vie inférieur à celui observé au cours de la période protobyzantine. Le quartier E est le moins touché par les réoccupations successives du site en raison de sa situation excentrée par rapport au reste de la localité. Les habitants, vraisemblablement moins nombreux à cette époque, ont tendance à se rassembler sur le promontoire rocheux, plus encore en période de conflits durant lesquelles le voisinage du bâtiment fortifié a été privilégié.

La période mésobyzantine (fin VIIe-Xe siècle)

La vie de la localité au cours de la période mésobyzantine est problématique, car aucune preuve archéologique formelle ne permet d'attester la continuité de l'occupation du village à cette époque. Cependant, les résultats issus des travaux effectués ailleurs dans le Massif calcaire montrent une occupation de la région étendue à plusieurs siècles après la période paléochrétienne. Il n'est donc guère possible d'envisager l'abandon de Kafr ʿAqāb où les villageois jouissaient toujours de la situation privilégiée du lieu sur l'itinéraire reliant Antioche et Apamée, mais aussi des conditions topographiques adaptées à la diversification des cultures, d'un bon potentiel agronomique en termes de céréaliculture, et de la proximité du fleuve qui constituait une voie particulièrement rentable

Fig. 493 — *Angle nord-est de la maison M. 51 (© B. Riba).*

Fig. 494 — *Mur est de la maison M. 51 : la partie remaniée s'élève au-dessus d'un mur d'époque romaine (© B. Riba).*

Fig. 495 — *Mur de division édifié à l'aide d'éléments de remplois au sein de la maison M. 04 (© B. Riba).*

Fig. 496 — *Mur de division édifié à l'aide d'éléments de remplois au sein de la construction C. 15 (© B. Riba).*

Fig. 497 — *Placard remanié en fenêtre lors de la réoccupation de la maison M. 16 (© B. Riba).*

Fig. 498 — *Construction voisine de la maison M. 53 entièrement construite à l'aide de blocs de remplois dont certains proviennent de l'église sud (© B. Riba).*

en ce qui concerne le transport des denrées. Ainsi, les habitants du village n'ont certainement rien changé à leur mode de vie, si ce n'est la contrainte de s'adapter à la crise qui frappe les campagnes à partir de la seconde moitié du VIe siècle. D'une façon générale, les vestiges témoignent d'un phénomène de stagnation, puis de paupérisation, analogue à celui constaté dans l'ensemble de la région. Aucune maison n'est postérieure à la fin du VIe siècle. Les villageois continuent d'occuper les édifices protobyzantins dans lesquels interviennent des remaniements successifs adaptés aux nécessités du moment. Désormais, les habitants n'ont plus les moyens de restaurer convenablement les habitations endommagées par les tremblements de terre qui secouent l'arrière-pays d'Antioche au cours de cette période. Aussi, lorsque le nombre des occupants d'une maison augmente, la construction de pièces supplémentaires semblables à celles de la période précédente n'est plus possible : il s'agit plutôt de diviser l'espace des bâtiments par le remploi d'éléments d'architecture provenant des structures mêmes des constructions occupées. On ignore la proportion de ces remaniements pour la période concernée, mais ils s'accordaient certainement au lent et très progressif déclin qui caractérise la région aux époques omeyyade et abbasside.

Le sort des ensembles ecclésiaux est mal connu. Sans doute ont-ils conservé un temps leur fonction avant d'être réoccupés à leur tour ou bien d'être tout à fait abandonnés. Quoi qu'il en soit, l'étude du bâtiment fortifié a montré que ces ensembles étaient en piteux état à la veille de la construction de son enceinte. La récupération des blocs de la basilique est au profit du rempart suggère en effet un sanctuaire à l'état d'abandon. De la même façon, les restaurations observées dans l'église sud indiquent un édifice partiellement effondré, tombé lui aussi en désuétude au moment de l'édification du fortin. Ces signes évidents de déclin témoignent d'un village très appauvri au seuil de la période médiévale. L'état des églises donne à penser que le reste du village se réduit, à la fin du Xe siècle, à un ensemble de constructions plus ou moins précaire occupé par une population sans grandes ressources.

La période médiévale (X^e^-XIIe siècle)

Au moment de la construction du fortin, nul doute que le village continue d'être habité. En dépit du climat de conflits qui s'installe à partir de la reconquête byzantine, Kafr ʿAqāb pourrait même avoir connu un nouveau souffle en raison de la présence rassurante de l'ensemble fortifié qui sécurisait l'endroit le plus vulnérable du site. De plus, la topographie du terrain caractérisée par un promontoire rocheux aux flancs escarpés, bordé à l'est par le ğebel Dueili sur lequel trônait la forteresse d'El-Ḥoṣn, a effectivement pu encourager l'occupation de la localité à cette époque troublée. Le fortin, qui constitue une étape sur l'itinéraire d'Antioche à Apamée, devient vraisemblablement le centre de la vie publique et religieuse autour duquel s'organise la vie du village.

Ces conditions et l'ampleur des remplois constatés à l'intérieur des maisons permettent d'envisager un nombre d'habitants assez élevé. Les exploitants perpétuaient certainement les activités agricoles et commerciales d'autrefois, bénéficiant des atouts inhérents au site tels qu'un terrain propice à la culture et une situation géographique favorable aux échanges. L'arrivée des Byzantins puis celle des armées franques ne semblent pas avoir causé de dommages dans cette partie des campagnes. La vie des paysans par rapport à la période mésobyzantine ne paraît pas avoir été altérée. Au contraire, les envahisseurs ont pu stimuler l'économie villageoise, notamment grâce à la proximité d'Antioche et les incessants mouvements des garnisons et des voyageurs qui circulaient le long du versant occidental du Massif calcaire.

Dans les maisons, l'occupation se traduit de la même façon par rapport à la période précédente, à la différence près que dans la plupart des cas, les remaniements interviennent sur des bâtiments ayant déjà subi des modifications. Cependant, la période de ces transformations est peu aisée à déterminer. Quelques cas pourraient être contemporains de la construction du fortin puisque les murs intègrent des blocs provenant du sanctuaire de l'est, selon un procédé observé dans l'édifice fortifié. Dès cette période, certains paysans ont pu s'approprier des éléments d'architecture de qualité, comme les linteaux et les montants de porte initialement placés aux entrées des annexes disposées de part et d'autre de l'abside de la grande basilique orientale. Ces blocs particulièrement ouvragés (B. 84, B. 85) étaient accompagnés d'autres éléments d'architecture, tels que des linteaux de fenêtre échancrés en plein cintre et des montants de porte moulurés (B. 86, B. 87, B. 88). Ces blocs de remploi, actuellement effondrés, intégraient pour la plupart des murs édifiés à l'intérieur et aux abords de la maison M. 37. D'autres provenant de la basilique apparaissent encore aux environs de la maison M. 30 (B. 89, B. 90) et à l'intérieur de la construction C. 18 caractérisée, quant à elle, par une concentration d'éléments d'architecture monumentale. La façade nord, notamment, comprend des claveaux et une imposte ornée de rinceaux d'acanthe identiques à ceux observés sur le linteau B. 84 remployé dans la maison M. 37. On trouve également un linteau de fenêtre cintré à l'intérieur de la maison M. 54.

Il est néanmoins possible que ces éléments d'architecture monumentale n'aient pas tous été directement empruntés à l'église de l'est entre la fin du Xe siècle et le milieu du XIIe siècle. Dans un premier temps, le dépouillement presque total du sanctuaire oriental a pu se réaliser exclusivement au bénéfice du bâtiment fortifié, avant que ce dernier ne soit à son tour dépossédé de ces blocs suite à son abandon partiel à partir de la période ayyūbide. Les habitants du village ont donc pu emprunter les blocs ecclésiastiques remployés une première fois dans le monument médiéval pour en faire un nouvel usage au sein des habitations réoccupées du village. Cette éventualité est appuyée par la présence de plusieurs éléments provenant de l'église sud dans des constructions tardives. Dans ce cas, le prélèvement des blocs a bien eu lieu dans le fortin seulement après son abandon, lors de l'installation de la communauté musulmane sur le site. Le bûchage des signes chrétiens sur quelques éléments remployés dans les maisons est significatif de ce type d'occupation.

Quoi qu'il en soit, l'activité sur le site est bien attestée au cours de la période médiévale. Le caractère agraire du village, sans doute conservé jusqu'ici, est désormais doublé d'un aspect militaire marqué par la présence du fortin. L'utilisation de blocs antiques dans les maisons témoigne d'un niveau de vie médiocre inscrit dans la continuité du déclin de la période précédente. La précarité des habitations contraste avec la qualité du mur d'enceinte du bâtiment fortifié à la même époque, probablement construit sous l'impulsion du pouvoir en place dans le cadre d'une vaste opération de militarisation du secteur. Les habitations traditionnelles conservent quant à elles leur caractère privé.

À partir de la reconquête islamique (2de moitié du XIIe siècle)

L'établissement d'une petite communauté musulmane intervient donc après la désertion du bâtiment fortifié, et fait suite à la reconquête arabe de la région à partir de la seconde moitié du XIIe siècle. À la même époque, de nombreux villages sont occupés par des groupes plus ou moins importants d'individus de confession musulmane[113]. Dans le cas de Kafr ʿAqāb, le fortin désaffecté constitue un excellent refuge. La construction, vaste et solidement bâtie, plus récente que toutes les autres sur le site, donc beaucoup mieux conservée, constitue un lieu propice à l'installation d'une communauté. De leur côté, les maisons, délabrées, fragilisées par des remaniements successifs, représentent sans doute des constructions moins attractives, mais les symboles chrétiens martelés[114] découverts dans certaines d'entre elles signalent aussi une occupation dans ce type de bâtiment au cours de cette période. La plupart sont proches du fortin, ce dernier étant le centre de la vie religieuse du village à l'instar de la période antérieure. Tel est le cas, par exemple, de la maison M. 37 dans laquelle le linteau remployé B. 88 arbore un médaillon central bûché. La population de Kafr ʿAqāb s'étend également aux grands ensembles domestiques malgré leur situation plus excentrée. Des traces de signes chrétiens martelés existent notamment dans les bâtiments concentrés au sein de l'îlot 01 et dans l'enceinte de la maison M. 70 caractérisée par la présence de remaniements importants, semblables à ceux observés à l'intérieur du fortin.

Malgré les traces évidentes d'une occupation musulmane étendue sur une période relativement longue, on s'étonne de l'absence de cimetière datant de cette période à Kafr ʿAqāb. Aucune stèle funéraire, comparable à celles localisées dans le ǧebel Laylūn[115] et le ǧebel el-Summāq[116], n'a été relevée sur le site. Plusieurs raisons peuvent expliquer ce phénomène. D'une part, compte tenu de la précarité des constructions associées à cette période, ces petits groupes étaient vraisemblablement trop pauvres pour accorder une attention particulière aux sépultures. Dans ce contexte, les tombeaux antiques ont pu accueillir, à l'occasion, les dépouilles des défunts. Les villages environnants n'offrent pas non plus de témoignages funéraires relatifs à cette époque pourtant bien représentée par le matériel céramique et certains remaniements caractéristiques. L'existence d'une occupation islamique postérieure aux croisades au sein du ǧebel Waṣṭāni septentrional est en effet bien établie. L'absence de tombes suggère néanmoins une occupation moins importante comparée à celle observée dans les chaînons évoqués plus haut. En outre, le village de Kafr ʿAqāb, comme d'autres localités voisines, ne paraît pas avoir connu la prospérité attestée ailleurs par les sources et l'épigraphie. Le renouveau agricole dont font état certains historiens, tel que Ibn alʿAdīm[117] ou Ibn Ǧubayr[118], ne semble pas avoir touché le village comme certaines bourgades des ǧebels Semʿān et Zāwiye environnées de vignes, d'oliviers, d'arbres fruitiers, de céréales et de bien d'autres denrées. Certes, ces cultures ont probablement existé dans le village, mais l'activité agricole paraît plutôt s'inscrire dans la continuité du déclin qui fait suite à l'abandon du bâtiment fortifié par les Francs. Elle ne marque pas, semble-t-il, l'essor

113. La répartition de cette population au sein du Massif calcaire a été mise en évidence par J. Sourdel-Thomine dont l'étude se fonde sur la localisation des cimetières et la lecture des épitaphes (Sourdel-Thomine 1954, p. 187-199), et G. Tchalenko qui a dressé l'inventaire de nombreux vestiges islamiques de la période médiévale (Tchalenko 1953-1958, III, p. 113-127).

114. Rappelons que la totalité des symboles chrétiens ont été bûchés, parfois avec un soin particulier, aux endroits occupés par la communauté musulmane à l'intérieur du fortin.

115. Le ǧebel Laylūn semble correspondre aux actuels ǧebels Semʿān et Bārīšā (Sourdel-Thomine 1954, p. 191). Une quarantaine de stèles funéraires ont été répertoriées dans le ǧebel Laylūn et datées en majorité du XIIIe siècle (Sourdel-Thomine 1954, p. 197).

116. Le ǧebel el-Summāq couvrirait le ǧebel Zāwiye actuel. Une dizaine de stèles arabes anciennes y ont été localisées (Sourdel-Thomine 1954, p. 197 et p. 194). Sur les stèles arabes de la région, voir également Sourdel-Thomine 1956, p. 11-38.

117. Ibn al-ʿAdīm 1988, I, p. 411-424.

118. Wright 1907, p. 254-255.

d'une nouvelle phase de prospérité. La communauté musulmane s'adonne très certainement à diverses cultures, comparables à celles qui ont toujours existé, et peut-être également à l'élevage comme le suggère l'auge aménagée dans la clé de fenêtre en plein cintre B. 62, mais ces activités paraissent se limiter à une économie de subsistance proche de celle pratiquée au cours de la période qui a précédé le IVe siècle. Une étude des vestiges des époques ayyūbide et mamelūke étendue à l'ensemble du ǧebel Waṣṭāni septentrional permettrait d'acquérir une vision plus précise de ce type de peuplement.

Les témoignages livrés par les vestiges archéologiques sont en accord avec la situation du ǧebel Waṣṭāni à l'époque ayyūbide. Le chaînon n'occupe plus, comme auparavant, une place de choix entre Apamée et Antioche. Il représente à cette époque une zone retirée au bord de la frontière entre le territoire musulman et la principauté d'Antioche, éloignée du grand centre d'Alep devenu principauté ayyūbide. Les secteurs des campagnes les plus favorisés, le ǧebel el-Summāq et le ǧebel Laylūn, sont naturellement ceux qui se trouvent à proximité des grands centres urbains d'Apamée et d'Alep. La contre-croisade menée par les Mamelūks et la reconquête d'Antioche de 1268 n'entraînent pas de redressement économique dans les campagnes du Massif calcaire. Toutefois, la disparition de la frontière, le retrait des Mongols et l'ouverture à nouveau possible du ǧebel Waṣṭāni vers Antioche n'excluent pas l'hypothèse d'une installation mamelūke sur le site. L'aspect du minaret, proche de celui de Burdaqle qui pourrait dater du XVe siècle, et l'activité des sultans en Syrie du Nord, notamment dans la localité voisine de Derkūš où le sultan Qāytbāy fait restaurer le pont sur l'Oronte en 1477[119], vont aussi dans ce sens.

La place du village médiéval dans les campagnes du Massif calcaire

Les vestiges du village ont montré que, malgré l'arrêt des constructions à la fin de la période protobyzantine, l'occupation se prolonge d'une manière vraisemblablement continue au moins jusqu'à l'époque ayyūbide. Suite à un lent déclin, la communauté villageoise s'organise autour du fortin dont l'édification a pu s'effectuer dès la fin du Xe siècle. Sa présence, ajoutée à l'ampleur des remaniements constatés à l'intérieur de chaque maison, suggère l'existence d'une localité peuplée au sein de laquelle la plupart des hommes poursuivent les activités agricoles qui ont toujours fait le succès économique du Kafr ʿAqāb. Les échanges avec les localités voisines et les villes étaient sans doute nombreux malgré les troubles qui agitaient la région. Le commerce devait effectivement continuer de jouer un rôle important, même si la navigabilité de l'Oronte entre Derkūš et Antioche n'était probablement plus assurée à cette période[120]. Les contacts par voies terrestres restaient fréquents avec Antioche particulièrement proche, mais aussi avec Apamée et les agglomérations du Massif calcaire placées sous sa dépendance. El-Bāra, notamment, constituait une place forte essentielle dans le ǧebel Zāwiye, principalement à partir du début du XIIe siècle jusqu'à ce qu'elle soit enlevée aux Francs en 1148. Il importe de rappeler, à cette occasion, les multiples points communs observés entre Kafr ʿAqāb et les villages du ǧebel Zāwiye au cours de la période protobyzantine, révélateurs de l'importance des contacts entre ces deux secteurs du Massif calcaire. Il en était vraisemblablement de même durant la période médiévale, surtout à l'époque des Croisades où l'ensemble du Massif calcaire était réuni pour un temps sous la coupe des Francs. À l'image de Kafr ʿAqāb, la grande bourgade d'El-Bāra, loin d'être abandonnée, poursuivait ses activités. Les deux localités se trouvaient d'ailleurs sur un itinéraire commun reliant les métropoles d'Antioche et d'Apamée. Le village de Kafr ʿAqāb n'offre cependant rien de comparable avec les dimensions et le statut d'El-Bāra à la même période. Contrairement à cette dernière agglomération défendue par plusieurs bâtiments fortifiés[121], et connue pour sa population importante composée de diverses communautés, Kafr ʿAqāb, moins peuplé, ne présente guère qu'un fortin. Le site, implanté à un endroit charnière à l'ouest du Massif calcaire, représentait simplement un lieu privilégié qui permettait de contrôler un secteur sensible des campagnes ; il constituait en même temps un relais sur un axe fréquenté.

Dans le contexte historique de l'époque, le petit bâtiment fortifié était parfaitement adapté à la place qu'il occupait. Les habitants, quant à eux, profitaient des avantages naturels du site, à l'ombre de l'édifice stratégiquement situé aux portes du village et qui apparaît comme le centre administratif, religieux et économique de la communauté. Cette dernière trouve ainsi un nouveau souffle suite au lent déclin de la période mésobyzantine. Avec la reconquête des terres franques d'Outre-Oronte par les Zengides, puis la stabilisation des frontières sous les Ayyūbides et, enfin, la contre-croisade menée par les Mamelūks, le fortin de Kafr ʿAqāb perd son rôle initial et le village tout entier prend un autre visage.

119. PEÑA *et al.* 1999, p. 182.

120. Les informations manquent en ce qui concerne la navigabilité de l'Oronte entre Derkūš et Antioche au cours de cette période. En revanche, on sait par le géographe arabe Muqqaddasī qu'au XIe siècle, le fleuve n'était plus navigable entre Antioche et la mer, faute d'entretien (CASANA 2003, p. 107). Il est fort possible que le tronçon entre Derkūš et Antioche ait connu le même sort.

121. FOURDRIN 1995b, p. 387-386.

À une période postérieure à la seconde moitié du XIIe siècle, le site presque désert est réoccupé par une petite communauté musulmane installée à l'intérieur des principaux ensembles architecturaux tels que le fortin et quelques maisons alentours. Le bâtiment fortifié, dont l'espace intérieur est entièrement remodelé, accueille la majeure partie de la population. L'édifice conserve son caractère religieux comme l'indique la présence d'une petite mosquée autour de laquelle s'organisent les nouveaux occupants. Les constructions précaires, typiques de cette phase d'occupation, témoignent d'un groupe d'individus dépourvu de moyens financiers et techniques. Enfin, l'ultime phase identifiée du village, qui remonte vraisemblablement à la période ottomane, se caractérise par des constructions grossières constituées de blocs variés empilés les uns sur les autres. Ces vestiges sont davantage la marque du passage épisodique de quelques bergers plutôt que d'une véritable occupation.

Conclusion

La monographie consacrée au site de Kafr ʿAqāb permet, à l'appui d'une documentation inédite, de considérer l'évolution d'une importante communauté paysanne localisée à l'extrémité nord du ǧebel Waṣṭāni. Cette situation particulière, à proximité immédiate d'axes de communication majeurs, offre l'avantage de mettre en lumière un secteur charnière du Massif calcaire occidental, et d'élargir ainsi nos connaissances sur la société rurale de la *chôra* d'Antioche. La confrontation des conclusions permet, au terme de cette étude, de restituer les grandes étapes de l'histoire du village sans toutefois que celle-ci puisse être complète dans la mesure où la méthode utilisée se fonde uniquement sur l'analyse des vestiges de surface et sur celle de leur environnement. Des zones d'ombres subsistent donc, principalement en ce qui concerne la période mésobyzantine caractérisée par l'arrêt des constructions. Néanmoins, l'apport des résultats issus de l'examen détaillé des divers groupes architecturaux, de leur implantation sur le site et de leur processus de croissance permet de répondre aux problématiques soulevées à l'origine de cette recherche. D'une part, les différentes phases d'expansion de la localité, du IIe au VIe siècle, ont pu être déterminées, chacune ayant livré suffisamment de données pour en dresser le cadre économique, démographique, social et religieux. La vie du village, beaucoup moins nette entre le VIIe et la fin du Xe siècle, apparaît plus clairement à partir de la période médiévale grâce à la construction du bâtiment fortifié. D'autre part, l'attention portée à la dynamique de l'occupation du sol a été l'occasion de comprendre les ressorts de la croissance du village au cours de la période protobyzantine, et de déterminer les moyens mis en œuvre par les hommes pour s'adapter à leur environnement afin de répondre à la fois aux besoins individuels et collectifs. Enfin, l'analyse complète des vestiges, associée aux prospections effectuées dans le cadre de cette étude, permet de dégager des particularités de développement et des caractéristiques micro-régionales qui donnent l'occasion de situer un peu mieux le ǧebel Waṣṭāni septentrional dans l'évolution générale du Massif calcaire, et de préciser les rapports du chaînon avec le monde extérieur, essentiellement avec les métropoles d'Antioche et d'Apamée.

Kafr ʿAqāb : caractéristiques générales d'un village ordinaire du Massif calcaire

D'une manière générale, il ressort de cette étude un village pleinement inscrit dans l'évolution qui caractérise l'ensemble des localités du Massif calcaire. Certes, à l'image de chacune d'entre elles, Kafr ʿAqāb présente des traits originaux qui lui sont propres, notamment en ce qui concerne son mode de développement, les moyens mis en œuvre dans l'aménagement du finage et les formes d'activités agricoles, industrielles et commerciales, mais l'implantation et l'évolution de la communauté suivent des règles à peu près communes à tous les villages du Massif calcaire. L'agglomération occupe un terrain propice à la diversification des cultures, au bas d'une pente dont la déclivité facilite le captage des eaux de ruissellement. Composée presque exclusivement de maisons, elle se développe de manière organique à partir des noyaux primitifs. Ces derniers comportent plusieurs petites unités d'habitation agglomérées qui forment des îlots compacts autour desquels gravitent des bâtisses plus récentes, regroupées en blocs d'habitation plus petits ou bien complètement isolés. La plupart des bâtisses anciennes continuent d'être occupées (ce qui explique la conservation des îlots primitifs), certaines sont abandonnées ou remplacées par de nouveaux bâtiments, d'autres sont agrandies par l'adjonction de pièces supplémentaires. Dans l'ensemble, ces constructions forment un tissu villageois irrégulier, à la fois serré et distendu, dépourvu de place publique et de réseau viaire calibré. Aucun bâtiment public n'est véritablement attesté à l'exception des églises situées, comme attendu dans une localité occupée dès le IIe siècle, à la périphérie des habitations. Des équipements économiques et hydrauliques sont installés dans les espaces privés comme dans les espaces communaux. La périphérie du village est consacrée aux carrières entaillées dans le flanc des *wādīs*, et au cimetière composé de plusieurs groupes de tombes, ou noyaux funéraires, inégalement répartis autour de l'habitat. Enfin, le terroir se définit par des cultures variées issues de la mise en œuvre de stratégies de production agricole adaptées à la topographie du site, tandis que les secteurs incultes sont dédiés aux activités liées à l'élevage.

Une localité inscrite dans l'histoire du Massif calcaire

D'un point de vue historique, six phases caractérisent le village de Kafr ʿAqāb. La première, située entre la seconde moitié du IIe siècle et la fin du IVe siècle, se réalise dans le cadre d'une vaste opération de mise en valeur du territoire entreprise par le pouvoir impérial afin de stimuler l'attractivité du chaînon. À Kafr ʿAqāb, elle se définit par l'implantation de trois hameaux distincts et indépendants les uns des autres, essentiellement composés de paysans de condition modeste dont les activités se fondent sur la pratique d'une économie de subsistance. Le hameau le plus important occupe le point culminant du promontoire rocheux. Les deux autres, plus petits, sont installés de part et d'autre du *wādī* nord. Les maisons, serrées les unes contre les autres, possèdent pour la plupart une seule pièce et sont dépourvues d'étage. Édifiés par ceux qui les habitent à l'aide de moellons disposés en double parement liés par des boutisses, les murs médiocres de ces bâtisses révèlent l'incertitude technique et les moyens limités de leurs constructeurs. La périphérie de chaque hameau est ponctuée de sépultures principalement représentées par de simples hypogées cruciformes dénués d'éléments superflus. Le décor, lorsqu'il existe, se limite aux équipements funéraires de base, tels que les portes ou les autels dédiés au culte. Les tombes se concentrent essentiellement sur la frange ouest du promontoire rocheux et sur les versants du *wādī* nord, secteurs privilégiés par les Anciens. Les pierriers et les murs de terrassement, également aménagés en ces endroits, témoignent des efforts fournis par les paysans dans la mise en valeur du terroir caractérisé par des sols minces et rocailleux. Les habitants des deux plus petits hameaux, proches de ces zones pourvues d'installations destinées au foulage du raisin, orientaient en priorité leur activité vers la production du vin. En revanche, l'existence possible de l'huilerie souterraine en périphérie du hameau méridional permet d'envisager la fabrication de l'huile dès cette période. Cependant, le caractère isolé de l'huilerie et l'absence de toute autre installation agricole dans cette zone relèguent ce type d'activité au second plan. La proximité d'une vaste surface de terre arable adaptée à la céréaliculture suggère plutôt un groupe d'agriculteurs tourné vers ce type de production.

À côté de cette population dépourvue de ressources, un tombeau monumental atteste l'existence d'un riche propriétaire foncier hellénisé. Celui-ci appartient à cette catégorie de notables connus pour leurs contributions dans la construction des sanctuaires de hauts-lieux qui assurent, depuis les sommets qu'ils occupent, la cohésion des communautés paysannes privées de temples villageois. Par ce biais, ces notables rehaussent leur prestige au sein de la société rurale et affirment leur statut en élevant, pour eux et leur famille, des tombeaux monumentaux. À Kafr ʿAqāb, la question de la résidence de ce propriétaire reste ouverte. Les tronçons de murs soignés construits en appareil polygonal de grand module situés à la périphérie sud du hameau principal pourraient appartenir à ce type d'habitation, mais ces vestiges sont trop insuffisamment conservés pour s'en assurer. Ils pourraient aussi bien être associés à des bâtiments liés au logement, à l'accueil et à l'approvisionnement des personnages importants et de leur escorte lors de leur passage puisque, rappelons-le, les probabilités d'assimiler Kafr ʿAqāb à la Niaccaba mentionnée comme étape dans l'*Itinéraire Antonin* sont assez fortes. La situation stratégique du site quasiment incontournable compte tenu du relief naturel qui conduit inévitablement à l'extrémité du ǧebel Waṣṭāni, la toponymie du village, l'existence d'une large chaussée qui traverse la partie nord du chaînon et la concordance des distances entre les localités indiquées par l'*Itinéraire* abondent en effet dans le sens de cette identification. En outre, il convient de rappeler la présence du mur élevé à l'entrée de la grotte qui se trouve à l'aplomb de Kafr ʿAqāb. La construction, qui relève à cet endroit d'une véritable prouesse technique, témoigne également de l'attention particulière portée au site sous le Haut Empire.

Le IVe siècle est une période de transition au cours de laquelle se concrétisent les efforts de la paysannerie de la première heure. Les mutations se traduisent par l'extension de la zone habitée et des tentatives architecturales plus coûteuses, signes annonciateurs d'une croissance démographique et économique qui s'affirme pleinement dès le début du Ve siècle. En effet, le nombre de maisons augmente, certaines habitations anciennes sont agrandies, l'appareil orthogonal à parement simple s'étend parfois à une ou plusieurs façades, les portiques deviennent quasiment systématiques et un décor sculpté apparaît progressivement sur les parties les plus visibles des bâtiments.

La seconde phase du village, située entre la dernière décennie du IVe siècle et le milieu du VIe siècle, se caractérise par une croissance démographique presque constante associée à un enrichissement global de la paysannerie. La christianisation des campagnes, à la même période, donne lieu à l'apparition des premiers bâtiments publics représentés par les églises autour desquelles s'organise désormais chaque communauté villageoise. À Kafr ʿAqāb, les deux hameaux établis sur le promontoire rocheux se fondent en un seul ensemble dont la cohésion est assurée par une première église vraisemblablement construite à l'emplacement de la basilique sud. En revanche, le hameau septentrional, coupé du promontoire rocheux par le *wādī* nord, connaît un développement très limité qui s'interrompt dès le début du Vᵉ siècle. Ce dernier reste un des rares « écarts » implantés dans le finage d'un village qui ne soit pas un couvent.

L'architecture domestique se place au centre de l'étude concernant l'évolution démographique et économique de la communauté villageoise. Au cours de la période protobyzantine, le nombre de maisons double sur le site par rapport à la première phase d'occupation. Durant le Vᵉ siècle, les bâtiments à une pièce, autrefois dominants, se raréfient. Les habitations pourvues de deux pièces deviennent majoritaires tandis que le nombre de bâtisses à trois pièces augmente. Entre la fin du Vᵉ siècle et le début du siècle suivant, le rythme des constructions s'essouffle, mais le nombre des occupants à l'intérieur des maisons continue de croître. Certaines habitations atteignent des dimensions inégalées jusque là. Les bâtiments à une pièce n'existent plus alors que ceux à deux pièces sont supplantés par des bâtisses comprenant trois à cinq pièces. Dès le début du Vᵉ siècle, tous les paysans ont acquis suffisamment de surplus pour verser des salaires à des équipes spécialisées capables de bâtir des maisons en appareil orthogonal à parement simple, technique de construction autrefois réservée aux temples et à quelques privilégiés. Le recours à des sculpteurs expérimentés qui ornent les maisons d'un décor soigné devient également systématique.

L'architecture funéraire offre une lecture différente de la croissance du village dans la mesure où les tombes reflètent une hiérarchie de condition qui est absente dans les maisons, ces dernières ne se distinguant entre elles que par leurs dimensions. La plupart des habitants se contentent de modèles funéraires peu élaborés. Les sépultures sont simplement placées aux endroits les plus fréquentés du site afin que le souvenir des défunts demeure dans la mémoire des vivants. En revanche, d'autres sépultures un peu plus sophistiquées témoignent de l'existence de villageois plus aisés ou simplement désireux de se distinguer par des tombes moins ordinaires. Ainsi, les porches construits en pierre de taille se substituent parfois aux porches rupestres de la période antérieure et, bien que l'hypogée de plan cruciforme reste le modèle funéraire le plus usité, les types de tombes tendent à se diversifier en même temps qu'un goût pour l'individualisme s'affirme par la multiplication des sarcophages ostensiblement exposés. Le décor devient également plus fréquent sur les cuves sépulcrales, les couvercles et les entrées des hypogées. Enfin, quelques sépultures sortent du lot par leur aspect imposant comme l'hypogée H. 12 précédé d'un porche à double arcade appareillée. C'est toutefois le mausolée à couverture pyramidale qui exprime le mieux, au début du VIᵉ siècle, la volonté de conférer à la sépulture familiale un caractère exceptionnel par sa monumentalité au détriment du souci de rentabilité. Ces tombeaux imposants qui occupent des places de choix sont vraisemblablement à mettre en relation avec une catégorie de villageois ayant joué un rôle particulier dans la gestion de la communauté ou bien en qualité d'évergètes. Néanmoins, le nombre largement majoritaire de sépultures modestes et la construction systématique de bâtiments plus onéreux par rapport à la période précédente soulèvent deux constats : l'enrichissement des villageois profite en premier lieu aux habitations tandis que les tombeaux anciens continuent d'être occupés sans que les familles ne ressentent le besoin de les enrichir davantage.

La construction de plusieurs églises soigneusement ornées est également signe de prospérité. L'église primitive, édifiée dès la fin du IVᵉ siècle, était certainement un petit bâtiment à nef unique installé au sud du site, proche des habitations, à un endroit facilement accessible depuis l'extérieur du promontoire rocheux. L'essor démographique et le phénomène de pèlerinage qui ne cesse de prendre de l'importance avec l'expansion du culte des reliques se traduisent par l'entreprise d'un vaste programme de construction entamé au tournant du VIᵉ siècle. L'église devient un monument à trois nefs alors que, 75 m plus à l'est, est édifiée une basilique destinée à accueillir un nombre relativement important de fidèles. Ainsi, deux basiliques judicieusement placées de part et d'autre de l'unique accès aisé au site occupaient en quelque sorte « l'entrée » du village. La plus ancienne, sans doute l'église paroissiale, comprenait probablement un bêma dont certains éléments ont été retrouvés non loin. La plus récente, l'église dite « secondaire » selon la formule de G. Tchalenko, avait vocation de pèlerinage. L'agrandissement de la première et l'édification de la seconde témoignent de la capacité de la communauté à répondre aux besoins d'une croissance constante et de stimuler l'économie villageoise par l'aménagement d'un pôle de pèlerinage attractif.

La troisième phase du village, comprise entre le milieu du VIᵉ siècle et le début de la période médiévale, se caractérise par l'arrêt des constructions. Aucun indice fiable ne permet d'attester l'existence d'une occupation sur le site. Cependant, le site continue très certainement d'être habité, comme cela a été démontré dans les villages du Massif calcaire qui ont fait l'objet de travaux archéologiques.[1] L'abandon de Kafr ʿAqāb après la conquête islamique n'est guère envisageable, en particulier sur ce site qui jouit d'une situation privilégiée au sein du ǧebel Waṣṭāni. Les profonds remaniements observés dans les maisons, vraisemblablement intervenus dès cette période, militent en faveur d'une occupation continue marquée par une perte des moyens acquis à l'époque protobyzantine. La population du village, après une période de stagnation dont il est impossible d'estimer la durée, subit le lent et inéluctable déclin constaté partout ailleurs en Syrie du Nord[2]. Ce fait est conforté par les deux ensembles ecclésiastiques en ruine au moment de la construction du fortin médiéval.

La quatrième phase identifiée débute à partir de la construction du bâtiment fortifié, soit dès la fin du xᵉ siècle avec l'arrivée des troupes byzantines, soit un peu plus d'un siècle plus tard, lors de la création de la principauté d'Antioche par les Croisés. Cette période s'achève lors de la reconquête islamique survenue au cours de la seconde moitié du xɪɪᵉ siècle. Le monument apporte un éclairage nouveau sur la situation du village à l'époque médiévale. L'enceinte fortifiée, élevée à l'aide de blocs prélevés sur les ruines des bâtiments associés au sanctuaire de l'est, circonscrit les édifices de l'ancien complexe ecclésial du sud dont l'église est restaurée pour l'occasion. L'appareil des murs, caractérisé par l'ajustement méticuleux des blocs de remploi, témoigne du soin accordé au fortin par les constructeurs médiévaux. Celui-ci appartient à un réseau de fortifications mis en place pour exercer un contrôle permanent sur la zone ouest du Massif calcaire. Certains de ces bâtiments sont de simples églises protobyzantines sommairement fortifiées, d'autres sont des ensembles plus importants, comme ceux de Kafr ʿAqāb ou d'El-Ḥoṣn, son voisin. Néanmoins, ces monuments, dénués des atouts défensifs communs aux véritables bâtiments militaires, n'ont rien de comparable avec les châteaux de Syrie du Nord conçus pour résister au siège d'une armée. En dehors de son rôle dédié à la surveillance du ǧebel Waṣṭāni septentrional, le fortin de Kafr ʿAqāb a très certainement cumulé d'autres fonctions. En effet, les bases moulurées des tours les plus exposées, les multiples *graffiti* et décors gravés sur le parement externe de l'enceinte, ainsi que la réfection de l'église plaident pour un édifice polyvalent qui pourrait avoir fonctionné comme un gîte d'étape destiné à abriter les garnisons mobiles, les itinérants (commerçants, pèlerins, etc.), les officiels ou les courriers en déplacement. Ces fonctions sont en accord avec la situation privilégiée du monument sur la route reliant différentes places fortes de la région entre les métropoles d'Antioche et d'Apamée. La construction du bâtiment fortifié s'accompagne certainement d'un redressement démographique et économique au sein du village qui récupère sa fonction de lieu de passage sur un itinéraire fréquenté. La localité, stimulée par le regain des échanges, devient donc à nouveau attractive et reprend en quelque sorte la place et le rôle qu'elle jouait dans l'Antiquité au sein du ǧebel Waṣṭāni, bien que celle-ci ne retrouve pas le niveau de développement atteint à cette époque. À l'exception du fortin, aucune construction nouvelle n'apparaît sur le site. Les maisons protobyzantines continuent simplement d'être occupées avec des remaniements et des réfections rudimentaires qui s'ajoutent à ceux de la période antérieure.

La cinquième phase enregistrée dans le village commence à une période nécessairement postérieure à la seconde moitié du xɪɪᵉ siècle, lorsque la principauté ayyūbide d'Alep est installée et sa frontière avec le territoire latin stabilisée. Elle peut cependant être plus tardive et avoir suivi la contre-croisade menée par les Mamelūkes qui anéantissent la menace franque d'outre-Oronte et rendent à nouveau accessible la ville d'Antioche prise en 1268 par le sultan Baybars. Quoi qu'il en soit, il s'agit d'une de ces nombreuses petites communautés de confession musulmane qui s'installent dans le Massif calcaire et les plaines voisines après le retrait des Croisés. Celle-ci tire essentiellement profit du fortin dont les dimensions et le caractère monumental sont parfaitement appropriés à ce type de réoccupation. Cette phase fut suffisamment longue pour avoir profondément modifié l'organisation intérieure de l'édifice. La division des espaces se réalise par l'érection de murs peu soignés composés d'éléments de remploi hétéroclites sommairement ajustés les uns aux autres, reflets d'une perte de moyens constructifs évidente. Seul le minaret de la mosquée se distingue par la qualité de sa construction et les moulures de sa corniche qui ont nécessité l'intervention d'artisans expérimentés. Par ailleurs, ce lieu de culte établi à l'emplacement d'un ancien complexe ecclésial, proche d'un grand réservoir d'eau, semble prévu pour répondre à une certaine affluence de la part des pèlerins. Le site de Kafr ʿAqāb, dont la fréquentation n'a sans doute pas cessé à cette époque, devient probablement un lieu saint musulman visité autour duquel s'organise une petite communauté qui prend soin d'effacer les symboles chrétiens visibles

1. Rappelons que l'abandon des villages du Massif calcaire est très progressif et ne s'effectue pas partout au même moment. À Serǧilla, le village est déserté à partir du vɪɪɪᵉ siècle, avec une réoccupation importante à la période ayyūbide (Tate 1997c, p. 4-6). Le site d'El-Bāra semble occupé de façon continue à partir de la fin du ɪvᵉ siècle jusqu'au xɪɪᵉ siècle au moins, le déclin démographique ne commençant qu'à partir du xɪɪɪᵉ siècle (Fourdrin 1995b, p. 351 ; Charpentier et Abdulkarim 2009, p. 45-46 ; Charpentier 2013, p. 285-309). En ce qui concerne le village de Deḥes, en Antiochène, les travaux archéologiques ont montré la continuité de l'occupation du site au cours des vɪɪᵉ/vɪɪɪᵉ siècles, avec une occupation qui pouvait durer jusqu'au xᵉ siècle dans certaines maisons (Sodini *et al.* 1980 ; Tate 1992a, p. 335).

2. Le Massif calcaire, comme la steppe, est marqué par un lent dépeuplement rural aux époques omeyyade et abbasside (en ce qui concerne la steppe voir Geyer et Rousset 2001, p. 111-121 ; Geyer et Rousset 2011, p. 84-86).

sur les blocs antiques. L'ensemble de ces constats indique une volonté d'occuper durablement le bâtiment fortifié dans lequel loge la plus grande partie de la population du site. D'autres groupes d'individus s'installent à l'intérieur de certains ensembles domestiques protobyzantins qui subissent un cloisonnement analogue à celui observé dans le fortin. Il convient également de rappeler l'inscription hébraïque gravée sur la tour d'angle, qui atteste une présence juive à Kafr ʿAqāb à l'époque médiévale. Il est cependant difficile, au regard de ce témoignage épigraphique isolé, d'en préciser la date. Enfin, l'absence de sépulture explicitement liée à cette phase d'occupation doit être soulignée. Les communautés en présence étaient probablement trop pauvres pour laisser derrière elles des tombeaux pérennes. Par ailleurs, les sépultures protobyzantines rupestres ont pu à l'occasion remplir cet office.

La sixième et dernière phase identifiée sur le site pourrait dater de la période ottomane comme le signale la céramique de surface. Celle-ci, perceptible aussi bien dans le fortin qu'à l'intérieur des habitations, se caractérise par la présence de quelques murs extrêmement fragiles qui relèvent plus d'enclos temporaires prévus pour le bétail que d'une véritable occupation humaine.

Caractéristiques propres au village de Kafr ʿAqāb : Organisation sociale, économique et dynamique de l'occupation du sol

Le régime social et économique du village comprend deux niveaux de lecture : la maison en elle-même, cadre de vie familiale dont l'aspiration est orientée vers un régime de type autarcique, et le village dans son ensemble dont la volonté collective tend vers la quête incessante du même objectif à l'échelle de la communauté.

L'unité domestique se place au cœur de la société rurale. Dans l'ensemble, sa conception ne diffère pas de ce qui a pu être observé dans d'autres villages du Massif calcaire. Le bâtiment principal, souvent pourvu d'un étage et précédé d'un portique à deux niveaux, occupe le fond d'une cour délimitée par un enclos. La cour se place au centre du système de circulation. Les dimensions d'une pièce correspondent à celles d'un module standard destiné à accueillir une famille. L'adjonction de pièces nouvelles répond, selon toute vraisemblance, à l'élargissement du noyau familial. Ainsi, la maison procède d'une architecture modulaire simple, rationnelle, conçue pour répondre aux nécessités de la vie quotidienne. La fonction des espaces n'est pas toujours évidente. Le principe de base commun, qui consiste à consacrer les pièces de l'étage à l'habitat et celles du rez-de-chaussée aux activités économiques, semble ici relever de réalités plus complexes. Lorsque la maison comporte un étage, les deux niveaux présentent autant d'éléments de « confort » (fenêtres, aérations, placards, lavabo ou latrine) susceptibles d'abriter une ou plusieurs familles. Par ailleurs, aucune auge en place ne laisse envisager la présence de bétail dans les pièces du rez-de-chaussée. Globalement, l'organisation spatiale traduit l'aspiration à l'autosuffisance des familles qui évoluent dans un espace clos, préservé de l'extérieur par le mur de clôture. Les conditions exigées pour acquérir une certaine indépendance à l'intérieur d'une maison sont naturellement l'approvisionnement en eau et en nourriture, les deux objectifs étant partiellement atteints dans la plupart des cas. Les dispositifs mis en œuvre pour récupérer l'eau de pluie et la présence de citernes individuelles sont attestés à peu près partout où les vestiges offrent une lisibilité suffisante. Aussi, la découverte d'auges, de cuves de pierre, d'une table de pressurage, de mortiers, de vasques et d'autres objets utilitaires, témoigne de la diversité des activités économiques pratiquées dans les maisons afin de subvenir aux besoins de chacun de ses membres. Toutefois, le degré d'autonomie atteint au sein de chaque unité d'habitation doit être nuancé : le caractère exceptionnel des installations agricoles dans les cours ou à l'intérieur des bâtiments, mais aussi les compétences acquises par certains paysans dans le domaine du bâti et de l'artisanat, impliquent nécessairement une relation de dépendance entre les villageois.

En effet, au-delà du régime de type autarcique recherché par chaque famille, une organisation collective de l'espace communal est instaurée afin de répondre au mieux aux intérêts de chacun. Dès la première phase d'occupation du site, la répartition des trois hameaux et l'aménagement des sols, dans certains secteurs, témoignent des efforts des paysans pour exploiter l'ensemble des ressources disponibles. Il s'agit d'adapter les différents modes de cultures à la topographie du terrain. Le hameau méridional, établi à proximité immédiate d'une vaste zone à faible pendage, aux sols épais et argileux adaptés à la céréaliculture, prend très tôt de l'importance. Le hameau médian et le hameau septentrional, qui connaissent une expansion beaucoup plus limitée, évoluent dans un environnement favorable aux cultures de versants, en particulier celle de la vigne. Ainsi, une large part de la production du site semble dès le départ laissée aux céréales et aux légumes associés. Les paysans de Kafr ʿAqāb garderont cette ligne de conduite jusqu'au bout. Au cours du IVe siècle, l'ouverture du village à une économie de marché confirme ce fait : le secteur méridional ne cesse de se développer aux dépens des deux groupes d'habitation voisins. L'enrichissement de la communauté, dont le moteur principal est la vente des produits de l'agriculture, permet aux villageois d'adopter une stratégie d'appropriation du territoire en réponse à l'accroissement constant du nombre des hommes. La prospérité du village est l'occasion d'acquérir une certaine maîtrise des ressources disponibles en se libérant des contraintes imposées par les contingences climatiques et topographiques dont ils étaient tributaires.

La priorité exige d'abord le contrôle des ressources en eau par la construction d'un réservoir monumental en amont des habitations, et le creusement de drains dans le flanc du ǧebel Dueili afin d'y acheminer l'eau de ruissellement. Ce système autorise à la fois l'implantation de maisons nouvelles dans des secteurs autrefois exposés aux inondations, et l'extension et la préservation des cultures céréalières susceptibles d'être anéanties par le même fléau. Il permet, en outre, d'assurer une irrigation de complément pour favoriser la croissance finale des plants. Afin de laisser libre la zone orientale du site exclusivement consacrée à la culture des céréales, les constructions s'accumulent pour l'essentiel en bordure occidentale du promontoire rocheux où la qualité des sols présente un potentiel agricole beaucoup plus limité. Ce secteur éloigné des déclivités du ǧebel Dueili, donc moins pourvu en eau, est mis en valeur par l'aménagement d'un réservoir souterrain collectif. D'autres installations communales situées dans les espaces vides, entre les îlots et les maisons isolées, indiquent une organisation maîtrisée de l'espace destinée à l'exploitation judicieuse de chaque parcelle du site. Il en est ainsi des chambres souterraines prévues pour le stockage de certaines denrées, de la carrière ouverte au sein du quartier A, de la grande huilerie souterraine proche de l'îlot 05 et de nombreuses citernes. Plus tard, l'élargissement du terroir provoqué par l'essor démographique conduit à la conquête de nouvelles surfaces de terres arables. On assiste alors à la mise en culture d'une vaste zone dépressionnaire excentrée au sud-est de Kafr ʿAqāb, semblable à une petite plaine enclavée, dont les conditions correspondaient à la spécialisation économique du village, à savoir un sol profond de bonne qualité favorable à la culture céréalière. Au début du VIe siècle, on assiste également au recul des terres vacantes par l'établissement d'un couvent qui fonctionne, au regard des divers aménagements hydrauliques et agricoles qui lui sont associés, à l'image d'une véritable exploitation agricole. La production du vin et de l'huile est cette fois privilégiée dans ce secteur qui s'étend au sud de l'agglomération. Enfin, les zones non cultivables, dédiées au pâturage, contribuent aussi à l'économie villageoise. L'existence d'un nombre important de citernes accompagnées de plusieurs auges et de mangeoires réparties à la périphérie de la zone habitée, dans les secteurs peu propices à la culture, indique que de petits troupeaux, peut-être confiés à un ou plusieurs bergers communaux, évoluaient principalement à l'extérieur des habitations dépourvues, pour la plupart, de dispositifs prévus pour les accueillir. D'autres aménagements de ce type, installés au milieu des champs, subvenaient aux besoins des agriculteurs et des animaux de traits sur le lieu même de leur travail.

Le comportement social de la communauté villageoise est également comparable à celui observé à l'échelle de l'architecture domestique par la volonté de fermeture vis-à-vis de l'extérieur. Tous les bâtiments, concentrés au sommet du promontoire rocheux, tournent effectivement le dos à l'extérieur pour former un ensemble relativement clos. Le seul espace aisément accessible du site est consacré aux ensembles ecclésiaux qui jouent, d'une certaine façon, le rôle tampon entre l'espace public relégué au sud-est de l'agglomération, et l'espace privé dédié aux habitations. Ce contraste intérieur/extérieur persiste à l'époque médiévale lorsque le fortin, construit à l'emplacement de l'ensemble ecclésial du sud, sécurise cette zone sensible du village. Par conséquent, la communauté fonctionne comme un ensemble fermé dans lequel toutes les dispositions sont prises pour atteindre au plus près l'idéal de l'autoconsommation. La maîtrise des ressources en eau, la diversification des productions et les échanges de compétences dans divers domaines d'activité participent dans une large mesure à l'équilibre social et économique de Kafr ʿAqāb. Aussi, l'organisation de l'espace rural, qui semble aléatoire au premier abord, laisse en réalité peu de place au hasard. Il ne s'agit pas d'une organisation volontaire semblable à celle des villes, mais l'implantation des bâtiments et l'aménagement du terroir résultent d'une occupation du sol calculée inscrite dans une dynamique propre à la croissance de la communauté.

Le comportement introverti associé au souci d'autosuffisance révélé par l'architecture domestique est donc ici reproduit à l'échelle de la localité tout entière. Ce phénomène de repli n'est cependant pas incompatible avec une grande ouverture sur le monde extérieur, condition essentielle de la croissance du village. En effet, la communauté n'avait d'autre choix que de composer avec les localités et métropoles voisines pour s'épanouir.

Kafr ʿAqāb et le ǧebel Waṣṭāni septentrional dans l'évolution générale du Massif calcaire : influences et particularismes

À l'apogée de sa croissance, l'agglomération est probablement la plus importante du chaînon en termes de population et de superficie, devant le gros bourg de Ṭurīn et des localités de taille moyenne telles que Ḫarāb Sulṭān et Fassūq, ou plus petites, comme Banassara. Pour autant, ces contrastes entre villages n'assurent pas à Kafr ʿAqāb le statut de grand centre économique et administratif du ǧebel Waṣṭāni. Le village ne se distingue par aucun trait particulier si ce n'est celui d'un développement plus marqué que les autres. Par ailleurs, la localité se place loin derrière certaines agglomérations du Massif calcaire dont les dimensions considérables atteignent quasiment celles d'une ville, comme El-Bāra dans le ǧebel Zāwiye, et Brād dans le ǧebel Semʿān, deux localités qui conservent néanmoins, semble-t-il, un type d'organisation similaire à celui des villages ordinaires. Dans le ǧebel Waṣṭāni, la croissance particulière de Kafr ʿAqāb n'a pas pour origine la pratique d'une spécialisation commerciale plus rentable qu'une autre. À titre de comparaison, le degré de prospérité atteint à Kafr ʿAqāb, spécialisé dans le commerce des céréales, est égal à celui du petit bourg de Banassara dont l'économie est clairement orientée vers l'exportation du vin et de l'huile. Ainsi, les deux villages, qui s'opposent diamétralement quant au nombre de leurs habitants, témoignent d'une évolution économique similaire déterminée par des stratégies de production adaptées au cadre de leur environnement. En réalité, la conjugaison de plusieurs facteurs est à l'origine du développement de Kafr ʿAqāb. À l'extraordinaire capacité d'adaptation des hommes à leur milieu naturel, observé ici comme dans la majorité des villages du Massif calcaire, s'ajoutent deux atouts essentiels : le cadre topographique, qui permet à la communauté de s'étendre sans contraintes majeures, et la situation privilégiée du site au sein du Massif calcaire. La croissance du village est largement dynamisée par la proximité du grand marché urbain d'Antioche et la mise en œuvre d'un important réseau de communication qui ouvre assez tôt la communauté aux échanges. Les modalités d'appropriation du sol dans ce secteur des campagnes, entreprises sous l'impulsion du gouvernement impérial, facilitent effectivement la circulation des hommes entre les métropoles d'Antioche et d'Apamée.

Du côté est du ǧebel Waṣṭāni, une importante voie de communication emprunte la plaine du Ruǧ avant de pénétrer à l'intérieur du chaînon au niveau de la dépression d'El-Ǧafar pour suivre, sur un axe sud/nord, le tracé naturel du relief jusqu'à Kafr ʿAqāb, avant de descendre vers la plaine de ʿAzmarīn et la vallée de l'Oronte. Cette route intérieure passe au sud par Qaṣṭūn, stratégiquement située à l'entrée de la plaine du Ghāb, et Kafr ʿAqāb qui domine la plaine de ʿAzmarīn à l'extrémité nord du ǧebel Waṣṭāni. Ces deux localités pourraient être assimilées, d'après la distance qui les sépare, la toponymie et leur situation privilégiée, aux étapes mentionnées dans l'*Itinéraire Antonin*. Du côté ouest du chaînon, la construction de ponts, à Ǧisr eš-Šuǧūr et Derkūš, donne un accès direct à la route qui reliait les deux métropoles en longeant la rive gauche de l'Oronte. De son côté, le fleuve autrefois navigable, constituait une voie rapide et peu coûteuse reliant directement la partie nord du ǧebel Waṣṭāni à Antioche. En outre, un réseau de circulation savamment tissé à l'intérieur du chaînon favorise son accessibilité depuis les plaines voisines et permet aux villages de joindre facilement les grands axes de communication. Ces chemins muletiers, pavés ou rupestres, taillés à flanc de colline, ne laissent aucune localité à l'écart. Les nombreux segments découverts aux environs de Kafr ʿAqāb montrent que le village se trouvait au centre d'un réseau qui le reliait à toutes les localités voisines, ainsi qu'aux plaines et au port fluvial de Derkūš avec lesquels il entretenait des liens étroits.

Ainsi, loin de représenter un obstacle difficilement franchissable à l'ouest du Massif calcaire, le ǧebel Waṣṭāni apparaît dans l'Antiquité comme une importante zone de contact à la fois pleinement ancrée dans les campagnes du Massif calcaire et largement tournée vers l'extérieur. On ne saurait s'étonner, dans ce contexte, des nombreux points communs relevés aujourd'hui entre le ǧebel Waṣṭāni et le ǧebel Zāwiye, deux entités comprises au sein d'un même ensemble dont la cohésion était assurée par les routes commerciales aménagées sur un axe sud/nord, entre les grands centres urbains d'Apamée et d'Antioche. Ce groupe géographique se distingue du secteur septentrional du Massif calcaire, communément appelé « chaînons nord », relié sur un axe est/ouest par la route d'Antioche à Béroé (Alep) et Chalcis. En effet, la croissance précoce constatée à Kafr ʿAqāb est comparable à l'évolution observée dans les villages du ǧebel Zāwiye. Contrairement aux localités des chaînons nord dont l'essor, plus lent, ne s'affirme véritablement qu'à partir de 480, les changements d'ordre démographique et économique s'imposent dès la fin du IVe siècle pour s'affirmer de manière définitive au début du Ve siècle. Le village s'accorde également avec les communautés rurales du ǧebel Zāwiye sur le plan des pratiques liées aux activités économiques : la culture de la vigne, de l'olivier et l'élevage s'y développent plus lentement et occupent une place secondaire, contrairement aux localités des chaînons nord où ces pratiques sont prépondérantes dès la période impériale. Par ailleurs, parmi les trois pressoirs recensés dans le village de Kafr ʿAqāb, au moins deux n'apparaissent qu'à partir de la seconde moitié du Ve siècle, période à laquelle on assiste aussi, dans le ǧebel Zāwiye, à la construction de grands pressoirs, de type analogue, caractérisés par une capacité de rendement élevée. Toutefois, à l'instar de ce que semble avoir révélé l'étude des villages implantés dans le ǧebel Zāwiye, Kafr ʿAqāb a privilégié la culture des céréales. S'il existe des localités spécialisées dans la production du vin et de l'huile, comme Banassara, les agglomérations du ǧebel Waṣṭāni, à l'exemple de notre village, bénéficient également de vastes cuvettes de terre à céréales représentées par des sols plats ou faiblement inclinés, adaptés à ce type de culture et directement exploitables à en juger par l'absence de pierriers. À l'évolution démographique et économique similaire des ǧebels Waṣṭāni et Zāwiye, s'ajoute une histoire religieuse commune, en grande partie, elle aussi, déterminée par la proximité des centres urbains et la circulation des hommes. À l'inverse des chaînons nord plus favorables au progrès du christianisme, les communautés rurales du ǧebel Waṣṭāni et du ǧebel Zāwiye, influencées par Antioche, où les païens restent nombreux malgré une majorité acquise à la religion nouvelle, mais aussi par Apamée connue pour son attachement profond aux traditions hellénistiques, demeurent particulièrement liées au paganisme. Le séjour de Julien à Antioche, où l'empereur ordonne la rénovation et la construction des temples[3], et l'affection qu'il porte à Apamée[4] où la restauration du culte païen est bien accueillie encouragent la persistance de ce culte dans la partie méridionale du Massif calcaire. Ce phénomène s'exprime, dans le ğebel Zāwiye, par des actes de violence, comme l'épisode de l'évêque Marcel brûlé pour avoir voulu incendier un sanctuaire rural, ou par la présence d'un *mithraeum* à Ḥūarte[5] en activité jusqu'en 391. Dans le ğebel Waṣṭāni, alors que Valens mène avec prudence une politique de tolérance religieuse, les curiales qui résident dans le village de Ṭurīn poursuivent l'œuvre de Julien quatre années après la mort de l'empereur, en prenant en charge une partie des frais occasionnés par la réfection du temple d'El-Ḥoṣn. Aussi, l'émergence des églises, dans les deux chaînons, ne se réalise pas avant la fin du IVe siècle. Là encore, dans le domaine de l'architecture ecclésiastique, des correspondances peuvent être mises en évidence. La présence d'une catégorie d'ensemble ecclésial particulier représenté par les églises doubles en fait partie : inconnus dans les chaînons nord du Massif calcaire, ces ensembles apparaissent à Banassara et Fassūq dans le ğebel Waṣṭāni septentrional et, bien qu'avec des différences, à Ḥūarte[6] et peut-être à Serğilla[7] dans le ğebel Zāwiye. Par ailleurs, fait exceptionnel dans une basilique d'Antiochène, l'église sud de Kafr ʿAqāb présente, dans un deuxième état, des annexes placées de part et d'autre de l'abside selon les dispositions liturgiques propres à l'Apamène.

Les contacts avec les villages du ğebel Zāwiye sont également perceptibles, à Kafr ʿAqāb, par l'utilisation de procédés techniques ou de modèles architecturaux spécifiques. Dans le domaine de l'architecture domestique, si les maisons conservent l'essentiel des caractéristiques communes aux chaînons nord, principalement en ce qui concerne la sobriété des façades des bâtiments dénuées de décor, certains aspects comme les murs de clôture édifiés en appareil orthogonal à parement simple, les efforts pour monumentaliser l'entrée par le biais d'un arc, les niches cintrées placées de part et d'autre de certaines portes ou le recours à l'arcade comme support du plancher de l'étage, évoquent des traits propres aux habitations du ğebel Zāwiye. Dans le domaine de l'architecture funéraire, le mausolée à couverture pyramidale rappelle aussi ce modèle de tombeau que l'on rencontre surtout dans la partie apaméenne du chaînon voisin. On note enfin un type d'enclos récurrent, employé pour délimiter le domaine monastique, certains espaces funéraires ou des parcelles cultivées, dont la composition à l'aide de piliers monolithiques grossièrement équarris est plutôt caractéristique de la partie sud du Massif calcaire. Certes, l'ensemble de ces traits particuliers ne sont pas inconnus dans les chaînons nord, mais ils sont rares, voire exceptionnels, et ne se concentrent jamais au sein d'une seule localité.

Les similitudes observées entre le village de Kafr ʿAqāb et ceux du ğebel Zāwiye témoignent donc de deux zones de contact inscrites dans une même dynamique évolutive. Ce phénomène s'explique par la proximité des marchés urbains d'Antioche et d'Apamée et les moyens mis en œuvre pour faciliter la circulation entre les deux métropoles. La présence de routes commerciales majeures et d'un réseau développé de pistes secondaires encourage la circulation des procédés techniques, des modèles architecturaux et des courants de pensée. Cela confirme la perméabilité de la frontière entre les provinces de Syrie Première et de Syrie Seconde, toutes deux dépendantes du patriarcat d'Antioche. Le facteur géographique et la vitalité des circuits commerciaux prévalent donc, au moins dans ce secteur du Massif calcaire, sur le découpage administratif effectué au cours du premier quart du Ve siècle.

Au-delà de l'évolution commune qui relie notre chaînon au sud du Massif calcaire, par opposition aux chaînons nord, le ğebel Waṣṭāni septentrional présente des caractéristiques locales dues à une situation géographique « charnière » vers où convergent toutes sortes d'influences. De fait, Kafr ʿAqāb, qui occupe à cet endroit une place centrale, assimile des tendances variées et développe des particularismes micro-régionaux, voire villageois, dans divers domaines liés à l'architecture. On observe notamment, en ce qui concerne l'architecture funéraire, la présence de modes locales comme le couvercle de sarcophage sculpté à l'image d'un toit couvert de tuiles, ou l'apparition de formes composites, à l'image de la sépulture S. 57 pourvue de surcroît d'un décor peu courant, ou encore le mausolée pyramidal Mau.18. Ces constructions témoignent de l'ingéniosité des architectes capables d'allier plusieurs types funéraires dans la confection d'un monument original.

L'architecture ecclésiastique demeure le domaine le plus remarquable en termes d'innovation. Les deux basiliques localisées sur le site présentent effectivement des traits architecturaux exceptionnels. L'église sud accumule les particularités avec ses annexes placées suivant le schéma apaméen, une répartition des accès hors du commun et l'emploi d'un type unique de support bilobé qui combine le caractère élancé de la colonne et l'aspect massif du pilier. Ce dernier constitue la forme rustique des colonnes doubles de l'église nord de Banassara, qui ne connaissent pas non plus de parallèles dans la région. La forme peu commune des chapiteaux, adaptée à celle des piliers, relève de la même appréciation. Quant à l'église orientale, inscrite dans la lignée des basiliques de

3. Soler 2006, p. 15-16.
4. Balty 1974, p. 267-279.
5. Gawlikowski 2000, p. 161-171 ; Gawlikowski 2013, p. 261-270.
6. Canivet et Canivet 1980, p. 54-57 ; Canivet et Canivet 1987, I, p. 115-119 ; II, pl. XLI à XLVIII.
7. Khoury et Naccache 1996, p. 161-163.

pèlerinage à piliers nord-syriennes, son chevet adopte pour la première fois le plan tri-absidial, en référence directe au sanctuaire de Qalʿat Semʿān. La partie nord du ǧebel Waṣṭāni semble d'ailleurs, sur ce point, avoir constitué un lieu de prédilection en ce qui concerne l'abside saillante puisque cette zone, qui reste pourtant mal documentée, présente déjà à elle seule cinq monuments appartenant à cette catégorie, concentration notable comparée à la douzaine disséminés dans l'ensemble du Massif calcaire. La valeur symbolique de l'abside saillante semble donc, dans ce secteur très localisé, avoir prévalu sur les difficultés d'ordre technique et économique rencontrées dans ce type de construction.

Les églises de Kafr ʿAqāb sont inscrites dans la logique de développement reconnue dans plusieurs complexes religieux du ǧebel Waṣṭāni septentrional. À l'heure où le christianisme triomphant donne lieu à d'importants mouvements de pèlerinage, les communautés rurales, à l'apogée de leur croissance, se lancent dans un vaste programme de constructions inspirées des dernières innovations architecturales apparues lors de l'édification du grand sanctuaire de Qalʿat Semʿān. Le rayonnement de saint Syméon a effectivement eu un impact significatif dans cette partie du Massif calcaire : sur une zone couvrant une superficie de seulement 20 km^2 se concentrent deux couvents de stylites installés sur les hauteurs, au moins cinq églises inspirées de l'architecture de Qalʿat Semʿān, auxquelles s'ajoute une stèle sculptée à l'effigie du saint découverte dans le village de Ṭurīn. Le procédé relevé dans les villages prospectés consiste souvent, à partir de la fin du vᵉ siècle, à agrandir la première église tandis qu'une nouvelle basilique est construite non loin. Les ensembles à caractère particulier, comme les églises doubles de Fassūq et de Banassara, connaissent une évolution semblable. Les basiliques de Kafr ʿAqāb, sans être jumelles, suggèrent par leur proximité et leur disposition, un ensemble homogène composé de deux édifices cultuels complémentaires dans leur fonction. Les références architecturales et ornementales au glorieux monument élevé en l'honneur de Saint Syméon Stylite l'Ancien, figure spirituelle emblématique du Massif calcaire, témoignent de la volonté de favoriser l'attrait des fidèles dans ce secteur des campagnes. La grande aire de parcage destinée à l'accueil des pèlerins et autres voyageurs à l'entrée du sanctuaire appuie ce constat. Dans ce contexte, le sanctuaire de l'est, directement relié à l'établissement du stylite de Ḫerbet eš-Serǧ, constitue une étape importante et quasi incontournable au sein du circuit de pèlerinage. Les trois absides saillantes de l'église, qui évoquent le chevet de la basilique orientale de Qalʿat Semʿān, font partie de la stratégie mise en œuvre pour susciter l'intérêt des foules. Ce chevet confère en effet une dimension « universelle » à une basilique à piliers ordinaire de Syrie du Nord.

La situation et les spécificités relevées dans le village de Kafr ʿAqāb permettent enfin de préciser la relation de la localité avec le monde extérieur. Dès l'origine, la construction de routes, de ponts et l'aménagement probable des plaines fertiles attenantes au chaînon (au moins celles du Ruǧ et de ʿAzmarīn) requièrent des moyens qui tendent à tenir pour certaine l'intervention du gouvernement impérial dans l'appropriation du territoire. En outre, la construction d'un sanctuaire de haut-lieu dédié à Zeus Koryphaios contribue à forger l'identité culturelle des sociétés rurales dans l'arrière-pays d'Antioche. Rassembler les hameaux autour d'un lieu de culte unique financé par de riches propriétaires fonciers hellénisés, au lieu de multiplier les temples villageois, a pu constituer un moyen de renforcer la cohésion des campagnes et de les lier, sous la bannière de l'hellénisme, aux villes et aux notables qui y résident. Par conséquent, malgré la forte composante sémitique des milieux ruraux révélés par la toponymie et l'onomastique, à Kafr ʿAqāb comme dans l'ensemble du Massif calcaire, l'acculturation des sociétés rurales était une façon pour les notables de s'assurer de leur mainmise sur les campagnes. Au cours de la période protobyzantine, l'orientation de la production du village vers la spéculation et une économie monétaire intensifie les contacts avec les villes dont l'influence sur les campagnes est évidente. Les villageois conservent le grec comme langue écrite, empruntent certains modèles de comportement social (l'évergétisme, l'emplacement des tombeaux le long des axes de circulation, etc.) et s'inspirent des modèles classiques dans le domaine de l'architecture et de l'ornementation. Néanmoins, le village, désormais libéré des contraintes d'une économie de subsistance à laquelle il était astreint, s'organise et s'affirme comme une Kômè dont chaque membre est pleinement conscient d'appartenir à un groupe culturel. L'aspect replié du village sur l'étendue d'un promontoire rocheux cerné de *wādīs* escarpés renforce la cohésion de la communauté organisée de façon à satisfaire au plus près l'idéal de l'autoconsommation. Ce comportement affermit l'identité villageoise qui se construit comme une unité à part entière, à côté du monde extérieur avec lequel le contact est permanent, mais non fusionnel. Les particularismes évoqués plus haut, développés à partir d'influences diverses, contribuent également à façonner le caractère propre à la communauté. Cela passe essentiellement par l'architecture monumentale. Contrairement aux maisons qui ne se distinguent pas du type ordinaire de la région, les églises, exposées et facilement accessibles depuis l'extérieur du village (c'est le cas dans la plupart des localités) étaient en quelque sorte garantes de la notoriété de la communauté. Dans un contexte où les reliques attisaient les convoitises entre les villages au point, parfois, d'engendrer de véritables rixes[8], les

8. Peña *et al.* 2000, p. 49.

moyens déployés dans l'exécution des monuments qui leur servaient d'écrin constituaient un enjeu important. Le caractère original du chevet de l'église orientale et l'introduction possible des reliques de saint Thalélaios, non représenté en Syrie du Nord et réputé pour leurs vertus curatives, participe dans une large mesure à la renommée du village. Le prestige de leurs commanditaires s'en trouvait grandi par la même occasion, comme le suggère l'existence des sépultures monumentales qui jouxtent les sanctuaires, mais aussi celle du mausolée pyramidal, unique exemplaire de ce type connu à ce jour dans le ǧebel Waṣṭāni. Le conservatisme culturel dont témoigne Théodoret de Cyr[9] à propos des villages a donc pu exister à Kafr ʿAqāb, gros bourg où les habitants avaient toutes les raisons de retirer une certaine fierté du rayonnement de leur communauté au sein du ǧebel Waṣṭāni septentrional et de la place particulière qu'elle occupait sur l'itinéraire reliant Antioche à Apamée. On ne peut cependant écarter l'hypothèse que ces édifices, églises ou tombeaux, aient été l'œuvre de propriétaires non résidents qui, par le biais de ces monuments prestigieux, asseyaient leur autorité tout en s'assurant la bienveillance des villageois. Dans le cas présent, le rôle de l'Église d'Antioche dans la construction de la basilique est, par le biais du patriarche Sévère, n'est pas exclu. Ce comportement s'inscrirait dans la continuité des propriétaires fonciers de la période antérieure qui rehaussaient leur prestige auprès des communautés paysannes en contribuant à la construction du sanctuaire de haut-lieu. Cette hypothèse de travail[10] expliquerait, pour la période impériale, l'absence de structures destinées à imposer leur domination.

La localité de Kafr ʿAqāb est donc à la fois étroitement liée au monde urbain, comme source d'inspiration sociale, culturelle et artistique, mais conserve un caractère propre qui se forge et s'affirme avec le temps. Au cours de la période protobyzantine, villes et villages entretiennent une relation complémentaire où les échanges jouent un rôle central. Les travaux archéologiques menés dans le Massif calcaire ont montré que la conquête islamique n'altère pas cette relation, les marchés urbains locaux étant suffisants pour assurer la survie des communautés villageoises. Elles restent nombreuses jusqu'à la période médiévale, malgré le déclin progressif et l'abandon de nombreux sites à partir des VIIIe et IXe siècles[11]. La localité de Kafr ʿAqāb continue pourtant à occuper une place privilégiée entre les campagnes et le monde extérieur, malgré la période de conflit qui agite la région à partir de l'arrivée des troupes byzantines.

Le bâtiment fortifié stimule en effet les contacts avec les différentes places fortes de la région et les métropoles environnantes. Il permet au village de connaître un court redressement qui s'achève lors de la reconquête arabe. La « paix » ayyūbide a pu permettre l'installation d'une petite communauté à l'intérieur du fortin, mais le ǧebel Waṣṭāni septentrional perd l'atout de la proximité d'Antioche, alors en territoire latin, pour devenir une zone retirée à l'écart des voies commerciales qui convergent désormais vers Alep. Les données manquent cependant sur cette période de l'histoire : si les traces relèvent d'une occupation caractéristique de la période ayyūbide, avec ses murs précaires et la petite mosquée édifiés en blocs de remploi, aucun témoignage archéologique déterminant ne permet d'écarter l'hypothèse d'un lieu de culte mamelūk, semblable à ceux qui apparaissent dans certaines localités du Massif calcaire, notamment aux abords de la plaine de Dānā, à Burdaqle et à Kfeir.

Le chaos dans lequel est plongée la Syrie aujourd'hui n'autorise plus l'accès au terrain. Il faut cependant se convaincre qu'un jour nous connaîtrons un pays apaisé, où villes et villages meurtris, endeuillés, se relèveraient lentement des épreuves endurées. Et nous, chercheurs, arpenterons peut-être à nouveau les reliefs vallonnés du Massif calcaire pour reprendre, comme toutes les femmes et les hommes de la région, nos activités là où nous les avions laissées. Le travail ne manque pas. En dépit des opérations ponctuelles réalisées sur le terrain à partir des années 1980, puis sur le site de Banassara depuis 2002, et enfin à Kafr ʿAqāb depuis 2007, les connaissances du ǧebel Waṣṭāni septentrional demeurent embryonnaires. De nombreux points restent à éclaircir. À une échelle réduite au seul village de Kafr ʿAqāb, les interrogations soulevées au cours de cette étude concernent tous les domaines de l'architecture. Des fouilles archéologiques aux endroits stratégiques du site permettraient d'affiner la chronologie, de confirmer, d'infirmer ou de préciser certaines hypothèses proposées, notamment en ce qui concerne quelques bâtiments qui se distinguent par un caractère particulier. Par exemple, la construction C. 18, possiblement édifiée à l'emplacement d'un temple funéraire du IIe siècle, conserve plusieurs traits singuliers qui perdurent jusqu'à la période médiévale. Il faudrait également examiner de plus près certaines constructions comprises au sein de l'îlot 01 dont l'agencement, la disposition et la morphologie semblent indiquer une fonction autre que celle d'un simple ensemble domestique. Certaines maisons caractérisées par des plans particuliers et une répartition des ouvertures peu commune (M. 11, M. 12 et M. 39) sont aussi susceptibles de livrer de nouvelles données sur l'architecture domestique régionale. Il en est de même pour le couvent dont les bâtiments, dégagés et fouillés, permettraient de mieux saisir l'organisation d'un

9. Cf. notamment Mazza et Gnoli 1994, p. 456.

10. Cette hypothèse a été formulée par B. Bavant en ce qui concerne les églises (Bavant 2005, p. 769 ; cf. également Bavant 2012, p. 33-60).

11. La cause de ce déclin progressif serait l'interruption du commerce transméditerranéen suite à la conquête arabe (Kennedy 2011, p. IX-XIII).

ensemble religieux de type « éclaté » à l'intérieur duquel chaque forme de vie monastique avait sa place. Enfin, la fouille complète du fortin donnerait lieu à l'analyse détaillée du développement de cet ensemble architectural d'un intérêt majeur en raison de son implantation dans une zone consacrée de tous temps aux monuments publics du village. Ce serait là l'occasion d'obtenir une chronologie précise depuis le IVe siècle (mais qui débute peut-être dès la période impériale) jusqu'à l'abandon définitif du site. Dans un cadre élargi au ǧebel Waṣṭāni septentrional, on continue de s'interroger sur l'organisation de la société rurale, notamment à propos des relations entre les villages, des spécialisations économiques qui les caractérisent, des réseaux locaux d'échanges, de l'apport de chaque localité à la croissance des milieux ruraux et de leur rôle dans la formation d'une identité à la fois propre aux campagnes du Massif calcaire et spécifique à chaque secteur étudié. Des études monographiques étendues à plusieurs localités et des prospections systématiques associées à la réalisation de relevés topographiques permettraient d'approfondir nos connaissances sur le développement de chaque village, et de mettre en évidence les particularismes microrégionaux ainsi que les similitudes constatées entre les agglomérations des chaînons voisins. Les travaux effectués dans les localités de Kafr ʿAqāb et de Banassara montrent déjà des contrastes intéressants dans leur évolution et dans le type de spécialisation adopté par les exploitants selon leur situation au sein du chaînon. Ces données, confrontées aux résultats des travaux réalisés dans l'ensemble de la région, apporteraient de plus amples informations sur la place du ǧebel Waṣṭāni dans l'évolution générale du Massif calcaire et, dans un cadre plus large, dans celle de la Syrie septentrionale.

Le nord du ǧebel Waṣṭāni recèle donc des vestiges archéologiques riches et inédits qui, malgré la présence d'une végétation dense et l'aspect mal conservé des ruines, laissent un vaste champ d'étude susceptible de fournir une documentation importante sur l'histoire des campagnes dans l'arrière-pays d'Antioche. Aujourd'hui, le Massif calcaire, inscrit sur la liste du patrimoine mondial de l'UNESCO, est l'une des régions les plus exposées aux dangers issus des conflits qui mettent en péril depuis plusieurs années la préservation de son inestimable héritage culturel. Aussi, l'étude du site de Kafr ʿAqāb, l'un des plus détériorés du chaînon, se place, comme l'ensemble des recherches portant sur la région, dans une démarche de sauvegarde du patrimoine archéologique exceptionnel qui caractérise le Massif calcaire de la Syrie du Nord.

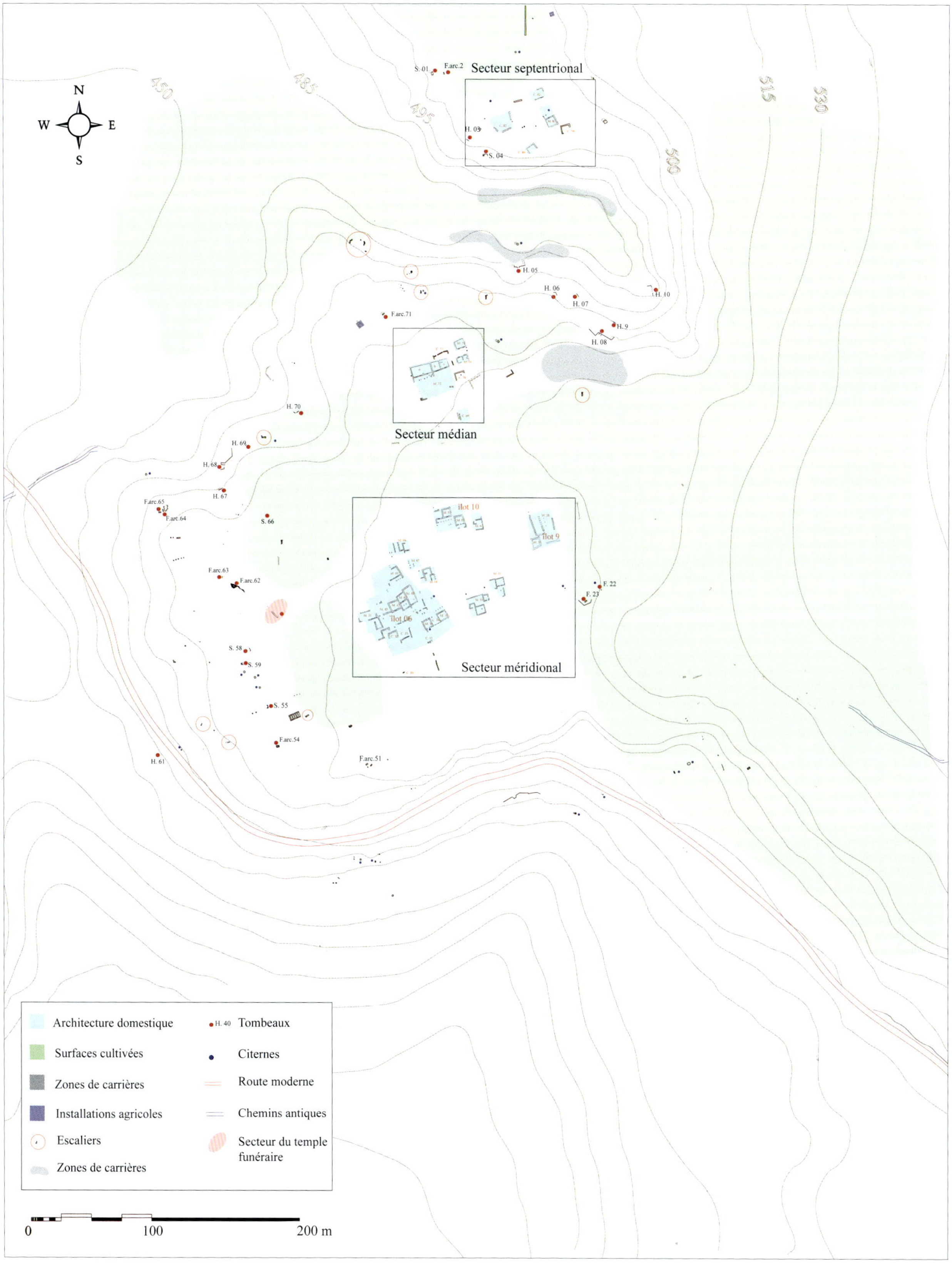

Le village de Kafr ʿAqāb au IV*e siècle (© Riba)*

PLANCHE II

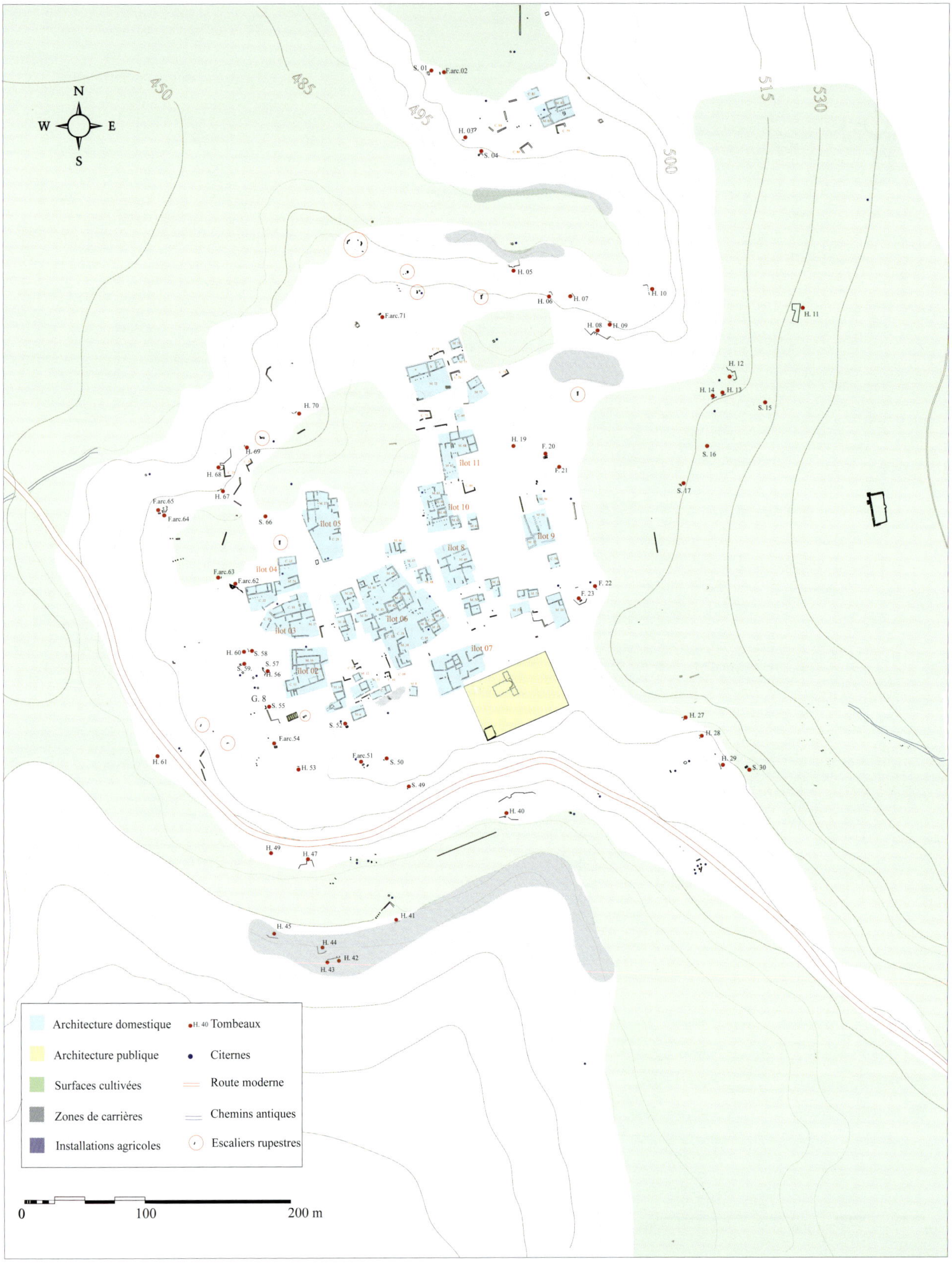

Le village de Kafr 'Aqāb au ve siècle (© Riba)

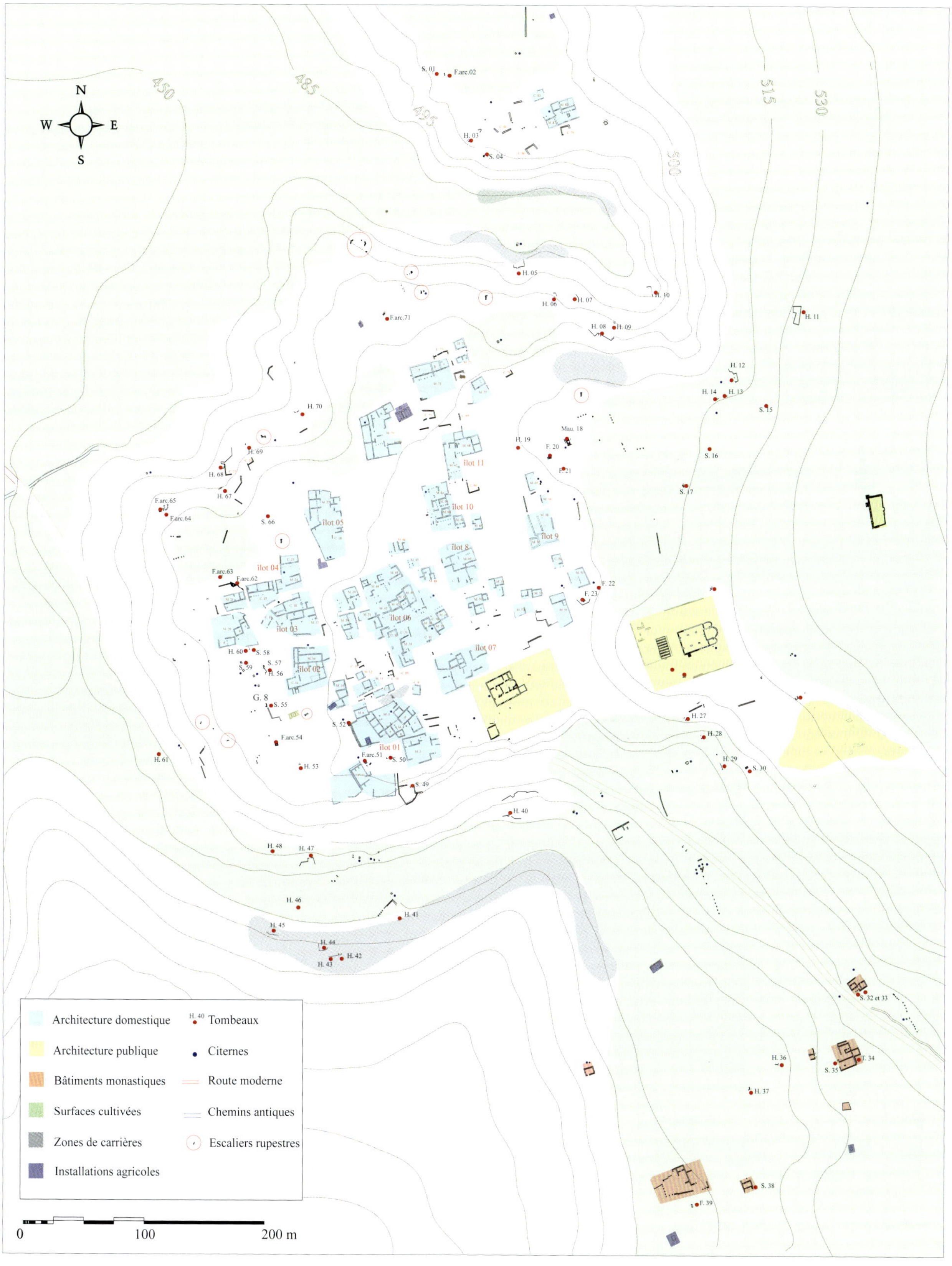

Le village de Kafr ʿAqāb au VIe siècle (© Riba)

PLANCHE IV

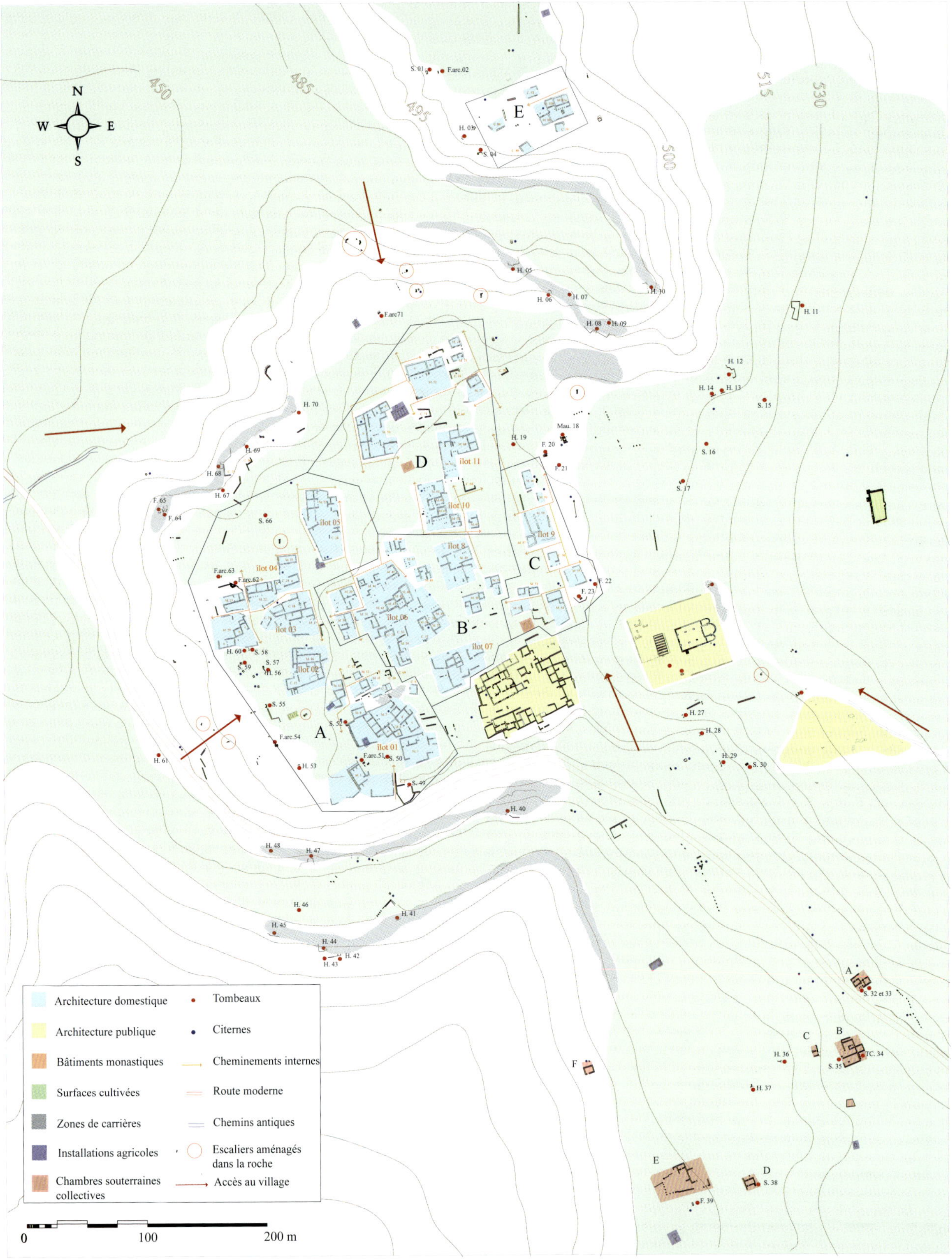

Le village de Kafr ʻAqāb : localisation des ensembles (© Riba)

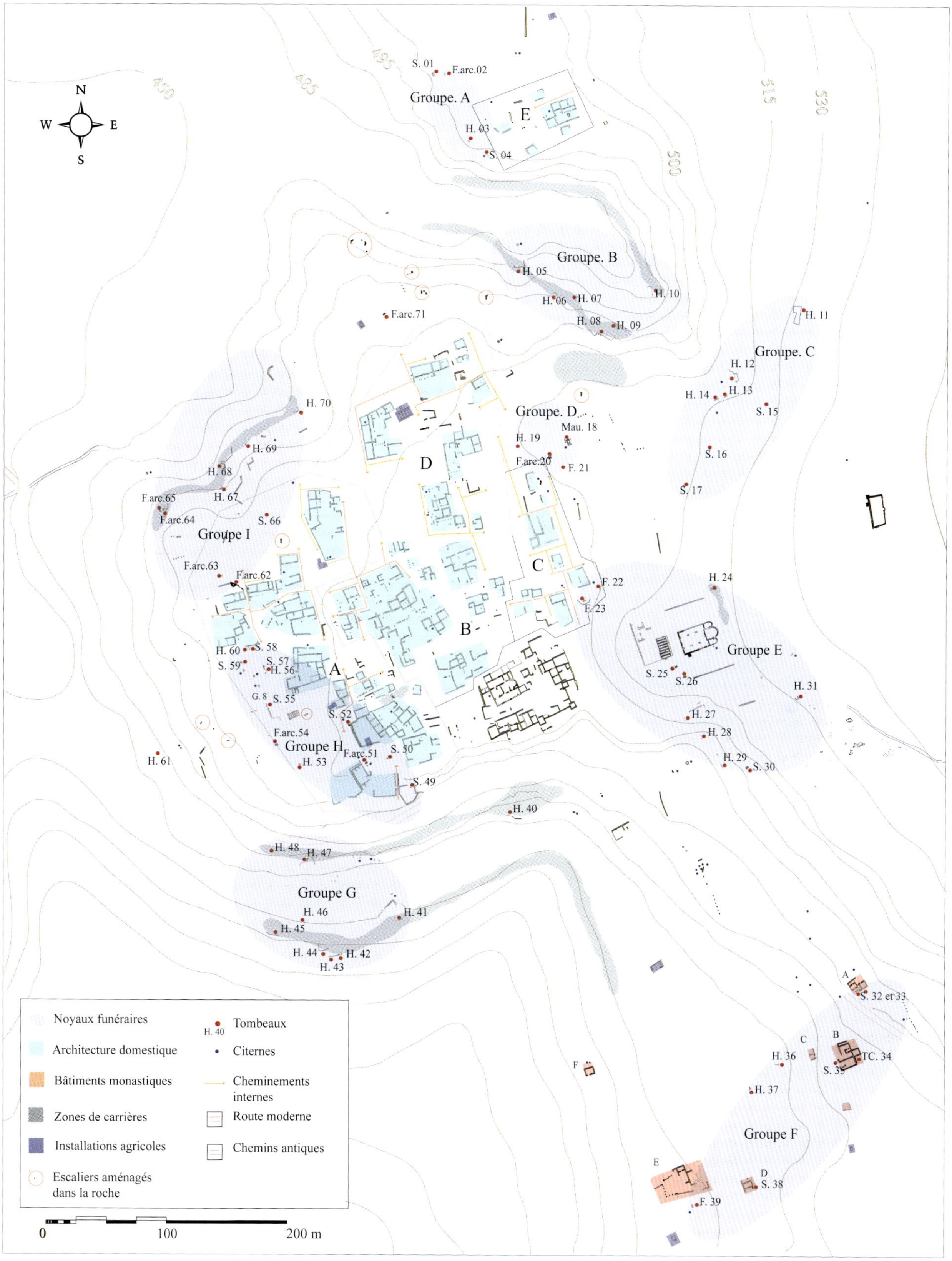

Le village de Kafr 'Aqāb : localisation des tombeaux (© Riba)

BIBLIOGRAPHIE

Abréviations

AAAS — *Annales archéologiques Arabes Syriennes*

AAES I — Garret (R.), *Publications of an American Archaeological Expedition to Syria in 1899-1900*, 1. *Topography and Itinerary,* New York, 1914.

AAES II — Butler (H. C.), *Publications of an American Archaeological Expedition to Syria 1899-1900*, II. *Architecture and other Arts,* New York, 1903.

AAES III — Prentice (W. K.), *Publications of an American Archaeological Expedition to Syria 1899-1900*, III. *Greek and Latin Inscriptions,* New York., 1908

AAES IV — Littmann (E.), *Publications of an American Archaeological Expedition to Syria 1899-1900*, IV. *Semitic Inscriptions,* New York, 1904.

AHAUSJ — *Annales d'histoire et d'archéologie de l'Université Saint-Joseph.*

AJA — *American Journal of Archaeology.*

AnArchSyr — *Annales archéologiques de Syrie.*

AnTard — *Antiquité Tardive.*

BAH — Bibliothèque archéologique et historique.

BAR IS — British Archaeological Reports, International Series.

BAR S — British Archaeological Reports, Series.

BAT — Bibliothèque de l'Antiquité Tardive.

BCH — *Bulletin de Correspondance hellénique.*

BEO — *Bulletin d'études orientales.*

BHG — *Bibliotheca Hagiographica Graeca,* 3e éd., F. Halkin (Subsidia hagiographica 8a), Bruxelles, 1957.

BIFAO — *Bulletins de l'Institut Français d'Archéologie Orientale.*

BMEM — *Bulletin of Middle East Medievalists.*

BMGS — *Byzantine and Modern Greek Studies.*

CA — *Cahiers archéologiques.*

CIAC — *Congrès international d'archéologie chrétienne.*

CRAI — *Comptes-rendus de l'Académie des Inscriptions et Belles-Lettres.*

CTHS — *Comité des travaux historiques et scientifiques.*

DHA — *Dialogues d'histoire ancienne.*

DOP — *Dumbarton Oaks Papers.*

HAM — *Hortus Artium Medievalium.*

IFAPO — Institut français d'archéologie du Proche-Orient.

IFPO — Institut français du Proche-Orient.

IGLS I — Jalabert (L.), Mouterde (R.), *Inscriptions grecques et latines de la Syrie,* I. *Commagène et Cyrrhestique*, Paris, 1929.

IGLS II — Jalabert (L.), Mouterde (R.), *Inscriptions grecques et latines de la Syrie,* II. *Chalcidique et Antiochène*, Paris, 1939.

IGLS IV — Jalabert (L.), Mouterde (R.), Mondesert (C.), *Inscriptions Grecques et latines de la Syrie,* IV. *Laodicée, Apamène*, Paris, 1955.

IGLS V — Jalabert (L.), Mouterde (R.), Mondesert (C.), *Inscriptions Grecques et latines de la Syrie,* V. *Émésène*, Paris, 1959.

JHS — *Journal of Hellenic Studies.*

JRA — *Journal of Roman Archaeology.*

JRS — *Journal of Roman Studies*

LA — *Liber Annuus.*

MEFRA — *Mélanges de l'École française de Rome. Antiquité.*

MélRome — Mélanges d'archéologie et d'histoire (École française de Rome).

MFO — *Mélanges de la Faculté Orientale de l'Université Saint-Joseph.*

MIFAO — *Mémoires de l'Institut français d'Archéologie Orientale.*

MOM — Maison de l'Orient et de la Méditerranée.

MUSJ *Mélanges de l'Université Saint-Joseph.*

OLA *Orientalia Lovaniensia Analecta.*

Or. XXX Libanios, *Pro Templis*, R. Foerster (dir.), t. 3, Leipzig, 1906, p. 87-118.

Or. XXXI *Libanii opera*, t. 3, Orationes XXVI-L, éd. R. Foerster, Leipzig, 1906, p. 119-146.

Or. XLVII Libanios, *Discours sur les patronages,* trad. L. Harmand (dir.), Paris, 1955.

Or. L Libianos, *Pour les paysans sur les corvées*, éd. R. Foerster, t. 3, Leipzig, 1906, p. 471-496.

PAES I Butler (H. C.), Stoever (E. R.), Norris (F. A.), *Publications of the Princeton University Archaeological Expeditions to Syria in 1904-1905 and 1909*, 1. *Geography and Itinerary,* Leyden, 1930.

PAES IIA Butler (H. C.), *Syria, Publications of the Princeton University Archaeological Expeditions to Syria in 1904-1905 and 1909*, 2. *Architecture, Section A, Southern Syria,* Leyden, 1919.

PAES IIB Butler (H. C.), *Syria, Publications of the Princeton University Archaeological Expeditions to Syria in 1904-1905 and 1909, 2. Architecture, Section B, Northern Syria,* Leyden, 1920.

PAES IIIB Prentice (W. K.), *Syria, Publications of the Princeton University Archaeological Expeditions to Syria in 1904-1905 and 1909*, 3. *Greek and Latin Inscriptions, Section B, Northern Syria,* Leyden, 1922.

PAES IVB Littmann (E.), *Syria, Publications of the Princeton University Archaeological Expeditions to Syria in 1904-1905 and 1909*, 4. *Semitic Inscriptions, Section B, Syriac Inscriptions,* Leyden, 1938.

PAES IVD Littmann (E.), *Syria, Publications of the Princeton University Archaeological Expeditions to Syria in 1904-1905 and 1909*, 5. *Semitic Inscriptions, Section D, Arabic Inscriptions,* Leyden, 1949.

PEQ *Palestine Exploration Quaterly.*

RE Pauly (A. F.), Wissowa (G.) (dir.), *Paulys Real-Encyclopädie der classischen Altertumswissenschaft: neue Bearbeitung unter Mitwirkung zahlreicher Fachgenossen,* Stuttgart, 1893-1980.

REMMM *Revue du monde musulman et de la Méditerranée.*

RGL *Revue de géographie de Lyon et de la région lyonnaise.*

RHR *Revue de l'histoire des religions.*

SBF Studium Biblicum Franciscanum.

SMSR *Studi e Materiali di Storia delle Religioni.*

SOCC Studia Orientalia Christiana Collecteana.

TIB *Tabula Imperii Byzantini.*

TM Travaux et Mémoires.

TMO Travaux de la Maison de l'Orient.

ZPE *Zeitschrift für Papyrologie und Epigraphik.*

Sources

Abu ʿubayd al-Andalusi

Dictionnaire des noms des pays et des lieux, Le Caire, 1951.

Ammien Marcellin

Histoires, texte établi et traduit par J. Fontaine, E. Galletier, M.-A. Marié, G. Sabbah, Paris, 1968-1999, 6 vol.

Code Justinien

Codex justinianus, texte établi et traduit par Krüger, Berlin, 1877.

Dioclétien

Édit de Dioclétien établissant le maximum dans l'Empire romain, publié, avec de nouveaux fragments et un commentaire, par W.-H. Waddington, Paris, 1864.

Évagre le Scholastique

Histoire ecclésiastique, texte établi et traduit par M. Whitby, Liverpool, 2000.

Jean Chrysostome

Œuvres complètes, texte établi et traduit par l'abbé Joly, Paris, 1864-1867, 8 vol.

Huit catéchèses baptismales, texte établi et traduit par A. Wenger, Paris, 1957.

Ibn Šaddād

al-Aʿlāq al-ḫaṭīra fī ḏikr umarā' al-Šām wa l-Ǧazīra, texte établi et trad. par A.M. Éddé, *Description de la Syrie du Nord*, Institut français de Damas, Damas, 1984.

Ibn al-ʿAdīm

Buġyat al-ṭalab fī ta'rīḫ Ḥalab, texte établi et trad. par S. Zakkār, Damas, 1988, 11 vol..

Ibn al-Furāt

ta'rīḫ al-duwal wa l-mulūk, ms, Vienne, AF 117.

Itinerarium Antonini

Itinerarium Antonini Augusti et Hierosolimitatum, Wesseling, Vetera Romanorum Itineraria, Amsterdam, 1735 ; Fortia d'Urban, Recueil des itinéraires anciens, Paris, 1845 ; texte établi et trad. par G. Parthey et M. Pinder, Berlin, 1848.

Itineraria Romana

Itineraria Antonini Augusti et Burdigalense, texte établi et traduit par O. Cuntz, Stuttgart, 1990.

Libanius

Discours sur les patronages : texte annoté, traduit et commenté par L. Harmand, Paris, 1955, p. 15-45.

Libanios

Antiochikos, texte établi et traduit par A.-J. Festugière, *Antioche païenne et chrétienne : Libanius, Chrysostome et les moines de Syrie*, Paris, 1959.

Liber Pontificalis
texte établi et traduit par L. Duchesne, Paris, 1886-1892, 2 vol.

Mesopogon
texte établi et traduit par W. C. Wright, III, 1959.

Pline le Jeune
Lettres, II, *Livres IV-VI* ; texte établi et commenté par H. Zehnacker et traduit par N. Méthy, Paris, Les Belles Lettres, 2011.

Théodoret de Cyr
Correspondances, 3 vol., texte critique, traduction et notes par Y. Azema (Sources chrétiennes, 98 et 111), Paris, 1955, 1964, 1965.
Histoire des moines de Syrie II, texte critique et trad. P. Canivet et A. Leroy-Molinghen, Paris, 1979.

Yāqūt
Muʿǧam al-budān, Beyrouth, 1995-1957, 5 vol.

Vie de Syméon le Stylite
H Lietzmann, H. Hilgenfeld (dir.), *Das Leben des Heiligen Symeon Stylites*, Leipzig, 1908.

Ouvrages et articles

Abdulkarim M.
2013 « Ruweiha, un village du Massif calcaire de la Syrie du Nord », dans Charpentier, Puech (dir.) 2013, p. 271-284.

Abdulkarim M., Bilgen P., Gilg J.-P.
2003 « Les systèmes antiques d'alimentation en eau au voisinage et dans les terroirs des villages du Gebel Zawiyé », *AAAS* 45-46, p. 359-379.
2004 « Comparaison des potentialités naturelles d'accueil des Gebels Siman et Zawiyé, vis-à-vis des choix d'implantation des sites antiques romano-byzantins de Syrie du Nord », *Photo-interprétation* 40/1, p. 27-35.

Abdulkarim M., Charpentier G.
2009 « La gestion de l'eau dans un village de la Syrie du Nord », dans M. al-Dbiyat, M. Mouton (dir.), *Stratégies d'acquisition de l'eau et société au Moyen-Orient depuis l'Antiquité* (BAH 186), Beyrouth, 2009, p. 149-156.

Abdulkarim M., Olesti-Vila O.
2007 « Les *centuriationes* dans la province romaine de Syrie : nouvelles perspectives d'étude », *Syria* 84, p. 249-276.

Adnès A., Canivet P.
1967 « Guérisons miraculeuses et exorcismes dans "Histoire Philothée" de Théodoret de Cyr (premier article) », *RHR* 171, p. 53-82.

Albertini E.
1907 « Notes critiques sur l'Itinéraire d'Antonin et la Table de Peutinger », *MélRome* 27, p. 463-477.

Al Horani F.
2010 *Recherches topographiques et archéologiques au sud du Ǧebel Zāwiyé dans l'Antiquité romaine et byzantine*, Thèse de doctorat, Versailles / St-Quentin-en-Yvelines.

Aliquot J.
2009 *La Vie religieuse au Liban sous l'Empire romain* (BAH 189), Beyrouth.
2016 « Des bateaux sur l'Oronte », dans Parayre (dir.) 2016, p. 215-230.

Alpi F.
2003-2004 « Sévère d'Antioche et le massacre de Kefr Kermin », *Tempora* 13-14, p. 133-152.
2009 *La route royale. Sévère d'Antioche et les églises d'Orient (512-518)* (BAH 188), 2 vol., Beyrouth.

Amouretti M.-C., Brun J.-P. (dir.)
1993 *La production du vin et de l'huile en Méditerranée. Actes du symposium international (Aix-en-Provence et Toulon, 20-22 novembre 1991)* (BCH suppl. 26), Athènes.

Ashburner W.
1912 « The Farmer's Law », *JHS* 32, p. 68-96.

Aslihan Yener *et alii*.
2000 « The Amuq Valley Regional Project, 1995-1998 », *AJA* 104, p. 163-220.

Aydinoğlu, Ü., Şenol A. K. (dir.)
2010 *Olive Oil and Wine Production in Anatolia During Antiquity. Symposium Proceedings, 06-08 November 2008, Mersin-Turkey*, Istanbul.

Azpeitia J.
2005 « Deir Simʿān, monastère nord-est : présentation de l'église », dans Baratte *et al.* (dir.) 2005, p. 34-54.

Balty J. (dir.)
1969 *Apamée de Syrie : bilan des recherches archéologiques 1965-1968. Aspects de l'architecture domestique d'Apamée. Actes du colloque tenu à Bruxelles les 29 et 30 avril 1969* (Miscellanea 6), Bruxelles.
1980 « Sur la date de la création de la Syria Secunda », *Syria* 57, p. 465-481.
1984 *Apamée de Syrie : bilan des recherches archéologiques 1973-1979. Aspects de l'architecture domestique d'Apamée. Actes du colloque tenu à Bruxelles les 29, 30 et 31 mai 1980* (Miscellanea 13), Bruxelles.
1989 « La mosaïque en Syrie », dans Dentzer, Orthmann (dir.) 1989, p. 491-523.
1990 « L'épigraphie de la Syrie du Nord et le Séisme de 458 de notre ère », *AAAS* 40, p. 176-183.
1991 « La mosaïque romaine et byzantine en Syrie du Nord », *REMMM* 62, p. 27-39.
1995 *Mosaïques antiques du Proche-Orient : chronologie, iconographie, interprétation* (Annales littéraires de l'université de Besançon 551), Paris.

2013 « Maurice, un saint d'Apamée : témoignages littéraires et monuments », dans Charpentier, Puech (dir.) 2013, p. 223-233.

Balty J.-Ch.
1982 « Le Bélus de Chalcis et les fleuves de Baʿal de Syrie-Palestine », dans F. Hours, J. Starcky (dir.), *Archéologie au Levant. Recueil à la mémoire de Roger Saidah* (MOM 12), Lyon, 1982, p. 287-298.
1984 « Notes sur l'habitat romain, byzantin et arabe d'Apamée : rapport de synthèse », dans Balty (dir.) 1984, p. 471-503.
1989a « La maison urbaine en Syrie », dans Dentzer, Orthmann (dir.) 1989, p. 407-422.
1989b « Apamée au vie siècle, témoignages archéologiques de la richesse d'une ville », dans P. Lethielleux (dir.), *Hommes et richesses dans l'Empire byzantin 1, ive-viie siècles* (Réalités Byzantines 1), Paris, 1989, p.79-96.
1991 Balty, « Apamée et la Syrie du Nord aux époques hellénistique et romaine », *REMMM* 62, p. 15-26.
1997 « Palais et maisons d'Apamée », dans Castel *et al.* (dir.) 1997, p. 283-296.
2013 Balty, « Églises d'Apamée et d'Apamène », dans Charpentier, Puech (dir.) 2013, p. 199-221.

Balty J., Balty J.Ch.
1974 « Julien et Apamée : aspects de la restauration de l'hellénisme et de la politique antichrétienne de l'empereur », *DHA* 1, p. 267-279.
1982 « L'Apamène antique et les limites de la Syria Secunda », dans T. Fahd (dir.), *La géographie administrative et politique d'Alexandre à Mahomet. Actes du colloque de Strasbourg, 14-16 juin 1979* (Travaux du Centre de recherche sur le Proche-Orient et la Grèce antiques 6), Leyde, 1982, p. 41-75.
2004 « Nouveaux exemples de 'Bêma' syrien », *Antiguedad y cristianismo* 21, p. 447-458.

Baratte F
2004 « L'architecture funéraire en Afrique : identité locale ou manifeste de romanité ? », dans A. Schmidt-Colinet (dir.), *Lokale Identitäten in Randgebieten des Römischen Reiches. Akten des Internationalen Symposiums in Wiener Neustadt, 24-26 April 2003* (Wiener Forschungen zur Archäologie 7), Vienne, 2004, p. 37-48.

Baratte F. *et alii.* (dir.)
2005 *Mélanges Jean-Pierre Sodini* (TM 15), Paris.

Bavant B
1995a « Habitat rural en Syrie du Nord (iie-iiie siècles). L'apport des fouilles », *Études Balkaniques* 2, p. 195-203.
1995b « Déhès (Gebel Baricha), étapes de l'exploration d'un village romano-byzantin, 1980-1995 », *AAAS* 45, p. 96-105.
2005a « Les églises du Massif Calcaire de Syrie du Nord (vie-viie s.) », *JRA* 18, p. 757-770.
2013 « Dans le Massif calcaire de Syrie du Nord, les propriétaires non résidents de l'époque byzantine sont-ils vraiment "invisibles" ? » dans Charpentier, Puech (dir.) 2013, p. 33-59.

Bavant B *et alii.*
1989 « La mission de Syrie du Nord », dans A. Naccache (dir.), *Contribution française à l'archéologie syrienne*, Damas, 1989, p. 187-209.

Bavant B., Orssaud D.
2011 « Stratigraphie et typologie. Problèmes posés par l'utilisation de la céramique comme critère de datation : l'exemple de la fouille de Déhès » dans E. Villeneuve, P. Watson (dir.), *La céramique byzantine et proto-byzantine en Syrie-Jordanie (ive-viiie s. ap. J.-C). Actes du colloque tenu à Amman les 3, 4 et 5 décembre 1994* (BAH 159), Beyrouth, 2011, p. 33-48.

Beaudry N.
2005a « Formes architecturales et géographie historique : l'église de Bassit et le corpus nord-syrien », dans Baratte *et al.* (dir.) 2005, p. 119-136.
2005b « North Syria in the sixth century AD : coast and hinterland », dans C. Briault *et al.*. (dir.), *Symposium on Mediterranean Archaeology* (BAR IS 1391), Oxford, 2005, p. 1-8.
2005c « Un autel et son reliquaire à Ras el Bassit (Syrie du Nord) », *HAM* 11, p. 123-129.

Berchem D.
1954 « Recherches sur la chronologie des enceintes de Syrie et de Mésopotamie », *Syria* 31, p. 254-270.

Berchem D., Fatio E.
1913-1915 *Voyage en Syrie. Tome premier, la topographie, l'archéologie*, Le Caire.

Bérenger-Badel A.
2004 « Antioche et le pouvoir central sous le Haut Empire », dans Cabouret, Gatier, Saliou (dir.) 2004, p. 43-56.

Berger S.
2005 *Le décor architectural des édifices romains du Massif Calcaire de Syrie du Nord*, Thèse de Doctorat d'Archéologie classique sous la direction de Gilles Sauron, Université de Dijon, 2005.

Besançon J., Geyer B.
1995 « La cuvette du Rùg (Syrie du Nord). Les conditions naturelles et les étapes de la mise en valeur », *Syria* 72, p. 307-355.
2001 « Contribution à l'étude géomorphologique de la vallée de l'Afrin (Syrie) », *AAAS* 44, p. 11-38.
2013 « Un massif calcaire de la Syrie du Nord : le ǧebel Zāwiye », dans Charpentier, Puech (dir.) 2013, p. 149-168.

Bianquis T.
1992 « Les frontières de la Syrie au milieu du ve/xie siècle », dans J.-M. Poisson (dir.), *Castrum 4.*

Frontière et peuplement dans le monde méditerranéen au Moyen Âge (Casa de Velasquez 38), Rome/Madrid, 1992, p. 135-150.

Bilgen P., Gilg J.-P.
1995 « L'apport de l'imagerie satellitaire à l'étude des paysage antiques. Perspectives et méthodes : le cas de la Syrie du Nord », *Syria* 72/1, p. 1-21.

Bilgen P., Bilgen J.-P., Gilg J.-P., Tate G.
2000 « Étude dynamique de l'environnement des villages romano-byzantins de Syrie du Nord ; localisation des structures parcellaires et cadastrales qui leur sont liées », *Cybergeo (édition européenne de Géographie)* : http://cybergeo.revues.org/692.

Biscop J.-L.
1997 *Deir Déhès, Monastère d'Antiochène* (BAH 148), Beyrouth.
2005 « Le chantier du martyrium de Saint-Syméon, du dessin à la mise en œuvre », dans Baratte *et al.* (dir.) 2005, p. 11-36.
2006 « The Kastron of Qal'at Sim'ān », dans H. Kennedy (dir.), *Muslim Military Architecture in Greater Syria : from the coming of Islam to the Ottoman Period* (History of Warfare 35), Leyde/Boston, 2006, p. 75-83.
2009 « Le sanctuaire et le village des pèlerins à Saint-Syméon-le-Stylite (Syrie du Nord) : nouvelles recherches, nouvelles méthodes », *CRAI*, p. 1421-1444.
2010 « The Roof of the Octagonal Drum of the Martyrium of Saint-Symeon », dans F. Daim, J. Drauschke (dir.), *Byzanz – das Römerreich in Mittelalter*, 2.2. *Schauplätze*, Mainz, 2010, p. 879-892.

Biscop J.-L., Sodini J.-P.
1983 « Travaux récents au sanctuaire syrien de Saint-Syméon », *CRAI* 127/2, p. 135-172.
1984 « Qal'āt Sem'an et les chevets à colonnes de Syrie du Nord », *Syria* 61, p. 267-330.
1987 « Églises syriennes apparentées à Qal'at Sem'ān : les exemples de Turin et de Fassouq dans le gebel Wastani », *Syria* 64, p. 107-129.
1989 « Travaux à Qal'at Sem'an », dans N. Duval (dir.), *Actes du XIe Congrès International d'Archéologie Chrétienne : Lyon, Vienne, Grenoble, Genève et Aost (21-28 septembre 1986)* (Studi di antichita christiana 41), Rome, 1989, p. 1675-1694.
2010 « L'accès nord au domaine de Syméon le stylite : le village de Shih (Sheikh ed Deir-Shader, Bardakhan) », dans Briquel Chatonnet, Debié (dir.) 2010, p. 259-268.
2011 « Qal'at Sem'an et Deir Sem'an : naissance et développement d'un lieu de pèlerinage durant l'Antiquité tardive », dans J.-M. Spieser (dir.), *Architecture paléochrétienne*, Gollion, 2011, p. 11-59.

Biscop J.-L., Blanc P.-M.
2014 « Les bains de Télanissos, entre village et sanctuaire », dans M.-Fr. Boussac *et al.* (dir.), *25 siècles de bains collectifs en Orient, Proche-Orient, Egypte et péninsule Arabique*, vol. 4, Le Caire, 2014, p. 413-432.

Blanchemanche P.
1990 *Bâtisseurs de paysages. Terrassement, épierrement et petite hydraulique agricole en Europe (xviie-xixe siècles)*, Paris.

Borrut A., Debié M., Papaconstantinou A., Pieri D., Sodini J.-P. (dir.)
2011 *Le Proche-Orient de Justinien aux Abassides. Peuplement et dynamiques spatiales* (BAT 19), Paris.

Braidwood R. J.
1937 *Mounds in the Plain of Antioch. An Archeological Survey*, Chicago.

Brasse C.,
2010 « Von der Stadtmauer zur Stadtgeschichte. Das Befestigungssystem von Antiochia am Orontes », dans J. Lorentzen, F. Pirson, P. Schneider, U. Wulf-Rheidt (dir.), *Aktuelle Forschungen zur Konstruktion, Funktion und Semantik antiker Stadtbefestigungen* (Byzas 10), Istanbul, 2010, p. 216-282.

Brands G.,
2016 *Antiochia in der Spätantike. Prolegomena zu einer archäologischen Stadtegeschichte* (Hans-Lietzmann-Vorlesungen 14), Berlin/Boston.

Briquel-Chatonnet F.
2010 « L'inscription de Bamuqqa et la question du bilinguisme gréco-syriaque dans le massif calcaire de Syrie du Nord », dans Briquel-chatonnet, Debié (dir.) 2010, p. 269-277.

Briquel-Chatonnet F., Debié M. (dir.)
2010 *Sur les pas des araméens chrétiens. Mélanges offerts à Alain Desreumaux* (Cahiers d'études syriaques 1), Paris.

Briquel-Chatonnet F., Desreumaux A.
2011a « Syriac inscriptions in Syria », *Hugoye : Journal of Syriac Studies* 14, p. 27-44.
2011b « Oldest Syriac Christian inscription discovered in North Syria », *Hugoye: Journal of Syriac Studies* 14, p. 45-61.

Briquel-Chatonnet F., Daccache J.
2015 « Researches on Syriac Writing in the background of Antioch », *The Harp* 29.

Briquel-Chatonnet F., Desreumaux A., Khoury W.
2004-2005« Inscriptions syriaques de Syrie, premiers résultats », *AAAS* 47-48, p.187-195.

Bröcker H.
1976 *Der hl. Thalelaios: Texte und Untersuchungen*, Münster.

Brun J.-P.
2003 *Le vin et l'huile dans la Méditerranée antique : viticulture, oléiculture et procédés de transformation*, Paris.

2004 *Archéologie du vin et de l'huile dans l'Empire romain*, Paris.

Buchet L., Sodini J.-P., Biscop J.-L., Pieri P.-M., Kazanski M., Pieri D.
2009 « Massacre dans le monastère de Qal'at Seman, Syrie (extrémité ouest du martyrium, sondage BW5) », dans L. Buchet *et al.* (dir.), *Vers une anthropologie des catastrophes. Actes des 9es Journées anthropologiques de Valbonne, 22-24 mai 2007*, Antibes/Paris, 2009, p. 317-352.

Butler H. C.
1903 *Publications of an American Archaeological Expedition to Syria in 1899-1900*, 2. *Architecture and other Arts*, New York.
1919 *Syria, Publications of the Princeton University Archaeological Expeditions to Syria in 1904-1905 and 1909*, 2. *Architecture, Section A, Southern Syria*, Leyde.
1920 *Syria, Publications of the Princeton University Archaeological Expeditions to Syria in 1904-1905 and 1909*. 2. *Architecture, Section B, Northern Syria*, Leyde.
1929 *Early churches in Syria: Fourth to seventh centuries*, Publication of the Department of Art and Archaeology of Princeton University, Princeton.
1930 *Publications of the Princeton University Archaeological Expeditions to Syria in 1904-1905 and 1909*, 1. *Geography and Itinerary, Leyde.*

Cabouret B. *et al.* (dir.)
2004 *Antioche de Syrie, Histoire, images, et traces de la ville antique, Actes du colloque organisé à Lyon, Maison de l'Orient et de la Méditerranée, 4, 5, 6 octobre 2001* (Topoi suppl. 5), Lyon.
2010 *Les sources de l'histoire du paysage urbain d'Antioche sur l'Oronte* (Bibliothèque de l'Université Paris 8), Paris.

Cahen C.
1940 *La Syrie du Nord à l'époque des Croisades et la principauté franque d'Antioche*, Paris.

Chapot V.
1902 « Antiquités de la Syrie du Nord », *BCH* 26, p. 161-208.

Callot O.
1984 *Huileries antiques de Syrie du Nord* (BAH 118), Paris.
1989 « À propos de quelques colonnes de stylites syriens », dans E. Roland, M.-Th. Le Dinahet, M. Yon (dir.), *Architecture et poésie dans le monde grec : hommage à Georges Roux* (Collection de la Maison de l'Orient méditerranéen 19) Lyon, 1989, p. 107-122.
1997 « La christianisation des sanctuaires romains de la Syrie du Nord », *Topoi* 7, p. 735-750.
1998 « Salamine-Constantia, du temple païen au martyrion chrétien », *Le Monde de la Bible* 112, p. 41-43.
2002-2003 « Les broyeurs à rouleaux de Syrie du Nord », *AAAS* 45-46, p. 341-344.
2007 « Bamuqqa, histoire d'un village banal », *MUJS* 40, p. 127-134.
2009 « L'église nord de Bashmishli : chronique d'une mort annoncée », *Syria* 86, p. 307-326.
2010 « Monnaies trouvées dans les marges arides (Syrie) », dans P.-L. Gatier, B. Geyer, M.-O. Rousset (dir.), *Entre nomades et sédentaires : prospections en Syrie du Nord et en Jordanie du Sud* (TMO 55), Lyon, 2010, p. 147-167.
2013 « Les pressoirs du Massif Calcaire : une vision différente », dans Charpentier, Puech (dir.) 2013, p. 97-109.
2017 *Déhès II : les pressoirs* (BAH 210).

Callot O., Gatier P.-L.
1998 « Étude du sanctuaire du Djebel Srir (mohafazat d'Idlib) », *Chronique archéologique en Syrie* 1, p. 153-155.
1999a « Burdj Baqirha 1997 », *Chronique archéologique en Syrie* 2, p. 239-242.
1999b « Des dieux, des tombeaux, des donateurs : le réseau des sanctuaires en Syrie du Nord », *Topoi* 9, p. 665-688.
2004 « Les stylites de l'Antiochène », dans Cabouret, Gatier, Saliou (dir.) 2004, p. 573-596.

Callot O., Marcillet-Jaubert J.
1984 « Hauts-Lieux de Syrie du Nord », dans G. Roux (dir.), *Temples et sanctuaires : séminaires de recherche 1981-1983* (TMO 7), Lyon, 1984, p.185-202.
1989 « Les temples romains du Massif Calcaire de Syrie du Nord », dans A. Naccache (dir.), *Contribution française à l'archéologie syrienne*, Damas, 1989, p. 181-186.

Caillou J.-S.
2004 « Des mausolées immortalisés en 1888 », dans L. Nordiguian (dir.), *Le voyage archéologique en Syrie et au Liban de Michel Jullien et Paul Soulerin en 1888*, Beyrouth, 2004, p. 123-135.

Callu J.-C.
1997 « Antioche la Grande : la cohérence des chiffres », *MEFRA* 109, p. 127-169.

Canivet P.
1975 « État actuel des fouilles à Huarte d'Apamène », *CRAI* 119-2, p. 153-166.
1978 « Le reliquaire à huile de la grande église de Huarte (Syrie) », *Syria* 55, p. 153-161.
1977 *Le monachisme syrien selon Théodoret de Cyr* (Théologie historique 42), Paris.
1989a « Le christianisme en Syrie des origines à l'avènement de l'Islam », dans Dentzer, Orthmann (dir.) 1989, p. 117-148.
1989b « Huarte : l'ensemble ecclésial (ive-vie s.) », dans A. Naccache (dir.), *Contribution française à l'archéologie syrienne*, Damas, 1989, p. 214-219.

CANIVET M.-TH, CANIVET P.
1971 « Sites chrétiens d'Apamène », *Syria* 71, p. 295-321.
1979 « L'ensemble ecclésial de Hūarte d'Apamène (Syrie) (campagnes de 1973-1976) », *Syria* 56, p. 65-98.
1980 « A Huarte en Syrie, une église primitive du IVe siècle », *Archeologia* 138, p. 54-57.
1987 *Huarte : sanctuaire chrétien d'Apamène, IVe-VIe* s. (BAH 122), 2 vol., Paris.

CANIVET P., REY-COQUAIS J.-P. (dir.)
1992 *La Syrie de Byzance à l'Islam, VIIe-VIIIe* siècles. *Actes du colloque international « de Byzance à l'Islam », Lyon/Paris, 11-15 septembre 1990* (Institut français de Damas 137), Damas.

CARRIÉ J.-M.
1976 « Patronage et propriété militaire au VIe siècle », *BCH* 100, p. 159-176.

CASANA J.
2003 « The Archaeological Landscape of Late Roman Antioch » dans I. Sandwell, J. Huskinson (dir.), *Culture and Society in Late Roman Antioch. Papers from a Colloquium, London, 15th December 2001*, Oxford/Oakville, 2003, p. 102-125.

CASTEL C. *et alii*
1997 *Les maisons dans la Syrie antique du IIIe millénaire aux débuts de l'Islam. Pratiques et représentations de l'espace domestique. Actes du colloque international, Damas, du 27 au 30 juin 1992* (BAH 150), Beyrouth.

CASTELLANA P.
1987 « Ritrovata l'antica Niaccaba de l'Itinerario di Antonino Augusto », *SOCC* 20, p. 167-169.
1990 « Moghor el-Malʿab. Alto luogo pagano e monastero rupestre siriano », *SOCC* 23, p. 337-350.
2001 « La strada diretta tra Antiochia e Apamea », *SOCC* 34, p. 149-170.
2003 « Vasche battesimali nella Siria del Nord », dans G.C. Bottini *et al.* (dir.), *One land - Many Cultures: Archaeological Studies in honour of Stanislao Loffreda*, Jérusalem, 2003, p. 359-366.

CASTELLANA P., HYBSCH E.
1990 « Il castello del Roudj o Chastel de Ruge dei Crociati », *SOCC* 23, p. 311-323.

CHARPENTIER G.
1994 « Les bains de Sergilla », *Syria* 71, p. 113-142.
1995a « Les petits bains protobyzantins de la Syrie du Nord », *Topoi* 5, p. 219-247.
1995b « Le bois dans la pierre », dans J.-Cl. Béal (dir.), *L'arbre et la forêt, le bois dans l'Antiquité* (Publications de la bibliothèque Salomon Reinach 7), Paris, 1995, p. 99-112.
1999 *Les bains protobyzantins de la Syrie du Nord, une transition entre thermes et hammams*, Thèse de Doctorat inédite, Université de Versailles/Saint-Quentin-en-Yveline, 1999.
2000 « De l'étude des vestiges à la reconstitution d'un chantier au Ve siècle », *Dossiers d'archéologie* 251, p. 82-87.
2001 « Mission archéologique de Sergilla (Syrie du Nord) », *AAAS* 44, p. 167-179.
2004 « Balade à Sergilla », dans L. Nordigiuan (dir.), *Le voyage archéologique en Syrie et au Liban de Michel Jullien et Paul Soulerin en 1888*, Beyrouth, 2004, p. 111-121.
2003-2004 « La construction du mausolée pyramidal de Sergilla : étude de cas », *Tempora* 14-15, p. 123-132.
2005-2006 « Les trous de mémoire », *Tempora* 16-17, p. 99-112.
2007 « Présentation des travaux réalisés en Syrie du Nord dans le cadre du programme européen 14 », dans J. Abdul Massih (dir.), *Résultats du programme de formation à la sauvegarde du patrimoine culturel de Syrie 2002- 2004 : Cultural Heritage Training Program* (Documents d'archéologie syrienne 11), Damas, 2007, p. 161-181.
2008 « Une idée du patrimoine en Syrie du Nord : entre usage et sauvegarde », *Patrimoines culturels en Méditerranée orientale : recherche scientifique et enjeux identitaires,* Lyon, http://www.mom.fr/2eme-atelier.html, 2008.
2009 « Le petit temple romain du sanctuaire de Yanouh », *Topoi* 16/1, p. 107-109.
2013 « La mosquée du bourg d'el-Bâra en Syrie du Nord », dans CHARPENTIER, PUECH (dir.) 2013, p. 285-309.

CHARPENTIER G., ABDELKARIM M.
2009 « Une première campagne d'étude sur la mosquée d'al-Bara », dans K. Bartl, A. Moaz (dir.), *Residences, Castles, Settlements. Transformation Processes from Late Antiquity to Early Islam in Bilad al Sham: Proceedings of the International Conference held at Damascus, 5-9 November 2006* (Orient-Archäologie 24), Damas, 2009, p. 45-56.

CHARPENTIER G., PUECH V. (dir.)
2013 *Villes et campagnes aux rives de la Méditerranée ancienne. Hommages à Georges Tate* (Topoi, Suppl. 12), Lyon, 2013.

CHEHID M.
1965 « Un site archéologique inédit dans le Gebel Sim'an. L'église de Saint-Yarbelos à Kfeir Dart'azze », *AAAS* 15, p. 93-104.

CLAUSS P.
2002 « Les tours funéraires du djebel Baghoûz dans l'histoire de la tour funéraire syrienne », *Syria* 79, p. 155-194.

CLAUSS-BALTY P.
2007 « Trois missions d'inventaire dans les villages antiques de la Batanée (Syrie du Sud) », *Documents d'archéologie syrienne* XI, p. 235-280.
2008a « Maisons romano-byzantines dans les villages de Batanée : missions 2002-2004 », dans P. Clauss-Balty (dir.), *Hauran III. L'habitat dans*

les campagnes de Syrie du Sud aux époques classiques et médiévales (BAH 181), Beyrouth, 2008, p. 41-103.

2009 « Le mausolée-tour d'Eusebios et Antoninos à Hass (Syrie du Nord), *Topoi* 16, p. 265-276.

2010 « Les villages et l'habitat rural à l'époque romano-byzantine : le cas de Shâ'rah sur le rebord nord-ouest du Léjà », dans M. Al-Maqdissi *et al.* (dir.), *Hauran V. La Syrie du Sud du néolithique à l'Antiquité tardive : recherches récentes. Actes du colloque de Damas 2007* (BAH 191), Beyrouth, 2010, p. 199-214.

COMTE M.-C.
2012 *Les reliquaires paléochrétiens et byzantins du Proche-Orient et de Chypre (IVe-VIIIe siècles). Formes, emplacement, fonctions, rapports avec l'architecture et la liturgie* (BAT 20), Turnhout.

COURTOIS J.-C.
1973 « Prospection archéologique dans la moyenne vallée de l'Oronte (El-Ghab et Er Roudj. Syrie du Nord-Ouest) », *Syria* 50, p. 53-99.

CUMONT F.
1907 « Monuments syriens », *CRAI* 51, p. 447-455.

1910 « L'aigle funéraire de Syrie et l'apothéose des empereurs romains », *CRAI* 54, p. 441.

1917 *Études syriennes*, Paris.

DAIN A., ROUILLARD G.
1929 « Une inscription relative au droit d'asile, conservée au Louvre », *Byzantion* V, p. 315-326.

DAGRON G.
1984 « Entre village et cité : la bourgade rurale des IVe-VIIe siècles en Orient », dans G. Dagron, *La romanité chrétienne en Orient. Héritage et mutations* (Collected Studies Series 193), Londres, 1984.

DAUPHIN C.
1993 « De l'église de la circoncision à l'église de la gentilité, sur une nouvelle voie hors de l'impasse », *LA* 43, p. 223-242.

DAUPHIN C., EDELSTEIN G.
1984 *L'Église byzantine de Nahariya (Israël) : étude archéologique* (Buzantina mnēmeia 5), Thessalonique.

1993 « The Byzantine Church at Nahariya », dans Y. Tsafir (dir), *Ancient Churches Revealed*, Jérusalem, 1993, p. 49-53.

DEICHMANN F. W.
1982 *Qalb Lōze und Qal'at Sem'ān: die besondere Entwicklung der nordsyrisch-spätantiken Architektur* (Sitzungsberichte, Jahrg. 1982, Heft 6), Munich.

DENTZER J.-M. (dir.)
1985-1986 *Hauran I. Recherches archéologiques sur la Syrie du Sud à l'époque hellénistique et romaine* (BAH 124), 2 vol., Paris.

DENTZER J.-M., VILLENEUVE F.
1985 « Les villages de la Syrie romaine dans la tradition d'urbanisme oriental », dans J.-L. Huot *et al.* (dir.), *De l'Indus aux Balkans : recueil à la mémoire de Jean Deshayes*, Paris, 1985, p. 213-248.

DENTZER J.-M., ORTHMANN W. (dir.)
1989 *Archéologie et histoire de la Syrie II, La Syrie de l'époque achéménide à l'avènement de l'Islam* (Schriften zur vorderasiatischen Archäologie 1), Saarbruk.

DENTZER-FEYDY J.
1990 « Les chapiteaux corinthiens normaux de la Syrie méridionale (1re partie) », *Syria* 67, p. 633-663.

DESREUMAUX A.
2010 « L'épigraphie syriaque du monachisme », dans F. Jullien (dir.), *Le monachisme syriaque* (Études syriaques 7), Paris, 2010, p. 261-290.

DEVREESSE R.
1945 *Le patriarcat d'Antioche : depuis la paix de l'Église jusqu'à la conquête arabe*, Paris.

DJOBADZE W.
1986 *Archaeological Investigations in the Region West of Antioch on-the-Orontes* (Forschungen zur Kunstgeschichte und Christlichen Archäologie 13), Stuttgart.

DONCEEL-VOÛTE P.
1988 *Les pavements des églises byzantines de Syrie et du Liban : décor, archéologie et liturgie* (Publication d'histoire de l'art et d'archéologie de l'Université catholique de Louvain 69), Louvain-la-Neuve.

1996 « La mise en scène de la liturgie au Proche Orient IVe-IXe s. : 'les provinces liturgiques' », dans R. F. Taft (dir.), *The Christian East, its Institutions and its Thought: A Critical Reflection. Papers of the International Scholarly Congress for the 75th Anniversary of the Pontifical Oriental Institute, Rome, 30 May-5 June 1993* (Orientala christiana analecta 251), Rome, 1996, p. 313-338.

DOUKELLIS P.-N.
1995 *Libanios et la terre : discours et idéologie politique* (BAH 145), Beyrouth.

DOWNEY G.
1961 *A History of Antioch in Syria: from Seleucus to the Arab Conquest*, Princeton.

DRUMMOND A.
1754 *Travels through Different Cities of Germany, Italy, Greece and several Parts of Asia, as far as the Banks of the Euphrates in a Series of Letters. Containing an account of what is most remarkable in their present state, as well as in their monuments of antiquity*, Londres.

DUFAŸ B.
1984 *Immersions, lieux et pratiques de l'initiation chrétienne dans le patriarcat d'Antioche*, Thèse de

Doctorat sous la direction de J.-P. Sodini, Université Paris I – Panthéon Sorbonne.

1988 « Les baptistères ruraux de Syrie du Nord », dans H. Ahrweiler (dir.), *Géographie historique du monde méditerranéen* (Byzantina Sorboniensa, 7), Paris, 1988, p. 67-98.

à paraître « Les baptistères paléochrétiens du patriarcat d'Antioche, miroirs d'une société, approche multiscalcaire d'un espace initiatique », dans D. Pieri, B. Riba, *L'espace sacré en Syrie du Nord à l'époque protobyzantine (IVe-VIIe s.)* (BAT).

Dussaud R.
1927 *Topographie historique de la Syrie antique et médiévale*, Paris, 1927.

Duval N.
2003 « Architecture et liturgie dans la Jordanie byzantine », dans N. Duval (dir.), *Les églises de Jordanie et leurs mosaïques. Actes de la journée d'étude organisée à l'occasion de l'exposition « Mosaïques byzantines de Jordanie » au musée de la civilisation gallo-romaine à Lyon en avril 1989* (BAH 168), Beyrouth, 2003, p. 35-114.

Duval N. et Caillet J.-P.
1982 « Khân Khaldé (ou Khaldé III). Les fouilles de Roger Saidah dans les églises, mises en oeuvre d'après les documents de l'auteur », dans *Archéologie du Levant*, Lyon, 1982, p. 311-394.

Duval Y.
1988 *Auprès des saints corps et âme. L'inhumation* ad sanctos *dans la chrétienté d'Orient et d'Occident du IIIe au VIIe siècle* (Études Augustiniennes. Série Antiquité 121), Paris.

Duvette C.
2012 « Le Ğebel Zāwiye (Massif Calcaire de la Syrie du Nord) : l'architecture domestique reflet d'une évolution démographique », *AnTard* 20, p. 94-100.

Duvette C., Piaton Cl.
2013 « Évolution d'une technique de construction et croissance des villages du Ğebel Zāwiye », dans Charpentier, Puech (dir.) 2013, p. 169-197.

Duvette C. *et alii*
2013 « Maisons paysannes d'un village d'Apamène, Sergilla (IVe-VIe siècles - Massif calcaire de la Syrie du Nord) », *AnTard* 21, p. 169-197.

Éddé-Terrasse A.-M.
1999 *La principauté ayyoubide d'Alep (579/1183-658/1260)* (Freiburger Islamstudien 21), Stuttgart.

Éddé A.-M., Sodini J.-P.
2005 « Les villages de Syrie du Nord du VIIe au XIIIe siècle », dans Lefort, Morrisson, Sodini (dir.) 2005, p. 465-483.

Elderkin G.-W., Stillwell R. (dir.)
1934 *Antioch-on-the-Orontes*, 1. *The excavations of 1932*, 2, Princeton.

Élisséeff N.
1967 *Nūr al-dīn, un grand prince musulman de Syrie au temps des Croisades* (511-569 H./1118-1174), 3 vol., Damas.

Escolan P.
1999 *Monachisme et Église. Le monachisme syrien du IVe au VIIe siècle : un ministère charismatique* (Théologie historique 109), Paris.

Falcioni P.
2006 « In margine alla ricerca sulle porte basaltiche della Siria cristiana. Nota geomorfologica e cartografia del territorio », *Temporis signa. Archeologia della tarda antichità e del medioevo*, vol. 1, Spoleto, 2006, p. 353-363.

Feissel D.
1982 « Remarques de toponymie syrienne d'après des inscriptions grecques chrétiennes trouvées hors de Syrie », *Syria* 59, p. 319-343.

1985 « Magnus, Mégas et les curateurs des "maisons divines" de Justin II à Maurice », *TM* 9, p. 465-476.

1991 « Noms des villages de Syrie du Nord : éléments grecs et sémitiques », *O Ellenismos stin Anatolia*, Athènes, 1991, p. 287-301.

1994 « L'épigraphie des mosaïques d'églises en Syrie et au Liban », *AnTard* 2, p. 285-291.

2000 « Ères locales et frontières administratives dans le Proche-Orient protobyzantin », dans K. Belke, F. Hild, J. Koder, P. Doustal (dir.), *Byzanz als Raum. Zu Methoden und Inhalten der historischen Geographie des Östlichen Mittelmeerraumes* (Denkschriften der ÖAW 283), Vienne, 2000, p. 65-74.

2002 « Les martyria d'Anasartha », dans *Mélanges Gilbert Dagron* (TM 14), Paris, 2002, p. 201-220.

2012 « L'église de l'est et les inscriptions du village de Kafr 'Aqab (Gebel Wastani, Syrie du Nord), appendice épigraphique », *Syria* 89, p. 228-233.

Fernàndez R., Khoury W.
2008 « Notice à propos d'une église de l'époque Arabe dans le Massif calcaire : Ma'aramaya dans le Jebel Baricha », dans C. Roche (dir.), *D'Ougarit à Jérusalem : recueil d'études épigraphiques et archéologiques offert à Pierre Bordreuil* (Orient & Méditerranée 2), Paris, 2008, p. 333-337.

Festugière A.-J.
1959 *Antioche païenne et chrétienne, Libanius, Chrysostome et les moines de Syrie*, Paris.

Févret M.
1949 « Paysans de Syrie et du Proche-Orient », *RGL* 24/2, p. 159-163.

Fourdrin J.-P.
1985 « Les églises à nefs transversales d'Apamène et du Tur 'Abdin », *Syria* 62, p. 319-335.

1992 « L'église E.5 d'El Bara », *Syria* 69, p. 171-210.

1995a « Qastun et Chastel de Ruge », *Syria* 72, p. 415-426.

1995b « La fortification de la seigneurie épiscopale latine d'El Bara dans le patriarcat d'Antioche », dans *Pèlerinages et croisades. Actes du 118e congrès national annuel des sociétés historiques et scientifiques, Pau, octobre 1993*, Paris, 1995, p. 351-406.

1997 « Le front oriental de la forteresse de Sahyoun », *CA* 45, p. 63.

1998 « L'association de la niche et de l'archère dans les fortifications élevées en Syrie entre le VIe et le XIIe siècle », *Syria* 75, p. 279-294.

1999 « Les couvents proto-byzantins des villages de l'Apamène », *AAAS* 42, p. 165-166.

2013 « Les couvents paléochrétiens du nord de l'Apamène : analyse typologique », dans Charpentier, Puech (dir.) 2013, p. 235-260.

Frankel R.

1993 « Screw weights from Israel », dans M.-C. Amouretti, J.-P. Brun (dir.), *La production du vin et de l'huile en Méditerranée. Actes du symposium international (Aix-en-Provence et Toulon, 20-22 novembre 1991)* (*BCH* suppl. 26), Athènes, 1993, p. 107-118.

Froment F.

1930 « Carte touristique du Caza de Ḥārem », *Syria* 11, p. 280-292.

Garrett R.

1914 *Topography and Itinerary. Publications of an American Archaeological Expedition to Syria in 1899-1900*, New York.

Gatier P.-L.

1994 « Villages du Proche-Orient protobyzantin (IVe-VIIe s.). Étude régionale », dans GR. D. King, A. Cameron (dir.), *The Byzantine and Early Islamic Near East* 2: *Land Use and Settlements Patterns*, Princeton, 1994, p. 17-48.

1997 « Villages et Sanctuaires en Antiochène autour de Qalaat Qalota », *Topoi* 7, p. 751-775.

1999 « Romains et Saracènes : deux forteresses de l'Antiquité tardive dans des documents méconnus », *Topoi* 9, p. 209-218.

2001a « 'Grande' ou 'petite Syrie seconde' ? Pour une géographie historique de la Syrie intérieure protobyzantine », dans Geyer (dir.) 2001, p. 91-109.

2001b « Installations de sanctuaires du Proche-Orient romain : pour en finir avec l'andrôn », *Topoi* 11, p. 9-15.

2004 « Les villages byzantins de la Syrie du Nord : d'illusoires villes mortes », dans L. Nordiguian (dir.), *Le voyage archéologique en Syrie et au Liban de Michel Jullien et Paul Soulerin en 1888*, Beyrouth, 2004, p. 41-73.

2005 « Les villages du Proche-Orient protobyzantin : nouvelles perspectives (1994-2004) », dans J. Lefort, C. Morrisson, J.-P. Sodini (dir.), *Les villages dans l'Empire byzantin, IVe-XVe siècle* (Réalités Byzantines 11), Paris, 2005, p. 103-119.

2013 « La christianisation de la Syrie : l'exemple de l'Antiochène », dans Charpentier, Puech (dir.) 2013, p. 61-96.

Gatier P.-L. , Geyer B., Rousset M.-O. (dir.)

2010 *Entre nomades et sédentaires : prospections en Syrie du Nord et en Jordanie du sud* (TMO 55), Lyon.

Gatier P.-L., Rousset M.-O.

2010 « Temples romains et mausolées de la Syrie centrale », dans Gatier, Geyer, Rousset (dir.) 2010, p. 147-167.

Gawlikowski M.

1972 « La notion de tombeau en Syrie Romaine », *Berytus. Archeological Studies* 21, p. 5-15.

1989 « Les temples dans la Syrie à l'époque hellénistique et romaine », dans Dentzer, Orthmann (dir) 1989, p. 323-346.

2000 « Un nouveau mithraeum récemment découvert à Huarté près d'Apamée », *CRAI* 144, p. 161-171.

2013 « Houarté, un village d'Apamène », dans Charpentier, Puech (dir.) 2013, p. 261-270.

Gelichi S.

2006 « The Citadel of Ḥārim », dans H. Kennedy (dir.), *Muslim Military Architecture in Greater Syria: from the coming of Islam to the Ottoman Period* (History of warfare 35), Leyde/Boston, 2006, p. 184-201.

Geyer B. (dir.)

2001 *Conquête de la steppe et appropriation des terres sur les marges arides du croissant fertile* (TMO 36), Lyon.

Geyer B., Rousset M.-O.

2001 « Les steppes arides de la Syrie du Nord à l'époque byzantine ou la "ruée vers l'est" », dans Geyer (dir.), 2001, p. 111-121.

Geyer B., Rousset M.-O.

2011 « Déterminants géoarchéologiques du peuplement rural dans les Marges arides de Syrie du Nord aux VIIe-IXe siècles », dans Borrut *et al.* (dir.) 2011, p. 77-92.

Geyer B., Besançon J., Rousset M.-O.

2006 « Les peuplements anciens », dans R. Jaubert, B. Geyer (dir.), *Les marges arides du croissant fertile. Peuplements, exploitation et contrôle des ressources en Syrie du Nord* (TMO 43), Lyon, 2006, p. 55-69.

Ginouvès R., Martin R.

1985 *Dictionnaire méthodique de l'architecture grecque et romaine*, I. *Matériaux, techniques de construction, technique et formes du décor* (Collection de l'École française de Rome 84), Paris.

Giorgi A. U. de

2010 « Olive oil production in the Antiochene from the Early Empire into Late Antiquity », dans Aydinoğlu, Şenol (dir.) 2010, p. 97-107.

Griesheimer M.

1997a « Cimetières et tombeaux des villages de la Syrie du Nord », *Syria* 74, p. 165-211.

1997b « Sociabilité et rites funéraires. Les porches à banquettes des maisons et des tombeaux du Massif calcaire », dans C. Castel, M. Al Maqdissi, F. Villeneuve (dir.), *Les maisons dans la Syrie antique du IIIe millénaire aux débuts de l'Islam. Pratiques et représentations de l'espace domestique. Actes du colloque international, Damas, du 27 au 30 juin 1992* (BAH 150), Beyrouth, 1997, p. 397-304.

1998 « Prospection épigraphique en Syrie du Nord », *Chronique archéologique en Syrie. Rapports des campagnes 1994 1997*, 2, Direction Générale des Antiquités et des Musées, Damas, 1998, p. 231-233.

1999 « Le sanctuaire de Schnaan (Gebel Zawiyé ; Syrie du Nord) », *Topoi* 9/2, p. 689-717.

Griesheimer M., Naccache A.

1995 « Les hypogées enclos par des chancels (Deir Sunbul, Gebel Zawiye, Syrie du Nord) », *MUSJ* 52, p. 75-119.

Gros P.

2001 *L'architecture romaine du début du IIIe siècle av. J.-C. à la fin du Haut-Empire*, 2. *Maisons, palais, villa et tombeaux*, Paris.

Grousset R.

1934 *Histoire des croisades et du royaume franc de Jérusalem*, I. *L'anarchie musulmane et la monarchie franque*, Paris.

Guidobaldi F., Guidobaldi A.-G.

1983 *Pavimenti marmorei di Roma dal IV et IX secolo* (Studi di antichita cristiana 36), Cité du Vatican/Rome.

Guidoboni E., Comastri A., Traina G.

1994 *Catalogue of Ancient Earthquakes in the Mediterranean Area up to the 10th Century*, traduit par B. Phillips, Rome.

Guidoboni E., Comastri A.

2005 *Catalogue of Ancient Earthquakes in the Mediterranean Area from the 11th to the 15th Century*, traduit par B. Phillips, Rome.

Gwiazda M.

2013-2014 « Le sanctuaire de Saint-Syméon-Stylite-le-jeune ai Mont Adimrable à la lumière de la documentation photographique du père Jean Mécérian », *MUSJ* 65, p. 317-340.

Hadjichristophi P.

1998 « L'île aux cents basiliques », *Le Monde de la Bible* 112, p. 38-43.

Haensch R.

2006 « Le financement de la construction des églises pendant l'Antiquité tardive et l'évergétisme antique », *AnTard* 14, p. 47-58.

Hamidé A.-R.

1959 *La région d'Alep, étude de géographie rurale*, Paris/Damas.

Hanna E.

2017 *Topografia cristiana e insediamenti rurali delle catene settentrionali del Massiccio Calcareo Siriano (IV-VII sec.)*, Thèse de doctorat, Pontifico Istituto di Archeologia Cristiana.

Harmand L.

1957 *Le patronat sur les collectivités publiques des origines au Bas-Empire : un aspect social et politique du monde romain*, Paris.

Harper G.-M.

1928 « Village administration in the Roman Province of Syria », *Yale Classical Studies* 1, p. 104-168.

Hirschfeld Y.

1997 « Farms and villages in byzantine Palestine », *DOP* 51, p. 33-71.

Humphreys R.-S.

2010 « *Syria* », dans C.-F. Robinson, M.-A. Cook (dir.), *The New Cambridge History of Islam*, I. *The Formation of the Islamic World Sixth to Eleventh Centuries*, Cambridge, 2010, p. 506-540.

Jacquot P.

1929 *L'état des alaouites, terre d'art, de souvenirs et de mystère. Guide touristique*, Beyrouth.

Jalabert L.

1909 « Deux missions archéologiques américaines en Syrie », *MUSJ* 3, p. 713-744.

Jalabert L., Mouterde R.

1929 *Inscriptions grecques et latines de la Syrie*, 1. *Commagène et Cyrrhestique* (BAH 12), Paris.

1939 *Inscriptions grecques et latines de la Syrie*, 2. *Chalcidique et Antiochène* (BAH 22), Paris.

Jalabert L., Mouterde R., Mondésert C.

1955 *Inscriptions grecques et latines de la Syrie*, 4. *Laodicée, Apamène* (BAH 61), Paris.

1959 *Inscriptions grecques et latines de la Syrie*, 5. Émésène (BAH 66), Paris.

Jarry J.

1965 « Les hérésies dualistes dans l'empire byzantin du Ve au VIe siècle », *BIFAO* 63, p. 89-119.

1967 « Inscriptions arabes, syriaques et grecques du Massif de Bélus en Syrie du Nord », *Annales islamologiques*, 7, p. 139-220.

1970 « Inscriptions arabes, syriaques et grecques du Massif de Bélus en Syrie du Nord », *Annales islamologiques* 9, p. 187-214.

1981 « Problèmes de datation en Syrie du Nord », *Syria* 58, p. 379-385.

1982 « Nouvelles inscription de la Syrie du Nord », *ZPE* 47, p.73-102.

1985 « Nouvelles inscriptions sémitiques de Syrie (avec six planches) », *Annales islamologiques* 21, p. 1-7.

1990 « Nouvelles inscription de la Syrie du Nord (suite) », *ZPE* 90, p.103-112.

Jones A.H.M.
1964 *The Later Roman Empire (284-602)*, Oxford.

Kaplan M.
1992 *Les hommes et la terre à Byzance du vi^e au xie siècle : propriété et exploitation du sol* (Byzantina Sorbonensia 10), Paris.
1997 *La chrétienté byzantine du début du viie siècle au milieu du xie siècle. Images et reliques, moines et moniales, Constantinople et Rome* (Regards sur l'Histoire. Histoire médiévale 116), Paris.
2006a « Les villageois aux premiers siècles byzantins (vi^e-xe siècles). Une société homogène ? », dans M. Kaplan, *Byzance. Villes et campagnes*, Paris, 2006, p. 15-30 = M. Kaplan, « Les villageois aux premiers siècles byzantins (vi^e-xe siècles). Une société homogène ? », *Byzantinoslavica* 43, 1982, p. 202-217.
2006b « L'économie paysanne dans l'Empire byzantin du ve au xe siècle », dans M. Kaplan, *Byzance. Villes et campagnes*, Paris, 2006, p. 31-66 = M. Kaplan, « L'économie paysanne dans l'Empire byzantin du ve au xe siècle », *Klio*, 1968, p. 198-232.
2006c « Pour un modèle économique de l'exploitation agricole byzantine : problèmes de méthode et premiers résultats », dans M. Kaplan, *Byzance. Villes et campagnes*, Paris, 2006, p. 66-78 = M. Kaplan, *Histoire et Mesure* 3, 1988, p. 221-234.
2006d « Le village byzantin : naissance d'une communauté chrétienne », dans M. Kaplan, *Byzance. Villes et campagnes*, Paris, p. 79-87 = M. Kaplan, « Le village byzantin : naissance d'une communauté chrétienne », dans : *Villages et villageois au Moyen-Âge* (Histoire ancienne et médiévale 26), Paris, 1992, p. 15-25.
2006e « Quelques aspects des maisons divines du vi^e au ixe siècle », dans M. Kaplan, *Byzance. Villes et campagnes*, Paris, 2006, p. 138-156 = M. Kaplan, « Quelques aspects des maisons divines du vi^e au ixe siècle », dans C. Maltézou, N.-M. Panagiotakis, V. Kremmydas, K. Panepistimio (dir.), *Mélanges Svoronos, Nicolas*, Panepistemio Krétès, Réthymno, 1986, p. 70-96.
2006f « L'Église Byzantine des vi^e-xie siècles. Terre et paysans », dans M. Kaplan (dir.), *Byzance. Villes et campagnes*, Paris, 2006, p. 157-166 = M. Kaplan, *Church and People in Byzntium, Society for the Promotion of Byantine Studies, 20th Spring Symposium of Byzantine Studies, Manchester 1986*, Birmingham, 1990, p. 109-123.

Kaplan M. (dir.)
1994 *Le Moyen Âge (ive-xe siècle)*, Rosny.

Kazanski M.
2003 *Qal'at Sem'an IV : Rapport final*, 3. *Les objets métalliques*, avec des contributions de P.-M. Blanc, S. Boulogne, J.-P. Sodini, V. Soupault-Becquelin (BAH 167), Beyrouth.

Kauffmann S.
2004 « Le statut des agriculteurs de la région d'Antioche dans la seconde moitié du ive siècle : le témoignage de Libanios dans les discours XI, XXX, XLVII et L », dans Cabouret, Gatier, Saliou (dir.) 2004, p. 319-340.

Kennedy H., Liebeschuetz J.H.W.G.
1988 « Antioch and the villages of northern Syria in the 5th and 6th centuries A.D.: trends and problems », *Nottingham Medieval Studies*, 32, p. 64-90 = J.H.W.G. Liebeschuetz, *From Diocletian to the Arab Conquest: Change in the Late Roman Empire* (Collected Studies Series 310), Londres, 1990.

Kennedy H.
1992 « Antioch: from Byzantium to Islam and back again », dans J. Rich (dir.), *The City in Late Antiquity*. Routledge, Londres/New York, 1992, p. 181-198.
2011 « Introduction », dans Borrut *et al.* (dir.) 2011, p. 77-92.

Kerbe J.
1987 *Climat, hydrologie et aménagements hydro-agricoles de Syrie*, Bordeaux.

Khoury W.
1987 *Deir Seta*, 2 vol., Damas.
1990 « Le Jebel Wastani septentrional », *AAAS* 40, p. 184-303.
2002-2003 « L'église sud de Deir Seta », *AAAS* 45-46, p. 435-443.
2005 « Banassara, un site de pèlerinage dans le massif calcaire. Rapport sur les travaux menés en 2002-2004 », *Syria* 82, p. 225-266.

Khoury W., Castellana P.
1990 « Fruhchristliche Städe in Nordlichen Jebel Wastani », *Antike Welt* 21/1, p. 14-25.

Khoury W., Naccache A.
1996 « Trois exemples nouveaux de complexes d'églises en Syrie du nord », *AnTard* 4, p. 160-163.

Khoury W., Riba B.
2013 « L'église du Tell de Hassaké » dans F. Briquel-Chatonnet (dir.), *Les églises en monde syriaque* (Études syriaques 10), 2013, p. 85-106.

Kreuz P.-A.
2003 « Aspekte der Entsehung und Ausprägung der religiösen Topographie eine ländlichen Region Syriens. Heiligtümer im nordsyrischen Kalksteinmassiv », dans K. S. Freyberger, A. Henning, H. von Hesberg (dir.), *Kulturkonflikte im Vorderen Orient an der Wende vom Hellenismus zur römischen Kaiserzeit*, Rahden, 2003, p. 169-179.

Lafontaine-Dosogne J.
1967 *Itinéraires archéologiques dans la région d'Antioche. Recherches sur le monastère et l'iconographie de St. Siméon stylite le jeune* (Bibliothèque de Byzantion 4), Bruxelles.

Laiou A.-E.
2005 « The byzantine village (5th-14th Century) », dans Lefort, Morrisson, Sodini (dir.) 2005, p. 31-54.

Lassus J.
1932 « Images de stylites », *BEO* 2, p. 67-82.

1935-1936 *Inventaire archéologique de la région au nord-est de Hama* (Documents d'études orientales 4), 2 vol, Damas.

1967 « Antioche, fouilles profondes », *CRAI* 1, p. 45-75.

1947a *Sanctuaires Chrétiens de Syrie. Essai sur la genèse, la forme et l'usage des édifices de cultes chrétiens en Syrie, du IIIe siècle à la conquête musulmane* (BAH 42), Paris.

1947b « Nouveaux relevés d'églises dans la Syrie du Nord », *CRAI* 91, p. 158-174.

1952 « La liturgie antique de la Syrie du Nord », dans : *Neue Beiträge zur Kunstgeschichte des I. Jahrtausends. 1, 1. Spätantike und Byzanz* (Forschungen zur Kunstgeschichte und christlichen Archäologie 1), Baden-Baden, 1952, p. 45-51.

1953 « La liturgie dans les basiliques syriennes », *Revista di studi bizantini e neoellenici* 8, p. 418-428.

1972 « Églises d'Apamène », *BEO* 25, p. 5-36.

1977 « La ville d'Antioche à l'époque romaine d'après l'archéologie », dans W. Haase, H. Temporini (dir.), *Aufstieg und Niedergang der Römischen Welt* II, *Principat*, Berlin, 1977, p. 55-102.

1984 « Sur les maisons d'Antioche » dans Balty (dir.) 1984, p. 361-372.

Lassus J., Tchalenko G.

1951 « Ambons syriens », *CA* 5, p. 75-122.

Lavergne M.

1991 « L'urbanisation contemporaine de la Syrie du Nord », *REMMM* 62, p. 195-208.

Latron A.

1936 *La vie rurale en Syrie et au Liban : étude d'économie sociale*, Beyrouth.

Lauffray J.

1998 « Contribution à l'histoire de la charpenterie. Une représentation de ferme à poinçon suspendu en Syrie du Nord au VIe siècle », *Syria* 75, p. 225-230.

Lefort J., Morrisson C., Sodini J.-P. (dir.)

2005 *Les Villages dans l'Empire byzantin, IVe-XVe siècle* (Réalités Byzantines 11), Paris.

Lemerle P.

1979 *The Agrarian History of Byzantium from the Origins to the Twelfth Century*, Galway.

Levi D.

1947 *Antioch Mosaic Pavement*, Princeton.

Lewis B., Ménage V.-L., Pella Ch., Scharcht J.

1971 *Encyclopédie de l'Islam*, t. III, Leyde.

Liebeschuetz J.H.W.G.

1972 *Antioch. City and Imperial Administration in the Later Roman Empire*, Oxford.

2001 *The Decline and Fall of the Roman City*, Oxford/New York.

Littmann E. 1904

1904 *Publications of an American Archaeological Expedition to Syria in 1899-1900, 4. Semitic Inscriptions,* New York.

1922 « Zur Topographie der Antiochene und Apamene », *Zeitschrift für Semitistik und verwandte Gebiete* 1, p. 163-195.

1938 *Syria, Publications of the Princeton University Archaeological Expeditions to Syria in 1904-1905 and 1909, 4. Semitic Inscriptions, Section B, Syriac Inscriptions,* Leyde.

Loos M.

1978 « Quelques remarques sur les communautés rurales et la grande propriété terrienne à Byzance (VIIe-IXe siecles) », *Byzantinoslavica* 39, p. 3-18.

Loosley E.

2001 « The Early Christian bema churches of Syria revisited », *Antiquity* 75.

Mattern J.

1944 *Villes mortes de Haute Syrie*, 2de édition, Beyrouth = J. Mattern, « À travers les villes mortes de Haute-Syrie », *MUSJ* 17, 1933, p. 1-176.

Mazza M., Gnoli T.

1994 « Aspetti sociali delle communiti di villagio nella Siria romana (IV-V sec. d.C.): il villagio comme unita culturale », dans P.-N. Doukellis, L.-G. Mendoni (dir.), *Structures rurales et sociétés antiques. Actes du colloque de Corfou, 14-16 mai 1992* (Annales littéraires de l'université de Besançon 126), Besançon, 1994, p. 454-461.

Mécérian J.

1964 « Expédition archéologique dans l'Antiochène occidentale », *MUSJ* 40, p. 1-169.

Michaudel B.

2004 « Les refortifications ayyoubides et mameloukes en Syrie du Nord (fin XIIe-début XIIIe siècle) », dans N. Faucherre, J. Mesqui, N. Prouteau (dir.), *La fortification au temps des croisades. Actes du colloque international organisé du 26 au 28 septembre 2002 au palais des Congrès de Parthenay*, Rennes, 2004, p. 179-188.

Michel A.

2001 *Les églises d'époque byzantine et umayyade de Jordanie (provinces d'Arabie et de Palestine), Ve-VIIIe siècles : typologie architecturale et aménagements liturgiques* (BAT 2), Turnhout.

Morrisson

2004 « Peuplement, économie et société de l'Orient byzantin », dans Morrisson (dir.), *Le monde byzantin*, I. *L'Empire romain d'Orient (330-641)*, Paris, 2004, p. 193-220.

Morrisson C., Sodini J.-P.

2002 « The sixth-century economy », dans A.-E. Laiou (dir.), *The Economic History of Byzantium: From the Seventh through the Fifteenth Century* (DOS 39), Washington DC, 2002, p. 171-220.

Moussly N.
1951 *Le problème de l'eau en Syrie*, Lyon.

Mouterde R.
1929 « Rapport sur une mission épigraphique en Haute Syrie (1928) », *Syria* 10, p. 126-127.
1949-1950 « À travers l'Apamène », *MUSJ* 28/1, p. 142.

Mouterde R., Poidebard A.
1945 *Le* Limes *de Chalcis. Organisation de la steppe en Haute Syrie romaine* (BAH 38), Paris.

Mundell Mango M.
1986 *Silver from Early Byzantium: The Kaper Koraon and related treasures*, Baltimore.

Mundy M.
1996 « La propriété dite mushâʿ en Syrie : à propos des travaux de Ya'akov Firestone », *Revue du Monde musulman et de la Méditerranée* 79-80, p. 273-287.

Naccache A.
1992 *Le décor des églises de villages d'Antiochène : du IVe au VIIe siècle*, 2 vol, Paris.
1997 « Le décor des maisons de Syrie du Nord comme produit d'une économie locale. L'exemple de Sergilla », dans C. Castel, M. Al-Maqdissi, F. Villeneuve (dir.), *Les maisons dans la Syrie antique du IIIe millénaire aux débuts de l'Islam. Pratiques et représentations de l'espace domestique. Actes du colloque international, Damas, du 27 au 30 juin 1992* (BAH 150), Beyrouth, 1997, p. 305-311.

Naccache A., Tate G.
1995 « Le village de Deir Sunbul », *MUSJ* 52, p. 371-489.

Natali A.
1975 « Christianisme et cité à Antioche à la fin du IVe siècle d'après Jean Chrysostome », dans C. Kannengiesser (dir.), *Jean Chrysostome et Augustin. Actes du colloque de Chantilly 22-24 septembre 1974* (Théologie historique 35), Paris, 1975, p. 41-60.

Negev A.
1974 « The churches of the Central Negev – An archaeological survey », *Revue Biblique* 81, p. 400-422.

Netzer E.
1990 « The Byzantine churches of Herodion », dans G.-C. Bottini, L. Di Segni, E. Alliata, (dir.), *Christian Archaeology in the Holy Land: New Discoveries. Essays in honour of Virgilio C. Corbo* (Studium Biblicum Franciscanum 36), Jérusalem, 1990, p. 165-176.
1993 « The churches of Herodion », dans Y. Tsafir (dir.), *Ancient Churches Revealed*, Jérusalem, 1993, p. 219-232.

Orssaud D.
1992 « Le passage de la céramique byzantine à la céramique islamique, quelques hypothèses à partir du mobilier trouvé à Déhès », dans P. Canivet, J.-P. Rey-Coquais (dir.), *La Syrie de Byzance à l'Islam, VIIe-VIIIe siècles. Actes du colloque international « de Byzance à l'Islam », Lyon-Paris, 11-15 septembre 1990* (Institut français de Damas 137), Damas, 1992, p. 219-228.

Orssaud D., Sodini J.-P.
2003 « Le "Brittle Ware" dans le Massif calcaire (Syrie du Nord) », dans C. Bakirtzis (dir.), *Actes du VIIe Congrès sur la céramique médiévale en Méditerranée. Thessaloniki, 11-16 octobre 1999*, Athènes, 2003, p. 491-504.

Ostrogorsky G.
1956 *Histoire de l'État byzantin*, Paris.

Ovadiah A.
2007 « Liturgical modifications in the Early Byzantine church in Eretz Israel – The architectural and epigraphic evidence », dans K. Belke, E. Kislinger, A. Külzer, M.-A. Stassinopoulou (dir.), *Byzantina Mediterranea, Festschrift für Johannes Koder zum 65. Geburtstag*, Vienne/Cologne/Weimar, 2007, p. 467-494.

Palmer A.
1993 *The Seventh Century in the West-Syrian Chronicles* (Translated texts for historians 15), Liverpool.

Pamir H.
2010 « Antiokheia ve Ykin Çevresinde Zeytinyaği Üretimi ve Zeytinyaği Işlikleri », dans Aydiniğlu, Şenol (dir.) 2010, p. 75-96.

Panayot-Haroun N.
à paraître « La basilique de Cyrrhus : observations préliminaires suite aux travaux de fouilles de 2008-2010 », dans D. Pieri, B. Riba, *L'espace sacré en Syrie du Nord à l'époque protobyzantine (IVe-VIIe s.)* (BAT).

Papageorghiou A.
1976 « The Early Christian architecture of Cyprus », dans C. Delvoye, H.-S. Megaw, A. Papageorghiou (dir.), *XVe Congrès international d'études byzantines : rapports et co-rapports*, V. *Chypre dans le monde byzantin*, 4. *L'art paléochrétien de Chypre*, Athènes, 1976.
1985 « L'architecture paléochrétienne de Chypre », dans R. Farioli (dir.), *XXXII Corso di cultura sull'Arte Ravennate e Byzantina. Seminario internazionale di studi su «Cipro e il Mediterraneo Orientale», Ravenna, 23-30 Marzo 1985*, Ravenne, 1985, p. 299-324.

Parayre D. (dir.)
2016 *La géographie historique de la moyenne vallée de l'Oronte de l'époque d'Ebla à l'époque médiévale*, (Syria, Suppl. IV), Beyrouth.

Patlagean E.
1977 *Pauvreté économique et pauvreté sociale à Byzance, IVe-VIIe siècles* (Civilisations et sociétés 48), Paris.

Peña I.
1985 « Fassuq, modelo de un pueblo sirio en la época byzantina », *LA* 35, p. 279-290.
1987 « El Templo de Mucharife en el Norte de Siria, *LA* 37, p. 295-302.
1990 « Bautisterios y martyria rurales en el norte de Siria (siglo V-VI) », *LA* 40, p. 335-348.
1993 « Dos santuarios oraculares en Siria : Wadi Marthun y Banasra », *LA* 43, p. 387-401.
1994 « Colonias de eremitas en el curso medio del Orontes », dans *Historiam Pictura Refert: Miscellanea in onore di Padre Alejandro Recio Veganzones* (Studi di antichità cristiana 51), Rome/Cité du Vatican, 1994, p. 425-437.
1995 « Un puerto fluvial romano en el Orontes », *LA* 45, p. 343-350.
1996 *The Christian Art of Byzantine Syria*, Londres.
1998 « Chinan o el paso del paganismo al cristianismo en Siria », *LA* 48, p. 483-488.
2000 « Hospederías rurales en la Siria bizantina », *LA* 50, p. 453-458.
2003 « Batrash, pueblo Cristiano de la época bizantina en Siria », dans G.-C. Bottini, L. Di Segni, L.-D. Chrupcala (dir.), *One Land – Many Cultures: Archaeological Studies in honour of Stanislao Loffreda*, Jérusalem, 2003, p. 367-370.

Peña I., Castellana P., Fernandez R.
1975 *Les Stylites syriens* (SBF. Collectio Minor 16), Milan.
1980 *Les reclus syriens. Recherches sur les anciennes formes de vie solitaire en Syrie* (SBF. Collectio Minor 23), Milan.
1983 *Les Cénobites syriens* (SBF. Collectio Minor 28), 1983.
1987 *Inventaire du Jebel Baricha. Recherches archéologiques dans la région des villes mortes de la Syrie du Nord* (SBF. Collectio Minor 33), Milan.
1990 *Inventaire du Jebel El-A'la. Recherches archéologiques dans la région des villes mortes de la Syrie du Nord* (SBF. Collectio Minor 31), Milan.
1999 *Inventaire du Jebel Wastani. Recherches archéologiques dans la région des villes mortes de la Syrie du Nord.* (SBF. Collectio Minor 36), Milan.
2000 *Lieux de pèlerinages en Syrie* (SBF. Collectio Minor 38), Milan.
2003 *Inventaire du Jebel Doueili. Recherches archéologiques dans la région des villes mortes de la Syrie du Nord* (SBF. Collectio Minor 43), Milan.

Perdrizet P.
1938 « Le monument de Hermel », *Syria* 19, p. 47-71.

Petit P.
1955 *Libanius et la vie municipale à Antioche au IVe siècle après J.-C.*, Paris.

Pieri D.
2001 « Les marchands orientaux à l'époque protobyzantine (IVe-VIIe siècles apr. J.C.) », *AHAUSJ* 8-9, p. 17-33.
2005a *Le commerce du vin oriental à l'époque byzantine (Ve-VIIe siècles) : le témoignage des amphores en Gaule* (BAH 174), Beyrouth.
2005b « Nouvelles productions d'amphores de Syrie du Nord aux époques protobyzantine et omeyyade », dans Baratte *et al.* (dir.) 2005, p. 583-595.
2010 « Saint-Syméon-le-Stylite (Syrie du Nord) : les bâtiments d'accueil et les boutiques à l'entrée du sanctuaire », *CRAI, fasc 2009-4*, p. 1393-1420.

Pieri D., Haidar-Vela N.
2013 « Faciès céramique de la Syrie du Nord protobyzantine », dans Charpentier, Puech (dir.) 2013, p. 111-147.

Poccardi G.
1994 « Antioche de Syrie. Pour un nouveau plan urbain de l'île de l'Oronte (Ville Neuve) du IIIe au Ve siècle », *MEFRA* 106/2, p. 993-1023.

Poidebard A.
1929 « Coupes de la chaussée romaine Antioche-Chalcis », *Syria* 10, p. 22-29.
1934 *La trace de Rome dans le désert de Syrie : le* limes *de Trajan à la conquête arabe* (BAH 18), Paris.
1939 « La route septentrionale : Antioche-Chalcis-Apamée », dans J.-A. Blanchet, F. Cumont, G. Conteneau (dir.), *Mélanges syriens offerts à Monsieur René Dussaud, secrétaire perpétuel de l'Académie des Inscriptions et Belles-Lettres, par ses amis et ses élèves*, 2 (BAH 30), Paris, 1939, p. 767-771.

Pottier B.
2006 « Banditisme, croissance démographique et crises de subsistance en Syrie du Nord du IVe au Ve siècle », dans A.-S. Lewin, P. Pellegrini (dir.), *Settlements and Demography in the Near East in Late Antiquity. Proceedings of the Colloquium, Matera, 27-29 october 2005* (Biblioteca di Mediterraneo Antico 2), Pise, 2006, p. 147-170.

Prentice W.-K.
1908 *Publications of an American Archaeological Expedition to in 1899-1900, 3. Greek and Latin Inscriptions*, New York.
1922 *Syria, Publications of the Princeton University Archaeological Expeditions to Syria in 1904-1905 and 1909*, 3. *Greek and Latin Inscriptions, Section B, Northern Syria*, Leyde.

Reinach S.
1900 « Le prix du blé dans l'édit de Dioclétien », *CRAI* 44, p. 548.

Renhart E.
1995 « Encore une fois : le bêmā des églises de la Syrie du Nord », *Parole de l'Orient* 20, p. 85-94.

Rey-coquais J.-P.
2002 « Noms de métiers dans les inscriptions de la Syrie antique », *Cahiers du Centre Gustave Glotz* 13, p. 247-264.

2006 « Inscriptions grecques chrétiennes de Syrie », dans P. Canivet, J.-P. Rey-coquais (dir.), *Mémorial Monseigneur Joseph Nasrallah* (Institut français de Damas 221), Damas, 2006, p. 37-89.

Riba B.
2012a « L'église de l'est et les inscriptions du village de Kafr ʿAqāb (Ǧebel Waṣṭāni, Syrie du Nord) », *Syria* 89, p. 147-167.
2012b « Démographie et dynamique de l'occupation du Ǧebel Waṣṭāni dans le Massif Calcaire de la Syrie du Nord », *AnTard* 20, p. 88-83.
2014 « Le village de Kefert ʿAqab : un site inédit du ǧebel Waṣṭāni dans le Massif calcaire de la Syrie du Nord », *SemClass* 7, p. 147-167.
2016 « Quelques remarques sur les activités liées à l'architecture et au décor sculpté en Antiochène », *Syria* 93, p. 353-368.

Richard J.
1946 « Note sur l'archidiocèse d'Apamée et les conquêtes de Raymond de Saint-Gilles en Syrie du Nord », *Syria* 25, p. 103-108.

Rivoal M.
2010 « Le peuplement byzantin des massifs basaltiques de la Syrie centrale. Modalités d'occupation du sol et stratégie de mise en valeur », dans P.-L. Gatier, B. Geyer M.-O. Rousset (dir.), *Entre nomades et sédentaires : prospections en Syrie du Nord et en Jordanie du sud* (TMO 55), Lyon, p. 209-240.
2011 *La vie rurale en Syrie centrale à la période protobyzantine (ivᵉ-viiᵉ siècle)*, Thèse de doctorat, Université Lumière Lyon II, Lyon.
2012 « Les fluctuations du peuplement antique dans la steppe de Syrie du Nord », *AnTard* 20, p. 101-104.

Rodinson M.
1961 « De l'archéologie à la sociologie historique, notes méthodologiques sur le dernier ouvrage de G. Tchalenko », *Syria* 38, p. 170-200.

Rosenthal-Heginbottom R.,
1982 *Die Kirchen von Sobota und die dreiapsidenkirchen des nahen Ostens*, Wiesbaden.

Rousset M.-O.
1998a « Remarques sur la céramique de Qalota », http://halshs.archives-ouvertes.fr/halshs-00359917/en/
1998b « Remarques sur la céramique de Srir », http://halshs.archives-ouvertes.fr/halshs-00359915/en/
1999 « Le matériel céramique de Burdj Baqirha », http://halshs.archives-ouvertes.fr/halshs-00359926/en/
2011 « Le peuplement de la steppe de Syrie du Nord entre le iiᵉ av. J.-C. et le ivᵉ s. apr. J.-C. » *Syria* 88, p. 123–139.

Roux G.
1998 *Salamine de Chypre. XV, La basilique de la Campanopétra*, Paris.

Saliou C.
2006 « Statues d'Antioche de Syrie dans la chronographie de Malalas », dans S. Agusta-Boularot, J. Beaucamp, A.-M. Bernardi, E. Caire (dir.), *Recherches sur la chronique de Jean Malalas II : Actes du colloque « Jean Malalas et l'histoire », 21 au 22 octobre 2005, Aix-en-Provence* (Centre de recherche d'histoire et civilisation de Byzance. Monographies 24), Paris, 2006, p. 69-95.
2014 « À propos de quelques églises d'Antioche », *Topoi* 19, p. 629-661.
2015 « Parole et religion à Antioche au ivᵉ siècle. Une approche spatiale », *SMSR* 81 (1), p. 90-104.

Saliou C. *et al.*
2012 *Les sources de l'histoire du paysage urbain d'Antioche sur l'Oronte*, Paris.

Sartre A.
1989 « Architecture funéraire de la Syrie », dans Dentzer, Orthmann (dir.) 1989, p. 423-446.

Sartre-Fauriat A.
2001 *Des Tombeaux et des morts. Monuments funéraires, société et culture en Syrie du Sud du Iᵉʳ av. J.-C. au viiᵉ ap. J.-C.* (BAH 158), Beyrouth.

Sartre M.
1993 « Communautés villageoises et structures sociales d'après l'épigraphie de la Syrie du Sud », dans A. Calbi, A. Donati, G. Susini, G. Poma (dir.), *L'Epigrafia del villaggio* (Epigrafia e antichità 12), Faenza, 1993, p. 117-135.
2001 *D'Alexandre à Zénobie. Histoire et archéologie du Levant antique, ivᵉ siècle av. J.-C.-iiiᵉ siècle ap. J.-C.*, Paris.

Seyrig H.
1951 « Antiquités syriennes », *Syria* 28, p. 101-123.

Sinclair T.-A.,
1990 *Eastern Turkey: An Architectural and Archaeological Survey*, IV, Londres.

Sodini J.-P.,
1979 « L'artisanat urbain à l'époque paléochrétienne », *Ktema* 4, p. 71-119.
1986 « Les "tombes privilégiées" dans l'Orient chrétien (à l'exception du diocèse d'Égypte) », dans Y. Duval, J.-Ch. Picard (dir.), *L'inhumation privilégiée du ivᵉ au viiiᵉ siècle en Occident. Actes du colloque tenu à Créteil les 16-18 mars 1984*, Paris, 1986, p. 233-243.
1988a « Travaux récents sur des bâtiments byzantins et géorgiens à l'ouest d'Antioche », *JRA* 1, p. 229-234.
1988b « Géographie historique et liturgie : l'opposition entre Antiochène et Apamène », dans H. Ahrweiler (dir.), *Géographie historique du monde méditerranéen* (Byzantina Sorboniensa 7), Paris, 1988, p. 203-220.
1989 « Les églises de Syrie du Nord », dans Dentzer, Orthmann (dir.) 1989, p. 347-372.
1990a « Une particularité des églises du Ǧebel Bārīšā : les chevets à compartiments central rectangulaire »,

dans G. Tate *et al.*, « La mission de Haute Syrie (Massif Calcaire) de l'IFPO : résultats des recherches en cours », *AAAS* 40, 1990, p. 164-165.

1990b « Villes et campagnes en Syrie du Nord : échanges et diffusion des produits d'après les témoignages archéologiques », dans A. Aerts, J. Andreau, P. Ørsted (dir.), *Models of Regional Economies in Antiquity and the Middle Ages to the 11th Century. Proceedings of the Tenth International Economic History Congress, Leuven, August 1990* (Studies in Social and Economic History 14), Louvain, 1990, p. 72-83.

1994 « Le goût du marbre à Byzance : sa signification pour les byzantins et les non-byzantins », *Cahiers Balkaniques* 1, p. 177-201.

1995 « Un templon byzantin à Saint-Syméon près d'Alep (Qalʿat Semʿan) », dans B. Borkopp, B.-M. Schellewald, L. Theis (dir.), *Studien zur byzantinischen Kunstgeschichte : Festschrift für Horst Hallensleben zum 65. Geburtstag*, Amsterdam, 1995, p. 99-109.

1993a « La contribution de l'archéologie à la connaissance du monde byzantin (IVe-VIIe s.) », *DOP* 47, p. 139-184.

1993b « Un type particulier d'acanthe à Qalʿat Semʿan : les feuilles à limbes recreusé en cuiller », dans L. Pressouyre (dir.), *L'acanthe dans la sculpture monumentale de l'Antiquité à la Renaissance*, Paris, 1993, p. 113-132.

2000 « Productions et échanges dans le monde protobyzantin (IVe-VIIe s.) : le cas de la céramique », dans K. Belke, F. Hild, J. Koder, P. Doustal (dir.), *Byzanz als Raum. Zu Methoden und Inhalten der historischen Geographie des Östlichen Mittelmeerraumes* (Österreichische Akademie der Wissenschaften. Philosophisch-Historische Klasse. Denkschriften, 283), Vienne, 2000, p. 181-196.

2003 « Archaeology and Late Antiquity social structure », dans L. Lavan, W. Bowden (dir.), *Theory and Practice in Late Antique Archaeology* (Late Antique Archaeology, 1), Leyde/Boston, 2003, p. 25-56.

2006 « Archéologie des églises et organisation spatiale de la liturgie », dans F. Cassingena-Tréverdy, I. Jurasz (dir.), *Les liturgies syriaques* (Études syriaques, 3), Paris, 2006, p. 229-266.

2007 « Saint Syméon, lieu de pèlerinage », *Les cahiers de Saint-Michel de Cuxa* 38, p. 107-120.

2010 « Saint-Syméon : l'influence de Saint-Syméon dans le culte et l'économie de l'Antiochène », dans J. La Genière, A. Vauchez, J. Leclant (dir.), *Les sanctuaires et leur rayonnement dans le monde méditerranéen de l'Antiquité à l'époque moderne. Actes du 20e colloque de la Villa Kérylos à Beaulieu-sur-Mer, les 9 et 10 octobre 2009* (Cahiers de la Villa Kérylos 21), Paris, 2010, p. 285-322.

2012 « Les stylites syriens (Ve-VIe siècles) entre cultes locaux et pèlerinages "internationaux" », dans A. Vauchez (dir.), *Le pèlerinage de l'Antiquité à nos jours. Actes du 130e Congrès national des sociétés historiques et scientifiques (La Rochelle, 2005)* (Actes des congrès nationaux des sociétés historiques et scientifiques 130), Paris, 2012, p. 5-23.

2017 « Saint-Syméon, lieu de pèlerinage », *Deltion of the Christian Archaeology Society* 38, p. 1-32.

Sodini J.-P. *et alii*

1980 « Déhès (Syrie du Nord), campagnes I-III (1976-1978) ; recherches sur l'habitat rural », *Syria* 57, p. 1-308.

1995 « Découvertes récentes à Qal'at Sem'an », dans E. Dassmann, J. Engemann (dir.), *Actes du XIIe Congrès international d'archéologie chrétienne, Bonn, 22-28 septembre 1991* (Studia di antichita christiana 52 ; Jahrbuch für Antike und Christentum. Ergänzungsband 20 1), Bonn, 1995, p. 348-368.

2002-2003 « Qalʿat Semʿan et son environnement : essai de synthèse », *AAAS* 45-46, p. 345-357.

Sodini J.-P., Tate G.

1984 « Maisons d'époque romaine et byzantine (IIe-VIe siècles) du massif calcaire de Syrie du Nord, étude typologique », dans Balty (dir.) 1984, p. 377-393.

Sodini J.-P., Villeneuve F.

1992 « Le passage de la céramique byzantine à la céramique omeyyade en Syrie du nord, en Palestine et en Transjordanie », dans P. Canivet, J.-P. Rey-coquais (dir.), *La Syrie de Byzance à l'Islam, VIIe-VIIIe siècles. Actes du colloque international « De Byzance à l'Islam », Lyon/Paris, du 11 au 15 septembre 1990* (Institut français de Damas 137), Damas, 1992, p. 195-218.

Soler E.

2006 *Le sacré et le salut à Antioche au IVe siècle apr. J.-C. Pratiques festives et comportements religieux dans le processus de christianisation de la cité* (BAH 176), Beyrouth.

Sourdel-Thomine J.

1954 « Le peuplement de la région des "villes mortes" (Syrie du Nord) à l'époque ayyoubide », *Arabica* 1, p. 187-199.

1956 « Stèles arabes anciennes de Syrie du Nord », *AnArchSyr* 6, p. 11-38.

Stillwell R. (dir.)

1938 *The excavations of 1933-1936*, 2, Princeton.

1941 *The excavations of 1937-1939*, 3, Princeton.

Strube C.

1977 « Die Formegebung der Apsisdekoration in Qalbloze und Qalat Siman », *Jahrbuch für Antike und Christentum* 20, p. 181-191.

1978 « Baudekoration in den Kirchen des Nordsyrischen Kalksteinmassivs », *Archäologischer Anzeiger* 1, p. 577-601.

1979 «Tempel und Kirche in Me'ez » , *Istanbuler Mitteilungen* 29, p. 355-365.

1986 « Hauskirche und Einschiffige Kirche in Syrien : Beobachtungen zu den Kirchen von Marmaya, Isruq, Nuriye und Banaqfur », dans O. Feld,

U. Peschlow (dir.), *Studien zur spätantiken und byzantinischen Kunst, F. W. Friedrich Wilhelm Deichmann gewidmet*, I, Bonn, 1986, p. 109-123.

1993 *Baudekoration im Nordsyrischen Kalksteinmassiv, 1. Kapitell-, Tür- und Gesimsformen der Kirchen des 4. und 5. Jahrhunderts n. Chr.* (Damaszener Forschungen 5), Mainz am Rhein.

2002 *Baudekoration im Nordsyrischen Kalksteinmassiv, 2. Das 6. und frühe 7. Jahrhundert* (Damaszener Forschungen 11), Mainz am Rhein.

Suleiman F.

2012 *Étude archéologique des ğebels Barīšā et il-A'la, complément d'inventaire et relevés des villages*, Thèse de doctorat, Versailles/St Quentin en Yvelines.

Surrel N.

1983 *Recherches sur les chevets d'église de Syrie du Nord (Gebel Barisa et Gebel Ala) et diffusion du chevet tripartite à abside inscrite*, Thèse de doctorat, Université Paris I-Panthéon Sorbonne.

Tate G.

1988a « Mutabilité des économies antiques : l'exemple de la Syrie du Nord (IVe-VIe siècles) », dans P.-L. Gatier, B. Helly, J.-P. Rey-coquais (dir.), *Géographie historique au Proche-Orient : Syrie, Phénicie, Arabie grecques, romaines, byzantines. Actes de la table ronde de Valbonne, 16-18 septembre 1985* (Notes et monographies techniques 23), Paris, 1988, p. 249-256.

1988b « Archéologie sérielle et histoire rurale : le cas du massif calcaire dans la Syrie du Nord », dans G. Noyé (dir.), *Castrum* 2. *Structures de l'habitat et occupation du sol dans le pays méditerranéens : les méthodes et l'apport de l'archéologie extensive* (Collection de l'École française de Rome 105) Rome/Madrid, 1988, p. 107-114.

1989a « La Syrie à l'époque byzantine : essai de synthèse », dans Dentzer, Orthmann (dir.) 1989, p. 97-116.

1989b « Les campagnes de la Syrie du Nord à l'époque proto-byzantine », dans C. Morrisson, J. Lefort (dir.), *Hommes et richesses dans l'Empire byzantin*, I. *IVe-VIIe siècles* (Réalités Byzantines 1), Paris, 1989, p. 64-77.

1989c « Les paysages ruraux en Syrie du Nord à l'époque romano-byzantine », dans P. Matthiae, M.-N. van Loone, H. Weiss (dir.), *Resurrecting the Past. A Joint Tribute to Adnan Bounni* (Uitgaven van het Nederlands Historisch-Archaeologisch Instituut te Istanbul 67), Istanbul, 1989, p. 379-386.

1990 « Les relations économiques entre ville et campagne autour d'Antioche en Syrie du Nord (début du IIe siècle-début du VIIe siècle ap. J. C.) », dans A. Aerts, J. Andreau, p. Ørsted (dir.), *Models of Regional Economies in Antiquity and the Middle Ages to the 11th Century. Proceedings: Tenth International Economic History Congress, Leuven, August 1990* (Studies in Social and Economic History 14), Louvain, 1990, p. 84-92.

1991a « Prospérité économique de la Syrie du Nord byzantine (IVe-VIIe s.) », dans V. Fuglestad-aumeunier (dir.), *Alep et la Syrie du Nord, Revue du monde musulman et de la Méditerrané* 62, p. 41-47.

1991b « Les métiers dans les villages de la Syrie du Nord », *Ktèma* 16, p. 73-78.

1992a *Les campagnes de la Syrie du Nord du IIe au VIIe siècle : un exemple d'expansion démographique et économique à la fin de l'antiquité* (BAH 133), Paris.

1992b « Prospérités des villages de la Syrie du Nord au VIe siècle », dans S.-A. Boyd, M. Mundell Mango, G. Vikan (dir.), *Ecclesiastical Silver Plate in Sixth-Century Byzantium. Papers of the symposium held May 16-18, 1986, at the Walters Art Gallery, Baltimore, and Dumbarton Oaks, Washington D. C.*, Washington DC, 1992, p. 93-99.

1992c « Frontière et peuplement en Syrie du Nord et en Haute Mésopotamie entre le IVe et le XIe siècle », dans J.-M. Poisson (dir.), *Castrum* 4. *Frontière et peuplement dans le monde méditerranéen au Moyen Âge. Actes du colloque d'Erice-Trapani (Italie), tenu du 18 au 25 septembre 1988* (Collection de l'École Française de Rome 105 – Collection de la Casa de Velazquez 38), Rome/Madrid, 1992, p.151-160.

1993 « Assetto del villaggio », dans A. Guillou (dir.), *La civiltà bizantina: oggetti e messagio. Architettura e ambiente di vita* (Corsi di studi / Università degli studi di Bari, Centro di studi bizantini 6), Rome, 1993, p. 75-166.

1994 « À propos des cadastres romains du nord de la Syrie », dans P.-N. Doukellis, L.-G. Mendoni (dir.), *Structures rurales et sociétés antiques. Actes du colloque de Corfou, 14-16 mai 1992* (Annales littéraires de l'université de Besançon. Centre de recherches d'histoire ancienne 126), Besançon, 1994, p. 443-451.

1995 « Le *latifundium* en Syrie : mythe ou réalité ? », dans *Du* latifundium *au* latifundo. *Un héritage de Rome, une création médiévale ou moderne ? Actes de la table ronde internationale du CNRS organisée a l'Université Michel de Montaigne-Bordeaux III, les 17-19 décembre 1992* (Publications du Centre Pierre Paris 25), Talence/Paris, 1995, p. 243-252.

1996 « Le problème de la défense et du peuplement de la steppe et du désert dans le nord de la Syrie entre la chute de Palmyre et le règne de Justinien », dans *Palmyra and the Silk Road. International Colloquium, Palmyra, 7-11 april 1992*, *AAAS* 42, 1996, p. 331-337.

1997a « Expansion d'une société riche et égalitaire : les paysans de Syrie du Nord du IIe siècle au VIIe siècle », *CRAI* 3, p. 913-941.

1997b « La maison rurale en Syrie du Nord », dans Castel *et al.* (dir.) 1997, p. 95-101.

1997c « Serğilla », dans E. M. Meyers (dir.), *The Oxford Encyclopedia of Archaeology in the Near East*, 5, New York, 1997, p. 4-6.

1997d « Un cas de croissance économique en zone marginale : la Syrie du Nord », *Histoire, économie et société* 16-3, p. 353-359.

2002-2003 « Les villages du Gebel Zawiyé et du Gebel Simʿan : éléments d'une étude comparée », *AAAS* 45-46, p. 331-340.

2004a « La Syrie-Palestine », dans C. Morrisson (dir.), *Le monde byzantin*, 1. *L'Empire romain d'Orient (330-641)*, Paris, 2004, p. 373-401.

2004b « Les relations villes-campagnes dans le nord de la Syrie entre le IVe et le VIe siècle », dans Cabouret, Gatier, Saliou (dir.) 2004, p. 311-318.

Tate G. *et alii*

2013 *Serğilla, Village d'Apamène. Une architecture de Pierre*, 1 (BAH 203), 2 vol, Beyrouth.

Tchalenko G.

1951 « La Syrie du Nord, étude économique », dans *Actes du VIe Congrès international d'études byzantines, Paris, 27 juillet-2 août 1948,* 2 vol., Paris, 1951, p. 389-396.

1953-1958 *Villages antiques de la Syrie du Nord : le massif du Bélus à l'époque romaine* (BAH 50), 3 vol., Paris.

1971 « Traits originaux du peuplement de Haute-Syrie du Ier au VIIe siècle », *AAAS* 21, p. 289-292.

1973 « Travaux en cours dans la Syrie du Nord », *Syria* 50, p. 115-136.

1990 *Églises de village de la Syrie du Nord,* III. *Texte. Églises syriennes à Bêma* (BAH 105), Paris.

Tchalenko G., Baccache E.

1979 *Églises de village de la Syrie du Nord*, I. *Planches* (BAH 105), Paris.

1980 *Églises de village de la Syrie du Nord*, II. *Album* (BAH 105), Paris, 1980.

Touma M.

1984 *La céramique byzantine de la Syrie du Nord du IVe au VIe siècle*, Thèse de doctorat, Université Paris I – Panthéon-Sorbonne.

Traboulsi M.

1993 « Le régime pluvio-thermique des massifs calcaires du nord de la Syrie : variabilité spatiale et temporelle », *Hannon, Revue libanaise de géographie* 22, p. 71-86.

2010 « Les précipitations dans les marges arides de la Syrie du Nord », dans Gatier, Geyer, Rousset (dir.) 2010, p. 73-95.

Ulbert T.

1986 *Resafa*, II. *Die Basilika des Heiligen Kreuzes in Resafa-Sergiupolis*, Mainz am Rhein.

Van den ven P.

1962 *La Vie Ancienne de S. Syméon Stylite le Jeune (521-592)* (Subsidia Hagiographica 32), Bruxelles.

Van Limbergen D.

2015 « Figuring out the balance between intra-regional consumption and extra-regional export of wine and olive oil in late Antique Northern Syria », dans A. Diler, A. K. Şenol, Ü. Aydinoğlu (dir.), *Olive Oil and Wine Production in Eastern Mediterranean During Antioquity. International Symposium Proceedings, 17-19 November 2011, Urla*, Izmir, 2015, p.169-189.

Vannesse M.

2011 « La mise en valeur de la plaine du Ghâb dans l'Antiquité. Étude du paysage rural d'Apamée de Syrie », *Syria* 88, p. 285-300.

Villeneuve F.

1983 *Recherches sur les villages antiques du Haurâne : Ier siècle av. J.-C.-VIIe siècle ap. J.-C. Le peuplement, les maisons rurales*, Thèse de doctorat, Université Paris I – Panthéon-Sorbonne.

1985 « L'économie rurale et la vie des campagnes dans le Hauran antique (Ier siècle avant J. C.-VIe siècle après J. C.) », dans J.-M. Dentzer (dir.), *Hauran*, I. *Recherches archéologiques sur la Syrie du Sud à l'époque hellénistique et romaine* (BAH 124), Paris, 1985, p. 63-136.

1986 « Contribution de l'archéologie à l'histoire économique et sociale des villages du Hawran (IVe-VIIe siècles ap. J.-C.) », dans M.-A. Bakhit, M. Asfour (dir.), *Proceedings of the Symposium on Bilad al-Sham during the Byzantine Period : November 15-19, 1983*. vol. 2, *English Section*, Amman/Irbid, 1986, p. 108-119.

Villeneuve F., Sadler S.

2001 « Occupation des sols et vestiges architecturaux sur les marges arides de Syrie du Sud : l'exemple de Diyatheh », dans Geyer (dir.) 2001, p. 159-187.

Vogüe M.

1865-1877 *Syrie Centrale : architecture civile et religieuse du Ier au VIIe* siècle, 2 vol, Paris.

Vokaer A.

2007 « La *Brittle Ware* byzantine et omeyyade en Syrie du Nord », dans M. Bonifay, J.-C. Tréglia (dir.), *LRCW 2. Late Roman Coarse Wares, Cooking Wares and Amphorae in the Mediterranean: Archeaology and Archaeometry* (BAR IS 1662), Oxford, 2007, p. 701-714.

2009 « Brittle Ware trade in Syria between the 5th and the 8th centuries », dans M. Mundell Mango (dir.), *Byzantine Trade, 4th-12th Centuries. The Archaeology of Local, Regional and International Exchange. Papers of the 38th Spring Symposium of Byzantine Studies, St John's College, University of Oxford, March 2004* (Society for the Promotion of Byzantine Studies 14), Aldershot, 2009, p. 121-136.

Vorderstrasse T.

2004 « The Romanization and Christianization of the Antiochene region: material evidence from three sites », dans I. Sandwell, J. Huskinson (dir.), *Culture and Society in Later Roman Antioch. Papers from a colloquium, London, 15th December 2001*, Oxford/Oakville, 2004, p. 86-101.

Waliszewski T.

2009 « Du temple païen à la basilique chrétienne à Chhîm (Liban Sud). Évolution tardive du sanctuaire (fin IIIe-VIIIe siècles apr. J.-C.) », *Topoi* 16, p. 93-106.

WALISZEWSKI T.
2014 *Elaion: Olive Oil Production in Roman and Byzantine Syria-Palestine* (Polish archaeology in the Mediterranean monograph series 6), Varsovie.

WEULERSSE J.
1934 « Antioche, essai de géographie urbaine », *BEO* 4, p. 27-79.
1940 *L'Oronte. Étude d'un fleuve*, Tours.
1946 *Paysans de Syrie et du Proche-Orient*, Paris.

WICKHAM C.
2005 *Framing the Early Middle Ages. Europe and the Mediterranean, 400-800*, Oxford/New York/Auckland.

WILKINSON J
1993 « Christian worship in the Byzantine period », dans Y. Tsafir (dir.), *Ancient Churches Revealed*, Jérusalem, 1993, p. 17-22.

WILL E.
1949 « La tour funéraire en Syrie et les monuments apparentés », *Syria* 26, p. 258-312.
1997 « Antioche sur l'Oronte, Métropole de l'Asie », *Syria* 74, p. 99-113.

ZERBINI A.
2012 « Landscapes of production in Late Antiquity : wineries in the Jebel al-'Arab and Limestone Massif », dans A. Le Bihan, P.-M. Blanc, F. Braemer, J. Dentzer-Feydy, F. Villeneuve (dir.), *Territoire, architecture et matériel au Levant* (Colloques et journées d'études 1), Beyrouth, 2012, p. 36-64.

Annexes

Tableau des maisons

	Situation	Orientation	Appareil	Superficie	Étage	Datation	Nb de pièces	Figures
Maison 01	Quartier A ; extrémité occidentale du site ; maison isolée	Ouest	Orthogonal	Bât = = 231 m² Ensemble = 672 m²	un étage	VIᵉ siècle	2	fig. 19, 105
Construction 02	Quartier A	Ind.	Orthogonal	Ind.	pas d'étage	Ind.	ind.	fig. 19
Maison 03	Quartier A ; îlot 01	Sud	Orthogonal	Bât = 140 m² Ensemble = 360 m²	ind.	VIᵉ siècle	3	fig. 19
Maison 04	Quartier A ; îlot 01	Est	Orthogonal	Bât = 52 m² Ensemble = Ind.	un étage	VIᵉ siècle	4 ou 5	fig. 19, 96, 97, 98, 121
Maison 05	Quartier A ; îlot 01	Est	Orthogonal	Bât. = 119 m² Ensemble = 497 m²	un étage	VIᵉ siècle	4	fig. 19, 98, 99, 100, 295, 298
Maison 06	Quartier A ; îlot 01	Est	Orthogonal	Bât = 96 m²	un étage	Vᵉ siècle	2	fig. 19, 67, 68, 100
Construction 07	Quartier A, à proximité de la grande carrière	Nord	Orthogonal	Ind.	ind.	Vᵉ siècle	ind.	fig. 68
Maison 08	Quartier A ; sud-est de la grande carrière	Est	Orthogonal	Bât. = 56 m²	pas d'étage	Vᵉ siècle	1	fig. 19, 68
Construction 09	Quartier B	Est	Polygonal de grand module	Ind.	ind.	II-IIIᵉ siècle	ind.	fig. 20, 33
Construction 10	Quartier A	Ind.	Orthogonal	Ind.	ind.	Ind.	ind.	fig. 19

Maison 11	Quartier A ; maison isolée	Est	Orthogonal	Bât. = 45, 5 m²	un étage	ve siècle	1	fig. 19, 68, 69, 70, 71, 72
Maison 12	Quartier A ; maison isolée	Est	Orthogonal	Bât. = 36 m²	un étage	ve siècle	1	fig. 19, 68, 72
Construction 13	Quartier A ; maison isolée	Ind.	Orthogonal	Ind.	ind.	Ind.	ind.	fig. 19
Maison 14	Quartier A ; maison isolée	Est	Orthogonal	Bât. = 123, 5 m²	pas d'étage	ve siècle	2	fig. 19, 111
Construction 15	Quartier A ; îlot 02	Ind.	Orthogonal	Ind.	un étage	ve siècle	ind.	fig. 19, 73, 75, 76
Maison 16	Quartier A ; îlot 02	Nord	Orthogonal	Bât. = 140 m²	un étage	ve siècle	2	fig. 19, 73, 74
Maison 17	Quartier A ; îlot 03	Sud	Orthogonal	Bât. = 156 m² Ensemble~580 m²	ind.	ve siècle	3 (?)	fig. 19, 77, 78, 150, 236, 251
Construction 18	Quartier A ; îlot 03	Nord	Orthogonal	Bât. = 256 m²	pas d'étage	ve siècle	ind.	fig. 19, 79, 80, 241
Construction 19	Quartier A ; îlot 03	Sud	Orthogonal	Ind.	ind.	ve siècle	2	fig. 19
Maison 20	Quartier A ; maison isolée	Nord	Orthogonal	Bât. = 84 m² Ensemble = 625 m²	un étage	vi^e siècle	2	fig. 19, 101, 117
Maison 21	Quartier A ; maison isolée	Sud	Orthogonal	Bât. = 156 m² Ensemble = 312 m²	un étage	vi^e siècle	2	fig. 19, 102, 103, 104
Maison 22	Quartier A ; îlot 04	Sud	Orthogonal	Bât. = 98 m²	un étage	ve siècle	ind.	fig. 19, 81

	Situation	Orientation	Appareil	Superficie	Étage	Datation	Nb de pièces	Figures
Maison 23	Quartier A ; îlot 04	Sud	Orthogonal	Bât. = 105 m²	un étage	ve siècle	2	fig. 19, 81
Construction 24	Quartier A ; îlot 04	Ind.	Orthogonal	Bât. = 91 m²	ind.	ve siècle	ind.	fig. 19, 81
Construction 25	Quartier A	Ind.	Orthogonal	Ind.	ind.	vie siècle (?)	ind.	fig. 19, 110
Construction 26	Nord du quartier A	Ind.	Orthogonal	Ind.	ind.	vie siècle	ind.	fig. 18
Maison 27	Quartier A	Est	Orthogonal	Bât. = 154 m² Ensemble = 572 m²	un étage	ve siècle	3	fig. 19, 82, 83, 115, 149e
Construction 28	Quartier A	Ouest (?)	Orthogonal	Ensemble = 725 m²	ind.	ve siècle	ind.	fig. 28
Maison 29	Quartier B	Sud	Orthogonal	Bât. = 93, 5 m² Ensemble = 187 m²	ind.	ve siècle	2	fig. 20
Maison 30	Quartier B	Sud	Orthogonal	Bât. = 126 m² Ensemble = 294 m²	un étage	ve siècle	2	fig. 20, 66, 112, 113, 127, 128, 131
Maison 31	Quartier B	Sud	Polygonal	Ind.	pas d'étage	ive siècle	ind.	fig. 20, 159
Construction 32	Quartier B	Ouest	Polygonal	Ind.	pas d'étage	ive siècle	ind.	fig. 20
Construction 33	Quartier B	Sud	Polygonal	Ind.	ind.	ive siècle	2	fig. 20
Maison 34	Quartier B ; îlot 06	Est	Orthogonal	Ind.	ind.	ve siècle	1	fig. 20
Maison 35	Quartier B; îlot 06	Sud	Polygonal	Ind.	pas d'étage	ive siècle	1 (?)	fig. 20

Maison 36	Quartier B; îlot 06	Sud	Polygonal	Bât. = 56 m²	pas d'étage	IVᵉ siècle	1	fig. 20
Maison 37	Quartier B; îlot 06	Sud/Est	Orthogonal	Bât. = 52, 5 m² Ensemble = Ind.	un étage	Vᵉ siècle	1	fig. 20, 235 240, 242
Maison 38	Quartier B; îlot 06	Nord	Polygonal	Bât. = 52, 5 m² Ensemble = Ind.	ind.	IVᵉ siècle	1	fig. 20
Maison 39	Quartier B; îlot 06	Nord	Mixte	Bât. = 59, 5 m² Ensemble = Ind.	un étage	IVᵉ siècle	1	fig. 20, 35, 36, 37, 136, 137
Maison 40	Quartier B; îlot 06	Est (?)	Polygonal	Bât. = 107 m²	pas d'étage	IIIᵉ siècle	ind.	fig. 20
Maison 41	Quartier B; îlot 06	Sud	Polygonal	Bât. = 49 m² Ensemble = 84m²	pas d'étage	IIIᵉ siècle	1	fig. 20
Maison 42	Quartier B; îlot 06	Sud	Polygonal	Bât. = 64 m²	pas d'étage	IIIᵉ siècle	1	fig. 20
Maison 43	Quartier B; îlot 06	Sud	Polygonal	Ind.	ind.	IIIᵉ siècle	2	fig. 20
Maison 44	Quartier B; îlot 06	Sud	Orthogonal	Ind.	un étage	IV-Vᵉ siècle	ind.	fig. 20, 62, 64, 65
Maison 45	Quartier B; îlot 06	Sud	Polygonal	Bât. = 56 m²	un étage	IVᵉ siècle	1	fig. 20, 38, 50a, 130
Maison 46	Quartier B	Sud	Polygonal	Ind.	ind.	IVᵉ siècle	2 (?)	fig. 20
Maison 47	Quartier B	Ouest	Polygonal	Ind.	ind.	IVᵉ siècle	1	fig. 20, 122
Maison 48	Quartier B	Est	Polygonal	Ind.	un étage	IVᵉ siècle	1	fig. 20, 39, 49b, 50c

	Situation	Orientation	Appareil	Superficie	Étage	Datation	Nb de pièces	Figures
Maisons 49a, b et c	Quartier B ; îlot 08	Sud	Orthogonal	Ensemble = 1105 m^2	un étage	ve siècle	ind.	fig. 20, 84, 85, 135a
Maison 50	Quartier B	Ind.	Polygonal	Ind.	un étage	IVe siècle	ind.	fig. 20
Maison 51	Quartier B	Ind.	Polygonal de grand module	Ind.	ind.	IIIe siècle	ind.	fig. 20, 32
Maison 52	Quartier C	Ouest	Orthogonal	Ind.	un étage	ve siècle	1	fig. 20, 86
Maison 53	Quartier C	Ouest	Orthogonal	Bât. = 48 m^2	pas d'étage	ve siècle	1	fig. 20, 498
Maison 54	Quartier C	Sud	Orthogonal	Bât. = 91 m^2 Ensemble = 325m^2	pas d'étage	ve siècle	2	fig. 20, 87, 120
Maison 55	Quartier C	Ouest	Orthogonal	Bât. = 150 m^2	ind.	VIe siècle	2 (?)	fig. 20
Maison 56	Quartier C	Ouest (?)	Orthogonal	Bât. = 56 m^2	ind.	ve siècle (?)	1	fig. 20
Maison 57	Quartier C ; îlot 09	Ouest	Polygonal	Bât. = 56 m^2	pas d'étage	IVe siècle	1	fig. 20, 34
Maison 58	Quartier C ; îlot 09	Est	Polygonal	Bât. ~112 m^2 Ensemble~240 m^2	pas d'étage	IVe siècle	2	fig. 20, 118
Maison 59	Quartier C	Ouest	Orthogonal	Bât. ~50 m^2	un étage	ve siècle	1 (?)	fig. 20
Maison 60	Quartier C	Ouest	Orthogonal	Bât. = 105 m^2	ind.	VIe siècle	2	fig. 20, 106, 283, 398
Maison 61	Quartier D	Sud	Polygonal	Ind.	ind.	IVe siècle	1	fig. 21

Maison 62	Quartier D ; îlot 10	Sud	Mixte	Bât. = 60 m² Ensemble = 84 m²	ind.	IVᵉ siècle	1 (?)	fig. 21, 52
Maison 63	Quartier D; îlot 10	Sud	Polygonal	Bât. = 91 m² Ensemble ~117 m²	un étage	IVᵉ siècle	2	fig. 21, 52
Maison 64	Quartier D; îlot 10	Ouest	Orthogonal	Bât. = 56 m² Ensemble = 104 m²	un étage	IV-Vᵉ siècle	1	fig. 21, 52, 53, 54, 135b
Maison 65	Quartier D; îlot 10	Sud	Orthogonal	Ind.	un étage	Vᵉ siècle	ind.	fig. 21, 52, 55, 135c
Construction 66	Quartier D	Ind.	Orthogonal	Bât.~126 m²	ind.	Vᵉ siècle	ind.	fig. 21, 52
Maison 67	Quartier D; îlot 11	Sud	Orthogonal	Ind.	un étage	Vᵉ siècle	1 (?)	fig. 21, 56, 135d
Maison 68	Quartier D; îlot 11	Ouest	Orthogonal	Bât. = 98 m² Ensemble = 336 m²	un étage	405	2	fig. 21, 57, 58, 59, 60, 146147, 149c, 150, 153
Construction 69	Quartier D	Ouest	Polygonal	Ind.	ind.	IVᵉ siècle	1 (?)	fig. 21, 41, 47, 49c
Maison 70	Quartier D	Est	Orthogonal	Bât. = 210 m² Ensemble = 870 m² Huilerie = 91 m²	un étage	Vᵉ siècle	5	fig. 21, 94, 95, 129, 150
Construction 71	Quartier D	Ind.	Orthogonal	Ind.	ind.	Vᵉ siècle	ind.	fig. 21
Maison 72	Quartier D	Sud	Polygonal et orthogonal	Bât.a = 162 m² Bât.b = 67, 5 m² Bât.c = 56 m² Bât. abc = 288 m² Ensemble = 928 m²	un étage	IV-Vᵉ siècle	4	fig. 21, 40, 41, 149a
Construction 73	Quartier D	Sud	Polygonal	Ind.	ind.	IVᵉ siècle	2	fig. 21, 40, 41

	Situation	Orientation	Appareil	Superficie	Étage	Datation	Nb de pièces	Figures
Maison 74	Quartier D	Sud	Polygonal	Bât = 72 m²	pas d'étage	IVe siècle	2	fig. 21, 40, 41
Maison 75	Quartier D	Nord	Polygonal	Bât = 60 m² ; Ensemble avec l'étable = 130 m²	pas d'étage	IVe siècle	2	fig. 21, 40, 41, 42, 43
Construction 76	Quartier D	Ind.	Polygonal	Ind.	ind.	IVe siècle (?)	ind.	fig. 21
Maison 77	Quartier D	Sud	Orthogonal	Bât = 84 m² Ensemble = 255 m²	un étage	Ve siècle	2	fig. 21, 61, 116, 141, 144a
Construction 78	Quartier D	Ind.	Rupestre	Ind.	ind.	IVe siècle (?)	ind.	fig. 21
Construction 79	Quartier E	Sud	Rupestre	Bât = 56 m²	pas d'étage	IVe siècle (?)	ind.	fig. 29
Construction 80	Quartier E	Sud	Rupestre	Ind.	pas d'étage	IVe siècle	ind.	fig. 29
Maison 81a	Quartier E	Nord	Polygonal	Bât.a = 72 m² Ensemble = 162 m²	un étage	IVe siècle	1	fig. 31, 44, 45, 46, 88
Maison 81b et c	Quartier E	Sud	Orthogonal	Bât.b = 97, 5 m² Bât.c = 36 m² Ensemble = 380 m²	un étage	Ve siècle	3	fig. 88, 89, 90, 91, 9
Maison 82	Quartier E	Sud	Polygonal	Ind.	pas d'étage	IVe siècle	1	fig. 48
Construction 84	Quartier E	Ind.	Polygonal	Ind.	ind.	IVe siècle	ind.	fig. 29

ÉLÉMENTS D'ARCHITECTURE LOCALISÉS DANS LE BÂTIMENT FORTIFIÉ

	Localisation	Indentification	Dimensions	Description	Figures
Bloc 01	Tour T. II, 2e assise au-dessus de la base moulurée	Pilastre engagé ? Trumeau ? Correspondance avec B. 02 et B. 03	Ép = 47, H = 60, L = 134	Le bloc (type I) présente une seule face moulurée. Il comprend deux groupes de moulures séparées par un large espace. • Profil de la moulure : bandeau, anglet, tore seg., anglet, bandeau, anglet, tore seg., anglet, bandeau. Les congés en contre-profil à l'extrémité des moulures indiquent que le bloc occupait l'extrémité de l'élément d'architecture qu'il intégrait.	fig. 465, 421 ,471
Bloc 02	Tronçon de rempart M. II, proche de la tour T. II ; 3e assise	Pilastre engagé ? Trumeau ? Correspondance avec B. 01 et B. 03	Ép = 47, H = 50, L = 133	Le bloc (type I) présente une seule face moulurée. Celle-ci constitue le lit de pose de l'assise supérieure. Les congés en contre-profil qui terminent les moulures indiquent que le bloc appartenait initialement à l'extrémité d'un élément d'architecture de type pilastre ou trumeau. Le profil des moulures est identique à celui de l'élément B. 01. • Profil de la moulure : bandeau, anglet, tore seg., anglet, bandeau, anglet, tore seg., anglet, bandeau, large espace, bandeau, anglet, tore seg., anglet, bandeau, anglet, tore seg., anglet, bandeau.	fig. 465, 466,471
Bloc 03	Face occidentale de la tour T. II ; 4e assise	Pilastre engagé ? Trumeau ? Correspondance avec B. 01 et B. 02	Ép = 48, H = 52, L = 137	Le bloc (type I) présente une seule face moulurée. Celle-ci est exposée du côté du parement externe du mur. La composition de la moulure est identique aux blocs B. 01 et B. 02, à l'exception de l'absence du congé en contre-profil.	fig. 465, 471
Bloc 04	Secteur II ; élément localisé dans le mur nord commun aux salles S. I et S. II	Élément provenant du pilastre situé à l'extrémité ouest des arcs de la nef ? Élément de porche ?	Ép. = 85, H = 50, L = 92	Le bloc presque carré est mouluré sur trois côtés (type III). Sur chaque face, le tore segmentaire central est plus large que les autres. • Profil de la moulure sur les côtés :bandeau, anglet, tore seg., bandeau, anglet, tore seg., anglet bandeau, tore seg., bandeau. • Profil de la moulure sur le côté principal : bandeau, anglet, tore seg., bandeau, anglet, tore seg., anglet, bandeau, tore seg., anglet, bandeau.	fig. 465, 473

	Localisation	Indentification	Dimensions	Description	Figures
Bloc 05	Secteur III ; élément localisé dans l'enceinte ouest ; mur M. IX ; 3e assise	Situation initiale indéterminée ; correspondance avec B. 06	Ép = 50, H = 87, L = 120	Le bloc rectangulaire (type V) est mouluré sur trois côtés. Il se divise en deux parties inégales qui se distinguent par deux groupes de moulures différentes. Cette rupture est marquée par un décrochement dans le lit supérieur du bloc. Au-delà de cette retaille, les côtés se composent exclusivement de cannelures à arêtes plate • Profil de la moulure sur un petit côté et les 2/3 de la surface du grand côté : tore seg., anglet, bandeau, anglet, tore qui fait l'angle du bloc, anglet, bandeau, anglet, tore seg., anglet, bandeau, tore seg. coupé en son milieu par une autre série de moulures.	fig. 415 465, 475
Bloc 06	Enceinte ouest ; mur M. VIII ; 2e assise	Situation initiale indéterminée ; correspondance avec B. 05	Ép. = 50, H = 88,5, L = 120	Le bloc (type V), mal conservé, est doté de trois retailles réalisées *a posteriori*. La partie cannelée qui compose l'autre partie du bloc est très endommagée. Comme le bloc B. 05, deux profils de moulures distinctes se partagent inégalement la surface du bloc. • Profil de la moulure sur un petit côté et les 2/3 de la surface du grand côté : tore seg., anglet, bandeau, anglet, tore qui fait l'angle du bloc, anglet, bandeau, anglet, tore seg., anglet, bandeau, un tore seg. coupé en son milieu par une autre série de moulures.	fig. 415, 465, 475
Bloc 07	Enceinte ouest ; mur M. VIII ; 1ère assise	Élément de porche (?)	Ép. = 50, H = ind., L = 88	La majeure partie du bloc (type VII) est enfouie sous terre. Un seul côté présente des moulures. • Profil de la moulure : tore seg., fasce, anglet, tore seg. à moitié enterré.	fig. 415, 465, 476
Bloc 08	Enceinte ouest ; mur M. VIII ; 1ère assise	Élément de Porche (?)	Ép = 44, H = 48, L = 84	Le bloc (type VII) présente un seul côté mouluré : • Profil de la moulure sur les côtés latéraux : tore seg. central bordé , un anglet, bandeau, un tore seg., anglet, bandeau. Un congé en contre-profil marque la terminaison des moulures.	fig. 415, 465, 476
Bloc 09	Enceinte ouest ; mur M. VIII ; 1ère assise	Élément de Porche (?)	Ép = 45, H = ind., L = 75	Le bloc (type IV) a été retaillé afin d'intégrer le mur construit lors de la réoccupation du bâtiment fortifié par une communauté musulmane. Deux côtés de l'élément sont moulurés. • Profil de la moulure : bandeau, anglet, tore seg., anglet, bandeau, anglet, tore qui marque l'angle du bloc, anglet.	fig. 415, 465

Bloc 10	Enceinte ouest ; mur M. VII ; 3e assise	Élément de Porche (?)	Ép. = 54, H = 60, L = 90	Le bloc rectangulaire (type IV) est mouluré sur deux côtés. • Profil de la moulure en partant du petit côté : demi tore seg., anglet, bandeau, anglet, tore d'angle, anglet, bandeau, anglet, tore seg., anglet, bandeau, anglet, tore d'angle, anglet. Sur la face principale, le tore seg. au centre de la moulure se termine par un congé en contre-profil.	fig. 415, 464, 474
Bloc 11	Secteur I ; élément localisé à deux mètres au nord-est de la tour T. II	Situation initiale indéterminée	Ép = 62, H = 51, L = 64	Le bloc, en grande partie enfoui sous terre, présente un seul côté mouluré. • Profil de la moulure : bandeau, anglet, tore seg., anglet, bandeau, anglet, tore seg., anglet, bandeau. Les extrémités de la moulure se terminent par un congé en contre-profil.	fig. 465
Bloc 12	Secteur I ; élément situé dans le secteur I, à proximité du mur M. III	Situation initiale indéterminée	Ép = ind., H = ind., L = ind.	Petit fragment très abîmé. Un seul côté semble être mouluré. Le profil se résume à un tore seg. encadré d'anglets. L'extrémité de la moulure se termine par un congé en contre-profil.	fig.465
Bloc 13	Secteur I ; élément situé dans les débris à l'intérieur de la tour T. IV	Situation initiale indéterminée	Ép = 35, H = 34, L = 58	L'élément est un petit fragment qui présente un côté mouluré : • Profil de la moulure : fasce, tore seg. encadré d'anglets, fasce, tore seg. encadré d'anglets, fasce.	fig. 465
Bloc 14	Secteur II ; élément localisé à quelques mètres au sud-est de S. IX	Élément de pilastre	Ép>50, H = 40, L = 90	Le bloc (type IV) en partie enterré offre trois côtés moulurés. • Profil de la moulure : fasce, anglet, tore seg., anglet, fasce. La moulure se termine par un congé en contre-profil. Le bloc occupait une place à l'extrémité de la structure qu'il intégrait.	fig. 465
Bloc 15	Secteur II ; élément situé derrière le chevet de l'église	Situation initiale indéterminée	Ép>50, H = 53, L>45	Le bloc (type VII) très fragmentaire comporte un seul côté mouluré. • Profil de la moulure : fasce, anglet, tore seg…	fig. 465
Bloc 16	Secteur III ; élément localisé à l'extérieur du bâtiment, côté ouest, au pied du Mur M. VII	Élément de pilastre	Ép = 38, H = 59, L = 90	Le bloc rectangulaire (type IV) est mouluré sur deux côtés. • Profil de la moulure du petit côté : demi tore seg., anglet, bandeau, anglet, tore d'angle, anglet, bandeau, anglet, tore seg., anglet, bandeau, anglet, tore d'angle, anglet. • Profil de la moulure : le tore seg. au centre de la moulure du côté principal se termine par un congé en contre-profil. Le bloc occupait donc une place à l'extrémité du pilastre auquel il appartenait.	fig. 465, 470, 474

	Localisation	Indentification	Dimensions	Description	Figures
Bloc 17	Secteur III ; élément localisé à l'extérieur du bâtiment, côté ouest, à l'angle de M. VII et M. VIII	Élément de pilastre	Ép = 45, H = 88, L = 47	Le bloc (type IV) a été retaillé probablement lors de la réoccupation de la communauté musulmane du bâtiment. Deux côtés sont décorés. • Profil de la moulure : demi-tore seg., anglet, bandeau, anglet, tore d'angle, anglet, bandeau, anglet, demi-tore seg.	fig. 465
Bloc 18	Secteur III ; élément localisé à l'intérieur du fortin, à proximité du mur ouest (M. VII, M. VIII, M. IX)	Base de pilier ; correspondance avec B. 19	Ép = 86, H = 63, L = 90	Le bloc (type II) présente une moulure sur deux côtés. • Profil de la moulure : bandeau, anglet, tore seg., tore seg., anglet, tore seg., anglet, bandeau, tore seg., anglet, bandeau. Les moulures s'achèvent au bas du bloc, indiquant l'emplacement de celui-ci à la base d'un pilastre d'angle. L'élément a pu appartenir à l'un des pilastres qui soutenait l'arc triomphal de l'église Est.	fig. 465, 469, 472
Bloc 19	Secteur III ; élément localisé à l'intérieur du fortin, à proximité du bloc B. 18.	Élément de pilier ; Correspondance avec B. 18	Ép = 90, H = 53, L = 90	Le bloc (type II) est en grande partie enterré. Les moulures sur deux côtés présentent un profil similaire à celui observé sur le bloc B. 18. • Profil de la moulure : bandeau, anglet, tore seg., bandeau, anglet, tore seg., anglet, bandeau, tore seg., anglet, bandeau.	fig. 465 468, 472
Bloc 20	Secteur III, élément localisé à l'intérieur de la mosquée	Bloc de corniche d'angle	Ép = 65, H = 47, L = 244	Le bloc (Type VI) présente des moulures supérieures qui longent toute sa longueur. Sa partie inférieure comporte le départ des moulures communes à tous les éléments de cette série. • Profil de la moulure supérieure : fasce, anglet, cavet, baguette, canal, tore seg., fasce, fasce, canal, tore. • Profil de la moulure inférieure : bandeau, anglet, tore seg., anglet, bandeau, anglet, tore seg., anglet.	fig. 465, 477a, 478, 479
Bloc 21	Secteur III ; élément remployé dans le mur nord de S. V	Élément de pilier ; correspondance avec B. 20	Ép = 53, H = 60, L = 140	Une grande partie du bloc (type VI) a été bûchée. Deux côtés sont moulurés. • Profil de la moulure sculptée sur le long côté :bandeau, anglet, tore seg., anglet, bandeau, anglet, tore seg., anglet, bandeau. • Profil de la moulure du petit côté, actuellement dissimulé dans l'appareil du mur : bandeau, anglet, tore seg., anglet, bandeau, anglet, tore seg., anglet, bandeau.	fig. 465, 477b, 480

Bloc 22	Secteur III ; élément situé devant l'entrée de la mosquée	Élément de pilier	Ép = 52, H = 54, L = 157	Seul le petit côté latéral présente des moulures. Les contours d'un grand médaillon (diam = 0,5 m) se dessinent sur l'un des côtés. Le symbole chrétien a été entièrement bûché lors de l'établissement de la communauté musulmane dans le secteur. • Profil de la moulure : bandeau, anglet, tore seg., anglet, bandeau, anglet, tore seg., anglet, bandeau. La moulure se termine par des congés en contre-profil.	fig. 465, 477c, 481
Bloc 23	Secteur III ; élément intégré dans le mur est de la cour s. v de la mosquée.	Pilastre engagé ?	Ép = 45, H = ind., L = ind.	Le petit bloc est en grande partie enterré. Un seul côté présente des moulures. • Profil de la moulure : bandeau, anglet, tore seg., anglet, bandeau, anglet, tore seg., anglet.	fig. 465

Éléments d'architecture remployés à l'intérieur du fortin dépourvus de la moulure commune

	Localisation	Indentification	Dimensions	Description	Figures
Bloc 24	Secteur I ; élément remployé dans le rempart méridional ; 7e assise chainée entre le mur M. II et la tour T. II	Demi-colonne engagée	Ép = 45, H = 48, L>84	Le bloc monolithe comprend deux parties : la partie rectiligne initialement engagée dans l'appareil d'un mur, et la partie semi-circulaire de la demi colonne actuellement intégrée dans l'épaisseur du mur de la tour T. II.	fig. 465
Bloc 25	Secteur I ; élément remployé dans le soubassement de la tour T. II	Seuil de porte	Ép = 50, H = ind., L = 125.	Le bloc présente la feuillure contre laquelle les battants de porte venaient buter, et les deux crapaudines qui permettaient de les faire pivoter.	fig. 465, 419, 421b
Bloc 26	Secteur I ; élément remployé dans le soubassement de la tour T. II	Corniche ?	Ép = ind., H = 48, L = 60.	Petit bloc mouluré sur un côté. • Profil de la moulure comprend, du bas vers le haut : fasce, tore, bandeau, cavet, arête, tore, bandeau.	fig. 465, 419, 421b

	Localisation	Indentification	Dimensions	Description	Figures
Bloc 27	Secteur I ; élément remployé dans l'enceinte sud (M. II) ; 6e assise	Bloc de console	Ép = 55, H = 57, L = 96.	L'élément sert de « linteau » à une petite fenêtre pratiquée dans l'enceinte. Le côté arrondi comporte un médaillon central représenté par une croix inscrite à l'intérieur d'un cercle. La croix est presque entièrement bûchée. À l'exception de la présence du médaillon, cette console est semblable au bloc B. 74.	fig. 428a 465
Bloc 28	Secteur I ; élément remployé dans l'enceinte orientale (M. III) ; 1e assise	Situation initiale indéterminée	Ép = ind., H = ind, L = ind.	Élément de faible largeur pourvu d'une feuillure permettant le maintien d'une plaque de parapet.	fig. 465
Bloc 29	Secteur I ; élément remployé dans le mur occidental de S. III	Linteau monumental	Ep = 52, H = 84, L = 251	Le linteau monumental comprend un chambranle à moulure continue surmonté d'une corniche dont la surface est entièrement bûchée. • Profil de la moulure du chambranle : fasce, fasce, tore, arête, gorge, anglet, bandeau. Les 19 denticules qui ornent le bandeau sont séparés par des motifs végétaux variés. Quatre d'entre eux représentaient des croix qui ont été martelées.	fig. 465, 435, 482, 483
Bloc 30	Secteur I ; élément remployé comme linteau entre les salles S. III et S. IV	Bloc d'architrave de portique	Ep = 50, H = 52, L = 61.	Le bloc est mouluré sur un côté. • Profil de la moulure : fasce, bande biseautée, anglet, bandeau (type T. II).	fig. 465
Bloc 31	Secteur I ; élément remployé dans la façade est de le salle S. VI ; 7e assise	Linteau	Ep = 45, H = 54, L = 174.	La partie décorée du bloc, très endommagée, est tournée du côté du parement interne de la construction. Les moulures ont été en partie martelées. • Profil de la moulure : fasce, fasce, doucine (type T. I).	fig. 439, 441, 465
Bloc 32	Secteur I ; élément remployé dans la façade nord de la salle S. VI	Console filante	Ep = 48, H = 52, L = 150.	La partie décorée est tournée du côté du parement interne de la construction. Le centre de la moulure indique un médaillon qui présente une croix à huit branches ancrées. • Profil de la moulure : fasce, bande biseautée, anglet, bandeau (type T. II).	fig. 441, 465
Bloc 33	Secteur II ; élément remployé dans le mur nord de l'églis	Trumeau à bandeau extérieur de moulures séparées ; correspondance avec B. 34 et B. 47	Ep = 53, H = 63, L = 113	• Profil de la moulure : fasce, filet, doucine, anglet, bandeau (type T. I).	fig. 169, 173, 176a, 465

Bloc 34	Secteur II ; élément remployé dans le mur nord de l'église	Montant de fenêtre ; correspondance avec B. 33 et B. 47	Ep = 53, H = 63, L = 44	L'élément est disposé à côté du bloc B. 33. • Profil de la moulure : fasce, filet, doucine, anglet, bandeau (type T. I).	fig. 173, 465
Bloc 35	Secteur II ; élément remployé dans le mur nord de la salle S. V	Linteau	Ép = 54, H = 42, L = 238	Le linteau est disposé à l'envers. Son côté principal, tourné du côté extérieur. Le centre de la bande biseautée est occupé par un petit médaillon représenté par une croix pattée inscrite à l'intérieur d'un cercle. • Profil de la moulure : fasce, bande biseautée, anglet, bandeau (type II).	fig. 465
Bloc 36	Secteur II ; élément remployé dans le mur nord de la salle S. V.	Linteau	Ep = 54, H = 69, L = 240	Le linteau est sommairement disposé sur le bloc B. 35. Son côté principal, tourné vers l'intérieur de l'espace S.V, est entièrement martelé.	fig. 465
Bloc 37	Secteur II ; élément remployé dans le mur ouest de la salle S. V	Linteau	Ép = 51, H = 47, L = 200	Le linteau se compose d'un chambranle à moulure continue surmonté d'une corniche. Le côté décoré, tourné vers l'intérieur de la pièce, est très érodé. • Profil de la moulure du chambranle : fasce, tore, réglet, cavet, anglet, bandeau (type III). • Profil de la corniche : La corniche est constituée d'une doucine, d'un anglet et d'un bandeau.	fig. 465, 447
Bloc 38	Secteur II ; élément remployé dans le mur ouest de la salle S. V	Situation initiale indéterminée	Ép = 51, H = 47, L = 54	L'élément comporte une partie évidée de forme ovale sur quasiment toute sa surface.	fig. 465
Bloc 39	Secteur II ; élément remployé dans le mur nord de l'église	Linteau	Ép = 52, H = 60, L = 240.	Le linteau repose en partie sur la porte ouest de la façade nord de l'église. Il ne présente aucun élément de décor.	fig. 176b, 465
Bloc 40	Secteur III ; élément remployé dans le mur nord de la cour S.V	Encadrement de fenêtre ; correspondance avec B. 41	Ép = 51, H = 88, L = 59	Les moulures, tournées du côté de la cour S.V, cernent deux côtés du bloc. Elles forment un retour à angle droit. • Profil de la moulure : fasce, doucine, anglet, bandeau (type I).	fig. 184, 465
Bloc 41	Secteur III ; élément remployé dans le mur est de la cour S.V	Encadrement de fenêtre ; correspondance avec B. 40	Ép = 51, H = 96, L = 59	La partie décorée est tournée du côté de la cour de la mosquée. • Profil de la moulure : fasce, doucine, anglet, bandeau (type I).	fig. 185, 465

	Localisation	Indentification	Dimensions	Description	Figures
Bloc 42	Secteur III ; élément remployé dans le mur est de la cour S.V	Trumeau de fenêtre à moulures circulaires séparées.	Ép = 50, H = 50, L = 80.	La plus grande partie du décor a été martelée au cours de la réoccupation musulmane du bâtiment fortifié. Dans son état initial, l'élément arborait des moulures circulaires vraisemblablement proches, ou peut-être identiques (?) de celles qui apparaissent sur le bloc B. 44. Il ne subsiste actuellement sur le bloc B. 42 plus que la moulure extérieure représentée par une fasce.	fig. 465
Bloc 43	Secteur I ; élément isolé au sud de l'édifice à abside saillante	Bloc curviligne provenant du couronnement d'une abside saillante ; correspondance avec B. 45	/	Le bloc mouluré provient de l'abside saillante du petit édifice protobyzantin construit à l'est de l'église sud. • Profil de la moulure : fasce, doucine, anglet, bandeau (type I).	fig. 202, 465
Bloc 44	Secteur I ; élément à terre situé dans la pièce S. II	Trumeau à moulures circulaires séparées	Ep = ind, H = 59, L = 86	Le bloc isolé à terre présente des moulures bien conservées. • Profil de la moulure : fasce, gorge, anglet et tore. Cet élément et le bloc B. 42 pourraient provenir d'un même monument.	fig. 465, 485
Bloc. 45	Secteur I ; élément situé à l'angle sud-ouest de la pièce S. V.	Bloc de couronnement d'abside ; correspondance avec B. 43.		Le bloc mouluré provient de l'abside saillante du petit édifice protobyzantin construit à l'est de l'église Sud. • Profil de la moulure : fasce, doucine, anglet, bandeau (type I).	fig. 465
Bloc. 46	Secteur II ; élément situé à l'intérieur de S. III	Encadrement de fenêtre mouluré	Ép = 51 ; H = 80 ; L = 99 Pm = 35	La moulure longe un seul côté du bloc, sur toute sa hauteur. • Profil de la moulure : fasce, fasce, filet, doucine, anglet, bandeau (type I).	fig. 465, 173
Bloc. 47	Secteur II ; élément situé à trois mètres environ au nord de S. IV	Sommier double ; correspondance avec B. 33 et B. 34	Ép = 53 ; H = 66 ; L.inf = 115 ; L.sup = 51 ; Pm = 36	Sommier double dont les extrémités curvilignes sont cernées de moulures. • Profil de la moulure : fasce, fasce, filet, doucine, anglet, bandeau (type I).	fig. 170, 173, 465
Bloc. 48	Proche du Secteur II ; élément situé au nord de S. IV	Claveau d'arc de décharge ; correspondance avec B. 60,61,62,63	Ép = 48 ; H = 70 ; L = 60	L'élément, en grande partie enterrée, ne dévoile pas son côté mouluré. Les dimensions du bloc, identiques à celles des claveaux localisés à proximité de la basilique, suggèrent une fonction initiale d'arc de décharge au-dessus des portes.	fig. 465

Bloc. 49	Secteur II ; élément situé à l'intérieur de la salle S. IV.	Bloc d'architrave	Ép = 50; H = 52; L = 160	Long bloc en grande partie enterré et dissimulé sous une couverture végétale très dense. Les moulures, semblables à celles des encadrements de fenêtre et de porte de la façade nord de l'église suggèrent un élément appartenant à un portique qui précédait la façade de l'édifice. Cette hypothèse est appuyée par la proximité des colonnes B. 50 et B. 51. • Profil de la moulure : fasce, fasce, doucine, anglet, bandeau (type I).	fig. 465
Bloc. 50	Secteur II ; élément situé à l'extérieur du bâtiment fortifié, à l'angle nord-ouest	Colonne	Diam.inf = 60 ; diam. sup = 55 ; H = 184.	Les dimensions et la situation de la colonne militent en faveur d'un élément d'architecture provenant d'un portique qui précédait la façade nord de l'église. Dans ce cas, l'élément s'associe avec la colonne B. 51 située dans le voisinage, ainsi qu'avec l'architrave B. 49.	fig. 446, 465
Bloc. 51	Secteur II ; élément situé à l'extérieur du bâtiment fortifié, à l'angle nord-ouest	Colonne	Diam.inf = 60 ; diam. sup = 55 ; H = 184	Les dimensions et la situation de la colonne militent en faveur d'un élément d'architecture provenant d'un portique qui précédait la façade nord de l'église. Dans ce cas, l'élément s'associe avec la colonne B. 50 située dans le voisinage, ainsi qu'avec l'architrave B. 49.	fig. 446, 465
Bloc. 52	Secteur II ; élément situé à l'intérieur du *martyrion*	Bloc de corniche	Ép = 47 ; H = 41 ; L = 120	L'élément, laissé à son point de chute, couronnait le sommet de la façade nord de la basilique. • Profil de la moulure : espace, doucine, anglet, bandeau (type I).	fig. 172, 194, 465
Bloc. 53	Secteur II ; élément remployé dans un mur tardif à l'intérieur de l'église	Bloc sommital	/	L'élément porte les encoches qui permettaient l'encastrement des fermes de la charpente.	fig. 465
Bloc. 54	Secteur II ; élément situé dans la nef de l'église	Bloc de corniche (de couronnement ?)	Ep = 47, H = 41, L>200	Le bloc de corniche présente un angle à 135°. L'élément pourrait être en relation avec le minaret octogonal de la mosquée qui offre une ouverture d'angle identique. Toutefois, la morphologie du bloc et le profil de la corniche ne permettent pas de confirmer cette possibilité. • Profil de la moulure : fasce, doucine, anglet, bandeau (type I).	fig. 465
Bloc. 55	Secteur II ; élément situé près de l'abside	Encadrement de fenêtre mouluré	Ép = 50 ; H = 77 ; L = 58 ;	Les moulures qui bordent les deux côtés du bloc forment un retour en équerre. • Profil de la moulure : fasce, fasce, filet, doucine, anglet, bandeau (type I).	fig. 465, 168, 174
Bloc. 56	Secteur II ; élément situé dans la nef de l'église	Bloc de corniche sommitale	Ép = 51 ; H = 60 ; L = ?	La moulure de la corniche sommitale se compose de la façon suivante : • Profil de la moulure : espace, doucine, anglet, bandeau (type I).	fig. 465, 194

	Localisation	Indentification	Dimensions	Description	Figures
Bloc. 57	Secteur II ; élément situé dans la nef de l'église	Fragment de pilier bilobé	Ép = 66 ; H = 72 ; L>95	Le bloc, endommagé et fragmentaire, ne présente plus qu'une demi-colonne.	fig. 464
Bloc. 58	Secteur II ; élément situé dans le collatéral sud de l'église	Bloc de corniche sommitale ; correspondance avec B. 56	Ép = 51 ; H = 60 ; L = 70	• Profil de la moulure : fasce, doucine, anglet, bandeau (type I).	fig. 464, 194
Bloc. 59	Secteur II ; élément proche de la façade sud de l'église	Linteau	Ép = 50; H = 68; L>150	L'élément, bien conservé, provient de la porte orientale de la façade sud de l'église. Le linteau comprend un chambranle mouluré surmonté d'une corniche.Un chrisme centré sur la moulure occupe la hauteur des fasces et de la doucine. Sur le bandeau, au-dessus du chrisme, apparaît une petite encoche prévue pour accueillir un décor (métallique ?) aujourd'hui disparu. • Profil de la moulure du chambranle : fasce, fasce, doucine, anglet, bandeau (type I). • Profil de la moulure de la corniche : fasce, filet, tore, cavet, anglet, bandeau (type III).	fig. 465, 183, 195
Bloc. 60	Secteur II ; élément situé au sud de la façade méridionale de l'église	Claveau d'arc de décharge d'un accès de l'église ; correspondance avec B. 61	Ép = 48 ; H = 70 ; L = 60	Les moulures correspondent à celles qui ornent la façade nord de l'église : • Profil de la moulure : fasce, fasce, filet, doucine, anglet, bandeau (type I). Correspondance probable avec B. 48.	fig. 465
Bloc. 61	Secteur II ; élément situé au sud de la façade méridionale	Claveau d'arc de décharge ; correspondance avec B. 60	Ép = 47 ; H = 68; L = 60	Les moulures correspondent à celles qui ornent la façade nord de l'église : • Profil de la moulure : fasce, fasce, fasce, doucine, anglet, bandeau (type I).	fig. 465, 171, 175
Bloc. 62	Secteur III ; élément situé au sud de la façade méridionale	Clé de fenêtre en plein cintre	Ép = 51; H = 53; L = 126	Le bloc mouluré présente un médaillon central (diam = 105) pourvu d'une croix à huit branches. Ce dernier a été martelé. La clé de fenêtre a été transformée en auge au cours de la réoccupation du bâtiment fortifié par une communauté musulmane. • Profil de la moulure : fasce, fasce, tore, arête, cavet, anglet, bandeau (type II).	fig. 465, 484
Bloc. 63	Secteur II ; élément situé à l'extérieur de l'église, à l'angle sud-ouest	Claveau (arc de décharge ?)	Ép = 48; H>95 ; L = ind.	L'élément présente des dimensions plus grandes que les claveaux B. 56 et B. 48. Les moulures sont toutefois identiques à celles observées sur les claveaux des arcs de décharge. • Profil de la moulure : fasce, fasce, fasce, doucine, anglet, bandeau (type I).	fig. 465

Bloc. 64	Secteur III ; élément situé dans la cours de la mosquée s. V	Montant de porte d'un édifice à caractère monumental	Ép = 50 ; H = 78 ; L = 86	Le bloc présente des moulures qui forment à sa base un retour à angle droit. Elles se poursuivent sur la feuillure du piédroit. • Profil de la moulure et motifs décoratifs : large espace, fasce, tore, arête, gorge, anglet, bandeau. La base de la première fasce est soulignée par une rangée de perles et de pirouettes. La surface de la fasce est ornée d'une tresse à deux brins. La gorge présente un vase depuis lequel émerge un rinceau de vigne. Ce montant de porte richement orné appartient vraisemblablement à l'un des accès de la basilique est.	fig. 465, 486, 487
Bloc 65	Secteur III ; élément situé à l'intérieur de la mosquée	Corniche du minaret	Ép = 43 ; H = 51 ; L = 100	Bloc de corniche dont l'inclinaison de l'angle à 135° atteste son appartenance au minaret octogonal. • Profil de la moulure : large espace, un cavet, un bandeau.	fig. 465, 454, 455, 457
Bloc 66	Secteur III ; élément situé dans la cour de la mosquée s. V	Élément du minaret	Ép = ; H = ; L =	Bloc d'angle à 135° qui intégrait la construction octogonale du minaret de la mosquée.	fig. 465, 453, 455
Bloc 67	Secteur III ; élément situé dans la cour de la mosquée s. V	Élément du minaret	Ép = 43 ; H = 51 ; L =	Bloc d'angle à 135° qui intégrait la construction octogonale du minaret de la mosquée.	fig. 465, 453, 455
Bloc 68	Secteur III ; élément situé dans la cour de la mosquée s.	Élément du minaret	Ép = 43 ; H = 51 ; L =	Bloc d'angle à 135°. Il intégrait la construction octogonale du minaret de la mosquée.	fig. 465, 453, 455
Bloc 69	Secteur III ; élément situé dans la cour de la mosquée s. V	Élément du minaret	Ép = 43 ; H = 51 ; L =	Bloc d'angle à 135° L'élément intégrait la construction octogonale du minaret de la mosquée.	fig. 465, 453, 455
Bloc 70	Secteur III ; élément situé dans la cour de la mosquée s. V	Élément du minaret	Ép = 43 ; H = 51 ; L =	Bloc d'angle à 135° L'élément intégrait la construction octogonale du minaret de la mosquée.	fig. 465, 453, 455

Éléments d'architecture provenant du sanctuaire de l'est répartis sur l'ensemble du site

	Localisation	Indentification	Dimensions	Description	Figures
Bloc 71	Élément localisé parmi les blocs qui bordent au sud la cour sud de la basilique	Elément de console cruciforme pouvant provenir du porche de la basilique	Chaque extrémité forme un carré de 52 cm de côté	Élément d'architecture monolithe (support) cruciforme composé de quatre consoles. Le bloc a fait l'objet d'un remploi : une des consoles a été arrachée tandis qu'une seconde a été retaillée afin de servir de montant de porte.	fig. 230, 232
Bloc 72	Élément localisé parmi les blocs qui bordent au sud la cour sud de la basilique.	Bloc à console double (porche de la basilique ?)	Ép = 52 ; H = 47 ; L = 218	Élément d'architecture monumentale (support).Les extrémités sont taillées à l'image des consoles. Le lit inférieur est pourvu d'une retaille prévue pour appareiller et maintenir le bloc dans la construction.	fig. 230, 231
Bloc 73	Élément localisé 20 m au sud-ouest de la basilique	Bloc à console (porche de la basilique ?)	Ép = 52 ; H = 47 ; L = 218	Élément d'architecture monumentale (support) quasiment identique au bloc B. 72. Les extrémités sont taillées à l'image de consoles.	fig. 230
Bloc 74	Élément isolé 40 m au nord-est de la basilique	Bloc à console (porche de la basilique ?)	Ép = 49 ; H = 62 ; L = 82	Élément identique au bloc B. 27 à l'exception de l'absence de médaillon central.	fig. 230
Bloc 75	Élément localisé à proximité immédiate de l'absidiole nord de l'église est	Corniche de couronnement absidiale	Ép = 75 ; H = 59; L = 82	Le bloc curviligne épousait la forme de la conque absidiale saillante de l'annexe nord de l'église • Profil de la moulure :fasce, fasce, doucine, anglet, bandeau (type I)	fig. 212, 230
Bloc 76	Élément localisé à proximité de l'annexe sud	Corniche sommitale (?)	Ép = ind ; H = 52; L = ind	• Profil de la moulure : fasce, doucine dont la parie convexe est plate, anglet, bandeau (type I).	fig. 230
Bloc 77	Élément localisé dans l'annexe sud de l'église est	Bloc à console	Ép = 50 ; H = 76; L = 107	L'élément présente une partie apparente propre à la console de forme triangulaire, et une partie taillée initialement insérée dans l'appareil d'un mur.	fig. 230

Bloc 78 (x 3)	Éléments localisés à l'ouest de la l'église est, aux abords du bâtiment annexe et du sarcophage S. 25	Blocs de corniche	Ép = ind ; H = 46 ; L = 84	Ces éléments pourraient appartenir à la corniche de couronnement d'un baldaquin qui surmontait la sépulture S. 25. • Profil de la moulure : fasce, réglet, bandeau, gorge, anglet, bandeau (type III).	fig. 230
Bloc 79 (x 3)	Éléments localisés à l'ouest de la basilique est à proximité immédiate du tombeau S. 25	Éléments de base dont un appartient à un angle	Ép = ind ; H = 50 ; L = 62	Ces éléments présentent une base de type « attique » avec une plinthe surmontée d'une scotie encadrée de tores. Ils évoquent, par leurs dimensions et le profil de leur moulure, la base moulurée de la tour T. II dans laquelle ils ont pu être intégrés par les constructeurs médiévaux lors de la construction du fortin.	fig. 230, 363
Bloc 80	Élément localisé à l'ouest de la basilique est aux abords du bâtiment annexe	Linteau de l'entrée monumentale du bâtiment annexe (?)	Ép = 89 ; H = 74 ; L = 230	• Profil de la moulure : deux larges fasces, une corniche à quart de rond, un anglet et un bandeau.	fig. 230
Bloc 81	Élément localisé à 50 m au sud-est du bâtiment fortifié	Voussoir provenant de l'arc triomphal de la basilique ; correspondance avec le bloc B. 82	Ép = 53 ; H = 75 ; L = ind	Voussoir richement orné dont le décor correspond à celui observé sur le bloc B. 82. L'élément est dans un mauvais état de conservation. • Profil de la moulure : bandeau, tore seg., fasce, fasce, bande biseautée, anglet, bandeau, cavet, anglet, bandeau. Le tore seg. présente une succession de motifs végétaux. La bande biseautée se caractérise par l'alternance de denticules avec des motifs végétaux. Le cavet est pourvu d'une frise de feuilles d'acanthe ponctuée de triglyphes. Les motifs végétaux insérés entre les denticules, observés sur les blocs B. 81 et B. 82, rappellent le décor du linteau B. 29.	fig. 230, 233, 239
Bloc 82	Élément localisé à l'ouest de la basilique est à proximité immédiate du tombeau S. 25	Voussoir de l'arc triomphal du sanctuaire de la basilique.	Ép = 55 ; H = 100 ; L = 130	Voussoir richement mouluré appartenant au même arc que le bloc B. 81. • Profil de la moulure : bandeau, tore seg., fasce, fasce, bande biseautée, anglet, bandeau, cavet, anglet, bandeau. Le tore seg. est orné d'un d'entrelacs caractérisé par une succession de grandes et de petites boucles. Ce motif est proche du nœud. Les espaces vides sont animés de motifs végétaux. La grande boucle centrale comprend un volatile (colombe ?) en vol tenant un *Rhô* dans son bec. La bande biseautée alterne denticules et motifs végétaux. Enfin, le cavet offre une frise de feuilles d'acanthe ponctuée de triglyphes.	fig. 230, 234, 239
Bloc 83	Élément localisé à quelques mètres au sud de l'ensemble ecclésial.	Élément de auvent	Élément fragmentaire	Élément cintré, de faible épaisseur,qui présente des moulures sobres dénuées de motifs sculptés. • Profil de la moulure : bandeau, arête, gorge, anglet, bandeau (type III).	fig. 230, 237

	Localisation	Indentification	Dimensions	Description	Figures
Bloc 84	Élément localisé dans la Maison M. 37	Linteau de porte appartenant à l'une des annexes de la basilique orientale	Ép = 60; H = 64; L = 210	Élément composé d'un chambranle surmonté d'une corniche. Le chambranle comprend un tore seg. encadré d'anglets. La composition des moulures correspond à celle observée sur la plupart des blocs compris au sein du bâtiment fortifié (B. 01 à B. 24). La corniche à quart-de-rond est soigneusement ornée d'un rinceau d'acanthe aux feuilles finement dentelées. Il se caractérise par une série de lobes qui s'enroulent autour de la tige jusqu'au centre de la composition marqué par un motif circulaire comparable à un bouton plat. Les nervures des lobes sont figurées par un fin canal ; les indentations sont en contact tantôt avec d'autres indentations, tantôt avec la tige et le motif central circulaire. Un médaillon centré sur la corniche est représenté par une croix à branches ancrées inscrite à l'intérieur d'un cercle. La croix est en grande partie martelée. On note également le traitement des feuilles à limbe recreusé « en cuiller », caractéristique du vie siècle.Les dimensions du bloc ne correspondent pas à celles des seuils de porte permettant d'accéder à la basiliques est. En revanche, elles sont en accord avec les dimensions des seuils qui donnent accès aux annexes disposées de part et d'autre de la même église	fig. 230, 235, 240
Bloc 85	Élément localisé dans la Maison M. 37	Fragment de linteau de porte appartenant à l'une des annexes de la basilique est	Ép = 61; H = 66; L = ind.	Linteau de porte composé d'un chambranle surmonté d'une corniche. À l'instar de B. 84, le chambranle comprend la moulure commune attribuée aux éléments architecturaux en provenance de la basilique est, à savoir un tore à profil segmentaire bordé d'anglets. La corniche est pourvue d'une frise de feuilles d'acanthe partagée, au centre, par un médaillon. Les feuilles sont en contact par l'extrémité de certaines indentations des lobes. La nervure centrale est bordée de canaux fins et profonds. Le lobe est entaillé par un canal ou un triangle allongé. Le médaillon inscrit dans un carré recevait une plaque (métallique ?) aujourd'hui disparue.	fig. 230, 242, 243
Bloc 86	Élément localisé dans la Maison M. 37	Montant de porte ; correspondance avec B. 87	Ép = 50 ; H = 108 ; L = 75	Le bord de l'élément est souligné par la moulure commune attribuée aux éléments architecturaux en provenance de la basilique est, à savoir un tore segmentaire encadré d'anglets. Le montant appartenait très certainement à l'une des portes des annexes qui flanquaient l'abside de l'église est.	fig. 230, 242
Bloc 87	Élément localisé dans la Maison M. 37	Montant de porte ; correspondance avec B. 86	Ép = 50; H = 66; L = 36	Le bloc présente une moulure identique au bloc B. 86, à l'exception de la présence d'un congé en contre-profil. Le montant appartenait très certainement à l'une des portes des annexes qui flanquaient l'abside de l'église est.	fig. 230, 242
Bloc 88	Élément localisé dans la Maison M. 37	Linteau de fenêtre échancré en plein cintre	Ép = 50 ; H = 38 ; L = 60 ; échancrure (H = 20 ; L = 35)	Le bord cintré est souligné par une moulure commune attribuée aux éléments architecturaux en provenance de la basilique Est • Profil de la moulure : anglet, tore seg., anglet.	fig. 230

Bloc 89	Élément localisé à proximité de la maison M. 30	Claveau de fenêtre	Ép = 55; H = ind ; L = ind	Claveau dont la partie cintrée est bordée par la moulure commune attribuée aux éléments architecturaux provenant de la basilique est. Des encoches dans l'épaisseur du bloc indiquent la présence d'un système de fermeture. • Profil de la moulure : anglet, tore seg., anglet.	fig. 230
Blocs 90 (X3)	Éléments localisés à proximité de la maison M. 30	Claveaux de fenêtre	Ép = 55; H = 51; L = ind	La partie cintrée est cernée par la moulure commune attribuée aux éléments architecturaux provenant de la basilique de l'est. • Profil de la moulure : anglet, tore à profil seg., anglet, bandeau.	fig. 230
Blocs 91	Élément localisé dans la construction C. 18	Imposte de la basilique est	Ép = 48 ; H = 46; L = 110 Face avant moulurée (saillie = 9) ; faces latérales moulurées vers l'avant (saillie = 9)	L'imposte est moulurée sur trois côtés. • Profil de la moulure : espace, fasce, quart-de-rond, bandeau. Le quart-de-rond est orné d'un rinceau d'acanthe. Le traitement du rinceau est identique à celui de la corniche du linteau B. 84. Une série de lobes s'enroulent autour de la tige jusqu'au centre de la composition marqué par un motif circulaire comparable à un bouton plat. Les nervures des lobes sont figurées par un fin canal ; les indentations sont en contact tantôt avec d'autres indentations, tantôt avec la tige et le motif central circulaire. On note également le traitement des feuilles à limbe recreusé « en cuiller », caractéristique du VIe siècle. Le côté principal est orné d'un médaillon représenté par une croix à branches simples inscrite à l'intérieur d'un cercle.	fig. 230, 238, 241
Bloc 92 **(X 2)**	Éléments localisés dans la construction C. 18	Voussoirs provenant d'un arc du sanctuaire est	Ép = 55; H = 51; L = ind	Le décor est très proche de celui observé sur les voussoirs B. 81 et B. 82 provenant de l'arc triomphal de l'église orientale. On retrouve notamment, sur la bande biseautée, l'alternance de denticules et de motifs végétaux. Le cavet est orné d'un frise d'acanthe. Celle-ci se distingue par la présence de paires de feuilles lisses. De son côté, le tore à profil segmentaire est dénué de décor sculpté. L'élément provient certainement du sanctuaire oriental, mais n'appartenait pas à l'arc triomphal de l'abside. • Profil de la moulure : bandeau, tore seg., bandeau, bande biseautée, anglet, bandeau, cavet, anglet.	fig. 230

Blocs isolés d'architecture ecclésiastique dont la provenance n'est pas démontrée

	Localisation	Indentification	Dimensions	Description	Figures
Bloc 93	Élément localisé à approximativement à 20 m au sud du fortin, dans le *wādī* méridional	Socle de bêma ; Correspondance avec B. 94, B. 95, B. 96	Ép = 49; H = 49	Bloc provenant d'une structure en hémicycle. Le parement externe est mouluré. • Profil de la moulure : fasce, doucine, anglet, bandeau, espace, fasce, doucine, anglet, bandeau (type I).	fig. 230,249
Bloc 94	Élément localisé dans le *wādī* méridional	Socle de bêma Correspondance avec B. 93, B. 95, B. 96.	Ép = 55; H = 54; L = ind	Bloc provenant d'une structure en hémicycle. Les moulures sont analogues aux blocs B. 93, B. 95. Au niveau du lit de pose, chaque extrémité est marquée d'une mortaise de section carrée.	fig. 230, 248, 249
Bloc 95	Élément localisé dans le *wādī* méridional	Socle de bêma Correspondance avec B. 93, B. 94, B. 96.	Ép = 47; H = 48; L = ind	Bloc provenant d'une structure en hémicycle. Les moulures sont analogues à B. 84 et B. 85.	fig. 230
Bloc 96	Élément localisé dans le *wādī* méridional	Socle de bêma	Ép.inf = 40,5	Bloc provenant d'une structure en hémicycle sous les débris accumulés dans le *wādī* méridional. Le lit de pose du bloc porte un *graffito* y représentant une croix.	fig. 230
Bloc 97	Élément localisé dans la construction M. 17	Claveau d'un arc	Ép = 51; H>50 L = 48 ; C = 30.	• Profil de la moulure : fasce, fasce, doucine, anglet, bandeau. Le bandeau terminal est surmonté de festons.	fig. 230
Bloc 98	Élément localisé dans la cour de la maison M. 17	Linteau monumental	Ép>50 ; H = 71; L>120.	Le linteau, fragmentaire, comprend un chambranle à moulure continue surmonté d'une corniche. La bande biseautée présente une frise d'acanthe. Quatre feuilles d'acanthe se répartissent de part et d'autre d'un médaillon central. • Profil de la moulure du chambranle : fasce, fasce, fasce, arête, cavet, anglet, bandeau. • Profil de la moulure de la corniche : bande biseautée, anglet, bandeau.	fig. 230, 251
Bloc 99	Élément localisé dans les débris de la cour de la maison M. 17	Imposte	Ép = 52; H = 37; L = 56.	• Profil de la moulure et motifs décoratifs : fasce, fasce, tore, cavet, anglet, bandeau (type III). Les deux fasces comprennent chacune des rangées de denticules disposés en damier.	fig. 230

Bloc 100	Élément localisé dans les débris de la cour de la maison M. 17	Voussoir	Ép = 48; H = 94; C = 24.	• Profil de la moulure : fasce, quart-de-rond, bandeau, fasce, tore, cavet, anglet, bandeau, bande biseautée.	fig. 230
Bloc 101	Élément remployé dans le mur nord de la construction C. 18	Voussoir	Ép = 60; H = 90; L = (?) ; C = (?)	• Profil de la moulure :fasce, bandeau, tore seg., bandeau, cavet, anglet, bandeau, tore seg. bandeau, doucine (anglet, bandeau ?...). Aucune moulure ne présente de décor sculpté. La présence du tore seg. bordé d'un anglet évoque le type de moulure qui caractérise le programme ornemental observé dans le sanctuaire ecclésiastique de l'est.	fig. 230
Bloc 102	Élément remployé dans le mur nord de la construction C. 18	Base engagée de colonne	Ép = ; H = 52 ; L = 150 ; diam = 60 ; Plinthe = 30.	La base est engagée dans la construction du mur. Le bloc évoque la base engagée *in situ* qui supportait l'arc triomphal de l'église nord de Fassūq (Biscop et Sodini 1987, p. 127-128). Il présente un profil de type « attique » : la plinthe est surmontée par une scotie encadrée de tores.	fig. 230
Bloc 103	Élément localisé dans les débris de la construction C. 18, à proximité du mur est	Bloc de corniche à croupe	Ép = 52; H = 38; L>50	. Profil de la moulure : espace, doucine, anglet, bandeau.	fig. 80, 230
Bloc 104	Élément localisé à proximité de l'entrée principale de la Maison M. 27	Montant de porte	Ép = ; H = 70; L = 91	Montant de porte richement orné. La moulure borde le bloc sur toute sa hauteur. • Profil de la moulure : fasce, fasce, fasce, cavet, anglet, bandeau (type II). La première fasce présente une file de perles et de pirouettes ; la seconde offre un motif à redans ; la troisième comprend une rangée d'oves. Le cavet est orné d'un entrelacs qui dessine de grandes et de petites boucles. Les grandes boucles contiennent des médaillons à motif végétal sous la forme de six boules liées par leur pédoncule.	fig. 230
Bloc 105	Élément localisé à proximité de l'entrée principale de la Maison M. 27	Linteau	Élément fragmentaire	Le fragment présente deux feuilles d'acanthe en contact par certaines indentations de leurs lobes. Il appartenait certainement à une frise sculptée sur le cavet d'une corniche. Le traitement des acanthes est proche de celui observé sur le linteau B. 85 malgré quelques distinctions, notamment au niveau du sommet de la feuille qui se retourne contrairement aux feuilles du linteau B. 85 où le lobe sommital ne se replis pas sur lui-même mais se termine par trois indentations.	fig. 230, 242, 243
Bloc 106	Élément localisé dans les ruines de la maison M. 70, à proximité de la pièce M. 70d	Linteau monumental	Élément fragmentaire	Le bloc, en très mauvais état de conservation, ne présente plus qu'un fragment de la corniche à quart-de-rond ornée d'un rinceau d'acanthe ouvragé. Celui-ci se présente sous la forme d'une série de lobes qui s'enroulent autour de la tige jusqu'au centre de la composition marqué par un motif circulaire comparable à un bouton plat. Le traitement du rinceau diffère de celui observé sur la corniche du linteau B. 84. Les feuilles sont représentées d'une manière plus schématique avec des lobes triangulaires en forme de dents de scie.	fig. 230, 253

	Localisation	Indentification	Dimensions	Description	Figures
Bloc 107	Élément localisé dans la cour de la maison M. 72	Clé de fenêtre en plein cintre	Ép = 48; H = 51; L = ind	L'élément, presque entièrement enfoui sous terre, ne laisse apparaître que sa partie supérieure. • Profil de la moulure : fasce, fasce, fasce, fasce, quart-de-rond, arête, cavet, anglet, bandeau (type III).	fig. 230, 255, 256
Bloc 108	Élément localisé dans la cour de la maison M. 72	Claveau	Ép = 46; H = 48; L = ?	• Profil de la moulure : fasce, doucine avec la partie convexe plate, anglet, bandeau (type II).	fig. 230, 256
Bloc 109	Élément localisé dans la cour de la maison M. 72	Claveau	Ép = 46; H = 57; L = ?	• Profil de la moulure : fasce, fasce, fasce, doucine, anglet, bandeau (type I).	fig. 230, 254, 256
Bloc 110	Élément localisé à l'intérieur de la maison M. 72	Bloc de corniche	Ép = 56; H = 45; L = 99.	• Profil de la moulure : fasce, fasce, doucine, anglet, bandeau (type I).	fig. 230, 256
Bloc 111	Élément localisé dans la cour de la maison M. 72	Base de colonne	Ép = 65; H = 38 ; L = 65 ; plinthe (H = 15).	La base de colonne présente une plinthe surmontée par une scotie encadrée d'un tore et d'un bandeau. Les dimensions de cet élément dépassent celles d'une simple base de colonne de portique de maison.	fig. 230, 257
Bloc 112	Élément localisé dans la cour de la maison M. 72	Chapiteau corinthien	Diam.inf = 54 ; H = 55 ; abaque (Ep = 80, H = 5, L = 80).	La corbeille du chapiteau présente une double rangée de feuilles lisses. Aucun motif particulier, autre que la nervure centrale des feuilles hautes, ne sépare les feuilles de la première rangée proches les unes des autres. Les feuilles hautes sont séparées par une tige pourvue d'une traverse horizontale afin de former le motif d'une croix. Du sommet de la tige émergent deux feuilles étroites qui se recourbent sous l'abaque, au sommet des feuilles principales.	fig. 230, 257
B. 113	Élément isolé au sud-ouest du quartier B	Linteau monumental	Ép = 52; H = 58; L = 228	Le linteau se compose d'un chambranle à moulure continue surmonté d'une corniche. • Profil de la moulure du chambranle et motifs décoratifs : fasce, fasce, doucine, anglet, bandeau (type I). La première fasce est ornée d'un entrelacs à dix boucles à l'intérieur desquelles apparaissent des croix en alternance avec d'autres motifs difficiles à identifier. • Profil de la moulure de la corniche et motifs décoratifs : fasce, doucine, anglet, bandeau (type I). La fasce est ornée d'une frise de denticules entre lesquels apparaissent des perles. Chaque extrémité du linteau est pourvue d'une console dont la face principale représente une feuille. Le profil de la console forme une volute.	fig. 230, 250

Éléments d'architecture du mausolée à couverture pyramidale

	Localisation	Indentification	Dimensions	Description	Figures
B. 114	Élément situé au pied du mausolée pyramidal	Bloc d'angle de la couverture pyramidale	Ép = 60; H = 55 ; L = 120 incl. = 115°	Le bloc taillé sur deux côtés appartenait à un angle de la toiture du mausolée. La surface lisse présente au totale trois consoles en saillie par rapport à la pente inclinée du toit : deux consoles sur son long côté et une seule sur son petit côté.	fig. 230, 389
B. 115 (x 24)	Éléments situés au pied et dans les environs du mausolée pyramidal	Blocs de la couverture pyramidale	Ép = ind; H = 55 ; L = ind incl. = 115°	Les blocs de la couverture, entassés dans les décombres au pied du mausolée ou en grande partie enterrés, présentent des dimensions variables excepté une hauteur qui semble toujours identique. Le nombre de petites consoles triangulaires en saillie est varie selon leur longueur ; toutefois, chaque bloc comporte généralement deux petites consoles séparées par un espace d'environ 35 cm.	fig. 230, 388
B. 116	Élément situé au pied du mausolée pyramidal	Corniche sommitale correspondance avec B. 117	Ép = 51; H = 49; L = ind	• Profil de la moulure : fasce, fasce, fasce, doucine, anglet, bandeau (type I).	fig. 230
B. 117	Élément isolé à 20 m au nord du mausolée	Corniche sommitale à trois retours ; correspondance avec B. 116	Ép = 50; H = 49; L = 175	Le bloc de corniche mouluré présente la particularité de former trois retours à angle droit. Une première section mesure 24 cm, une seconde 92 cm, une troisième dont les dimensions demeurent indéterminées, le bloc étant incomplet. • Profil de la moulure : fasce, fasce, fasce, doucine, anglet, bandeau (type I).	fig. 230, 398
B. 118	Élément laissé à son point de chute au pied du mausolée	Sommier double	Ép = 51; Cg = 46 ; Cdr = 48 ; H = 75; L = 58	• Profil de la moulure : fasce, fasce, fasce, doucine, anglet, bandeau (type I).	fig. 230, 390, 396
B. 119	Élément localisé parmi les blocs alignés à l'est du mausolée	Sommier double	Ép = 51; Cg = 46 ; Cdr = 48 ; H = 75; L = 58	• Profil de la moulure : fasce, fasce, fasce, doucine, anglet, bandeau (type I).	fig. 230, 391, 396
B. 120	Élément localisé parmi les blocs alignés à l'est du mausolée	Clé de fenêtre en plein cintre	Ép = 50; H = 78; L = 150 ; C = 80	• Profil de la moulure : fasce, fasce, fasce, doucine, anglet, bandeau (type I).	fig. 230, 392, 396

	Localisation	Indentification	Dimensions	Description	Figures
B. 121	Élément localisé parmi les blocs alignés à l'ouest du mausolée	Clé de fenêtre en plein cintre	Ép = 50; H = 78; L = 150 ; C = 80	• Profil de la moulure : fasce, fasce, fasce, doucine, anglet, bandeau (type I).	fig. 230, 393, 396
B. 122	Élément localisé parmi les blocs alignés à l'est du mausolée	Bloc d'encadrement de fenêtre cintrée	Ép = 50; H = 88; L = 137 ; C = 45	Le grand bloc présente à son extrémité une partie qui marque le départ d'une ouverture cintrée soulignée par une moulure. Cette dernière s'interrompt à la base du bloc. À l'autre extrémité, le petit côté du bloc se caractérise, dans sa partie inférieure, par la présence d'une moulure identique qui marque le départ de la bande moulurée qui ornait l'autre façade du mausolée. • Profil de la moulure : fasce, fasce, fasce, doucine, anglet, bandeau (type I).	fig. 230, 394, 396
B. 123	Élément laissé à son point de chute au pied du mausolée	Bloc d'encadrement de fenêtre cintrée	Ép = 51; H = 89; L = 65; C = 50	Le grand bloc présente à son extrémité une partie qui marque le départ d'une ouverture cintrée. Cette partie est cernée d'une moulure terminale qui s'interrompt à la base du bloc. • Profil de la moulure : fasce, fasce, fasce, doucine, anglet, bandeau (type I).	fig. 230, 396
B. 124	Élément très détérioré laissé à son point de chute au pied du mausolée	Chapiteau d'angle	Ép = 50; H = 57; L = 57 abaque (Ép = 52; H = 4; L = 52)	Le chapiteau corinthien est décoré sur deux côtés. L'astragale est séparé de la corbeille par une baguette en saillie. La corbeille se compose de deux rangées de feuilles lisses. Les feuilles basses sont séparées par un motif en pointe de flèche de même hauteur que la nervure des feuilles hautes. Les feuilles de la seconde couronne sont séparées par un calice plat bordé par deux canaux profonds. Depuis ce calice émergent deux feuilles étroites qui se recourbent à leur sommet. À l'intersection des feuilles se forme un nouveau calice, atrophié par rapport au précédent, qui donne à son tour naissance à deux volutes qui se terminent sous l'abaque.	fig. 230, 390
B. 125	Élément très détérioré situé parmi les blocs alignés à l'est du mausolée	Chapiteau d'angle	Ép = 50; H = 57; L = 57 abaque (Ép = 52; H = 4; L = 52)	Le chapiteau présente une composition ornementale similaire au chapiteau précédent B. 124.	fig. 230, 397, 406
B. 126	Élément très détérioré situé parmi les blocs alignés à l'est du mausolée	Chapiteau d'angle	Ép = 50; H = 57; L = 57 abaque (Ép = 52; H = 4; L = 52)	Le chapiteau présente une composition ornementale similaire au chapiteau précédent B. 124 et B. 125.	fig. 230, 397, 406

B. 127	Élément remployé dans le pignon nord de la maison M. 60	Chapiteau d'angle	Ép = 50; H = 57; L = 57 abaque (Ép = 52; H = 4; L = 52)	Le chapiteau présente une composition ornementale similaire aux chapiteaux précédents B. 124 B. 125 et B. 126 à l'exception de la partie initialement engagée dans l'appareil du mur qui est beaucoup plus longue. Le remploi de ce chapiteau dans le mur d'une maison antique lui a permis de rester dans un bon état de conservation, contrairement aux précédents.	fig. 230, 397, 406
B. 128	Élément situé à terre, isolé à 50 m environ au nord-ouest du mausolée	Chapiteau de pilier ; correspondance avec B. 129	Ép = 54; H = 57; L.inf = 59 abaque (Ép = 54; H = 4; L = 89)	Le chapiteau corinthien est décoré sur trois côtés. L'astragale présente le départ de quatre cannelures sur le côté principal. Une baguette en saillie la sépare de la corbeille. La corbeille se compose de deux rangées de feuilles lisses dépourvues de nervure axiale. Les feuilles inférieures sont séparées par des motifs en pointe de flèche. Les feuilles hautes sont séparées par deux calices superposés d'où émergent des feuilles étroites, puis des volutes qui se terminent au sommet des feuilles d'angle	fig. 230, 399, 400, 406
B. 129	Élément situé à terre, isolé à 20 m à l'ouest du mausolée	Pilier cannelé ; correspondance avec B. 128	Ép = 54; H = 132; L = 57	Le pilier comprend quatre cannelures sur son côté principal. Les côtés latéraux sont lisses. Les dimensions et l'emplacement des cannelures correspondent à celles qui marquent la base du chapiteau B. 128.	fig. 230, 399, 406
B. 130	Élément situé dans les débris au pied du mausolée, côté est	Extrémité (inférieure ?) de pilastre ; correspondance avec B. 131	Ép = 51; H = 81; Lsup = 135 ; Linf = 111	L'élément oblong est seulement décoré sur ses deux côtés latéraux. L'un et l'autre présentent à leur extrémité une moulure similaire. • Profil de la moulure : fasce, bande biseautée légèrement concave, anglet, bandeau (type II). Seul un côté est doté de cannelures. Celles-ci sont redentées à leur départ.	fig. 230, 401, 403c
B. 131	Élément situé dans le quartier A, à proximité de la maison M. 11	Extrémité (supérieure ?) de pilastre ; correspondance avec B. 130	Ép = 51; H = 61; Lsup>55 ; Linf>55 Bloc frag.	Le bloc fragmentaire présente un petit côté pourvu de moulures. • Profil de la moulure : bande biseautée, anglet, bandeau (type II). Sous cette moulure apparaissent trois cannelures qui se terminent par des congés en contre-profil. La dimension et l'emplacement des cannelures correspondent à celles observées sur le bloc B. 130. En outre, la moulure supérieure de type II est très proche de ce même bloc.	fig. 230, 403b
B. 132	Élément situé dans le quartier B, dans les décombres de la maison M. 50	Chapiteau de pilastre	Ép = 50 ; H = 47; L = 120 ; abaque (Ép = 54 ; H = 5; L = 130)	Le chapiteau est décoré sur trois côtés. L'élément oblong, traité à la manière d'un chapiteau double, présente un décor réparti de façon symétrique. Chaque extrémité du bloc, traité comme un chapiteau à part entière, se compose de deux rangées de feuilles lisses. Celles du bas sont séparées par des motifs en pointe de flèche axés sur le centre des feuilles hautes dépourvues de nervure centrale. Les feuilles de la seconde couronne sont séparées par des calices plats d'où jaillissent deux feuilles plus étroites qui se recourbent sous l'abaque, au niveau de la feuille d'angle et des feuilles centrales. Les deux chapiteaux sculptés sur le même bloc se rejoignent par l'extrémité des feuilles disposées de façon oblique de manière à former, dans la partie centrale, une vaste surface triangulaire. Aucune feuille de la rangée inférieure n'occupe cet espace laissé lisse.	fig. 230, 402, 403a

Les Chapiteaux retrouvés dans le fortin

	Localisation	Indentification	Dimensions	Description	Figures
Chap. 01	« Ionique »	À l'intérieur de S. IX du secteur III	inf = 45, H = 42, Abaque (Ep = 62, H = 9, L = 62).	L'astragale est composé d'un bandeau torsadé surmonté d'un réglet. L'échine est ornée d'un médaillon central (diam = 13) dans lequel s'inscrit une croix à. Les volutes comprennent trois enroulements légèrement biseautés avec bouton central plat. Un anglet sépare l'échine de l'abaque plat de faible épaisseur. L'absence de consoles sur les flancs du chapiteau rend entièrement apparentes les balustres. L'élément est datable entre Fin IVe et le début Ve siècle.	fig. 490
Chap. 02	Corinthien	Secteur III, S. X	Élément dégradé	Le chapiteau très détérioré à sa base et à son sommet semble n'avoir comporté qu'une seule rangée de feuilles séparées par un caulicole plat d'où émergent deux feuilles étroites. Ces dernières donnent à leur tour naissance à de fines tiges qui se terminent en hélice au sommet des feuilles, sous l'abaque aujourd'hui disparu.	/
Chap. 03	Corinthien	Un mètre au nord de S. X du secteur III	Inf = 31, H = 46, Abaque (Ép = 52, H = 5, L = 52).	Le chapiteau comprend deux rangées de feuilles d'acanthe composées de plusieurs lobes finement sculptées. Les feuilles basses sont en contact par leur indentations. Les feuilles hautes sont séparées par une fine tige. La nervure centrale est mise en valeur par deux canaux fins et profonds et s'évase à ses extrémités. Les nervures latérales sont évidées. Les contours et le relief des lobes sont bien définis. Le chapiteau est pourvu d'un grand médaillon central. L'élément peut être situé au début du VIe siècle.	fig. 491
Chap. 04	Corinthien	Extérieur de l'enceinte, quelques mètres au sud-est de la tour T. III	inf = 40, H = 45, Abaque (Ep = 73, H = 5, L = 73).	Le chapiteau, dans un état de conservation médiocre, se compose de deux rangées de feuilles lisses. Les feuilles inférieures sont séparées par un motif en pointe de flèche axé sur les nervures centrales des feuilles supérieures. Ces dernières sont séparées par une fine tige qui se termine en pointe de flèche depuis laquelle émergent deux feuilles, plus épaisses, qui épousent la courbe des feuilles pour se recourber à leur sommet, sous l'abaque.	ci-dessous
Chap. 05	Corinthien	Secteur I. Élément à terre situé à proximité de la tour T. III		Le fragment présente seulement une rangée de feuilles marquées par une nervure centrale très fine. Les caulicoles prennent la forme de deux trapèzes superposés. Du premier émergent deux feuilles étroites qui longent la courbe des feuilles jusqu'à leur sommet, sous l'abaque. Du second jaillissent deux fines volutes, l'une extérieure dont l'enroulement terminal s'effectue au sommet des feuilles d'angle, l'autre intérieure, plus petite, qui se termine au dessus de la feuille centrale.	ci-dessous

Chap. 06	Corinthien	Secteur II. Élément remployé dans un mur qui prolonge le mur oriental de S. X	Ép = 48, H = 46, L≈70 Abaque (Ép≈70, H≈6, L≈70	Le chapiteau de pilier, très abîmé, est décoré sur deux côtés. Le décor comprend deux rangées de feuilles lisses pourvues de fines nervures centrales triangulaires. Les feuilles hautes sont séparées une tige pourvue de deux traverses, formant ainsi des croix à double branche. Sa situation, les dimensions du chapiteau et la répartition du décor suggèrent son emplacement initial : l'élément couronnait sans doute l'un des deux pilastres qui encadraient l'édifice à nef unique et abside saillante. Élément datable au tournant du VIe siècle.	fig. 204
Chap. 07	Corinthien	secteur I. Angle nord-est de S. VI	inf = 40, H = 48, Abaque (Ep = 70, H = 5,L = 70).	Ce chapiteau, très élémentaire, ne possède qu'une rangée de huit feuilles d'eau séparées par une mince tige galbée d'où jaillissent deux feuilles qui se retournent au sommet des feuilles principales.	ci-dessous
Chap. 08	Corinthien	Secteur II ; à l'est du chevet de l'église Sud	Élément dégradé	Le chapiteau, très abîmé dans ses parties basse et haute, comprend deux rangées de feuilles lisses. La rangée de feuilles inférieure est trop endommagée pour discerner les éléments qui la composent. Les feuilles de la seconde rangée sont séparées par une tige pourvue d'une branche transversale qui forme ainsi le motif d'une croix à l'image de celui observé sur le chapiteau de pilier C. 06. L'élément peut être daté de la fin du Ve siècle.	ci-dessous
Chap. 09	« Ionique »	À l'extérieur du bâtiment, quelques mètres au nord de l'église	Élément fragmentaire	L'astragale n'est pas visible. L'échine est ornée d'un médaillon avec une croix pattée inscrite à l'intérieur d'un cercle. L'échine est séparée de l'abaque plat et peu épais par un anglet. Élément datable entre la fin du IVe - début Ve siècle.	/
Chap. 10	Corinthien	Localisé à l'extérieur de l'enceinte, à quelques mètres à l'ouest du rempart occidental	Inf = 53, H = 54, Abaque (Ép = 73, H = 5, L = 73).	Le chapiteau de pilier, en bon état de conservation, est décoré sur trois côtés. La corbeille s'organise en deux rangées de feuilles lisses et épaisses. Les feuilles du premier rang sont séparées par des motifs en pointe de flèche de même hauteur dont le sommet est axé sur la nervure centrale des feuilles supérieures. Ces dernières sont séparées par un calice plat d'où émergent deux feuilles étroites recourbées au sommet des feuilles hautes. De ces deux feuilles jaillit un nouveau calice qui donne naissance à deux fines volutes, l'une extérieure dont l'enroulement terminal s'effectue au sommet des feuilles d'angle, l'autre intérieure, plus petite, qui se termine au-dessus de la feuille centrale. Élément datable de la première moitié du Ve siècle.	fig. 488
Chap. 11	Corinthien	Secteur III, salle S. I. Élément situé au nord de la margelle du réservoir	Élément dégradé	Le chapiteau est rongé par l'érosion. Sa corbeille se compose de deux rangées de feuilles lisses. Les feuilles inférieures sont presque accolées les unes aux autres. Les feuilles hautes sont séparées par une tige pourvue d'une traverse, formant ainsi une croix. Du sommet de la tige jaillissent deux feuilles étroites incurvées sous l'abaque. Élément datable de la fin du Ve siècle (?).	ci-dessous

	Localisation	Indentification	Dimensions	Description	Figures
Chap. 12	Corinthien	Secteur III, Élément situé dans la zone nord-est de la cour qui précède la mosquée	Inf = 40, H = 48, Abaque (Ép = 80, H = 5,L = 80).	Le chapiteau mal préservé se compose de deux rangées de feuilles lisses. Les nervures des feuilles hautes reliées entre elles forment un bandeau continu qui sépare la première couronne de la seconde. Les feuilles basses sont séparées par une forme en pointe de flèche de même hauteur axée sur la nervure centrale des feuilles supérieures. Ces dernières sont séparées par un motif végétal en forme de croix au sommet duquel émergent des feuilles stylisées. Ces dernières, reliées entre elles, forment une guirlande située au-dessous de l'abaque. Élément datable du Ve siècle.	fig. 489

Chapiteaux découverts à l'intérieur du fortin : a/ chap. 01 ; b/ chap. 03 ; c/ chap. 04 ; d/ chap/ 05 ; e/ chap. 07 ; f/ chap. 08 ; g/ chap. 10 ; h/ chap. 11 (© B. Riba).

Tableau des médaillons

Maison	Position	Dimensions	Description	Figures	Relevés
M. 05	Médaillon	Diam = 32 cm	Médaillon représenté par une croix à quatre branches ancrées inscrite à l'intérieur d'un cercle. Ce symbole, en grande partie martelé, ne présente plus qu'une perle dans le quadrant inférieur gauche.	/	
M. 17	Médaillon centré sur un linteau à caractère monumental à terre	Diam = 20 cm	Médaillon représenté par une croix en queue d'aronde concave inscrite à l'intérieur d'un anneau perlé.	fig. 150 fig. 251	
C. 19	Médaillon situé sur le petit côté d'une imposte	Diam = 16 cm	Médaillon représenté par une croix à branches simples inscrite à l'intérieur d'un anneau perlé. Chaque quadrant est pourvu d'un motif circulaire sphérique, ou globule.	/	
M. 30	Médaillon centré sur un linteau	Diam = 26 cm	Christogramme représenté par une croix à huit branches simples inscrite à l'intérieur d'un cercle. un rhô est accolé à la branche supérieure. Ce symbole est associé à une inscription grecque apotropaïque qui indique « Par ce (signe), sois victorieux ! » (trad. D. Feissel dans Riba 2012, à paraître).	fig. 150 fig. 162	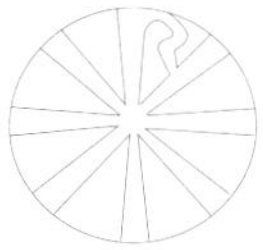
M. 49	Médaillon centré sur une moulure d'un linteau provenant d'une entrée du bâtiment d'habitation	Diam = 16 cm	Médaillon représenté par une croix à branches simples inscrite à l'intérieur d'un cercle à double bourrelet. Chaque quadrant est pourvu d'un motif circulaire sphérique, ou globule.	fig. 150 fig. 85	

Maison	Position	Dimensions	Description	Figures	Relevés
M. 44	Médaillon qui orne un bloc d'architrave remployé comme pilier	Diam = 13 cm	Petit médaillon représenté par une croix pattée inscrite à l'intérieur d'un cercle.		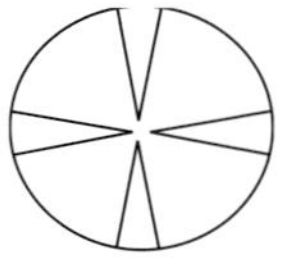
M. 44	Médaillon qui orne un bloc d'architrave remployé comme pilier	Diam = 13 cm	Petit médaillon représenté par une croix en queue d'aronde concave inscrite à l'intérieur d'un cercle.		
M. 48	Médaillon centré sur un linteau *in situ*	Diam = 34,5 cm	Chrisme représenté par une croix à branches simples inscrite à l'intérieur d'un cercle. Un *rhô* est accolé à la branche supérieure. Les quadrants inférieurs comprennent l'*Alpha* à gauche, l'*oméga* à droite. Les quadrants supérieurs affichent un petit médaillon (croix pattée à l'intérieur d'un cercle), et d'un oiseau (colombe ?) qui accompagne le *rhô*.		
M. 61	Médaillon sculpté sur un élément de corniche ; situation initiale indéterminée	Diam = 26,5 cm	Médaillon représenté par un motif en hélice. Ce décor est associé au chrisme à côté duquel il est sculpté.		
M. 61	Médaillon sculpté sur un élément de corniche ; situation initiale indéterminée	Diam = 26,5 cm	Chrisme représenté par une croix à branches simples inscrite à l'intérieur d'un cercle. Les quadrants inférieurs offrent un *Alpha* à gauche, et un *oméga* à droite. Le quadrant supérieur présente un *rhô* à droite accolé à la branche de la croix.		
M. 68	Médaillon centré sur le linteau de l'entrée principale de la maison, dans l'espace lisse situé sous le champ mouluré	Diam = 16 cm	Chrisme représenté par une croix à queue d'aronde concave inscrite à l'intérieur d'un cercle. Les quadrants inférieurs gauche et droit présentent l'*alpha* et l'*oméga*. Les quadrants supérieurs sont pourvus dans le même ordre, d'une perle sphérique, ou globule, et d'un *rhô* accolé à la branche supérieure de la croix.	fig. 150 fig. 60	

M. 68	Médaillon placé à l'extrémité nord du linteau de l'entrée principale, dans l'espace lisse situé sous le champ mouluré	Diam = 16 cm	Médaillon représenté par une rosace à six pétales inscrite à l'intérieur d'un cercle.	fig. 150 fig. 60	
M. 68	Médaillon placé à l'extrémité nord du linteau de l'entrée principale, dans l'espace lisse situé sous le champ mouluré	Diam = 16 cm	Médaillon représenté par un motif en hélice.	fig. 150 fig. 60	
M. 69	Médaillon situé sur le montant méridional de l'entrée de la maison	Diam = 34,5 cm	Chrisme représenté par une croix à branches simples inscrite à l'intérieur d'un cercle délimité par un double bourrelet. À l'exception d'un *rhô*, accolé à la branche supérieure, et qui occupe le quadrant supérieur droit, les autres quadrants sont restés vides.	fig. 47 fig. 49	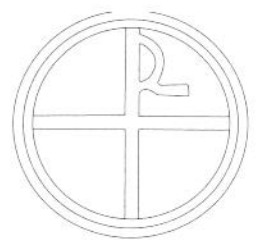
M. 70	Médaillon sculpté sur un bloc de linteau à terre appartenant à l'édifice *M. 70b*	Diam = 34,5 cm	Chrisme représenté par une croix à branches simples inscrite à l'intérieur d'un cercle. Les quadrants inférieurs comportent un *Alpha* à gauche, l'*oméga* à droite. Les quadrants supérieurs sont vides.	fig. 150	
M. 81a	Médaillon sculpté sur le montant ouest de la porte d'entrée de la maison	Diam = 34,5 cm	Médaillon à double bourrelet pourvu d'un ruban qui forme quatre boucles qui s'opposent. Deux d'entre elles apparaissent dans les parties inférieure et supérieure du médaillon ; deux autres se font face de chaque côté. Entre ces boucles s'intercalent des motifs circulaires comparables à des boutons plats. Le centre est marqué par un bouton analogue, d'un diamètre sensiblement plus grand.	fig. 46 fig. 49	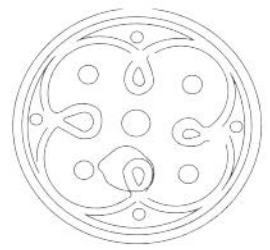
M. 82	Médaillon situé sur la feuillure du piédroit ouest de la porte d'entrée de la maison	Diam = 19 cm	Médaillon représenté par une croix à branches simples inscrite à l'intérieur d'un cercle. Les quadrants sont pourvus d'une perle sphérique, ou globule.	fig. 48 fig. 49	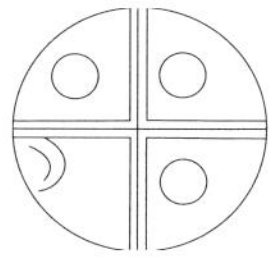

Maison	Position	Dimensions	Description	Figures	Relevés
M. 82	Médaillon situé à l'extrémité oriental du linteau *in situ*, à côté du champ mouluré	Diam = 20 cm	Médaillon représenté par un motif en hélice.	fig. 48 fig. 49	
M. 82	Médaillon situé à l'extrémité occidentale du linteau *in situ*.	Diam = 21,5 cm	Médaillon représenté par une rosace à six pétales inscrite à l'intérieur d'un cercle.	fig. 48 fig. 49	
Bâtiment fortifié	Médaillon centré sur le linteau de la porte sud-est de l'église Sud	Diam = 23 cm	Chrisme représenté par une croix à branches ancrées inscrite à l'intérieur d'un cercle à double bourrelet. Les quadrants inférieurs sont pourvus d'un *alpha* à gauche, d'un *oméga* à droite. Le quadrant supérieur droit affiche un *rhô* accolé à la branche de la croix. Les motifs sont profondément sculptés.	fig. 183 fig. 195	
Bâtiment fortifié	Médaillon centré sur une console filante remployée dans la salle S. VI du secteur I	Diam = 27 cm	Médaillon représenté par une croix à huit branches ancrées inscrite à l'intérieur d'un cercle.	fig. 441	
Bâtiment fortifié	Médaillon situé sur l'échine d'un chapiteau ionique	Diam = 13 cm	Petit médaillon représenté par une croix à branches ancrées inscrite à l'intérieur d'un cercle.	fig. 490	
Bâtiment fortifié	Médaillon centré sur la face principale du chapiteau C. 03 découvert dans les débris aux abords du secteur III	Diam = 24 cm	Médaillon représenté par une croix à six branches en queue d'aronde concave inscrite à l'intérieur d'un cercle d'un anneau perlé. Les espaces séparant les branches, profondément creusés, font ressortir le motif de la croix.	fig. 491	

M. 37 Église Est	Médaillon centré sur un linteau de porte remployé dans la maison M. 37	Diam = 27cm	Le médaillon a été martelé dans sa partie centrale où se trouve la croix. Il est représenté par une croix à quatre branches ancrées entourée d'une rangée de perles. Ce motif se trouve au centre d'un cercle constitué, de l'extérieur vers l'intérieur, d'un double bourrelet et d'une moulure torsadée contre laquelle apparaît la rangée de perles précédemment évoquée.	fig. 150 fig. 241	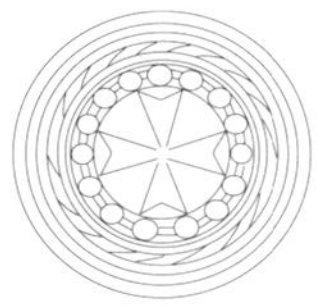
Couvent	Médaillon situé entre la tombe centrale et la tombe sud du tombeau des moines	Diam = 34 cm	Chrisme représenté par une croix à branches simples inscrite à l'intérieur d'un cercle à double bourrelet. Les quadrants inférieurs présentent un *alpha* à gauche, un *oméga* à droite. Le quadrant supérieur gauche affiche un motif floral, le quadrant voisin contient un *rhô* accolé à la branche de la croix. Ce dernier motif prend l'aspect d'un serpent.	fig. 371 fig. 373	
Couvent	Médaillon situé à l'intérieur de la tombe centrale du tombeau des moines	Diam = 21 cm	Chrisme de facture assez rudimentaire représenté par une croix à branches simples inscrite à l'intérieur d'un cercle à double bourrelet . Dans le quadrant inférieur droit, l'*oméga*, accolé à la branche de la croix, semble atrophié. Dans le quadrant voisin apparaît l'*alpha* sommairement sculpté. Le quadrant supérieur gauche présente un motif végétal difficilement identifiable. Le quadrant supérieur droit comprend le *rhô* accolé à la branche supérieure de la croix.	fig. 371 fig. 373	
Couvent	Médaillon situé à l'intérieur de la tombe nord du tombeau des moines	Diam = 23 cm	Médaillon représenté par une croix à huit branches inscrite à l'intérieur d'un cercle. Les espaces entre les branches contiennent des symboles difficiles à déterminer.	fig. 371 fig. 373	
Couvent	Médaillon sur le claveau central de l'arc de la chapelle du couvent	Diam = 34,5 cm	Chrisme représenté par une croix à branches simples inscrite à l'intérieur d'un cercle dont le contour est souligné par une succession de feuilles triangulaires. Les quadrants inférieurs présentent, à droite, un *oméga*, à gauche un *alpha* accompagné d'une perle. Le quadrant supérieur droit est pourvu d'un *rhô* accolé à la branche haute. Le motif, associé à une perle, présente l'aspect d'un serpent, à l'instar du *rhô* du médaillon sculpté sur la façade du tombeau des moines (Pl. 63, fig. 1b). Le quadrant supérieur gauche comporte un motif difficilement identifiable. On discerne toutefois la présence de deux perles.	fig. 266	

Médaillons sculptés sur des blocs isolés situés en périphérie du site

Maison	Position	Dimensions	Description	Figures	Relevés
Linteau situé dans le *wādī* sud	Médaillon centré sur la moulure du linteau	Diam=26,5 cm	Médaillon représenté par une croix en queue d'aronde concave. Les espaces entre les branches sont vides. Le champ mouluré trapézoïdal sur lequel est centré le linteau se compose de quatre fasces, d'une bande biseautée, d'un anglet et d'un bandeau. Le médaillon occupe la hauteur des trois fasces situées sous la bande biseautée. Cette dernière comporte une inscription grecque illisible.	fig. 149 fig. 150	
Linteau situé dans le *wādī* sud	Médaillon centré sur la moulure du linteau	Diam=16 cm	Médaillon représenté par une croix en queue d'aronde concave. Les espaces entre les branches sont vides. Le champ mouluré trapézoïdal sur lequel est centré le linteau se compose d'une fasce, d'une bande biseautée, d'un anglet et d'un bandeau. Le médaillon est sculpté sur la hauteur de la fasce et de la bande biseautée.	/	
Linteau situé à proximité de la maison M. 59	Médaillon situé à l'extrémité gauche du linteau, à proximité du champ mouluré.	Diam=26 cm	Médaillon représenté par une croix à huit branches simples. Un rhô est accolé à la branche supérieure. On constate également la présence de motifs circulaires sphériques, ou globules, qui occupent certains espaces vides entre les branches supérieures. Enfin, dans l'un des espaces inférieurs, du côté droit, se trouve un *oméga.*	/	
Linteau situé à proximité de la maison M. 59 (suite)	Médaillon situé à l'autre extrémité du linteau sur lequel apparaît le médaillon précédent	Diam=26 cm	Médaillon représenté par une rosace complexe, soigneusement sculptée, comparable à celle qui se trouve sur une plaque de parapet de la maison M. 68.	/	/
Bloc situé 100 m à l'ouest du fortin	Médaillon sculpté sur la surface d'un bloc dont a fonction reste indéterminée	Diam=16 cm	Médaillon représenté par une croix à banches simples inscrite à l'intérieur d'un anneau perlé. La branche supérieure est pourvue d'un *rhô*. La branche inférieure présente un oméga.	/	

Summary

The monograph on the village of Kafr ʿAqāb is the fruit of a scientific study in the framework of research into the ancient villages of the Near Orient, particularly those in the Limestone Massif in Northern Syria. This region of around 2000 km^2 is made up of four groups of limestone ridges separated by small plains. It is bordered on the east by the interior plateau of the steppe, to the south by the plains of Apamea and to the west and north by the Orontes and ʿAfrin valleys. These ridges are essentially fairly low rock formations with an average height of between 500 and 600 metres. The most notable are the Ǧebel Semʿān and the Ǧebel Ḥalaqa to the north; the Ǧebel Bārīšā and the Ǧebel I1-Aʿla in the centre; the Ǧebel Zāwiye to the south; the Ǧebel Waṣṭāni and the Ǧebel Dueili to the west. Unlike the others, for a long time the latter western group has been the subject of little research because many of its remains are poorly conserved and also because access was difficult until a road was built in 1985. It is a narrow rocky strip which runs along the Orontes valley. The Ǧebel Waṣṭāni is where the Kafr ʿAqāb site is situated and represents the southern part of this strip. It was ignored by Mr. de Vogüe's expedition[1] and barely covered by the American expedition led by H.C. Butler[2] and the expedition in the 1920s led by R. Mouterde[3] and Lieutenant Froment.[4] The ridge was not included in the two major overall reports on the Limestone Massif either – the works of G. Tchalenko[5] which was published in 1953-1958 and that of G. Tate,[6] published in 1992.

The current study therefore serves to broaden research into the western part of the Limestone Massif which has been the subject of little interest until recently. It follows on from the explorations carried out by Franciscan fathers[7] who made an inventory of all the sites on the ridge, works mainly on ecclesiastical architecture in Ṭurīn carried out by J.-P. Sodini and J.-L. Biscop[8] in the 1980s and W. Khoury's work[9] from the same period until the present in several localities of northern Ǧebel Waṣṭāni which pays particular attention to the site of Banassara. The study of the village of Kafr ʿAqāb began in 2007 and was carried out in the framework of the Syrian "Banassara and the Ǧebel Waṣṭāni" mission directed by W. Khoury.

A complete study of the Ǧebel Waṣṭāni site is of significant importance because it provides brand new data on the economic, demographic and social evolution of a village community in a little-known sector of the Syrian countryside in the inland region of Antioch.

The village is located at the far north end of the ridge very near the Ǧebel Dueili. Most of the ruins are spread out over a slightly rugged rocky headland whose contours are defined, to the north, to the south and to the west by *wâdîs* with steep slopes. To the east, the site is overlooked by the neighbouring ridge with its summit of over 800 metres. The site of Kafr ʿAqāb was selected for several reasons. Firstly the advantageous geographical situation at the meeting of two ridges close to a major ancient communication route between Apamea and Antioch was a point in the favour of a previously inhabited site which played an important role in how the surrounding village network functioned. The scale of the ruins confirmed that it was a large village which seemed to have benefited from the advantages of its location. This meant that the village of Kafr ʿAqāb seemed more suitable than the other villages to provide information beyond its own characteristics about the regional context in which the villagers of northern

1 Vogüe 1865-1877.
2 Butler *et al.* 1930, p. 77.
3 Mouterde 1929, pp. 126-127.
4 Froment 1930, pp. 280-292.
5 Tchalenko 1953-1958.
6 Tate 1992a.

7 Peña *et al.* 1999.
8 Biscop, Sodini 1984, pp. 267-330 ; Biscop, Sodini 1987, pp. 107-129.
9 Khoury 1990, pp. 184-303 ; Khoury 2005, pp. 225-266 ; Khoury, Castellana 1990, pp. 14-25; Khoury, Naccache 1996, pp. 160-163.

Ğebel Waṣṭāni lived. It was also an opportunity to verify the Franciscan fathers' hypothesis that Kafr ʿAqāb was a major regional centre like Brād in the Ğebel Semʿān and El-Bāra in the Ğebel Zāwiye.[10] It was also important to evaluate the dual influence on a village in this zone of the Limestone Massif of being close to the navigable Orontes River and the city of Antioch.

Moreover, the typology of buildings identified on the site included architectural models which are representative of country localities such as houses, a church, a monastery and tombs. Only baths and the *andrôn,* which were less frequent in the Limestone Massif, were absent. The remains of the village thus offered the possibility to study types of architecture which were commonly found in the villages, to determine how they evolved and their specific features or similarities and then compare the results obtained with findings on other localities.

Apart from the ordinary buildings mentioned above, the presence of a fortified edifice made the site of particular interest. The Franciscan fathers believed this to be "the only known military building from the Roman-Byzantium period in the Syrian Limestone Massif".[11] The fathers' hypothesis concerning this was of a *Kastron* which was sometimes used as a residence for the representative of the *Comes Orientis* in charge of levying taxes.[12] This is conjecture however and so it seemed essential to find out if it might have been a building linked to the patronage system evoked by Libanios, traces of which have always been lacking in the region. Whatever the case, this fortified building strategically placed on the periphery of the inhabited zone and including a church, a mosque and a large water reservoir, was considered of major architectural interest.

Another advantage of the village was that it had been occupied for a particularly long time and seemingly on a continuous basis. The chronological range defined by the ruins spreads over more than a thousand years from the 2nd century until the end of the medieval period. The aim of the diachronic study of the occupation of the site was to gain a better understanding of its history in less known periods after the 7th century.

The site also had the advantage of having been spared the progressive repopulation of the region since the last century. There are no modern constructions on the territory and this greatly facilitated the study. Conversely, this advantage was reduced by the highly advanced state of degradation of the remains caused by natural catastrophes and successive reoccupations of the buildings.

Finally the already poorly preserved ruins – though easily accessed using a modern road – are continually being damaged as different field research projects have shown. The prospection and surface readings on the site were also aimed at trying to preserve the village's heritage buildings.

The approach adopted was based on a study of buildings. It consisted of making the first detailed topographic survey of this ancient village in the Limestone Massif, determining phases of expansion, analyzing the evolution of the buildings until their abandon and studying the forms of agricultural, industrial, trade and religious activities involved. The village is particularly spread out with over a hundred constructions and provided a sufficiently rich field for study to enable a meticulous and fruitful study of the preserved surface remains. All the elements of the architectural survey which illustrate the text of the thesis were taken in the field. In parallel, the prospecting work, numerous sketches of each construction and amenity in the village and the complete topographic survey of the ruins provided in-depth knowledge of all the site's visible structures. The study of building techniques, decoration and the chronological relations between the buildings which were identified provided documentation that is essential for understanding the history of the village community. The results of all this work can now be used to put together an account of the village's evolution which is as complete as possible. The different phases of the village's expansion from the 2nd to the 6th century were thus determined and enough data was obtained on each phase to define its economic, demographic, social and religious framework. The life of the village was less clear between the 7th and the end of the 10th century and becomes clearer again during the medieval period essentially thanks to the construction of the fortified building. Study of this edifice showed that it dated from this period and not from Antiquity as the Franciscan fathers had suggested.

Like all the Limestone Massif's localities, Kafr ʿAqāb has its own individual characteristics particularly with respect to its mode of development, the means implemented to develop farming land, the general appropriation of land and its forms of agricultural and trading activities. However the settlement and development of the community follow rules which are more or less common to all the villages in this region of Northern Syria. The village was built on land which was suitable for diverse crops at the bottom of a slope whose slant facilitated the catchment of runoff water. It was made up almost exclusively of houses and developed organically from its initial primitive cores. These were small dwelling units which formed compact blocks and subsequent buildings were built around these and arranged into housing groups which were either smaller or completely isolated. Most of the oldest buildings continued to be occupied (hence the conservation of the primitive blocks) but some were abandoned or replaced by new buildings while others were extended by adding extra rooms. On the whole these constructions form an irregular village structure with both denser and more spread out zones, no public square and

10 Peña *et al.* 1999, pp. 84-85.
11 *Ibidem*, p. 22.
12 *Ibid.*, p. 87.

no viable road network. No public buildings were found in the survey except the churches which are situated on the periphery of the housing areas as is expected in a locality occupied as early as the 2nd century. Water fittings and installations linked to the economic life of the village were installed in both private and communal spaces. The periphery of the village is given over to quarries in the sides of the *wâdîs* and the cemetery made up of several groups of tombs unequally distributed around the houses. Finally, various crops were grown on the land using agricultural production strategies adapted to the site's topography.

From a historical point of view, six phases were determined in the village's development. The first was part of a vast operation aimed at enhancing the territory undertaken by the imperial authorities to increase the attractiveness of the ridge. On the site, this involved the creation of three distinct hamlets which were autonomous from each other and mainly lived in by relatively poor peasants whose activities were based on the subsistence economy. Each hamlet is made up of small living units which were very close to each other. The community was not organized around any civil or religious institutions. The rural society's cohesion was created on a broader scale through a shrine dedicated to Zeus Koryphaios on an important site on a high point of the Ğebel Dueili. This temple was built thanks to donations from rich property owners.[13] It associated Zeus with an ancient local Semitic divinity and contributed to the process of colonization of the ridge. The presence of one of these Hellenized dignitaries in Kafr ʿAqāb is proved by the remains of a monumental tomb.

The village's second phase corresponds to the expansion of the living area which began in the last decade of the 4th century and carried onto until the middle of the 6th century. At the end of the 4th century, the demographic and economic development which began in the previous period was consolidated. The development of the village was characterized by the multiplication of houses, the extension of older houses, the unanimous adoption of the simple orthogonal system and a systematic sculpted decoration on the most visible parts of the buildings. The tombs display similar characteristics although the majority of them have the countrified appearance observed on tombs from the imperial era. During the same period, closing temples and the Christianization of country areas put an end to paganism which had lasted a particularly long time in this sector of the Limestone Massif. The population increase led to the two hamlets on the rocky headland being brought together to form a real village organized around the community buildings – essentially the churches. The third hamlet was separated from the rocky headland by a *wâdî* which meant its development was much more limited and actually stopped in the first half of the 5th century.

The village's third phase ran from the end of the 6th century until the start of the medieval period and was characterized by the end of new constructions. No reliable data can be found to prove the village was occupied at this time. However this phase is very well-covered in archaeological studies of sites in the Limestone Massif[14] and the findings do not enable us to conclude that Kafr ʿAqāb was abandoned after the Islamic invasion. Some of the in-depth changes observed in all the houses and which are likely to have occurred during this period argue in favour of continued occupation of the site and a loss of the means acquired during the Proto-Byzantine period. After a period of stagnation, the village population underwent the same slow, inevitable decline observed everywhere else in Northern Syria.[15] When the medieval fort was built, the two ecclesiastical ensembles were in ruins which is a clear sign of a community in decline.

The fourth phase identified began when the fort was built – either at the end of the 10th century with the arrival of the Byzantine troops or later with the creation of the principality of Antioch by the Crusaders. This period ended with the second Arab conquest in the second half of the 12th century. This monument sheds new light on the situation of the village during the medieval era. The fortified enclosure was entirely built using blocks taken from the ruins of the Eastern ecclesiastical ensemble and includes the buildings of the Southern group of ecclesiastical buildings whose church was restored at this time. The construction style of the walls is characterized by the meticulous adjustment and installation of the re-used building blocks and this testifies to the care taken in building the edifice by the medieval builders. Apart from its role in the surveillance of northern Ğebel Waṣṭāni, the edifice is very likely to have had other functions. The *podiums* with mouldings at the bottom of the most exposed towers, the multiple *graffitis* and decorations engraved on the external cladding of the enclosure and the restoration of the church all indicate that this was a polyvalent monument which could have been used as a

13 For information on shrines on important sites and their patrons, cf. Gatier 1997, pp. 751-775 ; Callot, Gatier 1999, pp. 665-688.

14 The abandon of the Limestone Massif's villages was very progressive and did not take place everywhere at the same time. The village of Serǧilla was deserted in the 8th century with a significant reoccupation occurring during the Ayyubid period (Tate 1997, pp. 4-6). The site of El-Bāra seems to have been continuously occupied from the end of the 4th century until at least the 12th century with its demographic decline only beginning in the xiiith siècle (Fourdrin 1995, p. 351 ; Charpentier, Abdulkarim 2008, pp. 45-46 ; Charpentier 2013). As far as the village of Deḥes in the Antiochene is concerned, archaeological work has shown the site to have been continuously occupied from the the 7th to the 8th century with some houses remaining occupied until the 10th century (Sodini *et al.* 1980, pp. 1-308; Tate 1992a, p. 335).

15 In the Limestone Massif and in the steppe, there was a slow rural depopulation during the Umayyad and Abbasid eras.

dormitory for travelling garrisons and other travellers such as traders, pilgrims, officials or messengers and so forth. These usages are coherent with the monument's favourable location on the road linking different important places in the region and the cities of Antioch and Apamea.

Analysis of the fort's remains indicates that the village's fifth phase began during a period after the second half of the 12th century when the Ayyubid principality of Alep was created and the border with the Latin territory was stabilized. Nonetheless it could have begun later following the Mamelūkes' counter-crusade which destroyed the Frankish threat from across the Orontes River and re-opened access to the town of Antioch which had been taken in 1268 by Sultan Baybars. Whatever the case, this was one of the numerous small Muslim communities which settled in the Limestone Massif and the neighbouring plains[16] after the Crusaders' retreat. The ruins observed in the village and inside the fort suggest that the intention was to occupy the site for a long duration. The majority of the population of Kafr ʿAqāb moved into the fort and their occupation of this edifice lasted long enough for its interior organization to be profoundly modified. Additionally, the mosque built using reused materials had a minaret characterized by the attention paid to the size of the blocks used and to the moulding of the cornice. During this era, the fort thus lost its military character and a Muslim community moved in, organizing their lives around a place of worship. This was established close to a large ancient water reservoir and was probably the subject of interest from pilgrims and travellers passing through.

Finally, the sixth and last phase identified on the site could date from the Ottoman period as is suggested by the surface ceramics. Traces of this phase can be found both in the fort and inside homes. The phase is characterized by the presence of a few extremely precarious walls which are more likely to have been temporary pens for livestock than constructed for living purposes.

Apart from studying the characteristics in common with other localities in the Limestone Massif, the aim of our analysis of the ground occupation provided an opportunity to understand the village's growth mechanisms during the Proto-Byzantine period and to determine the means implemented to adapt to that growth to best respond to individual requirements as well as to those of the whole community. Strategies for enhancing the land attest to the villagers' extraordinary capacity to adapt to their environment. The organization of the rural space appears random at first but in reality little was left to chance. The location of buildings and the distribution of communal amenities in the empty spaces between the groups of buildings and houses or elsewhere on the land resulted from a calculated occupation of the space which was part of the community's own inherent growth dynamic. This is the case for the water amenities, quarries, collective troughs spread out near water sources, underground storage chambers and certain presses. The collective organization of the village space was intended to respond as best possible to the requirements of all villagers and to ensure the community's social equality. Farmers also benefited from an edaphic environment which suited the varied crops required to feed each family and the village as a whole. Additionally, growing one specific type of crop gave the community an early opportunity to trade which was the main reason for the locality's development. There were vast surfaces of arable land and a large low-lying area rather like an enclosed plain which made up wide open spaces characterized by a rich, thick soil conducive to the production of cereals. Apart from the soil quality and having land suited to this type of agriculture, one of the crucial advantages in favour this economic orientation was the proximity to the Orontes River and the river port of Derkūš which enabled cereals to be transported quickly and cheaply to Antioch. The very busy land route between Apamea and Antioch which crossed the north part of the Ǧebel Waṣṭāni also boosted the village economy. Finally, many mule, paved or rock paths carefully hewn into the hillsides helped exchanges between villages while facilitating access to the major transport axes and to neighbouring plains with whose inhabitants the farmers kept close links. This skilfully woven transport network was also an advantage for pilgrimage circuits whose importance grew continuously during the Proto-Byzantine period.

At the height of its growth the village was characterized by the inhabitants' evident opulence. It was the biggest village on the ridge in terms of population and surface area, ahead of the large village of Ṭurīn, more medium-sized localities like Ḫarāb Sulṭān and Fassūq or smaller villages like Banassara. However these contrasts between the villages did not give Kafr ʿAqāb the status of the Ǧebel Waṣṭāni's major economic and administrative centre. Actually, the village has no real distinguishing feature compared with others apart from its superior level of growth. Neither does the apparent hierarchy regarding the number of inhabitants per village derive from the practice of any specialization in the trading field which is more profitable than another. The degree of wealth attained in Kafr ʿAqāb which specialized in the trading cereals was equal to the wealth of the little village of Banassara whose economy was evidently based on exporting oil and wine. The population levels in all the villages therefore seem to be directly linked to their proximity to the plains or main transport axes and to the topographical context in which they existed.

Finally, the complete analysis of the ruins of Kafr ʿAqāb associated with the prospection work carried out for this study revealed specific development features and micro-regional characteristics which provided an opportunity to situate the northern Ǧebel Waṣṭāni in

16 Éddé, Sodini 2005, pp. 474-475.

the overall evolution general of the Limestone Massif. Also, it was possible to precisely define the ridge's relations with the outside world – essentially the cities of Antioch and Apamea. Indeed, the ridge's favourable location makes it possible to conclude that the early growth observed in the village of Kafr ʿAqāb could also have spread to other localities of the Ǧebel Waṣṭāni. The prospection work carried out in several localities on the ridge tends to confirm this hypothesis. Unlike the villages of the northern ridges whose slower development only really asserted itself from 480 onwards, the demographic and economic changes observed between the end of the 4th century and the beginning of the 5th century mean a comparable evolution comparable to that observed in the Ǧebel Zāwiye[17] can be envisaged. This phenomenon can be explained by the proximity to the urban markets of Antioch and Apamea and by the means employed to facilitate circulation between the two cities. The presence of major trading routes and the development of a network of secondary pathways both contributed to the cohesion of the southern part of the Limestone Massif where the villages had the same dynamic of evolution. This fact is consistent with the religious history of the Ǧebel Waṣṭāni whose process is comparable to that observed in the rural communities of Apamene which were particularly attached to paganism until the end of the 4th century. Finally, in all areas of architecture the ruins of Kafr ʿAqāb revealed original features which attest to the spread through the country area of diverse trends and influences mainly from towns and the villagers' capacity to adapt these models according to their own local requirements and tendencies. In the village, this phenomenon is particularly noticeable in its ecclesiastical architecture as the site's two churches present characteristics which are almost totally absent elsewhere in the region. These specific features contribute to defining the individual identity of the village community and, more generally, certain artistic and architectural movements in this much less well-known sector of the Limestone Massif.

Thus the monograph on Kafr ʿAqāb provides the first analysis of a whole locality in the Ǧebel Waṣṭāni, sheds light on its evolution from its origins right up to when it was abandoned definitively and sets out the village's specific features. It also confirms the prosperity enjoyed by rural societies during the Proto-Byzantine period and the circulation of architectural innovations via trade circuits and pilgrimages as highlighted in previous studies on religious buildings in Ṭurīn, Fassūq and Banassara. The hitherto unknown data found on the site also solves certain shortcomings in documentation and opens up new potential research paths in various fields of architecture. The "Syrian Mission to Banassara and the Ǧebel Waṣṭāni" has carried out a complete analysis and topographical study of neighbouring sites and the ancient transport and communication network which linked them. These give a better idea of the importance of the place and role of rural communities in this part of the countryside in the Limestone Massif. The study of the site of Kafr ʿAqāb is therefore a core part of a project likely to shed light on the history of the villages of northern Ǧebel Waṣṭāni which already has been found during this work to have been an important contact zone that was both firmly embedded in the Limestone Massif countryside and very much open to the outside world.

17 Tate 1992b, p. 317.

Table des figures

Fig. 1 Carte de la Syrie du Nord 12
Fig. 2 Carte toponymique du Massif calcaire (adaptée de Seyrig 1958) 13
Fig. 3 Les sites antiques du ǧebel Waṣṭāni (adapté de la carte du service géographique de FFL) 21
Fig. 4 Vue générale du ǧebel Waṣṭāni septentrional. À gauche apparaît le ǧebel Mūrasras qui sépare le chaînon de la plaine du Ruǧ (© B. Riba) 22
Fig. 5 Labour à l'araire dans les ruines de Kafr ʿAqāb (© B. Riba) 24
Fig. 6 Cultures en terrasses (© B. Riba) 24
Fig. 7 Berger puisant de l'eau stockée dans une citerne antique (© B. Riba) 24
Fig. 8 Tabac séchant dans les ruines du village antique de Ṭurīn (© B. Riba) 24
Fig. 9 Habitations dans le village antique de Fassūq (© B. Riba) 24
Fig. 10 Huilerie souterraine antique située dans le village de Ṭurīn (© B. Riba) 24
Fig. 11 Tronçon de route romaine localisé à la hauteur de El-ʿAmūdiye (© B. Riba) 26
Fig. 12 Pistes secondaires : a/ chemin rupestre reliant le site de Ḫerbet es-Serg à la plaine du Rūg ; b/ chemin rupestre reliant Kafr ʿAqāb à Banassara ; c/ chemin pavé reliant Kafr ʿAqāb à Banassara. (© B. Riba) 27
Fig. 13 Le village de Kafr ʿAqāb dans son environnement (© B. Riba) 31
Fig. 14 Image satellite du ǧebel Waṣṭāni septentrional (© B. Riba) 32
Fig. 15 Carte topographique du site (© B. Riba) 33
Fig. 16 Le village de Kafr ʿAqāb (© B. Riba) 34
Fig. 17 Vue générale des vestiges du village de Kafr ʿAqāb (© B. Riba) 36
Fig. 18 Localisation des ensembles (© B. Riba) 37
Fig. 19 Plan du quartier A (© B. Riba) 39
Fig. 20 Plan du quartier B et C (© B. Riba) 41
Fig. 21 Plan du quartier D (© B. Riba) 42
Fig. 22 Zone d'implantation de l'ensemble monastique au sud du secteur dédié à l'habitat (© B. Riba) 45
Fig. 23 Le village juché sur l'étendue du promontoire rocheux vu depuis le sud-ouest. À l'arrière-plan s'élèvent les pentes du ǧebel Dueili (© B. Riba) 46
Fig. 24 Vue de la zone la plus accessible au village depuis le sud du promontoire rocheux (© B. Riba) 47
Fig. 25 Escalier aménagé dans le front d'une carrière située au pied du promontoire rocheux, dans le wādī nord (© B. Riba) . 49
Fig. 26 Ruelle séparant deux bâtiments implantés au sud du village (© B. Riba) 49
Fig. 27 Escalier rupestre aménagé dans le flanc nord du promontoire rocheux (© B. Riba) 49
Fig. 28 Escalier longeant la clôture de la maison M. 74 (©B. Riba) 49
Fig. 29 Le village au IVe siècle (© B. Riba) 52
Fig. 30 Vue générale du quartier B (© B. Riba) 53
Fig. 31 Mur d'époque romaine surmonté d'assises de blocs de récupération : exemple de la maison M. 51 (© B. Riba) 54
Fig. 32 Tronçon de mur de la construction C. 09 (© B. Riba) 54
Fig. 33 Appareil polygonal double : exemple du mur ouest de la maison M. 81a (© B. Riba) 54
Fig. 34 Appareil mixte de la maison M. 57 (© B. Riba) 55
Fig. 35 Intérieur de la maison M. 39. Un portique à colonnes précède l'entrée. Vue depuis le sud-ouest (© B. Riba) 57
Fig. 36 Porte d'entrée de la maison M. 39 (© B. Riba) 57
Fig. 37 Profil du linteau de la maison M. 39 (© B. Riba). Traduction D. Feissel 57

Fig. 38 Portique de la maison M. 45 (© B. Riba) ... 57
Fig. 39 Ruines de la maison M. 48 (© B. Riba) ... 58
Fig. 40 Plan du quartier médian (© B. Riba) ... 59
Fig. 41 Vue générale du quartier médian. Localisation des maisons (© B. Riba) ... 59
Fig. 42 Vestiges de la maison M. 75. Vue du sud-est (© B. Riba) ... 60
Fig. 43 Bergerie aménagée à l'intérieur de la maison M. 75 (© B. Riba) ... 60
Fig. 44 Vestiges de la maison M. 81a. Vue depuis la cour sud (© B. Riba) ... 61
Fig. 45 Plan et façade de la maison M. 81a (© B. Riba) ... 61
Fig. 46 Porte d'entrée de la maison M. 81a et son médaillon sculpté sur le piedroit ouest (© B. Riba) ... 63
Fig. 47 Porte de la maison M. 69 et son médaillon sculpté sur son piedroit sud (© B. Riba) ... 63
Fig. 48 Porte de la maison M. 82 (© B. Riba) ... 63
Fig. 49 Médaillons sculptés sur des portes de maisons du IVe siècle (© B. Riba) ... 64
Fig. 50 Chapiteaux de portiques des maisons M. 45 : a/ chapiteau ; b/ chapiteau-imposte ; et M. 48 : c/ chapiteau (© B. Riba) ... 65
Fig. 51 Le village au Ve siècle (© B. Riba) ... 66
Fig. 52 Plan de l'îlot 10 (© B. Riba) ... 67
Fig. 53 Intérieur de la maison M. 64 (© B. Riba) ... 68
Fig. 54 Vestiges du portique de la maison M. 65. Vue depuis la cour (© B. Riba) ... 68
Fig. 55 Portique intérieur de la maison M. 64 (© B. Riba) ... 68
Fig. 56 Vestiges du portique de la maison M. 67. À l'arrière s'élèvent les vestiges de la maison M. 68 (© B. Riba) ... 68
Fig. 57 Plan de l'îlot 11 (© B. Riba) ... 69
Fig. 58 Éléments de portique de la maison M. 68 (© B. Riba) ... 70
Fig. 59 Composantes de l'entrée principale de la maison M. 68 : a/ linteau ; b/ montants moulurés ; c/ arc et imposte (© B. Riba) . 70
Fig. 60 Vestiges de l'entrée principale de la maison M. 68 (© B. Riba) ... 70
Fig. 61 Porte sud-ouest de la maison M. 77 (© B. Riba) ... 71
Fig. 62 Vue générale de l'îlot 06 depuis la maison M. 44 (© B. Riba) ... 73
Fig. 63 Vestiges du portique à colonne de la maison M. 44 enfouis sous la surface du sol (© B. Riba) ... 73
Fig. 64 Angle sud-est de la Maison M. 37 (© B. Riba) ... 73
Fig. 65 Plaque de parapet de la maison M. 44 (© B. Riba) ... 73
Fig. 66 Vue d'ensemble des ruines de la maison M. 30 depuis le sud-ouest (© B. Riba) ... 75
Fig. 67 Vestiges de la maison M. 06 : façade principale précédée d'un portique remanié (© B. Riba) ... 75
Fig. 68 Façade sud de la maison M. 11 (© B. Riba) ... 76
Fig. 69 Ruelle séparant les maisons M. 11 et M. 12 (© B. Riba) ... 76
Fig. 70 Façade est de la maison M. 11 (© B. Riba) ... 76
Fig. 71 Ruines de la maison M. 12. À l'arrière-plan s'élève la maison M. 11 (© B. Riba) ... 76
Fig. 72 Plan de l'ensemble des constructions situées au sud du quartier A (© B. Riba) ... 76
Fig. 73 Plan de l'îlot 02 (© B. Riba) ... 78
Fig. 74 Ruines de la construction C. 15. Vue depuis le nord-est (© B. Riba) ... 78
Fig. 75 Ruines de la maison M. 16. Vue depuis le pignon oriental du bâtiment (© B. Riba) ... 78
Fig. 76 Dalles soutenues par des arcs. situés au sud-ouest de la construction C. 15(© B. Riba) ... 78
Fig. 77 Plan de l'îlots 03 (© B. Riba) ... 79
Fig. 78 Impostes situées à l'extrémité orientale de la construction C. 18 (© B. Riba) ... 79
Fig. 79 Vue générale de l'îlot 03 depuis les ruines de la maison M. 17 (© B. Riba) ... 79
Fig. 80 Fragment de corniche à croupe découvert dans la construction C 18 (© B. Riba) ... 80
Fig. 81 Plan de l'îlot 04 (© B. Riba) ... 81
Fig. 82 Plan de l'îlot 05 (© B. Riba) ... 81
Fig. 83 Intérieur de la maison M. 27. Vue depuis le sud-ouest de la cour (© B. Riba) ... 82
Fig. 84 Vue générale des ruines de l'îlot 08 dissimulées sous une couverture végétale dense (© B. Riba) ... 83
Fig. 85 Linteau de la porte d'entrée du bâtiment M. 49a (© B. Riba) ... 83
Fig. 86 Vue de la maison M. 54 depuis les hauteurs orientales du ǧebel Dueili (© B. Riba) ... 84
Fig. 87 Façade principale du bâtiment d'habitation de la maison M. 52 (© B. Riba) ... 84
Fig. 88 Plan de la maison M. 81 au début du Ve siècle. En noir : noyau primitif; en gris : extension de la maison (© B. Riba) ... 85
Fig. 89 Vestiges du bâtiment d'habitation de M. 81b (© B. Riba) ... 86
Fig. 90 Négatifs du portique du bâtiment M. 81c (© B. Riba) ... 86
Fig. 91 Éléments du portique du bâtiment M. 81b laissés à leur point de chute (© B. Riba) ... 86
Fig. 92 Portique de la maison M. 81b : a/ état actuel ; b/ restitution (© B. Riba) ... 87

Fig. 93 Le village au VIe siècle (© B. Riba) 89
Fig. 94 Plan de la maison M. 70 (© B. Riba) 90
Fig. 95 Façade principale du bâtiment d'habitation M. 70a (© B. Riba) 90
Fig. 96 Plan de l'îlot 01 (© B. Riba) 91
Fig. 97 Vue générale des vestiges de la maison M. 04 depuis le bâtiment M. 04d (© B. Riba) 92
Fig. 98 Élévations des façades principales des maisons M. 04 et M. 05 (© B. Riba) 93
Fig. 99 Façade principale du bâtiment M. 05. Vue depuis le nord-est (© B. Riba) 93
Fig. 100 Fenêtre condamnée à l'arrière du bâtiment M. 06 (© B. Riba) 93
Fig. 101 Plan des maisons M. 20 et M. 21 (© B. Riba) 96
Fig. 102 Intérieur de la maison M. 21 (© B. Riba) 97
Fig. 103 Gouttereaux nord de la maison M. 21 (© B. Riba) 97
Fig. 104 Gouttereaux nord de la maison M. 21, détail de la construction (© B. Riba) 97
Fig. 105 Ruines de la maison M. 01. Vue depuis le sud-ouest (© B. Riba) 98
Fig. 106 Entrée du bâtiment d'habitation de la maison M. 60 (© B. Riba) 98
Fig. 107 Cour de la maison M. 81a (© B. Riba) 109
Fig. 108 Blocs subsistants de l'enceintede la cour principale de la maison M. 01 (© B. Riba) 109
Fig. 109 Mur de clôture de la construction C. 25 (© B. Riba) 110
Fig. 110 Mur de clôture de la cour arrière de la maison M. 01 (© B. Riba) 110
Fig. 111 Plan de la maison M. 14 (© B. Riba) 110
Fig. 112 Entrée de la chambre souterraine de la maison M. 30 (© B. Riba) 112
Fig. 113 Entrée principale de la maison M. 81bc (© B. Riba) 112
Fig. 114 Intérieur de la chambre souterraine de la maison M. 30 (© B. Riba) 112
Fig. 115 Entrée principale de la maison M. 27 (© B. Riba) 112
Fig. 116 Vestiges de la maison M. 77 (© B. Riba) 115
Fig. 117 Vestiges de la façade sud de la maison M. 20 (© B. Riba) 115
Fig. 118 Porte de la maison M. 54 (© B. Riba) 116
Fig. 119 Porte de la maison M. 58 (© B. Riba) 116
Fig. 120 Portes superposées du bâtiment M. 04c (© B. Riba) 116
Fig. 121 Portes superposées de la maison M. 77 (© B. Riba) 116
Fig. 122 Meneau (?) de fenêtre (© B. Riba) 118
Fig. 123 Fenêtre sud-ouest de la maison M. 06 118
Fig. 124 Système de fermeture des fenêtres : a/ fenêtre de la maison M. 72 ; b/ fenêtre de la maison M. 05 (© B. Riba) 118
Fig. 125 Meneau de fenêtre (© B. Riba) 118
Fig. 126 Linteau de fenêtre retrouvé dans la maison M. 51 (© B. Riba) 118
Fig. 127 Arcade appareillée de la maison M. 30 (© B. Riba) 119
Fig. 128 Arcade appareillée de la maison M. 30. Vue depuis le gouttereau nord (© B. Riba) 120
Fig. 129 Portique de la maison M. 45 avec seuil taillé dans l'architrave du côté ouest (© B. Riba) 121
Fig. 130 Pièce M. 70e : encoches de poutres et de solives destinées au plancher de l'étage (© B. Riba) 121
Fig. 131 Éléments de portique à colonnes provenant des maisons M. 29 et M. 30 (© B. Riba) 121
Fig. 132 Restitution détaillée de l'élévation du portique à piliers de la maison M. 81b (© B. Riba) 122
Fig. 133 Profils des moulures (© B. Riba) 124
Fig. 134 Profils moulurés. a/ profils de chapiteaux ; b/ profils moulurés d'architraves ; c/ profils moulurés d'impostes ; d/ profils moulurés de linteaux (© B. Riba) 125
Fig. 135 Chapiteaux de piliers : a/ maison M. 49 ; b/ maison M. 64 ; c/ maison M. 65 ; d/ maison M. 67 ; e/ maison M. 81bc (© B. Riba) 127
Fig. 136 Chapiteaux toscans du portique de la maison M. 39 (© B. Riba) 128
Fig. 137 Chapiteaux toscans : a/ maison M. 39 ; b/ isolé dans le quartier E (© B. Riba) 128
Fig. 138 Chapiteau toscan découvert dans la cour de la maison M. 65 (© B. Riba) 128
Fig. 139 Chapiteau toscan découvert dans le quartier E, proche de la maison M. 81a (© B. Riba) 128
Fig. 140 Chapiteau de type ionique appartenant à la maison M. 04 (© B. Riba) 130
Fig. 141 Chapiteau ionique appartenant au portique de la maison M. 27 (© B. Riba) 130
Fig. 142 Chapiteau ionique appartenant au portique de la maison M. 77 (© B. Riba) 130
Fig. 143 Chapiteau ionique découvert à proximité de la maison M. 17 (© B. Riba) 130
Fig. 144 Chapiteaux ioniques : a/ maison M. 77 : b/ maison M. 68 ; c/ maison M. 68 ; d/ maison M. 17 (© B. Riba) 131
Fig. 145 Chapiteau du portique de la maison M. 27 (© B. Riba) 132

Fig. 146 Chapiteaux corinthiens de la maison M. 68 (© B. Riba) ... 133
Fig. 147 Chapiteau corinthien de la maison M. 68 (© B. Riba) ... 134
Fig. 148 Chapiteaux corinthiens erratiques répertoriés sur le site (© B. Riba) ... 134
Fig. 149 Types de linteaux de porte : a/ M. 72a ; b/ M. 82 ; c/ M. 68 ; d/ M. 52 ; e/ M. 27 ; f/ linteau découvert dans la wādī sud qui comporte le début d'une inscription gravée sur sa bande biseauté (© B. Riba) ... 135
Fig. 150 Quelques médaillons sculptés sur des maisons (© B. Riba) ... 137
Fig. 151 Fragment de plaque de parapet découvert dans la maison M. 22 (© B. Riba) ... 138
Fig. 152 Fragment de plaque de parapet appartenant à la maison M. 17 (© B. Riba) ... 138
Fig. 153 Fragment de plaque de parapet appartenant à la maison M. 68 (© B. Riba) ... 138
Fig. 154 Plaque de parapet erratique découverte dans le quartier E (© B. Riba) ... 139
Fig. 155 Vestiges du temple d'El-Ḥoṣn (© B. Riba) ... 145
Fig. 156 Effigies d'une famille de notable associées au distyle du village de Ṭurīn (© B. Riba) ... 143
Fig. 157 Hypogée romain de Fassūq (© B. Riba) ... 143
Fig. 158 Inscription qui témoigne de la réfection du temple d'El-Ḥoṣn en 367/368 (© B. Riba) ... 144
Fig. 159 Insciption gravée sur le linteau de l'entrée de la maison M. 68 (© B. Riba). Traduction par D. Feissel ... 146
Fig. 160 Inscription gravée sur le linteau de la maison M. 52 (© B. Riba). Traduction par D. Feissel ... 146
Fig. 161 Quelques signes lapidaires observés dans le quartier ancien du village (© B. Riba) ... 146
Fig. 162 Inscription gravée sur le linteau de la maison M. 30 (© B. Riba) ... 147
Fig. 163 Localisation de l'église sud à l'intérieur du fortin médiéval (© B. Riba) ... 148
Fig. 164 Plan de l'église sud (© B. Riba) ... 148
Fig. 165 Intérieur de l'église. Vue depuis la façade ouest (© B. Riba) ... 149
Fig. 166 Vestiges de la façade nord (© B. Riba) ... 149
Fig. 167 Porte nord-est (© B. Riba) ... 150
Fig. 168 Trumeau de fenêtre B. 33 remployé dans le la façade nord (© B. Riba) ... 150
Fig. 169 Claveau B. 61 provenant d'un arc de décharge (© B. Riba) ... 150
Fig. 170 Bloc d'encadrement de fenêtre B. 55 (© B. Riba) ... 150
Fig. 171 Bloc de fenêtre double B. 47 découvert à proximité de la façade nord de l'église (© B. Riba) ... 150
Fig. 172 Bloc de Corniche B. 52 (© B. Riba) ... 150
Fig. 173 Fenêtres restituées de la façade nord (© B. Riba) ... 151
Fig. 174 Bloc d'encadrement fenêtre B. 55 (© B. Riba) ... 152
Fig. 175 Claveau B. 61 appartenant à l'arc de décharge (© B. Riba) ... 152
Fig. 176 Façade nord de l'église : a/ parement externe de la façade ; b/ parement interne de la façade ;c/ élévation de la façade réstituée (© B. Riba) ... 153
Fig. 177 Façade ouest de l'église (© B. Riba) ... 154
Fig. 178 Élévation de la façade ouest de l'église (© B. Riba) ... 155
Fig. 179 Élévation de la façade ouest de l'église : a/ parement externe ; b/ coupe longitudinale (© B. Riba) ... 155
Fig. 180 Corridor étroit qui sépare la façade ouest de l'église d'un bâtiment adjacent (© B. Riba) ... 156
Fig. 181 Citerne aménagée au pied de la façade ouest de l'église, devant le seuil de la porte du bâtiment adjacent (© B. Riba) ... 156
Fig. 182 Élévation de la partie visible de la façade du bâtiment adjacent (© B. Riba) ... 156
Fig. 183 Bloc d'encadrement B. 40 provenant d'une fenêtre de la façade sud de l'église (© B. Riba) ... 157
Fig. 184 Linteau B. 59 de la porte sud-est de l'église (© B. Riba) ... 157
Fig. 185 Élémént d'encadrement B. 41 appartenant à une fenêtre de la façade sud de l'église (© B. Riba) ... 157
Fig. 186 Connexion entre le mur rectiligne du chevet et la conque absidiale (© B. Riba) ... 159
Fig. 187 Porte condamnée qui communiquait initialement avec l'annexe nord (© B. Riba) ... 159
Fig. 188 Arcade du martyrion, état actuel (© B. Riba) ... 159
Fig. 189 Abside de l'église sud (© B. Riba) ... 159
Fig. 190 Vestiges de l'arcade du martyrion (© B. Riba) ... 159
Fig. 191 Coupe de l'église, proposition de restitution (© B. Riba) ... 161
Fig. 192 Pilier bilobé sud-est de l'église (© B. Riba) ... 161
Fig. 193 Pilier sud-est de l'église (© B. Riba) ... 161
Fig. 194 Moulures répertoriées dans l'église sud (© B. Riba) ... 163
Fig. 195 Linteau de la porte sud-est de l'église sud (© B. Riba) ... 164
Fig. 196 Chapiteau du pilastre de la façade ouest de l'église : faces sud, est et nord (© B. Riba) ... 165
Fig. 197 Chapiteau du pilastre nord de la façade ouest de l'église (© B. Riba) ... 165
Fig. 198 Fragment d'un chapiteau associé à l'un des piliers bilobés (© W. Khoury) ... 166

Fig. 199 Restitution du chapiteau d'un pilier bilobé d'après photographie (© B. Riba) 166
Fig. 200 Piliers et arcades appareillées à l'intérieur du réservoir d'eau associé à l'église sud (© B. Riba) 167
Fig. 201 Vestiges de l'abside du petit édifice situé à l'est de l'église sud (© B. Riba) 167
Fig. 202 Corniche B. 43 de l'abside du petit édifice oriental (© B. Riba) 168
Fig. 203 Les deux principales étapes de l'évolution de l'église sud au cours de la période protobyzantine : a/ église primitive ; b/ église agrandie au début du VIe siècle (© B. Riba) 170
Fig. 204 Chapiteau C. 06 découvert à proximité immédiate du petit édifice à abside saillante (© B. Riba) 171
Fig. 205 Église Sud, restitution axonométrique (© B. Riba) 173
Fig. 206 Dégagement des vestiges de l'église de l'est situés sous une fine couche de terre (© B. Riba) 175
Fig. 207 Plan général du sanctuaire oriental (© B. Riba) 176
Fig. 208 Plan de l'église est (© B. Riba) 176
Fig. 209 Vestiges de l'abside centrale (© B. Riba) 177
Fig. 210 Entrée du sanctuaire semblable à une courte soléa (© B. Riba) 178
Fig. 211 Vestiges de l'absidiole de l'annexe nord (© B. Riba) 179
Fig. 212 Élément de corniche B. 75 appartenant à l'absidiole nord (© B. Riba) 179
Fig. 213 a/ Seuil de la porte centrale de la façade sud ; b/ seuil de la porte principale centrée sur la façade ouest (© B. Riba) .. 181
Fig. 214 Dallage de la cour méridionale partiellement dégagée devant la porte sud-ouest de l'église (© B. Riba) 181
Fig. 215 Fragment de mosaïque situé dans l'angle nord-ouest de l'annexe sud (© B. Riba) 182
Fig. 216 Fragments de mosaïques situés entre les piliers sud : a/ entrecolonnement est ; b/ entrecolonnement central ; c/ entrecolonnement ouest (© B. Riba) 183
Fig. 217 Fragments de mosaïques localisés en bordure du collatéral sud (© B. Riba) 183
Fig. 218 Fragment de mosaïque à motifs géométriques (© B. Riba) 183
Fig. 219 Fragment du pavement du collatérale sud : représentation de rinceaux de vignes (© B. Riba) 183
Fig. 220 Fragment de revêtement mural de mosaïque (© B. Riba) 184
Fig. 221 Fragment de marbre destiné au revêtement mural (© B. Riba) 184
Fig. 222 Éléments d'un pavement en opus sectile (© B. Riba) 185
Fig. 223 Encoches carrées aménagées dans le rocher (© B. Riba) 185
Fig. 224 Vue générale de l'aire de parcage (© B. Riba) 185
Fig. 225 Détail d'une encoche (© B. Riba) 185
Fig. 226 Encoche aménagée dans un support cylindrique (© B. Riba) 186
Fig. 227 Vestiges du bâtiment annexe associé à l'église est (© B. Riba) 186
Fig. 228 Réservoir d'eau associé au bâtiment annexe (© B. Riba) 186
Fig. 229 Les églises de pèlerinage de : a/ Qalblōze ; b/ Kafr ʿAqab ; c/ Ruheiwa (© B. Riba) 188
Fig. 230 Localisation de éléments d'architecture monumentale remployés dans l'ensemble du site (© B. Riba) 191
Fig. 231 Élément d'architecture B. 72 probablement utilisé dans la construction d'un poche (© B. Riba) 192
Fig. 232 Élément d'architecture cruciforme B. 71(© B. Riba) 192
Fig. 233 Voussoire de l'arc triomphal de l'abside B. 81(© B. Riba) 193
Fig. 234 Linteau monumental B. 84 retrouvé dans les décombres de la maison M. 37 (© B. Riba) 193
Fig. 235 Élément de auvent (© B. Riba) 193
Fig. 236 Voussoire de l'arc triomphal de l'abside B. 82(© B. Riba) 195
Fig. 237 Chapiteau retrouvé à proximité de la maison M. 17 (© B. Riba) 195
Fig. 238 Imposte B. 91 retrouvé dans la construction C. 18 (© B. Riba) 193
Fig. 239 Voussoirs de l'arc triomphal de la basilique ; blocs B. 81 et B. 82 (© B. Riba) 194
Fig. 240 Linteau monumental B. 84 appartenant à l'église Est retrouvé dans la maison M. 37 (© B. Riba) 194
Fig. 241 Imposte B. 91 appartenant à l'église Est retrouvé dans les décombres de la construction C. 18 (© B. Riba) . 194
Fig. 242 Éléments de porte découverts dans les ruines de la maison M. 37 (les parties grisées sont restituées) : a/ fragments du linteau B. 85 ; b/ montant B. 86 ; c/ montant B. 87 (© B. Riba) 196
Fig. 243 Linteau de porte B. 85 (© B. Riba) 196
Fig. 244 Situation des ensembles ecclésiaux au sein du village (© B. Riba) 197
Fig. 245 Plan des ensembles ecclésiaux (© B. Riba) 198
Fig. 246 Borne d'asylie (© B. Riba) 199
Fig. 247 Borne découverte au sud du sanctuaire oriental (© B. Riba) 199
Fig. 248 Bloc de bêma B. 94 (© B. Riba) 201
Fig. 249 Éléments du socle du bêma : a/ B. 93 ; b/ et c/ B. 94 (© B. Riba) 201
Fig. 250 Linteau monumental B. 113 isolé au sud du quartier B (© B. Riba) 202

Fig. 251 Linteau monumental B. 98 découvert dans les décombres de la maison M. 17 (© B. Riba) 202
Fig. 252 Linteau de la porte est de la maison M. 11 (© B. Riba) 203
Fig. 253 Fragment du linteau monumental B. 106 découvert dans les ruines de la maison M. 70 (© B. Riba) 203
Fig. 254 Claveau de fenêtre B. 109 enfoui dans la cour de la maison M. 72a (© B. Riba) 204
Fig. 255 Profils moulurés d'éléments d'architecture monumentale retrouvés dans la maison M. 72a : a/ corniche de couronnement ; b/ claveau de fenêtre ; c/ claveau de fenêtre ; d/ clé de fenêtre échancrée en plein cintre (© B. Riba) 204
Fig. 256 Clé de fenêtre échancrée en plein cintre B. 107, enfouie dans le sol de la cour de la maison M. 72a (© B. Riba) .. 206
Fig. 257 Chapiteau (B. 112) et base de colonne (B. 111) découverts dans la cour de la maison M. 77 (© B. Riba) 205
Fig. 258 Fenêtres de l'ermitage aménagées dans la paroi rocheuse voisine de l'entrée d'une grotte (© B. Riba) 207
Fig. 259 Mur en appareil polygonal construit à l'entrée de la grotte voisine de l'ermitage (© B. Riba) 207
Fig. 260 Escalier menant à l'ermitage (© B. Riba) 207
Fig. 261 Plan de l'ensemble monastique (© B. Riba) 209
Fig. 262 L'ensemble monastique vu depuis le ǧebel Dueili. Localisation des bâtiments (© B. Riba) 210
Fig. 263 Bâtiment B, ruines de la chapelle et du tombeau des moines (© B. Riba) 211
Fig. 264 Arc absidial de la chapelle (© B. Riba) 211
Fig. 265 Imposte de l'arc absidial de la chapelle (© B. Riba) 211
Fig. 266 Bloc de la corniche interne de l'abside (© B. Riba) 211
Fig. 267 Médaillon sculpté sur le claveau central de l'arc absidial (© B. Riba) 211
Fig. 268 Fragment de trumeau orné d'une colonnette (© B. Riba) 212
Fig. 269 Vestiges du bâtiment A (© B. Riba) 212
Fig. 270 Vestiges du bâtiment E. À l'arrière-plan apparaît le bâtiment D (© B. Riba) 212
Fig. 271 Vestiges du bâtiment D (© B. Riba) 212
Fig. 272 Réservoir d'eau du monastère (© B. Riba) 213
Fig. 273 Citerne rupestre en bordure d'un chemin (© B. Riba) 218
Fig. 274 Citerne rupestre couverte de dalles (© B. Riba) 218
Fig. 275 Crevasse naturelle située dans le domaine monastique, au sud du bâtiment E (© B. Riba) 218
Fig. 276 Bassin de rétention d'eau situé en amont du village (© B. Riba) 219
Fig. 277 Plan et coupe transversale du bassin de rétention d'eau (© B. Riba) 220
Fig. 278 Drain aménagé dans les flancs du ǧebel qui domine le site (© B. Riba) 220
Fig. 279 Mur ouest du bassin de rétention d'eau (© B. Riba) 220
Fig. 280 Réservoir d'eau situé à l'ouest du village (© B. Riba) 222
Fig. 281 Margelle d'un puit situé dans le wādī sud (© B. Riba) 224
Fig. 282 Margelles situées à proximité de la maison M. 60 (© B. Riba) 224
Fig. 283 Citerne et auge rupestres aménagées à la périphérie est de l'habitat (© B. Riba) 224
Fig. 284 Margelle d'un puit situé à l'est du village (© B. Riba) 224
Fig. 285 Citerne creusée dans le flanc du promontoire rocheux et alimentée par un conduit taillé dans la roche (© B. Riba) ... 224
Fig. 286 Architrave-chéneau localisée dans le secteur central du village (© B. Riba) 225
Fig. 287 Cuvette incérée dans le mur pignon de la maison M. 77. Une large cuve de pierre lui est associée (© B. Riba) 226
Fig. 288 Gouttière aménagée dans un chapiteau-imposte du portique de la maison M. 65 (© B. Riba) 226
Fig. 289 Front de carrière situé dans le wādī nord (© B. Riba) 230
Fig. 290 Front de carrière situé dans le wādī sud (© B. Riba) 230
Fig. 291 Gradins d'un front de carrière situé dans le wādī sud (© B. Riba) 230
Fig. 292 Grande carrière collective située au sein de l'habitat (© B. Riba) 231
Fig. 293 Petit arc situé dans le quartier E du village (© B. Riba) 232
Fig. 294 Fouloir aménagé aux abords du wādī nord. Un rouleau de forme octogonal, visible au premier plan, lui est associé (© B. Riba) 238
Fig. 295 Fouloir aménagé dans le domaine monastique (© B. Riba) 238
Fig. 296 Fouloir aménagé dans l'arrière-cour de l'îlot 01 (© B. Riba) 238
Fig. 297 Rouleau de pierre destiné au broyage des fruits (© B. Riba) 238
Fig. 298 Plan et coupe du fouloir aménagé dans l'arrière-cour de l'îlot 01 (© B. Riba) 238
Fig. 299 Table de pressurage découverte dans la maison M. 68 (© B. Riba) 239
Fig. 300 Huilerie associée à la maison M. 70. Vue depuis le sud-est (© B. Riba) 240
Fig. 301 Pierre d'ancrage (© B. Riba) 241
Fig. 302 Plan de l'huilerie de la maison M. 70 (© B. Riba) 241
Fig. 303 Dormant du moulin de l'huilerie (© B. Riba) 241

Fig. 304 Plan et coupe de la pierre d'ancrage (© B. Riba) ... 242
Fig. 305 Plan et coupe du dormant du moulin (© B. Riba) ... 242
Fig. 306 Couloir d'accès à l'huilerie souterraine (© B. Riba) ... 243
Fig. 307 Niche d'encastrement du levier de la presse aménagé dans la paroi orientale (© B. Riba) ... 243
Fig. 308 Plan de l'huilerie souterraine (© B. Riba) ... 243
Fig. 309 Orifice circulaire aménagé dans la paroi supérieure de l'huilerie (© B. Riba) ... 243
Fig. 310 Plan du pressoir conventuel (© B. Riba) ... 245
Fig. 311 Le pressoir conventuel partiellement enfoui sous un champs. Vue depuis le sud-ouest (© B. Riba) ... 245
Fig. 312 Étendue de terre arable à la périphérie orientale du village (© B. Riba) ... 248
Fig. 313 Cuvette de terre arable située au sud-ouest du village (© B. Riba) ... 248
Fig. 314 Vestiges de la clôture délimitant les cultures du côté nord de la cuvette de terres arables (© B. Riba) ... 248
Fig. 315 Mortier placé dans la pièce M. 70c de l'exploitation M. 70 (© B. Riba) ... 249
Fig. 316 Cuve de pierre située dans la cour de la maison M. 70 (© B. Riba) ... 250
Fig. 317 Cuve de pierre disposéeà l'angle de la maison M. 27 (© B. Riba) ... 250
Fig. 318 Cuves de pierre : a/ maison M. 51 ; b/ maison M. 27 (© B. Riba) ... 250
Fig. 319 Ensemble d'auges et de citernes localisé à la périphérie sud de l'habitat (© B. Riba) ... 253
Fig. 320 Auge rupestre aménagée en périphérie du quartier E (© B. Riba) ... 253
Fig. 321 Entrée d'une chambre souterraine située dans un espace vide à l'arrière de la maison M. 67 (© B. Riba) ... 253
Fig. 322 Margelle munie d'un trou à l'angle prévu pour passer la longe d'un animal (© B. Riba) ... 253
Fig. 323 Bergerie communale aménagée en périphérie du village (© B. Riba) ... 253
Fig. 324 Chambre souterraine située à proximité de l'îlot 02 (© B. Riba) ... 253
Fig. 325 Murs de rétention de terre aménagés dans le wādī ouest (© B. Riba) ... 255
Fig. 326 Pierriers situés à la périphérie du quartier E (© B. Riba) ... 255
Fig. 327 Localisation des tombeaux (© B. Riba) ... 273
Fig. 328 Répartition des sépultures dans le secteur du wādī nord (© B. Riba) ... 275
Fig. 329 Répartition de quelques hypogées au sein du wādī sud (© B. Riba) ... 275
Fig. 330 Hypogée H. 69 (© B. Riba) ... 277
Fig. 331 Hypogée H. 10. Sur les trois ouvertures qui donnaient accées à l'intérieur du porche, seule celle du centre n'est pas obstruée (© B. Riba) ... 277
Fig. 332 Hypogée H. 12 (© B. Riba) ... 278
Fig. 333 L'hypogée H. 12 : a/ couverture du porche ; b/ élévation des arcades du porche ; c/ façade de l'hypogée (© B. Riba) 279
Fig. 334 Coupe et plan de l'hypogée H. 12 (© B. Riba) ... 280
Fig. 335 Vestiges du porche de l'hypogée H. 31 (© B. Riba) ... 281
Fig. 336 Plan et axonométrie de l'hypogée H. 31 (© B. Riba) ... 281
Fig. 337 Entrées des tombes sous le porche de l'hypogée H. 31 (© B. Riba) ... 281
Fig. 338 L'hypogée H. 42 (© B. Riba) ... 283
Fig. 339 Façade de l'hypogée H. 42 (© B. Riba) ... 283
Fig. 340 Coupe de l'hypogée H. 42 (© B. Riba) ... 283
Fig. 341 Façades d'hypogées avec banquette et intérieur des chambres sépulcrales : a/ hypogée H. 28 ; b/ hypogée H. 68 ; c/ hypogée H. 67 (© B. Riba) ... 285
Fig. 342 Porte d'un hypogée découverte au sein du groupe funéraire G (© B. Riba) ... 286
Fig. 343 Porte d'hypogée remployée dans un mur d'une maison moderne du village de Blāt (© B. Riba) ... 286
Fig. 344 Cour de l'hypogée H. 44 (© B. Riba) ... 287
Fig. 345 Enclos de l'hypogée H. 41(© B. Riba) ... 287
Fig. 346 Entrée de l'hypogée H. 37 (© B. Riba) ... 288
Fig. 347 Éléments ornés appartenant à l'hypogée H. 12 : a/ dalle de couverture ; b/ imposte central de l'arcade du porche ; c/ corniche surmontant la façade de la tombe (© B. Riba) ... 288
Fig. 348 L'hypogée romain H. 08 aménagé entre le IIe et le IIIe siècle (© B. Riba) ... 289
Fig. 349 Fosse sépulcrale individuelle F. 23 (© B. Riba) ... 291
Fig. 350 Fosse sépulcrale aménagée dans le monastère, à proximité du bâtiment E (© B. Riba) ... 291
Fig. 351 Sépulture S. 49 (© B. Riba) ... 291
Fig. 352 Paroi principale du sarcophage S. 58 (© B. Riba) ... 293
Fig. 353 Décor sculpté sur le petit côté du couvercle du sarcophage S. 58 (© B. Riba) ... 294
Fig. 354 Bustes sculptés sur la cuve du sarcophage S. 58 (© B. Riba) ... 294
Fig. 355 Fragment de décor sculpté sur la paroi latérale du sarcophage S. 58 (© B. Riba) ... 294

Fig. 356 Couvercle du sarcophage S. 58 (© B. Riba) ... 294
Fig. 357 Sarcophage S. 01 dans son cadre environnemental (© B. Riba) ... 295
Fig. 358 Sculpture sur le couvercle du sarcophage S. 58 (© B. Riba) ... 295
Fig. 359 Le sarcophage S. 01 et son couvercle (© B. Riba) ... 295
Fig. 360 Couvercle du sarcophage S. 04 (© B. Riba) ... 297
Fig. 361 Médaillon sculpté sur le couvercle du sarcophage S. 25 (© B. Riba) ... 297
Fig. 362 Vestiges tombe S. 25 (© B. Riba) ... 297
Fig. 363 Profils moulurés des éléments architecturaux du baldaquin : a/ corniche ; b/ base moulurée (© B. Riba) ... 297
Fig. 364 Coupe et plan d'une fosse à arcosolia située dans le village de Kokanaya (© De Vogüé) ... 298
Fig. 365 Fosse à arcosolia F.arc. 51 et détail de la console située dans la paroi latérale de la sépulture (© B. Riba) ... 298
Fig. 366 Fosse à arcosolia F.arc.54 (© B. Riba) ... 298
Fig. 367 Fosses à arcosolia F.arc. 64. et F.arc.65et détail de l'encoche aménagée dans la paroi latérale de la sépulture (© B. Riba) ... 298
Fig. 368 Fosse à arcosolia f.arc.62 (© B. Riba) ... 298
Fig. 369 Élévation du mur est du tombeau des moines (© B. Riba) ... 300
Fig. 370 Médaillons inventoriés dans le bâtiment E : 1/ médaillon sculpté sur l'arc triomphal de la chapelle monastique ; 2/ médaillon sculpté entre les sépulture a et b ; 3/ médaillon sculpté à l'intérieur de la sépulture b ; 4/ médaillon sculpté à l'intérieur de la sépulture c (© B. Riba) ... 300
Fig. 371 Système de fermeture d'une tombe (© B. Riba) ... 300
Fig. 372 Fosse à arcosolium centrale (b) du tombeau des moines (© B. Riba) ... 301
Fig. 373 Médaillons sculptés dans le tombeau des moines (© B. Riba) ... 301
Fig. 374 Bloc de corniche situé à proximité du sarcophage S. 58 (© B. Riba) ... 303
Fig. 375 Éléments de corniche : a/ temple de Kafr ʿAqāb ; b/ temple de Burǧ Bāqirḥā (© B. Riba) ... 303
Fig. 376 Bloc de corniche (© B. Riba) ... 303
Fig. 377 Temple de Zeus Bômos à Burǧ Bāqirḥā (© B. Riba) ... 304
Fig. 378 Mur monumental situé à proximité des vestiges funéraires d'époque romaine (© B. Riba) ... 304
Fig. 379 La sépulture S.57 avant son dégagement. L'hypogée H. 56 le jouxte au sud. (© B. Riba) ... 305
Fig. 380 Sarcophage S. 57 : a/ paroi latérale de la cuve ; b/ coupe de la tombe ; c/ axonométrie (© B. Riba) ... 305
Fig. 381 Paroi ornée de la cuve du sarcophage S. 57 (© B. Riba) ... 305
Fig. 382 Le sarcophage S. 57 (© B. Riba) ... 306
Fig. 383 Élévation du tombeau pyramidal, état actuel : a/ élévation du côté nord ; b/ élévation du côté ouest (© B. Riba) .. 308
Fig. 384 Plan du tombeau pyramidal (© B. Riba) ... 308
Fig. 385 Vestiges du tombeau pyramidal (© B. Riba) ... 308
Fig. 386 Porte d'accès au mausolée pyramidal et profil de la moulure du linteau (© B. Riba) ... 309
Fig. 387 Intérieur de la chambre funéraire située du côté nord du monument, au niveau du rez-de-chaussée (© B. Riba) ... 309
Fig. 388 Vestiges de la façade ouest du tombeau. Au premier plan apparaît un bloc de la toiture pyramidale (© B. Riba) ... 310
Fig. 389 Bloc d'angle du toit pyramidal (© B. Riba) ... 310
Fig. 390 Sommier double B. 118 et chapiteau d'angle B. 124 (© B. Riba) ... 311
Fig. 391 Sommier double B. 119 (© B. Riba) ... 311
Fig. 392 Clé de fenêtre B. 120 (© B. Riba) ... 312
Fig. 393 Bloc B. 122 : départ de l'arc de la fenêtre mouluré (© B. Riba) ... 312
Fig. 394 Fenêtres restitutées du mausolée pyramidal (© B. Riba) ... 312
Fig. 395 Clé de fenêtre B. 121 (© B. Riba) ... 312
Fig. 396 Bloc de fenêtre B. 122 (© B. Riba) ... 312
Fig. 397 Chapiteaux d'angle B. 125 et B. 127 du mausolée pyramidal. À droite, l'élément est remployé dans le mur nord de la maison M. 60 (© B. Riba) ... 313
Fig. 398 Bloc de corniche B. 117 (© B. Riba) ... 314
Fig. 399 Chapiteau B. 128 et pilier cannelé B. 129 appartenant au mausolée pyramidal (© B. Riba) ... 314
Fig. 400 Chapiteau B. 128 et Pilier cannelé B. 129 (© B. Riba) ... 315
Fig. 401 Base de Pilier cannelé B. 130 situé au pied du monument (© B. Riba) ... 316
Fig. 402 Chapiteau double B. 132 et pilier cannelé B. 130/131 associé au mausolée pyramidal (© B. Riba) ... 316
Fig. 403 Chapiteau double B. 132 découvert dans les ruines de la maison M. 51 (© B. Riba) ... 316
Fig. 404 Vestiges du mausolée pyramidal et son espace funéraire (© B. Riba) ... 317
Fig. 405 Vestiges de l'enclos funéraire (© B. Riba) ... 317
Fig. 406 Proposition de restitution du mausolée à couverture pyramidale (© B. Riba) ... 319

Fig. 407 Autel funéraire A_1 (© B. Riba) 323
Fig. 408 Situation des autels aux pieds d'une plateforme artificielle(© B. Riba) 323
Fig. 409 Autel funéraire A_2 (© B. Riba) 325
Fig. 410 Autel funéraire A_1 (© B. Riba) 324
Fig. 411 Vue générale du bâtiment fortifié depuis les hauteurs du ğebel Dueili (© B. Riba) 332
Fig. 412 Plan du bâtiment fortifié (© B. Riba) 333
Fig. 413 Enceinte fortifée (© B. Riba) 334
Fig. 414 Vestiges de l'enceinte du bâtiment fortifié. Vue depuis le sud-est (© B. Riba) 335
Fig. 415 Segments de murs qui composent « l'enceinte » ouest (© B. Riba) 336
Fig. 416 Vestiges de la tour T. I (© B. Riba) 337
Fig. 417 Profils moulurés à la base des tours : a/ T. I , b/ et c/ T. II (© B. Riba) 337
Fig. 418 La tour T. II vue depuis le sud-est (© B. Riba) 338
Fig. 419 Base moulurée de la tour T. II (© B. Riba) 338
Fig. 420 Détail de la base de la tour T. II : angle au niveau duquel s'opère le changement de moulure (© B. Riba) 338
Fig. 421 Tour T. II, façades a/ ouest, b/ sud, c/ est (© B. Riba) 339
Fig. 422 Tour d'angle T. III : a/ vue depuis l'ouest ; b/ vue depuis le sud-est (© B. Riba) 340
Fig. 423 Façade orientale de la tour T. III (© B. Riba) 340
Fig. 424 Inscription hébraïque gavée sur la façade est de la tour T. III (© B. Riba) 340
Fig. 425 Tour T. III : a/ façades ouest ; b/ façade sud ; c/ façade est (© B. Riba) 341
Fig. 426 Vestiges visibles de la tour T. IV (© B. Riba) 342
Fig. 427 Vestiges du rempart oriental avec sa tour T. IV (© B. Riba) 342
Fig. 428 Motifs géométriques : a/ croisillons ; b/ cercles concentriques ; c/ croix inscrite à l'intérieur d'un carré (© B. Riba) .. 345
Fig. 429 Motifs Zoomorphes (© B. Riba) 335
Fig. 430 Motifs végétaux (© B. Riba) 345
Fig. 431 Motifs antrhopomorphes (© B. Riba) 345
Fig. 432 Quelques graffiti gravés sur la fortification (© B. Riba) 346
Fig. 433 Plan du secteur I (© B. Riba) 348
Fig. 434 Vue générale du secteur I (© B. Riba) 349
Fig. 435 Salle s. I (© B. Riba) 349
Fig. 436 Salle s. V et la construction voisine s. VI (© B. Riba) 349
Fig. 437 Fenêtre cintrée de la salle s. I (© B. Riba) 350
Fig. 438 Salle s. V : a/ façade sud ; b/ ouest (© B. Riba) 350
Fig. 439 Salle s. VI : a/ façade est ; b/ façade nord (© B. Riba) 351
Fig. 440 Mur nord de la salle s. VI avec sa petite lucarne. Au premier plan apparaissent les vestiges du mur construit entre les salles s. VI et s. VII (© B. Riba) 354
Fig. 441 La salle s. VII. vue depuis le sud-est (© B. Riba) 354
Fig. 442 Intérieur de la salle s.VI et localisation des éléments de remploi (© B. Riba) 354
Fig. 443 Mur est de la salle s VII (© B. Riba) 355
Fig. 444 Plan chronologique du secteur II (© B. Riba) 356
Fig. 445 Salles adjointes à la façade nord de l'ancienne église (© B. Riba) 358
Fig. 446 Éléments de colonnes B. 50 et B. 51 provenant probablement du portique nord de l'ancienne église (© B. Riba) . 358
Fig. 447 Linteau B. 37 remployé dans le mur ouest de la salle s. v (© B. Riba) 358
Fig. 448 Plan chronologique du secteur III (© B. Riba) 360
Fig. 449 Intérieur de la mosquéevu du nord-ouest (© B. Riba) 361
Fig. 450 Bloc destiné à recevoir la couverture voûtée et l'arc de l'entrée (© B. Riba) 361
Fig. 451 Assise de blocs oblique destinée à recevoir la couverture voûtée de la mosquée (© B. Riba) 361
Fig. 452 Miḥrāb de la mosquée (© B. Riba) 361
Fig. 453 Éléments d'architecture appartenant au minaret de la mosquée (© B. Riba) 362
Fig. 454 Bloc de la corniche du minaret (© B. Riba) 362
Fig. 455 Vestiges du minaret (© B. Riba) 362
Fig. 456 Bloc de corniche du minaret (© B. Riba) 362
Fig. 457 Essai de restitution du minaret (© B. Riba) 362
Fig. 458 Vestiges de la mosquée du village de Burdaqle (© B. Riba) 363
Fig. 459 Salle s. III mitoyenne de la mosquée (© B. Riba) 364
Fig. 460 Vue d'ensemble du groupe B (© B. Riba) 364

Fig. 461 Mur nord de la « cour » s. v (© B. Riba) ... 364
Fig. 462 Mur ouest de la salle s. viii (© B. Riba) ... 364
Fig. 463 Structures relevées au sein du secteur III : a/ mur ouest de la mosquée ; b/ segment du mur nord de la cour associée à la mosquée ; c/ mur de séparation entre les deux groupes architecturaux du secteur III ; d/ segment du mur ouest de la salle s. viii (© B. Riba) ... 365
Fig. 464 Profils de base commun au éléments décorés provenant de l'église est (© B. Riba) ... 367
Fig. 465 Localisation des blocs remployés au sein du bâtiment fortifié (© B. Riba) ... 368
Fig. 466 Bloc B. 02 appartenant au type I remployé dans la tour T. III (© B. Riba) ... 369
Fig. 467 Bloc B. 19 appartenant au type II (© B. Riba) ... 369
Fig. 468 Basilique orientale de Qal'at Sem'ān. Pilier sud de l'abside (© B. Riba) ... 369
Fig. 469 Bloc B. 18 appartenant au type II (© B. Riba) ... 369
Fig. 470 Bloc B. 16 appartenant au type IV (© B. Riba) ... 369
Fig. 471 Blocs appartenant au type I (© B. Riba) ... 370
Fig. 472 Éléments d'architecture appartenant au type IV (© B. Riba) ... 371
Fig. 473 Blocs appartenant au type II (© B. Riba) ... 371
Fig. 474 Bloc B. 04 appartenant au type III (© B. Riba) ... 371
Fig. 475 Blocs appartenant aux types V et VI (© B. Riba) ... 372
Fig. 476 Blocs appartenant au type VII (© B. Riba) ... 372
Fig. 477 Éléments d'achitecture de type VI provenant d'un bâtiment associé à l'église est : a/ élément de corniche B. 20 ; b/ élément de pilier B. 21 ; c/ bloc B. 22 (© B. Riba) ... 373
Fig. 478 Élément de corniche B. 20 (© B. Riba) ... 374
Fig. 479 Bloc B. 21 remployé dans la cour de la mosquée (© B. Riba) ... 374
Fig. 480 Bloc B. 22 (© B. Riba) ... 374
Fig. 481 Élément de corniche B. 20, détail (© B. Riba) ... 374
Fig. 482 Linteau monumental B. 29 remployé dans le mur ouest de la salle s. i du secteur I (© B. Riba) ... 375
Fig. 483 Linteau monumental B. 29 (© B. Riba) ... 375
Fig. 484 Clé de fenêtre B. 62 provenant d'un bâtiment ecclésiastique et remployée en auge (© B. Riba) ... 376
Fig. 485 Trumeau de fenêtre B. 44 (© B. Riba) ... 377
Fig. 486 Élément de montant de porte B. 64 (© B. Riba) ... 377
Fig. 487 Montant de porte B. 64 (© B. Riba) ... 377
Fig. 488 Chapiteau C. 10 (© B. Riba) ... 376
Fig. 489 Chapiteau C. 12 découvert dans la salle s. v du secteur III (© B. Riba) ... 377
Fig. 490 Chapiteau C. 01 découvert dans la salle S. viii du secteur III (© B. Riba) ... 377
Fig. 491 Chapiteau C. 03 découvert dans le secteur I du fortin (© B. Riba) ... 377
Fig. 492 Base de demi-colonne découverte dans la salle s. x du secteur III (© B. Riba) ... 378
Fig. 493 Angle nord-est de la maison M. 51 (© B. Riba) ... 387
Fig. 494 Mur de division édifié à l'aide d'éléments de remplois au sein de la maison M.04 (© B. Riba) ... 387
Fig. 495 Placard remanié en fenêtre lors de la réoccupation de la maison M. 16 (© B. Riba) ... 387
Fig. 496 Mur est de la maison M. 51 : la partie remaniée s'élève au-dessus d'un mur d'époque romaine (© B. Riba) ... 387
Fig. 497 Mur de division édifié à l'aide d'éléments de remplois au sein de la construction C. 15 (© B. Riba) ... 387
Fig. 498 Construction voisine de la maison M. 53 entièrement construite à l'aide de blocs de remplois dont certains proviennent de l'église sud (© B. Riba) ... 387

Planches couleur

Pl. I Le village de Kafr 'Aqāb au ive siècle (© Riba) ... 405
Pl.II Le village de Kafr 'Aqāb au ve siècle (© Riba) ... 406
Pl. III Le village de Kafr 'Aqāb au vie siècle (© Riba) ... 407
Pl. IV Le village de Kafr 'Aqāb : localisation des ensembles (© Riba) ... 408
Pl. V Le village de Kafr 'Aqāb : localisation des tombeaux (© Riba) ... 409

Table des matières

Préface 5

Avant-propos 7

Translittération 9

Introduction 11

Le cadre de l'enquête 17
- Recherches antérieures 17
- Le ğebel Waṣṭāni, un chaînon peu connu 20
- Données géographiques 22
- Situation actuelle du chaînon 23
- Le patrimoine archéologique du ğebel Waṣṭāni 25
- Le réseau de communication 26
  - *Les routes d'Apamée à Antioche* 26
  - *Les pistes secondaires* 28

Le village de Kafr ʿAqāb, vue d'ensemble 29
- La découverte du site 29
- Kafr ʿAqāb : la Niaccaba antique ? 29
- Cadre topo-géographique du village 30
- État des lieux au moment de l'étude 31
- Définitions 35
- Composition du village 38
- La structure du village 44
- Le village : terroir et finage 48

L'architecture domestique comme reflet de l'évolution du village 51
- Les noyaux d'habitats primitifs 51
- Développement des hameaux anciens au vᵉ siècle 65
- Développement du secteur méridional 72
- L'expansion orientale 82
- L'ultime phase d'expansion du village (viᵉ siècle) 88

Caractéristiques de l'habitat rural (vᵉ et viᵉ siècles) 101
- Les îlots : types, formation et développement 101
- Les maisons : caractéristiques générales, genèse et développement 102

Morphologie des maisons et données démographiques 104
Répartition fonctionnelle des espaces 107
La maison comme noyau social 112
Les techniques de construction 114
Le décor 123

La vie religieuse : de la période païenne à l'adoption du christianisme les églises et les aménagements monastiques .... .141
De la période impériale au début du christianisme 141
Kafr ʿAqāb : une communauté villageoise chrétienne 145
La relation entre les deux complexes ecclésiaux du village 195
Les éléments d'architecture ecclésiastique de monuments disparus et/ou non localisés .... .200
L'ermitage oriental et l'ensemble conventuel 206

Économie et société (IIe-VIe siècles) 217
La gestion de l'eau 217
Les activités économiques 227
Le village et ses habitants :statut juridique et organisation de la vie rurale .... .262

Architecture funéraire 271
Topographie funéraire 272
Étude typologique 276
Aperçu chronologique et répartition des tombes 318
Les tombes comme miroir de la société rurale 321
Conclusion 328

Le bâtiment fortifié médiéval et le déclin du village 331
Le bâtiment fortifié 331
Le village 386

Conclusion 393
Kafr ʿAqāb : caractéristiques générales d'un village ordinaire du Massif calcaire .... .393
Une localité inscrite dans l'histoire du Massif calcaire 394
Caractéristiques propres au village de Kafr ʿAqāb :organisation sociale, économique et dynamique de l'occupation du sol .... .397
Kafr ʿAqāb et le ǧebel Waṣṭāni septentrional dans l'évolution généraledu Massif calcaire : influences et particularismes .... .398

Planches 405

Bibliographie 411

Annexes 431
Tableau des maisons 432
Catalogue des blocs 439
Tableau des médaillons 463

Summary 469

Table des figures 475
Table des matières 485